मेरा जिया हुआ युग

अंग्रेजी में १९७५ में प्रकाशित

प्रथम संस्करण 1998
ISBN : 81-85616-51-5

प्रकाशक
बी. एल. बंसल
शारदा पब्लिशिंग हाऊस
४०, आनन्द नगर, इंदरलोक
दिल्ली - ११००३५
✆ ५११६७६३

अक्षर संयोजक
सुपर कम्प्यूटर सेन्टर
एम.आई.जी. ४५, कटँगा
हाऊसिंग बोर्ड कॉलोनी
जवलपुर (म.प्र.) ४८२००१

मुद्रक
संतोष ऑफसेट, दिल्ली-110035
दूरभाष-5117390, 5116763

मेरा जिया हुआ युग

प्रथम खण्ड

स्वाधीनता की ओर भारतवर्ष के बढ़ते कदम

Living An Era का हिन्दी रूपान्तर

लेखक

द्वारका प्रसाद मिश्र

अनुवादक

सत्येन्द्र प्रसाद मिश्र

SHARADA

शारदा पब्लिशिंग् हाउस

दिल्ली-110035

1998

विषय सूची

भूमिका

मेरे अग्रज पण्डित द्वारका प्रसाद मिश्र की हार्दिक इच्छा थी कि उनकी अंग्रेजी में लिखित पुस्तक Living An Era के दोनों खण्डों का हिन्दी अनुवाद प्रकाशित किया जाये। यह प्रथम खण्ड का हिन्दी अनुवाद है जिसमें उनके जीवन और युग का एक घनिष्ठ वृतान्त है। मध्यप्रांत की राजनीति के इतिहास में इस पुस्तक का विशिष्ठ योगदान है जिसमें बीसवीं सदी के प्रारंभिक दशकों से मध्यप्रांत की राजनीति और प्रसिद्ध व्यक्तियों का एक प्रमुख राजनीतिज्ञ द्वारा पुनरावलोकन है। मिश्रजी ने भारतवर्ष के राष्ट्रीय आन्दोलन के आंतरिक कार्यकलापों की महत्वपूर्ण जानकारी दी है जिसमें उन्होंने सक्रिय भाग लिया था। मिश्रजी ने अपने स्वतंत्र निर्णयों और निजी अनुभवों के आधार पर इसके निष्कर्षों तक पहुंचने का प्रयास किया है। यह उस शैली में लिखी गई है जो संघर्षमय युग को अपने समस्त प्रकाश और ध्वनि तथा मानवीय विस्तार से जीवन्त करती है।

मैं डॉ. आर. के. शर्मा आचार्य एवं अध्यक्ष (अवकाश प्राप्त), प्राचीन भारतीय इतिहास, संस्कृति एवं पुरातत्व, रानी दुर्गावती विश्वविद्यालय, जबलपुर के प्रति अपना आभार व्यक्त करता हूँ जिन्होंने इस पुस्तक के अनुवाद के दौरान मुझे सक्रिय सहयोग प्रदान किया। मुझे आशा है कि भारतीय स्वतंत्रता स्वर्ण-जयंती वर्ष के दौरान प्रकाशित यह पुस्तक शोधार्थियों तथा अन्य पाठकों के लिए उपयोगी प्रमाणित होगी।

सत्येन्द्र प्रसाद मिश्र

आमुख

अगस्त, १९६९ और अगस्त, १९७२ के मध्य में जब मैं दिल्ली में रहता था, तब कई पत्रकारों तथा अन्य मित्रों ने मुझसे अपने संस्मरण लिखने का कई बार आग्रह किया था। उनका विश्वास था कि १९६६ में श्रीमती गाँधी के प्रधानमंत्री चुने जाने से तथा १९६९ में सिन्डिकेट के विरुद्ध उनके द्वारा किए संघर्ष से संबंधित उनके पास जो जानकारी थी उसमें मैं कुछ और जोड़ सकता था। लेकिन मेरे मन में अधिक व्यापक योजना रहने के कारण मुझे उनका सुझाव ग्राह्य नहीं हुआ। अपने स्कूल के दिनों से ही राजनीति की अपेक्षा साहित्य की ओर मेरा आकर्षण अधिक था। लेकिन गाँधी युग में वयस्क होने पर कई अन्य उन लोगों के समान, जिनकी मेरी जैसी ही मानसिक रुचि थी, मैं भी अपने को नहीं सम्हाल पाया और स्वाधीनता के संघर्ष में बलात् आत्मसात हो गया। चूँकि झुकाव ने नहीं बल्कि परिस्थितियों ने सक्रिय राजनीति में प्रवेश करने पर विवश किया था, इसलिए अपने सामने कोई राजनीतिक लक्ष्य रखने की बात मेरे मन में कभी नहीं आयी। तो भी जब कभी किसी ऐसी बात से मेरा सामना हुआ, जिसे मैंने सही या गलत ढंग से, जन-साधारण के लिए अहितकर, अत्याचार या अनुचित माना तो परिणाम पर विचार किए बिना मैं उसके विरुद्ध खड़ा हो गया। ये दोनों बातें-वैयक्तिक राजनीतिक लक्ष्य का अभाव तथा सत्ताधीशों की निरंकुशता के प्रति असहनशीलता-शायद मेरे कभी-कभी अकस्मात् प्रकाश में आ जाने और फिर घोर अंधकार में निमग्न हो जाने का स्पष्टीकरण कर सकती हैं। इस पुस्तक में बहुत कम वैयक्तिक विवरण मेरे इस कथन की पुष्टि करता है।

साथ ही मेरे सार्वजनिक जीवन के दौरान जिन व्यक्तियों के सम्पर्क में मैं आया, उनके सम्बन्ध में मैंने जो कुछ कहा है वह पूर्ण सत्य नहीं हो सकता क्योंकि आंतरिक संकोच तथा कानून बाधक रहे हैं।

इस पुस्तक "मेरा जिया हुआ युग" (Living An Era) के दोनों खण्डों में आत्मकथा कम और अपने वर्तमान समय की राजनीति का इतिहास अधिक अभिप्रेत रहा है। श्री पट्टाभि सीतारामैय्या ने जब भारतीय राष्ट्रीय काँग्रेस का तत्कालीन पदाधिकारियों के द्वारा अधिकृत इतिहास लिखा था, उस समय समुचित सामग्री उपलब्ध नहीं थी लेकिन अब वह इतनी अधिक है कि व्यक्तियों तथा सभी समस्याओं पर अधिक यथार्थ निष्कर्ष पर पहुँचना और उनकी अधिक ठीक समझ संभव हो गयी है। मैं पूर्ण वास्तविकता का दावा तो नहीं करता हूँ, लेकिन इस कमी के प्रति सचेत रहने के कारण मैंने पूर्वाग्रह तथा मनोविकार के प्रति सावधान रहे आने का भरसक प्रयत्न किया है।

जो इस पुस्तक के प्रथम खण्ड को पढ़ेंगे, उन्हें स्पष्ट होगा कि कुछ महत्वपूर्ण घटनाओं के सम्बन्ध में मेरे निष्कर्ष अन्य लेखकों के निष्कर्षों से भिन्न हैं। ऐसे विषयों में अपने मत के समर्थन में मैंने आज सुलभ सभी साक्ष्य प्रस्तुत किए हैं। मेरे मतानुसार महात्मा गाँधी के द्वारा खिलाफ़त आंदोलन का उत्साहपूर्ण समर्थन ठीक नहीं था लेकिन उन व्यक्तियों से भी सहमत होना मुझे कठिन लगता है जो सन् बीस के दशक के पूरे असहयोग आन्दोलन को गलत ठहराते हैं। वस्तुत: महात्माजी ने एक जन-आंदोलन को जन्म दिया था जिसने ऊंचे-नीचे बीहड़ रास्ते से चलकर अंतत: इस उप-महाद्वीप पर अंग्रेजों को अपना आधिपत्य समाप्त कर देने के लिए विवश कर दिया। इसी प्रकार सन् चालीस के दशक के "भारत छोड़ो" आंदोलन के विरुद्ध की गई आलोचना भी मेरे विचार से गलत है। काँग्रेस के उन लोगों की, जो अंग्रेजों के युद्ध सम्बन्धी प्रयासों में साथ देने को तत्पर थे, यदि महात्मा गाँधी के विरुद्ध जीत हो जाती तो युद्धोपरांत काँग्रेस का अस्तित्व ही इजिप्ट (मिश्र देश) के "वफ्द" दल के समान समाप्त हो जाता।

मौलाना अबुल कलाम आज़ाद की मेरे द्वारा की गई आलोचना कुछ क्षेत्रों में रोष उत्पन्न कर सकती है, लेकिन आज उपलब्ध सम्पूर्ण साक्ष्य यह प्रमाणित करता है कि जवाहरलाल नेहरू के विरुद्ध लगाये उनके आरोपों का कोई आधार नहीं है। मौलाना ने विभाजन का सारा उत्तरदायित्व नेहरू के मत्थे मढ़ने का प्रयत्न किया था। "पाकिस्तान के बीज क्या १९३७ में बोये गए थे?" इस खण्ड में मैंने इस आरोप के विरुद्ध तर्क दिया है कि अकेले नेहरू ही उत्तर प्रदेश में १९३७ में काँग्रेस-लीग गठबंधन न होने देने के लिए उत्तरदायी थे। इसके बाद मौलाना ने जिन्ना के द्वारा केबिनेट मिशन योजना पर लीग की स्वीकृति वापिस ले ली जाने के लिए नेहरू को दोषी ठहराया था। वास्तविकता यह थी कि काँग्रेस ने किसी भी समय मिशन योजना के अन्तर्गत नियोजित अनुभागों में प्रान्तों को अनिवार्यत: सम्मिलित होने के लिए प्रस्ताव को मंजूर नहीं किया था, इसलिए मौलाना के पश्चात् काँग्रेसाध्यक्ष की हैसियत से नेहरू के द्वारा दिए गए दोनों वक्तव्य काँग्रेस की नीति के अनुकूल थे। यदि यह अकाट्य सत्य कि केबिनेट मिशन योजना की लीग द्वारा स्पष्ट स्वीकृति एक पृथक तथा प्रभुसत्ता सम्पन्न पाकिस्तान की प्राप्ति के लिए आधारशिला थी, को ध्यान में रखा जाए, तो काँग्रेस के द्वारा इस योजना को किसी शर्त के बिना मान लेने से इंकारी सहज में समझ आ जावेगी। लेकिन दुर्भाग्य से कुछ भारतीय तथा विदेशी लेखकों ने नेहरू को दोषी ठहराने के लिए मौलाना की आत्मकथा के तत्संबधी अंश को उद्धृत करने का एक ढंग अपना लिया है। काँग्रेस अध्यक्ष के नाते मौलाना की कैबिनेट मिशन के सदस्यों से बातचीत संदेह के परे नहीं थी, इसका संकेत सर्वप्रथम जे.बी. कृपलानी ने किया था और अब जो साक्ष्य उपलब्ध हैं, वे इस आरोप का पूर्ण समर्थन करते हैं।

पाकिस्तान के उद्भव तथा उसके निर्माण के परिणाम के सम्बन्ध में मेरे विचार भी खीझ पैदा कर सकते हैं। यद्यपि धर्म निरपेक्षता में मेरा विश्वास रहा है, लेकिन मैं यह ठीक नहीं मानता हूँ कि वह हमें विगत तथा आगत के खतरों को ठीक तरह समझने से रोके। भय तथा महत्वाकांक्षा से पैदा हुई अलगाव की भावना से पाकिस्तान अस्तित्व में आया और परस्पर मैत्री रखने के लिए किए गए हमारे प्रयास असफल इसलिए हो गए क्योंकि पाकिस्तान के नेताओं को भय है कि समान हितों पर किंचित बल भी, जिस आधार पर पाकिस्तान खड़ा है, उसे नष्ट कर देगा।

मैं लार्ड माउन्टबेटन की निंदा तथा उनके पूर्ववर्ती वाइसराय लार्ड वेवल की प्रशंसा करने की वर्तमान प्रवृत्ति का साथ नहीं दे पा रहा हूँ। लार्ड वेवल की पत्रिका निश्चित रूप से अपनी सैनिक स्पष्टवादिता के कारण मनोरंजक है, लेकिन वह उन्हें एक राजनेता का दर्जा नहीं दे पाती और न उससे उन्हें भारत का स्थिर मित्र माना जा सकता है। वेवल के द्वारा अपनी असफलताओं की स्वीकृति से उनके प्रति सहानुभूति मानवोचित है। उसी प्रकार जब माउंटबेटन अपनी सफलता में बड़ा रस लेते दिखाई देते हैं तो उनके कार्यकाल का छिद्रान्वेषण भी मानवीय है। लेकिन न तो दया से और न द्वेष से किसी जनकार्यकर्ता के कार्यकलाप का उचित मूल्यांकन किया जा सकता है। कुछ भी हो, भारत के लोग माउन्टबेटन के सदा आभारी रहेंगे जिन्होंने उनके इतिहास के बड़े संकट के क्षणों में देशीय राजाओं को भारतीय संघ में सम्मिलित हो जाने के लिए प्रेरित किया और इस प्रकार सरदार वल्लभभाई पटेल को एक संगठित भारत, जैसा हम आज उसे देखते हैं, निर्मित करने में सहायता प्रदान की। लेकिन दुर्भाग्यवश, हैदराबाद तथा कश्मीर के मामलों में उनका व्यवहार उनको कटु आलोचना का विषय बनने से नहीं रोक सकता है।

संभवत: यह आरोप लगाया जा सकता है कि मैंने प्रथम खण्ड में मध्यप्रांत की राजनीति को अनावश्यक स्थान दिया है। लेकिन यह ध्यान में रखना चाहिए कि बीसवें दशक में एस.बी. तांबे के दल छोड़कर चले जाने से 'अनुक्रियात्मक दल' का जन्म हुआ और उसके कारण स्वराज दल के विभाजन से १९२६ के चुनावों में उनके विरुद्ध विध्वंसात्मक परिणाम हुए थे। तीसवें दशक में "खरे कांड" ने पूरे देश को प्रकंपित कर दिया था जिसके फलस्वरूप वल्लभभाई पटेल के ही विरुद्ध नहीं बल्कि महात्मा गाँधी के विरुद्ध भी बड़ा विषाक्त प्रचार किया गया था। बी.एस. मुंजे भी मध्यप्रांत के ही थे और उन्होंने हिन्दू महासभा के अध्यक्ष के नाते उन दिनों की राजनीति में साम्प्रदायिक किन्तु महत्वपूर्ण भाग लिया था। उसी प्रकार राष्ट्रीय स्वयंसेवक संघ ने भी नागपुर में जन्म लिया था और वह आज भी देश की राजनीति को प्रभावित कर रहा है। इस संस्था ने और उसकी शाखा जनसंघ ने स्वतंत्रता के पश्चात् प्रमुख स्थान प्राप्त किया। इस पर दूसरे खंड में चर्चा की गई है।

मैं जबलपुर विश्वविद्यालय के इतिहास विभाग के अध्यक्ष एवं प्रोफेसर, डॉ. राममोहन सिन्हा को धन्यवाद देना चाहूँगा, जो पाण्डुलिपि को पढ़ने में अपना समय देते थे तथा जबलपुर विश्वविद्यालय के डॉ. आर.के. शर्मा भी मेरे द्वारा धन्यवाद के पात्र हैं, जिन्होंने प्रेस-कापी के लिए मुद्रित प्रतियों की त्रुटियों को दूर किया और समय-समय पर जिन पुस्तकों की मुझे आवश्यकता पड़ी उन्हें सुलभ करने में सतत प्रयत्नशील रहे।

- द्वारका प्रसाद मिश्र

अध्याय-१

प्रारम्भिक प्रभाव

मेरा गाँव- गोरे लोगों से मैंने घृणा करना सीखा

यद्यपि मेरा जन्म-वर्ष १९०१ निश्चित है, तथापि जन्म तिथि अनिश्चित है। माता पिता के द्वारा बतायी गयी जन्म तिथि हर एक को माननी पड़ती है। मेरे विषय में, सूचना का यह स्रोत भी, जो साधारणत: विश्वसनीय होता है, निश्चित जन्म तिथि निश्चयपूर्वक नहीं दे सका, क्योंकि मेरे माता पिता में इस सम्बन्ध में बड़ा मतभेद था। माता के अनुसार ५ अगस्त को मेरा जन्म हुआ, लेकिन पिता का कथन था कि मूर्ख दिवस "एक अप्रैल" मेरा जन्म दिन था! बड़े होने पर मैंने गाँव के बड़े बूढ़ों से काफी जाँच पड़ताल की और इस नतीजे पर पहुँचा कि माता द्वारा बतायी गयी तिथि ठीक थी। लेकिन मेरे दबंग पिता ने अपने द्वारा निश्चित की गयी तिथि प्रायमरी स्कूल में पहले ही दर्ज करवा दी थी। अंत में, इलाहाबाद विश्वविद्यालय द्वारा दिए गए मेट्रीकुलेशन के सर्टीफिकेट में उसी तिथि को स्थान मिला। कुछ दिनों बाद जब मुझमें बुद्धि रहने के लक्षण प्रकाश में आए, तो वे कहा करते थे कि उस विशिष्ट तिथि को मेरा जन्म इसलिए हुआ था ताकि उस तिथि से संबंधित अंधविश्वास असत्य प्रमाणित हो जाए। लेकिन उनका यह कथन मुझे संतोष न दे सका। मुझे वल्लभभाई पटेल से ईर्ष्या रही आयी जिन्होंने स्वयं अपनी जन्म तिथि निश्चित की थी।[1]

मेरे पिता को ज्योतिष शास्त्र पर विश्वास नहीं था और उन्होंने जन्म पत्रियों की भी अवहेलना की। यद्यपि अपने बच्चों के लिए जन्म-पत्री की व्यवस्था करने में मैं नहीं चूका, मैंने भी ज्योतिषियों को अपने से बड़ी दूर रखा है और मेरी जन्म-पत्री न होना एक प्रकार से मेरे लिए वरदान बन गया। ज्योतिषियों से बचे रहने में मुझे बड़ी सुविधा रही आयी। एक बार केन्द्र के एक मंत्री मित्र ने जानना चाहा कि क्या मेरे लिए ज्योतिषी किसी प्रकार उपयोगी नहीं हैं तो मैंने कहा कि उनके तथाकथित विज्ञान की मेरे लिए कोई सार्थकता नहीं है, लेकिन उस वर्ग के किसी झूठ और सच में अंतर न मानने वाले व्यक्ति का उपयोग अपने शत्रु के मानसिक पतन करने के लिए किया जा सकता था।

वर्तमान उत्तर प्रदेश के, जिसे उन दिनों आगरा और अवध का संयुक्त प्रान्त कहते थे, उन्नाव जिले के पड़री गाँव में मेरा जन्म हुआ था। प्राचीन काल में कोशल के महाजनपद की प्रसिद्धि प्राप्त अवध अनंत समय से संस्कृति तथा सभ्यता का प्रमुख केन्द्र रहा है। उत्तर प्रदेश का पश्चिमी भाग कुरुओं और पांचालों का निवास था और पूर्वी भाग में कोशल और काशी की बस्तियां थीं। ऐसा जान पड़ता है कि अनादि काल से दोनों भागों में परस्पर राजनीतिक मात्र ही नहीं बल्कि सांस्कृतिक होड़ भी रहती

आयी है। पश्चिम को अपने क्षेत्र में कृष्ण, महाकाव्य महाभारत और सूरदास के गीत काव्य की उत्पत्ति पर गर्व है। पूर्वी भाग को उसी प्रकार राम, वाल्मीकि रामायण और तुलसी के रामचरित-मानस का अभिमान है। मुस्लिम प्रभुत्व के समय में भी दिल्ली और लखनऊ में प्रतिद्वंद्विता रही आयी और दोनों ने उर्दू काव्य की दो विभिन्न विधाओं का सृजन किया जिन्हें दिल्ली और लखनवी स्कूल कहा जाता है। यह कहना शायद गलत न होगा कि पश्चिम रुढ़िवादी रहा है, जबकि पूर्व क्रांतिकारी रहा है। धर्म के क्षेत्र में पूर्व ने बुद्ध और बौद्ध धर्म को जन्म दिया। राजनीतिक क्षेत्र में भी नये पक्षों का हिमायती रहा है। सन् १८५७ में बंगाल फौज़ के पुरबिया सिपाही ने ही अंग्रेजी राज के विरुद्ध सिर उठाया था। उत्तरप्रदेश के पश्चिमी जिलों के मुकाबले में आज भी पूर्व के जिले अधिक समाजवादी हैं।

उन्नाव, लखनऊ और कानपुर जिलों के बीच में है। १८५७ की क्रांति में कानपुर पर अधिकार कर लेने के पश्चात् जनरल हैवलाक क्रांतिकारियों से घिरी हुई अंग्रेजी फौज़ को सहायता पहुँचाने के लिए लखनऊ जाना चाहता था। उसने दो बार गंगा नदी को पार किया, लेकिन उन्नाव के किसानों ने, जो सामूहिक रूप से विदेशी राज के विरुद्ध हो गए थे, उसे कानपुर वापिस लौटने पर मजबूर किया। अंग्रेजों के पक्षधर इतिहासकारों ने भी स्वीकार किया है कि भारत के अन्य भागों के विद्रोह के सम्बन्ध में कुछ भी अलग राय दी जाए, लेकिन कम से कम अवध में स्वतंत्रता के लिए युद्ध हो रहा था। उन्नाव और रायबरेली के ग्रामवासी आज भी राणा बेणी माधवसिंह की वीरता के गीत गाते हैं, जो अवध की बेगम के साथ लगातार रहे और सर्वस्व समाप्त हो जाने पर उन्हें नेपाल सुरक्षित ले गए थे। बचपन में मेरी दादी जनता के द्वारा किए गए प्रतिरोध की कई रोमांचक घटनाएँ और जीत जाने के पश्चात् अंग्रेज सिपाहियों द्वारा की गई ज्यादती के संत्रस्त करने वाले वर्णन सुनाया करती थीं। जन-साधारण को आतंकित करने के लिए उन्नाव को लखनऊ से जोड़ने वाली सड़क के दोनों ओर पेड़ों से स्वतंत्रता संग्राम सैनिकों के शव लटका दिए गए थे। जब भी उन्होंने इन भयावह कारनामों की चर्चा की, उनकी आँखों से आँसू गिरने लगते थे क्योंकि उनके कुछ सम्बन्धियों के साथ भी ऐसा क्रूर बर्ताव किया गया था। गिद्धों और कौओं द्वारा नोंच-नोंच कर खाये जाने वाले शवों की कल्पना मेरे मन में बार-बार उठती रही और उसने मुझमें "गोरा लोग" के प्रति घृणा भर दी।

उन्नाव नगर से करीब १६ किलोमीटर दूर पड़री गाँव है, जहाँ मेरा जन्म हुआ था। दो दूसरे गाँवों, नेवन्ना और बदरका के साथ पड़री भी 'खूनी गाँव' कहा जाता था, क्योंकि उस गाँव में परस्पर पारिवारिक शत्रुता का सिलसिला पीढ़ी-दर-पीढ़ी चलता रहता था। लेकिन मेरे विचार से, जो बात मेरे गाँव के लिए कही जाती थी, वह उस जिले के हर गाँव पर लागू होती थी। पूरे जिले में लड़ाकू लोग रहते हैं। वीर-काव्य आल्हा, जिसमें आल्हा और उसके भाई ऊदल के वीरतापूर्ण कार्यों का वर्णन है, अवध में, महाराष्ट्र में पूवाड़ा के समान ही लोकप्रिय है। इस काव्य को गाने वाले अल्हहत अपने श्रोताओं में असीम साहस भर देते हैं। आश्चर्य की बात है कि इस काव्य के नायक यद्यपि बुन्देलखण्ड के हैं, किन्तु काव्य अवधी भाषा में लिखा गया है। मेरे बचपन में एक समय दो परस्पर विरोधी दल आल्हा सुन रहे थे। अकस्मात् अल्हहत ने दोनों हाथ ऊपर उठा कर जब कहा: "जिनके बैरी सुख मा सोवे, उनके जीवन को धिक्कार", तो दोनों विरोधी दलों के लोग अपनी लाठियाँ उठाकर खड़े हो गए और खूनी युद्ध होने लगा।

गाँव में हुई एक घटना, जिसमें ठाकुर जाति के एक जवान ने अकेले ही उन व्यक्तियों से बदला लिया, जिन्होंने उसके पिता को मार डाला था, एक नये वीर-काव्य की कथानक हो गयी।उस वीर-काव्य की हजारों प्रतियाँ कानपुर नगर में हाथों-हाथ बिक गयीं। १८५७ के युद्ध के बाद जब अंग्रेजों ने अपनी सेना में अवध से भरती बंद कर दी तो लोग आपस में ही लड़ने लगे। पड़री गाँव के ही कुछ लोग ग्वालियर और इन्दौर की मराठा रियासतों की सेना में भरती हो गए। कुछ लोग बम्बई और कलकत्ता चले गए और "दरबान" हो गए। बाकी लोग, अपनी लड़ाकू तबियत के निकास के लिए आपस में ही लड़ते-झगड़ते रहे। पड़री जैसे गाँवों में शांति और व्यवस्था बनाये रखने के लिए लोगों को स्वाधीन भारत में बड़ी संख्या में फौज, नौ सेना और हवाई दस्तों में सेवा करने के अवसर दिए जाने चाहिए।

पड़री गाँव के साथ न्याय करने के लिए यह कहना पड़ेगा कि उन्नीसवीं शताब्दी का अंत होते समय देश में जो राष्ट्रीय जागरण की लहर चली थी, उससे वह अछूता नहीं बचा। धार्मिक तथा सामाजिक विवाद, जो आर्यसमाज के संस्थापक स्वामी दानन्द सरस्वती द्वारा प्रतिपादित सुधारों के फलस्वरूप उत्पन्न हो गए थे, इस गाँव में प्रवेश पा चुके थे। उन शास्त्रार्थ आयोजनों का मुझे अभी भी स्मरण है, जिनके कारण वातावरण बड़ा गरम हो जाता था। वे मुझे बहुत दिलचस्प लगते थे, यद्यपि जो वाद-विवाद होता था, उसका बहुत कुछ मेरी समझ के बाहर था। एक अवसर पर, आर्य समाजी प्रचारक ने मूर्ति पूजा का खण्डन करते हुए कहा कि स्वामी दयानन्द को शिवरात्रि को शिवलिंग पर बैठे चूहे को देखकर बड़ी घृणा हो गयी थी। इस पर सनातनी शास्त्रीजी ने उत्तर दिया कि परमेश्वर ने यह जानकर कि चूहा उनके प्रिय पुत्र गणेश का वाहन है, उसे वैसी धृष्टता की छूट दे दी थी। सभा में हँसी का बड़ा ठहाका हुआ और शास्त्रार्थ समाप्त हो गया।

आर्य समाज ने हिन्दू समाज की जो कई सेवाएँ की हैं, उनमें उसके द्वारा शिक्षा प्रसार का स्थान प्रमुख है। इसके विपरीत सनातन धर्मावलंबियों प्रतिपक्ष ने भी शिक्षा के महत्व को स्वीकार कर अपनी कई संस्थाएँ स्थापित कीं। शिवप्रसाद पाण्डे नाम के एक व्यक्ति ने पड़री गाँव में कई भवन बनवाकर एक स्कूल की स्थापना की जिसमें हिन्दी और संस्कृत की शिक्षा का प्रबंध था। शारीरिक व्यायाम के लिए सुविधाएं उस स्कूल की विशेषता थी। फलस्वरूप गाँव बड़ी तेजी से विकास की ओर बढ़ा और १९२० तक मेरी जानकारी के अनुसार उस गाँव को ३० से अधिक स्नातकों के निवास का गौरव प्राप्त था।

कई पीढ़ी पहले मेरे पूर्वज प्राचीन कान्यकुब्ज और आजकल के कन्नौज से पड़री गाँव आए थे। मेरे पितामह लक्ष्मण प्रसाद का जीवन घटनापूर्ण किन्तु अल्पकालीन ही रहा। मेरे पिता तथा गाँव के बूढ़ों ने मुझे बताया था कि वे उस समय की उच्च शिक्षा प्राप्त करने के लिए सीतापुर गए थे। मैं यह कभी नहीं जान सका कि कानपुर और लखनऊ न जाकर, जो उनके गाँव से अधिक निकट थे, वे सीतापुर क्यों गए। शिक्षा समाप्ति के बाद वे गाँव वापिस आए जहाँ उनका विवाह हुआ। लेकिन गाँव का जीवन उन्हें पसंद नहीं आया और वे बम्बई चले गए। कुछ दिनों के बाद वे पूना पहुँचे और एक पारसी व्यक्ति की साझेदारी में कोई व्यापार करने लगे। वे गाँव से अपनी पत्नी को पूना ले आए और वहीं मेरे पिता अयोध्या प्रसाद का जन्म हुआ। मेरे पितामह पूना में लगभग दस वर्ष रहे और अचानक एक दिन हैजे की महामारी में उनके सुखी जीवन का अंत हो गया। मेरी विधवा दादी अपने एकमात्र पुत्र के

साथ जो उस समय लगभग ९ वर्ष का था, गाँव वापिस आ गई। लेकिन उन्हें यह जान लेने में देर नहीं हुई कि वे अपने पति के परिवार में अवांछनीय अतिथि थीं और निराश होकर वे निकट के गाँव लालपुर में अपने माता-पिता के साथ रहने चली गईं।

जब मेरे पिता वयस्क हुए और उनका विवाह हो गया, तो वे पड़री वापिस आए और अपने पैतृक घर के एक भाग में रहने लगे। आश्चर्य की बात यह थी कि इस बार उनके चाचा आदि ने उनका और मेरी माता का स्वागत किया। मेरे पिता, जो क्रोधी होने के साथ ही उदार भी थे, उतने से ही संतुष्ट रहे आए और पैतृक भू-सम्पत्ति के बँटवारे के लिए, जिसके अंतर्गत पैतृक मकान, कुछ खेत और दो बगीचे थे, उन्होंने जोर नहीं दिया। मेरा जन्म होने पर उन्होंने अपने पैरों पर खड़े होने का फैसला किया और अपनी माता से सलाह कर पूना गए। उनके पिता के पारसी साझेदार ने अपने को जोरोस्टर का सच्चा अनुयायी प्रमाणित करते हुए उन्हें २०,००० रुपये दिए। इस राशि के साथ, जो उन दिनों बहुत समझी जाती थी, वे सीधे तत्कालीन मध्यप्रांत और बरार के दक्षिण-पूर्वी भाग, छत्तीसगढ़ में रायपुर पहुँचे और वहाँ ठेकेदारी करने लगे।

इस विकल्प का कारण सरल था। कई शताब्दियों से अवध के लोग छत्तीसगढ़ जाकर बसते रहे थे और यही कारण है कि इस भू-भाग को दक्षिण कोशल कहा जाने लगा था। सर जार्ज ग्रियर्सन आदि भाषा-शास्त्रियों ने छत्तीसगढ़ी को अवधी की उपभाषा माना है। अंग्रेजों के समय से पहले छत्तीसगढ़ का पठार आवागमन के साधनों के अभाव में देश के अन्य भागों से लगभग अलग रहा आया था। पड़ोसी राज्यों में अकाल की स्थिति व्याप्त थी, जबकि इस उपजाऊ क्षेत्र की फसलें आवागमन के साधनों के अभाव में खलिहानों में सड़ रही थीं। अंग्रेजों का उस पर अधिकार हो जाने के पश्चात् सड़कें बनने लगीं और रेलगाड़ी चलने लगी। उसकी चावल की खेती के लिए सिंचाई की योजना बनी। अतएव उस विकास के दौर में मेरे पिता को ठेके मिलना आसान हो गया था।

चूँकि परिवार का तत्काल रायपुर जाना नहीं हुआ मेरा बचपन गाँव में ही बीता। मेरे पिता साल में दो बार गाँव आते थे। मेरी दादी ही इस परिवार की देखभाल करती रहीं, जिसमें मेरी माता की पहिली सन्तान मेरी बहन के अतिरिक्त दो भाई और बढ़ गए थे। युवावस्था में ही विधवा हो जाने के कारण मेरी दादी में समुचित आत्म-विश्वास उत्पन्न हो गया था और वे घर-बार सम्हालने में बड़ी कुशल साबित हुईं। परिवार में न तो बड़ी विलासिता थी और न अभाव ही था। पिता के द्वारा भेजी गयी रायपुर से समय-समय पर जो राशि आती थी, वह गाँव के एक मध्यम श्रेणी के परिवार के लिए पर्याप्त से अधिक ही थी। मेरी दादी के किंचित बहिर्मुखी स्वभाव के विपरीत मेरी माता विनम्र, धैर्यवान और विचारशील थी। मैं अपनी माता को प्यार करता था और दादी को प्यार करने के साथ ही उनसे डरता था। जब वे मुझे कहानी सुनाती थीं, तुलसीदास के उत्साह-वर्धक दोहे बोलती थीं और सूरदास के गाने गाती थीं तब मैं उन्हें प्यार करता था, लेकिन तब उनके सामने भयाक्रांत हो जाता था, जब वे मुझे शरारत करते देखकर धमकाती थीं और उनका सुन्दर मुँह क्रोध से भर जाता था। वे ही मुझको पाण्डे की नयी पाठशाला ले गयी थीं। ज्योंही मैंने पढ़ना सीखा, उन्होंने मुझे तुलसीदास के रामचरित मानस की एक प्रति दी। जब कभी भी मुझसे मुझे प्रभावित करने वाली पुस्तकों के सम्बन्ध में पूछा जाता है, मैं रामचरित मानस को सर्वप्रथम, तत्पश्चात् योगवासिष्ठ, गीता और लार्ड मॉर्ले की पुस्तक "ऑन काम्प्रोमाइज" को स्थान देता हूँ।

उस छोटी आयु में ही मुझे कुछ भी पढ़ते रहने का व्यसन हो गया। तो भी उन दिनों गाँवों में प्रचलित खेलों को भी नहीं छोड़ता था। पानी में तैरने के प्रति मुझे बड़ा आकर्षण था और उससे ज्यादा आनन्द अपने बगीचों में पेड़ पर चढ़ने में आता था। बन्दरों को चिढ़ाना, खरगोशों को डरवा कर झाड़ी में भगाना और उनके पीछे दौड़ना मुझे बहुत प्रिय था। हरसिंगार के फूलों को इकट्ठा करने में मैं कभी नहीं थकता था। जुलाई और अगस्त के महीनों में कई रंग और आकार के आम गाड़ियों भर पैदा होते थे। गाँव छोड़ने पर इनका न मिलना मुझे बहुत अखरा।

रायपुर-तिलक के शिष्य के चरणों में (१९०९-१९१८)

जुलाई १९०९ में मेरे पिता गाँव आए और हम सभी को रायपुर ले गए जहाँ मेरे सबसे छोटे भाई सत्येन्द्र प्रसाद का जन्म हुआ। रायपुर उन दिनों यद्यपि छोटा नगर था, तथापि भारत के सभी भागों के लोग वहाँ बस गए थे, इसलिए उसका रूप सर्वप्रदेशीय हो गया था। जिस प्राथमिक पाठशाला में मुझे प्रवेश मिला था, उसमें भी विभिन्न भाषी लड़के थे, जो हिन्दी पढ़ रहे थे। यह विविधता मेरे जिज्ञासु मस्तिष्क को रुचिकर लगी और इस प्रकार अनजाने ही राष्ट्रीयता का प्रथम पाठ मैं पढ़ गया। जातीय वरीयता की भावना भी जाती रही। उस समय से इस देश की सभी प्रमुख जातियों के व्यक्तियों के मेरे मित्र रहने का मुझे सौभाग्य प्राप्त रहा है।

जून १९१८ तक मैं रायपुर में रहा जब मैंने सेंट पॉल हाई स्कूल से मैट्रिक परीक्षा पास की। रायपुर ने मुझे बहुत कुछ विभिन्न रूप में दिया है। उन नौ वर्षों में ही मेरे भविष्य की बुनियाद पड़ी। उच्चतर माध्यमिक शाला में प्रवेश मिलते ही मैं लोकमान्य बाल गंगाधर तिलक के एक महाराष्ट्रीय अनुयायी माधवराव सप्रे के सम्पर्क में आया। पूना से प्रकाशित तिलक के प्रसिद्ध समाचार-पत्र "केसरी" के हिन्दी संस्करण के वे सम्पादक रह चुके थे। १९०८ में तिलक के जेल चले जाने पर वे भी गिरफ्तार कर लिए गए। परिवार और मित्रों का घोर दबाव पड़ने पर उन्होंने सरकार से माफी माँग ली और इस प्रकार एक राजनीतिक जीवन, जिससे बड़ी आशाएँ थीं, चकनाचूर हो गया।

जब मैं उनसे मिला वे अत्यन्त दुखी थे। अपने कुछ दुर्बल क्षणों में जो उनसे हो गया था उसके पश्चाताप से वे जल रहे थे। राजनीति से वे बिलकुल अलग होकर साहित्य के प्रति आकृष्ट हो गए, जिसके लिए वे सर्वथा उपयुक्त थे। उनका अपनी मातृभाषा मराठी के समान ही हिन्दी पर भी पूर्ण अधिकार था। वे हिन्दी के उन लेखकों के साथ हो गए, जो इलाहाबाद से प्रकाशित 'सरस्वती' के सम्पादक पण्डित महावीर प्रसाद द्विवेदी के नेतृत्व में उन दिनों प्रचलित हिन्दी की विभिन्न शैलियों का अध्ययन कर उच्चस्तरीय हिन्दी का सृजन कर रहे थे। इस प्रयत्न में सप्रे ने महत्वपूर्ण योगदान दिया और फलस्वरूप वे हिन्दी साहित्य सम्मेलन के सभापति चुने गए। उनकी देखरेख में मैं हिन्दी की कई पत्रिकाओं के लिए लेख लिखने लगा। क्रमशः मुझे अच्छा गद्य लिखने का अभ्यास हो गया और जब मैं स्कूल का ही विद्यार्थी था, छत्तीसगढ़ के साहित्यकारों द्वारा होनहार लेखक माना जाने लगा था।

विश्व के इतिहास में प्रथम विश्व युद्ध युगान्तकारी घटना है। इस युद्ध के चार वर्ष आधुनिक भारत के राजनीतिक इतिवृत्त में युग विभाजक हो गए। इस अवधि में भारतीय राष्ट्रीय काँग्रेस पर नरम दल के दकियानूसी प्रभाव का अंत हो गया और इस राष्ट्रीय संगठन पर उग्र राष्ट्रवादियों का वर्चस्व

प्रारम्भ हो गया। डेनियल आरगोव ने भारतीय राष्ट्रीय काँग्रेस और भारतीय राष्ट्रीय आंदोलन में अंतर दिखलाने का प्रयत्न किया है और उनकी राय में नरम दल के द्वारा प्रभावित भारतीय राष्ट्रीय काँग्रेस राष्ट्रीय आन्दोलन में अग्रगामी न होने के साथ ही उसके विकास में १८८३ से १९२० तक बाधक भी रही।[२] लेकिन यह दृष्टिकोण मात्र आंशिक सत्य है। इसे अस्वीकार नहीं किया जा सकता कि काँग्रेस की स्थापना एक अंग्रेज एलन ऑक्टवियन ह्यूम के अनुरोध पर हुई थी और उसकी कार्यवाही उनके परामर्श के अनुसार काफी लम्बे समय तक चलती रही। लेकिन आरगोव ह्यूम के साथ न्याय नहीं करते जब वे इस तथ्य पर जोर देते हैं कि ह्यूम चाहते थे कि काँग्रेस भारत में अंग्रेजी प्रभुत्व के लिए मात्र 'सुरक्षा वाल्व' रही आए। अपने दावे के समर्थन में आरगोव ह्यूम के इन शब्दों को प्रस्तुत करते हैं-"पाश्चात्य शिक्षा और विचारों से ऐसी शक्तियाँ सामने आ गई हैं जिनको यदि निर्देशित या नियन्त्रित नहीं किया गया तो परिणाम आगे-पीछे बड़े अनर्थकारी हो सकते हैं और यथार्थ में इन शक्तियों को सीमा में रखने, नियंत्रित करने और उन्हें उचित दिशा में ले जाने के लिए, जब उसके लिए अभी समय है, कांगेस की कल्पना की गयी थी।"

इस वक्तव्य का निकृष्टतम् अर्थ केवल यह हो सकता है कि जनसाधारण की इच्छाओं, भय और आक्रोश को सार्वजनिक रूप से प्रकट कर काँग्रेस विदेशी शासन को सचेत करेगी कि अनर्थकारी परिणामों से बचने के लिए वह अपनी प्रजा से अच्छा सम्बन्ध रखे। ह्यूम के कई अन्य वक्तव्य भी हैं जिनसे उनके विस्तृत दृष्टिकोण का पता चलता है। सन् १८८८ में इलाहाबाद में काँग्रेस के लक्ष्यों और उद्देश्यों की घोषणा करते हुए उन्होंने कहा कि "हम उस समय के लिए संभवत: पचास या सत्तर वर्ष में, उत्सुक रहेंगे जब भारत का शासन कनाडा उपनिवेश के समान हो जावेगा जब सभी छोटे-बड़े प्रदेशों में प्रादेशिक समस्याओं के लिए स्थानीय विधान सभाएँ होंगी और पूरे देश के लिए उपनिवेशीय संसद होगी। इंग्लैंड से भारत भेजा गया एक मात्र अधिकारी वाइसराय ही होगा।" इस प्रकार ह्यूम भारत के लिए पूर्ण स्वतंत्र उपनिवेश का दर्जा चाहते थे जिससे अधिक की माँग जवाहरलाल नेहरू और सुभाषचन्द्र बोस ने भी १९२७ तक नहीं की और जिसको भारतीय राष्ट्रीय काँग्रेस के लाहौर अधिवेशन तक, जो १९२९ में हुआ था, गाँधीजी माँग रहे थे। भारतीय राष्ट्रीय काँग्रेस के निर्माता ह्यूम उन इने गिने अंग्रेजों में थे जो जाति और धर्म से परे सभी के लिए न्याय और स्वतंत्रता के सिद्धांतों के पक्षपाती थे इसलिए उसके बुरे दिनों में उसका साथ देने वाले व्यक्ति की स्मृति को सँजोकर भारत सर्वथा उपयुक्त कार्य करता है।

काँग्रेस की स्थापना में ह्यूम के सहयोगी नरम दल के राजनीतिज्ञों की डेनियल आरगोव ने ज्यादा कड़ी आलोचना की है। उनसे सहमत होना सुगम हो जाता यदि उस अवधि के वे दो भाग कर देते जब काँग्रेस पर नरम दल वालों का कब्जा था। बंगाल के विभाजन का निर्णय १२ दिसम्बर, १९०३ के गजट में प्रकाशित हुआ था और इस निर्णय ने ही सरकार के उग्र विरोध की आग लगा दी थी जो धीरे-धीरे देश के सभी भागों में फैल गयी थी। यह तिथि उस अवधि को दो भागों में विभाजित करने वाली मानी जानी चाहिए।

१८८५ से १९०२ के दौरान देश के मध्यम वर्ग में भी कोई सार्वजनिक चेतना नहीं थी। यह सत्य है कि १८९७ में एक राजद्रोहात्मक लेख के लिए लोकमान्य तिलक जेल भेज दिए गए थे लेकिन उसकी अखिल भारतीय प्रतिक्रिया नहीं हुई, इसलिए इन नरमदलियों को इस बात के लिए दोष देना

उचित नहीं है कि उन्होंने काँग्रेस का संचालन एक ऐसी संस्था के रूप में किया जो अंग्रेजी शासन के प्रति अपनी वफादारी की घोषणा करे, उसकी प्रजा की तरह उसे प्रार्थना पत्र भेजे और उससे निवेदन करे। वे अधिक शिक्षित पश्चिमी विचारधारा वाले एक छोटे वर्ग का नेतृत्व करते थे और शासकीय तंत्र में इस वर्ग को अधिकाधिक सम्मिलित करने के उसके स्वार्थ की पूर्ति में प्रयत्नशील थे। सुरेन्द्र नाथ बैनर्जी, जो भारतीय सिविल सेवा से निकाल दिए गए थे, नरम दलीय राजनीतिक स्तर से ऊपर कभी भी नहीं उठ सके। कुछ अंग्रेजों को दिया गया उनका वक्तव्य उनकी मनोवृत्ति का परिचायक है:-

"इंग्लैंड से संबंध विच्छेद कर हम सब कुछ गवाँ ही देंगे, कोई लाभ नहीं होगा। हमारी जो भी स्थिति और प्रतिष्ठा है, वह मात्र अंग्रेजी शिक्षा और संस्कृति के कारण है। यदि आप लोग देश छोड़ कर चले जाते हैं, हमारी अंग्रेजी शिक्षा और संस्कृति निरर्थक हो जावेगी। हम राजनीतिक आत्महत्या के लिए विशेष उत्सुक नहीं हैं।"

लेकिन सभी नरमपंथी बैनर्जी जैसे नहीं थे। उदाहरण के लिए लाल मोहन घोष को लिया जा सकता है। वे नरमपंथियों से भी नरम थे लेकिन भारत और भारतीयों के प्रति लार्ड कर्जन के विस्फोट और बंगाल के विभाजन ने उन्हें इतना प्रभावित किया कि दिसम्बर १९०३ में मद्रास में हुए काँग्रेस के अधिवेशन के अध्यक्ष के रूप में उन्होंने अपने अध्यक्षीय भाषण में लार्ड कर्ज़न की केवल आलोचना ही नहीं की और दिल्ली दरबार को "भूखी जनता के सामने आडम्बरपूर्ण शानदार प्रदर्शन" कह कर उसकी भर्त्सना भर नहीं की बल्कि साथ में उन्होंने नरमपंथियों की काँग्रेस के ऊपर उनके निरंकुश अधिकार के लिए बहुत आलोचना की। तो भी इससे इंकार नहीं किया जा सकता कि काँग्रेस में जो प्रभावशाली नरमपंथी थे उनकी समझ में नहीं आ रहा था कि उनकी उपयोगिता समाप्त हो गई थी और उन्हें नए कार्यकर्ताओं के लिए स्थान छोड़ देने चाहिए, जो लार्ड कर्ज़न की भारत विरोधी राजनीति के कारण अस्तित्व में आ गए थे।

इन नरमपंथियों द्वारा किए गए प्रारम्भिक कार्य का इस नवजागरण में समुचित योगदान रहा था और उन्हें लोकमान्य तिलक (जो जेल से बाहर आ चुके थे), विपिनचन्द्र पाल, अरविन्द घोष और लाला लाजपतराय के हाथों में संगठन सौंप देने में गर्व होना चाहिए था। उनमें महात्मा गाँधी की दूरदर्शिता और उदारता का अभाव था। ग़ाँधीजी का जब भी विरोध किया गया भले वह न्यायोचित न रहा हो, तब भी वे संगठन को विरोधियों को सौंपकर परस्पर एकता बनाए रखते थे। उसके विपरीत इन छोटे आदमियों ने राष्ट्रवादियों से घोर संघर्ष किया। अपने विरोधियों का दमन करने में वे पुलिस की सहायता लेने से भी नहीं हिचके। दिसम्बर १९०७ में काँग्रेस का अधिवेशन जो सूरत में हुआ था, उसमें वे लोग राष्ट्रवादियों को संगठन से हटा देने में पूर्ण सफल हो गए। लेकिन १२१८ में उनका ढंग उन्हीं को ले डूबा और उन्हें स्वयं काँग्रेस को छोड़ना पड़ा। दो वर्ष पश्चात् उन्हें अपने लिए 'नेशनल लिबरल फेडरेशन' नामक एक अलग संगठन भी बनाना पड़ा। काँग्रेस में जब उनका वर्चस्व था तब वे अपने देशवासियों का भरोसा न कर अपने अस्तित्व और सहायता के लिए ब्रिटिश लिबरल पार्टी की ओर देखते थे। इसलिए यह न्यायसंगत और ठीक ही था कि वे खुद को लिबरल नाम से पुकारें। इस प्रकार यह कहा जा सकता है कि १९०४ से १९१८ तक की अवधि में ही नरमपंथी "राष्ट्रीय आंदोलन के विकास में बाधक रहे आए।"

ऐसा जान पड़ता है कि लार्ड कर्ज़न भी इन नरमदलियों को तिरस्कार की दृष्टि से देखते थे। उन्होंने इन नरमदलियों को "अपने देशवासियों से वास्तविक और मानवोचित प्रेम रखने की सलाह दी. ... सभा मंच के जोश की अपेक्षा सच्चे देश भक्त की गरमी का अनुभव करें।"[३] इस चुनौती भरे शब्दों का भी उन पर कुछ असर नहीं हुआ। लेकिन और लोग भी थे, जो कर्ज़न की इस चुनौती का जवाब देने की तैयारी कर रहे थे। जब १० अक्टूबर १९०५ को बंगाल विभाजन का प्रस्ताव क्रियान्वित हो गया, तब केवल बंगाल में ही आग नहीं लगी बल्कि बड़ी दूर स्थित पंजाब और महाराष्ट्र भी उत्तेजित हो गए। क्रमशः दूसरे प्रान्तों में भी नवजीवन की धड़कन शुरू हो गयी। ब्रिटिश वस्तुओं के बहिष्कार स्वदेशी के उपयोग और स्वायत्त शासन (होम रूल) के लिए जनता के ऊँचे स्वर एक नगर से दूसरे नगर के आकाश में उठने लगे। गोखले की अध्यक्षता में दिसम्बर में जब काँग्रेस का अधिवेशन बनारस में हुआ तो नरमपंथियों ने अपने राजनीतिक चरित्र के अनुसार प्रिंस ऑफ वेल्स के स्वागत के लिए, जिनके भारत आगमन की सूचना सरकार ने घोषित कर दी थी, एक प्रस्ताव पारित करने का प्रयास किया। जब तिलक और लाजपत राय ने उसका घोर विरोध किया तो उन्हें "बदमाश" और "राजद्रोह फैलाने वाला" कहा गया। कुछ प्रतिनिधियों को जबरदस्ती पंडाल से निकाला गया। लाला लाजपत राय ने स्वयं कहा है कि "बूढ़े नेता खास तौर पर बम्बई के प्रतिनिधि, जो अध्यक्ष के दोनों ओर बैठे थे, इतने भयभीत हो गए कि काँपने लगे और उनके चेहरे पीले पड़ गए।"

लेकिन मध्यम वर्ग के लोग जागृत हो गए थे और राष्ट्रीय आंदोलन इन नरमपंथियों और उनकी काँग्रेस से बचकर आगे निकल गया था। विदेशी शासन को समाप्त करने के संकल्प ने राजभक्ति का और बल प्रयोग ने भिक्षावृत्ति का स्थान ले लिया था। अंग्रेजी इतिहास से प्राप्त राजनीतिक विचार त्याग दिए गए और मेज़िनी और गैरीबाल्डी उत्साह और चेतना के नए स्रोत हो गए। प्रांतीय भाषाओं का चलन बढ़ गया और देशी भाषा में प्रकाशित समाचार पत्र नए आंदोलन के वाहक हो गए। बंकिमचंद्र चटर्जी के उपन्यास, विशेष रूप से वंदेमातरम् गीत के साथ उनका उपन्यास 'आनंदमठ' बड़े लोकप्रिय हुए और विभिन्न प्रांतीय भाषाओं में उनके अनुवाद निकले। विवेकानंद की जीवनी तथा उपदेश नयी पीढ़ी में बड़ी स्फूर्ति भरने लगी और 'भगवद्गीता' नए भारत के लिए जीवनमंत्र हो गई। राष्ट्र का अतीत पुनर्जीवित हो गया और भारतीय होने का नया गर्व उत्पन्न हो गया। इस नये दृष्टिकोण की व्याख्या विपिनचन्द्र पाल ने इस प्रकार की: "जिसे हम भारत कहते थे, उसकी अमूर्त कल्पना के प्रति तो हमें प्रेम था किन्तु वास्तविक भारत के प्रति घृणा थी। अपने देश का इतिहास, साहित्य, कला, उद्योग, संस्कृति और संस्थाएँ हमारी देश भक्ति की आधार नहीं थीं बल्कि इंग्लैंड को आदर्श मानकर उसका वैसा रूप हम चाहते थे। नयी चेतना ने हमें कोरी कल्पना और अमूर्त देश भक्ति से मुक्त कर दिया। भारत से प्रेम का अर्थ उसकी नदियों और पर्वतों, धान के लहलहाते उसके खेत और उसकी मरुभूमि, उसके नगर और गाँव और गरीब लोग, उसकी भाषाएँ, साहित्य, दर्शन, धर्म, संस्कृति और सभ्यता के प्रति प्रेम होता है।"[४]

तिलक ने समय के संकेतों को ठीक पहचाना था जब उन्होंने कहा था- "विभाजन से उत्पन्न रोष पर भारत के पुनरोत्थान का भवन निर्मित होगा।" लेकिन बंगाल का तरुण वर्ग मात्र स्वदेशी और बहिष्कार आन्दोलन से संतुष्ट नहीं रह सका और आतंकवाद की ओर आकर्षित हुआ जो धीरे-धीरे उत्तर की ओर बढ़ा और तीसरे दशक तक कम या अधिक मात्रा में रहा आया। बंगाल विभाजन के

पश्चात् शीघ्र ही लार्ड कर्ज़न भारत से चले गए, लेकिन उनकी स्वेच्छाचारिता और दंभ ने देशभक्ति की आग लगा दी थी और वह आग १९१९ तक निरन्तर जलती रही जब अमृतसर के जलियाँवाला बाग में उसमें नया ईंधन डाल दिया गया। यदि ह्यूम भारतीय राष्ट्रीय काँग्रेस के जन्मदाता थे तो लार्ड कर्जन को भी भारतीय उग्रवाद का प्रवर्तक कहलाने का हक है।

प्रथम विश्व युद्ध भारत के लिए अप्रत्यक्ष वरदान था। सामान्य जनता भी यह अनुभव करने लगी थी कि उनके शासकों के शत्रु प्रबल हैं और "जो सूर्य ब्रिटिश साम्राज्य में कहीं डूबता नहीं था,"वह अब गहरे बादलों से ढक गया था। भारतीय जवानों की वीरता से, जिसका प्रमाण युद्ध के कई मोर्चों पर मिला, देश की छाती फूल गयी थी। भारतीय नेताओं के नरम दल ने अपने शासकों सेउनके संकट-काल में अपनी सेवाओं के बदले राजनीतिक सुधार की माँग जब पुरस्कार की तरह की उस समय तिलक और एनी बेसेन्ट के नेतृत्व में राष्ट्रवादियों ने स्वायत्त शासन को अपना अधिकार कहकर माँगा। १९१६ के काँग्रेस अधिवेशन में तिलक की अग्रवर्ती नीतियों का समर्थन किया गया तथा काँग्रेस और मुस्लिम लीग में एकता हो गयी। इस एकता से हिन्दू मुस्लिम समझौता हो गया तथा दोनों ने मिलकर सुधारों के लिए योजना तैयार की। प्रचार के लिए श्रीमती एनी बेसेन्ट के देशव्यापी भ्रमण से और नवयुवकों से तिलक की जोरदार अपील से भारत के राजनीतिक वातावरण में विद्युत का संचरण होने लगा।

बंगाल के विद्यार्थियों की देशभक्ति के उत्साह और त्याग से देश का विद्यार्थी वर्ग स्पंदित हो उठा था। हम रायपुर के विद्यार्थियों ने भी विद्यार्थी सम्मेलन नाम की संस्था स्थापित की और सूर्योदय नाम का उसका मुख-पत्र प्रति माह प्रकाशित होने लगा। इस सम्मेलन की बैठक प्रति सप्ताह होती थी, जिसमें देशभक्ति पूर्ण तीक्ष्ण भाषण दिए जाते थे। इन्हीं बैठकों में मैंने सार्वजनिक भाषण करना सीखा और कुछ महीनों में ही सबसे आगे निकल गया। माधवराव सप्रे ने मेरी नयी उपलब्धि से प्रसन्न होते हुए भी मुझे सावधान किया। उन्हें संभवत: बंगाल की आतंकवादी गतिविधियों का मध्य प्रान्त में भी प्रवेश और हम लोगों का उसमें समाविष्ट हो जाने का भय था।

रायपुर का महाराष्ट्रीय समाज गणेशोत्सव बड़े उत्साह से मनाता था जिसमें हिन्दी भाषी नागरिक भी सम्मिलित होते थे। महोत्सव के प्रबंधक तात्कालिक भाषण के लिए प्रोत्साहित करते थे। जब तीन अवसरों पर मुझे प्रथम पुरस्कार मिले तो मुझे नगर का सर्वश्रेष्ठ वक्ता माना जाने लगा। पुरस्कार वितरण रविशंकर शुक्ल और रामदास नायक जैसे अग्रगण्य लोग किया करते थे। श्री शुक्ल भविष्य में मेरे मुख्यमंत्री हुए और श्री नायक १९२६ में मेरे साथ अनेक सदस्य निर्वाचन क्षेत्र से सह प्रत्याशी बनाए गए थे। १९१७ में मुझे प्राप्त पुरस्कारों में सप्रे द्वारा अनुवादित तिलक का गीता रहस्य ग्रंथ भी था।

वर्तमान में रायपुर का सर्वांगीण विकास हुआ है और वह इस्पात कारखाने के भिलाई नगर से लगभग एक हो गया है। शिक्षा के क्षेत्र में वहाँ रविशंकर विश्वविद्यालय है और कला, विज्ञान, कानून, चिकित्सा और इंजीनियरिंग के अध्ययन के लिए कई महाविद्यालय हैं, लेकिन १९१८ में जब मैं मैट्रिक परीक्षा में उत्तीर्ण हुआ तब कला विषय के लिए भी कोई महाविद्यालय नहीं था। महाविद्यालय में शिक्षा प्राप्त करने हेतु नागपुर या जबलपुर जाना पड़ता था। प्रारंभ में जबलपुर ही भेजने का विचार मेरे पिता ने किया था परन्तु एकाएक यह निर्णय बदल गया। छत्तीसगढ़ में रहने वाले अवध के कई लोग उन

प्रवासी पक्षियों के समान थे जो शीत ऋतु में उष्ण स्थलों को चले जाते हैं लेकिन ग्रीष्म काल में अपने मूल निवास को वापिस हो जाते हैं। रायपुर को अपना स्थायी निवास बनाने की इच्छा पिता में किंचित मात्र भी नहीं थी, इसलिए मुझे कानपुर भेजने का निर्णय उन्होंने लिया। पतित पावनी गंगा के तट पर अपनी जीवन संध्या के बिताने की उनकी योजना में मुझे कानपुर भेजना पहला कदम था।

उस वर्ष के ग्रीष्म ऋतु में विधिवत मेरा विवाह कर दिया गया। दहेज न मांगा जाना इस विवाह की विशेषता थी। इस सिद्धान्त का पालन मेरे अन्य भाइयों के विवाहों में भी पिता ने सख्ती से किया। मेरी पत्नी रमादेवी कानपुर जिले के भिटरगाँव नामक गाँव की थीं। पुराने समय में यह बड़ा स्थान रहा होगा, ऐसा अनुमान उसके नाम से होता है। गुप्तकाल की वास्तुकला के ढंग पर बना हुआ उस गाँव का एक मंदिर प्राचीन भारत के इतिहास वेत्ताओं और कलाविदों का आकर्षण रहा है।

कानपुर और जलियाँवाला बाग (१९१८-१९२०)

मैं जून के अंतिम सप्ताह में कानपुर पहुँचा और क्राइस्ट चर्च कालेज में भरती हो गया। आधी से अधिक मेरी शिक्षा अकस्मात् ही उन संस्थाओं में हुई जो ईसाई मिशन द्वारा चलायी जाती थी। रायपुर में मैंने बाइबल को कई बार पढ़ा था, उसमें कई परीक्षायें उत्तीर्ण की, जिनमें एक परीक्षा ऐसी भी थी जिसे पास करने पर ईसाई धर्मग्रन्थों को पढ़ाने के योग्य व्यक्ति मान लिया जाता था। यद्यपि उन दिनों धर्म-निरपेक्षता की मुझे जानकारी नहीं थी फिर भी मुझमें सभी धर्मों के प्रति आदर भाव आ गया था। रायपुर में मैं सेबोल्ड नामक एक अमेरिकन का, जो स्कूल के उप प्रधानाचार्य भी थे, प्रिय हो गया था। कानपुर में ओरमेराड का अत्यन्त प्रिय होने का सौभाग्य मिला जो होस्टल में ही रहते थे और विद्यार्थियों की सभी गतिविधियों में सम्मिलित होते थे। सारे विद्यार्थी उनके इतने निकट आ गए थे कि हम लोग उन्हें प्यार से "अमरुद साहब" कहा करते थे। उन्हें अपने उपनाम का पता था और वे प्रसन्न थे कि अमरुद का अर्थ अंग्रेजी शब्द मीठे (अमरुद) से खराब नहीं था।

राजनीतिक दृष्टि से कानपुर रायपुर की अपेक्षा अधिक गरम था। साथ ही १९१८ के प्रारंभिक अर्धांश में घटनाओं का क्रम भी तेज हो गया था। जून के महीने में मांटेगू-चेम्सफोर्ड रिपोर्ट प्रकाशित हुई, जिसकी बहुत प्रतीक्षा की जा रही थी। इस रिपोर्ट ने भारतीय नेताओं को दो समूहों में विभक्त कर दिया। अगस्त में काँग्रेस का विशेष अधिवेशन बम्बई में हुआ ताकि विभिन्न विचारों में सामंजस्य हो जाए। परस्पर एकता का दिखावा रखने की दृष्टि से दोनों गरम और नरम बातों का समावेश करते हुए एक प्रस्ताव पारित हुआ। जब "मान्टफोर्ड" की सुधारों की योजना का विरोध तीव्र था तब नवम्बर के पहले सप्ताह में प्रथम विश्व युद्ध समाप्त हो गया और युद्ध विराम की घोषणा हो गई। यद्यपि विजेता और विजित दोनों ही भयंकर युद्धाग्नि से गुजरे थे फिर भी अमेरिका के राष्ट्रपति विल्सन को छोड़कर वे संयत मनोवृत्ति नहीं ला सके थे। विल्सन ने सभी देशों को अपना भविष्य स्वयं निर्माण करने के अधिकार को प्रतिपादित करते हुए आत्मनिर्णय के सिद्धांत की घोषणा की और पूरे विश्व ने उनका प्रबल समर्थन किया। स्वाधीनता के लिए व्याकुल भारतीय जनता ने भी आत्मनिर्णय का स्वर उठाया जो हिमालय से कन्या कुमारी तक समान रूप से प्रतिध्वनित हुआ।

जब काँग्रेस का वार्षिक अधिवेशन दिल्ली में हुआ, उस समय तक नरम दल इस राष्ट्रीय संगठन से अलग हो गया था और सुधारों के समर्थन में सरकार के साथ एकजुट हो गया था। इस नरम दल

के कुछ बचे सदस्यों की उपस्थिति से प्रभावित न होते हुए राष्ट्रवादियों ने एक प्रस्ताव पास करना चाहा जिसमें मान्टफोर्ड के प्रस्तावों को "अपर्याप्त, निराशाप्रद और असंतोषजनक" कहा गया। उन्होंने इन शब्दों को प्रस्ताव से निकाल देने के लिए श्रीनिवास शास्त्री के संशोधन को रद्द कर दिया। नरम दल वालों को समय-असमय ब्रिटिश सिंहासन के प्रति अपनी वफ़ादारी प्रदर्शित करने का अभ्यास था। प्रिन्स ऑफ़ वेल्स के आगमन का स्वागत करते हुए इन लोगों ने एक प्रस्ताव पास करने का प्रयत्न किया लेकिन वातावरण को अनुकूल न पाकर उन्होंने उसे वापिस कर लेने की समझदारी की।

कानपुर में भी नरमपंथी थे, लेकिन दिल्ली अधिवेशन के बाद वे सभी सार्वजनिक क्षेत्र से बाहर होते गए और उनका स्थान गणेश शंकर विद्यार्थी और रोहतगी बन्धुओं-डॉ. मुरारीलाल और जवाहरलाल ने लिया। रायपुर में माधवराव सप्रे से मैं प्रभावित हुआ था, कानपुर में विद्यार्थीजी उनके सम्पर्क में आने वाले हर व्यक्ति में ज्वलंत देशभक्ति भर देते थे। जब मैं उनसे मिला, तब तक सप्रे ज्वालामुखी पर्वत शांत हो गया था किन्तु विद्यार्थी अपने चारों ओर जलता लावा उगल रहे थे जिससे देशभक्तों का पथ प्रकाशित हो रहा था तथा देशी और विदेशी आततायी झुलस रहे थे। उनका हिन्दी साप्ताहिक "प्रताप" उत्तर प्रदेश में ही केवल लोकप्रिय नहीं था बल्कि हिन्दी भाषी प्रांतों के सभी लोग बड़ी उत्सुकता से उसे पढ़ते थे। ग्वालियर रियासत के अधिकारियों की विद्यार्थीजी कड़े शब्दों में भर्त्सना करते थे, जिससे वे बहुत आतंकित थे। कानपुर आने के पूर्व विद्यार्थीजी ग्वालियर के निवासी थे। भाषण देने में उत्तर प्रदेश में विद्यार्थीजी से बढ़कर कोई नहीं था।

अपने सुदीर्घ सार्वजनिक जीवन में मैं कई वीर पुरुषों से मिला हूँ किन्तु मैंने विद्यार्थीजी को अपनी पीढ़ी के वीरतम पुरुष से भी बड़ा वीर माना है। इतने साहस, सच्चाई और सिद्धांतों के प्रति अटल निष्ठा के धनी के भाग्य में सहज मृत्यु नहीं लिखी थी। २५ मार्च, १९३१ को एक हिन्दू-मुस्लिम दंगे में वे एक धर्मान्ध मुस्लिम के द्वारा मारे गए जब वे हिन्दुओं के क्रोध से मुस्लिमों को बचाने के अपने ही द्वारा निर्धारित महान कार्य में संलग्न थे। कहा जाता है कि जब मुस्लिमों की घनी बस्ती में वे विरोधी मुस्लिमों की भीड़ से घिर गए तो सच्चे सत्याग्रही के समान उन्होंने प्राण घातक प्रहार के सामने अपना सिर झुका दिया था। देश की स्वाधीनता के लिए तो कई लोग शहीद हुए किन्तु साम्प्रदायिक एकता के लिए केवल विद्यार्थीजी ने अपने प्राण उत्सर्ग कर दिए।

कानपुर में कॉलेज के अन्दर और बाहर मैंने कई मित्र बनाए। सुप्रसिद्ध श्रमिक नेता अर्जुन अरोड़ा के पिता नारायण प्रसाद अरोड़ा के प्रति मुझमें बड़ा आदर था। उन्होंने किशोर आयु में लिखी गई मेरी पुस्तक "हिन्दू जाति का स्वातंत्र्य प्रेम" की भूमिका लिखी थी। वह पुस्तक बम्बई से १९२० में प्रकाशित हुई थी। उनकी मासिक पत्रिका "संसार" से भी मैं सम्बद्ध हो गया, जिसका सम्पादन भगवती प्रसाद बाजपेयी, जो बाद में ख्याति प्राप्त उपन्यासकार और कहानीकार माने गए, करते थे। कालेज के मेरे समकालीन मित्रों में ब्रह्मानंद मिश्र, बालकृष्ण शर्मा तथा उमाशंकर दीक्षित उल्लेखनीय हैं। ब्रह्मानंद जो बाद में कानपुर म्युनिसिपल कार्पोरेशन के अध्यक्ष हुए, मेरे बड़े घनिष्ठ सहपाठी थे और वे १९६३ तक जब उनका देहावसान हुआ, निरन्तर अपना प्रेम मुझ पर बरसाते रहे। १९४५ में जब मैं जेल से निकल कर आया तो यह जानकर उनके प्रति कृतज्ञता से अभिभूत हो गया कि वे मेरे परिवार की आवश्यकताओं का पता लगाने जबलपुर दौड़े आए थे। बालकृष्ण शर्मा अपने विद्यार्थी जीवन में ही "प्रताप" के सह-सम्पादक हो गए थे और १९३३ में विद्यार्थीजी के स्थान पर सम्पादक हुए।

अभी तक मैंने गद्य ही लिखा था लेकिन कविता के प्रति शर्मा का प्रेम संक्रामक साबित हुआ और मैंने भी कुछ कविताएँ लिखीं जिनके प्रसिद्ध पत्रिकाओं में प्रकाशित होने पर मुझे बहुत अच्छा लगा। कवि होने के साथ ही शर्माजी बड़े भावुक वक्ता भी थे। असहयोग आंदोलन के दिनों में उन्होंने कालेज छोड़ दिया और यू.पी. काँग्रेस में अपने लिए महत्वपूर्ण स्थान बना लिया था। स्वाधीनता के बाद वे लोकसभा सदस्य निर्वाचित हुए और काफी लम्बे समय तक उसके बड़े लोकप्रिय सदस्य रहे। शर्मा कालेज में मुझसे एक कक्षा आगे थे लेकिन मैं और उमाशंकर दीक्षित एक ही कक्षा में पढ़ते थे। हम दोनों की राजनीति में बड़ी दिलचस्पी थी। हम एक साथ सभी महत्वपूर्ण सभाओं में उपस्थित होते और बाद में विभिन्न वक्ताओं के भाषणों पर चर्चा करते थे। संस्कृत और अंग्रेजी कक्षा में हम दोनों साथ बैठते थे और उनके द्वारा मज़ाक करते रहना और उनके मज़ाक पर मेरा हँस पड़ना हम दोनों को अपने अध्यापकों की नाराज़ी का शिकार बना देते थे। उन्होंने भी १९२० में कालेज छोड़ा और असहयोग आंदोलन में सक्रिय भाग लिया। असहयोग आंदोलन की समाप्ति पर वे बम्बई चले गए जहाँ उनके बड़े भाई कोई व्यापार करते थे। १९३० में और उसके बाद के सभी राष्ट्रीय आन्दोलनों में वे जेल जाते रहे। १९४२ में वे भूमिगत हो गए और भारत छोड़ो आंदोलन का संचालन करते रहे। कई बार पुलिस जब मान लेती थी कि वे फँस गए तब पुलिस के घेरे से वे बचकर निकल जाते थे। उन्हें बम्बई के प्रमुख राजनेता होने में अधिक समय नहीं लगा।

जवाहरलाल नेहरू दीक्षितजी को उत्तर प्रदेश से ही बहुत चाहने लगे थे और उन्हें मिलने के लिए हमेशा समय देते थे, जब वे बम्बई जाते थे। स्वराज्य प्राप्ति के पश्चात् नेहरू ने उन्हें दिल्ली बुलाया और शरणार्थियों की सम्पत्ति की देखरेख के लिए परिरक्षक नियुक्त कर दिया। रफी अहमद किदवई के असामयिक देहान्त के पश्चात् वे लखनऊ से प्रकाशित दुर्बल अंग्रेजी दैनिक "नेशनल हैराल्ड" के व्यवस्थापक हो गए। उत्तर प्रदेश के इस राष्ट्रीय समाचार-पत्र को उन्होंने सुदृढ़ ही नहीं किया बल्कि उसका प्रकाशन दिल्ली से भी होने लगा। इंदिरा गाँधी ने प्रधानमंत्री बनने के बाद उन्हें अखिल भारतीय काँग्रेस कमेटी का कोषाध्यक्ष नियुक्त किया और बाद में केबिनेट स्तर का अपना मंत्री बना लिया। मेरे राजनीतिक जीवन के उतार-चढ़ाव के दौरान वे बड़े विश्वसनीय और स्नेही मित्र रहे हैं और हम दोनों के लिए यह संतोष की बात है कि अर्ध-शताब्दी से भी अधिक काल तक हमारी मित्रता पूर्ववत् ही रही आयी।

सन् १९१९ का प्रारम्भ रोलेट रिपोर्ट के प्रकाशन से हुआ और बाद में ६ फरवरी को सर्वोच्च विधान परिषद में रोलट बिलों के रूप में उसे प्रस्तुत किया गया। इन बिलों की योजना, जिन्हें "काले बिल" कहा जाने लगा था, भारतीय समाचार पत्रों की स्वतंत्रता, भारतीय जनता के विचार प्रकाशन, भाषण और वैयक्तिक स्वतंत्रता के अपहरण के लिए की गई थी और न्यायालय में भी न्याय प्राप्त करने के साधारण अधिकार से भी वंचित हो जाना था। विधान परिषद में इन बिलों के प्रस्तुत किए जाने पर जनता और शासन में परस्पर क्रिया और प्रतिक्रिया का एक सिलसिला ही चल पड़ा था और बाद में जो घटनाएँ हुईं उनकी जड़ में भी ये बिल थे, इसलिए प्रश्न उठता है कि सरकार ने इन बिलों को कानून में बदलने की ज़िद क्यों पकड़ ली थी जब उसे मालूम था कि इन बिलों का कड़ा विरोध होगा। यह दलील कि उन्हें हिंसात्मक आंदोलन को समाप्त करने के लिए बनाना जरूरी हो गया था, न्यायोचित

नहीं जान पड़ती। गाँधीजी के शब्दों में, रोलेट रिपोर्ट के अनुसार भी, "गुप्त हिंसा की वारदातें इक्का-दुक्का और देश के बहुत छोटे भाग में तथा बहुत ही कम लोगों में सीमित थीं, जबकि इन बिलों का उद्देश्य पूरे देश को अपनी पकड़ में रखना था।"[५]

वास्तविकता तो यह जान पड़ती है कि विश्व युद्ध के परिणामस्वरूप संसार के अन्य भागों के निवासियों के समान भारत की पराधीन जनता स्वतंत्रता के अपने अधिकार के प्रति बड़ी सजग हो गई थी और सरकार इन काले बिलों को कानून बनाकर स्वायत्त शासन के लिए किसी भी आन्दोलन को कुचल देने की तैयारी कर रही थी। इंग्लैंड लड़ाई जीत चुका था और अब अपने उपनिवेशों और अधीन देशों में अशांति का दमन करने के लिए कटिबद्ध था। मान्टफोर्ड रिपोर्ट में दिए गए सुधारों से अधिक के लिए माँग करना सरकार के विरुद्ध राजद्रोह था जिसे दृढ़ता से कुचल देना था। भारतीय नेताओं की परिस्थिति का उन्होंने अनुमान कर लिया था और उनसे निपटने का ढंग उन्हें मालूम था। स्थिति के आकलन में वे गलत नहीं थे क्योंकि देश वस्तुत: असहाय था, तो भी सरकार और जनता दोनों ने अपनी शक्ति और दुर्बलता का अनुमान लगाने में एक व्यक्ति की उपेक्षा की थी और वह व्यक्ति था गाँधी।

भारतीय राजनीति के मंच पर वे अपने सत्याग्रह अस्त्र को लेकर अकस्मात प्रकट हो गए। अपने इस अस्त्र की क्षमता का परीक्षण वे दक्षिण अफ्रीका, गुजरात में कैरा और बिहार में चम्पारन जिले में कर चुके थे। भारत उनके त्याग और तप से उनका प्रशंसक पहले ही हो गया था। अभी तक उन्होंने छोटे उद्देश्यों को लेकर संघर्ष किया था, लेकिन अब वे ऐसे लक्ष्य को सामने रख कर शासन को चुनौती दे रहे थे, जिसे पूरा राष्ट्र चाहता था। उस समय भारतीय देशभक्तों के उनके प्रति जो भाव थे उनका दिग्दर्शन जवाहरलाल ने भली प्रकार किया है: "गाँधी शीतल वायु के शक्तिशाली झोके की तरह थे जिसकी शीतलता में हमने अँगड़ाई और गहरी साँस ली, गाँधी प्रकाश के उस पुंज के समान थे जिसने अंधकार का छेदन कर हमारी आँखों पर चढ़ी परत को दूर कर दिया, गाँधी वह झंझावात थे जो बहुत कुछ उलट-पलट देता है लेकिन मनुष्य के चिन्तन को सबसे अधिक झकझोर डालता है...। राजनीतिक स्वतंत्रता ने नया रूप और नया अर्थ ले लिया।"[६]

१८ मार्च को सत्याग्रहियों के लिए गाँधीजी ने एक प्रतिज्ञा-पत्र का प्रकाशन किया जिसके अनुसार सत्याग्रही को यह प्रतिज्ञा करनी थी कि रोलेट बिलों के कानून बन जाने पर वह उसकी सविनय अवज्ञा करेगा और इस संघर्ष में वह सत्य का पालन करेगा तथा जीवन, व्यक्ति और सम्पत्ति को हानि नहीं पहुँचाएगा। उनके इस आव्हान को देश के सभी भागों से उत्साहपूर्ण समर्थन मिला। निश्चित तिथियों में हड़ताल रखी गयी और जुलूस निकाले गये जिनमें हिन्दू और मुस्लिमों ने मैत्री की भावना से एक साथ भाग लिया। दिल्ली के अतिरिक्त जहाँ शासन ने जनता को कुचलने के लिए गोली चलायी, अपार जन-समूह के सम्मिलित होने पर भी पूरा आंदोलन लगभग शांतिपूर्ण रहा। जब गाँधीजी दिल्ली जा रहे थे, उन्हें मथुरा में गिरफ्तार कर लिया गया। फलस्वरूप अहमदाबाद और गुजरात के कई स्थानों में हिंसात्मक घटनायें हुईं। पंजाब में लेफ्टिनेंट गवर्नर मिचेल ओडायर और जनरल डायर "उपद्रव भड़काने वालों" को मार्शल-ला के बहाने सबक सिखाने पर आमादा थे। लाहौर, कसूर गुजराँवाला आदि नगरों में अंग्रेजी शासन ने अपनी शक्ति प्रदर्शित की, लेकिन इसका पूर्ण प्रदर्शन अमृतसर के लिए

सुरक्षित रखा गया था। गुजरात में हुई घटनाओं के परिणामस्वरूप बम्बई में जेल से छूटने पर गाँधीजी ने सत्याग्रह स्थगित कर दिया था, लेकिन उनकी यह कार्यवाही पंजाब के सूबेदारों को सिक्खों के पवित्र नगर अमृतसर पर ज़ोर और जुल्म ढाने से नहीं रोक सकी। जलियाँवाला बाग में लगभग बीस हजार लोग अपने नेताओं की गिरफ्तारी का विरोध करने के लिए जमा हुए थे। अकारण ही और वहाँ से हट जाने की पूर्वसूचना दिए बिना ही अकस्मात डायर ने गोली चलाने का आदेश दे दिया। १६००० चक्र गोलियाँ चलाई गयीं जिनसे ४०० व्यक्ति घटनास्थल पर ही मारे गए और हज़ारों घायल हो गए।

इस रक्तपात की भयंकरता से उसके लिए जिम्मेदार लोग भी घबरा गए। यदि उसकी वैसी प्रतिक्रिया उनमें न होती तो वे देश के दूसरे भागों में जनता को आतंकित करने हेतु उसका प्रचार करते। इसके विपरीत, उन्होंने पंजाब में बहुत कड़ाई से सेंसर लागू कर देश के अन्य भागों से अलग कर लिया ताकि अपने जघन्य अपराधों को छिपा सकें। लेकिन रवीन्द्रनाथ ठाकुर के शब्दों में, "वह भयंकर सत्य बलपूर्वक ठूँसे गए मौन से धीरे-धीरे बह निकला।" लोग यह जानकर स्तम्भित थे कि जलियाँवाला बाग में किए गए नरसंहार के साथ ही उनके नेताओं को देश से निकाल दिया गया, सम्पत्ति जब्त कर ली गयी, समाचार पत्र बन्द कर दिए गए, कार्यकर्ताओं को फाँसी पर लटका दिया गया, कई लोगों को सरे आम कोड़े लगाए गए और कई लोगों को अपने पेट के बल रेंगने के लिए मजबूर किया गया। इस घोर अत्याचार से देश में सर्वत्र रोष की लहर व्याप्त हो गयी और तरुण वर्ग में प्रति-हिंसा जाग पड़ी। जलियाँवाला बाग की जघन्य घटना के एक सप्ताह में अखिल भारतीय काँग्रेस कमेटी की एक बैठक हुई जिसमें न्यायिक जाँच की मांग करते हुए एक प्रस्ताव पास हुआ। गाँधीजी द्वारा पंजाब जाने के लिए कई बार किया गया निवेदन वाइसराय द्वारा स्वीकार नहीं किया गया। तो भी, जून माह में मोतीलाल नेहरू, मदनमोहन मालवीय और स्वामी श्रद्धानंद, जिनके साथ पुरुषोत्तम दास टंडन और जवाहरलाल नेहरू भी थे, पंजाब गए। सितम्बर में सरकार ने अपने अधिकारियों के अपराधों पर लीपा पोती करने के लिए हंटर कमीशन नियुक्त किया। उसने एक इंडेम्निटी बिल भी पास कर लिया ताकि उस लीपा पोती कमीशन के द्वारा भी जिन अधिकारियों को अपराधी कहा जाए, उन्हें बचाया जा सके। यह जानकर कि सरकार न्याय नहीं करना चाहती थी, काँग्रेस ने पंजाब में हुए अत्याचारों की जाँच के लिए अपनी अलग एक समिति बनायी।

जब शासकीय और अशासकीय जाँच चल रही थी, "मान्टफोर्ड" प्रस्तावों पर आधारित रिफार्म बिल इंग्लैंड की पार्लियामेंट में प्रस्तुत कर दिया गया; इसने आग में ईंधन डालने का काम किया। मोतीलाल नेहरू की अध्यक्षता में अमृतसर में काँग्रेस का अधिवेशन हुआ। एक वर्ष पहले उन्होंने जवाहरलाल नेहरू को गाँधीजी द्वारा प्रारंभ किए गए सत्याग्रह में भाग लेने से रोका था। लेकिन जलियांवाला बाग में किए गए नरसंहार से विचलित होकर अब वे अपनी बड़ी आमदनी वाली वकालत छोड़कर स्वाधीनता के युद्ध में गाँधीजी के साथ हो गए थे। लाहौर में बड़ा जोशीला माहौल था। देशबंधु दास के नेतृत्व में बंगाल से प्रतिनिधियों का एक दल बचे खुचे नरम पंथियों से अंतिम निर्णय करने आ गया था। कई दलों के इस बड़े जमघट में केवल गाँधीजी किसी भी गुट में सम्मिलित नहीं थे और राष्ट्र उचित नेतृत्व के लिए उनकी ओर देख रहा था।

गाँधीजी के कई गुणों में, किसी कार्य के लिए उचित समय को पहिचानने का भी गुण था। उन्हें

मालूम था कि जनता संघर्ष के लिए उतावली थी। उन्हें यह भी मालूम था कि संघर्ष अनिवार्य था क्योंकि जनता की उचित माँग को सरकार मानने के लिये सहमत नहीं थी। लेकिन अभी वे बल प्रयोग के लिए तैयार नहीं थे। विश्व युद्ध में टर्की पराजित हो गया था और सुल्तान, जो दुनिया के सभी मुस्लिमों का खलीफ़ा था, संयुक्त शक्तियों का वास्तव में कैदी था। अमृतसर में आनेवाले मुस्लिम नेताओं ने गाँधीजी को खलीफ़ा के सम्बन्ध की अपनी चिन्ता से अवगत करा दिया था। शायद वे प्रतीक्षा कर रहे थे कि वह समस्या प्रमुख रूप से सामने आ जाए। इस बात को ध्यान में रखते हुए सी.आर. दास के द्वारा प्रस्तुत इस आशय के प्रस्ताव में, जिसमें आत्म-निर्णय के सिद्धांत के अनुसार स्वायत्त शासन की माँग की गयी थी, गाँधीजी ने यह संशोधन जोड़ा कि "स्वायत्त शासन के होने के पूर्व यह काँग्रेस विश्वास करती है कि जनता इन सुधारों पर अमल, जहाँ तक हो सके, इस तरह करेगी कि पूर्णतः उत्तरदायी स्वायत्त शासन की स्थापना हो जाए।" काँग्रेस पर गाँधीजी के प्रभाव का अनुमान इस बात से लगाया जा सकता है कि उनके सुझाव पर प्रिंस ऑफ़ वेल्स का स्वागत करने का प्रस्ताव, जिसके लिए १९१८ के काँग्रेस अधिवेशन में नरमपंथियों ने दबाव डालने की हिम्मत नहीं की थी, अब इस अधिवेशन में स्वीकृत हो गया था। अमृतसर अधिवेशन मौलाना मोहम्मद अली और शौकत अली, जो "अली-बन्धु" कहलाते थे, के भव्य स्वागत के साथ, जिन्हें कुछ दिन पहले ही मध्यप्रान्त की छिंदवाड़ा जेल से मुक्त किया गया था, समाप्त हुआ।

इस प्रकार १९१९ का घटनापूर्ण वर्ष समाप्त हो गया और उससे अधिक महत्वपूर्ण १९२० के वर्ष का प्रारंभ हुआ। मुस्लिमों के खिलाफत आंदोलन से, जिसका नेतृत्व अली-बन्धु कर रहे थे, इस वर्ष का श्रीगणेश हुआ। पिछले विश्व युद्ध में भारत के मुस्लिमों ने इंग्लैंड के प्रधानमंत्री लायड जार्ज के इस वचन पर मित्र राष्ट्रों का साथ दिया था कि टर्की के हार जाने की स्थिति में एशिया माइनर और ग्रीस के उसके इलाके उससे छीने नहीं जावेंगे और मुस्लिमों के खलीफा होने के कारण वहाँ के मुस्लिमों के धार्मिक स्थान टर्की के सुलतान के कब्जे में रहे आएँगे। विराम संधि की शर्तों के अनुसार टर्की का बहुत हिस्सा उसके अधिकार से निकल गया था और यह निश्चित दिखाई दे रहा था कि मुस्लिमों को दिए गए वचन का पालन इंग्लैंड नहीं करेगा।

इंग्लैंड और भारत के ब्रिटिश शासन से बातचीत करने के लिए मुस्लिमों ने एक कमेटी बनायी थी। जब उसके प्रयत्नों का कोई परिणाम नहीं निकला तो वे अपनी अप्रसन्नता व्यक्त करने लगे। अली बन्धुओं ने मुस्लिमों को भड़काना शुरू किया और शासन के विरुद्ध उन्हें उत्तेजित करने में सफल हो गए। शासन द्वारा पंजाब में किए गए अत्याचारों से संबंधित काँग्रेस जाँच कमेटी की रिपोर्ट, जिसे गाँधीजी ने स्वयं तैयार किया था, २५ मार्च को प्रकाशित हुई। उस रिपोर्ट से, जिसमें पंजाब की जनता पर ढाये गए अत्याचार का रोमांचकारी वर्णन था, देश का वातावरण बड़ा क्षुब्ध हुआ। टर्की के सुलतान के मामले में मुस्लिमों की अप्रसन्नता ने और इस रिपोर्ट से उत्पन्न आम लोगों की उत्तेजना ने दो तेज़ बहती और उफनाती हुई नदियों की तरह एक आक्रोश के उबलते हुए समुद्र का रूप ले लिया जो बहुत बेचैनी से गरज रहा था। करीब दो माह पहले गाँधीजी ने अली बन्धुओं को खलीफा के मामले में हुई गलतियों को ठीक करवाने के लिए असहयोग का सहारा लेने की सलाह दी थी। अब वे उस पर सहमत हो गए। असहयोग आंदोलन के लिए गाँधीजी ने जो मुद्दे तैयार किए थे उनमें खलीफा का मामला,

जलियाँवाला बाग का नरसंहार और उसके बाद की गई ज्यादती, हन्टर कमेटी की लीपा पोती, पंजाब के लेफ्टिनेंन्ट गवर्नर और वाइसराय की कार्यवाही के समर्थन में मांटेग्यू का पत्र और मार्शल-लॉ के दौरान जिन अधिकारियों ने जुल्म किए थे, उनके तबादले से इंकारी शामिल थी। अंत में गाँधीजी ने घोषणा की कि "यह सभी काम हिन्दुस्तान के प्रति लगातार किए गए अन्याय की श्रृंखला की तरह है जिनके खिलाफ हिन्दुस्तान को, अगर उसमें ज़रा भी आत्म सम्मान की भावना है, अपने सर्वस्व को दाँव पर रखकर संघर्ष करना चाहिए। अगर वह ऐसा नहीं करता तो यह समझना चाहिए कि शोरवा मिलने के बदले में उसने अपनी आत्मा बेच दी।"[७]

यह ध्यान देने योग्य है कि शासन द्वारा किए गए दुष्कर्मों की गाँधीजी की सूची में खिलाफत की समस्या सबसे पहले थी। पंजाब में किए गए अत्याचारों की विस्तृत जानकारी अमृतसर काँग्रेस के समय गाँधीजी को हो गई थी। इन दो तथ्यों को साथ में रखकर विचार करने से इस निष्कर्ष पर पहुँचा जा सकता है कि अगर खिलाफत के मामले ने हिन्दुस्तान के मुस्लिमों में सख्त नाराज़ी नहीं पैदा की होती तो गाँधीजी शायद असहयोग आंदोलन प्रारम्भ न करते। अतः कूपलैण्ड द्वारा अपनी पुस्तक "दि इंडियन प्राब्लम" मे यह लिखना इसलिए गलत नही जान पड़ता, जब वे गाँधीजी को उद्धृत कर कहते हैं कि उनके अनुसार खिलाफत के मामले ने हिन्दुओं और मुस्लिमों में मेल हो जाने की ऐसी परिस्थिति उपस्थित कर दी थी, जो १०० वर्षों में भी नहीं हो सकेगी।"[८]

जिन दिनों असहयोग आंदोलन की विस्तृत योजना तैयार हो रही थी, मैं इन्टरमीडियेट परीक्षा में पास हो गया। क्राइस्ट चर्च कालेज में बी.ए. कक्षाएँ भी पढ़ाई जाती थीं, इसलिए कानपुर छोड़ने का मेरे लिए सवाल नहीं था। लेकिन मेरे भविष्य के सम्बन्ध में पिता ने अपनी अलग धारणा निश्चित कर ली थी। उन्हें बताया गया था कि उत्तर प्रदेश में इलाहाबाद का म्योर सेन्ट्रल कालेज शिक्षा के लिए सर्वश्रेष्ठ कालेज था और इंडियन सिविल सर्विस के लिए सम्पूर्ण भारत में वही एक मात्र केन्द्र था। उनका पुत्र म्योर सेन्ट्रल कालेज में क्यों न भरती हो और इण्डियन सिविल सर्विस की परीक्षा में क्यों न बैठे? जहाँ तक पिता का सम्बन्ध था, वे ऐसा क्यों न सोचें? लेकिन पुत्र के मनोभावों के सम्बन्ध में भी सोचना था, जिसके हृदय में उस शासन के विरुद्ध घृणा की भावना उत्पन्न हो गई थी, जिसने पंजाब के अपने अत्याचारों से लड़ाई में जर्मनी के द्वारा किए गए कारनामों को पीछे छोड़ दिया था। उससे यह अपेक्षा आशातीत थी कि वह ऐसी शासन की सेवा करने के लिए राजी हो जाए और ऐसी आशा का पूर्ण होना उस समय तो सर्वथा असम्भव था जब राष्ट्र उस शासन से असहयोग करने की तैयारी कर रहा था।

पिता के उग्र स्वभाव से परिचित होने के कारण मैंने सावधानी पूर्वक निर्णय किया। मुझे यह ठीक जान पड़ा कि मैं म्योर सेन्ट्रल कालेज में नाम लिखा लूँ और बाद में कुछ तय किया जाए। इसलिए मैंने उनकी बात मान ली और वे बड़े प्रसन्न होकर रायपुर वापिस हो गए। कभी-कभी मैं सोचता हूँ कि मृत्यु हमारे भौतिक शरीर को ही समाप्त कर पाती है और हमारी उत्कट इच्छाएँ रही आती हैं तथा पूर्ण होने के लिए प्रयासरत रहती हैं। मेरे द्वारा पिता को निराश होना ही था, लेकिन मेरे पुत्र ब्रजेश ने १९५१ में उनकी इच्छा पूरी की जब वह दोनों-भारतीय प्रशासन सेवा और भारतीय विदेश सेवा-की परीक्षाओं में उत्तीर्ण हो गया, यद्यपि पिता की मृत्यु के दीर्घकाल के पश्चात् स्वतंत्र भारत में यह घटित हुआ।

इलाहाबाद-मैंने असहयोग किया (१९२०)

कानपुर मेरे लिए नया नहीं था, लेकिन इलाहाबाद के लिए मैं बिल्कुल अजनबी था। वहाँ पहुँचने के बाद मैं सीधा मदनमोहन मालवीय द्वारा स्थापित हिन्दू छात्रावास गया। यह जानकर मुझे सुखद आश्चर्य हुआ कि उस छात्रावास के सुपरिन्टेन्डेन्ट देवी प्रसाद शुक्ल थे जो कानपुर में क्राइस्ट चर्च कालेज में मेरे प्रथम वर्ष में अध्यापक थे। जून का अंतिम सप्ताह होने के कारण पूरा छात्रावास खाली था क्योंकि सभी छात्र ग्रीष्मावकाश में अपने घर चले गए थे इसलिए सुविधाजनक आवास मिल जाना सरल हो गया। सुपरिन्टेन्डेन्ट की सहायता से मुझे म्योर सेन्ट्रल कालेज में प्रवेश भी तत्काल प्राप्त हो गया जिसके लिए छात्र बड़े लालायित रहते थे। लेकिन पुस्तकें खरीदने के दौरान मुझे इलाहाबाद की गरमी का भी, जो मई और जून में बहुत तेज होती है, अनुभव हुआ। कड़ी गरमी से बचने की घरेलू सुविधायें उपलब्ध न होने के कारण इलाहाबाद पहुँचने के एक सप्ताह में ही मैं बीमार हो गया। सुपरिन्टेन्डेट की खोज करने पर पता चला कि वे दो-एक दिन की छुट्टी पर गए हैं। चिकित्सक बुलाने के लिए मेरे पास कोई नहीं था। जब मैं बिल्कुल असहाय पड़ा था, मेरे स्वास्थ्य के संबंध में पूछते हुए अकस्मात् एक स्वर मैंने सुना। जब मैंने आँखें खोली तो चारपाई के बगल में एक लम्बे दुबले-पतले व्यक्ति को खड़ा पाया, जिन्होंने अपना परिचय एम.ए. अंतिम वर्ष के विद्यार्थी धीरेन्द्र वर्मा कह कर दिया। यह जानकर कि इलाहाबाद में मेरा न कोई रिश्तेदार या मित्र था, उन्होंने मेरे उपचार की व्यवस्था की। वे प्रतिदिन अपने घर से दूध और फल लेकर मेरे पास दो बार आते थे। इतनी स्नेहपूर्ण उपचार से मैं शीघ्र ही अच्छा हो गया और उनके प्रति कृतज्ञता से इतना अभिभूत था कि शब्दों में वह प्रकट नहीं की जा सकती थी। यह पहिचान मित्रता में बदलकर बड़ी घनिष्ठ होती गई। हमने एक-दूसरे के साथ रहने का निर्णय किया और उनके पिता ने, जो लोककर्म विभाग में अधिकारी थे, अपनी सहमति दे दी। बहुत खोज करने पर अन्तत: एक मकान म्योर सेन्ट्रल कालेज से कुछ ही दूरी पर मिल गया जिसमें दो परिवार रह सकते थे। कुछ दिनों में मेरी माता मेरी पत्नी के साथ आ गईं और दोनों परिवार इस तरह रहने लगे जैसे सदा से एक-दूसरे से भली-भाँति परिचित हों।

इलाहाबाद राजनीतिक नेताओं का निवास माना जाता था। वहाँ नरम दल के सर तेज बहादुर सप्रू और सी.वाय. चिंतामणि थे और राष्ट्रवादियों में मोतीलाल नेहरू और उनके पुत्र जवाहरलाल थे। जवाहरलाल धीरे-धीरे सामने आ रहे थे और ऐसा माना जाता था कि वे अपने सम्पन्न पिता को सक्रिय राजनीति में खींच ले आए थे। इलाहाबाद में मदनमोहन मालवीय और पुरुषोत्तम दास टंडन भी थे, जो अपनी अलग विशिष्टता रखते थे।

इलाहाबाद से तीन दैनिक समाचार-पत्र भी प्रकाशित होते थे। "पायोनियर" शासन का मुख-पत्र था और दो अन्य समाचार-पंत्र, "लीडर" जिसके सम्पादक सी.वाई. चिन्तामणि थे, नरम दल और "इन्डेपेन्डेन्ट" जिसके सम्पादक जार्ज जोसेफ़ थे, राष्ट्रवादियों के राजनीतिक विचारों का समर्थन करते थे। "भविष्य" नाम का एक हिन्दी दैनिक भी था जिसका सम्पादन सुन्दरलाल करते थे। मैं कानपुर में एक बार सुन्दरलाल से मिला था और इलाहाबाद में जब मैं उनके पास गया तो वे बड़े उत्साह से मिले। अतीत मे उन्होंने पूरी लगन से अनेक समस्याओं को अपना समर्थन दिया था। प्रारंभ में वे लाला लाजपत राय और लोकमान्य तिलक के प्रशंसक थे और अब गाँधी के परम भक्त थे। उनका राजनीतिक

कार्यक्रम ही नहीं उनका जीवन दर्शन भी सुन्दरलाल को मान्य था। वे हिन्दु-मुस्लिम एकता के प्रति पूर्णतः समर्पित थे। वे इस्लाम के सिद्धांतों से और उसकी धार्मिक परम्पराओं से भली-भाँति परिचित थे और वे मुस्लिमों के बड़े विश्वास पात्र थे। उन दिनों के राजनेताओं में भाषण करने की कला बड़ा गुण माना जाता था और इस कला में वे किसी से पीछे नहीं थे। उनके नाम से बड़ी भीड़ जमा हो जाती थी और वे अपने श्रोताओं को घंटों मंत्र-मुग्ध रखते थे। "भविष्य" के कार्यालय में काँग्रेस कार्यकर्ता बड़ी संख्या में उनसे प्रेरणा प्राप्त करने आया करते थे। मैं भी उक्त कार्यालय नियमित रूप से जाने लगा और विभिन्न विषयों पर संपादकीय टिप्पणियां देने लगा। "भविष्य" कार्यालय में ही पहली बार मैं जवाहरलाल नेहरू से मिला। मुझे वे शीलवान तथा सार्वजनिक क्षेत्र में अपने से बड़ों के प्रति आदर भाव रखने वाले व्यक्ति जान पड़े।

जब तक मैं इलाहाबाद में रहा, "भविष्य" से मेरा संपर्क बना रहा। अगले दिन प्रकाशित किया जानेवाला अपना संपादकीय लेख सुन्दरलाल अक्सर मुझे सुनाया करते थे। लेकिन एक लेख सुनकर मुझे बड़ा दु:ख हुआ। बम्बई के सरदार गृह में लोकमान्य तिलक बीमार पड़े थे। ३१ जुलाई को समाचार आया कि उनकी स्थिति बिगड़ गई थी। यद्यपि तिलक का दु:खद देहावसान पहली अगस्त को प्रात:काल हुआ उनकी मृत्यु पर शोक प्रकट करते हुए सुन्दरलाल का बड़ा भावात्मक लेख गत संध्या को ही तैयार हो गया था। अपने नेता के प्रति आदर की अपेक्षा पत्रकारिता के तक़ाजे को उन्होंने ज्यादा अहम माना। बचपन से ही मैं तिलक को बड़ा देश भक्त मानता था और उनका प्रशंसक था। तिलक के जीवन की कई घटनाएँ सुना कर सप्रे ने उनके प्रति मेरी श्रद्धा में बड़ी वृद्धि कर दी थी। उनके गीता-भाष्य के मेरे अध्ययन से जिसके द्वारा भगवद्गीता के अर्थ में क्रांतिकारी परिवर्तन हो गया था, तिलक मेरे लिए पूज्य हो गए थे। तिलक मेरे आदर्श थे और उनकी गंभीर अस्वस्थता के समाचार से मेरी मन:स्थिति प्रार्थनाशील हो गई थी। सहज ही मैं स्तंभित था कि उनकी मृत्यु घटित होने से पहले सुन्दरलाल शोक प्रकट करने लगे थे।

म्योर सेन्ट्रल कालेज का जीवन उत्साहविहीन तथा मात्र लोकाचारी था और जो सहृदयता और सहजता मिशनरी संस्थाओं में मुझे प्राप्त थी उसका यहाँ अभाव था। अध्यापक और विद्यार्थी एक दूसरे से दूर थे। कई अध्यापक अंग्रेज थे और भारतीय अध्यापक उनकी गैर मिलनसारी की नकल करते थे। विद्यार्थियों में भी वर्ग विभाजन था। सम्पन्न परिवार के विद्यार्थी साधारण वर्ग के विद्यार्थियों से घनिष्ठ सम्बन्ध रखना पसंद नहीं क़रते थे। पश्चिम उत्तर प्रदेश और पूर्वी उत्तर प्रदेश के विद्यार्थियों में भी मैंने सांस्कृतिक अन्तर पाया। पश्चिम के छात्र पूरब के छात्रों को मूर्ख मानते थे।

यदि मैं इलाहाबाद में अधिक समय रह गया होता तो अपने समय के कुछ विद्यार्थियों से घनिष्ठता हो सकती थी। फिर भी पाँच माह के समय में भोलानाथ झा और सुमित्रानन्दन पंत से सामान्य परिचय हो गया। अध्ययन की समाप्ति के पश्चात् भोलानाथ झा शासकीय सेवक हो गए और अंग्रेजी शासनकाल में तथा देश के स्वाधीन होने के पश्चात् निरन्तर उन्नति कर बड़े पदों पर रहे आए। लेकिन पंत एक अलग साँचे में ढाले गए थे। उन्होंने असहयोग आंदोलन में भाग लिया और आधुनिक काल के सर्वश्रेष्ठ भारतीय कवियों में गिने जाने लगे। यद्यपि वे हिन्दी कविता में क्रांतिकारी परिवर्तन करने में सफल हुए, हिन्दी साहित्य के जान्सन, महावीर प्रसाद द्विवेदी ने उनकी कविताओं को सरस्वती मासिक पत्रिका में

स्थान नहीं दिया। कुछ वर्षों पश्चात् जब मैं जबलपुर से प्रकाशित "श्री शारदा" का संपादक हुआ, पंत उसके नियमित सहयोगी हो गए और मुझे उनकी अत्यन्त लोकप्रिय कविताओं को प्रकाशित करने का विशेषाधिकार मिला।

कुल मिलाकर इलाहाबाद के अपने जीवन से मैं संतुष्ट और प्रसन्न था। कालेज के दैनिक अध्ययन के बाद मैं या तो "भविष्य" समाचार पत्र के कार्यालय या किसी सार्वजनिक समारोह या सभा में सम्मिलित होने चला जाता था। उत्तर भारत के दूसरे नगरों की अपेक्षा इलाहाबाद का सार्वजनिक जीवन अधिक समृद्ध था। नरम दल के नेता अपनी लोकप्रियता खो देने के पश्चात् कालेजों में विद्यार्थियों को भाषण दिया करते थे। इन कालेजों के प्राचार्यों को सभा का अध्यक्ष होना पड़ता था और अध्यापकों के सहयोग से विद्यार्थी उन सभाओं में जुटाए जाते थे। पुरुषोत्तम दास टंडन पार्क में राष्ट्रवादियों की सभाएँ होती थीं, जिनमें मैं सम्मिलित हुआ करता था। रात के भोजन के पश्चात् धीरेन्द्र और मैं साहित्य और राजनीति पर चर्चा करते थे। कभी-कभी उनके पिता भी सम्मिलित हो जाते थे। वे बड़े पुस्तक प्रेमी थे और लेखकों, राजनीतिज्ञों, पत्रकारों तथा अधिकारियों के प्रति उनकी तीखी आलोचना से मुझको बड़ा लाभ होता था।

इन्हीं दिनों राजनीतिक क्षेत्र में कई महत्वपूर्ण घटनाएँ हो गयीं। जैसा लिखा जा चुका है, एक अगस्त को प्रातःकाल तिलक का देहान्त हो गया था। इस दुखद घटना के कुछ घंटों पश्चात् गाँधीजी ने पूर्व निश्चित कार्यक्रम के अनुसार असहयोग आंदोलन प्रारम्भ कर दिया। मुझको ऐसा भास हुआ कि "लोहूलोहान पिता से पुत्र को स्वतंत्रता का युद्ध जैसे उत्तराधिकार में मिला हो।" तिलक के महाराष्ट्र ब्राह्मण अनुयायी कुछ भी कहें, मैंने स्वाधीनता के युद्ध में महात्मा को लोकमान्य का सच्चा उत्तराधिकारी माना है। तिलक की मृत्यु के ७ वर्ष पश्चात् तिलक की जन्म भूमि रत्नागिरि जब गाँधीजी गए, तब उन्होंने तिलक के इस मंत्र का, "स्वराज्य मेरा जन्मसिद्ध अधिकार है" उल्लेख किया और कहा कि "मैं नहीं मानता कि तिलक का कोई ऐसा शिष्य है जिसने इस मंत्र का पालन मुझसे अधिक किया है।"[१]

असहयोग आंदोलन को प्रारंभ करने के तत्काल पश्चात् महात्मा गाँधी और अली-बन्धुओं ने देशव्यापी भ्रमण किया। उन्होंने उपाधि-धारियों से अपनी उपाधियाँ शासन को वापिस कर देने की अपील की, वकीलों से अदालतों का बहिष्कार करने को कहा, विद्यार्थियों से पढ़ना-लिखना स्थगित करने की माँग की, राजनीतिज्ञों से कहा कि भारत शासन एक्ट १९१९ के अन्तर्गत स्थापित विधायक सदनों के चुनाव में खड़े न हों, मतदाताओं से वोट न देने को कहा और देशवासियों से विदेशी वस्तुओं का बहिष्कार करने का आग्रह किया। कोर्ट, कालेज और कौंसिल के बहिष्कार को "तिहरा बायकाट" कहा जाने लगा। इस अपील का जबरदस्त प्रभाव पड़ा। सम्पूर्ण भारत में अग्नि प्रज्वलित हो गई थी तथा नगर और कस्बों की आम सभाओं में विदेशी कपड़ों की होली राष्ट्रीय स्वतंत्रता के लिए देश के जनमानस में प्रज्वलित आकांक्षा की प्रतीक थी।

खिलाफत कांफ्रेस ने असहयोग कार्यक्रम को स्वीकार कर लिया था, लेकिन गाँधीजी के द्वारा काँग्रेस की स्वीकृति लेना अभी शेष था। राजनीति में उनका प्रवेश भारतीय राजनीतिक क्षेत्र में बड़ी उथल-पुथल का प्रारंभ था। कुछ आलोचकों ने उन्हें साधु वेश में राजनीतिज्ञ कहा है, लेकिन उन्हें

राजनीतिज्ञ के वेश में साधु कहना अधिक उपयुक्त होगा। भूतकाल में संतों ने राजाओं का संरक्षण या तो स्वीकार कर लिया था, या उनसे दूर रहते थे। कुछ संत धर्म के लिए बलिदान हो गए थे, किन्तु सभी संतों ने राजनीति से अपने को बचाए रखा था। वे मनुष्यों की आत्मा का तो उपचार करते थे, लेकिन आततायी के अत्याचार से मुक्ति दिलाने का दावा उन्होंने कभी नहीं किया। उन्होंने स्वर्ग का राज्य प्राप्त कराने का वचन तो दिया, इस जगत में राज्य दिलाने की बात नहीं की। गाँधीजी ही एक मात्र संत थे जिन्होंने इस लोक में ही स्वराज्य का वचन दिया था और उसे पूरा भी किया। शायद दूसरे संत ऐसे किसी अस्त्र की कल्पना नहीं कर पाए जो शासक को पराभूत करने के साथ ही साधुवृत्ति का हो। यह कार्य तो गाँधी पर ही छोड़ दिया गया था कि सत्य और अहिंसा पर आधारित सत्याग्रह अस्त्र का निर्माण करें और उसे जन सामान्य को एक ऐसे साम्राज्य से जूझने के लिए दें जिसको गर्व था कि उसकी परिधि में सूर्य कभी अस्त नहीं होता।

भारत के लोग संतों की पूजा करते हैं, लेकिन इसमें कठिनाइयाँ भी आ खड़ी होती हैं क्योंकि लोग साधुवृत्ति के नहीं होते। इस सत्य का ज्ञान होने में गाँधीजी को समय लगा। उन्होंने जनता में परिवर्तन लाने का प्रयत्न किया लेकिन उसमें तत्काल परिवर्तन नहीं आया। तो भी १९२० में गाँधीजी के सामने जो समस्या थी उसका कारण जन नेता थे, जनता नहीं। सामान्य व्यक्ति की प्रवृत्ति से विपरीत, इन नेताओं को संतों से चिढ़ थी क्योंकि पश्चिम से आए शासकों ने उनके मानस को अपने साँचे में ढाल दिया था। गाँधीजी के लिए सत्य "परमेश्वर था और वही एक मात्र वास्तविकता थी।" नेताओं के लिए ऐसी नैतिकता का कोई उपयोग नहीं था क्योंकि उनके विचार से "उद्देश्य साधन को उचित ठहराता है।" गाँधीजी के विश्वास के अनुरूप सत्य और अहिंसा को एक-दूसरे से पृथक नहीं किया जा सकता था। नेताओं के मतानुसार देश की स्वाधीनता उत्तम लक्ष्य होने के कारण उसकी प्राप्ति के लिए हिंसा के उपयोग का उन्हें पूरा अधिकार था। उन नेताओं में यदि कुछ लोग धर्म में आस्था रखते थे तो भी अहिंसा में आस्था रखना उनके लिए आवश्यक नहीं था क्योंकि जैन धर्म के अतिरिक्त भारत के किसी अन्य धर्म ने पूर्ण अहिंसा का उपदेश नहीं दिया था। कुछ समय तक तिलक गाँधी को जैन मानते रहे। जब उन्हें बताया गया कि गाँधीजी वैष्णव हैं तो उन्हें बड़ा आश्चर्य हुआ क्योंकि विष्णु तो गदा और चक्रधारी थे और इसलिए विष्णु का भक्त पूर्ण अहिंसा में विश्वास नहीं कर सकता था। न्यायोचित उद्देश्य के लिए भगवद् गीता हिंसा की स्वीकृति देती है और यद्यपि गाँधीजी ने गीता के संदेश का अन्य अर्थ लगाया, लेकिन शायद ही किसी ने उस अर्थ को मान्यता दी हो। भारत के अन्य महत्वपूर्ण धर्म इस्लाम ने न्यायोचित लक्ष्य के लिए हिंसा करने की स्वीकृति दी और कुछ लोगों की राय में गीता में निरूपित कृष्ण के विचार इस्लाम के विचारों के समान ही हैं।

गाँधीजी के लिए धर्मविहीन राजनीति का कोई अर्थ नहीं था। इस दृष्टि से अली-बंधुओं जैसे कुछ मुस्लिम नेताओं की राय गाँधीजी के विश्वास से मेल खाती थी, लेकिन हिन्दू राष्ट्रवादियों की मान्यता थी कि धर्म का राजनीति से कोई सरोकार नहीं था। मदनमोहन मालवीय ने भी धर्म को राजनीति से अलग रखा। हिन्दू समाज के अधिकारों के लिए लड़ना और उसकी प्रगति के लिए काम करना, जैसा मालवीय जी ने आजीवन किया, अपने आप में एक पृथक कार्य था, जबकि राजनीति में धर्म के सिद्धांतों का समावेश करना सर्वथा दूसरा कार्य था। मुस्लिमों के लिए मोहम्मद अली जिन्ना ने बहुत काम किया, यद्यपि सुन्दरलाल जैसे हिन्दुओं की अपेक्षा उनका इस्लाम धर्म का ज्ञान बहुत कम था।

कॉंग्रेस के गाँधी-युग के पूर्वकाल में मात्र दो नेताओं, अरविंद घोष और तिलक ने अपने राजनीतिक कार्य के लिए धर्म से प्रेरणा प्राप्त की थी। राजनीति से अवकाश लेकर अब घोष अध्यात्म में तल्लीन हो गए थे। तिलक की भारतीय दर्शन में बड़ी गति थी और उन्होंने गणेश उत्सव जैसे धार्मिक उत्सवों का प्रचलन कर राजनीति और धर्म को एक-दूसरे से संलग्न करना आरंभ कर दिया था। इस सम्बन्ध में तिलक में भी एकान्तिक लगन नहीं थी और इस प्रकार का उनका कार्य महाराष्ट्र प्रान्त में ही सीमित था और अब तिलक भी स्वर्गवासी हो गए थे।

निस्संदेह नरम दल के और राष्ट्रवादी नेताओं को एक पक्ष और गाँधीजी को दूसरा पक्ष मानकर यदि विचार किया जाए तो इन दो पक्षों के बीच में उतनी समानता नहीं थी जितनी नरम दल के और राष्ट्रवादी नेताओं के बीच थी। नरम दल और कॉंग्रेस के बीच का अन्तर उनकी मितवादी और अतिवादी विचारधारा के अंशों का था लेकिन इन दोनों और गाँधीजी के बीच का अन्तर न्यूनता या अधिकता से संबंधित न होकर भेद का था। जब नरम दल ने १९१८ में कॉंग्रेस छोड़ दी, तो राष्ट्रवादियों ने उसे अपनी सफलता समझी, लेकिन उनकी यह सफलता ज्यादा समय तक नहीं टिक पायी। उसके कुछ ही समय पश्चात्, गाँधीजी ने खिलाफत आंदोलन के मुस्लिम नेताओं के सहयोग से अपने असहयोग आंदोलन का श्रीगणेश किया। कुछ राष्ट्रवादियों, विशेषत: मदनमोहन मालवीय ने कॉंग्रेस की स्वीकृति लिए बिना उसे प्रारम्भ करने के औचित्य पर टीका की। गाँधीजी ने इस आपत्ति का उत्तर दिया कि "यदि इस संबंध में कॉंग्रेस का बहुमत मेरे साथ नहीं है तो मुझे अपनी नीति के अनुसार कॉंग्रेस के नाम से नहीं चलना चाहिए। किसी प्रश्न पर कॉंग्रेस के निर्णय का यह अर्थ नहीं है कि वह किसी व्यक्ति को उससे विपरीत मार्ग पर चलने से रोकता है। अगर वह उस मार्ग पर चलता है, तो वह वैसा अपने दायित्व से करता है और इस जानकारी के साथ करता है कि कॉंग्रेस उसके साथ नहीं है।"[१०]

कर्म करने की स्वतंत्रता के लिए गाँधीजी का यह तर्क तुलसीदास की इस उक्ति का स्मरण कराता है कि "सूर्य, अग्नि और गंगा के समान जो समर्थ है, वे निन्दा से परे होते हैं।" बड़े ही अपनी संस्था की अवज्ञा कर सकते हैं। महात्माजी ऐसा कर सकते थे। दास और मोतीलाल जैसे व्यक्ति गाँधीजी के समान ऊँचे नहीं थे। बाद में जब इन दोनों ने स्वराज्य पार्टी का गठन किया, तो महात्माजी की ऊँचाई तक पहुँचने के लिए उन दोनों को एक साथ होना पड़ा।

लेकिन कॉंग्रेस की अवज्ञा करने की गाँधीजी की मंशा नहीं थी। इस मामले पर निर्णय लेने के लिए सितम्बर में कॉंग्रेस का विशेष अधिवेशन कलकत्ता में लाला लाजपत राय की अध्यक्षता में हुआ। मोतीलाल नेहरू को छोड़कर बाकी सभी बड़े नेता गाँधीजी के विरुद्ध थे। विषय निर्धारिणी समिति की बैठक में मुख्य संघर्ष हुआ और यह संघर्ष कितना कड़ा था, इसका अनुमान इसी से किया जा सकता है कि गाँधीजी की जीत केवल सात मतों से हुई। खुले अधिवेशन में असहयोग आंदोलन का प्रस्ताव, जिसे गाँधीजी ने स्वयं प्रस्तुत किया, मात्र ८८४ के विरुद्ध १८८६ के मतों से पारित हो गया। इस प्रस्ताव के पारित हो जाने के साथ ही कई अफवाहें भी जुड़ गयीं, जिनमें से एक यह थी "कि कॉंग्रेस के संविधान में १९१६ के संशोधन से, जिसके द्वारा तिलक की विचारधारा के व्यक्तियों का उसमें प्रवेश हो गया, कॉंग्रेस का प्रतिनिधि बन जाना बड़ा सरल हो गया था। प्रतिनिधि शुल्क १० रुपये देने से ही प्रतिनिधित्व मिल जाता था। चुनाव तो नाम मात्र का आडम्बर था। देश का गुजराती वर्ग पूर्णत: गाँधीजी के साथ था और कलकत्ता नगर में कई बड़े गुजराती व्यवसायी थे। जब उन्हें कौंसिल के

बहिष्कार के प्रश्न पर गाँधी के अल्पमत में होने की सूचना मिली, तो जिस दिन काँग्रेस के अधिवेशन में इस प्रश्न पर मतदान होने वाला था, उसके पहले की रात्रि में उन्होंने बड़ा प्रयास कर लगभग १२०० टैक्सी चलाने वाले सिक्खों के लिये प्रतिनिधि शुल्क दस रुपये प्रति व्यक्ति जमा करा कर उनका प्रतिनिधि बनवा दिया और इस प्रकार अल्पमत बहुमत में बदल दिया गया।"[११] यह अफवाह आंशिक रूप से इतनी सत्य अवश्य था कि कपड़ा मिलों के गुजराती मालिक विदेशी कपड़े का बहिष्कार चाहते थे लेकिन इस अफवाह में यदि कोई सच्चाई थी, तो भी मिल मालिकों की कार्यवाही से महात्मा जी का किसी प्रकार का सम्बन्ध नहीं था।

गाँधीजी की इस जीत ने बड़े नेताओं को उस समय की स्थिति के पुनरवलोकन के लिए विवश किया होगा। उनके लिए गाँधीवादी जीवन दर्शन को अंगीकार करना असम्भव था, लेकिन देश के हित में उनसे सहयोग करना उन्होंने उपयुक्त माना होगा। देश की स्वतंत्रता के लिए अपने सर्वस्व का बलिदान कर देने के संकल्प और "गरम दल" के रूप में माने जाने पर उन्हें बड़ा गर्व था। महात्माजी ने उन्हें त्याग का मार्ग सुझाया था और इस सम्बन्ध में उनका कोई कार्यक्रम न होने के कारण, वे उस मार्ग पर चलने से इंकार नहीं कर सके। उनमें यह प्रतिक्रिया १९२० में हुई, जैसा कि जवाहरलाल नेहरू एक वर्ष पूर्व असहयोग आंदोलन के समर्थक हो गए थे, जब उन्होंने सुना कि गाँधीजी के द्वारा सत्याग्रह सभा का गठन किया गया है। उनके विचार से "अब कार्य करने की एक पद्धति निकल आई थी जो सीधी, खुली और शायद कारगर थी।"[१२] इस प्रकार बड़े नेताओं को गाँधीजी का साथ अपनी इच्छा से नहीं, बल्कि इसलिए देना पड़ा क्योंकि अंग्रेजी शासन द्वारा ऐसी स्थिति कर दी गई थी। इस सदी के प्रारम्भिक पच्चीस वर्ष की भारतीय राजनीति की यह पृष्ठभूमि यदि ध्यान में रखी जाए, तो इन नेताओं का गाँधीजी और उनके राजनीतिक कार्यक्रम के प्रति झुकाव को समझना सुगम हो जावेगा।

तो भी एक बड़ी राजनेत्री एनीबेसेन्ट ने न तो मैदान छोड़ा और न ही गाँधीजी की राजनीति से कोई समझौता किया। उन्होंने गाँधीजी से संघर्ष करने का निश्चय किया। होमरूल लीग और थियोसोफ़िकल सोसाइटी की गतिविधियों के माध्यम से जनता की सेवा का उनका स्मरणीय कार्य रहा था। १९१७ में अंग्रेजी शासन के द्वारा नजरबन्द किए जाने के कारण उनका देश के राजनीतिक क्षेत्र में बड़ा स्थान था। लेकिन जलियाँवाला बाग के नरसंहार, खिलाफत आंदोलन और मान्टफोर्ड सुधारों से उत्पन्न असंतोष ने स्थिति को पूर्णतः परिवर्तित कर दिया था। निवेदन, प्रार्थना और विरोध प्रदर्शन का युग बीत चुका था और उपनिवेश स्तर पर होमरूल की मांग का स्थान स्वराज ने ले लिया था जिसका अर्थ सामान्य व्यक्ति पूर्ण स्वतंत्रता मानता था। वाक्पटुता का स्थान कर्म ने और व्यक्तिगत विकास का स्थान त्याग ने ले लिया था। लेकिन श्रीमती बेसेन्ट नयी स्थिति को नहीं समझ पायीं। काँग्रेस के विशेष अधिवेशन में गाँधीजी की विजय से भी वे नहीं समझ सकी कि उस समय उनसे लड़ना एक बवन्डर का सामना करने जैसा था।

असहयोग आन्दोलन के विरुद्ध अपनी मुहिम के दौरान जब श्रीमती बेसेन्ट अक्टूबर के अंत में इलाहाबाद आयीं, उस समय वहाँ का वातावरण क्षुब्ध था। उन्होंने एक बड़ी आम सभा को, जिसमें विद्यार्थी बड़ी संख्या में थे, सम्बोधित किया। उनके व्याख्यान के शब्दाडम्बर से जबकि पूर्व में बड़ी तालियाँ बजाई जाती थीं, इस बार यह प्रतिक्रिया हुई कि "अच्छी एक्टिंग है, बढ़िया अदाकारी है", "एक बार और" की आवाजें आने लगीं। गाँधीजी के कार्यक्रम के प्रति आस्था रहते हुये भी, विद्यार्थियों के उस

अशोभनीय व्यवहार से मैं बहुत उत्तेजित हो गया। मैंने प्रतिवाद करने का प्रयत्न किया लेकिन विद्यार्थियों के उस कोलाहल में मेरी आवाज़ डूब गयी। "महात्मा गाँधी की जय" से सारा वातावरण गूँज उठा और भारी अव्यवस्था में सभा भंग हो गयी।

दूसरे दिन दैनिक "लीडर" ने विद्यार्थियों के "दु:शील" की भर्त्सना करते हुए अपना संपादकीय प्रकाशित किया। परिणामस्वरूप राष्ट्रवादियों ने जार्ज जोसेफ़ की अध्यक्षता में अपनी एक आम सभा की। एक वक्ता ने विद्यार्थियों के व्यवहार को "दु:शील" कह "लीडर" ने जो संपादकीय लेख लिखा था, उसकी चर्चा की। लीडर समाचार पत्र के प्रति मैंने उसे अन्याय माना और मैंने उच्च स्वर में अपना विरोध प्रकट करते हुए मुझे भी बोलने देने की अनुमति का निवेदन जार्ज जोसेफ़ से किया। उन्होंने मुझे अनुमति ही नहीं दी बल्कि विद्यार्थियों से मुझे धैयपूर्वक सुनने की भी अपील की। मैंने कहा कि मुझे गाँधीजी के कार्यक्रम पर पूर्ण विश्वास है, लेकिन श्रीमती बेसेन्ट की अपनी मातृभूमि की महती सेवा को देखते हुए विद्यार्थियों के द्वारा उनका अपमानित किया जाना और उनकी सभा का भंग किया जाना विद्यार्थियों का "दु:शील" ही था। एक विद्यार्थी ने मुझे टोकते हुए पूछा कि यदि मेरा गाँधीजी के कार्यक्रम पर विश्वास है तो मैंने म्योर सेन्ट्रल कालेज क्यों नहीं छोड़ा। उस पर मैंने ऊँचे स्वर् में उत्तर दिया कि जिन विद्यार्थियों ने श्रीमती बेसेन्ट द्वारा गाँधीजी का समर्थन न किये जाने के कारण उन्हें अपमानित किया था, उन्हें मुझसे बड़ा गाँधीवादी होना चाहिए, इसलिए अगर उनमें से चार विद्यार्थी भी अपने कालेज छोड़ने के लिए सामने आएं, तो मैं उनके साथ पाँचवाँ असहयोगी होने को तैयार हूँ। मेरी इस चुनौती का दूसरी ओर से कोई उत्तर नहीं आया। जार्ज जोसेफ़ ने मेरी पीठ ठोंकी और सभा को समाप्त करते हुए कहा कि महात्मा गाँधी इलाहाबाद शीघ्र ही आने वाले हैं, तब देखा जाएगा कि उनके आव्हान पर कितने विद्यार्थी उनका साथ देंगे।

नवम्बर के पहले सप्ताह में गाँधीजी अलीगढ़ पहुँचे और वहाँ से इलाहाबाद आए। उन्होंने एक जन सभा को सम्बोधित किया और आनंद भवन में विद्यार्थियों से मिले। अलीगढ़ मुस्लिम विश्वविद्यालय पर खिलाफत आंदोलन की मज़बूत पकड़ थी, लेकिन उन दिनों इलाहाबाद विश्वविद्यालय का माहौल शासकीय था और उसके विद्यार्थियों की बहुत बड़ी संख्या उस वर्ग की थी जिसने विदेशी शासन की सेवा दृढ़ भक्ति से की थी। तो भी कुछ व्यक्ति संकट झेलने का हौसला रखते थे लेकिन वे भी उसी समय वचन देने से इसलिए शंकित थे क्योंकि यह निश्चित था कि अंग्रेजी शासन से असहयोग करने से पहले उन्हें अपने माता-पिता से असहयोग करना पड़ता। जार्ज जोसेफ़ मेरी ओर देख रहे थे और जब मैं आनंद भवन से बाहर आ रहा था, उन्होंने मुझसे मेरी मंशा जाननी चाही। मैंने उन्हें आश्वस्त किया कि मैं अपने वचन को नहीं तोड़ूँगा।

रात्रि लगभग ३ बजे तक धीरेन्द्र वर्मा से लम्बी बहस होती रही। वे भी अपने ढंग के देशभक्त थे, लेकिन "उन्मादित समूह और अधम विवाद" की ओर उनका रुझान नहीं था। बड़ी निष्कपटता से उन्होंने कहा कि अगर वे असहयोग आंदोलन में सम्मिलित हुए तो उन्हें जीवन भर पश्चाताप रहेगा क्योंकि वे निरन्तर शैक्षिक जीवन की तैयारी में संलग्न रहे, लेकिन यदि मैंने असहयोग नहीं किया तो मैं सदा बेचैन रहूँगा। हमारे लम्बे और काफी उच्च स्वर् में हुए विचार-विमर्श ने उनकी दादी की नींद भंग कर दी और उन्होंने कमरे में आकर हमें इतनी रात तक जागृत रहने पर बहुत डाँटा। उस भली

वृद्ध महिला को नहीं मालूम हो सका कि उस समय मैंने एक ऐसा निर्णय लिया था, जो मेरे जीवन मार्ग को पूर्णत: दिशा परिवर्तित करने वाला था।

निर्णय लेने के पश्चात् मुझे बड़े सुख का अनुभव हुआ और यह भी स्वीकार कर लूँ कि कुछ अहंकार भी मुझमें पैदा हुआ। मैं दूसरे दिन अंतिम बार कालेज गया। जब मैंने इतिहास की कक्षा में प्रवेश किया तो अध्यापक महोदय को यह पता लगाते पाया कि उनके किन विद्यार्थियों ने असहयोग आंदोलन में सम्मिलित होने का निर्णय लिया है। उनके काम को सरल बनाने हेतु मैंने अपने स्थान पर खड़े होकर उनसे कहा कि मैं उन्हें धन्यवाद देने और उनसे तथा अपने विद्यार्थी बन्धुओं से अंतिम विदा लेने आया हूँ। अध्यापक महोदय ने हास्य में और सेली के सर्वविदित शब्दों में कि "इतिहास राजनीति का मूल है" को दोहरा कर मुझसे अपनी जगह बैठ कर इतिहास का ज्ञान प्राप्त करने के लिए कहा। एक ऐतिहासिक आंदोलन में भाग लेने के अपने निर्णय से पैदा गर्व से मेरे मुँह से निकल गया कि "मैं इतिहास बनाने जा रहा हूँ।" अध्यापक महोदय कुछ कहें उससे पहले ही मैं कक्षा से बाहर आ गया। पाँसा फेका जा चुका था।

संदर्भ

१. "वल्लभभाई को भी अपनी जन्मतिथि की जानकारी नहीं थी और मेट्रीकुलेशन की परीक्षा का फार्म भरते समय काम चलाऊ प्रबन्ध उन्हें करना पड़ा। उन्होंने अपना जन्मदिन ३१ अक्टूबर, १८७५ तय किया और उसे ठीक माना जाने लगा." (व्ही.बी. कुलकर्णी, द इंडियन ट्रायंवरेट पृष्ठ २६१).

२. डेनियल आरगोव, मॉडरेट्स एण्ड एक्स्ट्रीमिस्ट्स इन इण्डियन नेशनल काँग्रेस, पृष्ठ १०.

३. वही, पृष्ठ १०८.

४. वही, पृष्ठ १२२-२३.

५. डी.जी. तेन्दुलकर, महात्मा, खण्ड १, पृष्ठ २४१.

६. जवाहरलाल नेहरू, डिस्कवरी ऑफ इण्डिया, पृष्ठ ३५८.

७. डी.जी. तेन्दुलकर, उपरोक्त पृष्ठ २९१.

८. कूपलैन्ड, दि इंडियन प्राब्लम, पृष्ठ ७३.

९. डी.जी. तेन्दुलकर, महात्मा, खण्ड २, पृष्ठ २६२.

१०. वही, पृष्ठ २-३.

११. गोवर्धनभाई पटेल, विठ्ठलभाई पटेल, खण्ड १, पृष्ठ ४४७

१२. जवाहरलाल नेहरू, एन. आटोबायग्राफी, पृष्ठ ४१.

अध्याय-२

गाँधी युग का प्रारम्भ

नागपुर-जनता नेताओं को संचालित करती है (१९२०)

इलाहाबाद से रायपुर जाते समय मुझे दो बार रेलगाड़ी बदलनी पड़ी। एक बार कटनी में और दूसरी बार बिलासपुर में। कटनी तक तो इलाहाबाद मेरे दिमाग में रहा आया था, लेकिन ज्योंही मैं बिलासपुर जाने वाली गाड़ी में चढ़ा, पिताजी का सामना करने के विचार के सामने अन्य सभी विचार विलुप्त हो गये। उनसे पढ़ाई छोड़ कर आने की बात कैसे कही जाए? वे हठी प्रकृति के थे और मैं भी था। क्या उनके कड़े शब्दों का उत्तर वैसे ही कड़े शब्दों में दूँ? स्वयं को उनके स्थान पर रखकर सोचने का विचार अकस्मात मुझे आया और तब मेरा हृदय उनके प्रति गहरी सहानुभूति से भर गया। मैं उनका सबसे बड़ा पुत्र था और परिवार के भविष्य के सम्बन्ध में उनकी आकांक्षा क्रमशः मेरे चारों ओर केन्द्रित हो गई थी। जो कुछ मैं उनसे कहने जा रहा था उससे बड़ा उन्हें धक्का लगेगा। यदि वे मुझको नहीं समझ सके, तो मैं उन्हें समझने का प्रयत्न करूँ। मैं उनकी बात मान तो नहीं सकता था, लेकिन उनके सामने धीरज रखना होगा।

घर पहुँचने पर कुछ ही क्षणों में मुझे बिल्कुल नयी परिस्थिति का सामना करना पड़ा। उनके चरण स्पर्श करने के साथ प्रश्नों की बौछार मेरे कानों पर पड़ने लगी-मैं क्यों आया, परीक्षा की तैयारी का अवकाश क्या इतने शीघ्र दे दिया गया, मैं अपना परिवार साथ में लेकर क्यों आया? सत्य कह देने के अतिरिक्त मेरे पास कोई अन्य विकल्प नहीं था। वे क्रोध से काँप उठे और कुछ कहे बिना कमरे से बाहर चले गए। कुछ भी भला-बुरा नहीं कहा गया। पूर्वानुमानित कठोर शब्द सुनने को नहीं मिले। उनके साथ एक ही छत के नीचे मैं करीब एक माह तक रहा लेकिन अपनी बात कहने का अवसर नहीं मिल सका। मेरी माता ने सूचना दी कि पिताजी ने मुझसे सदा के लिए सम्बन्ध तोड़ देने का निर्णय लिया है। न मेरे पिता को और न मुझको ही अपने-अपने दृष्टिकोण को बदल देने पर वे राजी कर सकती थीं, इसलिए चुपचाप मानसिक व्यथा सहन करती रहीं। वास्तव में चुपचाप व्यथा सहन करना पूरे परिवार की मनोदशा हो गयी। धीरे-धीरे मुझे प्रतीत हुआ कि घर में रहकर मैं अपने परिवार के मानसिक कष्ट में वृद्धि ही कर रहा था।

इस कष्टप्रद स्थिति में मैं अपने मित्र, उपदेष्टा तथा मार्ग-प्रदर्शक माधवराव सप्रे के पास परामर्श के लिए गया। मुझे धैर्यपूर्वक सुनने के पश्चात् उन्होंने प्रश्न किया: "तुम्हारे विचार से स्वराज प्राप्ति में कितना समय लगेगा?" जब मैंने कहा कि महात्माजी ने एक वर्ष का समय निर्धारित किया है, तो वे

मुस्कराये और बोले: "सैद्धांतिक रूप से उनका कथन यथार्थ है। यदि सम्पूर्ण देश असहयोग कर दे तो आगे पीछे सरकार को झुकना ही पड़ेगा लेकिन यह असम्भव है।" आगे उन्होंने कहा कि जो लोग असहयोग करना चाहते हैं, उन्हें आज़ादी के लिए आजीवन संघर्ष के लिए तैयार रहना चाहिए।" यह कह उन्होंने अपनी चमकती और बड़ी आँखों से मुझे स्थिर दृष्टि से देखा। मैं उनका आशय समझ गया और मैंने दृढ़ता से उनका सामना किया। वे संतुष्ट जान पड़े और बड़ी देर तक चुप रहने के बाद मुझसे पत्रकारिता को अपनी जीवनवृत्ति बनाने का परामर्श दिया। मैंने जब कहा कि मैं तो बी.ए. नहीं हूँ, तो उनका उत्तर था कि सी.वाई. चिंतामणि ने तो मैट्रिक भी पास नहीं किया। इस सम्बन्ध में मेरे नागपुर से वापिस आने पर आगे चर्चा करने का हमने निर्णय किया।

काँग्रेस के नागपुर अधिवेशन की तिथि ज्यों-ज्यों निकट आती गई त्यों-त्यों देश में उत्साह और आशा का संचार बढ़ता गया। रायपुर में भी उत्तेजना थी। दर्शक होकर इस महत्वपूर्ण अधिवेशन में उपस्थित रहने के लिए अनेक व्यक्ति बड़े उत्सुक थे। यह सुगम भी था क्योंकि रायपुर से नागपुर रेल और सड़क दोनों से जुड़ा था। सभी काँग्रेस कार्यकर्ताओं और उनके नेता रविशंकर शुक्ल से परिचित होने के कारण मैं सरलता से काँग्रेस का प्रतिनिधि बन गया।

१९२० से मैंने काँग्रेस के वार्षिक और लगभग सभी विशेष अधिवेशन देखे हैं लेकिन नागपुर के इस अधिवेशन की तुलना में कोई भी अन्य अधिवेशन नहीं ठहर सकता। कई कारणों से वह अनूठा था। १४००० से भी अधिक प्रतिनिधि इस अधिवेशन में उपस्थित थे। किसी अन्य अधिवेशन में इससे अधिक संख्या में प्रतिनिधि नहीं आए। इस अधिवेशन में गाँधीजी को देश के सर्वोच्च नेता के पद पर आरूढ़ किया गया, जो उनकी मृत्यु तक उनका ही रहा आया। हिन्दू-मुस्लिम एकता का दृश्य अपूर्व ही नहीं था, बल्कि वैसा दृश्य उसके पश्चात् कभी देखा नहीं गया। सभी वैध तथा शांतिपूर्ण उपायों से स्वराज प्राप्ति के काँग्रेस के लक्ष्य की घोषणा वहीं हुई। पूरे वर्ष कार्य संचालन हेतु उपयुक्त होने के लिए काँग्रेस संविधान पूर्णत: संशोधित कर दिया गया। इस संशोधन से काँग्रेस अब उन शिक्षित व्यक्तियों की संस्था नहीं रह गयी जो बड़े दिनों की छुट्टियों का उपयोग उद्‌बोधन करने के लिए करते थे और काँग्रेसजनों को आगामी वर्ष का कोई कार्यक्रम दिए बिना चले जाते थे। काँग्रेस के द्वार अब जन साधारण के लिए खुल गए थे, जिसके फलस्वरूप भारत के नगर और गाँवों में अपूर्व जनजागरण हो गया।

नागपुर का काँग्रेस अधिवेशन त्रिवेणी संगम पर कुम्भ मेले के समान था। दिन-भर स्त्री पुरुष और बच्चे नेताओं का भाषण सुनते और हर्षध्वनि किया करते थे। साथ ही सम्पूर्ण रात्रि काँग्रेस नगर राष्ट्रीय गीतों से गूँजता रहता, जिनमें जलियाँवाला बाग के नरसंहार, खिलाफत आंदोलन, अंग्रेजी राज में गरीबी तथा परस्पर एकता की भावना होती और झाँसी की रानी तथा टीपू सुल्तान का यशगान होता जिन्होंने आततायी विदेशी शत्रुओं से संघर्ष कर वीर गति प्राप्त की थी। उस अधिवेशन में आए प्रतिनिधि जागृत भारत के एक सर्वथा नए वातावरण में साँस लेने का अनुभव कर रहे थे और मन से बिल्कुल परिवर्तित हुए अपने घर वापिस लौटे।

१६ जून को गाँधीजी ने अपने आलोचकों से, जो भारतीय जनता में अपने लक्ष्य के प्रति दृढ़ता और सहन शक्ति के प्रति शंकाशील थे, प्रत्युत्तर में प्रश्न किया था कि "क्या हम जनता में दृढ़ता और सहनशक्ति का विकास और संचार नहीं करेंगे?" छ: माह भी नहीं हुए थे जब नागपुर में कोई भी देख सकता था कि गाँधीजी ने मिट्‌टी से वीरों का निर्माण कर दिया था। अकस्मात् मैंने अनुभव किया कि

जिस प्रकार हिमालय ही गंगा का उद्‌गम हो सकता है, उसी प्रकार यथार्थ में महान ही पददलित जनता को ऊपर उठा सकता है, उसमें आत्म सम्मान, अभय और सफल होने की भावना भर सकता है। जवाहरलाल ने ठीक ही कहा है: "हमारे प्राचीन ग्रंथों में हमसे कहा गया है कि व्यक्ति या राष्ट्र का सर्वश्रेष्ठ गुण अभय होता है, मात्र शारीरिक साहस ही नहीं बल्कि मन में भय का नितांत अभाव होना चाहिए और जननेता का यह कार्य है कि उन्हें निडर बनाए। लेकिन अंग्रेजी शासन में जनता भय से सर्वाधिक प्रभावित थी। दुर्दान्त गला घोंटने वाला भय व्याप्त था। सेना और पुलिस गुप्तचर विभाग का भय; अधिकारियों का भय; दमनकारी कानून और जेल का भय, भूस्वामी के कारिन्दे का भय, साहूकार का भय, सतत द्वार पर खड़ी आजीविका और भुखमरी का भय घेरे हुए था। इस सर्वव्यापी भय के विरुद्ध गाँधीजी ने अपना स्वर ऊँचा किया-"भयभीत मत हो!"[२]

जनता की इस उमंग से शासक वर्ग ही विचलित नहीं हुआ, उसने पुराने राजनेताओं के रूख को भी परिवर्तित कर दिया। शासकों और इन नेताओं ने देखा कि जो उस समय देश में हो रहा था, वह पहले कभी नहीं हुआ। अधिवेशन की कार्यवाही भी जन-उत्साह के प्रभाव से अछूती नहीं रह सकी। कलकत्ता के विशेष अधिवेशन में असहयोग का प्रस्ताव विषय निर्धारण समिति की बैठक में मात्र सात मतों से पारित हुआ था। नागपुर में वह लगभग सर्वसम्मति से पारित हो गया। कलकत्ता में सी.आर. दास ने गाँधीजी और उनके कार्यक्रम के विरोध का नेतृत्व किया था। नागपुर में असहयोग के प्रस्ताव को उन्हींने प्रस्तुत किया। कलकत्ता में मोतीलाल नेहरू के अतिरिक्त सभी वरिष्ठ नेताओं ने गाँधीजी का विरोध किया था। नागपुर में सभी राष्ट्रवादी नेता, जिनमें लाला लाजपत राय और विपिनचंद्र पाल शामिल थे, गाँधीजी के पक्ष में आ गए, लेकिन एम.ए. जिन्ना लगातार विरोध करते रहे और बार-बार टोके जाने पर भी महात्मा गाँधी को मिस्टर गाँधी ही कहते रहे।[३]

तो भी हकीम अज़मल खाँ, एम.ए. अंसारी और अली भाइयों के नेतृत्व में एक हजार से अधिक मुस्लिम प्रतिनिधियों ने दृढ़ता से गाँधीजी का साथ दिया। अधिवेशन के अध्यक्ष विजय राघवाचारियर को असहयोग की प्रभावोत्पादक क्षमता पर बड़ा संदेह था किन्तु उन्होंने सभा की कार्यवाही नियमानुसार संचालित की। जब भी विचाराधीन प्रस्ताव से उन्होंने अपने को असहमत पाया, उन्होंने अध्यक्षीय कुर्सी छोड़ दी। वहाँ उपस्थित बड़ी संख्या में वे लोग जो अंग्रेजी भाषा और कार्यप्रणाली की सूक्ष्मताओं से अनभिज्ञ थे, अध्यक्ष के द्वारा बार-बार कुर्सी पर बैठने और छोड़ने की कवायद से व्याकुल थे और उन्हें विनोद का अनुभव भी हो रहा था। वह अधिवेशन अध्यक्ष को प्रिय अथवा अप्रिय कैसा भी रहा हो, उन्होंने स्पष्ट रूप से स्वीकार किया कि "काँग्रेस का वह ऐसा अधिवेशन था जिसमें अध्यक्ष और नेतागण जनता का नेतृत्व न कर सके बल्कि जनता ने अपनी इच्छानुसार अध्यक्ष और नेताओं को संचालित किया।"[४] गाँधीजी ने अपना संतोष यह कह कर प्रकट किया: "अब माना जा सकता है कि काँग्रेस की राजनीति में सचमुच मैंने प्रवेश किया।"[५]

कलकत्ता अधिवेशन में बंगाल और महाराष्ट्र ने गाँधीजी का कड़ा विरोध किया था। नागपुर में भावुक बंगाली बिल्कुल परिवर्तित हो गया लेकिन नागपुर के मराठी भाषी नगर होने के बावजूद महाराष्ट्र विरोध करता ही रहा। अधिवेशन होने के दो दिन पहले बरार के एक वरिष्ठ काँग्रेसी नेता दादा साहब खापर्डे ने असहयोग कार्यक्रम की कड़ी आलोचना की थी। सी.पी. और बरार के नागपुर और अमरावती संभागों सहित मराठी भाषा-भाषी क्षेत्र पूना तिलक के राजनीतिक नेतृत्व का अनुगामी था।

वरिष्ठ महाराष्ट्रीय नेतागण का अपनी जनता से कहना था कि तिलक असहयोग कार्यक्रम के विरोधी थे। यह सत्य है कि तिलक ने "मांटेग्यू रिफार्म्स एक्ट को जितना भी उसका महत्व था, उसके अनुसार क्रियान्वित करने" का प्रस्ताव किया था, लेकिन यह भी सत्य है कि मांटेग्यू-चेम्सफोर्ड रिपोर्ट के प्रकाशित होने पर उनका कथन था कि एक "यह सर्वथा निरर्थक योजना वाली रिपोर्ट अच्छी है।" संघर्ष करने के लिए कोई कार्यक्रम न होने के कारण उन्होंने इस निरर्थक योजना पर आधारित सुधारों को ही कार्यान्वित करने की बात कही थी। उसी समय गाँधीजी अपने सशक्त कार्यक्रम को लेकर उदित हुए। अब तक राजनीति में जो कुछ हुआ था, उससे यह कार्यक्रम बिल्कुल भिन्न था। यह आश्चर्य की बात नहीं है कि अपनी स्वीकृति देने के पूर्व तिलक जैसे महान और चतुर नेता ने कुछ रुक कर कार्यक्रम की प्रगति पर नज़र रखने का फैसला किया हो। कई महाराष्ट्रीयन नेताओं की साक्ष्य से यह अनुमान सत्य प्रमाणित होता है।

अपने अत्यन्त निकट सहयोगी और अपने सुप्रसिद्ध साप्ताहिक "केसरी" के संपादक के.पी. खाडिलकर को तिलक ने इंग्लैंड जाते समय निर्देश दिया था कि "गाँधी का मार्ग भिन्न है। जो वे कहते हैं वह सब हम नहीं मान सकते लेकिन यह ध्यान में रखो कि गाँधी सच्चा देशभक्त है और स्वतंत्रता का उपासक है। इसलिए यथासंभव उनके कार्यक्रम का समर्थन करो। यदि समर्थन नहीं कर सकते हो, तो मूक रहे आओ, विरोध न करो।"[६] तिलक की मृत्यु से पहले उनसे अपने अंतिम वार्तालाप का उल्लेख करते हुए खाडिलकर लिखते हैं:-

"एक पत्र लिखकर बैरिस्टर दास ने तिलक से जानना चाहा था कि क्या वे कलकत्ता के विशेष काँग्रेस अधिवेशन के अध्यक्ष पद के लिए सहमत हो जाएँगे? दो दिन तक वार्तालाप होने के पश्चात् तिलक ने उस प्रस्ताव को अस्वीकार कर दिया। जब वे पूना से बम्बई जा रहे थे, मैंने उनसे लगभग एक घंटे तक चर्चा की। उस समय यह कल्पना नहीं थी कि हमारा यह परस्पर वार्तालाप अंतिम सिद्ध होगा। उस वार्तालाप के दौरान उन्होंने कलकत्ता के विशेष अधिवेशन का अध्यक्ष पद स्वीकार न करने की आधारभूत नीति मुझसे स्पष्ट की। उन्होंने कहा: "महात्मा गाँधी के असहयोग कार्यक्रम का विरोध सैद्धान्तिक रूप से कोई भी विचारशील व्यक्ति नहीं करेगा। लेकिन विभिन्न वर्ग और व्यवसाय के लोग अपनी सीमाओं के अन्दर ही उसका पालन कर सकेंगे। उस स्थिति में, इस राष्ट्रीय संगठन के कई टुकड़े हो जावेंगे। काँग्रेस में कई दल हो सकते हैं तब विभाजन न होने देने के लिए हमें पूरी शक्ति लगानी होगी। पिछले चार-पाँच वर्ष में हम कई दलों को मिला सके। विभिन्न विचारधाराओं को काँग्रेस में रहे आने के लिए मुझे कार्य करना होगा ताकि हमारी शक्ति कम न हो। मैंने अध्यक्ष पद इसलिए नहीं स्वीकार किया क्योंकि इस तरह मैं सभी दलों को काँग्रेस में एक जुट होकर रहने के प्रयत्न में उचित भूमिका निभा सकूँगा।"[७]

अखिल भारतीय काँग्रेस कमेटी के बनारस अधिवेशन में तिलक के इस वक्तव्य की ओर भी खाडिलकर हमारा ध्यान आकर्षित करते हैं: "मेरा सारा जीवन ही असहयोग के सिद्धांत के अनुकूल रहा है।" इस सम्बन्ध में स्वयं गाँधीजी का साक्ष्य अधिक महत्वपूर्ण है। तिलक से संबंधित अपने संस्मरण में गाँधीजी ने लिखा कि तिलक ने असहयोग कार्यक्रम के सम्बन्ध में कई बार वही बात कही कि "कार्यक्रम मुझे बहुत पसंद है, किन्तु मुझे संदेह है कि असहयोग कार्यक्रम के अन्तर्गत स्वार्थ त्याग के निर्देशों के पालन में देश हमारे साथ रहेगा। मैं ऐसा कोई भी कार्य नहीं करूँगा, जो आंदोलन की प्रगति में बाधक

हो। मैं आपकी सफलता चाहता हूँ और यदि आपको जनता का समर्थन मिलता है, तो मुझे आप अपना बड़ा उत्साही सहायक पाएँगे।"[८] अमृतसर के काँग्रेस अधिवेशन के समय, जिसमें उनकी अंतिम उपस्थिति थी, वे लन्दन से वापिस आए ही थे। गाँधीजी की गिरफ्तारी के समय अपनी अनुपस्थिति पर दु:ख प्रगट करते हुए उन्होंने कहा था: "अच्छा होता कि जब गाँधी ने सत्याग्रह प्रारंभ किया था, उस समय मैं बंबई में रहता। मैं भी कठिनाई और कष्ट का उनके साथ सहभागी होता। मैं गाँधी से इस बात पर रुष्ट हूँ।[९]

तिलक के इस दृष्टिकोण को ध्यान में रखते हुए, यह मानना तर्क संगत होगा कि नागपुर के काँग्रेस अधिवेशन के पाँच माह पहले यदि तिलक का देहान्त न हो गया होता तो वे इस आंदोलन के बड़े प्रबल समर्थक हो गए होते, क्योंकि स्पष्ट ही गाँधीजी को जनसमर्थन प्राप्त हो गया था और उनके तथाकथित अनुयायी महाराष्ट्र की स्वतंत्रता प्रिय तथा देशभक्त जनता को गुमराह करने का अवसर न पाते। उनके अनुयायी संभवत: उनके ध्यान में न रहे होंगे, जब उन्होंने भविष्यवाणी की थी कि "आज के गरम दल के लोग कल नरम दल के हो जावेंगे, जिस प्रकार आज का नरम दल कल का गरम दल था।"[१०]

नागपुर अधिवेशन के एक प्रस्ताव के द्वारा भाषा के आधार पर देश के कई भाग कर दिए गए ताकि काँग्रेस का कार्य संचालन सुचारु रूप से हो सके। यह निर्णय बड़ा ऐतिहासिक प्रमाणित हुआ क्योंकि स्वतंत्र भारत में भाषा पर आधारित सूबे बन गए। इस निर्णय को आज भी कुछ लोग बुद्धिमत्ता पूर्ण नहीं मानते। इस उप-महाद्वीप के भूगोल और ऐतिहासिक विकास की इस विशेषता को कि देश की एकता में विभिन्नता अन्तर्भूत है, इस निर्णय के द्वारा स्वीकार कर लिया गया। पाकिस्तान के द्वारा इस सत्य को स्वीकार न किया जाना उसके लिए अनर्थकारी हुआ, जबकि भारतीय राजनीतिज्ञता इसे स्वीकार कर देश के असंतुष्ट सीमान्त भागों को तुष्ट करने में समर्थ हो गयी।

भाषावार प्रान्त बनाने के नागपुर के इस प्रस्ताव का प्रभाव द्विभाषी प्रान्त सी.पी. और बरार पर भी पड़ा। सी.पी. के चौदह हिन्दी भाषी जिले हिन्दी मध्यप्रदेश काँग्रेस कमेटी के अन्तर्गत रखे गए और जबलपुर उसका मुख्यालय बनाया गया। नागपुर और बरार के संभागों का एक प्रान्त बनाया जा सकता था, लेकिन एम.एस. अणे के नेतृत्व में बरार के काँग्रेसजन अमरावती को अपना मुख्यालय बनाकर अपने चार जिलों के लिए एक अलग प्रांतीय कमेटी के लिए दृढ़ हो गए। सी.पी. के शेष चार जिलों की मराठी काँग्रेस कमेटी बनी। सी.पी. और बरार के इन तीन भागों में बँट जाने के फलस्वरूप उसकी राजनीति पर १९५६ तक कई प्रकार का प्रभाव पड़ा जब मध्य भारत के कई रजवाड़ों को हिन्दी जिलों में मिलाकर नए मध्यप्रदेश की, जिसकी राजधानी भोपाल हुई, राज्य पुनर्गठन कमीशन की सिफारिश पर स्थापना की गई।

जबलपुर-प्रान्तीय राजनीतिक सम्मेलन (१९२१)

मैं बड़े उत्साह और आत्मविश्वास के साथ रायपुर लौट आया। यदि मेरे बस में होता, तो मैं असहयोग आंदोलन में तन-मन से जुट जाता, लेकिन सप्रे की उपेक्षा नहीं की जा सकती थी। पत्रकार बनने के मेरे पूर्व संकल्प पर दृढ़ रहने का उन्होंने बड़ा आग्रह किया। उन्होंने मुझसे जबलपुर जाकर राष्ट्रीय हिन्दी मन्दिर में, जिसे उन्होंने सेठ गोविन्ददास की आर्थिक सहायता से स्थापित किया था, कार्य करने को कहा। उन्होंने यह समझाया कि राष्ट्रीय मंदिर का विकास वे शीघ्र ही करना चाहते थे और

अन्य विभागों के साथ ही विद्यार्थियों के लिए उसमें पत्रकारिता के शिक्षण का भी विभाग रखना चाहते थे। चूँकि इस कार्यक्रम में कुछ समय लगने वाला था, उन्होंने इस बीच मुझे भारतीय राष्ट्रीय काँग्रेस का इतिहास लिखने को कहा। अपने पिता की आज्ञा न मानने के फलस्वरूप मेरा चित्त अस्थिर था, इसलिए मैंने सप्रे की सलाह मान ली।

इन्हीं दिनों काँग्रेस ने ड्यूक ऑफ कनॉट के भारत आगमन का बहिष्कार करने का निर्णय लिया। वे सम्राट जार्ज पंचम के चाचा थे और "साम्राज्य के अन्तर्गत स्वराज्य के प्रारंभ" का उनके संदेश की घोषणा करने आ रहे थे। पहली बार सरकारी दस्तावेज़ में "स्वराज्य" शब्द का उपयोग किया गया था। वास्तव में "स्वराज्य" का सर्वप्रथम उपयोग दादाभाई नौरोजी ने सन् १९०६ में कलकत्ता काँग्रेस के अध्यक्षीय भाषण में किया था। लेकिन १९१९ के रिफार्म्स एक्ट, जिसे सम्राट ने स्वराज्य का प्रारंभ कहा था, जनसाधारण को प्रभावित नहीं कर सका, जो अब गाँधीजी के अनुसार एक वर्ष ही में पूर्ण स्वराज की प्रतीक्षा कर रहा था। मेरे जबलपुर पहुँचने की तिथि और ड्यूक के आगमन के बहिष्कार की तिथि एक ही दिन पड़ गई। उस दिन जबलपुर में पूर्ण हड़ताल थी, इसलिए मैं सेठ गोविन्ददास के निवास पर बड़ी कठिनाई से पहुँच पाया।

राजा गोकुलदास के पौत्र गोविन्ददास उस परिवार के थे जो प्रांत में अपनी राजभक्ति के लिए प्रसिद्ध था। १८५७ के विद्रोह के दिनों में, इस परिवार ने अंग्रेजों की सहायता की थी और फलस्वरूप उन्हें सम्मानित और पुरस्कृत किया गया था। लेकिन गाँधी युग में कई चमत्कार हुए और गोविंददास का एक निष्ठावान राजभक्त परिवार में जन्म लेकर और पालित-पोषित होकर उस सरकार के प्रति विद्रोह करना, जिसकी आज्ञा का पालन वह परिवार अपना धार्मिक कर्तव्य मानता हो, चमत्कार से किंचित मात्र भी कम नहीं था। मेरे जबलपुर पहुँचने के दिनों में वे अपने पिता से संघर्ष कर रहे थे। जब मैंने उन्हें सप्रे का पत्र दिया, तो उसे पढ़कर वे उलझन में पड़ गए। उन्होंने उस पत्र को बार-बार पढ़ते समय मेरी ओर कई बार देखा। जब हम दोनों घनिष्ठ मित्र हो गए, तो उन्होंने बताया कि उन्हें सप्रे की पारखी बुद्धि पर भरोसा था अन्यथा वे विश्वास नहीं कर सकते थे कि मेरी उम्र के व्यक्ति को काँग्रेस का इतिहास लिखने का दायित्व दिया जा सकता था।

पवित्र नर्मदा के तट से कुछ दूर बसा जबलपुर नगर मुझे उत्तर प्रदेश के नगरों जैसा ही दिखा हालाँकि ज्यादा साफ-सुथरा था। तो भी, इस के आसपास का वनाच्छादित और पहाड़ी भू-भाग उन शहरों से बिल्कुल अलग, पूना जैसा सुरम्य है। उसकी संगमरमरी चट्टानें, जिन्हें काटकर नर्मदा बहती है, मुझे बड़ी चित्ताकर्षक लगीं। रायपुर की अपेक्षा जबलपुर में राजनीतिक जागृति देर से हुई, लेकिन अब उसमें नई चेतनाआ गई थी। राष्ट्रीय हिन्दी मंदिर के अतिरिक्त, जो कई उच्च कोटि की पुस्तकों के प्रकाशन के साथ ही श्री शारदा मासिक पत्रिका को भी प्रकाशित कर रहा था, साप्ताहिक पत्र-"कर्मवीर" था, जो गाँधीवादी आंदोलन के प्रचार में कानपुर के दैनिक पत्र "प्रताप" के समकक्ष था। उसके संपादक माखनलाल चतुर्वेदी और उनके पश्चात् ठाकुर लक्ष्मणसिंह चौहान हुए जो अपनी पत्नी सुभद्रा कुमारी चौहान सहित खण्डवा से आए थे। वे तीनों उत्कट देशभक्त थे और जबलपुर तथा प्रान्त के राजनीतिक क्षेत्र में उनका विशिष्ट स्थान रहा। चतुर्वेदी तथा श्रीमती चौहान को अखिल भारतीय स्तर के कवि होने की ख्याति प्राप्त हुई।

स्वाधीन भारत में, ग्वालियर में जब किले के नीचे, जहाँ झाँसी की रानी को युद्ध करते हुए वीर

गति प्राप्त हुई थी, उनका स्मारक मध्यप्रदेश सरकार ने स्थापित किया, तो मेरे परामर्श पर वीरांगना को योग्य श्रद्धांजलि अर्पित करते हुए श्रीमती सुभद्रा कुमारी की सुप्रसिद्ध कविता की अंतिम पंक्तियाँ अंकित की गयीं, जो उस वीरांगना तथा कवयित्री दोनों के लिए उपयुक्त सम्मान था। तदोपरांत, जब मैं सागर विश्वविद्यालय का उपकुलपति था, चतुर्वेदी को डी.लिट की उपाधि से सम्मानित किया गया। जब मैंने मध्यप्रदेश के मुख्यमंत्री पद का कार्यभार सँभाला, तब राज्यपाल एच.वी. पाटस्कर वृद्ध तथा रुग्ण कवि को सम्मानित करने और हिन्दी साहित्य में उनके योगदान के महत्व को स्वीकार करते हुए उन्हें आजीवन सम्मानवृत्ति देने हेतु मेरे साथ खण्डवा गए थे।

चूंकि हिन्दी सी.पी. प्रान्तीय काँग्रेस कमेटी का मुख्यालय जबलपुर में था, इसलिए प्रथम प्रान्तीय राजनीतिक सम्मेलन ई. राघवेन्द्रराव की अध्यक्षता में मई १९२१ में वहीं हुआ। राव ने बिलासपुर में अपनी वकालत का पेशा छोड़कर असहयोग आंदोलन में भाग लेना प्रारम्भ कर दिया था। भविष्य में उनके साथ मेरा संघर्ष होना नियत था, इसलिए उनके सम्बन्ध में इस समय किंचित कथन उपयुक्त होगा। कम्मा जाति के उनके पूर्वज आंध्र प्रदेश से बिलासपुर आए थे। मेरे पिता के समान उनके पिता भी ठेकेदार थे। जब राव प्रांतीय राजनीतिक सम्मेलन के अध्यक्ष होकर आए, उस समय उनकी आयु ३० वर्ष से कुछ ही अधिक थी। बहुत पढ़े-लिखे तो थे ही, उन्होंने केवल उत्तर भारत की राजनीति से ही नहीं, बल्कि दक्षिण भारत की राजनीति से भी अपने को सुपरिचित कर रखा था। अपने राजनीतिक जीवन के प्रारंभिक काल में उन्होंने गाँधीजी के आंदोलन के प्रति बड़ा उत्साह दिखाया। उनका लिपिबद्ध अध्यक्षीय भाषण बड़ा तीक्ष्ण और ओजस्वी था जिससे मैं उनके प्रति तत्काल आकृष्ट हुआ। सम्मेलन की समाप्ति पर मेरा उनसे लम्बा वार्तालाप हुआ, जिसमें पता चला कि राजनीति के अतिरिक्त इतिहास और साहित्य में भी हम दोनों की समान रुचि थी। एच.जी. वेल्स की "ए शार्ट हिस्ट्री ऑफ दि वर्ल्ड" पर थोड़ी चर्चा हुई। सम्राट अशोक के प्रति वेल्स की प्रशस्ति को उन्होंने कण्ठस्थ कर लिया था और मुझे यह बात बड़ी मनोरंजक लगी जब उन्होंने निम्नलिखित वाक्य अक्षरशः दोहराया- "सहस्रों नर पतियों में, जिनसे इतिहास के पन्ने भरे पड़े हैं और जिनमें महामहिम, दयावान, शांतिप्रिय, शालीन सभी सम्मिलित है, अशोक का नाम लगभग एकाकी ही जाज्वल्यमान नक्षत्र है। तदोपरांत हमने भारतीय इतिहास पर परस्पर विचार-विमर्श किया और इस संदर्भ में उनका आरोप था कि सभी इतिहासकारों ने दक्षिण भारत के इतिहास को उत्तर भारत के इतिहास से इतिहास से जोड़ दिया है। वे मेरे इस विचार से सहमत नहीं थे कि इतिहासकारों द्वारा दक्षिण भारत के इतिहास का उत्तर भारत के इतिहास से जोड़ने का कारण तथ्यों की जानकारी का अभाव था, लेकिन मेरे इस मत पर उनकी सहमति थी कि यदि मध्यभारत और मध्यप्रान्त के प्राचीन स्थानों में उत्खनन कार्य उचित रीति से किया जाए तो जो परिणाम प्राप्त होंगे वे दक्षिण और उत्तर भारत को जोड़ने वाली कड़ी प्रमाणित हो सकते हैं, क्योंकि इस केन्द्रीय क्षेत्र के राजकुलों का राजनीतिक तथा आर्थिक संबंध दोनों उत्तर और दक्षिण से रहा था।

बाल्यावस्था से ही सम्पन्न व्यक्तियों से अलग रहे आने के अभ्यास के कारण, मैं अभी तक गोविंददास से दूर ही रहता था। वे राजनीतिक सम्मेलन की स्वागत समिति के अध्यक्ष चुने गए थे, लेकिन सम्मेलन की तिथि से १५ दिन पहले वे बहुत अस्वस्थ हो गए। उन्होंने अध्यक्षीय भाषण लिखने के लिए सप्रे से कहा और सप्रे ने वह कार्य मेरे सुपुर्द कर दिया। मैंने उन दिनों उपलब्ध सामग्री से काँग्रेस के इतिहास का समुचित अध्ययन किया था और रौलट बिल से लेकर नागपुर में हुई काँग्रेस तक

उसके विकास को निकट से देखा था। अतएव जो अध्यक्षीय भाषण मैंने तैयार किया वह तथ्यपूर्ण और उत्तेजक देशभक्ति से परिपूर्ण था। अस्वस्थ सेठ गोविन्द दास की अनुपस्थिति में एक स्थानीय काँग्रेसजन द्वारा पढ़े गए उस उद्बोधन को उपस्थित जनता ने करतल ध्वनि से सराहा और प्रांतीय समाचार पत्रों ने बड़ी प्रशंसा की। रोग मुक्त होने के बाद सेठजी ने उक्त भाषण के लिए अपनी कृतज्ञता प्रकट की और मिलते रहने का आग्रह किया।

कई माह बीत गए लेकिन पत्रकारिता विभाग के प्रारंभ होने के लक्षण नहीं दिखायी दिए। मैं ऊबने लगा और जब सप्रे सितम्बर के पहले सप्ताह में जबलपुर आए तो मैंने उन्हें उनके वचन की याद दिलायी। वे कुछ शर्मिन्दा हुए और यह बताया कि योजना के प्रति अपने पिताजी के विरोध के कारण गोविन्द दास उस योजना में समुचित राशि नहीं दे पा रहे हैं, यद्यपि योजना को पूरा करने के संकल्प में कोई कमी नहीं हुई थी। इस पर मैंने राष्ट्रीय मंदिर से मुझे मुक्त देने की बात कही और कलकत्ता में अमृतबाजार पत्रिका में पत्रकारिता का अनुभव प्राप्त करने की अनुमति चाही। बड़े उदास मन से वे सहमत हो गए और कलकत्ता में उन दिनों प्रारंभ किए गए नए दैनिक "सर्वेन्ट" के संपादक श्यामसुन्दर चक्रवर्ती को परिचयात्मक पत्र देने की इच्छा भी प्रकट की। उनका प्रस्ताव मैंने सधन्यवाद स्वीकार कर लिया और कलकत्ता जाने को उद्यत हो गया। सप्रे से यह जानकर कि मैं राष्ट्रीय मंदिर छोड़ रहा हूँ, गोविन्द दास अत्यंत निराश हुए लेकिन मुझे अपने इरादे में दृढ़ देख कर उन्होंने मुझसे कलकत्ता स्थित उनकी फर्मवाले भवन में रहने का आग्रह किया ताकि परस्पर सम्पर्क रहा आए। चूँकि कलकत्ता के लिए मैं बिल्कुल नया था और इलाहाबाद में बीमार पड़ने पर अपनी असहाय स्थिति मुझे याद थी, अतः बड़ी सहृदयता के साथ किए गए उस प्रस्ताव को मैंने स्वीकार कर लिया।

असहयोग आंदोलन देश में जंगल की आग की तरह फैल रहा था। सी.आर.दास, मोतीलाल नेहरू, राजेन्द्र प्रसाद, वल्लभभाई पटेल और सी. राजगोपालाचारी ने अपनी आकर्षक वकालत बन्द कर दी थी और देश के सभी प्रांतों में भी कई वकीलों ने उनका अनुकरण किया था। हजारों विद्यार्थियों ने, विशेषतः बंगाल में, स्कूल-कालेजों का बहिष्कार कर दिया था और बहुत बड़ी संख्या में मतदाताओं ने भी प्रत्येक प्रान्त में मतदान केन्द्रों का बहिष्कार किया था। चरखा चलाना गाँवों तक में प्रचलित हो गया और काँग्रेसजन मोटी खादी पहनने लगे। विदेशी कपड़ों की होलियाँ छोटे-बड़े नगरों और कस्बों में जलायी जाने लगी जिनमें नेहरू पिता-पुत्र तथा अन्य नेताओं ने अपने बहुमूल्य वस्त्र अग्नि को भेंट किए। शराब की दुकानों पर धरना देने का कार्यक्रम कई प्रांतों में बहुत सफल रहा और सरकार को बड़ी आर्थिक हानि झेलनी पड़ी।

आंदोलन को और भी तेज करने के लिए महात्मा गाँधी और अली बन्धुओं ने देशव्यापी दौरा किया। अन्य नेताओं ने भी अपने-अपने प्रान्त में सभाएँ की जिनमें लोग बड़ी संख्या में उत्साह सहित सम्मिलित होते थे। इस प्रचार ने जनसाधारण में अभय की भावना पैदा कर दी और लोग लम्बी अवधि से होते रहे अन्याय को अब सहन नहीं करना चाहते थे। पंजाब में अकाली सिक्खों ने गुरुद्वारों के ठग महंतों के विरुद्ध विद्रोह कर दिया। पुलिस ने, जो निहित स्वार्थों की ही संरक्षक थी, गोली चला दी और कई सिक्ख शहीद हो गए। महाराष्ट्र के मुलसी पेठ में किसानों ने अपनी शिकायतों को दूर कराने के लिए सत्याग्रह करने की धमकी दी।

आंदोलन की प्रारम्भिक अवस्था में जो सरकार उसका उपहास करती थी, अब स्थिति की गहनता

के प्रति जागरूक हो गयी। हिन्दू-मुस्लिम एकता के अभूतपूर्व रूप को देखकर वह अत्याधिक भयभीत हुई। विभिन्न संप्रदायों के बीच के मतभेदों से ही अंग्रेजी राज की स्थापना संभव हो सकी थी और वे मतभेद ही उस राज को चला रहे थे। अगर वे मतभेद उत्पन्न नहीं कर सकते थे, तो राज भी नहीं चला सकते थे। स्थिति का विवेचन कर सरकार इस निष्कर्ष पर पहुँचा कि मुस्लिम पक्ष की ओर से मौलाना मोहम्मद अली हिन्दू-मुस्लिम एकता के प्रधान शिल्पी है। इसलिए "यदि मौलाना और गाँधी के मध्य मतभेद हो जाए, तो उसका अर्थ हिन्दू और मुस्लिमों में संघर्ष होता हैं।"[११] नये वाइसराय लार्ड रीडिंग ने महात्मा गाँधी को मुलाकात के लिए बुलाया और यह शिकायत की कि अली बन्धुओं के उद्बोधनों में अहिंसा की भावना नहीं थी। इस शिकायत के पीछे वाइसराय के उद्देश्य को न जानते हुए महात्मा गाँधी ने यह दुरंगी चाल विफल करने के लिए अली बन्धुओं से बयान ले लिया कि उन्होंने हिंसा भड़काने की बात नहीं कही।

परस्पर टकराव पैदा करने में सफल न होने पर सरकार दमन करने के अपने पुराने ढंग पर आ गई। हज़ारों काँग्रेस कार्यकर्ता गिरफ्तार कर लिए गए लेकिन उसके परिणामस्वरूप असंतोष की आग ज्यादा भड़क उठी। गाँधीजी ने सरकार की इस परिवर्तित नीति को अपनी योजना के सफल होने का लक्षण माना। जुलाई के प्रथम सप्ताह में कराची में खिलाफत कांफ्रेंस का एक अधिवेशन हुआ। अली बन्धुओं ने उस अधिवेशन में एक प्रस्ताव पारित करवा कर मुस्लिमों से "सेना में न रहे आने और दूसरों को उसमें जाने के विरुद्ध प्रचार करने की धर्म के नाम पर अपील की।"[१२] मौलवियों ने इसी आशय का फतवा भी एलान कर दिया। सरकार की दृष्टि में इसे सेना की राजभक्ति में हस्तक्षेप माना गया जिसकी बुनियाद पर ही भारत में ब्रिटिश साम्राज्य टिका हुआ था। फिर भी दोनों, हिन्दुओं और मुस्लिमों, में अली बन्धुओं की लोकप्रियता के कारण सरकार उन पर हाथ रखने का साहस नहीं कर सकी। वह ठीक अवसर की प्रतीक्षा करने लगी और उसे अधिक रुकना नहीं पड़ा।

अगस्त में मलाबार के अनभिज्ञ लेकिन धर्मान्ध मुस्लिम मोपलाओं ने विद्रोह कर दिया। उन्होंने कुछ अंग्रेजों को ही नहीं मार डाला बल्कि साथ ही कई हिन्दू भूमिपतियों और साहूकारों की भी हत्या कर दी। उन्होंने मंदिरों को भी अपवित्र किया और कई हिन्दुओं को बलपूर्वक इस्लाम में दीक्षित किया। सरकार के लिए यह केवल दैव प्रदत्त अवसर नहीं प्रमाणित हुआ, बल्कि राजनीति में प्रतिक्रियावादी हिन्दू संप्रदायवादियों को भी "हिन्दुत्व खतरे में हैं" का स्वर उठाने के लिए उपयुक्त अवसर मिल गया। हिन्दू और मुस्लिम दोनों संप्रदायों के बीच दरार पड़ गयी और अधिकारियों ने अब कदम उठाने का निर्णय लिया। बम्बई प्रेसीडेन्सी के सरकार ने अली बन्धुओं पर सेना की राजभक्ति में हस्तक्षेप करने का आरोप लगा कर उनकी गिरफ्तारी का वारन्ट जारी कर दिया। उत्तर भारत के मुस्लिमों से भयभीत होने के कारण उन्होंने मोहम्मद अली को सुदूर दक्षिण वाल्टेयर में गिरफ्तार किया जब वे मोपलाओं को समझाने के लिए उधर जा रहे थे। गाँधीजी ने इस चुनौती को स्वीकार कर बम्बई में सभी राष्ट्रवादी नेताओं का सम्मेलन बुलाया। लगभग सभी वरिष्ठ नेताओं के हस्ताक्षरों सहित एक घोषणा-पत्र प्रसारित किया गया जिसमें ब्रिटिश सेना में भारतीय सैनिकों से संबंधित मोहम्मद अली के दृष्टिकोण को उचित ठहराया गया। यह घोषणा-पत्र देश के अधिकांश भागों में आम सभाएँ कर पढ़ा गया। इस प्रकार सरकार ने अपनी मूर्खता से असहयोग आंदोलन के अन्य मुद्दों के साथ यह एक नया मुद्दा भी जोड़ दिया और असमंजस की स्थिति में आ गई।

कलकत्ता-दास और सुभाष (१९२१-२२)

जब मोहम्मद अली गिरफ्तार हुए, लगभग उसी सम्य मैं कलकत्ता पहुँचा। बड़ा बाज़ार में गोविन्ददास की फर्म वाले काफी बड़े भवन में, जिसमें कार्यालय और निवास की व्यवस्था थी पहिली मंजिल में मुझे स्थान दिया गया। अपने नाम के अनुरूप बड़ा बाज़ार संभवत: अत्याधिक घनी बस्ती और कोलाहल वाला कलकत्ता का सचमुच बड़ा बाज़ार है। मानव बुद्धि से बनाए गए लगभग सभी प्रकार के वाहन बड़ा बाज़ार की सड़कों पर देखे जा सकते थे। अर्ध रात्रि के पश्चात् यदि कोलाहल कुछ कम हो जाता तो उच्च स्वर में भगवान के विभिन्न नामों का समवेत भजन करते हुए पतित पावनी भागीरथी के भक्त सड़क पर चलने-फिरने लगते थे। किन्तु दयालु ईश्वर से मुझे गहरी निद्रा का वरदान प्राप्त है और इसलिए बड़ा बाज़ार में रात्रिकालीन तुमुलरव मेरी गहन निद्रा में विघ्नकारक नहीं हो सका।

कलकत्ता पहुँचने के तत्काल पश्चात् मैंने नये दैनिक समाचार-पत्र "सर्वेन्ट" का कार्यालय ढूंढ निकाला। मुझे एक विशाल कक्ष में ले जाया गया। जैसे ही मैं उस कक्ष में प्रविष्ट हुआ, एक विचित्र दृश्य देखने को मिला। एक छोटे तख्त पर लगभग एक दर्जन नौजवानों से घिरे हुए एक वृद्ध सज्जन दृष्टिगत हुए। मात्र एक धोती को छोड़कर, जिसे कमर में लपेट लिया गया था, वृद्ध महोदय नंगे बैठे थे। दो नवयुवक उनकी जांघों की मालिश कर रहे थे और तीसरा उनके श्वेत सिर पर तेजी से तेल घिसने में संलग्न था। अन्य नवयुवक उनके खूब हँसने और उनके द्वारा किए जा रहे हास्य का आनन्द ले रहे थे। कुछ समय मैं आश्चर्य में डूबा खड़ा रहा और साहस एकत्रित कर उस झुंड के निकट गया। मैंने अपना परिचय पत्र एक नवयुवक को दिया और उसने उसे तख्त पर बैठी मूर्ति की ओर बढ़ा दिया। मैं तत्काल समझ गया कि मैं श्यामसुन्दर चक्रवर्ती की उपस्थिति में खड़ा हूँ। पत्र पढ़ने के बाद वृद्ध महोदय ने मुझ पर दृष्टिपात किया और मैंने देखा कि उनकी आंखें स्नेह तथा करुणा से पूर्ण थीं। उन्होंने पत्रकारिता से संबंधित मेरे पूर्व अनुभव की बात पूछी। मैंने इलाहाबाद के "भविष्य" दैनिक समाचार पत्र में कुछ दिन काम करने की चर्चा की। वे सुन्दरलाल को जानते थे और उनके तथा इलाहाबाद के अन्य नेताओं के सम्बन्ध में उन्होंने मुझसे पूछताछ की। जब वे मुझसे बात कर रहे थे, उस समय बड़ा बाज़ार के एक भाग में आग लगने का समाचार मिला। उन्होंने यकायक एक रुपया मेरी ओर फेंका जिसे मैं नहीं जान सका कि कहाँ से उन्होंने निकाला और मुझसे बड़ा बाजार जाकर समाचार पत्र के लिए वहां के अग्नि काण्ड के संबंध में एक रिपोर्ट लिखने का आदेश दिया। रुपया उठाकर मैं लौट पड़ा। अब मुझे मालूम हो गया कि संवाददाता के रूप में मुझे कार्य प्रारम्भ करना था।

रिक्शे से बड़ा बाज़ार जाते हुए मैं राह में उस विचित्र दृश्य को नहीं भूल सका, जिसे कुछ देर पहले मैंने देखा था। वह दैनिक समाचार पत्र का कार्यालय था या गुरुकुल? प्राचीन भारत में गुरुकुल के कुलपति की क्या इसी प्रकार चापलूसी की जाती थी? राष्ट्रीय जागरण के फलस्वरूप क्या हम पुरातन काल की ओर बंगाल के नेतृत्व में प्रत्यावर्तन कर रहे हैं? बड़ा बाज़ार पहुँचते-पहुँचते मैं इस निष्कर्ष पर पहुँचा कि मध्यप्रदेश और उत्तर प्रदेश में बंगालियों के सम्बन्ध में मेरी जानकारी बहुत कम थी और मुझे पुराने विचारों को एक तरफ कर नए सिरे से बंगाल को समझना होगा।

दूसरे दिन मुझे यह जानकर प्रसन्नता हुई कि बड़ा बाज़ार अग्निकांड से संबंधित मेरी रिपोर्ट

बिना किसी परिवर्तन के पूरी प्रकाशित कर दी गयी थी। लेकिन मैं अमृत बाजार पत्रिका में काम करना चाहता था, इसलिए उस समाचार पत्र के कार्यालय के व्यक्तियों के सम्बन्ध में पूछताछ करने लगा। मुझे बताया गया कि उसके यशस्वी संपादक मोतीलाल घोष तो बहुत अस्वस्थ थे और उनके भाई गोलपलाल घोष उस पत्र की व्यवस्था देखते थे। मैं गोलप बाबू से मिला और उन्होंने मुझे तत्कालीन संपादक जितेन्द्रलाल बनर्जी के पास भेजा। गोलपलाल का पत्र लेकर मैं उनसे उनके घर पर मिला। नागपुर में काँग्रेस अधिवेशन में मैंने उन्हें देखा था। वे बड़ी सज्जनता से मिले। मेरे यह कहने पर कि इलाहाबाद में म्योर सेन्ट्रल कालेज छोड़कर मैंने असहयोग किया था, मेरे प्रति वे बड़े आकर्षित हुए। वे कट्टर गाँधीवादी थे और काँग्रेस के विशेष अधिवेशन में उन्होंने सी.आर. दास का विरोध किया था, जब वे महात्मा गाँधी के मत के विरुद्ध हो गए थे। नागपुर में दोनों का मेल हो गया था इसलिए अब जितेन्द्रलाल अपने कुछ नवयुवक सहयोगियों के साथ देशबन्धु से मिलकर कार्यरत थे। उन्होंने मुझसे कहा कि वे राजनीतिक कार्य में इतने संलग्न हैं कि उनकी सहायता करने वाले व्यक्ति का वे स्वागत ही करेंगे।

गोलप बाबू के कार्यालय में दूसरे दिन मेरे लिए स्थान की व्यवस्था की गयी। वे बड़े सहृदय वृद्ध व्यक्ति थे और समाचार पत्र से संबंधित सभी तरह के कार्यों में मुझे लगाए रखते थे। सार्वजनिक सभाओं में उपस्थिति मेरे लिए निर्दिष्ट कार्य का एक अंग हो गयी। बंगाली, हिन्दी और उर्दू तीनों बोलियों का प्रयोग वक्ता करते थे। जब पहली बार मैंने एक मुस्लिम वक्ता को उच्च कोटि की संस्कृत मिश्रित बंगाली में उत्तेजक भाषण करते सुना तो बड़ा आश्चर्य हुआ। बाद में कलकत्ता विश्वविद्यालय के पुस्तकालय में जब मैं गया, तो एक से डील-डौल और बंगाली पोशाक में बैठे हिन्दू तथा मुस्लिम विद्यार्थियों में अन्तर करना मुझे असंभव लगा। मेरे लिए यह नवीन तथा सुखद अनुभव था क्योंकि न तो यू.पी. और न मध्यप्रान्त में इन दो विभिन्न संप्रदाय के व्यक्तियों में ऐसी समानता मैंने देखी थी।

रिपोर्टिंग करने के साथ ही मैंने संपादकीय टिप्पणी भी लिखना शुरु कर दिया। दोनों, जितेन्द्र बाबू तथा गोलप बाबू, का मुझे इस कार्य में प्रोत्साहन मिला और लगभग दो माह पश्चात् विदेशी मामलों पर मैं लेख लिखने लगा। तत्कालीन भारतीय राजनीति पर मैंने इसलिए नहीं लिखना चाहा क्योंकि मुझे भय था कि जितेन्द्र बाबू उस संबंध में अपने संपादकीय उत्तरदायित्व को किसी दूसरे को नहीं सौंपना चाहते थे। गोलप बाबू ने मुझे पत्रिका के पुराने अंकों को भी देखने का अवसर दिया। जैसी मैं आशा करता था, उन अंकों ने मेरी राजनीतिक शिक्षा में बड़ी सहायता की क्योंकि आधुनिक भारत का राजनीतिक इतिहास उनमें भरा पड़ा था। संवाददाता होने के नाते देशबन्धु दास से मिलने के अन्य संवाददाताओं के साथ कई अवसर आए। उनकी उदारता लोक प्रसिद्ध हो गयी थी। वे अब तक अपना बहुत कुछ विसर्जित कर चुके थे और सर्वस्व त्याग के पथ पर चल रहे थे। उन्हें देखकर उनकी तुलना मोतीलाल नेहरू से करने की बरबस इच्छा हो जाती थी। दोनों ही बड़े सुसंस्कृत तथा उच्च कोटि के देशभक्त थे। मोतीलाल अपने मानस से नियंत्रित थे और दास पर उनके हृदय का अधिकार था। परिणामस्वरूप एक में वैचारिक सावधानी थी, जबकि दूसरा बड़ा भावुक था। दोनों ने पाश्चात्य सभ्यता अपनायी थी, लेकिन मोतीलाल में मुस्लिम सभ्यता का भी सम्मिश्रण था, जबकि दास की पाश्चात्य सभ्यता पर बंगाल के वैष्णाव दर्शन का रंग चढ़ा था। साथ ही रामकृष्ण परमहंस और उनके महान शिष्य विवेकानंद के सिद्धांत से भी वे प्रभावित थे। मोतीलाल को अपने उर्दू और फारसी के साहित्य ज्ञान पर

बड़ा गर्व था और वे बहुधा अपने संबोधनों में उस साहित्य के उद्धरण दिया करते थे। दास को बंगला साहित्य पर अपने अधिकार का अहम था और उन्होंने अपने सागर संगीत काव्य से बंगला कविता कुंज में योगदान दिया था। दोनों में अनुगामी वर्ग उत्पन्न करने वाला आकर्षण था। एक में बुद्धि विलास और चातुर्य और दूसरे में असीम उदारता तथा संक्रामक उत्साह बड़ा आकर्षक था। दोनों हृदय से भारतीय थे और उनकी विषमताएं उनके अलग-अलग पर्यावरण की उत्पत्ति थी।

बंगाल के राजनीतिक जीवन में एक और भी व्यक्ति था, जो मुझे यू.पी. की याद दिलाता था। वे थे सुभाषचंद्र बोस। उन्होंने गाँधीजी से प्रभावित होकर इंडियन सिविल सर्विस से त्यागपत्र दे दिया था और अब कलकत्ता में नेशनल कालेज के प्राचार्य थे। वे गंभीर स्वभाव के थे, लेकिन लज्जालु नहीं थे। जवाहरलाल से सर्वथा विपरीत, सुभाष व्यक्तियों के प्रति नहीं, भारतीय जन समूह में रुचि रखते थे। जो भी व्यक्ति उनसे मिला, उसमें वे विशेष रुचि लेते हुए जान पड़ते थे। जवाहरलाल को भारत को समझने में अभी देर थी, लेकिन सुभाष अपने बंगाल से पूर्णतः परिचित थे। यद्यपि दोनों में ही प्रखर भावुकता थी, किन्तु सुभाष में वह फूटी पड़ती थी, जबकि जवाहरलाल के लज्जालू स्वभाव से कभी-कभी बड़े आवेगपूर्ण अवसरों पर ही निकल पाती थी।

जवाहरलाल बुद्धिवादी थे, जबकि सुभाष में असीम संगठनकारी क्षमता थी, जिसका जवाहरलाल में अभाव था। दोनों की देशभक्ति निर्बाध थी और स्वाधीनता संघर्ष में दोंनों ही कुछ भी त्याग कर सकते थे। सर्वथा विपरीत राजनीतिक विचारों के होते हुए भी जवाहरलाल महात्मा गाँधी की गरिमा को तथा देश की समस्याओं में उनकी जो भूमिका थी, उसे पूर्णतः समझते थे। उन्होंने महात्माजी को प्रभावित करने का प्रयत्न भी किया और कई बार उसमें सफल भी हुए, लेकिन उनके नेतृत्व को चुनौती देने का विचार उनके मन में कभी नहीं आया। सुभाष ने अपना पृथक पथ बनाने का प्रयत्न विद्रोही बंगाल के कई अन्य सपूतों के समान किया और उस प्रयास की विफलता में भी वे अपनी मातृभूमि के इतिहास में अपने को चिरंजीवी कर गए। दोनों के सानिध्य में आने का मुझे सौभाग्य प्राप्त रहा और उन दोनों के संबंध में प्रथम साक्षात् में जो धारणा बनी वह समय के साथ दृढ़ होती गई।

१७ नवम्बर के दिन प्रिंस ऑफ़ वेल्स बम्बई आए और यह घटना राजनीति की प्रज्जवलित अग्नि में ईंधन प्रमाणित हुई। यह मानने योग्य है कि शासकीय तंत्र ने एंग्लो-इंडियन, पारसी और ईसाई समुदाय के परम्परागत राजभक्तों को संगठित कर राजकुमार के स्वागत आयोजन का भरसक प्रयत्न किया था। साम्प्रदायिक मतभेदों का लाभ उठाने की सरकार की पुरानी नीति को ध्यान में रखते हुए यह भी अनुमान किया जा सकता है कि उसने स्वागतकर्ताओं और बहिष्कारकर्ताओं में, जिनमें हिन्दू और मुस्लिम थे, संघर्ष हो जाने की कल्पना की थी। ऐसा लगता है कि बहिष्कार के आयोजकों ने इस संभावना पर विचार नहीं किया था अन्यथा वे अपने साथियों को शांत रखने के लिए प्रयत्नशील रहते। जैसा वस्तुतः हुआ, बहिष्कारकर्ताओं ने आक्रामक रवैया अपनाया और उनमें मुस्लिम वर्ग जो अली बन्धुओं की गिरफ्तारी से क्रुध था, स्वागतकर्ताओं के प्रति हिंसा पर उतर आया। इसका परिणाम यह हुआ कि प्रतिक्रिया स्वरूप एंग्लो इंडियन, पारसी और ईसाई समुदाय संगठित रूप से प्रतिकार करने के लिए तैयार हो गए। बंबई में लगातार कई बड़े दंगे हुए जिसे महात्मा गाँधी अनशन करके ही रोकने में सफल हो सके। बम्बई में हुई घटना के बावजूद देश के अन्य भागों में राजकुमार का बहिष्कार बड़ा सफल

रहा। प्रान्तीय काँग्रेस कमेटियों ने हजारों की संख्या में स्वयंसेवक भर्ती किए जो बहिष्कार के विशाल आयोजनों में सबसे आगे चलते थे।

प्रिन्स ऑफ़ वेल्स कलकत्ता २५ दिसम्बर को आने वाले थे और सी.आर. दास के नेतृत्व में पूरा नगर उस दिन के लिए तैयारी करने लगा। बम्बई सरकार से बिल्कुल विपरीत, बंगाल सरकार ने क्रिमिनल लॉ अमेन्डमेन्ड एक्ट के तहत एक विज्ञप्ति प्रकाशित कर स्वयंसेवकों की भरती पर रोग लगा दी। परिणामस्वरूप जो लोग काँग्रेस स्वयंसेवक होने का विचार नहीं कर रहे थे, वे भी उस समुदाय में शामिल हो गए। अपने पुत्र, पत्नी तथा कई अन्य काँग्रेस नेताओं के साथ सी.आर. दास की गिरफ्तारी से कलकत्ता राजनीतिक आग में जलने लगा। कलकत्ते में अपनी उपस्थिति के उद्देश्य को यकायक भूल कर मैं भी स्वयंसेवक बन गया। लगभग एक दर्जन दूसरे स्वयंसेवकों के साथ मैं गिरफ्तार किया गया और लालबाजार थाने में ले जाया गया, लेकिन शाम होने पर इसलिए छोड़ दिया गया क्योंकि हमारे लिए वहां स्थान ही नहीं था। बंगाल के अन्य जेलों के साथ ही कलकत्ता के सभी थाने स्वयंसेवकों से ठसाठस भर गए थे। दूसरे दिन जब मैं पत्रिका आफिस पहुँचा तो गोलप बाबू ने फटकार लगाई। जितेन्द्र बाबू भी गिरफ्तार हो गए थे और दूसरे दिन पत्रिका प्रकाशित करने में उन्हें बड़ी कठिनाई हुई थी। मैंने कल वाली घटना को फिर न दोहराने और बराबर उनके साथ रहने का वचन दिया।

वाइसराय ने जो क्रिसमस के अवसर पर कलकत्ता में ही थे, हिन्दू और मुस्लिमों के बीच मतभेद उत्पन्न करने का प्रयत्न किया। मदन मोहन मालवीय को मध्यस्थ बना कर वाइसराय ने यह समझौता करना चाहा कि यदि प्रिन्स के बहिष्कार की योजना त्याग दी जावे तो अली बन्धुओं और फतवा देने वाले कैदियों के अतिरिक्त सभी राजनीतिक बंदियों को छोड़ दिया जावेगा। महात्मा गाँधी उस चाल को समझ कर अली बन्धुओं की रिहाई पर अड़े रहे। चूंकि उनका उद्देश्य सफल नहीं हो पाया अत: वाइसराय ने दमन नीति का सहारा लिया। लेकिन कलकत्ता नगर ने दमन की बिलकुल परवाह न कर युवराज के आगमन दिवस पर पूर्ण हड़ताल रखी। इस प्रकार अंतिम बार कलकत्ता ने स्वयं को देश की राजनीतिक राजधानी होने का परिचय दिया। उसके पश्चात् तो सम्पूर्ण स्वतंत्रता संघर्ष काल में बम्बई नगर ने कलकत्ता का यह परम्परागत यश छीन लिया।

महात्मा-"बन्दी और अपराधी" (१९२२)

अहमदाबाद में जब काँग्रेस का वार्षिक अधिवेशन हुआ, उसके पहले ही मोतीलाल नेहरू, लाजपत राय, जवाहरलाल आदि काँग्रेस के सभी अग्रणी नेतागण अपने प्रांतों में जेल भेज दिए गए थे। काँग्रेस के निर्वाचित अध्यक्ष सी.आर. दास भी जेल में थे। हकीम अजमल खॉ ने उस अधिवेशन की अध्यक्षता की और दास के अध्यक्षीय भाषण को, जो उनकी गिरफ्तारी से पहले तैयार हो गया था, सरोजनी नायडू ने पढ़ा। मुख्य प्रस्ताव महात्मा गाँधी ने स्वयं प्रस्तुत किया, जिसमें १८ वर्ष से अधिक आयु वाले देश के प्रत्येक व्यक्ति को स्वयंसेवक संगठन में सम्मिलित होने की अपील की गई थी और काँग्रेस कमेटियों को अपनी सभाएं तथा आम सभाएं बन्द स्थानों और प्रवेश पत्र के साथ करने का परामर्श दिया गया था। उस प्रस्ताव में काँग्रेसजन से असहयोग आंदोलन में स्वयं सम्मिलित होने और अन्य देशवासियों को तैयार करने का आदेश था। महात्माजी को अपना उत्तराधिकारी मनोनीत करने के अधिकार के साथ काँग्रेस का एकमात्र कार्यकारीअधिकारी नियुक्त किया गया। जनता तथा सरकार दोनों को स्पष्ट दिखने लगा था कि काँग्रेस अन्तिम संघर्ष के लिए तैयार हो रही थी।

अहमदाबाद अधिवेशन के पश्चात्, गाँधीजी ने टैक्स न देने के आंदोलन के लिए बारडोली तालुके के किसानों को संगठित करना प्रारम्भ कर दिया। प्रतिद्वन्दी को पूर्व सूचना देने की अपनी नीति के अनुसार उन्होंने बारडोली में असहयोग जन-आंदोलन करने के अपने निश्चय की सूचना वाइसराय लार्ड रीडिंग को लिखकर भेज दी। अपने पत्र के अन्तिम परिच्छेद में उन्होंने मुख्यतः यह लिखा था: "लेकिन बारडोली के लोग असहयोग आंदोलन प्रारम्भ करें उसके पूर्व मैं आपसे सरकार के प्रधान होने के नाते सादर अनुरोध करूँगा कि आप अपनी नीति पर पुनर्विचार करें और अपने अहिंसक कार्यों के लिए दण्ड प्राप्त अथवा विचाराधीन असहयोगियों को मुक्त कर दें, चाहे वे खिलाफत, पंजाब में हुए अन्याय, स्वराज या किसी अन्य लक्ष्य से संबंधित मामलों में पकड़े गए हों या अहिंसा से अनुबंधित वे लोग पेनलकोड, क्रिमिनल प्रोसीजर कोड या किसी अन्य दमनकारी कानून के अन्तर्गत पकड़े गए हों। आपसे मैं यह भी अनुरोध करूँगा कि समाचार पत्रों को शासकीय नियंत्रण से मुक्त कर उन पर किए गए अर्थदण्ड तथा समपहरण वापस कर दें।"

इस पत्र को, जिसमें मांगों को पूरा करने के लिए सात दिन का समय दिया गया था, वाइसराय को गाँधीजी का अल्टिमेटम कहा गया। जैसा अनुमान था, वाइसराय ने गाँधीजी की मांगों को केवल अस्वीकार ही नहीं किया, बल्कि काँग्रेसजनों को धमकी देने और हिंसात्मक कार्यों का दोषी ठहरा कर सरकार की दमन नीति को उचित ठहराया। फरवरी १९२२ के प्रथम सप्ताह में लगातार कई घटनाएं हुई। गाँधीजी बारडोली में टैक्स न देने का जन आंदोलन प्रारंभ करने वाले थे और सरकार कठोरता से उस आंदोलन को कुचलने पर आमादा थी। इस लक्ष्य से बारडोली में यूरोपियन पुलिस तैनात कर दी गई थी। काँग्रेस में नरम दल के लोग मदनमोहन मालवीय के नेतृत्व में वाइसराय से एक गोलमेज़ सम्मेलन बुलाने के लिए आग्रह कर रहे थे। इस सरगर्मी के बीच में एक ऐसी अप्रत्याशित घटना घटी जिसने सरकार के साहस को बढ़ाया लेकिन गाँधीजी के जन-आंदोलन करने के प्रथम प्रयास को धूमिल कर दिया। यह दुःखद घटना उत्तर प्रदेश के गोरखपुर जिले के चौरी-चौरा में हुई जहाँ पुलिस द्वारा उत्तेजित एक हिंसक जनसमूह ने एक थानेदार और २१ सिपाहियों का पीछा किया और जब वे पुलिस थाने में बचाव के लिए शरण लेने गए तो थाने में आग लगा दी और २२ पुलिस कर्मी उस आग मे जल मरे। गाँधीजी ने बम्बई में आपसी संघर्षों को किसी प्रकार सहन किया था, लेकिन चौरी-चौरा की घटना ने उनके मर्म को बिल्कुल झकझोर दिया। उन्होंने बारडोली सत्याग्रह को स्थगित कर देने के अतिरिक्त काँग्रेसजनों को आदेश दिया कि वे किसी रूप में शासकीय निर्देशों का उल्लंघन न करें और अपनी कार्यवाही को रचनात्मक कार्य तक ही सीमित रखें।

गाँधीजी के इस आकस्मिक निर्णय से जनता में तथा काँग्रेस-जनों में ही रोष उत्पन्न नहीं हुआ, बल्कि मोतीलाल नेहरू और लाजपत राय जैसे नेता भी क्रुद्ध हो गए। मोतीलाल नेहरू ने कारावास से गाँधीजी को लिखा: "केप कामोरिन के किसी गाँव वाले यदि अहिंसा का पालन न कर पाएं तो हिमालय की तराई की किसी बस्ती को क्यों दंडित किया जाए?"[१३] सम्पूर्ण देश के मौन तथा मुखर विरोध के बावजूद गाँधीजी अपने निश्चय से किंचित नहीं हिले।

१९ फरवरी को महात्माजी ने जवाहरलाल को, जो अपने पिता के साथ जेल में थे, सत्याग्रह स्थगित किए जाने से उनमें उत्पन्न हुई अत्याधिक निराशा के प्रति सम्वेदना प्रकट करते हुए पत्र लिखा

और कहा कि उनका "हृदय पिता के साथ दुखी है" और वे आशा करते हैं कि उनके "निर्णय से जो धक्का उन्हें लगा उसके पश्चात् स्थिति का वास्तविक ज्ञान हो गया होगा।"[१४] देश में कई स्थानों पर हुई हिंसात्मक घटनाओं का उल्लेख कर उन्होंने जवाहरलाल को विश्वास दिलाते हुए स्थिति के सम्बन्ध में लिखा कि "यदि सत्याग्रह स्थगित न किया गया होता तो हम अहिंसात्मक संघर्ष के स्थान पर वस्तुतः हिंसात्मक संघर्ष का नेतृत्व करते होते।"[१५]

उपरोक्त शब्द अपने आलोचकों को गाँधीजी का उत्तर ही नहीं था बल्कि जनता को एक प्रकार से चेतावनी थी कि यदि वे अपनी मातृभूमि की स्वाधीनता का संघर्ष हिंसात्मक रखना चाहते हैं तो उन्हें उनका नेतृत्व नहीं मिलेगा। गाँधीजी के लिए तो अहिंसा सैद्धांतिक आस्था थी, लेकिन काँग्रेसजनों के अधिकांश समुदाय ने उसे एक नीति के समान ही स्वीकार इसलिए किया था क्योंकि आधुनिकतम शस्त्रों से सुसज्जित सरकार से हिंसात्मक संघर्ष के द्वारा विजित होना संभव नहीं था। स्पष्ट है कि सत्याग्रह स्थगन का काँग्रेसजन द्वारा विरोध संघर्ष के प्रकार के प्रति नेता के दृष्टिकोण को न समझने पर आधारित था और गहरी निराशा का परिणाम था। निष्कपट विरोधियों को स्थिति समझने में विलम्ब नहीं हुआ, लेकिन कुछ ऐसे भी व्यक्ति थे, जो सरकार के समान ही उस दिवस की प्रतीक्षा में थे जब गाँधीजी जनता में अप्रिय हो जाएं और वे उन पर आक्रमण कर दें। ९ फरवरी को दिल्ली में जब अखिल भारतीय काँग्रेस समिति की बैठक हुई तो नागपुर के बी.एस. मुन्जे ने गाँधी के विरुद्ध एक निन्दा प्रस्ताव रखा। उन्होंने रचनात्मक कार्यक्रम के कुछ मुद्दों के प्रति अपना असंतोष प्रकट किया और कार्यकारिणी में नागपुर जिला काँग्रेस कमेटी का एक प्रस्ताव प्रस्तुत किया जिसमें स्वदेशी और अस्पृश्यता के विषयों में किसी सीमा तक छूट दी गई थी। गाँधीजी काँग्रेस छोड़ सकते थे, लेकिन ऐसी ढील की अनुमति वे नहीं दे सकते थे। उन्होंने सम्पूर्ण जीवन अस्पृश्यता के शाप के विरुद्ध संघर्ष किया था। मुंजे को समर्थन नहीं मिल सका और गाँधीजी का वह विरोध सर्वथा नगण्य रहा।

सरकार भी उधेड़बुन में थी और गाँधीजी की अस्थायी अलोकप्रियता पर बड़ी प्रसन्न थी। गाँधीजी को सरकार की मनोवृत्ति का आभास था। अपने "यंग इण्डिया" साप्ताहिक पत्र के एक लेख में उन्होंने लिखा था: "चौरी-चौरा कांड सरकार के रूख को कड़ा कर देगा, पुलिस अधिक भ्रष्ट हो जावेगी और "जो प्रतिशोधात्मक कार्यवाही की जावेगी उससे जनता का मनोबल घटेगा।" प्रतिशोध की कार्यवाही शुरु हो गयी और गाँधीजी गिरफ्तार कर लिए गए। वाइसराय लार्ड रीडिंग बड़े सन्तुष्ट थे और उन्होंने लिखा कि "राजनेता के नाते गाँधी ने अपने को अन्तिम गर्त में डाल दिया।" लेकिन उस गर्त में गाँधीजी अधिक समय तक नहीं रहे। उनकी गिरफ्तारी, मुकदमा और ६ वर्ष के कारावास के दिए गए दण्ड ने उन्हें पूर्ववत् प्रत्येक भारतीय के हृदय में स्थान प्राप्त करा दिया।

गाँधीजी को १० मार्च की रात्रि को गिरफ्तार कर साबरमती कारावास ले जाया गया। मुकदमा १८ मार्च को प्रारंभ हुआ। गाँधीजी ने अपने को दोषी स्वीकार करते हुए अंत में कहा: "मैं इसलिए यहां हूँ कि जिस कार्य को मैं नागरिक के रूप में अपना सर्वोच्च कर्तव्य मानता हूँ और जो कानून की दृष्टि में जानबूझकर किया हुआ अपराध है, उसके करने पर जो बड़ा से बड़ा दण्ड दिया जा सकता है, उसे निमंत्रित करूँ और शिरोधार्य करूँ। न्यायाधीश और निर्णायकगण, आपके लिए एक ही मार्ग है कि यदि आप मुझे निर्दोष मानते हों और यह समझते हों कि जिस नियम को आप लागू करना चाहते हो वह ठीक नहीं है तो आप अपने पद से त्याग-पत्र देकर उस दोष से स्वतंत्र हो जाएं अथवा यदि आपकी मान्यता

है कि सरकार और कानून, जिसके लागू करने में आप सहायक हैं, देश की जनता के लिए कल्याणप्रद है और मेरी गतिविधि सार्वजनिक हित में हानिप्रद है, तो आप मुझे कठोर से कठोर दण्ड दें।"[१६]

न्यायाधीश ने दण्ड सुनाते हुए कहा: "आपने आप पर किए गए आरोप को स्वीकार कर एक प्रकार से मेरे कार्य को सरल कर दिया है..."

"भारत में संभवत: ऐसे व्यक्ति नगण्य हैं जिन्हें इस बात से हार्दिक दु:ख नहीं होगा कि आपने किसी सरकार को आपको स्वतंत्र रहने देना असंभव कर दिया है। लेकिन वास्तव में ऐसा ही है। मेरी दृष्टि में सार्वजनिक हित में जो आवश्यक है और जो आपके लिए देय है, इन दोनों में संतुलन रखने का प्रयत्न मैं कर रहा हूँ और अपना निर्णय देने में लगभग बारह वर्ष पूर्व के एक निर्णय का अनुकरण करना चाहता हूँ। मेरा आशय इसी धारा के अन्तर्गत बालगंगाधर तिलक पर चलाए गए मुकदमे से है। उन्हें ६ वर्ष का सादा कारावास का दण्ड दिया गया था। मेरी धारणा है कि आप इसे अनुचित न मानेंगे कि आपको श्री तिलक के समकक्ष रखा जाए और प्रत्येक आरोप पर २ वर्ष की सादी कैद का दण्ड देकर कुल ६ वर्ष का कारावास दिया जाए। आपको यह दण्ड देना मैं अपना कर्तव्य मानता हूँ और यह निर्णय लेते हुए मैं यह भी कहना चाहता हूँ कि भारत में भावी घटना चक्र के परिप्रेक्ष्य में यदि सरकार के लिए आपको दिये गए दण्ड को कम करना और आपको कारामुक्त करना संभव हो सके तो मुझे सबसे अधिक प्रसन्नता होगी।"[१७]

गाँधी जी भी लोकमान्य के समकक्ष कोष्ठित होने में बड़े प्रसन्न हुए और उन्होंने न्यायाधीश महोदय से कहा: "चूंकि आपने इस मुकदमे के सिलसिले में लोकमान्य बालगंगाधर तिलक पर चलाए गए अभियोग का उल्लेख कर मुझे सम्मानित किया है, इसलिए मैं केवल यह कहना चाहता हूँ कि उनके नाम से मुझे संयुक्त किया जाना मेरे लिए सर्वोच्च सौभाग्य की बात मैं मानता हूँ। जहाँ तक दण्ड का प्रश्न है, मैं इस दण्ड को किसी भी न्यायाधीश द्वारा प्रदत्त न्यूनतम दण्ड समझता हूँ और मुकदमे की पूरी कार्यवाही के दौरान जो सौजन्य मुझे मिला उससे अधिक की कल्पना मैं नहीं कर सकता था।"[१८]

सरोजनी नायडू ने, जो मुकदमे के दौरान उपस्थित रही आयी थीं, उस स्मरणीय दृश्य का उल्लेख करते हुए लिखा है: "आधुनिक समय की सबसे बड़ी ऐतिहासिक घटना पर अतिशीघ्र पटाक्षेप हो गया। उपस्थित जनता का भावातिरेक दु:ख के झंझावात में फूट पड़ा जब विदा करने के लिए संतप्त नर-नारियों की लम्बी कतार उनकी ओर बढ़ी। कुछ लोग उनके देश-कार्य में निरन्तर संलग्न हाथ पकड़े थे और उनके चरणों पर, जो देश की सेवा में अथक गतिशील रहे थे, कई लोग झुके थे। उस विशाल जन-समूह की बड़ी मुखर वेदना से उत्पन्न अत्यन्त कारुणिक दृश्य के बीच में गाँधी जी व्यथा-विहीन अपनी श्रेष्ठतम सरलता में भारत राष्ट्र के प्रतीक के समान खड़े थे। देश का त्याग और उत्कृष्ट संस्कार दोनों उनमें मूर्तिमंत थे।"[१९]

रविशंकर शुक्ल को हथकड़ी पहनायी गयी (१९२२)

गाँधीजी के गिरफ्तार हो जाने के तत्काल पश्चात् मुझे सप्रे के आदेशानुसार कलकत्ता से वापस आना पड़ा। जब मैं रायपुर पहुँचा तो पता चला कि मेरे पिता परिवार के साथ कानपुर चले गए थे। उन्होंने बहुत पहले निश्चित कर लिया था, कि पावन गंगा के निकट अपना शेष जीवन व्यतीत करेंगे। बाद में यह ज्ञात हुआ कि कलकत्ता में मेरी गिरफ्तारी की सूचना मिलने पर वे मुझसे अधिक दूर हो

गए थे। सप्रे के द्वारा पुष्टि होने पर मैं समझ गया कि मुझे वापस बुलाने का कारण मुझे कलकत्ता से दूर कर देना ही था। लेकिन एक सप्ताह में रायपुर में एक ऐसी घटना हो गयी जिसने सप्रे का भी दृष्टिकोण परिवर्तित कर दिया।

मेरी अनुपस्थिति में रायपुर जैसा छोटा नगर भी पूरे देश में हुए राजनीतिक विप्लव से नहीं बच सका। गाँधीजी के द्वारा सत्याग्रह स्थगन और बाद में उनकी गिरफ्तारी से जनता ने नौकरशाही से लोहा लेने का अवसर खो दिया था, लेकिन उसमें विद्रोह अब भी भरा था। रविशंकर शुक्ल उसके नेता थे जिन्होंने अपने प्रेरक व्यक्तित्व और असीम संगठन क्षमता से जनमानस में त्याग और देशभक्ति की भावना भर दी थी। रायपुर के अधिकारी वर्ग की आंखों में वे बहुत खटकते थे और इसलिए वह वर्ग उन्हें सबक सिखाने के लिए किसी बहाने की तलाश में था। वह मौका उन्हें मिल गया जब हिन्दी मध यप्रदेश राजनीतिक सम्मेलन का दूसरा अधिवेशन २५ मार्च, १९२२ में रायपुर में हुआ।

अधिवेशन का आयोजन अखिल भारतीय कार्यकारिणी समिति के आदेशानुसार किया गया था और पंडाल में प्रवेश टिकटों के द्वारा नियंत्रित था। पुलिस को भी दो प्रवेश पत्र दिए गए थे। लेकिन अधिकारीगण विवाद उत्पन्न करना ही चाहते थे। उन्होंने तीसरे पुलिस अधिकारी के प्रवेश की मांग की जो शिष्टतापूर्वक अस्वीकार कर दी गयी। एक छोटे अधिकारी ने, जो बड़े पुलिस अधिकारियों के विश्वास में था, मुझे गुप्त सूचना दी कि अधिकारियों ने रविशंकर शुक्ल को गिरफ्तार कर लेने का निर्णय लिया है। यह सूचना मैंने सम्मेलन के संगठनकर्ताओं को दी। परिणामस्वरूप रविशंकर शुक्ल की गिरफ्तारी पर संघर्ष जारी रखने की तैयारी कर ली गयी। अधिवेशन जब प्रारंभ होने वाला था, तब रविशंकर शुक्ल और उनके पुराने साथी वामनराव लाखे प्रवेश द्वार पर एक दूसरे का हाथ पकड़े खड़े थे। सिटी इंसपेक्टर और एक अतिरिक्त सहायक कमिश्नर लगभग एक दर्जन पुलिस जवानों के साथ जब द्वार पर आए तो उनसे टिकट मांगी गई। जब इंसपेक्टर ने कहा कि वे बिना टिकट ही पंडाल में जावेंगे और जब उन्होंने बलपूर्वक अन्दर प्रविष्ठ होना चाहा तो दोनों नेताओं ने कहा कि उन्हें वे बिना टिकट भीतर नहीं जाने देंगे। जब इंसपेक्टर को अंदर जाने का द्वार यों बन्द दिखा तो उसने तत्काल शुक्ल की गिरफ्तारी का आदेश दिया। इसंपेक्टर ने स्वयं उन्हें हथकड़ी लगायी और उन्हें कोतवाली ले गया जो अधिवेशन स्थान से कुछ ही दूर थी। इस घटना से लोग क्रुद्ध हो गए और उन्होंने कोतवाली को घेर लिया। नेताओं ने जनता से शांत रहे आने की निरंतर अपील की और जब शांति स्थापित हो गयी तो सम्मेलन की कार्यवाही फिर प्रारंभ की गयी। ऐसे व्यक्तियों की सूची तैयार की गयी जो पुलिस द्वारा पूर्ववत बलात् प्रवेश करने के प्रयत्न पर गिरफ्तार हो जाने के लिए तैयार थे। मैं उस पंक्ति में प्रथम रहने को कटिबद्ध था, लेकिन मुझे आश्चर्य हुआ कि शुक्ल के घनिष्ठ मित्र सप्रे मुझे पीछे कर प्रवेश द्वार पर खड़े हो गए। राघवेन्द्रराव मेरे बाद और फिर एक दर्जन से अधिक स्वयंसेवक उनके पीछे थे। लेकिन अब पुलिस कहीं दिखाई नहीं पड़ रही थी। कार्यक्रमानुसार अधिवेशन चलने लगा। दूसरे दिन भी शासकीय हस्तक्षेप नहीं हुआ और अधिवेशन शांतिपूर्वक समाप्त हो गया।

अनुमान है कि जब शुक्ल को गिरफ्तार किए जाने का समाचार नागपुर गया तो प्रांतीय सरकार के वरिष्ठ अधिकारियों ने स्थानीय पुलिस की उस कार्रवाई को अवैध मान कर उन्हें मुक्त करने के आदेश दिए। गिरफ्तारी के ४८ घंटों के भीतर ही वे छोड़ दिए गए। तो भी, जब प्रांतीय विधान सभा

की बैठक हुयी तो उन राजभक्तों ने भी, जो काँग्रेस के कौंसिल बहिष्कार की उपेक्षा कर कौंसिल में गए थे, सरकार की इस अन्यायपूर्ण कार्यवाही की कड़ी निन्दा की।

रायपुर के काँग्रेस कार्यकर्ता मुझे अपने बीच में पाकर बड़े प्रसन्न थे और चूंकि मेरे पिता रायपुर से चले गए थे, छत्तीसगढ़ में ही अपना सार्वजनिक जीवन प्रारंभ करने की मेरी प्रबल इच्छा थी। छत्तीसगढ़ी बोली पर मेरा पूरा अधिकार था जिसके द्वारा मैं देहातों में कार्य कर सकता था। लेकिन अदृष्ट फिर आड़े आया। यह जानकर कि मैं कलकत्ता से वापस आ गया हूँ, गोविंद दास ने सप्रे को लिखा कि यदि वे मुझे जबलपुर में बसने के लिए राज़ी कर लें तो बड़ा अनुग्रह होगा। सप्रे ने मुझे प्रभावित करने हेतु सभी प्रयोग किये। उनका तर्क था कि प्रांतीय काँग्रेस कमेटी का प्रधान कार्यालय जबलपुर में होने के कारण राजनीतिक गतिविधियों के लिए जबलपुर अधिक अनुकूल होगा। उनका यह भी प्रस्ताव था कि मैं "श्री शारदा" का संपादन कार्य भी लेकर उसे इलाहाबाद की "सरस्वती" के समकक्ष बना सकता हूँ। उन दिनों "श्री शारदा" का स्तर बहुत गिर गया था। यह प्रस्ताव आकर्षक था, लेकिन मेरे लिए सबसे महत्व की बात यह थी, जिसे अपनी सहज सौजन्यता से उन्होंने नहीं कहा था कि कलकत्ता प्रवास में गोविन्ददास का आतिथ्य स्वीकार करने के पश्चात मेरी कृतज्ञ भावना उन्हें निराश न करने का आग्रह करती रही। मुझे ऐसा भी जान पड़ा कि उन्हें मेरी बौद्धिक क्षमता का वास्तविकता से अधिक अनुमान है और संभवतः अल्पकाल में ही उनका भ्रम निवारण हो जाए तथा इस प्रकार मुझे मुक्ति मिल जावेगी।

अप्रैल के दूसरे सप्ताह में मैं जबलपुर पहुँचा और गोविन्द दास ने मेरा हार्दिक स्वागत किया। मुझे अपने साथ देखकर उन्हें कितनी प्रसन्नता हुई इसका वर्णन उन्हीं के शब्दों में वस्तुतः किया जा सकता है:

"अभी तक मेरी जीवन नौका अपने परिवार के सदस्य, सम्बन्धी तथा मित्रों की स्नेह सरित में निर्बाध चल रही थी। इस बीच में गाँधीजी ने असहयोग आंदोलन प्रारंभ किया और मैं उसमें सक्रिय भाग लेने लगा। इससे अनेक पीढ़ियों से अंग्रेजी सरकार के प्रति वफ़ादार मेरे परिवार में भूकम्प की स्थिति हो गयी। मेरा पारिवारिक जीवन टुकड़े-टुकड़े हो गया था। कलकत्ता से वापस आने पर मैंने मिश्रजी को मेरे साथ राजा गोकुलदास महल में रहने के लिए राज़ी कर लिया। साथ में रहना गहरी मित्रता में बदल गया। उन्होंने मेरी धर्म पत्नी की चिन्ता दूर कर दी और बदली हुई परिस्थिति के अनुकूल रहने के लिए माता-पिता को भी तैयार कर लिया। इस प्रकार मेरे जीवन में मिश्रजी का आगमन वरदान सिद्ध हुआ और मुझमें नयी शक्ति और शांति का प्रदायक हो गया।"[२०]

यद्यपि जबलपुर के सार्वजनिक जीवन में मैं भाग लेता रहा, लेकिन मैं "श्री शारदा" पत्रिका के उन्नयन में विशेष रूप से जुट गया। मैंने कानपुर और इलाहाबाद के अपने मित्रों का सहयोग मांगा और वे सभी अपने अन्य साथियों के साथ पत्रिका में अपने लेख नियमित भेजने लगे। ऊंचे स्तर के उनके लेख, विभिन्न विषयों पर मेरे संपादकीय तथा विदेशी और भारतीय पत्रिकाओं के उद्धरण हिन्दी मासिक पत्रिकाओं में "श्री शारदा" को विशिष्ट स्थान दिलाने में सफल हो गए।

संदर्भ

१. डी.जी. तेन्दुलकर, महात्मा, खण्ड-१, पृ. २९५.

२. जवाहरलाल नेहरू, डिस्कवरी ऑफ इन्डिया, पृ. ४१.

३. भारतीय राजनीति में गाँधीजी के उदय के साथ, जिन्ना ने महसूस किया कि उनका महत्व धीरे-धीरे घट जावेगा। जिन्ना गाँधीजी के पूर्णतः विरोध-रूप थे...अपने कपड़े तथा वेशभूषा के मामले में भी जिन्ना की गाँधीजी के विचारों से सहमति असंभव थी। सादी खादी के लिए जिसे गाँधीजी चाहते थे, वे बिल्कुल ठीक सिला हुआ सूट और ऊंची कालर नहीं छोड़ सकते थे।"(एम.सी. छागला, रोज़ेज़ इन डिसेम्बर, भारतीय विद्या भवन, १९७४, पृष्ठ-७९.

४. डी.जी. तेन्दुलकर, महात्मा, खण्ड २ पृष्ठ ३०.

५. वही, पृष्ठ २९.

६. जी.टी. मधोलकर को काका कालेलकर का वक्तव्य.

७. के.पी. खाडिलकर, राइटिंग्स एंड प्रेसिडेन्शियल एड्रेसेज, खण्ड २ पृष्ठ १४८-४९.

८. गोवर्धन भाई पटैल विठ्ठल भाई पटेल, लाइफ एण्ड टाइम्स, पृ० ४४०.

९. डी.जी. तेन्दुलकर खण्ड-२, पृष्ठ २७६.

१०. डेनियल आरगोव, माडरेट्स एण्ड एक्सट्रिमिस्टस इन दि इण्डियन नेशनल मूवमेन्ट, पृष्ठ १६२.

११. डी.जी. तेन्दुलकर, खण्ड २, पृष्ठ ४२-४३.

१२. वही, पृष्ठ ५२.

१३. वही, पृष्ठ ८७.

१४. वही

१५. वही, पृष्ठ ८८.

१६. पूरे वक्तव्य के लिए, वही, पृष्ठ ९७-१००.

१७. पूरे वक्तव्य के लिए, वही, पृष्ठ १००-०१.

१८. वही, पृष्ठ १००-०२.

१९. वही, पृष्ठ १०२.

२०. समर्पित अर्धशती, पृष्ठ २९-३०.

अध्याय-३

आन्तरिक असहयोग

स्वराज दल (१९२२-२३)

सविनय अवज्ञा जन-आन्दोलन गाँधीजी का निजी अस्त्र था और दूसरों के द्वारा उसके प्रयोग की अनुमति देने से वे हिचकिचाते थे। तो भी काँग्रेसजनों में कुछ ऐसे व्यक्ति भी थे जिन्होंने केवल उनका राजनीतिक कार्यक्रम ही नहीं स्वीकार किया था बल्कि वे उनके जीवन दर्शन को भी अपना चुके थे। उन्हें गाँधीजी के रचनात्मक कार्यक्रम में पूरी आस्था थी और अपने गुरु की अनुपस्थिति में सविनय अवज्ञा जन-आन्दोलन चलाने की अपनी क्षमता का दावा भी करते थे। लेकिन वे लोग जिन्होंने गाँधीजी को अपना मात्र राजनीतिक नेता माना था और उनके अहिंसा जैसे कुछ सिद्धांतों को उपयोगी नीति समझते थे, गाँधीजी के अनुयायियों की बातों पर भरोसा नहीं कर पा रहे थे। साथ ही गाँधीजी ने आंदोलन स्थगित कर दिया था इसलिए उनकी धारणा थी कि गाँधीजी के जेल चले जाने के पश्चात् जो राजनीतिक स्थिति हो गई थी, उसकी जाँच-परख किए बिना आंदोलन फिर से नहीं चलाया जा सकता था। यह ठीक समझा गया कि अखिल भारतीय काँग्रेस कमेटी की एक बैठक बुलाकर इस प्रश्न पर निर्णय लिया जाए। तदनुसार लखनऊ में जून के पहले सप्ताह में बैठक की गयी जो कई दिन तक चली। उसमें निर्णय लिया गया कि "सत्याग्रह जाँच कमेटी" के नाम से एक समिति नियुक्त की जाए जो सत्याग्रह को आरम्भ करने को दृष्टि में रख कर देश की तत्कालीन राजनीतिक स्थिति पर रिपोर्ट प्रस्तुत करे। हकीम अजमल खाँ, मोतीलाल नेहरू, सी. राजगोपालाचारी, एम.ए. अन्सारी, विट्ठल भाई पटेल और कस्तूरीरंगा आयंगर उस समिति के सदस्य थे।

गर्मी के दिनों में उक्त समिति देश का दौरा करती रही। कहा जाता है कि इन्हीं दिनों कलकत्ता में देशबन्धु दास की दूसरी कन्या के विवाह के अवसर पर देश के कुछ प्रमुख नेता आपस में मिले और तब मोतीलाल नेहरू को सत्याग्रह प्रारम्भ करने वाले पक्ष से निकाल कर काउंसिल प्रवेश के समर्थकों के पक्ष में मिला लिया गया। अपने आदरणीय सहयोगी की कन्या के विवाह के समय प्रमुख नेताओं के कलकत्ते में मिलने में तो कोई आपत्ति नहीं हो सकती थी, लेकिन यह नहीं सोचा जा सकता था कि मोतीलाल नेहरू जैसा व्यक्ति अपनी तर्कबुद्धि के विरुद्ध बड़े-से-बड़े व्यक्ति से प्रभावित हो सकता था। इस अफवाह का आधार केवल यह तथ्य हो सकता था कि सितम्बर में हुए काँग्रेस के विशेष अधिवेशन में मोतीलाल नेहरू ही एक मात्र प्रमुख नेता थे, जो सत्याग्रह के विषय पर गाँधीजी के साथ थे, जबकि अन्य नेताओं ने उनका विरोध किया था। गाँधीजी के द्वारा सत्याग्रह के स्थगित किए जाने से और उनके जेल चले जाने से स्थिति में आमूल परिवर्तन हो गया था।

मोतीलाल के कौंसिल-प्रवेश के पक्षपातियों के साथ मिल जाने से गाँधीजी के कुछ अनुयायियों का आक्रोश समझा जा सकता है, लेकिन यह नितांत अविश्वसनीय है कि उन्हें फुसलाया जा सकता था। मोतीलाल नेहरू के आलोचकों को स्मरण रखना चाहिए था कि कलकत्ता काँग्रेस में उनके द्वारा गाँधीजी को समर्थन तभी मिला था जब गाँधीजी ने अदालतों और विद्यालयों के क्रमशः बहिष्कार का उनका संशोधन मान लिया था। वास्तव में उनका देशबन्धु दास जैसे व्यक्तियों से विचार सामंजस्य था और उनके समान ही गाँधीजी के कार्यक्रम के मात्र राजनीतिक पक्ष के प्रति वे वफादार थे, उनके जीवन के आधारभूत सिद्धांतों के प्रति नहीं। साथ ही, कौन्सिल प्रवेश के पक्षधर नेताओं ने उतना ही त्याग किया तथा उतनी देशभक्ति भी उनमें थी जितना त्याग अब गाँधीजी के नये कट्टर अनुयायियों ने किया था और जितनी देशभक्ति उनमें थी। चूंकि सत्याग्रह आंदोलन उस समय संभव नहीं था, इसलिए देश के समक्ष दो ही विकल्प थे- या तो रचनात्मक कार्य करना अथवा कौंसिल में प्रवेश कर किसी न किसी रूप में सरकार का लगातार विरोध करना। रचनात्मक कार्य के सम्बन्ध में इन नेताओं की यह धारणा थी कि स्वराज प्राप्ति पर वह शीघ्र तथा प्रभावी ढंग से हो सकता था। संभवतः यह विश्वास त्रुटिपूर्ण था, लेकिन वे योद्धा अवश्य थे और यह देख कर कि बाहर से संघर्ष जारी रखना संभव नहीं था वे कौंसिल में प्रवेश कर संघर्ष जारी रखना चाहते थे। गाँधीजी स्वयं भी अहिंसा और सत्य के प्रति किंचित् भी न बदलने वाली अपनी आस्था के साथ राजनीतिक क्षेत्र में नये प्रयोग के विरोधी नहीं थे। १९३४ में जब सत्याग्रह आंदोलन चलते-चलते थम गया था तो १७ सितम्बर को वर्धा से अपने एक बयान में उन्होंने कहा था कि "मैं पूर्णतः आश्वस्त हूँ कि देश की वर्तमान स्थिति को ध्यान में रखते हुए काँग्रेस के कार्यक्रम में काँग्रेस के अन्दर संसदीय दल का होना अनिवार्य है।"[१] यह जान पड़ता है कि यदि १९४७ में देश स्वाधीन न हो गया होता, तो अनेक सत्याग्रह आंदोलन तो होते लेकिन इन आंदोलनों के बीच संसदीय कार्यक्रम गाँधीजी स्वयं बनाते।

सत्याग्रह जाँच समिति की रिपोर्ट के अनुसार देश सत्याग्रह के लिए तैयार नहीं था और तीनों प्रकार के बहिष्कारों में वैसी सफलता नहीं मिल सकी थी जैसी आशा की गयी थी। शैक्षणिक संस्थाओं के बहिष्कार के विषय में खास तौर पर समिति ने सर्व सम्मति से अनुशंसा की थी कि "विद्यार्थियों के द्वारा स्कूल और कॉलेज छोड़ देने के प्रचार को इस समय स्थगित कर देना चाहिए"। कौंसिल प्रवेश के सम्बन्ध में आधे सदस्य पक्ष और आधे विरोध में थे। हकीम अजमल खाँ, मोतीलाल नेहरू और विट्ठल भाई पटेल प्रवेश के पक्ष में और डॉ. अंसारी, सी. राजगोपालाचारी और कस्तूरीरंगा आयंगर बहिष्कार के पक्ष में थे। सत्याग्रह जाँच कमेटी की रिपोर्ट पर विचार करने हेतु अखिल भारतीय काँग्रेस समिति की बैठक कलकत्ता में सी.आर. दास के निवास पर २० नवंबर से २४ नवम्बर तक पांच दिन चली। कौंसिल प्रवेश के विरोधियों और समर्थकों में गहरी दरार पड़ गयी। एक को अपरिवर्तनवादी और दूसरे पक्ष वालों को परिवर्तनवादी कहा जाने लगा। अपरिवर्तनवादियों में राजेन्द्रप्रसाद ही एकमात्र प्रमुख नेता थे जिन्होंने काँग्रेसजनों को सुझाव दिया कि "किसी को असहनशील नहीं होना चाहिए" और "दोनों पक्षों में देश का कल्याण चाहने वाले और त्यागी सेवक हैं"

विवाद के प्रारम्भ से ही मेरी सहानुभूति उन नेताओं के साथ थी जो कौंसिलों मे जाकर सरकार के विरुद्ध संघर्ष करते रहने के पक्षधर थे। मेरी यह धारणा तब और भी दृढ़ हो गयी जब सत्याग्रह जाँच समिति के सदस्य होकर मोतीलाल नेहरू के ९ जुलाई को जबलपुर आने पर उनसे विचार विमर्श करने

का मुझे अवसर मिला। साथ ही मेरे अपने प्रान्त के प्रमुख नेता रविशंकर शुक्ल, राघवेन्द्रराव, माधवराव और गोविन्ददास जैसे नेताओं को भी मैंने अपने विचारों से सहमत पाया। नागपुर और बरार के नेतागण, जो पहले से ही कौंसिल-प्रवेश ही नहीं बल्कि उस दिशा में और आगे जाने के पक्ष में थे तुरन्त दास और मोतीलाल के साथ हो गए। जब हम हिन्दी मध्यप्रांत के लोग कलकत्ता पहुँचे, तो सहज ही हमने अपने को परिवर्तनवादियों के शिविर में पाया। हमारी ओर से राव ने बैठक की कार्यवाही में भाग लिया। लेकिन उनसे कुछ नहीं बन सका, क्योंकि वे एक तो अच्छे वक्ता नहीं थे, तथा अपरिवर्तनवादी जो बहुमत में थे, उन्हें लगातार टोकते रहे। इस पर वे बहुत अप्रसन्न हो गए और कहा कि "बिहार के कहार और आंध्र के बुनकर काँग्रेस पर आधिपत्य प्राप्त करने का प्रयत्न कर रहे हैं।" बिहार से संबंधित उनके आक्षेप पर मुझे आपत्ति था क्योंकि राजेन्द्र प्रसाद जो राजाजी के साथ परिवर्तनवादियों का नेतृत्व कर रहे थे, बिहार के थे और उनके प्रति मेरा अत्याधिक आदरभाव था। जब मैंने उनके उस आक्षेप पर आपत्ति की तो अच्छी खासी झड़प हो गई जो पंडित शुक्ल के बीच में पड़ने पर शांत हुई। बैठक में लम्बी बहस चली और दोनों पक्षों के बीच तनाव बढ़ता ही गया। अंत में यह निश्चय किया गया कि काँग्रेस के वार्षिक अधिवेशन में इस समस्या पर निर्णय लिया जाए।

दास की अध्यक्षता में वार्षिक अधिवेशन जब दिसम्बर में गया में हुआ, तो दोनों दलों में तीव्र संघर्ष हुआ। लेकिन देशबन्धु दास की भावुक अपील और मोतीलाल नेहरू की ठोस दलील गाँधीजी के प्रति भक्ति के सामने नहीं टिक सकी। खुले अधिवेशन में पराजित होने पर भी दास अपने कार्यक्रम को आगे बढ़ाने से नहीं रुके। विट्ठल भाई और श्रीनिवास आयंगर के साथ उन्होंने और मोतीलाल ने प्रांतीय कौंसिलों और भारतीय विधानसभा पर अधिकार करने की दृष्टि से स्वराज दल का गठन किया। गाँधीजी का कोई भी अनुयायी आपत्ति इसलिए नहीं कर सका क्योंकि यह कार्य गाँधीजी के विचारों के नितांत अनुकूल था, जिन्होंने, जैसा पहले कहा जा चुका है, यह स्वयं लिखा था कि "यदि मैं अल्पमत में हूँ तो काँग्रेस के नाम से मुझे अपनी नीति का पालन नहीं करना चाहिए"[२] और "किसी प्रश्न पर काँग्रेस के निर्णय का यह अर्थ नहीं होता कि वह निर्णय किसी काँग्रेसजन को उसके विपरीत कार्य करने से प्रतिबंधित करता है।"[३]

काँग्रेस की अध्यक्षता से सी.आर. दास ने त्याग पत्र दे दिया और औपचारिक रूप से उन्होंने २३ जनवरी १९२३ को स्वराज दल के गठन की घोषणा कर दी। दोनों दलों में परस्पर वैमनस्य इतना तीव्र था कि स्वराजवादियों ने जबलपुर में प्रारंभ किए गए झंडा सत्याग्रह से, जो बाद में नागपुर से चलाए जाने के कारण देशव्यापी महत्व का हो गया था, अपने को बिल्कुल अलग रखा। इस बीच देश के राजनीतिक दृश्य पटल पर एक नयी दुखद बात आ गयी। बंगाल और पंजाब में हिन्दू-मुस्लिम दंगे हुए जो उत्तर भारत के अन्य भागों में भी फैल गए। टर्की के मुस्तफा कमाल पाशा ने सुलतान को पदच्युत कर अप्रत्याशित ढंग से खिलाफ़त समस्या का समाधान कर दिया था। खिलाफ़त आंदोलन को अब और चलाना हास्यास्पद होता इसलिए वह भी बन्द हो गया।

हिन्दू-मुस्लिम एकता में यह बात भी विघ्नकारक सिद्ध हुई क्योंकि हिन्दुओं द्वारा खिलाफ़त को समर्थन दिए जाने के कारण ही मुस्लिम हिन्दु-मुस्लिम एकता के सहभागी हो सके थे। चूंकि मुस्लिम लीग अपना कार्य कर ही रही थी, इसलिए काँग्रेस के हिन्दू नेताओं का एक दल हिन्दु महासभा से सहयोग करने लगा। ऐसे व्यक्ति मुख्यत: वे ही थे जो गाँधीजी के असहयोग आंदोलन के गुप्त रूप से विरोध में

थे। अपनी प्रतिक्रियावादी राजनीति को धर्म के आवरण में छिपाने के लिए वे हिन्दुत्व के संरक्षक बनकर सामने आ गए। लेकिन स्वराज दल के नेताओं ने धर्म का लाभ उठाने से अस्वीकार किया और इस विचार में राष्ट्रवादी मुस्लिम नेताओं, अन्सारी, अजमल खाँ, अबुल कलाम आज़ाद आदि ने उनका साथ दिया। अंततः अली बन्धु भी राष्ट्रीय विचार धारा से दूर जाने वाले थे, परन्तु इस समय वे असहयोग के दिनों के अपने राष्ट्रवादी साथियों के साथ कंधे से कंधा मिलाए खड़े हुए थे।

इन्हीं दिनों मुझे अपनी एक मात्र बहन की असामयिक मृत्यु का समाचार मिला। मैं तत्काल कानपुर पहुँचा जहाँ पूरा परिवार शोक में डूबा हुआ था। हर्ष-तिरेक एक दूसरे से अलग हो गए हृदयों को परस्पर फिर जोड़ने में सफल या असफल हो सकता है किन्तु शोकातिरेक निश्चित रूप से इस कार्य में सफलता प्राप्त करता है। मनमुटाव के बाद पहली बार अब पिताजी ने मुझसे बात की। मेरी माता ने मुझे बताया कि मेरे पिता मेरे सम्बन्ध में बहुत सोचा करते और चिन्तित रहा करते थे। उन्होंने कहा कि पिताजी पत्रकारिता को ऐसा व्यवसाय नहीं मानते हैं, जो जीवन में सुरक्षा ला सकता है और वे संतुष्ट हो जाते यदि मैं आगे पढ़ कर वकील हो जाता। परिवार का वातावरण कुछ ऐसा था कि मैं अपने पिता के प्रस्ताव पर विचार करने पर विवश था। त्रिमुखी बहिष्कार समाप्त हो गया था और सत्याग्रह जाँच समिति, जिसमें परिवर्तनवादी और अपरिवर्तवादी दोनों विचारधारा के सदस्य थे, विद्यार्थियों से अपना अध्ययन छोड़ देने के लिए आव्हान करने के विरुद्ध थी। मैंने विचार किया कि मुझे कोई अवज्ञाकारी पुत्र न कह सकेगा यदि मैं काँग्रेस के प्रस्ताव का उल्लंघन न कर अपने पिता को सुखी बना सकता और परिवार में शांति ला सकता। निर्णय लेकर मैं पिता के निकट गया और कहा कि यदि मेरे काँग्रेस के कार्य में संलग्न रहे आने में उन्हें कोई आपत्ति न हो तो मैं वकालत की डिग्री प्राप्त करने के लिए फिर पढ़ाई प्रारम्भ कर दूँगा। वे सुनते रहे लेकिन कुछ नहीं बोले। तब मैं उनके चरणों पर गिर कर रो पड़ा। उन्होंने मुझे उठाया और मैंने देखा कि वे अपने आंसू रोकने का प्रयत्न कर रहे थे। उन्होंने मुझे आशीर्वाद दिया और कुछ दिन पश्चात् मैं जबलपुर लौट पड़ा।

१९२३ की जुलाई में मैं जबलपुर के राबर्टसन कालेज में दाखिल हुआ। मैंने देखा कि यदि संस्कृत को अपने अध्ययन का एक विषय चुन लेता हूँ तो मुझे १ बजे दोपहर को कालेज से छुट्टी मिल सकती है। मैट्रिक और इंटरमीडियेट कक्षाओं में मैंने संस्कृत पढ़ी थी। केवल इलाहाबद में उसके स्थान पर अर्थशास्त्र पढ़ने लगा था। अब मैंने फिर उसे पढ़ने का निर्णय लिया क्योंकि इस प्रकार मुझे पत्रकारिता तथा काँग्रेस कार्य के लिए समुचित समय मिल सकता था। एक सप्ताह में मैंने जान लिया कि कालेज में पुनः भर्ती होना मात्र औपचारिक इसलिए था क्योंकि अंग्रेजी साहित्य तथा इतिहास का मैंने इतना अध्ययन पहले ही कर लिया था कि कालेज में इन विषयों पर अधिक पढ़ने को कुछ नहीं रह गया था। संस्कृत के अध्ययन में ध्यान देना आवश्यक जान पड़ा क्योंकि रायपुर और कानपुर में अर्जित संस्कृत का ज्ञान मैं बहुत कुछ भूल चका था। सौभाग्य से मेरी भेंट प्राणाचार्य सुन्दरलाल शुक्ल से हो गई, जो यद्यपि आयुर्वेदिक वैद्य थे, किन्तु उन्हें संस्कृत भाषा और साहित्य पर बड़ा अधिकार था। संस्कृत के काव्यों तथा नाटकों का अध्ययन प्रतिदिन मैं एक घंटा करता रहा और जब मैंने बी.ए. की परीक्षा पास की उस समय तक संस्कृत साहित्य के सभी काव्यों तथा नाटकों को पढ़ चुका था। यद्यपि मुझे कालिदास और भवभूति के प्रति बड़ी रुचि थी किन्तु प्राणाचार्य ने मुझसे हर्ष के नैषध का सावधानी से अध्ययन करने का आग्रह किया। वह काव्य तो मुझे अच्छा नहीं लगा, किन्तु उसके पढ़ने से संस्कृत के

औसत श्रेणी के विद्वान के शब्द भण्डार से संबंधित ज्ञान की अपेक्षा मेरे ज्ञान में बड़ी वृद्धि हो गयी। बाद में अपने कारावास के दिनों में जब मैं कृष्णायन लिखने बैठा तो नैषध के अध्ययन ने बड़ा साथ दिया।

सी.पी. और बंगाल में द्वैध सरकार का अंत (१९२३)

स्वराज दल, जिसके अध्यक्ष देशबन्धु दास, सचिव मोतीलाल नेहरू और अजमल खाँ तथा विट्ठल भाई पटेल प्रमुख सदस्य थे, धीरे-धीरे बड़ी व्यापक हो गयी। लाजपत राय और मोहम्मद अली के जेल से छूटने पर इस पार्टी को बड़ा बल मिला। लाजपत राय तो तत्काल ही इसमें सम्मिलित हो गए और मोहम्मद अली अपरिवर्तनवादी और परिवर्तनवादी गुटों को एक करने के प्रयास में लग गए। सितम्बर में दिल्ली में काँग्रेस के विशेष अधिवेशन होते तक कई अपरिवर्तनवादी भी स्वराजवादी दृष्टिकोण के समर्थक हो गए। मौलाना अबुल कलाम आज़ाद यद्यपि अध्यक्ष थे किन्तु वस्तुतः मोहम्मद अली अधिवेशन का संचालन कर रहे थे। यह मुख्य प्रस्ताव उन्हीं ने प्रस्तुत किया कि "जिन काँग्रेसजनों को कौंसिल प्रवेश के प्रति कोई धार्मिक या विवेकात्मक आपत्ति नहीं है वे आने वाले चुनाव में स्वयं प्रत्याशी होने के लिए तथा वोट डालने के लिए स्वतंत्र हैं और इस प्रकार यह काँग्रेस कौंसिल-प्रवेश के विरोध का सारा प्रचार स्थगित करती है।"

सी.आर. दास ने इस प्रस्ताव का समर्थन किया और वह भारी बहुमत से स्वीकृत हो गया। यद्यपि यह प्रस्ताव अनुज्ञात्मक ही था फिर भी स्वराजवादियों को कौंसिल प्रवेश का अधिकार देने के साथ ही उन्हें काँग्रेस में रहने देता था। यह सत्य की स्वीकृति थी कि काँग्रेस में दो दल थे। अपरिवर्तनवादी रचनात्मक कार्य के क्रियान्वयन के पक्ष में थे और स्वराजवादी कौंसिल में प्रवेश कर संघर्ष करते रहना चाहते थे। इस प्रकार एकता स्थापित हो गयी, यद्यपि दोनों दलों के प्रमुख नेताओं में हार्दिक एक्य होने में और भी अधिक समय लगा।

चुनाव नवम्बर में होने वाले थे, इसलिए स्वराज दल के नेता अपने प्रदेशों में दौरा कर मतदाताओं को पार्टी का कार्यक्रम समझाने में लग गए। दास ने बंगाल कौंसिल में जाना निश्चित कर लिया और भारतीय विधान सभा के चुनाव का भार मोतीलाल नेहरू पर छोड़ दिया। इस प्रकार चुनाव प्रचार का दायित्व मोतीलाल नेहरू पर आया। उन्होंने देशव्यापी दौरा किया और इस दौरान मध्यप्रांत में भी आए। यद्यपि निर्धारित आयु से कम होने के कारण मेरे द्वारा चुनाव में खड़े होने का प्रश्न ही नहीं था, तो भी नवम्बर १९२३ के चुनाव अभियान ने चुनाव प्रक्रिया का मुझे काफी अच्छा ज्ञान दिया और साथ ही उसने मुझे मोतीलाल नेहरू के निकट पहुँचने का अवसर भी प्रदान किया, जिनसे इलाहाबाद के मेरे विद्यार्थी जीवनकाल में बड़ा साधारण सा परिचय था।

मेरे राजनीतिक जीवन के प्रारंभिक वर्षों से अपरिचित होने के कारण पत्रकारों ने मुझे कभी इस या उस नेता का अनुयायी कहा है। लेकिन प्रभावित होने की आयु में जो भी राजनीति की शिक्षा मुझे मिली उसका सारा श्रेय मेरे प्रथम नेता मोतीलाल नेहरू को है। वे ही एक मात्र व्यक्ति थे जिनसे भयभीत होकर मैं चुप हो जाता था। वे तेज स्वभाव के थे और उनके स्वभाव को मैंने शान्तिपूर्वक सहन किया। उनकी कुल पुरुष जैसी मुखाकृति, आत्मविश्वास, संस्कार, परिहास रुचि तथा व्यक्तियों की पहचान और व्यवहारिक ज्ञान से प्रभावित होकर ही गाँधीजी ने उन्हें "नरपति" की संज्ञा दी थी। यह

दुर्भाग्य ही था कि वे वृद्धावस्था में राजनीतिक मंच पर आए और भारत को उनकी राजमर्मज्ञता का मात्र आभास ही मिल सका। १९२० से प्रारम्भ देश की स्वाधीनता के लिए संघर्ष काल ने यदि गाँधीजी तथा जवाहरलाल जैसे राजनीतिक विचारकों को जन्म दिया तो मोतीलाल नेहरू और वल्लभभाई पटेल को उस काल के व्यवहारिक राजनीतिज्ञों के रूप में एक साथ रखना होगा।

मध्यप्रान्त में हमारे चुनाव प्रचार में बड़ी सफलता मिली। सी.पी. और बरार की कौंसिल के ७० सदस्यों में से ५४ निर्वाचित किए जाने वाले सदस्यों में हमारे ४५ सदस्य चुने गए। अन्य प्रांतों में भी अच्छे परिणाम परिलक्षित हुए। बंगाल में यद्यपि पूर्ण बहुमत नहीं मिल सका तो भी निर्णायक अवसरों पर स्वतंत्र सदस्यों के सहयोग से दास बहुमत प्राप्त कर लेते थे। भारतीय विधानसभा के अधिक कठिन चुनाव में निर्वाचित स्थानों में से मोतीलाल नेहरू आधे से कुछ ही कम स्थान लेने में सफल हो गए थे। कभी इस या उस प्रान्त की कौंसिलें जनसाधारण का ध्यान आकर्षित कर लेती थीं, लेकिन जनता और सरकार दोनों की आँखें सी.पी. और बंगाल की कौंसिलों तथा दिल्ली की विधान सभा की ओर लगी थी, जहाँ स्वराज दल के सदस्यों से नौकरशाही का कड़ा मुकाबला होने की उम्मीद की जाती थी।

चुनाव के परिणाम घोषित हुए ही थे कि हमें कोकानाड़ा जाने की तैयारी करनी पड़ी जहाँ मौलाना मोहम्मद अली की अध्यक्षता में १९२३ का अखिल भारतीय काँग्रेस अधिवेशन होने वाला था। मुझे दक्षिण भारत देखने की बड़ी इच्छा थी और अब तमिलनाडु को आंशिक रूप से देखने का अवसर मिल रहा था। इस लम्बी यात्रा में मैं तमिल वासियों का बहुमूल्य पुरातन संस्कृति से बहुत प्रभावित हुआ। प्रत्यक्ष विभिन्नता के नीचे सभी स्थानों पर भारत की मूलभूत एकता स्पष्ट दिख जाती थी। मंदिरों के शिल्प में अंतर था, लेकिन प्रतिष्ठित देवतागण एक समान थे। लिपि भिन्न थी लेकिन वर्णमाला में क्रम व्यवहारिक रूप से एक प्रकार का था। भाषा के स्वर भिन्न थे किन्तु उनमें निहित विचार समान थे।

इस अनेकता में एकता पर विचारमग्न मैं कोकानाड़ा जानेवाली ट्रेन से आंध्र प्रदेश में प्रविष्ट हुआ। वहाँ का काँग्रेस अधिवेशन बहुत व्यवस्थित था। राजनीतिक कार्य के अन्तर्गत दिल्ली के कौंसिल प्रवेश से संबंधित प्रस्ताव की पुष्टि करने के अतिरिक्त काँग्रेस सेवादल संगठित करने का निर्णय भी मुख्य रूप से लिया गया, जिसमें नगर रक्षक दल का अब समावेश कर दिया गया था।

हमने कलकत्ता से होकर वापिस आना तय किया। ट्रेन में मेरे साथ आंध्र प्रदेश के एक सज्जन थे। उन्होंने मेरा निवास नगर जानना चाहा। ज्यों ही मैंने जबलपुर का नाम लिया, वे उच्च स्वर में बोल उठे: "हम आंध्र वासियों ने जबलपुर पर विजय प्राप्त की थी और उस विजय अभियान में दिल्ली तक पहुँच गए थे।" उन्होंने ठीक ही कहा था क्योंकि सातवाहनों द्वारा विजित क्षेत्र के अंतर्गत जबलपुर भी था। लेकिन उनकी उफनाती प्रांतीयता ने मुझे विनोदित किया। उन्हें अधिक उभारने के विचार से मैंने कहा कि "यह तो मैं नहीं जानता कि आंध्र की सेनाएं दिल्ली पहुँची या नहीं, लेकिन मुझे यह जानकारी अवश्य है कि मेरे नगर जबलपुर के निकट त्रिपुरी के कलचुरि सम्राटों ने आंध्र पर अधिकार कर लिया था और "त्रिकलिंगाधिपति" अर्थात् तीन कलिंग, वर्तमान तेलंगाना के अधिपति कहे जाते थे।" यद्यपि मेरा कथन उनके कथन के समान ही सत्य था, लेकिन वे यह मानने के लिए बिल्कुल तैयार नहीं थे कि आंध्र वासियों के सिवाय किसी अन्य क्षेत्र के राजकुल का आंध्र पर सरकार कभी रहा हो। मैंने उन्हें समझाने का प्रयत्न किया कि भूतकाल में भारत के विभिन्न क्षेत्रों के राजाओं को कभी-न-कभी

दूर-दूर तक सरकार करने का वैभव प्राप्त हुआ था और दरिद्रताग्रस्त वर्तमान उड़ीसा ने भी खारवेल के नेतृत्व में बड़े भू-भाग पर विजय प्राप्त की थी। लेकिन उन्होंने स्वीकार नहीं किया कि खारवेल आंध्र के किसी भाग पर अधिकार कर सका था और क्रोधपूर्वक मुझसे बोले कि मैं उड़ीसा की प्रशंसा मात्र इस कारण से कर रहा हूँ कि उड़ियागण आर्य भाषा-भाषी हैं और मेरा उत्तर देशवासियों के प्रति झुकाव है। मैंने उन्हें याद दिलाया कि भारत के मध्य क्षेत्र का निवासी होने के कारण मैं इस स्थिति में हूँ कि दोनों, उत्तर और दक्षिण के अतीत की उपलब्धियों के सम्बन्ध में संतुलित दृष्टिकोण रख सकूं। मैंने उन्हें बताया कि आंध्र, चालुक्य और राष्ट्रकूट नरपतियों ने उत्तर भारत के कई क्षेत्रों पर विजय प्राप्त की थी और कन्नौज के हर्षवर्धन को पुलकेशिन ने पराजित किया था और यदि पुराणों को मान्यता दी जाए तो हैहय सेनाएं अयोध्या तक भी पहुँच गई थीं। मराठे भी दक्षिण के हैं और कुछ ही समय पूर्व उनके द्वारा किए गए विजय अभियान से सभी परिचित हैं। मेरे मित्र का आक्रोश क्रमशः समाप्त हुआ किन्तु मुझे लगा कि आंध्र के लोग महाराष्ट्रीयनों से कम युद्ध प्रिय नहीं हैं, तो भी उनमें उनके समान शांत प्रकृति नहीं है।

कोकानाड़ा से वापिस आने पर हमारे प्रान्त में राजनीतिक गति में तीव्रता आ गयी। गवर्नर सर फ्रेंक स्लाइ ने डा.बी.एस. मुंजे को, जो स्वराज दल के नेता थे, सरकार बनाने तथा हस्तांतरित विभागों को सम्हालने के लिए आमंत्रित किया। उनके द्वारा अस्वीकार करने पर गवर्नर ने शंकर राव चिटनवीस और हिफ़ाज़त अली को मंत्री नियुक्त किया। अब स्वराज दल, जैसा वह काँग्रेस और मतदाताओं के प्रतिबद्ध था, "समान रूप से निरन्तर तथा उपस्थित विषय से संगत अवरोध" करने लगा। १८ जनवरी, १९२४ को राघवेन्द्रराव ने उपरोक्त दो मंत्रियों के विरुद्ध इस आशय का अविश्वास का प्रस्ताव प्रस्तुत किया कि "हमारे सम्मुख दो महानुभाव हैं जिन्होंने हस्तांतरित विभागों के संचालन का उत्तरदायित्व लिया है क्योंकि गवर्नर महोदय ने उनसे इस सरकार की ओर से इंग्लैंड के सम्राट की सरकार को चलाने को कहा है, किन्तु मेरा कहना है कि सम्राट की सरकार तो चले लेकिन वह विधानसभा की स्वीकृति के बिना चलायी जाए।"

प्रस्ताव का समर्थन करते हुए रविशंकर शुक्ल ने कहा कि "यह मात्र अनुचित ही नहीं बल्कि अनैतिक होगा यदि हम मंत्री के दायित्व को स्वीकार करें और इन हास्यास्पद विधान सभाओं के चलाने में सहयोगी हो जाएँ।" वाद विवाद का उत्तर देते हुए राव ने बड़े गर्व से कहा कि उत्तरदायी सरकार के लिए प्रथम संघर्ष मध्य प्रान्त में ही होगा और पूरा देश बड़ी उत्सुकता से परिणाम की प्रतीक्षा करेगा। लेकिन परिणाम कभी भी संशयात्मक नहीं थे। अविश्वास का प्रस्ताव २४ मतों के विरोध में ४४ मतों से पारित हो गया। संघर्ष चलता रहा क्योंकि सरकार की ओर से जो भी बिल पेश हुआ, वह बड़े बहुमत से अस्वीकृत किया गया। सदन ने धनराशि संबंधी बिल को अस्वीकृत कर दिया, मंत्रियों का वेतन घटाकर २/- रुपये किया गया और बजट को रद्द कर दिया गया। गवर्नर को उपरोक्त मंत्रियों को पदच्युत करना और सदन द्वारा अस्वीकृत की मांगों को अपनी ओर से प्रमाणित करना पड़ा। इस प्रकार मध्य प्रान्त में स्वराज दल देश के प्रति देशद्रोही तत्वों द्वारा सरकार न बनने देने में ही नहीं बल्कि सुधार अधिनियम की शून्यता को प्रदर्शित करने में भी पूर्णतः सफल रहा।

देशबन्धु दास के नेतृत्व में बंगाल की कौंसिल में भी स्वराज दल इसी प्रकार अवरोध करता रहा। हस्तांतरित विभागों के लिए मंत्रीमंडल बनाने से दास ने अस्वीकार कर दिया। गवर्नर लार्ड लिटन

ने अपनी इच्छानुसार दो मंत्री नियुक्त किए। स्वराजवादियों ने ६३ मतों के विरुद्ध ६९ मतों से उन मंत्रियों के वेतन को अस्वीकृत कर दिया। इस प्रकार, जैसा मध्यप्रान्त में हुआ, बंगाल में भी गवर्नर द्वारा दो मन्त्रियों को पदच्युत किए जाने के साथ ही द्वैध सरकार समाप्त हो गया।

दिल्ली की भारतीय विधान सभा में मोतीलाल नेहरू के समक्ष अधिक कठिनाई इसलिए थी क्योंकि वहाँ ऐसे कोई विभाग हस्तांतरित नहीं किए गए थे, जो विधान सभा को उत्तरदायी मंत्रियों को सौंपे जा सकते थे। दिल्ली में तो अनुत्तरदायी और अपरिवर्तनीय नौकरशाही का अखण्ड शासन था, इसलिए स्वराज दल की मात्र विपक्षी दल के समान ही भूमिका हो सकती थी। साथ ही, केन्द्रीय विधान सभा के दो सदन थे। उच्च सदन को राज्यसभा कहा जाता था, जिसमें परम राजभक्त ही थे, क्योंकि उस सदन के गैर सरकारी सदस्यों का चुनाव अपरोक्ष निर्वाचन पद्धति से होता था। उसमें स्वराज दल के किसी सदस्य का प्रवेश तो असंभव था ही, साथ ही नरम पन्थियों का भी उसमें चुन कर जाना कठिन था। निचला सदन उन दिनों भारतीय विधान सभा कहलाता था। सन् १९२४ में उस सदन में ४५ स्वराजदल वाले, ५१ निर्वाचित उदार दल के तथा स्वतंत्र सदस्य, २५ मनोनीत अधिकारी, ८ निर्वाचित अंग्रेज और १४ मनोनीत अशासकीय व्यक्ति थे। इस प्रकार की विधान सभा में स्वराज दल लगातार, उपस्थित विषय से संगत तथा अबाध अवरोध करने के लिए गया था। लेकिन मोतीलाल नेहरू के नेतृत्व में यह दल नौकरशाही को लगातार पराजित करता रहा। उनका व्यक्तित्व सदन पर छा गया था और महत्वपूर्ण अवसरों पर वे ऐसी स्थिति ले आते थे कि नरम दल वाले, जिन्हें अब उदारदल वाले कहा जाता था तथा मोहम्मद अली जिन्ना भी और उनके अनुयायी उनके पीछे होकर उनके साथ ही अपना मत देते थे ताकि देश के प्रति उन्हें विश्वासघाती न कहा जाए। कभी-कभी तो स्वतंत्र सदस्य भी प्रभावित होकर मोतीलाल का साथ देते थे और उनके संरक्षक मंत्रीगण आश्चर्यचकित हो जाते थे।

पहली विजय तब हुई जब मोतीलाल ने गोलमेज़ परिषद् की मांग की ताकि "भारत में पूर्णत: उत्तरदायी सरकार की स्थापना करने के लिए गवर्नमेन्ट ऑफ इन्डिया एक्ट में संशोधन किया जाए।" गृहमंत्री सर मालकम हेली के कठोर विरोध के बावजूद यह मांग ४८ मत के विरुद्ध ७६ मतों से स्वीकार की गई। दो अन्य महत्वपूर्ण प्रस्ताव भी जिनमें राजनीतिक बंदियों की रिहाई और १८१८ के रेग्युलेशन ३ के समाप्त करने की मांग की गयी थी, विधानसभा ने पास कर दिए। लेकिन स्वराज दल की वास्तविक विजय तब हुई जब बजट प्रस्तुत किया गया और अनुदानों पर विचार किया गया। सर्वप्रथम जब सीमा शुल्क पर मांग सदन में रखी गयी तो मोतीलाल ने प्रस्ताव किया कि इस मांग को इस आधार पर अस्वीकार कर दिया जाए कि सरकार ने देश में उत्तरदायी सरकार की स्थापना हेतु गोलमेज़ परिषद् बुलाने की अशासकीय सदस्यों की मांग को ठुकरा दिया है। विट्ठल भाई पटैल ने अपने ओजस्वी भाषण में भारत में पिछले १५० वर्ष के ब्रिटिश सरकार की बुराइयों का विस्तृत विवरण दिया और महात्मा गाँधी को कैद करने के साथ असहयोग आंदोलन के दौरान ३०,००० से ४०,००० व्यक्तियों को कारागृहों में डाल देने का उल्लेख किया। उन्होंने यह भी कहा कि "यदि आप हमारी मांगों को स्वीकार नहीं करते तो हम आपके बजट को भी अस्वीकृत करेंगे। हम सभी उपायों से आपके कार्य में बाधा उत्पन्न करेंगे और तब आपको निर्णय लेना होगा कि क्या आप हमें एक देशव्यापी आंदोलन करने के लिए मजबूर करेंगे।"

अपना भाषण समाप्त करते हुए उन्होंने कहा कि "हम आपको चेतावनी देते हैं कि यदि आप अपने मार्ग को परिवर्तित कर हमसे समझौता नहीं करते हैं तो मंत्री कक्ष अब सुखासन नहीं रह सकेगा।" मांगों पर जब मतदान हुआ तो उन्हें अस्वीकृत करने का मोतीलाल का प्रस्ताव ५६ मतों के विरुद्ध ६३ मतों से स्वीकार कर लिया गया। इसी प्रकार आयकर , नमक और अफीम पर कर की तीन और मांगें भी लगातार अस्वीकृत की गयीं। अन्य मांग रखी जाए उसके पहले मोतीलाल ने खड़े होकर मंत्रीमंडल से कहा कि सिद्धांत के स्थापित हो जाने के पश्चात् अन्य मांगों पर साधारण रीति से विचार करने की छूट वे देते है। लेकिन जब बजट पर तीसरी बार विचार किया गया तो वित्त विधेयक ५७ मतों के विरुद्ध ६० मतों से पराजित हो गया। इस पर गवर्नर जनरल ने संशोधित कर वित्त विधेयक में ऐसे आँकड़े रखे जो उनके मतानुसार ब्रिटिश भारत की सुरक्षा, शांति और हित में आवश्यक थे, "लेकिन स्वराजवादियों ने उदार वृत्ति न अपना कर फिर उस विधेयक को गिरा दिया।

गाँधी तथा स्वराजवादियों में संघर्ष (१९२४)

स्वराजवादी विभिन्न कौंसिलों में सरकार का निरन्तर विरोध कर रहे थे, इस बीच में भारत सरकार ने तीक्ष्ण एपेन्डिसाइटिस के लिए गए गाँधीजी का आपरेशन होने के बाद उन्हें मुक्त कर दिया। उनके २२ माह तक जेल में रहे आने के बाद ५ फरवरी, १९२४ को यह सुखद घटना हुई। सब की आंखें उन पर लगी थीं। स्वराजवादियों को उनकी मनोवृत्ति जानने की इसलिए विशेष उत्सुकता थी क्योंकि कौंसिलों में अपनी उपलब्धियों पर बड़े खुश रहते हुए भी वे नहीं कह सकते थे कि गाँधीजी के जेल में रहने के दिनों में उनके द्वारा किए गए कार्यकलाप के प्रति उनकी क्या प्रतिक्रिया होगी। जेल से मुक्त होने पर गाँधीजी बम्बई के निकट जुहू स्वास्थ्य लाभ के लिए चले गए थे। मई के अन्तिम सप्ताह में दास और मोतीलाल वहीं उनसे मिलने गए।

लम्बी बहस चली, लेकिन मतभेद तो सैद्धांतिक थे, इसलिए समझौता नहीं हो सका। स्वराजवादी कौंसिलों में अपने कार्य की वांछनीयता को छोड़ने के लिए तैयार नहीं थे और गाँधीजी भी अपने इस विचार पर दृढ़ थे कि कौंसिल प्रवेश असहयोग से असंगत था। इस प्रकार समझौता नहीं हो सका और दोनों पक्ष ने अलग-अलग वक्तव्य में अपने दृष्टिकोण को प्रस्तुत किया। गाँधीजी ने स्वराजवादियों से अपना मतभेद स्पष्ट करते हुए उदारता पूर्वक कहा कि यदि स्वराज दल का कार्य फलदायक होता है और उससे देश का हित होता है तो उसका प्रत्यक्ष प्रदर्शन मेरे जैसे ईमानदार शंकालु को अपनी भूल की अनुभूति करा सकेगा और मैं जानता हूँ कि स्वराजवादियों में ऐसी देशभक्ति है कि यदि अनुभव से उनका भ्रम दूर हो गया तो वे अपने कदम लौटा लेंगे।" उन्होंने यह भी कहा कि "इसलिए मैं उनके रास्ते में रुकावट नहीं डालूंगा और न उनके कौंसिल प्रवेश के विरुद्ध कोई प्रचार करूँगा यद्यपि मैं सक्रिय रूप से उनकी सहायता ऐसे कार्य में नहीं कर सकता जिस पर मेरा विश्वास नहीं है।" साथ ही उन्होंने यह भी सलाह दी है कि "यदि मैं कौंसिल में जाता हूँ तो अवरोध करते रहने की सामान्य नीति पर न चलकर मुझे काँग्रेस के रचनात्मक कार्य को सशक्त करने का प्रयास करना चाहिए।"

इस सिलसिले में उन्होंने सुझाव दिया कि स्वराजवादी कौंसिलों और विधान सभा में (१) "हाथ के कते बुने कपड़े खरीदने का" (२) "विदेशी कपड़ों पर इतना शुल्क लगाने का, जिससे उसको

खरीदना महंगा पड़े (३) पेय पदार्थ और दवाओं पर कर हटाने का और सेना पर अनुपात से अधिक व्यय न करने के सम्बन्ध में प्रस्ताव प्रस्तुत करें।

दास और नेहरू ने कौंसिल प्रवेश कार्यक्रम को युक्तिसंगत सिद्ध करते हुए, महात्मा गाँधी के सहमतिपूर्ण रूख के प्रति अपनी प्रतिक्रिया व्यक्त करते हुए कहा कि "हम महात्मा गाँधी के सुझावों को हृदय से स्वीकार करते हैं और हमारी धारणा है कि रचनात्मक कार्यक्रम के समर्थन में उनके प्रस्ताव स्वराज पार्टी को निश्चित रूप से मान्य होंगे।" मात्र अवरोध ही करने की नीति के प्रति गाँधीजी के विरोध से स्वराजवादियों को अपने रवैये में कुछ नरमी लानी पड़ी। जुहू से दिए गए अपने वक्तव्य में उन्होंने कहा कि "हम निर्वाचित सदस्य ही न हों बल्कि यथासंभव कमेटियों में भी स्थान प्राप्त करें।" यह उनकी घोषित नीति में स्पष्ट परिवर्तन था और यह निष्कर्ष निकाला जा सकता है कि उनकी नीति में इस परिवर्तन के कारण ही मोतीलाल नेहरू स्कीन कमेटी (इंडियन सेंडर्स कमेटी) के सदस्य बने और इस प्रकार स्वराज पार्टी के महाराष्ट्रीयन सदस्यों को अनुक्रियात्मक सहयोग के नाम पर प्रान्तों में मंत्री के पद को स्वीकार करने के समर्थन में आधार मिल गया। यद्यपि इतना नीचे उतर जाना गाँधीजी को अच्छा नहीं लगा तथापि इस सत्य को नकारा नहीं जा सकता कि कौंसिलों के द्वारा उनके रचनात्मक कार्य की प्रगति के लिए उनकी इच्छा तथा स्वराजवादियों की उसके प्रति अनुकूल प्रतिक्रिया तिलक के तथाकथित अनुयायियों के द्वारा स्वराज दल के झंडे को नीचा करने में तथा बड़ी अवधि से संजोयी मंत्री के पदों को स्वीकार करने की उनकी प्रबल अभिलाषा को फलीभूत करने में ही नहीं बल्कि जो पद देना सरकार के अधिकार में था, उन्हें भी स्वीकार करने में सहायक हुई।

सैद्धांतिक मतभेद होते हुए भी महात्मा गाँधी और स्वराज दल के नेता मित्र रहे आए। तो भी यह मित्रता वास्तविक कम और ऊपरी अधिक थी। चूंकि गाँधीजी अब मुक्त थे, इसलिए उन्होंने देश की राजनीतिक स्थिति पर ध्यानपूर्वक विचार किया और इस निष्कर्ष पर पहुँचे कि यदि उन्हें देश का नेतृत्व करना है तो सर्वप्रथम काँग्रेस संगठन का रूप बदल देना चाहिए। अपने साप्ताहिक पत्र "यंग इंडिया" के १९ जून के अंक में उन्होंने ४ प्रस्ताव प्रकाशित किए जिन्हें वे अखिल भारतीय काँग्रेस समिति की बैठक में, जो अहमदाबाद में जून के अंतिम सप्ताह में होने वाली थी, प्रस्तुत करना चाहते थे।

पहला प्रस्ताव था कि काँग्रेस समिति के सदस्य को निर्वाचित होने पर वार्षिक चार आना शुल्क के स्थान पर अपने हाथ से काता हुआ १० तोला सूत देना अनिवार्य होगा। दूसरा प्रस्ताव काँग्रेस समिति के सदस्य को अपने से ऊपर के अधिकारी के निर्देशों को मानना अनिवार्य कर देता था, यदि वह अधिकारी वैसे निर्देश देने के लिए सक्षम है, और निर्देश न मानने पर उस सदस्य को सदस्यता से वंचित कर देता था। तीसरा प्रस्ताव उन व्यक्तियों को काँग्रेस का सदस्य बनने से प्रतिबंधित करता था जो पांच प्रकार के बहिष्कारों में, जिनमें कौंसिलों और अदालतों का बहिष्कार सम्मिलित था, विश्वास नहीं करते हों। चौथा और अंतिम प्रस्ताव गोपीनाथ साहा द्वारा अर्नेस्टडे की हत्या पर खेद प्रकट करता था"[४]

स्वराज दल द्वारा संभवत: दूसरे प्रस्ताव के अतिरिक्त बाकी तीन प्रस्तावों का स्वीकृत किया जाना असंभव था। पहले प्रस्ताव के सम्बन्ध में उनकी राय थी कि वह प्रस्ताव काँग्रेस को मात्र सूत कातने वालों की एक संस्था बना देता है। तीसरे प्रस्ताव की स्वीकृति का अर्थ अपनी राजनैतिक आत्महत्या की इच्छा करना इसलिए होता क्योंकि जो भी कौंसिल में जाता, वह काँग्रेस के संगठन में

प्रभाव नहीं रख सकता था। १९२३ और १९२४ में स्वराज दल की काँग्रेस पर अच्छी पकड़ हो गई थी और अब उस संगठन को पूर्णत: अपरिवर्तनवादियों के सुपुर्द कर देने के लिए कहा जा रहा था। लेकिन स्वराज दल द्वारा चौथे प्रस्ताव के विरोध से महात्माजी को बड़ी पीड़ा हुई। बंगाल के काँग्रेसजनों ने देशबन्धु दास के नेतृत्व में दीनाजपुर में हुई प्रान्तीय राजनीतिक सम्मेलन में गोपीनाथ साहा के त्याग और बलिदान को सराहा था और उनकी देशभक्ति के प्रति अपनी श्रद्धांजलि अर्पित की थी।

अखिल भारतीय काँग्रेस कमेटी की बैठक होने से पहले ही एक बयान में महात्मा जी ने अपनी स्थिति स्पष्ट करते हुए कहा था कि "चारों प्रस्ताव सेनापति के समान मेरी नियुक्ति के लिए मेरे आवेदन पत्र के मसौदे हैं तथा मेरी योग्यता और मेरी सीमाएँ प्रस्तुत करते हैं। इसमें न तो निरंकुशता है और न यह मांग असंभव ही है। सदस्यगण, यदि वे देश के प्रति वफादार हैं, तो मुझे गलत रास्ते पर देख कर मुझे क्षमा नहीं करेंगे।[५]

ऐसा लगता है कि, स्वराजवादियों ने उनके निमंत्रण को स्वीकार किया किंतु उन्हें क्षमा नहीं किया। तेन्दुलकर के कथनानुसार "मोतीलाल नेहरू ने गाँधीजी के ढंग को निरंकुश कहा और काँग्रेस के पुनर्गठन से संबंधित प्रस्तावों को उनके अधिकार क्षेत्र से बाहर माना।"[६]

इससे नि:संदेह महात्मा जी को मार्मिक वेदना हुई। बड़े दु:ख में उन्होंने यह भी कह डाला कि "उन्हें नीचा दिखाया गया और पराजित किया गया।" किन्तु वस्तुत: वे पराजित नहीं हुए थे क्योंकि अखिल भारतीय काँग्रेस कमेटी में उनका बहुमत था और उनके प्रस्तावों को मूल रूप में ही स्वीकृति मिल सकती थी। अपमानित होने की भी बात नहीं थी क्योंकि देशबन्धु और मोतीलाल दोनों ही उनका बड़ा आदर करते थे। १९२०-२१ में उन्हें अपना सेनानायक मानकर दोनों ही ने उनके आदेशों का अक्षरश: पालन किया था।

जब चौरी-चौरा की घटना के बाद गाँधीजी ने सत्याग्रह आंदोलन स्थगित कर दिया था और यथार्थ में नेतृत्व का त्याग कर दिया था तो दास और मोतीलाल दोनों को बड़ा आघात पहुँचा था। उन्होंने सत्याग्रह स्थगित किये जाने की कड़ी आलोचना की थी। दोनों का विश्वास था कि गाँधीजी की अनुपस्थिति में वे लोग सरकार के विरुद्ध एक अलग मोर्चे पर संघर्ष करते रहे थे और अब भी कर रहे हैं। चूंकि उस समय महात्माजी किसी आंदोलन का संचालन नहीं कर रहे थे इसलिए उनके सेनापति होने का दावा और दोनों से नि:शब्द आज्ञा पालन की मांग समयानुकूल नहीं थी। वे उस समय गाँधीजी की आज्ञा पालन के लिए फिर तैयार हो जावेंगे जब कोई आंदोलन के अनुकूल देश की स्थिति गाँधीजी के विचार से हो जावेगी लेकिन उनकी आज्ञा वे तब नहीं मानेंगे जब उनसे दस तोला सूत कातने में ही संलग्न रहने को कहा जावेगा तथा काँग्रेस संगठन के सभी पदों से अलग हो जाने को कहा जावेगा, क्योंकि उन्होंने कौंसिल प्रवेश कर निष्कपट भाव से सरकार से संघर्ष करने का पाप किया था, जबकि सत्याग्रह के स्थगित किए जाने के बाद उसी तरह लड़ते रहना संभव था।

उपरोक्त विवेचन मे शायद एक संशोधन हो सकता है। आतंकवादी देशभक्तों के प्रांत बंगाल के सर्व स्वीकृत नेता होने के कारण दास ने गोपीनाथ साहा के कार्य को सराहना युक्तिसंगत मान लिया था लेकिन उन्हें यह समझ लेना चाहिए था, कि गाँधीजी का अपने अहिंसा के सिद्धांत से हट जाना सरल नहीं था। अहिंसा को नीति ही मानकर चलना भी उसके निर्विवाद पालन की अपेक्षा करता था। इस

सम्बन्ध में दास के स्पष्ट अवज्ञा के परिणामस्वरूप गाँधीजी सार्वजनिक रूप से रो पड़े और उन्होंने स्वीकार किया "गोपीनाथ साहा संबंधी प्रस्ताव इस विषय को समाप्त कर देता है,"[७] और यह तथ्य कि १४८ में से ७० सदस्य दास को उनके समर्थन में मिल गए, मेरे लिए बड़ा महत्व रखता है।"[८] लेकिन गाँधीजी यह भूल गए कि यदि बंगाल भावना प्रधान और विद्रोही प्रकृति का न हो तो फिर बंगाल न रहेगा।

तो भी अहमदाबाद की अखिल भारतीय काँग्रेस समिति की बैठक पर जो गहरे बादल छाए हुए थे, उनमें एक किंचित् प्रकाश की रेखा भी थी। गाँधीजी को यह ज्ञात हो गया कि शिक्षित भारत स्वाधीनता के संघर्ष में उनके नेतृत्व को तो स्वीकार कर सकता था, लेकिन उनका जीवन दर्शन उसे मान्य नहीं था। परिणामस्वरूप उन्होंने कौंसिल प्रवेश का विरोध करना छोड़ दिया और मोतीलाल से बैठक समाप्त होने पर कहा कि "स्वराज दल का कौंसिल से वापिस आ जाना घोर हानिकारक होगा,"[९] और जब इस पर मोतीलाल ने आश्चर्य प्रगट किया तो उन्होंने कहा कि "स्वराजवादियों ने शासकीय वृत्तों में निस्संदेह हलचल पैदा कर दी है और इस समय उनका वापिस होना निश्चित रूप से दुर्बलता अथवा पराजय का भ्रम पैदा करेगा।"[१०] इसके बाद यह कहना अनुचित न होगा कि घटना के सुखांत होने से सब ठीक हो जाता है।

गाँधीजी ने मोतीलाल को काँग्रेस उपहार में दिया (१९२५)

इस समय तक देश हिन्दू-मुस्लिम दंगों से पूर्णतः ग्रस्त हो गया था। दंगे दक्षिण में गुलबर्गा तक फैल गये थे। जहाँ भी दंगे हुए हिन्दू मंदिरों को अपवित्र किया गया। अपने लेख और भाषणों से गाँधीजी ने उन्हें रोकना चाहा किन्तु कोई परिणाम नहीं निकला। जब सितम्बर में कोहाट में हिन्दुओं के बड़ी संख्या में मारे जाने और उन्हें बस्ती से निकाले जाने के समाचार मिले तो गाँधीजी सहन नहीं कर सके। उन्होंने मोहम्मद अली के निवास स्थान पर दिल्ली में प्रायश्चित के रूप में २१ दिन का उपवास प्रारम्भ किया। स्पष्टतः दोनों समुदायों को बिल्ली और कुत्तों की तरह लड़ाने का पाप तो साम्प्रदायिक विचार वाले दोनों हिन्दू एवं मुस्लिम राजनीतिज्ञ ही कर रहे थे, गाँधीजी नहीं। किन्तु अत्यधिक निर्मल होने के कारण स्वतः ही अन्तःपरीक्षण से उन्होंने दंगों की तीव्रता और अपने बीच कोई सम्बन्ध ढूंढ़ लिया होगा। २२ सितम्बर के "यंग इंडिया" में प्रकाशित अपने लेख में उन्होंने लिखा: "मैं जानता था कि असहयोग एक भयावह प्रयोग था। असहयोग अपने आप में अप्राकृतिक, दूषित और पापयुक्त है। किन्तु मेरी मान्यता है कि अहिंसात्मक असहयोग कभी-कभी कर्त्तव्य भी हो जाता है। कई अवसरों पर मैंने इसे प्रमाणित किया है। लेकिन जब लोग बड़ी संख्या में उसका प्रयोग करें तो भूल हो जाने की भावना बनी रहती है...जनसाधारण में नयी स्फूर्ति लाने में क्या मैं उपकरण नहीं था? यदि वह स्फूर्ति आत्मघाती प्रमाणित हुई तो उसका उपचार मुझे ढूँढ़ना चाहिए।"

सर्वविदित है कि प्रायश्चित करने पर भी गाँधीजी उपचार ढूँढ़ने में असफल रहे और विशिष्ट हिन्दू, मुस्लिम तथा अन्य समाज के प्रतिनिधियों के बहुत समय तक चले सम्मिलित एकता सम्मेलन के बावजूद दंगे होते ही रहे। असहयोग आंदोलन के द्वारा गाँधीजी जनसाधारण में स्फूर्ति ले आए थे, लेकिन यह आंदोलन मुख्यतः खिलाफत के मुद्दे पर आधारित था, जो सर्वथा धार्मिक विषय था। असहयोग आंदोलन का प्रस्ताव जो अखिल भारतीय काँग्रेस के कलकत्ता में हुए विशेष सम्मेलन में गाँधीजी ने

पारित करवाया था, उन्हीं का लिखा हुआ था जिसमें खिलाफत संबंधी अन्याय को प्रथम तथा पंजाब में हुई शासकीय बर्बरता को दूसरा स्थान दिया गया था और स्वराज का उल्लेख ही नहीं था। प्रस्ताव के अंत में स्वराज का नाम "भविष्य में वैसे अन्याय की पुनरावृत्ति रोकने में सहायक" के रूप में ही लिया गया था।

यह आश्चर्यजनक नहीं था कि धार्मिक विषय से उत्पन्न जन-स्फूर्ति का उपयोग दो भिन्न धर्म के अनुयायियों द्वारा गोवध और मस्जिद के सामने संगीत जैसे विषयों पर किया जा रहा था। यद्यपि ये वस्तुतः धार्मिक विषय हों या न हों, उन्हें जनसाधारण द्वारा तो धार्मिक माना जा रहा था। "इस्लाम खतरे में है" का नारा लगा कर मुस्लिमों को अंग्रेजी सरकार के विरुद्ध उत्तेजित किया गया था और जब खिलाफत की पुनर्स्थापना का प्रयत्न विफल हो गया, तो भी इस्लाम के खतरे में होने की आवाज़ उठती रही और सम्प्रदायवादियों ने उसका रूख बहुसंख्यक सम्प्रदाय हिन्दुओं की ओर मोड़ दिया। मोपलों के द्वारा किए गए हिंसात्मक उपद्रव, जिनमें धार्मिक उत्तेजना खिलाफत आंदोलन के द्वारा फैलायी गयी थी और जो विदेशी सरकार और अपने हिन्दू पड़ोसी में अन्तर नहीं देख सके थे, पूरे दस वर्ष तक चलते साम्प्रदायिक दंगों के प्रथम संकेत थे। कई सदियों तक चलते धर्मयुद्धों की समाप्ति के बाद ही पश्चिम यूरोप ने धर्म निरपेक्षता का पाठ सीखा था और वह धर्म तथा राजनीति में सम्बन्ध विच्छेद करने में सफल हो पाया था। महात्मा गाँधी द्वारा धर्म और राजनीति में विवाह करा देने के फलस्वरूप जो धार्मिक राजनीतिक संतति हुई वह उनके लिए हमेशा सिरदर्द बनी रही। रवि वर्मा का प्रसिद्ध चित्र, जिसमें मेनका विश्वामित्र को नवजात शकुन्तला भेंट करती दिखायी गई है, उस विषम स्थिति का सही चित्रण करता है, जिसमें गाँधीजी ने असहयोग आंदोलन के पश्चात् आए समय में स्वयं को पाया।[११]

काँग्रेस कार्यकारिणी समिति ने महात्मा गाँधी और शौकत अली को कोहाट में हुए हिन्दू मुस्लिम उपद्रव की जाँच के लिए नियुक्त किया। आचार्य कृपलानी के कथनानुसार, जाँच का काम सरलता से नहीं चल सका: "मुस्लिम सच्ची घटनाएं बतलाने को तैयार थे, लेकिन शौकत अली ने उन्हें वैसा करने से मना किया। परिणाम यह हुआ कि गाँधीजी और शौकत अली संयुक्त रिपोर्ट नहीं दे सके। यह गाँधीजी तथा अली बन्धुओं में अलगाव का प्रारंभ था। एकता सम्मेलन में इस अलगाव का कुछ आभास मिल रहा था। अन्त में अली बन्धुओं ने काँग्रेस छोड़ दी।"[१२] इसकी पुष्टि बाद में गाँधीजी ने स्वयं यह कहते हुए की कि "जनता को, जो जानती है कि अली बन्धु और मैं कई सार्वजनिक विषयों में एकमत रहे हैं, यह भी जान लेना चाहिए कि कुछ समस्याओं में हम लोगों में मतभेद भी हो सकता है।"[१३] जब मोहम्मद अली ने सार्वजनिक रूप से अपना यह विचार व्यक्त किया कि "एक परस्त्रीगामी मुस्लिम गाँधी से श्रेष्ठ है,"[१४] तो गाँधीजी ने उसकी टीका करते हुए कहा कि उनका वक्तव्य चित्रात्मक ढंग से यह दर्शाता है कि "वे एक बात में श्रेष्ठ है।"[१५] जिसका अर्थ होता है कि मुस्लिम होने के नाते वे श्रेष्ठ हैं।

अहमदाबाद में हुए दास और गाँधीजी के मतभेद ज्यादा दिन नहीं टिक सके। दास के कई बार के आग्रह पर गाँधीजी ने दिसम्बर, १९२४ में होने वाले काँग्रेस के बेलगाँव अधिवेशन की अध्यक्षता स्वीकार कर ली। अधिवेशन के तत्काल पहले सूचना मिली कि दास ने अपनी सम्पत्ति का परित्याग कर दिया है। उन्होंने अपने राजमहल जैसे निवास स्थान को भी छोड़ दिया था जो किसी पुण्य कार्य के उपयोग में दिया गया था। इस प्रकार नाम से नहीं किन्तु वस्तुतः अब वे सन्यासी हो गए थे तथा

जनता में अधिक आदरणीय तथा लोकप्रिय हो गए क्योंकि सम्पत्ति या जीवन का त्याग इस देश में सदा समादृत रहा है।

बेलगाँव अधिवेशन की कार्यवाही में कोई उल्लेखनीय बात नहीं हुई सिवाय इसके कि स्वराजवादियों से समझौते के फलस्वरूप काँग्रेस की सदस्यता के लिए नियत तौल का सूत कातने की शर्त फिर लागू कर दी गयी। तो भी यह अधिवेशन इसलिए महत्वपूर्ण था क्योंकि गाँधीजी स्वयं उसके अध्यक्ष थे और इसलिए भी कि उनका लिखित भाषण, जिसका सारांश ही खुले अधिवेशन में पढ़ा गया था, १९२० से तब तक की घटनाओं की समीक्षा और उनके जीवन दर्शन का प्रतिपादन था।

सन् १९२५, जिसका प्रारम्भ बेलगाँव अधिवेशन की समाप्ति पर हुआ, भारतीय राजनीति में दो धाराओं का विभाजक प्रमाणित हुआ। जिन दिनों महात्मा गाँधी बंगाल का दौरा कर रहे थे, अकस्मात् १६ जून को दास की दार्जलिंग में, जहाँ वे स्वास्थ्य लाभ के लिए गए थे, मृत्यु हो गयी। लगभग डेढ़ माह पूर्व फरीदपुर में उन्होंने बंगाल प्रांतीय सम्मेलन की अध्यक्षता की थी। इंग्लैंड में नयी बनी अनुदार दल की सरकार के अन्तर्गत भारत के लिए नियुक्त सचिव लार्ड बर्केन्हेड पर विश्वास कर उन्होंने अंग्रेज सरकार से प्रस्ताव किया था कि "हम आज ऐसी शर्तों पर संधि करें जो आपके और हमारे लिये माननीय हों। किन्तु हम इस सत्य का भी सामना करें कि यदि समझौते की आशाएं विफल हो जाती है तो हमें सत्याग्रह का सहारा लेना पड़ेगा।"[१६] गाँधीजी ने, जो उस सम्मेलन में उपस्थित थे, समझौते के इस सुझाव का समर्थन किया था।

दास की मृत्यु हो गई और १० जुलाई को की गई दीर्घकाल से प्रतीक्षित बर्केन्हेड की घोषणा से सारी आशाओं पर पानी पड़ गया। उस पर गाँधीजी की बहुत उचित टीका थी कि "वह घोषणा हमें अपने घर को व्यवस्थित कर लेने का अभिज्ञान कराती है।"[१७] और वे तत्संबंधी कार्य में तत्काल जुट गए। उन्होंने मोतीलाल नेहरू को लिखे अपने पत्र में अपनी योजना स्पष्ट की और कहा: "मुझे लगता है कि गत वर्ष किए गए समझौते की शर्तों से मैं स्वराज दल को मुक्त कर दूँ.....मैं इसे स्वीकार करता हूँ कि उस घोषणा से जो स्थिति उत्पन्न हुई है उसे ध्यान में रखकर स्वराज दल के अधिकार और प्रभाव में वृद्धि की जानी चाहिए।"[१८]

गाँधीजी की इस घोषणा से अपरिवर्तनवादियों में बड़ी व्याकुलता उत्पन्न हो गई। लेकिन उन्होंने काँग्रेस के अन्तर्गत अखिल भारतीय चरखा संघ की स्थापना कर विरोध को मौन कर दिया और कहा कि "देश में दोनों कौंसिल-प्रवेश और चरखा चलाने के कार्यक्रमों के लिए बहुत स्थान है।"[१९] गाँधीजी की योजना सितम्बर में अखिल भारतीय काँग्रेस समिति की पटना में हुई बैठक में स्वीकार कर ली गई। इस प्रकार परिवर्तनवादियों ने १ जनवरी, १९२३ में जो संघर्ष प्रारंभ किया था जब देशबन्धु दास ने स्वराज दल की स्थापना घोषित की थी, उसे पूर्ण सफलता मिल गयी और अब स्वराजवादी स्वयं को काँग्रेस के राजनीतिक कार्यक्रम के संरक्षक मानने लगे। लेकिन, जैसा अक्सर होता है, उनकी सफलता के क्षण उनमें परस्पर फूट के क्षण भी हो गए।

संदर्भ

१. डी.जी. तेन्दुलकर, महात्मा, खण्ड ३, पृष्ठ २९६

२. डी.जी. तेन्दुलकर, महात्मा, खण्ड २, पृष्ठ २-३.

३. वही, पृष्ठ ३.

४. वही, पृष्ठ १३६.

५. वही, पृष्ठ १३७.

६. वही, पृष्ठ १३८.

७. वही, पृष्ठ १४०.

८. वही.

९. वही, पृष्ठ १४५.

१०. वही:

११. "मेरी सदा यह धारणा रही है कि खिलाफत के मुद्दे का समर्थन कर हिन्दू-मुस्लिम में एकता के लिए प्रयास में गाँधीजी भूल कर रहे थे। जब तक वह धार्मिक मुद्दा रहा आया, एकता भी रही आयी। लेकिन जैसे ही वह मुद्दा हट गया, एकता की दुर्बलता स्पष्ट हो गयी। सभी खिलाफ़त के समर्थक, जो काँग्रेस की ओर झुक गए थे, अपने असली स्वरूप में सामने आ गए अर्थात देश की अपेक्षा अपने धर्म के प्रति वे अधिक निष्ठावान दिखे।" (एम.सी.छागला, रोजेज़ इन दिसम्बर, पृष्ठ ७८).

१२. जे.बी. कृपलानी, गाँधी, पृष्ठ १०२.

१३. डी.जी. तेन्दुलकर, खण्ड २, पृष्ठ १७९.

१४. वही, पृष्ठ १९२.

१५. वही,

१६. वही, पृष्ठ १८३.

१७. वही.

१८. वही, पृष्ठ १९६-९७.

१९. वही, पृष्ठ २०३.

अध्याय-४

स्वराजवादी बनाम अनुक्रियावादी

'रोगग्रस्त अंग' (१९२५)

पूर्ण बहुमत प्राप्त कर मध्यप्रान्त और बरार की विधान कौंसिल में स्वराजवादियों ने द्वैध सरकार को समाप्त कर दिया था और उसी संदेश में सर्वप्रथम स्वराज दल में विद्रोह का झंडा भी फहराया गया। हिन्दी प्रदेश से निर्वाचित कौंसिल के सदस्य यद्यपि संख्या में अधिक थे तो भी उन्होंने दो महाराष्ट्रीयन सदस्य डा. बी.एस. मुंजे और एस.बी. ताम्बे को दल का नेता तथा कौंसिल का अध्यक्ष होने दिया था। अकस्मात् ८ अक्टूबर को तांबे ने गवर्नर की कार्यकारिणी समिति की सदस्यता स्वीकार कर ली। पूना के एन.सी. केलकर और बम्बई के एम.आर. जयकर ने इस परम विश्वासघात को अपना समर्थन देने में जरा भी विलम्ब नहीं किया। अपनी आत्मकथा में, बाद मे, केलकर ने बधाई का तार भेजने के अपने कार्य को न समझ पाने की भूल मानी थी। उन्होंने यह भी लिखा था कि तांबे के इस कदम को एम. एस. अणे का मौन अनुमोदन प्राप्त था। तांबे बरार के थे और २६ अक्टूबर को बरार के स्वराज दल की कार्यकारिणी समिति ने अनुक्रियात्मक सहयोग के पक्ष में एक प्रस्ताव पारित कर दिया। इससे स्पष्ट हो गया कि महाराष्ट्र और मध्यप्रान्त तथा बरार के मराठी भागों के स्वराज दल के नेताओं की विद्रोह की पूर्वनियोजित योजना थी और तांबे द्वारा किया गया विश्वासघात अनुक्रियात्मक सहयोग के नाटक का प्रथम अंक था।

इस प्रसंग में महाराष्ट्र की तत्कालीन राजनीति का अनुशीलन करना उचित होगा। अपनी कपट नीति से अंग्रेजी सरकार राष्ट्रीय आंदोलन से उस प्रांत के महत्वपूर्ण अंग अब्राह्मण समाज को, जो जनसंख्या में ९७ प्रतिशत था, अलग करने में सफल हो गई थी। ब्राह्मणों तथा अब्राह्मणों के बीच इस परस्पर शत्रुता की जड़ अब्राह्मणों के कथनानुसार पेशवाओं के समय में अंकुरित हो गई थी, जिन्होंने शिवाजी के वंशजों को, जो महाराष्ट्र के न्यायोचित शासक थे, समस्त अधिकार और प्रभुत्व से हटाकर सरकार की बागडोर अपने हाथों में ले ली थी। मराठे शिवाजी तथा ग्वालियर के महादजी सिन्धिया के प्रशंसात्मक गीत गाते थे और ब्राह्णों के आदर्श नायक पेशवा और नाना फड़नवीस के विरुद्ध थे। शिवाजी के वंशज कोल्हापुर के महाराजा के माध्यम से ब्रिटिश सरकार ने ब्राह्मण वर्ग का समर्थन प्राप्त कर लिया था। प्रतिद्वन्दिता के ऐतिहासिक कारणों के अतिरिक्त ब्राह्मणों के द्वारा सभी शासकीय पदों तथा अन्य मुख्य स्थानों पर अधिकार करना भी परस्पर शत्रुता का तत्कालीन आधार था। मद्रास प्रेसीडेन्सी में उत्पन्न स्थिति के समान ही महाराष्ट्र में भी शासकीय पदों का ही झगड़ा था। लोकमान्य तिलक ने

शिवाजी को महाराष्ट्र का शिल्पी तथा आदर्श नायक कहते हुए उनकी सेवाओं का बखान कर अब्राह्मणों को अपनी ओर आकर्षित करने का प्रयास किया था तो भी उनके अनुयायियों में अब्राह्मणों की संख्या कम ही रही आयी। परिणामस्वरूप महाराष्ट्र के राष्ट्रीय आंदोलन में ब्राम्हणों का तथा एक अन्य शिक्षित प्रभु समाज के व्यक्तियों का पूर्णत: वर्चस्व रहा आया। एम.वाइ. जयकर तथा आर.जी. प्रधान प्रभु कायस्थ थे।

जैसा उल्लेख किया जा चुका है, कलकत्ता के काँग्रेस के विशेष अधिवेशन में और नागपुर के वार्षिक अधिवेशन में महाराष्ट्र ने गाँधीजी के असहयोग आंदोलन का कड़ा विरोध किया था। मध्यप्रांत और बरार में डा. मुंजे और एम.एस. अणे तथा महाराष्ट्र में केलकर और जयकर कुछ दिनों तक आंदोलन से दूर रहे आए थे, लेकिन जब एक के बाद दूसरा प्रान्त लगातार गाँधीजी के समक्ष नतमस्तक होने लगा और जब गाँधीजी ने महाराष्ट्र में ही बेलगांव के गंगाधर राव देशपाण्डे को अपने पक्ष में कर लिया तो भारतीय राजनीति के प्रमुख प्रवाह से पृथक हो जाने के भय से महाराष्ट्र के नेताओं ने उनके सामने आत्म समर्पण करने का आडम्बर किया।

अपनी आत्मकथा में जयकर लिखते हैं : "यह आश्चर्यजनक है और गाँधीजी की समुचित तीक्ष्ण बुद्धि का परिचायक है कि वे महाराष्ट्र के तथाकथित परिवर्तन से प्रभावित नहीं हुए। मात्र उन्हीं दिनों ही नही, अपने आंदोलन की आगे आयी स्थितियों में भी वे अपने शिष्ट ढंग से मराठा निष्ठा के प्रति शंकालु रहे हैं और उनके कुछ गुजराती अनुयायियों ने स्पष्ट रूप से उनकी निष्ठा का भद्दा मजाक उड़ाया। यह निश्चित है कि यदि पूना, गाँधी और गाँधीवाद के विरोध में खुलकर सामने आ जाता, तो अपने आगा-पीछा करने वाले तथा दिखावटी परिवर्तन के कारण गाँधीजी तथा उनके अनुयायियों के द्वारा उसे जो व्यवहार प्राप्त हुआ, उससे कहीं अधिक उनके आदर और प्रशंसा का पात्र वह हो जाता।"

यदि जयकर की बड़ी मोटी आत्मकथा के पृष्ठों में छानबीन की जाए तो स्पष्ट होगा कि जो आरोप उन्होंने पूना के केसरी विचारधारा के केलकर के विरुद्ध लगाया है, उसके अपराधी वे स्वयं भी हैं क्योंकि पहले उन्होंने भी गाँधीजी के कार्यक्रम के दो-एक मुद्दों को चुनकर उनका समर्थन करते हुए जनता के सामने रखा और इस प्रकार गाँधीजी से सहयोग किया और उसके बाद वे मोतीलाल नेहरू के साथ हो गए जब दास से संयुक्त होकर उन्होंने स्वराज पार्टी स्थापित की। लेकिन जब कौंसिल प्रवेश का निश्चय हो गया तो जयकर को यह शिकायत रही आयी कि निरंतर कौंसिल प्रवेश के पक्ष में पैरवी करते रहने पर भी उन्हें जो मिलना चाहिए था वह नहीं मिला। उन्होंने लिखा कि "यह परिवर्तन लाने में महाराष्ट्र के मेरे मित्रों को और मुझे बहुत कुछ करना पड़ा था, यद्यपि काँग्रेस के वर्णनों में हमारे कार्य का उल्लेख न कर काँग्रेस के अन्य अधिक लोकप्रिय नेताओं के कार्य को हमेश महत्व दिया जाता रहा है।" इस उपेक्षा का एक कारण स्वयं जयकर के शब्दों में यह सत्य रहा होगा कि "महाराष्ट्र के नेताओं ने आंदोलन के छिपे शत्रु, भेड़ों की खाल में भेड़िये होने का अपयश प्राप्त कर लिया था।"

अक्टूबर, १९२५ में जब तांबे ने, जो स्वराज दल की टिकट पर चुने गए थे, मध्यप्रान्त के गवर्नर की कार्यकारिणी समिति की सदस्यता स्वीकार कर ली और केलकर के साथ जयकर ने जब उनके इस कार्य पर बधाई दी तो यह संदेह कि भेड़ के भेष में "भेड़िये" स्वराज दल में आ गए थे, सत्य प्रमाणित हो गया। मोतीलाल, जो उस समय अखिल भारतीय स्वराज दल के अध्यक्ष हो गए थे, अत्यन्त क्रुद्ध हो गए और उन्होंने कहा कि "महाराष्ट्र हमारा रोगग्रस्त अंग है और मैं उसे काटकर अलग करने

को तैयार हूँ।[१] वे स्वराज पार्टी की कार्यकारिणी समिति की एक आवश्यक बैठक में सम्मिलित होने नागपुर आए। यह गुप्त बैठक थी और उसमें गरमागरम बहस हुई। बैरिस्टर अभ्यंकर ने मुंजे, ई. राघवेन्द्रराव और दादा साहब खापर्डे के पुत्र बी.जी. खापर्डे के विरुद्ध प्रांत में मंत्री पद स्वीकार करने के लिए षडयंत्र करने का आरोप लगाया। तीनों ने उस आरोप को गलत बतलाया, लेकिन जब अभ्यंकर ने डा. मुंजे को एक पत्र दिखाया तो उन्होंने स्वीकार किया कि वे मंत्री पद को लेने के पक्षपाती थे। ८ जनवरी, १९२५ को मुंजे ने एक रेड्डी महोदय को भेजे अपने पत्र में लिखा था: "होने वाले दो मंत्रियों में मैं नहीं हूँ। मैंने उसके लिए उपयुक्त व्यक्ति चुन लिए हैं- एक मंत्री हिन्दी मध्यप्रान्त के अब्राह्मण राव होंगे और दूसरे या तो अब्राह्ण श्री देशमुख बैरिस्टर या ब्राह्मण तांबे बरार से होंगे। इस प्रकार आप देख रहे हैं कि मंत्री पद को स्वीकार करने के लिए मेरा आग्रह अपने प्रांत में अपनी पार्टी के हित के लिए ही है।"

ऐसा लगता है कि मुंजे ने दिल्ली की भारतीय विधान सभा में जाना तय कर लिया था और मध्यप्रांत तथा बरार की राजनीति पर अपने प्रतिनिधि के माध्यम से, जिनमें हिन्दी मध्यप्रान्त के राघवेन्द्र राव थे, नियंत्रण रखना चाहते थे। १९२५ में तो मुंजे की योजना फलीभूत नहीं हुई लेकिन १९२६ के चुनावों के बाद राव और देशमुख को मंत्री बनाने में वे सफल हो गए। १९२५ की मुंजे की योजना में राव सम्मिलित थे, इसमें कोई संदेह नहीं था, लेकिन मोतीलाल नेहरू के सामने वे कहते रहे कि मुंजे की युक्ति से उनका कोई सम्बन्ध नहीं था।

नागपुर की एक आम सभा में मोतीलाल नेहरू ने कहा कि तांबे के द्वारा पद स्वीकार किया जाना एक अलग-थलग काम न होकर मंत्रिमंण्डल बनाने के लिए किए गए कई प्रयत्नों का परिणाम है। मराठी मध्य प्रान्त और बरार में वे कई स्थानों पर गए और खापर्डे के गृह नगर अमरावती में एक सभा में उन्होंने कहा कि "वाक्यांश अनुक्रियात्मक सहयोग का वर्तमान स्थिति में कोई अर्थ नहीं होता। इसका सम्बन्ध यदि सरकार द्वारा किसी सहयोग के प्रस्ताव से है, तो ऐसा कोई प्रस्ताव उस ओर से नहीं प्राप्त हुआ है और वर्तमान परिस्थितियों में से इस प्रकार पद के स्वीकार किए जाने को अनुक्रियात्मक सहयोग के दायरे में रखना कल्पना के बड़े-से-बड़े विस्तार के परे है।"[२]

मतभेद वाला दल भी सक्रिय हो गया। फरवरी, १९२६ में अकोला में एक सम्मेलन हुआ जिसमें बम्बई के एम.आर. जयकर, पूना के एन.सी. केलकर, नागपुर के मुंजे और बरार से बी.जी. खापर्डे अपने समर्थकों और अनुयायियों के साथ सम्मिलित हुए। अवरोधात्मक नीति को समाप्त कर सुधारों को, जितना उनका मूल्य हो, कार्यान्वित करने पक्ष में एक प्रस्ताव पास किया गया और इस प्रकार अनुक्रियात्मक सहयोगी दल औपचारिक रूप से अस्तित्व में आ गया।

स्वराज दल और अनुक्रियात्मक सहयोगी दल में बड़ी झड़प हुई जिसमें मोतीलाल नेहरू द्वारा स्कीन कमेटी की सदस्यता स्वीकार किए जाने का उललेख कई बार आया। यह मतभेद दिसम्बर के अंतिम सप्ताह तक, जब सरोजनी नायडू की अध्यक्षता में कानपुर में कॉंग्रेस का वार्षिक अधिवेशन हुआ, चलता रहा। मुख्य प्रस्ताव मोतीलाल नेहरू द्वारा रखा गया जिसमें प्रांतीय कौंसिलों और दिल्ली की विधान सभा के स्वराजवादी सदस्यों को निर्देश दिया गया कि आगामी सत्र में वे बजट का विरोध कर सदन से बाहर आ जाएं और उसके बाद के सत्रों में अनुपस्थित रहें। इस प्रस्ताव पर की जा रही बहस के दौरान जयकर ने संबंधित कौंसिलों की सदस्यता से केलकर, मुंजे और अपने द्वारा त्याग-पत्र दिए

की घोषणा की। चूंकि स्वराज दल के द्वारा विभिन्न धारा-सभाओं से बाहर आ जाने का निर्णय हो ही चुका था, इसलिए इन त्याग-पत्रों की कोई उपादेयता नहीं थी तो भी अभ्यंकर इस अवसर का लाभ लेकर मुंजे पर आघात करने से नहीं चूके और उन्होंने मुंजे को खींचकर सबके सामने खड़ा कर देने के लिए जयकर को बधाई दी। यह सुनकर हम हिन्दी मध्यप्रान्त के स्वराज दल वालों को बड़ा दु:ख हुआ कि हमारे यहां राघवेन्द्र राव को "मैदान में घसीट लाने" वाला कोई जयकर नहीं था।

बहिर्गमन (१९२६)

अब हम केन्द्रीय विधान सभा में स्वराज दल की गतिविधियों की चर्चा करेंगे। पूर्व में २२ अगस्त, १९२५ को विट्ठल भाई पटेल सर फ्रेडरिक व्हाइट के बाद सदन के अध्यक्ष चुने गए थे। अपने निर्वाचन के समय वे स्वराज दल के उपनेता थे। वे दीर्घकाल से सार्वजनिक कार्य में संलग्न थे, विधायी कार्य के अनुभवी तथा सरकार के कट्टर शत्रु माने जाते थे। वे सदैव दास और नेहरू के साथ रहे और जब कभी भी उनका नेहरू से मतभेद हुआ तो वह मतभेद उनके सरकार का अधिक कठोर विरोध करने के पक्ष में रहने भर का था। अध्यक्षता के चुनाव में उनका मुकाबला रंगाचारियर से था, जिन्हें पूरे शासकीय पक्ष का समर्थन प्राप्त था। फिर भी पटेल दो मतों के बहुमत से जीत गए। बम्बई के जमनादास मेहता ने जिनके बगल में पटेल बैठा करते थे, बतलाया था कि जब सर फ्रेडरिक व्हाइट ने उन्हें सभा अध्यक्ष का स्थान ग्रहण करने के लिए निमंत्रित किया तो विठ्ठल भाई ने अपनी बाहें चढ़ाई और उनसे कान में कहा: "अब बदमाश देखें कि क्या होता है।"[३] उन दिनों के सदन के सदस्यों की, पत्रकारों की तथा दर्शकगण की जो सदन की कार्यवाही देखा करते थे, साक्ष्य के अनुसार पटेल की अध्यक्षता की अवधि में सदन में कई ऐसी बातें हुईं जो सरकार को असमंजस में ही नहीं डाल देती थी बल्कि व्याकुल कर देती थीं। दर्शकों को आश्चर्य इस बात पर होता था कि पक्षपात रहित रहकर और अध्यक्ष पद को किंचित् आंच पहुँचाएं बिना वे यह सब कर डालने में सफल हो जाते थे।

एक ही दृष्टांत यह स्पष्ट कर देगा कि जिस व्यक्ति को सदन के अशासकीय पक्ष ने उस सर्वोच्च पद पर आसीन किया, जो पद निर्वाचन के द्वारा किसी भारतीय को मिल सकता था, वह किस धातु का बना था। विठ्ठल भाई के जीवनी लेखक ने लिखा है : "उन दिनों सदन के वार्षिक सत्र का सम्बोधन वाइसराय महोदय के द्वारा बड़े आडंबर और दिखावे के साथ किए जाने का चलन था। सदन के बाहर बड़ा सैनिक आयोजन रहता था और सदन के भीतर दर्शक दीर्घाएं दर्शकों से भरी रहती थीं। यह सब अंग्रेजी सरकार के विशाल वैभव और शक्ति का परिचायक था। विट्ठल भाई जब तक सदन के सदस्य मात्र रहे वे प्रति वर्ष एक बार इस प्रकार किया जाने वाला भारतीय जनता का यह अपमान न होने देने के लिए कुछ नहीं कर सके थे, लेकिन जब वे सदन के अध्यक्ष हो गए तो सिद्धांत: विधानसभा के उस असेम्बली भवन पर उनका अधिकार था, गवर्नर जनरल का नहीं। अब उन्होंने इस समारोह को पूरा बदल देने का निश्चय किया। उन्होंने वाइसराय को सूचना दी कि जिस रीति से वे प्रतिवर्ष सदन में भाषण देते हैं वह अध्यक्ष की प्रतिष्ठा को कम करती है। वाइसराय के आगमन पर अध्यक्ष को अपना आसन छोड़कर सदन के सदस्यों के साथ बैठना पड़ता था। उनकी दृष्टि में ऐसी व्यवस्था सर्वथा अवांछनीय थी और अगले वर्ष वे वाइसराय को उस प्रकार सदन में नहीं आने देंगे, जैसा वे पहले आते रहे हैं। यदि वाइसराय चाहें तो निस्संदेह वे सदन में आ सकते हैं और उसे सम्बोधित

भी कर सकते हैं। लेकिन उनके लिए अध्यक्ष (विठ्ठल भाई) अपना आसन नहीं छोड़ेंगे। जब कभी वाइसराय सदन को संबोधित करना चाहेंगे, उन्हें अध्यक्ष के कमरे में जाना पड़ेगा और तब अध्यक्ष उन्हें सदन में मंच पर लावेंगे। वहां अध्यक्ष अपने आसन पर बैठकर वाइसराय से सदन को संबोधित करने को कहेंगे। इस सूचना ने गवर्नमेंट हाऊस में बड़ी घबराहट फैला दी। यह बड़ा ही क्रांतिकारी प्रस्ताव था। इसने वाइसराय के द्वारा सदन के वार्षिक संबोधन को अब तक उससे सम्बद्ध आडंबर, ऐश्वर्य और प्रतिष्ठा से वंचित कर दिया था और इस प्रस्ताव से वह भावना भी समाप्त हो गई कि विधान सभा सदन में भी वाइसराय का सर्वोच्च प्रभुत्व है। विधायी विभाग के सचिव विट्ठल भाई के पास गए और घुटने टेक कर उनसे याचना की कि कम से कम उस वर्ष तो वे अपने सुझाव के अनुसार कार्य न करें। उन्होंने कहा, इस. बार वाइसराय को पुराने ढंग से ही भाषण देने दीजिए और उन्होंने पटेल को आश्वस्त किया कि वर्ष की समाप्ति के पूर्व ही वाइसराय स्वयं उस समारोह व्यवस्था में परिवर्तन कर देंगे और विट्ठल भाई को अपमानित नहीं होने देंगे.....जब विट्ठल भाई के पसीज जाने की कोई आशा नहीं रही तो वाइसराय पीछे वाले दरवाजे से उनके कमरे में आए और सारा आडम्बर और प्रदर्शन एक क्षण में विलीन हो गया। विट्ठल भाई की दाढ़ी एक प्रकरण पर जीत जाने की सूचक मुस्कान से चमक उठी।"[४]

काँग्रेस के निर्देश के अनुसार ८ मार्च, १९२६ को स्वराज दल को भारतीय विधान सभा से बहिर्गमन करना था। उस दिन दर्शक दीर्घाएं पूरी भर गई थीं और राजेन्द्र प्रसाद, वल्लभ भाई पटेल, श्रीनिवास आयंगर जैसे काँग्रेस के प्रमुख नेतागण पहली बार सदन. की कार्यवाही देख रहे थे। सदन से बाहर जाने से पहले मोतीलाल नेहरू ने काँग्रेस का संदेश पढ़ा और एक लम्बे व्याख्यान में स्वर्गीय देशबन्धु दास के द्वारा अंग्रेजी सरकार को दिए गए प्रस्ताव की और सरकार द्वारा उसके अस्वीकृत किए जाने की चर्चा की। उन्होंने इंग्लैंड की श्रमिक सरकार की आलोचना करते हुए कहा कि वह लगातार भारत के प्रति अपनी सहानुभूति प्रदर्शित करती रही है, लेकिन उसके सत्ता में आने का पहला परिणाम यह मिला कि एक अध्यादेश जारी कर "देश के कई तेजस्वी सपूतों को जेल में अवरूध कर दिया जो अभी भी वहां पड़े सड़ रहे हैं।" अन्त में उन्होंने कहा: "हमारे विचार से इन जाली संस्थाओं का अब हमारे लिए कोई उपयोग नहीं है और देश की प्रतिष्ठा और आत्म सम्मान के लिए इतना तो हम कर ही सकते हैं कि इन संस्थाओं से निकल कर देश हित के कार्य में संलग्न हो जाएं। हम उन अनुशास्तियों का उपाय करेंगे जो किसी भी सरकार को जनता की मांगों को स्वीकार करने के लिए विवश कर देती हैं। हम आशा करते हैं और हमें पूरा विश्वास भी है कि शाषन द्वारा हमारी मांगों का क्रूरतापूर्वक ठुकराए जाने का देश उचित उत्तर देगा और अधिक कठोर आदेशों के साथ और बड़ी संख्या में तथा यदि ईश्वर ने चाहा, तो उसकी आकांक्षाओं की पूर्ति और आज्ञाओं को मनवाने की अधिक क्षमता सहित हमें वह फिर यहां भेजेगा। महोदय, ये कुछ तथ्य हैं, जो स्वराज दल की स्थिति स्पष्ट करने के लिए मैं कहना चाहता था और अब मैं वापिस चले जाने के लिए आपकी अनुमति लेता हूँ और इस सदन के अपने स्वराज दल के सदस्यों को मेरा अनुकरण करने के लिए निर्देशित करता हूँ।[५]

सदन के अध्यक्ष को सिर झुकाकर मोतीलाल नेहरू और स्वराज दल के सभी सदस्य सदन के बाहर चले गए। वह दृश्य बड़ा प्रभावोत्पादक तथा मर्मस्पर्शी था और जिन्होंने इसे देखा वे बड़े खिन्न-मन होकर लौटे। स्वराजवादियों की खाली बेंचों की ओर रायसाहब हरविलास सारदा जाते दिखे किन्तु

"शांत-शांत" के अध्यक्षीय आदेश को सुनते ही वे अपने स्थान पर आकर बैठ गए। "उन परिस्थितियों पर दु:ख प्रकट करते हुए जिनके कारण सबसे बड़े दल को सदन छोड़ना पड़ा था", विठ्ठलभाई पटेल ने दूसरे दिन तक के लिए सदन की कार्यवाही स्थगित कर दी।

केन्द्रीय विधान सभा तथा प्रांतीय कौंसिलों के लिए १९२६ के चुनाव नवम्बर में होने वाले थे। अब स्वराज दल का कार्यक्रम काँग्रेस का कार्यक्रम हो गया था और काग्रेस के कानपुर अधिवेशन में मोतीलाल नेहरू पर चुनाव की सारी जिम्मेदारी दे दी गई थी। चुनाव काँग्रेस के नाम पर लड़े जाने वाले थे। अनुक्रियात्मक सहयोगवादी बम्बई में केलकर और जयकर के नेतृत्व में, बरार में एम.एस. अणे तथा नागपुर में मुंजे के नेतृत्व में गोंदिया से बम्बई तक के समूचे मराठी भाषा-भाषी भू-भाग को संगठित करने में लग गए। मध्यप्रान्त और बम्बई प्रेसीडेन्सी की कौंसिलों पर कब्जा कर लेने की उन्हें बड़ी आशा थी। लेकिन जल्दी ही उन्हें ज्ञात हो गया कि महाराष्ट्र देश से अलग होकर अपना काम नहीं चला सकता था और तिलक के समान ही उन्हें भी अपनी कार्यवाही को अन्य प्रांतों में भी बढ़ाना पड़ेगा। उनके पूर्वजों, पेशवाओं का उत्तर भारत के बड़े भाग पर प्रभुत्व था और उनके विचार से यदि राजनीतिक क्षेत्र में अंग्रेजों का उदय न होता तो वे लोग मुगल साम्राज्य के बाद मराठा साम्राज्य की स्थापना करने में सफल हो गए होते जिसका नाम संभवत: हिन्दू पद पादशाही रखा जाता। उनके राजनीतिक चिन्तन के अंतर्गत सम्पूर्ण भारत आता था और उनका विश्वास था कि देश का नेतृत्व करने के लिए उनमें आवश्यक राजनीतिक अनुभव, परस्पर संगति तथा अनुशासन विद्यमान था।

१९२६ में काँग्रेस के विरोध का सामना करने के लिए उन्हें अन्य राजनीतिक दलों से साहचर्य करने को बाध्य होना पड़ा। लोकमान्य के अनुयायी होने के नाते उन्हें लोकमान्य के शत्रुओं से कोई संबंध न रखकर उग्रवादियों से सहयोग करना चाहिए था किन्तु वे नाम मात्र के लिए तिलक के अनुयायी थे। लेकिन नेता की मृत्यु के बाद उनका इतना पतन हो गया था कि उनमें से बड़ी संख्या में लोग मात्र पदों के ही अनुरागी थे, चाहे वे काँग्रेस के द्वारा या उसका विरोध करने के द्वारा उन्हें पाने में सफल हों। नाम से तो नहीं किन्तु वस्तुत: वे नरमपंथी हो गए थे और इसलिए उन्होंने ३ अप्रैल को अन्य दलों के नेताओं से मिलकर एक सम्मेलन किया और काँग्रेस के विरोध के लिए इंडियन नेशनल पार्टी की स्थापना की। इस पार्टी ने अपना लक्ष्य सत्याग्रह और कर न चुकाने के आंदोलन को छोड़ सभी वैध तथा शांतिपूर्ण उपायों द्वारा डोमिनियन संरचना का स्वराज्य प्राप्त करना घोषित किया। स्पष्ट ही था कि उस पार्टी का उद्‌देश्य डोमिनियन संरचना का शासन लाने के लिए क्षमता प्राप्त करना नहीं था, लेकिन फिर भी काँग्रेस का विरोध करने के लिए एक अस्त्र तैयार हो गया था। महाराष्ट्र के सभी अनुक्रियात्मक सहयोगवादी हिन्दू महासभा के भी नेता थे। जब मदनमोहन मालवीय यू.पी. से और लाला लाजपत राय पंजाब से इस पार्टी में शामिल हो गए, तो यह पार्टी काँग्रेस से भी अधिक शक्तिशाली हो गई।

ऐसा दिखता है कि हिन्दुओं और मुस्लिमों में एकता स्थापित करने के अपने प्रयासों में विफल होने के पश्चात धर्म-प्रेरित महात्मा गाँधी ने धर्मनिरपेक्ष मोतीलाल नेहरू की अपेक्षा देश की उस समय की स्थिति ठीक-ठीक समझ ली थी। देशबन्धु की मृत्यु पर अपना दु:ख प्रकट करते हुए उन्होंने आर्त होकर कहा: "जब लोकमान्य हमें छोड़कर गए, उस समय देश को बड़ी आशाएँ थीं, हिन्दू और मुसलमान

सदा के लिए एकता सूत्र में बंध गए दिखते थे। हम संघर्ष के लिए तत्पर थे लेकिन अब?" गाँधीजी ने पटना में और बाद में कानपुर में असहयोग आंदोलन को स्थगित करने का निर्णय लेकर अपने इस प्रश्न का उत्तर स्वयं दे दिया था और काँग्रेस मोतीलाल को सौंप दी थी ताकि वे राजभक्तों और साम्प्रदायिक शक्तियों के विरुद्ध चुनावी संघर्ष करें और उसमें सफल होने पर दिल्ली में ब्रिटिश सरकार से संवैधानिक लड़ाई लड़े।

सामने लाया गया (१९२६)

हिन्दी मध्यप्रान्त में प्रांतीय कौंसिल और दिल्ली की भारतीय विधान सभा के चुनावों के लिए संगठन कार्य गोविन्द दास और मेरे सुपुर्द किया गया था। १९२३ के भारतीय विधान सभा के चुनाव में गोविन्ददास भूमिधारी चुनाव क्षेत्र से निर्वाचित हुए थे और संभवत: वे ही एक मात्र व्यक्ति थे जो परम्परागत राजभक्तों के दुर्ग पर अधिकर करने में सफल हुए थे। बाद में जब कौंसिल ऑफ स्टेट के चुनाव हुए, तो उन्हें काँग्रेस की ओर से सर मानक जी दादाभाई के विरुद्ध लड़ने को कहा गया और इस बार फिर काँग्रेस जीत गई और वे निर्वाचित हुए। अब वे चुनाव कार्य में पूरा समय और शक्ति लगा सकते थे। मेरी स्थिति कुछ भिन्न थी। राबर्टसन कालेज, जबलपुर, से बी.ए. हो जाने के बाद एम.ए. और एल.एल.बी. की परीक्षाओं के लिए मुझे इलाहाबाद में काफी समय रहना पड़ता था। पिछले तीन वर्षों के दौरान मोतीलाल नेहरू ने मेरे राजनीतिक जीवन में काफी दिलचस्पी दिखाई थी और अब वे मुझे केन्द्रीय विधान सभा के लिए काँग्रेस का एक उम्मीदवार बनाना चाहते थे। बहुत सोच-विचार के बाद गोविन्द दास और मैंने निर्णय लिया कि पार्टी को धोखा नहीं दिया जा सकता और इसलिए हम लोग अन्य बातों पर ध्यान न देकर चुनाव कार्य ही में जुट जाएँ।

मध्यप्रान्त में बड़ा कड़ा मुकाबला था। मराठी मध्यप्रान्त और बरार के नेताओं ने इस विश्वास से प्रत्यक्ष विद्रोह कर दिया था कि तिलक के नाम पर वे कई सीटों पर कब्जा कर लेंगे। हिन्दी मध्यप्रान्त की स्थिति भिन्न थी। असहयोग आंदोलन काल में इस हिन्दी प्रदेश ने समुचित सक्रिय भाग लिया था और निरंतर हुए कई साम्प्रदायिक दंगों के बावजूद प्रदेश की जनता का झुकाव काँग्रेस की ओर था। राघवेन्द्र राव और उनके साथी, जिन्होंने महाराष्ट्र के नेताओं से स्वराज़ दल के विरुद्ध साज़िश की थी और जो अब भी अनुक्रियात्मक सहयोगवादियों के पदों को स्वीकार करने की नीति के प्रति अनुकूल थे, यह अच्छी तरह जानते थे कि अगर वे अपनी मनोकामना प्रकट कर दें तो हिन्दी जिलों के लोग उनका साथ नहीं देंगे। इसलिए उन्होंने निश्चय किया कि काँग्रेस टिकट पर तो वे चुने जाएँ और जब मंत्रिमण्डल बनाने की स्थिति आए, तो मराठी जिलों के अपने अनुक्रियात्मक सहयोगवादी मित्रों से मिल जाएं। हमारे सम्मुख यह समस्या थी कि उस पूर्व नियोजित विश्वासघात से कैसे बचा जाए और किस प्रकार उन व्यक्तियों को मन की बात उगलने के लिए विवश किया जाए।

जब हिन्दी मध्यप्रान्त की काँग्रेस कार्यकारिणी की पहली बैठक जबलपुर में हुई तो पता चला कि राघवेन्द्र राव द्वारा प्रस्तुत की गई काँग्रेस के उम्मीदवारों की सूची हमारी सूची से सर्वथा भिन्न थी। उन्होंने उन सभी काँग्रेसजनों को उस सूची से अलग कर दिया था जो अनुक्रियात्मक सहयोगवादियों से हाथ मिलाने के समय उनका चुपचाप साथ न देते। हमने भी यथासंभव उन व्यक्तियों के नाम अपनी सूची में नहीं रहने दिए जो पिछली प्रांतीय कौंसिल में राघवेन्द्र राव के अन्ध अनुयायी हो गए थे। जब

कोई समझौता नहीं हो सका, तो राघवेन्द्र राव ने यह प्रचार किया कि हम अनुभवी काँग्रेसजनों के स्थान पर अनुभवहीन व्यक्तियों को रख रहे थे। जब यह पता चला कि राघवेन्द्र राव का यह प्रचार राजनीतिक हल्कों में प्रभाव डाल रहा है, तो मैंने अपनी कठिनाइयों को मोतीलाल नेहरू के समक्ष रखने का निर्णय लिया।

उनसे मिलने के लिए मुझे मसूरी जाना पड़ा। जब मैं उनके निवास पर पहुँचा तो उन्हें मैंने काँग्रेस के पक्ष के प्रचार में अपना सहयोग देने के लिए मौलाना अबुल कलाम आज़ाद को मनाते हुए पाया। मोहम्मद अली ज्यों-ज्यों अपने पुराने ठिकाने से दूर होते गए त्यों-त्यों राष्ट्रीय आंदोलन में मौलाना आज़ाद का प्रभाव बढ़ता गया। आज़ाद कट्टर मुस्लिम और कट्टर राष्ट्रवादी थे। उनमें सहज बुद्धि और प्रकाण्ड विद्वता भरपूर थी। उनमें कुछ अडिग आस्थाएँ थीं लेकिन उनके संस्कार उन्हें अशोभनीय वाद-विवाद में नहीं पड़ने देते थे। उनकी महिमा मण्डित मुखाकृति और सहज शालीनता उनका आदर करने के लिए विवश कर देती थी। १९२६ के मध्य में उम्र में उनसे बहुत बड़े होने पर भी मोतीलाल एक उदीयमान राजनेता के रूप में उन्हें बड़ा आदर देते थे। शुद्ध उर्दू में दोनों वार्तालाप कर रहे थे और मोतीलाल का उनसे मीठी बातें करना और प्रसन्न करने का प्रयन्त करना तथा मौलाना का वादा न करते हुए मैत्री पूर्व उत्तर देना बड़ा ही आकर्षक दृश्य था।

फिर मिलने का वादा कर ज्यों ही मौलाना विदा हुए, मैंने हिन्दी मध्यप्रान्त काँग्रेस की कार्यकारिणी की बैठक की पूरी रिपोर्ट मोतीलाल नेहरू को दी और राघवेन्द्र राव के इरादों पर अपना संदेह भी प्रकट कर दिया। मुझे लगा कि मोतीलाल खुद राव पर विश्वास खो चुके थे लेकिन चूँकि वे ठीक अनुमान नहीं कर पा रहे थे कि उनको अलग कर देने का चुनाव पर क्या प्रभाव पड़ेगा, अतः कोई कदम उठाने से हिचक रहे थे। इस संबंध में उनके स्पष्ट प्रश्न के उत्तर में मैंने उन्हें आश्वस्त किया कि यदि हमारी सूची मान ली जाती है तो हिन्दी मध्यप्रान्त में हम लोग बड़ी संख्या में सीटें जीत लेंगे। उन्हें संतोष हो गया और उन्होंने अपने निजी सचिव को गोविन्ददास और राघवेन्द्र राव को मसूरी आने के लिए तार भेजने के आदेश दिए।

हमारी तरह मोतीलाल के सामने भी वही समस्या थी : किस प्रकार राघवेन्द्र राव अनुक्रियात्मक सहयोगवादी होना स्वीकार कर लें? उनकी सूझ-बूझ कारगर हो गई। दोनों नेताओं के आने पर उन्होंने हम तीनों को आपस में मिलकर सर्वसम्मत सूची तैयार करने को कहा। जब दोनों पक्ष ने समझौता न होने की सूचना दी तो वे तीनों से अलग-अलग मिले। राव से अपनी बातचीत में उन्होंने कहा कि प्रांत तो उम्मीदवारों की केवल संस्तुति ही करते हैं और सूची को अंतिम रूप केन्द्रीय कार्यकारिणी देती है, इसलिए यदि राव की सूची को प्रांतीय कार्यकारिणी का अल्प समर्थन प्राप्त हो तो भी केन्द्रीय नेतृत्व उस पर पूरा विचार करेगा।

राव असमंजस में पड़ गए। उन्हें ज्ञात था कि प्रत्येक प्रत्याशी के आवेदन पत्र के साथ यह शपथ-पत्र भी रहता था कि केन्द्र की कार्यकारिणी द्वारा उसे टिकट न दिए जाने पर वह चुनाव नहीं लड़ेगा। अतएव उन्हें और उनके कई अनुयायियों को टिकट न मिलने पर महाराष्ट्र के मित्रों से मिल कर मंत्रिमंडल बनाने की उनकी आशा हवा में किला बनाने जैसी ही रहेगी। उनके समक्ष मोतीलाल का भरोसा करने या न करने की समस्या थी। उन्होंने भरोसा न करने का निर्णय लिया। यह देख कर

कि मोतीलाल उनके उत्तर की प्रतीक्षा में थे, उन्होंने कह दिया कि वे पद स्वीकार करने के पक्ष में थे। महत्वाकांक्षी होने के साथ राव चतुर भी थे, इसलिए उन्होंने मोतीलाल से कहा कि महाराष्ट्रीयन ब्राह्मणों ने प्रांत के सभी प्रमुख पदों पर अधिकर कर रखा है और चूँकि वे हिन्दी मध्य प्रान्त के हैं, इसलिए उसके हितों की अधिक हानि अब नहीं होने देंगे। मोतीलाल गुस्से से उबल पड़े और जोर से बोले : "हम काँग्रेसजनों को महाराष्ट्रीयन ब्राह्मणों से नहीं, अंग्रेज सरकार से लड़ने को भेज रहे है" और निश्चित स्वर में उन्होंने आदेश दिया : "यदि एक सप्ताह में आप अनुक्रियात्मक सहयोगवादी हो जाने की सार्वजनिक घोषणा नहीं करते तो मैं स्वयं एक बयान देकर देश और मध्य प्रान्त की जनता के सामने आपकी कलई खोल दूँगा।"

मैं और गोविन्ददास मोतीलाल के गुस्से से उबल पड़ने के आदी थे लेकिन राव ने वैसा विस्फोट नागपुर में कार्यकारिणी की बैठक में पहली बार तब देखा था जब अभ्यंकर ने उन पर मुंजे और खापर्डे से मिल कर पद स्वीकार करने की साजिश करने का आरोप लगाया था। यह पहले से भी कड़वा दूसरा अनुभव उन्हें हुआ। वे चुपचाप कमरे से बाहर आए और उसी दिन मसूरी से प्रस्थान कर गये।

हमारी सूची पर स्वीकृति मिलने पर हम भी जबलपुर लौट आए। राव के वक्तव्य के लिए हमें बहुत नहीं रुकना पड़ा। मध्यप्रान्त वापिस आने पर उन्होंने अपने साथियों को एकत्रित कर एक नयी पार्टी बनायी और जिसे उन्होंने बहुत चतुराई से "स्वतंत्र काँग्रेस पार्टी" नाम दिया। हिन्दी मध्य प्रान्त की जनता को भ्रम में डालने के लिए काँग्रेस शब्द का प्रयोग जानबूझकर किया गया था। उनके वक्तव्य में हिन्दी प्रदेश के हितों की चर्चा थी और उसका विकास करने के वायदे भी किए गए थे।

अपने १४ जिलों में से प्रत्येक जिले में राव की पार्टी की शक्ति का पता लगाकर ही अपनी योजना हमने बनानी चाही। हमें यह देखकर आश्चर्य हुआ कि उस दल में अच्छी संख्या में कौंसिल के वर्तमान सदस्य ही नहीं थे बल्कि कई वकील-राजनीतिज्ञ, जो असहयोग आंदोलन के दिनों में उपेक्षित हो गए थे, एकजुट होकर राव के झंडे के नीचे काँग्रेस से प्रतिशोध लेने की नीयत से खड़े हो गए। हमारे सामने एक और कठिनाई थी। १९२३ से केन्द्रीय विधान सभा में रहे आने के कारण गोविन्द दास का प्रांत से सम्पर्क टूट-सा गया था। १९२३ में नियत आयु से कम होने के कारण मैं न तो केन्द्रीय विधान सभा में और न प्रांतीय कौंसिल ही में था। इस प्रकार हम दोनों का प्रांतीय कौंसिल के वर्तमान सदस्यों से, जो राघवेन्द्र राव के नेतृत्व के अभ्यासी थे, आये दिन का कोई आपसी सम्बन्ध नहीं था।

लेकिन कैसी भी प्रतिकूल स्थिति हो, मसूरी में अपने नेता को दिए गए वचन का निर्वाह करना ही था। सितम्बर के तीसरे सप्ताह में हमने प्रत्येक जिले के प्रमुख काँग्रेसजनों को जबलपुर निमंत्रित किया। अनुकूल प्रतिक्रिया हुई और जो बैठक दो दिन चलने वाली थी, वह भारी बरसात से नदी नालों में जबरदस्त बाढ़ आ जाने से एक हफ्ते तक चलती रही। इटारसी-जबलपुर और कटनी-बिलासपुर रेलमार्ग के पुल बह गए थे और इसलिए उधर से आए लोग वापिस नहीं हो सकते थे। हमें प्रत्येक प्रत्याशी की आवश्यकताओं पर विस्तृत जानकारी प्राप्त करने और विभिन्न जिलों में नेताओं के दौरे निश्चित करने का काफी समय मिल गया।

रेलगाड़ी के फिर चलने पर अतिथि चले गए और मैंने तथा गोविंद दास ने आपस में काम का बँटवारा कर लिया। हमने पहले उत्तरी जिलों का एक साथ दौरा करना निश्चित किया और बाद में

उनके द्वारा उत्तरी जिलों में और मेरे द्वारा विद्रोहियों के गढ़ छत्तीसगढ़ में काम करने का कार्यक्रम निश्चित हुआ।

दौरा करते हुए जब हम छिंदवाड़ा पहुँचे तो हमें राव वहां मिल गए। एक संदेश वाहक के द्वारा मैंने राव से प्रस्ताव किया कि दोनों दलों के अलग-अलग कार्यक्रम पर सार्वजनिक सभा में वाद-विवाद हो जाए। राव मान गए। एक स्थानीय वकील की अध्यक्षता में टाउन हाल में सभा आयोजित की गई। यह निश्चित किया गया कि राव वाद-विवाद प्रारंभ करेंगे और मैं उत्तर दूँगा। चूंकि वे अच्छे वक्ता नहीं थे इसलिए उपस्थित जन समुदाय के अपेक्षित स्तर तक नहीं आ सके, अत: मेरे द्वारा विस्तृत उत्तर दिए जाने के पश्चात् जब सभा समाप्त हुई तो वे बेचैन नजर आए। वहां से हम पांढुर्ना गए और वहाँ राव ने स्वयं वाद-विवाद का प्रस्ताव किया। खुले मैदान में सभा हुई और राव की इच्छानुसार मैंने पहले भाषण दिया। जब वे उत्तर देने लगे तो वे व्यक्तिगत आक्षेप करने लगे। मुझे बड़ा आश्चर्य हुआ जब उन्होंने कहा कि "मिश्र देश के प्रति निष्ठावान कैसे हो सकते हैं, जब उन्होंने स्वयं पिता की आज्ञा को न मानकर विद्याध्यन छोड़ दिया है।"

लेकिन अंतिम विवाद सौंसर में हुआ। छिंदवाड़ा हिन्दी भाषा-भाषी जिला है तो भी सौंसर में मराठी बोलने वाले लोग अधिक संख्या में इसलिए थे क्योंकि वह मराठी भाषा वाले नागपुर जिले की सीमा पर था। राव ने काँग्रेस प्रत्याशी एक महाराष्ट्रीयन ब्राम्हण सालवेकर के विरोध में रायबहादुर मथुरा प्रसाद को खड़ा किया था। सौंसर का झुकाव हमारे प्रत्याशी के पक्ष में हमें जान पड़ा। मैंने फिर वाद-विवाद का प्रस्ताव किया और राव ने स्वीकार कर लिया। यहाँ उन्हें पहले संबोधित करना था और. वे फिर व्यक्तिगत आक्षेप पर उतर आए क्योंकि उनके विचार से पांढुर्ना में वैसा करने से उन्हें सफलता मिली थी। मुझे क्रोध आ गया और मैंने अनुक्रियात्मक सहयोग की नीति की आलोचना न कर राव के सार्वजनिक जीवन पर आक्रमण किया। स्वराज दल के टिकट पर कौंसिल के सदस्य होने पर भी मंत्री बनने का षड्यंत्र करने तथा अपने नेता मोतीलाल नेहरू को धोखा देने का विफल प्रयत्न करने का आरोप मैंने उन पर लगाया। हिन्दी जिलों की अपेक्षा उन हिस्सों में जहाँ मराठी बोली जाती है, सभाओं में उपद्रव अधिक होता था। जनता भड़क गयी और राव के विरूद्ध नारे लगाने लगी। मैंने ज्यों ही बोलना बन्द किया लोगों ने राव को घेर लिया। वे घबराकर अपनी मोटर की ओर दौड़े और जनता उनके पीछे लग गयी। हमने जनता को शांत करने का भरसक प्रयास किया, लेकिन लोग मोटर का पीछा कर उन्हें शहर से बाहर करके ही रूके। इस घटना ने मेरे प्रति उनके विरोध को और भी तीक्ष्ण कर दिया। यद्यपि बाद में प्रांतीय कौंसिल में उनके और मेरे बीच टकराव के कई अवसर आए लेकिन सार्वजनिक सभा में यह अंतिम संघर्ष था।

दो पण्डितों में संघर्ष (१९२६)

उत्तर भारत में १९२६ के चुनाव ने मोतीलाल नेहरू और मदन मोहन मालवीय के बीच में रस्साकशी का रूप ले लिया। मालवीय मोतीलाल से पहले चुनाव के सिलसिले में हिन्दी मध्यप्रांत में आए और दो बार आए। अपने पहले प्रवास में उन्होंने काँग्रेस के कई कार्यकर्ताओं को अपनी ओर करने का प्रयास किया। वे जबलपुर भी आए और मुझे तथा गोविन्ददास को हिन्दू एकता के लिए काँग्रेस से अलग हो जाने के लिए उन्होंने भरसक प्रयत्न किया। हमने राष्ट्रीय संगठन को धोका देने से इंकार करते

हुए उनसे कहा कि बहुसंख्यक हिन्दू समाज को कोई संरक्षण की आवश्यकता नहीं है और स्वतंत्र भारत में उसके हित सुरक्षित हैं। वे दूसरे जिलों में भी गए और कुछ प्रभावशाली काँग्रेसजनों को अपनी ओर करने में सफल हो गए। उनकी असली जीत रायपुर में हुई जहाँ उन्होंने रविशंकर शुक्ल को अपनी ओर मिला लिया। राव बिलासपुर में और रायपुर में शुक्ल के विरोध पक्ष में चले जाने से हमें लगा कि छत्तीसगढ़ हमारे हाथ से निकल जावेगा।

उत्तरी जिलों का दौरा करने के बाद मैं केंद्रीय विधान सभा के लिए अपने नामांकन-पत्र भरने के लिए जबलपुर लौट आया। मदन मोहन मालवीय और लाजपत राय के नेतृत्व वाली अखिल भारतीय स्वतंत्र पार्टी में पूरे महाराष्ट्र की अनुक्रियात्मक सहयोग पार्टी का समावेश हो गया था और वह पार्टी राघवेन्द्र राव की स्वतंत्र काँग्रेस पार्टी से भी सहयोग कर रही थी। राव के सुझाव पर मालवीय ने सागर के सर हरिसिंह गौर और बिलासपुर के कुंजबिहारी लाल अग्निहोत्री को मेरे तथा रायपुर के रामदास नायक का विरोध करने के लिए खड़ा किया था। इन दोनों बहुल निर्वाचन क्षेत्रों का विस्तार पूरे हिन्दी मध्यप्रान्त में था। नामांकन पत्रों की जाँच के दिन हरिसिंह गौर ने मेरे नामांकन पत्र को रद्द कर दिए जाने की मांग इस आधार पर की कि मेरी उम्र उम्मीदवारी के लिए नियत उम्र से कम है, लेकिन लम्बी कानूनी बहस के बाद उनकी आपत्ति अस्वीकृत हुई और मेरे नामांकन पत्र ठीक पाए गए।

प्रत्याशियों के नामांकन-पत्र भरने की प्रक्रिया की समाप्ति पर मालवीय हिन्दी मध्यप्रान्त में फिर आए और इस बार उन्होंने कई सार्वजनिक सभाओं में भाषण दिए। खण्डवा में हुई सार्वजनिक सभा में, मेरे द्वारा की गई उनकी पार्टी की आलोचना पर उन्होंने कहा कि "मिश्र जी ने अब तक जितना पानी पीया है, वह मेरे द्वारा पीए गए दूध की मात्रा के बराबर भी नहीं है।" सर हरिसिंह गौर की विधि सम्बन्धी योग्यता की सराहना करते हुए उन्होंने कहा : "मिश्रजी में, जो अभी कानून के विद्यार्थी हैं, सर हरिसिंह गौर द्वारा भारतीय दण्ड विधान तथा सम्पत्ति हस्तांतरण अधिनियम पर लिखी गई टीकाओं को समझने की भी योग्यता नहीं है।" यह स्पष्ट था कि कौंसिल के चुनाव का काम राघवेन्द्र राव के सुपुर्द कर वे गौर और अग्निहोत्री की सफलता के लिए अपनी सारी शक्ति और कुशलता के साथ जुट गए थे।

मालवीय के जाने के तत्काल बाद मोतीलाल जी आए। उनके दौरे में मैं उनके साथ रहा आया। सभाओं में भाषण देने से पहले वे मालवीय द्वारा कही गई बातों की जानकारी हमेशा कर लेते थे। खण्डवा पहुँचने पर मेरे विरुद्ध जो मालवीय ने कहा था, वह उन्हें बताया गया। सभा में मालवीय के भाषण को "मालवीय जी का दूध और पानी का भाषण" संज्ञा देते हुए उन्होंने विनोद में कहा: "यदि मुझे मालूम होता कि उम्मीदवार में अधिकाधिक मात्राा में दूध पीने की क्षमता उसका प्रधान गुण होना चाहिए था तो मिश्र जी के स्थान पर मैं किसी गाँव के एक ग्वाले को गौर का विरोध करने के लिए ढूंढ़ता।" विधि संबंधी ज्ञान के संदर्भ में गौर और मेरी तुलना करते हुए जो बात मालवीय ने कही थी उसका उत्तर देते हुए उन्होंने घोषणा की कि "जब मिश्रजी चुन लिए जावेंगे तो वे तो कानून बनाएंगे और अपवित्र धन जोड़ने के लिए गौर उस पर टीका लिखेंगे।" जनता खूब हँसी और उसने हर्ष के साथ उनका जयघोष किया। मुझे दिख गया कि पंडितजी ने खण्डवा को निश्चित रूप से मेरे पक्ष में कर दिया है।

इस दौर में एक ऐसी घटना हुई जिसे मैं नहीं भूल सका। खण्डवा से आते हुए हमने हरदा में

एक सभा की और बैतूल जाने के लिए हम इटारसी काफी देर से शाम को पहुँचे। उन दिनों इटारसी-नागपुर रेल लाइन नहीं बनी थी और हमें मोटर से बैतूल जाना था। इटारसी रेल्वे स्टेशन पर जब पण्डितजी भोजन करने लगे, तो मैं प्लेटफार्म पर घूमने के बहाने चुपचाप चला गया। थोड़ी ही देर में मुझे बुलाया गया। उन्होंने मुझे बैठने के लिए कहा और फिर बोले : "पंडित डी.पी. मिश्रा आप बहुत समझदार जान पड़ते हैं। किसी ने आपसे कह दिया होगा कि मैं शराबी हूँ और इसलिए आप खिसक गए ताकि मैं जी भर पी लूं। हां, लेकिन छिप कर कोई काम करने की मेरी आदत नहीं है।"

मैं क्या जवाब देता और उनके पास बैठा रहा। भोजन करने के बाद उन्होंने एक बोतल से थोड़ी शराब गिलास में डाल कर मेरी तरफ उसे उठाया और कहा : "देखिए, मैं किस तरह नशे में हो जाता हूँ।" जब एक घूँट में वे उसे पी गए तो मैंने मौन तोड़ते हुए कहा : "लेकिन पंडितजी, डाक्टर लोग इस मात्रा को तो दवा की तरह पीने को कहते हैं।" तब उन्होंने कहा कि देशबन्धु हमेशा पीते थे लेकिन गाँधीजी के प्रभाव में आकर उन्होंने बिल्कुल बन्द कर दिया था और "आपने क्या नहीं देखा कि उन्हें क्या हो गया। अगर आप लोग मुझे कुछ साल और जिन्दा रहने देना चाहते हो तो यह डाक्टरी खुराक मुझे पीने देना होगा।" थोड़ी देर बाद वे फिर बोले "हिन्दू महासभाइयों ने इस चुनाव के दौरान मुझ पर आरोप लगाया है कि मैं गोमाँस भक्षी हूँ। एक बार जब मैं लन्दन के एक होटल में भोजन कर रहा था, मैंने गोश्त का एक टुकड़ा मुंह में रखा। अकस्मात् मुझे उसके गोमांस होने की शंका हुई। पूछने पर पता चला कि वह गोमाँस ही था और उसी क्षण इतनी ग्लानि पूर्ण प्रतिक्रिया मुझमें हुई कि जो कुछ मैंने खाया था सब बाहर आ गया। अब मैं बड़ा देशभक्त माना जाता हूँ और क्या अब मेरा कर्तव्य यह नहीं है कि जो भी गंदगी मेरे ऊपर फेंकी जा रही है, उसे बर्दाश्त करता चलूं। मेरे मित्र महामना मालवीय जी जानते है कि सारे आरोप असत्य हैं, लेकिन वे अपने साथियों को मना नहीं करते हैं।" फिर उन्होंने मुझसे महामना का अर्थ पूछा। मेरे कहने पर कि उसका अर्थ "उन्नत-विचारवान्" होता है, उन्होंने कहा "उन्नत-विचारवान्, वाह!"

बैतूल से वे इलाहाबाद चले गए और मैंने रायपुर के लिए गाड़ी पकड़ी। जब भी मैं रायपुर जाता था, रविशंकर शुक्ल के साथ उनके घर पर ठहरता था, जिनका मैं स्कूल के विद्यार्थी जीवन से ही बड़ा आदर करता था। मैं सोच रहा था कि अगर मैं शुक्ल जी के साथ ठहरता हूँ तो जो काँग्रेसजन उनका विरोध कर रहे थे, उन्हें भ्रम हो सकता है और यदि मैं कहीं दूसरे स्थान पर ठहरता तो शुक्लजी को दु:ख होगा। मैंने उन्हीं के साथ ठहरने का निर्णय लिया। स्टेशन पर कई काँग्रेसजन आए, जिनमें शिवदास डागा, जिन्हें शुक्ल जी के विरोध में काँग्रेस की ओर से खड़ा किया गया था, भी थे। वे अपनी मोटर लाए थे और जब मैंने ड्राइवर से शुक्ल जी के निवास पर चलने को कहा तो डागाजी को बड़ा आश्चर्य हुआ और वे मोटर से उतर पड़े। मैंने उन्हें समझाया कि उनके चुनाव कार्य में मैं सम्पूर्ण शक्ति लगा दूँगा लेकिन हमेशा की तरह मुझे शुक्लजी के घर पर ही ठहरना चाहिए। इसकी चिन्ता किए बिना कि डागाजी मेरे सम्बन्ध में क्या सोचते होंगे, मैं सीधे शुक्लजी के घर पहुँचा जहाँ पता चला कि वे चुनाव के सिलसिले में कहीं गए हैं। परिवार के सदस्यों के द्वारा की गई मेरे ठहरने की व्यवस्था से स्पष्ट था कि वे वैसा निर्देश दे गए थे। दौरे से लौट आने पर वे तत्काल मेरे पास आए और अपनी सदा की ठहाकेदार हँसी के साथ बोले: "अच्छा। काँग्रेस के उम्मीदवार के विरोध में मेरे खड़े हो जाने

से तुम मेरे शत्रु नहीं हुए।" मैंने मुस्कराते हुए कहा : "क्या अर्जुन भीष्म पितामह का शत्रु हो सकता था। हमें युद्ध तो करना है लेकिन मैदान में युद्ध करेंगे।" मैंने उनसे पूछा- "आप हम लोगों से क्यों अलग हो गए?"

"मैं मजबूर था।"

"मुझे कारण बताएं।"

"अभी नहीं।"

"क्यों?"

"गंभीर बात है। अन्य व्यक्ति का उस बात से सम्बन्ध है।"

"मालवीय जी?"

"जिरह मत करो।"

"मैं आपसे इसलिए पूछता हूँ क्योंकि मुझे आप का विरोध कर आपको पराजित करना है।"

"मैं भी सर हरिसिंह गौर और अग्निहोत्री को वचन दे चुका हूँ और मैं भी देखूंगा कि आप हारें।"

"तो चाचा-भतीजे के इस संघर्ष के रुकने का कोई उपाय नहीं है।"

"कोई उपाय नहीं।"

उनके दल परिवर्तन का कारण जानने के लिए मुझे १९४१ तक रुकना पड़ा। व्यक्तिगत सत्याग्रह के दिनों में हम दोनों सिवनी जेल में एक साथ थे जहाँ एक वार्तालाप में उन्होंने कहा कि काँग्रेस न छोड़ने के उनके हठ पर मालवीय ने उनके पैर पकड़ लिए थे और उन्हें उनकी बात मान लेनी पड़ी। इससे स्पष्ट हो जाता है कि १९२६ के चुनाव में हिन्दू महासभाइयों ने किसी कटिबद्धता के साथ काँग्रेस का विरोध किया था।

डागाजी चाहते थे कि पहले मैं दुर्ग और बिलासपुर का दौरा करूँ और फिर रायपुर आकर चुनाव के दिन तक वहीं रहूँ। उनकी सलाह मान कर मैं पहले दुर्ग गया जहाँ घनश्याम सिंह गुप्त के व्यक्तित्व के कारण दुर्ग में काँग्रेस के पक्ष में परिणाम निकलने के लक्षण स्पष्ट थे। दुर्ग के देहाती क्षेत्र में दौरा करने के बाद जब मैं बिलासपुर पहुँचा तो पता चला कि शिव दुलारे मिश्र के सिवाय सभी काँग्रेसजन राव के साथ हो गए है। राव काँग्रेस के उम्मीदवार का नामांकन पत्र किसी कानूनी त्रुटि पर दद्द करा कर निर्विरोध निर्वाचित हो गए थे और अब वे अपने अनुयायी उम्मीदवारों को जिताने पर जी-जान से जुटे थे। तो भी मैंने बचे खुचे काँग्रेसजनों को इकट्ठा कर उन्हें उत्साहित किया। बिलासपुर में मैंने दूर-दूर तक दौरा किया और कई सभाओं में राव के अनुयायी हुल्लड़ करते रहे। तो भी दौरे के बाद मैंने पाया कि काँग्रेसजन अपने विरोधियों से जम कर लड़ने को तैयार हो गए हैं।

रायपुर आने पर मैं उन सभी जगहों पर गया जहाँ डागाजी अपने पक्ष को कमज़ोर मानते थे। धीरे-धीरे उनका विश्वास मुझ पर फिर लौट आया था और अब इस बात से चिंतित नहीं थे कि मैं शुक्ल जी का मेहमान था। चुनाव के दिन एक रुचिकर बात हो गयी। रायपुर शहर के अधिकांश मतदान केन्द्रों में घूमने के बाद मैं उस मतदान केन्द्र पर पहुँचा जो शुक्ल जी के घर के बहुत दूर नहीं था। थोड़ी ही देर में शुक्लजी भी आ गए। दोपहर को कुछ घंटे के लिए मतदान बन्द होना था, इसलिए

उन्होंने मुझसे भोजन के लिए घर चलने को कहा। जब मोटर चलने वाली थी तब उन्होंने कहा कि वे दार बाज़ार के मतदाताओं से नहीं मिले हैं और उनसे मिलना चाहेंगे और उन्होंने मतदाताओं से जब पूछताछ की तो उन्होंने प्रसन्नतापूर्वक कहा कि मिश्रजी सुबह आए थे और उन सबने उनके पक्ष में वोट दिया है। यह सुनकर वे कुछ देर चुप रहे आए लेकिन जब मोटर आगे बढ़ी तो मेरी ओर घूम कर बोले "तुम बहुत बदमाश हो। तुमने मुझे क्यों नहीं बताया कि कि उनके वोट अपने पक्ष में पहले ही कर चुके थे हम लोगों को यहाँ आने की दिक्कत नहीं उठानी पड़ती।" मैं हँसने लगा और वे भी उस हँसी में शामिल हो गए।

मतदान होने के बाद मैंने गोविंददासजी को तार किया कि रायपुर और दुर्ग में तो अच्छा मतदान हुआ और बिलासपुर के सम्बन्ध में कुछ निश्चित नहीं कहा जा सकता। सोने के पहले मेरे पास गोविन्द दास जी का तार आया कि उत्तरी जिलों में भी सब ठीक रहा। दूसरे दिन मैं जबलपुर के लिए रवाना हो गया।

जबलपुर पहुँचने पर मतदान परिणाम जल्दी ही घोषित हो गए। हमें यह देख कर संतोष हुआ कि हिन्दी मध्यप्रान्त के अधिकांश निर्वाचन क्षेत्रों में हम सफल हो गए थे और इस प्रकार हम अपने वचन का निर्वाह कर सके थे। राव के दल वालों की अधिकांश जिलों में पराजय हुई थी लेकिन मराठी जिलों में काँग्रेस के पैर बिल्कुल उखड़ गए थे। बरार में दो और मराठी सी.पी. में दो काँग्रेस उम्मीदवार जीत सके थे। इस प्रकार हिन्दी मध्यप्रांत के ।। उम्मीदवारों के जीतने से काँग्रेसी सदस्यों की सख्या १५ थी। इसका अर्थ था कि पिछली प्रान्तीय कौंसिल में काँग्रेसी सदस्यों की सख्या की तुलना मे इस नयी कौसिल में उनकी संख्या एक चौथाई भर रह गई थी। स्वभावतः इस स्थिति ने राव को अपनी शक्ति में वृदि करने के लिए प्रोत्साहित किया। हिन्दी सी.पी. के कुछ स्वतंत्र सदस्यों को प्रलोभन देकर उन्होंने अपने दल के सदस्यों की संख्या ७ कर ली। शुक्लजी काँग्रेस प्रत्याशी शिवदास डागा से हार गए थे और उन्होंने यह वक्तव्य दिया कि उनकी पराजय रायपुर काँग्रेस के हाथों हुई जिसे वे अपने दीर्धकालीन राजनीतिक जीवन में निरन्तर संगठित करते रहे और उनकी दृष्टि में काँग्रेस की जीत उनके ही कार्य का उपहार है।

जहाँ तक निर्वाचित सदस्यों का संबंध था, मध्यप्रांत और बरार की प्रांतीय कौंसिल में विभिन्न दलों के सदस्यों की संख्या निम्न प्रकार थी:-

काँग्रेस	१५
अनुक्रियात्मक सहयोगी दल	११
स्वतंत्र	९
राव का स्वंतत्र काँग्रेस दल	७
मुस्लिम	७
अब्राह्मण दल	३
उदार दल	१

	५३

बरार में काँग्रेस की करारीं पराजय पर मुंजे ने उस स्थिति का उपयोग अपनी १९२५ की योजना

को मूर्तरूप देने में किया। उन्होंने अनुक्रियात्मक सहयोगी दल, स्वतंत्र, अब्राम्हण तथा राव के स्वतंत्र काँग्रेस दल को मिलाकर एक राष्ट्रीय दल की स्थापना की। यद्यपि राव के मात्र ७ सदस्य ही थे, उन्होंने अपने को उस दल का नेता चुन लिया। इस प्रकार जो द्वैध सरकार स्थगित हो गया था वह फिर अमल में आ गया और शासकीय सदस्यों के समर्थन से राव और आर.एम. देशमुख मंत्री बनाए गए। राघवेन्द्रराव अपने पूर्वजों के प्रदेश दक्षिण से अब्राह्मणवाद इस प्रदेश में लाये थे। चूँकि हिन्दी जिले इस प्रकार के जातिवाद से मुक्त थे, इसलिए उन्होंने कौंसिल के बाहर अपने सार्वजनिक जीवन में उसे छिपा रखा था।

लेकिन प्रांतीय सरकार की राजधानी नागपुर, मराठी भाषी भाग में थी, जहाँ ब्राह्मण-अब्राह्मण संघर्ष का लम्बा इतिहास था। इसलिए राव को अपनी ब्राह्मण विरोधी भावना को प्रश्रय देने का अच्छा अवसर मिल गया। मुंजे के सुझाव पर, जो स्वयं ब्राह्मण थे, नये मंत्रिमंडल में उन्होंने बरार के अब्राह्मण आर.एम. देशमुख को अपना सहयोगी बनाया था। लेकिन ऐसा करते समय शायद उन्हें इस बात की जानकारी नहीं थी कि महाराष्ट्र में एक ऐसा भी अब्राह्मण वर्ग था जिसे मट्टाई अब्राह्मण पुकारा जाता था। देशमुख उसी गुट के थे और काफी दमदार राजनेता थे। इसलिए परस्पर मतभेद पैदा होने में अधिक समय नहीं लगा और वह मंत्रिमंडल गिर गया। तीन वर्ष में तीन मंत्रिमंडल बने और आखिरी मंत्रिमंडल में ही जिसे आर.एम. देशमुख ने बनाया था, राव नहीं लिए गए। लेकिन अब तक राव ने गवर्नर सर मान्टेग्यू बटलर को अपनी राजभक्ति और कौन्सिल में हेरफेर करने की अपनी कुशलता से प्रभावित करने में सफलता प्राप्त कर ली थी। तांबे के अवकाश ग्रहण करने पर बटलर ने राव को होम मेम्बर बनवा दिया। इस प्रकार १९२५ के बरारी काँग्रेस द्रोही का उत्तराधिकारी हिन्दी मध्यप्रान्त का काँग्रेस द्रोही हो गया।

काँग्रेस के द्वारा नवम्बर १९३० के चुनाव का बहिष्कार किए जाने से और कौंसिल से अपने पद के स्वतंत्र हो जाने से, राव हस्ताँतरित विभागों के लिए कठपुतली मंत्री बनाने लगे। १९३० के चुनाव में राव के विरोधी रामराव देशमुख ब्राह्मण विरोधी अब्राह्मण पंजाबराव देशमुख से पराजित हो गए थे। अब पंजाब राव को और हिन्दी जिलों से एक साधारण अब्राह्मण कौंसिल सदस्य को राव ने मंत्री बनाया। लेकिन १९३४ का वर्ष आने तक बरार के ब्राह्मणों ने इस अब्राह्मण मंत्रिमंडल की स्थिति डॉवाडोल कर दी। इसलिए राव ने उसे गिरने दिया और अब्राह्मण राव बहादुर के.एस. नायडू के साथ पुराने गाँधी विरोधी दादा साहब खापर्डे के पुत्र बी.जी. खापर्डे को, इस प्रकार १९२७ से १९३७ तक पूरे दस वर्ष जब काँग्रेस अंग्रेजी सरकार से संघर्ष में व्यस्त थी, राघवेन्द्र राव दो अंग्रेज गवर्नरों, सर मान्टेग्यू बटलर और सर हाइड गवान के समर्थन से मध्यप्रांत का सरकार चला रहे थे।

केन्द्रीय विधान सभा के चुनाव परिणाम भी निराशाजनक थे। सी.पी. और बरार में केवल मैं ही जीत पाया था। यू.पी. में यद्यपि काँग्रेस के दो मुस्लिम उम्मीदवार जीत गए थे, मोतीलालजी नेहरू को छोड़कर सारे काँग्रेस उम्मीदवार साम्प्रदायिक और सामंती शक्ति के सामने पराभूत हो गए थे। पंजाब में काँग्रेस की स्थिति इससे भी बदतर थी क्योंकि वहां एक भी हिन्दू या मुस्लिम काँग्रेस का उम्मीदवार नहीं जीत सका था। लेकिन काँग्रेस के सिख प्रत्याशियों का प्रदर्शन अच्छा रहा। बम्बई प्रेसीडेन्सी में, जिसमें सिंध भी शामिल था, केवल दो निर्वाचन क्षेत्र काँग्रेस के पक्ष में गए। अनुक्रियात्मक

सहयोगी दल के उम्मीदवार बड़ी संख्या में विजयी हुए। इस दल ने बड़ी मुस्तैदी के साथ लोकमान्य तिलके के नाम पर चुनाव लड़ा था। बिहार और उड़ीसा जैसे प्रांतों में काँग्रेस को साधारण सफलता मिली थी, लेकिन मद्रास और बंगाल प्रेसीडेन्सी में काँग्रेस की उल्लेखनीय जीत हुई। मद्रास प्रेसिडेन्सी में अब्राह्मण प्रभुत्व वाली जस्टिस पार्टी के दीर्घकालीन सरकार से लोग ऊब गए थे और जातिवाद से मुंह मोड़ कर वे काँग्रेस के पक्ष में एकत्रित हो गए थे। बंगाल, जो अंग्रेजी सरकार के अत्याचार से कराह रहा था, दमन से बचने की आशा से काँग्रेस के साथ हो गया था। स्वराज दल की संख्या ४० से बहुत नीचे नहीं गई और यदि मोतीलाल नेहरू मदन मोहन मालवीय से हुए संघर्ष में अंततः सफल हुए तथा विरोधी दल के नेता फिर हो गए तो इन सभी बातों का श्रेय दक्षिण और पूर्वीय भारत को दिया जाना चाहिए।

यू.पी. में काँग्रेस की करारी हार का कारण स्वयं मोतीलाल नेहरू ने स्पष्ट किया था: "स्वराज दल का पूर्ण पलायन हुआ है, "पराजय" इस स्थिति के लिए उपयुक्त शब्द नहीं है। लेकिन यह इसलिए नहीं हुआ क्योंकि हम स्वराज दल वाले थे बल्कि राष्ट्रवादी होने के कारण वैसा हुआ था।"[७]

"धर्म संकट में है" इस नारे ने यू.पी. में ही नहीं सारे पश्चिमी और उत्तरी भारत में काँग्रेस की उम्मीदों के धुर्रे उड़ा दिए। यह होते हुए भी केन्द्रीय विधान सभा में काँग्रेस पार्टी सबसे बड़ी अशासकीय पार्टी होने की स्थिति में रही आयी। तो भी यह स्पष्ट था कि काँग्रेस मालवीय जी की नेशनलिस्ट पार्टी को तथा जिन्ना की स्वतंत्र पार्टी को, जो मुख्यतः मुस्लिम लीग की पार्टी थी, साथ लिए बिना राष्ट्रीय हितों की रक्षा की आशा नहीं कर सकती थी। लेकिन जैसा १९१९-२० में हुआ था, १९२७-२८ में भी ब्रिटिश सरकार की मूर्खता से परस्पर लड़ने वाले दलों को एक दूसरे से मिल जाना निश्चित था।

श्रीनिवास अयंगर की अध्यक्षता में गोहाटी में हुए काँग्रेस के वार्षिक अधिवेशन के साथ १९२६ में समाप्त हुआ। प्रारंभ से अंत तक उस अधिवेशन की कार्यवाही पर एक धर्मान्ध मुसलमान के द्वारा स्वामी श्रद्धानंद की हत्या के समाचार की दुःखद छाया रही आयी। उसकी एक ही उल्लेखनीय बात यह थी कि गाँधीजी ने, जिन्होंने कानपुर काँग्रेस के बाद सभी राजनीतिक गतिविधियों से एक वर्ष का अवकाश ले लिया था, राजनीतिक पटल पर फिर पदार्पण किया और गोहाटी अधिवेशन में हुए विचार-विनियम में सक्रिय रूप से भाग लिया।

मैं गोहाटी नहीं गया और यह पता लगाने इलाहबाद पहुँचा कि चुनाव कार्य में संलग्न रहने से हुई कक्षा में उपस्थिति की कमी को दूर करने के लिए विश्वविद्यालय के अधिकारी मेरे लिए पढ़ने के दिनों में क्या वृद्धि करना चाहेंगे। चुनाव में मेरी जीत ने विश्वविद्यालय क्षेत्र में सनसनी फैला दी थी। केन्द्रीय विधान सभा के चुनाव में एक विद्यार्थी की सफलता मात्र ही मुझे नायक बनाने के लिए पर्याप्त थी, लेकिन शिक्षक और छात्रों में इस बात का गर्व था कि उस विश्वविद्यालय के एक विद्यार्थी ने हिरसिंह गौर के मुकाबले में, जो देहली विश्वविद्यालय के कुलपति थे, एक ही निर्वाचन क्षेत्र में अधिक मत प्राप्त किए थे। लेकिन लॉ कालेज के प्राचार्य ने जो अंग्रेज थे, उस काँग्रेसजन के लिए, जो उनका विद्यार्थी था, गर्व करने के औचित्य को नहीं माना क्योंकि उसने ब्रिटिश साम्राज्य के एक सामंत को पराभूत कर दिया था। उनके मातहत शिक्षक तो मेरी सहायता करना चाहते थे, किन्तु प्राचार्य महोदय के कड़े विरोध के सामने वे कुछ भी करने में असमर्थ थे। इसके बाद मैं इतिहास विभाग के अध्यक्ष सर शफात

अहमद खां के पास गया। उन्होंने मुझे बधाई दी और मेरे लिए पढ़ाई के दिनों की संख्या बढ़ाने की व्यवस्था भी की, लेकिन मैं अपने पिता से वकालत की परीक्षा पास करने के लिए वचनबद्ध था, एम. ए. पास करना महत्वपूर्ण नहीं था। सर शराफत की कृपा का मैं इसलिए उपयोग नहीं कर पाया। उन्हें धन्यवाद देकर मैं अगले साल परीक्षा देने के निश्चय के साथ इलाहाबाद से वापिस आया। मैंने वकालत की परीक्षा दी और पास हो गया, लेकिन जिन श्रद्धेय व्यक्ति के लिए यह सारा परिश्रम मैंने किया था, उनका परीक्षा के परिणाम घोषित होने के कुछ माह पूर्व ही देहान्त हो गया था।

लगभग तीन वर्ष का मेरा इलाहाबाद में दूसरा प्रवास मुझे अमरनाथ झॉ, वेणी प्रसाद, ताराचंद, ईश्वरी प्रसाद, बनारसी प्रसाद, बाबूराम सक्सेना जैसे विद्वानों के निकट सम्पर्क में लाया। धीरेन्द्र वर्मा के रिश्तेदार होने के वजह से बाबूराम से तथा सहपाठी होने के नाते विश्वेश्वर प्रसाद से बड़ी घनिष्ठता हो गई। इन सभी शिक्षकों ने अपने विभिन्न विषयों के साहित्य में अपनी छाप अंकित की है। भाषा विज्ञान के साहित्य भण्डार में बाबूराव सक्सेना के योगदान ने उन्हें अखिल भारतीय महत्व प्रदान किया है। इलाहाबाद विश्वविद्यालय के इतिहास के विभाग में उपरोक्त प्रख्यात इतिहासकारों के परिश्रम से उल्लेखनीय समृद्धि हुई है।

मोतीलाल नेहरू से मिले बिना इलाहाबाद नहीं छोड़ सकता था। वे तब तक गोहाटी वे वापिस आ गए थे। यू.पी. में काँग्रेस की जबरदस्त हार के बावजूद उन्हें मैंने सदा की तरह प्रसन्न देखा। नए आनंद भवन में उन्होंने एक बावली बनवायी थी। जब मैं वहां पहुँचा तो वे उस बावली के पास अपनी हाथ घड़ी पर नजर लगाए खड़े थे। वे उस बावली के पानी से भर जाने और खाली हो जाने के समय को जानने में व्यस्त थे। मिनटों की गिनती खत्म होने पर उन्होंने हमारे प्रदेश के चुनाव परिणाम पर बधाई देते हुए सूचना दी कि उन्होंने अखिल भारतीय काँग्रेस कमेटी को भेजी गयी अपनी रिपोर्ट में "हिन्दी मध्य प्रान्त के छोटे क्षेत्र से" चुनाव में काँग्रेस की बड़ी सफलता का उल्लेख किया है। यू.पी. के चुनाव परिणामों पर चर्चा होने पर उन्होंने कहा कि वहां काँग्रेस अपने विरोधियों के द्वारा नहीं पराजित हुई थी, उसे "गौमाता" ने पराजित किया था।

संदर्भ

१. दि हिस्ट्री ऑफ फ्रीडम मूवमेन्ट इन मध्यप्रदेश पृ. ३४२

२. वही पृ. ३४२

३. गोवर्धन भाई पटेल-विट्ठल भाई पटेल खण्ड २ पृ. ६५३

४. वही पृ. ६८६-८८.

५. वही पृ. ७१७ ६. वही पृ. ७१८.

७. पट्टाभि सीतारमैया, हिस्ट्री ऑफ दि इंडियन नेशनल काँग्रेस, खण्ड १ पृ. ३०६-३०७.

अध्याय-५

तीसरी भारतीय विधान सभा

तीसरी विधान सभा के विशिष्ट व्यक्ति (१९२७-२९)

मैं तीसरी भारतीय विधान सभा का सबसे कम उम्र का सदस्य था, जबकि उस विधान सभा में इतनी बड़ी संख्या में महापुरुष थे जिस संख्या में न तो उसके पहले या उसके पश्चात् किसी भारतीय विधान सभा में रहे। विट्ठल भाई पटेल अध्यक्ष थे। १९२५ में वे मात्र दो मतों के बहुमत से अध्यक्ष हुए थे, लेकिन अब वे विधान सभा सदस्यों की सर्वसम्मति से उस पद पर आसीन थे। उनकी गहरी देशभक्ति मंत्री पक्ष को आतंकित रखती थी। व्यवस्था तथा नियम सम्बन्धी उनका ज्ञान और नियमों का पालन कराने का उनका संकल्प विधान सभा के सभी पक्षों को आज्ञा पालन के लिए सहज ही विवश करता था। वे सबके लिए एक पहेली थे और महत्वपूर्ण प्रसंगों पर व्यवस्था देने के लिए जब खड़े होते थे तो सदन में सन्नाटा छा जाता था। सबके साथ मैत्री भाव और सौजन्य के बावजूद वे अध्यक्ष के रूप में इतने निर्लिप्त और उचित व्यवहार करते थे कि उनके वैयक्तिक जीवन में उनसे परिहास करने का साहस लोग नहीं करते थे। सदा प्रसन्न सरोजिनी नायडू मात्र ही एक अपवाद थीं जिनकी खद्दर की साड़ी से १९२५ में पटेल के अध्यक्ष होने पर रातों-रात अध्यक्षीय टोपी बनायी गयी थी।

पिछले अध्याय में लिखा जा चुका है कि किस प्रकार उन्होंने वाइसराय को विधान सभा का उद्घाटन करने के लिए आने पर अपना शाही ठाट-बाट छोड़कर अध्यक्ष के बगल में बैठने के लिए विवश कर दिया था। इसी प्रकार जब कमान्डर-इन-चीफ़, जिनका वाइसराय के पश्चात् दूसरा पद होता था, विधान सभा को रक्षा विभाग के सम्बन्ध में संबोधित कर सदन से चले गए थे, तो अध्यक्ष ने उनसे सदन से क्षमायाचना करने के लिए तथा रक्षा विभाग पर बहस के दौरान सदन में उपस्थित रहे आने के लिए बाध्य किया था। फलस्वरूप एक रक्षा सदस्य की नियुक्ति करनी पड़ी ताकि कमान्डर-इन-चीफ महोदय अपने विभाग के प्रबंध से संबंधित आलोचना को सदन में बैठकर सुनने के अपमान से बचे रहें। संसदीय आयोग के अध्यक्ष सर जान साइमन विधान सभा आना चाहते थे, लेकिन विट्ठल भाई ने उन्हें अनुमति नहीं दी क्योंकि सर साइमन ने उनसे मिलने का शिष्टाचार नहीं निभाया था। अन्ततः सर जान उनके पास गए और तब अध्यक्ष ने उन्हें विधान सभा आने का निमंत्रण दिया। अधिकारी पक्ष विट्ठल भाई की इस प्रकार की कुछ कार्यवाहियों से बड़ा क्षुब्ध था और इसलिए उसने उनके विरुद्ध प्रचार करना प्रारंभ किया। विपक्ष ने सदन में अधिकारी पक्ष के इस रवैये की चर्चा की और गृहमंत्री ने मोतीलाल जी से क्षमा मांगी, जो कि मोतीलाल जी द्वारा सदन की ओर से स्वीकार की गई। जब अध्यक्ष द्वारा जन सुरक्षा बिल को अस्वीकृत घोषित किए जाने पर गवर्नर जनरल ने एक अध्यादेश जारी

किया तो विट्ठल भाई ने दोनों विधान सभाओं के संयुक्त अधिवेशन में वाइसराय के भाषण में कही गई कुछ बातों पर आपत्ति की, तब गवर्नर जनरल को यह वक्तव्य देना पड़ा था कि उनमें अध्यक्ष के प्रति अनादर की भावना किंचित नहीं थी।

मोतीलाल नेहरू में अध्यक्ष विट्ठल भाई के प्रति कितना आदर भाव था उसका अनुमान १९२९ के बजट पर बहस के दौरान हुई एक घटना से लगा। उस दिन पंडितजी अस्वस्थता के कारण सदन से अनुपस्थित थे और कॉंग्रेस पक्ष के कुछ युवा सदस्यों ने मंत्री पक्ष को परेशान करने की दृष्टि से बहस को लम्बी करने का इरादा किया। कुछ कॉंग्रेसी सदस्य अपने भाषणों से अधिकारी वर्ग के धैर्य की काफी देर तक परीक्षा ले चुके थे। उनके बाद श्रमिकों की शिकायतों पर दीवान चमनलाल ने बोलना शुरु किया। शाम हुए काफी देर हो गई थी जब श्रम के सम्बन्ध में आम तौर पर चर्चा करने के बाद प्रत्येक प्रांत में उद्योगों में लगे मजदूरों की स्थिति पर वे बोलने लगे। जब आसाम के मजदूरों की बात करने के बाद उन्होंने बर्मा प्रांत पर बोलना चाहा तो कानपुर के यूरोपीय सदस्य गाविन जोन्स का धीरज समाप्त हो गया और वे अपनी मेज को जोर-जोर से थपथपाने लगे। सम्पूर्ण शासकीय पक्ष ने भी उनका साथ दिया। चूँकि दीवान चमनलाल के लिए अपना भाषण जारी रखना असम्भव हो गया था, इसलिए किसी कॉंग्रेसी सदस्य ने उस कार्यवाही पर यह कहकर आपत्ति की कि सदस्य को भाषण करने का अधिकार है। अंग्रेजी वर्ग के सदस्यों ने उत्तर में कहा कि "हमें उन्हें न सुनने का अधिकार है।" इस पर चमनलाल बैठ गए और अब वित्त सदस्य सर जार्ज सूस्टर बहस का जवाब देने के लिए उठे। जैसे ही उन्होंने भाषण प्रारंभ किया कॉंग्रेस पक्ष के सभी सदस्य पूरी शक्ति से अपनी मेजों को जोर-जोर से थपथपाने लगे। सर जार्ज बैठ गए और मेजों का थपथपाना भी बंद हो गया। वे फिर उठे और थपथपाने की आवाज़ शुरु हो गई। इस प्रकार जब भी सर जार्ज खड़े हुए मेजो पर थपथपाहट की आवाज से उनका स्वागत किया गया। इस बीच में सदन में निर्मित स्थिति की सूचना पाकर मोतीलालजी दौड़े आए। शासकीय पक्ष ने पंडितजी से अपील की कि वे अपने समर्थको को उचित व्यवहार करने के लिए बाध्य करें। उन्होंने शासकीय पक्ष पर वह स्थिति पैदा करने की जिम्मेवारी डालकर अपने पक्ष के सदस्यों को सर जार्ज को भाषण करने देने का निर्देश दिया।

सदन के स्थगित किए जाने के पश्चात् मोतीलालजी ने अपने पक्ष के सदस्यों के सदन में उच्छृंखल व्यवहार से विट्ठल भाई पर हुई प्रतिक्रिया का पता लगाने मुझे उनके निवास पर भेजा। जब मैं विट्ठल भाई से मिला तो उन्होंने मेरी पीठ थपथपायी और अपने सचिव से वेसलीन की शीशी लाने को कहा। मुझे अचम्भे में देखकर वे बहुत हँसे और बोले "सिर्फ आज आप लोगों ने कुछ उत्साह दिखाया। आप ब्रिटिश संसद की नकल करने की कोशिश करते हैं, लेकिन वह इतनी नीरस और निर्जीव नहीं है जैसा आप कल्पना करते हैं। मैंने वेसलीन इसलिए मंगायी क्योंकि आप अपनी मेज पर इतने जोर से मुक्के मार रहे थे कि आपकी हथेली को चोट लग सकती थी।" मैंने उन्हें अपनी हथेली दिखाई जो कुछ लाल तो जरुर थी, लेकिन कोई खरोंच नहीं दिखी। उन्होंने वेसलीन वापिस कर दी और मैं वापिस हुआ। उनकी प्रतिक्रिया जब मैंने पंडित जी से बतायी तो वे चिन्तामुक्त हो गए और उन्होंने कहा "जब विट्ठल भाई कुर्सी पर बैठे हों तब उनके मनोभावों को पहचानना कठिन है। उनकी दाढ़ी इस कार्य को और भी कठिन कर देती है।"

विट्ठल भाई सदन में व्यवस्था तथा शिष्टता रखने में बड़े कुशल थे, उसी प्रकार विपक्ष के नेता मोतीलालजी काँग्रेस पक्ष को पूर्णतः अनुशासित रखते थे। राष्ट्रीय नेता के रूप में महात्मा गाँधी के पश्चात् उन्हें ही मान्यता प्राप्त थी। विधान सभा में उन्हें बड़प्पन के लिए प्रयत्न नहीं करना पड़ा बल्कि वे बड़प्पन सहित सदन में आए। यद्यपि जवाहर लालजी ने अपने पिता के व्यक्तित्व की चर्चा करने में बड़ा संकोच बरता है, तो भी उनका जो निम्नलिखित चित्र उन्होंने दिया है उसमें किंचित् अतिश्योक्ति नहीं है- "किसी भी जनसमुदाय में यदि वे उपस्थित हों तो वे अनिवार्य रूप से उसके केन्द्र तथा प्रमुख हो जाते थे। जैसा एक बड़े न्यायाधीश ने बाद में कहा, मेज के किसी ओर वे बैठे हों, वह मेज का प्रमुख स्थान हो जाता था। न तो वे विनम्र और न मृदु ही थे और गाँधीजी के विपरीत उनसे मतभेद करने वाले को वे शायद ही बर्दाश्त करते थे। अपने बड़प्पन के प्रति जागरुक, वे लोगों में अपने प्रति या तो बड़ी भक्ति या कटु विरोध पैदा करते थे। उनके प्रति तटस्थ भाव रखना कठिन था। हर कोई या तो उन्हें पसंद करता या नापसंद करता था। उनका चौड़ा मस्तक, पतले ओंठ और हठी ठुड्डी इटली के संग्रहालय में रखे रोमन सम्राटों की मूर्तियों से उनकी अनुरुपता प्रकट करती थी। इटली के कई मित्रों ने उनके चित्र देख कर इस अनुरुपता को स्वीकार किया। वृद्धावस्था में मुझसे विपरीत उनका सिर चांदी के रंग के बालों से भरा था और यह स्थिति अंत तक रही। वे एक प्रकार की महिमा तथा उच्च आचार से परिवेष्टित थे, जो आज के जगत में ढूंढे न मिलेगी।"[१]

यह सत्य है कि मोतीलालजी के बड़प्पन का भाव कुछ राजनीतिज्ञों से टकराने का कारण बना। काँग्रेस के अधिकृत इतिहासकार लिखते हैं- "दो उत्कृष्ट वकील और अगर वे प्रतिष्ठित राजनेता भी हों, परस्पर टकराने के लिए मजबूर हो जाते हैं। पंडितजी और जयकर, पंडितजी और लालाजी, पंडितजी और आयंगर यह बम्बई, पंजाब और मद्रास से विद्वान पंडित के संघर्ष की श्रृंखला थी।"[२] इस प्रकार कारण का सिलसिला जारी रखते समय विशिष्ट इतिहासकार देशबंधु दास को विस्मृत कर देता है, ज़ो वकील और राजनेता की दृष्टि से इन सबसे अधिक प्रतिष्ठित थे। मोतीलालजी का उनसे संबंध इतना घनिष्ठ था कि "दोनों ने एक-दूसरे को किसी भी बयान में बिना आपसी बात-चीत के उनके नाम का प्रयोग कर लेने का अधिकार दे दिया था"।[३] जब पंडितजी ने देशबन्धु की मृत्यु का समाचार सुना, "वे बहुत देर तक दुःख से शोकग्रस्त निःशब्द बैठे रहे, क्योंकि वह व्यक्ति जो उनका निकटतम साथी था, उत्तरदायित्व निभाने के लिए उन्हें अकेला छोड़ कर चला गया था।"[४]

लाला लाजपत राय से उनके संबंध में भी उल्लेखनीय है कि पुलिस द्वारा उन पर आक्रमण होने के पश्चात् उनकी पंडितजी से भेंट की व्यवस्था की गयी और "अश्रुपूरित आँखों से वे दोनों एक-दूसरे से लिपट गए।"[५] ये घटनाएं इस सत्य की समुचित प्रमाण हैं कि स्वयं बड़े होने के एहसास के साथ ही मोतीलालजी मे सम्मान के योग्य को सम्मानित करने की प्रवृत्ति तथा कभी-कभी गहरी संवेदना से ग्रस्त होने की प्रकृति थी। एक ही नगर इलाहाबाद में मदन मोहन मालवीय के साथ रहते हुए और उनकी राजनीतिक गतिविधियों का निरन्तर विरोध करते हुए भी मोतीलालजी ने उनका आदर करना नहीं छोड़ा। वे जिन दिनों राष्ट्रीय समस्याओं में सक्रिय थे, वह ऐसा समय था जब मौसमी देशभक्तों तथा गिरगिट की तरह रंग बदलने वाले राजनीतिज्ञों को सहन करना उनके लिए संभव नहीं था।

छोटे लोग जब बड़े लगने का ढोंग करते थे तब वे धीरज खो देते थे और उनकी वाणी तेज हो जाती थी। एक हिन्दू सभाई नेता जब अपने दाँत उखड़वा कर केन्द्रीय विधान सभा में उपस्थित हुए तो पंडितजी ने अपने समीप बैठे सदस्य से कहा:"इनके विषदंत निकल गए हैं, अब हम लोग सुरक्षित हैं। उन्हें मैले-कुचैले लोगों से भी बड़ी घृणा थी। एक सदस्य के सम्बन्ध में उन्होंने शिकायत की कि "वह अपनी दाढ़ी को साबुन से साफ नहीं करता" और एक-दूसरे के संबंध में कहा कि "उसका मुँहं गटर की तरह बदबू करता है।"

फिर भी, ऐसे लोग बहुत कम थे, जिन्हें उनसे नफ़रत थी और उन्हें आदरणीय मानने वाले लोगों की संख्या अधिक थी। अपने देशवासियों के अतिरिक्त मंत्री पक्ष के अंग्रेज भी उनका बड़ा आदर करते थे। जब वे विधान सभा की दीर्घाओं में अपनी बेदाग पोशाक और सिंह मुद्रा में प्रवेश करते थे, तो अंग्रेज और भारतीय अधिकारी और साधारणजन सभी उनके आदर में खड़े हो जाते थे। दिल्ली और शिमला में वे महिलाओं के पूज्य पात्र थे। वे जब शिमला में विधान सभा के एक शरद सत्र में अपनी मूँछे मुड़ाकर गए, तो महिलाओं ने उन्हें अपनी बैठक में बुला कर शिकायत के स्वर में पूछा; "आपकी सुन्दरता के चिन्ह कहाँ गए?"

काँग्रेस दल के उपनेता श्रीनिवास आयंगर मद्रास प्रेसीडेन्सी में काँग्रेस की महती विजय के शिल्पी होने के सुयश के साथ केन्द्रीय विधान सभा में आए थे। वे पहले शासन के एडवोकेट-जनरल रह चुके थे और सी.आई.ई. की उपाधि से विभूषित किए गए थे। काँग्रेस के आदेश को चुनौती देकर वे १९२० में मद्रास की विधान कौंसिल के सदस्य हुए थे लेकिन बाद में उन्होंने उसकी सदस्यता से इस्तीफा दे दिया था और साथ ही एडवोकेट-जनरल का पद और सी.आई.ई. की उपाधि भी उन्होंने त्याग दी थी। लेकिन १९२५ से उन्होंने काँग्रेस की गतिविधियों में सक्रिय भाग लेना प्रारंभ किया था। एक वर्ष ही में उन्होंने मोतीलालजी की सद्भावना प्राप्त कर ली थी और जब वे दो महीने का अवकाश लेकर इंग्लैंण्ड गए तो आयंगर को अपने स्थान पर नियुक्त कर गए थे और "श्री आयंगर का सितारा आसमान में ऊँचा चढ़ गया।"[६] वे भारतीय राष्ट्रीय काँग्रेस के गौहाटी अधिवेशन के अध्यक्ष मात्र एक वर्ष में ही हो गए। फिर भी उपनेता चुने जाने के बाद मोतीलालजी से उनके संबंधों में तनाव आ गया था। एक बार संध्या को घूमते समय दिल्ली में मेरी आयंगर से भेंट हो गयी। परस्पर वार्तालाप में उन्होंने पंडितजी के विरुद्ध बहुत जहर उगला। मेरे विचार से उनका आशय था कि काँग्रेस अध्यक्ष होने के नाते और उत्तर प्रदेश के संसद सदस्यों की अपेक्षा बहुत बड़ी संख्या में चुने गए मद्रास क्षेत्र के काँग्रेसी संसद सदस्यों के नेता होने के कारण उन्हें काँग्रेस पक्ष का नेता होने का अधिकार था, लेकिन पंडितजी को वह पद मिला जबकि उनके यू.पी. में काँग्रेस की जबरदस्त हार हुई थी। जब मैंने उन्हें बताया कि मद्रास क्षेत्र के सदस्य भी पंडितजी पर बड़ी भक्ति रखते थे, तो वे क्रोध में बोले "वे सब बड़े कृतघ्न नीच लोग हैं।"

श्री आयंगर और पंडितजी दोनों में एक अच्छे वक्ता होने के गुणों का अभाव था। लेकिन पंडित जी की दलील स्पष्ट और प्रतिपक्ष के दृष्टिकोण को अमान्य सिद्ध करने के लिए शुद्ध होती थी, जबकि श्री आयंगर बहुत तेज़ी से तथा न सुनाई पड़ने वाले धीमे स्वर में एक ही तरह ऐसा बोलते थे कि किसी वाक्य के प्रारम्भ और अंत का पता लगाना कठिन हो जाता था। जिस तेजी से वे ऊपर उठे, उसी प्रकार

उनका पतन भी हुआ। १९३० के गाँधीजी के दूसरे सत्याग्रह आंदोलन के प्रारंभ होते ही वे देश के राजनीतिक पटल में फिर नहीं दिखाई दिए।

काँग्रेस दल अपनी नीतियों के समर्थन के लिए विपुल बुद्धि वैभव से समृद्ध था। संविधान शास्त्री रंगा स्वामी आयंगर,अर्थशास्त्री षन्मुखन चेट्टी तथा श्रमिक समस्याओं के विशेषज्ञ दीवान चमनलाल जैसे महारथी उस दल में थे। तसद्दुक अहमद खान शेरवानी, तुलसी चरण गोस्वामी और रंगा अय्यर वाद-विवाद में दक्ष थे। रफी अहमद किदवई काँग्रेस पक्ष के सचेतक थे। जब एक वर्ष बाद मुझे दूसरा सचेतक नियुक्त किया गया तब हम दोनों में बड़ी घनिष्ठता हो गई जो समय-समय पर हुए मतभेदों के बावजूद रफी साहब की असामयिक मृत्यु पर्यन्त रही आयी। वे अद्‌भुत संगठनकर्ता थे और काँग्रेस की कई विजयों का श्रेय उनकी अथक स्फूर्ति तथा जोड़-तोड़ की कुशलता को था।

पंडित मदन मोहन मालवीय नेशनलिस्ट पार्टी के सबसे अधिक महत्वपूर्ण सदस्य थे। उनकी राष्ट्र के प्रति जीवन भर की गई सेवाएं, मनोहर मुख मुद्रा, शिष्ट आचार, स्वर का उतार-चढ़ाव तथा प्रभावी वक्तृतता शक्ति ने उनको सभी का श्रद्धा तथा स्नेह का पात्र बना दिया था। १९२० से निरंतर महात्मा गाँधी से उनका मतभेद रहा आया, किन्तु काँग्रेस उन्होंने नहीं छोड़ी। अधिकांशत: बहुत जल्दी भड़क जाने वाले राजनीतिज्ञ भी वृद्धावस्था में शांत हो जाते हैं लेकिन मालवीय जी के सम्बन्ध में यह प्रक्रिया प्रतिवर्तित हो गयी। ज्यों-ज्यों सरकार की नीयत से उनका विश्वास उठता गया, उसकी नीतियों के प्रति उनके विरोध में कठोरता आती गई और अंत में वे कारागार में दिखाई पड़े, जो उन दिनों के सच्चे देश भक्तों के लिए अन्तिम मंजिल मानी जाती थी। इसी प्रकार समय बीतने के साथ ही हरिजनों के प्रति वे निरन्तर उदार होते चले गए और दिसम्बर १९२८ में, महात्मा गाँधी के शब्दों में, "कलकत्ता में कट्टर पंथियों ने उन पर आक्रमण करने के अतिरिक्त उनके साथ सब कुछ किया।"[७]

नेशनलिस्ट पार्टी के नेता लाला लाजपत राय ने आर्य समाजी तथा समाज सुधारक के रूप में अपना सार्वजनिक जीवन प्रारंभ किया था, लेकिन जैसा महात्मा गाँधी ने एक बार कहा था, "प्रारंभ में ही उन्होंने समझ लिया था कि जिस प्रकार का सुधार वे चाहते थे, वे देश के विदेशी बन्धनों से मुक्त हुए बिना सम्भव नहीं था क्योंकि पराधीनता का जहर हमारे जीवन के सभी अंगों में व्याप्त था।"[८] परिणामस्वरूप १८८८ में ही वे काँग्रेस में सम्मिलित हो गए थे। इसके पश्चात् सरकार लगातार उनका उत्पीड़ित करती रही। १९०७ में उन्हें देश निकाले का दण्ड दिया गया और विश्व युद्ध के समय उन्हें अमेरिका में रहना पड़ा क्योंकि स्वदेश वापिस आने पर वे जेल भेज दिये जाते। उनको दी गई यातनाओं में वृद्धि के साथ उनकी लोकप्रियता भी बढ़ती गई और भारत के देशभक्तों में लोकमान्य तिलक के बाद दूसरा स्थान उन्हें ही मिला। अपने दुर्दम साहस के फलस्वरूप वे "पंजाब केसरी कहे जाने लगे।

लालाजी बड़े ओजस्वी वक्ता थे। गंभीर स्वर में भाषण करते समय उनकी आँखें चमकने लगती थीं और वे विभिन्न प्रकार से भाव व्यक्त करते थे। एक बार असेम्बली में मैंने लालाजी को अपने उत्तेजक भाषण में आकाश की ओर दाहिना हाथ उठाए अत्याचारी सरकार पर ईश्वरी कोप का आव्हान करते हुए देखा था। पराधीन देश में स्वतंत्रता के प्रति इतने भावुक समर्पण का अंत अधिकांशत: शहीद की गति में ही होता है और उनकी ज्वालामयी देशभक्ति, स्पष्टवादिता और अदम्य साहस ने अंतत: उन्हें देश के लिए प्राणोत्सर्ग करने के ही पारितोषिक से विभूषित किया।

मालवीयजी की नेशनलिस्ट पार्टी में केलकर, जयकर, मुंजे और अणे मराठी भाषी क्षेत्र का प्रतिनिधित्व करते थे। यद्यपि चारों अनुक्रियात्मक सहयोगवादी तथा हिन्दू सभाई दोनों विचारों के थे, तो भी स्वभाव की अनुरूपता से वे दो दलों में विभक्त थे। उग्र स्वभाव के होने के कारण नागपुर के मुंजे और बम्बई के जयकर एक-दूसरे के निकट आ गए। अध्ययनशील तथा नम्र स्वभाव वाले पूना के केलकर और बरार के अन्तर्गत यवतमाल के अणे ने दूसरा जोड़ा बनाया। केवल एक बार ही मैंने इन दो मित्रों में भारी मतभेद होते देखा। १९२७ में महाबलेश्वर से वापिस होते हुए मैं कुछ दिनों के लिए पूना में रुका और केलकर के निवास पर अणे और केलकर दोनों से मिला। हमारे वार्तालाप में संयुक्त महाराष्ट्र की समस्या उभर आई। केलकर के मतानुसार समूचे मध्यप्रांत और बरार का, जिसमें मेरा निवास नगर जबलपुर भी शामिल था, "वृहत महाराष्ट्र" में सम्मिलित होना था। मैं विरोध कर पाता, उससे पहले अणे कोधान्वित हो गए और महाराष्ट्र के पृथक महाविदर्भ नाम के एक अन्य मराठी प्रान्त के पक्ष में जोरदार पैरवी करने लगे। उनकी एक दलील यह थी कि वास्तविक महाराष्ट्र कर्नाटक की संस्कृति से प्रभावित था, जबकि बरार और नागपुर के क्षेत्र पर आंध्र संस्कृति का प्रभाव था। यह सर्वविदित है कि महाराष्ट्र प्रदेश के निर्माण के पश्चात् भी अणे मृत्युपर्यन्त एक पृथक विदर्भ प्रदेश के लिए निरन्तर प्रयत्नशील रहे।

केलकर अच्छे लेखक थे लेकिन अच्छे वक्ता नहीं थे। असेम्बली के वाद-विवाद में वे लिखित भाषण पढ़ते थे। साहित्यिक रुचि, अच्छे स्वभाव के, स्वाभिमानी केलकर मंत्री पक्ष के अधिकारियों से दूर रहते थे। मैंने कई काँग्रेसी सदस्यों को उन अधिकारियों से संबंध रखते देखा था लेकिन केलकर उनसे कोई संबंध नहीं रखते थे। अणे केलकर के स्वभाव से अलग, असेम्बली की कार्यवाही में बहुत दिलचस्पी लेते थे, लेकिन उनका कर्कश स्वर तथा बड़ी बेढंगी चेष्टाएं उनके तर्कों को प्रभावहीन कर देती थी।

मुंजे का सैनिक कार्यकलापों की ओर रुझान था और बहुधा वे उसी विषय पर बोला करते थे। वे झगड़ालू प्रवृत्ति के थे और मराठापन का उनमें बड़ा दंभ था। एक बार उत्तर पश्चिमी सीमा प्रांत देखने के बाद उन्होंने एक बयान में कहा था कि "मैंने पहली बार खैबर दर्रा को मराठा आँख से देखा।" वापिस आने पर जब मुझे वे दिल्ली में मिले तो मैंने उनसे उनकी आँखों को देखने की अनुमति मांगी क्योंकि उनका दूसरे भारतवासी की आंखों से अलग होना आवश्यक था।

महाराष्ट्र में कायस्थों को प्रभु कहा जाता है। यू.पी. में जैसा है वैसा महाराष्ट्र में वे लोग व्यवहार में ब्राह्मणों से अधिक परिष्कृत हैं। नेशलिस्ट पार्टी के उपनेता जयकर, जो प्रभु थे, बड़े संस्कारी व्यक्ति थे। वे वक्ताओं के समूह में अच्छे वक्ता थे। उनका भाषण विद्वतापूर्ण, समप्रवाही, अनुप्रासयुक्त वाक्यों में, तर्क कौशल सहित मंजे हुए ढंग का होता था। वे मूलतः नरम विचारों के व्यक्ति थे और गाँधी युग में उनका राजनीति में प्रवेश उनका दुर्भाग्य ही था। खद्दर और राष्ट्रीय शिक्षा के समर्थक होकर वे असहयोग आंदोलन के दिनों में काँग्रेस में रहे आए। १९२० के प्रारंभ में मैंने उन्हें काँग्रेसजनों की एक सभा में ऐसी खद्दर की धोती पहने देखा जो दो टुकड़ों को जोड़कर बनाई गई थी और वह जोड़ घुटनों पर साफ दिखाई देता था। ऐसे प्रदर्शन से तो आंध्रप्रदेश का कोई उत्कट खद्दर धारी भी शर्म से पीछे हट जाता। जब असेम्बली में पहली बार मैंने उन्हें देखा तो उन्हें पहचानने के लिए आँखों को बड़ी मेहनत करनी पड़ी: वे सूट-बूट और सिर पर हैट से लैस थे। मैं

सोचने लगा कि अनुक्रियात्मक सहयोगवादी होने के लिए अंग्रेजों की पोशाक भी क्या जरुरी होती है? जैसा उनके लिए अनुकूल और उचित भी था, वे काँग्रेसी नेताओं और ब्रिटिश सरकार में मध्यस्थता करने वाले निरन्तर नरम विचारों वाले सर तेज बहादुर सप्रू के साथ अंत में हो गए। मुझे पूर्ण विश्वास है कि यदि किसी ने उन पर अस्थिरता का आरोप लगाया होता तो विगत दिनों के अपने नेता मोतीलाल नेहरू के इस वाक्य को वे कह देते: "स्थिरता केवल गधों की विशेषता है। नि:संदेह जयकर गधे के अतिरिक्त और कुछ भी हो सकते थे।"

बेदाग पोशाक में लम्बे, दुबले और तने हुए बदन के मोहम्मद अली जिन्ना स्वतंत्र पार्टी के नेता थे। वे दिखावा बहुत पसंद करते थे और किसी भी जनसमुदाय में सरसरी निगाह से देखने वाला भी उन्हें देखने से नहीं चूक सकता था। अंग्रेजी पर पूर्ण अधिकार के साथ वे प्रखर विधिवेत्ता और असेम्बली के प्रभावशाली वक्ता थे। हाजिर जवाब, वे कोध की स्थिति में खरी-खोटी सुनाने में भी बेमिसाल थे। अपने व्यवसाय में संलग्न रहने के कारण वे सदन में बहस के विषय पर कोई सोच-विचार किए बिना ही आते थे। वे चुपचाप सुनते रहते थे और दूसरों के द्वारा कही गई बातों को नोट करते रहते थे और अकस्मात् खड़े होकर एक के बाद एक विपक्ष के सभी तर्कों का खण्डन कर डालते थे। किसी विषय पर उनकी तैयारी हो या न हो, उन्हें ध्यानपूर्वक सुना जाता था क्योंकि किसी प्रश्न पर गैर शासकीय पक्ष की पराजय या विजय उनके रुख पर अवलंबित रहती थी।

अंग्रेज शासन के प्रोत्साहन से १९०६ में ढाका में जब आल इंडिया मुस्लिम लीग की स्थापना हुई, तब उसी वर्ष कलकत्ता में हुए इंडियन नेशनल काँग्रेस के अधिवेशन के अध्यक्ष दादा भाई नौरोजी के निजी सचिव जिन्ना थे। वे १९१३ में मुस्लिम लीग में सम्मिलित हुए और तीन वर्ष में उसके अध्यक्ष हो गए। लेकिन विश्व युद्ध ने मुस्लिम राजनीति को बदल दिया था क्योंकि तुर्की का सुल्तान उस लड़ाई में जर्मनी के साथ हो गया था। कट्टरपंथी मुसलमानों की सहानुभूति तुर्की के सुल्तान के प्रति थी जो कि मुस्लिम संसार का खलीफा भी था। पिछले दिनों की तरह अब लीग न तो उतना अंग्रेजों के साथ थी और न उतना हिन्दुओं के विरूध्द थी। यह स्थिति जिन्ना के अनुकूल थी क्योंकि वे सार्वजनिक जीवन के प्रारंभ में राष्ट्रवादी पहले और बाद में मुसलमान थे। उनकी अध्यक्षता में हुए लखनऊ के मुस्लिम लीग अधिवेशन में उनके प्रयास से काँग्रेस और लीग में समझौता हो सका था। लेकिन नरम दल के अन्य व्यक्तियों की तरह, गाँधीजी के नेतृत्व में काँग्रेस में आम जनता का समावेश वे सहन नहीं कर सके। १९२० में उन्होंने काँग्रेस छोड़ दी। उनमें असीम अहम की भावना थी। काँग्रेस और अंग्रेज शासन के संघर्ष में वे अपने को और मुसलमानों को तीसरी और निर्णायक शक्ति मानते थे।

बहस में कभी-कभी भाग लेने वाले एंग्लो इंडियन वर्ग के मनोनीत प्रतिनिधि, सर हेनरी गिड्ने, हरिसिंह गौर और कबीरुद्दीन अहमद थे। मध्यप्रांत के हरिसिंह गौर नेशनलिस्ट पार्टी के सदस्य होकर आए थे, लेकिन धीरे-धीरे वे स्वतंत्र हो गए। साइमन कमीशन के बहिष्कार के प्रस्ताव पर जब वे बोलने खड़े हुए तो सभाध्यक्ष विट्ठल भाई पटेल ने विशेषत: उनसे प्रश्न किया: "माननीय सदस्य बता सकेंगे कि वे किस पक्ष की ओर से बोल रहे हैं? हरिसिंह ने उत्तर दिया "मै अपनी ओर से बोल रहा हूँ।" इस स्वीकारोक्ति पर बड़ी हँसी हुई और तालियाँ बजीं। जब उन्होंने अपने को अनुक्रियात्मक सहयोगवादी कहा तो जयकर और उनके सहयोगी कठिनाई में पड़ गए क्योंकि वे लोग उस समय एकमतेन साइमन कमीशन के बहिष्कार के पक्षपाती थे फिर भी, हरिसिंह गौर को अपना समर्थन देने का पारितोषिक

अंग्रेज शासन द्वारा असेम्बली के एक प्रतिनिधि मनोनीत किए जाने के रूप में मिल गया, यद्यपि उन्होंने कहा था कि वे अपना ही प्रतिनिधित्व करते हैं !

प्रकृति ने कबीरुद्दीन अहमद को बड़ा हास्यास्प्रद रूप दिया था और वे अपने उस रूप के प्रति सहज भाव रखकर उसका वहन प्रसन्नतापूर्वक करते थे। केलकर द्वारा बिना नाम के लिखी गई कविता में, जो सदस्यों में बांटी गई थी, उन्हें "नर और वानर के संयोग का संकर रूप" कहा गया था और अहमद ने उसे अपनी मान्यता भी दे दी थी। लेकिन यह स्वीकार करना चाहिये कि उनमें बुद्धि का अभाव नहीं था। कभी-कभी बीच में टोंक देने से और विस्मयबोधक उनकी आवाज से भाषणकर्ता मुश्किल में पड़ जाते थे और सदस्यों का मनोरंजन हो जाता था। जहाँ तक उनके वोट का सवाल था, वे दोनों पक्ष को अंत तक असमंजस में रखते थे। जब साइमन कमीशन के प्रश्न पर मतदान होने वाला था तो उन्होंने सभाध्यक्ष से शिकायत की कि दोनों पक्ष उन पर दबाव डाल रहे हैं। अध्यक्ष ने उन्हें संरक्षण का आश्वासन देते हुए पूछा कि वे किस ओर अपना मत देना चाहते थे। उस पर दो मिनट तक अहमद ने कुछ निर्णय न कर सकने वाला और बड़ी उलझन में पड़े व्यक्ति का अभिनय कर अंत में नाटकीय ढंग से तटस्थ रहने की घोषणा की।

भारतीय विधान सभा के पहले तीन वर्ष में मंत्री पक्ष में महत्वपूर्ण दो परिवर्तन हुए। गृह सदस्य सर एलेक्जेन्डर मुडीमैन के स्थान पर जेम्स क्रेरार और वित्त सदस्य सर बेसिल ब्लैकेट के स्थान पर सर जार्ज शुस्टर नियुक्त हुए। सर एलेक्जैंडर और सर बसिल निश्चित रूप से अपने उत्तराधिकारियों से अधिक योग्य और ओजस्वी थे। सर जार्ज शुस्टर बड़े शांत प्रकृति के थे जो एक पराधीन और शोषित देश के प्रतिनिधियों के प्रबल विरोध का सामना करने में असमर्थ थे।

जहाँ तक गृह सदस्य क्रेरार का संबंध था, उनके रंग-ढंग कुछ ऐसे थे मानो "जैसे ब्रिटिश साम्राज्य का सारा बोझ" उन्हीं के कंधों पर था और हर कीमत पर उन्हें उस जिम्मेदारी को निभाना था। छोटे कद और दुबले-पतले बदन और अलगाव वाली प्रकृति के क्रेरार शेक्सपीयर के एक पात्र कैसियस के समान थे, यद्यपि वे अवगुणों से रहित थे। जब वे विपक्ष के कड़े विरोध की बौछार के सामने खड़े होते थे तो अंग्रेजी साम्राज्य के जलते जहाज पर खड़े हुए कसाबलैंका का सजीव चित्रण उपस्थित कर देते थे। उनके संबंध में अंग्रेजी में एक बेनाम हास्यास्पद पद्य जिसकी कवियत्री बाद में दीवान चमनलाल की यूरोपियन पत्नी सिद्ध हुई, इस प्रकार था-

होम मेम्बर, जेम्स क्रेरार
नवम्बर में पैदा हुए थे
कहा जाता है कि,
वे बूढ़े ही जन्मे थे,
उनको कभी किसी ने हँसते हुए नहीं देखा।

तीसरी असेम्बली में विचारणीय विषय (१९२७-२९)

१९ जनवरी को सदस्यों को शपथ दिलाने के पश्चात् तथा २० जनवरी को विट्ठल भाई को सर्वसम्मति से अध्यक्ष बनाए जाने के पश्चात् २१ जनवरी को तीसरी असेम्बली की बैठक उस सत्र के कार्यक्रम का सम्पादन करने के लिए प्रारंभ हुई। सदस्यगण बड़ी संख्या में उपस्थित थे तथा दर्शक दीर्घाएँ भी भरी थीं। कुछ नयी बात होने की संभावना सदन में थी और यह आशा पूरी हो गई जब मोतीलाल

नेहरू उस दिन की कार्यवाही के स्थगन का प्रस्ताव करने के लिए खड़े हुए। वे चाहते थे कि एस.सी. मित्रा की लगातार नजरबंदी पर विचार किया जाए, जिन्हें मुक्त न कर असेम्बली में उपस्थित नहीं होने दिया गया था जबकि वे उसके निर्विरोध सदस्य चुने गए थे। अपने भाषण के दौरान उन्होंने कहा कि "यद्यपि हाउस ऑफ कामन्स और इस असेम्बली में कोई सदृश्य नहीं है तो भी जो कुछ इसे कहा जाता है, यदि यह उसकी नकल भी हो तो एक प्रतिनिधि संस्था के प्रत्येक सदस्य का यह अन्तर्निहित अधिकार है कि वह उसकी बैठकों में उपस्थित हो और अपने निर्वाचन क्षेत्र का प्रतिनिधित्व करे।"

गृह सदस्य एलेक्जेन्डर मुडीमैन ने अपने उत्तर में यहाँ तक कहा कि- "इस प्रकार का विषय यदि हाउस ऑफ कामंस में भी उठाया जाता तो भी इससे सदस्यों के विशेषाधिकार भंग नहीं होते क्योंकि व्यक्ति और सम्पत्ति के संरक्षण का प्रश्न महत्वपूर्ण है।" जब मतदान हुआ तो मोतीलाल जी का प्रस्ताव ४६ के मुकाबले में ६४ मतों से स्वीकृत घोषित किया गया।

उस प्रस्ताव के स्वीकार हो जाने से भी एस.सी. मित्रा तत्काल मुक्त नहीं किए गए। उन्होंने बहुत पहले २२ अक्टूबर, १९२६ को गवर्नर जनरल को असेम्बली में उपस्थित रहने की अनुमति के लिए आवेदन किया था। लेकिन एक प्रश्न के उत्तर में सरकार की ओर से १ फरवरी को कहा गया था कि "भारत शासन को ऐसा कोई आवेदन-पत्र नहीं मिला।" लेकिन जब विट्ठल भाई पटेल ने वाइसराय से इस मामले में सम्पर्क किया तो ७ फरवरी को शासन को यह स्वीकार करना पड़ा कि ५ नवम्बर को मित्रा का आवेदन पत्र प्राप्त हुआ था। विट्ठल भाई ने हाउस ऑफ कामन्स के अध्यक्ष श्री जे.एस. व्हिटले से भी इस मामले में सलाह मांगी थी। असेम्बली के दिल्ली सत्र के समाप्त होने के पश्चात् वे इंग्लैंड गए और व्हिटले से लम्बी चर्चा की। उनके इन सभी प्रयासों के फलस्वरूप मित्रा मांडले जेल से रिहा किए गए।

यद्यपि २४ जनवरी को दिए गए अपने उद्घाटन भाषण में वाइसराय लार्ड इरविन ने मुकदमा चलाए बिना लोगों को कैद में रखने की पैरवी की थी, मोतीलालजी ने ३ फरवरी को यह प्रस्ताव रखा कि "यह असेम्बली बंगाल क्रिमिनल लॉ अमेन्डमेन्ट एक्ट १९२५ और पुराने नियमों के अंतर्गत कैद किए गए सभी बंदियों को रिहा करने या उन पर मुकदमा चलाने की सिफारिश गवर्नर जनरल-इन-कौंसिल से करती है।" अपने प्रस्ताव के पक्ष में बोलते हुए उन्होंने वाइसराय के इस बयान की चर्चा की जिसमें उन्होंने कहा था कि सरकार उन सभी नजरबंद कैदियों को उस समय रिहा कर देगी जब उसे विश्वास हो जावेगा कि उनकी रिहाई से आतंकवादी गतिविधियों की रोकथाम का सरकारी उद्देश्य विफल नहीं होता और फिर उन्होंने प्रश्न किया "कि अंततः किस प्रकार शासन को संतुष्ट किया जा सकता है कि इन नजरबंदियों की रिहाई देश की शांति को भंग नहीं करेगी?" इसके बाद उन्होंने सुभाषचंद्र बोस पर मुकदमा चलाए बिना कैद और उनकी बीमारी का उल्लेख करते हुए सरकार पर "अमानवीय बर्ताव तथा कठोरता" का आरोप लगाया। अंत में उन्होंने घोषणा की "जब तक इन लोगों को रिहा नहीं किया जाता अथवा इन लोगों पर मुकदमा नहीं चलाया जाता, हम लोग संवैधानिक प्रगति या सहयोग की बात सुनना नहीं चाहते। अपनी घबराहट को हटा देने का शासन के लिए यह अंतिम अवसर है तथा लार्ड इरविन के लिए भी अपना वायसराय का पद ग्रहण करने की अवधि के प्रथम वर्ष को उदार राजनीतिज्ञता से विशिष्ट करने तथा नयी असेम्बली के प्रारंभ को वास्तविक हृदय परिवर्तन

कर उल्लेखनीय करने का यह अवसर आ गया है। इस अवसर को वे इतिहास में दंभपूर्ण ब्रिटिश साम्राज्य तथा भारत पर बलात् लादी गयी गुलामी के सूचक की तरह न जाने दें।"

सर एलेक्जेन्डर मुडीमैन ने अपने लम्बे भाषण में इस प्रस्ताव का विरोध किया। उन्होंने स्वर्गीय देशबन्धु दास की इस स्वीकारोक्ति का उल्लेख किया कि "आंदोलन जितना गंभीर है, उसका उतना अनुमान अधिकारीगण नहीं लगा सके है" और आतंकवादी घटनाओं की एक लम्बी सूची उन्होंने प्रस्तुत कर आतंकवादी गतिविधियों से संबंधित व्यक्तियों की नजरबंदी को न्यायसंगत कहा। क्रांतिकारी आंदोलन के अस्तित्व को तो अशासकीय पक्ष भी स्वीकार करता था। एम.के. आचार्य तो यह भी कह गए कि "जिस दमन नीति से भारत पर हुकूमत हो रही है, उसे देखकर उन्हें आश्चर्य है कि अधिक अपराध नहीं हो रहे हैं", लेकिन उन्होंने इस बात को नहीं माना कि क्रांतिकारियों और नजरबंद व्यक्तियों में कोई संबंध था। मुडीमैन के भाषण में निहित दुर्बलता को कई सदस्यों ने पकड़ा और विशेष रूप से उसकी चर्चा करते हुए मदन मोहन मालवीय ने यह स्वीकार करते हुए कि षड्यंत्रकारी हैं कहा कि "उससे निपटने के लिए अपराधियों पर खुले ढंग से मुकदमा चलाना चाहिए।" मुडीमैन के इस तर्क का उत्तर देते हुए कि शासन जनता की स्वतंत्रता की रक्षा कर रहा है, लाजपत राय गरज पड़े कि "आप स्वतंत्रता के रक्षक नहीं हो सकते। आपने उसे हमसे छीन लिया है और हमारा शोषण करने के लिए आप उसे अपने पास रखे हैं।....एक क्षण के लिए भी मैं यह मानने को तैयार नहीं हूँ कि सरकारी पक्ष भारत का हमसे बड़ा दोस्त है। आप तो अपने देश के प्रति पूर्णत: निष्ठावान हैं और हम लोग अपने देश के आपसे अधिक निष्ठावान हैं।"

पूरे दिन की बहस के बाद, जिसमें अशासकीय पक्ष बड़े भावावेश में आ गया था, प्रस्ताव पर मतदान हुआ और ५० के विरोध में ६३ मतों से स्वीकृत किया गया। प्रस्ताव पर हुई बहस और उसके पारित हो जाने से तत्काल तो कोई परिणाम नहीं हुआ, लेकिन कुछ माह के पश्चात् सुभाष चन्द्र बोस को रिहा कर दिया गया।

इसके बाद बजट को अस्वीकृत करवा कर विपक्ष ने एक और विजय प्राप्त की लेकिन इस्पात संरक्षण बिल और विनिमय दर के प्रश्न पर सरकार विजय रही। विनियम दर के प्रश्न पर देश में बहुत चर्चा हुई थी और जब ७ मार्च, १९२७ को सर बसिल ब्लैकेट ने असेम्बली में मुद्रा बिल प्रस्तुत किया तो विपक्ष की ओर से उसका घोर विरोध हुआ। शासन ने विनिमय दर १८ पेन्स रखी थी जबकि विपक्ष का उसे १६ पेन्स रखने का संशोधन था। संशोधन को प्रस्तुत करते हुए जमनादास मेहता ने कहा कि यदि विनिमय दर १८ पेन्स तय की जाती है तो भारत को प्रति वर्ष ३० से ४० करोड़ का घाटा होगा और इस घाटे की रकम विदेशी पूंजी लगाने वालों, आयात करने वालों और सरकार में बँट जावेगी। सर बसिल के इस तर्क को अमान्य करते हुए कि पिछले दो वर्षों से विनिमय दर १८ पेन्स ही रही आई थी और इसलिए उसे स्थिर कर दिया जाए, सभी वक्ताओं ने कहा कि कृत्रिम परिचालन की जाने पर भी विनिमय दर स्थिर नहीं रही थी।

संशोधन के पक्ष में तर्क करते हुए सर पुरुषोत्तमदास ठाकुरदास ने कहा कि उन्होंने विनिमय दर को १६ पेन्स रखने को इसलिए कहा था क्योंकि संविधि-संग्रह में १९१४ तक १६ पेन्स ही विनिमय दर थी और भारतीय मुद्रा ही एक मात्र मुद्रा थी, जो प्रथम महायुद्ध के समय में किंचित ही प्रभावित हुई

थी। उन्होंने शासन पर अन्तर्राष्ट्रीय बाजार से भारत में सोना मंगवाने का आरोप लगाया। सर बसिल ने विनिमय दर को १८ पेन्स इसलिए निश्चित करना चाहा था ताकि अंग्रेजी पौन्ड को १५ रुपये प्रति पौण्ड की दर के बजाय रु. १३-५-४ पाई दर से ही भारतवासियों को संतुष्ट किया जाए।

संशोधन के समर्थन में बोलते हुए जिन्ना ने व्हाइट हॉल और दिल्ली के बीच केबल (बेतार के तार) द्वारा किए गए पत्राचार के कुछ अंश यह प्रमाणित करने के लिए पढ़े कि सेक्रेटरी ऑफ स्टेट सर बसिल पर बनावटी हेर-फेर करने के लिए दबाव डाल रहे थे लेकिन उनके विवेक ने इसे नहीं माना और १८ पेन्स से अधिक दर रखने से आगे वे नहीं बढ़े। जिन्ना ने जब कहा कि "१८ पेन्स से अधिक विनिमय दर न होने देने के लिए भारत सर बेसिल के प्रति ऋणी है,"तो सर बसिल उठे और उन्होंने अपना सिर झुकाकर कृतज्ञता प्रदर्शित की। उस समय पूरा सदन बड़ी देर तक निरन्तर हर्ष ध्वनि करता रहा। अपनी बात समाप्त करते हुए जिन्ना ने अशासकीय सदस्यों को सम्बोधित करते हुए तथा चेतावनी देते हुए कहा कि "मुझे मालूम है कि लॉबियों में लोग सक्रिय हैं और जोड़-तोड़ के प्रयत्न जारी है, लेकिन स्मरण रखें कि प्रत्येक सदस्य अपने क्षेत्र की जनता का प्रतिनिधि है और आपको अपना पवित्र कर्तव्य निभाना है। आपकी जनता के हित के बाद ही आपका हित है। मैं, आप माननीय व्यक्तियों से, जो अपने क्षेत्र की जनता का प्रतिनिधित्व करते हैं, कहता हूँ कि आप प्रत्येक संवैधानिक और नैतिक सिद्धांत से अपने स्वार्थ के ऊपर अपने देश के हित को रखने के लिए प्रतिबद्ध हैं। यदि आपको त्याग करना पड़े, कष्ट भोगना पड़े, अपनी नौकरी या पद छोड़ना पड़े, तो आप ऐसा करें लेकिन भारत को न बेचें और यदि आप ऐसा करते हैं, तो आप इस सदन के प्रतिनिधि स्वरूप को भ्रष्ट करते हैं।"

वे बड़े ओजवर्धक शब्द थे और संभवत: जिन्ना की देश भक्ति इस उच्च स्तर पर फिर कभी नहीं पहुँच सकी। लेकिन उनके शब्दों को अनुसना कर दिया गया। यदि राजभक्तों ने अपने पदों और उपाधियों का त्याग करना सीखा होता, तो वे महात्मा गाँधी के आव्हान पर त्याग कर सकते थे और भारत १९२१ में ही अंग्रेजों की दासता से मुक्त हो गया होता। जैसा जिन्ना ने कहा था, अधिकारियों ने पिछले दो वर्षों के दौरान मुद्रा के चलन में बड़ा हेर-फेर किया और जैसा जिन्ना के द्वारा फिर सूचित किया गया, वे लोग पिछले दो दिनों से पद और उपाधियों के भूखे सदस्यों के वोटों को अपने पक्ष में करने में लगे हुए थे। उनकी सफलता तब स्पष्ट हो गई जब विनिमय दर को १६ पेंस रखने का अशासकीय संशोधन ६५ के विरोध में ६८ वोटों से पराजित हो गया। उस बिल पर ६ बैठकों में खींचातानी चलती रही और अंत में २१ मार्च को वह ५१ के विरोध में ६९ वोटों से पारित हो गया। अधिकारी पक्ष की ओर से जब बिल पास होने पर हर्षोल्लास की गर्जना की जा रही थी, उस समय एक अशासकीय सदस्य को यह कहते सुना गया: "यह हमारी घोर आर्थिक पराजय है।"

सेक्रेटरी ऑफ स्टेट ने ८ नंवबर को एक संसदीय आयोग की नियुक्ति की घोषणा की, जो साइमन कमीशन के नाम से अधिक प्रसिद्ध है तथा जिसे "ऑल व्हाइट कमीशन" नाम भी इसलिए दिया गया क्योंकि उसमें किसी भारतीय को स्थान नहीं मिला था। यद्यपि ब्रिटिश प्रधान मंत्री बाल्डवीन ने कमीशन के अध्यक्ष सर जान साइमन और उनके ६ सहयोगियों को "ईश्वर के सात अंग्रेज" की संज्ञा दी थी, उनकी नियुक्ति से भारत में भूकम्प जैसे झटके की अनुभूति हुई और राजनीतिक दृश्य में बड़ा नाटकीय परिवर्तन हो गया। दायें-बायें और मध्यमार्गी सभी राजनीतिक दलों ने संयुक्त रूप से उस

कमीशन की भर्त्सना की और अंग्रेजी राज के प्रति अभ्यस्त निष्ठावान सदस्यों में से भी कुछ उस कमीशन में, जो भारत के राजनीतिक भाग्य पर निर्णय देने के लिए नियुक्त की किया गया था, एक भी भारतीय के न रखे जाने के अपमान को आत्मसात नहीं कर पाए। लिबरल फेडरेशन, नेशनलिस्ट पार्टी, हिन्दू महासभा, स्वतंत्र पार्टी और आल इंडिया मुस्लिम लीग का जिन्ना दल सभी ने देश और असेम्बली में साइमन कमीशन के बहिष्कार कार्यक्रम में काँग्रेस का पूरा साथ दिया। ३ फरवरी, १९२८ को जब साइमन कमीशन ने बम्बई में कदम रखा तो देशव्यापी हड़ताल मनाई गई और 'साइमन वापिस जाओ' के नारे लगाता हुआ बम्बई में एक विशाल जुलूस निकला। ४ फरवरी को जब कमीशन दिल्ली पहुँचा तो वहाँ भी एक लाख से अधिक प्रदर्शनकारियों ने उसी नारे के साथ उसका काले झंडे से स्वागत किया। वस्तुत: जहाँ भी जाँच-पड़ताल के लिए कमीशन गया, वहां "साइमन वापिस जाओ" के नारों और काले झण्डों ने उसका पीछा किया।

कमीशन के विरुद्ध जनता के क्रोध की अभिव्यक्ति केन्द्रीय असेम्बली में उनके प्रतिनिधियों द्वारा तब हुई, जब १६ फरवरी को लाला लाजपत राय ने प्रस्ताव रखा कि गवर्नर जनरल अपनी सरकार को "उस कमीशन पर असेम्बली के पूर्ण अविश्वास से अवगत कराए जो भारत के संविधान पर पुनरीक्षण करने के लिए नियुक्त किया गया है।" उन्होंने तीनों अशासकीय पार्टियों का मत व्यक्त करते हुए कहा कि "इंग्लैण्ड के साथ भारत के सम्बन्ध की समस्या किसी जाँच कमीशन द्वारा तय की जाने वाली समस्या नहीं है। वह तो आपस में बातचीत कर किसी समझौते पर पहुँचने की समस्या है।" कमीशन जो साक्ष्य एकत्रित कर रहा था, उसकी चर्चा करते हुए उन्होंने कहा कि "भारतीय नौकरशाही और एंग्लो इंडियन व्यापारी समाज, जो भारत में अंग्रेजी राज के चलते रहने में रूचि रखता है ऐसी साक्ष्य कितनी ही मात्रा में तैयार कर सकता है, जो यह प्रदर्शित करे कि भारत स्वायत्त शासन के योग्य नहीं है।" अंत में उन्होंने कहा: "हमें बताया जाता है कि हम सैन्य संचालन नहीं कर सकते, अर्थव्यवस्था की देखभाल नहीं कर सकते, हम अपनी रेल चलाने के योग्य नहीं हैं। तो फिर क्या हम केवल टैक्स देने के योग्य ही हैं और क्या हमारा ट्रस्टी ट्रस्ट की पाई-पाई निगलता चला जाए? शासन की आत्मा रहित मशीन ने, जिसे पीसना और कुचलना ही आता है, भारत-वासियों को निकम्मा कर दिया है।"

होम मेम्बर जेम्स क्रेरार ने मुस्लिम वोटों को अपनी ओर करने के विचार से अल्पसंख्यकों की चर्चा की और कहा कि १९२४ में कुछ नेताओं ने स्वयं एक शाही कमीशन की मांग की थी। उन्होंने वाइसराय के इन शब्दों को दोहराया कि "मैं यह भविष्यवाणी करने का साहस करता हूँ कि इतिहास का सतर्क अन्वीक्षण उनके विरुद्ध फैसला देने में असफल नहीं होगा, जिन्होंने सत्ता का उपयोग रुकावट डालने में किया जबकि सहायता करना उनके अधिकार में था।"

दोनों जयकर और जिन्ना कमीशन में अंग्रेजों के बराबर भारतीय सदस्यों को नियुक्त किए जाने के पक्षधर थे। होम मेम्बर की इस बात का उत्तर देते हुए कि वे कुछ दूसरे नेताओं के साथ, एक शाही कमीशन की नियुक्ति १९२४ में चाहते थे, जिन्ना ने कहा कि, "वह मांग दिसबंर १९२४ में की गयी थी और आज हम फरवरी १९२८ में हैं।" सिर्फ शासकीय पिट्ठुओं पर ही भरोसा करने के लिए शासन को फटकारते हुए उन्होंने कहा कि "आप किसी भली पार्टी अथवा सम्मानजनक और भले व्यक्ति का सहयोग लेना चाहते हैं या आप ऐसे लोग ही चाहते हैं जो आपके सामने प्रार्थियों की तरह खड़े हों? यदि आप केवल प्रार्थी ही चाहते हैं तो मैं आपके लिए शुभ कामना करता हूँ।"

जब मद्रास के अशासकीय मनोनीत सदस्य एम.सी. राजा भाषण दे रहे थे, उस समय समाचार आया कि हरचंद राय बिशनदास का, जो गंभीर रूप से अस्वस्थ होने पर भी कमीशन के विरूद्ध वोट देने के लिए लाए गए थे, देहांत हो गया। सदन की कार्यवाही स्थगित कर दी गयी और दिवंगत देशभक्त की शव यात्रा में उन्हें श्रद्धांजलि देने के लिए अशासकीय सदस्य बड़ी संख्या में सम्मिलित हुए।

१८ फरवरी को फिर बहस प्रारंभ हुई। मोतीलाल नेहरू ने लार्ड बर्किनहेड के भाषण का उल्लेख करते हुए कहा कि "देश ने जो रवैया अपनाया है वह पूर्णत: न्यायसंगत है। लार्ड महोदय ने लाखों मुस्लिम और दलित वर्ग के लोगों के ही सहयोग की बात नहीं की, साथ ही लाखों एंग्लो इण्डियन के सहयोग का भी उल्लेख किया है।" सदन में उस समय बड़ी हँसी हुई जब उन्होंने कहा कि "मैं आशा करता हूँ कि लार्ड महोदय द्वारा दी गई संख्या के निकट पहुँचने के लिए अपनी संख्या में बड़ी वृद्धि कर सकने की एंग्लो इण्डियन लोगों की क्षमता में समुचित वृद्धि होगी।" बर्किनहेड की धमकियों की उपेक्षा करते हुए वे बोले कि "सूज गए सिरों में अक्ल कम होती है और जो बहुत ऊंचा चढ़ता है, वह गिर जाता है।" अंत में भारत के विरूद्ध श्रमिक सरकार के रवैये पर बोलते हुए उन्होंने घोषणा की "हम अपने पैरों पर खड़े हैं। जिन सरकारों ने इतिहास के सबक की ओर ध्यान नहीं दिया, वे खत्म हो गईं" और मुझे कोई संदेह नहीं है कि इंग्लैण्ड की राजनीतिमत्ता जो काम नहीं कर पायी वह काम भारतीय जनता समाप्त हुए साम्राज्यों की गिनती में एक और साम्राज्य जोड़ कर सम्पन्न कर देगी।"

जयकर और जिन्ना की ओर उंगली उठाकर सर बेसिल ब्लैकेट ने कहा कि उनकी समझ में यह नहीं आ रहा था कि "मेरे सामने बैठे मेरे मित्रों के असहयोग के प्रति विरोध भाव से अब इस नकारात्मक प्रस्ताव के पक्ष में वोट करने के उनके इरादे का कैसे समझौता हो सकता है।" जिन्ना द्वारा मोतीलाल नेहरू से हाथ मिलाने पर उन्होंने व्यंग किया कि "मुझे भय है कि जिन्ना पंडित के बरामदे में कदम ही नहीं रख चुके हैं बल्कि काँग्रेस पार्टी ने उन्हें अपना लिया है। मकड़ी भूखी हो सकती है लेकिन मक्खी को इतनी जल्दी क्यों करनी चाहिए।"

मदन मोहन मालवीय ने कहा कि "लार्ड बर्किनहेड ऐसे बड़े आतंकित करने वाले व्यक्ति हैं जो भारतीय जनता को अपने साथी अंग्रेजी जनता से दूर कर देंगे," और यह भी उन्होंने कहा कि "जब तक कि सम्राट द्वारा अंग्रेजों के बराबर की संख्या में भारतीयों की नियुक्ति कमीशन में नहीं की जाती हम सहयोग नहीं करेंगे।" अंत में सदस्यों को उन्होंने याद दिलाया कि "यदि वे शासन से सहयोग करने के पक्ष में वोट देंगे तो राष्ट्रीय प्रतिष्ठा खतरे में पड़ जावेगी।"

अध्यक्ष ने लाला लाजपत राय के प्रस्ताव को मतदान के लिए सदन में रखा तो वह ६२ मतों के विरोध में ६८ मतों से स्वीकृत किया गया। परिणाम घोषणा का स्वागत "वन्देमातरम्" के घोष और "साइमन वापिस जाओ" के नारे से हुआ। कई अशासकीय सदस्यों ने अनुभव किया कि मुद्रा के प्रश्न पर उनकी पराजय का प्रतिशोध ले लिया गया था।

बजट को प्रस्तुत किए जाने के बाद जब साइमन कमीशन के व्यय की राशि रु. ३४०,०००/- "विविध" खाते के अन्तर्गत विचार के लिए रखी गई, तो इस राशि को बजट से निकाल देने का प्रस्ताव मोतीलालजी ने प्रस्तुत किया। उस राशि की स्वीकृति के पक्ष में बोलते हुए होम मेम्बर क्रेरार विपक्ष के

इस प्रस्ताव से इतने व्याकुल थे कि उन्हें कहना पड़ा कि "इसका विकल्प क्या हो सकता हैं"? जिन्ना ने तत्काल उत्तर दिया: "उन्हें वापिस भेज दो" और तब सदन में बड़ी हँसी हुई। इस पर सर डब्ल्यू. एस. विल्सन ने कहा कि "उसके लिए भी रुपये की आवश्यकता होगी।" विविध अनुदान की स्वीकृत राशि में से साइमन कमीशन पर खर्च होने वाली राशि को निकाल देने का प्रस्ताव ५९ के विरोध में ६६ मतों से पारित हो गया।

रिजर्व बैंक बिल पर सदन का बहुत समय लगा। एक समय ऐसा लगा कि जन-प्रतिनिधियों और सरकार में समझौता हो जावेगा, लेकिन पुनर्विचार के बाद सरकार को ऐसा लगा कि विपक्ष की मांग को पूरा करने के लिए वह बहुत दूर चली गई थी। उसने बिल न रखने का निर्णय लिया और उस बिल की एक ही धारा पर तत्काल मतगणना में पराजित हो जाने के पश्चात् सरकार ने बिल को वापिस ले लिया।

विश्व युद्ध के बाद के वर्षों में उद्योग में बड़ी प्रगति हुई थी, लेकिन अब बड़ी मंदी का दौर चल रहा था। इसके कारण श्रमिक जगत बहुत परेशान था और १९२० तक स्थिति बड़ी ही विषम हो गई थी। बम्बई, मद्रास, कलकत्ता और कानपुर में हड़तालें हुईं। कई श्रमिक नेता पकड़े गए और मेरठ में उन पर चलाए गए मुकदमें लगभग चार वर्ष तक चलते रहे। चूँकि कई साम्यवादी भारत में आ गए थे और अपने सिद्धांतों का प्रचार कर रहे थे, इससे घबराकर शासन ने असेम्बली में पब्लिक सेफ्टी बिल प्रस्तुत किया। उस पर गरमा-गरम वाद-विवाद और कई उतार-चढ़ाव के पश्चात् अध्यक्ष की व्यवस्था द्वारा वह बिल समाप्त हो गया। फिर भी, उसके दूसरे ही दिन गवर्नर जनरल ने एक अध्यादेश जारी किया जिसमें सुरक्षा अधिनियम के सभी प्रावधान थे और इस प्रकार सरकार असेम्बली के माध्यम से जो निरंकुश अधिकार नौकरशाही को देना चाहती थी, उस अधिकार से इस अध्यादेश द्वारा उसे लैस कर दिया गया।

लालाजी की ''हत्या'' पर वाद विवाद (१९२९)

देश के विभिन्न भागों में साइमन कमीशन की यात्रा को लाहौर और लखनऊ की दो संगीन घटनाओं ने नष्ट कर दिया। यह देखकर कि किराए पर लाए गए स्वागतकर्ताओं की उपस्थिति के अतिरिक्त भारतीय जनता द्वारा कमीशन का नितांत बहिष्कार छिपा न रहा, नौकरशाही ने दबाव और दमन के तरीके अपनाए। लाहौर में लाला लाजपत राय तथा उनके कुछ सहयोगियों पर आक्रमण किया गया और यू.पी. में जवाहरलाल नेहरू और गोविंद वल्लभ पंत को भी लखनऊ में उसी स्थिति को झेलना पड़ा। मोतीलाल नेहरू ने असेम्बली में जवाहरलाल पर किए गए हमले का विवरण स्वयं दिया-"उस पर एक ओर से नहीं बल्कि तीनों ओर से हमला किया गया और यदि उसके जवान सहयोगियों ने तीन और चार की कतार में उसे घेर रखा न होता, तो वह जिन्दा नहीं रह सकता था। मैं कोई आरोप नहीं लगा रहा हूँ, न मैं परवाह करता हूँ और न ही वह लड़का। उसके बगल में स्थानीय कौंसिल में काँग्रेस दल के नेता गोविन्द वल्लभ पंत थे और दोनों पर जानबूझकर हमला किया गया। मैंने उन दोनों को देखा और उनके शरीर इस प्रकार काले और नीले हो गए थे जैसे किसी पेन्टर ने पूरे बदन को रंग दिया हो, लेकिन दोनों जवान और बलवान हैं। उन गम्भीर चोटों की वे बिल्कुल परवाह नहीं करते।"

लेकिन लाला लाजपत राय न तो युवक थे और न बलवान ही थे। वृद्ध होने के साथ ही वे

बीमार भी थे और पुलिस के आक्रमण ने उनकी जान ले ली। असेम्बली के एक सदस्य लाला हंसराज ने पूरी घटना देखी थी। उनके कथनानुसार जब जुलूस उस स्थान पर पहुँचा जहाँ पुलिस ने अवरोध लगा रखा था, लालाजी ने लोगों को रुक जाने का आदेश दिया और जुलूस वहीं रुक गया। पन्द्रह मिनट के बाद वरिष्ठ पुलिस सुपरिन्टेन्डेन्ट स्काट अवरोध के बीच की खुली जगह से आया और कुछ कहे बिना उसने लालाजी पर दो बार अपने डंडे से प्रहार किया। हंसराज ने कहा कि मुझे उसके पागलों जैसे अकस्मात् किए गए कार्य से बड़ा आश्चर्य हुआ और मैंने लालाजी पर किए गए वार को रोकने के लिए अपना बांया हाथ बढ़ाया और उस हाथ पर डंडे के तीन वार पड़ गए। लाला दुलीचंद और संथानम पर भी, जो लालाजी को बचा रहे थे, लाठियां पड़ीं। लाला हंसराज ने यह भी बताया कि आक्रमण से पहले एक अज्ञात व्यक्ति ने लालाजी पर छाता खोल रखा था और कुछ लोगों का कहना था कि वह गुप्तचर पुलिस का व्यक्ति था। निश्चित ही उसके इस कार्य ने लालाजी को सबसे अलग विशिष्ट बना दिया था। लाला हंसराज का विश्वास था कि "स्काट हम लोगों को नहीं केवल लालाजी को मारना चाहता था" और "मैं निश्चित रूप से कह सकता हूँ कि यदि उन पर किए गए सभी वार उन पर पड़ जाते तो लालाजी की वहीं मृत्यु हो जाती।"

१५ फरवरी, १९२९ को मैंने निम्नलिखित प्रस्ताव असेम्बली में रखा: "यह असेम्बली गवर्नर जनरल इन कौंसिल से सिफारिश करती है कि वे इस असेम्बली के संदेश को सेक्रेटरी ऑफ स्टेट फॉर इंडिया और उनके द्वारा हिज़ मेजेस्टी की सरकार को सूचित करें कि यह सदन लाला लाजपत राय की मृत्यु की परिस्थितियों के सम्बन्ध में लेबर पार्टी के सदस्यों से प्रश्न करने पर २६ नवम्बर, १९२८ को अन्डर सेक्रेटरी ऑफ स्टेट फॉर इंडिया अर्ल विन्टरटन के अपमानजनक उत्तर पर अपना तीव्र रोष प्रकट करता है तथा इस सदन का विश्वास है कि लाहौर में साइमन कमीशन के आने पर बहिष्कार जुलूस का नेतृत्व करते हुए लालाजी पर पुलिस द्वारा किए गए प्रहार से घायल हो जाने से उनकी मृत्यु शीघ्र हो गयी और सदन की राय है कि बॉयड कमेटी द्वारा की गई जाँच बनावटी थी तथा पुलिस द्वारा किए गए अपराध पर लीपा-पोती करने और उसे उचित ठहराने के लिए वह जाँच की गई थी।"

मेरे प्रस्ताव पर मुंशी ईश्वर शरण ने एक संशोधन इस आशय का प्रस्तुत किया कि असेम्बली के कुछ सदस्यों की एक कमेटी बनाई जाए जो लाला लाज़पत राय पर किए गए आक्रमण तथा परिणामस्वरूप उनकी मृत्यु होने या उसके कारण शीघ्र मृत्यु हो जाने के आरोप की जाँच करे।

अपने भाषण में मुंशीजी ने दो डाक्टरों की इस राय को उद्धृत करते हुए बताया कि "लाला लाजपत राय की मृत्यु पुलिस के हमले से जल्दी हो गयी और कहा कि विभागीय तथा कार्यकारी जाँच लालाजी की दुःखद मृत्यु के पहले की गई। अतएव मेरा कहना है कि यह सरकार का कर्तव्य है कि यदि वे उनसे संबंधित अपने बयान में सच्चे हैं, जैसा मैं विश्वास करता हूँ, तो इस सदन के विशिष्ट सदस्यों की जाँच कमेटी की हमारी मांग को स्वीकार करे जो इसका निर्णय करे कि लालाजी की मृत्यु का पुलिस के हमले से कोई संबंध है अथवा नहीं।"

हमले से संबंधित तथ्यों को लाला हंसराज द्वारा बताए जाने के पश्चात् मंत्रीपक्ष से होम मेम्बर जेम्स क्रेरार खड़े हुए और प्रारंभ में ही उन्होंने "प्रस्तावक सदस्य के भाषण में लाला लाजपत राय की 'हत्या' का जिस ढंग से उल्लेख किया, उस पर घोर आपत्ति की" और मेरी "भाषा और तर्कों" को

असंसदीय कहा। इसके पश्चात् उन्होंने पुलिस तथा पंजाब सरकार की कार्यवाही और बॉयड द्वारा की हुई जाँच का बचाव करते हुए प्रस्ताव तथा संशोधन दोनों का विरोध किया।

मदन मोहन मालवीय ने, जो होम मेम्बर के पश्चात् बोलने खड़े हुए, कहा कि "माननीय होम मेम्बर के कथन को सुनना मेरे लिए बड़ा वेदनाप्रद रहा है।" मालवीय जी ने, जो घटना के समय लाहौर में थे तथा लाला लाजपत राय पर किए गए आक्रमण के पश्चात् उनसे मिले थे, सदन से संतप्त आवाज में पूछा "कौन ऐसा है जो कह सकता है कि लाला लाजपत राय की आयु और प्रतिष्ठा के व्यक्तित्व पर अपने ही लोगों के बीच में अकारण दिन दहाड़े कायरतापूर्ण आक्रमण से उसे गहरा धक्का नहीं लगा है"? उन्होंने सदन में "यह विश्वास करने की अपील की कि लाला लाजपत राय पर अकारण, अन्याय से तथा कायरतापूर्ण किये गये आक्रमण के परिणाणस्वरूप उनकी मृत्यु शीघ्र हो गयी।" अंत में उन्होंने प्रत्येक भारतीय और अंग्रेज माननीय सदस्य से, जिनका भारतीयों की प्रतिष्ठा से लगाव है, इस देश के प्रति जिनमें आदर है उस प्रस्ताव को अपना समर्थन देने के लिए अपील की।

पुलिस के विरुद्ध लालाजी के आरोप को जयकर ने "मृत्युकालीन घोषण-पत्र" की संज्ञा दी और कहा कि "देश के कानून के तहत उसका अपना महत्व और विश्वास है"। होम मेम्बर के द्वारा जाँच करवाने से अस्वीकार करने की निंदा करते हुए जयकर ने कहा: "इस सदन का एक सदस्य मारा गया है। जाँच से क्यों डरा जाए? माननीय होम मेम्बर कहते हैं कि आप "हत्या की गई" शब्द का उपयोग क्यों करते हैं? उसे फिर हम क्या कहेंगे यदि सरकार उसकी जाँच से बचना चाहती है?"

जिन्ना ने अपना भाषण आरम्भ करते हुए कहा- "महोदय, माननीय होम मेम्बर ने प्रस्तावक सदस्य की भाषा और लहज़े को इस विचारक सदन की प्रतिष्ठा से असंगत कहा है। महोदय, मैंने होम मेम्बर के लहज़े और भाषा को सुना और मेरा कहना है कि वह उत्तरदायी सरकार की प्रतिष्ठा से असंगत थी"। उन्होंने राय व्यक्त की कि "यदि आप जाँच से बचना चाहते हैं तो सदन के विपक्ष भाग के सदस्य मात्र इसी निष्कर्ष पर पहुँचेंगे कि आप में जाँच का सामना करने कां साहस नहीं है।"

उनके पश्चात् मोतीलाल नेहरू ने कहा कि जाँच करवाना सरकार के हित में है। "हमारी मांग पर यदि आप जाँच नहीं करवाते तो क्या परिणाम होगा? परिणाम यह होगा कि यह लोक धारणा कि लालाजी की मृत्यु पुलिस के हाथों ऐसी परिस्थितियों में हुई जिसे हत्या कहा जा सकता है, इस निश्चित विश्वास में बदल जावेगी कि लालाजी को एक हत्यारे ने मारा और वह हत्यारा संबंधित शासकीय अधिकारी था।"

इसके बाद बंगाल के एक यूरोपियन सदस्य आर्थर मूर ने पुलिस के बचाव में कहा कि "हम जानते हैं कि उस हमले के बाद लालाजी दिल्ली आए और कोई आरोप न करते हुए उन्होंने भाषण दिए।" इस पर मदन मोहन मालवीय ने बीच में हस्तक्षेप किया और कहा कि "माननीय सदस्य वस्तुस्थिति के ज्ञान के बिना ही बोल रहे हैं।" इस पर विपक्ष के सदस्यों द्वारा हुई हँसी के बीच में अध्यक्ष विट्ठल भाई ने सहज भाव से कहा कि "वस्तुस्थिति की जानकारी के बिना माननीय सदस्य को बोलने का अधिकार है।"

अब व्यापार और रेल के मंत्री सर जार्ज रेनी खड़े हुए और जिस ढंग से "इस वाद विवाद में 'हत्या' शब्द का प्रयोग हुआ है" उस पर उन्होंने आपत्ति करते हुए कहा कि "विपक्ष के नेता माननीय

सदस्य के मुंह से उस शब्द के प्रयोग से मुझे बड़ा दु:ख हुआ है।" जब उन्होंने कहा कि "यदि वह हत्या का मामला है तो माननीय सदस्य को उसके लिए अदालत उपलब्ध है, तो विपक्ष के सदस्यों ने बीच में कहा-

पं.मोतीलाल नेहरू- जब हत्या जैसा अपराध हुआ हो तो सरकार का रवैया क्या आप जैसा कह रहे है, वैसा ही है? क्या पुलिस मारे गए व्यक्ति के रिश्तेदारों को कोर्ट में जाने देती है?

माननीय सर जार्ज रेनी- जो लोग यह कहते हैं कि पुलिस अपना कर्तव्य नहीं कर रही है, उन्हें छूट है कि वे मजिस्ट्रेट से शिकायत करें और तब मजिस्ट्रेट निर्देश दे सकता है।

एम.ए. जिन्ना- मैं माननीय सदस्य को याद दिला दूँ कि कानून के तहत किसी व्यक्ति को कत्ल के मामले में मुकदमा करने की छूट नहीं है।

माननीय सर जार्ज रेनी- कानून के तहत किसी भी व्यक्ति को मजिस्ट्रेट से शिकायत करने की छूट निश्चित है कि कोई अपराध हुआ है।

एम.ए. जिन्ना- कत्ल के मामले में सरकार की ओर से ही मुकदमा चलाया जा सकता है।

माननीय सर जार्ज रेनी- मैं अपने माननीय और विद्वान मित्र से इस बात पर बहस नहीं करना चाहूँगा।.....

एम.ए. जिन्ना- मेरे विचार से आप विधि मंत्री से विचार करें।

अंत में होम मेम्बर क्रेरार ने कहा कि "भीड़ के चलने से मोर्चाबन्दी के टूट जाने का खतरा था।" इस कथन पर "नहीं" "नहीं" की आवाजें हुईं और मदन मोहन मालवीय ने कहा कि "वैसा नहीं था"। माननीय होम मेम्बर ने जाँच की मांग ठुकराते हुए यह कहा कि "मुझे विपक्ष में इस प्रश्न पर व्याप्त गहरी और सच्ची भावना की अनुभूति है, फिर भी मैं उस अनुरोध को पूरा करने में अपने को असमर्थ पाता हूँ"।

अध्यक्ष ने मुंशी ईश्वर शरण के संशोधन पर मतदान कराया और वह ४५ विपक्ष तथा ५७ पक्ष में पड़े मतों से पारित हो गया, लेकिन लालाजी पर हुए हमले और असेम्बली में उस पर हुए वाद-विवाद का परिणाम पंजाब पुलिस और मुझे झेलना पड़ा। असेम्बली में मंत्री पक्ष पर बम फेंकने के बाद भगत सिंह और बटुकेश्वर दत्त ने लाल पर्चे फेंके जिनमें मेरे भाषण के दो वाक्य थे: "हत्या कभी दबायी नहीं जा सकी है। हत्या प्रतिशोध और निवारण के लिए ऊंचे चढ़कर आवाज देगी।" सरकार ने सहज ही यह धारणा बना ली कि मेरा आतंकवादियों से संबंध था। इस सत्य ने कि जिस दिन असेम्बली में बम फेंका गया था, मैं अनुपस्थित था उनके संदेह में वृद्धि कर दी। परिणामस्वरूप मुझ पर कई वर्षों तक गुप्तचर पुलिस निगरानी करती रही और १९३४ में जब महात्मा गाँधी से समझौते के फलस्वरूप दो वर्ष से अधिक सज़ा पाए कांग्रेसियों की चुनाव में खड़े होने की अयोग्यता हटा दी गई थी, तब पूरे देश में मैं ही एकमात्र काँग्रेसजन था, जिसे उससे विपरीत व्यवहार के लिए अलग किया गया था। पंजाब पुलिस का जहाँ तक संबंध था, उसका एक ब्रिटिश अधिकारी सांडर्स, जिस पर लाला लाजपत राय पर किए गए हमले में सम्मिलित होने का संदेह था, अपने कार्यलय से निकलते समय गोली से मार दिया गया।

निःसंदेह लालाजी पर किए गए आक्रमण और उनकी मृत्यु ने भारत की जनता, विशेष रूप से नवयुवकों की भावना को झकझोर दिया था और "पूरे सफेद कमीशन" की नियुक्ति तथा स्वतंत्रता प्राप्ति की भावना के दमन से जो आग जल रही थी उसमें ईंधन डालने का काम किया। अपनी आत्मकथा में जवाहरलाल नेहरू ने लालाजी पर आक्रमण के परिणामों पर लिखा है: "वे (लालाजी) व्यक्तिगत अपमान से इतने क्रुद्ध तथा दुखी नहीं थे, जितना दुःख और क्रोध उन्हें उन पर किए गए आक्रमण के द्वारा भारत के अपमान से हुआ था और भारत के दिमाग पर भी इस राष्ट्रीय अपमान की प्रतिक्रिया हुई। जब उसके बाद शीघ्र ही लालाजी की मृत्यु हुई, जो उस आक्रमण से जुड़ी थी, तो दुख पीछे हट गया और क्रोध ने उसका स्थान ले लिया। इस बात को समझ लेना इसलिए उचित है क्योंकि उस संदर्भ में ही बाद में हुई घटनाओं को तथा भगत सिंह के प्रादुर्भाव और उत्तर भारत में उनकी आकस्मिक एवं आश्चर्यजनक लोकप्रियता समझी जा सकती है...... उस संमय वे लाला लाजपत राय और उनके माध्यम से देश के अपमान का बदला लेते हुए प्रतीत दिए।"[१]

साम्प्रदायिक प्रश्न तथा सर्वदलीय सम्मेलन (१९२८)

गौहाटी काँग्रेस ने, जो दिसम्बर के अंतिम सप्ताह में स्वामी श्रद्धानंद की हत्या से क्षुब्ध वातावरण में हुई थी, एक प्रस्ताव द्वारा काँग्रेस कार्यकारिणी को हिन्दू-मुस्लिम मतभेदों का अंत करने के उपाय ढूंढ़ने का निर्देश दिया था। दिल्ली में केन्द्रीय असेम्बली के प्रथम सत्र के समाप्त होने के पहले मार्च, १९२७ में तीन अशासकीय दलों के नेताओं ने महसूस किया कि स्वराज्य की प्राप्ति कठिन रहेगी यदि हिन्दू-मुस्लिम दंगे होते रहे और यदि दोनों प्रमुख सम्प्रदायों में कोई राजनीतिक समझौता नहीं होता। ऐसे समझौते का शीघ्र होना इसलिए भी आवश्यक हो गया क्योंकि कौंसिल ऑफ स्टेट में सर शंकरन नायर ने इस आशय का प्रस्ताव १० मार्च को प्रस्तुत किया कि "उत्तरदायी शासन स्थापित करने की दिशा में कोई कदम तब तक न उठाए जाएँ जब तक हिन्दू और मुस्लिम मेम्बर चुनने के लिए मौजूदा हिन्दू और मस्लिमों की पृथक चुनाव पद्धति को समाप्त करने पर राजी नहीं हो जाते।" इस प्रकार संयुक्त चुनाव पद्धति दोनों सम्प्रदायों के बीच समझौते का मूर्त प्रश्न हो गया।

यह सत्य है कि स्वराज्य प्राप्ति के लिए असेम्बली कार्यक्षेत्र नहीं थी, लेकिन विभिन्न दलों के नेताओं के आपस में मिलने की जगह तो वह थी। उपरोक्त संदर्भ में हिन्दुओं और मुस्लिमों के नेताओं में आपसी विचार-विमर्श के बाद उन लोगों की अलग-अलग सभाएं हुईं। जब २० मार्च को दिल्ली के वेस्टर्न कोर्ट होस्टल में मोहम्मद अली जिन्ना की अध्यक्षता में मुस्लिम समाज के विभिन्न समूहों के नेताओं की बैठक हुई तो कुछ ठोस सुझाव उभरे। बड़ी लम्बी बहस के बाद संयुक्त चुनाव पद्धति को स्वीकार करने का निर्णय लिया। यदि (१) सिंध को अलग प्रांत बनाया जाता है (२) उत्तर पश्चिम सीमा प्रांत तथा बलूचिस्तान में सुधार लागू किए जाते हैं (३) पंजाब और बंगाल में मुस्लिम प्रतिनिधित्व का आरक्षण उनकी जनसंख्या के आधार पर होता है और (४) केन्द्रीय असेम्बली में मुस्लिम सदस्यों की संख्या कुल संख्या की एक तिहाई से कम नहीं रखी जाती।

उक्त सम्मेलन ने आशा की, "कि हिन्दू उस पर सहमत हो जावेंगे और मुसलमान सर्वसम्मति से पास उन प्रस्तावों को अपनी मंजूरी दे देंगे।" काँग्रेस कार्यकारिणी ने मुस्लिमों के उन प्रस्तावों को

स्वीकृति दे दी और आल इंडिया काँग्रेस कमेटी ने भी कुछ छोटे-छोटे संशोधनों के साथ उसे स्वीकार कर लिया। काँग्रेस के मद्रास के दिसम्बर १९२७ के अधिवेशन ने भी उस पर अपनी मोहर लगा दी। लेकिन अंत में इस हिन्दू-मुस्लिम एकता के प्रयत्न को जो बात घातक सिद्ध हुई, वह जमनादास मेहता का एक प्रस्ताव था, जिसमें स्वराज के संविधान को अन्य राजनीतिक दलों से सलाह मशविरा कर बनाने का सुझाव था।

मेहता के प्रस्ताव के अनुसार काँग्रेस कार्यकारिणी ने सर्वदलीय सम्मेलन को आमंत्रित किया, जिसकी पहली बैठक दिल्ली में फरवरी महीने में और बाद में बम्बई में मई में हुई। इस बीच हिन्दू महासभा दिल्ली में निश्चित मुसलमानों के प्रस्ताव के विरुद्ध अपनी आवाज़ उठा चुकी थी। जिन्ना द्वारा संयुक्त चुनाव पद्धति के स्वीकार किए जाने के विरोध में कुछ राजभक्त मुसलमान नेताओं ने मुस्लिम लीग में फूट पैदा कर दी। बम्बई के सर्वदलीय सम्मेलन के राष्ट्रवादी नेताओं ने साम्प्रदायिक समस्या पर गहरे मतभेद को देख कर स्वराज संविधान के सिद्धान्त को निर्धारित करने के लिए एक समिति बनायी। मोतीलाल नेहरू के अतिरिक्त, जो उस समिति के अध्यक्ष थे, तेजबहादुर सप्रू, अणे, प्रधान, शुआब कुरेशी, एन.एम. जोशी, सुभाषचन्द्र बोस तथा मंगल सिंह उसके सदस्य थे। एम.आर. जयकर का नाम भी प्रस्तावित हुआ था लेकिन उन्होंने उसमें सम्मिलित न होने का निर्णय किया। समिति की २० से ज्यादा बैठकें हुईं और विभिन्न संगठनों से परामर्श करने के पश्चात् उसने अपनी रिपोर्ट, जो नेहरू रिपोर्ट कहलायी, सम्मेलन की लखनऊ की बैठक में अगस्त में प्रस्तुत की।

साम्प्रदायिक प्रश्न पर मुख्य सिफारिशें थीं:-

(१) पूरे देश में प्रांतीय कौंसिलों तथा केन्द्रीय असेम्बली के लिए संयुक्त चुनाव पद्धति से चुनाव होंगे।

(२) केन्द्रीय असेम्बली में सीटों का कोई आरक्षण नहीं होगा। प्रांतों में जहाँ मुसलमान अल्प संख्या में हैं उत्तर पश्चिम सीमा प्रांत में गैर-मुस्लिमों के लिए सीटों का आरक्षण होगा। यह आरक्षण प्रत्येक प्रांत में जहाँ मुसलमान अल्पसंख्या में है, उनकी संख्या के अनुपात में होगा और इसी प्रकार उत्तर पश्चिम सीमा प्रांत में गैर-मुस्लिमों की अतिरिक्त सीटों का आरक्षण उस प्रान्त में उनकी संख्या के अनुपात में होगा। सीटों के आरक्षण के अतिरिक्त मुस्लिमों या गैर मुस्लिमों को अतिरिक्त सीटों के लिए चुनाव में खड़े होने का अधिकार होगा।

(३) प्रांतों में (अ) पंजाब और बंगाल में किसी सम्प्रदाय के लिए सीटों का आरक्षण नहीं होगा। (ब) पंजाब और बंगाल को छोड़ कर अन्य प्रांतों में जहाँ मुसलमान अल्पसंख्या में हैं, उनके लिए सीटों का आरक्षण उनकी जनसंख्या के आधार पर होगा तथा साथ ही वे अन्य सीटों के लिए भी चुनाव लड़ सकेंगे। (स) उसी प्रकार उत्तर पश्चिम सीमा प्रांत में गैर-मुस्लिमों की सीटों का आरक्षण उनकी जनसंख्या के आधार से होगा और वे अन्य सीटों के लिए भी उम्मीदवार हो सकेंगे।

(४) सीटों का आरक्षण, जहाँ भी होगा, १० वर्ष की अवधि के लिए होगा।

(५) पृथक प्रांत बनने के लिए आर्थिक क्षमता की जाँच कर सिंध को बम्बई से अलग कर एक प्रांत बनाया जावेगा।

(६) मैसूर राज्य के उस पार के कुछ भागों को छोड़ कर कर्नाटक के जो हिस्से अन्य प्रांतों में सम्मिलित हैं, उन्हें उन प्रांतों से अलग कर इसी प्रकार एक पृथक प्रांत बनाया जाना चाहिए।

(७) उत्तर पश्चिम सीमा प्रांत में और जो नए प्रान्त बनाए जावेंगे, उनमें भारत के अन्य प्रांतों के समान ही शासन का स्वरूप होगा।

साम्प्रदायिक समस्या पर नेहरू रिपोर्ट की सिफारिशों को सरसरी नजर से देखने से ही स्पष्ट हो जावेगा कि उनमें और दिल्ली में मुस्लिम नेताओं ने जो प्रस्ताव निश्चित किए थे, काफी अंतर था। जिन्ना कठिन स्थिति में थे और अंग्रेजी शासन के समर्थन से लाहौर में प्रतिद्वन्दी मुस्लिम लीग का सम्मेलन हो रहा था। मुस्लिम लीग के जिन्ना को समर्थन देने वाले दल ने दिसम्बर में कलकत्ते में अपना सम्मेलन किया जहाँ काँग्रेस का सम्मेलन भी हो रहा था। कलकत्ता में सर्वदलीय सम्मेलन की भी बैठक बुलाई गयी जिसमें जिन्ना के नेतृत्व में मुस्लिम लीग के प्रतिनिधि मण्डल ने भी भाग लिया। संविधान के प्रारूप पर जिन्ना ने कई संशोधन रखे, जिनमें मुसलमानों के लिए वे ही सुविधाएं मांगी गयी, जो मार्च, १९२७ में दिल्ली में निश्चित की गई थीं। सिंध को अलग प्रांत बनाने के मुसलमानों के प्रथम प्रस्ताव पर प्रारूप में जो यह सुझाव था कि रिपोर्ट में प्रस्तावित ढंग की सरकार की स्थापना के बाद सिंध को पृथक प्रांत बनाया जाए, उस पर जिन्ना ने आपत्ति व्यक्त करते हुए कहा: “हम नहीं जानते कि यह सब कब होगा और मेरे विचार से यह सम्मेलन मान लेगा कि उस स्वप्न के साकार होने से पहिले हमें एक संघर्ष से गुजरना होगा और यदि आप चाहते हैं कि मैं इस मान्यता में आपके साथ रहूँ तो मैं चाहूँगा कि आप मुझे समझें।

“मान लीजिए कि सरकार संविधान की स्थापना के पहले आज से ६ माह, १ वर्ष या दो वर्ष में सिंध को अलग प्रांत बनाना चाहे तो क्या मुसलमान यह कहें कि ‘हम ऐसा नहीं चाहते?’ यदि आप की यह मंशा है, जैसा मैं मानता हूँ, जब तक यह धारा है, इसका अर्थ है कि मुसलमान सिंध को अलग प्रान्त बनाए जाने का विरोध तब तक करें जब तक संविधान के अनुसार सरकार नहीं बनती है। हम चाहते हैं कि इन शब्दों को निकाल दिया जाए, और मैं अपनी बात को इस तथ्य से समर्थन दे रहा हूँ कि आप उत्तर पश्चिम के मामले में ऐसी शर्त नहीं लगा रहे हैं। मान लीजिए सरकार उत्तर-पश्चिम सीमा प्रांत में सुधारों को कार्यान्वित करती है, तब आप क्या कहेंगे, या मैं कहूँगा कि नहीं उस प्रांत को भी अन्य प्रांतों की तरह रहे आना चाहिए?”

नेहरू रिपोर्ट के निर्णय का, जिसके द्वारा जनसंख्या के आधार पर पंजाब और बंगाल में सीटों के आरक्षण का लीग का प्रस्ताव इसलिए अमान्य कर दिया गया था क्योंकि इन दो प्रांतों में मुसलमान बहुसंख्यक थे, आलोचना करते हुए जिन्ना ने कहा कि “यद्यपि मुसलमान पंजाब और बंगाल में बहुसंख्यक हैं लेकिन मतदाताओं की संख्या उनकी जनसंख्या के अनुपात में नहीं है। यह कई कारणों में एक कारण है। नेहरू रिपोर्ट ने अब उसका विकल्प ढूंढ लिया है और उनका कहना है कि अगर बालिग मताधिकार के अनुसार चुनाव होने लगते हैं तो आरक्षण की कोई आवश्यकता नहीं रह जाती, लेकिन अगर ऐसा नहीं होता तो हम इस बात पर कोई संदेह नहीं रहने देना चाहते कि जनसंख्या के अनुसार पंजाब और बंगाल में मुसलमानों के लिए सीटों का आरक्षण किया जावेगा और अन्य सीटों के लिए चुनाव लड़ने का उन्हें अधिकार नहीं होगा।”

संविधान के प्रारूप में एक धारा के द्वारा केन्द्र को प्रांतीय संविधान को स्थगित कर सकने का

अधिकार दिया गया था और इस अधिकार से अवशिष्ट शक्तियों का प्रश्न खड़ा हो गया था। जिन्ना ने इस विषय पर कहा कि "अवशिष्ट शक्तियां प्रांत के पास रहनी चाहिए।"

यह कह कर कि "आज मैं यहां इसलिए नहीं आया हूँ कि इस बात पर अपनी राय दूँ कि संविधान बनाना या नहीं बनाना चाहिए था", जिन्ना ने अंतिम अपील की: "हम लोग आज बड़े गंभीर समस्या को तय करने में लगे हैं। इससे काम नहीं चलेगा कि एक संस्था आकर कह दे कि हॉ हम राजी हैं" हम यहां सत्यनिष्ठा से एक करार करने के लिए आए हैं। उन सभी दलों को, जो इस करारनामें में शामिल होंगे, उसके लिए काम करना और संघर्ष करना होगा। इसलिए यह जरुरी है कि आप सिर्फ मुस्लिम लीग की ही रज़ामंदी न लें बल्कि हिन्दुस्तान के मुसलमानों को अपने साथ करें और यहाँ मैं इस प्रश्न पर एक मुसलमान की हैसियत से नहीं, बल्कि हिन्दुस्तानी की तरह बोल रहा हूँ, और मैं देखना चाहता हूँ कि इस संघर्ष में सात करोड़ मुसलमान मेरे साथ चलें। क्या आप कुछ मुसलमानों के साथ होने से संतुष्ट हो जावेंगे? क्या आप संतुष्ट हो जावेंगे अगर जिन्ना कहता है कि मैं आपके साथ हूँ? आप जिन्ना को चाहते हैं या मुस्लिम समुदाय को चाहते हैं? आप अवश्य याद रखें कि भारत की दो बड़ी समुदाय (मैं यह सिख जैसी और समुदाय की अवहेलना किए बिना कह रहा हूँ) हिन्दू और मुसलमान हैं और सहज ही इन दोनों समुदाय को आपस में मेल करना, एक होना और यह महसूस करना जरुरी होगा कि उनके हित समान हैं और वे कौमें एक साथ चल रही है। इसलिए मैं चाहता हूँ कि आप वैसी राजमर्मज्ञता बरतें जैसी सर तेज बहादुर सप्रू ने समझायी है। वे कहते हैं कि हमारा मेल छोटे मतभेद न तोड़ सकें। आप मुझसे कुछ देने के लिए नहीं कह रहे हैं। मैं ही आपसे कुछ देने के लिए कह रहा हूँ मैं यह इसलिए नहीं मांगता हूँ कि मैं कोई 'नटखट बच्चा' हूँ।"

सप्रू ने जिन्ना का दृढ़ समर्थन किया और जयकर ने, जो हिन्दू महासभा के प्रतिनिधि थे, जिन्ना की मांगों का कड़ा विरोध किया। जयकर ने बुरी चोट तब की जब उन्होंने जिन्ना की प्रतिनिधि हैसियत पर ही संदेह व्यक्त किया। उस जिन्ना को, जिसने समुदायिक एकता के लिए अंग्रेजों से और मुसलमानों के एकदल से झगड़ा कर लिया था, वे ही लोग सिर्फ धोखा नहीं दे रहे थे जिनकी वे सहायता करना चाहते थे बल्कि उससे कहा जा रहा था कि वह मुसलमानों का सच्चा प्रतिनिधि नहीं था। जिन्ना को यह देख कर गहरा आधात लगा कि संविधान के प्रारूप पर उनके संशोधन एक के बाद एक बहुमत से अस्वीकृत हो गए। मार्च, १९२७ को हिन्दू-मुस्लिम एकता के लिए प्रारंभ किए गए प्रयत्न २९ दिसम्बर १९२८ को पूर्णतः असफल हो गए। दूसरे दिन जब सम्मेलन हुआ तो वह निर्जीव दिखाई पड़ा। उपस्थिति इतनी कम थी कि एम.ए. अंसारी, जो अध्यक्ष थे, ने बहुत घबराए हुए कहा कि यदि कार्यक्रम जल्दी समाप्त नहीं होता तो पूरी कार्यवाही प्रहसन मात्र बन जाएगी।

यह प्रश्न करना उचित होगा कि यह सद्-प्रयत्न प्रहसन में क्यों परिणित हो गया। मैं सोचता हूँ कि जो भी गंभीरता से इस विषय पर विचार करेगा उसे केवल एक ही उत्तर मिलेगा, कि सर्वदलीय सम्मेलन का बुलाया जाना और संविधान बनाने का खेल खेलना इस दुःखद घटना के लिए उत्तरदायी था।

अभी तक भारतीय राष्ट्रीय काँग्रेस का दावा था कि केवल वही संस्था भारतीय जनता का प्रतिनिधित्व करती है। जब उसने हिन्दू-मुस्लिम एकता के लिए कदम उठाए और जिन्ना के नेतृत्व में

मुसलमानों ने उस सम्बन्ध में अपने प्रस्ताव प्रस्तुत कर अनुकूल प्रतिक्रिया बतायी, तो काँग्रेस का कर्तव्य था कि वह जिन्ना से वार्ता कर अपने प्रयत्नों को सफल कर लेती। जिन्ना और उनकी मुस्लिम लीग से १९१६ में काँग्रेस ने बातचीत की थी और फलस्वरूप काँग्रेस-लीग योजना तैयार हुई थी। यदि उसी कार्य पद्धति पर १९२७-२८ में अमल किया जाता तो सफलता की बड़ी संभावनाएं थीं, क्योंकि विशिष्ट प्रकार की प्रकृति रहते हुए भी जिन्ना एकमात्र मुस्लिम नेता थे जो धर्मान्धता से सर्वथा मुक्त थे और इस्लाम-वाद उनको छू भी नहीं पाया था।

यह सत्य है कि पीछे मुड़कर देखने पर आज किसी के लिए यह राय देना मुश्किल नहीं है कि वे चार मुस्लिम प्रस्ताव बहुत ही उपयुक्त थे, लेकिन यह नहीं भूलना चाहिए कि काँग्रेस ने तात्कालिक दूरदर्शिता का परिचय दिया था जब उसकी कार्यकारिणी ने उन प्रस्तावों पर अपनी स्वीकृति दे दी थी। उलझन तब शुरु हुई जब काँग्रेस ने संविधान का प्रारुप तैयार करने के लिए सर्वदलीय सम्मेलन करने का निर्णय लिया और उस प्रारूप पर सभी दलों की, जिसमें कट्टर सम्प्रदायवादी भी थे, सहमति प्राप्त करनी चाही। यह तर्क किया जा सकता है कि अवशिष्ट शक्तियों को प्रांत को देने की जिन्ना की मांग स्वीकार नहीं की जा सकती थी क्योंकि उससे केन्द्रीय सरकार निर्बल हो जाती, लेकिन यह ध्यान देने योग्य है कि मार्च, १९२७ के मुस्लिम प्रस्तावों में यह मांग सम्मिलित नहीं थी और संभवतः यह मांग उठायी ही नहीं जाती यदि हमारे नेताओं ने संविधान तैयार करने का काम हाथ में न लिया होता।

प्रश्न उठता है कि हमारे नेताओं ने संविधान बनाने का खेल क्यों किया? इस सम्बन्ध में लार्ड बर्किनहेड के कई बार दोहराये गए सुझाव कुछ प्रकाश डाल सकते हैं। उनके सेक्रेटरी ऑफ स्टेट फार इंडिया के पद पर आसीन होने के तत्काल पश्चात् उन्होंने संकेत किया था कि संवैधानिक मामलों में भारतीय नेताओं की राय लाभप्रद हो सकती थी। इसे उन्होंने दूसरी बार भी कहा और २५ नवम्बर को हाऊस ऑफ लार्ड्स में अपने भाषण में कहा कि "पिछले तीन वर्षों में जब से मैं सेक्रेटरी ऑफ स्टेट हुआ हूँ, मैंने भारत के अपने आलोचकों को संविधान से संबंधित सुझाव देने के लिए आमंत्रित ही नहीं किया है बल्कि उनसे यह भी जानना चाहा है कि उनके मतानुसार संविधान का ढांचा कैसा होना चाहिए। वह प्रस्ताव मैं आज भी देता हूँ।"

मुस्लिमों के प्रस्तावों तथा उनको मान लेने का काँग्रेस के झुकाव से शासन अवश्य घबरा गया होगा। उसने सोचा होगा कि यदि हिन्दू और मुसलमानों के साम्प्रदायिकतावादी लोग समझौता वार्ता में शामिल नहीं किए जाते तो काँग्रेस-लीग समझौता सचमुच हो जावेगा। ब्रिटिश शासन ने काँग्रेस को संविधान तैयार करने के लिए प्रोत्साहित किया। बर्किनहेड के द्वारा संविधान के संबंध में सुझाव देने का निमंत्रण एक फंदा था और काँग्रेस के नेता उसे समझे बिना उसमें फँस गए। वे यह सोचने के लिए भी नहीं रुके कि उस आमंत्रण में किंचित् भी संकेत नहीं था कि भारतीयों द्वारा बनाया गया संविधान अंग्रेज सरकार को मान्य होगा। बर्किनहेड के भाषण के एक माह बाद, दिसम्बर १९२७ में जब काँग्रेस का वार्षिक अधिवेशन मद्रास में हुआ तब सर्वदलीय सम्मेलन बुलाने और संविधान का प्रारूप तैयार करने से संबंधित जमनादास मेहता का प्रस्ताव पारित कर दिया गया।

जमनादास केन्द्रीय असेम्बली में स्वराज दल के सदस्य थे। यह ध्यान देने योग्य है कि सर्वदलीय सम्मेलन और नेहरू कमेटी का गठन, जिसके अध्यक्ष मोतीलाल नेहरू थे, और जिसने संविधान का

प्रारूप तैयार किया था, सर्वथा स्वराज दल की ही योजना थी। तब इस निष्कर्ष पर आना क्या अनुचित होगा कि स्वराज दल के जो सदस्य १९१९ के सुधारों में रुकावट डालने के लिए असेम्बली में गए थे वे अब निर्माण कार्य मे लग गए और सुधारवादी तथा संविधानवादी हो गए थे? इसके अतिरिक्त मोतीलाल नेहरू एक प्रतिष्ठित वकील थे और उनके लिए बर्किनहेड के आमंत्रण को चुनौती की तरह लेना और उसका उत्तर न देना कठिन था। वकील की प्रवृत्ति ने राजनीतिज्ञ की विचारशीलता पर विजय पायी। साथ ही, सभी राजनीतिक दलों द्वारा साइमन कमीशन का पूर्ण बहिष्कार किया जाना बड़ा ही भव्य दृश्य था। मोतीलाल नेहरू ने इस एकता का लाभ लेकर सर्वसम्मत संविधान तैयार कर लेना उचित समझा होगा, जिसे अस्वीकार करना ब्रिटिश सरकार के लिए कठिन हो जाता। उन्होंने यह भी सोचा हो कि यदि सरकार से संघर्ष टाला न जा सके तो सर्वदलीय सम्मेलन में भाग लेने वाले, यदि सभी नहीं, तो भी अधिकांश दल उस नए आंदोलन में सम्मिलित हो जावेंगे। इस प्रकार हिसाब करने में वे भूल गए जान पड़े कि नरम दल वालों में तथा हिन्दू सभाई बनाम अनुक्रियात्मक सहयोगवादियों में देशभक्ति की गरमाहट इसलिए आ गई थी क्योंकि उन्हें साइमन कमीशन से अलग रखा गया था तथा प्रार्थना करना, आवेदन देना और विरोध करने से आगे जाना नरम दल वालों की प्रकृति के प्रतिकूल था और अनुक्रियात्मक सहयोगवादी तो सरकार के जरा से सच या झूठे इशारे पर दौड़ पड़ते थे। साम्प्रदायिक व्याघ्र को काँग्रेसजनों के राष्ट्रीय रक्त का जायका १९२६ के चुनाव में मिल गया था और वह हिन्दू-मुस्लिम एकता के लिए काँग्रेस के प्रयासों को नाकाम कर उस रक्त का ज्यादा स्वाद लेने का अवसर न छोड़ता।

दोनों साम्प्रदायों के राजभक्तों और साम्प्रदायवावदियों पर नौकरशाही अपना खेल खेलने के लिए सर्वदा निर्भर रहती थी। मुस्लिम राजभक्तों ने मुस्लिम प्रस्तावों का विरोध कर और जिन्ना से अलग होकर प्रथक प्रतिद्वंदी मुस्लिमलीग स्थापित कर ली थी। हिन्दू सभाइयों ने मुंजे के नेतृत्व में मुसलमानों के साथ वार्ता करने में हिन्दुओं की ओर से काँग्रेस की वैधानिक स्थिति को चुनौती दी थी। सर्वदलीय सम्मेलन, उसकी नेहरू कमेटी और संविधान का विफलता में अंत निश्चित था।

दुर्भाग्य से उस सारी कार्यवाही का परिणाम विफलता से भी अधिक बुरा हुआ। सर्वप्रथम, सर्वदलीय सम्मेलन में सम्मिलित होने वाले नरम दल तथा अन्य दलों को संतुष्ट करने के लिए मद्रास काँग्रेस में काँग्रेस को स्वीकृत पूर्ण स्वतंत्रता के आदर्श को घटाना पड़ा। फिर, राजभक्त जमींदारों और ताल्लुकेदारों की स्वीकृति प्राप्त करने के लिए उन्हें उनके सम्पत्ति अधिकारों की गारंटी देनी पड़ी और इस प्रकार निर्धन किसानों के पक्ष को छोड़ना पड़ा। तीसरा, उग्र साम्प्रदायिक तत्वों को निमंत्रित कर जिन्ना से कोई समझौता न होने की जोखिम ही नहीं उठाई गई बल्कि उन्हें वह महत्व भी दिया गया दी गई जो उन्हें पहले नहीं मिला था। अंत में, संविधान का प्रारूप तैयार करने के लिए कई दलों को निमंत्रित कर काँग्रेस ने पहली बार पूरी भारतीय जनता का प्रतिनिधि होने का अपना दावा छोड़ दिया और कई दलों में उसे भी एक दल बतलाने के शासन के कथन को भी मजबूत कर दिया।

मैं पहले ही कह चुका हूँ कि जिन्ना यह नहीं तय कर पा रहे थे कि संविधान बनाया जाना ठीक था अथवा नही। संभवत: उसके सम्बन्ध में उनके अलग विचार थे लेकिन संविधान बनाने का काम काँग्रेस ने प्रारंभ किया था और उसे रोकना जिन्ना का काम नहीं था। जवाहरलाल और सुभाष चन्द्र

के विचार कुछ आधारभूत प्रश्नों पर संविधान बनाने वालों के विचारों से सर्वथा भिन्न थे। दुर्भाग्य से सुभाष, नेहरू कमेटी में सम्मिलित होने पर सहमत हो गए और आल इण्डिया काँग्रेस कमेटी के महामंत्री होने के नाते जवाहरलाल का भी उस कमेटी से "बहुत सम्बन्ध था"। इन दोनों ने मात्र यही किया कि सम्मेलन में अपने वक्तव्य में कहा कि "पूर्ण स्वाधीनता के लक्ष्य को नीचा करने वाली जो भी बात है, उससे हम अपने को पूर्णत: अलग करते हैं।"

मद्रास से लाहौर (१९२७-२९)

सन् १९२७ और मद्रास का काँग्रेस अधिवेशन, दोनों ही इसलिए महत्वपूर्ण हैं क्योंकि भारत के राजनीतिक पटल पर दो नए नेताओं का उदय उन्होंने देखा। इन दोनों में कुछ नई राजनीतिक विचारधाराओं का प्रारंभ भी हुआ जिनका पूर्ण विकास दिसंबर १९२९ में लाहौर में हुए काँग्रेस अधिवेशन में हुआ। महात्मा गाँधी सक्रिय राजनीति में पूर्णत: वापिस नहीं आए थे और मोतीलाल नेहरू, जिन्हें उन्होंने काँग्रेस कार्य का राजनीतिक पक्ष सौंपा था, संसदीय कार्य में व्यस्त हो गए थे जो धीरे धीरे जनता की दृष्टि में ही नहीं, कुछ स्वराज दल वालों की दृष्टि में भी नीरस हो गया था।

असहयोग आंदोलन के स्थगन के पश्चात् नैराश्य की अवधि में काँग्रेस की संसदीय गतिविधियों ने जनता के मनोबल को गिरने नहीं दिया था, लेकिन अब वे अधिक गतिशील हलचल चाहते थे। किसान और मजदूर अशांत थे। आतंकवादी गतिविधियां फिर प्रारंभ हो गई थीं और भगतसिंह जैसे नवयुवकों को मौन समर्थन जनता दे रही थी, यद्यपि वह उनके साहसिक कार्यों में सक्रिय सहयोग नहीं दे सकी थी। जनता कुछ करने को तैयार थी लेकिन नेतृत्व की कमी थी। नवयुवकों में, विशेष रूप से विद्यार्थियों में, अभूतपूर्व जागरण व्यापत था और सभी प्रांतों में नवयुवक लीग स्थापित की जा चुकी थी। इन नवयुवकों को भी नेता की आवश्यकता थी। इन्हीं दिनों मई १९२७ को सुभाषचंद्र बोस रिहा कर दिए गए और जवाहर लाल नेहरू दिसम्बर में मद्रास के काँग्रेस अधिवेशन के अवसर पर विलायत से वापिस आए। दोनों ने बड़ी उम्र वाले नेताओं को अपने अलग-अलग ढंग से चुनौती देना प्रारंभ किया और राजनीतिक दृश्य नया रूप लेने लगा।

जवाहरलाल काँग्रेस अधिवेशन में पहली बार १९१२ में बॉकीपुर में सम्मिलित हुए थे, लेकिन नरम दल वालों की राजनीति के प्रति वे आकृष्ट नहीं हो सके और उन दिनों काँग्रेस पर नरम दल का ही नियंत्रण था। लोकमान्य तिलक और एनी बीसेन्ट के द्वारा प्रारंभ की गई होमरूल लीग से उनमें उत्साह आया था, लेकिन जलियॉवाला बाग में हुए नरसंहार और महात्मा गाँधी के भारतीय राजनीति में प्रवेश के पश्चात् ही वे काँग्रेस के सक्रिय कार्यकर्ता हुए थे। उनके पिता, जिन्होंने उन्हें राजनीति में प्रवेश करने से रोकना चाहा था, स्वयं महात्मा गाँधी के साथ हो गए थे और १९१९ में अमृतसर में हुए काँग्रेस अधिवेशन के अध्यक्ष चुन लिए गए थे। अवध के किसानों की दयनीय स्थिति के प्रति गहरी सहानुभूति के कारण जवाहरलाल कुछ दिनों उनकी स्थिति को सुधारने में लगे रहे। कोकानाडा काँग्रेस में १९२४ में वे काँग्रेस के महासचिव नियुक्त हुए और १९२९ तक उस पद पर रहे आए जब वे स्वयं काँग्रेस के अध्यक्ष निर्वाचित हुए। अपने यूरोप प्रवास के दिनों में वे काँग्रेस के प्रतिनिधि के रूप में साम्राज्यवाद विरोध लीग की पहली कॉन्फ्रेंस में सम्मिलित हुए थे।

जिन दिनों जवाहरलाल नेहरू काँग्रेस के सेक्रेटरी थे, उनके पिता मोतीलाल नेहरू का उत्कर्ष

भी प्रगति पर था, इसलिए पुत्र को किसी स्वतंत्र पहल के लिए स्थान नहीं मिल सका। जब मार्च १९२६ से दिसम्बर, १९२७ तक वे यूरोप में रहे तभी उन्हें खुली हवा में सांस लेने का अवसर मिला और उनमें स्वयं कोई कार्य करने का ज्ञान और साहस हो सका। वे लिखते हैं "मैंने बड़ी उमंग और शक्ति से अपने को भरा पाया और पहले मुझे जिस आतंरिक द्वन्द और नैराश्य से दबे होने की अनुभूति हुई थी वह अब फिलहाल नहीं थी। मेरे दृष्क्रिोण का विस्तार हो गया था और राष्ट्रीयता बहुत संकीर्ण और अपर्याप्त लग रही थी। राजनीतिक स्वतंत्रता आवश्यक थी लेकिन वे सही दिशा पर चले कदम थे। सामाजिक स्वतंत्रता और समाज तथा राज्य के समाजवादी ढांचे के बिना न तो व्यक्ति और न देश का विकास हो सकता था। मुझे लगा कि औरों की अपेक्षा विश्व की समस्याओं के प्रति मेरा दृष्टिकोण अधिक स्पष्ट था आधुनिक विश्व के प्रति जो सर्वदा परिवर्तनशील थी, मेरी पकड़ सुदृढ़ थी।"[१०]

उन्हें प्रतीत हुआ कि भारत में उनका तत्काल कार्य "अपने देश को विश्व की घटनाओं से संबंधित शिक्षित और तैयार करना था। तैयारी बहुत कुछ आदर्श पर आधारित थी। सर्वप्रथम, राजनीतिक स्वाधीनता के उद्देश्य के विषय में कोई संदेह नहीं रहना चाहिए। स्वाधीनता ही हमारा राजनीतिक लक्ष्य निश्चित किया जाना चाहिए जो डोमिनीयन स्टेटस की भ्रामक तथा अस्पष्ट तथ्यों से सर्वथा विपरीत हो। तत्पश्चात् सामाजिक लक्ष्य था। मुझे लगा कि उस समय इस दिशा में काँग्रेस के जाने की आशा करना अधिक ही होगा। काँग्रेस शुद्ध राजनीतिक और राष्ट्रवादी संस्था थी, जिसे किसी और तरह से विचार करने का अभ्यास नहीं था। लेकिन शुरुआत की जा सकती थी। काँग्रेस से बाहर श्रमिक क्षेत्र और नवयुवकों में यह विचार बढ़ाया जा सकता था।"[११]

महात्मा गाँधी के प्रभाव में आकर सुभाषचंद्र बोस इण्डियन सिविल सर्विस से त्याग-पत्र देकर कलकत्ता के नेशनल कालेज के प्राचार्य हो गए थे। उन्हें देशबन्धु दास ने अपना सहयोगी बनाकर बंगाल प्रांतीय काँग्रेस कमेटी के प्रचार विभाग का मंत्री बना लिया था। कलकत्ता कार्पोरेशन पर जब काँग्रेस का अधिकार हुआ और देशबन्धु उसके मेयर हुए तो सुभाष बाबू उसके प्रशासकी अधिकारी नियुक्त किए गए। सी.आर. दास के अधीन कार्य करते हुए वे भी देशबन्धु के ऊंचे व्यक्तित्व से निष्प्रभ रहे आए। गोपीनाथ साहा द्वारा एर्नेस्ट डे की हत्या के बाद वे अक्टूबर १९२४ में गिरफ्तार किए गए और बिना मुकदमा चलाए उन्हें तीन वर्ष तक जेल में रखा गया। १९२५ में जब देशबन्धु दास की मृत्यु हुई, उस समय यदि वे जेल में न होते तो तत्काल ही वे उनके स्थान पर बंगाल के नेता हो जाते और राष्ट्रीय मामलों को प्रभावित कर सकते थे। मई १९२७ में जब बर्मा की माण्डले जेल से वे छूटे तो उन्होंने जे.एम. दासगुप्ता को देशबन्धु दास की गद्दी पर बैठे पाया। दोनों में संघर्ष अवश्यभावी था और उसमें उनकी समुचित शक्ति और समय का अपव्यय हुआ। लेकिन उन्होंने जवाहरलाल का साथ पकड़ा और दोनों पूर्ण स्वतंत्रता और समाजवाद के लिए कार्य में जुट गए। पूरे देश की नवयुवक संस्था यूथलीग के सदस्य उन्हें अपना नेता मानने लगे और औद्योगिक श्रमिक वर्ग भी अपने उद्देश्य की प्रगति के लिए उन दोनों की ओर देखने लगा।

१९२७ में दिसम्बर के क्रिसमस सप्ताह में जब मद्रास में काँग्रेस का वार्षिक अधिवेशन हुआ तब मोतीलाल नेहरू यूरोप में थे। महात्मा गाँधी कार्यकारिणी की बैठक में अनुपस्थित रहे और एक दर्शक के रूप में खुले अधिवेशन में उपस्थित रहे। जवाहरलाल ने "प्रस्तावों का एक बंडल तैयार किया, जिसमें

स्वाधीनता, युद्ध का संकट साम्राज्यवाद के विरुद्ध लीग से सहयोग आदि अनेक मामलों पर प्रस्ताव थे और लगभग सभी प्रस्ताव स्वीकार कर लिये गए और उन्हें कार्यकारिणी के अधिकृत प्रस्ताव माना गया।"[१२] उन प्रस्तावों की सहज स्वीकृति से उन्हें आश्चर्य था, क्योंकि "वे काँग्रेस के सामान्य प्रस्तावों से भिन्न थे।"[१३] उन्हें ऐसा लगा कि जो लोग उन प्रस्तावों से अप्रसन्न थे, उन्होंने सोचा होगा कि "वे सारे प्रस्ताव मात्र बौद्धिक थे जिनसे विशेष अंतर नही पड़ता, अतः उनसे छुटकारा पाने के लिए उन्हें पारित कर अन्य महत्वपूर्ण कार्य की ओर अग्रसर हो जाना उचित था।"[१४]

जवाहरलाल ने कहा है कि गाँधीजी ने उनके प्रस्तावों की आलोचना नहीं की लेकिन तेंदुलकर के कथनानुसार गाँधीजी ने स्वाधीनता और ब्रिटिश वस्तुओं के बहिष्कार से संबंधित प्रस्तावों पर कहा कि "काँग्रेस इस प्रकार के प्रस्तावों को प्रति वर्ष पारित कर अपना उपहास कराती है, जब उसे ज्ञात है कि उन प्रस्तावों पर अमल नहीं किया जा सकता।"[१५]

जैसा भी था, जवाहरलाल और सुभाष दोनों पूर्ण स्वाधीनता के लिए आंदोलन करते रहे। जब सर्वदलीय सम्मेलन ने प्रस्तावित संविधान के लिए डोमिनीयन स्टेटस को आधार स्वीकार कर लिया तो इन दोनों ने मात्र विरोध की आवाज ही नहीं उठायी बल्कि इन्डिपेन्डेंस फॉर इण्डिया लीग की स्थापना की। स्वराज दल की तरह इस लीग की स्थापना से एक अलग दल बन जाने की संभावना इसलिए टल गई क्योंकि वरिष्ठ नेताओं ने क्रमशः पूर्ण स्वाधीनता के आदर्श को स्वीकार कर लिया।

इस दिशा में पहला कदम कलकत्ता में हुए अधिवेशन में एक वर्ष बाद उठाया गया। जवाहरलाल लिखते है: "वर्ष १९२८ के आखिरी दिनों के साथ कलकत्ता अधिवेशन भी निकट आ गया। मेरे पिता उस अधिवेशन की अध्यक्षता करने वाले थे। उनके मस्तिष्क में सर्वदलीय सम्मेलन की तथा अपने स्वयं के प्रतिवेदन को काँग्रेस से पारित करवाने की तीव्र आकांक्षा थी। उन्हें मालूम था कि मैं इसके लिए सहमत नहीं था क्योंकि स्वाधीनता के प्रश्न पर मैं समझौते के लिए तैयार नहीं था और इससे वे नाराज थे। उस विषय पर हम लोगों में ज्यादा वाद-विवाद तो नहीं हुआ, लेकिन हमारे बीच दिमागी टकराव और अलग-अलग दिशा में खींचतान की स्थिति थी। पहले भी परस्पर गहरे मतभेद थे जिनके कारण हम दोनों अलग-अलग दलों में थे। लेकिन मैं नहीं जानता हूँ कि कलकत्ता काँग्रेस से पहले या बाद में आपसी खिंचाव इस हद तक कभी रहा था। हम दोनों इस स्थिति से दुःखी थे। कलकत्ता में मामला इतना बढ़ गया कि मेरे पिता ने स्पष्ट कह दिया कि यदि सर्वदलीय रिपोर्ट के प्रस्ताव के पक्ष में बहुमत की संभावना न हो तो वे काँग्रेस अधिवेशन की अध्यक्षता को अस्वीकार कर देंगे।[१६]

काँग्रेस के इतिहास की इस नाजुक परिस्थिति पर और मात्र पिता और पुत्र के बीच ही नहीं बल्कि वयस्क और नवयुवको के बीच टकराव के समय महात्मा गाँधी सबके लिए संकट मोचन हो गए। १९२२ में उन्हें ६ वर्ष की सज़ा हुई थी लेकिन २२ माह जेल में रहने के बाद वे छोड़ दिए गए थे। उन्होंने शासन की इस उदारता का लाभ उठाकर ६ वर्ष समाप्त होने से पूर्व कोई भी आंदोलन करना अपने नैतिक सिद्धांतों के विरुद्ध माना था। अब वह अवधि समाप्त हो गई थी और देश के हित, में जैसा वे उचित समझे वैसा करने के लिए स्वतंत्र थे। उन्हें आभास हो गया था कि देश नए आंदोलन के लिए तैयार हो रहा था और उन्हें उसका नेतृत्व करना होगा। इसलिए उन्होंने आल इंडिया काँग्रेस कमेटी की बैठक में एक समझौता प्रस्ताव इस आशय का रखा कि यदि दो वर्ष में शासन डोमिनीयन स्टेट्स

पर आधारित संविधान को स्वीकार नहीं करती तो काँग्रेस उसे बाद में मानने के लिए बाध्य नहीं होगी और वह अपना अहिंसात्मक असहयोग आंदोलन प्रारंभ करेगी।

जवाहरलाल और सुभाष ने गाँधीजी के प्रस्ताव का घोर विरोध किया और काँग्रेस में विभाजन हो जाना अनिवार्य-सा दिखने लगा। विपरीत खेमे के नेताओं में वार्ताएं हुईं और गाँधीजी शासन को दी जाने वाली दो वर्ष की अवधि को घटाकर एक वर्ष करने पर सहमत हो गए। दोनों दलों ने इस समझौते को मान लिया, लेकिन जब प्रस्ताव खुले अधिवेशन में रखा गया तो सुभाषचन्द्र ने एक संशोधन पेश किया और जवाहरलाल ने उसका समर्थन किया। मतदान में ९७३ पक्ष और १३५० विपक्ष में वोट होने से संशोधन गिर गया। दोनों युवा नेताओं के इस आचरण से गाँधीजी को आश्चर्य हुआ और उन्होंने रुष्ट होकर कहा: "आप अपनी जबान से स्वतंत्रता का नाम लेते रहें, जैसा एक मुसलमान अल्लाह का नाम या सदाचारी हिन्दू कृष्ण या राम का नाम जपे, लेकिन वह सारा जाप व्यर्थ होगा यदि उसके पीछे मर्यादा नहीं है। यदि आप अपनी बात पर नहीं टिक सकते, स्वतंत्रता कैसे आवेगी? स्वतंत्रता अधिक ठोस धातु से बनती है, शब्दजाल उसे नहीं बना सकता।"[१७]

इस सम्बन्ध में यह जानना रूचिकर होगा कि जवाहरलाल अपनी आत्मकथा में क्या कहते हैं: "प्रस्ताव स्वाधीनता के आदर्श से निम्न स्तर का था, क्योंकि सर्वदलीय रिपोर्ट में तो पूरा डोमिनीयन राज भी नहीं मांगा गया था। तो भी वह संभवत: इस अर्थ में बुद्धिमत्ता पूर्ण प्रस्ताव था कि उससे विभाजन रुक गया, जब कोई भी उसके लिए तैयार नहीं था, और उसने १९३० में प्रारंभ होने वाले संघर्ष के लिए काँग्रेस को संगठित रखा। यह स्पष्ट था कि अंग्रेजी सरकार एक वर्ष में देश को सर्वदलीय सम्मेलन द्वारा प्रस्तावित डोमिनीयन संविधान नहीं देने वाली थी। संघर्ष टाला नहीं जा सकता था और उन दिनों जैसी परिस्थितियां थी, गाँधीजी के नेतृत्व के बिना कोई भी आंदोलन प्रभावशाली नहीं हो सकता था।"[१८]

प्रश्न यह है कि यदि वह प्रस्ताव "बुद्धिमत्तापूर्ण" था और यदि "गाँधीजी के नेतृत्व के बिना कोई भी आंदोलन निस्तेज" था, तो जवाहरलाल ने सुभाष के संशोधन को समर्थन क्यों दिया? जवाहरलाल से सहानुभूति रखने वाले उनके जीवनी लेखक माइकल ब्रीचर के अनुसार: "गाँधी सावधान, मिताचारी और निग्रही व्यक्ति थे। नेहरू वेगवान, बड़ी उमंग वाले तथा कुछ कर गुजरने की लगन के साथ ही राजनीति को रुमानी ढंग से देखते थे।"[१९] सत्य तो यह लगता है कि सुभाष ने महात्मा और मोतीलाल से टकराने और हो सके तो उनका स्थान लेने का निर्णय कर लिया था, जबकि जवाहरलाल उस आंतिम सीम तक जाने को तैयार नहीं थे। न तो डोमिनीयन स्टेटस और न पूर्ण स्वाधीनता ही किसी प्रभावशाली कार्यक्रम के बिना मिल सकती थी। लोग जानते थे कि महात्मा के पास ऐसा कार्यक्रम था, लेकिन यदि सुभाष के पास भी ऐसा कोई कार्यक्रम था, तो उन्होंने अभी उसे देश के सम्मुख नहीं रखा था। कुछ भी हो, जवाहरलाल को तो उसकी जानकारी नहीं थी। कलकत्ता के काँग्रेस अधिवेशन के कुछ दिन पूर्व ही गाँधीजी के सामूहिक असहयोग अस्त्र का परीक्षण बारडोली में हो चुका था। वल्लभभाई पटेल द्वारा संचालित सत्याग्रह ने सरकार को किसानों की न्यायोचित मांगों को मान लेने के लिए मजबूर कर दिया था। जवाहरलाल कभी-कभी गाँधीजी से मतभेद कर लेते थे, लेकिन स्वतंत्रता के संघर्ष में वे यह कभी नहीं भूले कि राष्ट्र की मांग को स्वीकृत कराने में प्रभावी कार्यक्रम की आवश्यकता थी और ऐसे कार्यक्रम को महात्मा गाँधी ही कार्यान्वित कर सकते थे।

यद्यपि जवाहरलाल और सुभाष ने मिलकर इन्डिपेन्डेन्स लीग की स्थापना की थी, दोनों में बड़ा अंतर था। यह सत्य एक वर्ष के अन्तराल में ही दोनों की समझ में आ गया। सुभाष की मान्यता थी कि देश की स्वाधीनता के संघर्ष में हिंसा उपयोगी थी। जवाहरलाल ने अनुभव किया कि तात्कालिक भारतीय स्थिति में हिंसा के लिए कोई स्थान नहीं था। हिंसा के प्रयोग में गोपनीयता निहित थी और सुभाष उसे उचित मानते थे। जवाहरलाल उद्घाटित पद्धतियों के समर्थक थे और व्यक्तिगत गोपनीयता को ही उचित समझते थे। हिंसा पर विश्वास के साथ सुभाष की गहरी देशभक्ति ने उनके समाजवाद को फासिस्टवाद और अधिनायकवाद का रूप दे दिया था। जवाहरलाल राष्ट्रवादी कम और अंतर्राष्ट्रवादी अधिक थे और उनके समाजवाद ने, जिसमें उनके द्वारा आत्मसात् किया गया गाँधीवाद भी सम्मिलित था, उन्हें प्रजातंत्रीय समाजवादी बना दिया था। जिस कारण से जवाहरलाल और सुभाष के मार्ग बदल गए वह सुभाष का यह विश्वास था कि गाँधीजी में अंग्रेजों को भारत से निकालने का सामर्थ्य नहीं था। यह मान्यता जवाहरलाल की गाँधीजी के नेतृत्व पर और उनके असहयोग के अस्त्र पर विश्वास के सर्वथा विपरीत थी। कलकत्ता के काँग्रेस अधिवेशन से पहले ही सुभाष ने समझ लिया था कि जवाहरलाल महात्मा का साथ नहीं छोड़ेंगे और यदि वृद्ध नेताओं को हटाना उद्देश्य हो तो जवाहरलाल के द्वारा वह परिणाम प्राप्त नहीं किया जा सकता था।

इन्डिपेन्डेन्स ऑफ इंडिया लीग से चूंकि मैं दूर रहा आया था, इसलिए सुभाष और जवाहरलाल के आंतरिक मतभेदों की मुझे कोई जानकारी नहीं थी। बाद में लाहौर काँग्रेस अधिवेशन का अध्यक्ष चुनने का प्रश्न आया और चुनाव प्रक्रिया प्रारंभ हुई। हिन्दी मध्यप्रांत काँग्रेस कमेटी के मंत्री होने के नाते मुझे महात्मा गाँधी को वोट करने के लिए किरनशंकर राय का तार कलकत्ता से आया। अध्यक्षता के लिए प्रस्तावित नामों में दस प्रान्तीय काँग्रेस कमेटियों ने महात्मा गाँधी का, पांच ने वल्लभभाई पटेल का और तीन ने जवाहरलाल का नाम मनोनीत किया था। चूँकि गाँधीजी ने अध्यक्ष बनने से इंकार कर दिया, इसलिए अखिल भारतीय काँग्रेस कमेटी की बैठक लखनऊ में अध्यक्ष चुनने के लिए सितम्बर में हुई। दिल्ली से लखनऊ जाते हुए मैंने मोतीलालजी से किरन शंकर राय के तार की चर्चा की। उस पर उन्होंने कहा कि "सुभाष बाबू जवाहरलाल को अध्यक्ष नहीं होने देना चाहते। उसे कैसे रोका जाए, यह समस्या सुभाष और उनके मित्रों के सामने है। पिछले वर्ष पिता को अध्यक्ष बना कर पुत्र को बाहर रखने में वे सफल हो गए थे। इस वर्ष महात्मा को अध्यक्ष बनाकर इस समस्या को वे लोग हल करना चाहते थे, लेकिन उनके दुर्भाग्य से स्वयं महात्मा जवाहरलाल को अध्यक्ष बनाना चाहते हैं।"[२०]

अखिल भारतीय काँग्रेस कमेटी की औपचारिक बैठक से पूर्व लगभग बीस काँग्रेसजनों में हुई परस्पर चर्चा के समय एक मनोरंजक बात हो गई। नेपथ्य में चल रही वार्ता से अनभिज्ञ मदन मोहन मालवीय ने धर्मग्रन्थ के श्लोकों का पाठ कर महात्मा गाँधी से अध्यक्षता स्वीकार करने का आग्रह किया। जब महात्माजी नहीं माने तो बारडोली के सरदार वल्लभभाई को मनाया गया क्योंकि महात्मा गाँधी के बाद उन्हें ही पांच काँग्रेस कमेटियों का समर्थन मिला था। लेकिन सरदार ने उत्तर दिया कि "जिस बोझ को महात्मा उठा सकने में असमर्थ हैं, उसे मैं कैसे उठा सकता हूँ?" इस प्रकार प्रस्ताव को अस्वीकार करने के पश्चात् सरदार ने चर्चा जारी रखते हुए मोतीलालजी से जानबूझकर पूछा: "पंडित जी,

जब कई व्यक्तियों ने महात्माजी को मनाने का प्रयत्न किया है, तब आपने उनसे एक शब्द भी नहीं कहा?" उस समय सभा में सन्नाटा छा गया और सभी लोग मोतीलाल जी की ओर देखने लगे। तत्काल प्रत्युत्पन्न बुद्धि पंडितजी ने उत्तर दिया कि "जब रामायण और महाभारत से उद्धरण देकर भी मालवीय जी महात्मा को राजी नहीं कर सके तो आप मेरे जैसे सांसकारिक व्यक्ति से कैसे आशा करते हैं कि उन पर सफलता प्राप्त कर सकूँ।"

उसी दिन, बाद में, जब अखिल भारतीय काँग्रेस कमेटी का सम्मेलन हुआ तो जवाहरलाल सर्वसम्मति से अध्यक्ष चुन लिए गए। जवाहरलाल इस संबंध में लिखते है कि "संभवत: मेरे पिता इस निर्णय से सबसे अधिक प्रसन्न थे। वे मेरी राजनीति को ज्यादा पसंद नहीं करते थे, लेकिन मुझे बहुत चाहते थे और मुझसे संबंधित किसी भी अच्छी बात से उन्हें बड़ी प्रसन्नता होती थी। अक्सर वे मेरी आलोचना करते थे और रूखा उत्तर भी देते थे, लेकिन जो व्यक्ति उनकी राय में स्वयं को अच्छा रखना चाहता था, वह उनकी उपस्थित में मुझे नीचा नहीं दिखा सकता था।"[२१]

महात्माजी स्वयं जवाहरलाल की प्रशंसा में उन्हें "स्फटिक के समान शुद्ध और नि:संदेह सत्यवादी" कहते थे लेकिन बाद में उन्होंने सावधान किया "तरुणाई की परीक्षा हो रही है। यह तरुणाई के जागरण का वर्ष रहा है और साइमन कमीशन के बहिष्कार में उनका सबसे अधिक योग था। जवाहरलाल का अध्यक्ष चुना जाना नवयुवक अपनी सेवाओं का पारितोषिक मान सकते हैं, लेकिन इतने से वे संतुष्ट न हो जावें.... पंडित जवाहरलाल नेहरू का कप्तान बनाया जाना नवयुवकों पर राष्ट्र के विश्वास का सबूत है। अकेले जवाहरलाल क्या कर सकेंगे। देश के नवयुवक उनकी बाहें और आँखें बनें, जो विश्वास उन पर किया गया है उसके योग्य वे स्वयं को प्रमाणित करें।"[२२]

संविधान को स्वीकार करने के लिए अंग्रेजी सरकार को दिया गया वर्ष "ऋण चुकाने के लिए दिया गया वर्ष माना गया है, लेकिन वस्तुत: वह वर्ष सरकार द्वारा बड़े पैमाने पर किए गए अत्याचार का वर्ष हो गया। आतंकवादी घटनाएं बड़ी संख्या में हुई। भगत सिंह और बी.के. दत्त को आजन्म कारावास का दण्ड दिया गया। लाहौर षडयंत्र केस के नाम से जाना गया मुकदमा सामान्य जनता के लिए बड़ा महत्वपूर्ण हो गया। विचाराधीन बंदी भूख हड़ताल करने लगे थे और सरकार ने ऐसे बंदियों को उनकी अनुपस्थिति में भी दण्डित करने का अधिकार ले लिया। इनमें से एक बंदी जतीन दास ने ६१ दिन भूखे रहकर १३ सितम्बर को दम तोड़ दिया। उनके बलिदान की सहानुभूति में सारे देश में बड़े-बड़े जुलूस निकले और कलकत्ता में ही लगभग ५००००० लोग प्रदर्शन में सम्मिलित हुए।

मजदूरों ने भी हड़तालें की। बम्बई में कपड़ा मिलों में हड़ताल हुई और हड़ताली मजदूरों की गिनती १५०००० तक पहुँच गई। बंगाल में जूट मिलों के मजदूर, ईस्ट इंडियन रेल्वे के तथा जमशेदपुर के मजदूरों ने काम बन्द कर दिया। जैसा किसी ने कहा है, उन दिनों "वायु में गर्जना सुनाई दे रही थी।

आतंकित हो सरकार अंधाधुंध दमन पर उतारु हो गई। देश के कई भागों में तलाशियाँ ली गईं और लोग गिरफ्तार किए गए। सरकार की जरा सी आलोचना नौकरशाही की दृष्टि में विद्रोह था। माडर्न रिव्यू के सम्पादक रामानंद चटर्जी, सन्डरलैण्ड की पुस्तक "इंडिया इन बान्डेज" के प्रकाशित करने के अपराध में पकड़ लिए गए। सुभाष चन्द बोस पर एक तुच्छ आरोप के लिए मुकदमा चलाया

गया और महात्मा गाँधी भी पकड़े गए और उन पर एक रुपया जुर्माना किया गया क्योंकि उन्होंने कलकत्ता में विदेशी कपड़ों की होली श्रद्धानंद पार्क में जलायी थी जो सार्वजनिक स्थल था।

लेकिन इस दमन से जनमानस की भावना दबायी नहीं जा सकी। अब लोग गतिशील हो गये थे। वाइसराय लार्ड इरविन ने, जो उन दिनों लंदन में थे, विलायत की श्रमिक सरकार को सलाह दी कि भारतीय नेताओं को शांत करने के लिए कोई कदम उठाएँ। अक्टूबर में भारत वापिस आने पर उन्होंने घोषणा की कि ब्रिटिश और भारतीय राजनेताओं का एक गोलमेज़ सम्मेलन ब्रिटिश संसद के समक्ष अंतिम प्रस्तावों को प्रस्तुत करने के लिए सहमति खोजने की दृष्टि से बुलाया जावेगा। अन्य बातों के साथ घोषणा में यह भी कहा गया: "शासन की ओर से मुझे यह कहने को अधिकृत किया गया है कि उनकी दृष्टि से, १९१७ की घोषणा में यह निहित था और ऐसा सोचा गया था कि भारत की संवैधानिक प्रगति का स्वाभाविक लक्ष्य डोमिनीयन स्टेट्स की प्राप्ति है।"

यह सर्वविदित है कि १९२४ में भारतीय विधान सभा में स्वराज दल के पहुँचने के बाद मोतीलाल ने एक गोलमेज़ सम्मेलन करने की मांग की थी और तत्संबंधी प्रस्ताव भी पास किया गया था, लेकिन सरकार ने कोई उत्तर नहीं दिया था। वाइसराय की घोषणा में एक अन्य महत्वपूर्ण उल्लेख डोमिनीयन स्टेट्स का था। निश्चय ही यह कलकत्ता काँग्रेस की अंतिम चेतावनी का परिणाम था कि पूर्ण स्वाधीनता के पक्ष में निर्णय करना एक वर्ष तक स्थगित रखा जावेगा तथा डोमिनीयन स्टेट्स स्वीकार्य होगा। अध्यक्ष विट्ठल भाई ने उक्त घोषणा के पश्चात् पहल कर नेताओं की एक बैठक अपने निवास स्थान पर बुलायी। महात्मा गाँधी द्वारा तैयार किया गया और उनके तथा मोतीलाल, मालवीय, सप्रू, अंसारी, जवाहरलाल और मिसेज़ बीसेन्ट के हस्ताक्षरों सहित एक बयान, अपना सहयोग देते हुए, इन शर्तों के साथ प्रकाशित किया गया कि: (१) उस काँफ्रेंस में भारत को पूर्ण डोमिनीयन स्टेट्स देने पर ही चर्चा होगी। (२) काँफ्रेंस में काँग्रेसजनों का सर्वाधिक प्रतिनिधित्व होगा। (३) सभी राजनीतिक बंदी छोड़ दिए जावेंगे और (४) तत्पश्चात् भारत शासन का संचालन, वर्तमान स्थिति में जहाँ तक संभव होगा, डोमिनीयन स्टेट्स के आधार पर होगा।

तेज बहादुर सप्रू के अतिरिक्त सभी हस्ताक्षर करने वाले काँग्रेसजन थे। जवाहरलाल ने बड़ी हिचकिचाहट के पश्चात् दस्तखत किए और सुभाषचन्द्र ने उसमें शामिल होने से इंकार कर दिया। वाइसराय की घोषणा में डोमिनीयन स्टेट्स मात्र ही "स्वाभाविक लक्ष्य" था, जिसको पूरा करने में कितने ही वर्ष लग सकते थे। नेताओं के बयान में काँफ्रेंस के समाप्त होते ही केवल डोमिनीयन स्टेट्स की मांग ही नहीं की गई थी बल्कि उसके आधार पर तत्काल सरकार के संचालन की बात भी कही गई थी।

इंग्लैण्ड में अनुदार दल ने, जिनकी सरकार के समय साइमन कमीशन की नियुक्ति हुई थी, वाइसराय की घोषणा पर बड़ा शोर मचाया। श्रमिक दल के पार्लियामेन्ट के एक सदस्य ए.फेनर ब्रॉकवे ने, इंग्लैन्ड में हुई जिन घटनाओं के कारण किसी समझौते की उम्मीद की जाती रही, उनका वर्णन किया है- "उस प्रस्ताव का अच्छा प्रभाव धीरे-धीरे समाप्त हुआ। इंग्लैण्ड में उसका तीव्र विरोध हुआ और सरकार के प्रतिनिधि विरोध को शांत करने के लिए अपनी भाषा में ढीले पड़ने लगे। यद्यपि अनुदार दल के नेता बाल्डविन ने अपनी अस्थायी स्वीकृति दे दी थी, लेकिन उनके साथियों ने उस स्वीकृति को भी वापिस लेने के लिए उन पर बड़ा दबाव डाला। लायड जार्ज धूर्ततापूर्ण आलोचना कर

रहे थे, और एक भूतपूर्व वाइसराय तथा दो भूतपूर्व सेक्रेटरी ऑफ दी स्टेट-लार्ड रीडिंग, लार्ड पील और लार्ड बर्किनहेड ने भी अपना विरोध प्रकट कर दिया था। लार्ड बर्किनहेड ने तो विशेष रूप से उस प्रस्ताव की कड़ी निन्दा की। यद्यपि वेजवुड बेन ने नई नीति की यह कहकर कि वह एक नए दृष्टिकोण और भावना को अभिव्यक्त करती है, जोरदार हिमायत की। रैम्जे मेकडोनल्ड ने एक पत्र के द्वारा बाल्डविन को सूचित किया कि उस प्रस्ताव से भारत में स्वायत्त शासन की स्थापना की अवधि के ढंग में कोई परिवर्तन नहीं होता, और भारत के लिए उपसचिव लार्ड रसल ने बयान दिया कि पूर्ण डोमिनीयन स्टेट्स तो अभी बहुत दूर थी। इन बयानों तथा ब्रिटिश समाचार पत्रों में प्रचंड भारत विरोधी अभियान के फलस्वरूप भारत में आस्था तथा उत्साह की अन्त्येष्टि हो गई।"[२३]

अब गाँधीजी के लिए इसके सिवाय कोई रास्ता नहीं रह गया था कि लाहौर के काँग्रेस अधिवेशन में, जो शीघ्र ही होने वाला था, पूर्ण स्वाधीनता को शिरोधार्य करें। तो भी, समझौते के लिए अंतिम प्रयत्न किया गया। जब वाइसराय दिल्ली आ रहे थे तब रेल की पटरी पर हुए बम विस्फोट के बावजूद, जिससे वे बच गए थे, महात्मा गाँधी, मोतीलाल नेहरू, सप्रू, विट्ठल भाई और जिन्ना वाइसराय से मिले। लम्बी वार्ताएं हुईं, लेकिन वाइसराय महात्मा गाँधी को यह आश्वासन नहीं दे सके कि प्रस्तावित गोलमेज सम्मेलन में पूर्ण डोमिनीयन स्टेट्स के आधार पर ही चर्चा होगी, इसलिए वार्ता विफल हो गई। फेनर ब्राक्वे के अनुसार: "१९२९ में क्रिसमस के अवसर पर लाहौर के काँग्रेस अधिवेशन से पहले भारतीय नेताओं का एक प्रतिनिधि मण्डल लार्ड इरविन से मिला। वे यह वचन नहीं दे सके कि गोलमेज सम्मेलन में डोमिनीयन स्टेट्स वार्ता का आधार सरकार को स्वीकार होगा, और न वे यही कह सके कि भारत के दावे को गोलमेज सम्मेलन में रखने के लिए जो प्रतिनिधि मण्डल निमंत्रित किया जावेगा वह कैसा बनेगा। अन्ततः गाँधीजी काँग्रेस में इस भावना को लेकर सम्मिलित होने गए कि पूर्ण स्वाधीनता के लिए जोर देने और अहिंसात्मक आंदोलन प्रारंभ करने के अतिरिक्त कोई विकल्प नहीं था।"[२४]

१९२९ के क्रिसमस सप्ताह में जब काँग्रेस का अधिवेशन हुआ, तो मुझे नागपुर के काँग्रेस अधिवेशन की याद आयी। दोनों अधिवेशन आंदोलन के अवसर पर हुए थे। नागपुर में महात्मा गाँधी को पहली बार देश का सर्वोच्च नेता माना गया था और लाहौर में भी प्रत्येक व्यक्ति मार्ग निर्धारित करने के लिए उनकी ओर देख रहा था। नागपुर में काँग्रेस ने अपना लक्ष्य स्वराज और उसकी पूर्ति के लिए असहयोग को अस्त्र स्वीकार किया था। लाहौर में पूर्ण स्वराज उद्देश्य था जो सविनय अवज्ञा से प्राप्त किया जा सकता था। नागपुर में वे कुछ नेता जो पहले उनका विरोध करते थे, उनके साथ हो गए, और लाहौर में कुछ सहयोगी विद्रोह कर रहे थे। नागपुर में मुसलमानों में से अली भाई अपनी खिलाफत कमेटी को साथ लेकर गाँधीजी से सहयोग कर रहे थे। लाहौर में उनका स्थान खान अब्दुल गफ्फार खाँ ने अपने खुदाई खिदमदगारों के साथ ले लिया था। नागपुर में एक वयस्क विजय राघवाचारी ने जो गाँधीजी के आंदोलन के प्रति सर्वथा उत्साह विहीन थे, काँग्रेस की अध्यक्षता की थी। लाहौर में काँग्रेसजनों में उम्र में सबसे छोटे, जवाहरलाल, अध्यक्ष थे और अपने अध्यक्षीय भाषण में सविनय अवज्ञा आंदोलन के पक्ष में बोल रहे थे। पंजाबी स्वयंसेवक, जिन पर शांति और व्यवस्था रखने तथा प्रतिनिधियों की देखभाल की जिम्मेदारी थी, इतने अनुशासित तथा कर्तव्यपरायण थे कि उन जैसे

स्वयंसेवक मुझे किसी अन्य काँग्रेस या कांफ्रेंस में नहीं दिखाई दिए। उनके जोशीले गीत हमारे दिलों में केवल जोश ही नहीं भरते थे, बल्कि लाहौर की कड़कड़ाती सर्दी को भूल जाने में भी बड़े सहायक रहे।

निर्वाचित अध्यक्ष जवाहरलाल नेहरू का भाषण, पट्टाभि सीतारमैया के शब्दों में- "जिसमें उन्होंने अपनी आत्मा को देशवासियों पर उड़ेल दिया था, भारत के अपमान पर आक्रोश और क्रोध जल रहा था और जिसमें उनके स्पष्ट समाजवाद के आदर्श और विजय का संकल्प निहित था," यथार्थ में नए राजनीतिक तथा मनोवैज्ञानिक दृष्टिकोण का घोषणापत्र था, जिसके अनुसार स्वाधीनता संग्राम के अगले वर्षों में ही नहीं, बल्कि स्वतंत्र भारत के प्रधानमंत्री के पद से वे कार्यरत रहते।

जवाहरलाल ने अपने भाषण की समाप्ति पर "इंकलाब जिन्दाबाद" का नारा लगाया और उपस्थित समुदाय ने ऊँचे स्वर से उसे दोहराया। पूरा पंडाल उस नारे और "राष्ट्रीय झंडा ऊंचा हो", "यूनियन जैक नीचा हो" के तुमुलनाद से गूँज रहा था।

दूसरे दिन, ३१ दिसम्बर को, जब फिर अधिवेशन प्रारंभ हुआ तो महात्मा गाँधी ने अपने दो प्रस्ताव रखे। पहला प्रस्ताव बम दुर्घटना से संबंधित था जिसमें वाइसराय, इरविन, लेडी इरविन तथा उनके दल को, जिसमें छोटे भृत्य भी सम्मिलित किए गए थे, सौभाग्य से बच जाने के लिए बधाई दी गई थी। पूर्ण स्वाधीनता पर किए गए दूसरे प्रस्ताव में कहा गया था:-

"यह काँग्रेस ३१ अक्टूबर को डोमिनीयन स्टेट्स से संबंधित वाइसराय की उद्घोषणा पर काँग्रेसजनों सहित विभिन्न दलों के नेताओं द्वारा हस्ताक्षरित घोषणा-पत्र के संबंध में कार्यकारिणी की कार्यवाही अनुमोदित करती है, और स्वराज के लिए भारतीय आंदोलन के समाधान के लिए वाइसराय द्वारा किए गए प्रयासों की प्रशंसा करती है। तो भी काँग्रेस का मत है कि वर्तमान परिस्थितियों में प्रस्तावित गोलमेज सम्मेलन में काँग्रेस द्वारा प्रतिनिधि भेजने से कोई लाभ नहीं होगा। इसलिए यह काँग्रेस उसके कलकत्ता अधिवेशन में स्वीकृत प्रस्ताव के अनुकूल घोषणा करती है कि काँग्रेस के संविधान की धारा-१ में लिखा "स्वराज" शब्द का अर्थ "पूर्ण स्वाधीनता" होगा, और आगे यह भी घोषणा करती है कि नेहरू कमेटी की पूरी योजना कालातीत हो गई है और आशा करती है कि सभी काँग्रेसजन इसके पश्चात् भारत की पूर्ण स्वाधीनता की प्राप्ति पर अपना ध्यान केन्द्रित करेंगे।... यह काँग्रेस राष्ट्र से काँग्रेस के रचनात्मक कार्य को उत्साहपूर्वक करने की अपील करती है तथा अखिल भारतीय काँग्रेस कमेटी को जब उचित जान पड़े, चुने हुए क्षेत्रों में, या जैसे ठीक हो, उसकी दृष्टि से आवश्यक नियमों से सीमित सविनय अवज्ञा आंदोलन का, जिसमें टैक्स न देना भी सम्मिलित है, संचालन करने के लिए अधिकृत करती है।"

गाँधीजी ने प्रतिनिधियों से उनके दोनों प्रस्तावों को सर्वसम्मति से पारित कर देने की अपील की, लेकिन उन प्रस्तावों की काफी आलोचना हुई। रावी के किनारे एकत्रित हुए प्रतिनिधियों की देशभक्ति निर्विवाद थी। सभी ब्रिटिश साम्राज्य की बेड़ियों को तोड़ने के लिए कटिबद्ध थे, लेकिन प्रत्येक दल उसके लिए अपने अलग उपायों पर, जो उसकी दृष्टि में सर्वाधिक प्रभावी था, विश्वास करता था। कुछ लोग अभी भी डोमिनीयन स्टेटस के, उसे व्यवहारिक मानते हुए, पक्षधर थे। कुछ पूर्ण स्वाधीनता के पक्ष में होकर भी विधान सभाओं के अपने कार्य को नहीं छोड़ना चाहते थे। सुभाष चन्द्र बोस के नेतृत्व

में प्रतिनिधियों का काफी बड़ा भाग सामूहिक असहयोग के साथ आतंकवादी गतिविधियों को संयुक्त करना चाहता था, और देश में समानान्तर सरकार की स्थापना के पक्ष में था।

प्रथम प्रस्ताव को बड़े कड़े विरोध का सामना करना पड़ा। आतंकवादियों से जिनकी सहानुभूति थी वे वाइसराय को बम विस्फोट से बच निकलने पर बधाई देने के लिए सहमत नहीं थे। यद्यपि वह प्रस्ताव ७६३ प्रतिनिधियों द्वारा उसके पक्ष में वोट दिये जाने से पारित तो हो गया, तथापि उसके विरोध में जो वोट पड़े उनकी संख्या भी ६६४ थी। इस प्रकार वह प्रस्ताव भी उसी प्रकार बच गया जिस प्रकार वाइसराय बाल-बाल बच गए थे। दूसरे प्रस्ताव पर समानान्तर सरकार स्थापित करने का सुभाष बाबू के संशोधन को कुछ समर्थन प्राप्त था, लेकिन उसका विरोध इतना प्रबल था कि उसके समर्थकों ने मतगणना की मांग नहीं की।

लाहौर अधिवेशन महात्मा गाँधी की विजय तथा देश का नेतृत्व करने की उनकी क्षमता में काँग्रेसजनों की बहुत बड़ी संख्या के विश्वास का प्रतीक था। पूर्ण स्वाधीनता के दूसरे प्रस्ताव की स्वीकृति की घोषणा जवाहरलाल के शब्दों में "३१ दिसम्बर की आधी रात सूचक घंटे की आवाज़ के साथ ही हुई जब बीता हुआ वर्ष नए वर्ष के लिए स्थान बना रहा था।" उसके तत्काल पश्चात् काँग्रेस का झण्डा चढ़ाया गया। देश का स्वाधीनता घोष नगाड़े बजाकर किया गया। अधिवेशन में सम्मिलित नवयुवक राष्ट्रीय गीत गाते नृत्य कर रहे थे, जिसको पंजाबी स्वयंसेवकों ने ओज और चिर युवा अध्यक्ष ने स्वयं सम्मिलित होकर उत्साह प्रदान किया।

संदर्भ

१. जवाहरलाल नेहरू, एन आटोबायोग्राफी, पृ. १३०.

२. पट्टाभि सीतारमैया, हिस्ट्री ऑफ दि इंडियन नेशनल काँग्रेस, खण्ड १, पृ. ३०३.

३. डी.जी. तेन्दुलकर, महात्मा, खण्ड २, पृ. ११५

४. वही, पृ. १९३.

५. जे.एन. साहनी, दि लिड ऑफ, पृष्ठ ५२-५३.

६. पट्टाभि सीतारामैया, उपरोक्त पृ. ३०१.

७. तेन्दुलकर, उपरोक्त पृ. ३४२.

८. वही, पृ. ३३२.

९. जवाहरलाल नेहरू, उपरोक्त पृ. ७४-७५.

१०. वही पृष्ठ १६६.

११. वही

१२. वही, पृ. १६७.

१३. वही

१४. वही

१५. डी.जी. तेन्दुलकर, उपरोक्त, पृ. ३०४

१६. जवाहरलाल नेहरू, उपरोक्त, पृ. १८४-८५.

१७. डी.जी. तेन्दुलकर, उपरोक्त, पृ. ३३५.

१८. जवाहरलाल नेहरू, उपरोक्त, पृ. १८६.

१९. माइकल ब्रीचर-नेहरू: ए पोलिटिकल बायोग्राफी,-पृ. ५८

२०. इस सम्बन्ध में मणिबेन पटेल का कथन इस प्रकार है- "प्रांतीय काँग्रेस कमेटियां सरदार को अध्यक्ष बनाने के पक्ष में थीं लेकिन मोतीलाल ने गाँधीजी को जवाहरलाल नेहरू को अध्यक्ष बनाने के लिये लिखा था। अपनी मृत्यु के पहले मोतीलाल अपने पृत्र को अध्यक्ष देखना चाहते थे। मेरे पिता बापू से सहमत हो गये। मोतीलाल की इच्छा पूरी हो गई। (सरदार पटेल: करसपॉण्डेन्स फोकस ऑन सरदार.

२१. जवाहरलाल नेहरू, उपरोक्त, पृ. १९५.

२२. डी.जी. तेन्दुलकर, उपरोक्त पृ. ३७३.

२३. ए.फेनट ब्राक्वे, दी इंडियन क्रायसिस, पृ. १३२.

२४. वही, पृ. १३३.

❋❋❋

अध्याय-६

धमाके से प्रारंभ हुआ और सिसकते समाप्त हुआ

महात्मा गाँधी का डान्डी की ओर प्रयाण और नज़रबंदी

पूर्ण स्वाधीनता के लाहौर अधिवेशन के प्रस्ताव के पश्चात् २ जनवरी, १९३० को कार्यकारिणी की बैठक हुई। पूरे देश में समारोह सहित स्वाधीनता की घोषणा के लिए २६ जनवरी निश्चित की गई। इस बीच लाहौर में हुए निर्णय के अनुसार मोतीलाल नेहरू ने केन्द्रीय विधान सभा और प्रांतीय कौंसिलों के काँग्रेसी सदस्यों को सदस्यता से त्याग-पत्र देने का आदेश दिया। कुछ अपवादों को छोड़कर उनके निर्देश को सभी ने मानकर त्याग-पत्र दे दिए।

उन प्रमुख काँग्रेसजनों में विट्ठल भाई भी थे जिन्होंने काँग्रेस के निर्देश को नहीं माना।२० जनवरी को असेम्बली में उन्होंने घोषणा की कि अध्यक्ष चुने जाने पर उनका अपने दल से सम्बन्ध विच्छेद हो गया था और अध्यक्ष की हैसियत से अपने कर्तव्य का निर्वाह करने के लिए वे सदन के प्रति उत्तरदायी हैं। तो भी उन्होंने यह संकेत किया था कि देश के अधिकतर हित में वे "अधिक स्वतंत्रता की स्थिति" पर वापिस हो सकते हैं। लेकिन इस बात से काँग्रेसी सदस्य बड़े पशोपेश में थे कि विट्ठल भाई के समर्थक उनसे त्याग-पत्र न देने का आग्रह कर रहे थे।

लाहौर से वापिस होते हुए जब हम दिल्ली से गुजरे तो उनके संदेशवाहक हमें त्याग-पत्र देने से रोक रहे थे। मैंने इस सलाह को केवल सुनने से इंकार ही नहीं किया, बल्कि जो सज्जन यह संदेश मेरे पास लाए थे, उनसे मैंने मेरी ओर से विट्ठल भाई से त्याग-पत्र देने का निवेदन करने को भी कहा क्योंकि मेरे विचार से काँग्रेसी सदस्यों के सदन से बाहर आ जाने पर अध्यक्ष पद जिस महिमा से प्रतिष्ठापित था वह लुप्त हो जावेगी और उनका वह पद अपने पूर्व रूप की छाया मात्र ही रह जावेगा।

विट्ठल भाई के पक्ष में यह कहना पड़ेगा कि त्याग-पत्र देने में उनकी हिचकिचाहट पद के प्रति किसी मोह अथवा तद्जन्य किसी व्यक्तिगत लाभ से प्रेरित नहीं थी। सत्य यह था कि स्वतंत्रता संग्राम में विधान सभाओं की उपादेयता पर उन्हें मोतीलाल नेहरू और देशबन्धु दास से भी अधिक प्रबल आस्था थी। बाद में जब उन्होंने देखा कि विधान सभाओं का बहिष्कार एक घटित तथ्य था और मदन मोहन

मालवीय ने भी त्याग-पत्र दे दिया, तो वे अपना पद छोड़कर स्वतंत्रता संघर्ष में अपने साथियों से आ मिले।

पूर्ण स्वतंत्रता के लाहौर के प्रस्ताव का मुख्य अंश सविनय अवज्ञा आंदोलन प्रारंभ करने से संबंधित था जिसके लिए अखिल भारतीय काँग्रेस कमेटी को अधिकृत किया गया था। लेकिन यह सभी जानते थे कि यथार्थ में महात्मा गाँधी को भविष्य का कार्यक्रम निश्चित करना था लेकिन महात्माजी स्वयं मार्गदर्शन के लिए अपने 'आंतरिक निर्देश' पर अवलंबित थे और उनका आंतरिक निर्देश उनसे दो महीने तक प्रतीक्षा करवाता रहा। १८ जनवरी को जब रवीन्द्रनाथ टैगोर उनसे साबरमती आश्रम में मिले और आंदोलन के स्वरूप के संबंध में उनसे जानकारी चाही तो गाँधीजी ने कहा कि "चारों ओर से घिरे अंधकार में अभी भी मैं किंचित् प्रकाश नहीं देखता हूँ।"

लेकिन यह सोचना गलत होगा कि गाँधीजी चुप बैठे थे। उनका "आंतरिक निर्देश" उनसे बात करने में समय भले ले सकता था, लेकिन लाहौर से आश्रम में वापिस होते ही वे देशवासियों से बात-चीत करना प्रारंभ कर चुके थे। उन्हों "यंग इंडिया" में लिखा "पूर्णत: अहिंसक वातावरण के आश्वासन और रचनात्मक कार्यक्रम के पूरा होने पर मैं कुछ ही महीने में सामूहिक सविनय अवज्ञा आंदोलन का नेतृत्व कर उसे सफलता की ओर ले जाऊंगा।"[१] आंदोलन के आलोचकों को उत्तर देते हुए उन्होंने कहा: "स्वाधीनता का प्रस्ताव पारित करने के बाद काँग्रेस अपना हाथ नहीं रोक सकती। वह छल नहीं था और न दिखावटी ही था। इसलिए आलोचकों का और मेरा दायित्व है कि स्वतंत्रता की प्राप्ति के लिए हम मार्ग बनाएं और उपाय ढूंढें।"[२]

उन दिनों यह छिपा हुआ भय भी काम कर रहा था कि कोई भी हिंसात्मक घटना, जैसी १९२२ में हो चुकी थी, गाँधीजी के हाथ फिर रोक दे। इस भय का उन्होंने यह स्पष्ट कर निराकरण कर दिया कि यदि हम देश को स्वतंत्र करना चाहते हैं तो "हम हिंसा से भयभीत होना छोड़ दें" अपने रूख में इस परिवर्तन का कारण देते हुए उन्होंने कहा "क्या हम नहीं देख पाते कि हम हिंसा के कुंडल में कसकर दबे हुए हैं? जिस शांति को हम महत्व देते दिखाई देते हैं काम चलाऊ है और वह लाखों भूखे लोगों के खून से खरीदी जाती है। ...यह सब जानते हुए भी निष्क्रिय बैठे रहना पाप है। अराजकता या उससे भी बदतर स्थिति के काल्पनिक भय से वह कार्य न करना भी पाप हैं, जो अराजकता को रोक दे, और सफल होने पर उन लोगों के हृदयहीन शोषण का अंत कर दे, जो वर्तमान स्थिति से अच्छी स्थिति के योग्य है।"[३] गुजरात विद्यापीठ के विद्यार्थियों को संबोधित करते उन्होंने और भी स्पष्ट किया- "मैं एक बार फिर अपनी स्थिति स्पष्ट करना चाहता हूँ। अहिंसा का उपासक होते हुए भी, मुझसे यदि पूछा जाए कि देश में निरन्तर पराधीनता और अराजकता के बीच मैं किसको पसंद करूँगा, तो मैं जरा भी झिझके बिना कहूँगा कि मैं गुलामी की बजाय अराजकता देखना कहीं ज्यादा पसंद करूँगा। हर दिन की सुनहली गुलामी को मैं नहीं देखना चाहूँगा और अगर हिन्दू और मुस्लिम एक दूसरे को जान से मार रहे हों, तो गुलामी को पसंद न कर वह देखना भी मैं बेहतर समझूंगा।"[४]

गाँधीजी के इस प्रकार के उद्‌गारों ने जनता को उत्तेजित कर दिया और जनता से जो भी त्याग वे चाहते थे, वह करने के लिए उसे तैयार कर दिया। २६ जनवरी को स्वाधीनता दिवस छोटे-बड़े नगरों में ही नहीं बल्कि देश के असंख्य गाँवों में भी समारोह के साथ मनाया गया। जैसा कि गाँधीजी

चाहते थे, स्वाधीनता की घोषणा का मूल पाठ किसी भाषण के बिना पढ़ा गया और हाथ उठा कर लोगों ने उसका अनुमोदन किया। देश भर में जनता ने जिस उत्साह का प्रदर्शन किया, उसे देखकर संशयालु व्यक्तियों को भी मानना पड़ा कि दस वर्ष पूर्व के असहयोग आंदोलन से बड़े आंदोलन के लिए देश तैयार है। जनता द्वारा बरते गए अनुशासन से गाँधीजी बहुत प्रभावित हुए और उन्हें विश्वास हो गया कि जनता ने अहिंसा के उनके संदेश को पूर्णत: आत्मसात कर लिया है और चौरी-चौरा में हुई घटना की पुनरावृत्ति अब नहीं होगी।

जब लोग बेसब्री से गाँधीजी द्वारा आंदोलन प्रारंभ किए जाने की प्रतीक्षा कर रहे थे, तब एक दिन अकस्मात उन्होंने घोषणा की कि वे सविनय अवज्ञा आंदोलन टाल देंगे यदि सरकार निम्नांकित बातों के लिए सहमत हो जाती है:-

१. पूर्ण शराब बन्दी कर देती है।
२. विनिमय दर १६ पेन्स कर देती है।
३. लगान ५० प्रतिशत घटा देती है।
४. नमक पर शुल्क समाप्त कर देती है।
५. प्रारंभ में सैनिक खर्च ५० प्रतिशत कम कर देती है।
६. असैनिक सिविल अधिकारियों का वेतन आधा कर देती है।
७. विदेशी कपड़ों के विरुद्ध संरक्षक सीमा शुल्क लगाती है।
८. समुद्री तट का आरक्षण बिल पास करती है।
९. हत्या के अपराध में दंडित बंदियों के अतिरिक्त सभी राजनीतिक बंदियों को छोड़ देती है।
१०. गुप्तचर पुलिस विभाग को बन्द कर देती है।
११. आत्मरक्षा के लिए लोक नियंत्रण से मर्यादित आग्नेयास्त्र के लिए लाइसेंस देती है।

इन मांगों के पीछे कैसी भावना काम कर रही थी, उसे समझ न सकने के कारण जवाहरलाल सहित कुछ काँग्रेसजनों ने, विशेषत: उन लोगों ने, जिन्होंने पूर्ण स्वाधीनता को काँग्रेस का लक्ष्य बनाने के लिए बड़ी मेहनत की थी, उन शर्तों को पूर्ण स्वतंत्रता से काँग्रेस के आदर्श से झुक जाने की प्रक्रिया माना। गाँधीजी क्या चाहते थे, इसे समझ पाने के लिए जवाहरलाल को संभवत: कई वर्षों की जरुरत थी। बहुत समय बीत जाने के बाद उन्होंने स्वयं लिखा- "वे (गाँधीजी) झुके नहीं,वे देश के लाखों लोगों के बीच से उनकी भाषा बोलते हुए ऊपर उठते दिखे और लगातार देशवासियों की ओर तथा उनकी दर्दनाक हालत की ओर सबका ध्यान खींचते हुए सामने आए। तुम लोग जिनके शोषण पर जीते हो, उन किसानों और मज़दूरों की पीठ पर से हटो. . . . उस व्यवस्था से छुटकारा होना चाहिए जो ऐसी व्यवस्था और दु:ख को जन्म देती है।"[५]

गाँधीजी यह जान गए कि उन्हें ठीक तरह से नहीं समझा गया था और इसलिए अपने आलोचकों को उत्तर देते हुए उन्होंने कहा- "स्वाधीनता की आम जनता के लिए यदि कोई उपादेयता है तो वह कम-से-कम इन ग्यारह बातों में पायी जाती है" और आलोचकों को चुनौती भरे शब्दों में उन्होंने यह भी कहा "अगर आप ऐसा कार्यक्रम बना नहीं सकते जो उसके अनुकूल हो, तो अभी समय है कि आप जनता का नेतृत्व करने और देश में स्वराज लाने का कार्य न करें।"[६]

इसमें कोई शंका की गुंजाइश नहीं थी कि ये ग्यारह बातें मान ली जाने पर आम जनता की

स्थिति में तत्काल सुधार हो जाता। उदाहरण के लिए तीसरी मांग को लें जिसमें भूमि के लगान को आधा कर देने के लिए कहा है। इस मांग के स्वीकार हो जाने से सभी किसान सदा के लिए स्वराज के सैनिक हो जाते। यदि शासन इस मांग को नहीं मानती तो भी किसान काँग्रेस और गाँधीजी को अपना सच्चा मित्र तो मान ही लेते। गाँधीजी एक प्रमुख प्रचारक थे और जिन्होंने उनके साथ पिछले एक दशक से भी अधिक समय तक काम किया था, उन्हें जनता को स्वाधीनता आंदोलन के पक्ष में करने के गाँधीजी के उपायों से चौकना नहीं चाहिए था। साथ ही, कोई यह सोच भी नहीं सकता था कि अंग्रेज शासन इन मांगों पर कभी भी विचार करती। उनकी स्वीकृति भारत पर उनके शासन के अधिकांश लाभ से इंग्लैण्ड को वंचित कर देती और शायद ही कोई अंग्रेज भारत में परोपकार के लिए रहा आना पसंद करता? ग्यारह मांगों की सूची बनाकर महात्मा गाँधी ने कृष्ण का अनुकरण किया था जिन्होंने पाण्डवों को युद्ध करने का परामर्श देने के पहले पूरे राज्य की मांग को मात्र ५ गाँवों तक सीमित कर दुर्योधन को विषम स्थिति में डाल दिया था। प्रभुता सम्पन्न राष्ट्र की मांग तो अस्वीकृत कर दी गई थी और अब भारत की "बड़ी सरल किन्तु महत्वपूर्ण आवश्यकताओं" को स्वीकार न करने पर शासन की स्थिति भारतीय जनता की दृष्टि में दुर्योधन जैसी हो गई थी जो सुई की नोंक के बराबर भी भूमि देने को सहमत नहीं था।

गाँधीजी अहिंसात्मक युद्ध के लिए तैयार थे। अपनी नैतिक मान्यता के अनुसार गाँधीजी शासन को सावधान करना आवश्यक मानते थे कि वे आक्रामक कार्यवाही करना चाहते हैं। तदनुसार, एक आश्रमवासी रेगिनाल्ड रेनाल्डस के माध्यम से २ मार्च को उन्होंने वाइसराय को एक पत्र भेजा जिसमें उन्होंने लिखा कि "इस माह की ११ तारीख को आश्रम के जितने सहयोगियों को ले जा सकूंगा, उनके साथ मैं नमक कानून की धाराओं को तोड़ने के लिए प्रस्थान करूँगा। मैं इस को एक निर्धन्र व्यक्ति के दृष्टिकोण से सबसे अधिक अन्यायपूर्ण मानता हूँ। चूंकि स्वाधीनता के लिए आंदोलन इस देश के सबसे अधिक निर्धनों के लाभ के लिए है, उसका श्रीगणेश इस पाप को दूर करने के प्रयास से होगा।"[७] उत्तर में वाइसराय ने गाँधीजी की प्रस्तावित कार्रवाई पर दु:ख प्रकट करते हुए लिखा कि "उस कार्रवाई से स्पष्टता कानून का उल्लंघन होगा और सार्वजनिक शांति खतरे में पड़ जावेगी।"[८]

"कानून" और "शांति" के उल्लेख पर गाँधीजी ने टिप्पणी की: "कायदे और कानून की पुस्तकों का पूरा अरण्य रहे आने पर भी देश जिस कानून से परिचित है वह है अंग्रेज शासकों की इच्छा और जिस सामान्य शांति को देश जानता है वह है जेल की शांति। भारत एक बड़ा कारागार है। मैं इस कानून को नहीं मानता और विवशता की शांति से पैदा शोकपूर्ण उकताहट को जो खुली हवा की कमी के कारण इस देश के हृदय को अवरुद्ध कर रही है, तोड़ देना अपना पुनीत कर्तव्य मानता हूँ।"[९]

१२ मार्च को साढ़े छ: बजे अपने आश्रम के ७८ साथियों को लेकर लगभग ४०० किलोमीटर की दूरी पर समुद्र के किनारे डांडी के लिए हाथ में लाठी लिए महात्मा गाँधी चल पड़े। मोतीलाल नेहरू ने उनके इस कूच की राम के द्वारा लंका की ओर अभियान के साथ तुलना की। पी.सी.रे को इस अभियान से मूसा के नेतृत्व में यहूदियों द्वारा मिश्र की ओर अभियान स्मरण आ गया। सुभाष बाबू ने उसकी समता नेपोलियन के पेरिस की ओर या मुसोलिनी के रोम की ओर प्रस्थान से की। लेकिन गाँधीजी ने उसे एक पुनीत तीर्थ यात्रा की संज्ञा देते हुए कहा "मेरी भावना तो अमरनाथ या बद्री-केदार की ओर चलते यात्री की भावना के समान है।"

इस ऐतिहासिक अभियान से एक सप्ताह पूर्व सरदार वल्लभ भाई पटेल बोरसद तालुका के गाँवों को डांडी की ओर अग्रसर होते हुए गाँधीजी के स्वागत के लिए तैयार करने गए थे। उन्हें ७ मार्च को गिरफ्तार कर लिया गया। इस आंदोलन से संबंधित यह पहली गिरफ्तारी थी। सरदार की गिरफ्तारी का समाचार पाकर साबरमती के किनारे अहमदाबाद में लगभग ७५००० लोग एकत्रित हुए और शपथ ली कि "जिस रास्ते से वल्लभ भाई गए हैं, उससे हम भी जायेंगे।" ऐसे व्यक्ति को पकड़ लेने की शासन की मूर्खता ने, जो गुजरात में लोकप्रियता में गाँधीजी से दूसरा माना जाता था, पूरे प्रान्त में वह सरगरमी लादी जो सरदार के भाषण भी नहीं ला सकते थे। महात्माजी का राह के प्रत्येक गाँव में जो स्वागत किया गया वह अद्वितीय था।

५ अप्रैल तक, जब गाँधीजी डांडी पहुँचे, देश पूर्णत: उद्वेलित हो चुका था। ६ अप्रैल के प्रात:काल प्रार्थना के समय गाँधीजी ने घोषणा की कि उनके गिरफ्तार हो जाने पर अब्बास जी उनका स्थान लेंगे और उनके पश्चात् श्रीमती सरोजनी नायडू आ जावेंगी। अपने ७८ सहयोगियों के साथ समुद्र में स्नान करने के बाद साढ़े आठ बजे प्रात: उन्होंने समुद्री नमक का एक टुकड़ा उठाकर, सरोजनी नायडू के शब्दों में, "कानून तोड़ने वाला" होने के लिए हाथ ऊपर किया। एक घोषणा में महात्मा ने अपने देशवासियों से कहा-"अब चूँकि क्रियात्मक या औपचारिक तौर पर नमक का कानून तोड़ा जा चुका है, इसलिए जो भी नमक कानून के तहत दण्डित होने का जोखिम उठाना चाहता है, वह जहाँ भी सुविधाजनक हो, या जहाँ भी चाहे, नमक बना सकता है।"[१०]

चुटकी भर नमक उठाना देशव्यापी किसी मशीन की बटन को दबाने की तरह था जिससे पूरा राष्ट्र गतिशील हो गया। भारत के नगर और ग्रामों में बड़ी-बड़ी सभाएं हुईं और नमक कानून तोड़कर विदेशी शासन पर अवज्ञा का प्रहार किया गया। अभी तक दिल्ली और लंदन की सरकार और भारत में रहने वाले यूरोपीय लोगों ने गाँधीजी के प्रस्तावित नमक सत्याग्रह को एक बड़ा मज़ाक माना था। उनके द्वारा नमक का एक टुकड़ा उठाया जाना बड़े तिरस्कार से देखा गया था और परिहास कहा गया था, लेकिन डांडी में सुलगाई गई चिनगारी जब ज्वलित दावानल होकर पूरे देश में फैल गई तो तिरस्कार जबरदस्त धक्के में परिवर्तित हो गया। शासन की समझ में आ गया कि गाँधीजी ने पहली बाज़ी मार ली और नमक बनाने का काम कर काँग्रेसजनों ने देश के हर गाँव और नगर में अंग्रेजी शासन की प्रतिष्ठा धूल में मिला दी। संत्रस्त हो कर शासन ने दमन का सहारा लिया।

पुलिस की ज्यादती का समाचार जब गाँधीजी तक पहुँचा तो उसे उन्होंने "गुंडाराज" की संज्ञा दी और धरसाना स्थित नमक गोदाम पर अपने सहयोगियों सहित जाकर कब्जा करने का साहसिक निर्णय किया। वाइसराय लार्ड इरविन को चेतावनी देते हुए उन्होंने लिखा-"मुझे आशा थी कि शासन असहयोगियों से सभ्यता से पेश आएगी। यदि अवज्ञाकारियों से निपटने के लिए कानून के सामान्य नियमों का प्रयोग शासन करता तो मैं कुछ नहीं कह सकता था। जाने-माने नेताओं के साथ तो व्यवहार कानूनी ढंग से किया गया लेकिन सामान्य लोगों पर असभ्य और कुछ मामलों में बड़े अनुचित आक्रमण किए गए।"[११]

उन्होंने वाइसराय को सावधान किया कि "सत्याग्रह के नियमानुसार शासन जितना दमन करेगी और कानून के विरुद्ध कार्य करेगा, पीड़ितों में कष्ट सहने की क्षमता "अधिक होती जानी चाहिए" और "अपने आप अधिकतम पीड़ा को सह लेने का निश्चित परिणाम सफलता है।[१२] उस चेतावनी में लार्ड

इरविन को गाँधीजी द्वारा तीन विकल्पों का सुझाव दिया गया था- "नमक कर को हटा देना; मुझे और मेरे साथियों को गिरफ्तार कर लेना, जब तक कि देश जैसी कि मैं आशा करता हूँ, पकड़े गए प्रत्येक व्यक्ति के स्थान पर दूसरा व्यक्ति रखता रहे; गुंडागिरी की जाए, जब तक कि जैसी मैं आशा करता हूँ हर तोड़े गए सिर के स्थान पर दूसरा सिर आता रहे।"[१३]

सरकार जैसी वह थी, पहले विकल्प को तो मान नहीं सकती थी और इसलिए महात्मा गाँधी के सम्बन्ध में उसने दूसरे विकल्प को और उनके साथियों के लिए तीसरे विकल्प को मान्यता दी। ४ मई की रात्रि में करीब पौन बजे सूरत के डिस्ट्रिक्ट मजिस्ट्रेट ने पिस्तौल सहित दो पुलिस अधिकारियों तथा राइफल से लैस ३० पुलिस के जवानों के साथ गाँधीजी की झोपड़ी को घेर लिया। अंग्रेज अधिकारी ने उन्हें जगाया और १८२७ के आर्डिनेन्स के रेगुलेशन २५ के अन्तर्गत उन्हें गिरफ्तार कर लिया। यह रेगुलेशन बम्बई शासन को किसी भी व्यक्ति को किसी अवधि के लिए किसी आरोप पर, "जिससे सार्वजनिक व्यवस्था को खतरा हो," नजरबन्द करने का अधिकार देता था।[१४] मीरा बेन (कुमारी स्लेड) ने कहा कि "आधी रात को चोर की तरह वे आए और उन्हें चुरा ले गए।"

गाँधीजी को एक बस से रेल्वे स्टेशन लाया गया और यरवदा जेल भेजने के लिए उन्हें बाम्बे एक्सप्रेस में बैठाया गया। लेकिन इस भय से कि स्टेशन में निश्चित ही भीड़ इकट्ठा होती, शासन ने उन्हें बोरीवली में उतार कर मोटर से पूना के पास यरवदा भेजने की योजना बनाई थी तो भी डेली टेलीग्राफ के एक संवाददाता ने, जो बोरीवली स्टेशन पर उपस्थित था "चोरों" को पहचान लिया। ट्रेन के रुकने पर, उस सम्वाददाता के कथनानुसार, "वह मूर्ति, जिसे अब दुनिया पहचानने लगी थी, घुटने तक सर्वविदित लुंगी पहने और बॉह पर शाल डाले दरवाजे पर आयी।" दो अंग्रेज अधिकारियों ने, जो स्टेशन पर प्रतीक्षा में थे, "अपने हैट उठाए और गाँधीजी ने जब वे उन्हें ट्रेन से उतरने में सहायता कर रहे थे, मुस्कराकर उत्तर देते हुए उनसे हाथ मिलाया।" उस अवसर पर गाँधीजी की मुद्रा के सम्बन्ध में संवाददाता लिखता है- "बूढ़े व्यक्ति ने बड़ा गरिमा पूर्ण व्यवहार किया। चार्ल्स प्रथम को फाँसी दी जाने के अवसर पर एन्ड्रवू मारव्हेल की पंक्तियां मुझे याद आ गई-

किया न उसने कुछ तुच्छ या अभद्र
उस स्मरणीय दृश्य पर।"

सविनय अवज्ञा और आपराधिक दमन (१९३०-३१)

अपनी नज़रबन्दी से बहुत पहले गाँधीजी ने आदेश दे रखा था कि "मेरे पकड़ लिए जाने पर मौन निष्क्रिय अहिंसा को त्याग कर अत्यन्त सक्रिय अहिंसा को अपनाना चाहिए।" इस आदेश का पालन केवल काँग्रेसजनों ने ही नहीं बल्कि आम जनता ने लगन से किया। १९३०-३१ का सविनय अवज्ञा आंदोलन इतिहास का एकमात्र आंदोलन है जो हिंसा के आधुनिकतम हथियारों से लैस शासन के विरुद्ध पददलित जनता के द्वारा किए गए अहिंसात्मक संघर्ष का शुद्ध उदाहरण हो सकता है। उससे पहले और उसके बाद में हुए आंदोलन हिंसात्मक घटनाओं से विकृत हो गए थे। पहले हुए आंदोलन में अहिंसा के नए अस्त्र का पूर्ण ज्ञान न होना और बाद के आंदोलन में या तो तैयारी के लिए अवसर के अभाव से या योग्य नेतृत्व न होने से हिंसात्मक घटनाएं हो गई थीं।

गाँधीजी की नज़रबन्दी जुलूस निकालने, विरोध सभाएं करने, नमक कानून तोड़ने और शासन

के अन्य प्रतिबंधक आदेशों की शांतिपूर्ण अवज्ञा के लिए हरी झंडी साबित हुई। यद्यपि प्रत्येक प्रान्त में अभियान बड़े उत्साह से चला किन्तु बंबई प्रेसीडेन्सी में वह अत्यधिक गतिशील था। गाँधीजी की गिरफ्तारी के समाचार पर बम्बई नगर में तत्काल हड़ताल हो गई, किन्तु दूसरे दिन जो जुलूस निकाला गया वह इतना बड़ा था कि लोगों को संबोधित करने के लिए विभिन्न स्थानों पर कई मंच बनाने पड़े। कपड़ा मिलों और रेल के मज़दूरों ने सम्मिलित होकर जन-समुदाय को विशाल कर दिया था। समुद्र के तटों पर जिन लोगों ने नमक कानून तोड़ा उनकी संख्या लगभग १० लाख अनुमानित की गई। फेनर ब्राक्वे लिखते हैं कि "लोगों द्वारा जिस सीमा तक अहिंसा के सिद्धान्त का पालन किया गया था उसका स्मरणीय प्रदर्शन बंबई ने प्रस्तुत किया। कई बार जब जुलूस प्रतिबंधित किए गए, तब लोग हज़ारों की संख्या में इकट्ठे होकर तब तक मैदान में शांतिपूर्वक बैठे रहे जब तक पुलिस और सेना के सिपाही वहाँ से नहीं हटे। उनके जाने पर उन्होंने उठकर अपने कार्यक्रम को पूरा किया। विलायती अखबारों में प्रकाशित समाचार के अनुसार एक बार करीब २,५०,००० लोगों के जुलूस को कुछ सड़कों से गुजरने से प्रतिबन्धित किया गया। लोग वहीं बैठ गए और दो घन्टे तक आवागमन अवरुद्ध रहा। प्रतिबंध हटा लिये जाने पर ही वे वहाँ से उठे। एक अन्य अवसर पर शाम को होने वाले प्रदर्शन और जुलूस पर पुलिस ने प्रतिबंध की घोषणा की। काँग्रेस स्वयंसेवकों ने नगर में घूम कर प्रतिबन्ध के बावजूद जुलूस निकाले जाने और प्रदर्शन किए जाने का ऐलान किया। ३० हजार आदमी इकट्ठे हो गए। पुलिस के सामने जमाव का बड़ा भाग तो बैठा रहा, लेकिन कुछ लोग गलियों से होकर सभा-स्थल पर पहुंए गए। लोगों द्वारा तीन घंटे बैठे रहने पर आधी रात के कुछ समय बाद पुलिस वापिस कर ली गई। लोग तत्काल खड़े हुए और चल पड़े। आधी रात को सूनी राहों से ढाई लाख आदमियों के कूच करने और सुबह के झुटपुटे में तारों के साये में विशाल प्रदर्शन किए जाने के समाचार प्रकाशित हुए। समर्पण और संकल्प के इस अद्भुत संयोग से अधिकारियों द्वारा कुछ कर सकना असंभव हो गया। वे दंगे को दबा सकते थे, लेकिन उस शांत शक्ति को कैसे जीता जा सकता था?"[१५]

फेनर ब्राक्वे ने बम्बई की एक अन्य घटना का उल्लेख किया है, जिसे वह कहता है "भारत के इतिहास में वह घटना भारत की नारियों के साहस का बखान करती रहेगी।" अधिकारियों ने एस्प्लेनैड के हरियाली भरे मैदान में स्वयंसेवकों द्वारा प्रतिदिन की जाने वाली परेड रोक दी। काँग्रेस कमेटी ने उस प्रतिबंध को तोड़ने का निश्चय किया। साड़ियाँ पहने कई स्वयं सेविकाओं तथा एक बड़े जनसमुदाय के साथ ५०० स्वयं सेवकों ने उस मैदान की तरफ कदम बढ़ाए, जहाँ पहुँच कर उन्होंने लाठियाँ लिए ५०० सिपाहियों, ७५ पुलिस अफसरों और सारजेन्ट के अलावा ५० घुड़सवारों को खड़ा पाया.......।

इसके पश्चात् वह घटना हुई जिसकी चर्चा भारत में पीढ़ी-दर-पीढ़ी की जाती रहेगी। स्वयंसेवकों में २० सिक्ख स्वयं सेवक थे जिन्होंने लाठियों की बौछार के सामने अद्भुत अनुशासन और साहस का परिचय दिया। जब उन पर पुलिस का पहला आक्रमण विफल हो गया, तो ३० महिलाओं ने आगे बढ़कर उन स्वयं सेवकों को घेर कर सारजेन्टों से उन सिक्ख स्वयं सेवकों पर आक्रमण न कर उन्हें लाठियों से मारने का निमंत्रण दिया।"[१६]

लंदन के डेली टेलीग्राफ समाचार पत्र के अपने बम्बई स्थित सम्वाददाता के शब्दों को उद्धृत कर ब्राक्वे लिखते हैं: "पुलिस अधिकारियों ने महिलाओं से चले जाने के लिए कहा लेकिन उन्होंने इंकार कर दिया। पुलिस कमिश्नर हीले ने व्यक्तिगत रूप से बार-बार आगाह किया और

भारतीय कौंसिल की सदस्या से, जो उन महिलाओं का नेतृत्व कर रही थी, पुलिस द्वारा कड़ी कार्यवाही की जाने से पहले अपने साथियों को हटा लेने की अपील की। उनका उत्तर था कि वे लाठी चार्ज के लिए और घुड़सवारों द्वारा रौंदे जाने के लिए तैयार हैं।

"कल की घटना से संबंधित कुछ समाचार उसे 'युद्ध' की संज्ञा दे सकते हैं, किन्तु उसे युद्ध नाम किसी प्रकार नहीं दिया जा सकता। वह तो कानून की अवज्ञा के लिए कृत संकल्प अहिंसा की अजेय भावना और लाठियां लिए हुए ५०० पुलिस के जवानों के बीच में जिनमें कुछ घुड़सवार भी थे, जिनको उस मैदान से उन शहादत के लिए उत्सुक स्वयं सेवकों और स्वयं सेविकाओं को हटा देने का दु:खद कार्य दिया गया था, भीषण शक्ति परीक्षण था.... ।"

"इस घटना का, विशेष रूप से महिलाओं के कार्य का गंभीर प्रभाव हुआ। जनसामान्य की भावना और नरम दल के विचार वाले तथा यूरोप-वासियों की भावना भी बहुत उत्तेजित है और विद्यार्थियों तथा व्यापारियों आदि के संगठनों द्वारा विरोध स्वरूप हड़ताल किए जाने के समाचार लगातार आ रहे हैं। शासकीय उपाधिधारी पुरुषों की पत्नियों और पुत्रियों ने सम्राज्ञी मेरी को विरोध में तार भेजा है। काले झन्डे लिए हुए महिलाओं का एक मौन जुलूस बम्बई की सड़कों पर घूम रहा है लेकिन राष्ट्रवादियों में गर्व और उल्लास की भावना ही मुख्य है।"[१७]

गाँधीजी की गिरफ्तारी के पश्चात्, उनके उत्तराधिकारी अब्बास तैय्यबजी धरसाना की नमक गोदाम की ओर सत्याग्रहियों के साथ जाते हुए पकड़ लिए गए। उनके स्थान को सरोजनी नायडू ने लिया और लगभग २००० सत्याग्रहियों के साथ जहाँ नमक बनता था, उधर वे चल पड़ीं। उसके पश्चात् जो घटित हुआ वह एक ओर तो पुलिस की पशुवत् बर्बरता का और दूसरी ओर सत्याग्रहियों की अभूतपूर्व अहिंसा का प्रदर्शन था। एक अमरीकी संवाददाता मिलर ने उसके द्वारा देखे गए उस दृश्य का घृणास्पद चित्र खींचा है "अकस्मात् आदेश पाते ही बीसियों पुलिस के जवान बढ़े आते हुए सत्याग्रहियों पर दौड़ पड़े और उनके सिर पर लोहे मढ़ी लाठियाँ बरसाने लगे। किसी सत्याग्रही ने आघात रोकने के लिए हाथ भी नहीं उठाया। वे बेबस गिर पड़े। जहाँ मैं खड़ा था, मैं अरक्षित खोपड़ियों पर लाठी पड़ने की वीभत्स आवाज़ सुनता रहा। हर वार पर प्रतीक्षा करते हुए लोग हाय-हाय करते थे और उनकी सांस रुक जाती थी। जो चोट खाकर गिर पड़े थे वे टूटे सिरों या कंधों की वेदना से बेहोश थे या हाथ पैर पटक रहे थे।"[१८]

यह आश्चर्य की बात नहीं है कि वल्लभ भाई पटेल ने जो सज़ा पूरी कर छूटे थे कहा-"ब्रिटिश साम्राज्य से भारत के मेल मिलाप की आशा सदा के लिए जाती रही।" मिलर ने स्वयं बड़े आश्चर्य से कहा "१८ वर्षों की अपनी २० देशों के संवाददाता अवधि में, जिसमें मैंने अनेक नागरिक अशांति, दंगे, सड़कों पर झगड़े और विद्रोह देखे हैं, धरसाना जैसे रोमांचकारी दृश्य मुझे कभी देखने को नहीं मिले।"[१९]

गुजरात के दो जिलों में जमीन का लगान न देने के अभियान का विरोध शासन ने बड़ी बर्बरता से किया। एच.एन. ब्रेल्सफोर्ड ने, जिन्होंने उन दिनों भारत के कुछ भागों का दौरा किया था, विस्तृत विवरण दिया है- "गुजरात के गाँवों में पुलिस की बर्बरता के मुझे कई प्रमाण मिले क्योंकि उन गाँवों में मैं पाँच दिन घूमता रहा। कानूनी कार्रवाई के सिलसिले में शुरु में किया गया जुल्म ही बहुत कठोर था। बारडोली और कैरा जिले के किसान, जिनमें एक भी अपवाद नहीं था, गाँधीजी के प्रति भक्ति,

स्वराज की इच्छा तथा कृषि पैदावार की कीमतों में भारी गिरावट की मिली-जुली प्रतिक्रिया स्वरूप जमीन का लगान देने से इंकार कर रहे थे। उसका उत्तर किसान की जमीन, जानवर, सिंचाई पम्प वगैरह राजसात् करना होता है और ये चीजें इतने कम दामों में बिक जाती हैं कि ४० रुपये के टैक्स के बदले एक किसान का सब कुछ चला जाता है। साथ ही कर जमा करने की अवधि भी कम कर दी गई। जिन किसानों ने लगान की दो किश्तें दे दी थीं, वे जनवरी के लगभग आखिरी किश्त दे सकते थे। लेकिन उनसे अक्टूबर में ही लगान जमा करने को कहा गया। यह सब किसी हद तक कानून से ठीक हो सकता था, लेकिन उसमें तंग करने वाली सख्ती बरती गई। शारीरिक उत्पीड़न उसके साथ चलता था। राइफलों और लाठियों के साथ पुलिस असंतुष्ट गाँवों को घेर लेती थी और किसानों को अंधाधुंध लाठियों या राइफलों के कुन्दों से मारती थी। इस बर्बरता के शिकार ४५ व्यक्तियों के बयान मेरे पास हैं। दो मामलों को छोड़ कर बाकी सभी लोगों के घावों और चोटों को मैंने देखा है। (एक लड़की ने लज्जावश अपने बदन के घाव नहीं दिखाए). . . .।"[२०]

कुछ घटनाएँ, जिनकी काँग्रेस को कोई कल्पना न थी, बम्बई प्रान्त के शोलापुर में हुईं। शराब बन्दी अभियान के दौरान कुछ स्वयंसेवकों ने शराब के लिए काम में आने वाले खजूर के पेड़ों को काटना शुरु किया। उस कटाई को रोकने के लिए पुलिस ने मौके पर पहुँच कर लोगों को वहाँ से हट जाने के लिए कहा। उन्होंने हटने से इंकार किया तो, उन पर गोली चलायी गयी जिससे २५ व्यक्ति तो वहीं मर गए और लगभग १०० घायल हो गए। लोग उत्तेजित हो गए और उन्होंने मजिस्ट्रेट की अदालत को आग लगा दी। छ: पुलिस थाने और लगभग सभी शराब की दुकानें जला डालीं। दूसरे दिन नगर में जब जंगी हड़ताल हुई तो अधिकारियों ने ५ से ज्यादा आदमियों के इकट्ठे होने पर रोक लगा दी। मिल मज़दूरों ने हड़ताल कर दी और निषेधाज्ञा को तोड़ कर करीब ५०,००० प्रदर्शनकारी जुलूसमें सम्मिलित हुए। पुलिस ने नगर में शांति और व्यवस्था रखने की जिम्मेदारी लेने से इंकार कर दिया और उसकी देखभाल काँग्रेस स्वयं सेवकों ने की। जब शासन ने देखा कि व्यवहारिक रूप से नगर काँग्रेस के हाथों में चला गया तो नगर का भार सेना को सौंप दिया गया और मार्शल ला जारी कर दिया गया। काँग्रेस के कार्यालय पर अधिकार कर लिया गया और पदाधिकारियों पर सैनिक अदालत में मुकदमे चलाए गए। उन को कठोर सजाएं दी गईं और लोगों को आतंकित करने के लिये ४ स्वयंसेवकों को कोड़े लगाए गए। संक्षेप में, शोलापुर कुछ दिनों के लिए छोटे जलियाँवाला बाग की स्थिति में हो गया। कई निषेधात्मक आदेशों की घोषणा हुई जिनमें गाँधी टोपी न लगाने का आदेश भी था। शोलापुर से होकर जाने वाली रेल गाड़ियों के यात्रियों को भी गाँधी टोपी उतार लेने का मार्शल लॉ अधिकारियों ने आदेश दिया और जो नहीं उतारते थे उनकी टोपी जबरदस्ती छीन ली जाती थी।

गाँधी टोपी लगाने पर रोक आगे बढ़ती हुई मद्रास प्रांत में भी पहुँच गई। गुंटूर के जिला मजिस्ट्रेट एफ.डब्ल्यू. स्टेवर्ट ने एक आदेश दिया कि "गाँधी टोपी का पहनना सविनय अवज्ञा आंदोलन से सहानुभूति रखने का प्रतीक है, इसलिए कोई भी व्यक्ति सार्वजनिक स्थानों पर गाँधी टोपी लगाकर न जाए।" लेकिन इस मनाही ने गाँधी टोपी को और भी अधिक लोकप्रिय बना दिया। बाद में स्टेवर्ट के उस आदेश को उससे बड़े एक अधिकारी ने वापिस ले लिया। लगातार लाठी चार्ज की घटनाओं के साथ ही मद्रास प्रान्त में दमन के अन्तर्गत भारी जुर्माने लगाए जाते रहे और लम्बी सज़ाएं दी जाती रहीं।

लगान न देने का आंदोलन गुजरात पार कर कर्नाटक, उत्तर प्रदेश और बरार के बुलढाना जिले में फैल गया। बिहार में आंदोलन ने चौकीदारी टैक्स न देने, अवैध नमक बनाने और बेचने, विलायती चीजों, विशेषत: कपड़े का बहिष्कार और शराब की दुकानों पर धरना देने का रूप ले लिया।

"बंगाल में स्थिति इसलिए और भी जटिल थी क्योंकि वहाँ आतंकवादी गतिविधियां भी चल रही थीं। उस प्रांत में सबसे अधिक गिरफ्तारियां हुईं। बिहार और उड़ीसा की तरह विलायती कपड़ों बहिष्कार भी जोर पर था। कलकत्ता के एक पार्क में सभा करने के लिए एकत्रित प्रदर्शनकारियों को पुलिस ने घेर लिया और उन पर लाठियां बरसायीं। आतंकवादी भी सक्रिय हो गए। उनका चटगाँव बन्दरगाह के शस्त्रागार पर हमला बड़ा ही साहसिक और सुचारु रूप से नियोजित कार्य था। एक रात को मोटरों की एक कतार शस्त्रागार के निकट आकर रुकी और एक अंग्रेज सार्जेन्ट की पोशाक में एक व्यक्ति नीचे उतरा। दो संतरियों ने उसे सार्जेन्ट मान कर सलाम किया। उन्हें गोली मार दी गई। गोली चलने की आवाज़ सुन कर एक सार्जेन्ट अपने बंगले के बाहर आया। उसे भी गोली से उड़ा दिया गया। इसके बाद शस्त्रागार के द्वार तोड़ कर ४० व्यक्ति अन्दर घुस गए और उन्होंने राइफलें और पिस्तौलों को अपने कब्ज़े में कर उस भवन पर आग लगा दी। एक और अंग्रेज सारजेन्ट टैक्सी से वहाँ पहुँचा। उसे और ड्राइवर को गोली से मार दिया गया। इसी बीच एक अन्य शस्त्रागार पर भी आक्रमण किया गया। कई मोटरों से खाकी पोशाकधारी कुछ व्यक्ति कूदे। संतरी को मार कर उन्होंने भी राइफलों और पिस्तौलों को अपने कब्जें में कर उस भवन को आग लगा दी। यह घटना एकमात्र अकेली है, लेकिन यह इस बात का सूचक है कि यदि गाँधीजी के सिद्धांतों की अपेक्षा इस देश में डी वेलेरा का आयरिश आदर्श काम में लाया जाता तो क्या होता।"[२१]

दिल्ली नगर और पंजाब ने आंदोलन में प्रभावशाली ढंग से भाग लिया। पंजाब के मुस्लिमों में अहरार नामक एक नया दल सामने आया। पंजाबी सिक्खों ने भी उत्तर-पश्चिम प्रांत के लोगों का, जिन्हें ब्रिटिश साम्राज्य की शक्ति का सामना करना पड़ा था, बहुत साथ दिया। खान अब्दुल गफ्फार खाँ के नेतृत्व में खुदाई खिदमदगारों ने, जिन्हें लाल कुर्ती भी कहा जाता था, गाँधीजी की अहिंसा की भावना को भली-भांति आत्मसात् कर लिया था। सीमा प्रांत में काँग्रेस संगठन भी बहुत मजबूत था। तो भी सीमा से लगा हुआ कबाइली इलाका कई दुर्दान्त पठान कबीलों का निवास स्थान था जो अंग्रेज शासन के विरुद्ध विद्रोह करने के किसी अवसर को नहीं चूकते थे। यद्यपि काँग्रेस और लाल कुर्तियों ने इन लड़ाकू कबीलों को अपने अहिंसात्मक आंदोलन से दूर रखने का बड़ा प्रयास किया लेकिन इसमें सफलता नहीं मिली क्योंकि वे सभी जाति से पठान थे।

पेशावर में २० अप्रैल को सविनय अवज्ञा आंदोलन का श्रीगणेश हुआ। विलायती कपड़ों का बहिष्कार और शराब की दुकानों पर धरना देना मुख्य कार्यक्रम था। २३ अप्रैल को अपने गाँव उत्मनज़ई से पेशावर आते हुए खान अब्दुल गफ्फार खाँ गिरफ्तार कर लिए गए। इस पर पेशावर में सामूहिक प्रदर्शन किए गए, जो शांतिपूर्ण रहे आते अगर शासन ने बख्तर बंद लड़ाकू गाड़ियों का उपयोग न किया होता। कुछ लोग उन गाड़ियों से कुचल दिए गए जिनमें मोटर सायकिल पर सवार एक अंग्रेज हरकारा भी था जिसकी मोटर सायकल एक बख्तर बंद गाड़ी से टकरा गई थी। यह बहाना लेकर कि उस हरकारा सवार को भीड़ के किसी व्यक्ति ने धक्का दे दिया था, अधिकारियों ने गोली चलाने का आदेश दिया। "लाहौर के एंग्लो इण्डियन समाचार पत्र ने, जो शासकीय हवाला देता है, लिखा कि लोग

लगातार एक के बाद एक उस गोली बारी के सामने आते रहे और जब वे घायल होकर गिर पड़ते तो उन्हें हटा लिया जाता था और दूसरे उनकी जगह ले लेते थे। यह स्थिति प्रातः ११ बजे से संध्या पांच बजे तक रही आयी और जब लाशों की संख्या बहुत हो गई तो उन्हें शासकीय एम्बुलेन्स कारों में भर कर भेज दिया गया।"[२२]

अपने प्रांत की स्थिति के सम्बन्ध में खान अब्दुल गफ्फार खाँ स्वयं लिखते हैं कि- "जब हम जेल में थे तब लोग शासन के अत्याचार के नए दौर को बर्दाश्त कर रहे थे। अधिकारियों ने पूरे प्रांत की घेराबंदी कर दी थी और कोई उसे छोड़ कर नहीं जा सकता था ताकि कोई शिकायत विदेश न पहुँच जाए और दुनिया पठानों पर किए जा रहे अंग्रेजों के जुल्म को जान न जाए। बाहर के व्यक्ति भी प्रांत में इसलिए नहीं प्रवेश करने दिये जाते थे ताकि जिस परिस्थिति में लोग रह रहे थे, उसे वे देख न सकें।"[२३]

उनके गाँव उत्मनज़ई में दमन की चर्चा करते हुए बादशाह खाँ लिखते हैं- "फौज़ी सिपाही खुदाई खिदमदगार कार्यालय में पहुँचे। वे पहली मंजिल पर जहाँ कार्यालय था, चढ़ गए। उन्होंने वहाँ बैठे सभी खुदाई खिदमदगारों को पकड़ कर ऊपर से बाहर सड़क पर फेंक दिया। मेरा पुत्र वली, जो उस समय १४ साल का था, अपने स्कूल से खुदाई खिदमदगार के कार्यालय गया था और लोगों के साथ बैठा था। एक सैनिक ने उसकी तरफ संगीन कर दी, लेकिन एक मुस्लिम सिपाही ने अपना हाथ संगीन के सामने कर वली को बचा लिया और उसके बाद हसन खाँ वली का हाथ पकड़ कर उसे नीचे ले गया।

"सैनिकों ने उस भवन को आग लगा कर राख कर दिया। इसके बाद वे गाँव में घुसे और उन सबको पकड़ कर बड़ी बेरहमी से पीटा जो लाल कमीज पहने हुए थे।"[२४]

पेशावर में बार-बार अपने कबीले के लोगों की हत्या के परिणामस्वरूप कबाइली भड़क उठे और उन्होंने विद्रोह घोषित कर दिया। जब सेना ने उन पर बहुत दबाव डाला तो वे गुफाओं में चले गए। उन गुफाओं के मुहानों पर तोपों से गोलाबारी की गई और जब इस गोलाबारी से भी उन्हें दबाया नहीं जा सका तो हवाई जहाजों से उन पर बम गिराए गए। लन्दन टाइम्स के संवाददाता ने ४ जून को रिपोर्ट दी- "आज की बमबारी को बहुत गोपनीय रखा गया था और पहले बम के गिरने का लोगों को बड़ा दुखद आश्चर्य हुआ होगा। तेज़ हवा के बावजूद, जिससे कँकड़ और रेत मैदानों पर उड़ते रहे, बमबारी बहुत सही थी और बमबाज़ों ने निशाने साध कर उस घाटी में बम गिराए जो गुफाओं के मुहानों में पश्चिमी छोर पर है। किले पर रखे रेत के बोरों के पीछे से हम लोग बैटरियों से सहसा निकलती कौंध देख सकते थे और जब मोहमंड पहाड़ों में बंदूकों की आवाज़ गूँज रही थी, गर्द और धुँआ गुफाओं से ऊपर उठता दिखाई दिया। अब रॉयल हवाई दस्ता भी इन बमबाजों के साथ हो गया। दूर आसमान में हवाई जहाज दिखाई दिए और बमों के चटकने की कड़ी आवाज विस्फोट के धमाके से मिल गयी।"[२५]

इस बमबारी का परिणाम यह हुआ कि मोहमंड कबाइलों की सहायता में अफरीदी उठ खड़े हुए और वाइसराय को सीमा प्रांत में मार्शल लॉ लगाना पड़ा, लेकिन मार्शल लॉ के बावजूद वहाँ अशांति रही आयी।

यह कहने की आवश्यकता नहीं कि केवल नेतागण ही नहीं, बल्कि देश भर में सभी काँग्रेसजन, जिन्हें काँग्रेस कार्यकर्ता कहा जा सकता था, सीकचों के भीतर थे। जो लोग सजा पूरी करने के बाद छोड़

दिए गए थे, उन्होंने फिर सत्याग्रह किया और पकड़े गए। आम लोगों पर जो अत्याचार किए गए वे बेमिसाल थे। मुख्य बात यह थी कि सभी धर्म और जाति के लोगों ने इस आंदोलन में भाग लिया था। २६ जनवरी, १९३१ को देशवासियों ने पूरे देश में सभाएं कर यादगार का जो प्रस्ताव पास किया था वह उस उदात्त तथा वीरतापूर्ण वृत्त को संक्षेप में प्रस्तुत करता है-

"हम नागरिक....देश के उन नर-नारियों की कृतज्ञता पूर्ण सराहना करते हैं जिन्होंने स्वाधीनता संघर्ष में भाग लेकर कष्ट सहा है तथा त्याग किया है ताकि अपनी मातृभूमि बन्धन मुक्त हो जाए...।

"हम भारत के नारी वर्ग को अपनी श्रद्धांजलि अर्पित करते हैं और हृदय से प्रशंसा करते हैं, जिन्होंने मातृभूमि के संकट काल में घर का आश्रय छोड़ कर अडिग साहस और सहन शक्ति के साथ पुरुष वर्ग से कंधा लगाकर हमारी राष्ट्रीय सेना की अग्रिम पंक्ति में उनके साथ त्याग और विजय में भागी होते हुए खड़ी रहीं। साथ ही हमें देश के नवयुवकों तथा वानर सेना पर गर्व है जिनकी किशोर अवस्था भी उन्हें स्वाधीनता संघर्ष में सम्मिलित होने से नहीं रोक सकी. . . .।"

"और देश के लिए त्याग तथा कष्ट सहने के इस उज्जवल तथा उत्साहवर्धक उदाहरण के साथ हम अपनी स्वाधीनता प्रतिज्ञा को दोहराते हैं और जब तक भारत पूर्णत: स्वाधीन नहीं हो जाता संघर्ष करते रहने का दृढ़ निश्चय करते हैं।"[२६]

जगंल सत्याग्रह और मेरा कारावास (१९३०-३१)

मेरा प्रांत मध्यप्रांत और बरार भी सविनय अवज्ञा आंदोलन के विभिन्न कार्यक्रम को निभाने में अन्य प्रांतों से पीछे नहीं रहा बल्कि उस कार्यक्रम में हमने कुछ और मद भी जोड़े। केन्द्रीय विधान सभा से त्याग पत्र देकर गोविन्द दास और मैंने आंदोलन की सफलता के लिए योजना बनायी। प्रारंभ में हम "लोकमत" नाम का एक दैनिक समाचार पत्र निकालने लगे। गोविन्द दास उसकी अर्थव्यवस्था देखते थे और मैं उसका संपादन करता था। आकार और पृष्ठ की संख्या इलाहाबाद के "लीडर" की तरह थी। इस समाचार पत्र के देश के सभी प्रांतों में संवाददाता थे और समाचार के लिए हमने एसोसियेटेड प्रेस से प्रबंध कर रखा था। मध्यप्रांत और बरार के अतिरिक्त यह समाचार पत्र मध्य भारत और अपने प्रांत से लगे अन्य प्रांतों के जिलों में भी बड़ा लोकप्रिय हो गया। दो महीनों में उसकी खपत १५००० प्रतियों तक पहुँच गई। प्रेस आर्डिनेन्स के तहत शासन द्वारा बन्द किए जाने से पहले इस समाचार पत्र को प्रांत कें कोने-कोने में काँग्रेस का संदेश पहुँचाने में बड़ी सफलता मिली।

जिन दिनों मैं केन्द्रीय विधान सभा का सदस्य था मैंने मध्यप्रान्त के हिन्दी भाषी क्षेत्र के पुराने नाम "महाकोशल" को फिर से चालू करने के लिए कई लेख लिखे थे। सविनय अवज्ञा आंदोलन के प्रारंभ होने के अवसर पर हिन्दी सी.पी. प्रांतीय काँग्रेस कमेटी ने इस नए नाम पर अपनी स्वीकृति का एक प्रस्ताव पास कर दिया। इसे नकारा नहीं जा सकता कि नये नाम ने हमारे क्षेत्र की जनता में उत्साह वृद्धि की और महाकोशल-वासियों ने अपने पूर्वजों के शौर्य का अनुकरण करने के लिए कई कविताएँ लिखीं।

एक ऐतिहासिक पृष्ठभूमि में सविनय अवज्ञा आंदोलन प्रारंभ हुआ। जबलपुर से २० किलोमीटर दूर एक पहाड़ी के सम्बन्ध में यह कहा जाता है कि अपने गोंड राज्य के शत्रुओं से लड़ती हुई वीरांगना रानी दुर्गावती ने वहाँ गिरकर वीर गति पायी थी। वह चँदेल राजपूतों की कन्या थी किन्तु अपनी इच्छा

से उसने वीर गोंड राजा दलपत से विवाह किया था। पति की मृत्यु के उपराँत उसने अपने पुत्र की किशोरावस्था में गोंड राज्य पर शासन किया था।

६ अप्रैल को एक बड़े जुलूस का आयोजन किया गया जो सदर से होता हुआ २० किलोमीटर चल कर पहाड़ियों और उपत्यकाओं से घिरे उस ऐतिहासिक स्थान पर पहुँचा। एकत्रित काँग्रेसजनों ने वीरांगना रानी का अनुकरण करने की तथा मातृभूमि की स्वतंत्रता के लिए सर्वस्व त्याग करने की शपथ ली। स्वाधीनता के पश्चात् उस पुनीत स्थल पर आदिवासी बालकों के लिए एक स्कूल खोला गया। १९६४ में नए मध्यप्रदेश के मेरे मुख्यमंत्रित्व की अवधि में रानी की और शपथ लेने के १९३० के समारोह की स्मृति में वहाँ एक स्मारक का निर्माण किया गया। हिन्दी के प्रसिद्ध उपन्यासकार वृंदावन लाल वर्मा को उनके ऐतिहासिक उपन्यास के लिए,जिसमें उन्होंने यशस्वी रानी के जीवन के विभिन्न प्रसंगों का उल्लेख किया है, उस स्थान पर सम्मानित किया गया।

रायपुर में आयोजित हमारी प्रांतीय राजनीतिक काँफ्रेंस की अध्यक्षता करने के लिए जब जवाहरलाल नेहरू आ रहे थे तब १३ अप्रैल को उन्हें गिरफ्तार कर लिया गया। उन्हें छिओकी रेल्वे स्टेशन पर गिरफ्तार कर नैनी जेल ले जाया गया। महाकोशल के काँग्रेसजनों ने उनकी गिरफ्तारी को एक चुनौती मानकर सविनय अवज्ञा आंदोलन का नमक कानून तोड़कर प्रतिष्ठापन किया।

रायपुर से लौट कर हमने फिर नमक बनाया और उसे खुले आम जबलपुर में बेचा। शासन ने जब इस पर भी सत्याग्रहियों को गिरफ्तार नहीं किया तो मैंने जँगल कानून को तोड़कर सत्याग्रह करने का विचार किया। मैं मोतीलाल नेहरू से अपनी योजना पर स्वीकृति प्राप्त करने इलाहाबाद गया। लाहौर काँग्रेस के पश्चात् मैंने उन्हें अहमदाबाद में हुई अखिल भारतीय काँग्रेस कमेटी की बैठक में देखा था, उस समय महात्मा गाँधी डांडी की ओर जाने वाली राह पर थे। लेकिन अब मैंने जब उन्हें देखा तो उनके स्वास्थ्य में भारी गिरावट थी। तो भी आंदोलन की सफलता से उनमें बड़ा उत्साह था और वे सदा की भांति बड़ी प्रसन्न मुद्रा में थे। बातचीत के दौरान उन्होंने एक फ्रांसीसी समाचार पत्र के भारतीय संवाददाता की चर्चा की जो सत्याग्रह आंदोलन का समर्थक बन कर जवाहरलाल से मुलाकात लेने आया था। विश्वासी स्वभाव के कारण जवाहर लाल ने तो उसे मुलाकात दी लेकिन चतुर पिता को उस पर विश्वास न हो सका। उन्होंने अपने दामाद रणजीत पण्डित से, जो फ्रेन्च भाषा के ज्ञाता थे, यह पता लगाने को कहा कि उस संवाददाता ने कैसी रिपोर्ट भेजी थी। रणजीत पण्डित को यह जानकर बड़ा आश्चर्य हुआ कि उसकी रिपोर्ट भारतीय हितों के विपरीत थी और स्वाधीनता आंदोलन को प्रभावहीन प्रमाणित करने के उद्देश्य से लिखी गई थी।

जब मैंने उन्हें अपने आने के उद्देश्य से परिचित किया तो जँगल सत्याग्रह की स्वीकृति देने में वे बहुत हिचकिचाए। उन्होंने कहा कि महात्मा गाँधी ने हमें पूर्णरूपेण अहिंसा का पालन करने का आदेश दिया है और कुल्हाड़ी लेकर पेड़ों के काटने के आंदोलन में हिंसा हो जाने की संभावना है। उन्होंने मुझे डांडी में गाँधीजी से मिलने की सलाह दी। मैंने उनसे कहा कि मैं दो बार नमक कानून तोड़ चुका हूँ और यदि मैं गुजरात गया तो शासन प्रचार कर सकती है कि मैं गिरफ्तार होने से बचना चाहता हूँ। असेम्बली में और उसके बाहर सार्वजनिक जीवन में मैं मोतीलालजी के साथ काम करता रहा था, इसलिए उनके हृदय में मेरे प्रति स्नेह था। उन्होंने मेरे दृष्टिकोण और जँगल सत्याग्रह के लिए, जो हमारे प्रांत के बड़े भू-भाग के घने जँगल से भरे रहने के कारण बड़ा उपयुक्त था, मेरी उत्सुकता

को समझा। उन्होंने अपनी स्वीकृति दे दी और बाद में मई में इलाहाबाद में हुई कॉंग्रेस कार्यकारिणी ने कार्यवाहक सभापति द्वारा दी गई मध्यप्रान्त में जँगल कानून तोड़ने के कार्यक्रम की अनुमति को अनुमोदित करते हुए उसकी पुष्टि कर दी तथा यह प्रस्ताव भी पास किया कि "अन्य प्रांतों में प्रांतीय कॉंग्रेस कमेटी की अनुमति से अन्य कानून भी तोड़े जा सकते हैं।"

जबलपुर पहुँचने पर मुझे दूसरे दिन ज्ञात हुआ कि एसोसिएटेड प्रेस द्वारा जँगल सत्याग्रह की स्वीकृति पहले ही प्रकाशित की जा चुकी थी। हम इस नए प्रकार के सविनय अवज्ञा आंदोलन के लिए जनता को तैयार करने में संलग्न हो गए। इस विचार से कि जनता का उत्साह ठंडा न पड़े हमने जब्तशुदा पुस्तकों को सार्वजनिक सभाओं में पढ़ने का निश्चय किया। मेजर बी.डी. बासु की पुस्तक "राइज़ ऑफ क्रिश्चियन पावर इन इण्डिया" (क्रिश्चियन शक्ति का भारत में उदय) के आधार पर लिखी सुन्दरलाल की पुस्तक "भारत में अंग्रेजी राज" को इस कार्य के लिए चुना गया और उसके कुछ अंश २० अप्रैल को जबलपुर में एक विशाल सभा में पढ़े गए।

सरकार अब अपने को अधिक नहीं रोक सकी। आदिवासियों की बहुत बड़ी आबादी वाले प्रांत में जँगल सत्याग्रह की संभावना ने शासन को पहले ही सतर्क कर दिया था। २९ अप्रैल की प्रातःकाल जब मैं सिविल लाइंस के अपने निवास में खुली जगह में सो रहा था, अंग्रेज पुलिस सुपरिन्टेन्डेन्ट ने मुझे जगाकर गिरफ्तारी वारंट दिखाया। मुझे तैयार होने के लिए उसने कुछ समय दिया और फिर सेन्ट्रल जेल ले गया। जेल में पहुँचने पर मैंने देखा कि गोविन्द दास तथा एक स्थानीय वकील विष्णु दयाल भार्गव वहाँ पहले से उपस्थित थे। एक घन्टे में माखनलाल चतुर्वेदी भी आ गए, लेकिन अधिकारियों ने वहाँ पाँच कुर्सियां रखी थीं जिनमें एक खाली थी। पाँचवा व्यक्ति कौन था? लगभग ९ बजे रविशंकर शुक्ल जो रायपुर से बालाघाट जाते हुए गोंदिया में पकड़ लिए गए थे वहाँ लाए गए और हमारे द्वारा बड़ी खुशी से हँस कर उनका स्वागत हुआ।

मोतीलाल नेहरू ने जब हमारी गिरफ्तारी का समाचार सुना तो वे जबलपुर आए और एक सभा में जबलपुरवासियों को वीरतापूर्ण संघर्ष करने पर बधाई दी। जब हम विचाराधीन कैदी की तरह जेल में थे, तो केन्द्रीय विधान सभा के भूतपूर्व अध्यक्ष विट्ठल भाई तथा सरोजनी नायडू बम्बई जाते हुए जबलपुर में रुके और हम लोगों से जेल में मिलने आए।

मुकदमा चलने के दौरान ऐसा लगा कि शासन हिंसा भड़काने के आरोप में मुझ पर अलग से विचार करना चाहती है। मेरे किसी भाषण के एक वाक्य को उन्होंने पकड़ रखा था जिसमें मैंने लोगों से देश की स्वाधीनता के लिए अपना खून बहाने से न झिझकने का आव्हान किया था। शासन को शक हो गया था कि मैं आतंकवादियों का सहायक हूँ लेकिन न्यायालय में दिए गए इस आशय के हमारे संयुक्त बयान के फलस्वरूप कि हम अपना बचाव नहीं करना चाहते हैं और यह कि हम अहिंसा के लिए प्रतिबद्ध हैं, शासन ने मुझ पर अलग से मुकदमा चलाने का इरादा छोड़ दिया। हम पर तीन आरोप लगाए गए थे जिनमें शासन के विरुद्ध लोगों को भड़काने का आरोप भी सम्मिलित था। हममें से चार व्यक्तियों को हर आरोप के लिए दो वर्ष की कड़ी कैद दी गयी जो एक साथ चली। वी.डी. भार्गव को सिर्फ एक वर्ष का दण्ड मिला।

शासन हम चारों व्यक्तियों को सविनय अवज्ञा आंदोलन का नेता मानती थी और उसका विश्वास था कि हम लोगों को जेल भेज देने के बाद आंदोलन रूक जावेगा। उसका यह भ्रम जल्दी ही दूर हो

गया। विद्रोहात्मक साहित्य का सार्वजनिक सभाओं में पढ़ना और जँगल कानून का तोड़ा जाना, जिन्हें हम लोगों ने सत्याग्रह के नए रूप में प्रस्तुत किया था, केवल महाकोशल में ही लोकप्रिय नहीं रहा बल्कि मराठा सी.पी. और बरार के काँग्रेसजनों ने भी उन्हें अपना लिया। नागपुर के एम.एल. अभ्यंकर ने एक निषिद्ध पुस्तक के कुछ अंश पढ़े और उन्हें दो वर्ष का कठोर दण्ड दिया गया।

१९३० के आंदोलन ने नागपुर तथा बरार के अनुक्रियात्मक सहयोगवादियों को असमंजस की स्थिति में कर दिया था। आंदोलन के प्रति बरार की जनता के उत्साह ने एम.एस. अणे को यह अनुभव करा दिया था कि यदि उस आंदोलन में वे पिछड़ गए तो बरार की राजनीति अमरावती के वामनराव जोशी और अकोला के बृजलाल बियाणी के हाथों में चली जावेगी इसलिए वे आंदोलन में सम्मिलित हो गए लेकिन यह भी उन्होंने स्पष्ट किया कि अनुक्रियात्मक सहयोग की नीति के सम्बन्ध में उनकी राय यथावत थी। मुंजे ने पहले तो उनका विरोध किया, लेकिन जब उन्होंने देखा कि नागपुर संभाग में जनता एम.एल. अभ्यंकर और पूनमचंद रॉका के सामने श्रद्धानत हो रही है तो वे भी अणे के साथ हो गए।

यद्यपि मैं जँगल सत्याग्रह का मूल प्रवर्तक था और मोतीलाल नेहरू से स्वीकृति प्राप्त करने में सफल हुआ था, लेकिन मेरी गिरफ्तारी ने मुझे उसका श्रीगणेश नहीं करने दिया। १० जुलाई को उसको प्रारंभ करने का सौभाग्य एम.एस. अणे को प्राप्त हुआ। पुसद के संरक्षित जँगल में कुछ स्वयं सेवकों के साथ उन्होंने घास काटी और गिरफ्तार कर लिए गए। सत्याग्रह के इस नए रूप को जनता ने बहुत पसंद किया। मराठी सी.पी. में नागपुर के तलेगाँव जँगल में जँगल कानून तोड़ते हुए लगभग ५०० व्यक्ति पकड़े गए लेकिन महाकोशल के बैतूल और सिवनी जिलों में ही शासन ने जँगल सत्याग्रहियों पर गोली चलाई। बैतूल में "जँगल सत्याग्रह आदिवासियों में फैल गया और हजारों गोंड़ स्त्री-पुरुषों ने जँगल कानून तोड़ा। बंजारी ढ़ाल में ५०० गोड़ों की भीड़ पर पुलिस ने गोली चलाई जिससे कई घायल हो गए। उसी जिले के जामबद स्थान पर फिर गोली चलाई गई जिसमें २ सत्याग्रही मारे गए। जँगल सत्याग्रह जबलपुर की कटनी और सिहोरा तहसीलों में हुआ जहाँ पुलिस ने सत्याग्रहियों को पीटा और बड़ी संख्या में उन्हें गिरफ्तार कर ले गयी। इसी प्रकार रायपुर जिले के रुद्री जँगल में पुलिस ने गोली चलाई।"[२७]

लेकिन सिवनी जिले के टुरिया गाँव में अधिकारी बड़ी बेरहमी से पेश आए। सीमेन नामक अंग्रेज वहाँ डिप्टी कमिश्नर था। अपनी मनमानी के लिए वह जिले भर में बदनाम था। उसके आदेश पर उगली गाँव में कई सत्याग्रही पेड़ से बांधे गए थे और उन्हें कोड़े लगाए गए थे। जब उसे पता चला कि एक मूका लुहार अपने तुरिया गाँव के जँगल में घास काट कर जँगल कानून तोड़ेगा और यह मालूम हुआ कि रिजर्व इंस्पेक्टर सदरुद्दीन मौके पर जा रहा है तो उसने गाँव वाले को सबक सिखाने का हुकुम सदरुद्दीन को लिख कर भेजा। जिले के सबसे पिछड़े भाग में तुरियां गाँव है जिसके निवासी लगभग सभी आदिवासी थे। इंसपेक्टर सदरुद्दीन एक दर्जन हथियारबंद पुलिस के जवानों और एक जँगल रेन्जर के साथ टुरिया गाँव पहुँचा। वह मूका लोहार को गिरफ्तार कर वहाँ ले आया जहाँ पुलिस के जवान ठहरे हुए थे। मूका लोहार की गिरफ्तारी का समाचार पाकर गाँव के स्त्री, पुरुष, बालक सभी पुलिस कैम्प की ओर अपने नेता मूका के दर्शन करने के लिए दौड़ पड़े। रिजर्व इंसपेक्टर तो ऐसे अवसर की तलाश में ही था, जब वह डिप्टी कमिश्नर का आदेश कार्यान्वित कर पाता। अकारण और चेतावनी दिए बिना

उसने वहाँ एकत्रित जनसमूह पर गोली चलाने का आदेश दे दिया। इस गोली कांड में ३ स्त्रियाँ और १ पुरुष मारा गया और लगभग तीस व्यक्ति घायल हुए। चारों मारे गए व्यक्ति आदिवासी थे।

चार निर्दोष व्यक्तियों की जान लेने से भी संतुष्ट न रहकर सीमेन ने गाँव के १८ व्यक्तियों पर मुकदमें चलाने का आदेश दिया। सिवनी के दो वकील पी.डी. जटार और एन.एन. सील ने, जो काँग्रेसजन थे, अधिकारियों की बर्बरता को उजागर करने की दृष्टि से उन गाँव वालों का बचाव करने का निश्चय किया। जब सील मुकदमें के रेकार्ड की जाँच कर रहे थे, उन्हें सदरुद्दीन को भेजा गया वह पत्र लिफाफे में बन्द मिला जिसमें सीमन ने उसको टुरिया के गाँव वालों को सबक सिखाने की हिदायत दी थी। स्पष्ट था कि इंसपेक्टर ने अपने बचाव के लिए वह पत्र सम्हाल कर रखा था। उस पत्र का पता लगने पर अदालत में उत्तेजना फैल गयी। सीमेन यह समाचार मिलते ही क्रोधोन्मादित हो न्यायालय में यह जानने के लिए दौड़ा आया कि वह पत्र रेकार्ड में कैसे पाया गया। डिप्टी कमिश्नर की उपस्थित से न घबरा कर वकीलों ने उस पत्र की अधिकृत प्रति के लिए अर्जी लगाई। मजिस्ट्रेट महोदय दोनों वकीलों को अपने खास कमरे में ले गए और सभी अपराधियों को जमानत पर छोड़ने की इस शर्त पर राज़ी थे कि उस पत्र की प्रति वे लोग न मांगे। वकीलों ने उनके प्रस्ताव को नामंजूर कर उच्च न्यायालय को उस न्यायालय से मुकदमा किसी दूसरे न्यायालय में स्थानांतरण करने का आवेदन किया। उच्च न्यायालय ने मुकदमा तो स्थानांतरण नहीं किया, लेकिन शासन ने सीमेन का सिवनी से स्थानांतरण अवश्य कर दिया।

लेकिन सिवनी छोड़ने से पूर्व सीमेन एक और स्वेच्छाचारी कार्य किए बिना न रहा। दो वर्ष का कठोर दण्ड पाने के बाद रविशंकर शुक्ल सिवनी जेल भेज दिए गए थे। एक दिन जेल सुपरिन्टेन्डेन्ट ने उन्हें सूचना दी कि उसे उनकी उँगलियों के छापे लेने के आदेश मिले हैं। शुक्ला ने यह कह कर उंगलियों के छापे देने से इंकार कर दिया कि एक तो वे साधारण अर्थ में अपराधी नहीं है और पढ़े-लिखे व्यक्ति होने के कारण शासन यदि चाहे तो किसी संख्या में उनके हस्ताक्षर ले सकती है। जब उनकी अस्वीकृति सीमेन को सूचित की गई तो उसने अपने अधीनस्थ देशमुख को आवश्यक संख्या में पुलिस जवानों को लेकर जेल सुपरिन्टेन्डेन्ट के साथ जेल में शुक्ल की उँगलियों के छापे लेने का आदेश दिया। वह दल जेल पहुँचा और एस.डी.ओ. देशमुख ने शुक्लजी से अधिकारियों के आदेश का पालन करने को कहा। जब शुक्लजी ने फिर इंकार किया तो देशमुख ने पुलिस के जवानों को शक्ति प्रयोग करने का आदेश दिया। जवानों ने शुक्लजी का हाथ पकड़ लिया लेकिन उनके प्रतिरोध के कारण उँगलियों के छापे वे नहीं ले सके। सीमेन को देशमुख ने सूचना भेजी कि कैदी प्रतिरोध कर रहा है। सीमेन ने संदेश वाहक के द्वारा आदेश दिया कि कार्य संपादन के लिए जितनी शक्ति की आवश्यकता हो लगाई जाए। अब पूरी शक्ति का प्रयोग किया गया और कैदी और पुलिस में संघर्ष होने लगा। शुक्लजी को गिरा दिया गया तो भी वे प्रतिरोध करते रहे। जेल सुपरिन्टेन्डेन्ट रक्षित को इतना दु:ख हुआ कि अपने आँसू छिपाने के लिए उसने अपना मुँह फेर लिया। अंततः अधिकारियों को शुक्लजी की हथेली के अस्पष्ट छाप से ही संतुष्ट हो जाना पड़ा।

मध्य प्रान्त के शासन ने हम तीनों को अलग-अलग जेलों में रखने का निर्णय किया था। शुक्लजी को सिवनी जेल भेजने के बाद गोविन्द दास को बुलढाना भेजा गया। संभवतः मुझे मुख्य अपराधी मान कर उन्होंने मेरे लिए प्रांत के सबसे गरम स्थान अमरावती के जेल को चुना। वहाँ पहुँचने

पर मुझे जेल के सबसे एकान्त स्थान में जेल सुपरिन्टेन्डेन्ट ले गया, जहाँ एक ही कमरा था, जिसके एक ओर तो दीवाल थी और तीन ओर सींकचे लगे थे। हाता काफी बड़ा था। वह एक प्रकार का विस्तृत पिंजड़ा था और मुझे लगभग पूरे दिन भर जून माह के जलते सूर्य से स्वयं को बचाना बहुत कठिन हो गया था। किसी कैदी से मिलने की मुझे मनाही थी और धीरे-धीरे मेरी समझ में आ गया कि मुझे एकान्त कारावास का दण्ड दिया गया था। मेरे सहयोगी मेरी पुस्तकें थीं जिन्हें मैं साथ लाया था। पुस्तक लिए हुए कमरे में मैं इधर-उधर सूर्य से बचाव के लिए स्थान बदलता रहता था। एक सप्ताह में ही मेरा वजन घटने लगा और मामूली बुखार भी रहने लगा। सुपरिन्टेन्डेन्ट ने मेरी परिस्थिति की सूचना नागपुर में अधिकारियों को दी होगी क्योंकि दो माह से कुछ अधिक उस जेल में रहने के बाद बुलढाना जेल में मुझे स्थानान्तरित करने के आदेश आ गए।

बुलढाना एक छोटी पहाड़ी बस्ती है लेकिन ठंडी जगह है। वहाँ पहुँचने पर बरार के दो राजनीतिक बन्दी कनाडे शास्त्री तथा परसनीस द्वारा मेरा स्वागत हुआ। शास्त्री संस्कृत के विद्वान तथा सहृदय वृद्ध सज्जन थे। अतिशीघ्र हम लोग परस्पर घनिष्ठ हो गए। उन्होंने मुझे बताया कि मेरे वहाँ पहुँचने के दो दिन पहले गोविंद दास का स्थानांतरण वहाँ से किया गया था। जेल के सुपरिन्टेन्डेन्ट, राय, एक भद्र बंगाली महोदय देशभक्ति की भावना से रहित नहीं थे। उन्होंने मेरे लिए विशेष भोजन की व्यवस्था की और जब शास्त्री हम तीनों के लिए भोजन बनाने लगे तो मुझे स्वस्थ होने में देर नहीं लगी।

यह सुखद व्यवस्था एक घटना के कारण कुछ बिगड़ गई। उस जेल में "सी" क्लास के भी कई राजनीतिक कैदी थे जिन्हें सड़ा खाना दिया जाता था और जिनसे गिट्टी तोड़ने का काम लिया जाता था। एक दिन एक वार्डर ने मुझे सूचना दी कि एक कैदी माफी मांगने की बात सोच रहा है। इस समाचार से मुझे बड़ा दु:ख हुआ, इसलिए मैंने जेलर से कहा कि मैं "सी" क्लास के कैदियों को दिया जाने वाला खाना खाऊँगा और गिट्टी तोड़ने का काम करूँगा। शास्त्री के समझाने पर भी मैं अपने निश्चय पर अड़ा रहा। गिट्टी तोड़ने के काम से मैं थक जाता था और भोजन में ज्वार मुख्य थी, जो महाराष्ट्र के देहात में खायी जाती है। फलस्वरूप पाचन शक्ति बिल्कुल बिगड़ गई, लेकिन जब कुछ दिन मैं गिट्टी तोड़ता और "सी" क्लास का खाना लेता रहा तो जेल अधिकारी पसीज गए और "सी" क्लास के कैदियों को अच्छा खाना और हल्का काम देने लगे। वे अब मुझसे मिल भी सकते थे और उनके आग्रह पर मैंने गिट्टी तोड़ना बन्द कर दिया और अपना सामान्य भोजन फिर करने लगा।

लेकिन मेरी मुसीबतें समाप्त नहीं हुई। स्लोकाक नामक एक डिप्टी कमिश्नर बुलढाना में नियुक्त हुए। वे जेल आए और मुझसे बात-चीत के दौरान उन्होंने महात्मा गाँधी तथा जवाहरलाल के प्रति कुछ असम्मानपूर्ण टिप्पणियां की। मैं इसे सहन नहीं कर सका। उनका प्रतिवाद करने के साथ ही मैंने अंग्रेज शासन की तीखी आलोचना की। अत: विवाद होकर रहा और मेरी मुलाकातें बन्द कर दी गई। साथ ही न तो मुझे भेजे गए पत्र दिए जाते थे और न मैं किसी को पत्र लिख सकता था। एक महीने के बाद वे फिर जेल आए। जब उन्होंने मेरे कमरे में प्रवेश किया, तो मैंने अपने आचरण के विपरीत उनके स्वागत में कुर्सी से नहीं उठा। मैं जो पुस्तक पढ़ रहा था वह उन्होंने मुझसे छीन ली। मैंने कोई विरोध नहीं किया। इसके बाद उन्होंने अलमारी में रखी मेरी पुस्तकों के नाम पढ़े और जेलर से उन पुस्तकों को हटा देने का आदेश दिया। उस पर भी मैं शांत बैठा रहा। अंत मैं वो बड़े गुस्से में

चले गए। अब मैं चरखा ज्यादा कातने लगा और जब उससे ऊब जाता था तो चूने से पुती दीवालों पर कोयले से कविता लिखने में समय बिताता था। तत्पश्चात् जेल का निरीक्षण करने जेल के महानिरीक्षक लेफ्टेनेन्ट कर्नल जरार आए। स्लोकाक और मेरे बीच के झगड़े का सही विवरण जेल सुपरिन्टेन्डेन्ट ने उन्हें दे दिया था अतः उन्होंने बड़ी सहानुभूति प्रदर्शित की। मुझे लगा कि डिप्टी कमिश्नर के बर्ताव की अभद्रता की भरपाई वे करना चाहते थे। उन्होंने मेरी पुस्तकें वापिस करवा दीं और मुलाकात तथा पत्राचार की सुविधाएँ मुझे फिर मिल गयीं। फिर उन्होंने दीवालों पर नज़र दौड़ायी। मेरे द्वारा लिखी गई कविताएँ पढ़ीं। प्रस्थान करने के पूर्व उन्होंने जेलर को आदेश दिया कि मुझे उन कविताओं की प्रतिलिपि बनाने का समय दिया जाए और बाद में कमरे की पुताई करा दी जाए।

कारावास में अब तक जो कठिनाइयाँ मेरे समक्ष आई, उनसे मेरी मानसिक शांति में कोई व्याघात नहीं हो सका था। लेकिन अब एक ऐसी घटना हो गई, जिससे मैं चिन्താग्रस्त हो गया। बैतूल के वकील राम शंकर मिश्र मुझसे मुलाकात करने आए। वे काँग्रेसी थे और कई वर्षों से उनका मुझसे और मेरे परिवार से घनिष्ठ परिचय था। जेलर का मेरे प्रति सद्भाव था, इसलिए उनके कहने से हमारी मुलाकात में उपस्थित नहीं रहे और हम दोनों को अकेले बातचीत का अवसर मिल गया। रामशंकर मिश्र ने मुझे सूचना दी कि मेरे तीसरे भाई बलभद्र प्रसाद का आतंकवादियों से बड़ा संपर्क था और उन्होंने स्वयं चन्द्रशेखर आज़ाद और उनके साथियों को हमारे कानपुर के मकान में रहते देखा था। उस मकान में हथियार और कारतूस वगैरह बड़ी संख्या में रखे थे। उस रात को मुझे नींद नहीं आई। मैंने अहिंसा को एक नीति मान कर स्वीकार किया था, क्योंकि जिस स्थिति में देश था, आतंकवाद के द्वारा स्वराज का मिलना संभव नहीं था। मुझे लगा कि व्यर्थ ही मेरा भाई अपनी जान जोखिम में डाल रहा था। साथ ही मैं परिवार में सबसे बड़ा था, इसलिए कोई भी यह विश्वास नहीं करेगा कि मेरे प्रोत्साहन के बिना मेरा भाई आतंकवादियों के साथ हो गया था। मुझे यह भी शंका होने लगी कि गुप्तचर पुलिस, जो कुछ समय पूर्व मेरा पीछा किया करती थी, वह केवल इसलिए नहीं था कि भगत सिंह और बटुकेश्वर दत्त ने अपने लाल परचों में मेरे भाषण के दो वाक्य उद्धृत किए थे, बल्कि इसलिए मेरे पीछे लग गई थी क्योंकि उन्हें मेरे भाई के आतंकवादियों से संबंध का पता लग गया था। ऐसे विचार मुझे बार-बार चिंतित करने लगे। जेल जीवन में चिंता का सिर पर सवार हो जाना बड़ा दुखदायी हो जाता है क्योंकि कैदी उसके निवारण के लिए कोई कार्य करने में असमर्थ होता है।

जब मैं अपने भाई के कार्यकलाप से बड़ा चिंतित था, उन्हीं दिनों मोतीलाल नेहरू की मृत्यु का समाचार आया। संस्कार बनने वाली आयु में उनके अति निकट आने के कई अवसर मिलने के कारण मेरा उनके प्रति पूज्य भाव हो गया था। उनकी गंभीरता और व्यवहारिक ज्ञान ने भारत की स्वाधीनता के विरोधियों के प्रति महात्मा गाँधी की साधुवत विश्वसनीयता और उनके आदर्शवादी पुत्र की किशोर कल्पनाओं पर रोक लगाने का काम किया था। उनकी कुलपिता जैसी मुद्रा बहुत समय तक मेरी आँखों के आगे आती जाती रही। उनके राजनीतिक जीवन पर विचार करते समय केन्द्रीय असेम्बली में कहा गया उनका एक वाक्य मुझे याद आया। लंदन के समाचार पत्र न्यू स्टेस्मैन में अपने प्रति इस आक्षेप का कि "यदि अंग्रेज भारत से वापिस हो गए तो नेहरू नितांत विस्मृति में विलीन हो जावेंगे" उत्तर देते हुए उन्होंने कहा था कि-"स्वतंत्र भारत की नींव में दफन किए जाने की हमारी सबसे बड़ी महत्वाकांक्षा है और भारत की स्वाधीनता का भवन हमारी हड्डियों पर खड़ा होगा।" अब उनकी हड्डियां ही रह गई

थीं। क्या उनकी अस्थियों पर देश की स्वाधीनता का भवन खड़ा होगा? गाँधीजी और काँग्रेस कार्यकारिणी के सदस्य छोड़े जा चुके थे। हमारे दिवंगत नेता की भविष्यवाणी क्या इतनी जल्दी पूरी हो जावेगी?

मानसिक संतुलन अभी पूरी तरह से सामान्य नहीं हो सका था कि इलाहाबाद के एल्फ्रेड पार्क में जिसे अब आज़ाद पार्क कहा जाता है, पुलिस से हुई मुठभेड़ में चन्द्रशेखर आज़ाद के मारे जाने का समाचार मिला। कुछ ही दिनों में गाँधी-इरविन समझौता भी हो गया और सभी राजनीतिक बंदियों की मुक्ति के आदेश हो गए।

जबलपुर-वासियों ने रेल्वे स्टेशन पर मेरा स्वागत बड़े उत्साह से किया। अपने भाई बलभद्र प्रसाद को स्टेशन पर देख कर बड़ा संतोष हुआ। वे हिन्दू कालेज दिल्ली में पढ़ते थे और समझौते के फलस्वरूप मेरी रिहाई की आशा से जबलपुर आ गए थे। उन्होंने स्वीकार किया कि वे आज़ाद के दल में सम्मिलित हो गए थे और अब नेता की मृत्यु के पश्चात् दल बिखर गया था। आज़ाद को एक मुखबिर ने धोखा दिया था और दल के अन्य सदस्य पुलिस को अपने से दूर रखने के काम में ही अब लगे थे। मुझे बड़ी राहत मिली, लेकिन एक दिन वे फिर अदृश्य हो गए। बाद में मुझे कालेज के दिनों के मेरे घनिष्ठ मित्र कानपुर के ब्रम्हानंद मिश्र से ज्ञात हुआ कि मेरे भाई के आग्रह पर उन्हें और उनके साथियों को गिरफ्तार होने से बचाने के लिए गंगा के उस पार उन्नाव वे ले गए थे। लेकिन वे फिर उसी तरह जबलपुर में दिखाई दिए जैसे लुप्त हो गए थे। उन्होंने मुझे बताया कि साथियों के बुलाने पर उन्हें जाना पड़ा था और उन्हें सुरक्षित स्थान पर पहुँचाने के पश्चात् अब उनसे विशेष सम्पर्क नहीं रह गया था। जबलपुर में रहना सुरक्षित न मानकर वे स्वयं पहले उज्जैन गए और वहाँ से बैतूल पहुँचे। एक लम्बे समय के पश्चात् उनका सामान्य जीवन लौट पाया।

पहला गोलमेज़ सम्मेलन (१९३०)

गिरफ्तारी से पहले मोतीलाल नेहरू बम्बई गए थे, जहाँ इंग्लैंड के श्रमिक दल के समाचार पत्र डेली हेराल्ड का संवाददाता स्लोकोम्बे उनसे मिला। भारत की राजनीतिक स्थिति पर विचार हुआ और जब पंडितजी ने कुछ शर्तों के पूरी होने पर समझौते की बात-चीत करने की अपनी इच्छा व्यक्त की तो स्लोकोम्बे ने पंडितजी के वक्तव्य का एक मसौदा बनाया और उस पर उनकी स्वीकृति ले ली। बातचीत शुरु करने के लिए विशेष शर्त यह थी कि "इंग्लैण्ड से दीर्घकालीन सम्बन्ध तथा भारत की आवश्यकताएं और वर्तमान स्थिति को ध्यान में रखकर तथा जैसे गोलमेज़ सम्मेलन में फैसला हो जाए उसके अनुसार परस्पर तय हुए समायोजन सहित भारत के लिए पूर्ण स्वायत्त शासन की मांग को स्वीकार करने का विलायत की सरकार और भारत सरकार गोपनीय आश्वासन देगी।"[२८] पंडितजी ने यह भी स्पष्ट कर दिया कि महात्मा गाँधी और उस वर्ष के लिए निर्वाचित काँग्रेस के अध्यक्ष जवाहरलाल नेहरू से परामर्श की सुविधा मिलने पर वे वह प्रस्ताव दे सकेंगे। स्लोकोम्बे से २५ जून को मुलाकातं हुई थी और मोतीलालजी ५ दिन बाद गिरफ्तार कर लिए गए थे। इस प्रकार संधि वार्ता के स्लोकोम्बे के प्रयास विफल हो गए।

ऐसा प्रतीत होगा कि स्लोकोम्बे के प्रयास इसलिए विफल हो गए क्योंकि इंग्लैण्ड में मजदूर दल का शासन था और वह मजदूर दल के समाचार पत्र का संवाददाता होने के अतिरिक्त अंग्रेज भी था। शासन संधि वार्ता करने की कितनी भी इच्छुक रही हो लेकिन वह इस प्रकार की धारणा नहीं बनने

देना चाहती थी कि उसके लिए अंग्रेजों की ओर से पहल की गई। इसके अतिरिक्त भारत में भी संधिकर्ताओं की कोई कमी नहीं थी। नरम दल वाले तो उपकृत करने हेतु सदा तैयार थे। १६ जुलाई को सर तेज बहादुर सप्रू ने और एम.आर. जयकर ने, जो संधि वार्ता में अभी नए ही आए थे, वाइसराय इरविन से महात्मा गाँधी और नेहरू पिता-पुत्र से मुलाकात करने की अनुमति मांगी। वाइसराय ने उनके लिए इतना ही नहीं किया बल्कि दोनों नेहरू को एक विशेष गाड़ी से महात्मा गाँधी से बातचीत करने यरवदा जेल भेज दिया। इस संबंध में जवाहरलाल नेहरू ने आत्म कथा में जो घटना लिखी है वह महत्वपूर्ण है- "हम आशा करते थे कि हम गाँधीजी की बैरक में उन्हीं के साथ रखे जावेंगे या उनसे जल्दी ही मुलाकात हो जावेगी। यह व्यवस्था यरवदा जेल के सुपरिन्टेन्डेन्ट ने की थी, लेकिन अंत में उन्हें वह व्यवस्था जो पुलिस अफसर हमें नैनी जेल से लाया था, उसके द्वारा प्राप्त नए निर्देशानुसार बदल देनी पड़ी। लेफ्टीनेन्ट कर्नल मार्टन ने गुप्त तथ्य हमें नहीं बताया, लेकिन पिताजी के द्वारा चतुरता पूर्ण सवाल किए जाने के बाद स्पष्ट हो गया कि उनका विचार हम लोगों को महात्मा गाँधी से पहले अकेले में न मिलने देकर सप्रू और जयकर की उपस्थिति में मिलने देने का था। ऐसा भय था कि हम लोग यदि पहले ही आपस में मिल लेते तो हमारा रूख कठोर हो सकता था अथवा एक मत होकर अपनी बात पर अड़े रह सकते थे। इसलिए उस रात को और दूसरे दिन और रात हम लोग अलग बैरकों में रखे गए और पिताजी इस व्यवहार से अत्यन्त उत्तेजित थे। यह बहुत तरसाने और परेशान करने वाली बात थी कि महात्मा गांधी से, जिन्हें मिलने हम नैनी से इतनी दूर तक आए, हमें मिलने नहीं दिया गया। १३ तारीख की पूर्वान्ह को हमें बताया गया कि सर तेज बहादुर सप्रू और श्री जयकर आ गए हैं और गाँधीजी भी उनके पास जेल कार्यालय में हैं। हमें भी वहाँ जाने को कहा गया। पिताजी ने जाने से इंकार कर दिया और माफी मांगने तथा बड़ी सफाई बतायी जाने के बाद इस शर्त पर वहाँ जाने को राजी हुए कि हमें पहले गाँधी जी से अकेले में मिलने दिया जावेगा। हमारे आग्रह पर बल्लभ भाई पटेल तथा जयरामदास दौलतराम जिन्हें यरवदा लाया गया था और श्रीमती सरोजनी नायडू को भी जो सामने की महिलाओं की जेल में रखी गई थी "हमारे सम्मेलन में सम्मिलित होने दिया गया। उस संध्या पिताजी, महमूद और मुझे गाँधीजी वाली अहाते में ले जाया गया और जब तक हम यरवदा जेल में रहे वहीं रखे गए। वल्लभ भाई पटेल और जयराम दास दौलतराम भी कुछ दिन के लिए वहाँ पहुँचाए गए ताकि हमारा आपस में सलाह मशविरा हो सके।"[२९]

नेतागण तीन दिन बात-चीत करते रहे और १५ अगस्त को उन्होंने अपने दृष्टिकोण को प्रस्तुत करते हुए पत्र दिया। पत्र का अंतिम भाग, जिसमें सहयोग के लिए कम-से-कम शर्तों का समावेश था, इस प्रकार था-"व्यक्तिगत रूप से हमारे लिए कोई भी समाधान संतोषजनक नहीं होगा जब तक कि (अ) "ब्रिटिश साम्राज्य से अपनी इच्छा से अलग हो जाने का भारत का अधिकार स्वीकार नहीं किया जाता" (ब) जब तक वह समाधान अपनी जनता को उत्तरदायी पूर्णत: राष्ट्रीय शासन प्रदत्त नहीं करता, जिसके अन्तर्गत सेना पर तथा आर्थिक व्यवस्था पर पूरा अधिकार रहेगा" और वाइसराय को दिए गए गाँधीजी के पत्र के ११ मदों पर नियंत्रण समाहित होगा।" (स) "जब तक कि वह समाधान भारत को, आवश्यक होने पर ब्रिटिश शासन के उन दावों और रियायतों तथा ऐसी सब बातों को, जिसमें तथाकथित भारत का राष्ट्र-ऋण भी सम्मिलित है, एक स्वतंत्र न्यायाधिकरण को विचारार्थ देने का अधिकार नहीं देता।"

ब्रिटिश शासन द्वारा इन मांगों को पसंद किए जाने की आशा करना भी बहुत बड़ी बात थी। उस पत्र का उत्तर सविनय अवज्ञा आंदोलन से निपटने के लिए कई नए अध्यादेश जारी कर वाइसराय ने दिया गया। जहाँ तक सप्रू और जयकर का सम्बन्ध था, कुछ दिनों बाद वे दोनों गोलमेज़ सम्मेलन में जाने के लिए, जिसके वे शासकीय प्रतिनिधि मनोनीत हुए थे, तैयारी करने लगे। अपनी मातृभूमि के प्रति अपनी निष्ठा प्रमाणित कर अब वे विदेशी शासकों द्वारा सताए जा रहे देशवासियों को पीछे छोड़कर उन्हीं विदेशी शासकों के प्रति अपनी निष्ठा का प्रमाण देने के लिए विलायत रवाना हो गए। लंदन में उनकी उपस्थिति की बड़ी प्रशंसा हुई क्योंकि ब्रिटिश प्रधान मंत्री के शब्दों में वे लोग "वहाँ अपनी प्रतिष्ठा....को खतरे में डाल कर गए थे।"

गोलमेज़ सम्मेलन के संयोजन के संबंध में प्रोफेसर आर. कूपलैण्ड लिखते हैं... "उसके ८९ सदस्यों में से १६ सदस्य इंग्लैण्ड की तीन पार्टियों के प्रतिनिधि थे, जिनका नेतृत्व उस समय की मजदूर दल शासन के प्रधान मंत्री रैम्जे मैक्डोनाल्ड करते थे। ब्रिटिश भारत के प्रतिनिधि मण्डल के ५७ सदस्यों में असहयोग करने वाले काँग्रेस दल को छोड़कर देश के सभी दलों और हितों के प्रतिनिधि सम्मिलित थे।"[३०]

लन्दन के इस जमघट का वर्णन १९११ में दिल्ली में हुए दरबार की याद दिलाता है। लेकिन प्रोफेसर कूपलैन्ड भारतीय प्रतिनिधियों को "४० करोड़ लोगों के प्रतिनिधि" होने की प्रतिष्ठा देते हैं। यह चर्चिल के उस दावे के स्तर की बात लगती है, जिसमें कहा गया था कि अंग्रेजी शासन को ही भारत के करोड़ों मौन लोगों की ओर से बोलने का अधिकार है, लेकिन यह सब उनकी खामखयाली ही थी क्योंकि उस गोलमेज़ सम्मेलन के अंग्रेज और भारतीय सदस्यों को ज्ञात था कि गाँधीजी मात्र ही भारत की जनता का सही अर्थों में प्रतिनिधित्व करते थे। यह सत्य हाउस ऑफ कामंस में प्रधान मंत्री ने बाद में स्वयं स्वीकारा, जब उन्होंने भारत में जारी दमनात्मक कार्रवाई के संदर्भ में कहा कि "दमन लोगों पर किया जा रहा है, संगठनों और संस्थाओं का दमन नहीं किया जा रहा है, लेकिन यह दमन भारत की पूरी आबादी के दमन में बदल जावेगा।" दूसरे शब्दों में, रेम्जे मैकडोनल्ड इस सत्य को जानते थे कि देश की सम्पूर्ण जनसंख्या पूर्ण स्वायत्त शासन की काँग्रेस की मांग के पक्ष में थी।

तो भी, भारत की वास्तविक स्थिति की सत्यानुभूति का अर्थ यह नहीं था कि रैम्जे मैकडोनल्ड और उनका मजदूर दल भारत को डोमिनीयन स्टेटस भी देने पर राजी था। चर्चिल और मैकडोनल्ड में मात्र यह अन्तर था कि जबकि चर्चिल राजनीतिक प्रगति के बजाय भारत में दमन के पक्षधर थे, मैकडोनल्ड ब्रिटिश के महत्वपूर्ण हितों की बलि दिए बिना पहले स्पष्टीकरण की नीति अपनाना चाहते थे और दमन तो अंतिम सहारा था ही। इस संबंध में अनुदार दल और विरोध पक्ष के नेता बाल्डविन कुछ दूर तक प्रधान मंत्री के साथ थे। उनका चर्चिल तथा अपने दल के कुछ अन्य सदस्यों से इस संबंध में मतभेद था। चूंकि गोलमेज़ सम्मेलन के १६ ब्रिटिश सदस्य वहाँ के तीन दलों के प्रतिनिधि थे, इसलिए कहा जा सकता है कि ब्रिटिश प्रतिनिधि समूह कम या ज्यादा मैकडोनल्ड की नीति का समर्थन कर रहा था। वे जानते थे कि स्वायत्त शासन के लिए भारत की प्यास को वे बुझा तो नहीं सकते थे, लेकिन उन्हें धोखा देने के लिए मृगतृष्णा तो तैयार किया जा सकता था।

भारत की एकता को बनाए रखने की दृष्टि से उन्होंने केन्द्र में देशी रियासतों और अंग्रेजी राज के प्रान्तों का एक संघीय ढाँचा बनाने का निर्णय किया। उन प्रांतों के लोग जहाँ अंग्रेजी राज था, राज

के प्रति निष्ठावान नहीं रह गए थे, इसलिए उन्हें अकेले देश के राज संचालन का उत्तरदायित्व नहीं दिया जा सकता था। दूसरी ओर देशी रियासतों के राजे-महाराजे ब्रिटिश साम्राज्य के अत्यन्त निष्ठावान राजभक्त प्रजा प्रमाणित हुए थे। उनमें सबसे अधिक महत्वपूर्ण हैदराबाद का निज़ाम सम्राट का "वफादार सहायक" की उपाधि से विभूषित था। यह भी ध्यान में रखा गया था कि देशी रियासतों की जनता में भी प्रजातांत्रिक विचारों का प्रवेश हो गया था और कुछ रियासतों में अपने राजाओं की निरंकुशता के विरुद्ध अपने अधिकारों के लिए आंदोलन भी वहाँ की जनता कर रही थी इसलिए यह निर्णय लिया गया कि राजे महाराजाओं से इस संघीय विन्यास में सम्मिलित होने के लिए इस प्रलोभन से प्रोत्साहित किया जाए कि संघीय संसद में प्रत्येक राज्य के प्रतिनिधि जनता के द्वारा चुने न जाकर उस रियासत के शासक के द्वारा मनोनीत किए जावेंगे तथा उन राजाओं का अपनी रियासत में शासन का पूर्ण अधिकार रहेगा। संघीय शासन कोई हस्तक्षेप नहीं कर सकेगी। अंग्रेज शासन द्वारा दबाव डाले जाने पर सभी राजे-महाराजे उस प्रस्ताव को मान ही लेते, लेकिन अब उनकी निरंकुश प्रभुता की गारण्टी दे दी गई तो उनकी आनाकानी का प्रश्न ही नहीं उठता था। तो भी इन राजे- महाराजाओं के द्वारा प्रस्तावित संघीय ढांचा में सम्मिलित होने की इच्छा का धुँआधार प्रचार केवल ब्रिटिश प्रधानमंत्री तथा ब्रिटिश प्रतिनिधियों ने ही नहीं बल्कि गोलमेज़ सम्मेलन में सम्मिलित होने वाले भारतीय राजभक्तों तथा संप्रदायवादियों ने भी किया और उनके बड़े सहायक व्यवहार की कई बार चर्चा की गई।

राजाओं द्वारा मनोनीत सदस्यों का समावेश होने पर केन्द्रीय संसद को सुरक्षित समझा गया। यह उम्मीद की जाती थी कि राजाओं के मनोनीत सदस्यों और चुने गए राजभक्तों तथा सम्प्रदायवादियों का गठबंधन स्वाधीनता की पैरवी करने वालों का सामना कर सकेगा, तो भी इस सुरक्षित स्थिति को और भी सुरक्षित करने के उद्देश्य से केन्द्र की संघीय शासन को जो अधिकार और विशेषाधिकार दिए जाने वाले थे उन्हें कई आरक्षणों और बचावों से सीमित कर दिया गया।

गोलमेज़ सम्मेलन में जो आरक्षण और बचाव तय किए गए थे उनका उल्लेख प्रधानमंत्री रैम्ज़े मैकडोनल्ड ने निम्नलिखित शब्दों में हाऊस आफ कामंस में स्वयं किया। "यह बिल्कुल स्पष्ट है कि रक्षा विभाग फिलहाल आरक्षित किया जाए। विदेशी विभाग ऐसा ही दूसरा विभाग है... और सबसे पहले वित्त विभाग है। मैं केंद्रीय शासन की बात कर रहा हूँ। स्पष्ट ही है कि रक्षा विभाग जैसे आरक्षित विषय यदि गवर्नर जनरल के नियंत्रण में हैं तो गवर्नर जनरल को धनराशि के संबंध में आश्वस्त रहना चाहिए जो उन आरक्षित विषयों से संबंधित अपने अधिकार के प्रयोग के लिए आवश्यक होती है।

"इसलिए वित्त विभाग के उत्तरदायित्व के हस्तांतरण से संबंधित जो पहली शर्त है वह आरक्षित विषयों के निर्वाह की धनराशि है।" फिर विश्वास और साख की साधारण समस्या भी है। भारत को वित्त संबंधी कोई जिम्मेदारी हस्तांतरित करने में यह सावधानी रखना जरुरी है कि ऐसे हस्तांतरण से विश्वास और साख को तो धक्का नहीं लगता।

"कई सामान्य बचाव भी हैं जैसे कानून और व्यवस्था आदि को सम्हाले रखना। बचाव का अर्थ होता है कि आवश्यकता आ जाने पर राज्य की रक्षा का अधिकार जिस किसी के हाथ में हो वह यह देख सके कि स्थायी रखने के प्रयास के बिना व्यवस्था और कानून की स्थिति बिगड़ी तो नहीं है। प्रांतीय शासनों में अथवा भारत के गवर्नर जनरल को कुछ आरक्षित अधिकार होने चाहिए।"

इस प्रकार के संघीय ढाँचे के प्रति भारत की कैसी प्रतिक्रिया हुई? जवाहरलाल ने कहा "काँग्रेसजनों ने, जो लगभग सभी जेल में थे, इसकी परवाह ही नहीं की कि गोलमेज़ सम्मेलन ने क्या किया।" कुछ राष्ट्रीय विचारों के समाचार पत्रों ने, जो बार-बार ज़मानत देकर प्रेस आर्डिनेन्स से बच सके थे, आरक्षणों और बचावों की कड़ी आलोचना की। विट्ठल भाई ने, जो अस्वस्थ होने के कारण छोड़ दिए गए थे बीमार होते हुए एक वक्तव्य में कहा कि सेना, विदेश और वित्त से संबंधित तीन आरक्षण इतने विस्तृत और सर्वग्राही हैं कि उत्तरदायित्व के सभी घटकों का एक बड़ा दलदल कर देते हैं। लेकिन गोलमेज़ सम्मेलन में गए भारतीय प्रतिनिधियों को इन आरक्षणों पर कोई आपत्ति नहीं थी। मोतीलाल नेहरू के साथ नेहरू रिपोर्ट तैयार करने वाले सर तेजबहादुर सप्रू ने तो वस्तुत: ब्रिटिश शासन को इन आरक्षणों को लागू करने का निमंत्रण ही दिया था। अपने प्रारंभिक भाषण में उन्होंने कांफ्रेंस में अंग्रेज प्रतिनिधियों से कहा था कि वे जितने बचाव चाहें उन्हें रख सकते हैं यदि उनसे महत्वपूर्ण सिद्धात विनिष्ट नहीं होता। शायद उनकी राय में किसी भी संख्या में आरक्षणों का होना उत्तरदायित्व के "मूल सिद्धाँत" को दलदल नहीं बना सकता था। लेकिन भारतीय प्रतिनिधियों में एकमात्र वे ही इस विचार के नहीं थे। कूपलैन्ड के शब्दों में यह सर्वमान्य मान्यता थी कि अभी तक जो शक्तियाँ और उत्तरदायित्व ब्रिटिश पार्लियामेन्ट में निहित थे वे सब एक ही बार में भारत नहीं ले सकता और इस संक्रमण अवधि में रक्षा और विदेशी मामलों के विभागों की जिम्मेदारी गवर्नर जनरल में रहेगी।"[३१]

आश्चर्यजनक है कि एक भी भारतीय प्रतिनिधि को न सूझा और न उसने ब्रिटिश प्रधानमंत्री को सुझाया कि सेना, सेवाओं, पेंशन और ऋण भुगतान, जिसमें रेल्वे का ऋण शामिल था और जो आरक्षित विषय थे, केन्द्र और प्रांतीय शासनों की आधी आय को निगल जावेंगे।

केन्द्र की प्रस्तावित संघीय सरकार पर ही आरक्षण का भारी बोझ नहीं लाद दिया गया था, बल्कि बहुचर्चित प्रांतीय स्वायत्त शासन को भी वही बोझ बर्दाश्त करना था। गवर्नर महोदय अपने बड़े आरक्षित अधिकारों के साथ प्रांतीय विधान सभा के प्रति उत्तरदायी नहीं थे। फिर दिल्ली के गवर्नर जनरल थे जिन्हें निगरानी और नियंत्रण का अधिकार प्राप्त था और सबसे ऊंचे स्तर पर ब्रिटिश पार्लियामेन्ट थी जो लंदन में बैठे हुए सेक्रेटरी ऑफ स्टेट के माध्यम से सबसे ऊपर अधिकार चला सकती थी। यद्यपि प्रांतों में द्वैध शासन समाप्त कर दिया गया था, तथापि प्रांतीय स्तर पर स्वायत्त शासन नाम-मात्र के लिए ही था। गाँधीजी ने बाद में इस व्यवस्था को "गौरवान्वित स्वायत्त शासन" की संज्ञा दी थी। इस प्रकार पूरा ढांचा तो तैयार कर लिया गया था और विवरण भरने का काम अल्पसंख्यकों की समस्या के साथ दूसरी गोलमेज़ सम्मेलन में विचारार्थ स्थगित कर दिया गया था।

लेकिन अल्पसंख्यक का प्रश्न स्थगित क्यों किया गया था? ऐसा लगता है कि ब्रिटिश शासन ने दूसरे गोलमेज़ सम्मेलन में काँग्रेस के प्रतिनिधियों को किसी ढंग से सम्मिलित करने का निर्णय कर लिया था। यदि वे उन सभी आरक्षणों और बचावों के रहे आने पर सहमत हो जाते तो बहुत अच्छा ही था। परंतु यदि वे उन्हें नहीं मानते, तो उन्हें साम्प्रदायिक वाद-विवादों में फँसाया जा सकता था और केवल अंग्रेज जनता ही नहीं बल्कि सम्पूर्ण विश्व के लोग वह तमाशा देखते। अमेरिका और यूरोप के कई देशों में भारतीय आकांक्षाओं के प्रति सहानुभूति बढ़ती जा रही थी। वे सब विदेशी सहानुभूतिकर्ता

चौंक कर शात हो जावेंगे यदि सांप्रदायिक कटुता का प्रदर्शन भयंकर रूप में लंदन में किया जा सके और जिस प्रदर्शन में काँग्रेस के लोग भी भाग ले रहे हों। इस षडयँत्र को कारगर करने के लिए भारत के वाइसराय को समझौते के लिए प्रयास करने को कहा गया था और वे इस पर पहले बयान भी दे चुके थे। गोलमेज़ सम्मेलन की कार्यवाही समाप्त करते हुए प्रधानमंत्री रैम्जे मैकडोनल्ड ने १९ जनवरी, १९३१ को यह विशिष्ट बात कही कि "इस बीच यदि उन लोगों ने, जो अभी सत्याग्रह में संलग्न है," वाइसराय की अपील पर ध्यान देकर संघीय ढाँचे संबंधी इस घोषणा के मूल मसौदे में साथ देने की इच्छा व्यक्त की तो उनकी सेवाएं प्राप्त करने हेतु कदम उठाए जाएंगे।"

भारत में सविनय अवज्ञा आंदोलन पूरे जोर पर था। मोतीलाल नेहरू जो गंभीर अस्वस्थता के कारण छोड़ दिए गए थे, इलाहाबाद में ही बीमार पड़े थे। इसी समय ब्रिटिश प्रधानमंत्री का काँग्रेस के सहयोग के लिए संदेश भारत आया। जवाहरलाल नेहरू लिखते हैं: "उसी समय, जनवरी १९३१ के दूसरे सप्ताह में काँग्रेस कार्यकारिणी की बैठक इलाहाबाद में हुई और दूसरी समस्याओं के साथ प्रधानमंत्री का भाषण और अपील पर भी विचार हुआ। मैं तब नैनी जेल में था और कार्यकारिणी की उस बैठक की कार्यवाही की जानकारी मुझे जेल से छूटने के बाद हुई। पिताजी कलकत्ता से लौटे ही थे और यद्यपि वे बहुत अस्वस्थ थे, लेकिन उन्होंने कार्यकारिणी के सदस्यों से उनके पलंग के आस-पास बैठकर विचार-विमर्श करने का आग्रह किया। किसी ने मैकडोनल्ड के कथन पर नरम रूख दिखाने और आंदोलन की गति कम करने का सुझाव दिया। इससे पिताजी बहुत उत्तेजित हो गए और पलंग पर उठकर बैठ गए। उन्होंने कहा कि राष्ट्रीय लक्ष्य के पूरा होने के पहले वे कोई समझौता नहीं करेंगे और वे संघर्ष जारी रखेंगे चाहे इस संघर्ष के लिए केवल वे एकमात्र रह जावें। यह उत्तेजना उनके लिए बड़ी हानिप्रद थी और जैसे ही उनका तापमान बहुत बढ़ने लगा, डाक्टरों ने सबको वहाँ से हटाकर उन्हें अकेला रखने में सफलता प्राप्त की।

"अधिकांशत: उन्हीं के विशेष दबाव डालने पर कार्यकारिणी ने समझौते के विरुद्ध दृढ़ता का प्रस्ताव पास किया....।"[३२]

लंदन से काँग्रेस को मनाने का आदेश पाकर वाइसराय ने १७ जनवरी को महात्मा गाँधी की प्रशंसा कर पहला कदम उठाया: "कोई कितना भी गाँधी को गलत माने और उनके नाम से संबंधित नीति के परिणामों को कितना भी निंदनीय कहा जाए, तो भी किसी को भी उनकी उस आत्म शक्ति को स्वीकार करना ही पड़ेगा जो उन्हें अपने देश के लिए, जिसे वे प्यार करते हैं, बड़े से बड़ा त्याग करने के लिए प्रेरित करती है और मेरी कल्पना है कि यद्यपि वे लोगों को, जो उनसे मतभेद करते हैं, मिथ्या विचारों के शिकार मानते हैं तो भी गाँधी की यह कहने में अनिच्छा नहीं होगी कि मेरी कौम के लोग जो भारत में राज्य के लिए जिम्मेदार हैं भारत की सेवा करने के अपने प्रयास में ईमानदार थे।"[३३] इसके बाद जिस दिन १९ जनवरी को मैकडोनल्ड ने बयान दिया था, उस दिन वाइसराय ने सहयोग के लिए काँग्रेस से अपील की। अंत में २५ जनवरी को वाइसराय ने गाँधीजी तथा काँग्रेस कार्यकारिणी के सदस्यों को यह कहकर जेलमुक्त कर दिया कि "मेरी सरकार इन रिहाइयों के साथ कोई शर्त नहीं लगावेगी क्योंकि हम मानते हैं कि संबंधित व्यक्तियों के बीच विचार-विमर्श का अबाध स्वतंत्र स्थिति में होना शांतिपूर्ण वातावरण की वापिसी की आशा प्रदान करता है।"

जेल से छूटने पर महात्मा गाँधी ने एक प्रेस मुलाकात के दौरान कहा कि "मैं खुले दिमाग से शत्रुता की किसी भावना से रहित और बहस में किसी तरह के पूर्वाग्रह के बिना जेल से बाहर आया हूँ। मैं स्थिति पर हर दृष्टिकोण से विचार करने तथा प्रधानमंत्री के वक्तव्य पर मैं तेज बहादुर सप्रू तथा प्रतिनिधियों से उनकी वापिसी पर विचार करने को तैयार हूँ। लंदन से कुछ प्रतिनिधियों द्वारा केबल से भेजी गई तीव्र इच्छा का आदर करते हुए मैं यह वक्तव्य देता हूँ।"[३४]

जिन प्रतिनिधियों की बात गाँधीजी ने की वे तेज बहादुर सप्रू तथा श्रीनिवास शास्त्री थे जिन्होंने पहले एक केबल मोतीलाल नेहरू को भेज कर कार्यकारिणी के प्रस्ताव को प्रकाशित न करने की प्रार्थना की थी। लेकिन इन विशिष्ट व्यक्तियों के भारत वापिस होने से पूर्व ही मोतीलाल नेहरू का देहांत हो गया। महात्मा गाँधी से, जो जेल से छूटने के बाद तत्काल उनके पास गए थे, उनके अंतिम शब्द थे: "महात्माजी मैं शीघ्र जा रहा हूँ और मैं स्वराज देखने के लिए यहाँ नहीं रहूँगा, लेकिन मैं जानता हूँ कि आप ने उसे जीत लिया है और शीघ्र ही वह आप को मिल जावेगा।"[३५]

गाँधी-इरविन समझौता (१९३१)

पूरा परिस्थितिक साक्ष्य प्रदर्शित करता है कि गोलमेज सम्मेलन के अंग्रेज सहयोगियों ने सप्रू और श्रीनिवास शास्त्री को काँग्रेस और शासन के मध्य में संधिकर्ता बनने के लिए कहा था। उन्हें अपने साथ कर लेने के बाद अब उन्हें ब्रिटिश फन्दे में काँग्रेस को फँसाने के लिए प्रलोभन दिया जा रहा था। ये दोनों प्रतिष्ठित व्यक्ति ६ फरवरी को, जिस दिन मोतीलाल नेहरू का देहाँत हुआ था, बम्बई में उतरे और महात्मा गाँधी तथा कार्यकारिणी के अन्य सदस्यों से मिलने के लिए तत्काल इलाहाबाद पहुँचे। उनके तर्क और गोलमेज सम्मेलन के दिनों में पर्दे के पीछे इस या उस ब्रिटिश नेता के कारनामों से संबंधित उनके द्वारा सुनाए गए कई किस्से उस सम्मेलन के निर्णयों की बाबत् काँग्रेस नेताओं की राय में कोई परिवर्तन करने में असफल रहे। दोनों ही शासन के जाने माने पैरवी करने वाले थे और उन पर उनका क्या प्रभाव पड़ सकता था जिन्होंने स्वयं कष्ट सहन किया था तथा अपने देशवासियों को, जिनमें स्त्रियां और बच्चे भी थे, लाठियों की चोट खाते और गोलियों से मरते देखा था। लेकिन काँग्रेस के कवच में एक दरार थी। उसके नेता महात्मा गाँधी थे जिनके अहिंसात्मक संघर्ष के नियमों में शत्रु से सन्धि वार्ता से कभी इंकार न करने का भी एक नियम था। उन्हें सुझाव दिया गया कि वे वाइसराय से मुलाकात का समय माँगें और वे इस पर सहमत हो गए। वाइसराय ने, जो उस अवसर की बड़ी आतुरता से प्रतीक्षा कर रहे थे, उन्हें अवलिम्ब बुला भेजा।

दु:खदायी गति से लम्बे समय तक चली संधिवार्ता का, जो १७ फरवरी से प्रारंभ होकर ४ मार्च को समाप्त हुई, और जो "गाँधी-इरविन संधि" कहलायी, विवरण देना व्यर्थ ही होगा।

तो भी यह नि:संकोच कहा जा सकता है कि इस संधि की शर्तों में और लाहौर काँग्रेस के प्रस्ताव तथा डांडी अभियान के पूर्व गाँधीजी द्वारा वाइसराय को लिखे गए पत्र के ११ मदों में कोई भी समानता नहीं थी। संधि वार्ता की प्रारंभिक कार्रवाई के रूप में गाँधीजी ने कम-से-कम ६ शर्तें रखी थीं:- (१) सभी राजनीतिक बंदी छोड़ दिए जाएं (२) दमन तत्काल रोक दिया जाए (३) सभी राजसात संपत्ति वापिस कर दी जाए (४) राजनीतिक कारणों से नौकरी से निकाले गए सभी शासकीय कर्मचारियों की

बहाली की जाए (५) नमक बनाने और शराब और विलायती कपड़ों की दुकानों पर धरना देने की स्वतंत्रता दी जाए (६) पुलिस द्वारा की गई ज्यादती की जाँच की जावे।

यदि इन कम-से-कम शर्तों की तुलना संधि की संबंधित शर्तों से की जाए तो स्पष्ट होगा कि कुछ तो वाइसराय ने अस्वीकार कर दी थीं और कुछ शर्तो को बहुत ढीला कर दिया गया था। सभी बंदी नहीं छोड़े जाने वाले थे, सिर्फ़ वे ही छोड़े जा सकते थे, जिन्हें सविनय अवज्ञा आंदोलन में जेल हुई थी। राजसात की गई वे जमीनें उनके पुराने मालिकों को नहीं दी जा सकती थीं जो किसी तीसरे के हाथ में चली गई थीं, सिर्फ महात्मा गाँधी की आपत्ति संधि के तत्संबंधी अनुबंध में लगाई जा सकती थी। सत्याग्रह आंदोलन की सहानुभूति में जिन्होंने नौकरी छोड़ दी थी, उनकी बहाली के संबंध में उदारतापूर्वक विचार करने का आश्वासन मात्र मिला था। नमक कानून रहा आवेगा, लेकिन जो लोग नमक बनाए जाने वाले स्थान में रहते हैं, उन्हें अपने उपयोग के लिए नमक इकट्ठा करने की छूट रहेगी। इंग्लैण्ड में बने कपड़े की दुकानों पर ही नहीं, सभी विदेशी कपड़ों की दुकानों पर धरना दिया जा सकेगा। पुलिस के जुल्म की जाँच की मांग का वाइसराय ने कड़ा विरोध किया। इस मामले में श्रीनिवास शास्त्री, गाँधी तथा वाइसराय दोनों के पास कई बार आते जाते रहे लेकिन वाइसराय शासन के सामने प्रस्तुत की गई पुलिस की किसी ज्यादती की जाँच के लिए तैयार नहीं थे। इस बात पर अड़ गए वाइसराय को देखकर गाँधीजी ने वह माँग ही वापिस ले ली। दमन रोकने से संबंधित दूसरी शर्त को मान लिया गया, लेकिन जैसा बाद में पाया गया, इस शर्त को नाममात्र के लिए ही माना गया था, लेकिन शर्तों को न माना जाना या उनमें परिवर्तन किए जाने के अतिरिक्त संधि की शर्तों में उस अनुच्छेद की स्वीकृति बड़ी महत्वपूर्ण थी जिसमें काँग्रेस द्वारा "संधि संबंधी योजना और भारत के हित में विविध आरक्षणों और बचावों के साथ, रक्षा, विदेशी मामलों, अल्पसंख्यक समस्या, भारत का वित्तीय उधार खाता तथा समझौतों के निर्वाह के भारतीय उत्तरदायित्व का उल्लेख था।"

गाँधीजी के साथ न्याय करते हुए यह कहना पड़ेगा कि उस समझौते पर ५ मार्च को अपने हस्ताक्षर करने से पूर्व उसको उन्होंने काँग्रेस कार्यकारिणी के समक्ष प्रस्तुत किया।

"कार्यकारिणी के सदस्य असंतुष्ट नहीं थे। राजसात की गई भूमि से संबंधित सूत्र पर पटेल को आपत्ति थी। जवाहलाल ने पूर्ण स्वतंत्रता के अतिरिक्त किसी अन्य आधार पर वार्ता करने को निंदनीय कहा। कोई भी यह स्वीकार करने को तैयार नहीं था कि बंदियों को छोड़ने के संबंध का अनुबंध समुचित विस्तृत था। गाँधीजी ने प्रत्येक सदस्य से प्रश्न किया कि क्या बंदियों अथवा भूमि अथवा घटना से संबंधित निर्णयों के विरोध में समझौता तोड़ दिया जाए? अनिच्छा से कार्यकारिणी ने वह समझौता स्वीकार कर लिया।"[३७]

अपनी आत्मकथा में जवाहरलाल नेहरू ने अपने नैराश्य को, विशेष रूप से पूर्ण स्वाधीनता के लिए काँग्रेस की मांग के प्रति अपने घोर नैराश्य को प्रकट किया है। उनका विलाप टी. इलियट की इन दो पंक्तियों में समाहित था-

होता इसी ढंग से अंत जग का
कोई धमाका नहीं, बस स्वर रुदन का

कार्यकारिणी ही इस संधि से दुखित नहीं थी। तरुण वर्ग, राष्ट्रीय प्रेस और लोग, विशेषतः वे जिन्होंने आंदोलन में कष्ट सहन किया था, असंतोष प्रकट कर रहे थे। जब गाँधीजी फिर डांडी गए तो

कार्यकर्ताओं ने उन्हें घेर कर समुद्र से नमक इकट्ठा करने के अपने अधिकार के संबंध में प्रश्न किया। "अगर हमने वहाँ जाकर नमक का पानी भरने के लिए बड़े तालाब खोदें तो क्या होगा?" बड़ी सरलता से उन्होंने गाँधीजी से सवाल किया। उनका उत्तर था "नहीं, आप ऐसा कुछ नहीं करेंगे।" बोरसद तालुके के एक गाँव के किसानों ने ६९,००० रुपये का जमीन का लगान न देने पर जुर्माना और जमीन की जब्ती से तीन लाख रुपये का नुकसान सहा था। उनकी शिकायत के जवाब में गाँधीजी को कहना पड़ा "लगान की रकम लडाई का मुद्दा नहीं था। मुद्दा तो लगान न देना था और उसका परिणाम भोगना था।"

भगत सिंह और उनके साथियों के सम्बन्ध में, जिन्हें मृत्यु दण्ड दिया गया था, प्रश्न किए जाने पर गाँधीजी ने बड़े दु:ख से कहा: "दुर्भाग्य की बात है कि पर्चे बाँटते समय इन जवानों ने इतनी सीधी बात को नहीं समझा...। लेकिन मुझे कहने दें कि भगतसिंह और दूसरे लोग क्यों नहीं छोड़े गए। हो सकता है कि यदि आपने संधि वार्ता की होती तो वाइसराय से ज्यादा अच्छी शर्तें पाने में सफल हो गए होते, लेकिन हम काँग्रेस कार्यकारिणी वाले जितना मिला है उससे अधिक नहीं पा सके। मैं आपसे कहूँ कि वार्ता के दौरान मैं मात्र अपनी ओर से बात नहीं कर रहा था, मेरे पीछे पूरी कार्यकारिणी थी। हमने वार्ता के समय पूरी शक्ति लगाई और अन्त:कालीन समझौते के अंतर्गत न्याय से जो भी मिल सकता था, उससे हमें संतुष्ट होना पड़ा। अंत:कालीन संधि के लिए बात करते समय हम अपनी सत्य और अहिंसा की प्रतिज्ञा को तथा न्याय की सीमाओं का उल्लंघन नहीं कर सके।"[३८]

सविनय अवज्ञा आंदोलन के ९०,००० सत्याग्रही बंदियों के अतिरिक्त सैकड़ों ऐसे भी थे, जिन्हें आतंकवादी गतिविधियों के लिए या तो मुकदमा चलाए बिना या दण्ड देकर जेल में डाल दिया गया था और इन लोगों की समस्या समझौते की शर्तों में सम्मिलित नहीं थीं। ऐसे निरुद्ध और दण्डित बंदियों से गाँधीजी ने अपील की: "मैं चाहता हूँ कि वे धैर्य रखें और काँग्रेस को और वे यदि चाहे तो मुझे एक अवसर दें...काँग्रेस को सभी राजनीतिक बंदियों को छुड़ाने और हो सके तो उन्हें फाँसी से बचाने का अवसर दें, जिन पर हत्या का आरोप है... हम प्रयास ही कर सकते हैं। परिणाम तो सदा ईश्वर के हाथ में रहता है।"[३९]

प्रेस की वार्ता में जिसमें भारतीय और विदेशी संवाददाता उपस्थित थे, ज्यादा बड़े विषय उठाए गए। इस प्रश्न के उत्तर में कि उस समझौते का लाहौर के काँग्रेस प्रस्ताव से कोई सामंजस्य है, उन्होंने कहा: "निश्चित रूप से है, इस समझौते में ऐसा कुछ नहीं है जो करांची काँग्रेस में लाहौर के काँग्रेस प्रस्ताव को दुबारा स्वीकार करने में रुकावट डालता है और न ऐसा कुछ है जो काँग्रेसजनों को आगामी गोलमेज सम्मेलन में अपने पूर्ण स्वाधीनता की बात रखने में बाधक होता है। वस्तुत: मैं नहीं मानता कि मैं किसी विश्वास का उल्लंघन कर रहा हूँ जब मैं कहता हूँ कि मैंने उस विषय का और काँग्रेस की स्थिति का, समझौते के प्रश्न पर वार्ता करने के पूर्व ही स्पष्टीकरण कर लिया था। काँफ्रेंस में पूर्ण स्वराज के लिए दबाव डालना मुझे मेरा कर्तव्य मानना चाहिए और यदि हम ऐसा नहीं करते तो हम अपने अस्तित्व को ही अस्वीकार करते हैं।"[४०]

जब उनसे पूछा गया कि इस समझौता वार्ता में किसकी जीत हुई है, तो उन्होंने कहा कि "इस

प्रकार के समझौते के संबंध में यह कहना कि किसकी जीत हुई है, न तो संभव है और न बुद्धिमानी है। यदि जीत हुई है, तो वह दोनों की है।"[४१]

९०,००० काँग्रेस कर्ताओं में से अधिकांश लोग अब छोड़ दिए गए थे, लेकिन उनमें न तो गाँधीजी की विनम्रता थी और न उन जैसी बुद्धिमत्ता ही थी। उनमें एक प्रकार का विजय का उल्लास था। वस्तुत: वाइसराय की इस अर्थ में जीत हो गई थी कि उन्होंने आगामी गोलमेज़ सम्मेलन में गाँधीजी की उपस्थिति प्राप्त करने के लंदन शासन के द्वारा उन्हें दिए गए कार्य में सफलता पा ली थी। लेकिन नौकरशाही के बड़े अधिकारी, विशेषत: विभिन्न प्रांतों और प्रेसीडेन्सी में शासन करने वाले अधिकारी इस समझौते से अपमान का अनुभव कर रहे थे। काँग्रेस की मांगों के प्रति उनके विरोध के कारण ही काँग्रेस को जो कुछ मिला था उससे अधिक वह नहीं पा सकी थी। गाँधी-इरविन वार्ता की चर्चा को सुनकर हठधर्मी चर्चिल ने क्रुद्ध होकर कहा था कि "यह बड़ी भयप्रद और घिनौनी बात है कि एक राजद्रोही बैरिस्टर मिस्टर गाँधी, जो अभी भी सत्याग्रह का संगठन और संचालन करने में संलग्न है, अब पूर्व देशों में अधिकता से पाए जाने वाने फकीर जैसा बनकर अर्धनग्न वाइसराय के महल की सीढ़ियों पर, जो सम्राट का प्रतिनिधि है, के साथ समान स्तर पर वार्ता करने के लिए चढ़ता है।"[४२] चर्चिल के इस क्रुद्ध विस्फोट ने काँग्रेसजनों के विजयोल्लास में वृद्धि कर दी होगी और अंग्रेज अधिकारियों की अपमान की अग्नि को, जिन्हें प्रतिष्ठा की हानि के सिवाय सब कुछ सहन था, और भी प्रज्वलित कर दिया होगा। समझौते पर किए गए हस्ताक्षरों की स्याही सूख नहीं पायी थी और वे लोग पुरानी प्रतिष्ठा की पुनर्प्राप्ति और काँग्रेस को अपमानित करने में संलग्न हो गए।

समझौता होने के एक पखवाड़े के बाद बम्बई के अपने एक संबोधन में गाँधीजी को स्वीकार करना पड़ा कि "स्थानीय सरकार समझौते के अपने कर्तव्यों को पूरा करने में ढीली रही है।" लेकिन अभी उन्हें और भी भारी धक्का लगना था। काँग्रेस का वार्षिक अधिवेशन कराची में होने वाला था और २६ मार्च को काँग्रेस कार्यकारिणी की बैठक थी। नौकरशाही ने अपनी प्रतिष्ठा की पुनर्स्थापना और काँग्रेस को जनता की दृष्टि में नीचे गिराने का यह ठीक अवसर समझा। सम्पूर्ण देश ने भगतसिंह, राजगुरु और सुखदेव को दिए गए मृत्यु दण्ड को बदलने की मांग की थी। गाँधीजी स्वयं १९ मार्च को लार्ड इरविन एक "महान ईसाई" के पास मृत्यु दण्ड को बदलने का दान मांगने गए थे, लेकिन कोई परिणाम नहीं निकला। नौकरशाही के मन की बात पूरी होने के लिए उन्हें २३ मार्च को फाँसी पर लटका दिया गया। लार्ड इरविन ने एक अनुभवी पत्रकार दुर्गादास से कहा था कि "मैंने गाँधीजी को उनके नैतिक स्तर से गिरने से बचा लिया है।"[४३] यों तो गाँधीजी ईसाई नहीं थे लेकिन वे इसाइयत की प्रचुर भावना के धनी ही नहीं थे, बल्कि पश्चिम के कई श्रेष्ठ ईसाइयों के द्वारा उनकी तुलना क्राइस्ट से की गई थी। गाँधीजी द्वारा प्राण दण्ड में विलम्ब की मांग ईसा की शिक्षा के अनुकूल थी, इस बात को अस्वीकारा नहीं जा सकता। इसी दृष्टिकोण से लार्ड इरविन का उपरोक्त कथन ईसाई विनम्रता की कमी का परिचायक होने के साथ ही यह भी प्रकट कर रहा था कि एक "महान ईसाई" होने की ख्याति के वे कितने योग्य थे!

नैतिक रूप से वाइसराय ने "गाँधी को नैतिक स्तर से गिरने से बचाया" तो बिल्कुल नहीं था, साथ ही उन्होंने गाँधीजी को भेड़ियों के बीच में फेंक दिया। वाइसराय के साथ गाँधीजी के समझौते ने

उनके चारों ओर बरों के छत्तों को भड़का दिया था और अब भगतसिंह और उनके साथियों की फाँसी से, जो अपने अनुपम बलिदान और साहस से भारत की जनता में बड़े लोकप्रिय हो गए थे, देश के तरुण वर्ग और अतिवादियों के बीच में उनकी स्थिति बड़ी ही विषम हो गई थी। दुर्गादास ने अपने एक मित्र से ठीक ही कहा था कि "उन्होंने (इरविन) भी चलते-चलते वृद्ध व्यक्ति (गाँधीजी) को एक ठोकर मार दी।"

संदर्भ

१. डी.जी. तेन्दुलकर, महात्मा, खण्ड ३, पृ. १-२
२. वही, पृ. ६.
३. वही
४. वही, पृ. २.
५. जवाहरलाल नेहरू, डिस्कवरी ऑफ इण्डिया, पृ. ३५८
६. डी.जी. तेन्दुलकर, उपरोक्त, पृ. १२.
७. वही, पृ. १८.
८. वही, पृ. १९.
९. वही
१०. वही, पृ. ३१.
११. वही, पृ. ३६-३७.
१२. वही
१३. वही
१४. ए. फेनर ब्रोक्वे, दि इंडियन क्राइसिस, पृ. १४६.
१५. वही, पृ. १६१.
१६. वही, पृ. १६५.
१७. वही
१८. डी.जी. तेन्दुलकर, उपरोक्त, पृ. ४०.
१९. वही. पृ. ४१.
२०. पी. सीतारमैया, हिस्ट्री ऑफ दि इंडियन नेशनल काँग्रेस, खण्ड १, पृ. ४०८-९.
२१. ए. फ्रेनर ब्राक्वे, पृ. १७०.
२२. यंग इंडिया, प्यारे लाल के थ्रोन टु द वाल्वस में उद्धृत, पृ. १७.
२३. बादशाह खान, माइ लाइफ एण्ड स्ट्रगल, पृ. १०७.
२४. वही, पृ. १०८-९.
२५. ए. फ्रेनर ब्राक्वे, उपरोक्त, पृ. १५८.
२६. डी.जी. तेन्दुलकर, उपरोक्त, पृ. ५०-५१.

२७. दि हिस्ट्री ऑफ फ्रीडम मूवमेंट इन मध्यप्रदेश, पृ. ३८८.

२८. पी. सीतारमैया, उपरोक्त, पृ. ६३५.

२९. जवाहरलाल नेहरू, आटोबायोग्राफी, पृ. २२८-२२९.

३०. रेजीनल्ड कूपलैन्ड, इंडियन प्राब्लम, पृ. ११३.

३१. वही, पृ. ११८.

३२. जवाहरलाल नेहरू, उपरोक्त, पृ. २४३

३३. डी.जी. तेन्दुलकर, उपरोक्त, पृ. ४९.

३४. वही

३५. वही, पृ. ५२.

३६. जवाहरलाल नेहरू, उपरोक्त, पृ. २४९.

३७. डी.जी. तेन्दुलकर, उपरोक्त, पृ. ५६.

३८. वही, पृ. ६२.

३९. वही, पृ. ५८-५९.

४०. वही.

४१. सीतारमैया, उपरोक्त, पृ. ४४३.

४२. डी.जी. तेन्दुलकर, उपरोक्त, पृ. ५३.

४३. दुर्गादास, इंडिया फ्राम कर्ज़न टू नेहरू एण्ड आफ्टर, पृ. १४७.

अध्याय - ७

पीठ पर प्रहार हुआ

गाँधीजी दूसरी गोलमेज सम्मेलन में (१९३१)

आम तौर से लगाया गया नारा "गाँधीजी की जय" फिलहाल बन्द हो गया था और हिमालय से कन्या कुमारी तक भगत सिंह जिन्दाबाद का घोष गूँजने लगा था। लाहौर, बम्बई, कलकत्ता और मद्रास में हुए प्रदर्शनों में राष्ट्र का दबा हुआ क्रोध उभर कर आ गया था। कराची जहाँ काँग्रेस का अधिवेशन होने वाला था, उदास था। गाँधीजी को लाने वाली ट्रेन ज्यों ही कराची स्टेशन के निकट आयी सुभाषचन्द्र बोस के संगठन नवजवान सभा के नवयुवकों ने काले कपड़े के फूलों से और "गाँधी वापिस जाओ" और "भगतसिंह अमर है" के नारों से उनका स्वागत किया। लेकिन गाँधीजी तो आत्मिक धैर्य के अक्षय भण्डार थे और वे शांति से उस अपमान को पी गए। एक प्रेस वार्ता में उन्होंने नवयुवकों के संयम की प्रशंसा करते हुए कहा: "भगतसिंह की वीरता और त्याग के सामने सिर झुक जाता है, लेकिन अपने नवयुवकों को अप्रसन्न किए बिना मुझे कहने दिया जाए कि मैं उससे बड़ी वीरता चाहता हूँ, अहिंसक, निस्पृह और विनम्र की वीरता चाहता हूँ, जो किसी को हानि पहुँचाने के विचार से रहित फाँसी पर चढ़ जावेगी।"[१]

काँग्रेस अधिवेशन में भगतसिंह से संबंधित प्रस्ताव जवाहरलाल नेहरू ने रखा यद्यपि उसे गाँधीजी ने स्वयं लिखा था। काँग्रेस ने किसी भी रूप की राजनीतिक हिंसा से अपने को अलग करते और उसे अस्वीकृत करते हुए "भगतसिंह और उनके साथी सुखदेव और राजगुरु की वीरता और त्याग की सराहना की" और इन हुतात्माओं के संतप्त परिवारों के प्रति अपनी संवेदना प्रकट की।

यदि भगतसिंह पर लिखे गए गाँधीजी के प्रस्ताव की गोपीनाथ साहा द्वारा एर्नेस्ट डे की हत्या संबंधी प्रस्ताव से, जिसको भी गाँधीजी ने लिखा था और जिसे स्वयं उन्होंने १९२४ में अहमदाबाद में अखिल भारतीय काँग्रेस समिति के सम्मेलन में प्रस्तुत किया था, तुलना की जाती है तो यह स्पष्ट होगा कि १९२४ में हत्या किए गए अंग्रेज और उसके दुखी परिवार के प्रति, गोपीनाथ साहा को भूलकर, जिसे फाँसी दी जा चुकी थी, सहानुभूति पर अधिक बल दिया गया था। लेकिन १९३१ में मारे गए व्यक्ति को भूलकर फाँसी पर चढ़ाए गए व्यक्तियों की वीरता तथा त्याग की काँग्रेस द्वारा सराहना लिपिबद्ध की गई थी। देशबन्धु दास गोपीनाथ साहा के प्रति जिस प्रशंसा और सहानुभूति को प्राप्त करने में असफल रहे थे, वह अब १९३१ में काँग्रेस के द्वारा भगतसिंह और उनके साथियों को मिल गयी थी। देशबन्धु के संशोधन को १४८ के विरोध में जब ७३ वोट मिले तो गाँधीजी ने घोषणा की थी कि "मैं अपमानित किया गया

गया और हराया गया हूँ तथा उन्हें सार्वजनिक रूप से ऑसू बहाना पड़ा था।" स्पष्ट है कि १९२४ और १९३१ के मध्य में राष्ट्र की तथा उसी प्रकार महात्मा गाँधी की मनोवृत्ति में अंतर आ गया था।

भारत से प्रस्थान करने वाले वाइसराय के द्वारा चलते-चलते ठोकर मारने और सुभाष बाबू की नवजवान सभा के द्वारा काले झण्डों से स्वागत किए जाने पर भी वल्लभ भाई पटेल की अध्यक्षता में हुए कराची के काँग्रेस अधिवेशन में गाँधीजी विजेता प्रमाणित हुए। वाइसराय के साथ उनके समझौते पर काँग्रेस ने अपनी स्वीकृति की मोहर लगायी और गोलमेज सम्मेलन में उन्हें अपना प्रतिनिधि नियुक्त किया। उस विषय पर काँग्रेस ने जोर देते हुए प्रस्ताव में कहा कि "पूर्ण स्वराज का उसका लक्ष्य अविकल और अखण्ड है और काँग्रेस का प्रतिनिधि इस लक्ष्य की पूर्ति के लिए कार्यरत होगा, ताकि विशेष रूप से राष्ट्र की सेना, विदेशी मामले, वित्त तथा आर्थिक नीति पर नियंत्रण प्राप्त हो, निष्पक्ष अधिकरण के द्वारा ब्रिटिश शासन के भारत में किए गए आर्थिक सौदों की जाँच करा सके, इंग्लैंड और भारत द्वारा लिए जाने वाले दायित्व का परीक्षण और निर्धारण कर सके और दोनों में से कोई भी पक्ष इच्छानुसार साझेदारी समाप्त करने का अधिकार पा सके, तो भी काँग्रेस का प्रतिनिधि भारत के हित में स्पष्टत: आवश्यक समायोजन स्वीकार करने के लिए स्वतंत्र रहेगा।"

चूँकि गाँधीजी ने बार-बार कहा था कि काँग्रेस के प्रतिनिधि के रूप में वे गोलमेज सम्मेलन में पूर्ण स्वराज के लिए प्रयास करेंगे, उपरोक्त प्रस्ताव के अनुबंध उनके प्रति किसी अविश्वास के फलस्वरूप नहीं रखे गए थे, बल्कि वह प्रस्ताव भारत की जनता और ब्रिटिश शासन को काँग्रेस की ओर से यह स्पष्टीकरण था कि गाँधी-इरविन समझौते की धारा २ से पूर्ण स्वतंत्रता की उसकी मांग में कोई ढील नहीं दी गई है।

नवयुवकों और वामपंथियों के संतोष के लिए मूलभूत अधिकारों पर, जिसमें मिल मज़दूरों और किसानों के अधिकार भी शामिल थे, एक प्रस्ताव स्वीकार किया गया। हमारी सीमाओं से लगे देशों और उनकी जनता को मैत्री संबंध स्थापित करने और बनाए रखने की भारत की इच्छा से आश्वस्त किया गया। एक अन्य प्रस्ताव द्वारा "भारत से पृथक होने का या इच्छानुसार पृथक होने की शर्त के साथ भारत का स्वायत्तशासी सहयोगी रहने का बर्मा के निवासियों का अधिकार भी स्वीकृत किया गया।[३]

कराची अधिवेशन में पारित किए गए प्रस्तावों की समीक्षा से यह धारणा होती है कि सभी राजनीतिक बंदियों को छोड़ने के लिए वाइसराय की इंकारी तथा भगतसिंह और उनके दो साथियों को फाँसी मिलने के बाद भी अधिकांश छोड़े गए काँग्रेसजन कम-ज्यादा इस उम्मीद में थे कि स्वाधीनता सामने आ गई है और उसे पाने के लिए महात्मा गाँधी द्वारा हाथ बढ़ाना भर बाकी रह गया है। लेकिन यह भ्रम शीघ्र ही दूर हो गया। सत्याग्रह बंद कराकर और दूसरी गोलमेज सम्मेलन में महात्मा गाँधी की उपस्थिति निश्चित कर लार्ड इरविन, भारत को अपने उत्तराधिकारी चर्चिल विचारधारा के दकियानूस लार्ड विलिंगटन से व्यवहार करने के लिए छोड़ कर १८ अप्रैल को इंग्लैण्ड के लिए रवाना हो गए। अपने ही प्रकार का वाइसराय पाकर अब नौकरशाही समझौते की शर्तों का शब्द और भावना से उल्लंघन करने में जुट गई। पूरे देश में काँग्रेस कार्यालयों में शिकायतें आना शुरु हो गईं। बारडोली तालुके में लगान वसूली में किसानों पर बड़ी ज्यादती की गई। उत्तरप्रदेश में अनाज की कीमतों में मंदी आ जाने से किसान के पास कुछ नहीं रह गया था, तो भी शासन ने जमींदारों पर किसानों से जबरदस्ती

लगान वसूल करने का दबाव डाला। पूरे देश में, विशेषत: यू.पी., बम्बई, बंगाल, मद्रास तथा उत्तर-पश्चिम सीमा प्रांत में शराब की दूकानों पर शांतिपूर्ण धरना देने में गड़बड़ी पैदा कर राष्ट्रीय झण्डे को गिरा कर और शांतिपूर्ण सार्वजनिक सभाओं में हस्तक्षेप कर काँग्रेसजनों को अपमानित करने का आनंद अधिकारी वर्ग लूट रहा था।

काँग्रेस कार्यकारिणी ने पूरी स्थिति पर विचार कर निश्चित किया कि "यद्यपि गाँधी-इरविन समझौते को तोड़ा न जाए, लेकिन गोलमेज़ सम्मेलन में काँग्रेस सम्मिलित नहीं हो सकती और न उसे सम्मिलित होना चाहिए।"[४] ११ अगस्त को गाँधीजी ने इस आशय का तार वाइसराय को भेजा कि "उत्तर पश्चिम सीमा प्रांत, यू.पी. तथा अन्य प्रांतों से दमनात्मक कार्यवाही की जो सूचनाएं आ रही हैं, "वे मुझे स्पष्ट संकेत दे रही हैं कि अपने वचनानुसार अब मुझे रवाना नहीं होना चाहिए।"[५] वाइसराय के उत्तर में काँग्रेस के द्वारा गोलमेज़ सम्मेलन में प्रतिनिधित्व के लिए व्यवस्था करने की अनिच्छा के प्रति चिन्ता तो व्यक्त की गई, लेकिन काँग्रेस ने जो शिकायतें की थीं, उसकी जाँच करने से वाइसराय ने इंकार कर दिया। उस पर गाँधीजी ने फिर तार भेजा कि "मैंने लंदन जाने की अपनी और से बड़ी कोशिश की लेकिन असफल हो गया।" गाँधीजी की अनिच्छा का एक और भी कारण था। लार्ड इरविन ने मालवीय, सरोजनी नायडू और अंसारी को प्रतिनिधि मनोनीत करने का वचन दिया था, लेकिन लार्ड विलिंग्डन ने अंसारी को मनोनीत नहीं किया। वाइसराय की कार्यकारिणी कौंसिल के एक सदस्य फज़्ली हुसैन के षडयँत्र से अंसारी का नाम काट दिया गया था क्योंकि वह नहीं चाहता था कि संयुक्त निर्वाचन का समर्थक कोई प्रतिनिधि गोलमेज़ सम्मेलन में मुसलमानों का प्रतिनिधित्व कर पाए। नए वाइसराय महोदय उस पर अनुग्रह करने के लिए बड़े उत्साही थे।

वाइसराय की अनुमति से गाँधीजी ने शासन के विरुद्ध आरोपों को प्रकाशित किया और वाइसराय ने भी काँग्रेस के विरुद्ध आरोप लगाते हुए उत्तर दिया। वाइसराय का आरोप था कि पिछले पाँच माह में उत्तर-पश्चिम सीमा प्रांत और यू.पी. में काँग्रेस की गतिविधियां शांति और व्यवस्था के लिए खतरनाक हो गई थीं, तो भी उस पत्र में गोलमेज़ सम्मेलन में गाँधीजी का सहयोग प्राप्त करने के लिए बड़ी चिन्ता प्रदर्शित गई थी, और वाइसराय ने लिखा कि "गोलमेज़ सम्मेलन में काँग्रेस का सम्मिलित न होना समझौते के महत्वपूर्ण मुद्दों में से एक मुद्दे की असफलता है।"[६]

संधिकर्ता सप्रू और जयकर गाँधीजी से मिलने तो गए, लेकिन चूँकि उनका जहाज एस.एस. मुलतान, इंग्लैण्ड के लिए रवाना हो रहा था, वे पीछे रह जाने को तैयार नहीं थे। शांति हो अथवा न हो, उन्होंने सोचा कि देश के हित में उन्हें गोलमेज़ सम्मेलन की किसी बैठक से अनुपस्थित नहीं रहना चाहिए और इसलिए वे गाँधीजी को अपने उपाय करते छोड़ कर प्रस्थान कर गए। लेकिन जहाज़ से उन्होंने एक बेतार संदेश गाँधीजी के पास भेजा कि "उनके द्वारा शासन के विरुद्ध आरोप पत्र का प्रकाशित किया जाना उन्हें वाइसराय और सेक्रेटरी-ऑफ-स्टेट से संधिवार्ता करने में कठिनाई में डाल रखा है।"[७] वह यह भूल गए कि यदि ब्रिटिश प्रधानमंत्री गाँधीजी को लंदन बुलाने के लिए बहुत व्यग्र थे, तो इन संधिकर्ताओं की सेवाएँ न लेकर वे किसी अन्य व्यक्ति को मध्यस्थ कर सकते थे। उन्हें वह मध्यस्थ अतिशीघ्र सर प्रभाशंकर पट्टानी में मिल गया जिन्होंने एस.एस. मुलतान से अपनी लंदन यात्रा स्थगित कर दी। पट्टानी के प्रयासों से वाइसराय और गाँधीजी में मुलाकात तय हुई। वल्लभभाई पटेल

और जवाहरलाल के साथ गाँधीजी और पट्टानी शिमला पहुँचे। गाँधीजी और शीर्षस्थ अधिकारियों में वार्ताएं हुईं और एक समझौता हुआ जिसे अक्सर "दूसरा समझौता" कहा जाता है, लेकिन यदि वह समझौता था, तो केवल नाम के लिए ही था, जिसका लक्ष्य गाँधीजी को गोलमेज सम्मेलन में सम्मिलित कराना था। सीतारमैया के अनुसार बारडोली में जाँच की जाने वाली थी। शेष आरोपों के लिए, जिन्हें यदि दूर नहीं किया गया, दिल्ली के समझौते के अतिरिक्त काँग्रेस को रक्षात्मक सीधी कार्रवाई का अधिकार स्वीकार किया गया था। भविष्य में लगाए जाने वाले आरोपों पर जाँच हो सकती थी और नहीं भी हो सकती थी। यदि जाँच नहीं होती और आरोपों को दूर नहीं किया जाता तो काँग्रेस यदि चाहे तो जनता के अधिकार की रक्षा के लिए सीधी कार्यवाही आरंभ कर सकती थी।"[८]

प्रत्येक प्रांत में नौकरशाही काँग्रेस को कोई छूट न देने पर अड़ी थी, इसलिए "शांतिपूर्ण उपायों से" आरोपों को दूर करवा लेना काँग्रेस समिति के लिए असंभव हो गया था। जिस दिन समझौते पर हस्ताक्षर हुए थे उसी दिन से नौकरशाही का कड़ा रुख हो गया था। मैं अपने अनुभव का ही एक उदाहरण देता हूँ। समझौते के एक महीने के बाद, ७ अप्रैल, १९३१ को, सी.पी. शासन के मुख्य सचिव को मैंने लिखा कि "मेरी समिति ने मुझे अधिकृत किया है कि हिन्दी भाषी १४ जिलों से सम्बन्धित दिल्ली समझौते के अंतर्गत जो निश्चित किया जाना है उसके लिए मैं शासन से सम्पर्क करूँ।"[९] मेरे पत्र पर मुख्य सचिव की टिप्पणी थी- "मैं समझता हूँ कि हम औपचारिक रूप से केवल पहुँच स्वीकार करें।" इस मत से सहमत होते हुए होम मेम्बर ने फाइल पर लिखा: "मैं सहमत हूँ, पहुँच स्वीकारने के अतिरिक्त कुछ भी नहीं करना चाहिए।"[१०]

तो भी, शिमला समझौते ने वाइसराय को महात्मा गाँधी को शीघ्र लंदन भेज देने के लिए अधिकार दे दिया। २९ अगस्त को जहाज से रवाना होने के लिए कालका से बम्बई तक उनके लिए विशेष रेलगाड़ी चलाई गयी।

अपनी आत्मकथा में, जवाहरलाल नेहरू ने ग्लोर्ने वोल्टन की पुस्तक "ट्रेजड़ी आफ गाँधी" से उद्धृत किया है: "मुस्लिम जहाज से जा रहे नेता जानते थे कि काँग्रेस कार्यकारिणी में गाँधीजी के विरुद्ध एक षडयँत्र रचा गया था। वे जानते थे कि उचित अवसर पर काँग्रेस उन्हें निष्कासित कर देगी। लेकिन गाँधी का निष्कासन कर उसे अपने आधे सदस्यों को भी निष्कासित करना पड़ता और उन आधे सदस्यों को सर तेजबहादुर सप्रू और जयकर नरम दल के पक्ष में कर लेना चाहते थे। इस सत्य को उन्होंने अपने शब्दों में ही कभी नहीं छिपाया कि गाँधी जड़-बुद्धि के थे। एक जड़ बुद्धि नेता को अपने पक्ष में करना अच्छा था जबकि वह अपने साथ लाखों जड़-बुद्धि अनुगामियों को ला सकता था।"[११]

इस आरोप का खण्डन करते हुए कि कार्यकारिणी का कोई सदस्य कभी भी गाँधीजी के विरुद्ध षडयँत्र का भागी हो सकता था, जवाहरलाल नेहरू अपनी आत्मकथा में लिखते हैं: "गाँधीजी जड़-बुद्धि हैं या नहीं, यह हम इन नरम दल वालों को तय करने दें। यह सत्य है कि कभी-कभी उनकी राजनीति बड़ी तात्विक होती थी और उन्हें समझना बड़ा मुश्किल होता है, लेकिन उन्होंने अपने को क्रियाशील तथा आश्चर्यजनक साहस से सम्पन्न व्यक्ति प्रमाणित किया है तथा प्राय: उन्होंने अपने प्रयत्न में सफलता प्राप्त की है, और यदि जड़ बुद्धि अच्छे परिणाम लाने में सफल होती है, तो वह उस व्यवहारिक राजनीति की तुलना में अच्छी है, जिसका प्रारंभ और अंत अध्ययन प्रकोष्ठ और एक सीमित समूह में

हो जाता है।"[१२] नेहरू का यह कथन प्रकट करता है कि नेहरू का विश्वास था कि दोनों नरम दली मित्रों सप्रू और जयकर ने बोल्टन से गाँधीजी के संबंध में वह सब कहा होगा जो उसने उनके संबंध में लिखा है। हो सकता है कि उन दोनों ने गाँधीजी की साधु जैसी विश्वासी वृत्ति और शांति की इच्छा को भ्रम से जड़ बुद्धि मान लिया हो। नेहरू और पटेल के द्वारा गाँधी-इरविन समझौते के कुछ अनुबंधों के विरोध को संभवत: उन्होंने गाँधीजी को काँग्रेस से निष्कासित करने का इरादा समझ लिया हो। उन्होंने संभवत: यह उम्मीद भी की हो कि पहली गोलमेज़ सम्मेलन् में निश्चित हुए आरक्षण और बचाव से संबंधित अनुबंध गाँधीजी के द्वारा स्वीकार करवाए जा सकें, तो पटेल और नेहरू संभवत: उन्हें निष्कासित करें और उन्हें नरम दल में आ जाने के लिए राजी किया जा सके। लेकिन यदि सचमुच सप्रू और जयकर ने अपनी समुद्र यात्रा में इस धुँधली आशा को अपने मन में स्थान दिया हो, तो लंदन में नितांत निराशा ही उनके भाग्य में थी। गोलमेज सम्मेलन से जो गाँधीजी चाह रहे थे, वह तो उन्हें नहीं मिला, लेकिन कराची काँग्रेस में जो दृष्टिकोण स्थिर किया गया था, उससे उन्हें जरा भी इधर-उधर हिलाया नहीं जा सका।

गाँधीजी इंग्लैण्ड की भूमि पर १२ सितम्बर को उतरे। चूंकि अक्टूबर में आम चुनाव था इसलिए प्रधानमंत्री रैम्जे मैकडोनल्ड उसमें व्यस्त थे और उन्होंने गोलमेज सम्मेलन का कार्य, जो समितियों द्वारा हो रहा था, लार्ड सेन्के की देखरेख में कर दिया था। इन समितियों में संघीय विन्यास समिति और अल्पसंख्यक समिति मुख्य थी और गाँधीजी दोनों समितियों में मनोनीत थे।

१५ सितम्बर को हुई संघीय विन्यास समिति की दूसरी बैठक में बिना तैयारी से किए भाषण में गाँधीजी ने शासन और भारतीय राष्ट्रीय काँग्रेस के दृष्टिकोण में मूलभूत अन्तर की चर्चा की और अंत में मेल-मिलाप की इच्छा व्यक्त करते हुए उन्होंने कहा कि "मैं ब्रिटिश द्वीप समूह से इस विश्वास के साथ जाना पसंद करूँगा कि ग्रेट ब्रिटेन और भारत में परस्पर सम्माननीय तथा बराबर की साझेदारी होगी। जितने दिन मैं आप के बीच में हूँ इस प्रकार के परिणाम के लिए मैं हृदय से प्रार्थना करूँगा।"[१३] लेकिन दो ही दिन में वे स्थिति को पूरी तरह समझ गए और जब वे समिति में फिर बोले तो उनके शब्दों में बम विस्फोट था- "सोमवार से मुझमें जो पीड़ात्मक भावना बढ़ रही है, उसका बोझ मैं हल्का करना चाहूँगा। जैसा पहले मैंने नहीं किया था, मैंने प्रतिनिधियों की सूची देखी है और पहली कष्टप्रद भावना जो मुझमें हुई वह यह है कि जिस राष्ट्र का हमें प्रतिनिधित्व करना चाहिए, हम उसके चुने हुए प्रतिनिधि नहीं हैं, हम शासन द्वारा चुने हुए प्रतिनिधि हैं। सूची का अध्ययन कर मैं देखता हूँ और जैसा मैं भारत के विभिन्न दलों के सम्बन्ध में अपने अनुभव से जानता हूँ, इस सूची में स्पष्ट दिखने वाले कई भेद हैं। इसलिए मैं इस समिति के विन्यास की तथ्यहीनता की भावना से दबा जा रहा हूँ। तथ्यहीनता की भावना का दूसरा कारण यह है कि यह सारी कार्यवाही मुझे अन्तहीन और हमें कहीं भी न पहुँचाने वाली जान पड़ती।"[१४]

उसी समिति की १९ नवम्बर को हुई एक और बैठक में उन्होंने "जमीदारों, पूंजीपतियों और जो आज विशेषाधिकारों का आनंद ले रहे हैं", से दृढ़तापूर्वक कहा कि राष्ट्रीय शासन जमीदारों, तथाकथित बड़ी जाति वालों और पूंजीपतियों को उन पददलित तथा गिरे हुए लाखों लोगों को उस दलदल से ऊपर उठाने की जहाँ इन लोगों ने और अंत में शासन ने उन्हें सुनियोजित ढंग से ढकेला है, कीमत चुकाने

पर मजबूर करेगी।"[१५] चेतावनी देते हुए उन्होंने आगे कहा कि "सम्पन्न और सर्वहारों में संघर्ष होगा और यदि उसी की आशंका है, तो मुझे भय है कि राष्ट्रीय शासन का अस्तित्व संभव नहीं है यदि उपरोक्त लोग लाखों गूंगों के सिर पर पिस्तौल तान कर कहते हैं: 'तुम्हें तुम्हारी सरकार नहीं मिलेगी यदि तुम हमारी सम्पत्ति और अधिकारों की गारंटी नहीं देते हो।[१६]

इसके बाद उन्होंने ब्रिटिश शासन के द्वारा भारत की ओर से देनदारी ली जाने और भारतीय तथा यूरोपीय लोगों को दिए गए विशेषाधिकारों और एकाधिकारों की जाँच करने के काँग्रेस के निर्णय को न्यायसंगत बताते हुए अंत में कहा: "मैं आपको प्रसन्न करना चाहता हूँ ताकि एक कड़वी गोली पेश करूँ जिसे निगलना ही पड़ेगा, यदि वैसी सरकार बनती है, जैसी काँग्रेस की कल्पना है। यहाँ से कुछ ले जाने के लिए मैं आपको यह विश्वास करने के भ्रम में नहीं डालना चाहता कि सब अच्छा रहा आएगा। काँग्रेस की ओर से मैं सभी पत्ते मेज पर रखना चाहता हूँ।"[१७]

दूसरे गोलमेज़ सम्मेलन की कार्यवाही का विवरण देते हुए प्रोफेसर कूपलैन्ड कहते हैं कि "मिस्टर गाँधी द्वैध शासन या कोई अंतर्कालीन व्यवस्था पर सहमत नहीं थे। वे कराची के प्रस्ताव पर, जिसे वे अपना घोषणा पत्र कहते थे, अड़े हुए थे। पूर्ण और तत्काल उत्तरदायी शासन केन्द्र तथा प्रांतों में स्थापित किया जाना चाहिए।" मैं सेना, रक्षा विभाग और विदेशी मामलों पर पूर्ण नियंत्रण का काँग्रेस की ओर से आदरपूर्वक दावा करने के लिए उपस्थित हूँ।'[१८]

इसी दौरान इंग्लेण्ड में आम चुनाव हो गए, जिसमें टोरी दल की जीत हो गई। एक राष्ट्रीय सरकार का गठन हुआ और यद्यपि रैम्जे मैकडानल्ड प्रधानमंत्री रहे आए, उनकी स्थिति बहुत निर्बल हो गई थी। टोरी दल वालों ने भारत के सभी अल्पसंख्यकों के प्रतिनिधियों को एक होने और गाँधीजी से लड़ने के लिए प्रोत्साहित किया। भारत में अंग्रेजों के व्यापारिक हितों के प्रतिनिधि सर ह्यूबर्ट कार ने उन लोगों में आपसी समझौता करवा दिया।

महात्मा गाँधी को गोलमेज सम्मेलन में ले जाने और फिर सम्प्रदायवादियों से मुठभेड़ कराने की ब्रिटिश चाल पूर्णत: सफल हो गई। पूरे एक सप्ताह गाँधीजी अल्पसंख्यकों के प्रतिनिधियों से वार्ता करते रहे लेकिन कोई सफलता नहीं मिली। मुसलमानों, अछूतों, भारतीय ईसाइयों, एंग्लों-इंडियन और भारत के अंग्रेज निवासियों के मनोनीत प्रतिनिधि केवल मुसलमानों के लिए ही नहीं, हर जाति के लिए पृथक निर्वाचन व्यवस्था की मांग करने में एक हो गए और उन्होंने घोषणा की कि जब तक उनकी मांग पूरी नहीं होती, भारत में उत्तरदायी स्वायत्त शासन की ओर कोई प्रगति नहीं की जावेगी। महात्मा गाँधी ने बड़ी ईमानदारी से कांफ्रेंस को रिपोर्ट दी कि "बड़े दु:ख और उससे अधिक तीव्र अपमान की भावना से मुझे घोषित करना पड़ता है कि साम्प्रदायिक प्रश्न पर मैं कोई सर्वसम्मत समाधान प्राप्त करने में नितांत असफल रहा हूँ।"[१९] जैसा कि बाद में जवाहरलाल नेहरू ने कहा "साम्प्रदायिक मुद्दा ब्रिटिश शासन की राजनीति के खेल में सबसे बड़ा पत्ता था और उसे खेलकर जितना लाभ हो सकता था, वह उन्हें मिला।"[२०]

१३ नवम्बर को गोलमेज सम्मेलन में रैम्जे मैकडोनल्ड ने अपने भाषण में अल्पसंख्यक समझौते और अछूतों की पृथक निर्वाचन व्यवस्था की मांग को अपना समर्थन दिया। गाँधीजी ने घोर विरोध किया। ह्यूबर्ट कार की ओर मुड़कर उन्होंने कहा कि "मैं उन्हें और उनके साथियों को जो उन्होंने किया है, उसके संतोष से वंचित तो नहीं करूँगा, लेकिन मेरी राय में जो उन्होंने किया है वह शव के बगल

में बैठना जैसा है और उन्होंने उस शव की चीर फाड़ का भी प्रशंसनीय काम किया है।"[२१] जिस बात से उन्हें सबसे अधिक पीड़ा हुई वह हिन्दू समाज से अछूतों को पृथक करने की योजना थी क्योंकि उन्होंने ठीक ही सोचा कि उस योजना से छूआछूत स्थायी हो जावेगी। अपनी आत्मा को जलते हुए वाक्यों में उड़ेलते हुए उन्होंने कहा: "हम अपने रजिस्टर या जनगणना में अछूत नाम का एक अलग वर्ग नहीं चाहते हैं। सिख अलग रहे आ सकते हैं, मुसलमान भी वैसे रहे आवें और यूरोपवासी भी भारतवासियों से अलग रहे आ सकते हैं। अछूत सदा के लिए अछूत रहेंगे। छुआछूत यदि जीवित रहती है तो मैं हिन्दुत्व का मृत हो जाना पसंद करूँगा। पूरे संसार पर राज के बदले में मैं उनके अधिकार को नहीं बेचूँगा। जो अछूतों के राजनीतिक अधिकारों की बात करते हैं, उन्हें भारत का ज्ञान नहीं है, वे नहीं जानते हैं कि भारतीय समाज का कैसा संगठन है। इसलिए जितना बल मुझमें है, उस बल के साथ मैं कहना चाहता हूँ कि इसको रोकने के लिए यदि मैं ही एक बच रहा, तो मैं अपने जीवन का दाँव लगाकार इसे रोकूंगा।"[२२]

१ दिसम्बर को मैकडोनल्ड ने गोलमेज़ सम्मेलन की कार्यवाही का समापन करते हुए जो वक्तव्य दिया उसमें पहले गोलमेज़ सम्मेलन के अंत में जो घोषणा की गई थी उसे दोहराया। नई बात यह थी कि बाम्बे प्रेसीडेन्सी से सिंध को अलग कर एक प्रांत कर दिया जाना था और वैसा ही दर्जा उत्तर पश्चिम सीमा प्रांत को मिल गया। सांप्रदायिक प्रश्न पर उन्होंने कहा कि यदि भारतीय नेता आपस में किसी समझौते पर सहमत नहीं होते तो शासन को कोई अपनी काम चलाऊ योजना लागू करनी पड़ेगी।

प्रोफेसर कूपलैन्ड के शब्दों में यद्यपि "मिस्टर गाँधी के व्यक्तित्व ने व्यक्तियों और कांफ्रेंस से बाहर आम लोगों को बड़ा प्रभावित किया, वे संप्रदायवादियों के कारण दुनिया की नज़र में हिन्दुस्तान को अपमान से नहीं बचा पाए। पहली गोलमेज सम्मेलन से दूसरी का अंतर दिखलाते हुए जवाहर लाल नेहरू ने लिखा कि "अपने प्रकार की नई, पहली कांफ्रेंस भारत में और बाहर भी लोगों का ध्यान अपनी ओर आकर्षित नहीं कर पाई, क्योंकि लोग सविनय सत्याग्रह की ओर देख रहे थे। १९३० की कांफ्रेंस में सम्मिलित होने वाले शासन के द्वारा मनोनीत सदस्य काले झण्डों का प्रदर्शन देखते और निंदात्मक नारों को सुनते हुए रवाना हुए थे, लेकिन १९३१ में सब कुछ बदला हुआ था और वह इसलिए बदला हुआ था क्योंकि गाँधीजी काँग्रेस के प्रतिनिधि होकर और ऐसे नेता के रूप में गए जिनके लाखों अनुगामी थे। इससे काँग्रेस की प्रतिष्ठा में वृद्धि हुई और भारत ने कांफ्रेंस की कार्यवाही को बड़े ध्यान से सुना और देखा। साथ ही किसी भी कारण से उस कांफ्रेंस में जो असफलता हाथ लगी, उससे भारत की प्रतिष्ठा को धक्का पहुँचा तब हमारी समझ में आया कि ब्रिटिश शासन ने गाँधीजी के द्वारा कांफ्रेंस में सम्मिलित होने को इतना महत्व क्यों दिया था।"[२३]

भारत में यूरोप वालों के व्यापारिक हितों का प्रतिनिधित्व करने के लिए शासन द्वारा गोलमेज सम्मेलन में मनोनीत एक सदस्य सर एडवर्ड बेन्थल थे, जिन्होंने भारत के यूरोपियन लोगों में एक गोपनीय पत्र, जिसमें गोलमेज सम्मेलन में भीतरी तौर से क्या षडयंत्र हो रहे थे, उनका हवाला देते हुए वितरित किया था। उसने बुरी नीयत से लिखा: "यदि आप इस आखिरी कांफ्रेंस के परिणाम पर ध्यान दें तो आप देखेंगे कि गाँधी और संयुक्त संगठन एक भी ऐसी रियायत को नहीं बता सकेंगे, जो उनके सेन्ट जैम्स के महल में जाने से ब्रिटिश शासन ने उन्हें दी हो। वे (गाँधी) खाली हाथ भारत लौटे।

एक और घटना हुई जो उनके लिए अच्छी नहीं थी। उन्होंने साम्प्रदायिक प्रश्न को सुलझाने का प्रयत्न किया और विश्व के सम्मुख उसमें असफल हो गए।"[२४]

भारतीय प्रतिनिधियों का एक भाग किस तरह यूरोपियन व्यापारियों के हाथों में खेल गया, इसे भी बेन्थल ने आलोकित कर दिया: "मुस्लिम प्रतिनिधि मण्डल संगठित और उत्साहपूर्ण था, राष्ट्रवादी मुसलमान, अली इमाम दरार नहीं डाल पाए। उन्होंने अपने पत्ते बड़ी कुशलता से खेले और उन्होंने लगातार हमारी सहायता का वादा किया और उसे पूरी तरह निभाया। बदले में उन्होंने हमसे मांग की कि हम बंगाल में उनकी आर्थिक स्थिति को न भूलें और अधिक चिंता न करते हुए उनको यूरोपियन फर्मों में नौकर रख लें ताकि वे अपनी स्थिति को सुधार सकें और उनके समुदाय की सामान्य परिस्थिति पहले से अच्छी हो जाए। मुसलमान बहुत ठीक काम कर रहे थे, इसकी व्यवस्था अल्पसंख्यक समझौते और शासन ने कर दी थी। राजे-महाराजे और दूसरे अल्पसंख्यकों का रवैया भी ठीक था।"[२५]

अत्याधिक विज्ञापित प्रांत के स्वायत्त शासन के सम्बन्ध में जैसा गोलमेज़ सम्मेलन से उसका रूप बना बेन्थल का कहना था "विरोधी केन्द्र के समक्ष वे प्रांत जिसमें काँग्रेस प्रबल है, राजनीतिक कठिनाइयाँ हैं और प्रत्येक प्रांत अपने आप में कलकत्ता कार्पोरेशन हो जावेगा।"[२६]

रेम्जे मैकडोनल्ड ने, हालांकि वे मजदूर दल शासन के प्रधानमंत्री थे तब भी अनुदार विरोध पक्ष के नेता बाल्डविन से समझौता कर भारत के सम्बन्ध में एक राष्ट्रीय ब्रिटिश नीति निर्धारित कर ली थी। दूसरी गोलमेज़ सम्मेलन में वे सम्मिलित सरकार के प्रमुख होकर आए। इस परिवर्तन पर बड़ी प्रसन्नता प्रकट करते हुए बेन्थल ने कहा:"आम चुनाव के बाद शासन के दक्षिण पंथी पक्ष ने कांफ्रेंस को तोड़ देने और काँग्रेस से लड़ने का निश्चय कर लिया था।"[२७]

गाँधीजी के बम्बई लौटने के कई सप्ताह पूर्व ही स्पष्ट हो गया था कि गाँधी-इरविन समझौता और गोलमेज सम्मेलन दोनों असफल हो गए थे और पहले समझौते पर राज़ी होना और गोलमेज सम्मेलन में सम्मिलित होना बहुत गलत निर्णय थे। इसका उत्तर देना कि किस कारण से यह भूल हो गई थोड़ा मुश्किल है। आचार्य कृपलानी के कथनानुसार "गाँधीजी की दृष्टि में वास्तविक लाभ यह था कि ब्रिटेन और भारत में पहली बार समान स्तर पर परस्पर वार्तालाप हुआ था", और "गाँधीजी को यह भी आशा थी कि निरन्तर स्थिति सुधरती जाएगी और अंग्रेज भारत के स्वामी होकर अधिक दिन नहीं रह सकेंगे।"[२८] विन्सेट शीन भी अपनी पुस्तक "महात्मा गाँधी" में इसी मत को जाहिर करते हुए अधिक जोर देकर कहते हैं: "गाँधी हैलीफैक्स (गाँधी-इरविन) वार्ता का ऐतिहासिक महत्व यह है कि पहली बार अंग्रेज और भारतीयों ने दो देशों का प्रतिनिधित्व करते हुए जो भविष्य में समान स्तर पर व्यवहार करेंगे, एक दूसरे के सम्मुख बराबरी से बैठ कर बात-चीत की। भारत की स्वाधीनता की क्रमिक प्रगति, जिसे पूरा होने में १६ वर्ष और लगे गाँधी-इरविन की बातचीत और उसके परिणामस्वरूप हुए समझौते में समाहित थी।"[२९]

चूँकि आचार्य कृपलानी और विन्सेन्ट शीन के उपरोक्त कथन भारत द्वारा स्वाधीनता प्राप्ति के पश्चात् हुए हैं, इसलिए हम उस व्यक्ति की ओर देखें जिसने इससे पूर्व अपने विचार लिखे हों। जवाहरलाल नेहरू ने अपनी आत्मकथा में जो १९३६ में प्रकाशित हुई थी, कहा था कि "मैं और हमारे अन्य सहयोगी भी सविनय अवज्ञा को समाप्त करने और शासन से अन्तर्कालीन समझौते के लिए तैयार

थे। हम में से किसी के लिए यह आसान बात नहीं थी कि हम अपने साथियों को फिर जेल भेज दें या जो हज़ारों लोग जेल में हैं उन्हें वहां रहे आने के कारण बनें...। साथ ही गाँधीजी और लार्ड इरविन में जो तीन सप्ताह से अधिक बातचीत चलती रही, उससे देश को कोई समझौता हो जाने की आशा हो गई थी और यदि बात टूट जाती तो बड़ी निराशा होती (इसलिए कार्यकारिणी के हम सभी सदस्य निश्चत रूप से किसी अंतरिम समझौते के पक्ष में थे) क्योंकि इससे ज्यादा कुछ हो नहीं सकता था। यदि उस समझौते से हम अपनी महत्वपूर्ण स्थिति से पीछे नहीं हटते।"[३०]

"महत्वपूर्ण स्थिति" खो कर भी (समझौते के अनुच्छेद २ से पूर्ण स्वतंत्रता का लक्ष्य खतरे में पड़ गया था) नेहरू को समझौता मानना पड़ा क्योंकि "समझौता हो ही गया था।" लेकिन समझौता क्यों हुआ? जो नेता लार्ड इरविन के द्वारा रिहा कर दिए गए थे, वे क्या समझौते की बातचीत करने से इंकार कर फिर जेल नहीं जा सकते थे? यदि उन्होंने ऐसा किया होता तो सत्याग्रह से संबंधित समस्या खड़ी न होती। समझौते के लिए बातचीत करना ही बड़ी भूल थी। महात्मा गाँधी ने ही इरविन को मुलाकात के लिए पत्र लिख कर वार्ता क्रम प्रारंभ किया था, इसलिए इसका जवाब उन्हीं से लिया जाए। कराची काँग्रेस में स्वामी गोविन्दानन्द द्वारा की गई आलोचना के उत्तर में उन्होंने अपनी स्थिति स्पष्ट की थी। "मैंने स्वयं इस पर आश्चर्य किया है कि हम काँफ्रेंस में क्या करने जा रहे हैं, जब हम जानते हैं कि जो हम चाहते हैं और जो अभी तक हमें काँफ्रेंस में दिया गया है, उसमें अंतर की एक बड़ी खाड़ी है। लेकिन एक सत्याग्रही के कर्त्तव्य ने मुझे निर्णय दे दिया। एक ऐसी स्थिति आती है जब वह शत्रु से वार्ता करने के लिये और अधिक इंकार नहीं कर सकता। उसका लक्ष्य शत्रु को प्रेम से जीतना होता है। वार्ता के लिए स्थिति तब आ गई जब ब्रिटिश प्रधानमंत्री की घोषणा के बाद वाइसराय ने कार्यकारिणी के सदस्यों को जेल से मुक्त कर दिया। वाइसराय ने भी हमसे हथियार रख देने और यह बताने के लिए अपील की कि हम क्या चाहते हैं। उस समय हम या तो सविनय अवज्ञा का कोई कार्य कर फिर जेल जाते या शांति के लिए निमंत्रण पाकर उससे संबंधित कोई कदम उठाते। यदि हम पहले रास्ते पर चलने लगते तो सम्पूर्ण विश्व की दृष्टि में हम भ्रमित सिद्ध होते।"[३१]

राष्ट्र ने एक महात्मा को अपना नेता चुना था और उन्होंने अपनी शर्तों पर ही नेतृत्व करना स्वीकार किया था। इससे हानि और लाभ, दोनों होने वाले थे। संभवत: उच्च कोटि की नैतिकता का आचरण करने से जो हानि होती है, वह मात्र अल्पकालीन ही रहती है।

शासकीय आतंकवाद और काँग्रेस का प्रतिरोध (१९३२)

जैसा पिछले पृष्ठों में कहा गया है नौकरशाही ने जानबूझकर समझौते की शर्तों का पालन नहीं किया था। गाँधीजी जब इंग्लैंड के लिए रवाना हुए, उसके पहले से ही अधिकारियों के असहयोग ने आक्रामक रूप ले लिया था और उनकी अनुपस्थिति में तो बंगाल, यू. पी. और उत्तर-पश्चिम सीमा प्रांत में दमन को पूरी छूट दे दी गई थी।

बंगाल में चटगाँव के एक मुस्लिम पुलिस अधिकारी की हत्या हो जाने के परिणामस्वरूप शासकीय आतंक प्रारंभ हो गया था। बेन्थल के गुप्त गश्ती पत्र में जैसा लिखा गया था जिसका उल्लेख हम पहले कर चुके हैं, राष्ट्रीयता से संघर्ष करने के लिए यूरोपियन व्यापारियों और मुस्लिम सम्प्रदायवादियों में एकता हो गई थी। चटगाँव में इस एकता का खुला प्रदर्शन हुआ। मुस्लिम पुलिस अधिकारी की हत्या

को साम्प्रदायिक रंग दिया गया और चटगांव के हिन्दू घर मुस्लिम भीड़ के हमलों के शिकार हुए। जनमत के दबाव से, जिसमें शासकीय मशीनरी पर दंगाइयों को प्रोत्साहित करने का आरोप था, सरकार को अधिकारियों की एक जाँच समिति नियुक्त करनी पड़ी, लेकिन उसकी रिपोर्ट कभी प्रकाशित नहीं हुई। फिर हिज़ली के बन्दी केम्प में एक घटना हो गई। गोली चलने से दो नजरबंद संतोष कुमार और तारकेश्वर सेन मारे गए। फिर सरकार जाँच कराने के लिए विवश हुई और इस समय समिति सार्वजनिक थी। समिति का निर्णय था कि फायरिंग अनुचित थी और अँधाधुँध की गई थी। चटगाँव और हिज़ली की दुर्घटनाएं आतंकवादियों को सामने ले आयी और उनकी गतिविधियों को दबाने के बहाने सरकार ने अध्यादेशों के द्वारा बड़े अधिकार प्राप्त कर लिए और स्वाधीनता का नाम ही बंगाल में विलुप्त हो गया।

यू. पी. में किसानों की स्थिति और भी खराब हो गई थी। जमींदारों द्वारा की जा रही वसूली इतनी असहनीय हो गई थी कि जवाहरलाल नेहरू ने तत्कालीन काँग्रेस अध्यक्ष वल्लभभाई पटेल से लगान न देने का आंदोलन प्रारंभ करने की अनुमति माँगी थी यदि उनके निवेदन पर सरकार लगान माफ़ न करती। यद्यपि लगान न देने का आंदोलन प्रारंभ नहीं किया गया था, तथापि अधिकारियों ने नेताओं से उसके सम्बन्ध में बात करने से इंकार कर दिया जब तक आंदोलन की "धमकी" को वापिस नहीं ले लिया जाता। साथ ही "चुनौती" का मुकाबला करने के लिए कई अधिकारों को प्राप्त करने का एक अध्यादेश भी जारी कर दिया गया। गाँधीजी के लंदन से भारत आने पर जवाहरलाल को इलाहाबाद जिले से बाहर न जाने का नोटिस दिया गया और जब महात्माजी से मिलने बम्बई जाने के लिए उन्होंने उस आदेश की अवहेलना की तो वे गिरफ्तार कर नेनी जेल भेज दिए गए।

उत्तर पश्चिम सीमा प्रांत में खान अब्दुल गफ्फार खान की दिनों-दिन बढ़ती लोकप्रियता से सरकार घबरा गई थी। वे लगातार अपने प्रांत का दौरा करते थे और लाल कुर्ती स्वयंसेवकों को, जो नौकरशाही के आँखों में गड़ने लगे थे, शिक्षण दिया करते थे। काँग्रेस कराची के अधिवेशन में लाल कुर्तियों का पठान संगठन काँग्रेस में सम्मिलित हो गया था और इसे सरकार विशेष रूप से पसंद नहीं कर पायी। गोलमेज सम्मेलन के अंत में ब्रिटिश प्रधानमंत्री के द्वारा की गई घोषणा की जब खान अब्दुल ग़फ्फ़ार खाँ ने आलोचना की तो सरकार को विश्वास हो गया कि खान अपने प्रांत में ही सुधारों के लिए नहीं बल्कि पूरे देश की आज़ादी के काँग्रेस के लक्ष्य के लिए लड़ने पर आमादा थे। कमिश्नर ने उन्हें अपने दरबार में हाज़िर होने का निमंत्रण दिया और जब उन्होने उपस्थित होने से इंकार किया तो वे भी गाँधीजी से बम्बई मिलने जाने का इरादा पूरा कर पाने के कुछ पहले गिरफ्तार कर लिए गए।

जब गाँधीजी बम्बई में उतरे तो उन्होंने बंगाल, यू.पी. और उत्तर पश्चिम सीमा प्रांत में अध्यादेशों का शासन देखा और अपने को अपने दो महत्वपूर्ण सहयोगियों से अलग किया हुआ पाया। यद्यपि वे लंदन से खाली हाथ वापिस आए तथापि बम्बई के नागरिकों ने उनका राजकीय सम्मान किया। जो भाषण उन्होंने दिया, उससे किसी को संदेह नहीं रह सकता था कि भारत पहुँचने के कुछ घंटे के पश्चात् ही उन्होंने समझ लिया था कि सरकार इस बार पूरे काँग्रेस वर्ग को ही पुरुषार्थ विहीन करना चाहती थी और उनके इस संकल्प में भी किसी को संदेह नहीं था कि देश को इस प्रयास का प्रतिरोध करना चाहिए। जनता को आगाह करते हुए कि १९३०-३१ में उसे लाठी के प्रहार झेलने पड़े

थे, लेकिन १९३२ में गोलियों का सामना करना पड़ेगा उन्होंने कहा कि "देश की स्वतंत्रता के लिए देश के लाखों प्राण के बलिदान से मैं पीछे नहीं हटूँगा। मैंने यह बात इंग्लैंड में अंग्रेजों से कह दी है।"[३२]

यद्यपि सरकार ने इरविन के साथ गाँधीजी के समझौते को दफन कर दिया था, तो भी जनता से सरकार का प्रतिरोध करने के लिए आव्हान करने के पूर्व वे अपने सिद्धाँत के अनुरूप वाइसराय से जान लेना चाहते थे कि क्या अपना समझौता समाप्त हो गया है। वे लार्ड विलिंग्डन को मामूली तार भेज कर एक मुलाकात लेना चाहते थे। लेकिन काँग्रेस समिति चाहती थी कि वे अधिकारियों को काँग्रेस की शिकायतों का भी ब्यौरा दें।[२९] दिसंबर को वाइसराय को दिए गए उनके तार में लिखा था "कल भारत लौटने पर मैं उत्तर पश्चिम सीमा प्रांत और यू.पी. में आर्डिनेन्स राज को देखने के लिए तैयार नहीं था। फ्रन्टियर में गोली चलने और दोनों प्रांतों में मेरे दो बड़े सहयोगियों की गिरफ्तारी का समाचार और सबसे ऊपर, बंगाल आर्डिनेन्स भी मेरी प्रतीक्षा कर रहे थे। मैं नहीं जानता कि मैं इन्हें आपके और हमारे बीच मैत्री भाव की समाप्ति का सूचक मान लूँ, या आप अभी भी चाहते हैं कि आपसे मैं मिलूँ और काँग्रेस को सलाह देने में कौनसा रास्ता अपनाऊँ इस संबंध में आपसे निर्देश प्राप्त करूँ। तार से उत्तर के लिए आभारी रहूँगा।"[३३]

वाइसराय के उत्तर से स्पष्ट था कि वे गाँधीजी को मुलाकात तभी देंगे जब वे दोनों सहयोगियों, नेहरू और अब्दुल गफ्फार खां की गतिविधियों को गलत कहें और यह वचन दें कि मुलाकात में उत्तर पश्चिम सीमा प्रांत, यू.पी. और बंगाल के आर्डिनेन्स राज के सम्बन्ध में, जिससे तीनों प्रांत के लोग आर्तनाद कर रहे थे, कोई प्रश्न नहीं करेंगे। महात्मा गाँधी से वाइसराय को सलाम करने और सरकार को, जो काँग्रेस से बदला लेने पर तुली थी, अपना एक पक्षीय सहयोग देने के लिए दिल्ली जाने की आशा तो नहीं की जा सकती थी। अब स्पष्ट हो गया था कि वे और अन्य काँग्रेस नेतागण शीघ्र ही पकड़े जाने वाले हैं। इस प्रकार बहुत देर हो जाए उससे पहले ही देश को दिशा निर्देश देना अनिवार्य हो गया था। अत: कार्यकारिणी की बैठक तत्काल बुलाई गई और जनता से सभी विदेशी कपड़ों का बहिष्कार, शराब की दुकानों पर धरना तथा "अनैतिक कानून" को न मानने की सिफारिश करते हुए एक प्रस्ताव पारित किया गया।

महात्माजी ने प्रस्ताव के सारांश को तार से वाइसराय के पास भेज दिया और कहा कि "यदि वाइसराय मुझसे मिलना उचित मानते हों तो प्रस्ताव को स्थगित कर दिया जावेगा।" वाइसराय ने उसे "धमकी" मानकर गाँधीजी से मिलने के साथ ही अपनी ओर से धमकाते हुए कहा कि "वाइसराय और उनकी सरकार काँग्रेस के द्वारा घोषित अपनी मंशा के अनुसार किए जाने वाले कार्य से पैदा होने वाले परिणामों के लिए आपको और काँग्रेस को जिम्मेदार मानेगी और उन गतिविधियों के विरोध के लिए सभी आवश्यक उपायों को काम में लावेगी।"

इस धमकी के उत्तर में गाँधीजी ने जो तार भेजा उसे कोई भी स्वीकार करेगा कि नैतिक दृष्टि से और न्याय तर्क से गाँधीजी द्वारा वाइसराय और शासन का विरोध ठीक था। तार में लिखा था- "वाइसराय और उसकी सरकार के निर्णय पर गहन दु:ख प्रकट करने से मैं अपने को नहीं रोक पाता हूँ। अपनी राय को प्रकट करना निश्चय ही धमकी नहीं कहा जा सकता।... यह कहना भी अनुचित है कि अपने तर्क पर शासन की नीति को आधारित करने के लिए कभी मैंने कोई दावा किया है। समय ही बता सकेगा कि किसका पक्ष ठीक था।

"इस बीच मैं शासन को आश्वस्त करना चाहता हूँ कि काँग्रेस की ओर से संघर्ष को सर्वथा अहिंसात्मक और कटुता रहित रखने के सभी प्रयत्न किये जावेंगे। मुझे यह याद दिलाना बिल्कुल अनावश्यक था कि काँग्रेस और उसका विनम्र प्रतिनिधि मैं, और हमारे लोग हमारे द्वारा किए गए कार्य के प्रतिफल के लिए उत्तरदायी हैं।"[३४]

गाँधीजी के इस कथन पर कि "समय ही बतायेगा कि किसका पक्ष ठीक था" इतिहास अपना निर्णय दे रहा है। तत्कालीन सेक्रेटरी ऑफ स्टेट, सर सैमुयेल होर के मतानुसार "क्या इस छली और बड़े खतरनाक नेता के सहयोग के छोटे अध्याय को वाइसराय द्वारा सहसा समाप्त किया जाना ठीक था?" यह प्रश्न इंडिया आफिस में वाइसराय और सेक्रेटरी ऑफ स्टेट के सम्बन्ध की समस्या खड़ी कर देता था। दूसरे शब्दों में वह लंदन की पार्लियामेन्टरी शासन और दिल्ली के नौकरशाही शासन के बीच के संबंध की समस्या थी। भारतीय इतिहास की मुझे इतनी जानकारी है कि दोनों के बीच के संघर्ष की गंभीरता मैं अनुभव कर सकूँ। व्हाइट हाल के अन्तर्गत सेक्रेटरी आफ स्टेट के दफ्तर में कर्जन और ब्राडरिक की आत्माएँ अभी भी चक्कर लगा रही थीं। अंत:प्रेरणा से मैं किसी भी पद पर नियुक्त व्यक्ति को कार्य करने के लिए अधिक-से-अधिक छूट देने का पक्षधर था। भारत सरकार इतनी संकीर्ण हो गई थी कि लंदन से उसका चलाना आसान नहीं था। इसलिए मैं अपनी राय, जो वाइसराय की राय से मेल नहीं खाती थी, उस पर लादना नहीं चाहता था। इस मामले में मैं निश्चयपूर्वक नहीं कह सकता था कि वाइसराय ठीक काम नहीं कर रहे थे। उन्हें स्वयं और उनकी कौंसिल को विश्वास था कि देश में सत्याग्रह के चलते और गाँधी के बाहर रहते कानून और व्यवस्था ठीक नहीं रही आएगी। यदि मैं कोई आलोचना करता तो उसका तात्पर्य यही होता कि इरविन की तरह विलिंग्डन ने गाँधी के व्यक्तित्व को नहीं पहचाना और इसलिए उनकी शक्ति का अनुमान कम लगा पाए। "छोटे आदमी" की गिरफ्तारी, जैसा वे उनका वर्णन करते थे, उनका विश्वास था, परेशानी खत्म कर देगी। गाँधी और विलिंग्डन एक दूसरे से इतना भिन्न थे कि बड़े आश्चर्य की बात होती यदि वे एक-दूसरे को समझ जाते। एक तरफ अच्छे सूट और टाई में पश्चिमी दुनिया का सर्वगुण सम्पन्न एटन, कैंब्रिज और वेस्ट मिनिस्टर संस्कारित बड़ा आकर्षक व्यक्तित्व और दूसरी ओर खद्दर-धारी और चरखे वाला, टूटे दाँत का संत था। यह आश्चर्यजनक नहीं था कि गिरफ्तारी के बाद जब गाँधी ने व्यक्तिगत मुलाकात के लिए लिखा तो वाइसराय ने उनकी प्रार्थना को तब तक स्वीकार करने से इंकार कर दिया, जब तक वे अपने सत्याग्रह से विमुख नहीं हो जाते। मेरा अनुमान है कि लार्ड इरविन ने उन्हें किसी शर्त के बिना मुलाकात दी होती। तब क्या हुआ होता, यह मैं नहीं कह सकता। एक बात लेकिन स्पष्ट थी कि उनकी गिरफ्तारी से गोलमेज सम्मेलन के साथियों को एक साथ रखने और साथ ही भारत में कानून और व्यवस्था को कायम रखने की कठिनाई स्पष्ट हो गई।"[३५]

सर सेमुअल होर की आत्मकथा पढ़कर कोई भी इस निष्कर्ष पर आ जावेगा कि अपने अधिकारी जीवन में जब भी उनके सामने कठिन समस्याएं आयीं तो वे अपनी अधिक तर्कसंगत राय की अपेक्षा दूसरे के दबाव में आ जाते थे।

१९३० में, जिस दिन महात्मा गाँधी ने डांडी में नमक कानून तोड़ा था, उस दिन काँग्रेस ने संघर्ष प्रारंभ किया था, लेकिन १९३२ में समझौते की अवधि में सर्व सम्पन्न शासकीय मशीन ने ४ जनवरी को सुबह गाँधीजी को गिरफ्तार कर लड़ाई प्रारंभ की। वल्लभभाई पटेल भी पकड़े गए और

गाँधीजी के साथ उन्हें यरवदा जेल में नजरबंद कर दिया गया। यद्यपि जवाहरलाल पहले ही पकड़ लिए गए थे, लेकिन उसी दिन उन्हें दो वर्ष के कठोर कारावास का दण्ड दिया गया। कुछ ही दिनों में राजेन्द्र प्रसाद, सरोजनी नायडू, अंसारी आदि सभी नेता कई जेलों में बन्द कर दिए गए।

दिसम्बर में उत्तर पश्चिम सीमा प्रांत, यू.पी. और बंगाल में प्रसारित तीन अध्यादेशों के अतिरिक्त गाँधीजी की गिरफ्तारी के साथ ही चार और अध्यादेश जारी किए गए। सत्याग्रह आंदोलन जब जोर पकड़ने लगा, तब तक १३ अध्यादेश जारी हो चुके थे, जिनसे नागरिक जीवन का प्रत्येक पक्ष प्रभावित था और फलस्वरूप प्रत्येक व्यक्ति तथा उसकी सम्पत्ति शासकीय नियंत्रण में आ गए। १६ वर्ष से कम उम्र वाले युवकों पर किए गए जुर्माने के लिए उनके माता-पिता और अभिभावक उत्तरदायी थे और न देने पर उन्हें जेल भेजा जा सकता था। यह कहना अतिश्योक्ति न होगी कि मार्शल लॉ का नाम न लेकर भी पूरा देश मार्शल लॉ से शासित था। दीवानी अदालतों के अधिकार स्पेशल अदालतों को मामले निपटाने के नए आचारों सहित दे दिए गए। अध्यादेशों की अवधि जब समाप्त हो गई तो उन्हें इकट्ठा कर एक कानून में बदल दिया गया। अध्यादेश के औचित्य को स्वीकार करते हुए सर सेमुअल होर ने हाउस ऑफ कामन्स में कहा था कि वे "सशक्त और कठोर ही नहीं थे" बल्कि "भारतीय जीवन के सभी गतिविधियों पर छाए हुए थे।"[३६]

आश्चर्य की बात नहीं थी कि विलिंग्डन पूर्ण सफलता के उल्लास से भर गए थे और गर्वोक्ति से उन्होंने कहा कि वे छः सप्ताह में काँग्रेस को कुचल देंगे। सैमुअल होर ने हाउस आफ कामन्स में वाइसराय का समर्थन करते हुए कहा कि "इस बार लड़ाई ज्यादा नहीं चलेगी।" लेकिन वाइसराय की आशा सत्य प्रमाणित नहीं हो पायी और सामूहिक सत्याग्रह, जो जनवरी १९३२ के पहले सप्ताह में प्रारंभ हुआ, ८ मई, १९३३ तक चला जब यरवदा जेल से छोड़े जाने पर गाँधीजी ने उसे बन्द कर देने का आदेश दिया।

इस डेढ़ वर्ष की अवधि में शासकीय आतंक के विरोध में काँग्रेसी सत्याग्रह विविध रूप से चलता रहा। काँग्रेस के प्रस्ताव ने सत्याग्रह के लिए कुछ ही विषयों की सूची दी थी, लेकिन कई अध्यादेशों के कारण, जो सभी तरह की राजनीतिक गतिविधियों पर रोक लगाए थे, काँग्रेसजनों को प्रतिरोध के लिए काफी बड़ा क्षेत्र मिल गया। १९२०-२१ में दण्ड प्राप्त सत्याग्रहियों की संख्या ३०,००० से ज्यादा नहीं थी। १९३०-३१ में वह संख्या ९०,००० तक पहुँच गई थी। १९३२-३३ में १ लाख से अधिक सत्याग्रही जेल गए थे। मदनमोहन मालवीय के अथक प्रयत्नों से, जिन्हें उनकी आयु और गिरते स्वास्थ्य के कारण सरकार जेल में अधिक नहीं रख सकी, काँग्रेसजनों ने बहुत सावधान नौकरशाही के विरोध के बावजूद काँग्रेस के दो विशेष अधिवेशन किए।

यह स्मरणीय है कि १९३२ में नेताओं सहित सभी काँग्रेसजनों को शासन के इरादों की जानकारी नहीं थी। प्रारंभिक प्रचार नहीं हो पाया और प्रारम्भ में आंदोलन के लिए आवश्यक धन भी नहीं था। जबलपुर में हम लोग भी उसी कठिनाई से गुजर रहे थे। गाँधीजी की गिरफ्तारी का समाचार जैसे ही मिला, संध्या को एक विरोध सभा की घोषणा की गई। तिलक भूमि में, जिससे बाहर निकलने के लिए केवल दो रास्ते ही थे, नागरिकों का विशाल जन समूह उमड़ पड़ा। लोहे से मढ़ी हुई लाठियों सहित पुलिस, सिटी मजिस्ट्रेट नाकिल हुसैन और पुलिस सुपरिन्टेन्डेन्ट दिलावर हुसैन के साथ मौजूद थी। जब झंडा गीत गाया जा रहा था, मैं दोनों अधिकारियों के पास यह जानने के लिए गया कि जिले के बड़े

अफसरों से उन्हें क्या निर्देश दिए गए हैं। दोनों अधिकारियों से मैं परिचित था। सिटी सुपरिन्टेन्डेन्ट पुलिस से विशेष तौर पर मेरे मधुर संबंध थे क्योंकि गाँधी-इरविन समझौते के दौरान मैंने नगर के असामाजिक तत्वों को सख्ती से दबाने के उसके कार्य की सार्वजनिक रूप से सराहना की थी। दोनों अधिकारियों ने मुझसे धीरे से कहा कि उन्हें सभा शुरु होने पर नेताओं को गिरफ्तार करने, लाठी चार्ज कर सभा भंग करने और यदि आवश्यकता समझी जाए तो गोली चलाने के निर्देश मिले हैं। जनता की ओर से आंदोलन की कोई तैयारी न होने और आवश्यक धन के अभाव से मैं बड़ा चिंतित था। अकस्मात् मुझे सूझा कि यदि हम मौन सभा करें और काँग्रेसजनों को रात्रि में लोगों के घर जाकर झण्डे की पूजा करने और रूपये चढ़ाने के लिए प्रोत्साहित करने का निर्देश दें तो हम कार्यकर्ताओं के लिए रुपए एकत्रित कर सकेंगे और प्रांत में आंदोलन का आरंभ भी अच्छे ढंग से हो जावेगा। मैंने इस सम्बन्ध में गोविन्द दास से परामर्श किया और वे सहमत हो गए। मौन सभा की जाने की घोषणा हुई और लोगों से दिन और रात जितने दिन प्रबंधकर्ता आवश्यक समझें उस मौन सभा को चलाने में पूर्ण सहयोग देने की अपील की गई। जनता में आश्चर्य और अपेक्षा की भावना भर गई। पुलिस अचंभे में थी। लोग मैदान में बैठ गए और पुलिस के अधिकारी और जवान खड़े थे। जनवरी में जबलपुर बहुत ठंडा रहता है, इसलिए लोगों ने लकड़ियाँ इकट्ठा कर अपने बीच में गरम रहे आने के लिए अलाव जला लिए। जनसहयोग अपूर्व था। अपने स्थान पर दूसरे व्यक्ति को बैठाकर ही लोग सभा के बाहर जाते थे। आधी रात हो जाने के बाद अधिकारी मुझसे पूछने आए कि सभा कब समाप्त होगी। मेरे कहने पर कि कई दिन लगेंगे वे अपने अधीनस्थ अधिकारियों को चार्ज देकर चले गए।

प्रातः होते ही लोगों का बड़ी संख्या में तिलक भूमि में आना प्रारंभ हो गया और राष्ट्रीय ध्वज की पूजा होने लगी। नारियल और फूल के साथ धन भी चढ़ने लगा। आस-पास के गाँवों के लोग भी दूसरे दिन चढ़ोत्री सहित पहुँचने लगे। तीसरे दिन स्थानीय ईसाई संस्थाओं के लोग उस दृश्य को देखने आए। हम एकत्रित धन काग्रेस से सहानुभूति रखने वाली कुछ व्यापारी फर्मों को भेजते रहे। विभिन्न जिला काँग्रेस समितियों में उस राशि को वितरित करने के निर्देश उन्हें दिए गए।

चौथे दिन हमने "मौन" सभा को समाप्त कर ५ बजे संध्या को साधारण आम सभा करने का निर्णय लिया। निर्धारित समय के बहुत पहले से ही तिलक भूमि में नागरिकों का विशाल समूह एकत्रित हो गया था और उससे लगी गलियों और सड़कों पर दूर-दूर तक लोग खड़े थे। सभा के अध्यक्ष सेठ गोविन्द दास भाषण करने के लिए मेरा नाम बोल ही पाए थे कि घुड़सवारों ने जनता पर जबर्दस्त धावा बोल दिया और पुलिस के जवानों की लाठियाँ बैठी जनता के सिर पर अँधाधुँध पड़ने लगीं। हमने लोगों से मंच के पास आने से मना किया लेकिन दर्जनों व्यक्तियों ने हमारे ऊपर किए गए वारों से हमें बचाने के लिए मंच को सभी ओर से घेर लिया। लोगों को तिलक भूमि से हटा देने से ही पुलिस को संतोष नहीं हुआ और वे पास वाली सड़कों की ओर भी दौड़े। इस तरह राह चलते लोग भी पीटे गए। एक स्थानीय फोटोग्राफर को तो बड़ी बेरहमी से पीटा गया था।

हम लोग गिरफ्तार कर लिए गए और एक पुलिस लॉरी में बैठाए गए। हमें करीब आधे दर्जन व्यक्ति बेहोश पड़े दिखाई दिए। जब पुलिस लारी चलने वाली थी, मैंने लक्ष्मण सिंह चौहान को वहां देखा। वे कुछ दिन के लिए जबलपुर से कहीं बाहर गए थे और वापिस आने पर सभा में सम्मिलित होने के लिए दौड़े आए थे। वे देर से आए और बहुत दु:खी थे। मैंने जब उन्हें इशारा किया तो वे पुलिस

लारी के निकट आ गए। पुलिस लारी के इन्चार्ज एंग्लो-इंडियन सार्जेन्ट से उन्होंने कहा मैं भी गिरफ्तार होना चाहता हूँ। पुलिस वालों में से किसी ने कहा: उनके लिए उनके पास वारन्ट नहीं है। इस पर सार्जेन्ट ने कहा: "भीतर कर लो, बाद में वारंट बन जावेगा।" लारी का दरवाजा खुला और चौहान मुस्कराते हुए हमारे साथ हो गए।

जेल में बन्द होने के बाद जेलर हमारे लिए भोजन लाया। चूँकि हम उन लोगों की हालत के संबंध में जानना चाहते थे, जिन्हें लारी में बैठते समय हमने बेहोश पड़े देखा था, हमने खाने से इंकार कर दिया। जेलर आधे घण्टे के बाद आया और हमें सूचना दी कि उनमें से किसी की भी मृत्यु नहीं हुई थी और नगर चिकित्सालय में उनका उपचार किया जा रहा है।

इस बार हमारा अभियोजन अधिक समय तक नहीं चला। गोविन्द दास और मुझे एक वर्ष की कठोर सजा हुई और क्रमश: २००० तथा १५०० रुपयों का जुर्माना हुआ। लक्ष्मणसिंह और एक बाबा हीरालाल ने क्रमश: ६ महीने और ९ महीने की सजा पाई साथ ही दोनों को अलग-अलग १०० रुपये का जुर्माना भी हुआ।

सुभाष के साथ जेल में (१९३२)

जिस दिन हमारा अभियोजन समाप्त हुआ, हम चारों एक दूसरे से अलग कर दिए गए, यद्यपि एक ही जेल में थे। शासन ने संभवत: जेलों के महाअधीक्षकों को कांग्रेसजनों से कठोरता से पेश आने के आदेश दिए थे और उन्होंने पूरे देश में जेलों के अधीक्षकों को उनकी जेलों में बन्द काँग्रेसजनों के प्रति निष्ठुर व्यवहार के आदेश भेजे। एक महाअधीक्षक द्वारा एक गुप्त गश्ती पत्र में, जो बाद में प्रकाश में आया, लिखा था: "महाअधीक्षक जेल अधीक्षकों और उनके अधीनस्थ कर्मचारियों से इस बात पर जोर देते हैं कि सत्याग्रह में बन्द हुए बँदियों से अन्य बँदियों की अपेक्षा अच्छा बर्ताव करने का कोई औचित्य नहीं है। इस वर्ग को उसके उचित स्थान में रखकर उससे निष्ठुरता बरतनी चाहिए।"[३७]

ऐसा प्रतीत होता है कि मध्य प्रान्त की सरकार ने काँग्रेसी बँदियों से कठोरता बरतने के पहले प्रयोग के लिए मुझे चुना था। जबलपुर सेन्ट्रल जेल के अधीक्षक खान ने मेरे पास आकर खादी के कपड़ों को उतार देने का आदेश देने में देर नहीं की। जब मैंने उन्हें बताया कि मैंने खादी के कपड़े ही पहनने की शपथ ली है और १९३०-३१ के मेरे जेल के दिनों में मैं खादी के कपड़े ही पहनता था, तो वे जोर से हंस पड़े और मुझसे १९३० के दिनों को भूल जाने को कहा। मुझे अपनी बात पर अड़े देखकर उस दिन वे चले गए। ऐसा दिखता है कि उन्होंने नागपुर से फिर आदेश लेने की आवश्यकता समझी होगी। एक सप्ताह के पश्चात् वे बड़ी कठोर मुद्रा में फिर आए और मुझसे कपड़े उतार देने पर जिद करने लगे। मेरे इंकार करने पर उन्होंने मेरे कोट के बटन खोले और उसे मेरे बदन से खींच कर फर्श पर फेंक दिया। फिर उन्होंने मेरी कमीज और बनियान उतारी। मुझे कोई विरोध न करता देखकर वे हँसे और मुझसे अपनी धोती उतार देने के लिए कहा। मैंने कोई उत्तर नहीं दिया। दो मिनट तक वे असमंजस में खड़े रहे और फिर उन्होंने मेरी धोती खींचना प्रारंभ किया। जहाँ मैं खड़ा था, चटाई के दो लम्बे टुकड़े पड़े थे। जैसे ही उस आखिरी कपड़े को वे मेरे शरीर से खींचने में सफल हुए, मैंने अपने को उन चटाई के टुकड़ों से ढँक लिया। वे काफी वजनदार और लम्बी थीं। लेकिन मुझे संतोषजनक ढंग से ढाँक नहीं सकती थीं। अपना काम कर खान कुछ कहे बिना चले गए। मेरी पहली

प्रतिक्रिया तो व्यग्रता प्रधान हुई, लेकिन तत्काल ही मैंने समझ लिया कि यह भी उस खेल का एक भाग था जिसे देश के असंख्य सहयोगियों के साथ मैं खेल रहा था। नाभा स्टेट के जैतो बस्ती की घटना मुझे याद हो आयी जहाँ जवाहरलाल को संथानम और गिडवानी के साथ हथकड़ी पहनाकर बस्ती की सड़कों पर घुमाते हुए रेल्वे स्टेशन ले जाया गया था।[३८]

जब मैं चिन्तामग्न था मेरा सँध्या का भोजन लाया गया। उसे देखकर मुझे अकस्मात् अनशन करने का विचार आया। अभी तक मैंने गाँधीजी के दर्शनशास्त्र में महत्वपूर्ण अनशन के सिद्धाँत पर विचार नहीं किया था। अब मुझे लगा कि जो व्यक्ति अपने लक्ष्य के न्याय पक्ष पर आस्था रखता हो, उसको असहाय अवस्था में एकमात्र अनशन ही अवलम्बन रह जाता है। मैंने उसकी कीमत का अंकन किया और अंत में जीवन को खतरे में डालने का निर्णय ले लिया। मैंने भोजन नहीं किया और एक चटाई को बिस्तर और दूसरी को चादर की तरह ओढ़ कर सोने का प्रयास करने लगा। कड़ाके की सर्दी थी और मैं काँप रहा था, लेकिन परमात्माा के द्वारा गहरी निद्रा के वरदान ने उस संकट में भी साथ नहीं छोड़ा।

लगभग आधी रात के समय जेलर ने मुझे जगाकर तैयार होने को कहा क्योंकि मैं दूसरी जेल भेजा जा रहा था। कुछ ही देर में मैं एक पुलिस अधिकारी के हवाले किया गया और स्टेशन लाया गया। मुझे पहले दर्जे के डिब्बे में रखा गया और साथ में केवल वही पुलिस अधिकारी था। मुझे उस हालत में देख कर उसे बड़ा धक्का लगा। गाड़ी चलने पर उसने मुझसे अपने कपड़े, जो मेरी अन्य वस्तुओं के साथ उसे सौंप दिए गए थे, पहन लेने का आग्रह किया। मैंने उसे धन्यवाद दिया लेकिन उसकी अनुकंपा का लाभ लेने से अस्वीकार कर दिया। उसने मुझे बताया कि वह मुझे अकोला ले जा रहा था। फिर वही बरार।

खण्डवा स्टेशन पर गाड़ी रुकने पर मेरी नींद टूटी। सुबह हो गई थी। जिन्होंने मुझे देखा उन्होंने मुझे अजीब वेश में एक साधु समझा। जब गाड़ी चलने लगी तो एक नवयुवक मुझे पहचान गया और मेरे डब्बे की ओर दौड़ा, लेकिन तब तक गाड़ी की गति तीव्र हो गई थी और वह उसके साथ नहीं दौड़ सका। पुलिस अधिकारी ने मुझे बताया कि भुसावल में अकोला के लिए गाड़ी बदलकर जाना होगा। भुसावल हम दोपहर को पहुँच गए और जैसे ही मैं गाड़ी से उतरा, बहुत लोगों ने मुझे घेर लिया। दो सवाददाता भी थे लेकिन पुलिस अधिकारी को परेशानी से बचाने की गरज से मैंने उनके अँधाधुँध प्रश्नों का उत्तर नहीं दिया। अधिकारी ने स्वयं अलग ले जाकर उन संवाददाताओं को सारी बातें बता दीं, केवल उसका नाम न लेने का ही आग्रह उसने किया।

अकोला मैं शाम को पहुँचा और स्थानीय जेल ले जाया गया। एक छोटे कमरे में, जो कैदी की कोठरी से बड़ा नहीं था, मुझे रखा गया। जेल अधीक्षक, एक एंग्लो-इंडियन हार्वे, दूसरों को पीड़ा देकर खुश होने वाले स्वभाव का था। उसके यह पूछने पर कि क्या मैं अनशन कर रहा था, जब मैंने हाँ कहा तो वह लौट कर चला गया और जेलर को आदेश दे गया कि जब तक मैं खाना न खाऊँ मुझे पानी न दिया जाए। कोठरी का द्वार बन्द कर दिया गया और मैं अकेला होने का आनंद लेने को छोड़ दिया गया।

बिना पानी और भोजन के तीन दिन और बीत गए। मैं दुर्बल हो रहा था, लेकिन जब तक मुझे मेरे खादी के कपड़े न मिलें, तब तक अनशन करते रहने के मेरे प्रण से मेरा मनोबल उन्नत रहा

आया। अकोला में चौथे दिन हमेशा की तरह सुबह हुई, लेकिन १० बजे तब सब परिवर्तित हो गया। एक जेल वार्डर की पीठ पर खद्दर का बड़ा गट्ठा लादे जेलर आलम हँसता हुआ मेरी कोठरी में दाखिल हुआ। दोनों के पीछे एक दर्जी भी नाप का फीता लिए हुए आया। जेलर ने कहा: "लीजिए आपका खद्दर आ गया और अब आप अपना अनशन तोड़ दें।" मैं प्रसन्न हो गया और उससे मैंने पूछा" मैं अपने ही कपड़े पहनूँ, इसमें आपको क्या आपत्ति है? आप सरकारी रुपये क्यों खर्च करना चाहते हैं? वह जवाब दे, उसके पहले जेल अधीक्षक भी आ गया। उनका दिमाग अब ठीक हो गया था और मुझे कपड़े वापिस करने पर राज़ी हो गया।

मैंने अपना अनशन तोड़ा और एक बड़ी बैरक में मुझे ले जाया गया जहाँ प्रान्त के विभिन्न भागों से लाये गये सविनय अवज्ञा के बंदी रखे गये थे। इस प्रकार मेरा एकान्त परिरोध भी समाप्त हो गया था। जबलपुर के सत्याग्रहियों ने वहां मुझे बताया कि जिस दिन मुझे अधनंगा जबलपुर जेल से अकोला ले जाया जा रहा था उसी दिन मुझे एकमत से जबलपुर म्यूनिसिपल समिति का सभापति चुना गया था। एक सप्ताह पश्चात् मुझे ज्ञात हुआ कि समाचार पत्रों में मेरे साथ किए गए व्यवहार का समाचार प्रकाशित हुआ था इसलिए वह मामला मध्य प्रान्त विधान सम्मेलन में उठाया गया और सत्याग्रहियों को खद्दर देने के प्रश्न पर शासन को झुकना पड़ा था। बरार के साथियों ने यह भी समाचार दिया कि मेरे पत्र "लोकमत" के साथ तीन और मराठी समाचार पत्र-अमरावती का "उदय", अकोला का "मातृभूमि" और यवतमाल का "लोकमत" जबलपुर की मौन सभा का समाचार प्रकाशित करने के कारण शासन द्वारा निलंबित कर दिए गए थे।

ग्रीष्म ऋतु के प्रारंभ होते ही हम लोग महाकोशल के सतपुड़ा पठार के सिवनी जेल में स्थानांतरित कर दिए गए। जेलर, सुपेकर, देशभक्त था और अधीक्षक, गोवा का अलवारिस विवेकशील और हस्तक्षेप न करने वाला व्यक्ति था। लक्ष्मण सिंह के अतिरिक्त नागपुर के पी.वाई. देशपाण्डे, अमरावती के शिवाजी राव पटवर्धन और सिवनी के ही एन.एन. सील साथ में थे। सील से मेरी घनिष्ठता अतिशीघ्र हो गई।

कुल मिलाकर हमारा सिवनी का जेल-जीवन असन्तोषजनक नहीं था। मैंने तुलसी के रामचरित मानस के पात्रों का विस्तृत अध्ययन करने की योजना बनाई। मेरी राय थी कि तुलसी की सीता बहुत अंशों में शेक्सपियर के ओथेला नाटक की पात्र डेस्डेमोना से मिलती-जुलती थी और भरत की किसी सीमा तक हेमलेट से तुलना भी की जा सकती थी क्योंकि दोनों ने अपनी माताओं के अनुचित कार्य का फल भोगा था। मैं दो पात्र राम और सीता का अध्ययन पूर्ण नहीं कर सका था और उसके पहले छोड़ दिया गया था। बाद में इन पात्रों पर मेरे लेख दिल्ली से एक पुस्तक के रूप में प्रकाशित हुए थे किन्तु अन्य पात्रों का अध्ययन करने की मेरी इच्छा अभी भी अपूर्ण है।

सिवनी में कुछ दिन रहने के पश्चात् एक वार्डर से समाचार मिला कि सुभाषचन्द्र बोस अपने बड़े भाई शरत्चन्द्र के साथ सिवनी लाए गए हैं। कलकत्ता में १९२१ में बहुत छोटी भेंट के बाद कलकत्ता और लाहौर के काँग्रेस अधिवेशनों में हम लोगों में सामान्य बात हो सकी थी। सिवनी छोटी जेल थी और केवल एक ऊँची दीवाल हमें उन दोनों भाइयों से अलग करती थी। हम लोग जब उनसे मिलने के लिए उपाय सोचने में लगे थे, उन्होंने पहल कर हममें से कुछ लोगों से मिलाने के लिए जेलर को सहमत कर लिया।

हमारे एक सहयोगी, नित्येन्द्र नाथ सील, सुभाष बाबू के कलकत्ता में कालेज के साथी थे। उनके साथ हम आधे दर्जन लोग दोनों भाइयों से पहली बार मिले। सुभाष बाबू अस्वस्थ थे और हमारे अभिवादन के लिए वे चारपाई पर उठकर बैठे। इस पहली भेंट में उनका स्वास्थ्य और हमारा जेल जीवन ही प्रमुख विषय रहा। बाद में कई मुलाकातें हुईं और राजनीतिक कार्यक्रम पर चर्चा होने लगी। शीघ्र ही मैं समझ गया कि वे हममें से अधिक-से-अधिक व्यक्तियों को अपनी विचार- धारा के अनुकूल करने का प्रयास कर रहे थे। उनके इस प्रयास में मुझे कुछ भी अनुचित नहीं दिखा और मुझे उन्हें इतने निकट से समझने के अवसर से बड़ी प्रसन्नता हुई। कई विषयों पर हमारे बीच अबाध और स्पष्ट विचारों का आदान-प्रदान हुआ। मुझे बड़ा आनन्दप्रद आश्चर्य यह देखकर हुआ कि प्रार्थना और पूजा के लिए उन्होंने अपने कमरे का एक कोना अलग कर लिया था। मेरी कल्पना थी कि जवाहरलाल के विचारों के समान, उनकी दृष्टि में भी संगठित धर्म एक अभिशाप था।

लेकिन मुझे स्मरण रखना चाहिए था कि भारत के अन्य भू-भागों के पूर्व ही बंगाल, पुनर्जागरण, सुधार और क्रांति काल से गुजर चुका था। सुभाष के बाल्यकाल का समय सुधार-काल का अंत, और क्रांति का प्रारंभिक काल था। आतंकवादी सक्रिय हो चुके थे और वे सुधार और क्रांति दोनों प्रकार की भावना से प्रभावित थे। विवेकानंद ने बंगाल की तरुणाई को वेदांत और देशभक्ति की शिक्षा दी थी, और सुभाष ने अपने प्रारंभिक वर्षों में उन्हें अपना आदर्श स्वीकार किया था। अरविंद घोष के समान उन्हें भी ध्यानावस्थित जीवन और कर्मशील जीवन के मध्य में निर्णय लेना था, और अंत में उन्होंने देशवासियों की सेवा में सक्रिय रहने का निर्णय लिया। यह चुनाव इसलिए भी सरल हो गया था क्योंकि जब आई.सी.एस. की परीक्षा में उत्तीर्ण होकर वे भारत वापिस लौटे, महात्मा गाँधी अपने अहिंसात्मक आंदोलन की योजना बनाकर सामूहिक क्रांति का समय देश में ला चुके थे।

सुभाष के जीवन का यह दार्शनिक पक्ष मेरे हृदय में भी प्रतिध्वनित था। वे मुझसे मात्र चार वर्ष बड़े थे और मुझको भी अपने बाल्यकाल में उनके जैसे कुछ अनुभव हुए थे। हिन्दुत्व के अनुष्ठानिक अंग के प्रति उदासीन होकर भी मैट्रिक की परीक्षा में उत्तीर्ण होने से पहले मैं वेदांत का पक्षधर हो गया था। गीता के अतिरिक्त जिन पुस्तकों ने मुझे प्रभावित किया था, वे स्वामी रामतीर्थ के लेख थे। विवेकानंद मेरी दृष्टि में एक सिद्ध न होकर एक बड़े विद्वान थे। वे स्वामी रामतीर्थ ही थे, जिन्हें मैं पूर्ण जीवन मुक्त मानता था।

सुभाष के कालेज के अध्ययन में दर्शनशास्त्र एक विषय था, लेकिन जब मैंने उस पर उनसे चर्चा करनी चाही तो उस ओर उनमें विशेष उत्साह मुझे परिलक्षित नहीं हुआ। पूजा और प्रार्थना के बाद उनका सारा ध्यान विदेशी शासन से स्वदेश की मुक्ति पर केन्द्रित था। वे स्वयं को समाजवादी कहते थे, किन्तु उनका धार्मिक परिप्रेक्ष्य उन्हें मार्क्सवादी बनने नहीं दे रहा था। उन दिनों समाजवाद से उनका अर्थ भारत की जनता की आर्थिक स्थिति सुधारना था। उनसे मिलने के पूर्व मैंने मार्क्सवाद को अपने से दूर रखा था, क्योंकि, उन्हीं की तरह, मैं भी द्वन्द्वात्मक भौतिकवाद स्वीकार नहीं कर सकता था। मैंने सुभाष से कहा कि यदि भारतीय समाजवादी देश में आर्थिक दृष्टि से सम्पन्न समाज की स्थापना ही चाहते हैं तो मुझे समाजवादी कहे जाने पर कोई आपत्ति नहीं है।

हमारा मतभेद स्वाधीनता के संघर्ष में हिंसा के स्थान के संबंध में था। मैं उनके इस विचार से सहमत नहीं था कि गाँधीवादी आन्दोलन के साथ आतंकवाद भी चल सकता है। तो भी, किसी भी कीमत

पर अपने देश को मुक्त करने की उनकी व्यग्रता, उनकी निस्वार्थ भावना, लगन और तपनिष्ठा ने मुझे बहुत प्रभावित किया। मेरी सज़ा पूरी होने के पूर्व उनसे मेरे संबंध बड़े प्रगाढ़ हो गए थे और वे अपनी सहज़ गंभीरता को त्याग कर मुझसे विचार-विनिमय करने में नहीं हिचकते थे। हम दोंनों को एक-दूसरे के इतने निकट करने में एन.एन. सील का बड़ा योगदान रहा। सिवनी के निवासी होने के कारण सील ने सुभाष बाबू के बंगाल के अपने विश्वस्त पात्रों से गुप्त पत्राचार का भी प्रबंध कर दिया था। जब, बाद में, सुभाष उनके स्वास्थ्य के कारण मोवाली सेनोटेरियम में स्थानांतरित कर दिए गए, तो भी सील ने उनसे केवल संबंध ही नहीं बनाए रखा बल्कि कभी-कभी गुप्त रूप से उनसे मिल भी आते थे।

जेल के बाहर उन दिनों राजनीतिक गतिविधियां तेजी पर थीं। १७ अगस्त, १९३२ को रैमज़े मैकडोनल्ड का साम्प्रदायिक पंचाट (कम्यूनल अवार्ड) घोषित किया गया। चूँकि विभिन्न दलों के द्वारा उनसे निर्णय देने के लिए नहीं कहा गया था, इसलिए यह मात्र एकतरफा निर्णय था जो वे भारत पर लादना चाहते थे, जबकि १९२७ और १९२९ मे राष्ट्रवादियों ने मुसलमानों के लिए पृथक निर्वाचन को समाप्त करने का अथक प्रयत्न किया था। यह पंचाट अछूत जातियों को भी पृथक निर्वाचन दे रहा था और इस प्रकार उन्हें हिन्दू जाति से पृथक कर रहा था। लंदन में इस कुटिल योजना का अंदाज़ गाँधीजी को लग गया था और गोलमेज सम्मेलन के अपने अंतिम भाषण में गाँधीजी ने ब्रिटिश प्रधानमंत्री को आगाह किया था कि वैसा कोई प्रयास किए जाने पर वे अपनी जीवन की बाज़ी लगाकर उसे रोकेंगे। मैकडोनल्ड ने इसे संभवत: मात्र धमकी मात्र मान लिया था। घोषणा के दूसरे दिन महात्मा गाँधी ने जेल से लिखे एक पत्र द्वारा ब्रिटिश प्रधानमंत्री को सूचित किया कि वे २० सितंबर की दोपहर को आमरण अनशन प्रारंभ करेंगे। इससे देशव्यापी गहरी प्रतिक्रिया हुई और २० सितंबर प्रार्थना और उपवास का दिन मनाया गया। अछूतों के नेता एम.सी. राजा ने अछूतों के लिए पृथक निर्वाचन की घोषणा का खुला विरोध किया और अपने समाज से गाँधीजी का जीवन बचाने के लिए अपील की। मदन मोहन मालवीय ने प्रमुख नेताओं का एक सम्मेलन आयोजित किया। अंत में अम्बेडकर भी वार्ता के लिए सहमत हो गए। महात्मा गाँधी को यरवदा जेल में नेताओं से मिलने की सुविधा दी गई। फलस्वरूप एक समझौता हुआ जो पूना-पैक्ट के नाम से प्रसिद्ध है। उसके अंतर्गत गाँधीजी ने हरिजनों को उनकी जनसंख्या के अनुपात से कहीं अधिक तथा मैकडोनल्ड द्वारा दी गई सीटों से दुगनी सीटें दीं। ब्रिटिश प्रधानमंत्री को अपने पंचाट (अवार्ड) में संशोधन करना पड़ा और इस प्रकार गाँधीजी के ६ दिन के उपवास ने हिन्दू समाज में फूट डाल देने के शासकीय अभिप्राय को नाकाम कर दिया।

ऐसा लगता है कि उपवास के प्रतिफल और पूना-पैक्ट होने से देश में जो उत्साहपूर्ण वातावरण बना उसका प्रभाव मुस्लिम समाज पर भी पड़ा। मौलाना शौकत अली ने मौलाना अबुल कलाम आज़ाद से सम्पर्क स्थापित किया और गाँधीजी को बड़े प्रेम से अपने "पुराने नेता" संबोधित कर एक तार भी हिन्दू-मुस्लिम एकता के लिए उनका आशीर्वाद चाहते हुए भेजा। उन्होंने वाइसराय को महात्मा को छोड़ देने के लिए तार भेजा, लेकिन कहावत के प्रसिद्ध बन्दर से दो परस्पर लड़ती बिल्लियों के बीच में मध्यस्थता करना बंद कर देने की आशा करना व्यर्थ था। सरकार ने गाँधीजी को न छोड़ने के साथ उनकी मुलाकातें भी बन्द कर दीं लेकिन महात्माजी के द्धारा विरोध किए जाने पर "छूआछूत हटाने के अभियान से संबधित प्रचार, पत्राचार और व्यक्तियों से मुलाकात पर प्रतिबंध" सरकार ने हटा लिए। केन्द्रीय विधान सभा में होम मेम्बर ने कहा कि "छुआछुत का प्रश्न नैतिक और धार्मिक है, लेकिन

हिन्दु-मुस्लिम विवाद शुद्ध राजनीतिक है, और इसलिए वह गाँधीजी को छोड़ देने का कारण नहीं हो सकता।"

जिन दिनों महात्मा गाँधी जेल से हरिजन उद्धार का आन्दोलन चला रहे थे, मेरी सजा की अवधि समाप्त हो जाने पर मैं जेल से छोड़ दिया गया।

विलिंग्डन ने संग्राम जीता (१९३३-३४)

मैकडोनाल्ड अवार्ड के विरोध में जब गाँधीजी ने अनशन प्रारम्भ किया था, तब तक सविनय अवज्ञा आंदोलन का दौर समाप्त हो गया था। लेकिन उनका अनशन, लोगों की उनकी जान बचाने की चिन्ता और अनशन के पश्चात् छुआछूत समाप्त करने के प्रति गाँधीजी का एकान्त प्रयास, सविनय अवज्ञा को अधम गति तक पहुँचाने के लिए उत्तरदायी था। काँग्रेसजनों को कुछ नहीं सूझ रहा था। कुछ कांग्रेसजन गाँधीजी से जेल में यह जानने के लिए मिले कि वे सत्याग्रह में भाग लेते रहें अथवा छुआछूत दूर करने के आंदोलन में सम्मिलित हो जावें। जेल से प्रकाशित दिनांक ७ जनवरी, १९३३ के वक्तव्य में उन्होंने उत्तर दिया था कि 'जेल आ जाने पर मैं वैधानिक रूप से सत्याग्रह आंदोलन के किसी रूप या प्रकार के निर्देशन के लिए अयोग्य हूँ, और इसलिए मुझसे पूछे बिना प्रत्येक व्यक्ति को निर्णय लेना है।"[३९] ऐसे विचार गाँधीजी की आचरण संहिता के अनुकूल भले हों लेकिन इनसे यह भी ठीक निष्कर्ष निकाला जा रहा था कि सामूहिक सविनय अवज्ञा आन्दोलन समाप्त हो चुका था।

यह देखकर कि रूढ़िवादी अछूतोद्धार का भयंकर विरोध कर रहे थे, गाँधीजी ने ८ मई को २१ दिन का अनशन प्रारंभ कर दिया। शासन ने उन्हें तुरन्त छोड़ दिया और वे लेडी थाकरसी के निवास स्थान "पर्णकुटी" में ले जाए गए। एक दिन का भी विलंब किए बिना उन्होंने काँग्रेस अध्यक्ष से ६ सप्ताह के लिए सत्याग्रह आंदोलन स्थगित करने के लिए एक वक्तव्य दिया और एम. एस. अणे ने, जो डा. राजेन्द्र प्रसाद की ४ जनवरी को हुई दूसरी गिरफ्तारी के बाद काँग्रेस अध्यक्ष मनोनीत हुए थे, आंदोलन स्थगन के आदेश दे दिए।

अनशन की समाप्ति पर और दो महीने विश्राम करने के बाद महात्माजी ने कुछ प्रमुख काँग्रेस नेताओं को पूना में देश की उस समय की राजनीतिक स्थिति पर विचार-विमर्श करने के लिए बुलाया। काफी गर्म माहौल रहा। प्रबल गाँधीवादी जे. बी. कृपलानी ने भी आंदोलन के वापस लिए जाने का विरोध किया। अंत में, गाँधीजी को वाइसराय से किसी शर्त के बिना मुलाकात लेने के लिए अधिकृत किया गया। जैसी आशंका की जानी चाहिए थी, वाइसराय ने मिलने से इंकार कर दिया और सर सेमुअल होर ने हाउस आफ कामंस में कहा: "हम कह चुके हैं कि हम किसी समझौते के लिए प्रस्तुत नहीं हैं और इस स्थिति को यथावत रखेगें।"

ऐसी स्थिति में नेताओं ने सामूहिक सत्याग्रह को व्यक्तिगत सत्याग्रह में बदल देने का निश्चय किया। जो लोग बदली हुई स्थिति की चिन्ता न कर संघर्ष जारी रखना चाहते थे, शायद उनको यह छुट दे दी गई थी। इन उत्साही व्यक्तियों से भी अपने बल पर ही सत्याग्रह करने को कहा गया, क्योंकि प्रस्ताव में स्पष्ट कर दिया गया था कि जो लोग काग्रेस संगठन से कोई सहायता की आशा किए बिना अपने दायित्व पर व्यक्तिगत सत्याग्रह करने के लिए समर्थ हैं, और करना चाहते हैं, वे सत्याग्रह कर सकते हैं।"

गाँधीजी नहीं कह सकते थे कि काँग्रेस की सहायता के बिना वे व्यक्तिगत सत्याग्रह करने के लिए समर्थ नहीं थे। सच्चे प्रजातंत्रवादी तथा अनुशासन के प्रबल हामी होने के कारण साबरमती के ३३ अनुयायियों के साथ उन्होंने गुजरी के एक गाँव, रास, की ओर पैदल यात्रा करने का निर्णय लिया। साबरमती आश्रम को उन्होंने त्याग दिया था, और जब तक स्वाधीनता नहीं मिलती, वहां न जाने का प्रण उन्होंने लिया था। सरकार को उनका डांडी मार्च याद आ गया होगा, जिससे १९३० में देश भर में उत्साह की लहर चलने लगी थी इसलिए सरकार ने १ अगस्त को उन्हें गिरफ्तार कर लिया। तीन दिन के बाद सरकार ने उन्हें जेल से रिहा कर पूना से कहीं न जाने का निर्देश दिया। उन्होंने यह आदेश नहीं माना इसलिए वे फिर गिरफ्तार कर लिए गए और इस बार उन्हें १ वर्ष के कारावास का दण्ड दिया गया। दण्ड मिलने के १२ दिन बाद उन्होंने अनशन इसलिए फिर प्रारंभ किया क्योंकि अछूतोद्धार के लिए यरवदा जेल से काम करते रहने के लिए पुरानी सुविधाएं नहीं दी गईं थीं। जो सुविधाएं नज़रबंद को दी जा सकती थीं वे नियमानुसार एक दण्ड प्राप्त बंदी को नहीं दी जा सकती थीं इसलिए शासन ने उन्हें सुविधाएं देने से तो इंकार किया, लेकिन जेल ही से छोड़ दिया। इस सहृदयता के पीछे एक चाल थी। १९२४ में जेल से छोड़ दिए जाने के बाद गाँधीजी ने जिस आचार का पालन किया था, उसको ध्यान में रखते हुए सरकार ने आशा की थी कि दण्ड की अवधि के दिनो में वे कोई भी शासन विरोधी कार्य में संलग्न न होंगे। सरकार यह भी जानती थी कि जेल से बाहर आने पर यदि वे सामूहिक या व्यक्तिगत आंदोलन का नेतृत्व नहीं करेंगे तो उन्हें आंदोलन बन्द ही करना पड़ेगा, और इस प्रकार वे काँग्रेसजनों और आम जनता में लोकप्रिय नहीं रह सकेंगे। शासन का ऐसा सोचना गलत नहीं था। बहुत सोच-विचार कर लिए गए शासन के इस निर्णय ने महात्मा गाँधी को कठिनाई में डाल दिया। उन्होंने "बिल्ली-चूहे" के अपमानजनक खेल में एक भागीदार होने से इंकार कर दिया और एक वक्तव्य जारी कर कहा "दण्ड की बाकी मियाद में कोई आक्रामक कार्रवाई कर शासन द्वारा फिर अपने को पकड़वाना मुझे बड़ी छोटी बात लगती है। यदि कोई असाधारण स्थिति आ जाए, जिसको मैं अभी नहीं देख पा रहा हूँ, तो अपने निर्णय को बदलने की बात हो सकती है।"

जब गाँधीजी ने यह निर्णय लिया तब जवाहरलाल, जो ३० अगस्त को छोड़ दिए गए थे, उन्हीं के पास थे। वे गाँधीजी से जिन कारणों से सहमत थे, उसका स्पष्टीकरण उन्होंने इन शब्दों में किया "मुख्य समस्या गाँधीजी की व्यक्तिगत थी। उन्हें स्वयं क्या करना था? वे उलझन में थे। यदि वे फिर जेल जाते हैं तो हरिजनोद्धार के कार्य से संबंधित सुविधाओं की समस्या फिर आ खड़ी होगी और अनुमानतः सरकार नहीं झुकेगी, और गाँधीजी फिर अनशन करेंगे। क्या वही चक्कर फिर दोहराया जावेगा? उन्होंने इस बिल्ली-चूहे की नीति के सामने झुकना पसंद नहीं किया, और कहा कि उन सुविधाओं के लिए यदि उन्होंने फिर अनशन किया, तो वह अनशन, जेल से रिहा कर दिए जाने के बाद भी चलेगा। उसका अर्थ मृत्युपर्यन्त अनशन होगा।

"दूसरा संभावित मार्ग यह था कि एक वर्ष के दण्ड के बाकी दिनों में (साढ़े दस महीने बाकी थे), वे गिरफ्तार न हों और हरिजन कार्य में जुटे रहें। लेकिन गाँधीजी काँग्रेसजनों से मिलते रहें और आवश्यकता पड़ने पर सलाह देते रहें। एक तीसरा सुझाव मुझे उन्होंने दिया कि वे कुछ समय के लिए काँग्रेस से अवकाश ले लें और उसे, उन्हीं के शब्दों में, "युवा पीढ़ी" को सौंप दें।

"पहला मार्ग, जिसमें अनशन कर उनकी मृत्यु हो जाती, अपनाने की सलाह देने की बात सोचना भी हम लोगों के लिए असंभव था। तीसरा मार्ग भी सर्वथा अवांछनीय था, जब काँग्रेस एक गैर कानूनी संस्था घोषित थी। उसका परिणाम यही था कि सत्याग्रह को और सीधी कार्यवाही के सभी प्रकारों को तत्काल वापिस किया जाता, और फिर से वैध होकर संगठनात्मक कार्य से संलग्न हुआ जाता अथवा फिर केवल सबसे अलग हुई ही नहीं बल्कि गाँधीजी से भी दूर हुई गैर कानूनी काँग्रेस शासन द्वारा और भी ज्यादा रौंद दी जाती। साथ ही, कोई दल ऐसी गैर कानूनी संस्था को अपने हाथ में क्यों लेता, जिसकी कोई बैठक नहीं की जा सकती थी या जिसकी नीति पर आपस में विचार नहीं किया जा सकता था। इस प्रकार अपने लिए अनुकूल न होने के कारण एक के बाद एक रास्ते छोड़ते हुए हम उनके द्वारा सुझाए गए दूसरे मार्ग पर ही पहुँच गए। हममें से अधिकांश लोग इसे पसंद नहीं करते थे, और हम जानते थे कि जैसा भी सत्याग्रह आंदोलन चल रहा था, उसके लिए यह उपाय बड़ा हानिकारक होगा। यदि नेता ही लड़ाई से अलग हो गया तो यह संभव नहीं था कि आग में कूदने के लिए बड़ी संख्या में उत्साही काँग्रेसजन मिल जाएं। लेकिन उस जटिल परिस्थिति से निकल जाने का कोई रास्ता दिखाई नहीं दे रहा था, और इसलिए गाँधीजी ने उस प्रकार की घोषणा जारी की थी।"[४०]

जैसा जवाहरलाल नेहरू का अनुमान था, नेता का लड़ाई से अलग हो जाना व्यक्तिगत सत्याग्रह के लिए बड़ा घातक सिद्ध हुआ, जिससे वह उबर नहीं सका, यद्यपि वह किसी तरह १९३४ तक घिसटता रहा, जब उसे औपचारिक रूप से वापिस ले लिया गया। लार्ड विलिंग्डन की गर्वोक्ति कि ६ सप्ताह में वे आंदोलन को कुचल देंगे, यद्यपि समय की दृष्टि से सार्थक नहीं हुई तथापि इसे स्वीकार करना पड़ेगा कि सरकार आन्दोलन को बड़ी निंदनीय रूप से अंत करने में सफल हो गई। सामूहिक सत्याग्रह का महात्मा गाँधी द्वारा स्थगन किए जाने के बाद पर्णकुटी में जब नेताओं का औपचारिक सम्मेलन हुआ तो उस समय मैं वहाँ उपस्थित था। यदि स्थगन का कड़ा विरोध न किया जाता तो वह शोभनीय ढंग से बंद किया जा सकता था।

गाँधीजी के प्रति जितनी कटुता उत्पन्न हो गई थी, उसका अनुमान यूरोप में स्वास्थ्य लाभ कर रहे सुभाष बाबू और विट्ठल भाई पटेल के इस वक्तव्य से लगाया जा सकता है: "सत्याग्रह के स्थगन का एवं महात्मा गाँधी का नवीनतम कार्य अपनी असफलता को स्वीकार करना है। हमारी राय में राजनीतिक नेता के रूप में महात्माजी असफल हो गए हैं। समय आ गया है कि काँग्रेस को नए सिद्धाँतों पर आधारित नए तरीकों से आमूल परिवर्तन कर संगठित किया जाए। इसके लिए एक नया नेता अनिवार्य है, क्योंकि गाँधीजी से उनके जीवन के सिद्धाँतों से असंगत कार्यक्रम को क्रियान्वित करने की आशा करना अनुचित होगा।"

इस समय गाँधीजी का विरोध काँग्रेसजन तक ही सीमित नहीं था। अम्बेडकर भी, जिन्होंने पूना पैक्ट पर अपने हस्ताक्षर किए थे, उनके विरुद्ध हो गए और हरिजनों के लिए पृथक निर्वाचन की पैरवी करने लगे थे। रुढ़िवादी हिन्दुओं का एक वर्ग भी उनसे लड़ने पर उतारु हो गया। यह सब सरकार के लिए बड़ा आनंददायक था, लेकिन उसके भ्रम के दूर हो जाने का समय भी बहुत दूर नहीं था। गाँधीजी हरिजन कार्य में ही संलग्न हो जाने का निश्चय कर अखिल भारतीय दौरे पर निकल पड़े। यह दौरा ९ महीने चला और २०,००० किलोमीटर का फासला तय किया गया। आम जनता ने जिस प्रकार उनका

स्वागत किया वह अभूतपूर्व था। बिहार के दौरे में, जहाँ भूकम्प ने सब तहस-नहस कर डाला था, उनका स्वागत करने और उनको सुनने के लिए इतना जनसमूह उमड़ पड़ता था कि आगाथा हैरीसन के कथनानुसार "हमें आदमियों की दीवालों के बीच से मोटर चलानी पड़ी थी।" गाँधीजी के प्रति जनता की भावना के सम्बन्ध में वे लिखती हैं "मैंने अपने सुविधापूर्ण स्थान से लोगों के चेहरों पर जो भाव देखा उससे मैं बिल्कुल अवाक् थी। ऐसा लगता था कि जैसे वे किसी देवता का दर्शन कर रहे हैं।"

यह दूसरी बार शासन की गलतफहमी दूर हुई। १९२२ में गाँधीजी की गिरफ्तारी के बाद लार्ड रीडिंग ने कहा था कि "राजनेता की तरह गाँधी ने संभवत: अपने को अंतिम खाई में गिरा दिया है," लेकिन कुछ ही दिनों में अपने मुकदमें के दौरान उन्होंने लोगों में अपनी लोकप्रियता में वृद्धि कर ली थी। असहयोग आंदोलन तो समाप्त हो गया था, लेकिन गाँधीजी दूसरे दशक में जीवित रहे। अब दूसरे तीसरे में भी सत्याग्रह आंदोलन बड़े निंदनीय ढंग से समाप्त हुआ था, लेकिन गाँधीजी अपने सुयश के साथ स्वाधीनता के लिए फिर आक्रमण करने के अवसर की प्रतीक्षा में राजनेता के रूप में जीवित थे। लार्ड विलिंग्डन ने देश के स्वाधीनता युद्ध में गाँधीजी के विरोध में मात्र एक मोर्चा ही जीता था, युद्ध नहीं जीत सके थे। न तो उन्होंने और न उनकी नौकरशाही ने प्रोफेसर गिल्बर्ट मुरे की इस चेतावनी की ओर ध्यान दिया: "उस व्यक्ति से सावधानी बरतो जो भौतिक सुख, सुविधा, प्रशंसा या पदोन्नति के प्रति उदासीन है, और उसे करने पर कटिबद्ध है, जिसे वह उचित मानता है। वह संकटपूर्ण और दुखदायी शत्रु है, क्योंकि उसका शरीर, जिसे तुम हमेशा जीत सकते हो, उसकी आत्मा को खरीद लेने में कोई मदद नहीं करता।"

जैसा पहले लिखा जा चुका है, मैं १९३२ में जबलपुर म्युनिसिपल समिति का सभापति उस दिन चुन लिया गया था जिस दिन मैं अधनंगा जबलपुर सेन्ट्रल जेल से बंदी के रूप में अकोला जेल के मार्ग पर था। छूट आने पर मैं म्यूनिसिपल का काम करने लगा। मैं फिर जेल जाना पसंद करता लेकिन राजनीतिक स्थिति बड़ी डाँवाडोल थी, जैसा ऊपर लिखा जा चुका है।

१९३७ के पहले स्थानीय संस्थाएँ ही प्रशासनिक कार्य के लिए काँग्रेसजनों को अवसर देती थीं। सी.आर. दास, वल्लभभाई पटेल, जवाहरलाल नेहरू और कई अन्य काँग्रेसजन अपने म्युनिसिपल कार्पोरेशन और कमेटियों के अध्यक्ष रहे थे और लगभग सभी को नौकरशाही के विरोध का सामना करना पड़ा था। जबलपुर में भी मेरा अनुभव यदि अधिक नहीं तो उतना ही कड़वा था।

पद सम्हालने के एक माह के बाद मैंने पाया कि जबलपुर म्युनिसिपल समिति का प्रशासन पक्षपात और भ्रष्टाचार में डूबा हुआ है। सचिव लगभग अँधे थे और स्वास्थ्य अधिकारी सभासदों की सेवा में उपस्थित होने के अतिरिक्त और कुछ नहीं कर रहे थे। कर्मचारियों की बड़ी संख्या एक जाति की ही थी, और परस्पर एक दूसरे से रिश्तेदारी से बंधी थी। एक ही जाति के लोगों को प्रशिक्षण देने के लिए नियुक्त करने के बाद उन्हें स्थान खाली होने पर नौकरी दे दी जाती थी। इसलिए वैसी स्थिति स्वत: बन गई थी।

मैंने मेडिकल बोर्ड के द्वारा सचिव महोदय का परीक्षण करवा कर और स्वास्थ्य अधिकारी से, उनके विरुद्ध अयोग्यता और लापरवाही की चार्जशीट देकर छुट्टी पाई। इन दोनों कार्यों से कुछ म्युनिसिपल सभासद मेरे विरोधी हो गए लेकिन जिस बात से समिति में बड़ा भूकम्प सा आ गया वह

था मेरा वह आदेश जिसके द्वारा प्रशिक्षण के लिए नए लोगों की नियुक्त पर रोक तथा खाली जगहों को विज्ञापित कर भरने का निर्देश दिया गया था।

तीव्रता से बढ़ते हुए शहर को भूमिगत नालियों और सिर्फ दस किलो मीटर पर बहती नर्मदा से जल व्यवस्था की दो बड़ी आवश्यकतायें थीं। मेरा अनुमान था कि दो में से एक योजना की अर्थव्यवस्था की जा सकती थी, यदि प्रशासन में विशेषतः चुंगी विभाग का भ्रष्टाचार समाप्त हो सके। इसके लिए सचिव का महत्वपूर्ण पद मैं ऐसे व्यक्ति को देना चाहता था जो योग्यता के साथ ही नगर को नया रूप देने का मेरे जैसा उत्साह भी रखता हो।

जिन दिनों मैं एक योग्य व्यक्ति की तलाश में था, रफी अहमद किदवई ने मुझे एक वर्मा के सम्बन्ध में सिफारिशी पत्र लिखा जो पहले झांसी म्युनिसिपैल्टी में सचिव पद पर रह चुके थे। मैंने वर्मा से बातचीत कर उन्हें पद के उपयुक्त पाया, लेकिन चूँकि वर्मा ने सत्याग्रह में भाग लिया था और जेल भी गए थे, इसलिए नौकरशाही ने उनके विरुद्ध षडयँत्र करना प्रारंभ कर दिया। मेरे दो उपाध्यक्ष, जिनका अनुमान था कि मैं सत्याग्रह कर दुबारा जेल चला जाऊँगा, और इस प्रकार उन्हें उनकी इच्छानुसार समिति के कार्य संचालन का अवसर मिल जावेगा, अधिकारियों के हाथों खेलने लगे। उनके इस परिवर्तन की जानकारी न होने के कारण मैं धोखे में रहा आया और वर्मा का चुनाव कराने में असफल रहा।

अब मैंने जेल के अपने साथी नित्येन्द्रनाथ सील को सचिव पद स्वीकार करने पर सहमत कर लिया। स्थानीय अधिकारियों के षडयंत्र का तथा प्रांतीय शासन से जो प्रश्रय उन्हें प्राप्त था, उनका पूरा ज्ञान होने के कारण मैंने प्रयास कर सील को सचिव पद के लिए निर्वाचित करवा लिया, लेकिन प्रांतीय शासन भी एक सत्याग्रही कैदी को जबलपुर म्युनिसिपैल्टी का सचिव न होने देने पर कटिबद्ध प्रतीत हुआ। उन लोगों ने सील को अकारण गिरफ्तार किया, लेकिन जब मैंने जमानत देने का प्रस्ताव किया तो उन्हें छोड़ दिया गया।

अब सरकार को विश्वास हो गया कि जब तक मैं जबलपुर म्युनिसिपल समिति का अध्यक्ष रहूँगा, वह मनमानी नहीं कर सकेगी। इसलिए अब उसने एक अध्यादेश जारी किया, जिससे सी.पी. म्युनिसिपल एक्ट की ७ धाराओं को, जहाँ तब जबलपुर म्युनिसिपल समिति का संबंध था, निकाल दिया गया। इन निकाली गई धाराओं में एक धारा यह भी थी कि प्रत्येक म्युनिसिपल समिति का अध्यक्ष निर्वाचित होगा। जब संवाददाताओं ने मेरी प्रतिक्रिया जाननी चाही तो मैंने कहा कि "मैं एक प्रजापीड़क के साथ शतरंज खेल रहा था, जिसने अपनी हार होते देख कर शतरंज का तख्ता ही उलट दिया। मुझे और अधिक कुछ नहीं कहना है।"

एक वर्ष के बाद जब शासन ने फिर नए चुनाव के आदेश दिए तो काँग्रेस को फिर बहुमत प्राप्त हो गया और समिति का अध्यक्ष होकर मैं फिर वापिस लौटा । बाद में १९३७ में स्वायत्त शासन विभाग का मंत्री हो जाने पर स्थानीय अधिकारियों और प्रांतीय शासन में जो उन दिनों परस्पर पत्राचार हुआ था उसे देखने का अवसर मुझे मिला। मुझे यह जानकर आश्चर्य हुआ कि यद्यपि दोनों कमिश्नर और डिप्टी कमिश्नर ने मेरा विरोध करने वाले म्युनिसिपल मेम्बरों को भ्रष्ट कहा था, तथापि उन्होंने मुझसे लड़ते रहने के लिए उनका पूरा समर्थन किया था, क्योंकि वे मुझे एक क्रांतिकारी मानते थे। मैं नहीं

समझ पा रहा था कि एक जेल की सज़ा भुगतने वाले सत्याग्रही की नियुक्ति म्युनिसिपैल्टी में कौनसी क्रांति करा सकती थी। मैंने जबलपुर म्युनिसिपल समिति के इतिहास पर एक लम्बा नोट लिखकर गवर्नर को भेजा। स्वायत्त शासन विभाग के सेक्रेटरी ने मुझसे कहा कि पूरा नोट पढ़कर कार्यवाहक गवर्नर बमफोर्ड ने कहा: "यह मिश्र के साथ किए गए अन्याय का रेकार्ड है। यह किसी भी सार्वजनिक कार्यकर्ता को शासन के विरुद्ध करने के लिए पर्याप्त है।"

संदर्भ

१. डी.जी. तेन्दुलकर, महात्मा, खण्ड, ३ पृ. ७५.
२. वही, पृ. ८०
३. वही, पृ. ८७.
४. वही, पृ. १०५.
५. सीतारमैया, काँग्रेस का इतिहास, खण्ड १, पृ. ४७८.
६. वही, पृ. ४८८.
७. वही,
८. वही, पृ. ४९१.
९. हिस्ट्री ऑफ फ्रीडम मूवमेन्ट इन मध्यप्रदेश, पृ. ४०१.
१०. वही,
११. जवाहरलाल नेहरू, एन आटोबायोग्राफी, पृ. २८७.
१२. वही, पृ. २८९.
१३. डी.जी. तेन्दुलकर, उपरोक्त, पृ. ११७.
१४. वही, पृ. ११८
१५. वही, पृ. ११९.
१६. वही,
१७. वही, पृ. १२१.
१८. कूपलैन्ड, इंडियन प्राब्लम, पृ. १२५.
१९. वही, पृ. १२६.
२०. जवाहरलाल नेहरू, उपरोक्त, पृ. २९२.
२१. डी.जी. तेन्दुलकर, उपरोक्त, पृ. १२८.
२२. वही, पृ. १२८.
२३. जवाहरलाल नेहरू, उपरोक्त, पृ. २९५.
२४. सीतारमैया, उपरोक्त, पृ. ५१९.
२५. वही, पृ. ५२०.
२६. वही. पृ. ५१९-२०.

२७. सीतारमैया, उपरोक्त, पृ. ५१९.

२८. जे.बी. कृपलानी, गाँधी, पृ. १३३-३४

२९. विनसेन्ट शीन, महात्मा गाँधी, पृ. १३९.

३०. जवाहरलाल नेहरू, उपरोक्त, पृ. २५७-५८.

३१. डी.जी. तेन्दुलकर, उपरोक्त, पृ. ८६.

३२. वही, पृ. १५२.

३३. वही.

३४. वही, पृ. १५५-५६.

३५. सेमुअल होर, नाइन ट्रबल्ड इयर्स, पृ. ६६. ६७.

३६. जवाहरलाल नेहरू, एन आटोबायोग्राफी, पृ. ३२२.

३७. वही, पृ. ३४३.

३८. संथानम और मुझे एक हथकड़ी से बांधा गया था, उनकी बाई कलाई मेरी दाहिनी कलाई से बंधी थी और उस हथकड़ी से लगी एक जंजीर हमें ले जा रहे पुलिस वालों के हाथों में थी। गिडवानी भी हथकड़ी में और जंजीर से खींचे जाते हुए पीछे थे। जैतो बस्ती की सड़कों से हमारे इस कूच से, मुझे ऐसा लगा, जैसे कोई कुत्ता जंजीर में बांध कर ले जाया जा रहा हो। (जवाहरलाल, एन आटोबायोग्राफी, पृ. ११०).

३९. डी.जी. तेन्दुलकर, उपरोक्त, पृ. १९०.

४०. जवाहरलाल नेहरू, उपरोक्त, पृ. ४०३-४०४.

अध्याय-८

मान्यताओं का टकराव

गाँधी ने नेहरू को काँग्रेस उपहार में दिया (१९३४-३५)

जब कोई नेता लक्ष्य को पूरा किए बिना संघर्ष रोक देता है तो साधारण सैनिक वर्ग में विषाद छा जाता है। नेता के द्वारा उपयोग में लाई गई नीतियों और उपायों की बड़ी विवेचना होती है और नई नीतियों और उपायों का प्रयोग करने की सलाह दी जाती है। व्यक्तिगत महत्वाकांक्षाएँ उभरने लगती हैं और प्रत्यक्ष या परोक्ष रूप में नेता की क्षमता को चुनौती दी जाती हैं।

१९२४ में ऐसी चुनौती का सामना गाँधीजी कर चुके थे तो भी उन्होंने "सेनापति" रहने का प्रयत्न किया, परन्तु अखिल भारतीय काँग्रेस के अहमदाबाद सम्मेलन में उन्होंने अपने को "पराजित और अपमानित" माना था। पूरे १० वर्ष पश्चात् १९३४ में उनको दो चुनौतियों का सामना करना पड़ा। उनमें एक बड़ी तथा दूसरी छोटी थी। कौंसिल प्रवेश की आवाज़ फिर उठाई गई। चूँकि उसका अनुभव उन्हें था इसलिए इस आवाज़ के उठाने वालों को, जिनमें अंसारी और भूलाभाई प्रमुख थे, उन्होंने अपने साथ कर लिया। वस्तुत: व्यक्तिगत सत्याग्रह को स्थगित करने के लिए उन्होंने कौंसिल प्रवेश के लिए स्वराज्य पार्टी के पुनरोदय का लाभ ले लिया और सत्याग्रह फिर से करने का अधिकार उन्होंने अपने पास रखा।

लेकिन जो चुनौती एक अन्य दिशा से हुई वह वास्तव में बड़ी थी और उसके परिणामस्वरूप उन्हें काँग्रेस से अवकाश ले लेना पड़ा। १९२४ में बंगाल और यू.पी. ने उन्हें चुनौती दी थी और १९३४ में भी इन्हीं दो प्रांतों ने फिर उसे दोहराया। दास और मोतीलाल के स्थान पर सुभाष और जवाहरलाल आ गए थे। १९२४ की चुनौती में कोई सिद्धाँत का प्रश्न नहीं था और गाँधीजी ने अंत में असंतुष्टों से समझौता कर लिया था। कुछ ही दिनों बाद राजनीतिक पटल से दास उनकी असामयिक मृत्यु के कारण चले गए थे और गाँधीजी ने काँग्रेस मोतीलाल नेहरू को सौंप दी थी। १९३४ में बंगाल के नेता सुभाष बाबू यूरोप में थे और महात्माजी ने काँग्रेस जवाहरलाल के सुपुर्द कर दी।

जबकि सुभाष बाबू गाँधीजी से मूल रूप से विचारों में केवल अलग ही नहीं थे, बल्कि उन्होंने उनका खुला विरोध भी किया था, तब जवाहरलाल नेहरू के महात्माजी से संबंध काफी जटिल हो गए थे। ह्यूटाय ने कहा है कि "नेहरू गाँधी-रूपी सुकरात के प्लेटो थे"।[१] और यह कथन कई लेखकों ने दोहराया भी है, लेकिन यह कथन वहां तक ही सत्य था जहाँ तक नेहरू की गाँधीजी के प्रति व्यक्तिगत श्रद्धा का प्रश्न था। माइकल ब्रेशर के अनुसार, "एक व्यक्ति के रूप में गाँधी का व्यवहार नेहरू का

आदर्श था।"[२] और मोतीलाल नेहरू की मृत्यु के बाद "जवाहरलाल नेहरू की गाँधीजी पर श्रद्धा और उन पर आश्रित होने की भावना एक पुत्र के समान ही थी।"[३] गाँधीजी के जीवनकाल में और उनकी मृत्यु के पश्चात् भी जवाहरलाल नेहरू द्वारा उनकी स्तुति उनके प्रति जवाहरलाल के व्यक्तिगत स्नेह तथा श्रद्धा को प्रमाणित करती है। चिता पर रखे गाँधीजी के शव के चरणों का नेहरू के द्वारा चुम्बन किया जाना राष्ट्रपिता के प्रति उनकी गहरी भावना का प्रमाण था लेकिन यह सब उन्हें गाँधी-रूपी सुकरात का प्लेटो नहीं बना सका। फ्रेंक मोरेस के कथनानुसार "नेहरू का हृदय तो महात्मा के साथ था लेकिन उनका मस्तिष्क मार्क्स की ओर झुका हुआ था।"[४] और इसका खण्डन करना कठिन है कि कोई भी दो व्यक्ति एक दूसरे से इतने भिन्न नहीं हो सकते जितने गाँधी और मार्क्स एक-दूसरे से भिन्न थे। गाँधीजी के लिए अहिंसा सत्य थी और सत्य ईश्वर था। मार्क्स की दृष्टि में हिंसा ही उनके काल्पनिक राज्य को इस धरती पर ला सकती थी। गाँधीजी के लिए ग्रामीण भारत ही वास्तविक भारत था और वे किसानों के लिए ही स्वराज की लड़ाई लड़ रहे थे। मार्क्स के लिए किसान "आलू का बोरा" मात्र थे और ग्रामीण जीवन "मूर्खतापूर्ण" था। इस प्रकार लक्ष्य और लक्ष्य की प्राप्ति के साधनों के सम्बन्ध में दोनों व्यक्ति एक दूसरे से उत्तरी और दक्षिणी ध्रुव की दूरी पर थे, और इसलिए जो बुद्धि से मार्क्स का प्रशंसक हो वह साथ-साथ ही "गाँधी-रूपी सुकरात का प्लेटो" नहीं हो सकता था।

नेहरू की सच्ची ईमानदारी इस तथ्य से स्पष्ट है कि उन्होंने अपने नेता से अपने बुनियादी मतभेदों को कभी छिपा कर नहीं रखा। नेहरू को गतिशीलता से बड़ा अनुराग था और वे गाँधीजी की विस्फोटक स्फूर्ति के बड़े प्रशंसक थे। अन्य बुद्धिवादी काँग्रेसजन के समान नेहरू की दृष्टि में विदेशी शासन से लड़ने के लिए गाँधीजी के अहिंसात्मक ढँग का कोई विकल्प नहीं था और इसलिए उन्होंने अहिंसा को एक नीति के समान ही स्वीकार किया था। स्वयं गाँधीजी भी इस तथ्य को जानते थे और बुद्धिवादियों की इस सीमित निष्ठा को उन्होंने देख समझ कर संतोष कर लिया था। निर्मल कुमार बोस ठीक ही कहते हैं कि "वे गाँधीजी का उपयोग करना चाहते थे और गाँधीजी जनता की सेवा के लिए उनका उपयोग करना चाहते थे। वे बुद्धिवादियों का समर्थन जनता की स्वतंत्रता के लिए चाहते थे और वे गाँधीजी का समर्थन अपनी व्याख्या के अनुसार देश की स्वतंत्रता की प्राप्ति के लिए चाहते थे।"[५]

यूरोप से वापिस होने पर मद्रास के काँग्रेस अधिवेशन में नेहरू ने पहली बार गाँधीजी से अपने मतभेदों को प्रकट किया। काँग्रेस का लक्ष्य पूर्ण स्वतंत्रता था, इस मामले में गाँधीजी उनके सामने झुक गए, लेकिन उनकी समाजवादी मान्यताओं की ओर स्वराज प्राप्ति के तत्कालिक लक्ष्य से उनकी विसंगति के कारण ध्यान नहीं दिया गया। तो भी नेहरू ने उन मान्यताओं की लाहौर काँग्रेस के अपने अध्यक्षीय भाषण में बड़ी पैरवी की और गाँधीजी तथा काँग्रेस के अन्य नेताओं की प्रतिक्रिया की ओर बिल्कुल ध्यान न देते हुए अपने लेखों और भाषणों में लगातार उन पर प्रवचन करते रहे।

यह सत्य है कि जमींदारों और ताल्लुकेदारों के सम्बन्ध में गाँधीजी के विचारों का विरोध कर नेहरू ने एक बड़ी संख्या में काँग्रेसजनों की भावना को ही प्रकट किया था लेकिन निर्धन प्रजा का शोषण करने वाले इन लोगों के सम्बन्ध में क्या गाँधीजी का यह वास्तविक रूख था? जब देश की स्वतंत्रता की लड़ाई चल रही थी, तब शायद वे देश की स्वतंत्रता के शत्रुओं की संख्या नहीं बढ़ाना चाहते थे। बहुत पहले ११ नवंबर १९३१ में उन्होंने "यंग इंडिया" में लिखा था कि जमींदार वर्तमान शासन

व्यवस्था के हथियार मात्र ही हैं, "लेकिन जब ब्रिटिश व्यवस्था के विरुद्ध आंदोलन किया जा रहा हो तब उनके विरोध में भी आंदोलन करना आवश्यक नहीं है।" उन्हीं के शब्दों में, उनमें "समय की आवश्यकता को समझ लेने की सूझ थी।" बाद में वे लुई फिशर से कह रहे थे कि "वे सामंती भूस्वामियों के कर्त्तव्यविहीन स्वामित्व को समाप्त करने को तैयार हैं।"[६] ८जून, १९४२ को जब लुई फिशर ने उनसे पूछा कि "आप अपने अभी होने वाले सत्याग्रह को वास्तव में कैसा देख रहे हैं" तो गाँधीजी ने उत्तर दिया कि "किसान पहले टैक्स देना बन्द कर देंगे" और "जमीन अपने कब्जे में करना उनका दूसरा कदम होगा।"[७] यद्यपि गाँधीजी की तथा पूरी कार्यकारिणी की तात्कालिक गिरफ्तारी के कारण १९४२ का भारत छोड़ो आंदोलन बिल्कुल अलग मार्ग पर चलने लगा था फिर भी लुई फिशर को दिये गये बयान से स्पष्ट था कि वे सामंती भूस्वामियों के समर्थक नहीं थे और काँग्रेस से अधिक-से-अधिक यही अपेक्षा करते थे कि "निद्रामग्न कुत्तों को कुछ और समय तक पड़े रहने दिया जाए।"[८]

समाजवाद के प्रति नेहरू के द्वारा निरन्तर आग्रह करते रहने के परिणामस्वरूप नवयुवक काँग्रेसजनों का एक छोटा गुट मार्क्सवादी दर्शन से प्रभावित हो गया। जब पटना में १८ और १९ मई को अखिल भारतीय काँग्रेस कमेटी की बैठक हुई, तब काँग्रेस सोशलिस्ट पार्टी की औपचारिक रूप से स्थापना हुई। आचार्य नरेन्द्र देव उसके अध्यक्ष, जयप्रकाश नारायण उसके मुख्य सचिव तथा अच्युत पटवर्धन, मेहर अली और एम.आर. मसानी उसके प्रमुख सदस्य थे। इस दल ने कौंसिल प्रवेश का विरोध किया और गाँधीजी की नीतियों और काम करने के ढंग की आलोचना की। केवल कट्टर गाँधीवादी ही नहीं बल्कि बहुसंख्यक काँग्रेसजनों ने इस दल के उपेक्षापूर्ण रूख पर अपना रोष प्रकट किया।

१२ अगस्त, १९३४ को जवाहरलाल जेल से छूटे, लेकिन उसी माह की २३ तारीख को वे फिर गिरफ्तार कर लिए गए। इन ११ दिनों के अन्तराल में उन्होंने गाँधीजी को एक पत्र लिखकर पिछले पांच महीनों में काँग्रेस द्वारा किए गए कुछ बड़े निर्णयों के प्रति अपने विचार प्रकट किए। उनके पत्र के महत्वपूर्ण भाग में लिखा था: "मैं सोचता हूँ कि अब समय आ चुका है कि काँग्रेस सामाजिक और आर्थिक समस्याओं के प्रति स्पष्ट रूप से विचार करे परन्तु मैं इसे स्वीकार करता हूँ कि इन समस्याओं का अध्ययन काफी समय लेता है और पूरी काँग्रेस उतनी दूर तक आगे न जा सकेगी जितना मैं चाहता हूँ। लेकिन ऐसा लगता है कि कार्यकारिणी इन प्रश्नों से अभिज्ञ या अनभिज्ञ होते हुए उन लोगों की भर्त्सना करना और निष्कासित करना चाहती है जिन्होंने उस विषय का विशेष अध्ययन किया है और निश्चित विचार रखते हैं। उन विचारों को समझने का कोई प्रयास नहीं किया जाता, जो संसार के कई योग्यतम और त्यागी व्यक्ति रखते हैं। वे विचार सही हों या गलत हों, कार्यकारिणी के द्वारा उनको अस्वीकार किए जाने से पूर्व उनकी कुछ जानकारी आवश्यक है। इस विषय पर कार्यकारिणी का प्रस्ताव समाजवाद के मूल तत्वों का ऐसा आश्चर्यजनक अज्ञान प्रकट करता है कि उसे पढ़कर और यह सोचकर कि वह भारत के बाहर भी पढ़ा जावेगा, बड़ा दु:ख हुआ...।

"समाजवाद के विषय पर चर्चा करने का यह एक विचित्र ढंग है कि अंग्रेजी भाषा में जिस शब्द का बड़ा स्पष्ट अर्थ पाया जाता है, उसका सर्वथा दूसरे अर्थ में प्रयोग किया जाए। कुछ व्यक्तियों द्वारा किसी शब्द का प्रयोग, उस अर्थ में जैसा कि वे उसे समझते हैं, विचारों के आदान-प्रदान में सहायक नहीं होता है।"[९]

उपरोक्त पत्र के इस अंश के उत्तर में गाँधीजी ने लिखा कि-"समाजवादियों के प्रति, जिनमें से कुछ को मैं बहुत निकट से जानता हूँ अत्याधिक विचार से काम लिया गया है। क्या मैं उनके त्याग से परिचित नहीं हूँ? लेकिन मैंने उस पूरे समुदाय को बहुत जल्दी करते पाया है। वे क्यों न जल्दी करें? सिर्फ इसलिए कि मैं उतना शीघ्र नहीं चल सकता, मुझे उनसे रुकने के लिए और मुझे अपने साथ ले चलने के लिए कहना चाहिए। शब्दश: मेरा यही रुख है। मैंने समाजवाद का अर्थ शब्दकोश में देखा है। वह मुझे उस स्थान से आगे नहीं ले जाता, जहाँ मैं पहले था। मैं उसकी परिभाषा पढ़ता हूँ। उसका पूरा अर्थ समझने के लिए और क्या आप चाहेंगे जिसे मैं पढ़ूँ। मसानी के द्वारा दी गई पुस्तकों में से एक मैंने पढ़ी है और अब मैं अपना खाली अतिरिक्त समय नरेन्द्रदेव द्वारा संस्तुत पुस्तक को पढ़ने में लगा रहा हूँ।[१०]

यह मनोरंजक और दयनीय था कि उस उम्र में महात्मा गाँधी समाजवाद का पाठ सीख रहे थे। यह भी आश्चर्यजनक है कि तीसरे दशक में नेहरू समाजवाद को "स्पष्ट परिभाषित अर्थसम्पन्न" मान रहे थे। १९२४ में सी.ई.एम. जोड ने लिखा था: "किसी अन्य वाद की अपेक्षा शायद समाजवाद ही एक ऐसा वाद है जो उसके विभिन्न व्याख्याताओं के हाथों में एक-दूसरे से भिन्न वाद हो जाता है। उसकी भिन्नता व्याख्याताओं के स्वभाव और जिन बुराइयों से वे प्रभावित होते है, उन पर आधारित होती है। चूँकि समाजवाद के समर्थक बहुत बड़ी संख्या में हैं और उनमें से अधिकांश लोग पर्चे लिखने में बहुत निपुण हैं, समाजवाद पर साहित्य भी बहुत है। फलस्वरूप यह कहना बड़ा कठिन है कि वह क्या है जो समाजवाद में समाविष्ट है। समाजवाद, संक्षेप में एक टोपी (हैट) है जिसका आकार बिगड़ गया है क्योंकि हर कोई उसे पहन लेता है।"[११]

किन्तु अंत दु:खद हुआ। गाँधीजी ने वर्धा में, जहाँ वे आकर रहने लगे थे, अपने विश्वस्त सहयोगियों से चर्चा और विचार किया और अंत में काँग्रेस से अवकाश लेने का निर्णय लिया। १९३४ के सितम्बर माह में वल्लभभाई पटेल को लिखे पत्र में उन्होंने अपने कारण और निर्णय उन्हें सूचित किए। अपने और अन्य कई काँग्रेसजनों के दृष्टिकोण में महत्वपूर्ण अंतर के संदर्भ में उन्होंने लिखा: "मेरी उपस्थिति बुद्धिवादियों को काँग्रेस से अलग करती जा रही है। मैं मानता हूँ कि मेरी नीतियाँ उनकी तर्कबुद्धि को संतोष नहीं दे पातीं, यद्यपि आश्चर्यजनक लगता है कि मैं ऐसा कुछ नहीं करता जो मेरी तर्कबुद्धि को संतुष्ट न करता हो...। मेरी भावना है कि उनसे निष्ठा और लगन की ओर अधिक मांग करना उन पर अनुचित दबाव होगा......। ऐसी निष्ठा का प्रतिदान मैं स्वैच्छिक अवकाश लेकर कर सकता हूँ। मैं विरोध के समक्ष काम नहीं कर सकता जब काँग्रेस के बुद्धिवादियों और मुझमें बुनियादी मतभेद हों...।

"इन बुनियादी मतभेदों के रहते हुए काँग्रेस पर आधिपत्य रखना मेरी दृष्टि में एक प्रकार की हिंसा है, जिससे मुझे बचना चाहिए। उनकी तर्कबुद्धि को क़िसी भी मूल्य पर मुक्त रखना चाहिए।"[१२]

उन काँग्रेसजनों को, जो उनके अवकाश को काँग्रेस के लिए हानिप्रद मानते थे, सांत्वना देते हुए उन्होंने कहा: "एक पेड़ को उसके पके फल के गिर जाने से जिस प्रकार हानि नहीं होती है वैसे ही मेरे काँग्रेस से अवकाश लेने से उसकी हानि नहीं होगी। यदि पूरा पका फल नहीं गिरता है तो सचमुच में वह पेड़ पर व्यर्थ का भार ही है। मेरी भी वैसी ही स्थिति है। मैं मानता हूँ कि अब मैं काँग्रेस पर व्यर्थ का बोझ हो गया हूँ।"[१३]

यह निस्संदेह है कि यदि जवाहरलाल जेल से बाहर होते, तो वे गाँधीजी को, जिन परिस्थितियों में वे काँग्रेस से हटे, उन्हें हटने न देते। वल्लभभाई को लिखे उसी पत्र में उन्होंने लिखा: "इस समय जवाहरलाल, जिनका निकट भविष्य में काँग्रेस संगठन का उपयुक्त कर्णधार होना सुनिश्चित है, की अनुपस्थिति और परामर्श के अभाव को मैं अनुभव कर रहा हूँ।"

जैसा गाँधीजी ने कहा था, अथवा उनकी योजना थी, जवाहरलाल संगठन के उपयुक्त कर्णधार हो गए जब मार्च १९३६ में वे लखनऊ काँग्रेस के अध्यक्ष चुने गए। इस प्रकार महात्मा गाँधी ने १९२५ में जो वस्तु पिता को सौंप दी थी, १९३६ वह में पुत्र को सौंप दी।

दमन और सुधार (१९३५)

१९३४ का वर्ष भारत के लिए, विशेषत: राष्ट्रीय आंदोलन के लिए दु:खद रहा। वर्ष का प्रारम्भ १५ जनवरी को बिहार में हुए भूकम्प से हुआ। उसी वर्ष सत्याग्रह बन्द हुआ, कौंसिल प्रवेश की योजना फिर बनी, काँग्रेस समाजवादी दल की स्थापना हुई, साम्प्रदायिक प्रचार के प्रश्न पर जिसे काँग्रेस ने न तो स्वीकार किया और न अस्वीकार किया, मालवीय और एम.एस. अणे काँग्रेस से अलग हो गए और अंत में गाँधीजी ने काँग्रेस से अवकाश ले लिया।

बम्बई में जब काँग्रेस का वार्षिक सम्मेलन डा. राजेन्द्र प्रसाद की अध्यक्षता में हुआ तो उसे संविधान सभा का आयोजन करने के लिए और आल इण्डिया विलेज इंडस्ट्रीज एसोसिएशन की स्थापना के संबंध में दो महत्वपूर्ण प्रस्ताव पास किए गए। प्रथम प्रस्ताव से नेहरू को, जो जेल में थे, कुछ संतोष हुआ और ग्रामीण भारत की उन्नति और गाँवों को आत्मनिर्भर करने की दिशा में महात्मा गाँधी के प्रयास को दूसरे प्रस्ताव ने विस्तृत क्षेत्र प्रदान किया। २८ तारीख को जब महात्मा गाँधी ने पंडाल में प्रवेश किया, तो एक लाख के जनसमूह ने उठकर उनका अभिवादन किया और काँग्रेस ने एक प्रस्ताव पारित कर "देश के प्रति की गई उनकी सेवाओं के लिए गहरा आभार" और "महात्मा के नेतृत्व के प्रति अपना विश्वास" व्यक्त किया।[१४]

काँग्रेस से स्वतंत्र होते ही गाँधीजी गाँवों के मृतप्राय उद्योगों को पुनर्जीवित करने में और जो क्षीण अवस्था में चल रहे थे, उनमें वे गतिशीलता लाने के कार्य में जुट गए। लेकिन उनके काँग्रेस से अवकाश लेने और अराजनीतिक कार्य से संलग्न हो जाने में भी नौकरशाही को अपने लिए खतरा ही दिखाई देता था। भारत शासन के होम सेक्रेटरी हेलेट इस बात से भयभीत थे कि "काँग्रेसजनों को ऐसे कार्य से गाँवों में जाने का अवसर मिल गया जिस पर कोई आपत्ति नहीं की जा सकती थी और इस प्रकार वे अपने विचारों तथा प्रभाव को गाँवों में फैला सकते थे।"[१५] गाँधीजी की चाल को विफल करने की दृष्टि से शासन ने गाँवों के आर्थिक विकास के लिए प्रांतों को एक करोड़ रुपये स्वीकृत किए। इस बात से गाँधीजी को बड़ी प्रसन्नता हुई। यह ध्यान देने योग्य है कि जब भारत शासन ने गाँधीजी के इस नए अभियान के राजनीतिक महत्व को पूर्णत: समझ लिया था, अधिकांश काँग्रेसजन, विशेषत: समाजवादी, उसके प्रति उदासीन रहे और उसका मज़ाक भी उड़ाते रहे।

गाँधीजी के द्वारा अवकाश ग्रहण किए जाने पर हेलेट ने कहा था कि "उन्होंने एक बार फिर स्वयं को बहुत चतुर राजनीतिक नेता प्रमाणित कर दिया है" और काँग्रेस का बम्बई अधिवेशन "उनकी एक और व्यक्तिगत विजय का प्रमाण है क्योंकि उन्होंने विभिन्न विचारधारा के पोषकों को यदि एक

संगठन के अन्तर्गत नहीं तो कम-से-कम अपने नेतृत्व में रखने में सफलता प्राप्त की है।"[१६] यह सत्य है कि गाँधीजी ने काँग्रेस से उसे संगठित रखने के लिए अवकाश लिया था, लेकिन भारत में अथवा और कहीं कितने राजनीतिक नेता ऐसा कदम उठा सकते थे? यह गाँधीजी की चतुरता नहीं, उनकी महत्ता थी, जिसने अवकाश के लिए उन्हें प्रेरित किया। इसमें उनका कोई दोष नहीं था कि अवकाश ले लेने पर भी देश और काँग्रेस के मामलों में जो उनका स्थान था, उससे वे नहीं हट सके। जवाहरलाल ने महात्माजी के इस कार्य का सही आकलन किया था, जब उन्होंने कहा था कि "वे चाहें, तब भी वे अपनी प्रमुख स्थिति से छुटकारा नहीं पा सकते।"[१७]

काँग्रेस के बम्बई अधिवेशन की समाप्ति के पश्चात् राजनीतिक भारत भारतीय विधान सभा के चुनाव अभियान में जुट पड़ा। सत्य तो यह था कि काँग्रेस का बम्बई अधिवेशन दिसम्बर में न होकर अक्टूबर में इसलिए आयोजित हुआ ताकि काँग्रेसजन चुनाव लड़ सकें। शासन और काँग्रेस के बीच में यह समझौता हो गया था कि जो काँग्रेसजन सत्याग्रह आंदोलन में दो वर्ष या उससे अधिक अवधि के लिए दण्डित हुए थे, उनकी चुनाव में खड़े होने की अयोग्यता हटा ली जावेगी। लेकिन जैसा प्रमाणित हुआ, पूरे देश में मैं ही एकमात्र ऐसा व्यक्ति था, जिसकी चुनाव में खड़े होने की अयोग्यता नहीं हटाई गई थी।

जैसा पहले कहा जा चुका है, मेरे प्रति आतंकवादियों से संबंध रखने का संदेह किया जाता था। साथ ही, जबलपुर म्युनिसिपल कमेटी में उसके अध्यक्ष होने के नाते जो कार्य मैंने किया था, वह शासन के लिए चिन्ता का विषय बन गया था। चुनाव में खड़े हो सकने की अपनी अयोग्यता से मुझे बड़ा दुख नहीं हुआ, परंतु जो काँग्रेसजन कौंसिल-प्रवेश के पक्ष में नहीं थे उन्होंने इस विषय को झगड़े का एक मुद्दा बनाया। बम्बई के एक प्रमुख काँग्रेस नेता के.एफ. नरीमैन ने एक वक्तव्य में कहा कि चूँकि शासन ने मेरी अयोग्यता को न हटा कर समझौता भंग किया है, इसलिए कौंसिल प्रवेश की योजना को रद्द कर देना चाहिए। मुझे गाँधीजी के द्वारा वर्धा बुलाया गया। मेरे प्रति शासन के रवैये ने महाकौशल के काँग्रेसजनों में भय उत्पन्न कर दिया था, इसलिए गोविन्ददास और रविशंकर शुक्ल भी मेरे साथ वर्धा गए। गाँधीजी ने बात यह कहकर आरंभ की कि चूंकि शासन द्वारा मेरी अयोग्यता नहीं हटाई गई थी इसलिए उन्होंने निश्चय किया है कि मेरे विचारों को जान लेने के पश्चात ही वे काँग्रेस पार्लियामेन्टरी बोर्ड को अपनी सलाह देंगे। मेरे इस उत्तर से गाँधीजी बहुत हँसे कि यदि वे काँग्रेसजनों को केन्द्रीय विधान सभा में रसगुल्ला खाने के लिए भेज रहे थे तो मुझे उस भोज से अलग रखना अन्याय होगा, लेकिन यदि वे वहाँ स्वाधीनता के लिए लड़ने को भेजे जा रहे हैं तो लड़ाई कैसे वापिस ली जा सकती है, जब सिपाहियों में से एक बेकार हो गया है और लड़ाई में सम्मिलित नहीं हो सकता? चर्चा के दौरान जमनालाल बजाज भी उपस्थित थे और मुझे सहज ही बड़ी प्रसन्नता हुई जब उन्होंने कहा "बापू मैं पहले ही आप से कह चुका हूँ कि मिश्रजी एक देशभक्त हैं और अपनी अयोग्यता को बड़ी शिकायत का रूप नहीं देंगे।" इस कथन से गोविन्द दास को भी समाधान हो गया, जो महाकौशल से मेरे साथ काँग्रेस के अन्य उम्मीदवार होने वाले थे, और जिन्होंने मेरी सहानुभूति में चुनाव में खड़े होने से इंकार कर दिया था। इस तरह तूफान आकर चला गया और मैं काँग्रेसी उम्मीदवारों के लिए चुनाव अभियान में संलग्न हो गया।

पंजाब को छोड़कर सभी प्रांतों में काँग्रेस की आश्चर्यजनक विजय हुई। १९२६ की तरह ही मद्रास और बंगाल ने विजय प्राप्त की। बिहार, गुजरात, कर्नाटक और आसाम में महत्वपूर्ण जीत हुई। लेकिन आश्चर्यजनक प्रसन्नता का कारण यू.पी., मराठी सी.पी. और महाराष्ट्र में काँग्रेस की जीत थी। यू.पी. में जहाँ १९२६ में एक स्थान को छोड़कर सभी स्थानों पर काँग्रेस पराजित हुई थी, अब स्थिति उलट चुकी थी। मराठी भाषा-भाषी लोग दो सत्याग्रह आंदोलनों में उत्साहपूर्वक भाग ले चुके थे, इसलिए अनुक्रियात्मक सहयोगवादी और हिन्दू सभाई उम्मीदवारों के पैर काँग्रेस उम्मीदवारों के सामने उखड़ गए। मराठी सी.पी. और बरार भी इस बार महाकोशल के साथ हो गये और आल इंडिया हिन्दू महासभा के अध्यक्ष डॉ. मुंजे नागपुर में बैरिस्टर अभ्यंकर के विरोध में हार गए। कुल मिलाकर काँग्रेस ने ४४ स्थानों पर विजय प्राप्त की। १९२३ में भी यही स्थिति थी। मालवीय की नेशलिस्ट पार्टी पर भी साम्प्रदायिक पंचाट (कम्युनल अवार्ड) के प्रश्न को छोड़कर काँग्रेस को समर्थन देने का भरोसा किया जा सकता था।

इंग्लैण्ड में चार वर्ष रहने के पश्चात् जिन्ना हिन्दुस्तान वापिस आ गए थे और वे असेम्बली में स्वतंत्र पार्टी के नेता थे। १९२६ की तरह ही काँग्रेस और नेशनलिस्ट पार्टी को महत्वपूर्ण समस्याओं पर सरकार को हराने के लिए उनका सहारा लेना आवश्यक था। कम्युनल अवार्ड के प्रश्न को छोड़कर, जिसका समर्थन करने का वे वचन दे चुके थे, शासन से लड़ने में सहायता करने के लिए वे तैयार थे। यह तब स्पष्ट हो गया जब साइमन कमीशन रिपोर्ट और राउन्ड टेबल कान्फ्रेंस के परिणामों पर आधारित संयुक्त संसदीय कमेटी की सुधारों की नई किश्त पर दी गई रिपोर्ट असेम्बली के विचारार्थ रखी गई। संयुक्त पार्लियामेन्टरी रिपोर्ट को पूर्णत: रद्द करने के काँग्रेस के प्रस्ताव पर जिन्ना ने एक संशोधन रखा जो तीन भागों में था। उसका पहला भाग, जिसमें जब तक संबंधित दल किसी अन्य प्रस्ताव पर एकमत नहीं होते, तब तक साम्प्रदायिक पंचाट (कम्यूनल अवार्ड) स्वीकार किया गया था, अधिकारी वर्ग के समर्थन से पारित हो गया। उसके अन्य दो भाग, जिससे तथाकथित प्रांतीय स्वायत्त शासन और केन्द्रीय शासन की योजना को अस्वीकृत किया गया था, इस प्रकार थे:-

"(२) जहाँ तक प्रांतीय शासन की योजना का सम्बन्ध है, इस सदन की राय है कि वह अत्यन्त असंतोष तथा निराशाजनक है, क्योंकि उसमें कई आपत्तिजनक बातें सम्मिलित हैं जो कार्यकारिणी और विधानसभा के नियंत्रण तथा उत्तरदायित्व को पूर्णत: निष्प्रभावी कर देती हैं....।"

"(३) केन्द्रीय शासन की योजना के सम्बन्ध में, जिसे "आल इंडिया फेडरेशन" कहा गया है, इस सदन का स्पष्ट मत है कि वह बुनियादी तौर पर खराब है और ब्रिटिश भारत के लोगों को पूर्णत: अस्वीकृत है....।"

भारत शासन के लॉ मेम्बर ने जैसा कहा, जिन्ना का यह संशोधन संयुक्त पार्लियामेन्टरी रिपोर्ट को काँग्रेस के प्रस्ताव के समान ही रद्द करता था। काँग्रेस और नेशनलिस्ट पार्टी ने उस संशोधन का समर्थन किया और ५८ के विरोध में ७४ मतों से उसे पारित कर दिया गया।

१९३५ की एक और महत्वपूर्ण घटना जबलपुर में आल इण्डिया काँग्रेस कमेटी की २४-२५ अप्रैल की बैठक थी। जेल में रहने के कारण जवाहरलाल नेहरू और ख़ान अब्दुल गफ़्फ़ार खाँ अनुपस्थित थे। बम्बई के काँग्रेस अधिवेशन में यह आशा की गई थी कि सत्याग्रह आंदोलन के बन्द किए

जाने के कारण शासन सभी राजनीतिक बंदियों को छोड़ देगी और पूरे देश में अवैध की गई अनेक काँग्रेस कमेटियों तथा ऐसी ही अन्य संस्थाओं को वैध घोषित कर देगी। लेकिन विलिंग्डन तो काँग्रेस की प्रतिष्ठा को धूल में मिलाने पर तुले हुए थे। असेम्बली के चुनावों में काँग्रेस की आश्चर्यजनक विजय से भी वे यह नहीं समझ सके थे कि जो काम वे करना चाहते थे वह उनके नियंत्रण के बाहर था। बंगाल और उत्तर-पश्चिम सीमा प्रांत अभी भी उनके दिमाग से नहीं उतरे थे। हजारों बंगाली नवयुवक अभी भी जेलों में पड़े थे और उनके परिवार की देखभाल की कोई व्यवस्था नहीं की गई थी। मिदनापुर जिले की काँग्रेस कमेटियां अभी भी अवैध थीं। वैसी ही परिस्थिति उत्तर पश्चिम सीमा प्रांत में थी जहाँ काँग्रेस कमेटियों के साथ ही खुदाई खिदमदगारों का संगठन भी अवैध घोषित था। कई प्रांतों में हिन्दुस्तानी सेवा दल, यूथ लीग और मजदूर सभाएँ कोई काम नहीं कर पा रही थीं।

जबलपुर में हुई ऑल इंडिया काँग्रेस कमेटी की बैठक में उस समय की सम्पूर्ण स्थिति पर विचार किया गया तथा शासकीय दमन की निंदा की गई। बंगाल के नजरबन्द कैदियों के सम्बन्ध में शासन से या तो उन्हें छोड़ने या उन पर मुकदमा चलाने के लिए कहा गया। कमेटी ने अखिल भारतीय स्तर पर एक सहायता कोष की स्थापना का निश्चय किया ताकि नजरबन्द कैदियों के परिवारों की सहायता की जा सके साथ ही लगातार की जा रही उनकी नजरबन्दी के विरोध में १९ मई को विरोध दिवस मनाने का निश्चय किया गया। लेकिन ज्यों-ज्यों १९ मई का दिन निकट आता गया, विलिंग्डन शासन की तत्संबंधी चेतना भी वृद्धि करती गई। वह नजरबन्द दिवस को मनाना तो नहीं रोक सकी, लेकिन, इंडियन प्रेस एक्ट के अन्तर्गत अपने आपात्कालीन अधिकारों का प्रयोग कर उस दिवस से संबंधित विवरण को प्रकाशित करने पर रोक लगा दी गई। बंगाल के समाचार पत्रों ने इस ज्यादती के विरोध में अपनी भावना प्रदर्शित करने के लिए उस दिन अपने समाचार पत्र प्रकाशित नहीं किए।

जुलाई में संयुक्त पार्लियामेन्टरी रिपोर्ट पर आधारित नया गवर्नमेन्ट ऑफ इंडिया एक्ट आ गया, जो भारतीय विधान सभा द्वारा अस्वीकृत कर दिया गया था। गवर्नर के विशेषाधिकारों और कई बचावों की, जिससे प्रांतीय स्वायत्त शासन सीमित कर दिया गया था, बड़ी आलोचना हुई, लेकिन जिस बात को राष्ट्र स्वीकार न करने पर कटिबद्ध था, वह उस एक्ट का वह भाग था, जिसमें केन्द्र के संघीय ढांचे का उल्लेख था। फेडरेशन में देशी नरेशों का समावेश इसलिए किया गया था, ताकि उनकी अपनी रियासतों में वे निरंकुश शासन कर सकें और साथ ही देश के अन्य भागों की समस्याओं में भी हस्तक्षेप कर सकें। ब्रिटिश भारत में यह एक्ट प्रजातांत्रिक प्रगति को रोक देता था, जिसकी कल्पना मांटेगू-चेम्सफोर्ड सुधारों में की गई थी। यद्यपि यह सब इस उपमहाद्वीप को राजनीतिक रूप से संगठित करने के नाम पर किया जा रहा था, लेकिन उसका प्रमुख लक्ष्य भारतीय राष्ट्रीयता से लड़ने के लिए सामंती और साम्प्रदायिक शक्तियों का एकीकरण करना था और इस प्रकार अनिश्चित काल के लिए देश में ब्रिटिश सत्ता रहे आने देना था।

यह मैकियाविली योजना कार्यान्वित नहीं की जा सकी, लेकिन ऐसा केवल काँग्रेस के विरोध से ही नहीं हुआ बल्कि इसमें चर्चिल और अनुदार दल के उनके सहयोगियों के षडयँत्रों ने भी बड़ी सहायता पहुँचाई, क्योंकि वे लोग केन्द्रीय शासन में भारतीयों को कोई भी अधिकार देने के घोर विरोधी थे। उन्होंने गुप्त रूप से देशी राजाओं को इतना भयभीत कर दिया कि वे फेडरेशन में

सम्मिलित होने के अपने वचनों से मुकर गए। इस प्रकार भारतीय राष्ट्रवादी और चर्चिल दल, दो छोर, एक्ट की फेडरेशन योजना के विरोध में मिल गए और मैकडोनल्ड-बाल्डविन षड्यँत्र विफल हो गया। बाद में, दूसरे विश्व युद्ध के प्रारंभ में कुछ ब्रिटिश राजनीतिज्ञों ने फेडरेशन ढाँचे को कार्यान्वित न किये जाने पर आँसू बहाए। यह बहस का मुद्दा रहा आया कि इस बड़ी भूल के लिए वाइसराय या लंदन की सरकार जिम्मेदार थी। काफी दिन इस पर चर्चा रही। सत्य तो यह जान पड़ता है कि भारत की नौकरशाही, और इंग्लैण्ड में उसके संरक्षक चर्चिल की बुद्धि, अनजाने में ही नियति के शिकार हो गये जिससे भारत में प्रजातंत्र का भविष्य निश्चित हो गया। वाइसराय तो बुद्धि से नौकरशाही का कैदी था और लंदन में सेक्रेटरी ऑफ़ स्टेट फार इंडिया में वाइसराय जो स्थानीय अधिकारी था, के विरोध में खड़े होने का साहस नहीं था।

समाजवाद बनाम गाँधीवाद (१९३६)

उत्कट देशभक्त तथा स्वतंत्रता संघर्ष की सैनिका कमला नेहरू की दुखद मृत्यु के पश्चात् जवाहरलाल नेहरू मार्च १९३६ में यूरोप से लौटे और जैसी महात्मा गाँधी की योजना थी, उस वर्ष के लिए काँग्रेस के अध्यक्ष निर्वाचित हुए। १९२९ में लाहौर के अपने अध्यक्षीय भाषण में वे स्वयं को समाजवादी घोषित कर चुके थे। यूरोप के उनके दूसरे प्रवास के फलस्वरूप, उनकी समाजवादी मान्यताएं अधिक स्पष्ट और पुष्ट हो गई थीं। यह लिखा जा चुका है कि लाहौर और लखनऊ के काँग्रेस अधिवेशनों के बीच के वर्षों में उनके समाजवादी विचारों के प्रचार के कारण काँग्रेस में ही एक काँग्रेस समाजवादी दल बन गया था। इस नए दल का दावा था कि उसे नवयुवकों, मजदूरों और किसानों का समर्थन प्राप्त था। किसान संगठन कई प्रांतों में विशेषत: बिहार और यू.पी. में गठित हो गए थे और वे काँग्रेस में अपने प्रतिनिधित्व की मांग कर रहे थे।

यद्यपि काँग्रेस के निर्वाचित अध्यक्ष इस नए दल में सम्मिलित नहीं हुए थे, लेकिन वे उस दल के मान्य नेता थे। अपने अध्यक्षीय भाषण में उन्होंने समाजवाद के प्रति अपने विश्वास को दोहराया: "मुझे विश्वास है कि संसार तथा भारत की समस्याओं का समाधान समाजवाद में है और जब मैं इस शब्द का प्रयोग करता हूँ तो मात्र मानवी या कुछ अस्पष्ट ढंग से न कर उसका प्रयोग वैज्ञानिक और आर्थिक अर्थ में करता हूँ। लेकिन समाजवाद आर्थिक व्यवस्था से बड़ा है, और जीवन का एक अलग दर्शन है, और ऐसा ही वह मुझे अपील भी करता है।"

इस प्रकार जवाहरलाल ने "समाजवाद" शब्द का प्रयोग उसके "वैज्ञानिक और आर्थिक अर्थ" में कर स्पष्ट कर दिया कि वे मार्क्स के अनुयायी थे। वैज्ञानिक समाजवाद मार्क्स के द्वन्द्वात्मक भौतिकवाद का मात्र दूसरा नाम है। वह निश्चित रूप से एक नया जीवन दर्शन है जो एक नयी सभ्यता के निर्माण के लक्ष्य से हमारे "सहज ज्ञान, स्वभाव तथा इच्छाओं" में परिवर्तन की अपेक्षा करता है।

वे स्वयं अपने से तथा अपने श्रोताओं से यह प्रश्न करना नहीं भूले कि "काँग्रेस का जो वर्तमान आदर्शवाद है, उससे समाजवाद का कोई मेल-मिलाप है या नहीं।" उन्होंने स्वयं उत्तर भी दिया: "मैं नहीं मानता कि दोनों का आपस में कोई मेल है। मैं देश में उद्योगों के त्वरित विकास में विश्वास करता हूँ और इसी प्रकार ही, मैं मानता हूँ कि लोगों का आर्थिक स्तर ऊंचा होगा और निर्धनता का सामना किया जा सकेगा। तो भी खादी-प्रचार में मैंने पहले भी अपना पूरा सहयोग दिया है और भविष्य में भी

देने की आशा करता हूँ क्योंकि मेरा विश्वास है कि अपनी वर्तमान अर्थव्यवस्था में खादी और ग्रामीण उद्योगों का अपना निश्चित स्थान है। उनका सामाजिक, राजनीतिक और आर्थिक मूल्य है जिसका आंकलन करना कठिन है लेकिन जिससे उसके प्रभाव का अध्ययन करने वाले विशेषज्ञ परिचित हैं।"

यह आश्चर्य की बात नहीं है कि उनके विचारों ने भिन्न दिशाओं में जाने वाली कई प्रकार की अफवाहों को जन्म दिया और गाँधीजी ने अपने २५ जुलाई के हरिजन में प्रकाशित "क्या हम प्रतिद्वन्दी हैं" शीर्षक लेख में कहा कि "मैं जवाहरलाल का प्रतिद्वन्दी होने की या उनके मेरे प्रतिद्वन्दी होने की बात सोच भी नहीं सकता।" आलोचकों ने व्यक्तिगत स्तर पर विवाद प्रारंभ किया था जो बिल्कुल ही निराधार था। यह सत्य था कि उनके जीवन दर्शन एक दूसरे से इतने अलग थे कि भविष्य में स्वतंत्र भारत के निर्माण में वे एक दूसरे के प्रतिद्वन्दी हो सकते थे। तीसरे दशक में समाजवाद पर नेहरू के भाषण मात्र शास्त्रीय महत्व के थे, क्योंकि समाजवादी योजना को स्वाधीनता प्राप्ति के पश्चात् ही मूर्त रूप दिया जा सकता था। गाँधीवादी योजना के सिद्धाँत देश के ग्रामों में व्यवहार में लाए जा रहे थे क्योंकि स्वाधीनता संघर्ष काल में उन्हें काम में लाया ही नहीं जा सकता था, बल्कि हेलेट के गश्ती पत्र के अनुसार वे उस संघर्ष में सहायक भी हो रहे थे। नेहरू यह बात जानते थे और इसलिए "संक्रांति अवधि में उन्हें अस्थायी रूप से समयोजित" मानते थे। उन्हें यह भी ज्ञान था कि काँग्रेस का बहुमत समाजवादियों के साथ नहीं है और उन्हें कार्यकारिणी के ऐसे सदस्यों के साथ काम करना था, जिनकी समाजवाद में अनास्था ही नहीं थी बल्कि उन्होंने गाँधीवाद को अपना जीवनदर्शन मान लिया था। उन्होंने यह स्थिति इतनी पूर्णता से जान ली थी कि अपनी सहज स्पष्टवादिता के साथ उन्होंने अपने अध्यक्षीय भाषण में कहा: "मैं चाहूँगा कि काँग्रेस समाजवादी संगठन हो जाए और संसार की दूसरी शक्तियों से, जो नई संस्कृति के लिए कार्यरत हैं, हाथ मिलाए। लेकिन मैं जानता हूँ कि काँग्रेस का बहुमत, जैसा वह आज है, उतनी दूर जाने के लिए प्रस्तुत नहीं है। हममें से कई हमारी राष्ट्रीय पृष्ठभूमि के कारण इसलिए आगे बढ़ने में हिचकिचाते हैं कि उससे कई निहित स्वार्थ भयभीत कर हमारा साथ न छोड़ दें। इन निहित स्वार्थों में से कई तो हमारे विरोध में आज भी हैं, और उनसे विरोध के अतिरिक्त हम राजनीतिक संघर्ष में भी और कुछ की आशा नहीं कर सकते।

"इस देश में समाजवाद की प्रगति के लिए बड़ी इच्छा रखते हुए भी, उसे काँग्रेस पर मैं लादना नहीं चाहता और इस प्रकार स्वाधीनता संग्राम के मार्ग में बाधा उपस्थित कर दूँ....। सामाजिक प्रश्न पर परस्पर भिन्न विचार रखते हुए भी हम सबके लिए निश्चय ही, जो देश की स्वाधीनता के प्रति निष्ठावान हैं, एक साथ रहना संभव होना चाहिए। भूतकाल में भी सबका एक लक्ष्य होने के कारण काँग्रेस का मंच सभी मतों के एकीकरण का बड़ा मोर्चा रहा आया है। उसे वैसा ही आगे भी रहा आना चाहिए, यद्यपि मतों की भिन्नता अधिक स्पष्ट हो गई है।"

नेहरू के भाषण में गवर्नमेन्ट ऑफ इंडिया एक्ट १९३५ के अन्तर्गत आगामी चुनावों में काँग्रेस के द्वारा भाग लेने के लिए समर्थन था, लेकिन मंत्रिमंडल में सम्मिलित होने का विरोध किया गया था। काँग्रेस ने एक प्रस्ताव के द्वारा चुनाव लड़ने का निर्णय तो किया लेकिन पद के स्वीकार करने या न करने के प्रश्न पर भविष्य में विचार करने का निर्णय लिया। एक प्रस्ताव में "एक बड़ी व्यापक और भयंकर विश्व युद्ध की आशंका व्यक्त की गई और किसी साम्राज्यवादी युद्ध में भारत के द्वारा भाग लिए

जाने का विरोध किया गया।" संविधान सभा की मांग दोहराई गई। गोलमेज सम्मेलन में देशी रियासतों की समस्या सामने आ गई थी इसलिए काँग्रेस द्वारा उस समस्या से संबंधित अपनी राय देना आवश्यक माना गया और इसलिए काँग्रेस ने मत व्यक्त किया की "भारत के अन्य भागों के समान ही देशी राज्यों की जनता को भी आत्मनिर्णय का अधिकार है, लेकिन वह यह भी बताना चाहती है कि रियासतों के अन्तर्गत आत्म-स्वतंत्रता का संघर्ष, जैसी स्थिति है, उसके अनुसार रियासतों की जनता को ही करना पड़ेगा।"

लखनऊ काँग्रेस में नेहरू की समाजवादी विचारधारा की लाभ-हानि का अनुमान लगाते हुए माइकल ब्रेशर लिखते हैं: "नेहरू को अत्यधिक प्रिय विदेशी नीति के क्षेत्र में काँग्रेस के पुरानी विचारधारा वाले उदार हो सकते थे, इसलिए विदेशों से सम्पर्क स्थापित करने के लिए एक विदेशी विभाग की नेहरू की मांग स्वीकार कर ली गई। इथियोपिया और बाहर बसे भारतीयों के प्रति सहानुभूति प्रदर्शित की गई और किसी "साम्राज्यवादी युद्ध" में भाग न लेने का संकल्प दोहराया गया, लेकिन महत्वपूर्ण प्रस्तावों पर दक्षिण पंथी दल जीत गया।

"ट्रेड यूनियन और किसान सभाओं को सामूहिक रूप से काँग्रेस से सम्बद्ध करने के नेहरू के प्रस्ताव को नहीं माना गया, क्योंकि उससे निश्चित रूप से काँग्रेस के अन्दर शक्ति का संतुलन वामपंथियों की ओर झुक जाता। उसके स्थान पर एक जनसम्पर्क समिति बनाई गई जिसकी गतिविधियों पर काँग्रेस हाईकमान्ड का नियंत्रण रखा गया। इसी प्रकार देशी रियासतों के राजनीतिक संघर्ष से काँग्रेस का प्रत्यक्ष संबंध रखने का भी नेहरू का प्रस्ताव अस्वीकृत हुआ और परोक्ष समर्थन की गाँधी नीति दोहराई गयी। कृषि संबंधी सुधारों पर तात्कालिक स्थिति को दृष्टिगत रखते हुए काफी नरम प्रस्ताव पास किया गया। भूमि सम्बन्धी समस्या पर सीधी कार्यवाही की बात नहीं की गई। उस समय का महत्वपूर्ण प्रश्न १९३५ के गवर्नमेन्ट ऑफ इंडिया एक्ट के प्रति काँग्रेस की नीति के विषय पर भी नेहरू पराजित हो गए। काँग्रेस ने समूचे एक्ट को रद्द कर दिया और संविधान सभा के निर्माण की मांग फिर से दोहराई। साथ ही चुनाव लड़ना भी निश्चित कर लिया गया और पद स्वीकृति का प्रश्न भविष्य में विचारार्थ टाल दिया गया।"[१८]

लखनऊ काँग्रेस की समाप्ति पर अध्यक्ष को अपनी कार्यकारिणी बनाने की समस्या को सुलझाना था। उनके समाजवादी दृष्टिकोण को जानते हुए पिछली कार्यकारिणी के वरिष्ठ सदस्य उनके साथ दल की भावना से काम करते रहने में संदेह करते थे। लेकिन जब उन्होंने यह संकेत किया कि वे जे.बी. कृपलानी को प्रधान सचिव बनाने को तैयार हैं, तो वरिष्ठ सदस्य भी उनके द्वारा मनोनीत किए जाने पर सहमत हो गए। नई कार्यकारिणी में काँग्रेस सोशलिस्ट दल की ओर से, जिसे अब सी.एस.पी. कहा जाता था, आचार्य नरेन्द्र देव, जयप्रकाश नारायण तथा अच्युत पटवर्धन भी मनोनीत किए गए।

चूँकि अध्यक्ष और गाँधीवादियों में, जिन्हें ओल्ड गार्ड (पुरानी गारद) कहते थे, मतभेद आधारभूत थे, इसलिए एकता का प्रयास पैबन्द लगाना ही साबित हुआ। कार्यकारिणी की पहली बैठक में ही मतभेद उभर कर आ गए और जून के अंत तक राजेन्द्र प्रसाद, वल्लभभाई पटेल, राजाजी, जमनालाल बजाज, जयरामदास दौलतराम, जे.बी. कृपलानी तथा शंकरराव देव ने त्यागपत्र दे दिए। गाँधीजी ने शीघ्र ही हस्तक्षेप कर उन लोगों को त्याग-पत्र वापिस ले लेने पर सहमत कर लिया। लेकिन

त्याग-पत्र वापिस लेने के साथ ही राजेन्द्र प्रसाद ने एक पत्र जवाहरलाल नेहरू को लिखा, जिसे जवाहरलाल ने गाँधीजी को लिखे अपने पत्र में "अपने प्रति बड़ा अभियोग" माना और कहा कि "मामला इतना गंभीर था कि उसे नजर अंदाज नहीं किया जा सकता था।"[१९] लेकिन आपसी विभाजन के संकट को दूर करने की दृष्टि से महात्माजी ने मामला रफा-दफा कर दिया।

त्याग-पत्र देने वालों में कृपलानी भी थे। उनकी स्थिति अधिक जटिल थी क्योंकि प्रधान सचिव होने के कारण उन्हें इलाहाबाद स्थित स्वराज भवन में (जो पहले आनंद भवन था और नेहरू पिता पुत्र ने काँग्रेस को उपहार स्वरूप दे दिया था) में काम करना था और इस प्रकार अध्यक्ष से प्रतिदिन सम्पर्क रखना पड़ता था। उन्हें लगा कि उनकी ओर से एक पृथक स्पष्टीकरण आवश्यक था, इसलिए उस समस्या के समाप्त हो जाने के पश्चात् भी उन्होंने अध्यक्ष को एक व्यक्तिगत पत्र लिखा। उनके पत्र का एक अंश स्पष्ट करता है कि वे लोग भी जो एक प्रकार के समाजवादी थे, काँग्रेस समाजवादियों के साथ काम करने में कठिनाई अनुभव कर रहे थे। मैं भी सी.एस.पी. की महाकोशल शाखा का सदस्य हो गया था, लेकिन कुछ ही महीनों में बाहर निकल आया। कृपलानी ने लिखा: "मेरा विश्वास है कि मैं एक तरह का समाजवादी हूँ। कई अन्य लोगों के साथ मैं भी रूस में जो कुछ प्रगति हुई है, उसका सहज प्रशंसक हूँ। मैंने उसका महत्वपूर्ण साहित्य बहुत पढ़ा है। लेकिन विचारक न होकर मैं कर्म प्रधान व्यक्ति हूँ। इसलिए मैं काम प्रारंभ करने से पूर्व पूरे चित्र को देख लेने की प्रतीक्षा नहीं कर सकता। मेरा विश्वास है कि किसी भी सुधारक ने ऐसा पहले न किया है अथवा कर सकता है। मेरा विश्वास है कि स्वाधीनता अपने आप में बड़ा प्रेरक है और कठिनता से प्राप्त किया जाने वाला लक्ष्य है। मेरी मान्यता है कि उसका आदर्श भारतीय समाज के सभी वर्गों में समाहित नहीं हो सका है। इसलिए सामान्य व्यक्ति के लिए उससे और आगे का लक्ष्य रखने से मैं डरता हूँ ताकि मैं उनकी एकाग्रता और फलस्वरूप कार्य करने की क्षमता नष्ट न कर दूँ। मुझे ज्ञात है कि तर्क के सम्मुख मेरी बात नहीं ठहर सकती क्योंकि वह अपूर्ण है। लेकिन कुछ समय के लिए अपूर्ण सत्य भी पूर्ण हो जाता है जब मान्यता को मूर्त रूप देना हो।"[२०]

नेहरू ने सम्पूर्ण समस्या को अखिल भारतीय काँग्रेस कमेटी के समक्ष प्रस्तुत करने का विचार किया था, लेकिन बाद में गाँधीजी की सलाह मान गए। गाँधीजी ने ऐसा करने का विरोध इस आधार पर किया था कि "अखिल भारतीय काँग्रेस कमेटी उस संकट का समाधान ढूंढ़ने में अशक्त और सामर्थहीन सिद्ध होगी," "क्योंकि उसमें दो विरोधी भावनाएं आपस में टकरा रही होंगी।" कुछ दिनों बाद नेहरू ने खुद भी मंजूर किया कि "पूरा संगठन ही आमूल हिल जाता।" चूँकि प्रांतीय विधान सभाओं के चुनाव निकट आते जा रहे थे, इसलिए परस्पर एकता बड़ी आवश्यक थी। दोनों पक्ष समझौते के लिए प्रयत्नशील थे और नेहरू ने भी अपने सहयोगियों के साथ अपने मूल मतभेदों में ढील डालने में देर नहीं की। वे गाँधीजी के विचारों के अत्यन्त निकट आ गए जब उन्होंने अपने समाजवाद की परिभाषा इस प्रकार की: "जो मैं चाहता हूँ कि समाज में लाभ की इच्छा का स्थान सामाजिक सेवा की भावना ले, प्रतिद्वन्दिता का स्थान सहयोग ले और उत्पादन लाभ की नीयत से नहीं बल्कि उसकी खपत के लिए किया जाए, क्योंकि मैं हिंसा से घृणा करता हूँ, और उसे मैं नितांत निकृष्ट मानता हूँ। मैं स्वेच्छा से अपनी वर्तमान व्यवस्था को, जो हिंसा पर आधारित है, सहन नहीं कर पाता हूँ। इसलिए

मैं ऐसी साहसी, स्थायी और सहयोगी व्यवस्था की तलाश में हूँ जिससे हिंसा समूल नष्ट कर दी जावे और घृणा सिकुड़ कर उदार भावना को स्थान दे, इस सबको मैं समाजवाद कहता हूँ।"[२१]

अगस्त में जब काँग्रेस कार्यकारिणी की बैठक हुई तो नेहरू के ही शब्दों में "परस्पर सहयोग का वातावरण हमें घेरे हुए था" और "जैसा एक सहयोगी ने कहा, सब कुछ पुराने दिनों की तरह था।"[२२] यह नया तालमेल सर्वसम्मति से तैयार हुए चुनाव घोषणा पत्र से भी स्पष्ट हो गया जिसमें: (१) १९३५ के संविधान की अस्वीकृति (२) संविधान सभा की मांग (३) राष्ट्रीय स्वाधीनता की स्थापना (४) किसानों को देनदारी से मुक्ति तथा (५) छूआछूत का उच्छेद करना मुख्य लक्ष्य रखे गए थे।

काँग्रेस अध्यक्ष का चुनावी दौरा सही अर्थ में तूफानी था। जब वे महाकोशल में आए, रविशंकर शुक्ल के साथ मैं भी उनके साथ रहा आया। अपने त्याग, सहनशक्ति तथा आम जनता की स्थिति सुधारने की अपनी उत्कट भावना से वे जनता में इतने लोकप्रिय हो गए थे कि जहाँ भी वे गए उन्हें सुनने के लिए लोग बड़ी संख्या में इकट्ठे होते थे। अपनी शालीनता से जनता के इस उत्साह को उन्होंने "काँग्रेस की प्रतिष्ठा और प्रभाव" का परिणाम कहा और बहुत ही कम सीमा तक "अपनी लोकप्रियता" को उसका आधार स्वीकार किया।

१९३६ में काँग्रेस के दो अधिवेशन हुए क्योंकि गत वर्ष कोई अधिवेशन नहीं हो सका था। गाँधीजी की इच्छानुसार दूसरा अधिवेशन महाराष्ट्र के एक मामूली गाँव, फैज़पुर में हुआ। नेहरू के साथ अध्यक्षता के लिए सरदार पटेल का नाम भी प्रस्तावित हुआ था। पटेल ने अपना नाम वापिस ले लिया, लेकिन यह बयान भी दिया कि "नाम वापिसी से यह अर्थ नहीं निकालना चाहिए कि मैं जवाहरलालजी से सभी विचारों से सहमत हूँ।"[२३] नेहरू ने भी उसी भावना से उत्तर देते हुए घोषणा की कि "इस अध्यक्षीय निर्वाचन को समाजवाद के पक्ष की या पद अस्वीकृत की विजय मान लेना अनर्थ होगा।"[२४]

फैजपुर अधिवेशन में लखनऊ काँग्रेस के अधिकांश प्रस्ताव पुनः पारित किए गए। कुछ नए निर्णय भी हुए। विभिन्न प्रांतीय धारा सभाओं में निर्वाचित होने वाले सदस्यों का एक सम्मेलन बुलाना निश्चित हुआ। साथ ही, कारोनेशन और दूसरे साम्राज्यवादी उत्सवों में सम्मिलित न होने का तथा १ अप्रैल, १९३७ को नए गवर्नमेन्ट ऑफ इण्डिया एक्ट के लागू किए जाने के विरोध में देशव्यापी हड़ताल करने का निश्चय किया गया। अधिवेशन की समाप्ति पर काँग्रेसजन नए उत्साह से चुनाव अभियान में जुट जाने के लिए अपने प्रान्तों में लौट गए।

संदर्भ

१. ह्यू टाय, स्प्रिगिंग टाइगर, पृ. ५२
२. माइकल ब्रेशर, नेहरू, पृ. ७६.
३. वही, पृ. ३९.
४. फ्रैन्क मोरेस, नेहरू, पृ. ३९.
५. एन.के. बोस और पी.एच. पटवर्धन, गाँधी इन इंडियन पालिटिक्स, पृ. २५.
६. वही, पृ. ७८.

७. लुई फिशर, ए वीक विथ गाँधी, पृ. ७२-७३.

८. एन.के. बोस और पी.एच. पटवर्धन, उपरोक्त, पृ. ७४.

९. डी.जी. तेन्दुलकर, उपरोक्त, महात्मा, खण्ड ३, पृ. ३१४.

१०. वही, पृ. ३१६.

११. सी.ई.एम. जोड, इन्ट्रोडक्शन टू माडर्न पोलिटिकल थ्योरी, पृ. ३९-४०.

१२. वही, पृ. ३१८-१९.

१३. डी.जी. तेन्दुलकर, पृ. ३१८.

१४. पट्टाभि सीतारमैया, काँग्रेस का इतिहास, खण्ड १, पृ. ५९३.

१५. जे.बी. कृपलानी, गाँधी, पृ. १६६.

१६. वही,

१७. जवाहरलाल नेहरू, एन आटोबायोग्राफी, पृ. ५७४.

१८. माइकल ब्रेशर, नेहरू, पृ. २१९-२०.

१९. जे.बी. कृपलानी, उपरोक्त, पृ. ४६७.

२०. वही, पृ. ४७४-७५.

२१. पी. सीतारामैया, काँग्रेस का इतिहास, खण्ड २ पृ. २६-२७.

२२. जवाहरलाल नेहरू, यूनिटी ऑफ इंडिया, पृ. १०२.

२३. सीतारमैया, उपरोक्त, खण्ड २, पृ. ३२.

२४. वही, पृ. ३३.

* * *

अध्याय-९

काँग्रेस सत्ता में

पाकिस्तान के बीज क्या १९३७ में बोए गए थे?

इंग्लैण्ड में लगभग चार वर्ष रहने के पश्चात् जब जिन्ना भारत लौटे और भारतीय लेजिस्लेटिव असेम्बली में निर्वाचित हुए उस समय मुस्लिम समाज का अखिल भारतीय स्तर का कोई नेता नहीं था। प्रारंभ से ही मुस्लिम लीग एक अखिल भारतीय स्तर का संगठन था और लम्बे समय तक उसका स्थायी अध्यक्ष रहे आने की वजह से जिन्ना अखिल भारतीय स्तर के नेता थे, लेकिन मुस्लिम जनता से उनका कभी सम्पर्क नहीं रहा। खिलाफत की समस्या को अपना समर्थन देकर महात्मा गाँधी ने मुसलमानों में जागृति ला दी थी और १९२०-२१ के असहयोग आन्दोलन के दिनों में मौलाना मोहम्मद अली सबसे पहले अखिल भारतीय स्तर पर मुसलमानों के नेता हुए।

लेकिन जब मौलाना गाँधीजी से अलग हो गए तो उनकी प्रतिष्ठा भी गिर गई और मुस्लिमों के प्रमुख नेताओं में वे भी एक होने के स्तर पर पहुँच गए। जिन्ना हिन्दुस्तान लौटे, उसके पूर्व ही मौलाना का देहांत हो गया। उन प्रांतों में जिनमें मुस्लिमों का बहुमत था, नौकरशाही की सहायता से क्षेत्रीय नेताओं ने अपने लिए स्थान बना लिया था। पंजाब में सर मालकम हेली ने जब वे वहाँ के गवर्नर थे, फज़ली हुसेन और सिकन्दर हयात खाँ को हिन्दू और सिख जमींदारों से मिलकर यूनियनिस्ट पार्टी बनाने को प्रोत्साहित किया था। चूँकि भारत की लगभग आधी सेना की भर्ती उसी प्रान्त से होती थी, यह अंग्रेज शासन के हित में था कि मुसलमान, हिन्दू और सिख समाज के उच्च वर्ग को एक दूसरे से मिलाकर रखें और निष्ठावान नेताओं को काँग्रेस और मुस्लिम लीग दोनों के प्रभाव से मुक्त रखें। बंगाल में यूनाइटेड मुस्लिम पार्टी के नाम से एक प्रतिक्रियावादी दल बन गया था, लेकिन फज़लुल हक ने उसमें सम्मिलित होने से इंकार कर काँग्रेस के कार्यक्रम से मिलते-जुलते कार्यक्रम के साथ एक कृषक प्रजा पार्टी की स्थापना की। सिंध में आज़ाद पार्टी के नाम से शेख अब्दुल मजीद सिंधी के नेतृत्व में एक शुद्ध साम्प्रदायिक पार्टी थी। हाँ, उत्तर पश्चिम सीमा प्रान्त राष्ट्रवादी हो गया था और मुस्लिम सम्प्रदायवादियों के प्रभाव से मुक्त था।

केन्द्रीय विधान सभा में चुने जाने के पश्चात् जिन्ना मुस्लिम लीग को पुनर्गठित करने लगे। अखिल भारतीय नेतृत्व के लिए उन्हें किसी प्रतिद्वन्दी का सामना नहीं करना था लेकिन अपनी स्थिति को ठोस जमीन देने के लिए उन्होंने प्रांतीय मुस्लिम नेताओं को अपनी ओर करने का प्रयास किया। यू.पी. और बम्बई में ही उन्हें समुचित संख्या में ऐसे लोग मिले। लेकिन यू.पी. में भी उनके अनुयायियों

की स्थिति विशेष अच्छी नहीं थी। एस.आर. मेहरोत्रा लिखते हैं कि: "प्राविंशियल मुस्लिम लीग पार्लियामेन्टरी बोर्ड पर प्रगतिशीलों का वर्चस्व था, जिसमें अहरार, जमैयत उल-उलेमा, मोमिन, शिया पोलिटिकल कांफ्रेंस और काँग्रेस की ओर झुके मुसलमानों के प्रतिनिधि थे। बोर्ड के अध्यक्ष चौधरी खलीकुज्जमा थे जो स्वयं समाजवादी विचारों के काँग्रेसी थे और जिनके कई चोटी के काँग्रेस नेताओं से व्यक्तिगत संबंध थे। लेकिन मुस्लिम पार्लियामेन्टरी बोर्ड के बनने के दिन से ही उसमें संघर्ष प्रारंभ हो गए और उसकी कार्यवाही से क्रोध व्यक्त करते हुए अहरार, जमैयत-उल-उलेमा, मोमिन और शिया पोलिटिकल कांफ्रेंस के नेताओं ने त्यागपत्र दे दिए। यह क्रम चुनाव के समय और उसके पश्चात् भी चला और इसलिए बोर्ड में जो कुछ प्रगतिशील मुस्लिम रह गए थे, उनकी स्थिति अनिश्चित हो गई। बोर्ड में तीन विशेष दल थे और प्रत्येक दल बोर्ड को एक दूसरे से अलग दिशा की ओर खींच रहा था। एक दल नेशनल एग्रीकल्चरिस्ट पार्टी से सहयोग करना चाहता था। यह पार्टी यू.पी. के जमींदारों की थी, जिसके नेता नवाब छतारी ने अन्तर्कालीन मंत्रिमंडल भी बनाया था। दूसरा दल, जिसका प्रभाव बोर्ड की कार्यवाही पर बढ़ता जा रहा था, जिन्ना के नेतृत्व में पूर्णतया सांप्रदायिक तथा काँग्रेस विरोधी नीति अपनाना चाहता था और सब मुस्लिम विधान सभा सदस्यों को मिलाकर रखने की पक्षधर था। तीसरा दल जो अल्पमत में था और जिसमें खलीकुज़्ज़मा, हाफिज़ मोहम्मद इब्राहीम, सुलेमान अंसारी, सैदुद्दीन खान और अली जहीर थे, काँग्रेस के सहयोग से काम करना चाहता था।"[१]

बम्बई और यू.पी. को छोड़कर मुस्लिम लीग बाकी सभी प्रांतों में पराजित हो गई। बम्बई में २९ में से २० और यू.पी. में ६४ आरक्षित मुस्लिम सीटों में से २७ उसे मिलीं। ऐसा आरोप लगाया गया है कि यू.पी. में काँग्रेस ने लीग के साथ मिलकर सरकार बनाने का समझौता किया था, लेकिन जब उसे प्रचण्ड बहुमत प्राप्त हो गया तो वह बहक गई और जिन्ना द्वारा अर्पित दोस्ती का हाथ उन्होंने नहीं थामा, जिसका अंतिम परिणाम पाकिस्तान के बन जाने में हुआ। कान्जी द्वारकादास लिखते हैं कि "प्रस्तावित मुख्यमंत्री खेर ने अपना मंत्रिमंडल बनाने से पहले जिन्ना से मुलाकात की। उन्होंने जिन्ना से उनके मुस्लिम लीग से दो व्यक्ति उनके मंत्रिमंडल में सम्मिलित होने के लिए मांगे। जिन्ना तत्काल सहमत हो गए और उन्होंने लीग और अपना पूर्ण समर्थन काँग्रेस मंत्रिमंडल को देने का वचन दिया। लेकिन क्या हुआ? खेर ने पूरा कथानक मुझे सुनाया, जिसकी जिन्ना ने पश्चात् में पुष्टि की। काँग्रेस हाइ कमान्ड, विशेषत: सरदार पटेल, जिन्ना से मिलने के कारण खेर से बहुत अप्रसन्न हुए। हाई कमाण्ड जिन्ना से कोई संबंध नहीं रखना चाहता था। इसलिए दो मुस्लिम लीगी सदस्यों को मंत्रिमंडल में लेने के लिए खेर का अनुरोध इस माँग में बदल गया कि मंत्रिमंडल में लिए जाने वाले वे दो व्यक्ति मुस्लिम लीग छोड़कर काँग्रेस में सम्मिलित हो जावें और तभी उन्हें मंत्रिमंडल में लिया जा सकेगा। मुस्लिम लीग के लिए यह अपमानजनक शर्त थी और जिन्ना उस शर्त से ठीक ही अप्रसन्न हो गए और इसलिए उन्होंने तत्काल उसे अस्वीकार कर दिया। वे काँग्रेस पार्टी से सहयोग करना चाहते थे, लेकिन अपनी पार्टी को परिसमाप्ति पर पहुँचा कर अथवा विध्वंस कर नहीं।

"यू.पी. में भी वैसी ही भूल की गई। नेहरू अपनी बड़ी जीत से संतुलन खो बैठे और चौधरी खलीकुज्जमा से जो सौदा हुआ था, उसे भूल गए। नेहरू ने दो मुस्लिम लीगी सदस्यों को काँग्रेस मंत्रिमंडल में ले लेने के खलीकुज्जमा की प्रार्थना नहीं स्वीकार की जबकि रफी अहमद किदवई यू.पी. असेम्बली में खलीकुज्जमा की सहायता से ही चुने जा सके थे।"

"इन दो घटनाओं ने जिन्ना को बहुत खिन्न कर दिया। उनका यह अनुभव करना उचित था कि उन्हें बेइज्जत करके काँग्रेस उनका सहयोग चाहती थी।

"जुलाई, १९३७ के अहंकार और राजनीतिक दूरदर्शिता की कमी का प्रदर्शन अगले १० वर्षों में कई बार हुआ जिसका अंत देश का भारत और पाकिस्तान के विभाजन में हुआ।"[२]

इस मत पर कम या अधिक कई लेखकों, जैसे कूपलैन्ड, बेनी प्रसाद, दुर्गादास और सी.एस. वेंकटाचारी ने अपनी सहमति व्यक्त की है। इस संदर्भ में यह महत्वपूर्ण है कि मौलाना अबुल कलाम आज़ाद ने भी जवाहरलाल की त्रुटि की ओर संकेत किया है। आज़ाद का कथन है: "जवाहरलाल मेरे निकटतम मित्रों में हैं और भारत के राष्ट्रीय जीवन में उनका योगदान किसी से कम नहीं है। उन्होंने देश की स्वतंत्रता के लिए कार्य किया और कष्ट सहन किया है और स्वतंत्रता के पश्चात् देश की एकता और प्रगति के प्रतीक माने जाते हैं। तो भी खेद के साथ मुझे कहना पड़ता है कि कभी-कभी वे भावावेश में बह जाते हैं। इतना ही नहीं, कभी-कभी सैद्धांतिक विचारों से प्रभावित होकर स्थिति की वास्तविकता को ठीक अनुमान नहीं कर पाते।"

"काल्पनिक सिद्धांतों के प्रति उनका गहरा लगाव संविधान सभा पर उनके द्वारा दिए गए बयान के लिए उत्तरदायी था। सैद्धांतिक आग्रह के कारण १९३७ में जब गवर्नमेंट ऑफ इंडिया एक्ट, १९३५, के अन्तर्गत चुनाव हुए थे तब उसी प्रकार की भूल वे कर बैठे थे...।"

"....यदि यू.पी. की मुस्लिम लीग के सहयोग का प्रस्ताव मान लिया जाता तो व्यवहारिक रूप से लीग काँग्रेस में मिल जाती। जवाहरलाल के निर्णय ने यू.पी. में मुस्लिम लीग को एक नया जीवन प्रदान किया। भारतीय राजनीति के जिज्ञासु यह जानते हैं कि यू.पी. से ही मुस्लिम लीग का पुनर्गठन किया गया था। जिन्ना ने स्थिति का पूरा लाभ उठाकर आक्रामक कार्यवाही प्रारंभ की जिसकी परिणति पाकिस्तान के बनने में हुई।"

"....परिणाम यह हुआ कि यू.पी. में कोई समझौता नहीं हो सका। जिन्ना ने उसका पूरा लाभ उठाया और उन्होंने मुस्लिम लीग को पूर्णत: काँग्रेस के विरुद्ध कर दिया। चुनाव के पश्चात् उनके कई समर्थक उन्हें छोड़ रहे थे लेकिन अब वे उन सबको अपने साथ रखने में सफल हो गए।"[३]

मौलाना (जैसा कांजी आरोप लगाते हैं,) नहीं कहते कि जवाहरलाल का खलीकुज्जमा से पूर्व में कोई समझौता हुआ था, जिसे वे "भूल गए।" वे इतना ही कहते हैं कि जवाहरलाल ने अंतिम क्षणों में हस्तक्षेप कर खलीकुज़्ज़मा से जो समझौता हुआ था, उसे नष्ट कर दिया। कांजी ने यह भी उल्लेख किया है कि रफी अहमद किदवई की, जो काँग्रेस टिकट पर चुनाव लड़ रहे थे, खलीकुज़्ज़मा ने बड़ी सहायता की और इसलिए जवाहरलाल का कर्तव्य था कि वे लीग की कृतज्ञता स्वीकार कर मंत्रिमंडल में सहयोगी बनाकर उसे पुरस्कृत करते। यह निश्चित है कि यदि कांजी को यू.पी. की राजनीति की अधिक जानकारी होती, तो वे ये आरोप नहीं लगाते। जैसा पहले कहा जा चुका है, खलीकुज़्ज़मा और मुस्लिम लीग के कई और उम्मीदवार उस समय काँग्रेस में थे और यू.पी. लीग बोर्ड के प्रतिक्रियावादी मुस्लिम लीगियों से संघर्ष कर रहे थे। काँग्रेसजन होने के नाते किदवई से उनके अच्छे सम्बन्ध थे और उन्होंने उनकी सहायता की थी। उनके विरोध में काँग्रेस के उम्मीदवार न खड़ा कर उनके सहयोग का प्रतिकार काँग्रेस कर चुकी थी। साथ ही काँग्रेस अपने मंत्रिमंडल में खलीकुज्जमा को सम्मिलित करने

को सहमत थी, केवल नवाब मोहम्मद इस्माइल को व्यक्तिगत और कई दूसरे कारणों से लेने में आपत्ति की गई थी।

मौलाना की व्याख्या में एक कमी है। उन्होंने स्वयं लीगियों को काँग्रेस मंत्रिमंडल में सम्मिलित किए जाने के लिए जो शर्तें रखी थीं, उनका उल्लेख नहीं किया है। ये शर्तें ३० जुलाई, १९३७ के "पायोनियर" अंग्रेजी समाचार पत्र में प्रकाशित हुई थी: "यू.पी. विधान सभा में मुस्लिम ग्रुप एक स्वतंत्र ग्रुप की तरह काम नहीं कर सकेगा।

"यू.पी. विधान सभा में चुने गए मुस्लिम लीग पार्टी के सदस्य काँग्रेस पार्टी के अंग हो जावेंगे, और काँग्रेस पार्टी के सदस्य की तरह दूसरे सदस्यों के साथ विशेषाधिकारों और कर्तव्यों में सम्मिलित रहेंगे। ...सभी समस्यायें बहुमत से निर्णित की जावेंगी और प्रत्येक सदस्य को एक ही वोट का अधिकार होगा।"

"विधान सभा के सदस्यों के लिए काँग्रेस वर्किंग कमेटी द्वारा निर्धारित नीति का तथा सक्षम काँग्रेस संस्थाओं द्वारा धारा सभाओं में सदस्यों के कार्य के सम्बन्ध में दिये गये निर्देशों का पालन निष्ठा से काँग्रेस के सभी सदस्यों को, जिनमें ये सदस्य भी होंगे, करना होगा।"

"यू.पी. में मुस्लिम लीग पार्लियामेन्टरी बोर्ड भंग कर दिया जावेगा और किसी उपचुनाव में उसकी ओर से उसके पश्चात् कोई उम्मीदवार नहीं खड़ा किया जावेगा। कोई स्थान खाली होने पर काँग्रेस द्वारा मनोनीत उम्मीदवार को पार्टी के सभी सदस्य सक्रिय समर्थन देंगे।"

"काँग्रेस पार्टी के सभी सदस्य पार्टी के नियमों का पालन करेंगे तथा काँग्रेस की प्रतिष्ठा और हितों की वृद्धि में पूरा सहयोग देंगे।"

"काँग्रेस पार्टी द्वारा मंत्रिमंडल से अथवा विधान सभा से त्याग-पत्र देने का निर्णय उपरोक्त ग्रुप के सदस्यों को भी मान्य होगा।"

मुस्लिम लीग ने यदि ये शर्तें मान ली होती तो मुस्लिम लीग काँग्रेस की विधान सभाई पार्टी में मिल ही नहीं जाती बल्कि जो सीटें मुसलमानों के लिए सुरक्षित थीं, उनसे उप-चुनावों में काँग्रेस उम्मीदवारों की जीत सुनिश्चित कर देती। यू.पी. में हो रहे वार्तालाप की जानकारी ज्योंही जिन्ना को मिली, उन्होंने उसकी निंदा की और उसे "मुसलमानों में मतभेद पैदा करने की" गोलमोल प्रयत्न की संज्ञा दी। स्वयं खलीकुज्जमा ने समझौता वार्ता की असफलता के लिए दो लीगी सदस्यों को अपने साथ लेने में काँग्रेस की इंकारी को उत्तरदायी न मानकर, आजाद की अनुचित शर्तों को उत्तरदायी ठहराया, जिनमें एक शर्त यह भी थी कि "लीग ग्रुप एक पृथक ग्रुप नहीं रह सकेगा।" यह सत्य है, जैसा मौलाना ने कहा था, कि "चुनाव के पश्चात् जिन्ना के कई समर्थक उन्हें छोड़ने पर आमादा थे लेकिन अब वे उन्हें अपने साथ वापिस ले आने में सफल हो गए थे।" लेकिन उनके इस अनुमान को स्वीकार कर लेना कठिन है कि मौलाना ने जो तय किया था उसे मानकर नेहरू यदि जिन्ना के इन समर्थकों को काँग्रेस में रहने देते, तो जिन्ना ने "आक्रामक कार्रवाई न प्रारंभ की होती जिसका परिणाम पाकिस्तान के बनने में हुआ।" पांच मुस्लिम एम.एल.ए. (तीन मुस्लिम लीग के और दो स्वतंत्र) हाफिज़ मोहम्मद इब्राहीम के नेतृत्व में काँग्रेस में अवश्य सम्मिलित हुए, लेकिन इससे मुस्लिम लीग को "जीवन के नए वर्ष मिल जाना" नहीं रोका जा सका, क्योंकि जिस कारण से मुस्लिम जनता ने जिन्ना को समर्थन दिया था वह

कुछ और समस्या थी जो चलती ही रहती और कुछ मुसलमान नेताओं के काँग्रेस में सम्मिलित होने अथवा न होने से कोई अंतर नहीं होने वाला था।

इस विषय में पुरुषोत्तम दास टंडन की तीखी आलोचना कर मौलाना ने अभद्रता की है। बी. आर. नंदा का वक्तव्य नेहरू और टंडन दोनों को उस निर्णय के उत्तरदायित्व से बरी करता है। वे कहते हैं कि "इस समझौता वार्ता में यह बात इतनी महत्वपूर्ण नहीं थी कि यू.पी. मंत्रिमंडल में लीग के एक या दो सदस्य लिए जाएं अथवा नहीं। सोचा यह जा रहा था कि क्या लीगी सदस्यों को केबिनेट में लेने के पश्चात् केबिनेट में सम्बद्धता की भावना रह सकेगी? इस वार्ता में नेहरू ने बहुत कम भाग लिया। चुनाव के तत्काल बाद वे अस्वस्थ हो गए और उनकी अपनी सहज गतिशीलता में कमी आ गई। आज़ाद ने, जो काँग्रेस की ओर से वार्ता कर रहे थे, नेहरू से विचार विमर्श किया था लेकिन निर्णय नेहरू के हाथ में नहीं था। स्पष्टत: जी.बी. पंत, रफ़ी अहमद किदवई, के.एम. अशरफ, पी.डी. टंडन और विधान सभा के दूसरे सदस्यों ने भी यदि अधिक नहीं तो उतना ही, वार्ता के परिणाम को प्रभावित किया। नेहरू और प्रांतीय काँग्रेस नेताओं के सामने प्रश्न था कि यदि मुस्लिम लीग जिसे जमींदारों का समर्थन प्राप्त था, कैबिनेट में सम्मिलित हो गई तो काँग्रेस का कृषि सुधार कार्यक्रम, विशेषत: जमींदारी समाप्त करने का कार्यक्रम खटाई में पड़ जावेगा। यह भय आधार रहित नहीं था, यह १९३७-४६ के मध्य मुस्लिम लीग के द्वारा भूमि सुधार कार्यक्रम के कठोर विरोध से सिद्ध हो जाता है।"[४]

लेकिन मुस्लिम लीग से मिलकर मंत्रिमंडल बनाने की काँग्रेस की इंकारी की सिर्फ राजनेताओं ने ही आलोचना नहीं की है बल्कि दो बड़े इतिहासकारों की भी वैसी ही राय थी। आर.सी. मजूमदार के अनुसार "ऐसे सिद्धांतों के नाम पर जिनका वास्तविकता से कोई संबंध नहीं था, मुस्लिम लीग से सहयोग न करना बड़ा मूर्खतापूर्ण, लगभग घातक निर्णय था जिसके लिए भारत को बड़ी कीमत चुकानी पड़ी। मुसलमान अब पूरी तरह समझ गए थे कि एक पृथक समाज के नाते भारत में उनका कोई राजनीतिक भविष्य नहीं था। काँग्रेस की वह अंतिम चेतावनी दोनों के रास्ते अलग हो जाने की सूचक थी जिसने मंजिल दर मंजिल आगे बढ़ती हुई स्थिति को पाकिस्तान की स्थापना तक पहुँचा दिया।"[५]

यह आलोचना कम या अधिक मौलाना आजाद के विचारों से मिलती है, लेकिन बेनीप्रसाद ने परम्परानिष्ठ संसदीय प्रणाली के समक्ष औचित्य का प्रश्न उठाया है। उन्होंने लिखा "परम्परानिष्ठ संसदीय प्रणाली का अनुकरण कर काँग्रेस के नेता भूल गए कि एक दल सिद्धांत यदि आंदोलन करने के लिए भी ठीक माना जाए, क्रांति की सफलता की अनुपस्थिति में मंत्रिमंडल के गठन में लागू नहीं होता। असंसदीय कार्य से सत्ता की राजनीति में परिवर्तन जिसे १९३७ में काँग्रेस ने स्वीकार कर लिया था, परिमाण और कार्यप्रणाली का बड़ा ही महत्वपूर्ण परिवर्तन था और नए सिरे से राजनीतिक शक्तियों पर विचार करने तथा उनकी पुनर्व्यवस्था की अपेक्षा करता था। देश संकट से गुजर रहा था और संकटों पर सफलता इंग्लैंड में भी विभिन्न दलों के सहयोग से १९१५, १९३१, १९४० में प्राप्त की गई है। .. ...बहुमत का सिद्धांत वस्तुत: मात्र शास्त्रीय सूत्र ही नहीं है लेकिन औचित्य का एक नियम है और उसका व्यवहार इस तरह किया जाना चाहिए जिससे अल्पमत की सहमति भी हो। लेकिन परम्परानिष्ठ संसदीय विचारधारा की विजय हो गई और मुस्लिम लीग को सत्ता में भाग लेने से वंचित किया गया।"[६]

विद्वान इतिहासकार का अभिप्राय यह है कि १९३७ में देश को स्वाधीनता नहीं मिली थी, केवल प्रांतों में कुछ सीमित सत्ता का लाभ हुआ था। अंग्रेजों से अभी और संघर्ष करना था, इसलिए औचित्य

की मांग थी कि कॉंग्रेस मुस्लिम लीग को सत्ता में सहभागी बनाकर आगे की लड़ाई के लिए उसका सहयोग निश्चित कर लेती। यदि यह साबित किया जा सके कि १९३७ में मुस्लिम लीग को केबिनेट में सम्मिलित कर कॉंग्रेस जिन्ना की सहानुभूति ही, यदि सहयोग की बात छोड़ दें, प्राप्त कर लेती, तो यह स्वीकार करना पड़ेगा कॉंग्रेस ने १९३७ में बहुत बड़ी भूल की, जिससे अंतत: देश की एकता समाप्त हो गई। इस सम्बन्ध में उचित निर्णय पर पहुँचने के लिए यह पता लगाना आवश्यक है कि जिन्ना ने अपने राजनीतिक जीवन की किस अवधि में राष्ट्रीयता छोड़कर कटु और कट्टर सम्प्रदायवादी, कॉंग्रेस और हिन्दुओं से घृणा करने वाले और दो राष्ट्र सिद्धांत के अधिवक्ता हो गए। ऐसा परिवर्तन उनमें हुआ, इसे कोई इंकार नहीं करता लेकिन उस घटना के सम्बन्ध में मतभेद हैं, जिसने उनके दृष्टिकोण में इतना रूपान्तरण कर दिया।

स्पष्ट है कि आर.सी. मजूमदार, बेनीप्रसाद, कांजी द्वारकादास, मौलाना आजाद और कई राजनीतिज्ञों तथा इतिहासकारों ने १९३७ को जब कॉंग्रेस ने हिन्दू बहुमत वाले प्रांतों में विशेषत: बम्बई और यू.पी. में मुस्लिम लीग के सहयोग में मंत्रिमंडल बनाने से इंकार किया था, जिन्ना के राजनीतिक जीवन में रूपान्तरण की अवधि माना है। जवाहरलाल से अपने आदर्शवाद के कारण अपने लम्बे राजनीतिक जीवन में कई निर्णय संबंधी भूलें हुईं, लेकिन उसका हम पर ऐसा दबाव नहीं होना चाहिए कि प्रत्येक राजनीतिक संकट के लिए हम उन्हें उत्तरदायी ठहराने का विचारविहीन और तुच्छ तरीका काम में लाए।

यह दुर्भाग्य ही है कि जो नेहरू को दोषी ठहराते हैं, उनकी दृष्टि १९३७ से पूर्व हिन्दू मुस्लिम एकता के लिए किये गये प्रयास के प्रति नहीं गई और न उन्होंने उन प्रयासों को ध्यान में रखा। इस सम्बन्ध में १९२८ और १९३५ के वर्ष बड़े महत्व के है। मार्च १९२७ में जिन्ना ने बड़ा प्रयत्न कर कुछ मुस्लिम नेताओं को कुछ शर्तों को पूरा किए जाने पर पृथक निर्वाचन की मांग को छोड़ देने पर सहमत कर लिया था। उन चार शर्तों को "दिल्ली के मुस्लिम प्रस्ताव" कहा गया था। ये प्रस्ताव उचित थे और कॉंग्रेस कार्यकारिणी ने अविलम्ब उन्हें मान लिया था। उसने एक सर्वदलीय सम्मेलन जिसमें हिन्दू सभा भी सम्मिलित थी, बुलाने की भूल कर दी, और जिन्ना के द्वारा उन मांगों के पक्ष में उचित और ईमानदार पैरवी करने पर भी स्वीकार नहीं किया गया था। जिन्ना की इस चेतावनी पर भी ध्यान नहीं दिया गया कि जिसे सम्मेलन अस्वीकार कर रहा था, वह अंग्रेजी शासन दे सकता था। कॉंग्रेस से जिन्ना ने जो कुछ मांगा था, वह मुसलमानों को मेकडोनल्ड के कम्यूनल अवार्ड में मिल गया था, लेकिन कॉंग्रेस हाई कमान की उस समय की मूर्खता ने जिन्ना की प्रतिष्ठा को मुसलमानों की दृष्टि में इतना नष्ट कर दिया था कि उसे जिन्ना अपने राजनीतिक जीवन का दुखद अंत ही मान बैठे थे। खालिद बी. सईद के कथनानुसार "वे प्रस्ताव रद्द ही नहीं किए गए साथ ही जिन्ना का मुसलमानों का प्रतिनिधि होना ही एक प्रश्न चिन्ह बन गया था। कॉंग्रेस नेताओं की यह एक और बड़ी भूल मानी गई है। जिन्ना को इससे हार्दिक दु:ख हुआ और आँखों में आँसू भर कर उन्होंने कहा, "जमशेद, अब राहें अलग हो गईं।"[७]

जिन्ना को ठोकर लगाने का अंग्रेज सरकार को भी वही उचित समय लगा। उनका राष्ट्रीय दृष्टिकोण महत्वपूर्ण समस्याओं में केन्द्रीय विधान सभा में कॉंग्रेस का समर्थन, और कुछ शर्तों पर

मुसलमानों के लिए पृथक निर्वाचन की मांग छोड़ देने का उनका इरादा, नौकरशाही की आँखों का कांटा बन गया था। सर्वदलीय सम्मेलन के समाप्त होते ही मुसलमानों में निष्ठावान नेताओं को सरकार ने पकड़ा और दिल्ली में आगा खान की अध्यक्षता में आल पार्टीज मुस्लिम कांफ्रेंस का आयोजन किया गया। मुस्लिम समाज की विस्तृत मांगों को एकत्रित कर १३ मांगों का मसौदा तैयार किया गया। मुस्लिम लीग, और स्वयं को पीछे छोड़ा गया पाकर जिन्ना ने उस साम्प्रदायिकता में आगे बढ़कर कांफ्रेंस की शर्तों पर एक शर्त और जोड़ने का निर्णय लेकर मुस्लिम लीग की बैठक बुलायी। दुर्गादास लिखते हैं: "मुस्लिम कांफ्रेंस आयोजित करने में शासन की सफलता ने जिन्ना को अपनी स्थिति पर पुनर्विचार करने पर विवश किया और जब मुस्लिम लीग कौंसिल के सामने रखे जाने वाले कार्यक्रम पर बातचीत करने के लिए मैं उनसे मिला तो उन्होंने उत्साह पूर्वक कहा 'दुर्गा, मुझे तुम्हारी सहायता की बड़ी आवश्यकता है। तुम हमारी स्थिति को प्रतिपादित करने के लिए हमारे प्रस्तावों और ऑल पार्टीज मुस्लिम कांफ्रेंस की मांगों को मिलाने में अपनी पत्रकारिता प्रतिभा का प्रयोग करो। मुसलमानों के समक्ष हम उनके हितों के सबसे अच्छे संरक्षक दिखाई पड़ें।'

"चूंकि जिन्ना सदा मित्र और अभिव्यक्तिशील रहे थे, इसलिए मैंने प्रसन्नतापूर्वक उनकी बात मान कर लीग और कांफ्रेंस के प्रस्तावों का परीक्षण कर उन्हें १३ बिन्दुओं में समावेश कर दिया। मेरे मसौदों को पढ़कर उन्होंने कहा "यह बहुत अच्छा है, लेकिन हम इनके १४ बिन्दु बनाएं-विल्सन के १४ बिन्दुओं की तरह।" कौंध कर एक विचार उनके मन में आया, "कांफ्रेंस से मैं एक बिन्दु आगे जाऊँ, और उन्होंने यह जोड़ दिया: "केन्द्र या प्रांत में कोई कैबिनेट नहीं बनना चाहिए जब तक उसमें एक तिहाई मुस्लिम मंत्री न हों।"[८]

लेकिन मुस्लिम कांफ्रेंस को मात देने का उनका यह प्रयत्न भी असफल रहा और उनकी राजनीतिक स्थिति प्रतिदिन बदतर होती रही। दिसम्बर १९३१ में उन्होंने भारत छोड़ने का निर्णय ले लिया। गोलमेज सम्मेलन में एक प्रतिनिधि होकर इंग्लैंड जाने का लाभ उठाकर उन्होंने लंदन में एक मकान खरीदा और वहीं वकालत करने का निर्णय कर लिया।

जब दुर्गादास जिन्ना से लंदन में मिले तो अपने मन की कटुता व्यक्त करते हुए उन्होंने कहा कि "कलकत्ता सर्वदलीय सम्मेलन में जब मोतीलाल नेहरू और उनके सहयोगियों ने उनके न्यायोचित प्रस्तावों को अस्वीकार कर दिया तो उन्हें बड़ा दुख हुआ था" और आगे बोले कि "मैं चरमांत तक पहुँच गया हूँ। काँग्रेस मुझसे समझौता इसलिए नहीं करेगी क्योंकि मेरे समर्थक कम लोग हैं। मुसलमान मेरे विचारों को इसलिए नहीं स्वीकार करते क्योंकि वे अपने जिले के डिप्टी कमिश्नर का आदेश मानते हैं।"[९]

उपरोक्त कथन की पुष्टि एस.एम. इकराम भी करते हैं, जिनसे जिन्ना ने शिकायत की थी: "लेकिन क्या किया जाए? हिन्दू दूर तक नहीं देख पाते और मैं मानता हूँ कि वे सुधारातीत हैं। मुस्लिम खेमे में कायर लोग भरे पड़े हैं, जो मुझे कुछ भी कहें, डिप्टी कमिश्नर से सलाह करेंगे कि उन्हें क्या करना चाहिए। इन दो दलों के बीच में मुझ जैसे व्यक्ति के लिए स्थान कहाँ है?[१०] लेकिन नियति ने कुछ और निर्णय ले लिया था। यू.पी. के लियाकत अली खाँ ने, जिनके भाग्य में पाकिस्तान के प्रथम प्रधानमंत्री होना निश्चित था, जिन्ना को भारत लौट आने के लिए सहमत कर लिया। वे १९३४ में

लौटे, लेकिन लौटा व्यक्ति नया जिन्ना था, जो, खालिद बी. सईद के शब्दों में "पुराने मार्ग से मूलत: भिन्न मार्ग पर चलने के लिए कृतसंकल्पित था।"[११]

जिस "मूलत: भिन्न" मार्ग पर जिन्ना चलने लगे थे, उसका पता सबसे पहले कॉंग्रेस अध्यक्ष राजेन्द्र प्रसाद से उनकी बातचीत में लगा। जिस सर्वदल सम्मेलन ने मुस्लिम प्रस्तावों को अमान्य कर दिया था उसके अध्यक्ष एम.ए. अंसारी के कहने पर राजेन्द्र प्रसाद ने जिन्ना से वार्ता प्रारंभ की थी।

राजेन्द्र प्रसाद ने लिखा: "कई सप्ताह चलने के पश्चात् वार्ता विफल हो गई। मैंने और जिन्ना ने दिल खोल कर बात की और मैं सोचता हूँ हम दोनों एक दूसरे को पसंद करते थे। प्रारंभ में ही मैंने जिन्ना को यह स्पष्ट कर दिया था कि मैं केवल कॉंग्रेस की ओर से बात कर रहा था और अन्य संस्थाओं की ओर से मुझे कोई अधिकार प्राप्त नहीं था। जिन बातों पर मैं सहमत हुआ उन पर कॉंग्रेस की स्वीकृति की जवाबदेही मैंने ली और उनसे भी मुस्लिम लीग की स्वीकृति प्राप्त करने की आशा की....।

"मैंने स्वीकार कर लिया कि कम्यूनल अवार्ड ने जितनी सीटें मुसलमानों को दी है वे उन्हें मिलें। इस समझौते को आधार बनाकर हमने वार्ता प्रारंभ की थी। तब जिन्ना ने एक और शर्त यह रखी कि, किसी निर्वाचन क्षेत्र में मुसलमानों की जनसंख्या के हिसाब से जितने मतदाता होने चाहिए, यदि वहाँ उतने मतदाता नहीं हैं, तो वहाँ मताधिकार की योग्यता को घटा कर मतदाता संख्या में जनसंख्या के समानुपात में वृद्धि कर दी जावे...।

"जब इसकी चर्चा मैंने पंडित मालवीय से की तो उन्होंने कहा कि मुझे यह स्वीकार होगा यदि सिख और बंगाल के हिन्दू इसे स्वीकार कर लें। मैंने बंगाल के सम्बन्ध में आँकड़े इकट्ठा करने का प्रयत्न किया, लेकिन अभिलेखों से वस्तुस्थिति स्पष्ट नहीं हो सकी। इसलिए आवश्यक आँकड़ों के अभाव में बंगाल के हिन्दुओं से चर्चा मैं नहीं कर सका। तब मैंने जिन्ना से इस मांग पर न अड़ने की प्रार्थना की।..... लेकिन जिन्ना नहीं माने और मैंने उनकी वह मांग कॉंग्रेस की ओर से स्वीकार कर ली .... जिन्ना सभी मुसलमानों की उस समझौते पर स्वीकृति की गारन्टी देने हेतु तैयार थे, लेकिन वे यह भी चाहते थे कि सिर्फ मैं ही नहीं, पंडित मालवीय भी हिन्दुओं के प्रतिनिधि के रूप में उसकी गारंटी दें। वार्ता इस प्रमुख कारण से टूट गई कि जब वे मुझसे कॉंग्रेस अध्यक्ष की हैसियत से चर्चा चला रहे थे, उनका आग्रह था कि हिन्दू महासभा भी उस समझौते में एक पार्टी रहे। उनका रवैया बदल गया था। वे चाहते थे कि मुस्लिम लीग को भारत के मुसलमानों का एकमात्र प्रतिनिधि माना जाए, जबकि वे कॉंग्रेस को केवल हिन्दुओं का प्रतिनिधि मानते थे।"[१२]

इन वार्ताओं की असफलता का एक ही निष्कर्ष निकलता है कि जिन्ना केवल वार्ता ही करना चाहते थे, समझौता नहीं। कॉंग्रेस नेताओं के द्वारा वार्ता के लिए उनके निमंत्रित किए जाने से उनकी प्रतिष्ठा में वृद्धि होती थी, इसलिए वे ऐसे निमंत्रण का स्वागत करते थे, जैसा उन्होंने तीसरे दशक के अंत में राजेन्द्र बाबू से बातचीत का स्वागत किया, जबकि उन्होंने स्पष्ट कर दिया था कि वे कॉंग्रेस की ओर से ही प्रतिनिधि थे। स्पष्ट है कि वे वार्ता के लिए उत्सुक थे, लेकिन यह भी प्रमाणित होता है कि वे समझौता नहीं चाहते थे, क्योंकि जब समझौते पर हस्ताक्षर करने का समय आया तो, जब तक मालवीय हस्ताक्षर करने पर राजी न हों, वे स्वयं हस्ताक्षर करने से मुकर गये। साथ ही मालवीय के

द्वारा समझौते पर स्वीकृति के लिए जिन्ना के आग्रह में कुछ व्यंग भी सम्मिलित था। सर्वविदित है कि जिन्ना में बदला लेने की प्रवृत्ति थी और यह अवसर उसके लिए उपयुक्त था। १९२८ में जिन्ना के मुस्लिम प्रस्तावों पर अपनी अंतिम स्वीकृति देने के बजाय कॉंग्रेस ने उन प्रस्तावों को सर्वदलीय सम्मेलन के सामने रखा था और वे अंत में हिन्दू महासभा के प्रमुख विरोध के कारण अमान्य कर दिए गए थे। अब १९३५ में जिन्ना कॉंग्रेस के नेताओं से संकेत कर रहे थे कि यदि १९२८ में हिन्दू महासभा की स्वीकृति अनिवार्य थी तो १९३५ में वह अनिवार्य क्यों नहीं है। १९२८ के सम्मेलन में उपस्थित कई व्यक्तियों ने जिन्ना का मुसलमानों के प्रतिनिधि स्वरूप पर प्रश्न चिन्ह लगाया था। १९३५ में जिन्ना कॉंग्रेस को देश की जनता के प्रतिनिधि होने के दावे को ही नहीं बल्कि हिन्दुओं के प्रतिनिधि होने के दावे को भी चुनौती दे रहे थे।

पूरे चुनाव के दौरान नेहरू और जिन्ना में नोक-झोंक चलती रही। जब नेहरू ने कहा कि अंतिम विश्लेषण में आज भारत में दो ही शक्तियाँ हैं- ब्रिटिश साम्राज्यवाद और देश की राष्ट्रीय भावना की प्रतिनिधि कॉंग्रेस[१३] तब जिन्ना ने बहुत क्रोधान्वित होकर उत्तर दिया: "सुना है कि नेहरू ने कहा है कि देश में दो ही दल हैं-सरकार-और कॉंग्रेस और दूसरे दलों को साथ खड़े रहना चाहिए। मैं कॉंग्रेस के साथ खड़े होने से इंकार करता हूँ। मैं इस प्रस्ताव को मानने से इंकार करता हूँ। इस देश में एक तीसरी पार्टी है, और वह मुस्लिम भारत है।"[१४]

पहले कहा जा चुका है, जिन्ना की यह नीति थी कि पहले वे कॉंग्रेस को वार्ता प्रारंभ करने का लालच दें और फिर समझौता न करें। चुनाव के दौरान भी कभी-कभी उन्होंने आपसी सहयोग की बात की। उदाहरणार्थ, मार्च १९३६ में मुसलमानों की स्थिति को स्पष्ट करते हुए उन्होंने कहा कि "स्वतंत्रता के मार्ग पर साथ में चलने के पहले मुसलमानों को हिन्दुओं से कुछ आरक्षणों की मांग के पीछे कोई धार्मिक या साम्प्रदायिक लक्ष्य नहीं है।"[१५] आश्चर्य की बात है कि मूल अधिकारों पर कॉंग्रेस के कराची प्रस्ताव मेकडोनल्ड के कम्यूनल अवार्ड और राजेन्द्र प्रसाद द्वारा उनकी मांगों को स्वीकार कर लिए जाने के पश्चात् हिन्दुओं से और कौन से आरक्षणों की अपेक्षा की जा सकती थी?

बम्बई और यू.पी. को छोड़कर बाकी सभी प्रांतों में मुस्लिम लीग का साथ मतदाताओं ने नहीं दिया था और चूँकि जिन प्रांतों में मुस्लिम बहुमत था, उनमें जिन्ना की नीति नहीं चल पा रही थी, इसलिए उन्होंने अनुभव किया कि नए गवर्मेन्ट ऑफ इण्डिया एक्ट के अन्तर्गत विभिन्न प्रांतों में जो मंत्रिमंडल बनेंगे उनमें उनके या उनकी मुस्लिम लीग के लिए कोई स्थान नहीं होगा। उनका अनुमान था कि कॉंग्रेस की चुनाव में बड़े बहुमत से जीत नहीं हो सकेगी और हिन्दू बहुमत के प्रांतों में मुस्लिम लीग की सहायता की आवश्यकता उसे होगी। संक्षेप में, उन्होंने १९२३ में निर्णायक ग्रुप होने का जो खेल केंद्रीय विधान सभा में खेला था, उसी को प्रांतों में खेलने के लिए मुस्लिम लीग की टिकट पर अधिक-से-अधिक सीटों पर अधिकार करने का प्रयत्न किया था। यद्यपि उनका गणित गलत हो गया, तो भी बम्बई और यू.पी. में अपनी स्थिति सन्तुलित करने के लिए "संयुक्त मोर्चे" का प्रस्ताव उन्होंने रखा। जब कॉंग्रेस उनके जाल में नहीं आई, क्रोधोन्मत्त होकर उन्होंने तथा उनके मित्रों ने प्रचार किया कि चुनाव में भारी जीत होने के परिणामस्वरूप कॉंग्रेस के नेता नशे में हो गए। यदि जवाहरलाल ने यू.पी. में और सरदार पटेल ने बम्बई में अपने प्रांतों की केबिनेट में जिन्ना के व्यक्तियों को ले लिया

होता तो १९४६-४७ में जवाहरलाल की अन्तरिम सरकार में जो विषम स्थिति हो गई थी उसका कुछ पूर्वाभास काँग्रेस हाईकमान को उस समय हो गया होता।

'गाँधी को वोट दो' (१९३४-३७)

देश के अन्य भागों के समान ही सी.पी. और बरार में भी १९३०-३२ के दो सत्याग्रह आंदोलनों से उथल-पुथल हुई थी। मराठी क्षेत्र की राजनीति में क्रांतिकारी परिवर्तन हो गया था। गाँधीवाद ने, जो १९२० के दशक में स्थापित होने के लिये संघर्ष कर रहा था अब हिन्दू सभा तथा अनुक्रियात्मक सहयोग की राजनीति पर विजय प्राप्त कर ली थी। नागपुर में एम.वी. अभ्यंकर ने मुंजे को अपदस्थ कर दिया था और बरार में ब्रजलाल बियाणी, वीर वामन राव जोशी के हाथ मजबूत करने के लिए आगे आ गए थे। तो भी मराठी क्षेत्र में प्रतिक्रियावादी राजनीतिज्ञों का एक वर्ग ऐसा था जो सभी परिस्थितियों में जीने की कला जानता था। महाकोशल में भी ऐसा अवसरवादी गिरोह उभर रहा था, लेकिन उन्हें महाराष्ट्र के गुरुओं से अभी बहुत कुछ सीखना था। मराठी सी.पी. और बरार का दुर्भाग्य था कि १९३४ के चुनावों के तुरन्त पश्चात् उसके प्रमुख नेता अभ्यंकर का असामयिक निधन हो गया। यदि १९३७ में वे जीवित होते तो अवसरवादियों को उन्होंने दूर रखा होता और मराठी क्षेत्र महाकोशल से कंधा मिलाकर चलता और अपना अच्छा परिचय देता।

अभ्यंकर के दुखद देहांत के सम्बन्ध में मेरे मन में किसी सीमा तक अपराध की भावना थी। १९३४ के केन्द्रीय असेम्बली के चुनाव के लिए नामांकन की तिथि के कुछ दिन पूर्व, बम्बई में भूलाभाई देसाई के बंगले में काँग्रेस की एक अनौपचारिक बैठक हुई थी। चुनाव होने के पूर्व से ही भूलाभाई देसाई धारा सभा में काँग्रेस दल के नेता की तरह व्यवहार करने लगे थे। मुझे अलग ले जाकर उन्होंने मुंजे के विरोध में खड़े होने के लिए अभ्यंकर को सहमत करने हेतु नागपुर जाने के लिए कहा। चूँकि अभ्यंकर मधुमेह के पुराने रोगी थे, मैंने भूलाभाई से अभ्यंकर के स्थान पर उनके प्रतिनिधि एन.बी. खरे को स्वीकार करने के लिए कहा, लेकिन जब उन्होंने यह जानना चाहा कि मुंजे से लड़ने के लिए दोनों में से कौन अधिक प्रभावशाली होगा तो मुझे कहना पड़ा कि खरे की अपेक्षा अभ्यंकर के विजयी होने की अधिक संभावना है। भूलाभाई की इच्छानुसार मैं उनका संदेश अभ्यंकर के पास ले गया। १९२६ में मुंजे से पराजित हो जाने का बदला लेने की उनमें प्रबल इच्छा थी, लेकिन मित्रों और परिवार के सदस्यों ने पूरे नागपुर संभाग में फैले लम्बे-चौड़े निर्वाचन क्षेत्र से चुनाव न लड़ने के लिए उन्हें सहमत कर लिया था। मेरे द्वारा प्राप्त संदेश से वे अपने स्वास्थ्य के प्रति उपेक्षित हो गए। वे उस महत्वपूर्ण संघर्ष में जुट गए और विजयी हुए। लेकिन चुनाव अभियान के दौरान देहाती क्षेत्र के दौरे में उनके पैर में चोट आ गई। मधुमेह रोग के कारण उनका घाव अच्छा नहीं हुआ, और अंत में उनका देहांत हो गया, और इस प्रकार सी.पी. और बरार के क्षेत्र ने अपने एक प्रमुख देशभक्त को खो दिया।

हम दोनों, गोविन्द दास और मैं, केन्द्रीय विधान सभा के सदस्य होने के कारण दिल्ली में रहते रहे और इसलिए मराठी क्षेत्र की राजनीति का हमारा ज्ञान नगण्य ही था। अभ्यंकर की मृत्यु के पश्चात एन.बी. खरे ने उनका स्थान लिया। उनके संबंध में मैं इतना ही जानता था कि वे अभ्यंकर के अनुयायी थे। अपनी समस्याओं में संलग्न रहने के कारण हम चुनाव के समय की मराठी सी.पी. और बरार की राजनीतिक गतिविधियों की ओर ध्यान नहीं दे सके। नागपुर में, अपने प्रबल प्रतिद्वन्दी पूनमचंद रॉका

के विरुद्ध अपनी शक्ति बढ़ाने के लिए खरे अनुक्रियात्मक सहयोगवादियों से मेलजोल रखने लगे। अनुक्रियात्मक सहयोगी नेताओं ने, जो हिन्दू सभाई भी थे, मेकडोनल्ड के कम्युनल अवार्ड को नहीं माना था। अब उन्होंने कहा कि यदि खरे अवार्ड के विषय पर उनके साथ हो जाएं तो वे काँग्रेस की ओर से खड़े होने को सहमत हो जावेंगे। इस सत्य के बावजूद कि काँग्रेस कम्युनल अवार्ड के मामले में तटस्थ थी, खरे उन्हें यह आश्वासन देने से नहीं हिचके कि "जहाँ तक मेरी बात है मैं आपको बता दूँ कि प्रांत के अपने चुनाव के दौरे में मैंने कम्युनल अवार्ड की और उसके पीछे सरकारी नीति की निन्दा की है।" काँग्रेस हाई कमाण्ड ने खरे के इस कथन को अस्वीकार किया, लेकिन अनुक्रियात्मक सहयोगियों का अब्राम्हण वर्ग, केदार के नेतृत्व में, खरे के व्यक्तिगत आश्वासन को समुचित मान कर उनसे मिल गया।

बरार में अणे, और रामराव देशमुख के नेतृत्व में अनुक्रियात्मक सहयोगी दल, सत्याग्रह आंदोलन के दिनों में काँग्रेस में घुसपैठ कर चुका था। "नए संविधान में बरार के हितों की रक्षा के लिए" एक प्रमुख काँग्रेसी, पी.डी. गोले ने, इन अनुक्रियात्मक सहयोगियों से मेल-मिलाप का रूख दिखाया और दोनों अणे और रामराव ने, निष्ठावान काँग्रेसजनों से हाथ मिलाने में जरा भी विलम्ब नहीं की। इस प्रकार नागपुर के टी.जे. केदार और बरार के रामराव देशमुख जैसे शत-प्रतिशत अवसरवादी व्यक्तियों को जो मंत्रिमंडल बनाने-बिगाड़ने का काम पहले करते रहे थे, १९३७ में भी निष्ठावान काँग्रेसजनों से मिल कर अपने अनुयायियों के साथ सी.पी. असेम्बली में पहुँच जाने का मार्ग मिल गया।

१९३०-३२ के स्वाधीनता संघर्ष में महाकोशल ने यदि मराठी क्षेत्र से अधिक नहीं तो उसके समान ही भाग लिया था, लेकिन उच्च स्तर पर उस क्षेत्र में व्यक्तियों का परिवर्तन नहीं हुआ था। लेकिन उन व्यक्तियों में परस्पर संबंध का परिवर्तन दिखने लगा था। रविशंकर शुक्ल ने, जो पहले काँग्रेस के विरुद्ध चुनाव लड़ कर पराजित हो गए थे, दोनों सत्याग्रह आंदोलनों में बड़े उत्साह से भाग लिया था और इस प्रकार अपने काँग्रेसी जीवन पर लगे धब्बे को धोने का उन्होंने प्रयास किया था। उनके और गोविन्द दास के बीच थोड़ी बहुत प्रतिद्वन्दिता की भावना काम करती आई थी, और मैं इन दोनों को जोड़ने की कड़ी के समान रहा आया था। जब काँग्रेस वैध रूप से काम करने लगी तो मैंने गोविन्द दास को इस पर मना लिया कि वे रविशंकर शुक्ल को प्रांतीय काँग्रेस कमेटी का अध्यक्ष बन जाने दें। गोविन्द दास ने यह बात मान लेने के साथ उनका नाम स्वयं प्रस्तावित किया। दुर्भाग्य से, सर्वसम्मति से अध्यक्ष हो जाने के पश्चात् शुक्ल कुछ ऐसे असंतुष्ट व्यक्तियों के प्रभाव में आ गए, जिनमें से कुछ अपने को समाजवादी कहते थे, और पुराने सहयोगियों की तुलना में वे उन्हें अधिक तरजीह देने लगे।

मुझे धीरे-धीरे ऐसा भास होने लगा कि शुक्ल को प्रांतीय काँग्रेस अध्यक्ष बनाने में जो मेरी भूमिका थी, उसके कारण सेठ गोविन्द दास के मन में मेरे प्रति मौन असंतोष था। बिलासपुर में हुई प्रांतीय काँग्रेस कमेटी की बैठक में यह मामला सामने आ गया। शुक्ल ने अध्यक्ष पद छोड़ने का निर्णय लिया, लेकिन वे गोविन्द दास के अध्यक्ष बनने के पक्ष में नहीं थे। शिवदास डागा, जिन्होंने १९२६ के चुनाव में उन्हें पराजित किया था, उनके उम्मीदवार थे। मैंने शुक्ल को अलग ले जाकर कहा कि यदि वे प्रांत के मुख्यमंत्री बनने के प्रयास में हैं, तो हिन्दी क्षेत्र में भेद डाल कर वे बड़ी भूल कर रहे हैं। जब उन्होंने मेरी बात नहीं मानी तो बैठक की कार्यवाही घनश्याम सिंह गुप्त की अध्यक्षता में प्रारंभ की

गई। गोविन्द दास और डागा के नामों के साथ किसी ने अध्यक्ष पद के लिए अवधेश प्रताप सिंह का नाम भी प्रस्तावित किया। ये सज्जन रीवा रियासत के थे जो पहले अजमेर प्रांतीय काँग्रेस में सम्मिलित थी, लेकिन हाल ही में महाकोशल प्रांतीय काँग्रेस के अधिकार क्षेत्र में कर दी गई थी। परस्पर विवाद से ऊब कर गोविंद दास ने अपना नाम वापिस ले लिया और आश्चर्य की बात यह हुई कि डागा ने भी अपना नाम वापिस ले लिया। तब अध्यक्ष ने सिंह से भी अपना नाम वापिस ले लेने की अपील की ताकि आपस में वार्तालाप कर सर्वसम्मति से कोई चुना जा सके, लेकिन सिंह के इंकार करने पर गुप्त ने उनके अध्यक्ष हो जाने की घोषणा कर दी। गोविन्द दास को ऐसा लगा कि शुक्ल और डागा ने सिंह से समझौता कर लिया था और उनका एक ही लक्ष्य था कि गोविन्द दास को फिर प्रांतीय काँग्रेस अध्यक्ष न बनने दिया जाए। यद्यपि शुक्ल के संबंध में वैसी कल्पना करना मेरे लिए कठिन था, तो भी उनके इस व्यवहार के लिए कोई और कारण न दे सकने के कारण मैंने उनकी व्याख्या स्वीकार कर ली।

तथापि बिलासपुर बैठक में हमें पूरी हार का सामना नहीं करना पड़ा। हमने प्रांतीय काँग्रेस चुनाव कमेटी में बहुमत प्राप्त कर लिया और माखनलाल चतुर्वेदी को उसका अध्यक्ष निर्वाचित करने में सफल हो गए। जब इस कमेटी की बैठक हुई तो यह पाया गया कि लगभग एक दर्जन निर्वाचन क्षेत्रों को छोड़कर बाकी सभी क्षेत्रों के लिए सहमति होने में कोई कठिनाई नहीं थी। जिन क्षेत्रों के लिए मतभेद था वहां के उम्मीदवारों की अलग-अलग दो सूचियां केन्द्रीय पार्लियामेन्टरी कमेटी को भेजी गई जिसके अध्यक्ष सरदार वल्लभ भाई पटेल थे। जब केन्द्रीय बोर्ड से स्वीकृत होकर सूची आई तो हमें यह देख कर आश्चर्य हुआ कि शुक्ल समर्थित उम्मीदवारों को ही स्वीकृति दी गई थी। इस बात से मुझे बहुत धक्का लगा कि प्रांतीय चुनाव कमेटी के अध्यक्ष, माखनलाल चतुर्वेदी का नाम भी काट दिया गया था। मेरी भावना की गहराई का इसी से पता लग जावेगा कि मैंने तत्काल प्रांतीय काँग्रेस कमेटी तथा प्रांतीय चुनाव कमेटी के मंत्री पद से त्यागपत्र दे दिया और चुनाव लड़ने से भी इंकार कर दिया। गोविन्द दास ने मुझे यह सब करने से बहुत रोका, लेकिन मुझे अडिग देख कर उन्होंने भी त्यागपत्र दे दिया। जब हम फैज़पुर पहुँचे तो कुछ मित्रों ने समझौते का प्रयास किया, लेकिन सरदार पटेल अप्रभावित रहे।

चुनाव से अलग रहने का निर्णय लेकर मैं और गोविन्द दास फैजपुर से बम्बई के लिए रवाना हो गए। चुनाव के समाप्त होते तक वहीं रहने की इच्छा थी। बम्बई में मुझे पता चला कि नवीन परिस्थितियों से गोविन्द दास कितने दुखी थे। जो मार्ग मैंने अपनाया था, उस पर मुझे छोड़ कर अपना त्याग-पत्र वापिस लेने को उन्हें नहीं मनाया जा सकता था और न वे मुझे अपना निर्णय बदलने के लिए सहमत कर पा रहे थे। इस बीच प्रांतीय काँग्रेस अध्यक्ष का एक तार आया कि जवाहरलाल नेहरू जबलपुर आ रहे हैं, और चाहते हैं कि हम उनसे मिलें। हम दोनों स्वर्गीय मोतीलाल नेहरू से इतने निकट थे कि उनके संदेश को नहीं टाल सके। लम्बे वार्तालाप के दौरान जवाहरलाल ने जानना चाहा कि हम लोगों के अलग रहे आने से चुनाव में काँग्रेस के उम्मीदवारों की सफलता पर कैसा प्रभाव पड़ेगा। हमारा उत्तर था कि क्योंकि हमने काँग्रेस के लिए लगातार कार्य किया था स्वयं के लिये नहीं, इसलिए हमारे दूर रहने का विपरीत प्रभाव नहीं होगा। लेकिन जवाहरलाल ने इस पर विश्वास नहीं किया और तब गोविंद दास ने स्वीकार किया कि किसी सीमा तक उसका विपरीत प्रभाव तो पड़ेगा ही। मुझे भी यह बात स्वीकार करनी पड़ी और उनके प्रति अत्यन्त आदर भाव के कारण हमने अपने त्याग-पत्र वापिस ले

लिए। नेहरू ने जनसभा में हमारे त्यागपत्र वापिसी की घोषणा कर दी। बाद में मुझे मालूम हुआ कि माखनलाल चतुर्वेदी ने भी मेरा त्यागपत्र देना पसंद नहीं किया था। मुझे भविष्य में इसे चेतावनी मान कर चलना चाहिए था, लेकिन मित्र के साथ किए गए अन्याय का विरोध करना मेरा दूसरा स्वभाव बन गया था। १९५१ में भी उसकी पुनरावृत्ति मेरे भाग्य में लिखी थी।

नेहरू के इलाहाबाद लौट जाने के उपरान्त हम चुनाव कार्य में संलग्न हो गए। अपने निर्वाचन क्षेत्र में एक सप्ताह तक दौरा कर मैं प्रांत के दौरे पर चला गया। यद्यपि महाकोशल ने १९२६ में भी काँग्रेस का अच्छा साथ दिया था, लेकिन अब दो सत्याग्रह आंदोलनों के कारण हमने जनता में बड़ा उत्साह देखा। मतदाता संख्या बढ़ गई थी और चुनाव सभाओं में देहाती क्षेत्र के भी लोग बड़ी संख्या में सम्मिलित होते थे। चुनाव परिणाम ने तो हमें भी अचंभे में डाल दिया। हिन्दी जिलों को दी गई ५१ सीटों में से काँग्रेस ने ४३ सीटें जीत ली थीं। नागपुर और बरार के साथ, जहाँ २७ सीटें काँग्रेस को मिली थीं, सी.पी. और बरार विधान सभा की ११२ कुल सदस्य संख्या में से काँग्रेस सदस्यों की संख्या ७० हो गई थी।

महाकोशल में केन्द्रीय पार्लियामेन्टरी बोर्ड को उम्मीदवारों की सूची भेजते समय हमने ई. राघवेन्द्र राव के अनुयायियों को अलग कर दिया था, लेकिन जैसा पहले कहा जा चुका है, एन.बी. खरे, जिन्होंने अभ्यंकर के स्थान पर मराठी क्षेत्र की काँग्रेस का नेतृत्व सम्हाला था, उतने सावधान नहीं रहे। टी.जे. केदार जैसे व्यक्तियों के प्रभाव में आकर वे नई विधान सभा में कुछ हिन्दू सभाई विचारधारा वाले पुराने अनुक्रियात्मक सहयोगियों को ले आए थे। आदर्शवाद से दूर, ठोस राजनीतिक सत्ता के उपासक ये लोग काँग्रेस टिकट हथियाने में ही सफल नहीं हुए, बल्कि खरे पर उनका पूरा नियंत्रण भी हो गया।

गवर्नर के विशेषाधिकारों के संबंध में गाँधीजी को वाइसराय से कोई आश्वासन नहीं मिल सका, इसलिए काँग्रेस ने पद स्वीकार न करने का निर्णय लिया और सी.पी. गवर्नर को अपने प्रिय व्यक्ति ई. राघवेन्द्र राव को अन्तरिम सरकार का प्रधानमंत्री नियुक्त करने का अवसर मिल गया। जैसा कि पहले कहा जा चुका है, सी.पी. के दो गवर्नरों के आशीर्वाद और सहयोग से १९२७ से राघवेन्द्र राव इस प्रांत में राज कर रहे थे। डेविड बेकर लिखते हैं: "१९२७ में राव का सत्ता में आना एक ऐसे तेजस्वी जीवन क्रम के आरंभ का सूचक है, जिसका मुख्य परिणाम प्रांतीय सरकार से हिन्दी क्षेत्र का निकट का संबंध हो जाना था। राजनेता के रूप में राव की सफलता निःसंदेह उनके संकल्प, युक्ति कुशलता और लोगों में हेरफेर करने की योग्यता पर आधारित थी। लेकिन गवर्नर सर मान्टेगू बटलर से उनकी मित्रता का भी उनकी सफलता में बड़ा योगदान था। ऐसा लगता है कि बटलर उनके व्यक्तिगत मित्र ही नहीं थे, बल्कि वे उनकी राजनयिक कुशलता से इतने प्रभावित थे कि उन्होंने उन्हें सरकार में सम्मिलित कर लिया और नीति निर्धारण में उन्हें इतनी स्वतंत्रता दी जितनी पुरानी राजधानियों के प्रांतों के गवर्नरों ने अपनी सरकार के भारतीय सदस्यों को कभी नहीं दी थी। इन स्थितियों ने एक व्यक्ति का ऐसा जीवन क्रम बनाया, जो संशोधित संविधान के भारत के १९२७ और १९३५ के बीच के इतिहास में अपूर्व था। अधिक महत्व की बात यह है कि राव के जीवन-क्रम ने प्रांत के शासकीय स्तर पर शक्ति का स्थानांतरण मराठी क्षेत्र से हिन्दी क्षेत्र में संभव कर दिया। यह शक्ति का स्थानांतर प्रांत में राव के राजनीतिक उत्कर्ष का बड़ा मुखर प्रतीक था ....। राव के सरकार से

संबंधित होने से हिन्दी क्षेत्र सीधा लाभान्वित हुआ। उस क्षेत्र को सर्वोच्च स्थान पर एक प्रवक्ता मिला, जिसका गवर्नर पर प्रभाव था और इस प्रकार सरकारी नीति निर्धारण में उसका प्रमुख हाथ रहता था। राव में हिन्दी क्षेत्र को ऐसा नेता प्राप्त हो गया था जो संरक्षक प्रवृत्ति और व्यक्तिगत आकर्षण से कौंसिल में समुचित संख्या के सदस्यों को अपने नियंत्रण में रखता था ताकि ऐसा मंत्रिमण्डल बने जिसमें हिन्दी क्षेत्र का प्रतिनिधित्व हो अथवा ऐसी नीतियाँ कार्यान्वित हों जिनसे हिन्दी क्षेत्र लाभान्वित हो।"[१६]

लेखक ने यह प्रमाणित करने का भरसक प्रयन्त किया है कि राव के सत्ता में आने से सी.पी. के हिन्दी क्षेत्र को बड़ा लाभ हुआ। तो भी जो भी छोटे-मोटे कार्य राव की दस वर्ष की प्रभुता की अवधि में हुए, उनके महत्व को कई गुना बढ़ा कर वर्णन करने पर भी लेखक अपने कथन की पुष्टि में समुचित प्रमाण देने में असफल रहा। सत्य तो यह है कि राजनीति से सम्बद्ध कुछ व्यक्तियों को छोड़कर, जो व्यक्तिगत कारणों से उनसे संलग्न हो गए थे, महाकोशल की जनता को उनके प्रति कृतज्ञ होने का कोई कारण नहीं मिला। हाँ, हिन्दी क्षेत्र के कुछ शासकीय अधिकारी और क्षेत्रीयता प्रधान बुद्धि वाले व्यक्ति उन्हें राजनीतिक हेरा-फेरी में एक चतुर व्यक्ति मानते थे, जिसने महाराष्ट्र के शेर को, महाराष्ट्र में व्याप्त अब्राह्मण भावना को हथियार बनाकर उसकी गुफा में ही पछाड़ दिया था। जहाँ तक काँग्रेस के उनके सहयोगियों का संबंध था, वे उन्हें भटका हुआ नेता ही मानते थे, और राबर्ट ब्राउनिंग के शब्दों में, कुछ चांदी के सिक्कों और पद प्रतिष्ठा के लिए उनका साथ छोड़ कर जाने वाला देशद्रोही पुकारते थे।

इसमें संदेह नहीं है कि १९३६-३७ के चुनावों के निकट आ जाने पर प्रांत की सरकार की आशाएं राघवेन्द्र राव पर केन्द्रित हो गई। १५ अक्टूबर, १९३६ को गवर्नर सर हाइड गोवान ने अपने सभी कमिश्नरों को अपने सम्भाग की चुनाव की हलचल और प्रगति की माहवार सूचना देने का आदेश दिया। संभावित प्रत्याशियों की दलीय निष्ठा और राव को समर्थन देने के सम्बन्ध में उनके झुकाव के सम्बन्ध में सूचित करने का विशेष आग्रह था।[१७] कमिश्नरों ने उसे कर्त्तव्य मान कर रिपोर्ट करना प्रारम्भ किया। जबलपुर संभाग के कमिश्नर ने एक काँग्रेस विरोधी उम्मीदवार के सम्बन्ध में सूचित किया कि "उसके पास बहुत पहलवान और गुण्डे हैं" और "चुने जाने पर संभवत: वह माननीय श्री राव को समर्थन देगा।" दो और विरोधी उम्मीदवारों के संबंध में वे निश्चित रूप से लिखते हैं कि "दोनों चुने जाने पर माननीय श्री राव का समर्थन करेंगे।"[१८]

बहुत समय से आम लोगों की राय से दूर रहे आने के कारण अज्ञानवश राव ने भी आशा की थी कि सी.पी. विधान सभा में काँग्रेस को बहुमत नहीं मिल सकेगा और पहले की तरह नई विधान सभा में भी विभिन्न दलों में हेराफेरी कर वे सत्ता में रहे आवेंगे। प्रांत में गृहमंत्री के प्रमुख पद पर रहने के कारण राव ने गवर्नर सर हाइड गवान को जो राय दी होगी उसे वे अपना अनुमान बता कर भारत सरकार को चुनाव का सुन्दर चित्र भेजने में नहीं हिचके होंगे। अपने पिता, वाइसराय लार्ड लिनलिथगो की जीवनी का लेखक जान ग्लेन्डेवन सी.पी. के चुनाव परिणामों के संबंध में लिखता है: "यहां काँग्रेस ने ११२ सीटों में से ६५ सीटें जीतने का दावा किया था। १७ दिसम्बर को गवान ने उसे "अविश्वसनीय दर्पोक्ति" कहा था। ४ फरवरी १९३७ को जिलों से आयी सूचना के अनुसार गवर्नर ने काँग्रेस को मिलने वाली सीटों की संख्या ३५ मानी। १० फरवरी तक वह संख्या ६० तक पहुँच गई।

इस प्रांत में गाँधी के नाम का जनता में जादू जैसा प्रभाव है। इसका कोई राजनीतिक कारण नहीं है, बस इसलिए है क्योंकि वह गाँधी है। कई जिलों की रिपोर्ट में कहा गया है कि काँग्रेस का एक नारा, जो सभी स्थानों पर बड़ा सफल रहा है यह है कि "सफेद पेटी में अपना कागज डालो और गाँधी को वोट दो।"

"७ मार्च को गवान ने अंतिम परिणामों की सूचना दी। काँग्रेस ने ७० सीटें जीत ली थीं।"[१९]

काँग्रेस के द्वारा पद स्वीकार किए जाने पर मध्यप्रान्त में राव का राजनीतिक जीवन अकस्मात् समाप्त हो गया। वे नैराश्य में डूब गए और एक बार उन्होंने काँग्रेसी प्रधानमंत्री, एन.बी. खरे को, जो पहले असिस्टेन्ट सर्जन थे, विधान सभा में यह अनुपूरक प्रश्न पर अपमानित किया और उनके शासन की भर्त्सना की: "क्या एक असंतुष्ट असिस्टेन्ट सर्जन की गुलाम मनोवृत्ति वाली सरकार के लिए सर मान्टेगू के प्रगतिशील प्रशासन के आदर्शों को पूरा करना संभव होगा।?" मैंने इस व्यंगोक्ति पर आपत्ति उठायी और चूंकि उन्होंने क्षमा याचना करने से इंकार कर दिया, उन्हें विधान सभा से उस दिन के लिए निष्कासित कर दिया गया। धीरे-धीरे उन्होंने असेम्बली आना ही बन्द कर दिया और अब वे अपनी आशाओं की पूर्ति के लिए दिल्ली की ओर देखने लगे। वे आशा करने लगे कि नए संविधान के अन्तर्गत शीघ्र ही फेडरेशन योजना कार्यान्वित हो जावेगी और उससे केन्द्रीय शासन में उनके लिए नए क्षेत्र उपलब्ध हो सकेंगे। पूरी जानकारी प्राप्त करने के लिए वे कई प्रांतों की राजधानियों में घूमे और बाद में वाइसराय से मुलाकात करने में सफल हो गए। १९३७ में उनके द्वारा दी गई सूचना जिस प्रकार सर हाइड गवान ने दिल्ली भेज दी थी, उसी प्रकार वाइसराय ने भी राव के द्वारा दी गई जानकारी दिल्ली से लंदन भेज दी। जान ग्लेन्डेवन की पुस्तक का एक उद्धरण यह है: "१९३९ के बसंत के दिनों में वाइसराय देशी राज्यों की समस्या पर बहुत ध्यान सहज ही दे रहे थे। जुलाई के अंत तक राजाओं को फेडरेशन से संबंधित प्रश्न का उत्तर देना था और उन्हें मालूम था कि उनमें से कई उस कार्यक्रम का सामना करने से, जो उन्हीं के हित में था, पीछे हट रहे थे।

"उन्होंने जेटलैन्ड को २१ मार्च को लिखा:- "यदि समस्या गंभीर न होती, तो इस विचार से कुछ मनोरंजन ही होता कि जब संकेत यह है कि काँग्रेस फेडरेशन के पक्ष में है और उसमें प्रवेश करने से पूर्व प्रारंभिक शर्तों की खाई में मरना नहीं चाहेगी, जब देशी राजा, जिन्हें फेडरेशन से यथार्थ में बड़ा लाभ होना है,... भयभीत हो जाएँ और कहें कि हम जोखिम उठाने को तैयार नहीं है। लेकिन यदि राजा फेडरेशन में सम्मिलित होने की इच्छा न रखते हों, तो मेरा स्पष्ट मत है कि उसकी सम्पूर्ण जवाबदेही उन्हीं के कंधों पर होगी।"

"यह पत्र लिखने से पूर्व लिनलिथगो एक विशिष्ट हिन्दू, राघवेन्द्र राव की बातचीत से बहुत प्रभावित हुए थे। राव ने १९३६ में कुछ समय के लिए मध्य प्रान्त सरकार चलाई थी और ब्रिटिश भारत का दौरा कर कुछ दिन पहले लौटे थे। उन्होंने वाइसराय को बताया कि काँग्रेस उनकी राय में फेडरेशन को स्वीकार करेगी और प्रारंभिक शर्तों पर ज्यादा दिन नहीं अड़ी रहेगी, बल्कि जो मिल सकता है वह ले लेगी। नेहरू को प्रधानमंत्री बनाना निश्चित हुआ है, और गोविन्द वल्लभ पंत तथा राजगोपालाचारी वित्तमंत्री पद के उम्मीदवार थे। राव ने यह भी कहा कि काँग्रेस जानती थी कि गवर्नर जनरल के

लगातार समर्थन के बिना कोई भी दल न तो फेडरेशन सरकार बना सकता था और न चला सकता था।"[२०]

"बहुत बढ़ा चढ़ा कर कही गयी राव की सूचना से लिनलिथगो काँग्रेस के रूख के सम्बन्ध में आशावादी हो गये लेकिन वे गाँधी के प्रति अपना अविश्वास नहीं दूर कर सके। वे गाँधी को शैतान का अवतार मानते थे और कहते थे कि जब गाँधी के साथ हो तो लम्बे चमचे के बिना भोजन करना अक्ल का काम नहीं होगा।"

राव को १९३९ में सेक्रेटरी ऑफ स्टेट फार इंडिया के सलाहकार पद पर नियुक्त कर उनकी सेवाओं का पुरस्कार दिया गया। १९४१ में वे वाइसराय की कार्यकारिणी के सदस्य मनोनीत किए गए। लेकिन वे इंग्लैण्ड से बीमार होकर आए और जून १९४२ में उनका देहान्त हो गया। उनकी गंभीर अस्वस्थता का समाचार पाकर मैंने उन्हें एक सहानुभूतिपूर्ण पत्र लिखा। उनके निकट संबंधी, जबलपुर के राबर्टसन कालेज में प्रोफेसर शेषराव नायडू, ने बताया कि मेरा पत्र पढ़कर वे रो पड़े थे। मृत्यु के कुछ दिन पूर्व उन्होंने मुझे धन्यवाद देते हुए उत्तर भेजा था। वे राजनीतिक सूझबूझ के व्यक्ति थे और उनका राजनीतिक जीवन यदि आकस्मिक ढंग से समाप्त न हो जाता तो स्वाधीन भारत की राजनीति में उन्होंने निश्चित रूप से महत्वपूर्ण भाग लिया होता।

अग्नि परीक्षा (१९३७)

राजेन्द्र प्रसाद ने अपनी आत्मकथा में मेरे संदर्भ में लिखा है कि: "असेम्बली के लिए जब चुनाव होने वाले थे, मिश्र एक मामले में उलझ गए और उन्होंने तब तक के लिए काँग्रेस के सभी पदों से त्यागपत्र दे दिया जब तक अदालत उन्हें उन आरोपों से मुक्त नहीं कर देती।"[२१] यह कुछ स्थानीय और कुछ प्रांतीय राजनीतिज्ञों द्वारा धारा ३६६ के अन्तर्गत मुझे उलझा देने के पैशाचिक षडयँत्र के प्रति संकेत है। वह योजना असफल हो गई क्योंकि न तो मुझे गिरफ्तार किया गया और न मुझ पर मुकदमा ही चलाया गया, लेकिन दो माह से भी अधिक समय तक समाचार पत्रों का एक वर्ग लगातार ऐसे काल्पनिक चित्रवत् विवरण देता रहा कि मेरे मित्रों और शुभचिन्तकों को बड़ी चिन्ता हो गई और मेरे निन्दकों को आनन्द आ रहा था। संक्षेप में, घटना का निम्नलिखित क्रम था:-

जबलपुर में बहुत दिनों से बसे आंध्र के एक प्रतिष्ठित परिवार का नाना नायडू नामक व्यक्ति मेरा मोटर ड्राइवर था। स्थानीय प्रसिद्ध एडवोकेट तथा प्रांत में सम्मान प्राप्त एम.के. गोलवलकर ने उसकी सिफारिश की थी। नायडू अच्छा ड्राइवर और मैकेनिक होने के साथ ही उत्साही देशभक्त भी था। १९३२ में मेरी गिरफ्तारी के पश्चात् एक शराब के गोदाम पर धरना देते हुए उसने अपना जीवन ही खतरे में डाल दिया था। वह शहर की घनी बस्ती गोपालबाग से काफी दूर जहाँ उन दिनों मेरा घर था, रहता था। मई के महीने में एक दिन वह ड्यूटी पर नहीं आया। सँध्या को जब मैं म्युनिसिपल कार्यालय से अपने घर लौट रहा था, तो मेरे काँग्रेसी सहयोगी लक्ष्मण सिंह चौहान ने सूचना दी कि मुस्लिम लीगी एम.एल.ए. तथा म्युनिसिपल कमेटी में मुस्लिम लीग के नेता, एडवोकेट इफ्तखार अली ने कोतवाली में मेरे विरुद्ध जैनब बी की ओर से, नाना नायडू के माध्यम से उसकी कन्या हसीना को अपहरण करने की एक रिपोर्ट लिखवायी है। चौहान ने, जो वकालत करते थे, यह भी बताया कि इफ्तखार अली ने स्वयं ही वह रिपोर्ट तैयार की है और जैनब बी तो उसकी केवल उपकरण थी।

जैनब बी और हसीना के संबंध में चूँकि मुझे कुछ भी नहीं मालूम था इसलिए मुझे विश्वास था कि प्रारंभिक जाँच के पश्चात स्थानीय पुलिस मुझे सारे मामले से अलग कर देगी और नायडू तथा हसीना को पकड़ने पर ध्यान देगी। लेकिन कुछ ही दिनों में लोग कई प्रकार की बातें करने लगे और रोमांचकारी समाचार पत्रों में सजीव विवरण छपने लगे। निर्दोष होने के कारण मुझे दुख कम था और हँसी ज्यादा आती थी और निश्चिन्त होकर मैं महाकोशल काँग्रेस कमेटी के मंत्री तथा म्युनिसिपल कमेटी के अध्यक्ष के कर्तव्यों का निर्वाह करता रहा। मेरे संयमी स्वभाव से परिचित होने के कारण कोई मेरे सम्मुख उस विषय की चर्चा करने का साहस नहीं करता था। लेकिन लगभग एक सप्ताह पश्चात् गोविन्द दास बड़ी गंभीर मुद्रा में मेरे पास आए और उन्होंने शिकायत की कि मैं तो पत्थर की तरह हिलता-डुलता नहीं और सभी तरह के लोग पूछताछ कर उन्हें परेशान कर रहे हैं। मैंने उन्हें समझाया कि कभी-कभी निर्दोष व्यक्ति भी भय के मारे गलत काम कर परेशानी में पड़ जाते हैं, और यदि पुलिस ने मुझ पर मुकदमा भी चलाया तो मुझे स्वयं को निर्दोष प्रमाणित करने में अदालत के समक्ष कोई कठिनाई नहीं होगी। गोविन्द दास को इससे संतोष हो गया।

इसके पश्चात् मुझे अधिक प्रतीक्षा नहीं करनी पड़ी क्योंकि पुलिस ने कार्यवाही प्रारंभ कर दी। मुझे कोतवाली बुलाया गया और लगभग एक दर्जन अपरिचित व्यक्तियों के साथ एक कतार में खड़ा किया गया। मैं परेशान था कि उस कार्रवाई के पीछे क्या गोपनीय था। एक आकृति, जो सिर से पैर तक पर्दे में थी, धीरे-धीरे झिझकते हुए हमारी ओर बढ़ी। अकस्मात कौंध की तरह शैक्सपियर के ड्रामे के उर्दू अनुवाद की याद मुझे आ गई। यह ड्रामा रायपुर में बम्बई की पारसी थियेट्रिकल कम्पनी ने मेरे स्कूल में पढ़ने के दिनों में खेला था। जब वह आकृति निकट आई और उसने मेरी तरफ उँगली उठाई, तो प्रेतात्मा द्वारा हेमलेट से, जिसे उर्दू अनुवाद में जहाँगीर नाम दिया था, कहे गए शब्दों की याद नहीं रोकी जा सकी: "बेटा, जहाँगीर। मैं तेरे बाप की रूह हूँ।" इस बीच में वह आकृति घूम पड़ी और जिस नीरवता से आई थी उसी तरह दृष्टि से लुप्त हो गई।

जब मैंने सारी घटना गोविन्द दासजी को बतायी तो उन्हें मुझे तत्काल गिरफ्तार कर लिए जाने का पूरा विश्वास हो गया। रात में, मैंने उस नयी स्थिति की संभावनाओं पर विचार किया। म्युनिसिपल कमेटी का अध्यक्ष होने के अतिरिक्त मेरा १४ वर्ष का सार्वजनिक जीवन था और मुझे नगर के सभी व्यक्ति जानते थे। जबलपुर के किसी व्यक्ति द्वारा मेरा पहचाना जाना मुझ पर किए गए आरोप का सबूत कैसे हो सकता था? दूसरा लक्ष्य, मुझे कलंकित करना और इस प्रकार ऊपरी तौर पर आरोप को ठीक बताना हो सकता था। मुझे यह लगा कि निकट का सम्बन्ध होने के कारण काँग्रेस भी बदनामी से नहीं बच सकेगी। मैंने काँग्रेस के उन सभी पदों से, जिन पर मैं था, तुरन्त त्यागपत्र लिख भेजा। मैंने जवाहरलाल जी को भी इस आशय का एक पत्र लिखा कि मैंने इसलिए त्यागपत्र दिया है क्योंकि मेरे विचार से काँग्रेस को उसके निष्ठावानों की प्रतिष्ठा में भाग लेने का अधिकार था, लेकिन यदि उन पर कलंक की छाया आ गई हो तो उन्हें उससे दूर रहना चाहिए।

उन्हीं दिनों नागपुर में राजनीतिक गतिविधियाँ तेज हो गई थीं, लेकिन मैंने जबलपुर इसलिए नहीं छोड़ना चाहा क्योंकि यह आरोपित किया जा सकता था कि मैं गिरफ्तारी से बचने का प्रयत्न कर रहा हूँ। लेकिन जब एक बहुत आवश्यक टेलीफोन आया तो मैं गोविन्द दास के आग्रह पर इस शर्त पर नागपुर जाने को सहमत हुआ कि वे सिटी सुपरेन्टेन्डेन्ट पुलिस, नियाज अहमद खाँ को मेरे जबलपुर

से बाहर जाने का कारण और नागपुर में मेरे पते की सूचना दे देंगे। नागपुर पहुँच कर मैं मोटर से उतरा ही था कि गोविन्द दासजी के टेलीफोन की सूचना तुरन्त दी गई। टेलीफोन उठाने पर उनका परिचित स्वर सुनाई दिया और उन्होंने बड़ी प्रसन्नता के कारण ठीक तरह से न बोलते हुए टूटे वाक्यों में सूचित किया कि पुलिस ने उनसे मुझे सूचित करने को कहा है कि मेरे विरुद्ध उन्हें कुछ भी नहीं मिला है और अब आगे कोई जाँच पड़ताल नहीं की जावेगी।

कुछ ही दिनों पश्चात् नायडू ने पुलिस को आत्म समर्पण कर दिया और उसे भी हसीना के इस बयान पर छोड़ दिया गया कि वह अपनी इच्छा से नायडू के साथ चली गई थी क्योंकि उसकी माँ उस पर उसकी इच्छा के विरुद्ध किसी व्यक्ति से विवाह करने के लिए दबाव डाल रही थी। बहुत विचार करने के पश्चात् बड़े दु:ख के साथ मैंने नायडू को नौकरी से अलग कर दिया। मुझे स्वीकार करना चाहिए कि इस लम्बे समय के दौरान मुझे उसकी तुलना का कोई व्यक्ति न मिल सका। लेकिन जब मैं नागपुर में था, तो एक मित्र यह समाचार लाए कि हसीना को जबलपुर आर्य समाज ने हिन्दू बना लिया था और उसका विवाह नायडू से हो गया था। मुझे तत्काल कबीर का एक रहस्यवादी दोहा याद आया, और जब मैंने उसे सुनाया तो मित्र महोदय खूब हँसे-

सुना-सुनी की बात नहि, दिखा-दिखि की बात,
दुल्हा-दुल्हिन मिल गए, फीकी पड़ी बरात।

लगभग दो वर्ष के पश्चात् जबलपुर के भूतपूर्व पुलिस सुपरिन्टेन्डेन्ट दिलावर हुसैन, ने जिसकी चर्चा पिछले अध्याय में मैं कर चुका हूँ नियाज़ अहमद खाँ के हाथ से लिखा और उनके दस्तख़त के साथ एक पत्र मुझे दिया जिसमें मेरे खिलाफ़ की गयी साज़िश का पूरा ब्योरा था। उसके पढ़ने पर मैंने दिलावर हुसैन से पूछा कि इतने लम्बे अरसे के बाद नियाज़ अहमद ने क्यों वह पत्र लिखना ठीक समझा। उनका जबाब था कि "चूँकि अभी भी मैं उन साज़िश करने वालों से मिलता जुलता रहता था। नियाज़ ने इसलिए सोचा कि आपको उनकी असलियत का पता लग जाये।" फिर पूछने पर कि क्या बिल्कुल सच्चाई के लिए नियाज़ अहमद पर भरोसा किया जा सकता है। उन्होंने वह पत्र मुझसे ले लिया और पढ़ कर कर सुनाया "इन लोगों की हरकतों से मैं समझ गया था कि ये लोग मिस्टर मिश्रा के खिलाफ साज़िश कर रहे थे ताकि उन्हें गिरफ्तार किया जा सके। इस मामले की डायरी में के आखिर में यह बात लिख दी गयी है।"

मुझे इस पर भी शक रहा आया और मैंने शिनाख्त परेड की बाबत पूँछना चाहा, लेकिन मैंने आगे इसलिए सवाल नहीं किया क्योंकि वह पुरानी बात फिर से उखाड़ना जैसा ही था। लेकिन एक साल बाद जबलपुर सम्भाग के कमिश्नर जी. सी. एफ. रेम्सडेन ने यों ही बातचीत के दौरान बताया कि जिलाधीश ने सभी सम्बन्धित व्यक्तियों को आगाह कर दिया था कि कोई ग़लत बात नहीं बरदाशत की जायेगी और राजनीतिक विरोधियों के साथ भी न्याय किया जाना चाहिये। रेम्सडेन की बातचीत से मैं इस नतीजे पर आया कि शिनाख्त परेड की खबर पाकर डिस्ट्रिक्ट मजिस्ट्रेट को शक हो गया होगा कि पुलिस पर दबाव डाला जा रहा था और इसलिए उन्होंने उन लोगों को मामले में ठीक तरह से काम करने की हिदायत दी होगी। स्वाधीनता प्राप्ति के पश्चात् मैंने अनुभव किया है कि न्याय मिलने के मामले में अब के मुकाबले में अँग्रेजी राज में हमें अधिक अवसर प्राप्त थे। भारतीयों से अधिक सम्पर्क

न रहने के कारण और उनके रिश्तेदारों के हज़ारों मील की दूरी पर रहे आने के कारण अँग्रेज दबाव और प्रलोभन से, भारतीय जज जिनके शिकार हो सकते है, मुक्त थे।

नियाज़ अहमद के मूल पत्र की फोटोस्टैट प्रतिलिपि परिशिष्ट में दी गयी है। उसमें लिखा है।-

मैं जबलपुर सिटी सुपेरिनटेन्डेन्ट पुलिस १.१२३६ से मार्च १९३८ तक रहा हूँ।

१९३७ के मई महीने में, एक ज़ैनब बी ने यह लिखित आरोप दर्ज करवाया कि नाना नायडू ने मिस्टर डी.पी. मिश्रा के लिये उसकी लड़की हसीना को भगा ले गया है। धारा ३६६ आई.पी.सी. के अन्तर्गत केस रजिस्टर किया गया था और सब इन्सपेक्टर मुरली मनोहर ने उसकी जाँच की। शिकायत अंग्रेज़ी में लिखी थी और उस पर ज़ैनब बी के अँगूठे के निशान थे। वह कोतवाली अकेली आयी थी। कई सूत्रों से मुझे पता चला था कि मिस्टर इफ़्तख़ार अली ने शिकायत लिखी थी। मिस्टर अबदुर्रहमान वकील ने रिपोर्ट लिखी जाये के बाद मुझे बताया था कि जैनब बी उनके पास भी गयी थी। लेकिन मिस्टर इफ़्तख़ार अली ने ड्राफ्ट बनाया था।

जाँच के दौरान जबलपुर के बैरिस्टर डी.पी. श्रीवास्तव मुझसे कई बार मिले और मिस्टर मिश्रा को पकड़ने के लिए और हवालात में रखने के लिए बहुत जोर देते रहे। उन्होंने मुझसे यह भी कहा कि मैं अगर वैसा करूँगा तो मुझे बहुत फायदा होगा और कोई खिताब भी मिल जावेगा। मैंने उनसे कहा कि मैं कोई गैरकानूनी काम नहीं कर सकूँगा। शिनाख्त परेड के बाद वे फिर मुझसे मिले और बोले कि अगर मैं मिस्टर मिश्रा के पकड़ लेता हूँ तो मिस्टर राघवेन्द्र राव मुझ पर बहुत खुश होंगे। मैंने फिर उनसे कहा कि मैं ऐसा कुछ नहीं कर सकूँगा और अगर उनका मिस्टर राघवेनन्द्र राव पर बड़ा असर है तो वे उनसे ही मिस्टर मिश्रा की गिरफ्तारी का हुकुम ले आवें। जाँच के दौरान मेयो हास्पिटल नागपुर के डॉ. बलीराम दुबे भी जबलपुर आये और मुझसे मामले को जल्दी निपटाने के लिये दो या तीन बार मिले। केन्द्रीय खुफिया पुलिस के मिस्टर शंकरदयाल शुल्क ने भी नागपुर से तीन चार बार ज़रा भी देरी किये बिना मामले को निपटाने के लिए टेलीफोन किया था।

"मोटर कानून के तहत मैंने दो बार डा. डिसिल्वा का चालान किया था, लेकिन वह भी मेरे पास कोतवाली आये और मुझे बताया कि उन्होंने हसीना की जाँच की है और वह नाबालिग हैं। उन्होंने मिस्टर मिश्रा को गिरफ्तार करने पर ज़ोर दिया और कहा कि हसीना के नाबालग़ होने के सुबूत में वे गवाही देंगे। इसी तरह मिस्टर लक्ष्मण सिंह चौहान भी मुझसे कई बार मिले और मिस्टर मिश्रा को गिरफ्तार करने के लिए कहते रहे।"

"जाँच करने वाले सब इन्सपेक्टर मुरली मनोहर ने भी मुझे रिपोर्ट दी कि उससे लक्ष्मण सिंह चौहान, बैरिस्टर डी.पी. श्रीवास्तव, जार्ज डिसिल्वा और कई दूसरे लोग मिले थे, लेकिन मैंने उसे आदेश दिया था कि उनके दबाव में आकर वह कुछ न करें।"

"इन लोगों की दौड़ धूप से मैं समझ गया था कि इन लोगों ने मिस्टर मिश्रा के खिलाफ साजिश की थी ताकि किसी तरह उन्हें गिरफ्तार किया जा सके। इस मामले की केस डायरी में यह बात अंत में लिखी गयी है।"

"पकड़ लिये जाने के बाद हसीना उसकी माँ के सुपुर्द कर दी गयी। उसी दिन उसका बयान नहीं लिया गया था। मैं नहीं जानता कि जो लोग मिस्टर मिश्रा को गिरफ्तार कराने पर लगे हुए थे उनमें

से कोई हसीना से या उसकी माँ से जो बयान उसने बाद में पुलिस में दिया था, उसके लिए उसे लिखाने या उस पर दबाव डालने के लिए मिला। कुछ लोगों ने ज़ैनब बी को गोपाल बाग जाकर मिस्टर मिश्रा के खिलाफ प्रदर्शन करने और लोग एकत्रित करने के लिए भी भड़काया था। मैंने ऐसा करने से उसे मनाकर दिया था।"

जब नाना नायडू ने आत्म समर्पण कर दिया और जब वह अदालत में था, मैंने हसीना की एक दरखास्त देखी थी, जिसमें उसने लिखा था कि मैं नाना नायडू के साथ खुद चली गयी थी क्योंकि मेरी माँ मुझसे मेरी मरजी के खिलाफ दूसरे आदमी से शादी करने को कह रही थी। मुझे याद नहीं आता कि यह दरखास्त किस तारीख को लिखी गयी थी। वह डिस्ट्रिक्ट मजिस्ट्रेट को लिखी गयी थी और मेरे पास नहीं आयी थी।

शिनाख्त की कार्यवाई के बाद मैं केस को डी. एस. पी. के पास ले गया जिन्होंने मुझसे कहा कि वे डिस्ट्रिक्ट मजिस्ट्रेट से मामले पर बातचीत करने के लिए तारीख तय कर लेंगे। जहाँ तक मुझे याद है ६ या ७ तारीख को पूरी गवाही पर डी. एस. पी. डिस्ट्रिक्ट मजिस्ट्रेट और मेरे बीच में बात हुई और हर एक ने मंजूर किया कि कोई मामला नहीं बनता है। इसके बाद दो तीन दिन मैं बहुत व्यस्त रहा। मैंने केस का खात्मा एस.पी. को लिखवाया और डिस्ट्रिक्ट मजिस्ट्रेट को नाना नायडू को आरोप मुक्त करने का आवेदन किया।

सही : नियाज् अहमद खान
डी.वाई एस. पी. नागपुर
१३.९.३९

काँग्रेस ने पद सम्हाला (१९३७)

१९३७ के चुनाव जवाहरलाल नेहरू के तूफानी दौरे और सरदार पटेल की संगठन क्षमता की विजय के सूचक थे। उत्तर-पश्चिम सीमा प्रांत को छोड़ कर जहाँ जाने से उन्हें सरकार की तरफ से रोक दिया गया था, नेहरू ने पूरे अंग्रेजी भारत के नगरीय और ग्रामीण क्षेत्र का जगह-जगह भाषण करते हुए दौरा किया। वे स्वयं लिखते हैं: "मैंने काँग्रेसी उम्मीदवारों के समर्थन में पूरे भारत में भ्रमण किया और मेरी कल्पना है कि चुनाव अभियान में मैंने एक प्रकार का रिकार्ड बनाया। करीब चार माह में मैंने लगभग पचास हजार मील की यात्रा की है और इस कार्य में सभी प्रकार के वाहनों का उपयोग करना पड़ा। अक्सर ऐसे स्थानों पर भी गया जहाँ कोई उचित वाहन नहीं था। मैं हवाई जहाज, रेल, मोटर कार, ट्रक कई किस्म के घोड़ों से चलने वाले वाहन, बैलगाड़ी, साइकल, हाथी, उँट, घोड़े, जहाज, पतवार वाली नाँव, डोंगियों से घूमा और पैदल चला।

"…. प्रतिदिन एक लाख लोग इकट्ठे होते थे और कभी-कभी यह संख्या बहुत बढ़ जाती थी। अनुमानत: यह कहा जा सकता है कि लगभग १ करोड़ लोग मेरी सभाओं में सम्मिलित हुए और इस संख्या से बहुत अधिक लाखों लोगों से सड़क से यात्रा करने में सम्पर्क हुआ।"

"गतिशीलता, उत्तेजना और जो उत्साह देखने को मुझे मिला उससे उमंग से भरा मैं बिना विश्राम किए भारत के उत्तरी सीमांत से दक्षिणी समुद्र तक एक स्थान से दूसरे स्थान की ओर दौड़ता रहा। वह शारीरिक सहनशीलता का असाधारण कार्य था जिससे मैं स्वयं चकित था। इस चुनाव अभियान

ने जिसमें असंख्य लोग हमारी ओर से सम्मिलित हुए सारे देश में जागृति ला दी और सभी स्थानों पर नव जीवन दृष्टिगोचर हो रहा था। हम लोगों के लिए यह चुनाव अभियान से भी अधिक महत्व की बात थी"।[२२] "बड़ी संख्या में लोगों के एकत्रित होने के कारण बताते हुए वे विनीत भाव से कहते हैं कि "किसी सीमा तक तो यह व्यक्तिगत लोकप्रियता के कारण हो सकता है, लेकिन मैं सोचता हूँ अधिकांशत: उसका कारण काँग्रेस की व्यापक प्रतिष्ठा और प्रभाव है।"

फरवरी में जो चुनाव के परिणाम घोषित हुए उनसे प्रमाणित हो गया कि लार्ड विलिंग्डन ने अपने दीर्घकालीन दमन से सरकार के प्रति असंतोष को भूमिगत करने में ही सफलता पाई थी और काँग्रेस को कुचल देने के बजाय, उन्होंने उसे जनता में और भी अधिक लोकप्रिय बना दिया था। मद्रास, बिहार, सी.पी. उड़ीसा और यू.पी. में क्रमश: ७४,६५,६२,६० और ५० प्रतिशत सीटें काँग्रेस ने जीती थीं, और इन प्रांतों में उसका पूर्ण बहुमत हो गया था। वह बम्बई, बंगाल, आसाम और उत्तर पश्चिम सीमा प्रांत में सबसे बड़ी पार्टी थी। बाद में, स्वतंत्र सदस्यों के सहयोग से वह दोनों, बम्बई और उत्तर पश्चिम सीमा प्रांत में बहुमत वाली पार्टी हो जाने में सफल हो गई थी। इस प्रकार ग्यारह प्रांतों में से सात प्रांतों में काँग्रेस पार्टी अपनी सरकार बनाने में समर्थ थी। काँग्रेस का पुराना विरोधी, लन्दन का समाचार पत्र टाइम्स भी प्रभावित हुए बिना नहीं रहा और उसे लिखना पड़ा: "चुनाव परिणामों ने प्रमाणित कर दिया है कि केवल काँग्रेस ही प्रांतीय स्तर से अधिक व्यापक रूप से संगठित है। उसकी सफलता का रिकार्ड प्रभावोत्पादक है और यद्यपि यह जीत उसके सुचारू संगठन और पुराने विचार वालों में आपस की फूट और संगठन के अभाव के कारण हुई है, तो भी उसकी सफलताओं के लिए केवल ये ही घटक जिम्मेदार नहीं हैं। काँग्रेस के प्रस्ताव, उसके विरोधियों के प्रस्तावों से अधिक निश्चयात्मक और रचनात्मक रहे हैं। पार्टी की विजय उसके उन प्रस्तावों पर हुई है, जिनमें ग्रामीण मतदाताओं को, और जो मतदाता नहीं है उन लाखों लोगों को दिलचस्पी है।"[२३]

विभिन्न प्रांतों के काँग्रेसी सदस्यों के सम्मेलन के साथ ही दिल्ली में आल इंडिया काँग्रेस कमेटी का अधिवेशन मार्च के तीसरे सप्ताह में हुआ। अध्यक्ष नेहरू के द्वारा प्रत्येक काँग्रेसी सदस्य को यह शपथ दिलाई गई: "मैं, इस अखिल भारतीय सम्मेलन का सदस्य भारत की सेवा करने की और विधान सभा और उसके बाहर भारत की स्वतंत्रता के लिए कार्य करने की तथा उसके निवासियों का शोषण तथा उनकी निर्धनता को समाप्त करने के लिए शपथ लेता हूँ। भारत के स्वाधीन हो जाने और उसके करोड़ों निवासियों को भारी बोझ से मुक्त कराने के काँग्रेस के आदर्श और लक्ष्य के लिए मैं काँग्रेस के अनुशासन में कार्य करने की शपथ लेता हूँ।"

अखिल भारतीय काँग्रेस कमेटी में पद स्वीकार करने के प्रश्न पर बड़े मतभेद थे। नेहरू और सी.एस.पी. के सदस्यों ने उस प्रस्ताव का कड़ा विरोध किया और उसी प्रकार वयस्कों ने उसका प्रबल समर्थन किया। दो दिन तक बहुत गरमा-गरम बहस के पश्चात गाँधीजी ने हस्तक्षेप कर यह सूत्र रखा कि काँग्रेस के बहुमत वाले प्रांतों में "काँग्रेसी मंत्रिमंडल नहीं बनाया जावेगा जब तक विधान सभा की काँग्रेस पार्टी का नेता संतुष्ट नहीं होता और सार्वजनिक रूप से यह नहीं कह सकता कि गवर्नर हस्तक्षेप करने या संवैधानिक गतिविधियों के कारण मिनिस्टर को पद से अलग कर देने के विशेषाधिकारों का

प्रयोग नहीं करेगा।" एक प्रस्ताव तदाशय का प्रस्तुत किया गया और ७० के विरोध में १२७ वोटों से पारित हो गया।

पद स्वीकार करना काँग्रेस की पुरानी नीति से उल्लेखनीय परिवर्तन था और इसलिए स्वाभाविक रूप से कई प्रकार के अनुमान किए गए। माइकल ब्रेशर लिखता है: "वामपंथी आलोचकों ने नेहरू के विचारों का समर्थन किया और उसकी बात उठने के पहले ही पद की अस्वीकृति की स्पष्ट घोषणा करने की मांग की, लेकिन सत्ता और प्रतिष्ठा का आकर्षण बहुमत में अत्याधिक था।"[२४] चूँकि काँग्रेस हाई कमान के किसी सदस्य ने किसी प्रांत में पद नहीं सम्हाला, इसलिए राष्ट्रीय नेताओं के विरुद्ध "सत्ता और प्रतिष्ठा के आकर्षण" के आरोप का कोई आधार नहीं हो सकता। यद्यपि काँग्रेस जैसी विशाल संस्था के अखिल भारतीय काँग्रेस कमेटी के १२७ सदस्यों में से कुछ हो सकते हैं, जिन्हें सत्ता और प्रतिष्ठा का आकर्षण रहा हो, लेकिन विधान सभा के सदस्यों के पक्ष में यह कहना पड़ेगा कि उन्होंने हाई कमान के निर्देशन पर ही पद स्वीकार किया और ज्योंही उनसे उसे छोड़ने को कहा गया, उन्होंने उसी क्षण उसे छोड़ दिया।

लार्ड लिनलिथगो के पुत्र जान ग्लेन्डेवन ने ब्रेशर के विचार से विपरीत अपने पिता के विचार की चर्चा की है। वह कहता है कि "महात्मा प्रांतीय अधिकारों की विभाजित करने वाली संभावनाओं से भयभीत थे, तो भी उन्होंने समझ लिया था कि काँग्रेस की प्रतिष्ठा कम हो जावेगी यदि उसके विधान सभा सदस्य, जिन्होंने मतदाताओं को कई वचन दिए थे, पद स्वीकार नहीं करते। इसलिए उन्होंने काँग्रेस के द्वारा किए गए निर्णय की जिम्मेदारी भारत सरकार पर थोपने के प्रयत्न में विशेषाधिकारों का मुद्दा उठाया।"[२५]

उपरोक्त कथन गाँधीजी के प्रति केवल अन्याय ही नहीं करता बल्कि सत्य के विपरीत है। प्रत्यक्ष और परोक्ष साक्ष्य से यह स्पष्ट है कि गाँधीजी ने ही प्रारंभ में काँग्रेसजनों के द्वारा पद स्वीकार किए जाने की कल्पना की थी, और यह विचार उनके मन में अगर पहले नहीं तो १९३४ में ब्रिटिश पार्लियामेन्ट द्वारा नए एक्ट के पास हो जाने के तत्काल बाद आया था, जब उन्होंने अंसारी को स्वराज पार्टी के पुनर्निर्माण के लिए आशीर्वाद दिया था। ज्यों-ज्यों समय बीतता गया, काँग्रेस कार्यकारिणी के उनके विश्वसनीय सदस्यों ने अपने नेता की विचारधारा का अनुमान लगा लिया होगा और उसी के अनुसार उन्होंने अपना कार्यक्रम बनाना प्रारंभ किया होगा। यह इस बात को स्पष्ट करता है कि क्यों उन्होंने लखनऊ और फैज़पुर के काँग्रेस अधिवेशन में नेहरू और सी.एस.पी. के प्रचण्ड विरोध के बावजूद पद स्वीकृत के प्रश्न पर निर्णय भविष्य के लिए टाल दिया था। इससे पटेल के उस असाधारण वक्तव्य पर भी प्रकाश पड़ता है, जिसमें उन्होंने फैजपुर काँग्रेस के अध्यक्ष पद से अपना नाम वापिस लेते हुए कहा था कि काँग्रेसजनों द्वारा पद स्वीकृति के प्रश्न पर नेहरू से उनका मतभेद था।

काँग्रेस के द्वारा मंत्रिमंडल स्वीकार किए जाने के पक्ष में होने के पीछे गाँधीजी के जो उद्देश्य थे, उन्हें समझना कठिन नहीं है। वे इस निर्णय पर पहुँच गए थे और उन्होंने सार्वजनिक रूप से कह भी दिया था कि निकट भविष्य में उनके द्वारा किसी सत्याग्रह आंदोलन का नेतृत्व करने की संभावना नहीं थी। ग्रामोद्धार के विभिन्न कार्यक्रमों में अपने निकट के अनुयायियों के लिए उन्होंने काम खोज लिया था, लेकिन जिन्हें वे "बुद्धिवादी" कहते थे और जिन्हें उनके रचनात्मक कार्य में कोई रुचि नहीं थी उनके लिये वे क्या करते? १९२० के दशक में आंदोलन के स्थगित होने के पश्चात इन लोगों ने संसदीय

कार्यक्रम को पसंद कर स्वराज पार्टी बना ली थी। १९३४ में भी वह फिर बनाई गई थी। यदि वे लोग गाँव नहीं जाते हैं, तो गाँधीजी ने सोचा होगा कि उन्हें विधान सभा सदस्य और मंत्री बनाकर ग्रामोद्धार के कार्य को आगे बढ़ाने में क्यों न उनका उपयोग किया जाए? १९२४ के अपने जुहू से दिए गए वक्तव्य से उन्होंने विवेकहीन विरोध के प्रति अपनी अरुचि बताई थी और दास तथा मोतीलाल से अपने रचनात्मक कार्यक्रम के कुछ कार्य विधान सभा के माध्यम से किए जाने की सिफारिश की थी। सीमित होते हुए भी १९३५ के गवर्नमेन्ट ऑफ इंडिया एक्ट ने मांटफोर्ड एक्ट के विरुद्ध में प्रांतीय सरकारों को अधिक अधिकार दे दिए थे और आश्चर्य नहीं होना चाहिए यदि गाँधीजी ने जनता की सेवा की दृष्टि से और अपने रचनात्मक कार्यक्रम के हित में उस अवसर का लाभ लेने में जल्दी की हो। कृपलानी ने ठीक ही कहा है कि "गाँधीजी की सलाह पद स्वीकृति के पक्ष में थी" और उन्होंने "यह भी सोचा था कि पद स्वीकार कर लेने पर काँग्रेसी मंत्री राष्ट्र निर्माण के रचनात्मक कार्यक्रम को, जिसके लिए १९२० से वे प्रचार कर रहे थे, और जिसे वे करते थे, व्यापक रूप से कार्यान्वित करने की स्थिति में हो जावेंगे।"[२६]

गवर्नरों के विशेषाधिकारों का प्रश्न खड़ा कर गाँधीजी सरकार पर कोई आरोप नहीं लगाना चाहते थे। वे चाहते थे कि मंत्री पद इतना सशक्त होता कि भावी काँग्रेसी मंत्री दीर्घकाल से शोषित जनता के लिए कुछ ठोस काम कर सकते। उस प्रश्न पर बहुत दिनों तक कानूनी बहस चलती रही, जिसमें इंग्लैण्ड और भारत के विद्वान वकील इस पर माथापच्ची करते रहे कि एक्ट के तहत दिए गए विशेषाधिकारों को गवर्नर छोड़ सकते थे या नहीं। लेकिन गाँधीजी द्वारा उठाया गया प्रश्न कानूनी न होकर राजनीतिक था और उसका निपटारा सज्जनों के आपसी समझौते से किया जा सकता था। लेकिन गवर्नर टाल-मेटोल करते रहे क्योंकि नौकरशाही काँग्रेस की तूफानी जीत से दु:खी थी और हमेशा साथ देने वाले अपने समर्थकों को एक अवसर देना चाहती थी ताकि वे अपनी बुद्धि का प्रयोग कर काँग्रेसजनों को मंत्री पद का प्रलोभन दिखाकर उनमें फूट डाल सकें। इस उद्देश्य से अप्रैल के पहले सप्ताह में गवर्नरों ने काँग्रेस पार्टी के नेताओं को हठीला रुख दिखाया और अन्तरिम सरकारें स्थापित कर दीं। लेकिन दो माह में ही नौकरशाही को पता लग गया कि उनके अन्तरिम प्रधानमंत्रियों के बूते की बात नहीं थी कि वे विधान सभा के सदस्यों की एकता की दीवार में दरार डाल सकें, तथा उनकी अन्तरिम सरकारें उसी क्षण लुप्त हो जावेंगी, जब एक्ट के तहत छ: महीने के भीतर गवर्नर को नई विधान सभा का आव्हान करना पड़ेगा।

समय व्यतीत होने के साथ वाइसराय लार्ड लिनलिथगो अपने "दृढ़तापूर्वक खड़े रहने के निर्णय" के बावजूद गतिरोध को दूर करने के उपायों पर सोचने लगे। "उनके विचार से उनकी ओर से तीन उपाय किए जा सकते थे। पहला, प्रांतों में गवर्नर काँग्रेसी नेताओं से सम्पर्क करने या बनाए रखने में प्रयत्नशील रहें। दूसरा, गवर्नर आश्वासन और सफाई देते रहें। तीसरा, वाइसराय, नई विधान सभाएँ निमंत्रित करने के पूर्व स्वयं बयान दें।"[२७]

गवर्नर काँग्रेसी नेताओं से मिले और उन्होंने अपने भाषणों में सफाई भी दी, लेकिन गतिरोध तो वाइसराय के बयान से ही दूर हुआ। बयान चापलूसी और दृढ़ता से भरा था: "जब गवर्नर और उसके मंत्रियों में किसी प्रश्न पर गंभीर मतभेद हो तभी उनकी आपसी साझेदारी के टूटने की बात उठ सकती है।" उन्होंने यह भी कहा कि "राजनीति स्वभावत: गतिशील होती है और संविधान में

घेरकर उसे स्थायी रखने की कल्पना करना इतिहास से कुछ न सीखना ही है और सहज बुद्धि के विपरीत है।"

काँग्रेस कार्यकारिणी ने, जिसकी बैठक वर्धा में ७ मई को हुई, वाइसराय के बयान पर विचार किया और एक प्रस्ताव पारित कर उन प्रांतों में मंत्रिमण्डल बनाना अधिकृत किया जहाँ काँग्रेस पार्टियां मंत्रिमंडल बनाने के लिए आमंत्रित की जाएँ। तद्नुसार सी.पी., यू.पी., बिहार, उड़ीसा, मद्रास और बम्बई में काँग्रेसी मंत्रिमंडल बन गए। कुछ दिनों पश्चात् उत्तर-पश्चिम सीमा प्रांत में भी काँग्रेस मंत्रिमंडल बना। आसाम लगभग काँग्रेस शासित प्रांत हो गया और सिंध भी इनके साथ हो गया।

काँग्रेस का प्रथम मंत्रिमंडल मध्यप्रांत में बना जिसके प्रधानमंत्री एन.बी. खरे हुए। दुखद "खरे कांड" घटित होने के कारण यहाँ संक्षिप्त मे उन कारणों का उल्लेख करना उचित होगा, जिनकी पृष्ठभूमि में एन.बी. खरे काँग्रेस के नेता निर्वाचित हुए थे। मात्र डेविड बेकर ने ही इस विषय पर कुछ लिखा है, लेकिन दुर्भाग्य से उन्होंने उसे बहुत ही सरल बना दिया है। उनके अनुसार "१९३७ तक महाकोशल में रविशंकर शुक्ल काँग्रेस में सबसे शक्तिशाली नेता हो गए थे और इस संदेह पर कि उनकी प्रधानमंत्री पद पर दृष्टि थी, गोविन्द दास और डी.पी. मिश्र ने उन्हें उस पद को प्राप्त न कर पाने का प्रयत्न किया। यह प्रयत्न उन्होंने १९३६ और १९३७ के बीच हुई तीन बैठकों में किया, जिनमें प्रांतीय पार्लियामेन्टरी बोर्ड के अध्यक्ष का, काँग्रेस पार्लियामेन्टरी पार्टी के नेता का और अंत में प्रांत के मंत्रिमंडल के प्रधानमंत्री का निर्वाचन किया जाना था। प्रत्येक अवसर पर शुक्ल के महाकोशल के विरोधी काँग्रेसजन तथा मराठी क्षेत्रों के काँग्रेसजन दोनों गुटों को स्वीकृत व्यक्ति के निर्वाचन में एक हो जाते थे। यह उम्मीदवार डा. खरे थे और उन्होंने इस अस्थायी आधार पर १९३७ में मध्यप्रदेश और बरार का प्रधानमंत्री पद सम्भाला।"[२८]

यह सत्य है कि, जैसा पिछले अध्याय में स्पष्ट किया जा चुका है, महाकोशल के काँग्रेस नेताओं में मतभेद थे, लेकिन केवल वे मतभेद ही खरे के निर्वाचन को स्पष्ट नहीं करते। डेविड बेकर यह मान कर चलते हैं कि महाकोशल का बहुमत होने के कारण प्रधानमंत्री पद न मिलना चाहिए था। प्रांत के नेतृत्व पर महाकोशल का यह दावा मात्र क्षेत्रीयता पर आधारित था। लोग यह सत्य भूल जाते हैं कि यू.पी. की हिन्दी भाषी जनता के समान ही महाकोशल के हिन्दी भाषी भी क्षेत्रीयता की भावना से मुक्त हैं। प्रान्तीय शासन के कुछ सदस्य इस प्रवृत्ति के शिकार हो गए थे, लेकिन ऐसी स्थिति केवल राव के सत्ताकाल में ही रही थी।

महाकोशल के काँग्रेसजन नितांत काँग्रेसवादी थे, इसके असंदिग्ध साक्ष्य हैं। १९२३ के चुनाव में महाकोशल के स्वराज दल के सदस्य बहुमत में थे, तो भी उन्होंने डा. बी.एस. मुंजे को निर्विरोध अपना नेता चुना था। स्वयं राघवेन्द्र राव ने भी, जो उस समय स्वराजिस्ट थे, दल के नेता बनने का प्रयास नहीं किया था। १९२७ में भी १८ काँग्रेसजनों में से १४ महाकोशल के थे, तो भी खरे को पार्टी का नेतृत्व करने दिया गया था। काँग्रेसी न रहने के बाद भी राव प्रांत की राजनीति पर अधिकार कर पाए थे, लेकिन यह कार्य महाकोशल के अनुयायियों के बल पर नहीं, जिनकी संख्या मात्र सात थी, बल्कि मराठी क्षेत्र के अब्राह्मण सदस्यों को अपने झण्डे के नीचे लाकर ही वे कर सके थे। महाकोशल की काँग्रेस राजनीति क्षेत्रीयता की भावना के साथ ही जातिगत भावना से भी मुक्त रही है। इसके अतिरिक्त

राव को काँग्रेस द्रोही मानने के पश्चात उसके उत्तराधिकारी होकर महाकोशल द्वारा मराठी क्षेत्र पर वर्चस्व स्थापित करने का प्रश्न भी नहीं उठता था।

इस प्रकार १९३७ में महाकोशल के सदस्यों ने जब खरे को चुना तो वे प्रांत की राजधानी के व्यक्ति को चुनने की परम्परा का ही अनुकरण कर रहे थे। लेकिन खरे बाद में अभ्यंकर का सेहरा पहनने के अयोग्य प्रमाणित हुए, जिनके स्थान पर नागपुर प्रांतीय काँग्रेस कमेटी के अध्यक्ष होकर वे आए थे, और वे स्वयं को जिनका विश्वसनीय मित्र और शिष्य कहते थे। शुक्ल की तुलना में, जिन्होंने १९२६ के चुनाव में काँग्रेस का विरोध किया था, खरे १९३७ तक निरंतर एक कट्टर काँग्रेसी माने जाते थे। साथ ही, राव से शुक्ल की सर्वविदित मैत्री भी एक कारण थी, जिसने शुक्ल के ऊपर खरे को तरजीह देने के लिए महाकोशल के सदस्यों को प्रभावित किया। इसके अतिरिक्त, शुक्ल ही महाकोशल से एकमात्र उम्मीदवार थे। यद्यपि गोविन्द दास और रविशंकर में प्रतिद्वन्दिता थी लेकिन वह महाकोशल प्रांतीय काँग्रेस कमेटी तक ही सीमित थी। गोविन्द दास प्रांतीय विधान सभा के सदस्य नहीं थे, इसलिए शुक्ल के विरोध में प्रधानमंत्री पद के लिए नहीं खड़े हो सकते थे। मैं प्रांतीय विधान सभा का एक नया सदस्य था और नेतृत्व के लिए चुनाव लड़ने की इच्छा मुझे नहीं थी। यह सत्य है कि पिछले दो वर्ष की शुक्ल की कुछ गतिविधियों से मैं असंतुष्ट था, लेकिन राजनीति से हटकर मैंने उन्हें सदा श्रद्धास्पद माना और उन्हें अपना समर्थन देने में मुझे बड़ी प्रसन्नता होती। लेकिन मैं राव के प्रति, जो असेम्बली में फिर चुन लिए गए थे, इतना अधिक कटु हो गया था कि उनके द्वारा भविष्य में शुक्ल के प्रभावित हो जाने का संदेह मैं दूर नहीं कर सका था। शुक्ल का पिछला रिकार्ड, जिससे काँग्रेस पार्टी का प्रत्येक व्यक्ति परिचित था, उन निर्णायक कारणों में था, जो महाकोशल के काँग्रेसी सदस्यों की प्रांतीय गद्दी पर ऐसे व्यक्ति को आसीन करने में प्रभावित कर सके, जिसके संबंध में समुचित जानकारी नहीं थी। जब मंत्रिमंडल बन रहा था, तो खरे ने मुझे उसमें दूसरा स्थान देना चाहा लेकिन मैंने इंकार कर दिया क्योंकि शुक्ल के स्थान से ऊपर रहने में मुझे बड़ा संकोच होता। शुक्ल मुझसे २५ वर्ष से भी अधिक वरिष्ठ थे और उनके द्वारा मेरे स्कूल के दिनों में मुझे पारितोषिक मिले थे।

आज इतने लम्बे समय के पश्चात् उस वातावरण की, जो जुलाई १९३७ में काँग्रेस द्वारा सत्ता स्वीकार करने के समय में था, फिर कल्पना करना कठिन है। यद्यपि प्रांतीय स्वायत्त शासन गवर्नरों के विशेषाधिकारों तथा गवर्नर जनरल और ब्रिटिश पार्लियामेन्ट के अधिभावी अधिकारों से घिरा हुआ था, तो भी जनसामान्य, जो इन सीमाओं से अनभिज्ञ थे, उसे "प्रांतीय स्वराज" कहते थे। आज की तरह १९३७ में सरकार की अधिकांश गतिविधियाँ जिनका जनता की रोजमर्रा की जिन्दगी से सम्बन्ध था, प्रांतीय शासन के अन्तर्गत आती थीं और मंत्रियों को, उनके कार्य के लिए सुलभ आर्थिक स्थिति की जानकारी न रहने के कारण जनता में बड़ी आशाएँ जागृत हो गई थीं जो बाद में मात्र भ्रम ही प्रमाणित होने वाली थीं। जिलों में लोग काँग्रेस कार्यकर्ताओं पर दबाव डालते थे, और वे मंत्रियों पर दबाव डालते थे। जनता और काँग्रेसजनों को मंत्रियों की क्षमता का ठीक अनुमान करने में कुछ समय लगा।

इसके अतिरिक्त वामपंथी काँग्रेसी भी थे, जो काँग्रेस के द्वारा पद स्वीकार किए जाने के विरोध में थे और जो मंत्रियों पर वार करने के किसी अवसर को नहीं चूकते थे। सभी काँग्रेसी प्रांतों के मंत्रियों को उनकी नुकताचीनी का सामना करना पड़ता था, लेकिन मद्रास के प्रधानमंत्री सी.

राजगोपालाचारी के हिस्से में ऐसी आलोचना सबसे अधिक रही। श्रम संगठन और किसान सभाओं के नेता भी थे, जो काँग्रेस सरकारों के विरुद्ध प्रदर्शन करते थे। लेकिन वह मुस्लिम लीग ही थी, जिसने "काँग्रेस राज" के विरुद्ध "ज्यादती" के झूठे मामलों का प्रचार कर और साम्प्रदायिक दंगे करवा कर कानून और व्यवस्था के लिए चुनौती की स्थिति पैदा कर दी थी। जिन्ना, जो लगातार आराम से राजनीति के दांवपेंच करते रहे थे, अब मुस्लिम जनता के नेता बन गए थे और अपने द्वि-राष्ट्र सिद्धांत के लिए भूमिका तैयार करने लगे थे।

इन कठिनाइयों के रहते हुए भी अपनी सत्ता के २७ महीनों में काँग्रेस सरकारों ने यथोचित सफलता प्राप्त की। राजनीतिक बंदियों की रिहाई, नागरिक स्वतंत्रता को लागू करना, समाचार पत्रों की जमानतों का लौटाना, ग्रामीण कर्जदारी को दूर करने के लिए समझौता बोर्ड बनाना, लगान माफ करना, मद्य-निषेध लागू करना, गाँधीजी की बुनियादी शिक्षा के आधार पर प्रायमरी स्कूलों का खोला जाना तथा ग्रामीण उद्योगों और खादी उत्पादन को प्रोत्साहन देने के कार्यक्रम काँग्रेस शासित प्रांतों के मंत्रियों की गतिविधियों में सम्मिलित थे। मध्य प्रान्त में किसानों के जँगल संबंधी अधिकारों में वृद्धि की गई, आदिवासियों के लिए स्कूल खुले, प्रांत में बनी वस्तुओं को सरकारी विभागों ने अधिक मान्यता दी, सरकारी भवनों में पैसा लगाना कम किया गया, छोटे किसानों पर लगान साढ़े बारह प्रतिशत कम किया गया और प्रांत का आर्थिक तथा औद्योगिक सर्वेक्षण कर एक रिपोर्ट तैयार की गई। मध्यप्रान्त मंत्रिमंडल की विद्या मंदिर तथा स्थानीय स्वायत्त शासन की पुनःर्व्यवस्था की योजनाओं ने दूसरे प्रांतों की जनता और सरकारों का ध्यान आकृष्ट किया। पहली योजना के कारण मुस्लिम लीग से और दूसरी के कारण गवर्नर सर हाइड गवान से टकराव की स्थिति आ गई।

यह ध्यान देने योग्य है कि काँग्रेस मंत्रिमंडल ने यह सफलता सहानुभूति विहीन तथा प्रतिकूल वातावरण में भी काम कर प्राप्त की थी। उन्हें गवर्नर का सामना करना पड़ता था, जिनमें से अधिक संख्या निरंकुश गवर्नरों की थी। सरकारी सेवा के स्थायी अधिकारियों का सहयोग भी उन्हें चाहिए था, जो केवल शासन करने के अभ्यस्त थे और परिवर्तन के विरुद्ध थे। कुछ प्रांतों में आधे अधिकारी अंग्रेज थे जिनकी अपनी अलग दुनिया थी। उनमें से कुछ भारतीय तथा अंग्रेज अधिकारियों ने काँग्रेसजनों तथा मंत्रियों के साथ पूर्व में कठोर व्यवहार किया था, जिनके आदेशों का अब उन्हें ईमानदारी से पालन करना था। साथ ही, कई प्रांतों में मंत्रियों की नियुक्ति में उनकी योग्यता और देशभक्ति को ही आधार नहीं माना गया था। मिले-जुले प्रांतों में क्षेत्रीयता का भी प्रमुख स्थान था।

इन सबसे ऊपर काँग्रेस ने अपने मंत्रियों को एक ऐसा नियत कार्य सौंपा था जो तार पर नृत्य करने के समान कठिन था। उन्हें नए संविधान के कुछ अंश को कार्यान्वित करने और शेष अंश को विध्वंस कर देने की जिम्मेदारी दी गई थी। कूपलैन्ड के अनुसार, "संविधान प्रांतीय स्वायत्त शासन और उत्तरदायी सरकार (केन्द्र की फेडरल सरकार) के आधार पर बना था और पहला इसलिए अमल में लाया गया ताकि दूसरे को लागू करने में सुविधा हो।"[२९] इसके विपरीत गाँधीजी की मंत्रियों को सलाह थी कि "संविधान के पीछे यह उम्मीद छिपी हुई है कि जो हम पर लादा गया है, उसे हम पसंद करने लगेंगे अर्थात् हम अपने शोषण को अंत में वरदान मानने लगेंगे। इस उम्मीद को तोड़ा जा सकता है, यदि तीस करोड़ मतदाताओं के प्रतिनिधि अपनी मान्यता पर दृढ़ हों और संविधान के निर्माताओं की

मान ली गई इच्छा के प्रतिरोध के लिए अपने अधिकारों का, जिनमें पद मे रहना भी सम्मिलित हैं, बुद्धिमत्तापूर्वक उपयोग करें और यह कार्य वैध तरीकों से, एक्ट का उनके द्वारा अनापेक्षित ढंग से, और जैसी वे अपेक्षा करते हैं उस तरह उसका उपयोग न करके सरलता से किया जा सकता है।"[३०]

गाँधीजी को जो सरल दिख रहा था उन मंत्रियों के लिए वह वैसा नहीं था, जिन्हें म्यूनिसिपल्टी या डिस्ट्रिक्ट बोर्ड के संचालन का भी अनुभव नहीं था। यदि मंत्रीगण संविधान के अनुसार काम करने और उसे विध्वंस करने का अजीबो-गरीब काम किसी हद तक कर भी पाए तो उसका श्रेय काँग्रेस कार्यकारिणी और संसदीय उप-समिति को है, जो लगातार काँग्रेसी प्रांतों के मंत्रिमंडलों को निर्देशित करती रही। इस प्रकार का कार्य करने के लिए ब्रिटिश और भारत के कई लेखकों ने काँग्रेस हाई कमान की तीखी आलोचना की। इस संदर्भ में हाई कमान के कार्य को तानाशाही, सत्तावादी और फासिस्ट तक कहा गया। दूसरे आलोचकों की तरह कूपलैन्ड ने भी काँग्रेस हाई कमान द्वारा काँग्रेसी मंत्रिमण्डल पर कड़े नियंत्रण की भर्त्सना की है, लेकिन उन्होंने उस नियंत्रण के कारणों को समझने का अच्छा प्रयास किया है। वह लिखते हैं: "वास्तव में १९२० से काँग्रेस "शांतिपूर्ण" उपायों के प्रयोग के लिए वचनबद्ध होकर भी क्रांतिकारी संगठन रहा है। वह संगठन वैध रूप से स्थापित सरकार को मात्र नकारता ही नहीं है, बल्कि जैसा अन्य राष्ट्रीय आंदोलनों ने किया है, एक प्रकार की प्रतिद्वन्दी सरकार के अन्तर्गत सरकार बनाता है जिसके प्रति लाखों भारतवासी वफ़ादार हैं और उनकी राजनीतिक गतिविधियों पर नियंत्रण करता है। ....यदि काँग्रेस की क्रांतिकारी प्रकृति को स्पष्टत: स्वीकार कर लिया जाए, तो प्रांतीय संविधान के लागू होने से और उससे प्रेरित "पद स्त्रीकार" करने या करने के विवाद से उत्पन्न जिस दुविधा से उसके नेतागण ग्रस्त थे उसको समझा जा सकता है। जिन नेताओं की बात मान ली गई थी, वे नेहरू और उनमें साथियों से कम देशभक्त नहीं थे; लेकिन उनका यह विश्वास नहीं था कि वे पद स्वीकार करके काँग्रेस के लक्ष्य, पूर्ण स्वतंत्रता की प्राप्ति की ओर गति में कोई रोक लगा रहे थे। क्रांतिकारी दृष्टिकोण से इस नीति में दो खतरे थे। पहला यह था कि पद को स्वीकार करना १९३५ के एक्ट को किसी हद तक मान लेना था। वह पूर्ण स्वायत्त शासन के बचावों के समावेश के द्वारा घेराबन्दी, आर्थिक स्त्रोतों का पहले से आवंटन, सेक्रेटरी ऑफ स्टेट के विभाग की बरकरारी और उस पर पूरी केन्द्रीय सरकार पर ब्रिटिश नियंत्रण को स्वीकार करना था।

"दूसरा खतरा प्रांतीयता का था। प्रांतों को दिया गया स्वायत्त शासन मतदाताओं में नागरिक भावना को प्रोत्साहित करने के लिए था। अपनी सरकार के होने का गर्व वे कर सकते थे। लेकिन प्रांतीय सरकारें ही जनता सरकारें थीं और अभी भी केन्द्रीय सरकार अप्रजातांत्रिक और अराष्ट्रीय थी, इसलिए प्रांतीय भावना क्या भारत राष्ट्र की भावना को मन्द नहीं कर सकती थी?

"ये खतरे बहुत स्पष्ट थे, लेकिन निगरानी रखने वाला 'हाईकमान' का तरीका उनसे बचने के लिए एक सीधा मार्ग था। यह नीति सत्तावादी तो थी, लेकिन उन लोगों के लिए औचित्यपूर्ण नीति थी, जो अभी भी क्रांतिकारी थे, जिन्हें पार्लियामेन्ट के एक्ट के द्वारा प्रदत्त संविधान मंजूर नहीं था और जो अपना संविधान स्वयं बनाने के अधिकार की मांग कर रहे थे। उनके विचार से नई प्रांतीय व्यवस्था को पुरानी काँग्रेसी व्यवस्था में आत्मसात हो जाना था। नई प्रांतीय सरकारों को जो स्वतंत्रता संविधान से

प्राप्त है वह छीन ली जाए और उन सरकारों का काँग्रेस के एकात्मक संगठन के चौखटे में पूर्ण सामंजस्य हो जाए।"[३१]

इस अध्याय के अगले भाग में वर्णित जुलाई १९३८ में सी.पी. और बरार के प्रधानमंत्री खरे के विरुद्ध की गई अनुशासनात्मक कार्यवाही के संदर्भ में महात्मा गाँधी के विचारों का कूपलैन्ड के विचारों से तुलनात्मक अध्ययन बड़ा दिलचस्प होगा।

गवर्नर ने अलिखित समझौता तोड़ा (१९३८)

अध्याय के इस भाग में मैं मध्य प्रान्त में काँग्रेस मंत्रिमंडल के कार्यकलापों का विस्तृत विवरण देना चाहता हूँ। केवल इसलिए कि मुझे इस प्रांत के मंत्रिमंडल की कार्यवाहियों की भीतरी जानकारी है, मध्यप्रांत को मैंने नहीं चुना है, बल्कि साथ ही दो अन्य कारण भी हैं। पहला कारण यह है कि गाँधीजी नागपुर से कुछ ही दूरी पर रहते थे और उन्हें हमारे कार्य में दिलचस्पी थी। उनसे परामर्श के लिए कार्यकारिणी और संसदीय उपसमिति के सदस्य सेवाग्राम आते रहते थे और इस प्रकार मंत्रिमंडल के सदस्यों और उनके आलोचकों से उनका निकट का सम्पर्क रहा आता था। दूसरा कारण पद स्वीकृति के प्रथम प्रयोग में ही दुर्भाग्यपूर्ण "खरे कांड" का घटित होना था, जिसमें मंत्रिमंडल, गवर्नर तथा काँग्रेस हाईकमान उलझ गए थे।

२७ महीनों की छोटी अवधि में, जब काँग्रेस सत्तासीन थी, हमें तीन गवर्नरों के साथ काम करना पड़ा। बड़े रूखे अधिकारी सर हाइड गवान, सुसंस्कृत राजनीतिज्ञ फ्रांसिस वाइली और इन दोनों के मध्य सर ह्यू बम्फोर्ड कुछ दिन कार्यवाहक गवर्नर रहे थे। देश की किसी अन्य काँग्रेस सरकार के पास मंत्रियों के सचिव होकर काम करने वाले प्रसिद्ध भारतीय उतने नहीं थे, जितने मध्य प्रान्त में थे। सी.एम. त्रिवेदी मुख्य सचिव थे, जो बाद में गवर्नर मनोनीत किए गए, सी.डी. देशमुख हमारे वित्त सचिव थे, जो स्वाधीन भारत में नेहरू के मंत्रिमंडल में वित्त मंत्री हुए। सी.सी. देसाई स्थानीय स्वायत्त शासन सचिव थे जो बाद में पहले लंका में भारत के हाई कमिश्नर रहे और फिर पाकिस्तान में उसी पद पर भेजे गए। गवर्नर के सचिव आर.एन. बनर्जी थे, जिन्होंने केन्द्रीय शासन में पहले गृह विभाग में और उसके बाद सुरक्षा विभाग में सचिव पद पर काम किया। जिलों में भी कुछ भारतीय अधिकारी थे जिन्होंने बड़ी उन्नति की। उनमें से एक नगेन्द्र सिंह बाद में हेग में इन्टरनेशनल कोर्ट में जज के पद पर आसीन रहे। अन्य प्रांतों की तुलना में हमारे सचिवालय में अंग्रेजों की संख्या कम थी। कुछ अपवादों को छोड़कर भारतीय सचिव, विभागों के अध्यक्ष तथा जिले के अधिकारी मंत्रिमंडल को पूर्ण सहयोग देते रहे। काँग्रेस मंत्रिमंडल के बनने से अधिकारियों का बहुमत प्रसन्न था और उनमें से कुछ अधिकारी तो अपनी प्रसन्नता खुल्लमखुल्ला प्रकट करने में भी नहीं हिचकिचाए।

स्थानीय स्वायत्त शासन के मंत्री की हैसियत से मुझे गवर्नर से टकरा जाने में अधिक समय नहीं लगा। दो बार जबलपुर म्युनिसिपल कमेटी के अध्यक्ष रहने के कारण मैंने यूरोप के कई देशों और भारत के स्वायत्त शासन की कार्यवाही का विस्तृत अध्ययन किया था। अपने विभाग का दायित्व लेने पर मैंने थोड़े ही दिनों में "रीकन्स्ट्रक्शन आफ़ लोकल सेल्फ गवर्नमेन्ट" नामक पुस्तिका तैयार की और उसे मैंने विभाग सचिव भालजा को दी। दो दिन में ही वे वह पाण्डुलिपि लेकर मेरे पास आए और गवर्नर की ओर से मुझे सूचित किया कि सरकारी खर्च से वह सरकारी प्रेस में नहीं छापी जा सकती। मैंने उन्हें

बताया कि पाण्डुलिपि में दी गई योजना के आधार पर मैं असेम्बली में बिल पेश कर रहा था और उसके पूर्व मैंने विशेषज्ञों की राय जानने के लिए उसको संबंधित व्यक्तियों में वितरित करना उचित समझा है। जब मैंने सरकारी खर्चे पर उसके छापे जाने का आग्रह किया तो सचिव को उसे फिर गवर्नर के पास ले जाना पड़ा। उसके पश्चात् गवर्नर के सचिवालय से मेरे पास टेलीफोन आया कि मेरी पुस्तिका को सरकारी खर्चे से छापे जाने के सम्बन्ध में गवर्नर मुझसे बातचीत करना चाहते हैं। जब मैं उनसे मिला तो मैंने उन्हें रूखी मनोदशा में पाया। उन्होंने बहस की, कि मेरे प्रस्ताव मात्र अनुमान तथा अव्यवहारिक है। मैंने उनसे अपनी असहमति प्रकट की और सरकारी पैसे से पाण्डुलिपि के छापे जाने पर मैं बल देता रहा। जब मैं उनसे विदा हुआ, उनकी मनोदशा और बिगड़ गई थी, लेकिन कुछ ही घंटों में सचिव समाचार लाए कि पाण्डुलिपि छापने के लिए उन्हें गवर्नर के आदेश मिल गए हैं।

दो माह पश्चात् मेरी योजना विचारार्थ केबिनेट के सामने आई। गवर्नर ने फिर उसके विरुद्ध पैरवी की लेकिन यह देख कर कि मुझे मेरे सभी सहयोगियों का समर्थन प्राप्त है, मुख्य सचिव द्वारा उसके परीक्षण के लिए तैयार हो गए। उनके विरोधी रुख के कारण मैं आशा नहीं कर सकता था कि सचिवालय से वह बेदाग आ सकेगी। मुझे एक बात सूझी और मैंने वह पुस्तिका पूना के सर्वेन्ट ऑफ इंडिया सोसाइटी के कार्यालय को भेज दी और उनसे कहा कि ए.बी. कीथ से उसका परीक्षण कर उस पर अपनी राय देने का निवेदन किया जाए। मुख्य सचिव उस पर अपनी टिप्पणी लिख नहीं पाए थे, उससे पहले मुझे प्रोफेसर कीथ की राय प्राप्त हो गई, जो मेरी योजना के पक्ष में ही नहीं थी बल्कि उसमें उसकी बड़ी प्रशंसा की गई थी। जब मुख्य सचिव का नोट केबिनेट के समक्ष आया, तो जैसा अनुमान था, उसमें योजना की तीखी आलोचना थी। जब वह नोट पढ़ा जा रहा था, तो गवर्नर महोदय सिर हिला रहे थे और उनकी रग-रग से खुशी फूटी पड़ रही थी। मुख्य सचिव ने नोट पढ़ना जैसे ही बन्द किया मैंने उन्हें कीथ का पत्र दिया। उस पर एक नजर डालकर उन्होंने वह पत्र गवर्नर को बिना कुछ कहे दे दिया। उसको पढ़ने पर उनका मुंह लाल हो गया। अकस्मात् उन्होंने वह पत्र टेबल पर फेंक कर अपने सिर पर तीन बार हाथ पटका और हर बार "कीथ, ओह कीथ" जोर-जोर से कहते रहे। बौखलाहट की हालत में उन्होंने प्रतिकार के रूप में कहा: "वह मोटा आदमी कीथ, उसे आई.सी.एस. के योग्य नहीं माना गया था।"

कीथ से कभी भी मुलाकात न होने से और उन्हें संवैधानिक कानून के लेखक ही जानने के सिवाय उनके जीवन से अपरिचित रहने के कारण गवर्नर के उस भद्दे व्यवहार से मेरा मनोरंजन ही हुआ। शुक्ल को उससे इतना आनन्द आया कि घटना के कई वर्षों के बाद भी वे गवर्नर के उस अशोभन आचरण की नकल कर मित्रों से उसकी चर्चा करते रहे। नागपुर संभाग के चांदा जिले के जमींदारों द्वारा दिए जाने वाले टाकोली टैक्स से संबंधित एक और अप्रिय घटना मुझे याद आती है। सरकार ने उस टैक्स में काफी वृद्धि कर दी थी। गवर्नर ने जमींदारों की ओर से उसका विरोध किया। शुक्ल के इस कथन से कि वे मात्र परजीवी हैं, गवर्नर बहुत नाराज़ हो गए लेकिन स्वयं पर काबू पा कर उन्होंने कहा कि इस वृद्धि से उनका जीवन स्तर नीचा हो जावेगा। लेकिन वे आग बबूला हो गए जब हम में से किसी ने चुपचाप यह कह दिया: "गवर्नर साहब, केवल कुछ नाचने वालियों को ही जाना पड़ेगा!"

सर हाइड ने शुक्ल की विद्या मंदिर योजना का भी विरोध किया, लेकिन जैसा स्वायत्त शासन

पुनर्रचना संबंधी मेरे प्रस्तावों के सम्बन्ध में वे विवश हो गए थे, वैसा इस सम्बन्ध में भी हुआ और मंत्रिमंडल दोनों योजनाओं के क्रियान्वयन में लग गया। म्युनिसिपल एक्ट और लोकल सेल्फ गवर्नमेन्ट एक्ट भी तैयार हुए, लेकिन पहला ही पास हो सका। सी.सी. देसाई ने जो भालजा के स्थान पर मेरे सचिव हो गए थे, पूरा सहयोग दिया और उनके कुछ उपयोगी सुझावों को बिल में सम्मिलित कर लिया गया। मुझे बाद में बताया गया कि उस बिल की कुछ धाराएं यू.पी. के संशोधित म्युनिसिपल एक्ट में ले ली गई थीं।

१९३७ के वर्ष की समाप्ति के पूर्व ही खरे के व्यवहार से मुझे चिन्ता होने लगी थी। गवर्नर ने उन्हें अपने बंगले पर बुलाकर महत्वपूर्ण शासकीय मामलों में उनका अनुमोदन प्राप्त करने का नया ढंग शुरू कर दिया था। उन मामलों में से कई बाद में केबिनेट के समक्ष रखे जाते थे। मुझे इस नए ढंग का पता चल जाता था, क्योंकि खरे प्राय: टेलीफोन पर गवर्नर से अपनी मुलाकात का और कुछ प्रस्तावों पर उनके द्वारा दी गई स्वीकृति की चर्चा कर लिया करते थे। कई बार मैंने जोर से टेलीफोन पर सरकारी कार्य करने के इस ढंग का कठोरता से विरोध भी किया क्योंकि मेरी भावना थी कि यह तरीका अपने सहयोगियों के प्रति सर्वथा अनुचित था और संयुक्त जिम्मेदारी को समाप्त करता था। जब वे मामले केबिनेट के सामने आते थे तो पता चलता था कि मेरी तरह अन्य सहयोगियों से भी पहले से बात-चीत हो जाती थी और शुक्ल और मुझको छोड़ कर बाकी सभी पहले ही गवर्नर की इच्छानुसार स्वीकृति दे चुकते थे। ऐसे अवसरों पर हमारी पराजय की प्रतिछाया गवर्नर के प्रसन्नता से दमकते चेहरे पर आ जाती थी। प्रधानमंत्री किस प्रकार कार्य कर रहे थे, उसके संबंध में मैं यहाँ केवल एक ही प्रसंग का उल्लेख करूँगा।

मध्यप्रांत में काँग्रेसी राज के प्रारंभिक महीनों में अधिकारीगण जब दौरे पर गए तो उन्हें अच्छा अनुभव नहीं हुआ और उनका यह नया अनुभव जनता में काँग्रेस के दूरगामी प्रभाव का भी प्रमाण था। बिलासपुर के सब-डिवीजनल अधिकारी ने अगस्त, १९३७ में शिकायत की कि गाँव वाले अब वे परम्परागत नि:शुल्क सेवाएँ देने से इंकार कर रहे थे, जिनकी दौरे पर जाने वाले अधिकारी साधारणत: अपेक्षा करते थे। कोई उन्हें पाव भर दूध भी नहीं दे रहा था। उसने आगे कहा कि "यह विश्वास करने का मेरे पास वास्तविक कारण है कि सभी विभागों के अधिकारियों को विभिन्न प्रकार की कठिनाइयाँ का सामना करना पड़ता होगा और मुझे विश्वास है कि प्रत्येक अधिकारी उस पर बीती बता सकेगा। ये कठिनाइयाँ गैर-जिम्मेदार काँग्रेसजनों द्वारा जानबूझकर फैलाई गई मिथ्या धारणाओं का परिणाम हैं।"

एक अन्य संदर्भ में उसने फिर कहा: "यह स्थिति काँग्रेसजनों के चुनाव के पहले और बाद में हुए प्रचार से आ गई है। स्थानीय नेतागण लगातार बस्ती में जाकर लोगों से कहा करते हैं कि सरकारी कर्मचारी अब उनके कर्मचारी हैं।" गवर्नर ने घबराकर उस पर नोट लिखा: "यह पुन: विश्वास दिलाने के अतिरिक्त सब कुछ है। जो लोग इस परिस्थिति के लिए जिम्मेदार हैं वे देर-सबेर दूसरे का मुँह चिढ़ाने के लिए अपनी नाक काटने की मूर्खता को समझ जावेंगे।" मुख्य सचिव ने इस मामले में प्रधान मंत्री से सम्पर्क किया। यह घटना जनवरी १९३८ की है। प्रधान मंत्री ने लिखा कि "मैंने बिलासपुर के विधायकों से बात की है और मेरे विचार से स्थिति सुधार दी जावेगी।" कुछ सप्ताह बाद बिलासपुर के डिप्टी कमिशनर ने छत्तीसगढ़ संभाग के कमिश्नर को स्थिति में आमूल परिवर्तन की सूचना देते हुए लिखा: "इस माह में जांजगीर तहसील के मेरे दौरे में मेरा सभी स्थान पर स्वागत हुआ

और मेरे या मेरे सहयोगियों द्वारा रसद और मजदूर प्राप्त करने में कोई कठिनाई नहीं हुई।"[३२] इसका अर्थ यह था कि प्रधानमंत्री के बीच में पड़ने से "बेगार और मुफ्तरसद" काँग्रेस के राज में मिलनी जारी रहेगी।

उन दिनों जबलपुर शीत ऋतु में मध्यप्रांत सरकार का मुख्यालय हो जाता था। वहां हुई केबिनेट की एक बैठक में प्रधानमंत्री से मेरे मतभेद सामने आ गए। बैतूल के डिप्टी कमिश्नर ने, जहाँ सत्याग्रह आंदोलनों में कई बार गोलियाँ चली थीं, गवर्नर से शिकायत की कि मंत्रियों के वहां आने पर सार्वजनिक समारोहों और सभाओं में उन्हें उपस्थित रहना पड़ता था, जो उसके लिए अपमानजनक था, इसलिए ऐसे अवसरों पर उपस्थिति से उनको छूट दी जाए। जनवरी १९३८ में, जब जबलपुर में यह मामला केबिनेट के सामने आया तो प्रधानमंत्री और चार अन्य मंत्रियों ने बैतूल के डिप्टी कमिश्नर की प्रार्थना को स्वीकार कर लिया और केवल शुक्ल तथा मैंने उसके विरोध में हाथ उठाए। गवर्नर को जितनी प्रसन्नता हुई उतना ही मुझे क्रोध आया।

पूर्णत: अवमानित किए जाने की अनुभूति के साथ मैं अपने आवास पर लौटा। जब मैं उस संदर्भ में कोई कदम उठाने की बात सोच रहा था, उस समय गवर्नर के सचिव आर.एन. बैनर्जी मेरे कमरे में आए। उन्होंने कहा कि केबिनेट की बैठक में उन्होंने मेरी बेहद बेचैनी को देख लिया था और उन्हें भय था कि ऊबकर मैं इस्तीफा न दे दूँ। वे मुझसे सहमत थे कि केबिनेट का निर्णय ठीक नहीं था, लेकिन एक दार्शनिक के अंदाज में उन्होंने कहा कि सदा अपनी नहीं चल पाती है। उनके जाने के पश्चात् मैंने मध्यप्रांत के मंत्रियों के काम करने के ढंग पर जवाहरलाल नेहरू को एक पत्र लिखना निश्चित किया। लेकिन जब मुझे लगा कि प्रधानमंत्री की जानकारी के बिना शिकायत करना अनुचित होगा तो मैंने उनके माध्यम से एक पत्र नेहरू को लिखा। प्रधानमंत्री ने बाद में मुझे फोन कर बताया कि उन्होंने अपनी ओर से कोई टिप्पणी किए बिना उस पत्र को यथा स्थान भेज दिया है।

मुझे नहीं मालूम हो सका कि नेहरू की, मेरे पत्र पर क्या प्रतिक्रिया हुई, लेकिन यह स्पष्ट था कि जिस तरह काँग्रेसी मंत्री काम कर रहे थे उससे वे बहुत दु:खी थे। गाँधीजी को लिखे अपने एक पत्र में उन्होंने कहा कि "मेरी यह तीव्र भावना है कि काँग्रेसी मंत्रीगण कुशलतापूर्वक कार्य नहीं कर रहे हैं और जो बहुत कुछ किया जा सकता है, वह उन्होंने नहीं किया।" उन्होंने यह भी लिखा कि "वे पुरानी व्यवस्था पर चलने का प्रयत्न कर रहे हैं और उसे उचित ठहराने का प्रयास भी कर रहे हैं।"[३३] लेकिन नेहरू का पत्र प्राप्त होने के पूर्व ही गाँधीजी ने हरिजन में काँग्रेसी मंत्रियों को सलाह दी कि "मंत्री तथा काँग्रेस टिकट पर चुने गये विधान सभा सदस्यों को अपना कर्त्तव्य निर्भयता पूर्वक निभाना चाहिए और उन्हें अपनी सीट या पद को खो देने के खतरे के लिए सदा तैयार रहना चाहिए।" साथ ही उन्होंने इस बात पर जोर दिया कि "विधान सभाओं में पदों और सीटों का काँग्रेस की प्रतिष्ठा तथा शक्ति की वृद्धि करने की क्षमता के अतिरिक्त कोई महत्व नहीं है।"[३४]

नागपुर लौट आने के कुछ ही दिनों पश्चात् बिलासपुर के एक प्रमुख विधायक ठाकुर छेदीलाल मुझसे मिलने आए। उन्होंने मंत्रिमंडल के कार्यकलाप के सम्बन्ध में मुझसे बड़ी पूछताछ की और यह देखकर कि मैं बहुत असंतुष्ट हूँ, उन्होंने मुझे कोई मार्ग ढूँढ निकालने के लिए शुक्ल से मिलने की सलाह दी। लेकिन मुझे इस मामले में पीछे हटता देख कर उन्होंने बताया कि वे शुक्ल से मिल चुके हैं और

शुक्ल उस सम्बन्ध में बात-चीत करने के लिए मेरे पास आने को तैयार हैं। वास्तव में मैं स्वयं आपस में मिल कर गर्वनर की साजिशों के समाप्त करने के लिए कोई युक्ति ढूँढ़ने की सोच रहा था, लेकिन इसलिए उससे पीछे हट रहा था ताकि शुक्ल खरे को अपदस्थ करने के लिए उस अवसर का उपयोग न कर सकें। मुझे खरे के स्थान पर शुक्ल के आने पर कोई आपत्ति नहीं थी, लेकिन चूँकि अब मैं खरे को बहुत निकट से समझ चुका था, इसलिए मैं जानता था कि जो मामला मात्र प्रशासनिक मतभेदों का था, उसे वे संघर्ष के समय हिन्दी-मराठी क्षेत्र के प्रश्न में बदल देंगे।

मैंने अपना भय छेदीलाल को बताया और कहा कि मेरा उद्देश्य खरे को गवर्नर और सचिवालय के प्रतिक्रियावादी आई.सी.एस. वर्ग के प्रभाव से दूर करना था। छेदीलाल मुझसे सहमत थे और दूसरे दिन शुक्ल की ओर से बिना किसी शर्त के सहयोग करने के आश्वासन का संदेश लेकर फिर आए। जब हम लोग शुक्ल के निवास पर मिले तो विधान सभा अध्यक्ष घनश्याम सिंह गुप्त भी आकर बातचीत में सम्मिलित हो गए। उनकी उपस्थिति में शुक्ल ने मुझे आश्वस्त किया कि खरे को अपदस्थ करने का कोई प्रयत्न नहीं किया जावेगा। उसके पश्चात् हमने वित्त मंत्री डी.के. मेहता को अपने विश्वास में लिया, जो तत्काल ही सहमत हो गए, और जो स्वयं बहुत असंतुष्ट थे लेकिन खरे का समर्थन उनके प्रधानमंत्री होने के कारण ही कर रहे थे। उसके पश्चात शुक्ल ने ब्रजलाल वियाणी को, जिनसे उनके पहले से बड़े घनिष्ठ संबंध थे, बुला भेजा। उनके माध्यम से राजस्व मंत्री पी.बी. गोले भी साथ हो गए। उनका भी कथन था कि किसी औचित्य के कारण वे खरे का साथ नहीं दे रहे थे बल्कि केवल अपने नेता की इच्छा के अनुकूल काम कर रहे थे।

बाद में हुई केबिनेट की कुछ बैठकों में आमूल परिवर्तन हो गया था और इस नयी स्थिति से गवर्नर चकित हो गए। उन्होंने खरे को बुलाया और खरे ने मुझे बुलाया। असेम्बली का बजट सत्र प्रारंभ हो गया था और खरे अपनी स्थिति के सम्बन्ध में बहुत घबरा गए थे। काँग्रेस पक्ष के प्रधान मंत्री के पद पर रहकर जो त्रुटियां उनमें थीं, वे सब मैंने उन्हें समझायीं। वे जानना चाहते थे कि क्या हम लोग अपने मतभेदों को काँग्रेस पार्टी के सामने प्रस्तुत करना चाहते हैं, लेकिन मैंने उन्हें विश्वास दिलाया कि हमारी वैसी कोई मंशा नहीं थी। हम केवल यह चाहते थे कि वे संयुक्त उत्तरदायित्व की भावना से काम करें और हमारी पीठ के पीछे गवर्नर को कोई वचन न दिया करें। मैंने सुझाव दिया कि भविष्य में परेशानी से बचने के लिए गवर्नमेन्ट हाउस में केबिनेट की औपचारिक बैठकें होने से पहले हम अनौपचारिक बैठक कर लिया करें। उन्होंने मेरे सुझाव को स्वीकार कर लिया और मैं इस विश्वास को लेकर लौटा कि भविष्य में हम लोग टीम भावना से काम करेंगे, लेकिन उन्होंने हमारी आशा के अनुरूप कुछ करने के बजाय काँग्रेसी सदस्यों को टोलियों में अपने बँगले पर निमंत्रित कर हम लोगों के विरुद्ध प्रचार करना प्रारंभ कर दिया। कई सदस्यों ने उनकी इस कार्यवाही की सूचना मुझे दी लेकिन हम वह सब सहन करते रहे क्योंकि बजट सत्र में हम कोई संकट की स्थिति नहीं लाना चाहते थे।

कहावत है कि विपत्ति अकेले नहीं आती। मार्च में, जब असेम्बली का सत्र प्रारंभ हुआ, हमें बताया गया कि हमारे एक सहयोगी, विधि मंत्री एम.वाई. शरीफ ने एक हरिजन लड़की से बलात्कार करने के अपराध में दण्ड पाए ज़फर हुसेन नामक एक व्यक्ति को उसकी सजा पूरी होने से पूर्व ही छोड़

दिया है। काँग्रेस पार्टी की बैठक में श्रीमती अनुसुइया बाई काले ने, जो विधान सभा की उपाध्यक्ष थीं, यह मामला उठाया। लेकिन स्थानीय हिन्दू महासभा ने शरीफ के विरोध में एक उग्र अभियान प्रारंभ कर दिया। चूँकि उस मामले का सम्बन्ध एक मुस्लिम मंत्री से था इसलिए काँग्रेस हाई कमान ने कलकत्ता के मन्मथ नाथ मुकर्जी को जाँच के लिए नियुक्त किया। फैसला शरीफ़ के विरुद्ध गया और उन्होंने सौजन्यता पूर्वक त्याग-पत्र दे दिया।

इस बीच में गवर्नर हाइड गवान गंभीर अस्वस्थता के कारण इस्तीफा देकर इंग्लैंड चले गए थे। उनके स्थान पर आए अस्थायी गवर्नर बम्फोर्ड १९२५ में मुझसे पचमढ़ी में मिले थे, जहाँ श्रीमती बम्फोर्ड स्वास्थ्य लाभ के लिए ठहरी हुई थीं। उन दिनों वे रीवा स्टेट में सेटलमेन्ट अफसर के रूप में प्रति-नियुक्त थे। वे अहस्तक्षेपी स्वभाव के सज्जन थे और सर फ्रांसिस वाइली के आने तक काम करते रहे। वाइली गवर्नर का काम सम्हाल नहीं पाए थे कि इंग्लैंड पहुँचने से पूर्व रास्ते में ही हाइड गवान की अचानक मृत्यु का समाचार आया। ग्लेन्डेवन, हाइड गवान के इस्तीफे के संदर्भ में लिखते हैं कि वाइसराय लिनलिथगो ने "शासन के तनाव" से चिंतित होकर सेक्रेटरी ऑफ स्टेट, लार्ड जेटलैन्ड को लिखा: "मैं अंग्रेज आई.सी.एस. अधिकारियों की ज्यादा मानसिक और शारीरिक थकान में गंभीर चिन्ता का विषय और कई खतरों से भरा मानता हूँ, जिसकी जिम्मेदारी आपको या मुझे नहीं लेनी चाहिए।"[३५]

भारत और इंग्लैण्ड के अधिकारियों के प्राय: दिए गए बयानों को ध्यान में रखते हुए, कि स्वायत्त शासन प्रांतों में बड़ी सच्चाई से लागू किया गया है, यह आश्चर्यजनक है कि विभिन्न प्रांतों में नियुक्त अंग्रेज आई.सी.एस. अधिकारियों की "मानसिक और शारीरिक थकान" वाइसराय की गंभीर चिन्ता का विषय हो गई। इसका कारण केवल यही हो सकता है कि प्रांतीय सरकारों के किलों में काँग्रेसजनों की उपस्थिति ही इन अंग्रेज अधिकारियों को मानसिक और शारीरिक थकान से घेर देती थी।

लेकिन अब खरे की चर्चा करें। पूरा मंत्रिमण्डल और कई बड़े अधिकारी प्रांतीय शासन की ग्रीष्मकालीन राजधानी पचमढ़ी पहुँच गए थे। अपने सहयोगियों को मिला लेने के बजाय, प्रधानमंत्री ने काँग्रेसी सदस्यों को गोले और महाकोशल के तीन मंत्रियों के विरुद्ध प्रचार करने का काम ही जारी नहीं रखा, बल्कि उनके विरुद्ध खुफिया जाँच हेतु उन्होंने कुछ पुलिस अधिकारी भी तैनात किए। मराठी में नागपुर से प्रकाशित एक हिन्दू महासभाई साप्ताहिक समाचार पत्र को भी हम लोगों के विरुद्ध प्रचार प्रारंभ करने का कार्य सौंपा गया। वास्तविकता यह थी कि वे अब प्रतिक्रियावादी सरकारी अधिकारियों के हाथ में ही नहीं खेल रहे थे, बल्कि टी.जे. केदार जैसे व्यक्तियों के हाथों खिलौना बन गए थे, जिनका भूतकाल में काँग्रेस से कोई संबंध नहीं रहा था, और जो गवर्नमेन्ट आफ इंडिया एक्ट के अंतर्गत १९१९ की विधान कौंसिल के सदस्य होकर मंत्रिमंडल बनाने और मिटाने का ही काम करते थे। खरे उन्हें नई विधान सभा में ले आए थे और अब अपने सहयोगियों की अपेक्षा उन जैसे व्यक्तियों पर विश्वास कर रहे थे।

हम इस परिणाम पर पहुँचने के लिए विवश हो गए कि हमसे छुटकारा पाने के लिए हमारे प्रधान मंत्री हमें बदनाम करने पर तुल गए हैं। इसलिए आपस में विचार विनिमय कर हम चारों ने प्रध ाानमंत्री को त्याग पत्र भेज दिए। उस पर उन्होंने हमारे साथ त्यागपत्र देने वाले एक मात्र मराठी मंत्री, गोले को बुलाया और मराठी-भाषी लोगों के हितों के विरुद्ध हिन्दी भाषी लोगों से मिल जाने के कारण उनके राजनीतिक जीवन को नष्ट कर डालने की धमकी दी। गोले घबरा गए और अपना त्याग पत्र

वापिस लेते समय उन्होंने हमें लिखा कि "अब हिन्दी-भाषियों और महाराष्ट्रियनों का प्रश्न है", और इसलिए वे "क्षेत्रीय कारणों से" अपना त्याग पत्र वापिस ले रहे हैं। पत्र समाप्त करते हुए उन्होंने लिखा कि "मेरे द्वारा यह कहे जाने पर कि पिछले वर्ष श्री मिश्र ने उनका समर्थन किया था, उन्होंने उत्तर दिया कि मैं नहीं पता लगा सका हूँ कि श्री मिश्र अब क्यों मेरे विरुद्ध हो गए हैं।"[३६] इस प्रकार शासकीय मतभेदों को खरे ने क्षेत्रीय मुद्दा बना दिया था।

यह जानकर मुझे कुछ संतोष हुआ कि खरे ने स्वीकार किया था कि मैं उनका विरोध क्षेत्रीय कारणों से नहीं कर रहा था। लेकिन मेरे वास्तविक उद्देश्य से अपरिचित रहने का ढोंग वे नहीं कर सकते थे। त्याग पत्र देने का निर्णय लेने के पहले हमने पी.डब्ल्यू.डी. मंत्री आर.एम. देशमुख को बुलाकर उस संबंध में चर्चा की थी और उन्होंने खरे को हमारी बातचीत का पूरा विवरण दिया था। अपने पत्र में उन्होंने खरे को सूचित किया था कि मेरे विचार से "डॉ. खरे हर मामले को विभागीय दृष्टिकोण से देखते थे और अपने सहयोगियों से परामर्श नहीं करते थे क्योंकि उन पर उनका विश्वास नहीं था। वे चीफ सेक्रेटरी और विभाग के सर्वोच्च अधिकारी पर ही भरोसा करते थे।"[३७] मेरे द्वारा बार-बार दिए गए इस आश्वासन के बावजूद कि अच्छे शासन की इच्छा के अतिरिक्त मेरा कोई अन्य लक्ष्य नहीं था और उनके विश्वस्त सहयोगी देशमुख की साक्ष्य की उपस्थिति में उनके इस कथन का कि "मैं नहीं जान सका हूँ कि मिश्र मेरे विरुद्ध क्यों है" मात्र यही अर्थ हो सकता था कि उनसे राजनीतिक और प्रशासनिक आधार पर कोई मतभेद नहीं कर सकता था और मतभेद करने वाले का कोई अन्य लक्ष्य होना चाहिए था जिसका उन्हें पता लगाना था।

खरे ने हमारे त्यागपत्र काँग्रेस कार्यकारिणी के पास भेज दिए, जिसकी बैठक बम्बई में मई के आखिरी सप्ताह में हुई। स्थिति पर विचार करने के पश्चात् कमेटी ने पचमढ़ी में विधान सभा के काँग्रेसी सदस्यों की बैठक आयोजित की और वल्लभ भाई पटेल, मौलाना अबुल कलाम आजाद और जमनालाल बजाज को स्थिति का आकलन करने के लिए नियुक्त किया गया। निश्चित तिथि को काँग्रेसी सदस्यों की बैठक हुई और उनसे परस्पर मिल कर मतभेद दूर कर लेने को कहा गया। जैसा मैंने बहुत पहले अनुमान कर लिया था, खरे ने मराठी सदस्यों के एक वर्ग में भयंकर क्षेत्रीय भावना भड़का दी थी। खरे से मिलने के पहले मैंने शुक्ल और मेहता से विचार विमर्श किया और हम तीनों ने प्रधानमंत्री से इस्तीफा न मांगने का निर्णय लिया। खरे भी जानते थे कि यदि विवाद का निर्णय काँग्रेसी सदस्यों की राय पर छोड़ दिया गया तो उन्हें सफलता की किंचित् भी गुंजाइश नहीं थी। साथ ही न जाने किस आधार पर खुफिया पुलिस ने उन्हें सूचना दी थी कि हाई कमान उनके स्थान पर एम.एस. अणे को पदस्थ करना चाहता था। हम तीनों के साथ वार्तालाप के दौरान उन्होंने इस संभावना की चर्चा करते हुए कहा कि यदि वे जाते हैं, तो हम लोगों को भी जाना पड़ेगा। जब हमने उनसे कहा कि हमारा उद्देश्य उन्हें हटाने का नहीं है और हम केवल यह चाहते हैं कि वे किसी विभाग को अपने पास न रख मंत्रिमंडल के कार्यों में सामंजस्य रखे रहने के कार्य तक ही अपने को सीमित रखें, तो वे क्षुब्ध और क्रोधित हुए परन्तु अंततः हमारी बात मान गए। पचमढ़ी में गतिरोध की जो स्थिति थी और उसके जो परिणाम हुए, उन्हें काँग्रेस अध्यक्ष सुभाषचन्द्र बोस ने बाद में संक्षेप में लिखा था:

"पचमढ़ी में संघर्ष की संभावना बहुत थी, लेकिन वह टल गया। मंत्रियों में ही समझौता हो गया। संसदीय उप-समिति के सदस्यों को जो वहां उपस्थित थे, आपसी वार्तालाप में हस्तक्षेप का अवसर नहीं

मिला। डॉ. खरे ने "माई डिफेंस" में लिखा है कि काँग्रेस के कुल ७२ सदस्यों में से जो पचमढ़ी में ६८ सदस्य उपस्थित थे, उनमें से ४४ ने निर्णय किया था कि यदि समझौता नहीं होता है तो डा. खरे सहित सभी ६ मंत्रियों को हटा दिया जाए। यदि उनके इस बयान को मान लिया जाए तो उससे स्पष्ट है कि सदस्यों का बहुमत खरे को समर्थन देने को सहमत नहीं था, यदि वे अपने महाकोशल के सहयोगियों को अलग कर देते। पचमढ़ी का वातावरण समझौते के अनुकूल था और निम्नलिखित शर्तों पर समझौता हो गया: (१) डाँ. खरे अपने सभी विभाग छोड़ देंगे और विभागों का बंटवारा फिर से किया जावेगा। (२) डाँ. खरे मंत्रियों के कामों में तालमेल रखने का ही कार्य करेंगे। (३) विभागों का पुनर्वितरण पचमढ़ी में ही मंत्रियों के प्रस्थान करने के पूर्व होगा और १ जुलाई तक निश्चित हो जावेगा। (४) कोई भी दल समाचार पत्रों में छपी बातों का सहारा लेकर समझौते से पीछे नहीं हट सकेगा। (५) विभागों के पुनर्वितरण में कोई मतभेद होने की स्थिति में मामला महाकोशल, नागपुर और विदर्भ की काँग्रेस कमेटियों के अध्यक्षों को दिया जावेगा और उनका निर्णय अंतिम होगा। (६) किसी मंत्री की पुलिस द्वारा निगरानी प्रधानमंत्री नहीं करा सकेंगे और यदि उन्हें किसी मंत्री के प्रति कोई शिकायत है तो वह उस मंत्री और उसके सहयोगियों के सामने रखी जावेगी और उससे स्पष्टीकरण लिया जावेगा।

जैसा डाँक्टर खरे ने स्वयं कहा था कि "पचमढ़ी की स्थिति ऐसी थी कि या तो वे प्रधान मंत्री पद से हट जाते अथवा प्रधानमंत्री रहे आने के लिए विभागों का त्याग कर देते।" उन्होंने दूसरे मार्ग को कम हानिकारक समझ कर स्वीकार किया और उपरोक्त समझौता हो गया। यह समझौता बड़ी आसानी से इसलिए हो गया क्योंकि प्रधानमंत्री के सहयोगी उनके हटाए जाने के पक्ष में नहीं थे। वे केवल यह चाहते थे कि जो विभाग प्रधानमंत्री के पास थे उनका दुरुपयोग न हो।"

पचमढ़ी से जाने से पूर्व तीनों नेताओं ने खरे को निर्देशित किया कि उनका डाक्टर पुत्र नागपुर के मेयो हास्पिटल में मानद सर्जन के पद से त्यागपत्र दे दे, जिस पद पर वह काँग्रेस मंत्रिमंडल बनने के पश्चात नियुक्त किया गया था। इसी प्रकार शुक्ल को भी अपने पुत्र को लॉ कालेज के लेक्चरर पद से, जिस पर उसकी कुछ दिन पूर्व ही नियुक्ति हुई थी, हटा लेने के आदेश दिए गए। शुक्ल के पुत्र ने त्यागपत्र दे दिया, यद्यपि लॉ कालेज नागपुर विश्वविद्यालय के अंतर्गत था और सरकार से उसका कोई सरोकार नहीं था। खरे के पुत्र ने केवल त्यागपत्र ही नहीं दिया बल्कि अगले सत्र में भी नियुक्ति के लिए आवेदन प्रस्तुत कर दिया। दुर्भाग्य से मैं चिकित्सा तथा लोक स्वास्थ्य विभाग का भी मंत्री था। मैंने तत्संबंधी फाइल पर निर्णय इस आशा में रोक रखा कि खरे वस्तुस्थिति को समझ कर अपने पुत्र से आवेदन लौटा लेंगे और इस प्रकार उसे अस्वीकृत करने की परेशानी से मुझे बचा लेंगे। निराश होकर मैंने बापूजी अणे (एम.एस. अणे) से हस्तक्षेप करने का आग्रह किया। उन्होंने खरे से विचार विमर्श कर मुझे सूचना दी कि वे अपनी जिद पर कायम हैं और उन्होंने कहा कि मेरी जो इच्छा है उसे मैं करूँ। मैंने खरे को पचमढ़ी में दिए गए निर्देश को जानते हुए उस आवेदन पत्र को अस्वीकार कर दिया।

अब तक हम सब पचमढ़ी से नागपुर लौट आये थे और फ्रांसिस वाइली गवर्नर नियुक्त कर दिए गए थे। यह आश्चर्य की बात थी कि आई.सी.एस. श्रेणी के व्यक्तियों को गवर्नर बनाने की परम्परा के विरुद्ध राजनीतिक सेवाओं के व्यक्ति को वह पद दिया गया था और ऐसे समय में दिया गया था जब केबिनेट में विग्रह अभी भी सुलग रहा था। फ्रेन्सिस वाइली सुसंस्कारी और बहुश्रुत व्यक्ति थे और उनकी

विनयशीलता साधारण भारतीयों को भी असमंजस में डालने वाली थी। वे प्रांत के सामंती परिवारों में बड़े लोकप्रिय हो गए थे। उनमें से कई व्यक्तियों को मैंने यह कहते सुना था "ओह, अपने नए गवर्नर का क्या कहना! मेरे प्रति वे कितने कृपालु हैं! वे मेरी मोटर तक आए और विदा लेते समय उन्होंने मेरी मोटर का दरवाजा अपने हाथों से बन्द किया!" यद्यपि मंत्रियों ने भी हाइड गवान से सर्वथा पृथक उन्हें पाया, लेकिन हम नहीं भूल सकते थे कि वे राजनीतिक सेवा के व्यक्ति थे।

जैसा सर हाइड के साथ हुआ था, सर्वप्रथम मुझे ही सर फ्रांसिस से व्यवहार करना पड़ा। खरे के पुत्र के मामले पर निर्णय देने के तत्काल पश्चात् गवर्नर के सचिव बैनर्जी ने फोन किया कि गवर्नर उस दिन मुझसे मिलना चाहते हैं। मुझे गाँधीजी की काँग्रेसी मंत्रियों को दिया गया परामर्श याद आया कि अपने प्रधानमंत्री की अनुमति के बिना वे गवर्नरों से भेंट न करें। बनर्जी से यह न कहकर कि मुझे प्रधानमंत्री से अनुमति लेनी होगी मैंने उनसे पूछा कि गवर्नर महोदय को कोई आपत्ति तो नहीं होगी यदि उनसे मिलने के लिए मैं अपने प्रधानमंत्री से अनुमति प्राप्त कर लूँ। दो दिन प्रतीक्षा करने के पश्चात् बनर्जी ने सूचना दी कि गवर्नर को कोई आपत्ति नहीं है। अब मैं इस निष्कर्ष पर आ गया कि खरे के पुत्र के विषय पर विचार करने के लिए मुझे बुलाया जा रहा था, और मेरे प्रश्न के उत्तर में विलम्ब प्रधानमंत्री और गवर्नर के उस सम्बन्ध में परस्पर परामर्श के कारण हो रहा था। मैंने खरे को लिखित आवेदन किया और तत्काल गवर्नर से भेंट करने की अनुमति मुझे प्राप्त हो गई।

जब मैं सर फ्रांसिस से मिला तो मैंने स्वयं को इस अर्थ में कमज़ोर पाया, कि युवा खरे के आवेदन को अस्वीकृत करने के अपने आदेश के लिए काँग्रेस हाई कमान के निर्देश की चर्चा मैं नहीं कर सकता था। इधर-उधर की कुछ देर बात करने के पश्चात् गवर्नर उस विषय पर आ गए और कहा कि वह ऐसा मामला नहीं था कि उस पर वे ध्यान देते तो भी प्रधानमंत्री से मेरे संबंध तनावपूर्ण होने के कारण हस्तक्षेप कर युवा खरे की फिर से नियुक्ति करने की सलाह मुझे देना उन्होंने उचित समझा था। मैंने उस कष्ट के लिए उन्हें धन्यवाद दिया और उन्हें बताया कि प्रधानमंत्री से मेरे संबंध की उन्हें भ्रामक सूचना दी गई थी क्योंकि जो भी मतभेद थे वे पचमढ़ी में दूर हो चुके थे। उन्हें प्रधानमंत्री से मेरे तनावपूर्ण संबंध की इंकारी से आश्चर्य हुआ लेकिन अपनी सौजन्यता के कारण उन्होंने प्रतिवाद नहीं किया। थोड़ी देर तक आपसी बहस के पश्चात् उन्होंने पूछा कि मुझे कोई आपत्ति तो नहीं होगी यदि उस विषय को केबिनेट के समक्ष विचारार्थ रखा जावे। मुझे यह प्रस्ताव पसंद आया और मैंने कहा कि मेरे सहयोगी यदि इस संबंध में मेरी जिम्मेदारी में सम्मिलित हो जाते हैं तो मुझे कोई आपत्ति नहीं होगी। उन्होंने उस विषय पर निर्णय लेने के अपने अधिकार पर न अड़े रहने के कारण मुझे धन्यवाद दिया और मैं उनसे विदा हुआ।

इस बीच खरे बहुत निराश हो चले, और पचमढ़ी समझौते से बच निकलने के उपाय ढूंढने लगे। सुभाषचन्द्र बोस लिखते हैं: "पचमढ़ी समझौते के पश्चात् ऊपरी तौर पर स्थिति सुधरी जैसी लगती थी लेकिन उलझन रही आई। एक तरफ तो डाक्टर ने समझौते की शर्तों को पूरा नहीं किया और दूसरी तरफ, खुफिया पुलिस द्वारा निगरानी के अलावा, जैसा डाक्टर ने स्वयं मौलाना से और मुझसे बताया, गैर सरकारी सूत्रों से भी मंत्रियों की जाँच पड़ताल उन्होंने जारी रखी। प्रधानमंत्री के कभी पहले न सुने गए उस आचरण से सचिवालय, सरकारी सेवाओं और अंततः जनता पर हुए प्रभाव की कल्पना बिना

उसका वर्णन किए सहज ही की जा सकती है। वस्तुतः एक उच्च अधिकारी ने एक मंत्री के विरुद्ध जाँच करने के आदेश पर बड़ी आपत्ति की और प्रधानमंत्री ने जब एक अन्य मंत्री के विरुद्ध उसी प्रकार की जाँच करने के आदेश दिए, तो संबंधित अधिकारी ने स्वयं जाँच करने के लिए आदेश देने से इंकार कर दिया।

"यदि पचमढ़ी के पश्चात् उत्पन्न हुई नई परिस्थिति की कोई सावधानी से विवेचना करे, तो उसे इस निष्कर्ष पर आना पड़ेगा कि खरे ने ही पचमढ़ी समझौते की शर्तों के पूरा करने से बचना चाहा था। जून के अंतिम सप्ताह में जब मौलाना आज़ाद और मैं कलकत्ता के लिए रवाना हुए, तो रेलगाड़ी में हम लोगों की डाक्टर से लम्बी बात-चीत हुई। हमने समझौते की शर्तों को पूरा करने और अपने सहयोगियों के विरुद्ध गुप्त कार्यवाही करना बन्द करने का आग्रह उनसे किया। मैंने उनसे जब सीधा प्रश्न किया कि किसी मंत्री के विरुद्ध शिकायत आने पर वे उस मंत्री को सूचित क्यों नहीं करते, तो उन्होंने कहा कि तब वे पहले से आगाह हो जावेंगे और पकड़े नहीं जा सकेंगे। मौलाना आजाद और मैंने जो भी उनसे कहा उसका उन पर कोई प्रभाव नहीं दिखाई दिया और मंत्रिमंडल के भविष्य के लिए चिन्तित होकर मैं कलकत्ता के लिए रवाना हुआ। ८ जुलाई को डा. खरे ने एक मंत्री के विरुद्ध कुछ आरोप लगाते हुए कार्यकारिणी के सदस्यों के पास पत्र भेजे। ऐसा लगता है कि डाक्टर अपने कुछ मंत्रियों से मुक्ति पाने और स्वेच्छानुसार कैबिनेट बनाने के लिए प्रयत्न कर रहे थे।

"पचमढ़ी समझौते को कार्यान्वित करने के लिए मंत्रियों की कई बैठकें हुईं। अन्तिम बैठक नागपुर में १३ जुलाई को हुई, लेकिन कुछ परिणाम नहीं निकला। समझौते की शर्तों के प्रतिकूल सर्वश्री खरे, गोले और देशमुख आग्रह करते रहे कि पुलिस विभाग प्रधानमंत्री के पास रहना चाहिए। इन बैठकों में डा. खरे घोषणा करते रहे कि वे त्यागपत्र दे देंगे और अन्य मंत्रियों से भी त्यागपत्र मांगेंगे। डाक्टर ने सरदार पटेल को १५ जुलाई को दो पत्र भेजे लेकिन उनमें स्वयं त्याग पत्र देने और अन्य मंत्रियों से त्याग पत्र मांगने की कोई चर्चा उन्होंने नहीं की। एक पत्र में अवश्य उन्होंने लिखा कि 'आगे जो भी स्थिति उत्पन्न होगी उसकी सूचना मैं आपको समय-समय पर देता रहूँगा'।

"सर्वश्री गोले और देशमुख ने १३ जुलाई को अपने इस्तीफे डा. खरे को दे दिए और उसी दिन डा. खरे ने रायपुर के ठाकुर प्यारेलाल सिंह से फोन पर बात की। उनका एक प्रतिनिधि १७ जुलाई को रायपुर गया और ठाकुर साहब से मिला। १९ जुलाई को ठाकुर प्यारेलाल सिंह ने डा. खरे को लिखा कि वे नई कैबिनेट में सम्मिलित होने को तैयार हैं। इसी दौरान नागपुर में डाक्टर ने शुक्ल, मिश्र और मेहता से लिख कर पूछा कि प्रधानमंत्री के द्वारा इस्तीफा दिए जाने पर क्या वे उनका अनुकरण करने की परम्परा को निभायेंगे। वह पत्र १८ जुलाई का था, लेकिन हम लोगों को १९ जुलाई को मिला।"

डॉ. खरे ने २० जुलाई को गवर्नर को अपना त्यागपत्र भेजा। उसके पहले मंत्री मेहता ने ११ बजे पूर्वान्ह खरे को स्वयं जाकर जो पत्र उत्तर में दिया था, उसमें लिखा था: "आपके १८ जुलाई, १९३८ के पत्र को पाकर, जो मुझे आज १२ बजे के पश्चात् मिला, बड़ा आश्चर्य हुआ। आपको स्मरण होगा कि मेरे कहने पर श्री गोले ने पिछले शुक्रवार (१५ जुलाई को) आपको सरदार वल्लभभाई पटेल का संदेश दिया था कि उनके इस प्रांत में आने पर उनसे मिलने से पूर्व शीघ्रता में आप कोई निर्णय न लें। उसके पश्चात् मैं आपसे १७ तारीख की प्रातः आपके घर पर मिला और करीब एक घन्टे की बातचीत के

पश्चात आपने कहा, कि श्री मिश्र को बताए बिना उनके विरुद्ध जो कुछ गंभीर आरोप आपने उनकी सच्चाई की जाँच के बिना महात्मा गाँधी और सरदार पटेल को लिखे हैं, उसके लिए आप मानते थे कि आपने श्री मिश्र के प्रति अन्याय किया था। आपने यह भी मुझसे कहा कि आपने सरदार साहब से उस विषय पर ध्यान न देने के लिए बाद में कहा था। आपने मेरी इस सूचना की सच्चाई से इंकार किया था कि आपने उनको कैबिनेट से निष्कासित कर देने की अनुमति मांगी थी और जो आरोप आपने लगाए थे, उनकी जाँच पुलिस के सुपुर्द आपने की थी। आपने स्वीकार किया था कि आपकी सज्जनता आपसे, उनसे क्षमा मांगने का तकाज़ा करती थी। इसके लिए आप चाहते थे कि उनकी और आपकी भेंट हो जाए और उस काम को यथाशीघ्र करने का वादा मैंने किया था। मैंने आपसे यह भी कहा था कि यदि प्रधानमंत्री अपनी भूलों के बदले में इस प्रकार काम करें और परस्पर सद्भाव स्थापित करें तो मुझे मिलकर प्रत्येक सहयोगी अपने नेता को निष्ठापूर्वक समर्थन देगा। परस्पर विश्वास और सद्भाव के उस वातावरण में मैंने अपने व्यक्तिगत समर्थन का आपको वचन दिया था और साथ ही कहा था कि उपरोक्त ढंग से तालमेल हो जाने पर अनुकूल वातावरण की उपस्थिति में आपकी इच्छानुसार आपके पास पुलिस विभाग रहे आने के प्रश्न पर विचार करना भी सरल रहेगा। इसके पश्चात् मैंने आपसे कहा था कि चूँकि श्री शुक्ल और गोले १९ तारीख तक नागपुर से बाहर रहेंगे, इसलिए उनके आने के पहले सभी बातों को अंतिम रूप न दिया जा सकेगा।

"सर्वप्रथम, मैं अनुग्रहीत रहूँगा यदि आप मुझे वह कारण बता सकें जिसने आपको रविवार (१७ जुलाई) को हुई हमारी बातचीत से बदल जाने पर, और सरदार पटेल की प्रार्थना के सर्वथा विपरीत, जिसकी सूचना आपको शुक्रवार को दी गई थी, निर्णय लेने पर विवश किया। मैं नहीं समझ पा रहा हूँ कि आप अपनी इस व्यक्तिगत राय से, जिससे मैं बिलकुल सहमत नहीं हूँ, क्यों बाध्य करना चाहते हैं कि हमारी कठिनाइयों का समाधान मंत्रिमंडल के त्यागपत्र के अतिरिक्त कोई दूसरा नहीं है। आपकी पसंदगी और नापसंदगी के अतिरिक्त, जिनका सम्बन्ध आप ही से है, मैं इस बात के औचित्य को नहीं देख पा रहा हूँ कि कार्यकारिणी की निकट भविष्य में होने वाली बैठक के पूर्व आप त्यागपत्र देने की जल्दी क्यों कर रहे हैं। समझौते की एक शर्त थी कि आप पुलिस विभाग अपने पास नहीं रखेंगे, और अब आप उसे अपने पास रखने के लिए आग्रह कर रहे हैं। रविवार को आप और हम एक योजना पर सहमत हो गए थे और आप अब किन कारणों से उसे रद्द कर रहे हैं, मैं नहीं जानता। हमारे लिए दूसरा मार्ग जो खुला है वह है कि हम दोनों पक्षों की कठिनाइयाँ कार्यकारिणी के समक्ष रखें और समुचित परामर्श लें। मैं संकट की कोई स्थिति पैदा करने या पचमढ़ी में किया गया नाटक दोहराये जाने के विरुद्ध हूँ। दुनिया क्या कहेगी यदि हम वह, जो हमारा नेता है, पचमढ़ी में बड़ी मुश्किल से हुए समझौते को पूरा नहीं करता है।

"आपके पत्र के अंतिम अंश के संबंध में मैं कहना चाहता हूँ कि आपके द्वारा प्रस्तुत की गई संवैधानिक स्थिति ऐसा स्वयंसिद्ध सिद्धांत नहीं है जो हमारे विषय की परिस्थितियों पर लागू किया जा सके। सच बात तो यह है कि गल्ती आपके सहयोगियों की नहीं, बल्कि आपकी है। मंत्रिमंडल को तोड़ने का आपके पास क्या आधार हो सकता है, जिसके सदस्य आपसे अपने वचन को पूरा करने के लिए कहते हों? यदि आप अपने वचन को पूरा न करने का निर्णय लेते हैं, तो जिनके साथ अन्याय हुआ है, आपके

उन सहयोगियों को ही शिकायत का और अगर वे चाहें तो इस्तीफे देने का हक है। चूँकि वे चाहते हैं कि आप एक सज्जन की तरह काम करें, इसलिए आप उन्हें इस्तीफे देने के लिए मजबूर नहीं कर सकते।

"अभी तक मैंने सारे मामले के संबंध में जो कुछ कहा है, वह उस बड़े संगठन से संबंधित नहीं है, जिसके तत्वावधान में हमने पद स्वीकार किया है। जब हम उस संगठन की निगरानी और निर्देश से सीमित मंत्री पद की अपनी स्थिति पर विचार करते हैं तो हम अनुशासनहीनता के अपराधी हुए बिना ऐसा कोई कार्य नहीं कर सकते, जो फिर वापिस न लिया जा सके। काँग्रेस कार्यकारिणी की बैठक २३ तारीख को होने वाली है, और एक बार मैं फिर आपसे प्रार्थना करूँगा कि कोई कदम उठाने के पूर्व मामले पर ठंडे दिमाग और बिना किसी आवेश के विचार करें।

"लेकिन यदि आप जिद करते हैं और गवर्नर को अपना त्यागपत्र पेश करते हैं और मुझसे भी इस्तीफा देने के लिए कहते हैं, तो मुझे बड़े दु:ख के साथ आपकी मांग का प्रतिरोध करने पर विवश होना पड़ेगा।"[३८]

शुक्ल ने भी इस्तीफा न देने का अपना निर्णय प्रधानमंत्री को भेज दिया। मेरा पत्र लम्बा था, जिसमें मैंने यह भी कहा था कि "आपके कोई भी इरादे हों, मैं आपको विश्वास दिला दूँ कि आपकी सर्वमान्य परम्परा मुझे भयभीत नहीं करती और आपके गवर्नमेन्ट एक्ट की कोई धारा मुझमें आशा का संचार भी नहीं करती है। यह विचित्र बात है कि एक वर्ष की अवधि में ही आपने उस वृहत सम्मेलन को, दिल्ली में हुए अखिल भारतीय काँग्रेस सम्मेलन को विस्मृत कर दिया जिसमें पंडित जवाहरलाल नेहरू ने आपको और मुझे तथा अन्य व्यक्तियों को महान काँग्रेस संगठन के प्रति निष्ठा रखने की शपथ दिलाई थी। एक वर्ष का अल्प समय आपके स्मृति पटल से काँग्रेस के उस विधान को मिटा देने के लिए समुचित नहीं होना चाहिए जो काँग्रेसजनों को शासित करने का अधिकार काँग्रेस कार्यकारिणी को देता है।

फिर भी मैं आपको अपने साथ कुछ भी करने का अधिकार दे सकता हूँ, लेकिन आप अपने सहयोगियों से यह आश्वासन नहीं मांग सकते कि यदि आप काँग्रेस के अनुशासन की अवज्ञा करते हैं, तो यह मान लिया जाए कि उनके द्वारा भी अवज्ञा हो गई। एक सेनापति, अनुशासन के नाम पर हमें स्वचलित यंत्र बना सकता है, लेकिन एक विद्रोही हमसे ऐसे व्यवहार की अपेक्षा करने का साहस नहीं कर सकता। इसलिए विवादग्रस्त विषय पर अंतिम रूप से अखिल भारतीय संसदीय उप-समिति तथा कार्यकारिणी के निर्णय के पूर्व मैं त्यागपत्र देना अस्वीकार करता हूँ।"[३९]

२० जुलाई को प्रात: गवर्नर की अध्यक्षता में कैबिनेट की बैठक हुई। अन्य विषयों के साथ खरे के पुत्र के विषय पर भी अंत में विचार किया गया। मुझे आश्चर्य हुआ कि गोले और देशमुख ने भी उसकी पुनर्नियुक्ति के विरोध में अपना वोट दिया। खरे का मुंह उतर गया और बैठक के समाप्त होने पर हमने उन्हें गवर्नर के पीछे उनके कार्यालय में जाते देखा।

साढ़े बारह बजे दिन में हमें सूचना दी गई कि प्रधानमंत्री ने त्याग पत्र दे दिया है और गवर्नर ने हम लोगों से मिलने की इच्छा प्रकट की है। दो बजे हम उनसे मिले और हमने उनसे कहा कि काँग्रेस हाई कमान के निर्देश के बिना हम त्यागपत्र नहीं दे सकते थे। अपने सहयोगी मेहता को सरदार

पटेल से अहमदाबाद में फोन पर सम्पर्क करने के लिए नागपुर में छोड़ कर मैं और शुक्ल सेवाग्राम के लिए रवाना हुए। सांध्य प्रार्थना की समाप्ति के तत्काल पश्चात् हम वहाँ पहुँचे। सौभाग्य से राजेन्द्र प्रसाद भी वहाँ उपस्थित थे। हमसे पूरा विवरण प्राप्त करने के पश्चात् गाँधीजी ने संसदीय उप-समिति के सदस्य होने के नाते राजेन्द्र प्रसाद के परामर्श से कार्य करने का हमें निर्देश दिया। उन्होंने खरे तथा अन्य मंत्रियों के लिए हमें पत्र दिए जिन्हें नागपुर में देना था। हम तीनों से त्याग-पत्र न देने को कहा गया क्योंकि काँग्रेस कार्यकारिणी की अनुमति के बिना कोई भी कदम न उठाने के लिए हम अनुशासित थे। खरे, गोले और देशमुख को कहा गया कि वे अपने त्यागपत्र स्वीकार किए जाने के लिए आग्रह न करें तथा अग्रिम कार्यवाही स्थगित रखें। गोले तथा देशमुख ने पत्रों को स्वीकार कर लिया, लेकिन ठाकुर छेदीलाल के द्वारा बारबार प्रार्थना किये जाने पर भी खरे के पुत्र ने अपने पिता को सम्बोधित किये गये पत्र को लेने से इन्कार कर दिया।

हम तीनों मेहता के बंगले पर मिले और गवर्नर के लिए एक पत्र टाइप कराकर गवर्मेन्ट हाउस गए। उस समय २१ जुलाई को रात के १.५० मिनट हुए थे, लेकिन उस समय भी हमने गवर्नर को हमारी प्रतीक्षा करते हुए पाया। पहले हमने अपनी स्थिति उन्हें ज़बानी समझायी और बाद में अपना पत्र दिया, जिसमें लिखा था कि "हम शुक्ल और मिश्र काँग्रेस कार्यकारिणी तथा संसदीय उपसमिति के सदस्य बाबू राजेन्द्र प्रसाद से मिलकर वर्धा से अभी आये है। परामर्श के फलस्वरूप उन्होंने डा. खरे और सर्वश्री गोले और देशमुख से अपने त्याग पत्र वापिस ले लेने की या जब तक २३ जुलाई को काँग्रेस कार्यकारिणी तथा संसदीय उपसमिति की बैठक वर्धा में नहीं हो जाती तब तक अपने त्यागपत्र को स्वीकार किये जाने के लिए दबाव न डालने की सलाह दी है। संसदीय उप समिति के दो सदस्य वर्धा के लिए चल चुके हैं और उनसे परामर्श करना संभव नहीं है। जैसा आज दोपहर को हमने आपसे कहा है कि हमारा पहला कर्तव्य काँग्रेस के तथा विभिन्न प्रांतों के काँग्रेस मंत्रिमंडल की संसदीय गतिविधियों को निर्देशित करने के लिए नियुक्त की गई संसदीय उप-समिति के प्रति है। हमने काँग्रेस के निर्देश से पद स्वीकार किया था और उसी के निर्देशन से हम उस पद पर हैं। यद्यपि हम इस परम्परा का आदर करते हैं कि प्रधानमंत्री के आदेश पर उनके सहयोगियों को त्यागपत्र देना चाहिए, हम यह कहना चाहते हैं कि काँग्रेस के आदेश के अन्तर्गत स्वीकार की गयी जिम्मेदारी को छोड़ने के लिए हम स्वतंत्र नहीं हैं। इसलिए हम आपसे निवेदन करते हैं कि जो त्यागपत्र आपको मिले हैं उन पर आप कार्यवाही स्थगित रखें।

"हम यह कहने की आवश्यकता नहीं मानते कि गंभीर परिस्थितियों को टालने के लिए यू.पी. और बिहार के काँग्रेसी प्रांतों में मंत्रियों द्वारा दिए गए त्यागपत्रों को कार्यान्वित नहीं किया गया था। ऊपर जो हमने कहा है, उसको दृष्टि में रखकर हम अपने त्यागपत्र देने में असमर्थ हैं।"[४०]

गवर्नर के साथ हम केवल बीस मिनट रहे। जब जाने के लिए खड़े हुए तो वे अपने कार्यालय के द्वार तक आए और हमसे इस लहज़े में नमस्कार किया मानो उन्हें हमसे छुट्टी मिल गई हो। मैंने घूम कर कहा कि "महामहिम, हम लोग केवल बिना वेतन के अवकाश पर जा रहे हैं।" शुक्ल अपनी हँसी नहीं रोक पाए और गवर्नर भी मुस्करा दिए।

उस रात को हम नहीं सो पाए। लगभग पाँच बजे सुबह मुझे, शुक्ल और मेहता को गवर्नर के

द्वारा बर्खास्तगी का आदेश मिल गया। यद्यपि बड़ी तेज़ बारिश हो रही थी, तो भी मैंने सरकारी बँगला छोड़ दिया। अपने परिवार को जबलपुर भेज कर एक मित्र के घर रहने चला गया। उसी दिन नए मंत्रिमंडल के सदस्यों ने शपथ ग्रहण की। इसके पश्चात् जो हुआ उसका विवरण "महात्मा" के लेखक ने अच्छा दिया है: "वर्धा में संसदीय उप-समिति की बैठक हुई और उसने डा. खरे को संतुष्ट कर दिया कि उन्होंने स्थिति को समझने में भूल की। अध्यक्ष, बोस, की सलाह मान कर, डॉक्टर खरे नागपुर गए और उन्होंने २३ जुलाई को गवर्नर को अपना त्यागपत्र दे दिया, जिसमें लिखा था कि "अब मैंने समझ लिया है कि त्याग पत्र देने और नए मंत्रिमण्डल को बनाने में वस्तुस्थिति को समझने में मैंने भूल की है और जल्दबाज़ी से काम लिया है, इसलिए मैं अपनी ओर से और अपने सहयोगियों की ओर से त्याग पत्र देता हूँ।"

२३ जुलाई की संध्या को कार्यकारिणी से मिलने के लिए डाँ. खरे वर्धा बुलाए गए। उनसे कहा गया कि वे सी.पी. काँग्रेस विधान सभा दल के नेतृत्व से इस्तीफा दें। उन्होंने इस बात को स्वीकार किया लेकिन यह भी कहा कि उस पद के लिए वे फिर उम्मीदवार होंगे। कार्यकारिणी ने उन्हें ऐसा न करने का परामर्श दिया लेकिन खरे नेतृत्व के लिए अपने अधिकार पर जोर देते रहे।

२५ जुलाई की संध्या को अध्यक्ष बोस तथा कार्यकारिणी के कुछ सदस्यों के साथ डा. खरे गाँधीजी से सेगांव में मिले। आपसी विचार-विमर्श के पश्चात् निश्चित हुआ कि डाँ. खरे एक बयान तैयार करें और उसे प्रेस को देकर प्रकाशित किया जाए। तदनुसार डाँ. खरे ने एक बयान तैयार किया और गाँधीजी से कहा कि "मैं बिना शर्त अपने को आपके हाथों में सौंपता हूँ।" उस बयान में कुछ जोड़ने और बदलने के सुझाव गाँधीजी ने दिए। डाँ. खरे ने इरादा बदल दिया और नागपुर में अपने मित्रों से परामर्श करने का समय मांगा। उन्होंने कहा कि अगर २६ तारीख को ३ बजे तक कार्यकारिणी को उनकी ओर से कोई सूचना नहीं मिलती तो ऐसा माना जाए कि वे कोई बयान देने के इच्छुक नहीं हैं। निश्चित समय पर कार्यकारिणी को फोन पर सूचना दी गई कि डाँ. खरे कोई बयान देने को तैयार नहीं है।"[४१]

इसके पश्चात् वर्धा में काँग्रेस कार्यकारिणी की बैठक हुई, जिसमें निम्नलिखित प्रस्ताव पास हुआ:

"संसदीय उप समिति को सुन कर तथा उन परिस्थितियों पर गंभीरता से विचार कर, जो पचमढ़ी में उक्त उप-समिति के सदस्यों तथा तीनों प्रांतीय काँग्रेस कमेटियों के अध्यक्षों की उपस्थिति में मंत्रियों के बीच में हुए समझौते के पश्चात् उत्पन्न हुई तथा डाँ. खरे से कई बार हुई मुलाकातों के पश्चात् कार्यकारिणी बड़े दु:ख से इस निष्कर्ष पर पहुँचती है कि डाँ. खरे द्वारा किए गए कई कार्यों से, जिनकी परिणति उनके द्वारा स्वयं त्याग पत्र दिए जाने और अपने मंत्रियों से उनके द्वारा त्यागपत्र की मांग में हुई, डा. खरे परिस्थितियों का ठीक आंकलन करने की भारी भूल के अपराधी हैं जिससे मध्य प्रान्त में काँग्रेस उपहासास्पद हुई और उसकी प्रतिष्ठा गिर गई। वे अनुशासनहीनता के भी दोषी हैं, क्योंकि उन्होंने आगाह किए जाने पर भी जल्दबाज़ी से काम लिया।

"उनके त्यागपत्र के कारण ही काँग्रेस के द्वारा पद स्वीकृति के पश्चात् पहली बार गवर्नर ने अपने विशेषाधिकार का प्रयोग कर तीन मंत्रियों को बर्खास्त कर दिया। कार्यकारिणी को यह देखकर संतोष है कि तीनों काँग्रेसी मंत्रियों ने संसदीय उप समिति के निर्देश की अनुपस्थिति में गवर्नर के आग्रह

पर इस्तीफा देने से इंकार कर काँग्रेस के प्रति अपनी निष्ठा प्रकट की है। डाँ. खरे इसलिए भी अनुशासनहीनता के दोषी है क्योंकि उन्होंने मंत्रिमंडल बनाने के लिए गवर्नर का निमंत्रण स्वीकार किया और सहज प्रक्रिया के विपरीत, जिससे वे परिचित थे, संसदीय उप-समिति और कार्यकारिणी को सूचित किए बिना, जबकि वे जानते थे कि उनकी बैठकें शीघ्र ही होने वाली थीं, उन्होंने नया मंत्रिमंडल बनाया और निष्ठा की शपथ ली।

"अपने इन कार्यों से डा. खरे ने स्वयं को काँग्रेस संगठन में उत्तरदायित्व के किसी पद पर रहने के अयोग्य प्रमाणित कर दिया है। जब वे भविष्य में काँग्रेसजन की तरह अपनी सेवाओं से स्वयं को संतुलित तथा पूर्णतः अनुशासित रहने और दी गई जिम्मेदारी को निभाने के योग्य दिखा देंगे तब तक उन्हें ऐसा ही अयोग्य माना जावेगा।"

"कार्यकारिणी इस निष्कर्ष पर भी आयी है कि मध्य प्रान्त के गवर्नर ने अप्रिय जल्दबाज़ी कर, जिससे उन्होंने रात को दिन बना लिया था और मध्य प्रान्त में वैधानिक संकट ले आए थे यह स्पष्ट कर दिया है कि वे अपनी पूर्ण क्षमता से काँग्रेस को कमज़ोर और बदनाम करने के लिए उतावले थे। कार्यकारिणी की राय है कि मंत्रिमण्डल के मंत्रियों में जो चल रहा था और संसदीय उप-समिति के जो निर्देश थे, उनकी जानकारी होते हुए गवर्नर को अप्रिय जल्दबाजी कर काँग्रेस कार्यकारिणी की शीघ्र ही होने वाली बैठक के लिए रूके बिना न तो तीन मंत्रियों के त्यागपत्रों को स्वीकार करना चाहिए था न अन्य तीन मंत्रियों से त्यागपत्र मांगना चाहिए था, और न उनके इंकार करने पर उन्हें बर्खास्त कर और डॉ. खरे को तत्काल मंत्रिमंडल बनाने का निमंत्रण देकर नए मंत्रिमंडल के तत्काल उपस्थित मंत्रियों को शपथ दिलाना चाहिए था।"

कार्यकारिणी की बैठक के पश्चात् सी.पी. काँग्रेसी विधायक दल की एक आपातकालीन बैठक हुई। इस बैठक की चर्चा करते हुए कूपलैन्ड ने एक वास्तविक गल्ती यह कहकर की है कि "डॉ. खरे का नाम प्रस्तुत नहीं किया गया और उस समय भी डॉ. खरे को विधायकों का सांकेतिक बहुमत प्राप्त था।"[४२] इस सम्बन्ध में सुभाष बाबू ने लिखा है: "बैठक की कार्यवाही मेरे द्वारा कार्यकारिणी के प्रस्ताव के पढ़े जाने से प्रारंभ हुई। इसके पश्चात् मैंने नेता पद से डॉ. खरे का त्यागपत्र बैठक में रखा जो सर्वसम्मति से स्वीकार हुआ। फिर मैंने विधायकों से अपना नया नेता चुनने के लिए कहा। एक व्यक्ति ने डाँ. खरे का नाम प्रस्तावित किया और उसका समर्थन हुआ। इस पर व्यवस्था मांगी गई कि क्या उनका नाम प्रस्तावित किया जा सकता था। मैंने कहा कि कार्यकारिणी का प्रस्ताव बैठक के सामने प्रस्तुत था और उसके रहते हुए भी डॉ. खरे के नाम का प्रस्ताव होता है तो मैं नहीं रोकूँगा और उस पर मतदान होने दूँगा। मेरे द्वारा यह व्यवस्था दिए जाने पर डाक्टर का नाम तत्काल वापिस ले लिया गया।"

स्पष्ट है कि डॉक्टर खरे ने इस आशा से बैठक में अपना नाम प्रस्तावित कराया था कि अध्यक्ष वह प्रस्ताव नहीं रखने देंगे और वह कह सकेंगे कि दल में उनका बहुमत था लेकिन हाई कमान ने उनका नाम काट दिया था। चूँकि उनके सहयोगी आर.एम. देशमुख का नाम भी प्रस्तावित था, इसलिए उनके और शुक्ल के बीच मतदान हुआ, जिसमें शुक्ल को ४७ और देशमुख को १२ मत प्राप्त हुए।

२९ जुलाई को नया मंत्रिमंडल बना। खरे, गोले और देशमुख के स्थान पर बरार से एस.वी.

गोखले और नागपुर से सी.जे. भरूखा मंत्री हुए। ऐसा जान पड़ता है कि गवर्नर फ्रांसिस वाइली घटना चक्र से तथा कार्यकारिणी द्वारा की गई उनकी आलोचना से दु:खी थे। जिस प्रकार शपथ ग्रहण समारोह हुआ, उससे इस बात का संकेत मिलता था। १९३७ में हुए समारोह से विपरीत, इस बार एक भी नागरिक निमंत्रित नहीं किया गया और मुख्य सचिव के अतिरिक्त कोई अन्य अधिकारी उपस्थित नहीं था। वह अत्यधिक शिष्टाचार विहीन कार्य सम्पादन था और नागपुर के नागरिकों को हमारे द्वारा पद ग्रहण की सूचना समाचार पत्रों से प्राप्त हुई।

खरे ने महात्मा गाँधी, कार्यकारिणी तथा नए मंत्रिमंडल के विरुद्ध बड़ा तूफान मचाया लेकिन नागपुरवासियों का एक ही वर्ग उससे भ्रमित किया जा सकता था। अज्ञात क्षेत्रों से वितरित कुछ परचों को पढ़कर हमें बड़ा आश्चर्य हुआ। बाद में हमें ज्ञात हुआ कि इस खरे विरोधी प्रचार के पीछे बहुजन समाज कहे जाने वाले वर्ग के अब्राह्मण नेताओं का हाथ था। भूतपूर्व प्रधानमंत्री अब अपने को "कुठारहत प्रधानमंत्री" भी कहने लगे और महाराष्ट्र की सहानुभूति प्राप्त करने के लिए पूना पहुँचे। वहाँ उन्होंने कहा कि उन्हें हाईकमान की "शैतानी प्रतिशोध, ईर्ष्या और द्वेष" की भावना के कारण हटाया गया है, तथा इस काम में हाईकमान ने अप्रजातांत्रिक ढंग का प्रयोग किया और इस प्रकार प्रजातंत्र की हत्या कर दी। वस्तुस्थिति से अपरिचित काँग्रेस का पक्ष करने वाले कुछ समाचार पत्र भी इस सर्वथा असत्य और अमर्यादित प्रचार से प्रभावित हो गए। इसलिए महात्मा गाँधी ने ६ अगस्त को एक तर्कसंगत और सशक्त वक्तव्य दिया: "सी.पी. के मंत्रिमण्डलीय संकट पर समाचार पत्रों की कतरन को पढ़ना बड़ा दिलचस्प है। डॉ. खरे जैसे पुराने नेताओं के कार्य की निंदा करने वाले कार्यकारिणी के प्रस्ताव की कड़ी आलोचना होना पहले से ही निश्चित था। लेकिन काँग्रेस कार्यकारिणी के कर्तव्यों के सम्बन्ध में आलोचकों ने जो अज्ञान प्रदर्शित किया है, उसके लिए मैं तैयार नहीं था।

"संसदीय उपसमिति के द्वारा दी गई चेतावनी की अवहेलना कर डा. खरे बड़ी अनुशासनहीनता के दोषी ही नहीं हैं बल्कि गवर्नर के द्वारा मूर्ख बनाए जाने अथवा यह न जानकर कि जल्दी में किए गए अपने कार्य से वे काँग्रेस की प्रतिष्ठा गिरा रहे हैं, उन्होंने नेता पद के लिए अपनी अयोग्यता प्रकट की है। काँग्रेस कार्यकारिणी के इस परामर्श को न मानकर कि वे अपनी भूल को स्वीकार करें तथा नेता पद से हट जाएँ उन्होंने अनुशासनहीनता के परिणाम को और भी बढ़ा दिया है। कार्यकारिणी अपना कर्त्तव्य न करने की दोषी हो जाती यदि वह डॉ. खरे के कार्य की भर्त्सना न करती और उनकी अयोग्यता पर अपना निर्णय न देती।"[४३]

काँग्रेस कमेटी द्वारा गवर्नर की आलोचना पर कूपलैन्ड ने राय दी है कि "संविधान की पूर्णत: पूर्ति करने का आग्रह काँग्रेस कार्यकारिणी के लिए उचित नहीं है जो उस संविधान को प्रत्यक्ष रूप से न मानती हो और उसका विध्वंस करना चाहती हो।"[४४] अपरोक्ष रूप से कूपलैण्ड स्वीकार करते हैं कि गवर्नर की कार्यवाही संविधान के अनुरूप नहीं थी। जो बात वे भूल जाते हैं, वह काँग्रेस कार्यकारिणी का आग्रह काँग्रेस और वाइसराय के बीच हुए मौन समझौते को मानने के लिए था। महात्मा गाँधी ने आगे कहा: "यह भारतीय प्रेस की निष्पक्षता को प्रकट करता है कि कई समाचार पत्रों ने सी.पी. के गवर्नर द्वारा दुर्भाग्य पूर्ण संकट में किए गए कार्य पर काँग्रेस कमेटी द्वारा अपनी राय देने के कार्य की भर्त्सना की है। विरोधियों के सम्बन्ध में शीघ्र कुछ निर्णय लेने का मुझे अभ्यास नहीं है। प्रस्ताव की

जो आलोचना हुई है उससे गवर्नर के प्रति कोई अन्याय किए जाने की बात मैं नहीं मान सका हूँ...... ।"

"अवश्य ही गवर्नर का कार्य कानून के शब्दों के अनुकूल था, लेकिन उस कार्य ने अंग्रेज सरकार और काँग्रेस के बीच हुए मौन समझौते की भावना की हत्या कर दी..... ।

"इसलिए वह प्रस्ताव, आलोचकगण जो मान्यता अंग्रेज प्रशासकों को प्रत्यक्ष दे रहे हैं, उससे अधिक उन्हें देता है। अंग्रेज खिलाड़ी होते हैं। उनमें मनोरंजन की भावना पर्याप्त है, वे कठोर प्रहार करते हैं, और कठोर प्रहार अच्छी भावना से झेल भी लेते हैं। मुझे कोई शंका नहीं है कि गवर्नर कार्यकारिणी की आलोचना अच्छी भावना से ग्रहण करेंगे।

"लेकिन वे वैसा करें या न करें, गवर्नर द्वारा की गई कार्यवाही पर राय देना कार्यकारिणी का कर्तव्य था.... । काँग्रेस कार्यकारिणी का प्रस्ताव अंग्रेज सरकार को मैत्रीपूर्ण चेतावनी का काम करता है, कि यदि वे काँग्रेस से खुल्लम-खुल्ला संबंध नहीं तोड़ना चाहते तो, जो नागपुर में २० जुलाई को हुआ, उसकी पुनरावृत्ति की अनुमति न दें।

"हम काँग्रेस के कर्तव्यों को समझ लें। जहाँ तक आंतरिक विकास और प्रशासन का सम्बन्ध है वह संसार के किसी भी अन्य प्रजातांत्रिक संगठन के समान है। यह प्रजातान्त्रिक संगठन संसार की सबसे अधिक शक्तिशाली जीवित साम्राज्यवादी शक्ति से संघर्ष के लिए बनाया गया है। इस बाहरी काम के लिए उसे एक सेना के समान रहना है और इस प्रकार वह प्रजातांत्रिक नहीं रह जाती। केन्द्रीय सत्ता उसके अन्तर्गत कार्यरत विभिन्न अंगों पर अनुशासन रखने के लिए अपने में समग्र शक्ति रखती है। संसदीय बोर्ड और प्रांतीय संगठन उसके अधीन हैं..... ।

"और इसलिए, एक संघर्षरत मशीन के रूप में, काँग्रेस को नियंत्रण कार्य को केन्द्रित करना और प्रत्येक विभाग और उच्च पदासीन काँग्रेसजनों को निर्देशित करना पड़ता है तथा वह उनसे आज्ञापालन की अपेक्षा करती है। संघर्ष किन्हीं अन्य शर्तों पर नहीं किया जा सकता।

"लोग कहते हैं यह शुद्ध और स्पष्ट फासिस्टवाद है, लेकिन वे भूल जाते हैं कि फासिज्म नंगी तलवार है। उसके अन्तर्गत डॉ. खरे को अपना सिर देना पड़ता। काँग्रेस फासिज्म का प्रतिपक्ष है क्योंकि वह शुद्ध और निर्मल अहिंसा पर आधारित है। उसकी अनुशास्तियां नैतिक है.... । यह काँग्रेस की दुर्बलता न होकर उसकी शक्ति तथा वैभव है और यह काँग्रेस के लिए गर्व की बात रही आने दी जाए कि, डॉ. खरे जैसे पुराने काँग्रेसी सहित जब तक वे उससे संबंधित रहना चाते हों, अपने असंख्य अनुयायियों पर उनकी इच्छा और हृदय से अनुशासन का अधिकार काँग्रेस को प्राप्त है।"[४५]

यह ध्यान देने योग्य है कि महात्मा गाँधी ने अपने वक्तव्य के समुचित अंश में कार्यकारिणी के द्वारा की गई गवर्नर की आलोचना को न्यायसंगत और उचित बताया है। जब २० जुलाई को खरे ने गवर्नर को अपना त्यागपत्र दिया तो उस समय गवर्नर और वे दोनों ही जानते थे कि काँग्रेस कार्यकारिणी की बैठक २३ जुलाई को होने वाली थी। साथ ही गवर्नर के द्वारा त्यागपत्र मांगे जाने पर जब हम गवर्नर से मिले थे तो हमने भी त्यागपत्र मांगे जाने पर अपने लिखित उत्तर मे उसकी सूचना उन्हें दे दी थी। यह भी बड़ी प्रतिष्ठित परिपाटी है कि त्यागपत्र देने वाले प्रधानमंत्री को कम-से-कम दो दिन के लिए जब तक दूसरी व्यवस्था न हो जाए सरकार चलाने को कहा जाता है। इस मामले में गवर्नर दिन खत्म

हो, उससे पहले प्रधानमंत्री के त्यागपत्र को स्वीकार करने और हमारे त्यागपत्र प्राप्त करने के लिए बड़े आतुर थे। शुक्ल और मैं, वर्धा से बड़ी रात में वापिस हुए, तो भी जब हम गवर्नर से १.५० बजे रात में मिले, तो हमने उन्हें बड़ी आतुरता से हमारी प्रतीक्षा करते पाया। उनसे मिल कर हमारे वापिस होने के पश्चात भी हमारी बर्खास्तगी का आदेश लिखने के लिए उन्हें और जागना पड़ा होगा। जैसा महात्मा गाँधी लिखते हैं: "गवर्नर के कार्य पर विचार करने के लिए समय मूल आधार है।" उन्होंने खरे के तथा साथ ही उनके दो सहयोगियों के त्यागपत्र स्वीकार करने और हम तीनों को बर्खास्त करने में "रात को दिन में बदल कर" अशोभनीय शीघ्रता प्रदर्शित की। इस शीघ्रता का केवल एक ही अर्थ होता है कि उन्होंने हम तीनों से मुक्ति पाने और नया मंत्रिमंडल बनाने में खरे से मिल कर षडयंत्र रचा और इस प्रकार २३ जुलाई को होने वाली काँग्रेस कार्यकारिणी के समक्ष उन्होंने एक पूर्ण हुआ कार्य प्रस्तुत करना चाहा था। इस प्रकार मामला खरे और हमारे बीच में कम, और गवर्नर तथा कार्यकारिणी के बीच में अधिक खींचतान का हो गया था। गवर्नर ने निश्चित ही अपने सह षडयंत्रकारी खरे को कोसा होगा जब उन्होंने वर्धा से गवर्नर को फोन किया था कि वे फिर त्यागपत्र दे रहे हैं। लगभग १० बजे रात्रि खरे ने अपनी भूल स्वीकार की और पद छोड़ने पर सहमत हुए। जब सुभाष बाबू ने उनसे उनके साथ जाकर टेलीफोन पर गवर्नर को अपने त्याग-पत्र देने के सम्बन्ध में सूचना देने को कहा तो उन्होंने कहा कि गवर्नर सो गए होंगे। उस पर तुरन्त ही सरदार पटेल ने कहा: "डाक्टर यह न भूलो कि आपके गवर्नर देर से सोने के आदी हैं। आपके तीन पूर्व सहयोगियों से क्या वे उनसे त्यागपत्र मांगने के लिए रात में १ बजकर ५० मिनट पर नहीं मिले थे? खरे तत्काल ही यह सुन कर सुभाष बाबू के पीछे टेलीफोन की ओर चल दिए।

सर फ्रांसिस वाइली ने कार्यकारिणी के प्रहार को एक खिलाड़ी की तरह सहन किया। नए प्रधानमंत्री और मंत्रियों से सामंजस्य स्थापित करने में उन्हें अधिक समय भी नहीं लगा। वे जानते थे कि मंत्रीगण कैबिनेट की अनौपचारिक बैठक में निर्णय कर औपचारिक बैठक में सम्मिलित होते हैं। प्रधानमंत्री शुक्ल हमारे मुख्य वक्ता थे, और हम लोग उनके तर्क के समर्थन में ही बोलते थे। किसी विशेष समस्या पर जब शुक्ल अपनी बात पर अड़ जाते थे तो गवर्नर मुस्करा कर कहते थे: "तो पंडितजी आपने अपना मत स्थिर कर लिया है और मुझे सहमत होना ही पड़ेगा। अब हम दूसरे विषय पर आए।" जब गवर्नर का मुझसे अनौपचारिक व्यवहार अधिक हो गया तो एक दिन उन्होंने मुझसे कहा कि सरदार पटेल ने जिस प्रकार खरे के मामले को हल किया, उससे उनका कद और ऊँचा हो गया। उत्तर में मैं यही कह सका कि केवल सरदार पटेल ने नहीं, बल्कि पूरी कार्यकारिणी ने उस मामले में भाग लिया था। उस पर उन्होंने कहा: "नहीं, मिस्टर मिश्रा, खरे ड्रामा के वर्धा में हुए हिस्से के पटेल मुख्य पात्र थे।" उस पर जब मैंने कहा कि "आप और पटेल एक दूसरे से बहुत परिचित से जान पड़ते हैं", तो वे हँस पड़े और मुझे विश्वास हो गया कि या तो वे सचमुच में खिलाड़ी प्रकृति के हैं अथवा गाँधीजी के परामर्श को उन्होंने मन से मान लिया है। जब हम लोग मंत्रिमंडल छोड़ चुके थे और व्यक्तिगत सत्याग्रह के फलस्वरूप मैं और शुक्ल सिवनी जेल में बन्द थे, वे अक्सर हमें पत्र लिखते रहे थे। यू.पी. के गवर्नर होने के पश्चात भी उन्होंने हमसे सम्पर्क बनाए रखा।

यह उल्लेख किया जा चुका है कि खरे ने अपने सहयोगियों के विरुद्ध उनके पीठ पीछे जाँच

करवाने में अपने पद का दुरुपयोग किया था। वे उनके विरुद्ध आरोप लगाने के लिए लोगों पर दबाव भी डालते थे। उनके सौभाग्य से एक ऐसी घटना हुई जिसका उपयोग मेरे विरुद्ध गंदा प्रचार करने में उन्होंने बहुत किया।

१९३८ में विधान सभा का बजट सत्र जब समाप्त हुआ, दिल्ली से गोविन्द दास का दिल्ली में उनके साथ कुछ दिन रहने के लिए टेलीफोन आया। सत्र के दिनों में फाइलों का अम्बार लग गया था। एक चपरासी से मैंने उन फाइलों को मेरे व्यक्तिगत सामान के साथ ग्रान्ड ट्रंक एक्सप्रेस में, जिससे मैं दिल्ली जाने वाला था, रखने का आदेश दिया। मैं नागपुर स्टेशन तब पहुँच पाया, जब गाड़ी छूटने वाली थी। मेरा सामान उस दो व्यक्तियों के लिए सुरक्षित डब्बे की नीचे की बर्थ के नीचे रखा था, जो मेरे और हैदराबाद उस्मानिया यूनिवर्सिटी के एक प्रोफेसर के लिए आरक्षित किया गया था। यात्रा के दौरान एक दूसरे से परिचयात्मक बातचीत भी सहज ही हुई। दिल्ली पहुँचने पर मैंने गोविन्द दास को अपने नौकरों के साथ स्टेशन पर खड़ा पाया। उन्होंने मुझसे आपना सामान नौकरों के सुपुर्द कर उनके साथ उनके बंगले चलने को कहा। इस बीच में मेरा सामान गाड़ी से निकाला जा चुका था और मैंने फाइलों का लाल बंडल प्लेटफार्म पर सामान के साथ रखा देखा। मैं गोविंद दास के साथ रवाना हो गया और दूसरी गाड़ी में उनके नौकर मेरा सामान लाने वाले थे। दिल्ली प्रवास के दिनों मुझे फाइलों को देखने का बहुत समय मिला क्योंकि गोविन्द दास दिन भर असेम्बली, में जिसका सत्र चल रहा था, उपस्थित रहते थे।

करीब एक सप्ताह के पश्चात् जब मैं नागपुर लौटा तो विभागीय सचिव ने सूचना दी कि कई फाइलें नहीं मिल रही हैं। उनकी सूची बनाकर मुझे दी गई। मैं परेशान था, लेकिन उस समय मेरे चपरासी ने बताया कि उसने फाइलों के दो बंडल डब्बे में रखे थे और दिल्ली से एक ही बंडल मैं वापिस लाया था। मैंने गोविंद दास से सम्पर्क किया तो उन्होंने बताया कि मेरा कोई सामान वहां नहीं छूटा था। मुझे विश्वास हो गया कि एक बंडल कम्पार्टमेन्ट में सीट के नीचे ही रह गया होगा, क्योंकि स्टेशन पर मुझे फाइलों का एक ही बंडल दिखा था। स्थानीय पुलिस ने दिल्ली पुलिस से संपर्क किया और वह बंडल जैसा का तैसा वापिस आ गया। लेकिन इस कार्यवाही में काफी समय लगा और इस बीच खरे और उनके मित्रों को मेरे विरुद्ध रोमांचकारी समाचार पत्रों के माध्यम से बहुत ही गंदा प्रचार करने का मौका मिल गया। यह प्रचार हुआ कि अपने दिल्ली प्रवास के दौरान मैं एक वेश्या के यहां गया था, और उनके करामाती दिमाग ने उस वेश्या का नाम भी छापा था। उस प्रकार के प्रचार के समय मुझे हँसने का अवसर तब मिला जब एक मराठी समाचार पत्र में किसी फ़ारसी लेखक द्वारा मध्यकालीन युग की दिल्ली की चाँदनी चौक का अंग्रेजी से मराठी में किया हुआ वर्णन पढ़ने को मुझे मिला। उन दिनों के चाँदनी चौक का वह रंगीन वर्णन लेखक ने यह कहकर समाप्त किया कि उस सुन्दर बस्ती में वेश्या के निवास पर मंत्री महोदय ने मजा लूटा होगा। प्रधानमंत्री होकर अपने कार्यालय में पहुँचने के पश्चात् शुक्ल ने यह पहला कार्य किया कि उन्होंने मुख्य सचिव सी.एम. त्रिवेदी से फाइलों के बंडल की बरामदी के सम्बन्ध में पुलिस से पत्र व्यवहार तथा बहुचर्चित वेश्या से संबंधित जाँच के परिणाम उन्हें सूचित करने के आदेश दिए। त्रिवेदी द्वारा शुक्ल को यह सूचित किए जाने पर कि दिल्ली पुलिस से पत्र व्यवहार हुआ था और वह लिखा-पढ़ी खरे संबंधित फाइल से निकाल ले गए थे, उन्होंने त्रिवेदी से उस पत्र व्यवहार को खरे से वापिस लेने को कहा। त्रिवेदी को खरे के पास जाना पड़ा और वे खरे को उस पत्र व्यवहार को

खरे से वापिस लेने को कहा। त्रिवेदी को खरे के पास जाना पड़ा और वे खरे को उस पत्र व्यवहार को वापिस करने पर राजी करने में सफल हो गए। उस पत्र व्यवहार से, जो बाद में प्रकाशित किया गया था, मालूम हुआ कि उसमानिया यूनिवर्सिटी के प्रोफेसर ने फाइलों का वह बंडल यह कह कर रेल्वे अधिकारियों के पास जमा कर दिया था कि उसे मैं छोड़ आया था। दिल्ली नगर में समाचार पत्र में दिए गए नाम की कोई तवायफ भी नहीं थी!

केदार के नेतृत्व में खरे दल के लगभग एक दर्जन विधायकों ने भूतपूर्व प्रधानमंत्री के द्वारा की गई गुप्त जाँच पर आधारित एक आरोप पत्र प्रस्तुत किया। लेकिन इस बार मेरी किस्मत तेज़ थी। जाँच जवाहरलाल नेहरू ने की, लेकिन उनके चीन रवाना हो जाने पर उस जाँच का काम भूलाभाई को सौंपा गया। आरोपकर्ता ने देसाई के विरुद्ध अपना अविश्वास प्रकट किया, इसलिए अंत में वह जाँच राजेन्द्र प्रसाद के पास आई। साथ ही जयराम दास दौलतराम उनकी सहायता के लिए नियुक्त किए गए। उन दिनों विभिन्न म्युनिसिपल कमेटियों में स्वायत्त शासन के मंत्री के द्वारा सदस्य मनोनीत किए जाते थे। विविध स्थानीय संस्थाओं में जो विवाद खड़े होते थे, उनको सुनना और उनका निपटारा भी मंत्री को एक न्यायाधीश के रूप में करना पड़ता था। आरोपकर्ताओं द्वारा गंभीर माने जाने वाले दो आरोप थे। एक में कहा गया था कि दो म्युनिसिपल कमेटियों में गुप्त उद्देश्य से सदस्यों का मनोनयन किया गया था और दूसरा आरोप था कि दो निर्णय पक्षपातपूर्ण थे। नामजदगी की कार्यवाही के संबंध में हमें प्रांतीय काँग्रेस कमेटी के अध्यक्ष तथा क्षेत्रीय विधायक से परामर्श करने के निर्देश हाई कमान ने दिए थे। चूंकि मैं, मेरे द्वारा मनोनीत किए गए सदस्यों की सूची एक अलग फाइल में रखता था, मैंने सरलता से उस आरोप को निराधार प्रमाणित कर दिया, क्योंकि उन संस्थाओं में नामजदगी प्रांतीय अध्यक्ष और क्षेत्रीय विधायक की संयुक्त सिफारिश से की गई थी। दूसरे आरोप के सम्बन्ध में मैंने सचिवालय की तत्संबंधी फाइलें पेश की, जिससे स्पष्ट हो गया कि मेरे सभी निर्णयों का परीक्षण और समर्थन सरकार के विधि सचिव हैमियन ने, जो बाद में नागपुर हाईकोर्ट के चीफ जस्टिस के पद पर प्रतिष्ठित किए गए थे, किया था। मैं सभी आरोपों से मुक्त कर दिया गया। राजेन्द्र प्रसाद उन आरोपों की क्षुद्रता तथा उनके लिए डाले गए दबाव से इतने आश्चर्यचकित थे कि उन्होंने आरोपकर्ताओं को मुझसे माफी मांगने का आदेश दिया और साथ ही उसकी अवहेलना करने वाले को संगठन से निष्कासित करने का भी आदेश दिया था। कई आरोपकर्ताओं ने क्षमा मांग ली और केदार जैसे कुछ व्यक्ति काँग्रेस से निष्कासित कर दिए गए।

लेकिन सार्वजनिक जीवन में अपने विरोधियों को बदनाम करने के गंदे तरीके से मुझे बड़ा दुःख हुआ। नवम्बर १९३९ में काँग्रेस कार्यकारिणी के निर्णय के अनुरूप, जिससे देश के सभी काँग्रेसी मंत्रिमंडल सरकार से वापिस हो गए, मैंने भी मंत्री पद से त्यागपत्र दिया, लेकिन वह विषाद मुझे घेरे रहा। इस बीच मेरे पत्र के उत्तर में फादर वेरियर इरविन का पत्र बड़ा सांत्वना प्रदायक प्रमाणित हुआ। एलविन के पत्र में लिखा था:

"आपका पत्र मुझे अभी मिला है और मुझे बहुत दुःख होता है कि जो कार्य मैं बहुत पहले करने वाला था, वह मैंने नहीं किया। आप पर जो शर्मनाक हमले किए गए उनके सम्बन्ध में मैंने आपके प्रति अपनी सहानुभूति का आश्वासन नहीं लिख भेजा, क्योंकि उस समय मुझे लगा कि आपसे मेरा समुचित

परिचय नहीं था। लेकिन अब, आप इसे मेरी धृष्टता नहीं मानेंगे यदि मैं कहूँ कि जिस ढंग से आपने, जिसे आप अपना दु:ख कहते हैं, वहन किया है, उसकी मैंने कितनी प्रशंसा की है, और आप पर कायरतापूर्ण आक्रमण पर मुझे कितना आक्रोश हुआ है। मैं स्वयं अन्यथा-कथन तथा मिथ्यारोपण का शिकार रहा हूँ। मैं अपने अनुभव से जानता हूँ कि वह सब, झूठ के प्रत्येक प्रकार पर कितना आधारित होता है और यह भी जानता हूँ कि उसे धैर्यपूर्वक सहन करना कितना दुस्साहस होता है।

"संभवत: आप जानते हैं कि इस प्रकार की राय रखने वाला मैं ही एकमात्र अंग्रेज नहीं हूँ। अधिकारियों के वर्ग में ऐसे अधिकारियों में, जिनके नाम लेना ठीक नहीं होगा, इस संघर्ष में आपके प्रति स्नेह और सहानुभूति है, जिनसे ऐसी आशा नहीं की जा सकती थी। एक रुढ़िवादी अंग्रेज अधिकारी ने मुझसे कहा कि "यदि काँग्रेस मंत्री हमें रखने हो, तो कम-से-कम मिश्र जैसे हों, जिनमें बुद्धि और विनोदशीलता है।"

"मैं आशा करता हूँ कि किसी समय आप हम मिल सके, क्योंकि बहुत दिनों से मैं अनुभव करता रहा हूँ कि हमारे मध्य कुछ समानता है। आप संभवत: जानते हैं कि १९३२ में सर एस.होट को दी गई वचनबद्धता के कारण मैं अभी भी "काँग्रेसी बन्दी" हूँ और राजनीति में भाग लेना चूँकि मेरे लिए संभव नहीं है, इसलिए अपनी पुरानी रुचि, अध्ययन तथा शोध कार्य में संलग्न हो गया हूँ, जिससे मेरा अधिकारी वर्ग तथा क्रांतिकारी क्षेत्र से सम्पर्क हो सका है।

"इस समय मैं आपको गाँधीजी के सत्य-दर्शन से संबंधित अपने अध्ययन की एक छोटी पुस्तिका भेज रहा हूँ।

"आप दंभपूर्ण-सा लगने वाले, इस पत्र के लिए मुझे क्षमा करें लेकिन इसे मैंने अपने समूचे हृदय से लिखा है, क्योंकि पिछले दो वर्षों की अपनी पीड़ा के सम्बन्ध में जो आपने मुझे लिखा था, उसने मुझे बहुत उद्वेलित किया है। मैं सहज ही उसकी कल्पना कर सकता हूँ।

"एक गोंड़ राजा के साथ अपना क्रिस्मस बिताने का नया अनुभव कर रहा हूँ।"

आपका
प्रभूत सद्भावी वेरियर एल्विन

संदर्भ

१. सी.एच. फिलिप्स एण्ड एम.डी. वैनराइट, पार्टिशन ऑफ इंडिया, पृ. १९५

२. कांजी द्वारकादास, इंडियाज फाइट फार फ्रीडम, पृ. ४६६-६७

३. अबुल कलाम आजाद,इंडिया विन्स फ्रीडम,पृ. १६०-६२.

४. फिलिप्स एण्ड वैनराइट, उपरोक्त, पृ. १५५

५. वही, पृष्ठ ३४३.

६. वही,

७. वही, पृ. २७९.

८. दुर्गादास, फ्राम कर्जन टू नेहरू एण्ड आफ्टर, पृ. १४४-४५.

९. वही, पृ. १५५.
१०. फिलिप्स और वैनराइट, उपरोक्त पृ. २८१.
११. वही,
१२. राजेन्द्र प्रसाद, आटोबायोग्राफी, पृ. ४००-२.
१३. फिलिप्स एण्ड बेनराइट, उपरोक्त, पृ. २५५.
१४. वही,
१५. वही, पृ. २५४.
१६. नंदा एण्ड जोशी, स्टडीज़ इन माडर्न इंडियन हिस्ट्री, पृ. २९.
१७. डी.पी. मिश्र, हिस्ट्री ऑफ दी फ्रीडम मूवमेन्ट इन मध्यप्रदेश, पृ. ४२५.
१८. वही
१९. जान ग्लेन्डेवन, दि वाइसराय ऐट बे, पृ. ४९.
२०. वही, पृ. १२२.
२१. राजेन्द्र प्रसाद, उपरोक्त, पृ. ४७५.
२२. जवाहरलाल नेहरू, टुवर्ड्स फ्रीडम, पृ. ३६१.
२३. डी.जी. तेन्दुलकर, महात्मा, खण्ड ४, पृ. १३९-४०.
२४. माइकल ब्रेशर, ए पोलिटिकल बायोग्राफी, पृ. २२०.
२५. जान ग्लेन्डेवन, पृ. ५०.
२६. जे.बी. कृपलानी, गाँधी, पृ. १७२.
२७. जान ग्लेनडेवन, उपरोक्त पृ. ५८.
२८. नंदा एण्ड जोशी, स्टडीज इन माडर्न इण्डियन हिस्ट्री, पृ. ३४.
२९. आर. कूपलैन्ड, दी कांस्टिट्यूशनल प्राब्लम इन इंडिया, खण्ड २, पृ. ९६.
३०, डी.जी. तेन्दुलकर, महात्मा, खण्ड ४, पृ. १६९.
३१. कूपलैन्ड, उपरोक्त, पृ. ९३-९५.
३२. डी.पी. मिश्र, हिस्ट्री ऑफ दी फ्रीडम मूवमेन्ट इन मध्यप्रदेश, पृ. ४३२.
३३. डी.जी. तेन्दुलकर, उपरोक्त, पृ. २४५.
३४. वही, पृ. २४५-२४६.
३५. जान ग्लेन्डेवन, उपरोक्त, पृ. ९२.
३६. काँग्रेस अध्यक्ष, श्री सुभाषचन्द्र बोस का बयान.
३७. वही,
३८. वही,
३९. वही,
४०. वही,

४१. डी.जी. तेन्दुलकर, उपरोक्त, पृ. २६०-६१.

४२. आर. कूपलैन्ड, उपरोक्त, पृ. १२४.

४३. डी.जी. तेन्दुलकर, उपरोक्त, पृ. १६१-६५.

४४. आर. कूपलैन्ड, उपरोक्त, पृ. १२४.

४५. डी.जी. तेन्दुलकर, उपरोक्त, पृ. २६३-६५.

अध्याय-१०

विभाजित काँग्रेस और विजयी लीग

सुभाष और गाँधी (१९३८-३९)

१९३७ के आम चुनाव के कुछ ही दिनों बाद सुभाषचन्द्र बोस नजरबन्दी से मुक्त हुए और उसी वर्ष दिसम्बर में एक छोटे प्रवास पर यूरोप चले गए। इस बीच उनसे कई बार मिलने का मुझे अवसर मिला। १९३२ में एक ही जेल में हम लोगों का कारावास हमें परस्पर निकट ले आया था। यद्यपि पहले की अपेक्षा अब वे अधिक गोपनीयता बरतते थे, लेकिन मुझ पर कुछ विश्वास करने लगे थे। यूरोप जाने से पहले उन्होंने मुझसे कहा था कि महात्मा गाँधी गुजरात में होने वाले काँग्रेस अधिवेशन का उन्हें अध्यक्ष बनाना चाहते थे। इस समाचार से मुझे बड़ी प्रसन्नता हुई क्योंकि मेरी धारणा थी कि अपनी ज्वलंत देशभक्ति, नितांत निस्वार्थता तथा असाधारण संगठन क्षमता के गुणों के कारण वे जिस पद के योग्य थे, उसका मार्ग महात्मा गाँधी से उनका मतभेद अवरुद्ध किए था। वे यूरोप में कुछ महीने ही रह सके और फरवरी १९३८ में हरिपुरा काँग्रेस अधिवेशन की अध्यक्षता के लिए उन्हें वापिस आना पड़ा।

पिछले चार वर्षों में जितनी राजनीतिक विचारधाराओं का विकास हुआ था, उनके संदर्भ में उनका अध्यक्षीय भाषण मिश्रित वस्तुओं से भरे झोले जैसा था। महात्मा गाँधी के प्रति उनकी प्रशस्ति ने उन सभी व्यक्तियों को प्रसन्न कर दिया होगा जो गाँधीजी के साथ उनके घनिष्ठ सहयोग के अभिलाषी थे। प्रतिनिधियों को संबोधित करते हुए उन्होंने कहा: "यह कहकर मैं आपकी भावना को मुखर कर रहा हूँ कि अपने राष्ट्र के लिए महात्मा गाँधी कई वर्षों तक जीवित रहें। भारत उन्हें खोने का जोखिम विशेष रूप से इस संकट काल में नहीं उठा सकता। अपने संघर्ष को कटुता और घृणा से मुक्त रखने के लिए उनकी बड़ी आवश्यकता है। देश की स्वाधीनता और मानवता के लिए भी हमें उनकी आवश्यकता है।"[१]

राष्ट्र के पुनर्निर्माण के प्रश्न पर, जिसने लाहौर काँग्रेस के पश्चात् परस्पर विपरीत विचारधाराओं को जन्म दिया था, उन्होंने अपने दृष्टिकोण की परिभाषा की: "हमारी मुख्य समस्या होगी कि देश से गरीबी कैसे दूर की जाए। उसके लिए भूमि संबंधी वर्तमान प्रणाली को आमूल सुधारना होगा, जिसके अन्तर्गत जमींदारी प्रथा का सर्वथा उन्मूलन सम्मिलित होगा। कृषि ऋण को समाप्त कर देना होगा। कृषि को वैज्ञानिक आधार देना होगा। औद्योगिक विकास की वृहत योजना सरकारी स्वामित्व और नियंत्रण में अनिवार्य होगी....। इसलिए यह अच्छा होगा कि हम उद्योगवाद को स्वीकार करें और उसकी बुराइयों को कम करने के लिए उपाय ढूढ़ें तथा जहाँ भी कारखानों के साथ

अनिवार्य प्रतिद्वन्दिता में जो कुटीर उद्योग ठहर सकते हैं, उनको चलाने की संभावनाओं पर विचार करें।"[२]

इन विचारों का सामंजस्य कम या ज्यादा नेहरू द्वारा बार-बार व्यक्त किए गए विचारों से था। यदि कुछ अंतर था, तो केवल यह कि नेहरू के विचार से कुटीर उद्योग संक्रमण काल में ही उपयोगी थे, जबकि बोस का विचार था कि देश के औद्योगीकरण के बाद भी कुटीर उद्योगों के लिए समुचित स्थान रहा आएगा। लेकिन विदेश नीति पर उनके विचार से न तो गाँधीजी और न नेहरू ही सहमत हो सकते थे। उन्होंने कहा: "मैं इस कार्य को बहुत महत्वपूर्ण मानता हूँ क्योंकि मेरा विश्वास है कि कुछ वर्षों में अन्तर्राष्ट्रीय गतिविधियां स्वाधीनता के हमारे संघर्ष के अनुकूल हो जावेंगी, लेकिन हमें अंतर्राष्ट्रीय स्थिति का हर आयाम पर वास्तविक ज्ञान रहना चाहिए और उसका लाभ लेने का उपाय भी हमें जानना चाहिए। अपनी विदेश नीति के सम्बन्ध में पहला सुझाव मैं देना चाहता हूँ, कि हमें किसी देश की अन्तर्राष्ट्रीय नीति या किसी देश के राजनीतिक ढाँचे से प्रभावित नहीं होना चाहिए। हम हर देश में ऐसे स्त्री पुरुष पाएंगे जिनकी भारत की स्वाधीनता के प्रति सहानुभूति है, उनके राजनीतिक विचार कैसे भी हों। इस मामले में सोवियत कूटनीति मुझे ठीक जान पड़ती है।"[३]

इसका स्पष्ट अर्थ यह होता था कि इंग्लैण्ड पर आयी विपत्ति हमारे लिये लाभदायक अवसर प्रदान करेगी और अगर ब्रिटिश साम्राज्यवाद नाज़ी जर्मनी, फासिस्ट इटली और जापानी साम्राज्यवाद में युद्ध में उलझ जाता है, तो भारत को उसके शत्रुओं से सहयोग करने में संकोच नहीं करना चाहिए। नये अध्यक्ष का यह कथन नेहरू के लिए बहुत चौकानेवाला हुआ होगा क्योंकि बार-बार उन्होंने फासिज़्म के विरुद्ध बहुत कुछ कहा था और उनकी प्रेरणा से ही एक महीने पहले काँग्रेस कार्यकारिणी ने चीन पर आक्रमण करने के लिए जापान की निंदा का प्रस्ताव पास किया था और भारतवासियों से जापानी माल का बहिष्कार करने के लिये कहा था। यह कथन गाँधीजी के कानों को भी बहुत खटका होगा क्योंकि अहिंसा उनका धर्म मात्र ही नहीं था बल्कि उनके अहिंसात्मक संघर्ष के आधार उनका यह विश्वास था कि देर सबेर वे अंग्रेज शासकों को भारत को स्वयं अपना शासन करने का अधिकार देने के लिए तैयार कर लेंगे। उनकी इंग्लैण्ड की आलोचना की जो भी गम्भीरता हो, उनके हृदय में इंग्लैण्ड वासियों के प्रति स्नेह था और यथाशक्य वे उनकी विपत्ति का लाभ नहीं उठाना चाहते थे। इससे इन्कार करना मुश्किल होगा कि नेहरू के मन में भी अंग्रेजों के लिए जगह थी। कौन कह सकता है कि फासिस्टों के प्रति उनकी सैद्धान्तिक घृणा के पीछे इस छोटे टापू के निवासियों के प्रति सहानुभूति काम नहीं कर रही थी। बाद में गाँधीजी ने कहा था कि "किसी भी रूप के साम्राज्यवाद का विरोध करने में नेहरू से कौन बढ़ सकता था लेकिन वे अंग्रेजों के दोस्त हैं। यथार्थ में वे अपने विचारों से और ढंग से अंग्रेज अधिक और भारतीय कम हैं। अपने देशवासियों के मुकाबले में अंग्रेजों के साथ वे अक्सर ज्यादा घरू हो जाते हैं।[४]

और सुभाष? बंगालवासियों से अधिक किसी अन्य प्रान्त के लोगों ने अंग्रेज़ नौकरशाही द्वारा किया गया दमन सहन नहीं किया होगा। सुभाष की आत्मा में प्रतिशोध प्रवेश कर गया था और उनके हृदय से अंग्रेजों के प्रति घृणा और शत्रुता फूटी पड़ती थी। अंतत: वे अनुभवसिद्ध नीति कि "शत्रु का शत्रु अपना मित्र है" का ही प्रतिपादन कर रहे थे। इस सिद्धान्त के भारत के मामले में लागू होने में एक

ही दोष था कि भारत स्वाधीन नहीं था और इंग्लैण्ड के शत्रुओं का उनके बराबर की हैसियत से साथ नहीं दे सकता था और इस नीति से अंग्रेजों के गरम तवे से फासिस्टों की आग में पड़ जाने का खतरा हो सकता था। कैसा भी होता, इस पर आपस में बहस शुरु हो गई थी, जिसके परस्पर विपरीत परिणाम होने वाले थे और जो बहस काँग्रेस में घोर विवाद उपस्थित करने वाली और उसके कुछ नेताओं के भविष्य की निर्णायक सिद्ध होने वाली थी।

उस समय तक द्वितीय विश्वयुद्ध प्रारंभ नहीं हुआ था और इसलिए हरिपुरा में काँग्रेसजन के समक्ष उन्हीं दिनों की समस्याएँ थीं। यू.पी. और बिहार के मंत्रिमण्डल के संकट का तनाव हरिपुरा में दिखाई दे रहा था। इन प्रांतों के गवर्नर वहाँ के मंत्रिमंडलों को हिंसात्मक कार्यों के लिए दण्ड प्राप्त कुछ बंदियों को छोड़ देने की अनुमति नहीं दे रहे थे और इसलिए मंत्रिमंडलों ने दोनों प्रांतों में त्यागपत्र दे दिया था। गवर्नर के हस्तक्षेप और गवर्नर जनरल द्वारा उस हस्तक्षेप के अनुमोदन का आलोचनात्मक प्रस्ताव पास किया गया। चूँकि न तो गाँधीजी और न गवर्नर जनरल काँग्रेस मंत्रिमंडल के टूटने के पक्ष में थे, इसलिए हरिपुरा काँग्रेस के तत्काल बाद वह तूफान रूक गया और यू.पी., तथा बिहार की सरकारों को, जो वे चाहती थीं, करने दिया गया।

एक दूसरे प्रस्ताव ने देशी रियासतों में शासकों की निरंकुशता के विरोध में चलते प्रजा मंडल आंदोलनों का स्वागत किया और उनको काँग्रेस का "नैतिक समर्थन और सहानुभूति" प्रदान की। किसान सभाएँ, जिनका लाल झंडा था, काँग्रेस सरकारों के लिए दिन-ब-दिन नयी समस्या का रूप ले रही थीं। चूँकि कई काँग्रेसजन भी उसमें सम्मिलित हो गए थे, इसलिए प्रांतीय काँग्रेस कमेटियों को उन लोगों के विरुद्ध कार्यवाही करने के आदेश दिए गए, यदि वे "काँग्रेस के सिद्धांतों और नीति के विरोध का वातावरण बनाते हैं।"

बाहर से देखने वालों को सुभाष द्वारा काँग्रेस की अध्यक्षता का वर्ष शांत जान पड़ता था। यह देख कर कि कार्यकारिणी के उनके सहयोगियों को उनके विचार स्वीकार्य नहीं थे, वे एक दर्शक ही रहे आए और कार्यकारिणी की बैठकों में वे अध्यक्ष न होकर सभापति के रूप में सम्मिलित हुए। इस दौरान जब भी वे वर्धा गए, वे नागपुर में मेरे साथ एक या दो दिन ठहर जाते थे। कभी-कभी वे बड़े उदास लगते थे, लेकिन आश्चर्य की बात यह थी कि जब कभी वे शिकायत करते, तो उनकी शिकायत गाँधीजी या कार्यकारिणी में उनके अनुयायियों के विरुद्ध न होकर सदा नेहरू के विरुद्ध होती थी। वह ठुकराए गए प्रेम जैसा विषय लगता था। दिसम्बर में जब वे अंतिम बार वर्धा आए तो मैं भी वहीं था। मेरे साथ वे नागपुर वापिस आए और रास्ते में वे लगातार नेहरू का मज़ाक उड़ाते रहे। उन्होंने कहा: "कार्यकारिणी के गाँधीवादी सदस्य जिस प्रकार नेहरू को प्रसन्न और बाद में निराश करते थे, उसे देखकर बड़ा मज़ा आता था। नेहरू कुछ ऐसा प्रस्ताव करते थे, जो उन्हें पसंद नहीं था। वे उन्हें जितना चाहें बोलने देते थे और तत्पश्चात् अपने प्रस्ताव को लिखकर प्रस्तुत करने को कहते थे। लिखते समय सोलह आने के आठ आने हो जाते थे। तब वे उसमें कुछ परिवर्तन का सुझाव देते थे, जो कार्यान्वित होकर चार आने भर रह जाता था। अंत में वे नेहरू से उस लिखित प्रस्ताव को गाँधीजी के पास ले जाने के लिए आग्रह करते थे। गाँधीजी से विचार-विमर्श के बाद उनका प्रस्ताव एक आना भर बच जाता था। इससे नेहरू इतने हतोत्साहित हो जाते थे कि वे प्रस्ताव को फिर प्रस्तुत ही नहीं करते थे।"

सुभाष बाबू के अनुसार उस वर्ष नेहरू द्वारा समाजवाद पर आधारित प्रत्येक प्रस्ताव उसी गति को प्राप्त हुए। बाद में उन्होंने नेहरू के भविष्य पर पूर्व कथन करते हुए कहा: "यदि वे इतिहास में जीवित रहना चाहते हैं तो उनके सामने दो रास्ते हैं- या तो वे गाँधीवाद को स्वीकार कर काँग्रेस में गाँधीवादी पक्ष में मिल जाएं अथवा गाँधीवादी पक्ष के विरोध में वे अपना अलग दल बनाएं। वे पहले मार्ग पर नहीं जा सकते क्योंकि यद्यपि वे व्यक्तिगत रूप से महात्मा के प्रति निष्ठावान हैं, वे गाँधीवाद के सभी सिद्धांतों को नहीं मानते। दूसरी ओर, वे अपना अलग दल नहीं बनावेंगे, क्योंकि उससे गाँधी पक्ष अप्रसन्न हो जावेगा और जीवन में महात्मा के विरोध में कुछ करने का साहस उनमें कभी नहीं रहा है।"[५]

सुभाष कितने गलत साबित हुए! नागपुर आते समय मोटर में हुई बातचीत से मुझे विश्वास हो गया था कि दूसरी बार वे काँग्रेस अध्यक्ष का चुनाव नहीं लड़ेंगे। जब मैंने विशेष रूप से तत्संबंधी प्रश्न किया तो उन्होंने मेरे अनुमान को पुष्ट करते हुए कहा, "नहीं, बिल्कुल नहीं।" अपने भावी कार्यक्रम के संबंध में वे मौन रहे। मैंने देखा कि जब प्रसन्नता की चित्तवृत्ति दूर हो जाती थी तो वे विचारमग्न हो जाते थे। मैं स्वयं दुखी था क्योंकि मेरी यह आशा कि काँग्रेस अध्यक्ष होने पर वे और गाँधीजी एक-दूसरे के निकट हो जावेंगे, पूरी नहीं हुई थी।

उनके नागपुर से जाने के बाद अप्रत्याशित घटित होने में देर नहीं हुई। सुभाष बाबू ने चुनाव लड़ने का निर्णय ले लिया। मैदान में दूसरे प्रत्याशी पट्टाभि सीतारामैया थे। आचार्य कृपलानी लिखते हैं: "१९३८ का वर्ष जब समाप्त होने को आया, तो दूसरे अध्यक्ष का प्रश्न निश्चित करना था। सुभाष दूसरी बार अध्यक्ष होना चाहते थे, लेकिन गाँधीजी ने स्पष्ट कह दिया था कि इसमें वे सहायक नहीं होंगे। सुभाष फिर खड़े होने पर तुले थे। उनका नाम प्रस्तावित हो गया था। बारडोली में हुई कार्यकारिणी की बैठक में नए अध्यक्ष पर विचार किया गया था। सुभाष उसमें नहीं आए थे। विभिन्न प्रांतों ने जिन चार नामों को नए अध्यक्ष के लिए प्रस्तावित किया था, वे सुभाष, मौलाना आजाद, वल्लभभाई और पट्टाभि थे। मौलाना अपना नाम वापिस लेना चाहते थे, लेकिन गाँधीजी तथा कई अन्य सदस्यों ने उन्हें ऐसा नहीं करने दिया। वे मान गए। इस पर वल्लभभाई ने अपना नाम वापिस ले लिया। बारडोली से मौलाना बम्बई गए और चार दिन बाद उन्होंने अपना नाम वापस ले लिया और अपना विचार बदलने का कोई कारण नहीं बताया। वल्लभभाई चुनाव से पहले ही हट गए थे, इसलिए अब केवल सुभाष और पट्टाभि मैदान में रह गए थे और नामांकन का समय भी निकल गया था। हम जानते थे कि सुभाष के विरोध में पट्टाभि शक्तिशाली उम्मीदवार नहीं थे, लेकिन यह निश्चित हो गया था कि गाँधीजी तथा कार्यकारिणी के अन्य सदस्य उनका समर्थन करेंगे। उससे काँग्रेस में नाजुक और असाधारण स्थिति उत्पन्न हो गई थी। जब से गाँधीजी स्वाधीनता संघर्ष का नेतृत्व करने लगे थे, काँग्रेस अध्यक्ष उनकी सहमति से सर्वसम्मति से चुन लिया जाता था। अब संगठन दो दलों में बँट गया था। प्रत्येक पक्ष तीव्रता से अपने प्रचार में संलग्न था। सुभाष, जो बड़े योग्य संगठनकर्ता थे अपनी पिछली अध्यक्षता के दिनों में चुपचाप पुनर्निर्वाचन के लिए कार्य करते रहे थे।

"वे चुनाव जीत गए।"[६]

मौलाना आज़ाद सुभाष से चुनाव लड़ने के विषय में बंगाल से बहुत अधिक परिचित थे। जब

सुभाष ने मुझसे कहा था कि वे चुनाव नहीं लड़ेंगे तो उन्होंने सोचा होगा कि पटेल गाँधीजी के उम्मीदवार होंगे। लेकिन मौलाना के द्वारा अपना नाम वापिस लिए जाने पर जब पट्टाभि ही मैदान में रह गए, तो गाँधीजी के तीव्र विरोध पर भी अपनी जीत का अवसर सुभाष को दिख गया होगा। वस्तुत: उन कई वर्षों से वे महात्मा गाँधी को मात देने की बड़ी इच्छा रखते थे और मौलाना का वापिस हो जाना उन्हें ईश्वरी देन-सा लगा होगा। अपनी जीत के बाद उन्होंने कहा: "काँग्रेस के अध्यक्ष के रूप में उन्होंने इंग्लैण्ड से कोई समझौता न करने के काँग्रेस के विरोध को कठोर करने के लिए भरसक प्रयत्न किया था और इससे गाँधीवादी पक्ष, जो अंग्रेज सरकार से कोई समझौता हो जाने की प्रतीक्षा में था, रूष्ट हो गया। बाद में १९३८ में उन्होंने औद्योगीकरण और राष्ट्रीय विकास के लिए एक पूरी योजना तैयार करने हेतु एक राष्ट्रीय योजना समिति गठित की थी.....।

"यद्यपि जनता को तो नहीं दिखाई देती थी, लेकिन लेखक में और गाँधीवादी पक्ष में अब दरार पड़ गई थी। इसलिए जनवरी, १९३९ में अध्यक्षीय चुनाव में उनका गाँधीवादियों और पंडित नेहरू के द्वारा बड़ा कठोर विरोध किया गया था। तो भी वे अच्छे बहुमत से जीत गए थे। १९२३-२४ के बाद पहली बार गाँधीजी की सार्वजनिक हार हुई और उन्होंने अपने साप्ताहिक पत्र हरिजन में प्रकट रूप से अपनी हार स्वीकार की थी। उस चुनाव ने गाँधीजी और नेहरू के प्रति खुले विरोध में, देश में लेखक के बड़े तथा प्रभावी बहुमत को प्रत्यक्ष कर देने का काम किया था।"[७]

चुनाव २९ जनवरी, १९३९ को होने वाला था। जब वोट मांगने का काम तेजी से चल रहा था, सुभाष बाबू का पत्र लेकर एक बंगाली नवयुवक मेरे पास आया। उन्होंने मेरा समर्थन मांगा था। मैंने पत्र पढ़ा और उसे सामने रखी मेज़ पर रख दिया। संदेशवाहक ने उसे उठाकर अपनी जेब में रख लिया। मैंने उसके द्वारा पत्र का अपनी जेब में रखना देख लिया था, लेकिन मैंने उससे उसे वापिस करने के लिए नहीं कहा। उसके चले जाने के बाद शुक्लजी तुरंत आ पहुंचे। जब मैं उनसे सुभाष बाबू के पत्र की चर्चा कर रहा था, उसी समय कलकत्ता से फोन आया। सुभाष बाबू बोल रहे थे। मैंने बड़ी गंभीरता से उनसे महात्मा गाँधी की इच्छा के विरुद्ध चुनाव न लड़ने का आग्रह किया लेकिन कोई परिणाम न निकला। बड़े दु:ख के साथ मुझे उनसे कहना पड़ा कि मैं उन्हें समर्थन नहीं दे सकता, क्योंकि जब काँग्रेस में एकता बड़ी आवश्यक है, तब उससे उसमें विभाजन हो जावेगा। बात समाप्त हो गई और शुक्ल और मैं हम दोनों मतदान करने जबलपुर के लिए रवाना हो गए। महाकोशल से सुभाष बाबू को पट्टाभि से कुछ ही अधिक वोट मिले और हाईकमाण्ड के एक सदस्य ने शुक्ल को भेजे गए पत्र में महाकोशल प्रांतीय काँग्रेस कमेटी की जबलपुर में हुई मीटिंग के दौरान सुभाष बाबू के लिए कार्य करने का आरोप मुझ पर लगाया।

सुभाष बाबू की विजय पर महात्मा गाँधी ने एक वक्तव्य दिया कि "मैं डॉ. पट्टाभि सीतारामैया द्वारा अपना नाम वापिस न लिए जाने का जिम्मेदार था....., इसलिए "यह हार उनकी कम और मेरी अधिक हैं" तथा "मैं अपनी हार से प्रसन्न हूँ।" उन्होंने यह भी कहा कि "अब सुभाष बाबू उन लोगों की मर्जी से, जिन्हें वे दक्षिणपंथी कहते हैं, अध्यक्ष न होकर एक चुनाव की प्रक्रिया से अध्यक्ष चुने गए हैं। यह उन्हें अपनी विचारधारा के अनुरूप कार्यकारिणी बनाने की तथा अपने कार्यक्रम को बिना किसी रुकावट के पूरा करने की क्षमता प्रदान करता है।"[८]

त्रिपुरी और उसके बाद (१९३९-४०)

चुनाव अभियान में किए गए शारीरिक और मानसिक श्रम का सुभाष बाबू के स्वास्थ्य पर बुरा प्रभाव हुआ और जबलपुर से कुछ दूर नर्मदा तट पर स्थित त्रिपुरी के काँग्रेस अधिवेशन की अध्यक्षता के लिए चिकित्सकों के परामर्श को न मानकर बीमार होते हुए भी सुभाष बाबू आए। पट्टाभि के अनुसार त्रिपुरी की काँग्रेस की कार्यवाही और विचार-विमर्श का तालमेल दो परिस्थितियों के कारण बिगड़ गया.... जिनमें अध्यक्षीय निर्वाचन का परिणाम और गाँधीजी के राजकोट का अनशन प्रमुख थे. ...। तीसरी घटना स्वयं अध्यक्ष की अस्वस्थता थी जिसके कारण वे उस भव्य जुलूस में सम्मिलित नहीं हो सके जिसमें ५२ हाथियों के द्वारा एक रथ खींचे जाने और उस पर उन्हें आरूढ़ किए जाने का प्रबंध किया गया था और रेल्वे स्टेशन से प्रारंभ होकर महाकोशल के प्राकृतिक सौन्दर्यपूर्ण त्रिपुरी नामक स्थान पर आयोजित किए गए काँग्रेस नगर में, जिसे विष्णुदत्त नगर नाम दिया गया था, समाप्त होना था। देहाती परिप्रेक्ष्य में यह काम चलाऊ नगर सचमुच में वनस्थली की देन था। इस मनोरम हरित क्षेत्र में अध्यक्ष का चित्र उपरोक्त रथ पर रखकर उस जुलूस को चलाना पड़ा।"[९]

सादी किन्तु कलात्मक ढंग से बनी पुनीत नर्मदा के तट पर निर्मित गाँधीजी की कुटी भी सूनी रही आई क्योंकि राजकोट शासन के विरुद्ध गाँधीजी अनिश्चितकालीन अनशन उन्हीं दिनों कर रहे थे। यह मानकर कि वे काँग्रेसजनों के साथ ही असंख्य अन्य नर-नारियों को अपनी अनुपस्थिति से निराश कर रहे थे, उन्होंने संदेश भेजा कि उनने "त्रिपुरी पहुँचने की भरसक कोशिश की किन्तु ईश्वर की कुछ और इच्छा थी....। मेरे अनशन से त्रिपुरी में काँग्रेसजनों में उद्वेग नहीं होना चाहिए, लेकिन यदि हम सत्य और अहिंसात्मक उपायों से अपना कल्याण चाहते हैं, तो छोटी से छोटी बात पर भी ध्यान देना होगा। देशवासियों के मेरे प्रति असीम स्नेह का मेरी दृष्टि में बड़ा महत्व है, लेकिन उन्हें समझ लेना चाहिए कि मेरे जीवन को बचाने की चिन्ता यदि राष्ट्र को अपने मुख्य लक्ष्य से हटा देती है तो मेरा जीवन इस योग्य नहीं है कि उसको रखा जाए।"[१०]

यह सब दुखद था ही, लेकिन जिसने स्थिति को अधिक दुःखद बना दिया था, वह सुभाष बाबू की विजय से उत्पन्न परस्पर कटुता थी। उनके लिए वोट करने वाले कुछ ऐसे काँग्रेसजन थे, जिन्होंने उनके दुबारा अध्यक्ष होने के प्रति गाँधीजी के विरोध का ज्ञान न रखते हुए पट्टाभि की अपेक्षा उन्हें पसंद किया था। जब उन्होंने महात्मा गाँधी का बयान पढ़ा कि "पट्टाभि की हार मेरी हार है" तो प्रतिनिधियों में सुभाष का बहुमत तत्काल समाप्त हो गया। त्रिपुरी में गाँधीवादियों के सामने यह समस्या थी कि अध्यक्ष और दुनिया को कैसे समझाया जाए कि पट्टाभि पर सुभाष की विजय के बावजूद महात्मा गाँधी अब भी काँग्रेस के सर्वोच्च नेता थे। एक प्रस्ताव बनाकर और उस पर त्रिपुरी में उपस्थित अधिकांश प्रतिनिधियों के हस्ताक्षर लेकर उन्होंने उस समस्या का समाधान ढूंढ लिया। उस प्रस्ताव में, जिसे यू.पी. के प्रधानमंत्री गोविन्द वल्लभ पंत ने अखिल भारतीय काँग्रेस कमेटी में प्रस्तुत किया, पिछली कार्यकारिणी के प्रति विश्वास व्यक्त किया गया था और अध्यक्ष से सशक्त आग्रह किया गया था कि वे महात्मा गाँधी की इच्छा के अनुसार नई कार्यकारिणी मनोनीत करें। सुभाष बाबू, जो चिकित्सकों से घिरे हुए रोगी के लिए उपयुक्त कुर्सी में बैठकर बैठक की अध्यक्षता कर रहे थे, उस योजना का उद्देश्य समझ गए और उन्होंने कहा कि न तो काँग्रेस का विधान और न कोई परम्परा अपनी कार्यकारिणी

मनोनीत करने के लिए अध्यक्ष को किसी से परामर्श करने के लिए बाध्य करती है। दूसरे पक्ष से यह दलील दी गई कि अधिकांश प्रतिनिधियों ने उस प्रस्ताव पर हस्ताक्षर किए थे, इसलिए अखिल भारतीय काँग्रेस कमेटी द्वारा वह प्रस्ताव ध्यान देने योग्य है। नई स्थिति में ऐसा लगता है कि अध्यक्ष पद पर न रहे आने का सुभाष ने निर्णय कर लिया था और इसलिए वे पंत के उस प्रस्ताव को विषय निर्धारिणी समिति के समक्ष रखे जाने के लिए सहमत हो गए। जैसी आशा थी, वह प्रस्ताव उस समिति में पास हो गया और इसलिए काँग्रेस के खुले अधिवेशन में निर्णय के लिए आ गया।

अखिल भारतीय काँग्रेस कमेटी तथा विषय निर्धारिणी समिति की बैठकों में अध्यक्षता करने के तनाव से अध्यक्ष का स्वास्थ्य अधिक खराब हो गया और मौलाना अबुल कलाम आजाद को खुले अधिवेशन की कार्यवाही चलानी पड़ी। अधिवेशन १० मार्च को एक बड़े मैदान में प्रारंभ हुआ और लगभग २ लाख लोग कार्यवाही को देख रहे थे। नेहरू के निमंत्रण पर (मिश्र देश) की वफ्द पार्टी का भ्रात्रीय शिष्ट मण्डल पंडाल में उपस्थित था। शरद चंद्र बोस ने अध्यक्षीय भाषण पढ़ा, जो काँग्रेस के इतिहास में सबसे छोटा था, लेकिन उसमें देश के समक्ष उपस्थित सभी प्रमुख समस्याओं पर विचार व्यक्त किए गए थे। अन्तर्राष्ट्रीय स्थिति पर चर्चा करते हुए अध्यक्ष ने निकट आ रहे दूसरे विश्वयुद्ध के महत्व पर जोर देकर अंग्रेज सरकार को ६ माह में स्वाधीनता की राष्ट्रीय मांग को स्वीकार करने की सूचना देने की बात कही और यदि वह नहीं मानी जाती तो काँग्रेस द्वारा सविनय अवज्ञा का जन-आन्दोलन प्रारंभ किया जाए। अध्यक्षीय भाषण के इस अंश ने इसलिए उत्तेजना पैदा कर दी क्योंकि दबी जबान से काँग्रेस नगर में कानों-कान यह अफवाह फैलायी जा रही थी कि गाँधीजी और उनके साथियों ने पहले ही गवर्नमेंट आफ इंडिया एक्ट में प्रस्तावित भारत सरकार के फेडरल रूप को स्वीकार कर वाइसराय से उसी तरह समझौता कर लिया था जैसा उन्होंने प्रांतीय स्वायत्त शासन को मंजूर कर लिया था।

अधिवेशन के दूसरे दिन, जब दर्शकों को नहीं आने दिया गया था, दमित कटुता उभर कर सामने आ गई। पंत के प्रस्ताव पर विचार किया जाता, उसके पूर्व एम.एस. अणे ने प्रस्तावित किया कि अध्यक्ष के स्वास्थ्य को ध्यान में रखते हुए अध्यक्षीय चुनाव से उत्पन्न भ्रम के निराकरण के प्रस्ताव को भविष्य के होने वाले अखिल भारतीय काँग्रेस कमेटी के विचारार्थ स्थगित किया जाए। इस प्रस्ताव से प्रतिनिधियों के एक वर्ग में हंगामा हो गया और उनमें से कुछ मंच की ओर आक्रामक मुद्रा में बढ़ आए। ऐसा लगा कि सूरत काँग्रेस की अप्रिय दृश्य की पुनरावृत्ति हो जावेगी। स्थिति को नियंत्रण में लाने के लिए नेहरू उठे और लगातार हो रहे शोरगुल के बीच उपद्रवी तत्वों को शांत करने का उन्होंने प्रयत्न किया। "पिछले माह गाँधीजी ने जो लेख लिखे हैं उनको यदि आप पढ़ें तो उनमें आपको व्यथा मिलेगी। उन्होंने जो लिखा है आप उसे माने या न माने, लेकिन वे हृदय से लिखते हैं।.... इसलिए यह ऐसा समय है जब हम एक हो जाएँ और अनुशासित रहें। अपने कुछ साथियों को अपने अहाते से बाहर आकर शोर करते देखना बड़ा शोचनीय और दुःखद दृश्य है। उन सब को हमारे साथ कंधा मिलाकर चलना है और संघर्ष की तैयारी करना है।"[११] लेकिन जब इस अपील का भी कोई प्रभाव नहीं हुआ तो अपनी व्यथा और क्रोध प्रदर्शित करते हुए वे बैठ गए और कहने लगे: "पिछले २६ वर्ष के दौरान मैं प्रतिवर्ष काँग्रेस के अधिवेशन में सम्मिलित होता रहा हूँ और मैंने कई विलक्षण वस्तुएं देखी हैं, लेकिन ऐसा दृश्य देखने

में नहीं आया।"[१२] यह सुनकर शरद बोस खड़े हो गए और उनके कहने से शोरगुल करने वाले अपने स्थानों पर फिर बैठ गए। एम.एस. अणे ने अपना प्रस्ताव वापिस लेना उचित समझा और अंततः स्थिति सामान्य हो गई।

जयप्रकाश नारायण ने राष्ट्रीय मांग पर अपना प्रस्ताव रखा, जिसमें "देश की स्वाधीनता प्राप्त करने तथा विदेशी सत्ता के हस्तक्षेप के बिना एक संविधान सभा द्वारा स्वतंत्र भारत का संविधान तैयार करने"[१३] का अपना संकल्प दोहराया। उस प्रस्ताव में काँग्रेस के विविध संगठनों, प्रांतीय सरकारों और आम जनता से परस्पर एकता रखने तथा काँग्रेस को एक शक्तिशाली, निर्दोष तथा अनुशासित संगठन बनाने की अपील की गई ताकि वह जनता की इच्छा का प्रभावी प्रतिनिधि हो सके।

अधिवेशन के अंतिम दिन पंत का प्रस्ताव विचारार्थ सामने आया। उसमें लिखा था: "काँग्रेस उन बुनियादी सिद्धांतों के प्रति अपनी वचनबद्धता घोषित करती है जो गाँधीजी के निर्देशन में पिछले बीस वर्ष से उसके कार्यक्रम को संचालित करते रहे हैं तथा यह उसका निश्चित मत है कि वे नीतियां न टूटने पाएँ और भविष्य में भी काँग्रेस के कार्यक्रम को वे शासित करते रहें। काँग्रेस पिछले वर्ष की कार्यकारिणी के द्वारा किए गए कार्यों के प्रति अपना विश्वास प्रकट करती है और उसके किसी सदस्य पर किए गए आक्षेपों पर दुःख प्रकट करती है। इस बात को ध्यान में रखकर कि अगले वर्ष विषम स्थिति उत्पन्न होने की संभावना है, और इस सत्य को ध्यान में रखते हुए कि केवल महात्मा गाँधी ऐसे संकट में काँग्रेस का नेतृत्व कर सकते हैं और देश को विजय की ओर ले जा सकते हैं, काँग्रेस इसे अवश्यकरणीय मानती है कि कार्यकारिणी पर उनका संशयविहीन विश्वास हो, और इसलिए अध्यक्ष से निवेदन करती है कि आगामी वर्ष के लिए वे अपनी कार्यकारिणी गाँधीजी की इच्छानुसार मनोनीत करें।"[१४]

प्रस्ताव का अनुमोदन मद्रास प्रांत के प्रधानमंत्री राजगोपालाचारी ने किया और प्रतिनिधियों ने बड़े प्रचंड बहुमत से उसे पारित कर दिया। दो और प्रस्ताव भी पारित किए गए। एक के द्वारा इंग्लैण्ड की विदेश नीति से अपनी असहमति प्रकट की गई और दूसरे प्रस्ताव से देशी रियासतों में चल रहे जनसंघर्ष के प्रति हरिपुरा काँग्रेस में पारित हुए प्रस्ताव की पुष्टि की गई। लेकिन इन प्रस्तावों के प्रति किसी की रुचि नहीं दिखाई दी। इस प्रकार काँग्रेस का त्रिपुरी अधिवेशन विजित और पराजित दोनों को असंतुष्ट रखते हुए समाप्त हो गया। यद्यपि इस अधिवेशन में एक दूसरे पर जूते नहीं फेंके गए, तथापि और सभी विषयों में १९०७ में सूरत में हुए काँग्रेस अधिवेशन का स्मरण दिलाने में यह अधिवेशन असफल नहीं हुआ।

ऐसा प्रतीत होगा कि फारवर्ड ब्लाक यद्यपि काफी दिनों के बाद बना, लेकिन सुभाष बाबू ने त्रिपुरी छोड़ने से पहले ही अपना एक अलग संगठन बनाने का निश्चय कर लिया था। पंत के प्रस्ताव के निर्देशानुसार उन्होंने अपनी नई कार्यकारिणी के मनोनयन में गाँधीजी से विचार-विमर्श किया, लेकिन गाँधीजी ने उन्हें परामर्श देने से इंकार कर दिया। उसके बाद कलकत्ता में अप्रैल के अंतिम सप्ताह में अखिल भारतीय काँग्रेस कमेटी की बैठक गतिरोध दूर करने के लिए हुई, लेकिन सफलता हाथ नहीं लगी। बहुमत खो देने के पश्चात् अध्यक्ष के सामने त्यागपत्र देने के अतिरिक्त कोई मार्ग नहीं था और उन्होंने बड़ी शालीनता से २९ अप्रैल को त्यागपत्र दे दिया। कुछ बंगाली नवयुवकों ने राजेन्द्र प्रसाद

से, जो सुभाष बाबू के स्थान पर अखिल भारतीय काँग्रेस कमेटी के द्वारा अध्यक्ष निर्बाचित हुए थे, छीना-झपटी कर अशिष्टता का परिचय दिया। कुछ अन्य प्रतिनिधियों से भी दुर्व्यवहार किया गया लेकिन सौभाग्य से किसी को चोट नहीं आई।

अपनी पुस्तक "दि इंडियन स्ट्रगल" में सुभाष बाबू ने देशबन्धु दास का कई बार उल्लेख किया है, जिसमें उनके त्यागपत्र और १९२३ में स्वराज पार्टी के गठन की चर्चा से यह धारणा की जा सकती है कि वे देशबन्धु के कार्य की पुनरावृत्ति कर फावर्ड ब्लाक बनाने के लिए बड़े आतुर थे, जिसे उन्होंने काँग्रेस के अध्यक्ष पद से त्यागपत्र देकर गठित किया। लेकिन, जबकि देशबन्धु दास, जिन्होंने भी गया काँग्रेस के बाद उसके अध्यक्ष पद से त्यागपत्र दे दिया था, काँग्रेस के भीतर अपने अल्पमत को क्रमश: बहुमत में परिवर्तित करने में सफल हो गए थे, फार्वर्ड ब्लाक के संस्थापक कई स्पष्ट कारणों से सफल नहीं हो पाये। पहला कारण था कि स्वराज्य पार्टी तब बनायी गई थी जब गाँधीजी जेल में थे। जब वे छूटे तब तक पार्टी को उसके कार्यक्रम के लिए काँग्रेस का समर्थन मिल गया था और केन्द्रीय तथा प्रांतीय असेम्बलियों में उसके द्वारा किए गए कार्यों से उस पार्टी को समान्य जनता की सहानुभूति भी प्राप्त हो गई थी। दूसरा कारण था कि गाँधीवादी पक्ष १९२३ में काँग्रेस में उतना शक्तिशाली नहीं था, जितना वह १९३९ में हो गया था। तीसरा, जिन लोगों ने फार्वर्ड ब्लाक में प्रवेश किया वे सभी वामपंथी नहीं थे। उनमें काफी बड़ी संख्या में ऐसे लोग भी थे जो अपने जिले के काँग्रेस संगठन में महत्वपूर्ण स्थान न पा सकने के कारण असंतुष्ट थे। उनमें से कुछ लोगों ने १९३०-३२ के सत्याग्रह आंदोलनों से अपने को निरापद दूरी पर रख छोड़ा था। चौथा, १९२३ में देशबन्धु को मोतीलाल का समर्थन प्राप्त था किन्तु १९३९ में सुभाष बाबू जवाहरलाल का समर्थन पाने में सफल नहीं हुए। फार्वर्ड ब्लाक के जन्म की घोषणा करते समय सुभाष बाबू को काँग्रेस समाजवादी दल के समर्थन की अपेक्षा थी, लेकिन ऐसा सोचने में वे यह भूल गए कि काँग्रेस समाजवादी दल का आरंभ जवाहरलाल ने किया था और वह दल उनके प्रभाव में था। सुभाष बाबू को स्वयं मानना पड़ा था कि नेहरू ने एक पृथक दल को समर्थन देने से इंकार इसलिए कर दिया था क्योंकि "ऐसा कदम काँग्रेस में फूट पैदा कर देगा और इस प्रकार संकट के क्षणों में राष्ट्रीय संगठन को कमजोर कर देगा।"[१५] जवाहरलाल की वैसी मनोवृत्ति होने के कारण सी. एस.पी. ने भी उनका साथ नहीं दिया, जैसा वे आशान्वित थे, और सुभाष को यह लिखने पर बाध्य होना पड़ा कि "जब गाँधी पक्ष और लेखक के बीच संघर्ष प्रारंभ हुआ तो सी.एस.पी. भी हिचकने लगी।"[१६]

प्रारंभ में, १९२३ की देशबन्धु दास की स्वराज पार्टी के समान फार्वर्ड ब्लाक को भी काँग्रेस के अन्तर्गत ही एक दल के रूप में रखने की कल्पना की गई थी, लेकिन दास की मृत्यु के पश्चात् के वर्षों में काँग्रेस में अनुशासन क्रमश: कठोर होता गया। प्रांतों में काँग्रेस मंत्रिमंडलों के बनने पर, पिछले अध्याय में कूपलैन्ड द्वारा वर्णित कारणों से अनुशासन चरम सीमा पर पहुंच गया था। सुभाष बाबू इस स्थिति से अपरिचित नहीं थे, क्योंकि उन्हीं की काँग्रेस अध्यक्षता की अवधि में प्रधानमंत्री डाक्टर खरे के विरुद्ध अनुशासन की कार्यवाही की गई थी। सुभाष बाबू और उनके फार्वर्ड ब्लाक की गतिविधियाँ विशेष रूप से ९ जुलाई, १९३९ के विरोध दिवस की गतिविधियाँ, काँग्रेस कार्यकारिणी के द्वारा गंभीर अनुशासनहीनता मानी गई थी। जब महात्मा गाँधी उत्तर पश्चिम सीमाप्रांत का दौरा कर

रहे थे और जवाहरलाल लंका गए थे, कार्यकारिणी की एक बैठक हुई और सुभाष बाबू के द्वारा दिए गए स्पष्टीकरण पर, जिसमें उन्होंने "ऐसे प्रस्तावों का विरोध करना, जो हमारी दृष्टि में देश हित में हानिप्रद हों, अपना संवैधानिक और प्रजातांत्रिक अधिकार"[१७] माना था, विचार करने के पश्चात् उन्हें बंगाल प्रांतीय काँग्रेस कमेटी के अध्यक्ष होने और चुनने के अधिकार वाली किसी काँग्रेस कमेटी के सदस्य रहने के लिए भी अयोग्य घोषित कर दिया।

यह कार्यवाही सुभाष बाबू और उनके फार्वर्ड ब्लाक को अपने दृष्टिकोण का प्रचार करने से नहीं रोक सकी, और सितम्बर में जब यूरोप में विश्व युद्ध प्रारंभ हो गया तो उनका वह प्रचार और भी तीव्र हो गया। अप्रैल, १९४० में उन्होंने सत्याग्रह आंदोलन प्रारंभ कर दिया और जुलाई में वे गिरफ्तार कर लिए गए। सुभाष लिखते हैं: "वे अंग्रेजी हिरासत में ११ बार रह चुके थे, लेकिन अब उन्हें ऐसा लगा कि जब इतिहास कहीं और निर्मित किया जा रहा हो, तब जेल में निष्क्रिय होकर पड़े रहना बड़ी राजनीतिक भूल होगी। तब उन्होंने वैधानिक पद्धति से जेल से बाहर आने पर विचार किया, लेकिन ऐसा जान पड़ा कि कोई मार्ग नहीं था, क्योंकि अंग्रेज सरकार उन्हें तब तक जेल में बन्द रखना चाहती थी, जब तक लड़ाई चलती। इस पर उन्होंने सरकार को अंतिम चेतावनी भेजी जिसमें उन्होंने कहा कि अंग्रेज सरकार के पास उन्हें जेल में रखने का कोई नैतिक या वैधानिक अधिकार नहीं था और इसलिए यदि उन्हें तत्काल नहीं छोड़ा गया तो वे आमरण अनशन करने लगेंगे। वे जीवित या मृत जेल से निकल आना चाहते थे।

सरकार उनकी चेतावनी पर हँस पड़ी और उसका उत्तर भी उसने नहीं दिया....। दूसरे दिन जैसा घोषित किया गया था, अनशन प्रारंभ कर दिया गया। सात दिन बाद अधिकारियों को कारावास के दौरान मृत हो जाने का भय लगा। उच्च अधिकारियों की एक गुप्त बैठक तत्काल बुलाई गई और एक माह बाद उनका स्वास्थ्य ठीक होने पर पुनः गिरफ्तार कर लेने का निश्चय कर फिलहाल उन्हें छोड़ देने का निर्णय लिया गया।

"अपनी रिहाई के बाद लेखक ४० दिन घर में ही रहा आया और अपने शयन कक्ष से बाहर नहीं निकला। इस अवधि में उन्होंने युद्ध की सर्वांग स्थिति पर विचार किया और इस निष्कर्ष पर पहुंचे कि भारत की स्वाधीनता के लिए लड़ने वालों को भारत के बाहर हो रही घटनाओं की पूरी और सही जानकारी होनी चाहिए और ब्रिटेन के विरुद्ध हो रहे संघर्ष में सम्मिलित हो कर ब्रिटिश साम्राज्य को नष्ट कर देने में सहायक होना चाहिए। जिन साधनों से यह सब किया जा सकता था, उन पर विचार करने के बाद स्वयं भारत से बाहर जाने के अतिरिक्त और कोई मार्ग दिखाई नहीं पड़ा। १९४१ की जनवरी के अंत में वे आधी रात में अपने घर से निकल पड़े। यद्यपि खुफिया पुलिस की उन पर कड़ी निगरानी थी, लेकिन उनसे बच निकलने में वे सफल हो गये और साहसपूर्ण यात्र तय कर भारत की सीमा को पार कर गये। यह बहुत बड़े अंतराल के पश्चात् हुई भारत की सनसनीखेज राजनीतिक घटना थी।"[१८]

सुभाष बाबू एक वीर के साँचे में ढले थे। भारत की स्वतंत्रता के लिए उन्होंने जो खतरे उठाए और कष्ट सहन किया वैसा किसी दूसरे काँग्रेसजन से शायद ही हो सका हो। तथापि जो बात गाँधीजी जानते थे और जिसे सुभाष भूल गए, वह यह थी कि युद्ध में विजय अथवा पराजय निश्चित नहीं

होती है। इस प्रकार गाँधीजी अंतर्राष्ट्रीय राजनीति की उलझन से दूर रहना चाहते थे। सुभाष ने दूसरी प्रकार सोचा था: "बहुत दिनों के अध्ययन और सोच विचार के बाद उन्हें तीन बातों का विश्वास हो गया। पहली, ब्रिटेन युद्ध में पराजित हो जावेगा और ब्रिटिश साम्राज्य खण्डित हो जावेगा। दूसरी, बड़ी संकटापन्न स्थिति में भी अंग्रेज भारत को स्वतंत्रता नहीं देंगे और देशवासियों को उसके लिए लड़ना पड़ेगा। तीसरी, भारत स्वतंत्र हो जावेगा यदि इस युद्ध में वह अंग्रेजों के विरुद्ध अपनी भूमिका निभाता है, और जो शक्तियाँ ब्रिटेन से लड़ रहीं हैं, उनका साथ देता है। अपने सम्बन्ध में वे इस निर्णय पर आए कि अन्तर्राष्ट्रीय राजनीति में देश को सक्रिय भाग लेना चाहिए।"[१९]

गाँधीजी ने भी भारत की स्वतंत्रता को अपने जीवन का लक्ष्य बनाया था, लेकिन वे महात्मा थे, इसलिए यदि कोई अन्य व्यक्ति भी भारत को स्वतंत्रता दिलाने में सफल हो गया होता, तो उन्हें उतनी ही प्रसन्नता होती जितनी अपने प्रयत्नों से देश के स्वतंत्र हो जाने से हो सकती थी। यह सत्य है कि वे सुभाष बाबू से संघर्ष के साधनों और उपयुक्त समय के सम्बन्ध में ही असहमत थे, और उनके प्रति उनमें कोई दुर्भावना नहीं थी। यह उनसे हुई अंतिम मुलाकात के सम्बन्ध में सुभाष बाबू के कथन से प्रमाणित हो जाता है: "जेल में डाल दिए जाने के कुछ दिनों पहले जून, १९४० में, लेखक ने महात्मा गाँधी और उनके मुख्य सहयोगियों से अंतिम लम्बी वार्ता की थी। भारत को फ्रांस के अंतिम पतन की सूचना मिल चुकी थी और पेरिस में विजयी जर्मन सेनाएं प्रवेश कर चुकी थी। इंग्लैण्ड तथा भारत में ब्रिटिश आत्मबल बहुत घट चुका था। इंग्लैण्ड के एक मंत्री ने ब्रिटिश जनता को इस बात के लिए फटकारना ठीक समझा कि वे लोग इस प्रकार चलते-फिरते थे मानो किसी शव यात्रा में उदास चेहरों से सम्मिलित हो रहे हों। भारत में फारवर्ड ब्लाक द्वारा संचालित सत्याग्रह चल रहा था और कई फारवर्ड ब्लाक नेता जेल में बन्द कर दिए गए थे। इसलिए लेखक ने महात्मा गाँधी से अपना शांतिपूर्ण विरोध प्रारंभ करने की मार्मिक अपील की क्योंकि अब स्पष्ट हो गया था कि ब्रिटिश साम्राज्य पराजित हो जावेगा और विश्व युद्ध में भारत को अपने ढंग से भाग लेने का उचित समय आ गया था। लेकिन अभी भी महात्मा तटस्थ थे, और उन्होंने फिर कहा कि देश संघर्ष के लिए तैयार नहीं था, और समय से पूर्व कोई संघर्ष छेड़ देना देश के लिए लाभप्रद न होकर हानिकर होगा। तो भी एक लम्बी और हार्दिक वार्ता के उपरान्त उन्होंने लेखक से कहा कि यदि वे अपने प्रयन्त से देश को स्वतन्त्र करने में सफल हो गए तो वे बधाई का तार सर्वप्रथम उन्हें भेजेंगे।"[२०]

भारत की स्वाधीनता के प्रथम दिन सुभाष गाँधीजी का तार प्राप्त करने के लिए इस संसार में नहीं थे, लेकिन कौन कह सकता है कि दक्षिण-पूर्वी एशिया में उन दिनों की उनकी गतिविधियों ने स्वाधीनता के हमारे लक्ष्य की पूर्ति में योगदान नहीं दिया?

पाकिस्तान के निर्माण मार्ग पर (१९३७-३९)

प्रथम विश्व युद्ध में, इंग्लैंण्ड के विरुद्ध तुर्की के जर्मनी से सहयोग ने, भारतीय मुसलमानों को अंग्रेजों से अलग कर दिया था, और वे हिन्दुओं से सहयोग करने के लिए तत्पर हो गए थे। परिणामस्वरूप १९१६ में काँग्रेस और ऑल इण्डिया मुस्लिम लीग के बीच लखनऊ में समझौता हुआ था, और लीग के अध्यक्ष मोहम्मद अली जिन्ना को, जिन्होंने वह समझौता तैयार किया था, "हिन्दू मुस्लिम

एकता का दूत" कहा जाने लगा था। लेकिन, अब द्वितीय महायुद्ध के समय वही जिन्ना दो-राष्ट्र के सिद्धांत की पैरवी कर रहे थे और केवल काँग्रेस के विरुद्ध ही नहीं, पूरे हिन्दू समाज के विरुद्ध घृणा का प्रचार कर रहे थे। केवल दो वर्ष में उन्होंने मुस्लिम लीग का पुनर्गठन कर लिया था और मुस्लिम जनता में हिन्दू समाज के विरुद्ध घृणा भर देने में सफल हो गए थे।

जैसा पहले कहा जा चुका है, १९३७ के आम चुनाव में काँग्रेस ने नहीं बल्कि मुस्लिम समाज के प्रान्तीय नेताओं ने जिन्ना की मुस्लिम लीग को करारी मात दी थी, इसलिए जिन्ना को उन नेताओं से नाराज़ होना चाहिए था। उन्हें अपने मुस्लिम विरोधियों की राजनीतिक, शासकीय और आर्थिक नीतिओं के विरुद्ध काम करना चाहिए था ताकि अगले चुनाव में उन्हें हरा सकें। पृथक निर्वाचन पद्धति, जिसे उन्होंने ही १९१६ में काँग्रेस के द्वारा मान्यता दिलवायी थी, अभी भी प्रचलित थी, और काँग्रेस से, जिसे वे हिन्दुओं का संगठन कहते थे, इसलिए कलह नहीं करना चाहिए था क्योंकि वह अपने हिन्दू मतदाताओं का बहुमत प्राप्त करने में मुस्लिम मतदाताओं का समर्थन प्राप्त करने में उनकी अपेक्षा अधिक सफल हो गई थी। उनके दो-राष्ट्र के सिद्धांत के अनुसार उन्हें मुस्लिम मतदाताओं पर ही अधिक ध्यान देना चाहिए था, लेकिन वे समझ गए थे कि सिकन्दर हयात खाँ, फज़लुलहक और दूसरे मुस्लिम नेताओं पर राजनीतिक और आर्थिक आधारों पर कोई आक्रमण कारगर इसलिए नहीं हो सकता था क्योंकि उनके विरोधियों की तरह वे भी निहित स्वार्थों के समर्थक थे। अत्याधिक निराश होने पर उन्होंने एडाल्फ हिटलर की नकल शुरु कर दी, जिसे उन्होंने अपने इंग्लैण्ड में प्रवास के दिनों में यहूदियों के विरुद्ध घृणा फैलाकर और झूठ को अपने प्रचार का साधन बनाकर लोकप्रिय और शक्तिशाली होते देखा था। उन्हें यहूदियों के स्थान पर हिन्दू को ही प्रतिस्थापित कर देना था और काँग्रेसी सरकार के शासन के दिनों में मुसलमानों पर हुए जुल्म की बे-बुनियाद झूठ के सहारे सफलता प्राप्त करना था। पी.डी. कौशिक के अनुसार मुस्लिम लीगियों ने फासिस्टवाद का सिद्धांत स्वीकार कर एक राष्ट्र-मुस्लिम राष्ट्र, एक राज्य-पाकिस्तान, एक संगठन-आल इंडिया मुस्लिम लीग और एक नेता-कायदे आजम जिन्ना का नारा लगाया। जैसा नेहरू ने संकेत किया था "मुस्लिम लीग के प्रवक्ताओं ने सुडेटेनलैन्ड संकट के समय नाज़ियों द्वारा चेकोस्लोवाकिया सरकार के विरुद्ध अपनाए गए हथकन्डों को सीखा और इस्तेमाल किया-"सुडेटेनलैन्ड के जर्मनों और भारत के मुसलमानों की स्थिति की तुलना की गई। हिंसा और उत्तेजना का प्रचार भाषणों और कुछ समाचार पत्रों में प्रमुखत: किया गया।"

"इस्लाम खतरे में हैं" के धार्मिक नारे ने काँग्रेस शासित प्रान्तों के मुसलमानों को ही उत्तेजित नहीं किया, वह नारा मुस्लिम बहुमत के प्रांतों में भी लोकप्रिय हो गया। खिलाफत के विषय पर साथ देकर गाँधीजी ने १९२० में अली बन्धुओं के सहयोग से मुस्लिम भारत में अंग्रेजी शासन के विरुद्ध गहरी उत्तेजना भर दी थी। "इस्लाम खतरे में है", के जिन्ना के नारे ने यदि अधिक नहीं तो उतनी ही सफलता काँग्रेस के सत्तासीन होने के कुछ ही महीनों में प्राप्त कर ली थी। १९३७ के अक्टूबर तक जब लखनऊ में आल इंडिया मुस्लिम लीग की कांफ्रेंस हुई थी, जिन्ना ने प्रांतीय मुस्लिम नेताओं को अपने सूबेदारों की हैसियत पर पहुँचा दिया था। जेड.एच. जैदी लिखते हैं कि "जिन प्रांतीय मुस्लिम नेताओं ने अपने पृथक संगठनों की टिकटों पर चुनाव लड़ा था और जो अपने दलों का लीग में विलय करने से कतराते थे, वे सब लीग में शामिल हो गये। फज़लुलहक की प्रजापार्टी मुस्लिम लीग से जुड़ गई।

सिंध, फ्रन्टियर, मद्रास, आसाम और मध्यप्रांत के मुस्लिम नेताओं ने अपनी पार्टियां मुस्लिम लीग में मिला दी। पंजाब के सिकन्दर हयात खान का संयुक्तवादी दल भी उससे आ मिला। लखनऊ से वापिस होने पर सिकन्दर हयात ने जिन्ना को लिखा- "आप यह जानकर प्रसन्न होंगे कि मुस्लिम लीग के सदस्य बनाने का काम चल रहा है और प्रांत के सभी जिलों में लीग की स्थापना का काम कुछ ही महीनों में पूरा कर लेने की हम आशा करते हैं। मैंने अपने सभी संयुक्तवादी मुस्लिम सदस्यों को अपने इलाकों में मुस्लिम लीग के सदस्य बनाने के आदेश दे दिए हैं और प्रांत के विभिन्न स्थानों से बड़े उत्साहवर्धक और संतोषप्रद समाचार आ रहे हैं। कुल मिलाकर, भारत के सभी मुसलमानों को एक कर देने की लखनऊ में की गई पहल का मुस्लिम जनता ने स्वागत किया है....।"[२१]

क्या इस्लाम को सचमुच में हिन्दुओं और काँग्रेस ने खतरे में डाल दिया था? एम. मुजीब के अनुसार "चूँकि हम देश के बँटवारे के कारणों की समीक्षा कर रहे हैं, महत्वपूर्ण प्रश्न यह है कि मुसलमानों में इस्लाम के प्रति उत्कट धार्मिकता की किसी अभिव्यक्ति को गैर-मुस्लिमों के विरोध का मुकाबला करना पड़ा या मुस्लिमों के अल्प संख्या में होने से उस अभिव्यक्ति में कोई रुकावट की गई। उसका उत्तर केवल यही है कि मुसलमानों के सभी धार्मिक आंदोलनों को मुसलमानों के विरोध का ही सामना करना पड़ा। गोवध पर हिन्दुओं की आपत्ति तथा मस्जिद के सामने बाजा बजाने के विरुद्ध मुसलमानों की आपत्ति से पैदा हुए झगड़े साधारणत: शरारती तत्वों ने ही कराये हैं और उन झगड़ों का असर भी अस्थायी और स्थानीय ही रहा। इसके विपरीत, सूफियों और उनकी कब्रों के प्रति हिन्दुओं में आदर भाव रहा है। मुझे याद है कि बिहार में हुए दंगों के बाद मैं गंगा के किनारे एक सूफी की कब्र पर गया था। दरगाह में रहने वाले मुसलमान भाग गए थे और जगह सुनसान पड़ी थी, लेकिन थोड़ी ही देर में कुछ हिन्दू औरतें आईं। उन्होंने कब्र की परिक्रमा कर उसकी पूजा की, जैसे कुछ हुआ ही नहीं था, जो उनकी उस मुस्लिम संत के प्रति उनके पूज्य भाव को प्रभावित कर सका हो।"[२२]

अपने विभिन्न प्रस्तावों से काँग्रेस मुसलमानों को उनके राजनीतिक, धार्मिक, सामाजिक और सांस्कृतिक अधिकारों की गारंटी दे चुकी थी। मेकडोनल्ड अवार्ड के अन्तर्गत जो मुसलमानों को मिल गया था, उसका विरोध भी काँग्रेस ने नहीं किया था। १९३५ की वार्ता में राजेन्द्र प्रसाद ने पंजाब और बंगाल में मुसलमानों के लिए सीटों के आरक्षण को भी मान लिया था। वास्तव में १९३७ तक ऐसा कुछ नहीं बचा था, जो मुसलमान मांगते या जिसे देने के लिए काँग्रेस को अपनी स्वीकृति व्यक्त करनी थी। जिन्ना इस बात को जानते थे, इसलिए जब भी काँग्रेस के नेताओं ने उनसे अपनी मांगें स्पष्ट करने को कहा तो बातचीत प्रारंभ करने के पहले वे मुस्लिम लीग को मुसलमानों की एकमात्र प्रतिनिधि संस्था मान लेने की शर्त पर अड़ जाते थे। अवश्य ही काँग्रेस इसे स्वीकार नहीं कर सकती थी, क्योंकि राजेन्द्र प्रसाद के शब्दों में, यह स्वीकृति राष्ट्रीय संस्था के लिए, अपने अतीत को नकारन, अपने इतिहास को मिथ्या करना और भविष्य के साथ विश्वासघात करना था।" जिन्ना भली-भाँति जानते थे कि काँग्रेस के लिये उस शर्त को स्वीकार करना असंभव था और उसकी अस्वीकृति काँग्रेसी सरकारों के विरुद्ध मुस्लिम लीग के झूठे प्रचार के लिए दिखावटी विश्वसनीयता प्रदान करती थी।

ऐसा कहा जाता है कि मुस्लिम जनता से काँग्रेस के द्वारा संपर्क करने के प्रारंभ ने, वर्धा की बुनियादी शिक्षा योजना पर स्वीकृति ने और उर्दू के स्थान पर संस्कृत-निष्ठ हिन्दी को प्रोत्साहन ने,

मुसलमानों में पूर्व से स्थित अलगाव की आग को हवा देने का काम किया। इन शिकायतों के साथ वन्देमातरम् गीत और राष्ट्रीय झण्डे से संबंधित दो और शिकायतें भी जोड़ दी गईं।

इन पर हम अलग-अलग विचार करें। प्रारंभ से ही काँग्रेस में इस उपमहाद्वीप में रहने वाली सभी जातियों के लोग सम्मिलित थे। अल्पसंख्यकों में मुसलमान जो सबसे अधिक थे, काँग्रेस में सर्वदा बड़ी संख्या में रहे आए। जवाहरलाल ने ठीक ही कहा था कि "मुस्लिम जनसंपर्क का हमारा कार्यक्रम नया नहीं था, यद्यपि अब अधिक ध्यान दिया जाना नया हो सकता था। हिन्दू या मुसलमान, सिक्ख-ईसाई उनसे सम्पर्क में वृद्धि करते रहने के हमारे मुख्य कार्यक्रम का यह एक भाग ही हैं.....। हम उन्हें अलग धार्मिक ईकाई न मान कर भारत की भूखी जनता के अंग मानते हैं, जो सहायता के लिए पुकारते हैं. .. इस पर किसी को आपत्ति क्यों होनी चाहिए? यदि वे काँग्रेस की राजनीतिक और आर्थिक नीति से सहमत नहीं है तो जनता के सामने उन्हें अपनी नीति रखने की पूरी स्वतंत्रता है।"[२३]

लेकिन जिन्ना के द्वारा राजनीतिक अथवा आर्थिक प्रश्नों का उठाया जाना नेहरू के आधार पर काँग्रेस से संघर्ष करना हो जाता। राजनीतिक दृष्टि से वे तेज बहादुर सप्रू या श्रीनिवास शास्त्री के समान ही नरम दल के विचार वाले थे। आर्थिक क्षेत्र में वे बम्बई या कलकत्ता के किसी उद्योगपति के समान निहित स्वार्थों के समर्थक थे। जिन्ना के पक्षधर और घनिष्ठ मित्र कांजी द्वारकादास ने प्रश्न किया है कि "अपनी मृत्यु पर जिन्ना कितना धन छोड़ गए" और उन्होंने स्वयं ही उत्तर भी दिया, "करोड़ों रुपए होंगे।"[२४] जिन्ना देशबन्धु दास या मोतीलाल नेहरू नहीं थे कि अपनी सम्पत्ति का त्याग कर सकते, इसलिए उनके लिए आर्थिक कार्यक्रम पर काँग्रेस से लड़कर जीत जाना सम्भव नहीं था। लेकिन जब धार्मिक आधार पर, जिन्ना लड़ सकते थे जिससे नेहरू परिचित नहीं थे, तो आर्थिक आधार पर लड़ने की आवश्यकता ही क्या थी? काँग्रेस के द्वारा मुसलमानों से सम्पर्क किए जाने पर आपत्ति करते समय जिन्ना भूल गए कि वे स्वयं १९२० के अंत तक काँग्रेस में थे। उन्होंने संभवतः सोचा होगा कि उनके काँग्रेस से बाहर आ जाने पर किसी दूसरे मुस्लिम का उसमें रहने का कोई अधिकार नहीं था। १९३० के दशक में वे काँग्रेस में सम्मिलित मुसलमानों को इस्लाम छोड़ कर हिन्दू धर्म अपनाने वाले मानने लगे थे? अपने धार्मिक नारे से उन्होंने मुसलमानों के कान इतने भर दिए थे कि उन्हें अपने भूखे पेट का ख्याल ही नहीं रहा और नेहरू की आर्थिक आधार की अपील को सुनने के लिए वे बहरे हो गए। इसका अनुमान राजेन्द्र प्रसाद को हो गया था, और उन्होंने नेहरू से पूछा था कि "यह कहना क्या व्यवहारिक राजनीति है कि हम यदि अपना ध्यान आर्थिक समस्याओं पर केन्द्रित करें और उन्हें समाजवादी तरीकों से सुलझा सकें तो धार्मिक तथा अन्तर्राष्ट्रीय मतभेद तुरन्त लुप्त हो जावेंगे?"[२५] लेकिन यह प्रश्न भी किया जा सकता था कि जिस प्रकार की धार्मिक समस्या जिन्ना ने खड़ी की थी, उसका समाधान किसी प्रकार से भी क्या हो सकता था? इस सम्बन्ध में बी.आर. नंदा ने सत्य कहा है कि "गाँधीजी का धैर्य और नम्रता, राजगोपालाचारी का शांत निरूपण, सुभाषचंद्र बोस का युद्धप्रिय अतिवाद, अबुल कलाम आज़ाद की सहज व्यवहारिकता और राजेन्द्र प्रसाद की विनय लीग के नेता को प्रभावित करने में असफल रही।"[२६]

दूसरी शिकायत बुनियादी शिक्षा की वर्धा योजना से संबंधित थी, जिसे महात्मा गाँधी ने जामिया मिल्लिया के संस्थापक और भारतीय गणतंत्र के भावी राष्ट्रपति जाकिर हुसैन के सहयोग से बनाया था।

महमूदाबाद के नवयुवक राजा लिखते है: "मुसलमानों के दिमाग में शिक्षा की वर्धा योजना ने जो भय पैदा कर दिया है सामान्यत: उसका कम आकलन हुआ है। योजना की कुछ बातें उदाहरणत: शारीरिक श्रम पर बल बुनियादी तौर पर अच्छी है, लेकिन उन पर सिद्धांत छाये हुए हैं। हमें ज्ञात हैं कि शिक्षा की किसी प्रणाली का उपयोग नवयुवकों के दिमाग में ऐसे सिद्धांत और विचार भर देने के लिए किया जा सकता है, जो उनकी सांस्कृतिक परम्पराओं और मूल्यों के विरुद्ध हों। एक राजनीतिक दल या नेता पर आधारित कोई भी योजना अल्पसंख्यकों और अन्य वर्गों द्वारा सत्तासीन दल के साँचे के अनुरूप सबके विचारों को प्रभावित करने का अनाधिकार प्रयास माना जाता है।"[२७]

यह अस्पष्ट आरोप है, लेकिन मुसलमानों में लीगी नेताओं ने जो प्रचार किया था, उसका वर्णन एम. मुजीब ने किया है: "बुनियादी राष्ट्रीय शिक्षा के मुस्लिम आलोचकों ने बुनियादी शिक्षा के पाठ्यक्रम में जब इस अनुशंसा को पढ़ा, कि स्कूल में संगीत की लय और नृत्य के प्रारंभिक अंग संचालन शारीरिक व्यायाम के अंग बनाए जावें, तो उन्होंने उसे इस बात का सूचक माना कि नए स्कूलों में मुस्लिम कन्याओं को नृत्य सीखने पर मजबूर किया जावेगा। इस निर्णय पर आने से अधिक बेसिर-पैर की और कौनसी बात हो सकती थी और उनकी दृष्टि में बुनियादी शिक्षा मुस्लिम संस्कृति पर केवल आक्रमण ही न होकर शालीनता के विरुद्ध भी मानी जाने लगी। बुनियादी शिक्षा की रिपोर्ट जिन दिनों प्रकाशित हुई, मध्यप्रान्त के प्रधानमंत्री ने ऐसी पाठशालाओं की योजना बनाई जिसके अंतर्गत उन पाठशालाओं को चलाने के लिए उन्हीं लोगों से आर्थिक सहायता या भूमि ली गई जो उससे लाभन्वित होने वाले थे और इन पाठशालाओं को विद्यामंदिर कहा गया। प्रधानमंत्री की इस योजना का राष्ट्रीय नीति या काँग्रेसी सरकारों की नीति से कोई संबंध नहीं था, लेकिन मुसलमानों ने इसे स्कूलों को मंदिरों में बदल दिए जाने की योजना मानकर इसके विरुद्ध व्यापक प्रचार किया और इसकी तीखी आलोचना की। इन्हें प्रमुख "ज्यादतियाँ" कहा गया जिनके साथ और भी आरोप जोड़े गए और उस बड़े विस्फोट के लिए पलीते में आग लगाई गई जिसने एक देश का हिन्दुस्तान और पाकिस्तान में बँटवारा कर दिया।"[२८]

पिछले एक अध्याय में मैंने विद्या मंदिर योजना की चर्चा की है। जब उस योजना को "विद्या मंदिर" नाम दिया गया तो सी.पी. सरकार का कोई सदस्य, विधि मंत्री एम.वाई. शरीफ तथा लोक शिक्षण के निर्देशक डी.आर. हन्टर भी, (जिन्होंने हड़प्पा-लिपि के पढ़ने का प्रयास किया था?) नहीं सोच सकते थे कि किसी को उसके विरुद्ध कोई आपत्ति होगी। उस योजना के लिए कई लोग भूमि दान करने को तैयार थे, जिसकी पैदावार से वे स्कूल चलने वाले थे। लेकिन नागपुर के मुस्लिम लीगी कार्यकर्ताओं ने उसका मात्र विरोध ही नहीं किया, उसके विरुद्ध सीधी कार्यवाही करने की धमकी भी दी।

मौलाना अबुल कलाम अज़ाद ने इस विषय पर महात्मा गाँधी से चर्चा करनी चाही तथा शुक्ल और मुझे विचार-विमर्श के लिए वर्धा में उपस्थित होने को कहा गया। हमारे वार्तालाप में "मंदिर" शब्द का अर्थ मतभेद का मुद्दा हो गया। शुक्ल ने कहा उसका अर्थ "घर" होता है, "देवालय" नहीं। शुक्ल के समर्थन में मैंने संस्कृत की एक उक्ति प्रस्तुत की: "शरीरम् व्याधि मंदिरम्" (शरीर बीमारियों का घर है) और समझाया कि "व्याधि" अथवा रोग न ही देवी है, न देवता, इसलिए "मंदिर" का अर्थ केवल "घर", "निवास" ही हो सकता है। महात्माजी हँस दिए और मौलाना भी आश्वस्त हो गए। शुक्ल ने कहा कि नाम बदलने में उन्हें कोई आपत्ति नहीं है, लेकिन इसी नाम पर कई व्यक्तियों द्वारा दिए गए

भूमि खण्डों की रजिस्ट्री की जा चुकी है। वे इस बात पर भी सहमत थे कि मुस्लिम विद्यार्थियों के लिए जो स्कूल खोले जाएँ उनका नाम मुस्लिम लीग के कथनानुसार भी किया जा सकता है। यह ध्यान देने योग्य है कि उपरोक्त एम. मुजीब के लेख का जो अंश उद्धरित किया गया है, उसमें उन्होंने "मंदिरों" का अर्थ कोष्टकों में "घर" ही लिखा है।

हम मौलाना को तथा तर्क को मान लेने वाले अन्य मुसलमानों को समझा सकते थे, लेकिन नागपुर के लीगियों को कुछ भी समझा सकना असंभव था। जब आंदोलन में कटुता आ गई, तो आल इंडिया मुस्लिम लीग के सेक्रेटरी लियाकत अली खान नागपुर आए। उनके साथ हुई बातचीत की संक्षिप्त रिपोर्ट सरदार पटेल के लिए मैंने तैयार की और अपने एक पत्र के साथ उसे २७ दिसम्बर, १९३८ को उनके पास भेज दी। अकस्मात् मेरे व्यक्तिगत पत्रों में उसकी प्रतिलिपि मिल गई जिसे मैं उद्धरित करता हूँ:

"आल इण्डिया मुस्लिम लीग के सेक्रेटरी प्रधानमंत्री से उनके निवास पर १३ तारीख को २ बजे दोपहर को मिले। श्री मिश्र भी उपस्थित थे। सेक्रेटरी से पूछा गया कि क्या वे मध्य प्रान्त के मुसलमानों की सभी शिकायतों पर चर्चा करना चाहते हैं? उन्होंने कहा कि शिक्षा संबंधी विषयों पर ही वे बातचीत करेंगे। उनके अधिकांश प्रश्न ऐसे थे जिन पर मौलाना आजाद से चर्चा हो चुकी थी। जब उन्होंने देहाती क्षेत्र में उर्दू पढ़ाने की बात उठाई तो हमने उनसे विंध्याचल के दक्षिण के प्रांतों में भाषा संबंधी स्थिति की उनकी जानकारी के सम्बन्ध में प्रश्न किया। उन्होंने इस विषय पर अपनी अनभिज्ञता प्रकट की और उन्हें बताया गया कि हैदराबाद तथा किसी सीमा तक बरार में ही उर्दू की पढ़ाई को छोड़ कर उसका मध्य प्रान्त और दक्षिण भारत में कहीं चलन नहीं था। हमने उन्हें बताया कि स्थिति का ठीक आंकलन करने के लिए हमने एक छोटी कमेटी नियुक्त करने का निर्णय लिया था। यह वचन देने में हमें कोई आपत्ति नहीं थी क्योंकि गाँधीजी ने स्वयं मौलाना साहब से बातचीत के दौरान यह सुझाव दिया था। तब मुस्लिम लीग के सेक्रेटरी ने भी शिक्षा के कुछ अधिकारियों तथा कुछ मुस्लिम एम.एल.ए. की एक छोटी कमेटी मुसलमानों की शिकायतों पर विचार करने के लिए नियुक्त करने की सलाह दी। हमने कहा कि शिकायतों पर विचार करने के बजाय मुस्लिम शिक्षा के विकास के लिए उपाय और साधन सुझाने के लिए कमेटी नियुक्त की जा सकती थी। वे इस पर सहमत हो गए।

"हम लोग इंडियन नेशनल काँग्रेस और मुस्लिम लीग की नीतियों पर बहस करने लगे। प्रारंभ में तो वे कुछ झिझकते रहे, लेकिन बाद में वे खुलकर बहस करने लगे। उन्होंने कहा कि गाँधीजी ने सभी मुस्लिम मांगों को मान लेने का वादा किया था, यदि मुस्लिम लीग वाले काँग्रेस में सम्मिलित हो जाते। हमने कहा कि यदि ऐसा है तो लीग को काँग्रेस में सम्मिलित हो जाने में कोई आपत्ति नहीं होना चाहिए यदि वे ब्रिटिश साम्राज्यवाद के समर्थक न होकर केवल मुसलमानों के हितों के ही संरक्षक रहते हैं। उन्होंने कहा कि यदि जिन्ना ऐसा कोई निर्णय लेते हैं तो कई प्रभावशाली मुस्लिम लीग के समर्थक जिन्ना का साथ नहीं देंगे। हमने कहा मिस्टर जिन्ना में कई गुण हैं लेकिन उनमें अहम बहुत है, और यदि उनके प्रयत्नों से स्वराज नहीं मिलता है तो वे उसे भी नहीं लेना चाहेंगे। श्री चिन्तामणि की तरह जिन्ना भी नरमदली थे और गाँधीजी की राजनीति के विरुद्ध थे। वे चिन्तामणि से केवल इस बात में

भिन्न थे कि वे अपनी नरमदली राजनीति को साम्प्रदायिकता के लबादे से ढंक कर नाम के लिए मुस्लिम हितों के लिए, लेकिन यथार्थ में अंग्रेजों के हित में मुस्लिम समाज को उत्तेजित कर लड़ रहे थे।

"इस टिप्पणी ने खान साहब को असमंजस में डाल दिया और बड़ी हिचकिचाहट के बाद उन्होंने कहा कि मुस्लिम लीग पहले मुस्लिम समाज को संगठित करेगी और फिर काँग्रेस में सम्मिलित हो जावेगी ताकि काँग्रेस में उसकी आवाज़ वास्तविक हो। हमने कहा कि इसका अर्थ तो यह होता था कि जब तक मिस्टर जिन्ना अपने ढंग से मुसलमानों को संगठित न कर लें तब तक काँग्रेस स्वतंत्रता की लड़ाई बन्द रखे और यदि वह ऐसा नहीं करती तो लीग उसका विरोध करेगी।"

"वे बहुत अच्छे व्यक्ति जान पड़े और जोर से हँस पड़े जब हमने कहा कि यदि आपके यही हार्दिक विचार हैं तो कुछ ही वर्षों में आप लीग छोड़कर काँग्रेस में आ जावेंगे।"

लियाकत अली खान के साथ हमारे वार्तालाप से हमें कुछ राहत मिली क्योंकि उन्होंने नागपुर के लीगियों को सरकार के विरुद्ध अपेक्षित सीधी कार्यवाही त्याग देने को कहा।

काँग्रेस की भाषा संबंधी नीति के विरुद्ध लीगियों की तीसरी शिकायत अधिक विवादास्पद है। हमें दु:ख के साथ मुजीब से भी असहमत होना पड़ता है, जिनका आरोप है कि "उर्दू ने एक रात में ही अपना वैध स्थान खो दिया, और एक ऐसी भाषा जिसका माधुर्य से कोई सम्बन्ध नहीं है और जिसमें बहुत बड़ी संख्या में ऐसे शब्द हैं, जिन्हें आदमी की जबान ने कभी न बोला हो, उसकी जगह बैठा दी गई।"[२९] संभवत: यह राय संस्कृत गर्भित हिन्दी के लिए दी गई हो, और इस संबंध में उनकी यह तीखी आलोचना केवल यही प्रमाणित करती है कि भाषा के मामले में तर्क को मान्यता देने वाले भी तर्क के विरुद्ध हो जाते हैं, क्योंकि जिस भाषा से परिचय न हो वह माधुर्य विहीन और जबान को आड़ा-टेढ़ा करने वाली हो ही जाती है। मुझे उर्दू से बड़ा प्रेम है लेकिन जिस तरह संस्कृत भरी हिन्दी एम. मुजीब को नीरस और जबान के लिए मुश्किल लगती है, वैसे ही फारसी से लदी उर्दू मुझे मालुम पड़ती है। अरबी से लिये गये शब्द उर्दू और हिन्दी दोनों के लिये, जिनका आधार संस्कृत है, विदेशी हैं क्योंकि अरबी सेमेटिक भाषा है। जहाँ तक मधुरता का सम्बन्ध है, ब्रज भाषा को अत्याधिक मधुर बोलियों में गिना गया है। उर्दू कविता के प्रारंभ के दिनों में ब्रजभाषा के शब्दों का उसमें प्रयोग किया गया था लेकिन धीरे-धीरे कवियों द्वारा उन शब्दों को हटाया जाता रहा, और अब उर्दू काव्य में उसका कहीं आभास भी नहीं है। आधुनिक उर्दू अब फारसी बहुल, और हिन्दी संस्कृत बहुल हो गई है और परिणामस्वरूप दो, एक-दूसरे से भिन्न, साहित्यिक भाषाओं का विकास, उस मूल भाषा से हो गया है, जो अभी भी दिल्ली और उसके आस-पास के उत्तर प्रदेश और हरियाणा के क्षेत्रों में बोली जाती है।

यह सत्य है कि उर्दू विंध्याचल के उत्तर के नगरों और बस्तियों के अधिकांश, शिक्षित हिन्दुओं की, विशेषत: कायस्थों और काश्मीरी ब्राम्हणों की भाषा रही है। लेकिन इन क्षेत्रों में भी सामान्य जनता में विशेष रूप से ग्रामीण क्षेत्रों में उसका प्रचलन नहीं रहा। यह धारणा ठीक नहीं है कि उन्नीसवीं शताब्दी में ही हिन्दी की विभिन्न बोलियों में संस्कृत शब्दों का प्रयोग किया जाने लगा था। भक्ति आंदोलन के साथ यह प्रक्रिया आरंभ हो गई थी, और सूरदास तथा तुलसीदास का काव्य संस्कृत शब्दों से भरा पड़ा है। यथार्थ में, जब हिन्दुओं ने अवधी और ब्रज भाषा को साहित्य की भाषा के पद से हटा दिया, और दिल्ली तथा मेरठ के आस-पास की बोली को उसका स्थान दिया तो वे उर्दू के बहुत निकट

आ गए थे। अवश्य ही अब छोड़ दी गई बोलियों में पाए जाने वाले संस्कृत के शब्दों को नयी साहित्यिक भाषा में प्रयोग करना रोका नहीं जा सका। संस्कृत के आधारवाली सभी भाषाओं को संस्कृत प्रधान करने की प्रवृत्ति एक-सी रही आयी। द्रविड़ भाषाओं में भी यह प्रवृत्ति सामान्य रूप से थी। इस प्रक्रिया के विरुद्ध मुसलमानों की आपत्ति इसलिए तर्कसंगत नहीं है क्योंकि वे उर्दू में फारसी, तुर्की और अरबी भाषाओं के शब्दों का स्वयं प्रयोग बहुत अधिक कर रहे हैं। पाकिस्तानियों की पूर्व-पाकिस्तान की संस्कृत प्रधान भाषा के प्रति असहिष्णुता के परिणामस्वरूप ही उन्हें अपना पूर्वी भाग खोना पड़ा और बंगला देश बन गया।

यदि मुस्लिम लीगी भारत को एक संयुक्त राष्ट्र बनाने में रूचि रखते, तो हिन्दू और मुसलमानों, दोनों के द्वारा स्वीकृत समाधान आसानी से ढूंढ़ा जा सकता था। इस प्रकार का एक प्रस्ताव स्वयं जवाहरलाल ने तैयार किया था। उनका प्रस्ताव था कि हिन्दी और उर्दू दोनों को अलग-अलग अपना भाषा विकास करने दिया जाए और इस बीच बुनियादी अंग्रेजी के ढंग पर बुनियादी हिन्दूस्तानी भाषा का निर्माण क्रमश: किया जाए। इस प्रस्ताव का गाँधीजी ने स्वागत किया और उन्होंने उसे अपनी बुनियादी शिक्षा की योजना में समाहित कर लिया था। लेकिन मुस्लिम लीगियों ने, जो अलगाव की प्रवृत्ति को बढ़ावा देने पर आमादा थे, इस प्रस्ताव को नामंजूर कर दिया और लगातार प्रचार करते रहे कि काँग्रेस उनकी मातृभाषा उर्दू का विनाश कर रही है।

जब लीगियों के वन्दे मातरम् और राष्ट्रीय झण्डे के विरुद्ध प्रचार की ओर गाँधीजी का ध्यान खींचा गया तो उन्हें इतना दु:ख हुआ कि काँग्रेसजनों को उसका प्रयोग न करने तक का सुझाव उन्होंने दे डाला। उन्होंने हरिजन में लिखा: "राष्ट्रीय झण्डे का प्रयोग करने का प्रश्न अभी भी जनता को बेचैन कर रहा है। उसकी परिकल्पना तब की गई थी जब असहयोग आंदोलन अपनी पराकाष्ठा पर था। उसे बिना किसी झिझक या आपत्ति के सभी सम्प्रदायों द्वारा मान्यता मिली थी। मुसलमान और अन्य वर्ग के लोग उसे लेकर चलने और उसका आदर करने में हिन्दुओं से प्रतिस्पर्धा करते थे.... वह कभी न टूटने वाली साम्प्रदायिक एकता का प्रतीक था। उसके रंग विशेष रूप से सोच-विचार कर निश्चित और चुने गए थे... ताकि सभी के द्वारा उसका निर्विवाद और सर्वव्यापी सम्मान हो। लेकिन यह स्वीकार करना पड़ेगा कि आज उसका वैसा आदर नहीं हैं......।

"ऐसी स्थितियों में मैं व्यक्तिगत रूप से चाहूँगा कि वह आम सभाओं से हटा दिया जाए और उसे तब तक न फहराया जाए जब तक जनता उसकी कमी का अनुभव न करे, और उसे अपने प्रारंभिक तथा अनन्य स्थान पर स्थापित करने के लिए व्याकुल न हो। अत: मेरा सुझाव है कि सम्मिलित सभा में, जहाँ उसका विरोध हो, झंडा न फहराया जावे..... झण्डे को चढ़ाने की ज़िद नहीं करनी चाहिए, यदि सभा का एक भी व्यक्ति उसका विरोध करता हो।

"झण्डे के सम्बन्ध में मैंने जो कुछ कहा है, वह उसी तरह वन्दे मातरम् गाने पर भी लागू होता है। मिली-जुली आम सभा में वन्दे मातरम् का गीत गाने पर ज़रा भी कलह का जोखिम मैं नहीं उठाना चाहता। उसका प्रयोग न किए जाने से उसकी कोई हानि नहीं होगी। वह तो लाखों लोगों के हृदय में विराज रहा है। झण्डा और गीत भी जब तक राष्ट्र रहेगा रहे आवेंगे।"[३०]

उसके विगत इतिहास से सम्बद्ध रहे आने के कारण काँग्रेस लीग की इस अनुचित मांग को

स्वीकार नहीं कर सकती थी। तथापि उसने काँग्रेसजनों से वन्दे मातरम के पहले भाग का ही उपयोग करने का निर्देश दिया। स्वाधीनता की प्राप्ति पर जण गण मन राष्ट्रीय गीत चुना गया और झण्डे पर चरखे का स्थान अशोक चक्र ने लिया। यह लीग के संतोष के लिए,नहीं किया गया, जिसके नेता अब पाकिस्तान की ओर जा रहे थे, बल्कि उन मुसलमानों के भ्रम को दूर करने के लिए किया गया, जिन्हें सत्ता के भूखे उनके नेता भारत में पीछे छोड़ गए थे।

लेकिन भारत की भूमि पर जब तक मुस्लिम लीग कार्यरत रही उसने काँग्रेसी सरकारों के विरुद्ध मनगढ़ंत झूठ का सिलसिला जारी रखा। काँग्रेसी मंत्रिमण्डलों के द्वारा किए गए काल्पनिक अत्याचारों का पीरपुर और शरीफ की दो असाधारण रिपोर्टों में ब्यौरा दिया गया। नेहरू ने संघीय अदालत के मुख्य न्यायाधीश मारिस ग्वेयर के द्वारा निष्पक्ष जाँच का प्रस्ताव किया, लेकिन किसी-न-किसी बहाने जिन्ना उस प्रस्ताव को मानने से इंकार करते रहे। जेड.एच. जैदी कहते है: "इन रिपोर्टों ने, जो किसी भी तरह निष्पक्ष और वास्तविक नहीं थीं, मुस्लिम दिमाग को काँग्रेस की से स्थायी रूप से प्रभावित किया।"[३१] काँग्रेसी सरकारों वाले प्रांतों के किसी भी अंग्रेज़ गवर्नर ने इन रिपोर्टों में दी गई ज्यादतियों को छिपकर अथवा प्रत्यक्ष रूप से अपना समर्थन नहीं दिया। वाइसराय को भी, जो मुस्लिम लीग के पक्षपाती थे, मंजूर करना पड़ा कि उन ज्यादतियों के लिए कोई प्रमाण नहीं थे। लेकिन प्रमाण थे अथवा नहीं, लीगी अपनी कोशिश में सफल हो गए क्योंकि झूठ बोलने का कौशल उन्होंने अपने नाज़ी गुरुओं से सीख लिया था और जहाँ भी मज़हब का विषय था, मुस्लिम जनता किसी भी बात पर विश्वास कर सकती थी। एम. मुजीब कहते हैं- "भारतीय मुसलमान, जबकि अफवाह तर्कयुक्त वास्तविकता से भड़काने के काम में अधिक शक्तिशाली होती है, किसी किए गए अथवा किए जाने वाले ऐसे कार्य के संबंध में सुनता है जो इस्लाम के लिए अपमानजनक है, तो वह उत्तेजित हो जाता है। वह किसी ऐसी बात की सच्चाई जानने का इच्छुक नहीं होता, उसका दिमाग रोष में डूब जाता है, और वह रोष उसे सुझाने लगता है कि जितना अधिक भड़काने वाला कोई समाचार हो वह उतना ही सत्य होगा।"[३२]

इस प्रकार, जब दूसरा विश्व युद्ध प्रारंभ हुआ, तब तक जिन्ना इस्लाम के लिए अपमानजनक अफवाहों का सहारा लेकर, किसी बयान की सच्चाई को प्रमाणित करने से इंकार कर और हिन्दुओं और काँग्रेस के विरुद्ध मुस्लिम दिमाग को रोष में डुबो कर मुस्लिम सम्प्रदाय के तानाशाह हो गए। वाइसराय ने मुस्लिम तानाशाह का स्वागत किया और उसे गाँधी की हैसियत पर लाकर खड़ा कर दिया। अपनी इस नई स्थिति में, जिन्ना ने सरकार का प्रजातांत्रिक ढाँचा भारत के अनुकूल नहीं माना, और घोषणा की कि स्वायत्त शासन की कोई भी नई किश्त बिना उनकी सहमति के हिन्दुस्तान को न दी जाए। पाकिस्तान का मार्ग अब स्पष्ट हो गया था।

युद्ध और वाइसराय ने जिन्ना को निषेधाधिकार दिया (१९३९-४०)

जब द्वितीय विश्व युद्ध प्रारंभ हुआ, उन दिनों राजनीतिक भारत में जितनी फूट थी उतनी गाँधी युग में कभी नहीं हुई। मुस्लिम लीग के अध्यक्ष जिन्ना मुसलमानों को देश का बँटवारा करवाने के लिए तैयार कर रहे थे। अम्बेडकर अभी भी असंतुष्ट थे, और काँग्रेसी सरकारों द्वारा हरिजनों पर किए गए अत्याचार की शिकायत अंग्रेज सरकार से करने का अवसर नहीं चूकते थे। पृथक निर्वाचन का

रोग संक्रामक हो गया था और मद्रास प्रेसीडेन्सी के कुछ अब्राम्हण राजनेता भी अल्पसंख्यक ब्राम्हणों के अत्याचारों से बचने के लिए पृथक निर्वाचन की मांग कर रहे थे। अंग्रेज व्यापारी समाज अपने हितों के प्रति जागरुक था ही और वाइसराय अपनी कार्यकारिणी समिति में कुख्यात बेन्थल को मंत्री बनाने पर विचार कर रहे थे।

काँग्रेस में भी स्थिति अच्छी नहीं थी। सुभाष चन्द्र बोस अलग हो चुके थे। समाजवादी गाँधीजी के नेतृत्व और उनके अहिंसा शस्त्र के प्रति अपनी अनास्था बार-बार प्रकट करने में नहीं थक रहे थे। जवाहरलाल नेहरू दुविधाग्रस्त थे: वे ब्रिटिश साम्राज्यवाद का विरोध नहीं छोड़ सकते थे, लेकिन फासिस्ट शक्तियों के द्वारा प्रजातंत्र की पराजय भी उन्हें स्वीकार नहीं थी। मौलाना आज़ाद जवाहरलाल के विचारों के समर्थक होते हुए भी प्रकृति से इतने स्वतंत्र थे कि किसी का अँधा अनुकरण उन्हें अमान्य था। राजगोपालाचारी, जो १९२२-२३ में दास और मोतीलाल के विरोध में पक्के गाँधी भक्त की तरह राजनीति में सामने आ गए थे, अपनी क्रांतिकारी गतिशीलता को त्याग चुके थे और उनमें और एक नरम दल वाले में अंतर पहचानना कठिन था।

गाँधीजी, यद्यपि काँग्रेस से औपचारिक रूप से अलग थे, अभी भी सर्वोच्च नेता थे, और उनके विरोधी भी उनसे आवश्यक नेतृत्व की अपेक्षा कर रहे थे। केवल सुभाष ही थे जो महात्मा को जन-सत्याग्रह आंदोलन प्रारंभ करने के लिए इसलिए प्रेरित कर रहे थे ताकि इंग्लैन्ड की धुरी-शक्तियों से लड़ने की क्षमता कम हो जावे। लेकिन यह सभी खींचतान उन्हें हिला-डुला नहीं सकी। अनासक्त होने के कारण उनकी दृष्टि स्पष्ट थी। उन्हें देश में कार्यरत विरोधी तत्वों की पूरी जानकारी थी। वे जानते थे कि अंग्रेज शेर अपने जीवन और मरण की लड़ाई में जूझ रहा था और उसकी पूँछ का पीछे से मरोड़ा जाना वह बर्दाश्त नहीं करेगा। अन्तर्राष्ट्रीय राजनीति के अपने ज्ञान के कारण वे समझते थे कि मित्र राष्ट्र और धुरी-शक्तियां एक दूसरे के बराबर की हैं और घमासान लड़ाई कई वर्ष तक चलेगी। वे अवसर की प्रतीक्षा करेंगे और स्थिति का अवलोकन कर देश की स्वाधीनता के अपने लक्ष्य को सामने रखते हुए बदलती परिस्थितियों के अनुसार चाले चलेंगे।

१९३६ के लखनऊ के अधिवेशन के बाद प्रति वर्ष काँग्रेस घोषणा करती रही कि वह भारत को इंग्लैण्ड के किसी युद्ध में उलझने नहीं देगी। अत: किसी को आश्चर्य नहीं होना चाहिए था, जब वाइसराय लार्ड लिनलिथगो ने इंग्लैण्ड के द्वारा जर्मनी के विरुद्ध युद्ध घोषणा की जाने पर भारत को भी उसके विरुद्ध युद्धरत होने की घोषणा कर दी। भारत के पराधीन देश होने के कारण वाइसराय का यह कार्य वैधानिक रूप से ठीक था। राजनीतिक दृष्टि से भी यह कदम बुद्धिमत्ता पूर्ण था क्योंकि देश के नेताओं से परामर्श करने की प्रक्रिया से घोषणा करने में देर हो जाती। जहाँ तक काँग्रेस का सम्बन्ध था, उसके नेता बिना शर्त के सहयोग करने के लिए सहमत न होते। ४० करोड़ जनसमुदाय को एक खूनी युद्ध में डाल देने में, जहाँ तक किसी नैतिक पक्ष का प्रश्न था, इंग्लैंड ने पहले भी कभी ऐसे संकोच का परिचय नहीं दिया था। अब तो केवल उनका सहयोग प्राप्त करने का कार्य ही बचा था, और यह कार्य वाइसराय ने तत्काल करना प्रारंभ कर दिया।

अपनी घोषणा के दूसरे दिन, ४ सितम्बर, १९३९, को उन्होंने गाँधीजी को सहयोग के लिए निमंत्रण भेजा। इंग्लैण्ड के प्रति जनता की भावना का अनुमान इस बात से लगाया जा सकता है कि जब

गाँधीजी कालका के लिए दिल्ली से रेल पर सवार हुए, एक बड़ी भीड़ जमा हो गई और हमेशा की तरह महात्मा गाँधी की जय बोल कर उसने गाना शुरु किया: "हम कोई समझौता नहीं करना चाहते।" शिमला पहुंचकर गाँधीजी ने वाइसराय से लम्बी वार्ता की और उसके बाद एक वक्तव्य दिया जिसमें उन्होंने स्पष्ट किया कि काँग्रेस कार्यकारिणी समिति ने उन्हें कोई निर्देश नहीं दिया है और अपनी ओर से छोड़ कर, किसी अन्य व्यक्ति की ओर से बोलने का उन्हें कोई अधिकार नहीं है। उन्होंने कहा: "अपनी अनिवार्य तथा पूर्ण अहिंसा के कारण मैं जानता था कि मैं राष्ट्रीय मनोदशा का प्रतिनिधित्व नहीं कर सकता था, और यदि ऐसा करता तो मेरी मूर्खता होती। मैंने यह बात वाइसराय से कह दी थी। अत: मेरे साथ कोई समझौता या समझौता वार्ता का प्रश्न नहीं हो सकता था। मैंने यह भी देखा कि उन्होंने भी मुझे किसी समझौते के लिए नहीं बुलाया था। मैं वाइसराय भवन से बिना किसी गुप्त या प्रकट समझौते के खाली हाथ वापिस हुआ हूँ। यदि कोई समझौता होना है तो वह सरकार और काँग्रेस में होगा।"

"काँग्रेस के संदर्भ में अपनी स्थिति को स्पष्ट करने के बाद मैंने वाइसराय से कहा कि मानवीय दृष्टिकोण से मेरी सहानुभूति इंग्लैण्ड और फ्रांस के साथ है। मैंने उन्हें बताया कि बिना अत्याधिक व्यथित हुए मैं लंदन के विनष्ट होने की कल्पना ही नहीं कर सकता था, क्योंकि लंदन अभी तक दुर्जेय माना जाता रहा है, और जब मैं संसद भवनों और वेस्टमिनिस्टर ऐबे को वाइसराय के सामने चित्रित कर रहा था तो उनके विध्वंस की संभावना से मैं शोक-सन्तप्त हो गया। मैं निराश हो गया हूँ।"[३३]

लेकिन अब हम जानते हैं कि उस मुलाकात में हुई बातों के संबंध में जो कुछ उन दिनों बताया गया था, उससे बहुत कुछ अधिक उसमें हुआ था। महात्माजी ने व्यक्तिगत क्षमता से राजनीतिक प्रश्न पर चर्चा की थी। ग्लेनडेवन के कथनानुसार "लिनलिथगो ने गाँधी से पूछा था किउनकी स्थिति क्या थी। महात्मा ने उनसे कहा कि व्यक्तिगत तौर पर वे भारत के द्वारा इंग्लैण्ड को बिना शर्त और पूर्ण सहयोग दिए जाने के पक्ष में थे, यद्यपि वे अपने सहयोगियों की ओर से कुछ नहीं कह सकते थे। उन्होंने कहा कि यद्यपि वे अहिंसा के पक्षधर थे, लेकिन उन्होंने पूर्व में जवानों की भर्ती में अपना नैतिक सहयोग दिया था और अब भी व्यक्तिगत रूप से उसके लिए तैयार थे। गाँधी बहुत भावुक हो गए थे, जब उन्होंने वेस्टमिनिस्टर ऐबे अथवा वेस्टमिनिस्टर हाल पर बमबारी की संभावना के सम्बन्ध में चर्चा की, और कहा कि वे इस युद्ध के सम्बन्ध में 'एक अंग्रेज हृदय से सोचते हैं"।

"वाइसराय ने गाँधी से स्पष्ट किया कि वे उन्हें युद्ध की प्रगति की जानकारी देने के लिए पूरा प्रयत्न करेंगे और उन्होंने एक बड़े अधिकारी को गाँधी से मानचित्रों और नवीनतम जानकारी के साथ सम्पर्क करते रहने के आदेश दिए। देश की आंतरिक स्थिति के संदर्भ में उन्होंने काँग्रेस सरकारों के रहे आने की आवश्यकता पर बल दिया। उन्होंने किसी संविधिक परिवर्तन की आशा तो नहीं दिलाई लेकिन यह कहा कि इसका यह अर्थ नहीं हो सकता था कि जैसा परस्पर निकटतम परामर्श वे दोनों कर रहे थे वैसा भविष्य में नहीं हो सकता था। उन्होंने सरकार और भारत के नेताओं में, विशेषत: रक्षा के क्षेत्र में, संपर्क रहे आने की अपनी प्रबल इच्छा प्रकट की। संक्षेप में, सहायता करने में जो भी उनसे बन सकेगा वे करेंगे तथा उनकी संवैधानिक स्थिति जितनी स्वतंत्रता उन्हें देगी उस सीमा तक वे अपना मानस खुला रखेंगे। गाँधी ने उनके इस विचार को सराहा। उन्होंने स्वीकार किया कि इन विषयों में

जल्दी नहीं की जा सकती थी और कहा कि जब तक वाइसराय अपना मनसंकुचित नहीं करेंगे, उन्हें संतोष रहा आएगा।

"इसके बाद महात्मा ने साम्प्रदायिक तथा हिन्दू प्रभुत्व के प्रति मुस्लिम भय से संबंधित प्रश्न को उठाया। उन्होंने कहा कि मुसलमानों को वाइसराय, जिनकी क्षमता से वे प्रभावित हैं काँग्रेस से अधिक सहयोग करने के लिए प्रेरित कर सकते हैं। इसे इसलिए किया जाना चाहिए क्योंकि यथार्थ प्रगति के लिए यही एकमात्र दिशा है। इसके बाद गाँधी ने पुरानी काल्पनिक शिकायत की कि साम्प्रदायिक तनाव के लिए अंग्रेज दोषी हैं। उन्होंने कहा कि इंग्लैन्ड के लिए असंभव था कि वह एक ही समय में एकीकृत तथा स्वायत्त शासित भारत के लिए काम करने के साथ ही भारत में रहे आने के लिए मुस्लिम चिंताओं तथा साम्प्रदायिक मतभेदों से भी लाभ उठाने का काम जारी रखें।

"गाँधी ने पूछा कि क्या अंग्रेज ईमानदारी बरतेंगे। लिनलिथगो ने जवाब दिया कि वे यह निश्चित कह सकते हैं कि जिन्हें इन विषयों की व्यक्तिगत रूप से जानकारी है और जो लोग १९३५ के गवर्नमेन्ट ऑफ इंडिया एक्ट से संबंधित रहे हैं वे पूर्ण रूप से ईमानदार हैं। साथ ही उन्होंने कहा कि वे यह मानने के लिए तैयार थे कि भारत में और उनके देश में रूढ़िवादी विचार रखने वाला बड़ा दल था जिसने गाँधी के द्वारा जिस प्रकार स्थिति को प्रस्तुत किया है, उस पर पूरी तरह विचार नहीं किया है, और न पूरी तरह यही मानते थे कि दोनों काम एक साथ नहीं हो सकते थे। लेकिन रूढ़िवादियों में यह कह कर परिवर्तन लाने की आशा नहीं की जा सकती थी कि वे रूढ़िवादी न रहें। धैर्य रखना ही आवश्यक था।"[३४]

मुलाकात की इस रिपोर्ट से दो बातें स्पष्ट हो जाती हैं: पहली, वाइसराय गवर्नमेन्ट ऑफ इंडिया एक्ट में कोई संवैधानिक परिवर्तन के लिए तैयार नहीं थे और इसके लिए उन्होंने "दोनों, भारत और उनके देश में, रुढ़िवादी दल की उपस्थिति का सहारा लिया। दूसरी उन्होंने गाँधी के इस आरोप को कि "अंग्रेज हिन्दुस्तान में रहे आने के लिए मुस्लिम आशंकाओं और साम्प्रदायिक मतभेदों का उपयोग कर रहे हैं" "एक काल्पनिक शिकायत" ही माना था। पहले बिन्दु के विषय में यह कहा जा सकता है कि क्रिप्स मिशन की असफलता से संबंधित रिकार्ड से यह प्रमाणित करना सहज है कि लिनलिथगो स्वयं रूढ़िवादियों में कट्टर रूढ़िवादी थे, और वे अपने वाइसराय रहने की लम्बी अवधि में भारत की स्वाधीनता के लिए किसी भी प्रयत्न का विरोध करते रहे थे। भारत में अंग्रेजी राज की अवधि बढ़ाने के लिए भी वे साम्प्रदायिक मतभेदों का उपयोग करने में किसी से पीछे नहीं थे, यह बात बिना झिझक कही जा सकती है। मुलाकात समाप्त होते तक गाँधीजी ने मानवीय सहानुभूति रखते हुए भी, समझ लिया होगा कि बांझ गाय को दुहना व्यर्थ ही था।

इसके बाद वाइसराय ने जिन्ना से मुलाकात की, जिन्होंने उनसे उनके हाथ मजबूत करने के लिए कहा। लिनलिथगो ने उनसे पूछा कि क्या वे चाहते हैं कि काँग्रेसी मंत्रिमंडल हटा दिए जावें। लीग के तानाशाह का उत्तर प्रारूपिक ही था- "हां, उन्हें तत्काल निकाल दीजिए। कोई दूसरी बात उनको होश में नहीं ला सकेगी। आप चाहें तो विश्वास न करें, और मैं भी दो वर्ष पूर्व तक विश्वास नहीं कर पाता था, कि उनका इरादा दोनों, अंग्रेजों और हम मुसलमानों, को नष्ट करना है। वे आपका साथ कभी

नहीं देंगे।" इस प्रश्न के उत्तर में कि यदि प्रजातंत्र के द्वारा नहीं तो फिर भारत को स्वतंत्रता कैसे मिलेगी, उन्होंने कहा कि, "इस गतिरोध से छुटकारा बंटवारे में है।"[३५]

जिन्ना से उनकी मुलाकात होने से पूर्व पंजाब के प्रधानमंत्री सिकन्दर हयात खाँ का एक संदेश आ चुका था। ग्लेन्डेवन के कथनानुसार सिकन्दर हयात ने वाइसराय से कहा था कि "जिन्ना को प्रफुल्लित करने के लिए वे कुछ भी न करें वरना उनसे बातचीत करना अधिक कठिन हो जाएगा" और "जिन्ना और उनके मित्र कुछ भी कहें, पंजाब और बंगाल लड़ाई में उनका साथ देने के लिये बिल्कुल शासन के साथ हैं।"[३६] यह संदेश बड़े महत्व का था क्योंकि मुस्लिम बहुमत वाले पंजाब और बंगाल प्रांतों की सरकारों के साथ हो जाने से, वाइसराय आसानी से जिद्दी जिन्ना को, १९३७ के आम चुनाव के दिनों की जगह पर रख सकते थे। इसके अतिरिक्त भारतीय सेना में पंजाबी मुसलमानों की सबसे अधिक संख्या होने के कारण अंग्रेज सरकार ने और लिनलिथगो ने स्वयं मुसलमानों के महत्व को स्वीकार करने का दिखावा किया था। अब सिकन्दर हयात लड़ाई चलाने में पंजाबियों के पूर्ण समर्थन का वादा कर रहे थे और जिन्ना की ओर ध्यान न देने की सलाह दे रहे थे। उनकी बात इसलिए और भी महत्वपूर्ण थी क्योंकि वे यूनियनिस्ट पार्टी के, जिसमें हिन्दू-मुसलमान और सिख सम्मिलित थे, नेता थे।

तीखी साम्प्रदायिक राजनीति वाले जिन्ना को महत्व देने से पंजाबी हिन्दू और सिख विरुद्ध हो सकते थे। सिकन्दर हयात की प्रतिष्ठा को बढ़ाने और जिन्ना की प्रतिष्ठा घटाने के इस अवसर का लाभ उठाने से सभी पंजाबियों का- हिन्दू, मुसलमान और सिखों का पूर्ण सहयोग निश्चित हो जाता, लेकिन लिनलिथगो गाँधीजी और काँग्रेस के विरुद्ध जिन्ना का उपयोग करने का निर्णय पहले ही कर चुके थे। सिकन्दर के संदेश पर उन्होंने सिर्फ कोई ध्यान ही नहीं दिया बल्कि उनकी पीठ पर वार भी किया। ग्लेन्डेवन लिखते हैं: "लिनलिथगो ने जिन्ना के साथ धीरज से काम करने और उन्हें उचित दिशा में ले जाने के प्रयत्न को बुद्धिमत्ता पूर्ण माना। वे मुस्लिम नेताओं को एक दूसरे के निकट लाने में सहायता करने का निश्चय कर चुके थे। जैसा वे गाँधीजी से कह चुके थे, उन्होंने जिन्ना से भी संघीय वार्ताएं स्थगित करने की आवश्यकता पर जोर दिया। जिन्ना ने कहा कि उन्हें दु:ख है कि जिन्ना ने कहा कि मुस्लिम लीग के दूसरे साथियों की अपेक्षा सिकन्दर पूरा सहयोग देने के लिए दौड़ पड़े थे। उन्हें सिकन्दर से कोई नाराज़ी नहीं थी, लेकिन सिकन्दर अकेले माल छुड़ाई नहीं कर सकते थे।"[३७] यह कहने की जरूरत नहीं है कि "माल" से उनका तात्पर्य पंजाबी सेना का सहयोग नहीं था, बल्कि गाँधी विरोधी "माल" से था, जो बेचारे सिकन्दर तो नहीं, केवल जिन्ना ही छुड़ा सकते थे।

यद्यपि पाकिस्तान पर औपचारिक प्रस्ताव आने में अभी समय था, लेकिन जैसा ऊपर कहा जा चुका है, इसी साक्षातकार के समय में जिन्ना ने विभाजन की बात उठा दी थी। इसके विपरीत, सिकन्दर हयात की इच्छा एकीकृत भारत में एक तरह का संघीय शासन ही प्राप्त करना था। यह जानते हुए भी, जैसा जान ग्लेन्डेवन ने प्रमाणित किया है कि, लिनलिथगो जिन्ना के नेतृत्व में "सभी मुसलमान नेताओं को एक दूसरे के अधिक निकट लाने में सहायता करने के लिए कटिबद्ध थे", कोई भी इस निर्णय पर पहुँचने से नहीं बच सकता है कि यदि किसी एक अंग्रेज ने देश का विभाजन घटित होने के लिए दूसरों की अपेक्षा अधिक काम किया, तो वे लिनलिथगो ही थे। फिर भी, जब भी अवसर मिला, वे यह घोषित करने से नहीं चूके कि वे देश की एकता के पक्षधर हैं। यह जान पड़ता है कि वाइसराय से मिलने जाने

के पूर्व से ही गाँधीजी उनकी इस दोरंगी चाल से परिचित थे और इसलिए उन्होंने नम्रतापूर्वक उनसे कहा था कि "इंग्लैण्ड के लिए एक ही समय में एकीकृत तथा स्वायत्त शासित भारत के लिए काम करना और साथ ही भारत में रहे आने के लिए मुस्लिम आशंकाओं और साम्प्रदायिक मतभेदों का उपयोग करना असंभव था।"

लार्ड लिनलिथगो के द्वारा प्रोत्साहित किए जाने के कारण, जिन्ना स्वयं को भारत के राजनीतिक भाग्य का एकमात्र निर्णायक मानने लगे। वे यह भी विश्वास करने लगे कि वे वाइसराय के लिये अपरिहार्य हो गये हैं। १८ सितम्बर को जब मुस्लिम लीग की बैठक हुई तो सर्वप्रथम जिन्ना को निमंत्रण देने के लिए वाइसराय की प्रशंसा की गई, लेकिन हमेशा की तरह सरकार को आगाह भी किया गया कि वह मुस्लिम समर्थन का भरोसा तभी कर सकती है जब उनके लिए काँग्रेसी सरकारों के प्रांतों में "न्याय और निष्पक्षता" की गारंटी दे और यह आश्वासन दे कि उनकी स्वीकृति के बिना कोई भी संवैधानिक प्रगति नहीं की जावेगी। दूसरे शब्दों में लीग ने मांग की कि काँग्रेसी सरकारें बर्खास्त कर दी जाएँ और देश की स्वतंत्रता के मामले में उन्हें निषेधात्मक अधिकार दिया जाए। स्पष्ट है कि मुस्लिम लीग के प्रस्ताव में जिन्ना और वाइसराय की मुलाकात में जो कुछ हुआ था, उसे दोहराया गया था।

निष्ठावान संगठनों में अंग्रेज सरकार को सहयोग प्रदान करने के लिए परस्पर होड़ लग गई। हिन्दू महासभा ने भी अपना समर्थन देने के प्रस्ताव पारित किए। महासभा ने इस पर जोर दिया कि सहयोग को प्रभावी बनाने के लिए केन्द्र में उत्तरदायी सरकार बनाई जाए, कम्यूनल अवार्ड पर फिर विचार किया जाए और सेना में और भी अधिक संख्या में हिन्दू लिए जायें। चूँकि कम्यूनल अवार्ड पर पुनर्विचार की तथा केन्द्र में उत्तरदायी सरकार की स्थापना की कोई गुंजाइश नहीं थी, हिन्दू महासभा का यह प्रस्ताव सरकार को इस बात का संकेत देता था कि महासभा सेना में हिन्दुओं की भर्ती के लिए एजेन्ट का काम करने के लिए तैयार थी।

ऑल इंडिया लिबरल फेडरेशन और देशी राजाओं के द्वारा युद्ध प्रयत्न में समर्थन का निर्णय तो पहले से तय हो गई बात थी। लेकिन मजे की बात यह थी कि राजाओं द्वारा अपने समर्थन के लिए दिए कारणों में एक कारण यह भी था कि इंग्लैण्ड प्रजातंत्र के लिए लड़ रहा था। वे घर ही में दान-पुण्य प्रारंभ करने के पक्ष में नहीं थे। अपने शासकों को उनके कठिन समय में समर्थन देने की यह दौड़ कवि टैगोर के नेतृत्व में कुछ प्रसिद्ध व्यक्तियों के वक्तव्य से पूरी हुई। उनकी राय में "कोई भी भारतीय नहीं चाहेगा कि इंग्लैण्ड स्वतंत्रता की जो लड़ाई लड़ रहा है, उसमें पराजित हो जाए।"[३८]

देश की स्वतंत्रता के लिए निरन्तर जूझ रहे एकमात्र संगठन होने के नाते, अखिल भारतीय काँग्रेस को यह परीक्षण करन था कि क्या इंग्लैण्ड सचमुच में "आज़ादी की लड़ाई" लड़ रहा था जिसे उसको नहीं हारने देना चाहिए। काँग्रेस कार्यकारिणी समिति की बैठक वर्धा में हुई और एक सप्ताह तक चलती रही। वे लोग भी, जो कार्यकारिणी के सदस्य नहीं थे, लेकिन पहले कभी उससे संबंधित थे, विचार-विमर्श में भाग लेने के लिए आमंत्रित किए गए थे। महात्मा गाँधी के अतिरिक्त जो अन्य व्यक्ति कार्यकारिणी के सदस्य न होते हुए भी उपस्थित थे, वे सुभाष चंद्र बोस, एम.एस. अणे, आचार्य नरेन्द्र देव और जयप्रकारश नारायण थे। जिन्ना को भी आमंत्रित किया गया था, लेकिन उन्होंने "पहले से अन्य कार्य में व्यस्त होने" का बहाना कर अनुपस्थित होने की क्षमा मांगी।

जवाहरलाल नेहरू के द्वारा तैयार किया गया और कार्यकारिणी के द्वारा स्वीकृत प्रस्ताव काँग्रेस के इतिहास में सबसे अधिक लम्बा था। उस प्रस्ताव ने नाज़ी जर्मनी के द्वारा पोलैन्ड पर किए गए आक्रमण की निंदा और जो उसका प्रतिरोध कर रहे थे उनके प्रति अपनी सहानुभूति प्रदर्शित की, लेकिन प्रजातंत्र के लिए लड़ी जाने वाली कहलाई गई "उस लड़ाई में भारत को सम्मिलित करने से उसने इंकार किया जब वही प्रजातंत्र उसे नहीं दिया जा रहा था।" तो भी स्थिति की विषमता को दृष्टि में रखते हुए कमेटी ने निर्णय तब तक के लिए स्थगित रखा जब तक लड़ाई में जो मुद्दे उभरे हैं, उनके सम्बन्ध में, उसके "उद्देश्यों के सम्बन्ध में, और उसके संदर्भ में भारत की वर्तमान और भविष्य की स्थिति के बारे में, पूर्ण स्पष्टीकरण नहीं होता, तथा अंग्रेज सरकार प्रजातंत्र और साम्राज्यवाद की कल्पित नई व्यवस्था के सम्बन्ध में स्पष्ट शब्दों में अपने विचार घोषित नहीं करती, तथा यह नहीं बताती कि वे लक्ष्य किस प्रकार भविष्य में भारत पर लागू होंगे और वर्तमान में कैसे वे क्रियान्वित किए जावेंगे।" अंत में कमेटी ने "देशवासियों से आंतरिक झगड़ों और विवादों को समाप्त करने की अपील की और इस संकट के समय में आपस में मिलकर देश की एकता को बनाए रखते हुए विश्व की स्वाधीनता की बड़ी परिधि में भारत की स्वतंत्रता के लिए उद्देश्य की संलग्नता और दृढ़ता के साथ तैयार रहने को कहा। समिति ने बैठक समाप्त करने से पूर्व युद्ध की बदलती स्थिति से उत्पन्न समस्याओं पर विचार हेतु नेहरू, आजाद और पटेल की एक उप-समिति नियुक्त की।

काँग्रेस के प्रस्ताव पर टिप्पणी करते हुए गाँधीजी ने कहा कि "ब्रिटेन के द्वारा प्रजातंत्र संबंधी मान्यताओं का सहज परिणाम, मेरी दृष्टि में, भारत और इस अर्थ में ब्रिटिश राज्य के अधीन देशों की स्वाधीनता की स्वीकारोक्ति होनी चाहिए और उन्होंने प्रश्न किया कि क्या ब्रिटेन भारत को उसकी इच्छा के विरुद्ध युद्ध में घसीटना चाहेगा अथवा यह चाहेगा कि इच्छा से सहयोग देने वाला मित्र भारत प्रजातंत्र की रक्षा में सहयोग करे।"[३९]

युद्ध के प्रश्न पर काँग्रेस के द्वारा निर्णय लिए जाने के दो दिन बाद लिनलिथगो ने गाँधीजी को वार्ता के लिए फिर बुलाया। उन्होंने काँग्रेस कमेटी के विचारों से वाइसराय को अवगत किया और सरकार से भारत की स्वाधीनता और केन्द्रीय शासन में उसे तत्काल भागीदार बनाये जाने के सम्बन्ध में घोषणा किए जाने की मांग की। इन दोनों मांगों के सम्बन्ध में वाइसराय का उत्तर निराशाजनक था। देशी राजाओं और अल्पसंख्यकों की समस्याओं के अतिरिक्त उन्होंने अपने संतोष के लिए एक नया बहाना भी खोज निकाला। गाँधीजी से हुई बातचीत से उन्होंने यह अनुमान लगाया कि "गाँधीजी अपने लोगों को अपने साथ रखने में स्वयं को सक्षम नहीं मान रहे थे और काँग्रेस के वामपंथियों का दबाव बढ़ रहा था जिसके कारण सरकार से यदि कोई समझौता हो भी जाए तो उसका दक्षिणपंथी पालन नहीं कर पावेंगे।"[४०] केन्द्रीय शासन में तत्काल भागीदारी देने की काँग्रेस की मांग का भी उन्होंने दूसरा ही अर्थ लगाया। काँग्रेस ने दिसम्बर १९२९ में डोमिनियन स्टेटस की मांग करते हुए उसे, जहाँ तक सम्भव हो, तत्काल कार्यान्वित करने की बात की थी। जब वही मांग दस वर्ष के पश्चात् फिर की गई तो वाइसराय ने सोचा कि मुसलमानों के भय से शासन में तत्काल भागीदारी दिए जाने पर इतना जोर दिया जा रहा था। वे इस निष्कर्ष पर आए: "यह भी स्पष्ट है कि "काँग्रेसजनों को साम्प्रदायिक खाई की वास्तविकता और गहराई पहले की अपेक्षा अब अधिक दिखने लगी है; और मुझे

कहना चाहिए था कि इस सम्बन्ध की स्थिति पर काबू पाने की अपनी क्षमता पर उन्हें संदेह होने लगा है तथा इस पर भी उन्हें संदेह है कि हमारे शासन के अन्तर्गत मुस्लिम समाज और देशी राजाओं को संवैधानिक बंधनों में बांधकर, जो उनका लक्ष्य है, वे रख सकेंगे या उसके बाद उसी कड़ाई से बहुसंख्यक हिन्दुओं के सहारे पूर्ववत् आगे भी उन्हें पकड़े रह सकेंगे।"[४१]

बहुसंख्यकों को केन्द्र शासन में भागीदारी न देने के लिए यह उनका दूसरा बहाना हो गया होगा। जैसा भी हो, लिनलिथगो ने ५२ भारतीय नेताओं को मुलाकात के लिए आमंत्रित किया। गाँधीजी पहले और फिर जिन्ना आमंत्रित थे। लेकिन मुस्लिम लीग के नेता ने तय कर लिया कि चूँकि उनके बिना सरकार का काम नहीं बनेगा इसलिए मुलाकात के लिए वे वाइसराय की सुविधा का विचार न कर अपनी सुविधा के अनुसार चलेंगे। अतः वाइसराय के निमंत्रण पर उनका उत्तर था कि वे १ अक्टूबर तक अत्यधिक व्यस्त हैं। ग्लेन्डेवन लिखते हैं: "इस दंभपूर्ण उत्तर से जिन्ना के कई सहयोगी, जिनमें सिकन्दर हयात और जफरुल्ला भी सम्मिलित थे, खिन्न हो गए। यह उत्तर उनके व्यवहार करने के ढंग से विपरीत नहीं था। उदाहरण के लिए वे अक्सर वाइसराय से मुलाकातों के लिए पहुँचने में विलम्ब कर देते थे, जबकि गाँधीजी हमेशा बिल्कुल ठीक समय पर आ जाते थे।"[४२]

ग्लेन्डेवन ने सिकन्दर और जफरुल्ला की प्रतिक्रिया को तो हमें सूचित किया लेकिन उनके पिता, वाइसराय इस अपमान को कैसे पी गए यह हमारी कल्पना पर उन्होंने छोड़ दिया। जब वाइसराय के मनमें यह बात थी कि भारत पर अंग्रेज सत्ता की अवधि बढ़ाने के लिए जिन्ना आवश्यक थे, तो फिर बेचारे लिनलिथगो कर ही क्या सकते थे। हिन्दी में एक कहावत है कि दूध देने वाली गाय की लात खाकर भी उसे पुचकारना और फुसलाना पड़ता है "यदि दूध लेना हो तो।"

३० सितम्बर को वाइसराय नेहरू और राजेन्द्र प्रसाद से मिले। काँग्रेस की मांग पर उनके तर्क को सुनकर "उन्होंने उनसे कहा कि वे दो बहुत तेज़ युद्धाश्वों की तरह दौड़ रहे थे" और "वाइसराय की चाल उनको बग्घी के बूढ़े घोड़े की चाल जैसी लगती होगी।" अंत में उन्होंने उनसे "धैर्य रखने के लिए कहा, क्योंकि, वे तो स्वतंत्र हैं, लेकिन उनके पीछे गाड़ी लगी हुई है।"[४३]

यद्यपि वाइसराय ने उनसे धीरज से काम लेने को कहा, उन्होंने स्वयं धीरज नहीं रखा। कुछ देर के लिए उनके मन में यह विचार कर काँग्रेस के प्रति सहानुभूति उमड़ पड़ी कि भारत का सबसे बड़ा राजनीतिक दल इस प्रकार के चरित्रबल के व्यक्तियों के हाथों में चला जावेगा। वे नेहरू की योग्यता के सम्बन्ध में मात्र दुखी ही नहीं थे, बल्कि उन्होंने यह भी अनुभव किया कि "वे ही उत्पात के मुख्य कारण होंगे।" तथापि, ग्लेनडेवन के कथनानुसार, "वाइसराय को पटेल ने आकर्षित किया जो खुशमिजाज़, चतुर और तेज़ दिमाग थे और जिनका व्यक्तित्व सबल था। लेकिन, जैसा दूसरों के साथ हुआ, उनसे हुई मुलाकात भी निष्फल रही। परन्तु पटेल की योग्यता को समझ लेने के पश्चात् काँग्रेस के भविष्य के सम्बन्ध में उनके दु:ख में कमी आ गई होगी।

५२ विशिष्ट व्यक्तियों से साक्षात्कार करने के बाद लार्ड लिनलिथगो बम्बई गए और काँग्रेस की मांग के उत्तर में उन्होंने अपनी नीति की घोषणा की। इस घोषणा में भी डोमीनियन स्टेटस एक "लक्ष्य" ही रहा आया और युद्ध की समाप्ति पर गवर्नमेन्ट ऑफ इंडिया एक्ट १९३५ पर पुनर्विचार की बात कही गई। तत्काल तो युद्ध संचालन में सहायतार्थ एक सलाहकार समिति की स्थापना ही करना था।

गाँधीजी ने इस घोषणा को "अत्यन्त निराशाजनक" कहकर तत्काल निन्दा की। काँग्रेस कार्यकारिणी ने उसे "साम्राज्यवादी नीति का असंदिग्ध पुनर्कथन" की संज्ञा दी और "काँग्रेस मंत्रिमण्डलों को त्यागपत्र देने" के आदेश दिए। यह कार्यवाही शासन के विरुद्ध जन-आंदोलन का सूचक न मान ली जाए, इसलिए कार्यकारिणी ने काँग्रेसजनों को जल्दबाज़ी करने के विपरीत आगाह किया और "जब भी आवश्यकता होगी अगला कदम उठाने के लिए देश को मार्गदर्शन देने में नहीं हिचकने" का वादा किया। अंत में, समिति ने सविनय सत्याग्रह का नियंत्रण और निर्देशन गाँधीजी को सौंप देने का निर्णय लिया।

काँग्रेस कार्यकारिणी के निर्णयों पर अपनी राय देते हुए गाँधीजी ने इस बात पर बल दिया कि "काँग्रेस ने द्वार खुला रखा है" और "अब ब्रिटेन को अपनी गलती सुधारनी थी।" लिनलिथगो गाँधीजी से बहुत नाराज हो गए। ग्लेन्डेवन के अनुसार, "जहाँ तक गाँधी से संबंध था, लिनलिथगो ने बहुत दिनों से किसी भी बात पर आश्चर्य न करना सीख लिया था, लेकिन अपनी अडिग ईमानदारी के कारण बहुत ही कम समय में काया पलटने और अपनी व्यक्तिगत राय और सार्वजनिक वक्तव्यों में तालमेल रखने की गाँधीजी की अक्षमता से वे बड़े निराश हो गए थे।"[४४]

"अडिग ईमानदारी वाले" लिनलिथगो ही गाँधीजी को अपने व्यवहार में असंगत और कपटी मानते थे, ऐसी बात नहीं थी, बल्कि एंग्लो इंडियन और ब्रिटेन के अखबारों में गाँधीजी के द्वारा युद्ध के दौरान बिना शर्त सहायता देने के वचन से मुकर जाने के सम्बन्ध में अंधाधुंध प्रचार किया गया। इस आलोचना के उत्तर में गाँधीजी ने असंगत होने के आरोप का खण्डन किया। गाँधीजी ने कहा कि उन्होंने जो इंग्लैण्ड और फ्रांस के प्रति अपनी सहानुभूति प्रदर्शित की है, उसे अब भी मानते थे, लेकिन चूँकि भारत की स्वतंत्रता का प्रश्न उठाया गया है, वे ब्रिटेन से उस प्रश्न का सामना करने की और संतोषप्रद उत्तर देने की अपेक्षा करते हैं। काँग्रेस को उनकी सलाह का यह अर्थ नहीं होता था कि "अपनी स्वतंत्रता की कीमत पर मित्र राष्ट्रों को समर्थन दिया जाए।"

इस संदर्भ में असंगति या असम्बद्धता पर गाँधीजी के विचार याद रखना महत्वपूर्ण है। किसी दूसरे अवसर पर इसी प्रकार के आरोप का उत्तर देते हुए उन्होंने कहा था कि "किसी प्रश्न पर पहले दिए गए अपने उत्तर से सम्बद्धता उनका लक्ष्य नहीं रहता, बल्कि उनका लक्ष्य उस समय जो सत्य उपस्थित हो उससे सम्बद्ध रहना होता है। इसका परिणाम यह रहा है कि मैं सत्य से सत्य की ओर बढ़ता रहा हूँ।"

सामान्य लोगों के लिए यह कथन पहेली जैसा हो सकता है, लेकिन तब महात्माओं के सम्बन्ध में जो कालिदास ने कहा है, उसका स्मरण रखना चाहिए: "छोटी बुद्धि के लोग महात्माओं के आचरण की निन्दा करते हैं क्योंकि वह असाधारण होता है और उसका उद्देश्य उनकी समझ के बाहर होता है।"[४५]

यह सत्य होते हुए भी कि सभी बड़े धर्मों के संस्थापक संसारी व्यक्ति रहे हैं, यह आम धारणा है कि महात्मा को आवश्यक रूप से बड़ा भोला होना चाहिए और उनका आशीर्वाद उनको प्रसन्न कर तथा उनकी प्रशंसा कर प्राप्त किया जा सकता है। लिनलिथगो का संभवत: इस आम धारणा पर विश्वास रहा होगा और उन्होंने दोनों मुलाकातों में युद्ध प्रयासों में गाँधीजी का समर्थन प्राप्त करने के लिए उन्हें प्रसन्न करने हेतु भरसक प्रयत्न किया होगा। जब महात्माजी ने मानवीय आधार पर अपनी सहानुभूति

प्रकट की होगी, तो वे उत्साहित हो गए होंगे। लेकिन जब काँग्रेस ने भारत की स्वतंत्रता का प्रश्न किया तो गाँधीजी ने वाइसराय से उसका सामना करने को कहा होगा। लिनलिथगो उन्हें काँग्रेसी सहयोगियों से अलग करने के अपने प्रयत्न में असफल हो गए थे और उन्होंने उन पर काया पलटने का आरोप लगाया। लिनलिथगो के पुत्र ग्लेनडेवन ने अपने पिता की निराशा का बड़ा दयनीय वर्णन किया है: "इतना कुछ सहानुभूति के लिए, दोनों व्यक्तियों में परस्पर हुई मूल्यवान मित्रता के लिए, और गाँधीजी से उस कठिन समय में सहायता के लिए वाइसराय ने सब कुछ किया। लेकिन वे प्रयत्न करना नहीं छोड़ेंगे और मन में बुराई नहीं रखेंगे।"[४६] यह सत्य है कि लिनलिथगो बड़े ही चतुर राजनीतिज्ञ थे, वरना ऊपर जो वर्णन किया गया है, वह एक शहीद हुए प्रेमी का विलाप ही जान पड़ेगा!

जब काँग्रेस मंत्रिमंडल त्यागपत्र देने की तैयारी कर रहे थे, वाइसराय ने दूसरी चाल चली। उन्होंने गाँधीजी, राजेन्द्र प्रसाद और जिन्ना की संयुक्त बैठक बुलाई। उन्होंने तीनों से कहा कि यदि प्रांतीय स्तर पर वे कोई समझौता कर लेते हैं तो वे केन्द्र में अपनी कार्यकारिणी में अन्य दलों के एक या दो प्रतिनिधियों के सहित काँग्रेस और लीग के प्रतिनिधि सम्मिलित कर लेंगे। चूँकि राजेन्द्र प्रसाद ने उस प्रस्ताव को अस्वीकार कर दिया इसलिए जिन्ना ने उस पर विचार करने से इंकार किया। इस प्रकार साम्प्रदायिक उलझन तो बचा दी गई, लेकिन वाइसराय ने अपना प्रयत्न जारी रख कर राजेन्द्र प्रसाद के स्थान पर नेहरू के साथ फिर एक संयुक्त बैठक आयोजित की। जिन्ना से हुए वार्तालाप ने नेहरू को प्रोत्साहित किया और इस प्रकार की बैठकों के फिर होने की आशा वे कर रहे थे। लेकिन इस बीच काँग्रेस मंत्रिमण्डलों ने इस्तीफे दे दिए और जिन्ना ने हिन्दू राज से मुक्ति पाने की याद के तौर पर २२ दिसंबर को "मुक्ति और धन्यवाद देने का दिवस" मनाने की घोषणा कर दी। किसी समझौते की नेहरू की आशायें टूट गई। लिनलिथगो ने जैटलैन्ड को लिखा:

"आधारभूत विषयों पर प्रमुख दलों के प्रतिनिधियों में पूरा मतभेद है। इस समय मैं यही कह सकता हूँ कि मैं अपनी इस असफलता को मानने को तैयार नहीं हूँ.... भारत में जब से मैं हूँ, देश में एकता स्थापित करने के लिए मैं जितना चिंतित रहा हूँ उतना किसी बात के लिए नहीं था। और एकता भारत के लिए जितनी जरुरी है, उसका उतना अहसास शायद किसी को नहीं है। एकता का यह भी अर्थ है कि सारे भारतवासी, वे किसी भी सम्प्रदाय या दल के हों, वे अंग्रेजी भारत में या देशी राज्यों में रहते हों, एक सार्वलौकिक योजना के लिए मिलकर काम करें। यह एकता स्थापित करने का प्रयत्न बड़ा महत्वपूर्ण है। मुझे अभी तक सफलता नहीं मिली है, लेकिन मैं फिर प्रयत्न करूँगा। और जब मैं फिर प्रयत्न करूँगा तो भारत से मैं भी, मेरी कठिनाइयों को समझने और मेरी शुभकामना और सहायता करने की हार्दिक इच्छा के लिए मुझे श्रेय दिए जाने की अपेक्षा करूँगा।"[४७]

इस बात की ओर ध्यान दिलाना आवश्यक नहीं है, कि जिस "एकता" की लिनलिथगो की हार्दिक इच्छा थी वह दो सम्प्रदायों को इकट्‌ठा कर एकीकृत भारत को स्वाधीनता की ओर ले जाने वाली एकता नहीं थी। उनकी इच्छा उस अस्थायी एकता के लिए थी जो युद्ध संचालन में सहायता पहुँचाने के सीमित ब्रिटिश उद्देश्य को पूरा करती थी। तो भी, ऐसा नहीं था कि इंग्लैण्ड में ऐसे लोग न हों जो स्वाधीन और एकीकृत भारत देखना चाहते थे। मजदूर दल के नेता, एटली, एक ऐसे व्यक्ति थे, और वैसी ही इच्छा वाले क्रिप्स भी थे। जब एटली ने लिनलिथगो की नीति की निन्दा की, तो वाइसराय ने

साम्प्रदायिक प्रश्न का सहारा लिया और कहा कि वे मुसलमानों को नाराज नहीं करना चाहते थे क्योंकि भारतीय सेना में उनकी संख्या सर्वाधिक थी। जब लिनलिथगो अपने प्रकार की "एकता" लाने के लिए प्रयत्न करने पर विचार कर रहे थे, उस समय मजदूर दल वाले तथा नेहरू के मित्र स्टेफोर्ड क्रिप्स भारत आये। साम्प्रदायिक प्रश्न पर नेहरू का समाधान वयस्क मताधिकार से संवैधानिक असेम्बली का निर्माण था, जिसके लिए यदि मुसलमान चाहते तो पृथक निर्वाचन पद्धति स्वीकार की जा सकती थी। इस समाधान से क्रिप्स आकर्षित हो गए थे और सभी पहलुओं से उसकी जाँच करने के लिए वे भारत आए थे। अब यह नवागत व्यक्ति वाइसराय के लिए बड़ी कठिनाई का कारण, विशेष रूप से बन गया, क्योंकि जेटलैन्ड ने उन्हें आगाह किया कि क्रिप्स ने "नेहरू को दृढ़तापूर्वक अपनी स्थिति पर खड़े रहने और बिल्कुल न हिलने-डुलने की सलाह दी थी।"[४८]

क्रिप्स, नेहरू और कई दूसरे भारतीयों से मिले। अंत में उन्होंने वाइसराय से बातचीत की, जो "अपने अतिथि के द्वारा इतने कम समय में बहुत सामग्री इकट्ठा करने, उनका सूक्ष्म परीक्षण करने और विभिन्न स्तरों पर सम्पर्क किए जाने से बहुत प्रभावित हो गए थे।"[४९] लेकिन ऐसा जान पड़ता है कि क्रिप्स से बातचीत करने के बाद भी लिनलिथगो यह महसूस नहीं कर सके कि भारत की स्थिति के सम्बन्ध में उन्हें प्राप्त हुई सूचनाएँ इस अर्थ में बहुत सीमित थीं, कि वे या तो सरकारी सूत्रों से, या निष्ठावान भारतीयों से, जो वैसी ही बात उनसे करते थे, जो उनके विचार से वाइसराय सुनना चाहते थे, मिली थी। क्रिप्स के द्वारा नई सामग्री के मिलने पर, अपने विचारों में कोई परिवर्तन न कर वाइसराय क्रिप्स के लिए इसलिए दुखी थे, कि वे "जिन मूल प्रस्तावों को लेकर भारत आए थे, उन्हीं के साथ इंग्लैण्ड वापिस हो गए।" उन्हें इस बात का संभवत: दु:ख था कि वे "तेज़ चाल वाले" क्रिप्स युद्धाश्व को अपनी प्रकार के गाड़ी वाले घोड़े में बदल देने में असफल रहे। लेकिन नियति उन्हें एक और अवसर देने वाली थी।

फरवरी १९४० तक लिनलिथगो का आशावाद अदृश्य हो गया और अब लड़ाई "जारी रखने के लिए विभाजित भारत को एक इकाई बनाए रखने का भार उन्हें बर्दाश्त करना था।" यदि वे कट्टर रुढ़िवादी न होते तो उन्होंने समझ लिया होता कि चूँकि उन्होंने जिन्ना को प्रोत्साहित किया था, अत: दूसरे मुस्लिम नेताओं की हालत खस्ता हो गई थी, और वे जिन्ना के पैरों पर लोट रहे थे। ग्लेन्डेवन लिखते है कि "मुसलमानों के पक्ष के जिन्ना जरा भी रचनात्मक वृत्ति के नहीं थे, लेकिन अब आगा खाँ भी, जो फेडरेशन के मामले में अब तक बहुत काम के रहे थे, डोमीनियन स्टेटस के असली अर्थ के प्रति बहुत आशंकित हो गए थे। उन्होंने मान लिया था कि फेडरेशन के बनने और डोमीनियन स्टेटस को लागू होने में दस से पन्द्रह वर्ष का अन्तर हो सकता था, साथ ही वे किसी कोलाहलपूर्व कार्यक्रम के पक्ष में नहीं थे। चतुर ज़फरूल्ला भी मुसलमानों की चिन्ता से परिचित थे, यद्यपि वे जिन्ना की पाकिस्तान की पैरवी को, जिसमें लोगों के सामूहिक स्थानांतरण की क्रूरता निहित थी, ठीक नहीं मानते थे। लिनलिथगो ने, जिनका मनोबल बहुत गिर गया था, यह सोचा कि अब अंग्रेजों को विवेक की ओर ध्यान नहीं देना चाहिए।"[५०]

लेकिन यदि उन्होंने स्वयं विवेक की आवाज़ न सुनी होती तो उन्होंने यह कह कर अपनी निर्दोषता का दावा न किया होता कि "हमने किसी समय भी मैकियाविली पद्धति से काम नहीं लिया है

और न वैसा करने का प्रयत्न ही किया है। साथ ही आपस में झगड़ा कराने का न कोई खेल ही खेला है और हमारी इस ईमानदारी को हमारे आलोचकों ने भी स्वीकार किया है।"[५१]

यह निर्दोषता का दावा उस सड़न को जो १९०६ से "फूट डालो और राज करो" की नीति से पैदा हो गई थी, रोक नहीं सकता था उसको उसकी सहज परिणिति तक ले जाने का जो काम जिन्ना कर रहे थे, उसमें सहायता देने का दायित्व लिनलिथगो के कंधों पर आ पड़ा था। लीग के तानाशाह ने अब एक सार्वजनिक वक्तव्य देकर महात्मा गाँधी को चुनौती दी कि यदि गाँधीजी तर्कसंगत रहना चाहते हैं तो उन्हें अपमानजनक ब्रिटिश संगीन को हट जाने की मांग करनी चाहिए ताकि पूर्ण स्वाधीनता में भारत के लोग अपने प्रकार का आत्मनिर्णय कर सकें।"[५२] साथ ही यह भी कहा कि "वे (गांधीजी) ऐसा इसलिए नहीं करते हैं, क्योंकि वे यह अच्छी तरह जानते हैं कि यदि वर्तमान काँग्रेस उन परिस्थितियों में अपनी मर्जी देश पर लादना चाहेगी तो क्या परिणाम होंगे।"

गाँधीजी जिन्ना का इशारा समझ गए थे, इसलिए उन्होंने नम्रतापूर्वक किन्तु बड़ी दृढ़ता से उस चुनौती को स्वीकार किया और कहा: "यह दिन-ब-दिन साफ होता जा रहा है कि जब तक ब्रिटिश संगीनें लोगों की स्वतंत्र भावना को कुचलती रहेंगी, देश में वास्तविक एकता नहीं हो पाएगी। संगीनें जैसी शांति लाद रही है वह मकबरे की शांति है। मैं अनुभव कर रहा हूँ कि आपसी दंगें भी स्वागत करने योग्य राहत देंगे, यदि स्वाधीनता के लिए वही कीमत चुकानी है।"[५३]

इस प्रकार गाँधीजी ने स्पष्ट कर दिया कि वे तर्क से काम लेना चाहते थे। यदि जिन्ना तर्कसंगत होना चाहते थे तो वे अंग्रेजी सरकार को अपना बोरिया बिस्तर और संगीनों के साथ भारत से चले जाने के लिए गाँधीजी से हाथ मिला सकते थे। लेकिन चूँकि अपने लिए भारत का एक टुकड़ा प्राप्त करने के लिए जिन्ना विदेशी सरकार की उपस्थिति पर निर्भर थे, इसलिए उनमें गाँधीजी के द्वारा फेंकी गई चुनौती को स्वीकार कर लेने का साहस नहीं था। उन्होंने भारत से अंग्रेजों की पूरी वापिसी की मांग कभी नहीं की थी, और गाँधीजी को दी गई उनकी चुनौती का अर्थ केवल इतना था कि काँग्रेस पूर्ण स्वतंत्रता की बात तो करती थी लेकिन उसकी वैसी इच्छा नहीं थी। जिन्ना की राजनीति अंग्रेजों के भारत में रहे आने की अवधि को लम्बा करने के लिए मात्र औचित्य ही प्रदान करती थी। वे जानते थे कि चूँकि काँग्रेस पूर्ण स्वतंत्रता के लिए लड़ रही थी इसलिए उन्हें सफलता मिलने का अवसर था और काँग्रेस की मांग का प्रतिरोध करने के लिए अंग्रेजों को उनकी आवश्यकता थी।

काँग्रेस और लीग के वार्षिक अधिवेशन मार्च में हुए- काँग्रेस का रामगढ़ में और लीग का लाहौर में। अपने लक्ष्य के प्रति अपनी निष्ठा के अनुरूप काँग्रेस ने पूर्णस्वाधीनता की अपनी मांग को फिर दोहराया और सविनय सत्याग्रह की दिशा में आगे बढ़ने का निश्चय किया। मुस्लिम लीग को भी उसके लिए नियत से निर्धारित लक्ष्य की ओर बढ़ने के अतिरिक्त कोई विकल्प नहीं था। पहली बार अब वह मैदान में आ गई और उसने उत्तर-पश्चिम और पूर्वी क्षेत्रों का, जहाँ मुस्लिम समाज हिन्दुओं की अपेक्षा बड़ी संख्या में था, भौगोलिक रेखांकन कर और जोड़कर उन्हें प्रभुसत्ता सम्पन्न स्वाधीन राज्य बनाए जाने की मांग की। देश के बँटवारे के लिए अपनी इस मांग को न्यायसंगत मानते हुए जिन्ना ने कहा कि "किसी भी परिभाषा से मुसलमान एक अलग राष्ट्र है" "और उनका अपना स्वदेश, अपनी भूमि और अपना राज्य होना चाहिए।"[५४]

तीसरे दशक की लीग की नीतियाँ अब अपने तर्कसंगत परिणाम पर और जिन्ना की महत्वाकांक्षा अपने चरम बिन्दु पर पहुँच गई थी। जिन्ना के संरक्षक लिनलिथगो बड़े संतुष्ट हुए। यह बात ग्लेन्डेवन ने स्पष्ट की है: "जिन्ना और मुस्लिम लीग में इतनी शक्ति आ गई थी कि वाइसराय, यद्यपि वे उसका अनुमान पहले से न लगा सके हों, उसकी अवहेलना नहीं कर सकते थे। वे सोचने लगे थे कि अब उन्हें लीग को जो भी उचित सहायता दे सकते हों, देनी चाहिए, ताकि काँग्रेस को समझ में आ जावे कि अब तक वह जिस अवहेलना से मुस्लिम स्थिति को देखती रही है, और जिसे दिखाने के लिए वह हमेशा तत्पर रहती है, अब उस प्रकार से उसे नहीं देख पाएगी।"[५५]

जो होने वाला था, उसका लिनलिथगो ने अवश्य पहले ही अनुमान लगा लिया होगा, क्योंकि वे तो उसके लिए कार्य ही कर रहे थे। जिन्ना और लीग को और अधिक शक्तिशाली करने की उनकी इच्छा पिछले चार वर्षों से वाइसराय के पद से जो वे करते रहे थे, उसे आगे भी चलाने की ही थी। ८ अगस्त, १९४० को दिए गए अपने वक्तव्य में वाइसराय ने यह कह कर जिन्ना को संवैधानिक प्रगति के विरुद्ध निषेधाधिकार दे दिया कि ब्रिटिश सरकार उस किसी शासन संबंधी पद्धति को सत्ता का हस्तांतरण नहीं कर सकती जिसका अधिकार भारत के राष्ट्रीय जीवन के बड़े और प्रबल तत्व स्वीकार न करते हों, और न ब्रिटिश सरकार ऐसी सरकार द्वारा उन तत्वों की अधीनता के लिए दबाए जाने में उसकी सहयोगी हो सकती है।"[५६]

इस घोषणा के साथ जिन्ना को सिर पर चढ़ाने की वाइसराय की नीति अंतिम सीमा तक पहुंच गई, लेकिन यह मान लेने में वे भूल कर रहे थे कि उनका यह कार्य काँग्रेस को अपने सिद्धातों से हटा सकेगा अथवा उस सरकार से स्वतंत्रता पाने की लड़ाई को छोड़ देने के लिए प्रभावित कर सकेगा, जिसके वे अभी अस्थायी प्रमुख थे। इस शताब्दी के पहले दशक में बमफिल्ड फुलर ने घोषणा की थी कि हिन्दू और मुसलमान उनकी दो पत्नियाँ थीं। समय बदल गया था और चौथे दशक में कोई भी अंग्रेज सर बमफिल्ड की भाषा का प्रयोग नहीं कर सकता था; तो भी, वाइसराय के द्वारा दो बड़े सम्प्रदायों को अपनी दो पत्नियाँ, और उनमें से एक को अपनी प्रिय पत्नी मान लेने में कोई कठिनाई नहीं थी। जिस बात का लिनलिथगो पूर्वानुमान नहीं लगा सके वह यह थी, कि काँग्रेस, वाइसराय की प्रिय पत्नी को इस उपमहाद्वीप में अपना अलग घर बना लेने के लिए सहमत हो सकती थी, लेकिन अपने देश में विदेशी राज्य का रहा आना उसे असहनीयं था। लीग के प्रस्ताव के सम्बन्ध में जो गाँधीजी ने कहा, उससे वाइसराय का भ्रम निवारण हो गया होगा। गाँधीजी ने सशक्त शब्दों में कहा था: "मुसलमानों को आत्म निर्णय का वैसा ही अधिकार होना चाहिए जैसा शेष भारतवासियों को है। हम इस समय एक संयुक्त परिवार हैं उसका कोई भी सदस्य बँटवारा मांग सकता है..... लेकिन सविनय सत्याग्रह का पृथक आधार है। उससे जो भी लाभ होगा, वह पूरे भारत का होगा यदि कोई हानि होती है तो वह सत्याग्रह करने वाले दल की होगी।"[५७]

व्यक्तिगत सविनय अवज्ञा आंदोलन (१९४०-१९४१)

लगभग ६ वर्ष के पश्चात् महात्मा गाँधी को काँग्रेस कार्यकारिणी ने रामगढ़ में वार्षिक अधिवेशन के लिए एकत्रित काँग्रेसजनों को संबोधित करने के लिए निमंत्रित किया था। काँग्रेस संगठन में अनुशासन की कमी से अवगत होने के कारण उन्होंने उस अवसर को अपनी शर्तें रखने के लिए

उपयुक्त समझा, जिनको मान्यता दी जाने के बाद ही वे काँग्रेस का नेतृत्व करने को तैयार थे। "मुझे यह कहने दें कि वर्तमान समय में कोई आंदोलन करने के लिए उचित परिस्थितियां मैं नहीं देख पा रहा हूँ। पहले हमारे सामने जो कठिनाइयाँ थीं, आज हम उनसे बड़ी कठिनाइयों से घिरे हैं। वे कठिनाइयाँ बाहरी और आंतरिक दोनों हैं। बाहरी कठिनाइयाँ इसलिए हैं क्योंकि जो हम चाहते हैं, उसकी हम घोषणा कर चुके हैं और सरकार ने भी जहाँ तक संभव हो सका है अपना इरादा व्यक्त कर दिया है। साथ ही यह सत्य भी सामने है कि अँग्रेज सरकार एक विश्व युद्ध में उलझी है और इसलिए यदि हम उसे किसी संघर्ष में उलझाते हैं तो स्वाभाविक रूप से हम अपने लिए परेशानी को न्यौता देते हैं। लेकिन जिस बात से मैं भयभीत हूँ वह हमारी आंतरिक कठिनाइयाँ हैं। मैंने अक्सर कहा है कि बाहरी कठिनाइयों से एक सत्याग्रही को भय नहीं होना चाहिए। इसके विपरीत बाहरी कठिनाइयों से उसका विकास होता है और वह उनका सामना दुगने उत्साह और दृढ़ता से करता है। आज स्थिति बिल्कुल विपरीत हो गई है। हमारी बाहरी कठिनाइयाँ हमें अधिक सशक्त और एकीकृत नहीं कर पा रहीं है। हमारी आंतरिक कठिनाइयाँ बढ़ रही हैं.... हममें अनुशासन का अभाव है और हम कई गुटों में बंटे हुए हैं और प्रत्येक गुट अपने को अधिक शक्तिशाली करने में जुटा है। हम आपस में ही अहिंसा का पालन आवश्यक नहीं मानते। गुट हो सकते हैं लेकिन वे संगठन को निर्बल करने अथवा नष्ट करने के बजाय उसे मजबूत बनायें।

".... तो जो मैंने अनगिनत बार कहा है, वह फिर कहना चाहता हूँ कि यदि आप मेरी सेना के सिपाही होंगे तो यह समझ लें कि संगठन में प्रजातंत्र के लिए कोई स्थान नहीं है। सेना एक प्रजातांत्रिक संगठन का भाग हो सकती है, संगठन में प्रजातंत्र नहीं हो सकता, उसकी श्रेणी में नहीं हो सकता। .... इसलिये मैं आप से कहता हूँ कि जब तक आप मेरी शर्तें नहीं मानते और जिस प्रकार आपको मुझ पर विश्वास है उसी प्रकार उन शर्तों पर विश्वास जब तक नहीं है, आप जेल जाने की बात न सोचे ....।"

"इसलिए आप अच्छी तरह से समझ लें कि आप एक खतरनाक व्यक्ति से व्यवहार कर रहे हैं जो आपको अप्रत्याशित स्थितियों में डाल देगा। समझौता मेरे स्वभाव का एक अंग है। मैं वाइसराय के पास पचास बार जाऊँगा यदि मुझे वह ठीक लगता है। मैं उस समय लार्ड रीडिंग के पास गया जब असहयोग आंदोलन चल रहा था। मैं वाइसराय से मिलने उनके द्वारा बुलाए जाने पर ही नहीं जाऊँगा बल्कि यदि आवश्यक होगा तो उनके पास जाने के अवसर भी ढूढूंगा, और आपको जान लेना चाहिए कि यदि मैं वैसा करता हूँ तो अपने पक्ष को कमजोर करने के लिए नहीं उसे सशक्त करने के लिए करता हूँ.....।"

"मैं आपको बता दूँ कि जब तक मैं नहीं जान लेता कि आप तैयार हैं, तब तक कोई सत्याग्रह नहीं होगा....। उस सीमा पर प्रजातंत्र को समाप्त हो जाना होगा क्योंकि मेरा आदेश ही कानून होगा जो लोग तत्काल लड़ने पर आमादा हैं, उनके रास्ते में मैं नहीं आना चाहता। लेकिन यदि उनमें किंचित् आत्म-सम्मान है, तो मैं उन्हें सलाह दूँगा कि वे काँग्रेस से निकलने के बाद ही लड़ाई प्रारंभ करें। मैं उन्हें विश्वास दिलाना चाहता हूँ कि यदि वे अहिंसात्मक संघर्ष करते हैं और उसमें प्रगति होती है तो मैं उनके नेतृत्व का अनुगमन करूँगा।"[५८]

केवल एक महात्मा ही ऐसे स्पष्टवादी ढंग से बोल सकता था। फिलहाल विरोध दब गया। अगले कुछ महीनों में जिला काँग्रेस कमेटी के पदाधिकारियों ने अपनी समितियों को सत्याग्रह समिति में बदल देने का प्रयत्न किया। लेकिन इस बीच यूरोप में कई महत्वपूर्ण घटनाएं हो गईं। जर्मनों के द्वारा पोलैंड पर कब्जा किए जाने के बाद युद्ध में जो गतिरोध की स्थिति आ गई थी वह समाप्त हो गई। हिटलर ने बिजली की गति से अभियान आरंभ किया और नार्वे तथा डेनमार्क उसके द्वारा कुचल दिए गए। मई, १९४० में हालैण्ड, बेलजियम और लग्ज़ेमबर्ग पर अधिकार हो जाने के बाद फ्रांस पर आक्रमण किया गया। इससे इंग्लैंड में संकट की स्थिति उत्पन्न हो गई। चेम्बरलेन ने त्यागपत्र दे दिया और विस्टन चर्चिल प्रधान मंत्री हुए। लार्ड जेटलैन्ड के स्थान पर एल.एस. एमरी सेक्रेटरी ऑफ स्टेट फॉर इंडिया नियुक्त किए गए।

१७ जून को जब काँग्रेस कार्यकारिणी की बैठक हो रही थी, यह समाचार आया कि फ्रांस ने आत्मसमर्पण कर दिया। चूँकि हिटलर का आगामी संभावित लक्ष्य इंगलैण्ड था, इसलिए कार्यकारिणी को भारत की सुरक्षा समस्या पर विचार करना था। ग्लेन्डेवन के अनुसार सेक्रेटरी ऑफ स्टेट ने "लिनलिथगो को चेतावनी दी कि भूमध्यसागर को संभवतः छोड़ देना पड़ेगा, इजिप्ट और पैलेस्टाइन को खाली कर देना पड़ेगा और शायद उन्हें ईराक, अरेबिया और ईरान से जर्मन और इतालवी वायु सेनाओं के आक्रमण का सामना भी करना पड़ेगा।" अभी तक काँग्रेस की नीति ब्रिटेन को, यदि वह स्वाधीनता देने की मांग को मान लेता है, नैतिक समर्थन देने की रही थी। प्रारंभ से गाँधीजी का यही रुख रहा था और काँग्रेस ने उसकी पुष्टि की थी। लेकिन अब अपने देश की रक्षा की समस्या के उपस्थित हो जाने पर कार्यकारिणी के सदस्यों ने अहिंसा के मामले में अपना रुख बदल दिया और सरकार को अपनी इस इच्छा से अवगत कराना चाहा कि यदि वह देश को स्वतंत्र करने का आश्वासन देती है और केन्द्र में काम-चलाऊ राष्ट्रीय सरकार स्थापित कर देती है तो वह युद्ध में पूर्ण समर्थन देने को तैयार है। गाँधीजी तो अहिंसा के मामले में अपने सिद्धांत पर दृढ़ थे और इसलिए उन्होंने काँग्रेस से सम्बन्ध विच्छेद कर लिया। काँग्रेस कार्यकारिणी के एक सदस्य खान अब्दुल गफ्फार खाँ ने ही मात्र उनका साथ दिया।

३ जुलाई को महात्मा गाँधी ने हिटलर से संघर्ष करने में अहिंसा को अपनाने की हर अंग्रेज से अपील की। वाइसराय से अपने साक्षात्कार में गाँधीजी ने उनसे अपनी इस अपील को ब्रिटिश सरकार को भेजने के लिए आग्रह किया। इस सम्बन्ध में मौलाना आजाद ने एक मनोरंजक घटना का उल्लेख किया है: "जब गाँधीजी ने वाइसराय से कहा कि अंग्रेज हथियार डाल दें और हिटलर का विरोध आध्यात्मिक बल से करें, तो वे इस असाधारण सुझाव से आश्चर्य में डूब गए। उनकी आदत थी कि वे घंटी बजाकर अपने एक अफसर को बुला कर गाँधीजी को उनकी मोटर तक पहुँचा देने की व्यवस्था करते थे। इस समय उन्होंने न तो घंटी बजायी और न किसी अफसर को बुलाया। फलस्वरूप गाँधीजी बिल्कुल चुप और भौचक्के वाइसराय के पास से वापिस लौटे और उन्हें स्वयं अपनी मोटर तक ढूँढ़ते हुए आना पड़ा। मुझसे मिलने पर उन्होंने यह घटना सुनाई और इस पर आश्चर्य व्यक्त किया कि वाइसराय ने मामूली शिष्टाचार नहीं निभाया। मैंने उत्तर दिया कि "वाइसराय आपके सुझाव से इतने चकित हो गए होंगे कि अपना सहज स्वभाव उन्हें याद नहीं रहा होगा।' गाँधीजी मेरे इस स्पष्टीकरण पर खूब हँसे।"[५९]

जिस दिन महात्मा गाँधी ने अंग्रेजों के लिए अपील प्रकाशित की थी उसी दिन काँग्रेस कार्यकारिणी की एक बैठक दिल्ली में फिर हुई और अपने प्रस्ताव में उसने मांग की कि भारत की तुरन्त तथा बिना शर्त स्वाधीनता की घोषणा की जाए, केन्द्रीय असेम्बली के निर्वाचित सदस्यों की विश्वास प्राप्त एक कामचलाऊ सरकार केन्द्र में बनाई जाए और प्रांतों में उत्तरदायी सरकारें बनाकर उनका सर्वाधिक सहयोग प्राप्त किया जाए। प्रस्ताव के अंत में कहा गया कि "कार्यकारिणी की राय में जब तक ऊपर कही गई घोषणा नहीं की जाती और अविलम्ब केन्द्र में अस्थायी राष्ट्रीय सरकार स्थापित नहीं की जाती तब तक रक्षा के लिए नैतिक या भौतिक स्त्रोतों की सरकारी व्यवस्था स्वेच्छा या स्वाधीन देश के द्वारा की गई नहीं मानी जावेगी और इसलिए प्रभावहीन रहेगी। काँग्रेस कार्यकारिणी समिति घोषणा करती है कि यदि इन उपायों को काम में लाया जाता है तो काँग्रेस देश की रक्षा के प्रबन्ध से संबंधित प्रयासों में अपनी पूरी शक्ति के साथ जुट जावेगी।"

दिल्ली के प्रस्ताव की अखिल भारतीय काँग्रेस कमेटी के पूना में हुए सम्मेलन के द्वारा पुष्टि की गई। मौलाना आज़ाद लिखते है: "जुलाई १९४० में काँग्रेस कार्यकारिणी कमेटी में तथा पूना के अखिल भारतीय काँग्रेस कमेटी के सम्मेलन में कई विषयों पर विचार करना पड़ा। रामगढ़ के काँग्रेस अधिवेशन के बाद अखिल भारतीय काँग्रेस कमेटी का यह पहला सम्मेलन था। सभापति के पद से मैंने विषयों को जैसा मैंने उन्हें समझा था, सम्मेलन के सामने रखा। कमेटी ने मेरे विचारों की पुष्टि की और तदनुसार दो प्रस्ताव स्वीकृत किए गए। पहले प्रस्ताव में फिर कहा गया कि देश के स्वाधीनता के संघर्ष के लिए अहिंसा उचित नीति थी और उसका निर्वाह किया जाना चाहिए। दूसरे प्रस्ताव में घोषणा की कि नाज़ीवाद और प्रजातंत्र के बीच के संघर्ष में भारत का स्थान प्रजातंत्र के खेमे में था। तो भी युद्ध प्रयासों में वह तब तक सम्मिलित नहीं हो सकता था जब तक वह स्वयं स्वतंत्र राष्ट्र न हो। मैंने जो मसौदा तैयार किया था, उस पर दोनों प्रस्ताव आधारित थे।"[६०]

यद्यपि दिल्ली प्रस्ताव महात्मा गाँधी के अहिंसा के प्रिय सिद्धांत के विपरीत थे, फिर भी उन्होंने "अपने साथियों को उनकी गंभीरता और आत्मविश्वास के लिए उतना ही श्रेय दिया जितने का दावा वे अपने लिए करते थे" और अंग्रेज सरकार को उन्होंने "काँग्रेस के द्वारा मैत्री के लिए बढ़ाए गए हाथ को इंकार न करने की सलाह दी।" लेकिन महात्माजी भूल गए कि अब ब्रिटिश सरकार के प्रधानमंत्री चर्चिल थे और वे "नंगे फकीर" की सलाह नहीं मानेंगे। जब सेक्रेटरी ऑफ स्टेट एल.एस. एमरी ने युद्ध समाप्ति के एक वर्ष के बाद भारत को डोमीनियन स्टेटस देने का प्रस्ताव कर किसी प्रकार का संवैधानिक समझौता किए जाने के लिए अपनी चिन्ता प्रकट की तो चर्चिल ने "सख्त नाराजी व्यक्त की और डोमीनियन स्टेटस के लिए कोई तारीख तय करने से इंकार कर दिया। निराश एमरी ने वाइसराय को लिखा कि चर्चिल ४० वर्ष पूर्व की जिस भारत सरकार को जानते हैं, उसके अतिरिक्त और किसी प्रकार की सरकार की कल्पना के विरुद्ध वे सहज ही उग्र रूप से हैं।"[६१]

चर्चिल ने स्वयं नया प्रस्ताव तैयार किया जिसकी घोषणा वाइसराय ने ८ अगस्त को की। अस्थायी राष्ट्रीय सरकार बनाने की काँग्रेस की मांग इसलिए अस्वीकृत की गई क्योंकि "जब कामनवेल्थ अपने अस्तित्व के संघर्ष में संलग्न हो" तो किसी भी संवैधानिक प्रश्न पर विचार नहीं किया जा सकता। वाइसराय की कार्यकारिणी के आकार में वृद्धि तथा एक युद्ध सलाहकार समिति की नियुक्ति का वादा

किया गया। स्वाधीनता की मांग के सम्बन्ध में प्रस्तावित किया गया कि युद्ध समाप्ति के पश्चात् अल्पसंख्यकों की सहमति और ब्रिटिश जिम्मेदारियों को पूरा किए जाने की शर्त के साथ एक प्रतिनिधि संविधान निर्माण समिति बनाई जावेगी।

इस प्रस्ताव से, जिसे अगस्त ऑफर कहा गया, काँग्रेस नेताओं को बड़ा आघात लगा। उनका अनुमान था कि अपने बड़े संकट के समय ब्रिटिश सरकार उनकी न्यायोचित मांगों को स्वीकार कर मैत्री के लिए बढ़ाए गए उनके हाथ को पकड़ लेगी। काँग्रेस किस सीमा तक नाराज़ हो गई थी उसका अनुमान इससे लगाया जा सकता है कि जब वाइसराय ने आपसी विचार-विमर्श के लिए काँग्रेस अध्यक्ष मौलाना आज़ाद को बुलाया तो उन्होंने उनसे मिलने से इंकार कर दिया। मौलाना की इस इंकारी से महात्मा गाँधी बहुत प्रसन्न हुए और उसे उन्होंने ईश्वर की कृपा का प्रतीक कहा और बोले कि "ईश्वर की इच्छा नहीं है कि भारत इस युद्ध में सम्मिलित हो।"

सरकार से इस तरह धोखा खाने के बाद कार्यकारिणी के समक्ष एक भटके हुए बेटे की तरह गाँधीजी के पास वापिस आ जाने के अतिरिक्त कोई चारा नहीं था। अखिल भारतीय काँग्रेस कमेटी का एक और सम्मेलन अब बम्बई में हुआ और मौलाना साहब, जिन्होंने बड़े गर्व से कहा था कि पूना के अखिल भारतीय सम्मेलन में स्वीकृत प्रस्ताव मेरे द्वारा तैयार किए गए प्रारूप पर आधारित थे, दूसरी भाषा बोलने लगे। बम्बई में अपने प्रारंभिक भाषण में उन्होंने सरकार के द्वारा काँग्रेस ऑफर को न माने जाने की चर्चा करते हुए कहा: "इन घटनाओं ने हमें महात्मा गाँधी से काँग्रेस का सक्रिय नेतृत्व करने के लिए निवेदन करने पर विवश कर दिया है। मुझे यह सूचना देते हुए बड़ी प्रसन्नता है कि उन्होंने हमारे निवेदन को स्वीकार कर लिया है क्योंकि अब कार्यकारिणी समिति और उनके विचारों में कोई अंतर नहीं रह गया है। दिल्ली प्रस्ताव उनके मार्ग में एक बड़ी बाधा थी। लेकिन उसमें दिए गए प्रस्ताव के नामंजूर किए जाने के बाद अब कोई कारण नहीं बचता कि वे नेतृत्व फिर क्यों न ग्रहण करें. ...।[६२]

अखिल भारतीय काँग्रेस कमेटी के बम्बई सम्मेलन का प्रस्ताव भी अहिंसा की प्रशंसा से संतृप्त था। उस प्रस्ताव ने "पहले प्रस्ताव में जो भी था, उसके रहते हुए" अहिंसा की नीति के पालन की अपनी तत्परता दोहरायी और "स्वाधीनता संघर्ष के युद्ध में ही नहीं बल्कि स्वाधीन भारत में भी जहाँ तक संभव हो", अहिंसा की नीति स्वीकार करने और व्यवहार में भी लाने में अपने दृढ़ संकल्प की घोषणा की। इस प्रस्ताव से सम्मेलन ने अगली कार्यवाही के लिए निर्देशन की महात्मा गाँधी से प्रार्थना की और दिल्ली प्रस्ताव का, जो उन्हें वैसा करने से रोक रहा था, समाप्त हो जाना घोषित किया।

अखिल भारतीय काँग्रेस कमेटी को संबोधित करते हुए महात्मा गाँधी ने स्पष्ट शब्दों में कहा कि "मैं अपने जीवन में यह सबसे बड़ी जिम्मेदारी ले रहा हूँ।" उस समय की विशेष स्थिति के कारण ऐसा था। पहली, जब अंग्रेज अपने जीने और मरने की लड़ाई में व्यस्त हों, उस समय उनके लिए कोई रुकावट खड़ी करने के लिए वे तैयार नहीं थे। दूसरी, जिन्ना और उनकी लीग साम्प्रदायिक दंगे प्रारंभ करने के लिए कोई बहाना ढूँढ रही थी। तीसरी, युद्ध ने हिंसा का वातावरण उत्पन्न कर दिया था, जिससे वे हर कीमत पर बचना चाहते थे। इन परिस्थितियों में सत्याग्रह प्रारंभ करने के किसी भी सुझाव को वे न मानते यदि वे ऐसा कर सकते थे। लेकिन सरकार ने उन्हें मजबूर कर दिया था। सरकार ने काँग्रेस की मांग को नहीं माना और साथ ही युद्ध प्रयासों की आड़ लेकर वामपंथियों को गिरफ्तार करना

प्रारंभ कर दिया और भाषण की स्वतंत्रता के साथ अन्य नागरिक अधिकारों पर भी रोक लगा दी। इस दमन नीति के समक्ष काँग्रेस के द्वारा हाथ पर हाथ रखे बैठे रहना उसकी प्रतिष्ठा को कम ही नहीं करता बल्कि बिल्कुल विनाश कर देता।

लेकिन गाँधीजी उपाय ढूंढ़ने में अक्षम नहीं थे। उन्होंने सामूहिक सत्याग्रह की अपेक्षा व्यक्तिगत सत्याग्रह अधिक उपयुक्त माना और इस प्रकार का सत्याग्रह करना उन परीक्षित काँग्रेसजनों तक ही सीमित रखा जिन्हें वे स्वयं चुनते थे। इस प्रकार वे हिंसा की संभावना को ही नहीं बचा गए बल्कि सरकार के लिए कम-से-कम उलझन उत्पन्न करने में समर्थ हो गए। युद्ध प्रयासों के विरुद्ध जनता में प्रचार करने के सीमित सत्याग्रह से उन्होंने जिन्ना को साम्प्रदायिक तनाव कराने के लिए बहाना नहीं मिलने दिया। वास्तव में, यह कार्यक्रम स्वराज्य के संघर्ष के लिए नहीं था बल्कि उस सरकार का नैतिक विरोध था, जो भारत को उसकी स्वीकृति के बिना एक युद्ध में घसीटकर उसकी जनशक्ति तथा अन्य साधनों का उपयोग कर रही थी। यदि व्यक्तिगत सत्याग्रह के इस सीमित उद्देश्य को दृष्टि में रखा जाए तो उसकी सफलता और विफलता का प्रश्न अर्थहीन हो जाता है।

गाँधीजी द्वारा मनोनीत पहले सत्याग्रही विनोबा भावे की २१ अक्टूबर को हुई गिरफ्तारी से सत्याग्रह प्रारंभ हुआ। उसके तीन दिन के अंदर ही जब सरकार ने युद्ध प्रयासों के विरुद्ध किसी साहित्य के छापने और प्रकाशित किए जाने को प्रतिबंधित कर दिया तो गाँधीजी को हरिजन और अपने दो और साप्ताहिक पत्रों का प्रकाशन स्थगित करना पड़ा। उन्होंने जब वाइसराय से शिकायत की, तो सरकारी कार्यवाही को उन्होंने उचित ठहराते हुए उत्तर दिया। गाँधीजी ने उन्हें फिर पत्र लिखकर बताया कि सीमित सत्याग्रह प्रारंभ कर वे कितने विचारशील रहे हैं: "मेरे पत्र का पूर्ण उद्देश्य आप चूक गए हैं उसका आशय आपके द्वारा सहानुभूतिपूर्वक ध्यान आकर्षित करना था, कि सत्याग्रह के अहिंसात्मक रहे आने के लिए मैं विशेष सावधानी बरत रहा हूँ, और उस सत्याग्रह को मैं विशेष प्रकार के व्यक्तियों की न्यूनतम संख्या तक ही सीमित कर रहा हूँ। मैं विश्वास कर रहा था कि एक मित्र के समान मेरी उक्त सूचना से आप प्रसन्न होंगे और वास्तविकता को स्वीकार कर सर्वथा अनावश्यक मुंह बंद करने वाला अध्यादेश, जो आपने पारित किया है, पारित करने का अनुचित काम नहीं करेंगे....। मैं आपसे यह विश्वास करने का निवेदन करता हूँ जब मैं कहता हूँ कि प्रत्येक सामान्य कदम उठाने के पहले मैंने आपके तथा आपके देशवासियों के सम्बन्ध में आपके और उनके एक मित्र के समान विचार किया है। आज नहीं तो फिर किसी दिन मेरे कथन की सच्चाई का अनुभव आप कर लेंगे....।"[६३]

किन्तु वाइसराय तो गाँधीजी से सहानुभूति नहीं आत्मसमर्पण की इच्छा रखते थे। अब वे अपने असली रंग में आने में मजबूर हो गए और इसमें वे अपने पूर्ववर्ती विलिंग्डन की बराबरी पर आ गए। एमरी को भेजे गए एक पत्र के किनारे में उन्होंने लिखा: "हम आगे बढ़ सकें, उससे पहले काँग्रेस की पिटाई, मैं मानता हूँ, आवश्यक होगी।"[६४] गाँधीजी के दूसरे मनोनीत सत्याग्रही जवाहरलाल सत्याग्रह कर सकें उसके पूर्व ही राजद्रोह के आरोप में पकड़ लिए गए और उन्हें चार वर्ष का दण्ड दिया गया। मौलाना आज़ाद को भी सज़ा दी गई और १८ माह के लिए जेल भेजे गए। धीरे-धीरे सभी नेता पकड़ लिए गए।

भारत के निष्ठावान राजनीतिज्ञों को प्रसन्न रखने के लिए जुलाई, १९४१ में वाइसराय ने अपनी

कार्यकारिणी का विस्तार किया और उसमें ५ अंग्रेज सदस्यों के मुकाबले में ८ भारतीय रखे गए। अवश्य ही, अंग्रेज सदस्यों को सुरक्षा, गृह, वित्त तथा संचार विभाग दिए गए और भारतीयों को छोटे विभाग सौंपे गए। उसी के साथ ही राष्ट्रीय सुरक्षा समिति भी बनाई गई जिसमें अंग्रेजी भारत से २२ और देशी रियासतों से ९ सदस्य सम्मिलित किए गए। निष्ठावानों का समर्थन प्राप्त करने पर वाइसराय ने आनंदपूर्वक काँग्रेस की पिटाई का काम हाथ में लिया लेकिन जेलें जल्दी ही भर गईं और अब सरकार ने जेल में डालने के बदले जुर्माना करना प्रारंभ किया। अक्टूबर १९४० में जो आंदोलन प्रारंभ हुआ था वह १९४१ में वर्ष भर लगातार चलता रहा। अंतिम चरण में सरकार ने सत्याग्रहियों के युद्ध विरोधी नारों पर यह कह कर ध्यान देना छोड़ दिया कि उन नारों से युद्ध प्रयासों पर विपरीत प्रभाव नहीं पड़ता था।

इस बीच में युद्ध भारत के समीप आ गया था। जापानी मलाया में घुस गए थे और रंगून पर बमबारी होने लगी थी। माल की कमी से कीमतें बढ़ने लगीं और कलकत्ता से लोगों के भागने के समाचार आ रहे थे। इन अप्रत्याशित कठिनाइयों को देख कर सरकार ने जवाहरलाल और मौलाना आज़ाद सहित सभी सत्याग्रहियों को छोड़ दिया।

सत्याग्रहियों को जेल मुक्त करने के पीछे यह अनुमान था कि जेल जीवन से काँग्रेसजन ऊब गए होंगे और अब वे सरकार से युद्ध प्रयासों में सहयोग करना चाहेंगे, विशेष रूप से जब जापानी सेनाओं की प्रगति से भारत को खतरा बढ़ गया था। लेकिन यह अनुमान आंशिक सत्य प्रमाणित हुआ। देश पर आए खतरे ने काँग्रेस को युद्ध प्रयासों में सहयोग देने के लिए सरकार से समझौते के लिए एक और प्रयत्न करने को प्रेरित तो किया, लेकिन वह अपनी मांग में कोई कमी करने को तैयार नहीं थी। बारडोली में २३ दिसम्बर, १९४१ को काँग्रेस कार्यकारिणी की बैठक हुई और चर्चा के दौरान बम्बई प्रस्ताव की व्याख्या करने में महात्मा गाँधी और कार्यकारिणी के सदस्यों में मतभेद परिलक्षित हुआ। अहिंसा की समस्या ने दोनों के बीच में मतभेद पैदा कर दिया। इस पर महात्मा गाँधी ने मौलाना आज़ाद को एक पत्र लिखा- "कार्यकारिणी में चर्चा के दौरान मुझे जान पड़ा कि बम्बई के प्रस्ताव की व्याख्या करने में मुझसे बड़ी गलती हो गई थी। मैंने उसका यह अर्थ माना था कि काँग्रेस इस युद्ध या सभी युद्धों में सम्मिलित होने से मुख्य रूप से अहिंसा के सिद्धांत के कारण इंकार करती है। मुझे जानकर आश्चर्य हुआ कि अधिकांश सदस्य मेरी व्याख्या से सहमत नहीं थे और उनका मत था कि विरोध का अहिंसा के आधार पर होना आवश्यक नहीं था। उस प्रस्ताव को फिर पढ़ने के बाद मुझे लगा कि मतभेद करने वाले सदस्य ठीक अर्थ लगा रहे थे और मैंने उसका ऐसा अर्थ लगाया था, जो उसके शब्दों में समाहित नहीं था। गलती की यह खोज मेरे द्वारा युद्ध प्रयासों के काँग्रेसी विरोध का ऐसे आधारों पर नेतृत्व करना जिनमें अहिंसा अनिवार्य न हो, असंभव कर देती है। उदाहरणार्थ, मैं ग्रेट ब्रिटेन के प्रति दुर्भावना के आधार पर युद्ध प्रयासों के विरोध में सहभागी नहीं हो सकता था। प्रस्ताव का अभिप्राय स्वाधीनता की गारंटी पर ही इंग्लैण्ड से युद्ध प्रयासों में सक्रिय सहयोग देना था।"[६५]

कार्यकारिणी ने फिर गाँधीजी को काँग्रेस का नेतृत्व करने से छुटकारा दे दिया और एक प्रस्ताव पारित हुआ जिसमें कहा गया कि: "भारत से संबंधित ब्रिटेन की नीति में यद्यपि कोई परिवर्तन नहीं हुआ है, कार्यकारिणी युद्ध के विश्वव्यापी होते जाने से जो नई स्थिति उत्पन्न हो गई है और उसका भारत

से जैसा संबंध हो गया है, उस पर विचार करना आवश्यक मानती है। काँग्रेस की सहानुभूति अनिवार्य रूप से उनके साथ रहनी चाहिए, जो आक्रमण के शिकार है और अपनी स्वतंत्रता के लिए संघर्ष कर रहे हैं, लेकिन स्वाधीन भारत ही राष्ट्रीय स्तर पर देश की रक्षा की स्थिति में हो सकता है और बड़े हितों की वृद्धि में सहायक हो सकता है, जो युद्ध के झंझावात से उभर रहे हैं। भारत की पृष्ठभूमि में अंग्रेज सरकार के प्रति अविश्वास और बैर भाव स्थित है और बड़े दूरगामी वादे भी इस पृष्ठभूमि में कोई परिवर्तन नहीं कर सकते, और न ही पराधीन भारत उस उद्दण्ड साम्राज्यवाद को, जो फासिस्ट अधिकारवाद से अलग पहचाना नहीं जा सकता, स्वेच्छिक सहायता दे सकता है।"

भारतीय समाचार पत्रों ने बारडोली प्रस्ताव का यह मान कर स्वागत किया कि उसने सहयोग के लिए द्वार खोल दिए थे, लेकिन नौकरशाही ने उसे सरकार को गलत स्थान पर अनावृत कर देने की चाल माना। उदाहरणार्थ, बम्बई के गवर्नर आर. लमले विश्वास नहीं कर सके कि "१४ महीने तक काँग्रेस के डिक्टेटर रहते हुए गाँधीजी जिस प्रस्ताव के तहत कार्यरत थे उसका उन्होंने गलत अर्थ लगाया था।"[६६] और वाइसराय को अपने एक पत्र में बारडोली प्रस्ताव का व्यंगात्मक अर्थ लगाते हुए लिखा कि काँग्रेस ने चालाकी से एक मंच तैयार किया है। काँग्रेस यथार्थवादी और उदार है। वह गाँधीजी को हटा देने की हद तक चली गई है और इस प्रकार युद्ध की बड़ी विकट स्थिति में समझौता करने के प्रयत्न में उसने बड़ा से बड़ा त्याग किया है। अगर ब्रिटिश सरकार समझौता करने में असफल होती है, तो "उद्यत साम्राज्यवाद" एक बार फिर द्वार बन्द कर देगा। मेरा अनुमान है कि नेहरू ऐसी स्थिति आने की आशा करते हैं और राजगोपालाचारी की आशा है कि हम सौदा करेंगे।"[६७]

काँग्रेस की स्थिति पर लमले की धारणा लगभग ठीक थी, लेकिन काँग्रेस नेताओं को चतुर मानने में वे गलत थे। यदि कोई कूटनीतिक चाल थी तो वह बिल्कुल स्पष्ट थी। प्रस्ताव की पुष्टि करने के लिए जब अखिल भारतीय काँग्रेस कमेटी का सम्मेलन वर्धा में हुआ, तो महात्मा गाँधी ने स्पष्ट करते हुए कहा कि "सरकार या काँग्रेस कमेटी के आलोचक अब नहीं कह सकेंगे कि काँग्रेस ने वार्ता के द्वार अहिंसा के असंभव या अराजनीतिक आधार पर बन्द कर दिए थे। प्रस्ताव युद्ध प्रयास में सहयोग के लिए काँग्रेस से बात करने की जिम्मेदारी सरकार पर डाल देता है। यह बात संभवत: बिल्कुल सत्य है कि सरकार से कोई आशा नहीं करना चाहिए। यह प्रस्ताव केवल आशावान विश्व के समक्ष काँग्रेस को न्यायोचित स्थिति में कर देता है।"[६८]

कार्यकारिणी की बारडोली बैठक के कुछ सप्ताहों के पश्चात्, १९ जनवरी, १९४२ को अथवा उसके लगभग बनारस ज़ाते हुए गाँधीजी जबलपुर में रूके और कुछ देर मेरे साथ ठहरे। वे गोंदिया-जबलपुर पैसेन्जर गाड़ी से आए थे और उसी दिन बम्बई-कलकत्ता मेल से जाने वाले थे। भोजन और कुछ विश्राम करने के बाद वे कुछ स्थानीय काँग्रेसजनों से मिले। मेल पकड़ने के लिए रेल्वे स्टेशन जाते हुए वे विक्टोरिया अस्पताल में गोविन्द दास को, जिनका आपरेशन हुआ था, देखने गए।

हमने स्टेशन को आसाम के लिए जाने वाले फौजियों से भरा पाया। आसाम पर उन दिनों जापानी हमले का खतरा था। सभी सैनिक स्थानीय छावनी के थे और अधिकांश पंजाबी थे। उनके परिवार की महिलाएं बड़ी संख्या में उन्हें विदा देने आई थीं। प्रतीक्षालय में जैसे ही महात्मा जी पहुंचे, महिलाएं उनके दर्शन के लिए दौड़ पड़ी। वे कीमती गहने पहने थीं और गाँधीजी ने हरिजन कोष के

लिए उनसे चंदे की मांग करने में बिल्कुल देर नहीं की। उन्होंने उन्हें नकद काफी रुपया दिया। उनके बार-बार मांगने पर भी महिलाओं ने जेवर तो नहीं दिए, लेकिन रुपए और भी दिए। यह मैत्रीपूर्ण खींचतान गाड़ी के आने पर ही रुकी।

वास्तव में गाँधीजी का लक्ष्य मात्र धन इकट्ठा करना ही नहीं था। उनका विश्वास था कि जो उस कोष में चंदा देते थे, वे उनके द्वारा प्रतिपादित उद्देश्य के प्रति सहृदय हो जाते थे, और उनमें से कुछ स्वाधीनता संघर्ष के सैनिक भी बन जाते थे। गाँधीजी प्रचार की कला में बेजोड़ थे और जनता में अपने संदेश का प्रचार करने में सभी उपायों को काम में लाते थे। मुझे याद है कि १९३० में जब वे डांडी की ओर जा रहे थे तो गुजरात के एक गांव में मैं उनसे मिला था। अहमदाबाद में अखिल भारतीय सम्मेलन में सम्मिलित होने के बाद मैंने जबलपुर वापिस आने से पहले उनसे मिलना चाहा। अगर मैं भूलता नहीं हूँ तो मैं उन्हें शायद जम्बूसर गाँव में मिला। वे एक छोटे मकान के बरामदे में बैठे थे और एक नाई उनकी दाढ़ी बड़ी लगन से बना रहा था। यह कुछ नया सा लगा। उन्होंने तत्काल मेरे आश्चर्य का कारण समझ लिया और कहा "मैं दाड़ी बनाना भूला नहीं हूँ, मैं इसे मेरी दाढ़ी इसलिए मूड़ने दे रहा हूँ ताकि बाद में मैं इसकी दाढ़ी मूड़ सकूँ।" इसके बाद वे बच्चों की तरह हँस पड़े और बोले: "मेरी दाढ़ी मूड़ने के बाद वह निश्चित ही सत्याग्रही हो जावेगा!"

संदर्भ

१. डी.जी. तेन्दुलकर, महात्मा, खण्ड-४, पु. २२०.

२. वही, पृ. २१९.

३. वही.

४. वही, पृ. १६६.

५. सुभाषचन्द बोस, दि इंडियन स्ट्रगल, पृ. ३३०-३१.

६. जे.बी. कृपलानी, गाँधी, पृ. १७७-७८.

७. सुभाषचन्द बोस, उपरोक्त, पृ. ३३१-३२.

८. डी.जी. तेन्दुलकर, महात्मा, खण्ड-५, पृ. ३२.

९. पट्टाभि सीतारामैया, हिस्ट्री ऑफ इंडियन नेशनल काँग्रेस, खण्ड-२, पृ. १०९.

१०. डी.जी. तेन्दुलकर, महात्मा, खण्ड-५, पृ. ६३-६४.

११. वही, पृ. ६५.

१२. वही.

१३. वही, पृ. ६६.

१४. वही, पृ. ६७.

१५. सुभाषचन्द्र बोस, उपरोक्त, पृ. ३३५.

१६. वही, पृ. ३३३.

१७. पट्टाभि सीतारमैया, उपरोक्त, पृ. ११७.

१८. सुभाषचंद्र बोस, उपरोक्त, पृष्ठ ३४५-४६.

१९. वही

२०. वही, पृ. ३४३.

२१. फिलिप एण्ड वेनराइट, दी पार्टीशन ऑफ इंडिया, पृ. २५९.

२२. वही, पृ. ४०७.

२३. जवाहरलाल नेहरू, एट्टीन मन्थ्स इन इंडिया, पृ. १५४.

२४. कांजी द्वारकादास, इंडियाज़ फाइट फॉर फ्रीडम, पृ. ३२२.

२५. फिलिप्स एण्ड वेनराइट, उपरोक्त, पृ. २५५.

२६. वही, पृ. १८७.

२७. वही, पृ. ३८७.

२८. वही, पृ. ४१३.

२९. वही, पृ. ४१२.

३०. डी.जी. तेन्दुलकर, उपरोक्त, खण्ड-५, पृ. १४०-४१.

३१. फिलिप्स एण्ड वेनराइट, उपरोक्त, पृ. २६०.

३२. वही, पृ. ४१२-१३.

३३. डी.जी. तेन्दुलकर, उपरोक्त, खण्ड-५, पृ. १६०.

३४. जान ग्लेन्डेवन-वाइसराय एट बे, पृ. १३६-३७.

३५. वही, पृ. १३८.

३६. वही, पृ. १३७.

३७. वही.

३८. डी.जी. तेन्दुलकर, उपरोक्त, खण्ड-५, पृ. १६४.

३९. वही, पृ. १६७.

४०. जे. ग्लेन्डेवन, पृ. १४५.

४१. वही.

४२. वही, पृ. १४२.

४३. वही, पृ. १४८.

४४. वही, पृ. १५४.

४५. अलोकसामान्यमचिन्त्यहेतुकम्
द्विषन्ति मन्दाश्चरितं महात्मनाम्

४६. जान ग्लेन्डेवन, उपरोक्त, पृ. १५४.

४७. वही, पृ. १५८.

४८. वही.

४९. वही, पृ. १६०.

५०. वही, पृ. १६४.

५१. वही.

५२. डी.जी. तेन्दुलकर, उपरोक्त, खण्ड-५, पृ. २३८.

५३. वही

५४. फिलिप्स एण्ड वेनराइट, उपरोक्त, पृ. २६३.

५५. जान ग्लेनडेवन, उपरोक्त, पृ. १६९.

५६. डी.जी. तेन्दुलकर, उपरोक्त, खण्ड-५, पृ. ३१७.

५७. वही, पृ. २६९.

५८. वही, पृ. २५९-६२.

५९. मौलाना अबुल कलाम आजाद, इंडिया विन्स फ्रीडम, पृ. ३६.

६०. वही, पृ. २४.

६१. जान ग्लेनडेवन, पृ. १८२.

६२. डी.जी. तेन्दुलकर, उपरोक्त, खण्ड-५, पृ. ३१८-१९.

६३. जान ग्लेन्डेवन, उपरोक्त, पृ. १८९.

६४. वही, पृ. १९३.

६५. डी.जी. तेन्दुलकर, उपरोक्त, खण्ड-५, पृ. ३३-३४.

६६. मेनसर्घ एण्ड लुम्बी, दि ट्रान्सफर ऑफ पावर, खण्ड-१, पृ. १-२.

६७. वही, पृ. २-३.

६८. डी.जी. तेन्दुलकर, उपरोक्त, खण्ड-६, पृ. ४२.

अध्याय - ११

नियति की उंगली आगे बढ़ती है

क्रिप्स मिशन (१९४२)

संयुक्त राज्य अमेरिका की जनता भारत के स्वाधीनता संघर्ष के प्रति संवेदनशील रही है। पर्ल हार्बर पर जापानी आक्रमण के बाद उनके इस रूख में स्वार्थ का तत्व भी आ गया। राष्ट्रपति रुज़वेल्ट ने चर्चिल पर दबाव डालना प्रारंभ किया और रंगून के जापानी अधिकार में चले जाने पर यह दबाव और भी बढ़ गया। चूँकि बर्मा रोड से चीन को भारत से सैनिक रसद भेजी जा रही थी, इसलिए जेनरलिसिमो च्यांग काईशेक को भी हमारी स्वतंत्रता की लड़ाई में दिलचस्पी हो गई। जापानी आक्रमण के विरुद्ध चीन के साहसी प्रतिरोध के प्रति काँग्रेस अपनी सहानुभूति सदा दिखाती रही थी और जवाहरलाल चीन हो भी आये थे। जनवरी १९४२ के अंत में च्यांग ने भारत आने और गाँधीजी और नेहरू से मिलने की इच्छा प्रकट की। उस समय ब्रिटिश मजदूर दल के नेता क्लेमेन्ट एटली ने, जो चर्चिल की सरकार में लार्ड प्रिवी सील थे, अपने सहयोगियों के समक्ष एक प्रतिवेदन प्रस्तुत किया। उन्होंने भारतीय नेताओ का सहयोग प्राप्त करने के लिए फिर एक प्रयास करने की पैरवी की और लार्ड लिनलिथगो को अयोग्य ठहराते हुए कहा कि "वाइसराय इस कार्य के लिये उपयुक्त व्यक्ति नहीं है।" उन्होंने सुझाव दिया कि ब्रिटिश सरकार का एक प्रतिनिधि भारत भेजा जाये। जिसके पास समुचित सीमा तक वार्ता करने का अधिकार हो। अपने सुझाव पर जोर देते हुये उन्होंने यह कहा कि: "ऐसी कार्यवाही के लिए पूर्व उदाहरण है" और आगे बोले कि "लार्ड डर्बन ने ब्रिटिश साम्राज्य के लिए कनाडा को बचा लिया था। हमें ऐसे व्यक्ति की आवश्यकता है जो भारत में वह काम कर सके जो डर्बन ने कनाडा में किया था।" उन्होंने समय रहते कार्य करने की आवश्यकता पर जोर देते हुए सचेत किया कि "समय की प्रतीक्षा करना भारत को खो देना होगा।"

जब एटली के प्रतिवेदन पर ब्रिटिश कैबिनेट के सदस्य विचार कर रहे थे, च्यांग काई शेक की भारत यात्रा के लिए सरकार ने बहुत अनिच्छापूर्वक अनुमति दी। लिनलिथगो च्यांग के द्वारा इलाहाबाद में अथवा कही नेहरू से मुलाकात के लिए जाने की संभावना से बड़े चिंतित थे। चर्चिल को भी वैसी ही आशंका थी और उन्होंने वाइसराय को लिखा कि "ऐसी मुलाकात छिपी नहीं रहेंगी और इस अन्तर्एशियाई दुर्भावना की चर्चा भारत के सभी बाज़ारों में होगी।।"[१]

चर्चिल ने च्यांग को भी सूचित किया कि यदि वे गाँधी और नेहरू से "जो सम्राट की कम-से-कम निष्क्रिय अवज्ञा करते हैं", मिलना चाहते हैं, तो वे "वाइसराय के साथ स्थिति पर पूर्ण विचार करने के पश्चात्" उनसे मुलाकात की व्यवस्था वाइसराय के माध्यम से करावें। वे च्यांग को यह परामर्श देने में

भी नही चूके कि वे ८ करोड़ मुसलमानों के प्रतिनिधि जिन्ना से तथा ४ करोड़ अनुसूचित जातियों के प्रतिनिधियों से भी मिलने के साथ ही और ८ करोड़ जनता पर राज करने वाले राजाओं के प्रतिनिधियों से भी, जिनके प्रति साम्राज्यिक सरकार संधियों के द्वारा सम्बद्ध है, मिलें।"[२]

स्पष्ट था कि वाइसराय और ब्रिटिश प्रधानमंत्री च्यांग काईशेक को अपने देश की स्वतंत्रता की लड़ाई लड़ने वाले काँग्रेसजनों के प्रति सहानुभूति दिखाने या उन्हें समर्थन देने से रोकना चाहते थे। लेकिन भारत आने से पहले च्यांग प्रेसीडेन्ट रुजवेल्ट से सम्पर्क कर चुके थे। वे भी च्यांग के समान ही भारत की स्वतंत्रता चाहते थे ताकि भारतीय नेतागण जापान से जूझने में, जो अमेरिका और चीन दोनों का शत्रु था, शामिल हो सकें। इस प्रकार आदर्शवाद तथा स्वार्थ ने दोनों नेताओं को भारत की स्वतंत्रता के लिए पैरवी करने को प्रेरित किया था।

जनरल च्यांग काइ शेक और मैडम च्यांग ८ फरवरी, १९४२ को दिल्ली पहुँचे। उन्होंने निजी तौर पर से गाँधीजी से सेवाग्राम में उनसे मिलने की सूचना उनके पास भेज दी थी। इस से लिनलिथगो बड़े घबरा गए और उन्होंने एमरी को लिखा कि "यदि मार्शल को यह यात्रा करने से रोका नहीं जा सकता, तो उन्हें अप्रसन्न कर देने का जोखिम उठा कर भी मैं उन्हें वहां जाने से रोकने का इरादा रखता हूँ" एमरी को उन्होंने यह भी सूचना भेजी कि "उन्होंने जनरल को वर्धा जाने के लिए सड़क, रेल या हवाई मार्ग के साधन न मिल सकने के लिए कदम उठाए हैं, और मैंने तया किया है कि मेरी इच्छा का आदर करने के लिए वे विवश हो जाएँ।"[३] लेकिन अपनी इस अशिष्टता का प्रदर्शन करने का उन्हें अवसर ही नही मिला। उन्होने मैडम च्यांग से इस सम्बन्ध में बात की, जिन्होंने उन्हें बताया "चीन के शिष्टाचार के अनुसार छोटे को पहली बार स्वयं बड़ी आयु के व्यक्ति के पास जाना चाहिए।" लेकिन लिनलिथगो ने आग्रह किया कि वे अब भारत में थे और "ऐसे मामलों को वे भारतीय मापदण्ड से नापें।" चूँकि भारतीय मापदण्ड चीनी मापदण्डों से भिन्न नहीं थे इसलिए वाहसराय यदि स्पष्ट हो सकते थे तो उन्हें कहना चाहिए था कि सम्राट की सरकार का अतिथि सम्राट की प्रजा के निवास पर उससे मिलने नहीं जा सकता है। मैडम च्यांग ने वाइसराय की बात मान ली और वाइसराय ने गाँधीजी और जिन्ना को च्यांग दम्पत्ति से मिलने के लिए दिल्ली आने का निमंत्रण दिया। गाँधीजी ने दिल्ली जाने से इंकार कर दिया।

नेहरू च्यांग दम्पति से दिल्ली में मिले और फरवरी के तीसरे सप्ताह में उनके साथ शांति निकेतन भी गए। चीन के इतिहास से विमोहित हो जाने से नेहरू को उस देश के प्रति विशेष आकर्षण हो गया था। संभवत: वे यह विश्वास करने लगे थे कि स्वतंत्र भारत और चीन एक-दूसरे के मित्र रह कर विश्व राजनीति में बड़ी शक्ति प्रमाणित होंगे। उन्हें यदि अकेला छोड़ दिया जाता तो संभवत: वे कुछ समय के लिए अपने देश के स्वतंत्रता संग्राम को बन्द कर ब्रिटिश युद्ध प्रयासों में आक्रामक जापान के विरुद्ध चीन की सहायता करने के उद्देश्य से सम्मिलित हो जाते। १९३९ में चुंगकिंग की अपनी यात्रा के पश्चात् रंगून में वे एक प्रेस कांफ्रेंस में पहले ही घोषणा कर चुके थे कि भारत को जर्मनी, इटली और जापान के निरन्तर बढ़ते साम्राज्यवाद पर विचार करना होगा और "सौदा करने के लिए यह ठीक समय नहीं है।" इस वक्तव्य ने सुभाष बाबू को उनके विरुद्ध कलकत्ता में एक प्रदर्शन करने के लिए उत्तेजित कर दिया था। गाँधीजी और काँग्रेस कार्यकारिणी के अन्य सदस्यों में जापान के विरुद्ध चीन

के संघर्ष के प्रति सहानुभूति थी, लेकिन वे भारत की स्वाधीनता की कीमत पर किसी पक्ष की सहायता नहीं करना चाहते थे। अंततः नेहरू को भी उन्ही लोगों का साथ देना पड़ा।

लेकिन च्यांग दम्पत्ति के साथ नेहरू की घनिष्ठता के भी परिणाम हुए। जब यू.पी. के गवर्नर हेलेट ने नेहरू के भाषणों के विरुद्ध शिकायत की और उन्हें हिरासत में लेना चाहा, तो लिनलिथगो ने लिखा: "मुझे विश्वास है कि आप सहमत होंगे कि नेहरू के विरुद्ध कार्रवाई करने के लिए इसमें अनुपयुक्त कोई समय नहीं होगा, जबकि वे मार्शल च्यांग काइ शेक से कई बार वार्तालाप कर चुके हैं, और वापिसी के लिए जब जेनरलिसिमो लगभग तैयार हो चुके हैं। हम लोग किसी भी आधार पर उन पर अभियोग लगावें, कोई भी विश्वास नहीं करेगा कि उस अभियोग का उन वार्ताओं से कुत्सित संबंध नहीं था तथा उसका विश्व जनमत पर, विशेषत: अमेरिका में, हमारे हितों के लिए घातक प्रभाव होगा जहाँ तक उनके बीच में हुई बातचीत का प्रश्न है, हमारे प्रति मार्शल की भावना से मैं पूर्ण संतुष्ट हूँ। मै भारत को पूर्णतः जापान के विरुद्ध करने के उनके संकल्प से प्रभावित हो गया था, और मेरा विश्वास है कि नेहरू से उनका सम्पर्क हमारे युद्ध प्रयासों का नेहरू के द्वारा विरोध किए जाने को कठिन कर देगा। यह ध्यान देने योग्य है कि ११ फरवरी को दिल्ली की एक बड़ी सभा में नेहरू के द्वारा दिया गया भाषण इतना नरम था कि सभा में बड़ी निराशा हो गई थी।"[४]

च्यांग दम्पति शांति निकेतन के लिए रवाना हों, उसके पहले गाँधीजी कलकत्ता पहंच गए। वे दोनों उनसे मिलने गए और उनके साथ बहुत समय तक ठहर कर लम्बी वार्ता करते रहे। लेकिन बौद्धिक रूप से दोनो में कोई समानता नहीं थी। च्यांग एक खूनी लड़ाई लड़ रहे थे और अग्रेज उनके साथी थे। महात्मा की हर सांस से अहिंसा और अंग्रेजी दासता से देश की मुक्ति की भावना निकलती थी। तो भी महात्मा गाँधी की विनोदशीलता तथा मेडम च्यांग की उत्कृष्ट मनोवृत्ति ने इस मुलाकात को सफल बना दिया। गाँधीजी ने वल्लभभाई को जनरलिसिमों के संबंध में लिखा: "वे किसी प्रकार का प्रभाव डाले बिना आए और चले गए, सबका थोड़ा मनोरंजन ही हुआ। मैं नहीं कह सकूंगा कि मैं कुछ सीख सका और उन्हें सिखाने के लिए भी मेरे पास कुछ नहीं था। उन्हें जो कुछ कहना था वह यह था: "जो भी हो, अग्रेजों की मदद कीजिए। वे दूसरों से अच्छे हैं और अब और भी अच्छे हो जावेंगे।"[५]

भारत से जाने के पहले च्यांग काईशेक ने भारतवासियों से मित्र राष्ट्रों की सहायता के लिए अपील की और साथ ही ब्रिटिश सरकार को सलाह दी कि "वे सहृदयता से विश्वास करते हैं कि हमारा मित्र ग्रेट ब्रिटेन, भारत की जनता की ओर से मांग की प्रतीक्षा किए बिना यथा शीघ्र उन्हें वास्तविक राजनीतिक अधिकार देगा ताकि वे अपनी आत्मिक तथा भौतिक शक्ति का विकास कर सकने की स्थिति में हो जावें, और इस प्रकार यह अनुभव करें कि विश्वयुद्ध में उनका सम्मिलित होना आक्रामक देशों का प्रतिरोध करने वाले मित्र राष्ट्रों को सहायता मात्र नहीं है, वह भारत की स्वतंत्रता के संघर्ष में एक नया मोड़ है। मेरे मत से यह बड़ी बृद्धिमत्ता पूर्ण नीति होगी जो ब्रिटिश साम्राज्य को गौरव प्रदान करेगी।"[६]

जेनरलिसिमो ने चुंगकिंग में अमेरिका के राजदूत से जो कहा उससे स्पष्ट है कि वे भारत की स्वाधीनता की कामना हृदय से करते थे। राजदूत ने वाशिंगटन को अपनी बातचीत का जो सारांश भेजा था, वह था- "च्यांग काईशेक ने कहा कि वे भारतीय स्थिति के सम्बन्ध में बहुत चिंतित थे और ब्रिटिश

सरकार अब भी वास्तविकता को समझने से इंकार कर रही थी। कोई हल निकल सके उसके पूर्व भारत में ब्रिटिश नीति में आमूल परिवर्तन होना चाहिए, लेकिन ऐसा नहीं दिखता कि कोई परिवर्तन होगा, क्योंकि अधिकारीगण स्थिति की गंभीरता को स्वीकार नहीं करना चाहते हैं। उन्होंने सर ए. क्लार्क कर के इस प्रश्न को बड़ा अहम माना कि क्या आप मानते हैं कि अंग्रेज़ सत्ता का भारत में 'पतन' हो जावेगा....... ।"

"च्यांग काईशेक ने शिकायत की कि ब्रिटिश अपने मित्रों को कभी सूचित नहीं करते कि वे कब पीछे हटेंगे अथवा आत्मसमर्पण करेंगे.... ।

"श्री गौस के कथनानुसार चुंगकिंग की जनता और अधिकारी वर्ग अंग्रेजों की आलोचना करते हैं और नाराज़ है।"[७]

ब्रिटिश सरकार द्वारा च्यांग की अवहेलना की जा सकती थी, लेकिन रुजवेल्ट के साथ ऐसा नहीं हो सकता था। अमेरिका पूरी तरह से लड़ाई में जुट गया था और उसकी वायुसेना का बहुत बड़ा भाग भारत में था। अमेरिका के जोरदार और बार-बार डाले गए दबाव से, तथा इंग्लैण्ड में भी क्लेमेन्ट एटली के प्रयत्न से, जिन्होंने पूर्व में एक प्रतिवेदन भी प्रस्तुत किया था, चर्चिल अब कुछ करने के लिए मजबूर हो गए। भारत को तत्काल स्वाधीनता प्रदत्त करने की मांग को मान लेने के लिए चर्चिल के द्वारा वास्तविक प्रयास करने का प्रश्न ही नहीं था। इसमें एक अन्य प्रतिक्रियावादी लार्ड लिनलिथगो का पूर्ण समर्थन उन्हें प्राप्त था। वाइसराय अपने अधिकार का एक कणमात्र भी छोड़ने को तैयार नहीं थे, लेकिन युद्ध समाप्ति के पश्चात् डोमीनियन स्टेटस देने का वचन भारतीय नेताओं को देने के लिए सहमत हो गए। लंदन और दिल्ली के बीच बड़े लम्बे समय तक चले पत्रव्यवहार के बाद, जिसमें एटली के द्वारा सुझायी गई रियायतों पर काफी पानी पड़ चुका था, कुछ प्रस्ताव तैयार किए गए, जिन्हें बदला नहीं जा सकता था। इसलिए बाद में वे प्रस्ताव "पैकेज डील" कहे जाने लगे। वे प्रस्ताव थेः-

"(अ) युद्ध समाप्ति के तत्काल पश्चात् भारत के लिए एक नया संविधान बनाने के लिए निम्नलिखित पद्धति के अनुसार निर्वाचित असेम्बली स्थापित करने के लिए कदम उठाए जावेंगे।

"(ब) संविधान बनाने वाली संस्था में देशी रियासतों को सम्मिलित करने के लिए निम्नांकित रीति से प्रावधान किया जावेगा।

"(स) अंग्रेज सरकार इस प्रकार बने संविधान को तत्काल मान लेने, तथा उसे तत्काल लागू करने का वादा करती है, लेकिन यदि ब्रिटिश भारत का कोई प्रांत नए संविधान को अमान्य कर अपनी वर्तमान संवैधानिक स्थिति में रहना चाहता है, तो उसे यह अधिकार होगा, फिर भी यदि वह बाद में उपरोक्त संविधान को मानने का फैसला करता है, तो उसके उसमें सम्मिलित किए जाने का प्रावधान रहेगा।

"इस प्रकार पृथक रहने की इच्छा वाले प्रांतों को, यदि वे चाहते हैं, तो अंग्रेज सरकार उनके लिए नया संविधान देने के लिए तैयार रहेगी और उनका स्थान इंडियन यूनियन के समकक्ष होगा तथा उनका संविधान जैसा लिखा गया है, उस रीति से बनाया जावेगा।

"संविधान बनाने वाली असेम्बली और अंग्रेज सरकार में संधि की जावेगी। उस संधि में ब्रिटिश से भारतीय हाथों में उत्तरदायित्व के हस्तांतरण से उत्पन्न सभी आवश्यक बातों का समावेश होगा।

उसमें जातीय तथा धार्मिक अल्पसंख्यकों की रक्षा के लिए अंग्रेज सरकार द्वारा दिए गए वायदों के अनुसार व्यवस्था रहेगी। लेकिन उस संधि में ब्रिटिशकॉमन वेल्थ के अन्य राज्य सदस्यों के साथ भविष्य में अपने संबंधों पर निर्णय लेने पर कोई रोक नहीं रहेगी।

"कोई देशी रियायत संविधान को मानने या उससे अलग रहने का निर्णय लेती है, ऐसी नयी स्थिति में पूर्व संधि में परिवर्तन करना आवश्यक होगा।

"संविधान बनाने वाली असेम्बली का सगठन निम्न रूप से होगा, यदि युद्ध समाप्ति के पूर्व प्रधान संप्रदायों के नेता किसी अन्य प्रकार की पद्धति के लिए एकमत नहीं हो जाते।"

"प्रांतीय चुनावों के परिणाम घोषित होने के तत्काल पश्चात् क्योंकि युद्ध समाप्ति पर प्रांतीय चुनाव आवश्यक होंगे, प्रांतीय विधान सभा के सभी सदस्य एक निर्वाचन ईकाई होकर अनुपातिक प्रतिनिधि पद्धति के अनुसार संविधान बनाने वाली संस्था का चुनाव करेंगे। यह नई संविधान बनाने वाली असेम्बली की सदस्य संख्या निर्वाचन ईकाइयों की सख्या की १/१० होगी।

"देशी रियासतों को भी पूरे ब्रिटिश भारत के प्रतिनिधियों के संबंध में जैसी व्यवस्था है, उसके अनुरूप रियासतों की पूरी जनगणना के अनुपात में अपने प्रतिनिधि नियुक्त करने को निमंत्रित किया जावेगा तथा वे सभी अधिकार प्रदान किये जावेंगे जो ब्रिटिश भारत के सदस्यों को प्रदत्त थे।

"(ई) संकट काल की अवधि में जैसी भारत की वर्तमान स्थिति है, और जब तक नया संविधान नहीं बन जाता, अंग्रेज सरकार अनिवार्य रूप से भारत की सुरक्षा की जिम्मेदारी तथा निर्देशन पर युद्ध प्रयासों के एक अंग की तरह पूरा नियंत्रण रखेगी लेकिन भारत के सैनिक, नैतिक तथा भौतिक साधनों को संगठित करने का भार भारतवासियों के सहयोग से भारत सरकार पर रहेगा। अंग्रेज सरकार भारतीय जनता के मुख्य वर्गों के नेताओं से उनके देश में, कामनवेल्थ में और संयुक्त राष्ट्रों में उनसे परामर्श की इच्छा करती है और उनको निमंत्रित करती है। इस प्रकार वे एक ऐसे कार्य के पूरा होने में अपना सक्रिय और रचनात्मक सहयोग देंगे जो भारत की भावी स्वतंत्रता के लिए आवश्यक और अत्यन्त महत्वपूर्ण होगा।"

मजदूर दल के अपने सहयोगियों को संतुष्ट करने के लिए चर्चिल ने काँग्रेसी नेताओं की सहमति प्राप्त करने का काम सर स्टैफोर्ड क्रिप्स के सुपुर्द किया। लिनलिथगो को, जिन्होंने न तो इन सीमित प्रस्तावो को और न उपरोक्त कार्य का क्रिप्स को दिया जाना ही पसंद किया था, सांत्वना देते हुए एमरी ने सूचित किया कि चर्चिल इस मामले में कितने असहाय थे:" इस सारे मामले में मैं आपके सम्बन्ध में बड़ा चिन्तित रहा हूँ, लेकिन मैं आशा करता हूँ कि आप यह नही सोचेंगे कि आपकी स्थिति का बचाव करने का प्रयत्न मैंने नहीं किया है अथवा ब्रिटिश कैबिनेट ने पूरे प्रश्न पर विचार से काम नही लिया है....। बाहर का दबाव, रुजवेल्ट का विस्टन पर, एटली एण्ड कम्पनी पर उनके दल के दबाव ने, और उस पर युद्ध समिति में क्रिप्स के सम्मिलित किए जाने, अकस्मात जलद्वार खोल दिए, और सारा मामला बड़ी तेजी से चल पड़ा।"[८]

इधर भारत में रिफार्म्स कमिश्नर एच.वी. हडसन ने वाइसराय को सलाह दी कि वे पहले से यह मानकर न चलें कि "हम क्रिप्स या ब्रिटिश सरकार से किसी झगड़े में प्रतिपक्ष में है। लिनलिथगो को यह सलाह माननी पड़ी, लेकिन उन्होंने कहा कि "इसमें मैं एक खतरा देख रहा हूँ कि यदि क्रिप्स अपने

को असफल होते देखेंगे तो वे ब्रिटिश सरकार को इस या उस बात की मांग करते हुए तार देंगे। यदि ऐसा हुआ तो वे मेरी गहराई से शीघ्र ही बाहर हो जावेंगे। एक और भी खतरा है, अभी तत्काल सरकार में शामिल किए जाने का सवाल। क्रिप्स के द्वारा मेरी कार्यकारिणी बनाया जाना मुझे बर्दाश्त नहीं होगा। वे उसके लिए स्थिति तैयार कर सकते हैं, लेकिन कार्यकारिणी मैं ही बना सकता हूँ, और मैं वह काम प्रारंभ करूँ उसके पूर्व उन्हें वापस हो जाना होगा।[९]

उपर्युक्त कथन का अर्थ है कि यदि क्रिप्स ब्रिटिश सरकार की "पैकेज डील" के प्रस्तावों में जरा सी रद्दो बदल की मांग करेंगे, तो उसे रोकने के लिए अपना त्यागपत्र देने की धमकी का उपयोग लिनलिथगो करेंगे। यह भी स्पष्ट है कि यदि क्रिप्स काँग्रेस नेताओं के द्वारा उन पूरे प्रस्तावों को मान लिए जाने में सफल भी हो जाते हैं तो लिनलिथगो उस समझौते को निष्फल कर देने के लिए कार्यकारिणी के सदस्यों को नामांकित करने के अपने अधिकार पर अड़े रहेंगे। जिन्ना काँग्रेस के विरुद्ध ही नहीं, ब्रिटिश सरकार के विरुद्ध भी वाइसराय के तुरूप पत्ते थे। "पैकेज डील" के प्रस्तावों के प्रतिक्रियात्मक होने के कारण तथा वाइसराय के रवैये के कारण, क्रिप्स अपना प्रयास प्रारंभ करने के पूर्व ही असफल हो गए यदि क्रिप्स इन बातों का पूर्वानुमान नहीं लगा सके थे, तो वाइसराय उनको उन बातों से अवगत कराने से नहीं चूके। ग्लेन्डेवन लिखते हैं: 'वाइसराय ने क्रिप्स को अपनी कार्यकारिणी पर अपने नियंत्रण की आवश्यकता से संबंधित निजी विचारों का स्मरण कराया।'[१०]

स्टैफर्ड क्रिप्स २३ मार्च को भारत पहुँचे और वाइसराय की कार्यकारिणी के सदस्यों से वार्तालाप प्रारभ करते हुए तत्काल विचार-विनिमय में संलग्न हो गए। काँग्रेस अध्यक्ष मौलाना अबुल कलाम आजाद ने क्रिप्स से २५ मार्च को पहली मुलाकात की। अपने साथ लाए दस्तावेज को क्रिप्स ने पढ़कर सुनाया और उनके कथनानुसार "अनुच्छेद (ई) में लिखी बातों में ही मौलाना दिलचस्पी लेते दिखाई दिए।' उन्होंने यह भी कहा कि 'मौलाना ने सुरक्षा के प्रश्न पर चर्चा की और कहा कि काँग्रेस की दृष्टि से भारतीय शक्ति को संगठित करने के लिए रक्षा विभाग पर भारतीयों का नियंत्रण रहना चाहिए।" क्रिप्स ने उत्तर दिया कि युद्ध के क्षेत्र बड़े विशाल होने के कारण रक्षा विभाग ब्रिटिश हाथों में ही रहना चाहिए। अपनी कार्यकारिणी से परामर्श करने के पश्चात् फिर मिलने आने का वादा कर मौलाना चले गए।

गाँधीजी क्रिप्स से विचार-विनिमय करने के इच्छुक नहीं थे, लेकिन उनके आग्रह पर उनसे मिले। उन्होंने क्रिप्स से स्पष्ट ही कह दिया कि "काँग्रेस उस दस्तावेज़ को मंजूर नहीं करेगी। साथ ही उन्होंने देशी रियासतों तथा उनके युद्ध समाप्ति के बाद बनने वाली इंडियन यूनियन में सम्मिलित होने या न होने से संबधित प्रावधान जिस अनुच्छेद में था, उस पर अपनी व्यक्तिगत आपत्ति प्रकट की। उन्होंने देशी राज्यों के राजाओं की निरंकुशता की चर्चा की और कहा कि काँग्रेस उनका रहा आना बर्दाश्त नहीं कर सकती है। इंडियन यूनियन में सम्मिलित होने या न होने के दूसरे प्रश्न पर उन्होंने दृढ़तापूर्वक कहा कि वह पाकिस्तान बनाने के लिए मुसलमानों को निमंत्रण था। क्रिप्स से कथनानुसार गाँधीजी यह कहकर वापस चले गए कि "उन्हें आशा है कि जो कुछ उन्होंने कहा था उसके बावजूद मैं अपने काम में सफल हो जाऊँ।''

मौलाना की दूसरी मुलाकात २९ मार्च को हुई। मुलाकात का उनका वर्णन इस प्रकार है: ''जब

मैने वक्तव्य देखा, तो पता चला कि वाइसराय की नई कार्यकारिणी के लिए वह प्रस्ताव था। वर्तमान सभी सदस्य त्यागपत्र दे देंगे। तत्पश्चात् काग्रेस और दूसरी प्रतिनिधि संस्थाए अपने मनोनीत व्यक्तियों के नाम भेजने के लिए आमंत्रित की जावेंगी और वे व्यक्ति नयी कार्यकारिणी के सदस्य होंगे। यह कार्यकारिणी युद्ध के दौरान क्रियाशील रहेगी। ब्रिटिश सरकार यह आश्वासन देगी कि जैसे ही युद्ध समाप्त होता है भारत की स्वतंत्रता के प्रश्न पर विचार किया जावेगा।

"उस प्रस्ताव का अर्थ था कि वर्तमान कार्यकारिणी में अंग्रेज सदस्यों के बहुमत के स्थान पर नई कार्यकारिणी में केवल भारतीय सदस्य ही रहेंगे। ब्रिटिश अधिकारी सचिव होंगे, उस कार्यकारिणी के सदस्य नहीं। लेकिन सरकार का ढाँचा नहीं बदला जावेगा।

"मैंने सर स्टैफर्ड से उस कौंसिल में वाइसराय की स्थिति के विषय में पूछा। सर स्टैफर्ड ने कहा कि इंग्लैण्ड के बादशाह की तरह वाइसराय उस कौंसिल के संवैधानिक प्रमुख होंगे। किसी तरह का संदेह दूर करने के लिए मैंने उनसे यह पुष्टि करने के लिए कहा कि इसका अर्थ यह है कि संवैधानिक प्रमुख होने के नाते कौंसिल की राय को मानने के लिये वाइसराय बाध्य रहेंगे। स्टैफर्ड ने कहा कि मंशा यही थी....।[११]

मौलाना के कथन पर टिप्पणी करते हुए ग्लेनन्डेवन लिखते हैं: अधिकृत घोषणा में ऐसा कुछ नहीं था जो वाइसराय की वर्तमान कार्यकारिणी को उखाड़ देने का किंचित् मात्र भी संकेत कहा जाएँ यदि आज़ाद का कथन सत्य है तो क्रिप्स ने अपना कोई अलग दस्तावेज घोषणा के साथ उन्हें दिया होगा (उन्होंने आजाद को वह घोषणा दिखाई होगी जो उस दिन बाद में की जाने वाली थी)। आजाद का कथन भ्रमपूर्ण इसलिए हो सकता है कि उस मुलाकात में क्रिप्स द्वारा व्यक्त किए गए मौखिक विचारों को लिखित घोषणा में दी गई बातें मानने की गलती वे कर बैठे हों। लेकिन कुछ भी हुआ हो, क्रिप्स को जितना प्रस्ताव करने का अधिकार था, उसके बाहर वे चले गए और, जैसा लिनलिथगो को भय था, वाइसराय की कार्यकारिणी रूपी मलााई का लोभ देकर वे शिकार पकड़ने का प्रयास कर रहे थे। प्रेस कांफ्रेंस में केबिनेट सरकार से संबंधित क्रिप्स द्वारा असाधारण उल्लेख आज़ाद के कथन के अनुसार, उनके द्वारा बढ़ा-चढ़ा कर की गई बातों जैसा था। क्रिप्स स्वयं वचनबद्ध हो गए थे।"[१२]

दिल्ली में काँग्रेस कार्यकारिणी समिति दो दिन तक उन प्रस्तावों पर विचार-विमर्श करती रही लेकिन कोई निश्चय नहीं कर सकी। उसने प्रस्तावों के दस्तावेज और मौलाना को दिए गए क्रिप्स के मौखिक आश्वासन का अन्तर देख लिया होगा। लार्ड लिनलिथगो के विषय में, जैसा वे जानते थे, यह विश्वास नहीं हो रहा होगा कि विभिन्न राजनीतिक दलों के द्वारा चुने गए सदस्यों की कार्यकारिणी समिति के वे संवैधानिक प्रमुख होना मान लेंगे। काँग्रेस कार्यकारिणी ने मौलाना से इच्छा व्यक्त की कि वे क्रिप्स से एक बार और मुलाकात करें और जो मौखिक आश्वासन क्रिप्स ने दिए थे उन्हें लिखित समझौते की शर्तों में सम्मिलित किए जाने की बात करें। दूसरी मुलाकात १ अप्रैल को हुई और उसमें मौलाना के सारे भ्रम दूर हो गए। वे लिखते हैं: "क्रिप्स से मेरी यह भेंट निर्णायक थी। हमारी बहस करीब तीन घण्टे चली। मैंने देखा कि पिछली बार की भेंट से अब स्थिति में आमूल परिवर्तन हो गया था। पहली भेंट में जिस प्रकार के उत्तर दिए गए थे उनके विपरीत में अब दिए गए उत्तरों की मनोदशा में बड़ा अन्तर था...।

"मैंने क्रिप्स को स्मरण कराया कि पहली मुलाकात में वे सुस्पष्ट उत्तर देते थे। उन्होंने मुझसे तर्क कर विश्वास दिलाने का प्रयत्न किया कि उनकी बुनियादी स्थिति में कोई परिवर्तन नहीं हुआ था। उस समय वे जो कहना चाह रहे थे वह वही कुछ था जो अब वे कह रहे थे। मैंने उनसे कहा कि मेरे एक प्रश्न के उत्तर में उन्होंने मुझे बताया था कि नई कार्यकारिणी की कौंसिल कैबिनेट के समान ही कार्य करेगी। आज, लेकिन वे कह रहे थे, कि उसकी वैधानिक स्थिति में कोई परिवर्तन नहीं होगा, और यह कहकर वे मुझे फिर आश्वस्त करना चाहते थे कि उनको आशा थी कि कार्यकारिणी एक कैबिनेट के समान कार्य करेगी....।

"इसके पश्चात् मैंने युद्ध समाप्त होने के बाद भारत की स्वतंत्रता का प्रश्न उठाया। क्रिप्स ने कहा कि युद्ध के बाद भारत की समस्या पर नए दृष्टिकोण से विचार किया जावेगा और भारत को अपने भाग्य का निर्णय करने का अवसर मिलेगा। साथ ही उन्होंने कहा कि एक मित्र की तरह मैं आपको सलाह दूंगा कि नए प्रश्न पूछकर हम नई उलझने न पैदा करें। भारत को इन प्रस्तावों को जैसे वे सामने दिखते हैं, मान लेना चाहिए और आगे बढ़ना चाहिए। उनके मानस में कोई शंका नहीं थी कि यदि युद्ध प्रयासों में भारत ने पूर्ण सहयोग दिया, तो युद्ध समाप्ति पर उसका स्वाधीन हो जाना सुनिश्चित था।"[१३]

मौलाना की निराशापूर्ण रिपोर्ट को सुन कर काँग्रेस कार्यकारिणी ने क्रिप्स प्रस्तावों को अस्वीकृत करते हुए एक प्रस्ताव पारित किया लेकिन क्रिप्स के आग्रह पर उसका प्रकाशन स्थगित रखा गया। वार्ताएँ एक सप्ताह और चलती रहीं। अब मुख्य प्रश्न वाइसराय की प्रस्तावित कैबिनेट के भारतीय के सुरक्षा मंत्री की तुलना में कमान्डर-इन-चीफ के पद की स्थिति से सम्बन्धित था। हडसन लिखते है: "वाइसराय, सर स्टैफर्ड क्रिप्स और लन्दन के युद्ध मंत्रिमण्डल में कोई तालमेल न होने के कारण वार्ताओं में पहले से हुई भ्रमपूर्ण स्थिति में, प्रेसिडेन्ट रुजवेल्ट के व्यक्तिगत प्रतिनिधि कर्नल लुई जान्सन के हस्तक्षेप से, जो दिल्ल्ली अमेरिकन टेक्निकल मिशन के प्रमुख होकर हाल में आए थे, और वृद्धि हो गई।"[१४]

कर्नल जानसन के निमंत्रण पर नेहरू उनसे मिले और ८ अप्रैल को उन्होंने भावी रक्षामंत्री के कर्तव्यों और अधिकारों से संबंधित एक फार्मुले का प्रारूप उन्हें दिया। कर्नल ने उसे क्रिप्स को दिखाया जिन्होंने उसमें कई संशोधन किए और उनके हाथों से संशोधित फार्मूले को नेहरू के पास ले जाने की अनुमति उन्होंने कर्नल को दे दी। उस समय उनके ध्यान में आया कि नए फार्मूले की एक प्रतिलिपि वाइसराय को भी दिखानी चाहिए। उसकी प्राप्ति पर लिनलिथगो का धैर्य बिल्कुल टूट गया, और क्रिप्स तथा कर्नल को बुलाकर उनसे उन्होंने बड़ी कठोर बातचीत की। जब क्रिप्स ने कहा कि उन्हें वार्ता को असफल होने से बचाना था और उन्होंने नया फार्मूला रिफार्म्स कमिश्नर हडसन को दिखा दिया था, तो वाइसराय ने बड़ी रुखाई से कहा "हडसन गवर्नर जनरल नहीं है।" लिनलिथगो और भी आगे बढ़ गए और उन्होंने सेक्रेटरी ऑफ स्टेट एमरी और चर्चिल से शिकायत की। हडसन के शब्दों में, "दूसरे दिन प्रात: सर स्टैफर्ड क्रिप्स को इस आशय का जवाबी तार मिला कि ब्रिटिश सरकार वाइसराय और कमान्डर-इन-चीफ के इस मत का समर्थन करती है कि कमान्ड-इन-चीफ की स्थिति में युद्ध की अवधि में वास्तविक कमी नहीं की जा सकती थी।"

चर्चिल से भी आगे बढ़कर एमरी ने लिनलिथगो को तार दिया "युद्ध मंत्रिमण्डल के द्वारा क्रिप्स को अभी भेजे गए तार आपकी सहायता करेंगे। हमें अभी तक ज्ञात नहीं हुआ है कि भारतीय प्रतिनिधियों को कौन से पद देना प्रस्तावित हैं तथा सरकारी सदस्य रहेंगे अथवा नहीं। क्रिप्स के पत्र में गृह विभाग आजाद को दिए जाने का प्रस्ताव मुझे बहुत चिंतित कर रहा है और मेरी कल्पना है कि जिस कौम को वह नहीं मिलेगा, वह भी बड़ी चिन्तित हो जावेगी।"[१५]

सर स्टैफर्ड को यह सब बहुत बुरा लगा होगा। १० अप्रैल को उन्होंने युद्ध मंत्रिमण्डल को एक तार भेजा जिसमें उन्होंने उनकी पीठ पीछे वाइसराय के द्वारा भेजे गए तार पर परोक्ष रूप से बड़ी आपत्ति की और यहाँ तक कहा कि वे दुखी हैं कि "मेरे सहयोगी इस मामले में मुझ पर विश्वास नहीं करते, और मैं सारे मामले को छोड़ देने के लिए तैयार हूँ यदि वे चाहते हैं कि कोई अन्य व्यक्ति तत्संबंधी वार्ता आगे चलाए।"[१६]

ऐसा दिखता था कि अब चर्चिल बातचीत समाप्त करना चाहते थे। उन्होंने विनम्रता किन्तु दृढ़ता का यह तार भेजा: "विश्वास के अभाव का प्रश्न नहीं है और हमें आपकी कठिनाइयों के प्रति सहानुभूति है, लेकिन आपकी तरह हमारी भी जिम्मेदारियां है। हमें लगता है कि काँग्रेस से कोई समझौता हो जाने की अपनी इच्छा के कारण आप ऐसी स्थिति में न पड़ जाएँ जो इस कैबिनेट या कैबिनेट के सदस्यों द्वारा निश्चित स्थिति, जो आपके जाने के पूर्व तय की गई थी, उससे बहुत अलग हो....।

"आप अपने पैराग्राफ १३ में वार्ता चलाते रहने की बात करते हैं। हम लोगों में निश्चित रूप से तय हो गया था कि कोई सौदा करने के लिए बातचीत नहीं की जावेगी, और हमने जो बड़ा प्रस्ताव किया है और जिसने इंग्लैण्ड और पूरे अमेरिका में अच्छा प्रभाव डाला है, उसमें बहुत मामूली फेरबदल के साथ उसकी मंजूरी के लिए ही आप प्रयत्न करेंगे। एक न्यायप्रिय व्यक्ति के समान, मैं विश्वास करता हूँ, आप यह समझने का प्रयत्न करेंगे कि इन असाधारण प्रस्तावों में और स्पष्ट विश्लेषण के अभाव में हमारा कर्तव्य क्या है, उसको जान लेना हमें कितना कठिन लग रहा है।"[१७]

क्रिप्स ने तत्काल तार भेजा कि समझौते की कोई उम्मीद नहीं है और "मैं रविवार को वापस आ रहा हूँ।" उन्होंने मौलाना को भी सूचित किया कि वे अब नई मांग कर रहे थे जिसका अर्थ संवैधानिक परिवर्तन का किया जाना था और जिसे युद्ध की अवधि में पूरा किया जाना असम्भव था। काँग्रेस कार्यकारिणी ने भी अब अपना प्रस्ताव प्रकाशित करने में जल्दी की, जो काँग्रेस की स्थिति का स्पष्ट निरूपण करता है और जो यथावत नीचे पूरा दिया जा रहा है:

"कार्यकारिणी ने ब्रिटिश युद्ध मंत्रिमंडल द्वारा किए गए प्रस्तावों तथा सर स्टैफोर्ड क्रिप्स के द्वारा दिए गए तत्संबंधी स्पष्टीकरण पर पूर्णत: तथा बड़ी गंभीरता से विचार किया है। इन प्रस्तावों पर, जो घटनाओं से उत्पन्न विवशता के कारण अंतिम क्षणों में किए गए हैं, केवल भारत की स्वतंत्रता के लिए मांग के संदर्भ में ही नहीं बल्कि युद्ध की वर्तमान संकट पूर्ण स्थिति को दृष्टि में रखकर भारत को जो खतरा है और जो खतरा सारे विश्व पर छा गया है, उसका प्रभावी ढंग से सामना करने के उद्देश्य से विचार किया गया है।

"सितम्बर, १९३९ में युद्ध के प्रारंभ होते ही काँग्रेस ने लगातार कहा है कि भारत के लोग दुनिया की प्रगतिशील शक्तियों के साथ खड़े रहेंगे और नयी समस्याओं की जिम्मेदारी अपने ऊपर लेंगे और जो

नया बोझ आ पड़ा है, उसे सम्हालेंगे और काँग्रेस ने यह सब कर सकने के लिए आवश्यक स्थितियों को लाने की मांग की थी। उसके लिए भारत की स्वतंत्रता मुख्य शर्त थी, क्योंकि वर्तमान समय में स्वतंत्रता की अनुभूति से ही वह दीप जलेगा जिससे करोड़ों हृदय प्रकाशमान हो जावेंगे और जो उनमें गति प्रदान करेगी। प्रशांत सागर क्षेत्र में युद्ध प्रारंभ होने के पश्चात् अखिल भारतीय काँग्रेस कमेटी के गत सम्मेलन में यह कहा गया था: 'स्वाधीन भारत ही राष्ट्रीय स्तर पर देश की रक्षा करने की स्थिति में हो सकेगा और युद्ध के झंझावात से जो बड़े मुद्दे सामने आ रहे हैं उनकी प्रगति में सहायक हो सकेगा।'

"ब्रिटिश युद्ध मंत्रिमण्डल के जो नए प्रस्ताव हैं वे युद्ध समाप्ति के पश्चात् देश के भविष्य से संबंधित हैं। समिति यह मानते हुए कि उनमें अनिश्चित भविष्य में आत्मनिर्णय का सिद्धांत निहित है, अपना दु:ख प्रकट करती है कि वे प्रस्ताव प्रतिबंधित और सीमित है, तथा उनमें कुछ ऐसे प्रावधान है जो एक स्वतंत्र और एकीकृत राष्ट्र के विकास को तथा प्रजातंत्र राज्य की स्थापना को खतरे में डाल देते हैं। संविधान बनाने वाली असेम्बली की ही ऐसी रूपरेखा की गई है जिसके अन्तर्गत जनता का प्रतिनिधित्व न करने वाले तत्वों को उसमें सम्मिलित किया जाना जनता के आत्म-निर्णय के अधिकार को निष्फल कर देता है। भारत के सभी लोगों ने पूर्ण स्वाधीनता की मांग की है और काँग्रेस ने बार-बार घोषणा की है कि सम्पूर्ण भारत की स्वाधीनता के अतिरिक्त और कोई स्थिति पर राजी नहीं हुआ जा सकता और न वह वर्तमान स्थिति की आवश्यकताओं को पूरा ही कर सकेगी। काँग्रेस जानती है कि इन प्रस्तावों में भविष्य में मिलने वाली स्वाधीनता निहित हो सकती है, लेकिन उसके साथ में कई अन्य प्रावधान और प्रतिबन्ध ऐसे हैं कि वास्तविक स्वाधीनता मात्र मायाजाल ही हो जाती है। देशी राज्यों की ६ करोड़ जनता की पूर्ण उपेक्षा और उनके राजाओं के द्वारा उसका खरीद फरोख्त के माल की तरह समझा जाना प्रजातंत्र और आत्म निर्णय की अस्वीकृति है। संविधान बनाने वाली असेम्बली में देशी रियासत का प्रतिनिधित्व जनगणना के आधार पर तय तो किया जाना है, लेकिन उस रियासत की जनता उन प्रतिनिधियों के चुनाव में कुछ बोल नहीं सकेगी और न किसी समय उसकी सलाह ही ली जानी है, जबकि उसके लिए अत्यन्त महत्वपूर्ण निर्णय लिए जा रहे हों। ऐसी रियासतें कई ढंग से भारतीय स्वतंत्रता के विकास में बाधक हो सकती है। ऐसी रियासतें विदेशी सत्ता के अंतक्षेत्र हो सकती हैं जहाँ, विदेशी सेना को रखने की आवश्यकता पड़ सकती है और जिससे रियासतों की जनता की स्वतंत्रता के लिए और शेष भारत के लिए सदा के लिए खतरा रहा आ सकता है।

"किसी प्रांत को भारत से अलग रहे आने के असाधारण सिद्धांत की पहले से की गई व्यवस्था भारतीय एकता की कल्पना पर एक बड़ा प्रहार है और आपसी फूट के लिए एक लालच है, जो प्रांतों में उलझनें पैदा कर सकता है और जो देशी रियासतों भारतीय संघ में मिल जाने के रास्ते की रुकावटों को बढ़ा सकता है। काँग्रेस भारत की स्वाधीनता तथा एकता के लिए प्रतिबद्ध रही है और इसलिए वर्तमान समय में जब बड़े संघों के बनाने की बात लोगों के दिमाग में हो, उस एकता का टूट जाना सबके लिए हानिकारक होगा और उसकी कल्पना भी दु:खदायक होगी। तो भी काँग्रेस किसी क्षेत्र के लोगों को उनकी घोषित और निर्धारित इच्छा के विरुद्ध भारतीय संघ में रहे आने के लिए बाध्य करने की बात नहीं सोच सकती। इस सिद्धांत को स्वीकार करते हुए भी, कार्यकारिणी चाहती है कि ऐसी स्थिति पैदा करने के सभी सम्भव प्रयास किए जावें जो विभिन्न इकाइयों को परस्पर सहयोगी होने में और

संयुक्त राष्ट्रीय जीवन के विकास में सहायता करें। इस सिद्धांत को मानने में यह स्पष्ट रूप से निहित है कि ऐसे कोई परिवर्तन न किए जावें जो नई समस्याओं को जन्म देते हैं और जो दूसरे महत्वपूर्ण समूह पर विवशता लाद देते हैं। सुदृढ़ राष्ट्रीय यूनियन से सुसम्बद्ध होकर भी प्रत्येक क्षेत्रीय इकाई स्वायत्त शासित होगी। ब्रिटिश युद्ध के कैबिनेट द्वारा किया गया प्रस्ताव यूनियन के प्रारंभ में ही बिखराव के अवसरों को पैदा कर उन्हें प्रोत्साहित कर टकराव की स्थिति लावेगा है जबकि अत्यधिक सहयोग और सद्भावना की सबसे अधिक आवश्यकता होगी। धृष्टवत् किया गया यह प्रस्ताव साम्प्रदायिक मांग की पूर्ति के लिये किया गया है, परन्तु इसके और भी परिणाम होंगे और विभिन्न सम्प्रदायों में स्थित प्रतिक्रियावादी और अव्यक्त समुदायों को बाधा उत्पन्न करने में यह सहायक सिद्ध होगा और देश का ध्यान महत्वपूर्ण मुद्दों से हट जावेगा।

"भारत के भविष्य के सम्बन्ध में कोई भी प्रस्ताव विचार और छान-बीन की मांग करता है, लेकिन आज के गंभीर संकट में, वर्तमान सर्वोपरि है और भविष्य के लिए किए गए प्रस्ताव जहाँ तक उनका वर्तमान से सम्बन्ध है, महत्वपूर्ण है। कार्यकारिणी ने प्रश्न के इस पहलू को आवश्यक रूप से सर्वाधिक महत्व दिया है और इस पहलू पर ही यह निर्भर है कि जो हमसे परामर्श की आशा करते हैं, उन्हें हम क्या मार्गदर्शन दें। इस वर्तमान के लिए ब्रिटिश युद्ध मंत्रिमंडल के प्रस्ताव अस्पष्ट और अपूर्ण हैं और ऐसा दिखता है कि वर्तमान ढांचे में कोई महत्वपूर्ण परिवर्तन करने का विचार नहीं किया गया है। यह स्पष्ट कर दिया गया है कि भारत का रक्षा विभाग ब्रिटिश नियंत्रण में रहेगा। सुरक्षा किसी भी समय महत्वपूर्ण है, लेकिन युद्ध के समय उसका महत्व सबसे अधिक रहता है और वह जीवन तथा शासन के प्रत्येक अंग को आच्छादित करता है। इस समय सुरक्षा विभाग को जिम्मेदारी के क्षेत्र से हटा लेना उस जिम्मेदारी को एक तमाशे की हैसियत पर लाना और उसे अर्थहीन कर देना है। वह प्रस्ताव यह भी स्पष्ट कर देता है कि युद्ध की अवधि में भारत किसी प्रकार स्वतंत्र नहीं रहेगा और उसकी सरकार स्वतंत्र रूप से कार्य नहीं कर सकेगी। कमेटी फिर कहना चाहेगी कि भारत के लोगों के द्वारा जिम्मेदारी उठाने से पहले की शर्त उनकी यह अनुभूति है कि वे स्वाधीन हैं और अपने देश की रक्षा करने और उसे सुरक्षित बनाए रखना उनके हाथ में है। इस समय लोगों में उत्साह की आवश्यकता है जो उनमें पूर्ण विश्वास किए बिना और सुरक्षा की उन पर जिम्मेदारी रखे बिना नहीं लाया जा सकता। केवल इसी प्रकार इस बड़े ही संकट के समय की गंभीरता की ऊँचाई तक पहुँचने के लिए भारत की जनता में स्फूर्ति पैदा की जा सकती है। यह स्पष्ट है कि वर्तमान भारत सरकार में और उसकी प्रांतीय शाखाओं में क्षमता का अभाव है और भारत की रक्षा की जिम्मेदारी वे नहीं निभा सकतीं। भारत की जनता ही अपने लोकप्रिय प्रतिनिधियों के द्वारा इस बड़े बोझ को सम्हाल सकती है। लेकिन यह उन्हें आज स्वतंत्र कर और उन्हें पूरी जिम्मेदारी देकर ही किया जा सकता है।

"अतएव कार्यकारिणी ब्रिटिश युद्ध मंत्रिमण्डल द्वारा प्रस्तुत किए गए प्रस्तावों को स्वीकार करने में असमर्थ है।"

हम क्रिप्स मिशन के इस ब्यौरे को वार्ता से सम्बन्धित विशिष्ट व्यक्तियों तथा विभिन्न राजनीतिक दलों को हुए लाभ और हानि पर विचार किए बिना समाप्त नहीं कर सकते। स्पष्टत: चर्चिल तथा लिनलिथगो सबसे अधिक लाभान्वित हुए। अपने मिशन पर भारत आने से पूर्व क्रिप्स के

सम्बन्ध में इंग्लैंण्ड और भारत में यह चर्चा थी कि क्रिप्स के द्वारा मास्को में इंग्लैण्ड के राजदूत के पद पर रहकर जर्मनी और रूस के बीच में फूट डाल देने में प्राप्त हुई उनकी सफलता ने उन्हें प्रधानमंत्री के पद के लिए चर्चिल का प्रतिद्वन्दी बना दिया था। भारत में उनके मिशन की असफलता से वे सारी संभावनाएं समाप्त हो गईं। चर्चिल के द्वारा उनको प्रदर्शित की गई सांत्वना कि "आप इस परिणाम से अधिक निरुत्साहित और निराश न हों" आघात पर अपमान जोड़ने जैसा उन्हें लगी होगी। चर्चिल को कितनी प्रसन्नता हुई होगी, इसका अनुमान हडसन की इस टिप्पणी से किया जा सकता है: "दिल्ली वार्ता के टूट जाने की बात जब चर्चिल को ज्ञात हुई, तो चेकर्स में अपने अतिथियों के सामने अपनी प्रसन्नता को छिपाने का कोई प्रयास न करते हुए दु:ख और घड़ियाली आँसू बहाने का नाटक उन्होंने किया।"[१८] चर्चिल ने एक प्रतिद्वन्दी के राजनीतिक जीवन को ही नहीं समाप्त कर दिया था बल्कि रूजवेल्ट और च्यांग काई शेक को यह विश्वास कराने का असफल प्रयास किया कि वे ऐसे मामलों में भी उनकी सलाह का कितना आदर करते थे, जिनका मुख्य रूप से उनसे ही सम्बन्ध था।

क्रिप्स की असफलता की सूचना मिलने पर रूजवेल्ट ने चर्चिल को अपना असंतोष इस प्रकार प्रकट किया था: "मैं हृदय से चाहता हूँ कि वार्ता को टूट जाने से रोकने के लिए जब तक एक और प्रयत्न नहीं किया जाता, आप क्रिप्स की भारत से वापिसी स्थगित कर सकें। यहाँ यह आम धारणा है कि गतिरोध ब्रिटिश सरकार की भारत को आत्मनिर्णय का अधिकार देने की अनिच्छा के कारण हुआ है, जबकि भारत के लोग योग्य ब्रिटिश अधिकारियों को तकनीकी सैनिक तथा नौसेना संबंधी नियंत्रण देने के इच्छुक थे। अमरीकी मत यह नहीं समझ पा रहा है कि जब ब्रिटिश सरकार युद्ध समाप्ति पर संघटक भारत के भाग को ब्रिटिश साम्राज्य से पृथक हो जाने की छूट देने की इच्छा रखती है, तो युद्धकाल में उसे स्वायत्त शासन जैसा अधिकार देने को क्यों तैयार नहीं है।"[१९]

चर्चिल ने रुजवेल्ट को उत्तर में कहा कि मुझे नहीं लगता है कि "मैं भारत की सुरक्षा का भार वहन कर सकूँगा यदि इस संकटकाल में सारा मामला उलटने पलटने की स्थिति में कर दिया जाता है।" अपने इस रूखे उत्तर को कोमल करने की दृष्टि से उन्होंने आगे कहा: "मेरे और आपके बीच में कोई बड़ा अन्तर मेरे हृदय को भंग कर देगा और निश्चित ही संघर्ष की इस भयंकर स्थिति में आपके और मेरे देश को हानि पहुँचाएगा।"[२०]

रुजवेल्ट जैसी प्रतिक्रिया च्यांग दम्पत्ति की भी थी। क्रिप्स को भेजे गए संदेश में उन्होंने कहा कि "वर्तमान गतिरोध को वे अपनी व्यक्तिगत असफलता मानते हैं। मैडम च्यांग इस स्पष्टीकरण से किंचित् भी प्रभावित नहीं हुई और उन्होंने कहा कि "यह मानते हुए कि काँग्रेस ही वास्तव में भारत की प्रतिनिधि संस्था है, भारत को आज उसकी रक्षा के साधनों पर नियंत्रण रखकर स्वतंत्रता नहीं देने का अर्थ होता है कि हम भारत को अपने हाथ से खो देंगे।"[२१]

यदि अधिक नहीं तो चर्चिल के समान ही लिनलिथगो को भी उतनी ही प्रसन्नता हुई होगी। यदि क्रिप्स नेहरू और जिन्ना को सरकार में शामिल करने में सफल हो गए होते, तो उनके साथ वे क्या करेंगे, यह लिनलिथगो ने पहले ही सोच रखा था। उन्होंने एमरी को लिखा था कि "यदि नेहरू और जिन्ना साथ हो जाते हैं तो मैं विचार करूंगा कि वे प्रशासकीय विभागों के बिना पद स्वीकार कर लेवें

ताकि वे जनता का आत्मबल बढ़ाने के उद्देश्य से देश में दौरा कर सकें, (यद्यपि, जैसा आप जानते हैं, कि भयभीत कुलियों में जोशीली बातों से कुछ बनने की आशा मैं नहीं करता हूँ)"[२२]

स्टेट्समैन के प्रबंध सम्पादक आर्थर मूर इस परिणाम पर पहुँच गए थे कि लिनलिथगो के वाइसराय रहते भारतीय नेताओं से कोई समझौता हो जाना असंभव था। इसलिए उन्होंने अपने एक लेख में, लिनलिथगो के शब्दों में ही यदि कहा जाए, यह सुझाव दिया था कि "ब्रिटिश सरकार लिनलिथगो के स्थान पर भारत के वर्तमान चीफ जस्टिस मारिस ग्यायर को इस देश का संवैधानिक राजा बनाने पर विचार कर सकती है।" इस प्रस्ताव से बहुत ज्यादा चिढ़ कर लिनलिथगो ने एमरी को लिखा था: "मैं इस प्रस्ताव पर अपनी राय नहीं देता, जहाँ तक व्यक्तिगत प्रश्न है, तो भी मैं जानना चाहूँगा कि ग्यापर के डाक्टर का इस मामले में क्या कहना है"। इसके बाद उन्होंने एमरी से मूर को अपने स्थान से हटा दिए जाने की बात की और यह धमकी दी कि "यदि पूर्वीय भारत क्षेत्र में स्थिति बिगड़ती है, तो मूर का मुंह बन्द करने के सिवाय कोई चारा नहीं रह जाता है, यदि वे यहाँ और अपने पद पर रहे आते हैं, यद्यपि मैं ऐसा करने से बहुत बचना चाहूँगा।"[२३]

तत्पश्चात् लिनलिथगो ने एमरी से यह भी शिकायत की थी कि क्रिप्स ने वाइसराय को मंत्रिमण्डल का संवैधानिक प्रमुख बना कर सरकार निर्माण की आशा भी काँग्रेस को दिलाई थी, और जब मौलाना ने यह बात प्रकट कर दी तो क्रिप्स ने उसका खण्डन नहीं किया था। इस सबसे यह निष्कर्ष निकलता है कि जब मूर संवैधानिक राजा की मांग कर रहे थे, तब लिनलिथगो संवैधानिक राजा के वाइसराय होकर भी भारत में असंवैधानिक राजा बने रहना पसंद कर रहे थे। वे अपने ही द्वारा मनोनीत आज्ञाकारी अपनी कार्यकारिणी से संतुष्ट थे, और निपुणता से ऐसी व्यवस्था कर ली थी कि उनकी वह कार्यकारिणी भारत की राजनीतिक पार्टियों द्वारा मनोनीत योग्य तथा स्वतंत्र सदस्यों से न बदली जाएँ उनके पास न तो माउंटबेटन की योग्यता थी और न उनका सा खुला दिमाग ही था ताकि नेहरू और पटेल जैसे भारतीयों का आदर प्राप्त कर सकें। वे उनके साथ ही सुख का अनुभव करते थे, जिन पर वे शासन कर सके। उन्होंने एमरी को सूचना दी कि उनकी कार्यकारिणी के सदस्यों की भावना है कि "ब्रिटिश सरकार द्वारा उनकी अवहेलना की गई थी, क्रिप्स के द्वारा उन्हें छोटा माना गया, उन्हें वार्ता से अलग रखा गया तथा साथ ही उनकी धारणा है कि कार्यकारिणी में पद स्वीकार कर उन्होंने अपने राजनीतिक जीवन को खतरे में डाल दिया है और इसलिए वे अधिक विचार पूर्वक व्यवहार के हकदार हैं। उन्हें साधारणत: ऐसा आभास हो रहा है कि वे मात्र परिचारक कार्यकारिणी के सदस्य हैं, जिनके विचारों को ब्रिटिश सरकार कोई महत्व नहीं देती तथा जिनकी पदीय स्थिति के सम्बन्ध में वह कोई राय नहीं रखती।"[२४] इन परिचारक सदस्यों की भावना की संतुष्टि के लिए, लन्दन से उनकी पीठ ठोंकी जाने मात्र की आवश्यकता थी। लिनलिथगो ने इसलिए एमरी से निवेदन किया कि "यदि चर्चिल स्वयं चर्चा में भाग ले रहे हों, तो इस बात का बड़ा मूल्य होगा कि उनकी कार्यकारिणी के सदस्यों की सराहना तथा ब्रिटिश सरकार उसके तथा उसके प्रतिनिधि ढाँचे को महत्व दिए जाने की चर्चा कर दी जाएँ मेरा विश्वास है कि उच्च स्त्रोतों से मक्खन का किंचित् लेप समयानुकूल होगा। यदि विन्स्टन नहीं बोल रहे हों, तो आप ही संभवत: सहायता कर सकें और मैं यह निश्चित रूप से जानता हूँ कि क्रिप्स यदि इस बिन्दु पर कुछ कह दें तो बहुत अच्छी बात होगी।"

तथापि, लिनलिथगो से जिन्होंने सहयोग किया था उनके सम्बन्ध में उनकी स्वयं की आंतरिक भावना का प्रदर्शन हिन्दू महासभा के लिए जो उन्होंने एमरी को लिखा था, उससे हो जाता है: "मैं हिन्दू महासभा के मामले में इतना चिंतित नहीं हूँ। मैं निश्चयपूर्वक कह सकता हूँ कि उस संस्था का दूसरा व्यक्ति बिना किसी कठिनाई के किसी भी समय मेरी कार्यकारिणी में लिया जा सकता है। उन्हें भी छोड़ना पड़ेगा और बार-बार उनके द्वारा बहुत बड़े दावे किए जाने पर भी खीचड़ी में अँगुली डालने के लिए वे बड़े उत्सुक हैं।"[२५]

क्रिप्स मिशन से लाभ उठाने वालों में दूसरी संस्था मुस्लिम लीग थी। घोषणा में भारतीय संघ से प्रांतों के पृथक रहे आने के प्रावधान से प्रदत्त अधिकार को जिन्ना और मुस्लिम लीग ने ब्रिटिश सरकार द्वारा पाकिस्तान के समर्थन का जो अर्थ लगाया था वह ठीक ही था। क्रिप्स इस प्रावधान के पक्ष में इसलिए थे क्योंकि वह मुस्लिम लीग को संविधान निर्माण करने वाली संस्था में सम्मिलित होने को मजबूर करता, महात्मा गाँधी को जैसे ही उसकी जानकारी दी गयी उन्होंने क्रिप्स से कहा कि वह मुस्लिम लीग को पाकिस्तान की मांग करने का निमंत्रण था। लेकिन क्रिप्स प्रस्तावों को नामंजूर करते हुए काँग्रेस कार्यकारिणी ने कहा था कि "कमेटी किसी क्षेत्रीय ईकाई को उसकी घोषित और निश्चित इच्छा के प्रतिकूल भारतीय संघ में रहने को बाध्य करने के लिए नहीं सोच सकती।" जैसा हडसन ने कहा है, "यह बांध में एक छेद था जिसे चौड़ा करने पर जिन्ना उतारु हो गए थे।"

काँग्रेस भी आगे चलकर इस मिशन से लाभान्वित हुई। हडसन ने ठीक लिखा है कि "क्रिप्स ऑफर का तत्काल तो कोई परिणाम नहीं हुआ, लेकिन उस प्रस्ताव के किए जाने के बाद मामला वैसा नहीं रहा जैसा पहले था। ब्रिटिश सरकार युद्ध समाप्ति पर यथाशीघ्र एक निर्वाचित भारतीय असेम्बली के द्वारा बनाए गए संविधान के अन्तर्गत भारत को पूर्ण स्वतंत्रता देने के वचन से पीछे नहीं हट सकती थी और न ही कुछ प्रावधानों के साथ उस संविधान को स्वीकार कर लेने के अपने वचन से ही पीछे जा सकती थी।"[२६]

मार्च-अप्रैल, १९४२ में दिल्ली में किए गए सनसनीखेज नाटक में क्रिप्स ने प्रमुख पात्र का काम किया था, और वे ही अकेले उसमें ग्रीक दु:खांत नाटक के पात्र के समान संतप्त व्यक्ति दिखाई पड़ते हैं। भारतीयों ने उन पर उनसे चालाकी करने का आरोप लगाया, हडसन ने इस अर्थ में उन्हें गलत ढंग से वार्ता करने का दोषी ठहराया कि "वे जितने के सम्बन्ध में बात करने के लिए अधिकृत किए गए थे वह सब प्रारंभ में ही उन्होंने सामने रख ही नहीं दिया, बल्कि उन्होंने उससे अधिक की भी बात की और जब समझौते की बात विस्तार में चल पड़ी तो जो उन्होंने पहले कहा था उससे अधिक कुछ नहीं दे सके।"[२७] अपने पिता के पक्षधर ग्लेन्डेवन ने आगे बढ़कर उन्हें "भारतीयों से ईमानदारी से बात न करने का" दोषी कहा और यह भद्दी बात भी कही कि "वैसा ही आरोप वाइसराय के साथ उनके व्यवहार के सम्बन्ध में लगाया जा सकता है क्योंकि लिनलिथगो ने उन पर विश्वास किया और बदले में क्रिप्स का उनसे बर्ताव बहुत अनुचित रहा।" क्रिप्स की असफलता इस बात का उदाहरण है कि सफलता के समान अन्य सफलता नहीं और असफलता से अधिक कुछ असफल नहीं होता।

क्रिप्स मिशन से संबंधित जो विशाल दस्तावेज अब हमें प्राप्त है, उससे यह बिना किसी त्रुटि के प्रमाणित हो जाता है कि वे भारत का कल्याण चाहते थे, और अपनी असफलता से भी जो स्वतंत्रता भारत

को पाँच वर्ष बाद मिली, उसके भवन की आधारशिला रखने में उन्होंने सफलता प्राप्त कर ली थी। उनकी भूल चर्चिल के मनसूबों का और लिनलिथगो के विरोध की मात्रा का ठीक अनुमान न कर पाने में थी। साथ ही उन्होंने काँग्रेस कार्यकारिणी पर नेहरू के प्रभाव का वास्तविकता से अधिक अनुमान लगाया था, और यह समझने में भूल कर बैठे कि १९४२ का भारत १९३९ का भारत नहीं था, जब वे यहाँ पिछली बार आए थे। एटली, रुजवेल्ट और च्यांग काई-शेक निश्चित रूप से उनके साथ थे, लेकिन जिस घोषणा पर एटली पहले सहमत हो गए थे, उससे वे लौट नहीं सकते थे, और अन्य दो व्यक्ति, युद्ध में मित्र रहते हुए भी दूसरे देशों के नेता थे और जिद्दी चर्चिल को एक सीमा तक ही प्रभावित कर सकते थे।

जैसा पहले कहा जा चुका है, ब्रिटिश युद्ध मंत्रिमण्डल ने वाइसराय से अच्छी तरह विचार-विमर्श कर के ही घोषणा तैयार की थी और वाइसराय ने यह सावधानी बरती थी कि बिना उनकी स्वीकृति के उनकी कार्यकारिणी और उसके सदस्यों की स्थिति में कोई परिवर्तन न किया जावे। आश्चर्यजनक बात यह है कि इस सम्बन्ध में वाइसराय को दी गई हिदायतें स्वयं स्टैफोर्ड क्रिप्स ने तैयार की थीं जिसके अनुसार "घोषणा के परिच्छेद (ई) के आधार पर आप भारतीय जनमत के प्रमुख वर्गों के नेताओं से वार्ता के लिए, इस उद्देश्य के लिए अधिकृत किए जाते हैं, कि ऐसी योजना में वे सहायक होने पर राजी हो जावें जिससे वे उनके देश से संबंधित मामलों में परामर्श देते रहें।

"यह अधिकार आपको, यदि इसे आप बुद्धिमत्तापूर्ण और आवश्यक मानते हैं, उन्हें अपनी कार्यकारिणी में पद देने से नहीं रोकता है, यदि ऐसा करना वर्तमान संकट काल में देश की रक्षा और अच्छा शासन करने में आपके सामने बाधा उपस्थित नहीं करता।"[२८]

स्पष्ट रूप से इस निर्देश ने उस घोषणा को मात्र एक मुश्त प्रस्ताव बना दिया और उसमें सौदा करने के लिए कोई जगह नहीं रह गई थी। इस प्रस्ताव को एक विक्रेता की ही आवश्यकता थी और इस कार्य के लिए क्रिप्स को चुना गया था। एमरी ने पहले ही लिनलिथगो को बता दिया था कि "ऐसे प्रस्ताव को प्रस्तुत करने के लिए, जो यथार्थ में भविष्य के लिए और वर्तमान समय में कार्यकारिणी पर नियंत्रण न देने की नीति के कारण रुढ़िवादी हैं, ऐसे व्यक्ति के भेजे जाने के सम्बन्ध में जो प्रमुख वामपंथी है और जिसकी नेहरू तथा काँग्रेस से घनिष्ठता है, बहुत कुछ कहा जा सकता है।"[२९]

लिनलिथगो की परेशानी में कमी करने की दृष्टि से एमरी ने आगे लिखा: "क्रिप्स अपने सामने की कठिनाइयों को पूरी तरह समझ रहे हैं, और इस संभावना के कारण कि वे काँग्रेस के द्वारा भारत में तथा वामपंथियों के द्वारा यहाँ, प्रतिक्रियावादी और सीमित नीति में सहायक होने के लिए दोषारोपित किए जावेंगे, मैं अभी उनसे घनिष्ठ रूप से बात करता रहा हूँ, और मुझे विश्वास हो गया है कि वे सरकार की नीति का खेल खेलने तथा आपके साथ रहने के लिए सचमुच तैयार हैं। कैबिनेट में हुए विचार-विमर्श के दौरान उन्हें कभी-कभी रूखा और अपने विचारों को हठधर्मिता से रखते देखा गया है, तो भी वे दूसरे का दृष्टिकोण समझने की तरफ झुकने और किसी समझौते पर पहुँचने के लिए उत्सुक रहते हैं। मेरे सभी वकील मित्रों ने मुझे आश्वस्त किया है कि वे बड़े उच्च कोटि के वकील हैं और अदालत के बाहर मामला तय करने में बहुत नरम रहते हैं और ऐसा ही कुछ करने के लिए उनसे अभी कहा जा रहा है।"[३०]

जो कार्य क्रिप्स को दिया गया था, उसे करने की उनकी योग्यता के सम्बन्ध में सेक्रेटरी ऑफ स्टेट का अनुमान ठीक था। उन्होंने लिनलिथगो के साथ अपने व्यवहार में अपनी औचित्य बुद्धि से काम न लेकर उन्हें अप्रसन्न कर दिया था, लेकिन वे उनके साथ नहीं, काँग्रेस के साथ समझौता करने के लिए भेजे गए थे और मौलाना के साथ अपनी वार्ता में उन्होंने दूसरे का दृष्टिकोण समझने की चेष्टा की। "वे अदालत के बाहर मामले को तय करने" में इसलिए असफल हो गए क्योंकि उनके मुवक्किल चर्चिल और लिनलिथगो किंचित् भी नरम न होकर घोर हठधर्मी थे।

तब उन्होंने सब कुछ देखते समझते हुए एक विक्रेता की जिम्मेदारी क्यों ली? इसका उत्तर यह प्रतीत होता है कि उन्होंने सोचा था कि युद्ध समाप्ति के बाद स्वाधीनता देने के निश्चित वचन, और एक निर्वाचित असेम्बली के द्वारा देश के भावी संविधान को तैयार करने का अधिकार काँग्रेस के नेताओं को संतुष्ट कर देगा। नेहरू के द्वारा फासिस्टों के विरुद्ध और मित्र राष्ट्रों के पक्ष में किए गए प्रचार ने उन्हें आश्वस्त कर दिया होगा कि काँग्रेस युद्ध की छोटी अवधि में प्रतीक्षा करने के लिए तैयार हो जावेगी। जापानियों द्वारा भारत की ओर किए गए अभियान से पूर्व यदि क्रिप्स आए होते तो केन्द्र शासन पर कब्जा करने के लिए काँग्रेस संभवतः इतनी जिद न करती। यद्यपि यह सरासर झूठ था कि गाँधीजी या उनका कोई सहयोगी जापान का पक्षपाती था, तो भी यह सत्य है कि जब जापानी भारत के पूर्वी द्वार को खटखटाने लगे, तो काँग्रेस को तय करना पड़ा था कि उनका केन्द्र पर नियंत्रण केवल अपनी मातृभूमि की रक्षा की दृष्टि से ही नहीं होना चाहिए, बल्कि इसलिए भी होना चाहिए कि जापान यह समझ जाए कि वह अब ब्रिटिश भारत पर नहीं, स्वाधीन भारत पर आक्रमण कर रहा है। लेकिन नेहरू के समर्थन पर अपने विश्वास के कारण क्रिप्स ने इन पहलुओं पर ध्यान नहीं दिया। अपने मित्र पर उनका विश्वास गलत नहीं था, इसका प्रमाण मौलाना की आत्मकथा में स्पष्ट हो जाता है: "इस पूरे समय नेहरू घोर मानसिक तनाव से गुजर रहे थे। वे हाल ही में चीन से वापस आए थे, जहाँ जेनरलिसिमो च्यांग काई-शेक और उनकी पत्नी से बहुत प्रभावित हुए थे। यह उन्हें स्पष्ट दिख रहा था कि चीन द्वारा जापान का सफल प्रतिरोध भारत द्वारा सहायता दिए जाने पर हो सकता था। काँग्रेस कार्यकारिणी की एक बैठक के दिनों शाम को जवाहरलाल मेरे पास आए और हमारी बातचीत से मुझे विश्वास हो गया कि ब्रिटिश दृष्टिकोण में कोई परिवर्तन न होने के बावजूद वे क्रिप्स ऑफर को स्वीकार कर लेने के पक्ष में थे। उनका तर्क था कि क्रिप्स के द्वारा दिए गए अनुकूल आश्वासन को देखते हुए, हमें उसे मंजूर करने से हिचकना नहीं चाहिए। जवाहरलाल ने इसे स्पष्ट शब्दों में तो नहीं कहा लेकिन उनके पूरे तर्क का इशारा इसी ओर था।"[३१]

क्रिप्स के साथ बातचीत समाप्त होने के बाद भी प्रजातांत्रिक मोर्चे की सफलता के लिए नेहरू को चिन्ता रही आयी। मौलाना लिखते हैं कि "क्रिप्स के लौट जाने के तत्काल बाद नेहरू ने "न्यूज क्रानिकल" समाचार पत्र के प्रतिनिधि को एक मुलाकात दी। मुलाकात में उनके झुकाव और दृष्टिकोण से स्पष्ट था कि काँग्रेस और ब्रिटिश के मध्य का अन्तर बहुत कम हो गया दिखता था। उन्होंने यह कहना चाहा था कि यद्यपि काँग्रेस ने क्रिप्स ऑफर को अस्वीकार कर दिया था, भारत ब्रिटेन की सहायता करना चाहता था।

"मुझे यह भी मालूम हुआ कि ऑल इंडिया रेडियो पर जवाहरलाल के द्वारा एक वक्तव्य प्रसारण

का प्रस्ताव भी था। उनके दृष्टिकोण के संबंध में मेरी जो जानकारी थी, उससे मुझे जनता में भ्रम हो जाने का भय था। जवाहर लाल इलाहाबाद जा चुके थे और मैंने कलकत्ता लौट जाने की व्यवस्था की। मैंने इलाहाबाद में रुक कर उनसे बात करने का निर्णय लिया। इलाहाबाद रुका और जवाहरलाल से मैंने स्पष्ट कह दिया कि अब कार्यकारिणी ने एक प्रस्ताव पारित कर दिया है, इसलिए जो कुछ वे कहें उसमें सावधानी से काम लें। यदि वे ऐसा बयान देते हैं कि काँग्रेस युद्ध प्रयासों का विरोध नहीं करने वाली थी, काँग्रेस के प्रस्ताव का सारा प्रभाव जाता रहेगा। काँग्रेस का कहना था कि भारत ब्रिटेन की सहायता के लिए तत्पर था, लेकिन ऐसा वह एक स्वतंत्र देश की तरह ही कर सकता था। मुझे विश्वास था कि यही उनका भी दृष्टिकोण था। यदि वे ऐसा कुछ कहते हैं जिससे यह धारणा होती है कि वर्तमान ब्रिटिश दृष्टिकोण के बावजूद भारत युद्ध प्रयासों में सहायक होना चाहता था, तो काँग्रेस का प्रस्ताव अर्थहीन हो जावेगा। इसलिए मैंने उन्हें कोई वक्तव्य न देने की सलाह दी। पहले तो वे बहस करने लगे, लेकिन बाद में मेरी बात समझ गए। मुझे बड़ी प्रसन्नता हुई जब उन्होंने कहा कि वे वक्तव्य बिल्कुल न देंगे, और जिस प्रसारण का उन्होंने वादा किया था, उसे रद्द कर देंगे।"[३२]

क्रिप्स की सहायता करने के लिए जितना बन सका वह सब नेहरू ने किया, लेकिन वे अपने मित्र की अपेक्षाओं के अनुरूप उनके स्तर पर नहीं जा सके। हडसन के अनुसार "सर स्टैफोर्ड क्रिप्स को, जिन्हें भरोसा था कि नेहरू से व्यक्तिगत मैत्री और पारस्परिक समझ के कारण वे उनकी स्वीकृति प्राप्त कर लेंगे और कार्यकारिणी भी बाद में वहीं करेगी, नेहरू से बड़ी निराशा हुई। साथ ही वे पंडित नेहरू को दुर्बल और अनिश्चित बुद्धि का मानते थे।"[३३] यद्यपि क्रिप्स की "गहरी निराशा" समझी जा सकती है, उन्हें यह नहीं भूलना चाहिए था कि वे जिस प्रकार अंग्रेज थे, वैसे ही नेहरू भारतीय थे। अपनी असफलता के पश्चात् अपनी एक प्रेस वार्ता में तथा हाऊस आफ कामंस में उन्होंने ब्रिटिश दृष्टिकोण का समर्थन किया था। एटली ने भी, चर्चिल ने जो कुछ किया था, उसे युद्ध मंत्रिमंडल में एकता बनाए रखने के लिए शिरोधार्य कर लिया था। यदि इन दोनों ने जो कुछ किया, उसे करने में वे ठीक माने गए, तो केवल अपने मित्र को प्रसन्न करने के लिए काँग्रेस कार्यकारिणी में फूट डाल देने की अपेक्षा नेहरू से क्यों की जाए? एटली और क्रिप्स भारत की स्वतंत्रता के लिए उत्सुक रहे, उसी प्रकार नेहरू भी मित्र राष्ट्रों की सफलता के लिए बहुत लालायित थे। क्रिप्स असफल हो गए और बहुत निराश हुए क्योंकि फासिस्ट विरोधी नेहरू को वे जानते थे, लेकिन देशभक्त नेहरू से उनका परिचय नहीं था।

भारतीय पक्ष की ओर से वार्ता के दौरान जिस व्यक्ति ने विशिष्ट योग्यता का परिचय दिया वह मौलाना थे। उन्होंने बड़ी शालीनता, बुद्धिमत्ता तथा उत्तरदायी भावना के साथ वार्ता की। उनके राजनीतिक जीवन का वह बड़ा उत्कृष्ट समय था और एक अनुभवी राजमर्मज्ञ के समान उन्होंने स्थिति का सामना किया: "गाँधीजी क्रिप्स ऑफर को स्वीकार करने के विरोध में थे। जवाहरलाल पक्ष में थे। मेरा दोनों से मतभेद था। गाँधी का विरोध युद्ध के प्रति उनके विरोध के कारण था और जवाहरलाल प्रजातंत्रों के प्रति अपने प्रेम के कारण उसके पक्ष में थे। मार्शल च्यांग काई-शेक ने भारत की जनता से जो अपील की थी, उससे भी जवाहरलाल प्रभावित थे। अत: वे उन प्रस्तावों को स्वीकार कर लेना चाहते थे यदि इससे काँग्रेस की स्थिति में कोई अन्तर नहीं पड़ता।

"जहाँ तक मेरा सम्बन्ध था, उन प्रस्तावों की जांच करने के लिए मेरे पास एक ही कसौटी थी।

ब्रिटिश सरकार का प्रस्ताव क्या भारत को स्वतंत्रता की ओर ले जा रहा था? यदि ऐसा हो तो हमें कभी भी मानसिक हिचक के बिना उसे बड़ी खुशी से स्वीकार कर लेना चाहिए। यदि ऐसा नहीं है, तो उसे बिना हिचक अस्वीकार कर देना चाहिए। मेरे लिए भारत की स्वतंत्रता ही कसौटी थी।"[३४] कार्यकारिणी के अन्य सदस्यों के साथ न्याय करते हुए मौलाना को यह भी जोड़ देना चाहिए था कि यह उन सबके लिए भी कसौटी थी।

मौलाना यह भी लिखते हैं कि उन्होंने कार्यकारिणी के सदस्यों को क्रिप्स से अलग-अलग न मिलने की सलाह दी थी, लेकिन कई स्पष्ट कारणों से जवाहरलाल अपवाद थे। वार्ता के अंतिम दौर में मौलाना जब भी क्रिप्स से मिलने गए तो जवाहरलाल को अपने साथ ले गए।

जो अन्य काँग्रेसजन क्रिप्स से मिले उनमें राजगोपालाचारी और भूलाभाई देसाई थे। मौलाना के साक्षात्कार के एक दिन पूर्व २८ मार्च को राजाजी ने अपनी मुलाकात में काँग्रेस द्वारा उठायी जाने वाली आपत्तियों से क्रिप्स को सावधान कर दिया था, और जैसा क्रिप्स ने लिखा है, यह सलाह दी: "जहाँ तक पूरी योजना का प्रश्न है, उन्होंने कहा कि वे उसे मान लेने के पक्ष में थे, और मुख्य प्रश्न था कि क्या नेहरू को भी वैसा दृष्टिकोण रखने के लिए मनाया जा सकता था और यदि नेहरू मान जाऐं तो उन्हें कोई सन्देह नहीं था कि काँग्रेस कार्यकारिणी द्वारा पूरी योजना के लिए सहमति प्राप्त की जा सकती थी। उन्होंने मुझसे प्रार्थना की कि अंतिमं पैराग्राफ में वे कुछ संशोधन कर लें, ताकि उनकी जानकारी में नेहरू की जो आपत्ति होगी उसका निराकरण हो जाएँ"[३५]

देसाई से डुई भेंट के सम्बन्ध में क्रिप्स ने और बातों के साथ अपने नोट में लिखा: "उन्होंने बड़ा मैत्री भाव दिखाया है और वे कार्यकारिणी के द्वारा सम्पूर्ण योजना की स्वीकृति के लिए भरसक कोशिश करने के लिए स्पष्ट ही बहुत आतुर थे। उनके आने का लक्ष्य मुझसे वह सामग्री प्राप्त करना था जिससे वे काँग्रेस कार्यकारिणी से योजना के विरुद्ध उठाई जा रही आपत्तियों का उत्तर दे सकें।"[३६]

क्रिप्स के भारत आगमन का प्रभाव इन तीनों, जवाहरलाल, राजाजी, तथा भूलाभाई देसाई पर पड़ा। अपनी फासिस्ट विरोधी और ब्रिटिश साम्राज्यवादी विरोधी तीव्र भावनाओं से ग्रसित जवाहरलाल क्रिप्स के भारत से जाने के पश्चात् कुछ दिनों तक परस्पर विरोधी बयान देते रहे। लेकिन काँग्रेस दल में फूट डालने की उनकी अनिच्छा और साथ ही गाँधीजी के नेतृत्व में उनके विश्वास ने उन्हें उस समय के जनमत से, जो ब्रिटिश सरकार के बहुत विरोध में था, दूर होने से बचा लिया। राजाजी तथा भूलाभाई देसाई का तो क्रिप्स के विचारों से समन्वय स्थापित हो गया था। राजाजी ने खुलकर विद्रोह किया, जबकि भूलाभाई चोरी-छिपे गड़बड़ करते रहे। यह नियति का खेल ही था कि खुल्लमखुल्ला विद्रोह करने वाले को "भारत छोड़ो" आंदोलन के पश्चात् मद्रास प्रान्त के मुख्यमंत्री का पद दिया गया और छिपकर विद्रोह करने वाले को, जब उन्होंने १९४४ में एक और भूल कर दी, काँग्रेस से निष्कासित कर दिये गये जिसके परिणामस्वरूप वे राजनीतिक विस्मृति के गर्त में जा पड़े और उनकी मृत्यु हो गई।

आक्रोशित जनता और भ्रमित नेता (१९४२)

भारत के सभी राजनीतिक दलों ने अपने अलग-अलग कारणों से क्रिप्स प्रस्तावों को अस्वीकार कर दिया था। रंगून का पतन हो गया था और क्रिप्स भारत से वापस हो सकें उसके पहले ही कोकानाडा

और विज़िगापट्टम पर बम गिराए जा चुके थे। भारतीय सीमाओं के बाहर से, बर्मा में अचानक नागरिक शासन की समाप्ति के समाचार पहुँच रहे थे और यह खबर थी कि अधिकारीगण जनता को उसके भाग्य पर छोड़कर अपनी रक्षा खोज रहे हैं। रंगून में पुलिस का कहीं पता नहीं था और असामाजिक तत्व लोगों को सताने लगे थे। काफी देर के बाद जब रंगून खाली करने का काम शुरु हुआ, तो भारतीयों और अंग्रेजों में भेद किया जाने लगा। एक निरापद मार्ग, जिसे सफेद सड़क कहा जाने लगा था, सफेद चमड़ी के लिए रिजर्व कर दिया गया था और भारतीयों को घने जंगलों वाली सड़क से जो डाकुओं और हिंसक पशुओं से आक्रान्त थी, गुजरना पड़ता था। भारत में भी सैनिक सिपाही रेल के डिब्बों से भारतीयों को बाहर फेंक रहे थे तथा महिलाओं का उत्पीड़न कर रहे थे।

अपने को असहाय पाकर जनता आक्रोश में डूब गई और अपने नेताओं की ओर मार्गदर्शन के लिए देखने लगी। लेकिन काँग्रेस कार्यकारिणी के सदस्यों ने, जिन्होंने क्रिप्स ऑफर अस्वीकार कर दिया था, अगले कदम पर अभी तक नहीं सोचा था। उनके लिए भी वह स्थिति अभूतपूर्व थी। अपने राजनीतिक जीवन में पहली बार वे भ्रम में पड़ गए थे। नेहरू और आज़ाद, जिन्होंने क्रिप्स से स्वयं बातचीत की थी और कम या ज्यादा फासिस्टों के विरोधी थे, अभी भी आशा कर रहे थे कि अमेरिका बीच में पड़कर भारत को स्वायत्त शासन देने के लिए चर्चिल को मना लेगा। कार्यकारिणी के सदस्य राजगोपालाचारी ही एकमात्र व्यक्ति थे, जिन्हें कोई भ्रम नहीं था। क्रिप्स प्रस्तावों को काँग्रेस के द्वारा स्वीकार कर लिए जाने के लिए उन्होंने भरसक प्रयत्न किया था और अब जापानियों का विरोध करने के लिए अंग्रेजों के युद्ध प्रयास में पूरा सहयोग देने पर वे कृत संकल्प थे। अपने विचारों पर सहमति प्राप्त करने के लिए उन्होंने मद्रास विधान सभा के काँग्रेसी सदस्यों की एक बैठक बुलायी। यद्यपि ९१ सदस्यों में से ५२ सदस्य ही उसमें आये, उन्होंने आगामी अखिल भारतीय काँग्रेस कमेटी के सम्मेलन में रखने के लिए उस बैठक में दो प्रस्ताव पारित कराए। एक प्रस्ताव में था कि- "सरकार द्वारा किए गए सुरक्षा उपायों से स्वतंत्र तथा असम्बद्ध सुरक्षा प्रयास को गठित करना" चूँकि व्यवहारिक नहीं है, और चूँकि "इस संकट काल में देश के हित में काँग्रेस के लिए वह सब करना अनिवार्य रूप से नितांत आवश्यक है जो वह वर्तमान स्थिति का सामना करने के लिए राष्ट्रीय शासन की स्थापना में रुकावट दूर करने के लिए भरसक कर सकती है," एकीकृत भारत से कुछ क्षेत्रों को पृथक किए जाने के अधिकार की मुस्लिम लीग की मांग को मान्यता दी जावे। दूसरे प्रस्ताव के द्वारा मद्रास प्रांत में लोकप्रिय मंत्रिमंडल की पुनर्स्थापना की मांग की गई। यह विचारणीय है कि ५२ उपस्थित सदस्यों में से मात्र ३६ सदस्यों ने ही इन प्रस्तावों के पक्ष में वोट किया था। इस प्रकार मद्रास के काँग्रेसी विधायकों में से ५० प्रतिशत सदस्यों का समर्थन भी राजाजी नहीं प्राप्त कर सके।

पहले प्रस्ताव में यद्यपि जिन्ना की मांग को मान लेने पर बल दिया गया था, वह केन्द्र में राष्ट्रीय सरकार बनाने के लिए ब्रिटिश सरकार को मजबूर करने का एक साधन मात्र था। गैर काँग्रेसी हल्कों में राजाजी को यथार्थवादी कहा गया लेकिन उनकी यह धारणा उस समय की वास्तविक स्थिति पर आधारित नहीं थी। उस समय भी यह स्पष्ट था कि कम से कम युद्ध के दौरान भारत में रहे आने के लिए अंग्रेज सरकार हिन्दू-मुस्लिम के आपसी झगड़े का उपयोग कर रही थी और काँग्रेस द्वारा पाकिस्तान की मांग की स्वीकृति दी जाने पर भी वह अपनी चाल नहीं छोड़ेगी। अखिल भारतीय काँग्रेस कमेटी के

जनरल सेक्रेटरी आचार्य जे.बी. कृपलानी ने राजाजी के तर्क को दोषपूर्ण प्रमाणित करते हुए लिखा था: "श्री राजगोपालाचारी पाकिस्तान के आधार पर काँग्रेस-लीग समझौता केन्द्र में राष्ट्रीय सरकार स्थापित करने के लिए अंग्रेजों की सहमति प्राप्त करने के लिए चाहते हैं। उन्हें विश्वास है कि यदि पाकिस्तान बनाने की अनुचित मांग (जिसे वे विकृत तथा बचकाना समझते हैं) मान ली जाती है, तो राष्ट्रीय सरकार की मांग करने में मुस्लिम लीग काँग्रेस का साथ देगी। जैसे ही यह हो जाता है, अंग्रेज सरकार झुक जावेगी। क्या यह विचार ठीक है? इसका क्या कोई ऐतिहासिक आधार है? क्या ऐसा हुआ है कि जब लीग और काँग्रेस ने मिल कर कोई मांग की तो सरकार ने उसे मान लिया?"

राजाजी के उपर्युक्त प्रस्ताव का नेहरू ने भी विरोध किया और मौलाना ने कार्यकारिणी सदस्य होने के नाते राजाजी को उस संस्था के प्रस्ताव के विरुद्ध प्रचार न करने के उनके कर्तव्य की याद दिलायी। इस पर राजाजी ने, जब वे इलाहाबाद में हुई अखिल भारतीय काँग्रेस कमेटी की बैठक में उसे अपने विचार के अनुकूल करने के लिए सम्मिलित हुए थे, कार्यकारिणी की सदस्यता से त्यागपत्र दे दिया।

राजाजी के समान गाँधीजी ने भी निर्णय ले लिया था, यद्यपि वह विपरीत दिशा में था। संभवत: वह निर्णय उन्होंने बहुत पहले, जिस दिन वे क्रिप्स से मिले थे और उन्हें ब्रिटिश प्रस्ताव से अवगत कराया गया था, उसी दिन कर लिया था। क्रिप्स से यह सवाल कर कि "यदि यही प्रस्ताव आपको देना था, तो आप आए ही क्यों?" और "पहले हवाई जहाज से वापस जाने" की सलाह देकर काँग्रेस को अलग निर्णय लेने के लिए मुक्त करते हुए वे दिल्ली से रवाना हो गए। जब कार्यकारिणी क्रिप्स से खींचतान में लगी थी, उन्होंने उस संकट पर अधिक विचार किया होगा, जो अंग्रेजों द्वारा सत्ता छोड़ने की अस्वीकृति से तथा भारत की पूर्वी सीमा पर और बंगाल की खाड़ी में जापानियों के आगमन से देश के और काँग्रेस के समक्ष उपस्थित हो गया होगा। यह विश्वास कर कि धुरी-राष्ट्र युद्ध में जीत जावेंगे, सुभाष चन्द्र बोस को अपना मार्ग निश्चित कर लेना सुगम हो गया था। उसी प्रकार राजाजी को भी निर्णय कर लेना सुगम हो गया जब उन्हें भरोसा हो गया कि मित्र राष्ट्रों की जीत हो जावेगी। चूँकि अंत में एक की ही आशा पूरी हो सकती थी, इससे अस्वीकार नहीं किया जा सकता कि वे एक जुआड़ी की तरह देश का सब कुछ एक ही दाँव पर लगा रहे थे।

किन्तु गाँधीजी भारत के भविष्य को संयोग पर नहीं छोड़ना चाहते थे। उन्हें कोई संदेह नहीं था कि स्वराज के लिए उनके निरन्तर संघर्ष का अंग्रेजों के मन पर प्रभाव पड़ा है, और यदि मित्र राष्ट्रों की विजय हुई तो भारत को स्वाधीन होने में अधिक विलम्ब न होगा। लेकिन यदि वे हारे तो क्या होगा? इस घृणित प्रचार के बावजूद कि वे जापानियों के पक्ष में हो गए हैं, उन्हें मालूम था और उन्होंने स्पष्ट शब्दों में कहा भी था कि जापानी अंग्रेजों से खराब सिद्ध होंगे और यदि भारत पर उनका कब्जा हो गया, तो उनके बंधन से निकल पाना भारत के लिए आसान नहीं होगा। दक्षिण पूर्व एशिया पर आक्रमण करने का उनके पास कौनसा बहाना था और वे भारत के नगरों पर बमबारी क्यों कर रहे थे? उन्होंने एकमात्र कारण यह बताया था कि वे दक्षिण पूर्वी एशिया की जनता के यूरोप के साम्राज्यवाद से मुक्त कराने में संलग्न थे। गाँधीजी के लिए इस निष्कर्ष पर आना कठिन नहीं था कि यदि भारत स्वतंत्र हो गया और मित्र राष्ट्रों द्वारा जापानियों से लड़ने का वह अड्डा नहीं रहा, तो जापानी उस पर आक्रमण

करने का कोई बहाना नहीं बता पायेंगे और न सुभाषचंद्र बोस को उनका साथ देने का कोई आधार ही रहेगा।

महात्माजी के तर्क और उनके निष्कर्ष को राजेन्द्र बाबू ने कुछ शब्दों में इस प्रकार कहा है "एक ने हमसे हमारी स्वाधीनता छीन ली है और दूसरा पहले को हटाकर नए साम्राज्य की स्थापना भारत में करना चाहता था। उन दोनों में से किसी का भी चुनाव नहीं किया जा सकता था। युद्ध में विजय प्राप्त करने के बाद अंग्रेज हमें पक्के इरादे से डोमिनियन स्टेटस देना चाहते थे। लेकिन जापानियों ने भी हमें स्वाधीन करने का वचन दिया था यदि हम अंग्रेजों को एशिया की भूमि से निकाल देने में उनकी सहायता करते हैं। हम किसका विश्वास करें? हमने दोनों में से किसी का भी विश्वास न करने का और अंग्रेजों के रूख की परवाह न करते हुए अपनी स्वतंत्रता प्राप्ति के लिए तैयारी करने का निर्णय लिया।"[३७] लेकिन मौलाना आज़ाद के अपने अलग विचार थे। उनके अनुसार "एक और ऐसी बात थी जिसके कारण स्थिति का मेरा आकलन गाँधीजी के आकलन से भिन्न था। अब तक गाँधीजी धीरे-धीरे यह सोचने लगे थे कि मित्र-राष्ट्र लड़ाई न जीत सकेंगे। उन्हें भय था कि जर्मनी और जापान की विजय में युद्ध समाप्त होगा अथवा अधिक से अधिक गतिरोध होगा।

"गाँधीजी ने युद्ध के परिणाम पर अपना स्पष्ट मत कभी नहीं कही लेकिन बहस के दौरान मुझे लगा कि मित्र राष्ट्रों की विजय के संबंध में उनका संदेह बढ़ता जा रहा था। मैंने यहं भी देखा कि सुभाष चन्द्र बोस के जर्मनी पहुँच जाने का गाँधीजी पर काफी असर पड़ा था। पहले तो उन्होंने बोस के कई कायों का अनुमोदन नहीं किया था, लेकिन अब उनके दृष्टिकोण में मैंने कुछ परिवर्तन देखा। उनकी कई बातों से मुझे विश्वास हो गया था कि भारत से पलायन करने में उनके साहस और कुशलता की वे प्रशंसा करते थे। सुभाष बोस के प्रति उनकी इस प्रशंसा की भावना ने अनजाने में ही युद्ध स्थिति के उनके आकलन को रंग दिया था।"[३८]

गाँधीजी के आलोचकों ने मौलाना के इन शब्दों को गाँधीजी की निन्दा करने के उद्देश्य से उद्धरित किया है। लेकिन यदि गाँधीजी ने 'स्पष्ट शब्दों में' सुभाष बाबू की प्रशंसा नहीं की तो इस बात के लिए भी प्रमाण कहाँ है कि मौलाना की यह दिमागी उड़ान नहीं थी? जहाँ तक उनके द्वारा सुभाष बाबू की प्रशंसा किए जाने का सम्बन्ध है हमें ध्यान रखना चाहिए कि गाँधीजी ने ऐसे व्यक्तियों के साहस की भी प्रशंसा की है, जिनसे उनका मतभेद था। वह भारतीय कहाँ मिलेगा जो आज बोस की प्रशंसा नहीं करता? महात्मा गाँधी के लिए ही क्यों गलत धारणा बना ली जाए यदि उनमें ऐसे व्यक्ति की प्रशंसा करने का साहस और उदारता थी जिसे अंग्रेज शासक अपना भयंकर शत्रु मानते थे? युद्ध समाप्ति के पश्चात् जब अंग्रेज सरकार ने आज़ाद हिन्द फौज के सदस्यों पर, जिन्हें जापानियों की कैद से निकाल कर सुभाष ने संगठित किया था, मुकदमा चलाने का निर्णय लिया था और जब पूरे भारत ने उनकी इस कार्यवाही के विरोध में आवाज़ बुलंद की थी तो मौलाना को भी अपना दृष्टिकोण बदलने में अधिक समय नहीं लगा। वे स्वयं लिखते हैं: "भारत की मुक्ति वाहिनी के नाम से एक संगठन तैयार करने का उन लोगों का काम उस समय की स्थिति में सबसे अच्छा मार्ग था। इस प्रकार वे सुनिश्चित कर रहे थे कि यदि अंग्रेज़ भारत से भगा दिए जाते हैं तो देश पर, जापानी फौज नहीं, भारतीय राष्ट्रीय सेना अधिकार

कर लेगी। इसलिए मैंने कोई कारण नहीं देखा कि आजाद हिन्द फौज के लोगों पर मुकदमा क्यों चलाया जाएँ"[३९]

यह आश्चर्यजनक बात है कि जो मौलाना १९४५ में आज़ाद हिन्द फौज की प्रशंसा करने से अपने को नहीं रोक सके, वे १९४२ में गाँधीजी की आजाद हिन्द फौज के संस्थापक की प्रशंसा करने के लिए नुक्ताचीनी करते हैं। जो बात मौलाना नहीं समझ सके वह यह थी कि महात्मा गाँधी बोस के इस निश्चित मत से सहमत न होकर भी कि अंग्रेज लड़ाई हार जावेंगे, उनके साहस की प्रशंसा कर सकते थे। एक पत्रकार को उत्तर देते हुए, जिसने इसी प्रकार का संदेह व्यक्त किया था, गाँधीजी ने कहा था-"मुझे यह कहने में कोई झिझक नहीं है कि यह सत्य नहीं है। इसके विपरीत, मैंने यह कहा था कि अंग्रेज बहुत मुश्किल से हटाया जा सकता था। उसने अभी तक नहीं जाना है कि पराजित होना क्या होता है।"[४०]

एक निश्चय पर पहुँचने के पश्चात्, काँग्रेस कार्यकारिणी में मित्र राष्ट्रों के पक्षधर सदस्यों की चिन्ता न करते हुए उन्होंने देश तथा काँग्रेस को धीरे-धीरे अपने साथ ले चलना प्रारंभ कर दिया। होरेस एलेक्जेन्डर और कुमारी अगाथा हैरिसन के पत्र के उत्तर में गाँधीजी ने पहली बार अंग्रेजों के भारत से लौट जाने की उपयुक्तता के सम्बन्ध में कहा कि "मेरा निश्चित मत है कि अब अंग्रेज व्यवस्थित ढंग से भारत छोड़ दें और सिंगापुर, मलाया और बर्मा में उठाये जोखिम में यहाँ अपने को न डालें। यह कार्य बड़े ऊँचे स्तर का साहस, मानवीय सीमाओं की स्वीकारोक्ति और भारत के साथ न्याय होगा।"[४१]

इलाहाबाद के अखिल भारतीय काँग्रेस कमेटी के अवसर पर उन्होंने हरिजन में लिखा था: "हमारे यहाँ विदेशी बन्दी बहुत हो गये हैं। अब अमेरिका से सैनिकों के आने का भी वादा हुआ है और शायद चीन से भी सैनिक आयें। मैं स्वीकार करता हूँ कि शांत चित्त से मैं इस घटना की ओर नहीं देख पा रहा हूँ। क्या भारत के लाखों आदमियों में से असंख्य सैनिकों को शिक्षित नहीं किया जा सकता? क्या वे दुनिया के दूसरे आदमियों के बराबर लड़ाकू नहीं साबित होंगे? फिर विदेशी क्यों? हम जानते हैं कि अमरीकी सहायता का क्या अर्थ होता है। इसका अर्थ अंग्रेजी शासन के साथ अमेरिकी शासन का भी जुड़ जाना यदि नहीं होता है, तो कम से कम अंत में उसका प्रभाव हो जाना निश्चित होता है। मित्र राष्ट्रों की सम्भाविक सफलता के लिये बहुत बड़ी कीमत देनी पड़ जावेगी। भारत की तथाकथित सुरक्षा के लिये की जा रही इस तैयारी से आज की आजादी झाँकती नजर नहीं आ रही है। इससे विपरीत कुछ भी कहा जाये, लेकिन यह तो सिर्फ ब्रिटिश साम्राज्य की रक्षा की सीधी तैयारी है। यदि अंग्रेज भारत को उसके भाग्य पर छोड़कर यहाँ से चले जायें जैसा, उन्होंने सिंगापुर को खाली कर दिया था। उसी तरह अगर वे भारत से चले जायें, तो अहिंसक भारत का कोई नुकसान नहीं होगा। शायद जापानी भारत को अकेला छोड़ दें।[४२]

एक सवाल के जवाब में कि वे अपने 'उत्तराधिकारी' जवाहरलाल की छापामार लड़ाई की योजना को कितना पसंद करते हैं, उन्होंने कहा "मुझे दु:ख है कि उनमें छापामार लड़ाई के लिए रूचि उत्पन्न हो गयी है। लेकिन मुझे कोई शक नहीं है कि वह नौवां चमत्कार होगा। जवाहरलाल या राजाजी के निष्ठा त्याग से मैं चिन्तित नहीं हूँ। अपने प्रयत्न की असफलता से बल प्राप्त कर वे नये उत्साह के साथ

अहिंसा की ओर वापस आ जावेंगे। घटनाओं में कैसा मोड़ आवेगा उसके सम्बन्ध में निश्चित रूप से कोई कुछ नहीं कह सकता। हो सकता है कि उनकी अंतप्रेरणा ठीक तथा मेरे अनुभव पर आधारित होकर भी ठीक न हो। लेकिन मैं यह जानता हूँ कि मेरा मार्ग मेरे लिए निर्धारित है। अपनी निष्ठा में मैं यदि अकेला ही रहा आया तो भी इस विश्वास के साथ कि जनता हिंसा नहीं अपनायेगी मुझे बिना लड़खड़ाये उसी का अनुकरण करना है। लोग या तो निष्क्रिय रहेंगे या अहिंसात्मक कार्यवाही करेंगे।[४३]

अखिल भारतीय काँग्रेस कमेटी के अधिवेशन के लिए, जब वह इलाहाबाद में होने जा रहा था, महात्मा गाँधी ने काँग्रेस कार्यकारिणी को एक प्रस्ताव तैयार कर प्रेषित किया। गाँधीजी के प्रारूप पर गहरे मतभेद उभर गए और नेहरू ने उसके बदले में एक अन्य प्रस्ताव रखा। लेकिन राजेन्द्र बाबू के द्वारा संशोधित होने पर गाँधीजी का प्रस्ताव बहुमत से पारित हो गया।

अखिल भारतीय काँग्रेस कमेटी का अधिवेशन भी उतना ही तूफानी रहा जो उन दिनों सर्वत्र व्याप्त अव्यवस्था को प्रतिबिम्बित कर रहा था। अपने उद्घाटन भाषण में मौलाना ने क्रिप्स से अपनी वार्ता की रिपोर्ट दी और उनके प्रस्ताव के खोखलेपन पर प्रकाश डाला। देश की तात्कालिक स्थिति का उनका विवेचन बड़ा ही बुद्धिमत्तापूर्ण था, जिसकी प्रशंसा उन लोगों ने भी की जिनसे वैसी आशा नहीं थी। लेकिन जब वे उस संकटापन्न स्थिति से बाहर निकलने का मार्ग बताने लगे, तो गड़बड़ा गए और क्रिप्स प्रस्तावों पर अपनी आपत्तियों को ही बार-बार दोहराते रहे। उसके बाद एक संक्षिप्त भाषण के साथ राजेन्द्र बाबू ने क्रिप्स प्रस्तावों को अमान्य करने पर एक प्रस्ताव रखा। आसफ अली के बहुत लम्बे और उकता देने वाले भाषण के बाद उस दिन की कार्यवाही समाप्त हुई।

दूसरे दिन की कार्यवाही प्रारंभ किए जाने से पहले यह अफवाह चल पड़ी कि गाँधीजी के प्रारूप पर नेताओं में सहमति नहीं थी और राजेन्द्र बाबू तथा पटेल गाँधीजी के उस प्रस्ताव पर ही, जैसा पहले स्वीकृत हो गया था, जोर दे रहे थे और मौलाना आज़ाद तथा नेहरू उस पर पुनर्विचार और उसे संशोधित किए जाने पर उसी प्रकार जिद कर रहे थे। बर्मा से आने वाले लोगों के कष्ट पर और सेना के द्वारा महिलाओं से अनुचित बर्ताव किए जाने पर तो दो प्रस्ताव सर्वसम्मति से पारित हो गए। लेकिन चूँकि कार्यकारिणी के सदस्यों में मतभेद हो गया था, अखिल भारतीय काँग्रेस कमेटी के सामने रखने के लिए उस दिन कुछ नहीं था, इसलिए दूसरे दिन की कार्यवाही को अकस्मात् समाप्त करना पड़ा।

तीसरे दिन सुबह यह सूचना आई कि नेताओं में सहमति हो गई है और मौलाना आज़ाद के आग्रह पर बहुमत वाला दल नेहरू के प्रारूप को मानने पर तैयार हो गया है। जब अधिवेशन फिर प्रारंभ हुआ तो नेहरू के द्वारा तैयार बड़ी देर से प्रतीक्षित प्रस्ताव गोविन्द वल्लभ पंत ने प्रस्तुत किया, जिसका क्रियात्मक अंश इस प्रकार था: "भारत का युद्ध में भाग लेना अंग्रेजों का ही कार्य था। यदि वह स्वाधीन होता तो वह स्वयं अपनी नीति निर्धारित करता और युद्ध से अलग रहा आता, यद्यपि उसकी सहानुभूति हर स्थिति में उनके प्रति होती जिन पर आक्रमण किया गया है। अखिल भारतीय काँग्रेस कमेटी का विश्वास है कि भारत अपनी शक्ति से ही स्वाधीनता प्राप्त करेगा और उसी शक्ति से अपनी स्वाधीनता बनाए रखेगा। वर्तमान संकट तथा सर स्टैफर्ड क्रिप्स से की गई वार्ता काँग्रेस के द्वारा उन योजनाओं या प्रस्तावों पर विचार करना असंभव कर देती है जिसके अन्तर्गत आंशिक रूप से भी भारत पर ब्रिटिश नियंत्रण या अधिकार रह सकता है। भारत के हित का ही नहीं, बल्कि ब्रिटेन की सुरक्षा तथा विश्व की

शांति और स्वाधीनता का तकाज़ा है कि ब्रिटेन भारत पर से अपना अधिकार छोड़ दे। स्वाधीनता के आधार पर ही भारत ब्रिटेन या अन्य राष्ट्रों से व्यवहार कर सकता है। यह कमेटी इस विचार को अमान्य करती है कि भारत को किसी अन्य राष्ट्र के बीच में पड़ने से या उसके आक्रमण से स्वाधीनता मिल सकती है, उस राष्ट्र ने चाहे कैसी भी घोषणा की हो। यदि कोई आक्रमण होता है तो उसका प्रतिरोध होना ही चाहिए, ऐसा प्रतिरोध अहिंसात्मक असहयोग का रूप ही ले सकता है क्योंकि ब्रिटिश सरकार ने जनता के द्वारा किसी अन्य प्रकार से राष्ट्र की रक्षा के उपाय करना रोक दिया है। कमेटी इसलिए जनता के द्वारा आक्रामक सेनाओं से अहिंसात्मक असहयोग और किसी प्रकार की उनको सहायता न दी जाने की अपेक्षा करती है। हम आक्रमणकारी के सामने घुटने न टेकें और न उसके आदेश को ही मानें। किसी अनुग्रह के लिए हम उसकी ओर न देखें और न उसके द्वारा दिए गए प्रलोभन के सामने गिर पड़ें। यदि वह हमारे घरों और खेतों पर अधिकार करना चाहता है तो हम अपने प्रतिरोध के प्रयास में मर भी जावें तो भी उसे वह सब देने से इंकार करेंगे। आक्रमणकारी से असहयोग की तथा अहिंसात्मक प्रतिरोध की इस नीति की सफलता अधिकांश काँग्रेस के रचनात्मक कार्यक्रम के सघन क्रियान्वयन तथा पूरे देश में आत्मनिर्भरता तथा आत्मरक्षा अभियान चलाने पर ही निर्भर होगी।"[४४]

आठ संशोधन भी प्रस्तुत किए गए, जिनमें दो कम्यूनिस्टों के थे। कम्युनिस्टों के एक संशोधन में काँग्रेस के द्वारा और एक सिन्ध के चौइथराम गिडवानी का था। जापानियों को हर संभव उपायों से, जिसमें हिंसा भी शामिल थी, लड़ने की मांग की गई थी और दूसरे संशोधन द्वारा काँग्रेस से अपेक्षा की गई थी कि वह घोषणा करे कि यदि देश स्वाधीन होता तो वह मित्र राष्ट्रों के पक्ष में युद्ध में सम्मिलित होता। गिडवानी का संशोधन अंग्रेजों के द्वारा सत्ता छोड़ने से इंकारी पर उनकी कड़ी निन्दा करता था। अपने भाषण में उन्होंने संदेह व्यक्त किया कि उस समय भी काँग्रेस के कुछ नेता सरकार से समझौता हो जाने की उम्मीद में अमेरिका और चीन से सहायता की आशा कर रहे थे।

मुख्य प्रस्ताव का समर्थन करते हुए नेहरू ने मित्र राष्ट्रों के पक्ष के अपने विचार प्रकट करते हुए कहा कि संसार के सभी देश एक-दूसरे से दांतों की बत्तीसी की तरह सटे हुए हैं, और एक दांत का गिर जाना अन्य दांतों को हानि पहुँचाता ही है। बहस का जवाब देते हुए पंत ने नेहरू के तर्क को काटते हुए कहा कि अन्य दांतों को बचाने के लिए कभी-कभी खराब दांत को निकालना पड़ता है। उन्होंने कम्युनिस्टों के संशोधन के साथ ही अन्य संशोधनों को महत्वपूर्ण नहीं माना और उन सबके प्रति दो एक उपहासपूर्ण बातें कर उन्हें निपटा दिया।

मतदान प्रारंभ होने के पूर्व नेहरू ने गिडवानी के संशोघन को मान लेने की घोषणा की। संशोधन या तो वापस ले लिए गए अथवा बड़े बहुमत से अस्वीकार किए गए। जब मुख्य प्रस्ताव पर मतदान हुआ तो केवल चार व्यक्तियों ने- अशरफ, सज्जाद, ज़हीर तथा सुब्बरायन दम्पत्ति ने उसके विरुद्ध अपने हाथ उठाए। इस दम्पत्ति की सहानुभूति कम्युनिस्टों के प्रति, उनके पुत्र कुमारमंगलम के कम्युनिस्ट हो जाने और बाद में गिरफ्तार हो जाने के कारण हो गई थी।

राजाजी को पाकिस्तान पर अपना प्रस्ताव रखने का समय देने के लिए अधिवेशन एक दिन के लिए और बढ़ा दिया गया। अधिवेशन सुबह इसलिए रखा गया ताकि वापस जाने के लिए आतुर प्रतिनिधिगण अपने-अपने घरों के लिए दिन में रवाना हो सकें। अपना प्रस्ताव प्रस्तुत करते हुए राजाजी

ने जिन्ना की मांग को स्वीकार करने के लिए तर्कों का ढेर लगा दिया। वे यह भूलते हुए दिखाई दिए कि तर्क और जीवन एक ही वस्तु नहीं है। और अपने अदालती ज्ञान के प्रदर्शन से उपस्थिति का मनोरंजन करने में ही सफल हुए। लीग के सहयोग के लिए पैरवी करने में उन्होंने अमृत प्राप्ति के लिए देवों तथा असुरों के द्वारा समुद्र मंथन का उदाहरण दिया। उन्होंने पाकिस्तान को प्रेतात्मा की संज्ञा दी और कहा कि वे उसकी दाढ़ी से यह प्रमाणित करने के लिए पकड़ना चाहते थे कि उसका कल्पना में रहे आने के अतिरिक्त कोई अस्तित्व ही नहीं था। किसी ने बीच में ऊँचे स्वर में कहा कि अस्तित्वहीन प्रेतात्मा की दाढ़ी का राजाजी द्वारा पकड़ लिया जाना एक कमाल ही होगा! कई राष्ट्रवादी मुसलमान प्रतिनिधियों ने उस प्रस्ताव का कड़ा विरोध किया। मौलाना ने पाकिस्तान के विचार को इस्लाम-विरोधी कहा। राजेन्द्र प्रसाद ने राजाजी के सभी तर्कों को एक-एक कर काट दिया और सम्रुद मंथन की पौराणिक कथा की चर्चा करते हुए उन्होंने कहा कि "हमने कई बार मिल कर समुद्र का मन्थन किया है, लेकिन विष ही हमारे हाथ लगा। काँग्रेस के पास अब अधिक जहर पीने की शक्ति नहीं रह गई है।" राजाजी पर अपनी बड़ी-बड़ी उज्जवल आँखों को जमाते हुए उन्होंने उनसे यह प्रश्न कर अपना भाषण समाप्त किया कि वे सभा में उपस्थित लोगों को यह क्यों नहीं बता सके कि देवगण और असुरगण कौन थे!

अधिवेशन समाप्ति के तत्काल पश्चात् गाँधीजी ने राजाजी को काँग्रेस छोड़ देने का परामर्श दिया और उस परामर्श के अनुरूप राजाजी ने काँग्रेस की प्राथमिक सदस्यता से तथा साथ ही मद्रास विधान सभा की सदस्यता से त्यागपत्र दे दिया। उनके विद्रोह के समाचार से लिनलिथगो बड़े प्रसन्न हुए और उन्होंने मद्रास के गवर्नर को उनके 'साहस' की प्रशंसा करते हुए पत्र भी लिखा। एमरी भी बड़े प्रसन्न थे और उन्होंने लिनलिथगो को पत्र लिखकर जानना चाहा कि क्या वे अन्य काँग्रेसजनों तथा दूसरे लोगों को अपने साथियों में ले जा सकेंगे ताकि "मद्रास में संयुक्त सरकार बन सके।"[४५] जब लिनलिथगो को यह पत्र मिला उस समय तक उन्हें राजाजी की वास्तविक स्थिति का पता लग गया था और एमरी की राय पर उन्होंने अपना यह नोट लिखा: "राजगोपालाचारी को जिन्हें अपने प्रांत में एक-दो सदस्यों का ही समर्थन प्राप्त है, कुछ रचनात्मक कार्य करने के लिए स्वधर्म त्याग के फलस्वरूप कई दिनों तक अपने लिए कोई नया काम ढूंढ़ना पड़ेगा।"[४६]

राजाजी के त्याग "स्वधर्म त्याग" से कोई रचनात्मक परिणाम नहीं निकला। उन्होंने केन्द्र में राष्ट्रीय सरकार की स्थापना के लिए जिन्ना को मनाने का कई बार प्रयत्न किया, लेकिन जिन्ना ने उनके तर्कों को अवमान्य किया। तो भी सर्वथा असफल होने पर भी उन्हें कोई पश्चाताप इसलिए नहीं हुआ क्योंकि वे अपने विचारों के लिए जिन्हें वे युक्तिसंगत मानते थे, चाहे वे कितने भी अशुद्ध हों, लड़े थे।

काँग्रेस कार्यकारिणी की इलाहाबाद की बैठक ने सरकार को हवा के रूख का बड़ा स्पष्ट संकेत दे दिया था। अखिल भारतीय काँग्रेस कमेटी का सम्मेलन होने के पूर्व ही सरकार ने कार्यकारिणी के प्रस्ताव के प्रकाशित किए जाने पर रोक लगाने की कार्यवाही की। उस प्रस्ताव में बर्मा में हुई घटनाओं को ध्यान में रखकर जनता से सरकारी तंत्र पर भरोसा न कर काँग्रेस के कार्यक्रम का अनुकरण कर आत्मरक्षा करने और आत्मनिर्भरता का सहारा लेने की सलाह दी गई थी। रेल्वे स्टेशनों पर सैनिकों

के द्वारा महिलाओं के प्रति किए गए दुराचरण से संबंधित प्रस्ताव के कुछ अंश को भी नहीं प्रकाशित किए जाने का प्रयत्न किया गया। अपनी कार्यवाही को उचित ठहराने के लिए भारत सरकार के गृह विभाग ने सेक्रेटरी ऑफ स्टेट को सूचित किया कि "उन प्रस्तावों की मंशा जान-बूझकर सरकार के विरुद्ध घृणा पैदा करना, भारत की रक्षा करने में सरकार की क्षमता पर से विश्वास हटाना, भारतीय तथा अंग्रेज सैनिकों के प्रति, जिन पर देश की रक्षा का भार है, शत्रुता भड़काना और एक समानान्तर सरकार स्थापित करने के लिए प्रोत्साहित करना था।"[४७] इन प्रस्तावों को यदि सरसरी निगाह से भी पढ़ा जावे तो स्पष्ट हो जावेगा कि १९२० के बाद पहली बार कार्यकारिणी के सदस्यों ने गाँधी युग के पहले के नरमदलीय नेताओं का रूख अपनाया था और केवल आवेदन करना, प्रार्थना करना तथा विरोध प्रकट करने तक उन्होंने अपनी कार्यवाही सीमित रखी थी। लेकिन लिनलिथगो सरकार के लिए विनती, आवेदन तथा विरोध भी अभिशाप हो गए थे क्योंकि सरकार चाहती थी कि जब तक वह वैध या अवैध तरीकों से अर्जित सम्पत्ति को धुरी राष्ट्रों से बचाने के प्रयत्न में संलग्न हैं तब तक काँग्रेस के कुत्तों को भी भौंकने नहीं दिया जावे। जनसामान्य ने इस कहावत की सत्यता का अनुभव कर लिया होगा कि "शक्तिशाली उत्पीड़ित करता है और रोने भी नहीं देता।"

काँग्रेस के प्रस्तावों के प्रकाशन पर रोक लगाने से संतुष्ट न होकर सरकार ने इलाहाबाद के अखिल भारतीय काँग्रेस कमेटी के कार्यालय पर छापा मारने का आदेश दिया। राजेन्द्र बाबू ने इस छापे के कारण पर प्रकाश डालते हुए लिखा है: "इसी बीच एक ऐसी बात हो गई जिसके लिए, मैं मानता हूँ कि, मैं जिम्मेदार था। इलाहाबाद की कार्यकारिणी की बैठक में मैंने गाँधीजी द्वारा तैयार किए गए प्रस्ताव के प्रारूप में कुछ संशोधन करने का प्रयत्न किया था। इलाहाबाद से रवाना होते समय मैं उस कागज़ को, जिस पर संशोधन मैंने लिखे थे, अपने साथ ले जाना भूल गया और उसकी याद मुझे तब आयी जब मैं वर्धा के लिए चल चुका था। मैंने काँग्रेस कार्यालय को वह कागज मुझे वर्धा के पते पर भेजने के लिए लिखा क्योंकि संभवत: गाँधीजी उन संशोधनों को देखने की इच्छा कर सकते थे लेकिन मुझे कोई उत्तर नहीं मिला और यह मानकर कि पत्र इलाहाबाद न पहुँचा हो, मैं पटना चला गया। लेकिन बाद में मुझे इलाहाबाद में स्वराज भवन पर पुलिस द्वारा छापे तथा ली गई तलाशी का समाचार मिला। पुलिस गाँधीजी के प्रस्तावों के प्रारूप तथा कार्यकारिणी की बैठक का विवरण जब्त कर ले गई थी। यह भी कुछ दिनों में पता चला कि पुलिस ने मेरे पत्र को पढ़ लिया था और उसके आधार पर उन्हें गाँधीजी के द्वारा प्रस्ताव का प्रारूप बनाए जाने का पता लग गया था और उसी आधार पर तलाशी भी ली गई थी। इस सामग्री का होम मेम्बर सर रिचर्ड टाटेनहम ने अगस्त आंदोलन पर लिखी गई अपनी पुस्तिका में पूरा उपयोग किया था। मुझे इससे यह विश्वास हो गया कि सरकार से संघर्ष होना अनिवार्य हो गया था।"[४८]

यू.पी. के गवर्नर हैलेट ने जब्त किए गए दस्तावेजों को वाइसराय के पास भेजते हुए लिखा "प्रारूप अखिल भारतीय काँग्रेस कमेटी के एक सेक्रेटरी सादिक अली के द्वारा राजेन्द्र प्रसाद को उनके पत्र के उत्तर में लिखे गए पत्र के साथ था। यह आश्चर्यजनक है कि यह पत्र डाक से भेजा गया, क्योंकि काँग्रेस को हमारे द्वारा बीच में पत्र रोक लेने के ढंग का पता है और इसलिए महत्वपूर्ण दस्तावेज वाहकों के द्वारा भेजे जाते हैं। मुझे सुझाव दिया गया है कि सादिक अली काँग्रेस के दो साम्यवादी नेता, सज्जाद

जहीर और डा. अशरफ के मित्र हैं, जिन्होंने, जैसा डी.आई.बी. की २ मई की रिपोर्ट ने सूचना दी है, उस प्रस्ताव का विरोध किया था; इसलिए उसे सामान्य डाक से भेजा गया ताकि उसे रोक कर पढ़ लिया जाए और सरकार को काँग्रेस की या उसके कुछ नेताओं की जापान के पक्ष की नीति का, जिसका साम्यवादी सदस्यों ने कड़ा विरोध किया था, पता लग जाएँ यह कुछ बहुत दूर की सी बात लगती है, लेकिन यह असंभव भी नहीं है।"[४९]

यह सुझाव मात्र "दूर की बात नहीं है," बल्कि असंभव है, क्योंकि सादिक अली जे.बी. कृपलानी को, जिनकी सेवा उन्होंने बड़ी एकाग्रता से वर्षों से की है, धोखा नहीं दे सकते थे। जो भी हो, गाँधीजी द्वारा तैयार किए गए तथा राजेंद्र प्रसाद द्वारा संशोधित प्रारूप पर काँग्रेस कार्यकारिणी की इलाहाबाद की बैठक में जो बहस हुई, वह निश्चित रूप से उद्घाटित करती है कि नेहरू के नेतृत्व का अल्प संख्यक गुट मित्र राष्ट्रों के पक्ष में था, और गाँधी के पक्ष का बहुसंख्यक गुट मित्र राष्ट्रों तथा धुरी राष्ट्रों दोनों से दूर रहना चाहता था। नेहरू ने यह भी कहा कि गाँधीजी का दृष्टिकोण "हमारा मित्र राष्ट्रों के सम्बन्ध में जो दृष्टिकोण रहा है, उससे अलग हो गया है" और "मैंने उनके साथ शत-प्रतिशत अपनी हमदर्दी बतायी है" और "उस स्थिति से हटना मेरे लिए अपमानजनक होगा।" दृष्टिकोण में परिवर्तन के नेहरू के तर्क का उत्तर देते हुए पट्टाभि ने कहा "जब से लड़ाई चल रही है, हम अपनी स्थिति बदलते रहे है। पूना में पुरानी स्थिति से हमने अपनी स्थिति बदल दी थी। बम्बई में पूना की स्थिति से हम हट गए। बम्बई के बाद सविनय सत्याग्रह हुआ और फिर क्रिप्स मिशन आया।" गाँधी समर्थकों की स्थिति को समाजवादी अच्युत पटवर्धन ने इस प्रकार स्पष्ट किया: "यह युद्ध साम्राज्यवादी है। हमारी नीति यह हो सकती है कि हम किसी का पक्ष न लें....... । हम निष्पक्षता लाना चाहते हैं। ब्रिटेन या जापान की ओर मत देखो।" जब नेहरू ने कहा कि "प्रारूप की पृष्ठभूमि ऐसी है, जिससे निश्चित रूप से विश्व यह सोचने लगेगा कि हम परोक्ष रूप से धुरी राष्ट्रों के साथ खड़े हो रहे हैं", तो जयरामदास ने कहा कि "प्रारूप में जापानी आक्रमण का विरोध किया गया है।"

बहस में वल्लभभाई के विचार उनके स्वभाव के अनुरूप ही थे: "मैं देख रहा हूँ कि कार्यकारिणी में दो स्पष्ट पक्ष है। युद्ध के प्रारंभ होने के बाद से हमने एक साथ चलते रहने का प्रयास किया है। लेकिन इस अवसर पर संभवत: वैसा सम्भव न हो। गाँधीजी एक निश्चित स्थिति पर खड़े हो गए हैं। यदि उनकी पृष्ठभूमि कुछ सदस्यों के अनुकूल नहीं है, तो दूसरी पृष्ठभूमि हमें ठीक नहीं मालूम पड़ती। प्रारूप के प्रारंभिक चार या पाँच अनुच्छेदों में क्रिप्स मिशन का उत्तर है। क्रिप्स चतुर व्यक्ति है। वे यह कहते रहे हैं कि उनका मिशन असफल नहीं हुआ है। प्रारूप उनके इस प्रचार का ठीक उत्तर है।

"जिन्ना से सम्पर्क करने के पक्ष में मैं नहीं हूँ। हम कई प्रयत्न कर चुके हैं और अपमानित ही हुए हैं। आज काँग्रेस क्रिप्स के और राजाजी के प्रस्ताव के प्रहारों से लड़खड़ा रही है। दोनों से हमें बड़ा नुकसान हुआ है।

मैंने अपने आप को गाँधीजी को सौंप दिया है। मेरी भावना है कि सभी संकटों में जो नेतृत्व वे करते हैं, उसमें वे अपनी अंत:प्रेरणा से ठीक ही रहते हैं।

"बम्बई में अखिल भारतीय काँग्रेस कमेटी के अधिवेशन में हमारे विचारों में परस्पर मतभेद था, लेकिन वार्ता के लिए हमारे द्वार बन्द थे। बारडोली में कहा गया कि द्वार अभी खुले हुए थे और हमारी

सहानुभूति मित्र राष्ट्रों के साथ थी। अब समय है कि बार-बार अपमानित होने के बाद हम द्वार बिल्कुल बन्द कर दें। हमारे सामने जो प्रारूप है उससे मैं सहमत हूँ। यदि उसमें कोई फासिस्टों के पक्ष की बात है तो उसे हटा दिया जाएँ" मौलाना ने सारी बहस के अंत में कहा कि "गाँधीजी का नुस्खा ही एकमात्र विकल्प है यद्यपि मुझे उसके प्रभाव के सम्बन्ध में संदेह है।"

इस लम्बी बहस में भाग लेने वालों में केवल दो व्यक्ति थे, जिन्होंने अंग्रेजों के भारत से पूर्ण रूप से हट जाने के प्रस्ताव पर ब्रिटिश सरकार की संभावित प्रतिक्रिया की चर्चा की। वे राजाजी तथा नेहरू थे और दुर्भाग्य से उन्होंने ब्रिटिश प्रतिक्रिया की चर्चा कार्यकारिणी के सदस्यों को भयभीत करने के उद्देश्य से की। राजाजी ने कहा कि "अंग्रेजों से भारत छोड़ने की अपील असफल हो जावेगी, लेकिन उसके कुछ ठोस परिणाम होंगे और उसके कारण काँग्रेस की नीति पर फिर से विचार किया जावेगा और उससे निकाला गया नया अर्थ हमारे लिए बहुत हानिकारक होगा।" नेहरू के शब्दों में ज्यादा धमकी भरी थी: "इस प्रकार का प्रारूप ब्रिटिश सरकार की स्थिति को दुर्बल कर देता है। वे भारत को एक शत्रु देश मानने लगेंगे और उसे धूल और राख में बदल देंगे।"

आश्चर्य है कि इतना निराशापूर्ण चित्र रंगते हुए नेहरू यह भूल गए कि चर्चिल और लिनलिथगो जब तब संभव हो सके तब तक भारत पर शासन करते रहना चाहते थे और उसे उतनी ही हानि पहुँचाना चाहते थे जितनी उन्हें युद्ध जीतने के लिए आवश्यकता थी। गाँधीजी जानते थे कि अंग्रेज जीवित भारत पर शासन करना चाहते थे, उसकी धूल और राख पर नहीं, और इसलिए उनका लक्ष्य यह था कि यदि अंग्रेज पराजित जाते हैं तो जापानी आक्रमण न हो।

जैसा कहा जा चुका है, बहुसंख्यक दल ने एकता के लिए नेहरू के प्रारूप पर से अपनी आपत्ति हटा ली। लेकिन यह एकता मात्र ऊपरी थी और वह अखिल भारतीय काँग्रेस कमेटी के सदस्यों को आश्वस्त करने में अस्थायी रूप से ही सफल हुई। जैसा पटेल और नेहरू ने स्पष्ट किया था मतभेद बुनियादी थे और नेहरू मित्र राष्ट्रों के प्रति अपनी सहानुभूति प्रकट करने वाले बयान देते रहे। इस दल के दृष्टिकोण से वाइसराय को बड़ा सुखद आश्चर्य हुआ और उन्होंने एमरी को लिखा: "ये दस्तावेज स्थिति पर बहुत प्रकाश डालते हैं, और उनसे कार्यकारिणी सदस्यों के विभिन्न विचारों का ही नहीं बल्कि इस बात का भी पता चलता है कि कुछ सदस्यों की इस सीमा तक भी मान्यता है कि गाँधी का दृष्टिकोण जापान के विरुद्ध आश्वासन का, अथवा आक्रमण होने पर उन्हें लगभग सक्रिय सहायता देने का परिचायक है।"[५०]

नेहरू के दृष्टिकोण से दु:खी होकर मैं इलाहाबाद से वापस हुआ। पिता के निकट होने के कारण मैं पुत्र की ओर धीरे-धीरे खिंच रहा था। अब मेरा यह दु:खद कर्त्तव्य हो गया कि नेहरू के भ्रमपूर्ण और परस्पर विपरीत वक्तव्यों की मैं अपने साप्ताहिक पत्र "सारथी" में आलोचना करूँ। एक बार जबलपुर से गुजरते हुए उन्होंने एक स्थानीय संवाददाता से शिकायत के स्वर में पूछा: "द्वारका प्रसादजी को क्या हो गया है।" लेकिन वे ऐसे दिन थे जब जो बात जवाहरलाल को नागवार थी, वह जयप्रकाश नारायण को, जो बिहार के कुछ समाजवादियों सहित गिरफ्तार कर लिए गए थे, संतोष दे रही थी। हज़ारीबाग जेल से लिखा गया उनका पत्र पाकर मुझे बड़ा सुखद आश्चर्य हुआ, जिसमें उन्होंने मुझे व्यक्तिगत संबंधों का विचार न कर देश के प्रति अपना कर्त्तव्य करने में एकमात्र काँग्रेसी होने के लिए

बधाई दी थी। उन्होंने मेरा एक लेख "सारथी" में पढ़ा था जिसमें मैंने नेहरू की कड़ी आलोचना की थी। उस समय मैं अनुमान नहीं कर सकता था कि नेहरू से मेरे उन मतभेदों का वह मात्र प्रारंभ था जो १९५१ के शरदकाल में हमारे बीच में एक गहरी दरार में बदल गया।

लेकिन चूँकि महात्मा गाँधी ने अपने मतभेद करने वालों को धीरे-धीरे अपने अनुकूल कर लेने का निश्चय किया था, इसलिए वे उनके साथ धीरज रखे रहे। एक संवाददाता के इस प्रश्न के उत्तर में कि क्या उनके पास किसी बड़े आंदोलन की पक्की योजना है, उन्होंने कहा: "मेरे दिमाग में कई योजनायें तैर रही हैं। लेकिन मैं उन्हें अभी सिर्फ तैरने दे रहा हूँ। मेरा पहला काम तो अभी जन-मानस को अपने विचारों से शिक्षित कराना और विश्वमत को अपने अनुकूल करना है, और जब इस प्रक्रिया की समाप्ति पर मुझे संतोष हो जावेगा तो संभवत: कुछ करूँगा। वह कुछ बहुत बड़ा रूप भी ले सकता है, यदि काँग्रेस और जनता मेरा साथ देती है। स्वाभाविक है कि जिस प्रकार मैं पूरे भारत को अपने साथ ले चलना चाहता हूँ, उसी प्रकार पूरी काँग्रेस को भी अपने साथ रखना चाहता हूँ।"[५१]

इस प्रकार शिक्षित करने की अपनी कार्यवाही गाँधीजी लगातार चलाते रहे। उनके इस कार्य में अंग्रेजों की सैनिक तैयारियां इस अर्थ में सहायक रहीं कि उन तैयारियों ने लोगों को अपना घर बार छोड़ने पर मजबूर किया और अन्य कई प्रकार के संकटों का सामना करना पड़ा। बंगाल की जनता के प्रति अपनी सहानुभूति प्रकट करते हुए गाँधीजी ने लिखा: "पूर्व बंगाल के निवासियों को उभयचर कहा जा सकता है। वे अंशत: भूमि और अंशत: नदी के पानी पर रहते हैं। उनके पास छोटी-छोटी डोंगियाँ हैं जिनका प्रयोग वे इधर-उधर जाने के लिए करते हैं। इस भय से कि जापानी उन डोंगियों का उपयोग न करने लगें, लोगों से अपनी डोगियां सरकार के सुपुर्द करने के लिए कहा गया है। एक बंगाली द्वारा अपनी डोंगी को छोड़ देना जीवन से ही हाथ धोने के बराबर है। इसलिए जो उससे उनकी डोंगी ले लेता है, उसे वे अपना दुश्मन मानने लगते हैं।"[५२]

मौलाना आज़ाद लिखते हैं: "मैं ऐसा महसूस करने लगा कि सरकार को भारत पर जापानी हमला हो जाने का अंदेशा हो गया था। सरकार संभवत: इस राय की थी कि यदि पूरे देश पर आक्रमण न भी हुआ तो जापानी बंगाल पर कब्जा करने की कोशिश जरुर करेंगे। उन्होंने सोचा था कि जापानी समुद्र के रास्ते से हमला करेंगे और डाइमंड बन्दरगाह की ओर से कलकत्ता की ओर बढ़ेंगे। मुझे पता चला कि इस परिस्थिति में सरकार ने कलकत्ता छोड़ने का निर्णय ले लिया था....। सरकार ने यह भी निश्चय कर लिया था कि यदि जापानी हमला हो तो सब कुछ तहस-नहस करने की नीति का अनुसरण किया जाएँ उन्होंने महत्वपूर्ण पुलों को बारूद से उड़ा देने के, फैक्टरियों को तथा औद्योगिक केन्द्रों को नष्ट करने के उपाय भी कर लिए थे ताकि जापानी उनका लाभ न ले सकें। जमशेदपुर की इस्पात कारखाने को नष्ट करने की सरकारी योजना की खबर लोगों को मिल गई थी, जिससे पूरे क्षेत्र में बड़ी बेचैनी थी।"[५३]

बिहार से संबंधित स्थिति पर राजेन्द्र प्रसाद का वर्णन भी उतना ही चिन्ताजनक था: "छोटा नागपुर से सोन नदी तक एक नया मोर्चा बनाने की तैयारी बिहार में की गई थी। कई स्थानों पर हवाई जहाजों के लिए पट्टियां और सड़कें बनाई गई थीं। अपनी इन योजनाओं के लिए हज़ारों एकड़ खेती की जमीन सरकार किसानों से लेने लगी, जो उनके लिए बड़ा कष्टदायक था। उन्हें उनके घरों और खेतों

के लिए समुचित मुआवजा देने का वादा किया गया था लेकिन बाद में कुछ भी नहीं दिया गया। अंग्रेज और अमरीकी सिपाहियों की बड़ी-बड़ी टुकड़ियां उत्तर बिहार और छोटा नागपुर में आती जा रही थीं, और पूरा क्षेत्र एक बड़े सैनिक छावनी में बदल गया था। चूँकि लड़ाई आसाम की सीमा तक पहुँच चुकी थी और रेलगाड़ियाँ सैनिकों को ले जाने में काम में लाई जा रही थी, इसलिए रेलों में जगह नहीं मिलती थी। इसका सबसे बड़ा बोझ अवध-तिरहुत रेल्वे (अब उत्तर-पूर्वी रेल्वे) पर, जो आसाम और उत्तर बिहार को अवध से जोड़ती है, पड़ रहा था। ये गाड़ियाँ सैनिकों को मोर्चे पर पहुँचाने और घायलों को उत्तर भारत में किसी स्थान पर इलाज के लिए ले जाने का काम कर रही थीं। तटवर्ती निवासी बिहार, यू.पी. और आगे पश्चिम की ओर भाग रहे थे। लोगों की यह भगदड़ जनता में असुरक्षित होने का भय फैला रही थी। भागते लोगों के लिए नई सड़कें, ठहरने के लिए नए विश्रामालय तथा भोजन और पीने का पानी के प्रबंध करने के उपाय किए जा रहे थे। इससे लोगों को कुछ राहत अवश्य मिल रही थी, लेकिन कोई बड़ी बात होने की अनिवार्यता वातावरण में थी। ऐसा लगता था कि शत्रु का प्रतिरोध बड़ी दृढ़ता से करने के संकल्प के बावजूद शीघ्रता से पीछे हट जाने की तैयारी हो चुकी थी।"[५४]

समुद्र की ओर से जापानी हमले के लिए उड़ीसा अधिक खुला हुआ था इसलिए समुद्री किनारे के भाग को सरकार स्वयं खाली करवा रही थी। गाँधीजी ने जनता का कष्ट कम करने के लिए मीरा बेन को उड़ीसा भेजा। उनकी उपस्थिति उड़ीसा के गवर्नर सर एच. लेविस के लिये आँख का काँटा हो गई, और उन्होंने वाइसराय से शिकायत की कि वे चीफ सेक्रेटरी से कई ऐसे प्रश्न पूछ चुकी हैं जिनके पीछे "यह धमकी थी कि जब तक काँग्रेस संतुष्ट न होगी, वह विरोध करती रहेगी।" उन्होंने आगे लिखा कि "मीरा बेन की योजना निस्संदेह काँग्रेस के ढंग का यह प्रचार बढ़ाना है कि यदि मुसीबत आती है तो सरकार पीछे हट जावेगी और लोगों को उनके भाग्य पर छोड़ देगी, लेकिन यदि वे जिले हमलावरों के हाथ में आ जाते हैं तो भी काँग्रेस जनता के साथ रहेगी और उनकी देखभाल करेगी।"[५५] गवर्नर के इस पत्र की प्राप्ति पर वाइसराय ने उसके हाशिये पर लिखा: "यह प्रश्न है कि क्या उसे (मीराबेन) को वहाँ रहने दिया जाएँ"[५६]

वाइसराय का जब इस तरह का दृष्टिकोण था, तो उनके अधीनस्थ अधिकारियों का कैसा हो सकता था, इसका अनुमान सुगमता से लगाया जा सकता है। उसका अर्थ केवल यह होता था कि युद्ध से उत्पन्न हुई आपात स्थिति के बहाने अधिकारीगण लोगों की जान-माल या इज्जत की उपेक्षा करते हुए आगे बढ़ जावें और जो उनकी सहायता करना चाहता हो, उसे बाहर निकाल दिया जावे। सहज ही इस सरकारी नीति ने लोगों में उसके विरुद्ध बड़ी घृणा उत्पन्न कर दी। गाँधीजी ने उस भावना को "नपुंसक घृणा" कहा और लिखा: "मैं इस घृणा की व्यर्थता प्रकट कर रहा हूँ....यदि हम शक्तिवान है, अंग्रेज शक्तिहीन हो जाते हैं, इसलिए मैं लोगों को यह परामर्श देकर उस घृणा से अलग करने में लगा हूँ कि वे अंग्रेजों को अपने देश से जाने को कहने के लिए और उसके साथ ही जापान का प्रतिरोध करने के लिए अपनी आत्मशक्ति को विकसित करें। अंग्रेजों के चले जाने से जापानियों का स्वागत करने का कारण भी चला जाता है और अंग्रेजों की वापिसी के लिए अर्जित आत्मशक्ति जापानियों के आक्रमण को रोकने में काम आवेगी।"[५७]

लुई फिशर, जो अमेरिका से आए थे, गाँधीजी के साथ सेवाग्राम में ठहरे और उनसे उन्होंने लंबी

वार्ता की। भारत से वापस हो जाने से अंग्रेजों की इंकारी पर उनके विरुद्ध जन आंदोलन चलाने की गाँधीजी की योजना के विरुद्ध आज़ाद और नेहरू के मत को लुई फिशर जानते थे, इसलिए उन्होंने गाँधीजी से पूछा: "यह संघर्ष करने के लिए आपके पास क्या कोई संगठन है?" यह प्रश्न करते समय वे यह भूल गए कि वे एक ऐसे व्यक्ति से बात कर रहे थे, जिसने स्वाधीनता की प्राप्ति के लिए १९२० में काँग्रेस में क्रांतिकारी परिवर्तन कर दिया था, और यदि वह अस्त्र उसका साथ नहीं देता तो वह व्यक्ति अपने जीवन के लक्ष्य की पूर्ति के लिए दूसरा अस्त्र निर्मित कर सकता था। प्रश्न के समान ही गाँधीजी का उत्तर भी स्पष्ट था:" वह संगठन काँग्रेस दल है। लेकिन यदि वह साथ नहीं देता, तो मेरा अपना संगठन है, वह संगठन मैं स्वयं हूँ। मैं एक लक्ष्य से पूर्णत: ओत-प्रोत हूँ। यदि ऐसे व्यक्ति को कोई संगठन नहीं मिलता तो वह स्वयं एक संगठन हो जाता है।"

इस उत्तर में जैसा निहित था, महात्मा गाँधी का काँग्रेस के बिना भी काम चल सकता था, लेकिन क्या काँग्रेस का काम उनके बिना चल जाता? सभी काँग्रेसजनों ने, जिनसे विरोधी मत वाले काँग्रेसजन अलग नहीं थे, गाँधीजी के जहाज के मस्तूल पर अपना अड्डा बना रखा था। वे समुद्र में इधर-उधर उड़ सकते थे, लेकिन उसी अड्डे पर लौट आने के अतिरिक्त उनके पास कोई उपाय नहीं था। और वे जल्दी ही लौट आये। लुई फिशर जब सेवाग्राम ही में थे, उस समय नेहरू और आज़ाद गाँधीजी से मिलने वहां आए। उनके साथ जो उन दोनों की बातचीत हुई, उसका कोई अभिलेख उपलब्ध नहीं है, लेकिन गाँधीजी की योजना में एक महत्वपूर्ण संशोधन होने के सम्बन्ध में जो लुई फिशर का कथन है, वह उस परस्पर बातचीत का परिणाम हो सकता है। फिशर लिखते हैं: "एक दिन अपरान्ह को, जब गाँधीजी अंग्रेजों के विरुद्ध जन-आंदोलन प्रारंभ करने के कारणों पर बहुत लम्बी बातचीत कर चुके, मैंने कहा, 'मुझे लगता है कि अंग्रेज भारत को पूर्णत: नहीं छोड़ सकते। उसका अर्थ जापान को भारत उपहार में देना होगा। इंग्लैण्ड इस पर कभी सहमत नहीं होगा, और न अमेरिका इसे स्वीकृति देगा। यदि आप अंग्रेजों से अपना बोरिया बिस्तर बांध कर भारत से चले जाने की मांग करते हैं, तो आप असम्भव बात की मांग कर रहे हैं; आप व्यर्थ चिल्ला रहे हैं आप क्या चाहते हैं कि वे अपनी सेना यहाँ से हटा लें?

"लगभग दो मिनट गाँधी नहीं बोले। उस समय सन्नाटा ही मानो बोल रहा था।"

"गाँधी ने अंत में कहा: आप ठीक कहते हैं। न ही, ब्रिटेन तथा अमेरिका और दूसरे देश भी अपनी सेना यहाँ रख सकते हैं, और अपनी सैनिक कार्यवाही के लिए भारत को अड्डा बना सकते हैं। मैं नहीं चाहता कि जापान युद्ध जीत जाएँ लेकिन मुझे विश्वास है कि जब तक भारतीय जनता स्वतंत्र नहीं होगी, ब्रिटेन नहीं जीत सकता। ब्रिटेन निर्बल है और जब तक वह भारत पर शासन करता है उसका नैतिक बचाव नहीं किया जा सकता। मैं इंग्लैण्ड को अपमानित नहीं करना चाहता।"

"लेकिन यदि प्रजातांत्रिक देश भारत का उपयोग सैनिक अड्डे की तरह करना चाहते हैं तो उसमें कई बातें जुड़ जाती है। सेना शून्य में नहीं रहती। उदाहरण के लिए, पश्चिमी मित्र राष्ट्रों को रेलमार्ग की अच्छी व्यवस्था आवश्यक होगी।"

"'ओह', उन्होंने जोर से कहा, वे रेलमार्ग पर अपना नियंत्रण रख सकते हैं। उनके लिए

बन्दरगाहों में, जहाँ से उन्हें रसद मिलेगा, उचित व्यवस्था आवश्यक होगी। उनके हित में है कि बम्बई और कलकत्ते में दंगे न हों। ऐसे मामले परस्पर सहयोग और एकजुट प्रयास की अपेक्षा करते हैं।"

"सहयोग की ये शर्तें क्या एक मैत्री संधि में रखी जा सकती हैं?"

"हाँ' उन्होंने स्वीकार किया, "हम एक लिखित समझौता कर सकते हैं.....।"

"मैंने पूछा: 'आपने यह क्यों नहीं कहा? 'मैं स्वीकार करता हूँ कि जब मैंने आपके प्रस्तावित जन आंदोलन की चर्चा सुनी तो मैं उसके विरुद्ध था। मेरा विश्वास है वह युद्ध के सुचारू संचालन में बाधक होगा। मैं सोचता हूँ कि युद्ध लड़ना है और उसे जीतना भी है। मैं दुनिया के लिए पूरे अंधेरे की कल्पना करता हूँ यदि धुरी-राष्ट्र जीत गए। मैं सोचता हूँ कि हम यदि जीतते हैं तो आज से अधिक अच्छी दुनिया का अवसर मिल सकता है।"

"इस बात से मैं पूर्ण सहमत नहीं हूँ। उन्होंने यह तर्क दिया कि 'ब्रिटेन प्राय: अपने को आडम्बर से ढंक लेता है और जो देने का वादा करता है वह बाद में नहीं देता। लेकिन मैं यह स्वीकार करता हूँ कि यदि प्रजातांत्रिक शक्तियां जीतती हैं तो अधिक अच्छा होगा।"

"मैंने कहा कि 'यह संधि की शर्तों पर निर्भर करेगा।'

"उन्होंने उसमें सुधार करते हुए कहा कि 'यह जो आप युद्ध की अवधि में करेंगे उस पर निर्भर होगा। मैं भविष्य के वादों पर विश्वास नहीं करता। युद्ध के पश्चात् की स्वतंत्रता में मेरी रुचि नहीं है। मुझे स्वाधीनता आज चाहिए। वह स्वतंत्रता युद्ध जीतने में इंग्लैण्ड की सहायता करेगी।'

"मैंने फिर पूछा- आपने अपनी योजना वाइसराय को क्यों नहीं भेजी? उन्हें बताया जाना चाहिए कि आपको अब मित्र-राष्ट्रों के द्वारा भारत को सैनिक कार्रवाई के लिए अड्डा बनाने में कोई आपत्ति नहीं है।'

उन्होंने कुछ निर्बलता से कहा 'मुझसे किसी ने यह नहीं पूछा'

"गाँधी के कई घनिष्ठ भक्त अंग्रेजों तथा अन्य मित्र-राष्ट्रों की सेना को भारत में रहे आने के लिए उनकी रजामन्दी से दु:खी थे। उन्होंने मुझसे गाँधीजी के इस बयान को एक बड़ी भूल कहा। गाँधीजी ने सार्वजनिक रूप से स्वयं स्वीकार किया कि उन्होंने अपना विचार बदल दिया है। उनसे मेरी मुलाकात के कुछ दिन बाद ही उन्होंने "हरिजन" में लिखा कि मेरे पहले लेख में स्पष्ट ही कुछ कमी रह गई थी। मैंने उस कमी को, जैसे ही मेरे एक मुलाकाती ने उसे मुझे दिखाया, दूर कर दिया है। कैसा भी मूल्य चुकाना पड़े, अहिंसा पूरी ईमानदारी की अपेक्षा करती है। इसलिए जनता को मेरी कमज़ोरी को बर्दाश्त करना पड़ेगा यदि वह कमजोरी है। मैं मित्र-राष्ट्रों से ऐसा कदम उठाने की मांग का अपराधी नहीं हो सकता जिससे निश्चित पराजय का भय है....। मित्र राष्ट्र की सेना की अकस्मात् वापिसी का परिणाम जापानियों के द्वारा भारत पर कब्जा और चीन का निश्चित पतन हो सकता है। मुझे मेरे कार्य के परिणामस्वरूप किसी ऐसी विपत्ति की किंचित् भी कल्पना नहीं थी....।'

"आश्रम से मेरे रवाना होने से पहले महादेव देसाई ने मुझसे वाइसराय को यह सूचित करने को कहा कि गाँधी उनसे मिलना चाहते थे। महात्मा समझौते और संभवत: अपने प्रस्तावित सविनय अवज्ञा सत्याग्रह को त्याग देने के लिए प्रस्तुत थे। बाद में दिल्ली में मुझे प्रेसीडेन्ट रुजवेल्ट को प्रेषित करने

के लिए गाँधी का एक पत्र मिला। उसके साथ जो नोट था, उसमें लिखा था कि 'यदि वह पत्र आपको उचित न जान पड़े तो इसे फाड़कर फेंक दें।'

"वे नरम हो गए थे। उन्होंने कहा-'अपने राष्ट्रपति से आप कहें कि मैं चाहता हूँ कि मुझे सत्याग्रह आरंभ करने से रोका जाएँ' उनका लेकिन यह गहरा विश्वास था कि युद्ध के दौरान भारत को उसका अपना शासन दिया जाएँ यदि धुरी राष्ट्रों के विरुद्ध की शक्तियाँ यह नहीं समझ पातीं तो सत्याग्रह आंदोलन कर वे उनका ध्यान उस ओर आकृष्ट करेंगे। एक दिन शाम को गाँधीजी ने कहा- 'आपके राष्ट्रपति चार तरह की आजादियों की बात करते हैं। उन आजादियों में क्या स्वतंत्र होने की स्वतंत्रता सम्मिलित है।"[५८]

भारत की भूमि पर अंग्रेजी और अमरीकी सेनाओं की उपस्थिति को सहन करने की गाँधीजी की इच्छा ने नेहरू के साथ रियायत करने के लिए हो अथवा वह इच्छा रुजवेल्ट और अमेरिका की जनता के समक्ष अपनी स्थिति को उचित ठहराने के कारण हुई हो, लेकिन उससे उनके घनिष्ठ भक्तों को दुखी नहीं होना चाहिए था क्योंकि उनके नेता को यह ज्ञात था कि यह रियायत भी ब्रिटिश दृष्टिकोण में कोई परिवर्तन तब तक नहीं कर सकती थी जब तक इंग्लैंड पर चर्चिल और भारत पर लिनलिथगो का शासन था।

गाँधीजी का अनुमान ठीक था, इसका प्रमाण उनकी योजना में किए गए इस महत्वपूर्ण संशोधन के सम्बन्ध में अधिकारी गण ने जो कहा, उनसे मिलता है। मध्यप्रांत के गवर्नर ट्वाइनम को वाइसराय ने लिखा: "पिछले कुछ दिनों में जो बयान हुए हैं, उनका उद्देश्य मुद्दे को ढक देना है।"[५९] ट्वाइनम ने, जिन्हें वर्धा के बहुत निकट रहने के कारण से जानकारी के अधिक साधन उपलब्ध थे, उत्तर दिया: "आपका पत्र मिलने से पहले मैं इसी बात पर सेक्रेटरी से चर्चा कर रहा था और सुझाव यह है कि गाँधी में एक ओर, और दूसरी ओर नेहरू और आजाद में, मैं कहूँगा, विशेषत: नेहरू में, एक सहमति हो गई है, कि अखिल भारतीय काँग्रेस कमेटी द्वारा गाँधी की विध्वंसक योजना के लिए नेहरू और आज़ाद का समर्थन प्राप्त करने के लिए गाँधी के द्वारा मित्र-राष्ट्रों की सैनिक उपस्थिति पर कोई आपत्ति न करने की रियायत दी जावेगी।"[६०]

एमरी का भी विचार था कि गाँधी "नेहरू और उनके साथियों से तालमेल रखने के लिए पीछे लौट रहे थे।" सेक्रेटरी ऑफ स्टेट को लिनलिथगो की इस सूचना से प्रसन्नता हुई होगी कि "नेहरू को किसी हद तक मैदान छोड़ना पड़ा है, और वे यह बात जानते भी हैं।"

नेहरू स्वयं अब अधिक सक्रिय हो गए। गाँधीजी से मिलकर नेहरू बम्बई पहुँचने और वहाँ उन्होंने एक पत्रकार वार्ता में कहा कि "यह देखकर मुझे संतोष हुआ कि कई मसलों पर अलग-अलग विचार और परस्पर विपरीत मत रहते हुए भी मैं तथा गाँधीजी एक-दूसरे के बड़े निकट थे। मैंने गाँधीजी की आँखों और शब्दों में तीव्र भावना देखी और सुनी। वही तीव्र भावना आज असंख्य भारतीयों को उद्वेलित कर रही है और उसके समक्ष तुच्छ तर्क और वाद-विवाद अर्थहीन हो जाते हैं।"

'भारत छोड़ो' प्रस्ताव (१९४२)

इलाहाबाद में हुए अखिल भारतीय काँग्रेस कमेटी के अधिवेशन ने काँग्रेस कार्यकारिणी को भारत

के स्वाधीनता संघर्ष को जारी रखने के लिए आवश्यक कार्यवाही करने के लिए अधिकृत कर दिया था। चूँकि गाँधीजी ही इस दिशा में कोई कदम उठा सकते थे, इसलिए कार्यकारिणी की बैठक वर्धा में हुई। मौलाना आज़ाद ने अपनी आत्मकथा में लिखा है कि "मैं ५ जुलाई को वर्धा पहुँचा और गाँधीजी ने भारत छोड़ो आंदोलन के सम्बन्ध में पहली बार मुझसे चर्चा की।"[६१] मौलाना के इस गलत बयान को सुधारते हुए जे.बी. कृपलानी लिखते हैं: "यह दु:ख की बात है कि इलाहाबाद में २१ अप्रैल से १ मई तक चलती रही कार्यकारिणी की बैठक के दौरान मीरा बेन हिन्दी में लिखा गाँधीजी का जो प्रस्ताव का प्रारूप लाई थीं और उसके सम्बन्ध में जो स्वयं उन्होंने किया था, वह सब मौलाना भूल गये....। उस प्रारूप को तैयार करने के साथ ही 'हरिजन' में अपने लेखों से गाँधीजी इलाहाबाद और वर्धा में हुई कार्यकारिणी की बैठकों के बीच के समय में अपना 'भारत छोड़ो' विचार से जनता को प्रशिक्षित कर रहे थे।"[६२] कृपलानी ने सच बात कही थी, इसका प्रमाण इलाहाबाद में हुई कार्यकारिणी के विवरण में मिलता है। इस बैठक में मौलाना ने कहा था कि "गाँधीजी का नुस्खा ही एक मात्र विकल्प है यद्यपि उसका कोई असर होगा, इस मामले में मुझे आशंका है।" इसके अतिरिक्त वे पूर्व में मई में नेहरू के साथ गाँधीजी से मिले थे और यह नहीं सोचा जा सकता कि उन्होंने उन दोनों से केवल मौसम की बात की हो, और अपने "भारत छोड़ो" प्रस्ताव पर कुछ न कहा हो, जबकि उनके दिमाग में उन दिनों एक वही विचार रहता था।

वर्धा की कार्यकारिणी की महत्वपूर्ण बैठक में, जैसा कृपलानी ने स्पष्ट किया है, मित्र राष्ट्रों के पक्ष के गुट में नेहरू, आजाद, पंत, सैय्यद महमूद और आसफ अली थे। आज़ाद और नेहरू इस गुट की ओर से बातचीत करते थे। इलाहाबाद की बैठक में गाँधीजी की अनुपस्थिति में उनके प्रस्ताव के विरुद्ध जो तर्क उन्होंने प्रस्तुत किए थे, वे ही तर्क उन्होंने इस बैठक में भी किए। लेकिन महात्मा गाँधी अपने निश्चय से नहीं डिगाए जा सके। फिशर से जो बात उन्होंने कही थी कि वे अकेले ही अपने निश्चय को पूरा करेंगे, वही बात उनसे कहने में भी वे नहीं हिचके। लगभग एक सप्ताह तक चलने वाले लम्बे विचार-विमर्श के पश्चात् असहमति व्यक्त करने वाले गाँधीजी से सहमत हो गये, संभवत: मन से नहीं बल्कि इसलिए क्योंकि उनके पास गाँधीजी के कार्यक्रम के बदले कोई अन्य कार्यक्रम नहीं था और इसलिए भी क्योंकि उनमें से कुछ गाँधीजी के पक्ष में तेज बहाव की जनमत की नदी में उसके विपरीत दिशा में तैर कर अपना सार्वजनिक जीवन जोखिम में डालने के लिए तैयार नहीं थे। इसकी चर्चा नेहरू बम्बई की अपनी पत्रकार वार्ता में पहले ही कर चुके थे और उसे उन्होंने आत्मकथा में भी स्पष्ट स्वीकार किया है"...। "उनकी बातचीत और लेखों में नया आग्रह और आवेश था। उनमें कुछ कर गुजरने का संकेत था। निस्संदेह वे भारत में उस समय वर्तमान भावना का प्रतिनिधित्व कर रहे थे। अन्तर्राष्ट्रीयता और राष्ट्रीयता के संघर्ष में राष्ट्रीयता विजयी हो गई थी और गाँधीजी के नए लेखों से पूरे भारत में नव चेतना का संचार हुआ।"

नेहरू ने अपने सभी संदेहों को केवल त्याग ही नहीं दिया बल्कि महात्मा गाँधी की बात को स्वीकार कर, उन्होंने एक नया नारा तैयार किया, जिसमें गाँधीजी ने जो कुछ सोचा, कहा और लिखा था, समाहित था। उन्होंने "भारत छोड़ो" को "खुले विद्रोह" की संज्ञा दी और गाँधीजी ने उस पर अपनी

स्वीकृति की मोहर लगा दी। नेहरू के परिवर्तन और असहमति व्यक्त करने वाले अन्य सदस्यों के भयाक्रांत मौन के पश्चात् मौलाना आज़ाद ने अपना विरोध त्याग देने की समझदारी की। उससे उनमें कितनी खीझ पैदा हुई, उसका पता उनकी आत्मकथा से लग जाता है: "कार्यकारिणी के सदस्यों में जवाहरलाल ही किसी हद तक मेरा साथ देते थे। अन्य सदस्यगण गाँधी से पूर्ण रूप से सहमत न होते हुए भी उनका विरोध नहीं करते थे। यह मेरे लिए नया अनुभव नहीं था। जवाहरलाल के अतिरिक्त, जो अधिकांशत: मेरे साथ रहते थे, दूसरे सदस्य गाँधीजी के नेतृत्व को मान कर संतुष्ट हो जाते थे। सरदार पटेल, डा. राजेन्द्र प्रसाद और आचार्य कृपलानी में युद्ध के सम्बन्ध की स्पष्ट जानकारी नहीं थी। अधिकांश विषयों पर अपनी राय निर्धारित करने का वे विरले ही प्रयत्न करते थे और हर मामले में वे गाँधीजी की राय के अनुकूल अपनी राय देने के अभ्यस्त हो गये थे। ऐसी स्थिति में उनसे बहस करना व्यर्थ ही था।"[६३]

किसी विवाद में न पड़ने की अनिच्छा रखते हुए भी कृपलानी ने आज़ाद के उक्त आरोप का तीखे शब्दों में खण्डन किया है "इन कई वर्षों की अवधि में मेरा अनुभव रहा है कि हम गाँधीजी का अनुकरण उनकी बात को समझने पर और संभवत: हमसे अच्छी उनकी सूझबूझ पर अपने विश्वास के कारण करते रहे थे। यह भी ज्ञान प्राप्त करने और समझने का मान्य ढंग है। कुछ ऐसे भी थे, जिन्हें गाँधीजी की उनसे ज्यादा अच्छी सूझबूझ और बुद्धिमत्ता पर विश्वास न रहते हुए भी उनका अनुकरण करना पड़ता था।"[६४] मौलाना ने भी दूसरों का अनुकरण किया और कार्यकारिणी समिति ने "भारत छोड़ो" प्रस्ताव को सर्वसम्मति से पारित कर दिया। वर्धा से पटना जाते हुए राजेन्द्र प्रसाद सैयद महमूद के साथ गोंदिया गए और बनारस के लिए गाड़ी पकड़ने के लिए जबलपुर आए। मेरे साथ वे कुछ घन्टे रुके थे। समाचार पत्रों में कार्यकारिणी का प्रस्ताव प्रकाशित हो चुका था। राजेन्द्र प्रसाद ने मुझे वर्धा में हुए विचार-विमर्श से अवगत कराया। उन्होंने कहा कि गाँधीजी ने अपनी योजना तो नहीं बतायी है, लेकिन वे स्वयं को देश की स्वतंत्रता के लिए अंतिम आन्दोलन प्रारंभ करने के लिये तैयार कर रहे थे। उनकी बात से मुझको ऐसा लगा कि जो उस में सम्मिलित होना चाहते थे, उन्हें अंत तक संघर्षरत रहने के लिए तैयार रहना था। मुझे आश्चर्य हो रहा था कि इस पूरी बातचीत के दौरान महमूद चुप रहे आए। रवाना होने के पूर्व राजेन्द्र प्रसाद ने मुझसे यह भेद खोला कि "भारत छोड़ो" प्रस्ताव के अनुकूल महमूद अब भी अपने को नहीं कर पाए थे। बाद में, जैसा सर्वविदित है, महमूद ने वाइसराय को इस आशय का पत्र लिखकर अहमदनगर जेल से मुक्ति प्राप्त की कि वे "भारत छोड़ो" प्रस्ताव के विरुद्ध थे और इसलिए काँग्रेस कार्यकारिणी से उन्होंने इस्तीफा दे दिया था।

वर्धा की कार्यकारिणी की बैठक में "भारत छोड़ो" प्रस्ताव पर विचार करने के लिए बम्बई में ७ अगस्त को अखिल भारतीय काँग्रेस कमेटी का अधिवेशन बुलाने का निर्णय किया गया था। इस बीच के समय का उपयोग मैंने महाकोशल के कुछ उत्तरी जिलों का दौरा करने में किया। जब मैं सागर पहुँचा तो मुझे सागर के तत्कालीन डिप्टी कमिश्नर एस.एन. मेहता ने दोपहर के भोजन का निमंत्रण दिया जिसे मैंने स्वीकार कर लिया। रात में मैंने एक बड़ी सभा को संबोधित किया। उन दिनों अंग्रेजी सेना जनरल रोमेल की जर्मन सेना से लगातार पराजित होती जा रही थी। लंदन के एक समाचार पत्र में प्रकाशित इस समाचार पर कि हिटलर ने रोमेल को जर्मनी की नालियों से निकाला था, मजाक करते

हुए मैंने कहा कि रोमेल के सम्बन्ध में यदि वह निन्दात्मक बात सत्य थी तो इससे यही प्रमाणित होगा कि जर्मनी की नालियों से पैदा हुए व्यक्ति बकिंधम पैलेस में पैदा हुए व्यक्तियों से अधिक महान होते थे।

दूसरे दिन मैं मेहता के बंगले पर भोजन के लिए गया। जब मैं श्रीमती मेहता तथा मेहता से उन कई अधिकारियों के सम्बन्ध में बातचीत कर रहा था, जो काँग्रेसी शासन के दिनों में मेरे साथ काम करते रहे थे, उस समय उनका चपरासी यह सूचना लेकर आया कि जिला पुलिस सुपरिन्टेन्डेन्ट आए हैं और वे मेहता से आवश्यक कार्य से तत्काल मिलना चाहते हैं। मुझे श्रीमती मेहता से बातचीत करता छोड़कर मेहता अपने ड्राइंग रुम में अपने अंग्रेज सहयोगी से मिलने गए। चूँकि ड्राइंग रुम निकट ही था, इसलिए एक अंग्रेज का उत्तेजित और ऊँचा स्वर मुझे सुनाई पड़ने में कठिनाई नहीं हुई। लेकिन आकस्मिक सन्नाटा छा गया और मेहता लौट आये। बात यह थी कि सुपरिन्टेन्डेन्ट को मेरे भाषण की पूरी रिपोर्ट मिल गई थी, जिससे क्रुद्ध होकर वे संतुलन खो बैठे थे। बकिंघम पैलेस की चर्चा से वे विशेषतः से बौखला उठे थे। वे डिप्टी कमिश्नर से मुझे हिरासत में लेने की अनुमति लेने के लिए दौड़े आए थे। जब मैंने उनसे अकस्मात् सन्नाटा हो जाने का कारण जानना चाहा तो वे हंसकर बोले कि "मैंने उनसे जोर-जोर से बात करने से मना किया क्योंकि मैंने उनसे कहा कि मिश्र जी भोजन हेतु आमंत्रित है और बगल के कमरे में बैठे हुए श्रीमती मेहता से बात कर रहे हैं। यह सुनकर वे चकराये और तत्काल भाग खड़े हुए। जब मैंने मेहता से कहा कि मुझे अधिक सावधानी से काम लेना चाहिए था और उन्हें संभावित परेशानी से बचाने के लिए भोजन का निमंत्रण नहीं स्वीकार करना था तो वे हँसे और बोले "आप मेरी चिन्ता न करें। मैं स्वयं से अधिक इस उतावले नवयुवक अंग्रेज़ अधिकारी के लिए चिन्तित हूँ। मैं एक आई.सी.एस. अधिकारी हूँ। मुझे नागपुर की सरकार सागर से कहीं अन्यत्र तबादला करने के अतिरिक्त कुछ बिगाड़ नहीं सकती है। लेकिन यदि मेरा यह अनुभवहीन सुपरिन्टेन्डेन्ट अपना ढंग नहीं बदलता तो वह बड़े संकट में पड़ सकता है।" मेहता भविष्य वक्ता प्रमाणित हुए। जब "भारत छोड़ो" आंदोलन हिंसात्मक हो गया तो सागर के पुलिस सुपरिन्टेन्डेन्ट पर आक्रमण हो गया और वह घायल भी हो गया था। मेहता को भी मध्यप्रांत से बाहर राजस्थान की कोटा रियासत में भेज दिया गया। लेकिन यह भारतीय अधिकारी अंग्रेज सरकार के द्वारा सुधारा नहीं जा सका। १९४५ में जेल से छूटने के बाद मुझे मालूम हुआ कि कोटा कई भूमिगत हुए काँग्रेसजनों के लिए सुरक्षित अड्डा बन गया था।

अपनी आत्मकथा में मौलाना ने इस बात पर बल दिया है कि गाँधीजी को अपने आंदोलन को प्रारंभ करने के पूर्व ही खुद के और काँग्रेस के अन्य नेताओं के पकड़ लिए जाने का अनुमान नहीं था। यह भ्रम उन्हें संभवतः इसलिए हो गया क्योंकि गाँधीजी ने अकस्मात् कोई कदम उठाने से पहले वाइसराय से मिलने की इच्छा प्रकट की थी। लेकिन यह असाधारण बात इसलिए नहीं थी क्योंकि वाइसराय को सूचित किए बिना उन्होंने कभी भी अपना अहिंसात्मक संघर्ष प्रारंभ नहीं किया था। लुई फिशर के इस प्रश्न के उत्तर में कि "क्या वे अपना आंदोलन प्रारंभ करने पर सरकार की ओर से किसी सख्त कार्रवाई का अंदेशा करते हैं?" उन्होंने दृढ़तापूर्वक कहा था, "हाँ, मैं किसी भी दिन ऐसा होने की संभावना स्वीकार करता हूँ। मैं तैयार हूँ। मैं गिरफ्तार किया जा सकता हूँ। मैं तैयार हूँ।"

वास्तव में साधारण व्यक्ति भी सोचता था कि सरकार १९३० के आंदोलन के दिनों के समान

गाँधीजी और नेताओं को जनता में जागृति पैदा करने के लिए इस बार समय नहीं देगी। जब हम लोग बम्बई की अखिल भारतीय काँग्रेस कमेटी के अधिवेशन के लिए रवाना हुए तो हमें यदि हम लौटे भी, तो जल्दी ही लौटने की उम्मीद नहीं थी। हमारे परिवार के सदस्यों में बेचैनी की भावना थी परन्तु कोई भी इस विषय को छेड़ना नहीं चाहता था क्योंकि उसे अशुभ माना जाता था। मुझे अभी भी स्मरण है कि मेरी छोटी पुत्री दुर्गा जब तक मेरी मोटर उसकी दृष्टि से ओझल नहीं हुई, दरवाजे के पास मुझे देखती हुई चुप खड़ी रही थी। उसका वह उदास चेहरा तीन वर्ष तक, जब तक मैं जेल में रहा, मेरे साथ रहा आया।

वर्धा के प्रस्ताव में प्रांतीय राजधानियों, दिल्ली और लन्दन के सरकारी हलकों में अनेक अटकलें लगाई की जा रही थीं। इलाहाबाद की काँग्रेस कार्यकारिणी की बैठक में सदस्यों के परस्पर मतभेद से सरकार में बड़ा संतोष का वातावरण उत्पन्न हो गया था लेकिन गाँधीजी से मिलने के बाद नेहरू के मई में दिए गए बयान से वह असमंजस में पड़ गई। २३ जून को वाइसराय ने एमरी को लिखा था कि "मैंने गाँधी के सम्बन्ध में काफी कुछ कहा है और यहाँ उसे स्पष्ट करने की अब आवश्यकता नहीं है। लेकिन मैं मानता हूँ कि आपने उनके चोट खाए अहम की जो चर्चा की है वह ठीक है और उससे साबित हो सकता है कि अंग्रेजों के द्वारा भारत तथा अन्य देशों के छोड़ देने की इस समय की बकवास का उद्देश्य मुख्यतः एक तो गाँधी को फिर से जनप्रिय करना और आकर्षण का केन्द्र बनना है, जिसमें उन्हें सफलता मिली है; दूसरे काँग्रेस की फूट को दूर करना भी है, जिस कार्य में भी वह सफल हुई है, क्योंकि राजगोपालाचारी जो लड़ते जा रहे हैं, अब महत्वहीन हैं और "अंग्रेजों बाहर जाओ" के नारे में नेहरू गाँधी के साथ हो गए हैं तीसरे, संभवतः ऐसी स्थिति में हो जावें जब काँग्रेस कार्यकारिणी उनसे उस नीति को चलाने की जिम्मेदारी लेने के लिए कहे, जो या तो वह ठीक तरह से नहीं समझती या जिसे वह अपने ऊपर नहीं लेना चाहती क्योंकि महात्मा, यदि वे संघर्ष करने की मूर्खता नहीं करते, तो महज़ शब्दों के कोहरे से स्वयं को और अन्य संबंधित लोगों को धोखे में डाले रहें।"[६५]

जिस बात ने महात्मा गाँधी को जनता और अपने सहयोगियों में लोकप्रियता प्रदान की थी, वह उनके द्वारा अपना अस्तित्व समाप्त कर देना था लेकिन यहाँ वाइसराय और एमरी उनके "भारत छोड़ो" आंदोलन का कारण उनका 'चोट खाए हुए अहम' को मानते थे और यह बचकानी उम्मीद भी करते उन्हें देख रहे थे कि जैसे ही उनके अहम को संतोष हो जावेगा, वे 'शब्दों के कोहरे' का निर्माण कर आंदोलन की योजना से बच कर निकल आवेंगे। लेकिन जब उनके सामने वर्धा प्रस्ताव आ गया तो काँग्रेस की चुनौती का मुकाबला करने के लिए उन्हें तैयारी करनी ही पड़ी। वाइसराय ने एडवर्ड बेन्थल, महमूद उस्मान, जे.पी. श्रीवास्तव, सी.पी. रामास्वामी अय्यर, जोगेन्द्र सिंह और बी.आर. अम्बेडकर को अपनी कार्यकारिणी में मनोनीत कर उसे बड़ा रूप दे दिया। इस प्रकार कार्यकारिणी के कुल १४ सदस्यों में १० भारतीय थे। अन्य पाँच, जो पहले मनोनीत किए गए थे, वे थे नलिनी सरकार, सुल्तान अहमद, एम.एस. अणे, होमी मोदी और फिरोज़ खान नून। यद्यपि चार महत्वपूर्ण विभाग अंग्रेजों के ही अधिकार में थे, फिर भी अब वाइसराय अपनी कार्यकारिणी में अधिक संख्या में भारतीयों के रहने की शेखी दिखला सकते थे। वे जनता का क्या हित कर सके, इसका पता नहीं चला, लेकिन सरकार के विरुद्ध काँग्रेस के प्रचार को निष्फल करने के काम की अपेक्षा उनसे अवश्य की गई थी। कुछ सदस्यों ने वाइसराय की

इस अपेक्षा की पूर्ति करने की चेष्टा भी की थी और यह उनकी गलती नहीं थी कि वे जनता को प्रभावित नहीं कर सके। सी.पी. के गवर्नर हेनरी ट्वाइनम ने वाइसराय को सूचित किया कि नागपुर में अणे के एक भाषण को प्रकाशित करते समय स्थानीय दैनिक "नागपुर टाइम्स" में "अणे एमरी के स्वर में बोलते हैं" शीर्षक दिया था। तो भी इन भारतीय सदस्यों की वाइसराय से सहयोग करने की उत्कट इच्छा उनका विश्वास अर्जित नहीं कर पायी। काँग्रेस के विरुद्ध कार्रवाई करने में लिनलिथगो ने उन लोगों की सहायता ली और वह उन्हें मिली, लेकिन उन्होंने उन पर कभी भी विश्वास नहीं किया। एमरी को लिखे अपने एक पत्र में वाइसराय ने सूचित किया कि "केबिनेट में आज की स्थिति में किसी विषय पर जितनी कम बहस होती है, हमारे इरादों के व्यक्त हो जाने की संभावना भी उतनी ही कम रहती है। मुझे कोई सन्देह नहीं है कि काँग्रेस हाईकमान्ड हमारे इरादों को जानने के लिए बहुत चिन्तित है।"[६६]

भारतीय सदस्यों पर अविश्वास करते हुए भी लिनलिथगो लन्दन की ब्रिटिश सरकार से अधिक से अधिक स्वतंत्र होने के लिए उनकी उपस्थिति का लाभ उठाने में नहीं चूके। वे एमरी को अब इस प्रकार संबोधित करने की स्थिति में हो गए थे: "यदि इन सदस्यों को मुझे अपने साथ ले चलना है (और आपको और स्वयं को भी परेशानी से बचाने के लिए तथा साथ ही भविष्य के लिए व्यवस्थित तरीका कायम करने के लिए मैं अवश्य यह करूँगा) तो मुझे उनकी लगाम काफी ढीली रखनी होगी, और इसलिए आप मुझे गलत न समझें यदि भविष्य में (और किसी विशेष परिस्थितियों की कल्पना करने की कोशिश नहीं करता हूँ और मेरे ऐसा करने से कोई लाभ नहीं होगा) मुझे आपको सूचित करना पड़े कि मेरी कार्यकारिणी के रूख को ध्यान में रखते हुए मैं आपके प्रस्तावों पर विचार नहीं कर सकता या उनका समर्थन नहीं कर सकता, यद्यपि उन्हें उनकी औचित्यता के कारण, या जहाँ तक मेरा सम्बन्ध है, मैं न्यायोचित तथा ठोस मानूँगा। ऐसी परिस्थितियों में मैं वैसा करने की पृष्ठभूमि से आपको व्यक्तिगत रूप से अवगत करा दूँगा और पूरा विवरण आपको दूँगा। लेकिन ऐसे मामलों को छोड़कर जो महत्वपूर्ण है, या जो केवल सेक्रेटरी ऑफ स्टेट के द्वारा ही किए जाने चाहिए, बाकी बातों में लन्दन की सरकार के नियंत्रण में रहने की बढ़ती हुई अनिच्छा की संभावना स्वीकार करनी चाहिए। मेरी राय है कि सेक्रेटरी ऑफ स्टेट और वाइसराय के कार्य की जिम्मेदारी, यहाँ का जैसा वातावरण है, उसके अनुरूप सरकार के प्रति अपनी जिम्मेदारी का तालमेल करने का होना चाहिए। जो मेरा स्थान लेगा, उसको हमेशा ऐसा संतुलन रखने की चिन्ता करनी पड़ेगी। लेकिन लंदन की सरकार से संबंधित और संसदीय मामलों के अपने बड़े अनुभव से आप समझ सकते हैं कि यह समस्या समय-समय पर कई जटिल प्रश्नों के समाधान करने की स्थिति उत्पन्न करती रहेगी।"[६७]

इस प्रकार कार्य करने की स्वतंत्रता प्राप्त करने के पश्चात् वाइसराय ने वर्धा में हुई काँग्रेस कार्यकारिणी कमेटी की बैठक और बम्बई में होने वाली अखिल भारतीय काँग्रेस कमेटी के बीच के समय को काँग्रेस के विरुद्ध प्रचार करने और "भारत छोड़ो" आंदोलन को शुरु ही में कुचल देने के लिए योजना बनाने में लगाया। यह निर्णय लिया गया कि कार्यकारिणी के प्रस्ताव का अखिल भारतीय काँग्रेस कमेटी ज्यों ही अनुमोदन करती है, प्रान्तीय सरकारें अखिल भारतीय तथा प्रांतीय काँग्रेस कमेटियों को अवैध घोषित कर देगी, प्रमुख काँग्रेसजनों को हिरासत में ले लेगी, काँग्रेस दफ्तरों पर कब्जा कर लेगी

और काँग्रेस कोष को जब्त कर लेगी। यह सब तो बहुत आसान था, लेकिन गाँधीजी की गिरफ्तारी से दो समस्यायें उत्पन्न होने की संभावना थी। उन्हें गिरफ्तार कर कहाँ रखा जाए और यदि वे अनशन करने लगे तो उनके साथ क्या किया जाए? एमरी द्वारा भेजा गया ब्रिटिश सरकार का प्रस्ताव था: "कैबिनेट का यह कड़ा मत था कि आप उन्हें गिरफ्तार कर जहाज़ से अदन के लिए रवाना कर दें। अंतिम स्थान की व्यवस्था संभवत: सूड़ान में बाद में की जा सकती है। स्वाभाविक है कि डाक्टरी जाँच का पूरा ध्यान रखना पड़ेगा। केबिनेट की राय थी कि जहाज में उनके साथ डाक्टर ही नहीं, बल्कि एक जिम्मेदार अधिकारी भी रहे जो आवश्यकता पड़ जाने पर भारत सरकार की ओर से निर्णय भी ले सकता हो। मेरा अपना विश्वास है कि अपने अधिकार का इस प्रकार का प्रयोग गाँधी के द्वारा सरकार की अवज्ञा करने की अपूर्व शक्ति को निष्फल कर देने का नाटकीय प्रभाव करेगा, और दूरी के कारण उनके प्रति लोगों की दिलचस्पी भी अनिवार्यत: कम हो जावेगी। कैबिनेट की यह भी इच्छा है कि गाँधीजी के साथ वैमनस्मकारी व्यवहार किए जाने की धारणा न बनने पाए, और इसलिए लगभग एक दर्जन प्रमुख नेताओं को, जैसा पहले सोचा गया था, पूर्वी अफ्रीका हवाई जहाज से ले जाने के लिए चुन लिया जाएँ ३१ जुलाई के मेरे तार कमांक १३५५१ से जैसा आप जानते है, उपनिवेशीय कार्यालय ने इस काम के लिए न्यासालैन्ड को सबसे उचित स्थान माना है। उनके मामले में भी कुछ जिम्मेदार अधिकारियों को उनकी देखभाल के लिए साथ भेजना आवश्यक होगा।"[६८]

अदन अस्थायी निवास के लिए भी ठीक नहीं समझा गया क्योंकि यह ज्ञात हुआ कि वहाँ भारतीय मात्र बड़ी संख्या में ही नहीं थे, बल्कि उनमें काँग्रेस के प्रति गहरी सहानुभूति भी थी। अंत में लिनलिथगो ने गाँधीजी को भारत में ही नजरबन्द करने का निर्णय लिया और उन्होंने एमरी को लिखा: "कैबिनेट की इच्छाओं की सूचना के लिए मैं कृतज्ञ हूँ। देश से बाहर भेजने के मामले में आप मेरी राय जानते है। मुझे केबिनेट के दृष्टिकोण से पूरी हमदर्दी है। लेकिन यहाँ के अपने सहयोगियों को मुझे अपने साथ लेकर चलना चाहिए और लुमले जैसे अनुभवी गवर्नरों की राय की ओर भी मुझे ध्यान देना चाहिए।

"मैंने इस विषय को आज सुबह अपनी कार्यकारिणी के सामने रखना सबसे उचित समझा। मैंने वैसा ही किया। कार्यकारिणी का बिना अपवाद के, सर्व-सम्मति से देश के बाहर भेजने में कड़ा विरोध था। विरोध के कारण ये थे-बाहर भेजने की प्रतिक्रिया अच्छी नहीं होगी, यह संभावना है कि गाँधी निश्चित ही अनशन करेंगे, तब वे यदि बाहर भेजे जाने या समुद्र में ही रखे जाने के बजाय इस देश में ही रखे गए, तो उस स्थिति से निपटना आसान होगा, क्योंकि तब अटकलें ज्यादा नहीं लगायी जा सकेंगी। यह भी खतरा है कि यदि गाँधी को बाहर भेज दिया गया तो काँग्रेस के द्वारा उनको सताए जाने या उनसे दुर्व्यवहार करने, ठीक भोजन न दिए जाने आदि की मनगढन्त अफवाहें फैलायी जावेंगी। मैं बिल्कुल स्पष्ट हूँ कि बाहर भेजे जाने के प्रस्ताव पर मैं अपनी कार्यकारिणी को सहमत नहीं करा सकूँगा और चूँकि उन सदस्यों की इस सम्बन्ध में उत्तेजित तथा भयाक्रान्त मन:स्थिति को देखते हुए मेरे सामने उन लोगों को अपने साथ रखने का काम बड़ा कठिन है, इसलिये इस विषय पर मैं अब अधिक जोर न दूँगा। मेरा विश्वास है कि कैबिनेट मेरे इस विचार को स्वीकार कर लेगी।"[६९]

अंतत: पूना के निकट आगा खान महल गाँधीजी की नजरबन्दी के लिए चुन लिया गया। काँग्रेस

कार्यकारिणी के सदस्यों को बम्बई में गिरफ्तार किया जाना था ताकि वे भारत में इधर-उधर जा न पायें। उन लोगों को बिल्कुल एकांत स्थान में रखने पर बड़ा महत्व दिया गया, और इस उद्देश्य से अहमदनगर का किला उनकी नजरबंदी के लिये तय किया गया क्योंकि "उस किले में हटाये जा सकने वाले पुल से ही पहुँचा जा सकता है और वह सभी ओर से एक खाई से घिरा है।" यरवदा जेल की अपेक्षा यह किला इसलिए चुना गया था क्योंकि "ये सारे नेतागण अन्य बन्दियों से बहुत दूरी पर रहेंगे, और हम प्रचार की दृष्टि से भी 'जेल' शब्द का प्रयोग नहीं होने देंगे।"[७०]

सबसे अधिक चिन्ताजनक समस्या, और जिसके सम्बन्ध में बहुत पत्र व्यवहार हुआ, वह गाँधीजी के द्वारा अनशन किए जाने की सम्भावना थी। यह सूचना मिलने पर कि गाँधीजी रक्त चाप से पीड़ित है, मध्य प्रान्त के गवर्नर हेनरी ट्वाइनम शीघ्र ही उनकी मृत्यु का भी अनुमान लगा रहे थे। उन्होंने वाइसराय को लिखा- "आपने गाँधी के स्वास्थ्य के सम्बन्ध में समाचार पढ़ा होगा। इस सम्बन्ध में मैंने कई माह पूर्व ध्यान आकर्षित किया था और तब से उस पर मेरी दृष्टि है। रक्त चाप बढ़ जाने आदि के कारण उनके द्वारा कोई काम न हो सकने के बारे में काफी चर्चा चल रही है। वे अपने जीवन का ७२ वाँ वर्ष पूरा करने वाले हैं, और मैं सोचता हूँ कि उनकी इस अस्वस्थता की परिस्थिति में मेरे सामने किसी भी क्षण झण्डे और सरकारी कार्यालयों को बन्द करने के सम्बन्ध में जो पहले पत्राचार में कहा गया है, उस प्रकार की समस्या आ सकती है।"[७१]

बहुत देर बाद लिनलिथगो ने एमरी को सूचना दी: "विवेकपूर्ण मार्ग यह होगा कि हम किसी भी स्थिति में झण्डे को आधा न झुकाएँ, लेकिन यदि गाँधी की मृत्यु तब हो जाए जब वे हमारी हिरासत में न हों या जब वे सक्रिय रूप से हमारे विरुद्ध आंदोलन न कर रहे हों तो कार्यालयों को बन्द किए जाने के लिए गवर्नर को प्रार्थना की जाने पर ट्वाइनम को उचित कार्रवाई करने की छूट दे दी जाएँ"[७२]

लेकिन वाइसराय को गाँधीजी की नजरबन्दी की अवधि में अनशन कर उनका देहान्त हो जाने के सम्बन्ध में अधिक चिन्ता थी। अपने अधिकारियों से उन्हें सूचना मिली होगी कि वेलिन्गटन ने गाँधीजी के द्वारा अनशन किए जाने पर उनकी स्थिति खराब होने पर उन्हें छोड़ दिया था, और जब उन्होंने पुनः सत्याग्रह किया तो गिरफ्तार कर लिया था। महात्मा गाँधी ने इसे "चूहा-और-बिल्ली" का खेल कहा था। लिनलिथगो ने इस पद्धति की स्वीकृति दे दी और एमरी को लिखा: "दुर्भाग्य से यदि गाँधी अनशन करते हैं, तो पिछली बार जैसा हुआ था, 'चूहा-और-बिल्ली वाली' कार्यवाही की जावेगी। उन्हें भोजन की तथा डाक्टरी निगरानी की पूरी सुविधा दी जावेगी, लेकिन बंदी की स्थिति में न मरने देने के उद्देश्य से उन्हें छोड़ दिया जावेगा यदि उनका जीवन अनशन के कारण खतरे में पड़ता है।"[७३]

एमरी ने इस पद्धति का अनुमोदन न करते हुए वाइसराय को लिखा: "जिस बात से मैं जरा परेशान हो गया हूँ वह मेरे विचार से आपके एक तार में यह सुझाव है कि यदि गाँधी आमरण अनशन करते हैं तो आप उनको छोड़ देंगे। मुझे कहना चाहिए कि इस प्रकार के दबाव से हमें कठोरता से निपटना चाहिए। यह विचार मुझे बिल्कुल उचित नहीं लगता कि वे सिर्फ इसलिए बाहर कर दिए जायें क्योंकि उनके हमारे कब्जे में रहते मर जाने से हम डरते हैं, और फिर तुरन्त स्वस्थ हो जायें या आतंकित और श्रद्धापूर्ण भीड़ से घिरे हुए मर जायें। यह भी हो सकता है, कि अधिक दुर्बल हो जाने पर उन्हें छोड़ दिया जाए और जैसे ही कुछ ठीक हो जाते हैं, फिर पकड़ लिए जायें। लेकिन यह विचार भी

मुझे उचित नहीं लगता। उन्हें जेल में तो बन्द नहीं किया जावेगा, एक सुविधा पूर्ण घर में ही रखा जावेगा। स्थिति का सार कोई कष्ट न होकर एकान्त निवास ही है। यदि वे आत्महत्या पर उतारू हों, तो एकान्त में वे निश्चित रूप से वह कर सकते हैं और उस घटना की सूचना भारत को बाद में दे दी जावेगी।"[७४]

चर्चिल ने एमरी का समर्थन किया और एमरी ने फिर वाइसराय को सूचित किया कि "युद्ध मंत्रिमंडल इस बात पर सहमत नहीं हुआ कि नज़रबन्दी के दौरान यदि गाँधी अनशन करें तो उनके साथ 'चूहा-और- बिल्ली' की कार्रवाई की जाएँ उत्तेजित चर्चिल का निर्णय एमरी ने वाइसराय को कुछ कड़ी जबान में भेजा: "युद्ध मंत्रिमंडल की आम राय यह थी कि, यद्यपि वाइसराय के निर्णय पर उसे दुःख है, लेकिन यह ठीक नहीं होगा कि इस सम्बन्ध में वहाँ के लोगों की राय रद्द करने की कोशिश की जाएँ तो भी भारत सरकार से यह निश्चत आश्वासन आना आवश्यक है कि किसी भी स्थिति में "चूहा-और-बिल्ली" वाली पद्धति नहीं अपनायी जावेगी, और यदि नजरबन्दी के दौरान गाँधी अनशन करते हैं तो कुछ भी परिणाम हो, उन्हें नजरबन्द रखे रहने पर वह कटिबद्ध है।'

"यह सवाल उठा था कि क्या वाइसराय इस संकट काल में अपने सभी निर्णयों में कार्यकारिणी के सदस्यों को अपने साथ रखने के मामले में आवश्यकता से अधिक महत्व नहीं दे रहे हैं। भारत सरकार के लिए वर्तमान स्थिति से निपटने के लिए कड़ाई और दृढ़ संकल्प से काम लेना चाहिए और वाइसराय को हर हालत में मुस्तैदी से निर्णायक कार्य करना चाहिए। इसे प्राथमिकता देना आवश्यक है और इस प्रकार कार्य करने के लिए कार्यकारिणी की सहमति के प्रश्न से प्रभावित नहीं होना चाहिए। अंतिम रूप से जिम्मेदारी कार्यकारिणी की न होकर वाइसराय की होती है। इस विषय पर युद्ध मंत्रिमंडल की राय वाइसराय को स्पष्ट सूचित कर देना चाहिए और उन्हें आश्वस्त भी करना चाहिए कि कड़ा रूख रखने में उन्हें ब्रिटिश सरकार का पूर्ण समर्थन प्राप्त होगा।[७५]

इतने विस्तार से काँग्रेस के विरुद्ध बनायी गई योजना को स्थायी सेवा के अधिकारीगण कार्यान्वित करने वाले थे, लेकिन एकायक वाइसराय को कुछ प्रांतों के गवर्नरों ने सूचित किया कि प्रान्तीय अधिकारियों में बड़ी बेचैनी और घबराहट है। अधिकारियों की बहुत बड़ी संख्या ने काँग्रेस मंत्रियों के अन्तर्गत काम किया था, और ऐसा नहीं मान रहे थे कि भविष्य में भी उन्हें उन लोगों की सेवा नहीं करनी पड़ेगी, जिनसे अंतिम संघर्ष करने के लिए उन्हें कहा जा रहा था। यू.पी. के गवर्नर हेलेट ने लिखा कि "हाल में जब मैं दौरे पर गया था और पिछले कुछ दिनों से, मैं मुसलमानों के इस डर से प्रभावित हुआ था कि ब्रिटिश सरकार फिर काँग्रेस से वार्ता करेगी। यह भी मुझसे कहा गया है कि हिन्दू शासकीय अधिकारी काँग्रेस का विरोध बेमन से करते हैं। यह अर्धसत्य है, लेकिन हिन्दू अधिकारी नरम दल वालों की तरह इस दल को अप्रसन्न नहीं करना चाहते, जिसके सम्बन्ध में वे अनुभव करते हैं कि वह अंत में शासन करेगा।"[७६]

मध्य प्रान्त के गवर्नर ट्वाइनम की रिपोर्ट थी कि- "पुलिस के इंसपेक्टर जनरल का कहना है कि उनकी और उनके मातहत अधिकारियों की स्थिति बहुत मजबूत हो जावेगी यदि यह आश्वासन मिलता है कि भविष्य में उत्पीड़न न किए जाने का प्रावधान किया जावेगा"[७७]। लेकिन ट्वाइनम, जो पूर्व में बंगाल सरकार के चीफ सेक्रेटरी की हैसियत से आंदोलनकारियों के विरुद्ध कड़ी कार्रवाई करने के आदी

थे, एक कदम आगे बढ़ गए और वे ब्रिटिश सरकार से यह वक्तव्य चाहते थे कि "उसका गाँधी या उनकी काँग्रेस से कोई सम्बन्ध नहीं होगा।"

ट्वाइनम की यह मांग, जो भावी वाइसरायों और ब्रिटिश सरकारों के हाथ बांध देती थी, किसी बड़े अधिकारी के द्वारा कभी भी की गई मांगों में सबसे बड़ी थी। बेचारे लिनालिथगो को पता था कि वाइसराय या तत्कालीन युद्ध मंत्रिमंडल में ट्वाइनम या उनके प्रकार के अधिकारियों को उपकृत करने का अधिकार नहीं था। इस सुझाव की उन्होंने एमरी के लिखे अपने पत्र में चर्चा की:- "जैसा मैंने अपने तार में लिखा है, होम मेम्बर मैक्सवेल जोर दे रहे हैं कि हम यह कहें कि यदि काँग्रेस फिर दुर्व्यवहार करती है तो जहाँ तक हमारा सम्बन्ध है, एक राजनीतिक दल के रूप में उसे समाप्त कर देना चाहिए। ट्वाइनम भी, जैसा उसके पत्र से आप जान लेंगे, जिसकी प्रतिलिपि इस थैले में है, उसी तरह सोच रहे हैं। यद्यपि मैं ट्वाइनम के दृष्टिकोण को महत्वपूर्ण मानता हूँ, तो भी जैसा इंगलैण्ड में मेरा अनुभव रहा है, और चूँकि हमारी संसदीय व्यवस्था है, मैं एक बड़े राजनीतिक दल को बाधित कर देने या यह निर्णय करना कि किसी भी स्थिति में हम उनसे सम्बन्ध न रखेंगे, राजनीतिक रूप से अव्यवहारिक मानता हूँ। इस नीति में शुरतमुर्ग जैसी आत्म वंचना हैं, और यह भी तो है कि हमारा घटनाओं पर कोई नियंत्रण नहीं है। यदि काँग्रेस अथवा अन्य कोई संगठित राजनीतिक दल, उसके नेता कितने भी घृणित हों, अधिकार पूर्वक इस देश के मतदाताओं के बड़े भाग के लिए बात करने का दावा करते हैं, तो उनके दृष्टिकोण पर ध्यान दिए बिना नहीं रहा जा सकता है। भूतकाल में एक निश्चय करने के बाद फिर उससे प्रतिष्ठा खोकर वापस होने की कठिनाई मैंने अनुभव की है। वह कठिनाई इस समय पहले की अपेक्षा बहुत कम नहीं है। मैं सोचता हूँ कि काँग्रेस के नेता इस बात को हमारी तरह समझ रहे हैं, और यदि हम वह चाल चलेंगे, तो उसका वे मुकाबला करेंगे। यह भी खतरा है, यद्यपि उसे मैं अतिरंजित नहीं कर रहा, मानता कि काँग्रेस को राजनीतिक दृष्टि से बाधित कर हम उन्हें आयरलैण्ड के शिन-फेन आंदोलन की तरह अपनी अलग समानान्तर और हमारी विरोधी व्यवस्था की स्थापना के लिए प्रोत्साहित कर दें।"७८

वाइसराय की कार्यकारिणी के कुछ सदस्यों ने उपरोक्त दृष्टिकोण से कुछ कम कड़ा रूख रखने के लिए उनसे आग्रह करते हुए कहा कि: "हम काँग्रेस नेताओं को यह स्पष्ट कर दें कि, यदि वे इस समय हमें परेशान करते हैं तो हम उनके इस दबाव से उनसे कोई समझौता करने को तैयार नहीं होंगे। इसके साथ ही यह भी संकेत कर दिया जाए कि युद्ध के समाप्त होने पर किसी समझौते में हम उन लोगों की भावनाओं और इच्छाओं को अधिक महत्व देने को अपने को बाध्य मानेंगे, जिन्होंने हमारे संकट के समय हमारे सामने कठिनाई खड़ी न कर हमें अपना सक्रिय समर्थन दिया है।"

यह विकल्प भी इस कारण वाइसराय ने अग्राह्य कर दिया कि "सरकारें अपनी उत्तराधिकारी सरकारों को वचनबद्ध नहीं कर सकती।" साथ ही यह भी उनका कथन था कि "इस विकल्प में भी काँग्रेस के द्वारा अधिक उग्र कार्यवाही का खतरा इसलिए है कि हमसे कुछ भी न पाने का बहाना वे कर सकते हैं।"

यद्यपि सरकार ने यथाशक्ति प्रबल प्रहार करने की योजना बना ली थी, तो भी ऐसा लगता है

कि भविष्य के सम्बन्ध में घबराहट से वह मुक्त नहीं थी। एमरी ने भी, जिन्होंने युद्ध मंत्रिमंडल की एक बैठक का विवरण देते समय यह गाया था कि-

Twice armed is he that has his quarrel just,

But thrice armed he who gets his blow in frest.

"जिसकी लड़ाई न्याय पर आधारित है, वह हथियारों से दोहरा लैस है, लेकिन उसके पास तिगुने हथियार हैं जो पहले वार करता है।" अंत में वे घबरा गए। अपनी मन की घबराहट उन्होंने लिनलिथगो को बताई: "महत्वपूर्ण प्रश्न यह है कि वर्तमान समस्या के लिए अपनायी गई योजना, जिसके फलस्वरूप युद्ध की समाप्ति पर बाहर निकलकर काँग्रेस नेता राष्ट्रीय हीरो हो जावेंगे, सफल होती है अथवा नहीं। यह अलग बात है कि उस कार्यवाही से इस समय उपस्थित संकट का निवारण हो जावेगा या नहीं हो सकेगा। दूसरी संभावना यह भी है कि उनकी असफलता इस बार उन्हें अविश्वसनीय कर दे, जिससे नरमदली तत्व का, जो. समझौता और भारतीय अनुबन्ध की आवश्यकता का अनुभव अधिक-से-अधिक कर रहा है, महत्व बढ़ जाए, और काँग्रेसी नेता, भारतीयों की दृष्टि में जेल से पहले की अपेक्षा कमज़ोर स्थिति में बाहर आवें। हमें इसकी आशा करनी चाहिए और हम आशा ही कर सकते हैं।"[७९]

इस प्रकार की मानसिक स्थिति में सरकार ने अपनी योजना को कार्यरूप देना प्रारंभ किया। पहला कार्य प्रचार करना था, और वह किसी प्रकार की नैतिक हिचकिचाहट के बिना अँधाधुँध किया गया। तथाकथित अल्पसंख्यकों के नेताओं से काँग्रेस के विरुद्ध भाषण करने और वक्तव्य देने का आग्रह किया गया। उत्तर पश्चिम सीमा प्रांत के गवर्नर ने सूचना दी कि खान अब्दुल गफ़्फ़ार खान और उनके खुदाई खिदमतगारों के विरूद्ध मुल्लाओं का उपयोग किया जा रहा था। साम्यवादी दल के सभी सदस्य जेल से रिहा कर दिए गए और एम.एन. राय तथा उन साम्यवादियों से काम लिया जाने लगा। विभिन्न प्रांतों के गवर्नरों को अपने प्रांत की बार युद्ध कौंसिल का इस कार्य के लिए उपयोग करने के आदेश दिए गए। अमेरिका में वाइसराय के एजेन्ट, जी.एस. वाजपेयी से अमरीकी जनमत को ब्रिटिश सरकार के पक्ष में ढालने के लिए कहा गया। यद्यपि गाँधीजी यह बयान दे चुके थे कि वे अंग्रेज और अमरीकी सेनाओं को नहीं, केवल अंग्रेजी राज को भारत से हटाना चाहते हैं, तो भी वाजपेयी से गाँधीजी के पुराने वक्तव्य का उपयोग करने को कहा गया जिसमें उन्होंने भारत भूमि में अमरीकी सैनिकों के रहने पर आपत्ति की थी। २८ मई को काँग्रेस के इलाहाबाद के कार्यालय से जब्त कागज़ों को बम्बई में होने वाली अखिल भारतीय काँग्रेस की बैठक की तिथि से दो दिन पूर्व समाचार पत्रों में प्रकाशित किया गया। उसका उद्देश्य गाँधीजी की जापान की शरण में जाने की तत्परता को व्यक्त करना और नेहरू की प्रतिष्ठा को यह अन्तर दिखाकर आघात पहुँचाना था कि कार्यकारिणी की उस बैठक के विवरण में नेहरू का जो दृष्टिकोण था, उसे उन्होंने बाद में गाँधीजी के सामने झुकने के कारण जनता के समक्ष बदल दिया था।

वाइसराय को जब यह सुझाव दिया गया कि रूजवेल्ट के समान वे भी एक अनौपचारिक पत्रकार सम्मेलन बुलाएं, तो उस सुझाव को नामंजूर करते हुए उन्होंने एमरी को लिखा: "हमें यहाँ बहुत बड़ी तथा राजनीतिक दृष्टि से पिछड़े लोगों की आबादी से व्यवहार करना पड़ता है, जो समय के साथ हुए

परिवर्तनों के बावजूद वाइसराय के पद को एक प्रकार से मूढ़ भय से देखने की आदी है। मुझे शंका है कि राजनीति की वर्तमान स्थिति को ध्यान में रखते हुए क्या यह उचित होगा कि हम अपने पद को कड़े आलोचक तथा पूर्वाग्रही प्रेस की जिरह का विषय बना दें, अथवा एक प्राच्य देश में, उस रहस्यपूर्ण स्थिति को नष्ट किए जाने का जोखिम उठावें जो एक लम्बे समय से बनायी गयी है, और जो अभी भी स्पष्ट रूप से उपयोगी है।[८०]

यह कहने की आवश्यकता नहीं जान पड़ती कि "मूढ़ भय" तथा "दीर्घकाल से बनायी गई रहस्यमयी स्थिति", गाँधीजी के द्वारा विनष्ट की जा चुकी थी, और जो भी प्रतिष्ठा बच गई थी, उसे "भारत छोड़ो" आंदोलन धूल में मिला चुका था। वाइसराय प्रेस से सामना करने का साहस नहीं कर पा रहे थे और परदे के पीछे षड़यन्त्र रचने में लगे थे। उस समय गाँधीजी पत्रकारों से केवल मिलते ही नहीं थे, बल्कि अपने भाषणों व कृत्यों तथा लेखों से देश में नयी उमंग भर रहे थे। काँग्रेस के नेतागण अपने प्रांतों में सक्रिय होकर गाँधीजी के आंदोलन के लिए जनता से जो आवश्यक त्याग की अपेक्षा थी, उसके लिए उसे तैयार करने में प्रयत्नशील थे। प्रांतीय गवर्नरों ने दिल्ली को नेहरू, पटेल और राजेन्द्र प्रसाद की गतिविधियों की सूचना भेजना प्रारम्भ कर दिया था। बम्बई के गवर्नर ने वाइसराय को सूचित किया था कि "काँग्रेस को गुजरात में अत्याधिक तथा बम्बई में समुचित समर्थन प्राप्त होगा" तथा "पटेल ने अपने श्रोताओं से कहा था कि इस बार उन्हें हिंसा से अधिक आपत्ति न हो।"

इस प्रकार ७ अगस्त को जब अखिल भारतीय काँग्रेस कमेटी का सम्मेलन बंबई में हुआ तो सरकार और काँग्रेस दोनों ही पक्ष अंतिम संघर्ष के लिए कमर कस चुके थे। यद्यपि बम्बई काँग्रेस कमेटी ने केवल अखिल भारतीय काँग्रेस कमेटी को ही निमंत्रित किया था, फिर भी उसने पूरे काँग्रेस अधिवेशन के लिए जो तैयारी आवश्यक थी, वह कर ली थी और जो जनसमूह वहां एकत्रित हुआ उसका रूप काँग्रेस के वार्षिक अधिवेशन की विशालता के समान ही था।

मौलाना आज़ाद के उद्‌घाटन भाषण के बाद जवाहरलाल नेहरू ने ऐतिहासिक "भारत छोड़ो" प्रस्ताव प्रस्तुत किया, जो इस प्रकार था: "अखिल भारतीय काँग्रेस कमेटी ने काँग्रेस कार्यकारिणी समिति के १४ जुलाई, १९४२ के उसके पास भेजे गए प्रस्ताव पर, युद्ध की वर्तमान स्थिति सहित बाद में हुई घटनाओं, ब्रिटिश सरकार के प्रवक्ताओं के वक्तव्यों तथा भारत और विदेशों में तत्संबंधी टिप्पणियों तथा आलोचना पर बड़ी गंभीरता से विचार किया है। कमेटी उस प्रस्ताव का अनुमोदन और उसकी पुष्टि करती है और कमेटी की राय में उस प्रस्ताव के स्वीकृत किए जाने के पश्चात् की घटनाओं ने उसके औचित्य को प्रमाणित कर दिया है और यह स्पष्ट कर दिया है कि संयुक्त राष्ट्रों के लक्ष्य की पूर्ति तथा भारत के हित में भारत में ब्रिटिश शासन की समाप्ति अत्यन्त आवश्यक हो गयी है। उक्त शासन का रहा आना भारत को अवमानित तथा कमजोर कर रहा है तथा उसे अपनी रक्षा करने में तथा विश्व स्वाधीनता के उद्धेश्य में सहायक होने में निरन्तर अक्षम करता जा रहा..।

इस प्रकार देश में ब्रिटिश शासन की समाप्ति बहुत महत्व पूर्ण और तात्कालिक समाधान का प्रश्न है जिस पर युद्ध का भविष्य तथा स्वंतत्रता और प्रजातंत्र की सफलता निर्भर करती हैं। स्वतंत्र

भारत स्वतंत्रता के संघर्ष और नाज़ीवाद, फासिस्टवाद तथा साम्राज्यवाद के आक्रमण के प्रतिरोध में अपने विशाल साधनों को प्रस्तुत कर उस सफलता को निश्चित कर देगा.....।

इसलिए आज का जोखिम भारत की स्वतंत्रता को तथा उस पर ब्रिटिश शासन की समाप्ति को अनिवार्य करता है। भविष्य के लिए कोई वादा या गारंटी न तो वर्तमान स्थिति को प्रभावित कर सकते हैं और न मौजूदा जोखिम का मुकाबला कर सकते हैं। जनता में उनसे आवश्यक मानसिक प्रभाव नहीं उत्पन्न किया जा सकता,....।

इसलिये अखिल भारतीय काँग्रेस कमेटी भारत से ब्रिटिश सत्ता की वापिसी की माँग अपनी शक्तिभर दोहराती है....।

भारत की स्वतंत्रता एशिया के उन अन्य देशों की स्वतंत्रता का सूचक तथा भूमिका होनी चाहिए जो आज विदेशी सत्ता के अधीन हैं....।

अखिल भारतीय कांग्रेस कमेटी इन अन्तिम क्षणों में एक बार फिर विश्व स्वाधीनता के हित में ग्रेट ब्रिटेन तथा संयुक्त राष्ट्र संघ से यह अपील करेगी। लेकिन कमेटी की यह भावना है कि वह राष्ट्र को साम्राज्यवादी तथा तानाशाही सरकार के विरूद्ध जो उस पर आरूढ़ है तथा जो उसके हित तथा मानव जाति के हित में काम करने से उसे रोकती है, अपने संकल्प को ढ़ढ़ता से प्रकट करने से अब अधिक रोकना उचित नहीं है। कमेटी इसलिए भारत के स्वतंत्रता के अदरणीय अधिकार की स्थापना के लिए, यथासम्भव विस्तीर्ण रूप से जनता के द्वारा अहिंसात्मक संघर्ष की स्वीकृति देती हैं ताकि पिछले बाइस वर्षों के शांतिपूर्ण संघर्ष से अर्जित अहिंसात्मक शक्ति का उपयोग देश कर सके। ऐसा संघर्ष अनिवार्य रूप से गाँधीजी के नेतृत्व में ही हो सकता है और यह कमेटी उनसे नेतृत्व करने तथा जो कदम उठाने आवश्यक हैं उनके सम्बन्ध में देश को निर्देशित करने का निवेदन करती है।

"कमेटी भारत की जनता से अपील करती है कि वह उन खतरों और कठिनाइयों का साहस और धैर्य से सामना करे जो उसे झेलनी पड़ेगी और गाँधीजी के नेतृत्व में परस्पर संगठित रहे तथा भारत के स्वतंत्रता संघर्ष के अनुशासित सैनिकों के समान उनके आदेशों का पालन करे। ऐसा समय आ सकता है जब निर्देश जनता तक न पहुँच सके और कोई काँग्रेस कमेटी सक्रिय न रह सके। ऐसी स्थिति में प्रत्येक स्त्री या पुरुष जो इस आंदोलन में भाग ले रहा हो, जो निर्देश दिए गए हों उनकी परिधि में रह कर कार्यरत हो। प्रत्येक भारतीय जिसे स्वतंत्रता की कामना है और जो उसकी प्राप्ति के लिए प्रयत्नशील है स्वयं अपना मार्गदर्शक होकर उस पथ पर चलता रहे जिस पर कोई विश्राम स्थल नहीं है और जो अन्ततः उसे देश की मुक्ति और स्वाधीनता तक पहुँचाता है।

"अंत में, चूँकि अखिल भारतीय काँग्रेस कमेटी ने स्वतंत्र भारत में शासन के सम्बन्ध में अपने विचार व्यक्त कर दिए हैं, इसलिए वह उन सभी लोगों को जो उससे संबंधित हैं स्पष्ट करना चाहती है कि जन-आंदोलन प्रारंभ करने के पीछे काँग्रेस की मंशा अपने लिए सत्ता प्राप्त करने की नहीं है। सत्ता जब प्राप्त होगी तो भारत के सभी लोग उसके भागी होंगे।"

वल्लभभाई पटेल के द्वारा उपरोक्त प्रस्ताव का अनुमोदन किए जाने के पश्चात् अध्यक्ष महोदय ने करतल ध्वनि के बीच महात्मा गाँधी से सभा को संबोधित करने का निवेदन किया। उन्होंने अपना सक्षिप्त भाषण प्रारंभ करते हुए कहा कि "मैं वहीं गाँधी हूँ जो १९२० में था" और "मैं बुनियादी रूप

से बिलकुल नहीं बदला हूँ।" उन्होंने यह स्पष्ट किया कि "मुझे अपने जीवन का सबसे बड़ा संघर्ष प्रारंभ करना पड़ सकता है।" उन्होंने इस बात पर बल दिया कि "हमारा लक्ष्य सत्ता हथियाना नहीं है, बल्कि यह भारत की स्वाधीनता के लिए शुद्ध अहिंसात्मक संघर्ष है और जब सत्ता आवेगी तो वह भारत की जनता की सत्ता होगी और जनता ही तय करेगी कि वह किसके हाथ में दी जाएँ" उन्होंने आगे कहा कि "अहिंसात्मक ढंग से स्थापित प्रजातंत्र में, जिसकी मैंने कल्पना की है, सबको समान स्वतंत्रता प्राप्त होगी। प्रत्येक व्यक्ति स्वयं अपना स्वामी होगा। इस प्रकार के प्रजातंत्र में सम्मिलित होने के लिए मैं आज आपको निमंत्रित करता हूँ। जब आप इस सत्य का अनुभव कर लेंगे तो आप हिन्दू और मुसलमान के भेद को भूल जावेंगे और स्वतंत्रता संघर्ष में संलग्न आप अपने को मात्र भारतीय ही मानने लगेंगे।"

अखिल भारतीय काँग्रेस कमेटी की बैठक ८ तारीख को जब फिर हुई तो साम्यवादियों ने, जैसा पहले उन्होंने इलाहाबाद में किया था, कई संशोधन प्रस्तुत किए। नेहरू के द्वारा बहस का उत्तर दिए जाने के बाद उन संशोधनों पर मतदान हुआ और वे पराजित हुए। "भारत छोड़ो" प्रस्ताव बड़े प्रचण्ड बहुमत से स्वीकृत किया गया। १२ साम्यवादियों और सुब्बरय्यन ने ही उसके विरुद्ध में अपना मत प्रकट किया।

उस प्रस्ताव की स्वीकृति महात्मा गाँधी की सूझ-बूझ, धैर्य तथा दूसरों को अपने पक्ष में करने की उनकी क्षमता की जीत थी। क्रिप्स मिशन की असफलता से देश और उसके नेता निराशा में डूब गए थे। लेकिन उन्हीं की सूझबूझ थी जिसमें भारत से अंग्रेजों की वापिसी के विचार का उदय हुआ और जिससे लोगों में नई आशा का संचार हुआ। अपने विचारों से असहमत अपने साथियों के साथ उन्होंने असीम धैर्य से काम लिया और अपनी विश्वास उत्पन्न करने वाली क्षमता से उन्होंने काँग्रेस में एकता बनाए रखी और अधिकारियों की यह आशा झूठी साबित कर दी कि उन्हें उनके अनुयायी छोड़ कर चले जावेंगे। जवाहरलाल जैसे महत्वपूर्ण बुद्धिजीवी भ्रमणशील को फिर अपने खेमे में ले आना उनकी उल्लेखनीय सफलता थी। आधी रात बीत जाने पर वे अखिल भारतीय काँग्रेस कमेटी के सदस्यों तथा उनके माध्यम से राष्ट्र को संबोधित करने के लिए खड़े हुए। प्रत्येक व्यक्ति जो उस गंभीर अवसर पर उपस्थित था ऐसे व्यक्ति का स्वर सुन रहा था जिसने भारत में अंग्रेजी सत्ता की जड़ें हिला दी थीं और अब उन शासकों से देश छोड़ देने के लिए कह रहा था। उन्होंने बड़े नम्र स्वर में अपनी बात कहनी प्रारंभ की और पहले उन्होंने हिन्दू-मुस्लिम समस्या पर अपने विचार व्यक्त किए। जिन्ना की पाकिस्तान की मांग की चर्चा करते हुए उन्होंने कहा: "पाकिस्तान के लिए आपके दावे में जो कुछ भी सत्यता और वैधता है, वह आपके हाथ में पहले से आ गयी है। जो गलत है और नहीं किया जा सकता वह किसी के बस में नहीं है कि आपको दिया जा सके।" इसके बाद उन्होंने मुसलमानों से कहा कि "चूँकि भारत निस्संदेह मुसलमानों की मातृभूमि है, इसलिए प्रत्येक मुसलमान को उसकी स्वतंत्रता के लिए हो रहे संषर्ध में सहयोग देना चाहिए।"

उन्होंने पत्रकारों को राष्ट्रीय मांग में उनके समर्थन के लिए बधाई दी और उनसे जो जंजीरें उनको जकड़े हुए थीं, उन्हें तोड़ देने का आग्रह किया। इसके बाद उन्होंने देशी राजाओं को चेतावनी दी कि उनके जीवन काल में यदि राजाओं ने सही कदम उठाया तो स्वाधीन भारत में उनके लिए प्रतिष्ठित स्थान रह सकता है। सरकारी कर्मचारियों, सैनिकों और विद्यार्थियों से काँग्रेस के प्रति अपनी

निष्ठा घोषित करने के लिए कहने के बाद, उन्होंने लार्ड लिनलिथगो के साथ अपने व्यक्तिगत संबंधों की चर्चा की और कहा..... मुझे इस अवसर पर कहने दिया जाए कि यदि मेरे हिस्से में अंग्रेज साम्राज्य के प्रतिनिधि होने के कारण लार्ड लिनलिथगो से कड़ा संघर्ष करना आ ही जाता है, तो कोई भी व्यक्तिगत बंधन उसके आड़े नहीं आवेगा। मुझे लगता है कि उस साम्राज्य की शक्ति का लाखों मूक लोगों की शक्ति के साथ मुझे प्रतिरोध करना ही पड़ेगा, और उस प्रतिरोध में अहिंसा के अतिरिक्त कोई सीमा नहीं रहेगी।"

आवेश में उनका स्वर ऊँचा हो गया, और अपने हृदय की आवाज़ की चर्चा करते हुए उन्होंने कहा: "मेरे अन्तर की कोई आवाज़ मुझसे कह रही है 'तुम्हें सम्पूर्ण विश्व के विरूद्ध खड़ा होना है यद्यपि तुम्हें अकेले ही खड़ा होना पड़े। तुम्हें विश्व के चेहरे को निडर होकर देखना है, यद्यपि वह तुम्हें खूनी नज़र से देख रही हो। भयभीत न हो, अपनी अन्तरात्मा में जो छोटी वस्तु है उस पर विश्वास करो। वह कहती है: मित्र, पत्नी और सब कुछ त्याग दो; लेकिन उसके प्रति स्वयं को सत्य प्रमाणित करो जिसके लिए तुम जिये हो, और जिसके लिए तुम्हें मरना है।" और "करो या मरो" के इस मंत्र को जिसका निर्देश उन्हें उनके अंत:स्वर ने दिया, वह मंत्र उन्होंने काँग्रेसजनों को दिया और अपने जीवन के सबसे महत्वपूर्ण भाषण को "करो या मरो" कहकर समाप्त किया।

वे एक मिनट तक हाथ जोड़ कर खड़े रहे मानो अपने साथियों से अंतिम विदा ले रहे हों। उनके उस रूप में स्वतंत्रता के प्रति समर्पण मूर्त हो गया था। उस दृश्य से मैं इतना प्रभावित हुआ कि मैंने अपने निकट बैठे शुक्लजी से कहा कि हमें गाँधीजी का वह रूप हृदयंगम कर लेना चाहिए ताकि आने वाले परीक्षणों और संकटों में वह प्रेरणा देता रहे।

करो या मरो (१९४२)

हम सरदार गृह, जहाँ मैं और शुक्लजी ठहरे थे, रात में बड़ी देर से पहुँचे और सो गए। मेरे जागने पर शुक्ल जी ने मुझे "टाइम्स ऑफ इंडिया" की एक प्रति दी जिसमें बड़े अक्षरों में महात्मा गाँधी और कार्यकारिणी के सदस्यों की गिरफ्तारी का समाचार था। "स्टेट्समेन" के संपादक आर्थर मूर ने भविष्य सा बतलाते हुए लिखा था: "नियति की अंगुली आगे बढ़ती जा रही है और भारत-ब्रिटिश अध्याय में नयी पंक्तियां लिखी जा रही हैं। इस बात से स्वयं को संतुष्ट कर कि अंग्रेज गलत रास्ते पर हैं, काँग्रेस अपने प्रस्ताव पर जमी हुई है। भारत सरकार ने नेताओं को गिरफ्तार कर और जिस आंदोलन की धमकी दी गई है, वह यदि प्रारंभ होता है, तो उसे कुचल देने के लिए कड़े आदेश देकर जवाबी कार्यवाही की है।"

शुक्लजी ने प्रस्ताव किया कि नेताओं की गिरफ्तारी की प्रतिक्रिया लोगों में क्या हुई है, उसे जानने के लिए जरा बम्बई घूमा जाएँ बंबई के एक मित्र ने अपनी गाड़ी हमें दे दी थी और हम लगभग साढ़े आठ बजे घूमने निकल पड़े। जो दृश्य हमें देखने को मिला उससे आश्चर्य में पड़ गए। सारी सड़कें हमेशा के नारे लगाते हुए जन समुदाय से भर गई थीं। हम भी उनके साथ नारे लगाने लगे। काँग्रेस स्वयंसेवक सभी कोनों और चौराहों पर एकत्रित थे और आवागमन रूक गया था। हमारी मोटर को भी

रूकना पड़ा, लेकिन सिर्फ कुछ मिनट के लिए। शुक्लजी अपनी सफेद मूंछों के कारण देश में कहीं भी पहिचाने जा सकते थे। अकस्मात् सी.पी. के पुराने प्रीमियर की आवाज़ से वातावरण गूँज उठा। हमारी मोटर को आगे जाने दिया गया। हम लगभग तीन घण्टे बम्बई घूमते रहे और हमें अपना काम करते हुए एक भी पुलिसमैन नहीं दिखाई दिया। उस समय बम्बई अंग्रेजों के नियंत्रण से निकल कर काँग्रेस के हाथों में चला गया था।

सरदार गृह में अखिल भारतीय काँग्रेस कमेटी के सदस्य बड़ी संख्या में ठहरे हुए थे और जब हम वापस हुए तो कुछ अन्य सदस्यों को भी, जो कहीं दूसरी जगह टिके थे, वहाँ एकत्रित पाया। काँग्रेसजन छोटी-छोटी टुकड़ियों में आगे के अपने कार्यक्रम पर उत्तेजना में बहस कर रहे थे। प्रारंभ में यह बहस अलग-अलग प्रांतों के व्यक्ति आपस में करते रहे और बाद में विचार विनिमय अंतर-प्रांतीय हो गया। किसी को शिकायत नहीं थी कि महात्माजी ने कोई कार्यक्रम नहीं दिया था, क्योंकि "करो या मरो" के उनके नारे में अहिंसा की परिधि के भीतर सब कुछ सम्मिलित था। कुछ व्यक्ति विशेषत: समाजवादी तरुण वर्ग छिप कर काम करते रहने की इच्छा रखते थे। हमने आपत्ति नहीं की क्योंकि नेताओं की गिरफ्तारी से वे लोग इतने उत्तेजित थे कि हमारी बिल्कुल न सुनते। बाद में मेरे सबसे छोटे भाई सत्येन्द्र प्रसाद भी छिप कर काम करने वालों में सम्मिलित हो गए।

इस बीच सूचना आयी कि कस्तूरबा गाँधी शाम को शिवाजी पार्क में सार्वजनिक भाषण करने वाली थीं। शुक्लजी वहाँ जाना चाहते थे, यद्यपि मैं हिचक रहा था। हमें भरोसा तो नहीं था कि सरकार हमें बंबई छोड़ने देगी, तो भी यदि हो सके तो मैं आंदोलन चलाने के लिए अपने प्रांत में हम लोगों का पहुँच जाना आवश्यक मानता था। लेकिन शुक्ल जी शिवाजी पार्क जाने के लिए दृढ़ हो गए और मुझे उनके साथ जाना पड़ा। मार्ग में सैकड़ों महाराष्ट्र तथा गुजरात की महिलाओं को दादर की ओर जाते हमने देखा, जहाँ सभा होने वाली थी। उस दृश्य से उनके प्रति हमारे मन में आदर भाव जागा और भारतीय नारी के प्रति गर्व की भावना से हम भर गए। लेकिन हम शिवाजी पार्क पहुँच भी नहीं पाए थे, जब यह बताया गया कि दादर जाते समय कस्तूरबा रास्ते में गिरफ्तार कर ली गई थीं। हम निराश होकर सरदार गृह लौटे।

दूसरे दिन हमने बम्बई छोड़ने का निर्णय लिया। महाकोशल के हम लगभग ३० व्यक्ति थे जिन्हें अपने जिलों में पहुँचने के लिए नागपुर से गुजरना था। जब हम रवाना होने वाले थे, महाकोशल के एक प्रमुख काँग्रेसजन, निरंजनसिंह, मेरे पास आए और उन्होंने कहा कि उन्होंने भूमिगत रहकर कार्य करने का निर्णय किया है तथा उन्होंने धन की मांग की। मैंने प्रांतीय काँग्रेस कमेटी के रुपये जबलपुर में एक गुजराती फर्म में जमा किए थे, इसलिए मैंने उन्हें एक अधिकार पत्र दिया जिसके बल पर वे वहाँ से रुपया उठा सकते थे।

हमने नागपुर में एक दिन के लिए ठहरने की योजना बनाई। शुक्लजी ने हम लोगों से टिकट के दाम एकत्रित किए। जब वे बुकिंग कार्यालय की ओर जाने लगे तो मुझे लगा कि बंबई कलकत्ता मेल के अपने प्रांत में प्रविष्ट होते ही हम गिरफ्तार किए जा सकते थे। मैंने शुक्लजी से उस संभावना की चर्चा की और उनसे केवल मलकापुर तक की टिकटें लेने का आग्रह किया। उन्होंने तत्काल मेरी बात मान ली।

इसलिए कि हम सब रात में साथ रहें, हमने एक तीसरे दर्जे के डिब्बे की व्यवस्था केवल अपने ही लिए कर ली थी। चूँकि मलकापुर मेरे अवचेतन मन में रह गया था, इसलिए मलकापुर स्टेशन पर गाड़ी पहुँचने पर मेरी नींद टूट गई। मैं एक खिड़की खोल कर बाहर झाँकने लगा। जहाँ तक मेरी दृष्टि जाती थी, पूरे प्लेटफार्म पर पुलिस कतार से खड़ी थी। दूसरे भी जाग गए। हम लोग गाड़ी से जैसे ही उतरे हमने एक अंग्रेज को पुलिस वर्दी में अपने सामने खड़ा पाया। उसने सोचा था कि हमको वहाँ अपने पकड़ लिए जाने का अनुमान नहीं था और अपनी चालाकी पर वह बहुत प्रसन्न दिखा। हमें आश्चर्य में डाल देने की अपनी होशियारी से उत्पन्न उसके उल्लास से मुझे बड़ी हँसी आया। शुक्लजी ने उसे टिकटें देते हुए कहा- "टिकटों को देखिए और अपने को बधाई देना बन्द कीजिए।" टिकट पर नजर पड़ते ही उसका मुँह उतर गया। उसकी उस हार में कुछ जोड़ते हुए मैंने कहा "हमारा बाकी सफर सरकारी खर्चे पर होगा।" वह हमें हमारी प्रतीक्षा करती पुलिस लारियों की ओर ले गया। अपने गंतव्य स्थान के संबंध में ठाकुर छेदीलाल के प्रश्न पर भी वह कुछ नहीं बोला। थोड़ी दूर जाने के बाद मैं उस सड़क को पहचान गया और मैंने उस अफसर से कहा "तो आप हमें बुलढ़ाना जेल ले जा रहे हैं?

"आप कैसे जानते हैं"? उसने नाराज़ी से पूछा!

"क्योंकि १९३० में मैं उसी जेल में था।"

मैंने उत्तर दिया।

कुछ दिनों तक बुलढ़ाना जेल में रखे जाने के बाद हम फिर एक रात को एक छोटी स्टेशन ले जाए गए। जब हम पुलिस लॉरी में थे शुक्लजी और अंग्रेज अधिकारी में बातचीत होने लगी। अंग्रेज अधिकारी विश्वास नहीं कर पा रहा था कि अहिंसा से हम प्रतिबद्ध थे। शुक्लजी उसके इस अविश्वास से क्रुद्ध हो गए और क्रोध से काँपते स्वर में उन्होंने उससे कहा कि "यदि मैं अहिंसा का अनुयायी न होता तो रायपुर चुपचाप पहुँच जाता और ऐसी व्यवस्था करता कि जिले का हर थाना जल कर राख हो जाता।" बाद में जब सरकार ने "टोटन्हम सर्क्यूलर" नामक विज्ञप्ति प्रकाशित की तो उसमें काँग्रेसी हिंसा के उदाहरणों के साथ, शुक्ल का उपरोक्त कथन तोड़-मरोड़ कर इस अर्थ में लिखा था कि यदि उन्हें अपने जिले में पहुँचने दिया जाता तो वे लोगों को आगजनी के काम करने के लिए भड़काते।

हम लोग नागपुर सेन्ट्रल जेल ले जाए गए, जो प्रांत के सभी भागों से गिरफ्तार किए गए काँग्रेसजनों से भर गया था। चूँकि सभी नजरबन्द थे, इसलिए आपस में मिलने की कोई मनाही नहीं थी। हम लोग छोटे-छोटे दलों में विचार विनिमय किया करते थे। प्रतिदिन नज़रबन्द कैदी आते जा रहे थे जो जिलों में हो रही घटनाओं की सूचना देते थे। एक दिन मैंने एक नए आए नज़रबन्द कैदी को कुछ अन्य अपने जैसे कैदियों के समूह में तार काटने, रेल लाइन उखाड़ने के लिए प्रोत्साहित करते बहुत तेज तर्रार भाषण देते हुए देखा। मुझे लगा कि वह संभवत: भेदिया था जो हमारे बीच में हममें से किसी में हिंसा के प्रति लगाव की जानकारी प्राप्त करने के लिए रख दिया गया था। मैंने उसके संबंध में गुप्त रूप से पूछताछ की तो एक जेल अधिकारी ने मेरे संदेह की पुष्टि कर दी।

जैसा पहले कहा जा चुका है, काँग्रेस शासन के दिनों में काफी बड़ी संख्या में भारतीय अधिकारीगण हमारे साथ हमारे कार्य में सहयोग ही नहीं करते थे, बल्कि उनका व्यवहार मैत्री पूर्ण भी रहा था। नए गवर्नर हेनरी ट्वाइनम को इसका पता लग गया होगा और वे इस निष्कर्ष पर आए हों

कि हम भूतपूर्व मंत्रीगण उनका उपयोग अपने संबंधियों और मित्रों तक संदेश पहुँचाने में कर सकते थे और इस प्रकार नागपुर जेल से ही जिलों में हो रहे काँग्रेस आंदोलन को दिशा निर्देश देने में सफल हो सकते थे। इसलिए अधिकारियों ने हमें प्रांत के बाहर किसी दूसरे स्थान पर नज़रबन्द करने का निर्णय लिया।

हम नागपुर जेल में पन्द्रह दिन ही रह पाए थे कि एक शाम को जेल सुपरिन्टेन्डेन्ट ने किसी दूसरी जेल में हमारा तबादला किए जाने का समाचार दिया। उन्होंने कहा कि उन्हें भी नहीं बताया गया था कि हम कहाँ भेजे जा रहे थे। हम लोग एक छोटी स्टेशन अंजनी ले जाए गए जहाँ रेल की एक बोगी हमारे लिए खड़ी थी। हम उस बोगी में बैठ ही सके थे कि ग्रान्ड ट्रंक एक्सप्रेस आ गयी और हमारी बोगी उससे लगा दी गयी। जब गाड़ी चलने लगी तो हम अपने गंतव्य स्थान का अनुमान करने लगे। हमने अहमदनगर किले की बाबत सुन रखा था और कुछ लोग सोच रहे थे कि वर्धा में संभवत: हम लोग उतार लिए जाएँ। जब वर्धा भी निकल गया तो हम सोचने लगे कि हम हैदराबाद के निज़ाम की मेहरबानी के सुपुर्द किए जावेंगे, लेकिन जब सिकन्दराबाद भी पीछे छूट गया तो हमने एक नींद ले लेना तय किया। दूसरे दिन सुबह हमने अपने को मद्रास की ओर जाते पाया। हर स्टेशन पर जहाँ रेलगाड़ी रुकी हमने कोई काँग्रेसी व्यक्ति देखने की कोशिश की, लेकिन हमें एक भी गाँधी टोपी नज़र नहीं आयी।

जैसा अनुमान था, हमसे मद्रास स्टेशन पर उतरने के लिए कहा गया और मद्रास पुलिस ने हमारा जिम्मा ले लिया। मद्रास नगर में संभवत: कोई जेल नहीं थी और हमें ऐसी जगह ले जाया गया जो लड़कों का सुधारालय जान पड़ता था। हम सबको अलग-अलग कोठरियों में रखा गया। कोठरियों में असहनीय गरमी थी और शायद ही कोई उस रात को सो सका था। दूसरे दिन हमें बताया गया कि हम लोगों को मद्रास से वेलोर जाना पड़ेगा जहाँ हमें एक नजरबन्दी कैम्प में रखा जावेगा। हम दोपहर को मद्रास से रवाना हुए और अपरान्ह को वेलोर पहुँच गए। नजरबन्दी कैम्प में पहुँचने के बाद हमें एक खाली अहाते में ले जाया गया और बिस्कुट तथा चाय हमें दी गई। साथ ही हमारे रहने की व्यवस्था हो जाने तक वहीं रुकने की हिदायत दी गई। एक घन्टे के बाद एक अंग्रेज आकर हमसे मिला जिसने अपना परिचय सुपरिन्टेन्डेन्ट कह कर दिया और जो हमें हमारे रहने के स्थान की ओर ले गया। शुक्लजी ने और मैंने एक सकरे बरामदे के सामने के दो कमरे ले लिए। हम लोग लगभग पच्चीस व्यक्ति थे और प्रत्येक ने जहाँ तक संभव था अपना ठिकाना लगा लिया। सुपरिन्टेन्डेन्ट ने हमसे अपना एक नेता चुनने के लिए कहा और इस पर बल दिया कि हम सबके सम्बन्ध में वे केवल नेता से ही सम्पर्क रखेंगे। सभी ने शुक्लजी का नाम प्रस्तावित किया और सुपरिन्टेन्डेन्ट चले गए।

कैम्प काफी बड़ा दिखाई दिया और उसमें मद्रास प्रेसिडेन्सी के कई जिलों के नज़रबन्द कैदी भी थे। हमें उन लोगों से मिलने की अनुमति थी। हमें उनसे ज्ञात हुआ कि कैम्प में पहुँचने पर जब हमें चाय दी जा रही थी, उस समय सत्यमूर्ति के नेतृत्व में कुछ नज़रबन्द कैदियों को मध्यप्रांत के किसी जेल में भेजा जा रहा था। उस समय हमारी समझ में आया कि दोनों प्रांतों की सरकारें नेताओं को अपनी जनता से दूर रखने की मंशा से पत्र व्यवहार पहले से करती रही थीं। बाद में जब हमें समाचार पत्र दिए जाने लगे तो पता चला कि मद्रास के नज़रबंदियों को अमरावती जेल में, जहाँ की कड़ी गरमी से

मैं १९३० में बीमार हो गया था, रखा गया था। वहाँ सत्यमूर्ति भी बीमार हो गए और मद्रास वापस लाए गए जहाँ उनकी मृत्यु हो गयी।

कुछ समय के बाद हमारे प्रांत के कुछ नज़रबंद वेलोर लाए गए, जिनमें विनोबा भावे, काका कालेलकर तथा गोविन्द दास प्रमुख थे। यद्यपि मद्रास के कई प्रमुख नेतागण अमरावती भेज दिए गए थे तो भी गोपाल रेड्डी, सीताराम रेड्डी, एन.जी. रंगा और गोविन्दन नायर हमारे साथ थे। कुर्ग के साथियों का एक जत्था भी बालियप्पा के नेतृत्व में कुछ दिनों में वेलोर आ गया।

चूँकि हम किसी भी परिस्थिति के लिए तैयार थे, इसलिए हममें से अधिकांश को अपने घर से इतनी दूर लाया जाना नहीं अखरा। कैम्प में हमें काफी छूट थी क्योंकि कोई विशेष प्रतिबन्ध नहीं था। मद्रासी भोजन को छोड़ कर, जो हमारे उत्तर भारतीय स्वाद के अनुकूल नहीं था, हमें कोई शिकायत नहीं थी। कुछ मित्र वालीबाल खेलने लगे और मेरे निवेदन पर टेनिस कोर्ट की भी व्यवस्था हो गई थी। हाँ, हमें अपने खर्चे से बल्ले और गेंद का प्रबन्ध करना पड़ता था। हम बाहर से पुस्तकें मंगा सकते थे और कई पुस्तकें हम लोगों में घूमती रहती थीं। एन.जी. रंगा ने समाजवाद पर व्याख्यान देना प्रारंभ कर दिया और मध्य प्रान्त के हमारे कई साथी उनकी पाठशाला के नियमित विद्यार्थी हो गए। भगवद्गीता पर विनोबा भावे के सारगर्भित प्रवचन लोग बड़े ध्यान से सुनते थे। कई विषयों पर काका कालेलकर के व्याख्यान भी उतने ही सर्वप्रिय थे। जहाँ तक मेरा सम्बन्ध था मैंने अपना लक्ष्य निश्चित कर लिया था।

अपने बाल्यकाल में ही मैं श्रीकृष्ण के जीवन और उनके दार्शनिक विचारों के प्रति अत्यधिक आकृष्ट था। बड़े होने पर, मैंने कोई ग्रन्थ ढूँढ़ना चाहा जिसमें उनके जीवन से सम्बद्ध विवरण हो। मुझे वह न तो संस्कृत में मिला और न किसी अन्य भाषा ही में प्राप्त हो सका। कई रामायणें तो थीं, लेकिन एक भी कृष्णायन नहीं था। संस्कृत तथा प्राकृत में मुझे कई पुस्तकें देखने को मिली जो उनके सांसारिक जीवन की किसी एक घटना से संबंधित थीं, किन्तु परमात्मा के अवतारों में सर्वश्रेष्ठ अवतार के पूरे जीवन का विवरण देने वाला कोई ग्रन्थ उपलब्ध नहीं हुआ। जो भी सामग्री उपलब्ध थी उसमें दिए गए विवरणों में परस्पर भिन्नता थी। जब भगवद्गीता में उनके दार्शनिक रूप का, जो इंद्रियों पर संयम रखने का उपदेश देता है, चित्रण किया गया है तो हमारी कुछ भाषाओं का मध्य युगीन साहित्य उनका चित्रण संसार के सबसे बड़े व्यभिचारी के रूप में करता है। मैंने यह भी पाया कि महाभारत के कुछ अध्यायों में, जिनमें पाण्डवों के साथ उनके संबंध का वर्णन है, उन्हें धर्म का सबसे बड़ा रक्षक माना गया है, लेकिन साथ ही एक अध्याय में उनको युधिष्ठिर को अपने गुरु द्रोण की मृत्यु कराने के लिए झूठ बोलना सिखाते हुए बताया गया है लेकिन महाभारत का गहन अध्ययन करने से मुझे पता लगा कि द्रोण की मृत्यु का वर्णन उसमें दो प्रकार से हुआ है और जो दूसरा वर्णन है उसमें द्रोण की मृत्यु से संबंधित घटना में कृष्ण के द्वारा भाग लेने का कोई उल्लेख नहीं है। इस खोज ने मुझे संस्कृत पाठों का और भी अधिक अध्ययन करने के लिए प्रेरित किया। क्रमश: एक सम्बद्ध चित्र बनने लगा और मैंने अनुमान कर लिया कि महाभारत तथा पुराणों में कृष्ण संबंधी विवरणों को एकत्रित कर कृष्ण के सम्पूर्ण जीवन का सम्बद्ध विवरण मात्र एक अवतार के रूप में ही नहीं, बल्कि आज तक पैदा हुए विचारवान और कार्यशील महापुरुषों में सर्वश्रेष्ठ व्यक्ति के रूप में प्राप्त किया जा सकता है।

अवधि में लिखित तुलसीदास की रामायण का प्रबल प्रशंसक होने के कारण मुझे उनके चरण चिन्हों पर चलने में तथा अपने मित्र सुनीति कुमार चटर्जी के शब्दों में उस अद्वितीय ग्रन्थ के लिए "एक साथी ग्रन्थ" को प्रस्तुत करने का निर्णय लेने में कोई कठिनाई नहीं हुई। किन्तु यह महत्वाकांक्षा तन्मय श्रम से ही पूरी की जा सकती थी और मेरे व्यस्त राजनीतिक जीवन ने ऐसे महत्वपूर्ण कार्य के लिए मुझे अवकाश नहीं दिया था। लेकिन जब द्वितीय विश्व युद्ध प्रारंभ हुआ और मैंने १९३९ में मंत्री पद छोड़ दिया तब मुझे विश्वास हो गया कि जब तक युद्ध चलेगा मुझे इस या उस जेल में समय काटना पड़ेगा।

१९४१ में व्यक्तिगत सत्याग्रह में जब मुझे जेल हुई, तो जिन पुस्तकों की मुझे आवश्यकता थी, उन्हें एकत्रित कर मैंने कृष्ण संबंधी काव्य लिखना आरंभ कर दिया था। सात आयोजित अध्यायों में से मैं एक ही समाप्त कर पाया था, जब मैं छोड़ दिया गया। मैंने पांडुलिपि और सारी पुस्तकों का एक बंडल बना कर रख दिया और दूसरी बार जेल जाने की प्रतीक्षा में रहा आया। जब वेलोर जेल में मैं व्यवस्थित रूप से रहने लगा तो वह बन्डल मैंने अपने घर से मंगा लिया। बंडल के जेल में पहुँचने पर उसकी सुपरिन्टेन्डेन्ट के द्वारा बड़ी सतर्कता से जाँच की गई, लेकिन इस आधार पर कि उस बन्डल में धार्मिक पुस्तकों के अतिरिक्त कुछ नहीं था, वह मुझे दे दिया गया। जैसा सर्वविदित है, कृष्ण का जन्म कारागार में हुआ था और मैंने जेल में ही अपने काव्य को पूरा कर देने का निश्चय किया। वन्दना का प्रारंभिक दोहा था:-

"जन्मेउ बन्दी धाम निज जननी जन मुक्ति हित
बन्दहु सोइ घनश्याम मैं बन्दी बन्दिनितनय"

"मैं एक बन्दी और बन्दिनी भारत माता का पुत्र उस घनश्याम की वन्दना करता हूँ जिन्होंने अपनी माता और अपने प्रियजनों की मुक्ति के लिए स्वयं कारागार में जन्म लिया था।"

मैं घन्टों अपने कार्य में संलग्न रहता और रोज दाढ़ी बनाने में जो समय निकल जाता था, उसे बचाने के लिए मैंने अपनी दाढ़ी बढ़ने देने का फैसला किया। वेलोर जेल में लगभग डेढ़ वर्ष बीता था और जब मैं मध्य प्रान्त की एक जेल में फिर भेजा गया तब तक मैं आधे से अधिक ग्रन्थ पूरा कर चुका था। पाँचवां अध्याय सिवनी जेल में और बचे हुए दो अध्याय मंडला जेल में पूरे किये।

जिन व्यक्तियों ने कृष्णायन का प्रणयन करते समय मेरी सहायता की उनका उल्लेख किए बिना यह विवरण समाप्त नहीं किया जा सकता। उनमें से दो व्यक्ति, रविशंकर शुक्ल तथा दुर्गाशंकर मेहता इस संसार में अब नहीं है। शुक्लजी ज्यों-ज्यों काव्य में प्रगति होती गयी, उसे पढ़कर ही नहीं मुझे प्रोत्साहित करते रहे बल्कि वे इसके लिए भी सावधान रहते थे कि हमारे साथी मेरे कार्य में बाधा न डाल सकें। मेहताजी ने काव्य की आलोचना कर मेरी बड़ी सहायता की। मद्रास के दो मित्र मेरी हार्दिक कृतज्ञता के पात्र हैं। दक्षिण की भाषाओं में रचित कृष्ण साहित्य से मैं परिचित होना चाहता था। मद्रास सरकार के भूतपूर्व मंत्री सीताराम रेड्डी ने पोथन की श्रीमद्‌भागवत से मेरा परिचय कराया। वह बड़ा काव्य है और तेलगू भाषा और साहित्य का अलंकार है। जब रेड्डी प्रतिदिन लगभग एक घण्टे वह काव्य पढ़ने लगे, तो मुझे उसे समझना इसलिए सरल हो गया क्योंकि कवि की भाषा संस्कृत बहुल है। एक लेख में रेड्डी लिखते हैं: "सभी साहित्य के प्रति उनके प्रेम और आदर का उदाहरण मैं एक घटना से दे सकता हूँ। मैं उनके लिए तेलगू महाकवि पोथन लिखित तेलगू भागवतम् के कुछ अंश पढ़ा करता था।

जब मैंने उनके सामने एक दण्डकम पढ़ा तो पोथन की शैली के वैभव से वे इतने अभिभूत हो गए कि कवि के तथा उस काव्य के सम्मुख प्रणत से हो गए। वे तेलगू भाषा के अज्ञान के कारण उक्त महाकवि के अधिक समीप न हो सकने की असमर्थता का खेद मुझसे अक्सर प्रगट किया करते थे किन्तु पोथन के काव्य में संस्कृत का इतना प्रचुर प्रयोग हुआ है कि पंडित डी.पी. मिश्र महाकवि के काव्य को समझ लेते थे और उसकी महिमा का गुणगान करते थे।"[८१]

केरल के मेरे मित्र गोविन्दन नायर ने मलयालम साहित्य से मुझे परिचित किया। उन्होंने कुछ पुराणों में वर्णित "स्यमंतकमणि" की कथा से संबंधित एक मलयालम कवि की रचना मुझे सुनायी। उक्त कवि ने अपनी सशक्त कल्पना से उक्त कथा का बड़ा सुन्दर चित्रण किया है। कृष्णायन के कुछ पदों में उन दोनों ग्रन्थों का आभास मिलता है।

एक अन्य मित्र किशोरीलाल मशरुवाला वेलोर से सिवनी जेल में आने पर मुझे मिले। वे भी आज इस संसार में नहीं है। श्रीकृष्ण दास जाजू के साथ उन्होंने जो कुछ तब तक मैंने लिखा था, वह पूरा पढ़ा और गीता के अनुवाद में रामानुजाचार्य के विवेचन का अध्ययन करने का सुझाव दिया। मैंने इस कार्य में शंकराचार्य के विवेचन का उपयोग किया था किन्तु उनके सुझाव पर जब मैंने रामानुजाचार्य का ग्रन्थ पढ़ा तो गीता के कुछ अंशों का अनुवाद करने में उसे बहुत उपयोगी पाया। मेरे प्रकाशित ग्रन्थ की एक प्रति जब किशोरी भाई को प्राप्त हुई तो उन्होंने एक गुजराती पत्रिका में उस पर अपनी समीक्षा लिखी थी।

बाहर से आये समाचारों से वेलोर कैम्प जेल के हमारे व्यवस्थित जीवन क्रम में कभी-कभी व्यतिक्रम हो जाया करता था। महात्मा गाँधी ने सविनय अवज्ञा आंदोलन की योजना की थी, लेकिन उसे वे प्रारंभ करें उससे पहले वे स्वयं, काँग्रेस कार्यकारिणी के सदस्य तथा कई प्रमुख प्रांतीय नेतागण गिरफ्तार कर लिए गए थे। इसलिए उन सभी नेताओं की गिरफ्तारी के बाद जो घटनाएँ हुईं, उन्हें एक अन्य सविनय अवज्ञा आंदोलन की संज्ञा देना ठीक नहीं है। यह सत्य है कि कुछ काँग्रेस कार्यकर्ता भूमिगत हो गए थे, लेकिन यह भी तब घटित हुआ जब उन्होंने देखा कि सरकार शांतिपूर्ण आंदोलन को रोकने के लिए कटिबद्ध थी। यह भी ध्यान में रखना चाहिए कि यद्यपि सभी कार्यकर्ता समाजवादी नहीं थे, फिर भी उनमें से अधिकांश जो भूमिगत हो गए थे, काँग्रेस समाजवादी दल के सदस्य थे और जिन्होंने अपने को बाद में "अगस्तन" नाम दिया था। जब काँग्रेस समाजवादी दल की स्थापना की गई थी, तो उन्होंने जवाहरलाल नेहरू को अपना नेता घोषित किया था, लेकिन बाद में विशेष रूप से क्रिप्स मिशन की असफलता पर, वे उनसे मात्र अलग ही नहीं हो गए थे बल्कि उनके भयंकर आलोचक भी हो गए थे। यदि महात्मा गाँधी को आंदोलन का नेतृत्व करने दिया जाता, तो वे उनकी गतिविधियों पर नियंत्रण कर सकते थे। लेकिन जब उन्हें अपनी इच्छा से काम करने का मौका मिला, तो भी उन्होंने अहिंसा का मार्ग नहीं छोड़ा। अत्यन्त सक्षम गुप्तचर विभाग के रहते हुए भी सरकार यह प्रमाण देने में असफल रही कि उन्होंने हिंसात्मक कार्यवाही की अथवा जनता को हिंसा करने के लिए भड़काया। रेल पटरी का उखाड़ना, तार काटना और इस तरह के दूसरे कार्य शासकों के लिए असुविधाजनक भले ही हों, लेकिन उन्हें हिंसा की श्रेणी में नहीं रखा जा सकता।

इस प्रकार नेताओं की गिरफ्तारी के बाद जो कुछ हुआ, वह सत्याग्रह न होकर ब्रिटिश सरकार

के प्रति खुला विद्रोह ही था। यह कहना कि यह विद्रोह, जैसा ब्रिटिश सरकार का आरोप है, काँग्रेस के द्वारा किया गया, अथवा ९ अगस्त को नेताओं की गिरफ्तारी का परिणाम था, इस सत्य की अवहेलना है कि क्रिप्स मिशन की असफलता और युद्धकालीन आपात्काल की स्थिति के नाम पर अधिकारियों के निरंकुश दमन से पूरे देश में तीव्र कटुता व्याप्त हो गई थी। ५ सितम्बर, १९४२ को सेक्रेटरी ऑफ स्टेट को गृह विभाग के पत्र में भी स्वीकार किया गया था: "हमारे गुप्तचर अधिकारीगण इस समय देश में हुए उत्पात के पीछे कोई कुशल हाथ नहीं देखते हैं, और उन उत्पातों का कारण क्रिप्स मिशन की असफलता पर काँग्रेस के द्वारा जान बूझकर अंग्रेजी शासन के विरुद्ध बढ़ाए गए जन आक्रोश को तथा काँग्रेस समाजवादी दल, फारवर्ड ब्लाक और उग्र क्रांतिकारी दल, जो सभी ऐसे अवसरों का लाभ उठाते हैं, हस्तक्षेप को मानते हैं।"[८२]

यदि गाँधीजी को आंदोलन चलाने दिया जाता तो वे जनता की भावनाओं को एक व्यवस्थित तथा शांतिपूर्ण आंदोलन का रूप दे सकते थे। पहली गोली चलाकर सरकार ने सरकार विरोधी बारुद में जिसे माचिस लगायी जाने का ही प्रतीक्षा थी, आग लगा दी।

इस प्रकार जो एक व्यवस्थित आंदोलन होता वह सामूहिक उग्र क्रोध में बदल गया। जब सभाओं का आयोजन तथा प्रदर्शन कर दमन का शांतिपूर्ण विरोध करने का मार्ग नहीं रहा, तो जनता खुले विद्रोह पर उतर आयी। "नगर और ग्रामीण क्षेत्रों में लोग एकत्रित हुए और वह भीड़ पुलिस तथा सेना से टकराने लगी। उन्होंने ब्रिटिश शासन के प्रतीक पुलिस थानों, डाकघरों और रेल्वे स्टेशनों पर विशेष रूप से हमला किया। टेलिग्राफ और टेलीफोन के तार काटे गए। उन्होंने रेल पटरियों को उखाड़ा और पुलों को तोड़ा। सरकारी आंकड़ों के अनुसार नेताओं की गिरफ्तारी के तत्काल बाद के सप्ताह में लगभग २५० रेल स्टेशनों को या तो नष्ट कर दिया गया या बड़ी क्षति पहुँचायी गयी, लगभग ५०० डाकघरों पर धावा बोला गया। बिहार तथा संयुक्त प्रांत के पूर्वी जिलों में रेल व्यवस्था कई सप्ताहों तक अस्तव्यस्त रही। रेलें बड़ी देर से चलीं और यदि चली तो उनकी गति बड़ी धीमी थी। पत्र की अपेक्षा तार अपने पतों पर देर से पहुँच पाते थे। भारत के बहुत बड़े भाग में संचार व्यवस्था में गंभीर गतिरोध रहा आया। उस समय हुई क्षति तथा गड़बड़ी की लागत सरकारी अनुमान से लगभग एक करोड़ रुपये लगायी गयी।

"अन्य सरकारी भवनों के अलावा १५० से अतिरिक्त संख्या में पुलिस थानों पर हमला हुआ। पुलिस फोर्स के ३० व्यक्ति तथा दूसरे अधिकारी और सैनिक सिपाही मारे गए। दूसरी ओर, सरकारी आंकड़ों के अनुसार अगस्त से नवम्बर तक ९०० से अधिक व्यक्ति मारे गए और कई घायल हुए। निहत्थे और नेता विहीन जन समुदाय को ५३८ अवसरों पर पुलिस और सैनिक गोलीबारी का सामना करना पड़ा। ५३८ अवसरों पर कोड़े लगाए जाने की सज़ा दी गई। गाँवों पर सामूहिक जुर्माने की राशि ९० लाख रुपये थी और उसका बहुत बड़ा भाग तत्काल वसूल किया गया।"[८३]

बिहार प्रांत प्रचन्ड विद्रोह का केन्द्र बन गया था और सरकार की पूरी नागरिक और सैनिक शक्ति शासकों के प्रति पूर्ण विद्रोह जैसे जन आंदोलन पर नियंत्रण करने के लिए लगायी गयी। वाइसराय को बिहार के गवर्नर की रिपोर्ट में लिखा था: "मैं ८ अगस्त की सुबह लेसी, रसल, चीफ सेक्रेटरी और इंसपेक्टर जनरल पुलिस को लेकर पटना पहुँचा। हम सभी गवर्नमेन्ट हाऊस में जो पूरे समय निर्देशन

केन्द्र रहा आया है, ठहर गए। प्रारंभिक प्रदर्शन, जुलूस और कचहरियों पर धरना, हिंसात्मक कार्यवाही के किसी संकेत के बिना, जैसा हमारा अनुमान था, पुराने ढंग से हुआ। हिंसात्मक कार्यवाही बाद में हुई। ११ सितम्बर को जब सचिवालय पर आक्रमण हुआ, उस समय भीड़ में उत्तेजना पायी गयी और पूरे दिन के परिश्रम के पश्चात् जब यह स्पष्ट हो गया कि अहिंसा पालन का नियम टूट चुका था, तो गोली चलाने का सहारा लेना पड़ा। गोली चलाने से आक्रमण तो रुक गया लेकिन भीड़ बड़ी उत्तेजित स्थिति में शाम को वापस हो गई और सारी रात जिस पूर्णता से उस भीड़ ने विध्वंस और मार्ग अवरोध की कार्यवाही की उस पर उसे देख कर ही विश्वास किया जा सकता था। तार के खंभे उनके पूरे तारों के सहित उखाड़ दिए गए और १ फुट या उससे ज्यादा मोटाई के पेड़ और शाखाएं काट डाली गईं। यह पाँच मिनट या एक-आध घन्टे का काम नहीं था लेकिन उस समग्र रूप से किए जा रहे विध्वंस की सूचना मुख्यालय में नहीं आयी। नगर की सामान्य पुलिस तथा नागरिकों की नागरिक भावना को भय से लकवा सा लग गया था....। सैनिकों से भरी गश्त करने वाली गाड़ियाँ पूर्व-पश्चिम चलती रहीं और सैनिक टुकड़ियाँ पटना के बाज़ारों में (जिनकी बनावट आप स्मरण करें) मार्ग अवरोधों को हटाते, विरोध को तोड़ते और यूरोपवासियों को सुरक्षित करते कार्यरत रहीं, जिसके परिणाम स्वरूप पटना और उसके पूर्व में लगभग २७ मील का क्षेत्र यथासंभव नियंत्रण में हो सका। १७ तारीख को एक और सैनिक बटालियन के आने पर हम अपने कार्य का विस्तार कर पटना और गया जिलों के क्षेत्र को घेरने वाली सड़कों को और इस क्षेत्र के बीच से चलने वाली पटना से गया तक की रेल व्यवस्था को सुरक्षित कर सके। यह आवागमन व्यवस्था ग्रामीण क्षेत्रों मे दण्डात्मक गश्त के लिए आवश्यक है। यह कार्य प्रारम्भ भी कर दिया गया है, जिसमें हम कुछ सफल भी हुए और कार्यवाही मुस्तैदी से की जाती रहेगी।

"रेल, तार तथा टेलीफोन व्यवस्था के अस्त व्यस्त हो जाने से गया जिले को छोड़कर, जिससे हम बिहार फ्लाइंग क्लब के "टाइगर मॉथ" हवाई जहाजों के माध्यम से दैनिक सम्पर्क प्रारंभ से ही रख सके थे, अन्य जिलों से हमारा सम्पर्क टूट गया। व्यक्तियों के द्वारा बड़ी देर से लाये गये समाचारों में एक ही प्रकार की घटनाओं की सूचनाएँ थीं। उत्तर बिहार में रेल सम्पत्ति की विशेष रूप से बड़ी तोड़-फोड़ की गई और यद्यपि समय के पहले ही हमने एक अंग्रेजी बटालियन को मुजफ्फरपुर भेजने की मांग की थी, लेकिन मार्ग अवरोधों के कारण वह वहाँ बड़ी देर में पहुँच सकी। सौभाग्य से ३०० अंग्रेज़ सैनिकों और ३०० भारतीय सैनिकों से भरी एक ट्रेन मुजफ्फरपुर आ गई। इस टुकड़ी का सोनपुर-हाजीपुर के रेल अधिकारियों तथा अन्य कर्मचारियों को, जो बड़ी विपत्ति में थे, सुरक्षा प्रदान करने में तत्काल उपयोग किया गया। पटना में की गई कार्यवाही के समान मुजफ्फरपुर में भी संचार व्यवस्था पर नियंत्रण करने का कार्य हाथ में लिया गया। उत्तर बिहार में वर्ष के इन दिनों में रेल ही आवागमन का प्रमुख साधन रहता है.... तो भी यह मान लेना चाहिए कि भीतरी क्षेत्रों की स्थिति इस समय काफी बिगड़ी हुई है। तिरहुत के कमिश्नर ने कम महत्व के थानों को छोड़कर उनकी पुलिस फोर्स को अधिक महत्व के थानों और चौकसी की जगहों में इकट्ठा होने के आदेश दिए हैं.... कल के हवाई सर्वेक्षण में छपरा में एक भीड़ और स्टेशन में एक ट्रेन, जो संभवत: सैनिकों की थी, दिखाई दी। सारन जिले में, छपरा जिसका मुख्यालय है, काफी सफाई करनी पड़ेगी। वह प्रसिद्ध अपराधी जिला है जहाँ डाकू और किसी

दूसरे प्रकार के व्यक्ति में फर्क करना बड़ा मुश्किल काम है। साल के इन दिनों में उसका बड़ा भागपानी से भरा रहता है।

"प्रांत के पूर्वी जिलों ने हमारी चिन्ता को और भी गहरा कर दिया है क्योंकि वहाँ का कोई समाचार ही नहीं मिल रहा है। नदी के रास्ते से पटना आए एक अधिकारी से बातचीत के दौरान यह धारणा हुई है कि मुंगेर-जमालपुर का क्षेत्र ठीक स्थिति में है..... तोड़-फोड़ करने वालों पर नियंत्रण पाने में साउथ स्टाफ के सिपाहियों को कड़ी मेहनत करनी पड़ी। तोड़-फोड़ रोकने के लिए उन्होंने सब कुछ किया। मोकामा में उन्होंने बड़ी लूटपाट देखी और उन्हें गोली चलानी पड़ी। लूटने वालों ने बंदूकों और एस.ए.ए. की वैगनों को अपने कब्जे में कर लिया था। इस लूट का काफी सामान पकड़ में आ गया है लेकिन अभी भी हमें बड़े क्षेत्र में घरों की तलाशियाँ करनी पड़ेगी। स्टॉफ का अग्रिम दस्ता अब पटना में आ गया है।

"भागलपुर, पुर्निया और सन्थाल परगना की बाबत् मैं अभी कुछ नहीं कह पा रहा हूँ। तीन दिन पूर्व बी.आई. की एक कम्पनी भागलपुर भेजी गई है और पूर्वी सेना कमांड संथाल परगना में सहायता भेजने का प्रयास कर रहा है। जहाँ तक पुर्निया का सम्बन्ध है मुझे केवल यह विश्वास है कि हिन्दुस्तानी पैदल सेना की एक बटालियन ने जो बी.एन. डब्ल्यू. आर. गंगा के उत्तर में कार्यरत थी (जिसकी प्रगति की हमें कोई सूचना नहीं है) मदद पहुँचायी है। वह बटालियन जिले के दक्षिणी भाग से गुज़री होगी। वर्तमान समय में छोटा नागपुर के कोयला क्षेत्र की और जमशेदपुर की स्थिति संतोषजनक है।"[८४]

इसी प्रकार के दृश्य संयुक्त प्रान्त के पूर्वी जिलों में देखे गए। चूँकि उस क्षेत्र में बनारस हिन्दू यूनिवर्सिटी के विद्यार्थियों को आंदोलन का प्रमुख भाग माना जाता था, इसलिए अधिकारियों ने सेना को उक्त यूनिवर्सिटी को अपने कब्जे में ले लेने के आदेश दिए। लेकिन इससे समस्या का समाधान नहीं हुआ। यू.पी. के गवर्नर को वाइसराय को दी गई अपनी रिपोर्ट में स्वीकार करना पड़ा कि विद्यार्थी वर्ग देहातों में फैल गया था और तोड़ फोड़ की अपनी कार्यवाही में बड़ी उग्रता से लगा था। इलाहाबाद के विद्यार्थी भी इन विद्यार्थियों से जुड़ गए और बनारस तथा इलाहाबाद के बीच का भाग हफ्तों विप्लवी स्थिति में रहा आया। गाजीपुर और बलिया के जिले सरकारी नियंत्रण से कुछ समय के लिए मुक्त होने में बिहार के उत्तरी जिलों से स्पर्धा कर रहे थे। यू.पी. के दूसरे जिले सीतापुर कानपुर आदि भी प्रभावित थे।

बम्बई प्रेसीडेन्सी में, एक अधिकृत सूचना के अनुसार, कई दिनों तक स्थिति विषाद पूर्ण रही आयी। पुलिस ने सौ बार गोली चलाई। अहमदाबाद नगर भी उतना ही प्रभावित था और पूना में कई हिंसक वारदातें हुईं और पुलिस ने बड़ी ज्यादती की।

मद्रास प्रेसीडेन्सी में, अधिकारियों को, उनके अनुमान के विपरीत, कई बार कठिन परिस्थितियों का सामना करना पड़ा। १३ अगस्त को एक हिंसक भीड़ ने तेनाली स्टेशन पर धावा बोल कर माल गोदाम को नष्ट कर दिया और दो ट्रेनों को आग लगा दी। गुन्टूर, रामनद और त्रिचनापोली अत्यधिक उपद्रवग्रस्त थे। ऐसा दिखता है कि इस प्रेसीडेन्सी में रेल सम्पत्ति को नष्ट करने और संचार व्यवस्था को अस्त व्यस्त करने पर विशेष ध्यान दिया गया। अधिकारियों के द्वारा रेल कर्मचारियों पर भी तोड़-फोड़ में सहायता देने का संदेह किया जा रहा था।

बंगाल प्रेसीडेन्सी में कलकत्ता और ढाका विद्रोह के प्रमुख केन्द्र थे। मुर्शिदाबाद में बेलडांगा स्टेशन पर हमला किया गया, लेकिन मिदनापुर जिला, जो स्वतंत्रता संघर्ष में सदा सबसे आगे रहा, आंदोलन के अंत तक विद्रोह करता रहा।

नौकरशाही आसाम और उड़ीसा में कोई उपद्रव न होने की आशा करती थी, लेकिन वे भी बार-बार भड़क उठते थे। उड़ीसा में तो, कुछ छोटी रियासतों ने ब्रिटिश शासित जिलों से भी अधिक सरकार को परेशान कर अधिकारियों को आश्चर्य चकित कर दिया। सिंध और पंजाब में मामूली वारदातें हुईं। गाँधीवादी अहिंसात्मक आंदोलन न होने के कारण पश्चिमोत्तर प्रांत, जो खान अब्दुल गफ्फार खान के नेतृत्व में अहिंसावादी हो गया था, लगभग शांत ही रहा आया।

मध्य प्रान्त का क्षेत्र बिहार और यू.पी. के पीछे नहीं रहा। गवर्नर हेनरी ट्याइनम ने, जिन्होंने वहां किसी बड़े उपद्रव की कल्पना नहीं की थी और जिन्होंने अपने उस प्रकार के विचारों से वाइसराय को अवगत करा दिया था, यह देख कर कि कोई भी जिला उपद्रव से अछूता नहीं रहा था, अपनी आँखें बडे आश्चर्य से मली होंगी। १२ अगस्त को नागपुर नगर में विद्रोह प्रारंभ हुआ। जुलूस निकाले गए और भीड़ ने तार काट दिए, इतवारी स्टेशन का गोदाम जला दिया, शहर के कई स्थानों पर हमला किया और जिला कचहरी के भवन पर राष्ट्रीय झण्डा चढ़ाया। सेना आ गई और उसने कई मोहल्लों में अंधाधुंध गोली चलाई। आतंक इस कार्यवाही से हिन्दुस्तान रेड आर्मी (लाल सेना) के कुछ कार्यकर्ता मगनलाल बागड़ी के नेतृत्व में भूमिगत हो गए। लाल सेना के लगभग १००० प्रशिक्षित कार्यकर्ता थे जिनमें से कुछ पुलिस स्टेशनों पर कब्जा कर वहाँ के हथियार पा गए। शासन ने बागड़ी और उनके चार साथियों की गिरफ्तारी के लिए पुरस्कार की घोषणा की, लेकिन वे लोग जुलाई १९४३ तक लगातार सक्रिय रहे।

नागपुर के साथ ही जबलपुर में विद्रोह जागा और वैसी ही घटनाएँ वहां भी घटित हुईं। सेना ने वहाँ भी गोली चलाई। कई लोग घायल हुए और गुलाब सिंह नामक एक युवक की गोली लगने से मृत्यु हो गई। जबलपुर से केवल ९६ किलोमीटर दूर एक छोटे नगर मण्डला में पुलिस ने जुलूस पर गोली चलाई और उदयसिंह जैन नामक एक युवक घटनास्थल पर गोली से मारा गया।

देशभक्त बैतूल जिले में नागपुर से पुलिस का विशेष हथियारबन्द दस्ता आया और उसने नहिया गाँव में दो व्यक्तियों को गोली का शिकार बनाया। पट्टन में एक भीड़ पर लाठियों से प्रहार किया गया। घोड़ाडोंगरी गाँव में भी पुलिस ने गोली चलायी और लगभग १०० व्यक्ति पकड़े गए। उनके नेता विष्णु गौंड को मृत्युदण्ड दिया गया जो बाद में आजीवन कारावास में परिवर्तित कर दिया गया।

अमरावती जिले के यावली बस्ती में पुलिस ने ५९ राउन्ड गोलीयाँ चलायी, जिससे १० व्यक्ति मारे गए और २२ घायल हुए। नागपुर से कुछ दूरी पर रामटेक पर जनता का अधिकार हो गया। पुलिस ने पहुँचकर लगभग १०० व्यक्ति पकड़े। कुछ व्यक्तियों को हिरासत में बहुत प्रताड़ित किया गया और शिवलाल तेली नाम के व्यक्ति की जेल ही में मृत्यु हो गई।

लेकिन चाँदा जिले के चिमूर और वर्धा जिले के आष्टी गाँव में एक ओर उत्तेजित भीड़ के द्वारा किए गए कार्यों के परिणामस्वरूप और दूसरी ओर पुलिस तथा सैनिकों की कार्यवाही से उत्पन्न भयानक दृश्य उपस्थित हुए। "दोनों स्थानों पर एक समान घटनाएं हुईं। एक जुलूस को बड़ी बेरहमी से पुलिस

ने तितर-बितर किया। क्रुद्ध भीड़ ने अपनी उत्तेजना में पुलिस थाने को आग लगा दी। दोनों स्थानों पर थानों के भीतर बैठे अधिकारी जिन्दा जला दिए गए। इस भयावह कार्य ने आतंक की कार्यवाही की छूट दे दी। सेना ने उन स्थानों पर अधिकार कर कुछ दिनों तक ऐसे पश्विक कार्य किए, जो मानव जाति के लिए बड़े शर्मनाक हैं। सरकार भी अपना मानसिक नियंत्रण खो बैठी। चिमूर में किये गये अत्याचार पर जब चाँदा के बार एसोसिएशन ने विरोध प्रकट किया और नम्रतापूर्वक न्यायिक जाँच की मांग की, तो सरकार ने बड़ा कठोर दृष्टिकोण अपनाते हुए एसोसियेशन को उत्तर दिया: "शांति और व्यवस्था की स्थापना के लिए सेना और पुलिस ने जो कार्यवाही की है, उससे संबंधित न्यायिक या किसी अन्य प्रकार की जाँच का इरादा नहीं है.... पुलिस और सेना के समक्ष बड़ी कठिन स्थिति थी और उसने निरन्तर श्रम कर उत्तेजक स्थिति का मुकाबला बहुत विचार पूर्वक तथा साहस से किया है।" अपने इस कथन से संतुष्ट न होकर गवर्नर ने धमकी दी कि यदि बार एसोसिएशन उसी प्रकार हठ करता रहा, तो वह उस एसोसिएशन को अवैध घोषित कर देंगे, और जो उसके सदस्य रहेंगे उन्हें गिरफ्तार किया जावेगा। इस प्रकार सरकार गरज पड़ी और सारा विरोध दबा दिया गया।[८५]

जनता के विद्रोह का उपरोक्त विवरण सरकारी दस्तावेजों पर आधारित है, लेकिन जैसा हमेशा हुआ है, इन दस्तावेजों में आंदोलन को दबाने के लिए जो पद्धतियाँ काम में लाई गई उनका कोई उल्लेख नहीं है। सरकारी पत्राचार से हमें केवल यही पता लगता है कि सरकार हर संभव उपाय से आंदोलन को कुचल देने के लिए कटिबद्ध थी। पदक के पृष्ठ भाग को देखने के लिए हमें अशासकीय विवरण का सहारा लेना पड़ेगा, जो प्रमुख काँग्रेसजनों की अनुपस्थिति तथा सरकारी आतंक के कारण यद्यपि बहुत अधिक नहीं है, तो भी यह प्रमाणित करने के लिए पर्याप्त है कि लार्ड लिनलिथगो की सरकार के द्वारा किए गए दुष्कृत्यों या अन्य वैसे दुष्कृत्य जिन्हें उसने होने दिया, अपने अधिकार में लिए गए यूरोप के देशों में हिटलर के अधिकारियों द्वारा किए गए कारनामों से कम काले नहीं थे। २४ सितम्बर, १९४२, में के.सी. नियोगी ने भारतीय विधान सभा में पुलिस और सेना के द्वारा की गई ज्यादती के आरोप पर जांच करने के लिए एक प्रस्ताव रखा था। अपने भाषण में उन्होंने सरकार के विरुद्ध लगाए गए आरोपों के ६ भाग किए थे "पहला आरोप था कि कई स्थानों पर जहाँ गुंडागर्दी हुई या नहीं हुई है, पुलिस तथा सेना ने लूटपाट की और आग लगायी है। यह बिहार और संयुक्त प्रान्त के कई गाँवों में विशेष तौर पर हुआ है।

२. जहाँ गुंडागर्दी नहीं हुई उन स्थानों पर आतंक फैलाने के लिए अकारण गोली चलाना। पंजाब के मार्शल ला अधिकारियों का अकारण गोली चलाने का प्रसिद्ध मुहावरा मैं उधार ले रहा हूँ। मैं कह सकता हूँ कि जहाँ तक इस अभ्यास का प्रश्न है, यह कलकत्ता में खास तौर पर किया गया।

३. उन स्थानों पर निर्दोष जनता पर तब गोली चलाना जब उत्पात करने वाले भाग गए हों, जिसका उद्देश्य उस मोहल्ले को दंड देना था वहां अपराधी लोग न पकड़े जा सकें। यह दिल्ली-कलकत्ता और कुछ अन्य स्थानों पर हुआ।

४. "बिना उचित चेतावनी दिए अहिंसक भीड़ या लोगों पर हमला करना या गोली चलाना। कर्फ्यू आर्डर का निर्दोष व्यक्तियों के द्वारा तकनीकी उल्लंघन पर तत्काल गोली चला देना जिससे कई व्यक्ति मारे गए। यह विशेषत: दिल्ली में हुआ।

५ "अहिंसक भीड़ को तितर-बितर करने में आवश्यकता से अधिक बल का प्रयोग करना।

६ "इस सिद्धांत पर, जिसके आधार पर सामूहिक आर्थिक दण्ड दिया जाता है, लोगों पर हमला करना, विशेषत: कोड़े लगाना, और जो भी दिखायी दे उसे अपमानित और तिरस्कृत करना। कुछ ऐसे भी मामले हैं, जिनमें कोड़े लगाने या हमला किए जाने पर कई व्यक्तियों की मृत्यु हो गई।"

नियोगी ने कौंसिल ऑफ स्टेट के एक सदस्य के, जो मुजफ्फरपुर जिला राष्ट्रीय युद्ध मोर्चे के भी सदस्य थे, भाषण के कुछ उद्धरण दिए: "देहातों में पुलिस और सैनिकों को मनमानी करने की छूट दे दी गयी थी। मेरे जिले के राष्ट्रीय युद्ध मोर्चे के नेता की हैसियत से जब मैंने देहातों का दौरा किया तो मुझसे सैनिकों और पुलिस के द्वारा किए गए अत्याचार, तोड़-फोड़, लोगों की सम्पत्ति की लूट और उसका नष्ट किया जाना, गाँवों को जलाना और गिरफ्तारी करने का भय बताकर रुपये वसूल करना और कुछ मामलों में शारीरिक पीड़ा पहुँचाने आदि की शिकायतें की गई.... इन आँखों ने देहातों में जो देखा है, जैसे बाज़ार की सभी धनी वर्ग की दुकानों को लूटना, कई गाँवों का भीड़ के द्वारा नहीं, बल्कि पुलिस और सैनिकों द्वारा जलाया जाना, उनके सम्बन्ध में मैं मानता हूँ कि वे दृश्य मेरी मृत्यु के दिन तक मुझे याद आते रहेंगे।"

यू.पी. में सैनिकों और पुलिस जवानों के अत्याचारों की चर्चा करते हुए नियोगी ने चार यूरोपियन सिपाहियों के कारनामों का विवरण दिया जो २४ अगस्त को १५० फौज़ी सैनिकों के साथ गाज़ीपुर जिले के एक जमींदार के गाँव में घुस गए थे। गोली से मार दिए जाने का भय दिखलाकर पहले उन लोगों ने गाँव के सभी पुरुषों को गाँव के बाहर जाने के लिए कहा। इसके बाद उन्होंने गाँव की स्त्रियों को अपने घरों से निकल आने का आदेश दिया। यह कार्रवाई पूरी होने पर वे घर में घुसे और जमींदार के मकान में तथा दूसरे बाकी घरों में जो भी रुपये, जेवर आदि मिले, उन्होंने वह सब लूट लिये। उन्होंने ८० घर और कई झोपड़ियाँ जला डालीं। लूट और आग लगाने के काम से संतुष्ट न होकर उन्होंने गाँव के सभी पुरुषों को नंगा होने और मेंडकों की तरह बैठने का हुक्म दिया। जमींदार के बयान के अनुसार "उसके बाद एक बाँस के कई हिस्से कर गाँव के प्रत्येक व्यक्ति की नंगी पीठ पर पाँच लकीरें सख्ती से बनाई गईं। मेरा मैनेजर भी, जो लगातार कहता रहा कि वह एक निष्ठावान जमींदार और आनरेरी मजिस्ट्रेट का नौकर है, उन गांव वालों में सम्मिलित किया गया था। इन लोगों की हालत बहुत खराब हो गई है और इस संबध में उचित समय में, यदि वे चाहेंगे, तो बयान देंगे।

"मेरा एक चपरासी, जो लगातार विरोध कर रहा था, पेड़ से बाँध दिया गया था और उसे ३० बेत मारे गए। इसके बाद गाँव के दूसरे तीन व्यक्तियों के साथ वह भी गिरफ्तार कर ले जाया गया था।"

कानपुर, बम्बई और मद्रास में हुई ज्यादती पर बोलने के बाद नियोगी ने कलकत्ता में अंधाधुंध गोली चलाए जाने के संबंध में चर्चा करते हुए एन.सी. चटर्जी के भाषण के एक वाक्य को दोहराया: "इस सदन में अपने स्थान से मैं खुले तौर पर कहता हूँ कि आतंक की यह नीति, जो कलकत्ता में काम में लायी गई, यदि लन्दन में व्यवहार में लायी जाती, तो मेट्रोपोलिटन पुलिस के प्रधान के टुकड़े-टुकड़े कर दिए जाते।"

अधिकारियों के द्वारा अराजकता के दमन के लिए काम में लाई गई एक विशेष प्रणाली यह थी कि संभ्रान्त व्यक्तियों को सड़क पर झाड़ू लगाने पर मजबूर किया जाता। पटना, नागपुर और बम्बई

जैसे कई नगरों से आयी रिपोर्ट के अनुसार इस प्रक्रिया का कई प्रांतों में प्रयोग किए जाने से यह निष्कर्ष निकलता है कि उच्च स्तर पर इसे अपनाने का निश्चय हुआ होगा। पटना के अंग्रेजी दैनिक "सर्चलाइट" ने लिखा: "कई मोहल्लों में लोग अपने घरों से जबरदस्ती बाहर खींच कर लाए जा रहे हैं, जिनमें सम्माननीय और बड़े पद के व्यक्ति भी हैं, जिन्हें सड़क पर डाली गई रुकावटों को हटाने और साफ करने के लिए मजबूर किया जा रहा है। इंकार करने या आदेश मानने में हिचकिचाने पर उन पर सख्ती की जा रही है और कुछ को खूब पीटा भी गया है।

"आज सुबह बाबू नवल किशोर प्रसाद नं. १ जो पटना बार एसोसिएशन के प्रमुख सदस्य, जिला हिन्दू सभा के अध्यक्ष, प्रांतीय हिन्दू महासभा के उपाध्यक्ष और नगर के बड़े प्रमुख नागरिक हैं, कदमकुआ रोड पर जब टहलने निकले तो अकस्मात् पकड़ लिए गए और उनको सड़क की सफाई करने का आदेश दिया गया। एक प्रमुख डाक्टर, दामोदर प्रसाद, एम.बी.बी.एस. को, जो सेन्ट्रल मेडिकल हाल की ऊपरी मंजिल में बीमार पड़े थे, उनकी चारपाई से घसीट कर संभवत: सफाई के काम के लिए पटना कालेजियेट स्कूल ले जाया गया और उनके सिर पर प्रहार किया गया जिससे उनके सिर में गहरा घाव हो गया और बहुत खून बहा है। इसी प्रकार एक प्रसिद्ध मुख्तार, मौलवी शकरुल्ला को उनके घर से ले जाया गया और उन्हें भी पीटा गया।"

बाम्बे क्रानिकल के अनुसार "कुछ मोहल्लों में वहां के रहने वाले और राह चलने वालों को सड़क साफ करने के काम में लगाया गया और महिलाओं से भी बन्दूक दिखा कर सड़कें साफ करायी गयी। नागपुर से भी ऐसी एक घटना की रिपोर्ट है जिसमें एक बड़े सामंत को सड़क साफ करने पर मजबूर किया गया। चूँकि वाइसराय की कार्यकारिणी के सदस्य अणे ने इस समाचार को गलत बताया था, नियोगी ने कहा: "माननीय अणे अब मराठा सामंतों के सम्मान की रक्षा करने के बड़े उत्तरदायित्व और कृतज्ञता पूर्ण कार्य में संलग्न हैं।"

असेम्बली में हुई बहस में भाग लेते हुए एन.एम. जोशी ने कहा कि "लोग अपने कमरों से बलपूर्वक बाहर लाए गए, उन पर लाठी चलाई गई और पुलिस ने उनसे बहुत बुरा बर्ताव किया।" उन्होंने एक लड़के का उदाहरण देते हुए कहा कि यद्यपि वह भीड़ में शामिल नहीं था, उसने 'गाँधी महाराज की जय' कहने की ही गलती की थी कि उसे निर्दयता से गोली मार दी गई।"

पुलिस ने शांतिपूर्ण सत्याग्रहियों और हिंसक कार्यों में लगे लोगों में कोई भेद नहीं किया, इसकी चर्चा करते हुए जोशी ने कैरा जिले की एक घटना बतायी जिसमें तीन सत्याग्रही विद्यार्थी गोली से उड़ा दिए गए और कई धायल हो गए। उन्होंने यह भी कहा कि "इन लड़कों पर गोली चलाने के बाद पुलिस ने घायलों को पानी पिलाने की सहायता भी नहीं दी जाने दी। घायल बहुत प्यासे हुए तो गाँव वालों ने उन्हें पानी पिलाना चाहा, लेकिन उन्हें पानी पिलाने से भी रोका गया। रेल्वे कर्मचारी भी द्रवीभूत होकर पानी देना चाहते थे, लेकिन उन्हें भी रोक दिया गया। मैं नहीं मानता कि पूरी घटना सुनाने के लिए मुझे समय मिलेगा।"

एक वैसी ही घटना, जिसमें स्कूली बच्चों पर गोली चलायी गई; धूलिया जिले के नंदूरबार गाँव से रिपोर्ट हुई: "९ अगस्त को जब छात्रों को नेताओं की गिरफ्तारी की खबर मिली तो उन्होंने एक जुलूस निकाला। ये छात्र छोटे बच्चे ही हो सकते थे क्योंकि नंदूरबार में कोई कालेज नहीं था। जब

जुलूस जा रहा था तो एक व्यक्ति ने सब इंसपेक्टर पर, जिसका वह शत्रु था, पत्थर या ऐसी कोई चीज फेंक कर मारी। पुलिस सब इंसपेक्टर को चोट लगी और मारने वाले को पकड़ने और दण्ड देने के बजाय उसने इन स्कूल के बच्चों पर गोली चला दी और उनमें से तीन या चार लड़के मारे गए।"

जोशी ने यू.पी. के मेरठ शहर में हुई एक घटना को सुनाया: "मेरठ के गाँधी आश्रम का मैनेजर भनवोरी नाम के गाँव में गया जहाँ करीब ५० या ६० व्यक्ति उसके पास जमा हो गए। एक पुलिस दल वहाँ पहुँच गया और इस भीड़ पर, जो पूरी तरह शांत थी, उसने संगीनों से हमला कर दिया। जब इन संगीनों के हमले का कुछ लोग प्रतिरोध करने लगे तो उन पर गोली चलायी गई और ३-४ व्यक्ति मारे गए। लेकिन यह पूरा विवरण नहीं है। पुलिस को पता चला कि गाँधी आश्रम का मैनेजर, जिसका नाम रामस्वरूप शर्मा था, मृतकों या घायल होने वालों में नहीं था, तो एक पुलिस वाले ने कहा कि मुख्य अपराधी बच निकला है और उसे जरुर गोली से मार देना चाहिए। उस पर तीन बार गोली मारी गई और अंत में वह मार डाला गया।"

जमनादास मेहता ने पूना में आतंक के राज्य की चर्चा की जहाँ निरपराध व्यक्तियों पर गोली चलायी जा रही थी और उन्हें मारा जा रहा था और पूछा: "क्या सरकार यह अनुभव नहीं करती कि उनके आत्म सम्मान की तथा न्याय की भावना उन लोगों को दण्ड देने का आग्रह करती है जो शांति पूर्ण नागरिकों पर खूनी हमलों के लिए जिम्मेदार हैं। जमनादास मेहता के प्रश्न का उत्तर सरकार ने तो नहीं, एन.एम. जोशी ने दिया, जिन्होंने पहले ही कहा था "हम नहीं सोचते कि प्रांतीय सरकार, अधिकारी अथवा केन्द्रीय सरकार भी कोई न्याय करेगी। प्रांतीय सरकारों ने प्रारंभ में ही कहा था: कि कोई भी सार्वजनिक जाँच नहीं होगी और इस प्रकार की घोषणा कर उन्होंने पुलिस और सेना को कई प्रकार की ज्यादती करने का बढ़ावा दिया था। मैं यह भी कहूँगा कि भारत सरकार ने प्रांतीय सरकारों तथा स्थानीय अधिकारियों को पूरी छूट देकर स्वयं पुलिस और सेना को अत्याचार करने के लिए, जो कई अवसरों पर देश के कई स्थानों पर हुए है, और जिसका वर्णन किया गया है, प्रोत्साहित किया था।"

लेकिन सरकारी करतूत की एक ऐसी भी घटना थी जिसमें सरकार को मुंह की खानी पड़ी। यह सेवाग्राम के प्रोफेसर भंसाली के द्वारा भारतीय नारी के सम्मान की रक्षा के लिए अनशन किए जाने से ही संभव हो सका था। चिमूर की घटनाओं का विवरण दिया जा चुका है। हिन्दू महासभा के डा. मुंजे और नागपुर की कुछ महिलाओं के द्वारा की गई जाँच से बलात्कार और लूटपाट की कुछ घटनाएँ प्रकाश में आयीं। मध्य प्रान्त की सरकार ने इन अपराधों को छिपाने के लिए सभी उपाय किए लेकिन जब ६० दिन अनशन करने के बाद भंसाली की मृत्यु की संभावना बहुत बढ़ गई तो सरकार को झुकना पड़ा। लेकिन तो भी कोई न्यायिक जाँच नहीं की गई और सरकार ने जो भी किया वह मात्र यह वक्तव्य था कि सरकार ने शांति और व्यवस्था की पुनर्स्थापना के लिए नियुक्त पुलिस और सेना में अनुशासन में रहे आने को सबसे अधिक महत्व दिया है और मानती है कि नारी के सम्मान और बलात्कार से उनके सतीत्व की रक्षा अच्छे अनुशासन की पहली अनिवार्यता है।"

भंसाली ने चिमूर में की गई ज्यादती के विरोध में अपनी जान को खतरे में डाल दिया था, लेकिन पूरे देश में की जा रही अत्याचार पूर्ण कार्यवाही का प्रभावी विरोध करने के लिए उस समय और कौन था? छोटे-बड़े काँग्रेस-जन जेल में बन्द थे। उनसे लार्ड लिनलिथगो को कोई परेशानी नहीं थी, लेकिन

गाँधीजी उनके सिर पर जरुर सवार थे। उन्हें विश्वास था कि गाँधीजी अनशन अवश्य ही करेंगे, लेकिन यह नहीं सोच पा रहे थे कि कब करेंगे। उनका असमंजस अधिक दिन नहीं रहा। २३ सितम्बर को महात्मा गाँधी ने भारत सरकार के सेक्रेटरी को एक पत्र लिखा जिसमें उन्होंने कहा कि "काँग्रेस नेताओं की सामूहिक गिरफ्तारी ने जनता को इतना क्रुद्ध कर दिया है कि उसका आत्मसंयम जाता रहा है और मेरी भावना है कि जो विध्वंस हुआ है, उसके लिए काँग्रेस नहीं बल्कि सरकार जिम्मेदार है।" उन्होंने सरकार से "काँग्रेस नेताओं को रिहा करने, सभी दमनात्मक कार्यवाही को वापस लेने और समझौते के तरीके ढूढ़ने के लिए अपील की।"[८६]

गाँधीजी ने उत्तर की कई दिन तक प्रतीक्षा की, लेकिन जब कोई उत्तर नहीं आया तो उन्होंने एक व्यक्तिगत पत्र वाइसराय को लिखा जिसके अंत में उन्होंने संकेत दिया कि वे अनशन करेंगे: "मैंने अपने को ६ माह का समय दिया था। सत्याग्रह का नियम, परीक्षा के ऐसे अवसरों पर, जैसा मैं उसे जानता हूँ, एक उपचार निर्धारित करता है। एक वाक्य में वह है, "अनशन कर शरीर को सूली पर चढ़ा दो।" वही नियम अंतिम उपाय के सिवाय किसी अन्य स्थिति में उसका प्रयोग वर्जित करता है। मैं उसका प्रयोग नहीं करना चाहता हूँ यदि मैं उससे बच सकता हूँ।"[८७]

बाद में कई पत्र व्यवहार हुए और जब गाँधीजी सारी जिम्मेदारी सरकार पर डालते रहे तो वाइसराय ने उन्हें लिखा कि वे "काँग्रेस को और आपको पिछले अगस्त में हुए काँग्रेस के निर्णय के समय उसके अधिकृत शक्ति सम्पन्न प्रवक्ता होने के नाते, हिंसा और अपराधों की शोचनीय मुहिम और क्रांतिकारी गतिविधियों के लिए, जिसने भारत की साख को बड़ी हानि पहुँचाई है, जिम्मेदार मानता हूँ।"[८८] इस अभद्र पत्र पर गाँधीजी का उत्तर नम्र शब्दों में होते हुए भी दो टूक था: "मेरा उत्तर है कि सरकार ने स्वयं जनता को पागल हो जाने की स्थिति पर पहुँचाया था। उसने सिंह के समान झपट कर गिरफ्तारियाँ की। वह हिंसा इसलिए भी वैसी होने में कम नहीं है क्योंकि वह इतने बड़े रूप में की गई थी कि मूसा के एक दांत के लिए एक दांत के नियम के स्थान पर वह एक के लिए दस हजार दांत तोड़ने का नियम कर देती है। इस संदर्भ में मूसा के कानून के उप सिद्धांत ईसा द्वारा प्रतिपादित प्रतिरोध न करने की बात करना ही व्यर्थ है। सर्वशक्ति सम्पन्न भारत सरकार के दमनात्मक उपायों का मैं अन्य कोई अर्थ नहीं लगा सकता....। इसलिए अपने दर्द को दूर करने के लिए आराम देने वाला मलहम यदि मुझे नहीं मिलता, तो सत्याग्रहियों के लिए निर्धारित अपनी सामर्थ्य भर अनशन करने की व्यवस्था का आश्रय मुझे लेना ही चाहिए।"[८९]

महात्मा गाँधी और काँग्रेस के विरुद्ध लिनलिथगो का आरोप प्रचार मात्र था, यह उन्हीं के वक्तव्यों से प्रमाणित होता है। सेक्रेटरी ऑफ स्टेट को भेजे गए अपने एक तार में उन्होंने कहा था कि "ऐसे संकेत हैं कि अब तक की अशांति गाँधी और उनके साथियों की गिरफ्तारी की स्वाभाविक प्रतिक्रिया रही है।"[९०] कमान्डर-इन-चीफ के भी इस संबंध में वैसे ही विचार सेक्रेटरी ऑफ स्टेट को गृह विभाग के तार से जान पड़ते हैं:" काँग्रेस नेताओं की गिरफ्तारी के तत्काल बाद बम्बई में जो उत्पात प्रारंभ हुए और जो कमांडर-इन-चीफ के द्वारा सामूहिक हिंसा के साधारण प्रदर्शन माने गए, तेज़ी से पूर्व की ओर फैल गए।"[९१]

यह सत्य कि बिहार के सामूहिक हिंसात्मक उत्पात स्वत: प्रवर्तित थे, वह काँग्रेसजनों के द्वारा

कोई तैयारी की जाने के संबंध में गुप्तचर विभाग के द्वारा कोई जानकारी न दी जाने से भी प्रमाणित हो जाता है। इस प्रकार की रिपोर्ट की कि हिंसा के लिए कोई तैयारी नहीं की गई थी, वाइसराय ने स्वीकार न कर उसके विपरीत गुप्तचर विभाग को दोषी ठहराया। उन्होंने एमरी को लिखा कि "मैं लगातार हैरान हो रहा हूँ कि हमारे गुप्तचर विभाग ने जो भी रिपोर्ट हमें दी, उससे अधिक जो घटित होना संभावित था, उसके संबंध में वह हमें आगाह क्यों नहीं कर सका।"[९२] यदि वाइसराय ने काँग्रेस को फाँसी पर चढ़ाने के पहले उसे बदनाम करने का निश्चय न कर लिया होता तो उनकी यह धारणा रही आती कि काँग्रेस नेताओं की अचानक गिरफ्तारी का समाचार सुनकर जनता में विद्रोह भड़क उठा और बाद में पुलिस और सेना के अत्याचारों के प्रतिशोध स्वरूप लोग हिंसात्मक कार्यवाही करते रहे। यद्यपि महात्मा गाँधी को लिखे अपने पत्र में उन्होंने काँग्रेस और गाँधीजी पर सारे उत्पातों की जिम्मेदारी थोपी थी, तथापि अपने मन में वे अपने पक्ष की कमज़ोरी मान रहे थे। एमरी को भेजे गए २४ अगस्त के अपने पत्र में उन्होंने लिखा: "मैं काँग्रेस और गाँधी को लपेटने के लिए जो कुछ भी बन सका है कर रहा हूँ, लेकिन प्रमाण में छिद्र हो सकते हैं जो हमें ऐसा पुख्ता मामला न दे जिसे हम प्रकाशित कर सकें।"[९३]

जब लिनलिथगो गाँधीजी और काँग्रेस पर देश में हुई गड़बड़ी की जिम्मेदारी लादने के प्रमाण में जो छिद्र थे उन्हें भरने में कठिनाई का सामना कर रहे थे, उस समय चर्चिल एक कदम आगे बढ़ गए और उन्होंने "जापान के साथ गाँधी का षडयंत्र"[९४] के लिए प्रमाण जुटाने के लिए कहा। लेकिन बेचारे लिनलिथगो और एमरी शून्य से कुछ भी पैदा नहीं कर सकते थे। एमरी ने लिखा "इंडिया आफिस के पास ऐसा कोई प्रमाण नहीं है जो कह सके या संकेत दे सके कि गाँधीजी ने जापान के साथ कोई षडयँत्र रचा है।"[९५]

"युद्ध के दौरान जापानियों से सम्पर्क का केवल यह प्रमाण है कि १९४० के कुछ महीनों में दो जापानी बौद्ध धर्मावलम्बी भिक्षु गाँधी के वर्धा स्थित आश्रम में रहते थे। भारत में जापानियों की गुप्तचर गतिविधियों का प्रमुख स्त्रोत बौद्ध भिक्षु ही हो सकते हैं, लेकिन ऐसी कोई बात नहीं देखी गई जो वर्धा में दो भिक्षुओं की उपस्थिति गाँधी के द्वारा जापान से कोई षडयँत्र के लिए साधन या अवसर मान ली जाएँ"

लेकिन अपने शत्रु के विरुद्ध धूर्ततापूर्ण प्रचार का तथ्यों पर आधारित होना आवश्यक नहीं है और लिनलिथगो ने गृह विभाग के अतिरिक्त सचिव रिचर्ड टाटेन्हम को विश्व की दृष्टि में गाँधीजी और काँग्रेस को बदनाम करने के लिए एक दस्तावेज़ तैयार करने का आदेश दिया। यह आदेशित अभिनय "काँग्रेस रिस्पान्सिविलिटी फार द डिस्टर्बेन्सेस" शीर्षक के अन्तर्गत श्वेत-पत्र के रूप में प्रकाशित किया गया। चर्चिल ने पहले ही घोषित कर दिया था कि "गाँधीवाद और उस सब कुछ से जिसका वह प्रतीक है, निपटा जावेगा और उसे कुचल दिया जावेगा।"[९६] उनके शिष्य लिनलिथगो गाँधीजी को गौरव के साथ मरने भी नहीं देना चाहते थे। उन्होंने एमरी को लिखा था कि गाँधी "अनशन करेंगे और महिमा मण्डित होकर जाने का प्रयत्न करेंगे।"[९७] लेकिन गाँधीजी की गौरवपूर्ण मृत्यु को रोकने के लिए वाइसराय ने १० फरवरी, १९४३ को जब गाँधीजी का अनशन प्रारंभ हुआ, टाटेन्हेम का गश्ती पत्र भी प्रकाशित करवाया। लेकिन गाँधीजी को अपमानित करने का यह क्षुद्र तथा शोचनीय प्रयत्न बहुत बुरी तरह विफल

हो गया। भारत और विदेश में उसकी एक स्वर से भर्त्सना की गई। लंदन के एक समाचार पत्र "न्यू स्टेट्स मैन एण्ड नेशन" ने भी स्पष्ट शब्दों में उसकी कटु आलोचना करते हुए कहा: "भारत सरकार ने ७६ पृष्ठों का एक श्वेत पत्र प्रकाशित कर, जिसमें प्रारंभ से अंत तक गाँधीजी पर व्यक्तिगत आरोप किए गए हैं, एक शंकास्पद कार्य किया है। वह एक प्रचार दस्तावेज़ है, जिसे हम मानते हैं, अमेरिका की नज़रों में उनको बदनाम करने के लिए तैयार किया गया है.... यह आक्रमण ऐसे व्यक्ति पर किया गया है जिनकी निश्चित रूप से संसार के महापुरुषों में गणना है, लेकिन जो आज उत्तर देने या अपना बचाव करने की स्थिति में नहीं है। साथ ही यदि गंभीर आरोप तथ्यों पर आधारित हैं तो शासकीय कार्यवाही से उनको अलग नजरबन्द कर रखने के बजाय अदालत में श्री गाँधी पर मुकदमा भारतीय सरकार को क्या चलाना नहीं चाहिए था....? इस प्रकाशन के कुछ चुने हुए तथ्यों से हम इस निष्कर्ष पर पहुँचते हैं कि जब काँग्रेस के बड़े नेता नज़रबन्द कर दिए गए तो प्रभावी नेतृत्व उन विद्यार्थियों और समाजवादी क्रांतिकारियों के हाथों में चला गया जो गाँधी के विचारों से व्यग्र थे। भारत में नया दौर, वह कितना भी अपूर्ण हो, 'अहिंसात्मक' नहीं होगा। वह और भी अधिक दुस्साहसी नेताओं के नेतृत्व में सहज ही आतंकवादी तथा गुरिल्ला विद्रोह होगा। श्वेत-पत्र सरकारी वकील की अपने पक्ष की पैरवी है, लेकिन बचाव पूछेगा कि सहयोग करने के इच्छुक और अधिक आधुनिक बुद्धि वाले नेताओं को हतोत्साहित करने के लिए चर्चिल को, जब इतिहास उनको गाँधी के साथ कटघरे में खड़ा करेगा, श्री गाँधी से भी कड़ी सज़ा क्या उन्हें नहीं देना चाहिए।"

उस श्वेत-पत्र के प्रकाशन से पूर्ण संतुष्ट न होकर लिनलिथगो ने गाँधीजी को उनके अनशन के सम्बन्ध में लिखा कि वह 'राजनीतिक भयादोहन' है। महात्मा का व्यथा-युक्त किन्तु शालीन उत्तर था। आपके द्वारा उसको एक प्रकार का "राजनीतिक भयादोहन" की संज्ञा दिए जाने पर भी मेरी ओर से तो वह आपसे न्याय न मिलने पर सबसे बड़े न्यायाधिकरण से न्याय पाने की अपील है। यदि इस बड़ी परीक्षा में जीवित नहीं रहा तो मैं उक्त न्यायपीठ के समक्ष अपने निर्दोष होने के पूर्ण विश्वास के साथ जाऊँगा। आने वाली पीढ़ी, आपके, जो शक्तिवान सरकार के प्रतिनिधि हैं, और मेरे जैसे साधारण व्यक्ति के बीच में, जिसने अपने देश और मानव जाति की सेवा करने का प्रयत्न किया है, न्याय करेगी।[९८]

वह अनशन जो २१ दिन तक चलने वाला था, प्रत्येक भारतीय के अतिरिक्त उनके लिए भी वेदनाप्रद था जो उनके विचारों से असहमत थे। इस प्रकार के अनशन की संभावना से, वाइसराय के शब्दों में, उनकी कार्यकारिणी के एक सदस्य मेज के सामने बैठे हुए रो पड़े थे।"[९९] जब अनशन प्रारंभ ही हो गया तो उनकी कार्यकारिणी के तीन सदस्यों, एच.पी. मोदी, एन.आर. सरकार और एम.एस. अणे ने त्यागपत्र दे दिए। सारी दुनिया सांस रोककर अनशन की गति को देख रही थी। चौथे दिन मिचली शुरु हुई और बी.सी. राय को उनकी देखरेख करने की अनुमति दी गई। १८ फरवरी को उनकी स्थिति खराब होने लगी। रुजवेल्ट के प्रतिनिधि विलियम फिलिप्स ने गाँधीजी को देखने के लिए अनुमति मांगी लेकिन सरकार ने नहीं दी।

गाँधीजी उस परीक्षा को पार कर गए। बी.सी. राय ने कहा कि "वे मृत्यु के अत्यन्त निकट थे, उन्होंने हम सभी को चकमा दे दिया।"

लेकिन दो भारतीय थे, जो उस समय भी गाँधीजी से अपनी शत्रुता नहीं भूल सके जब वे मृत्यु और जीवन के बीच इधर-उधर हो रहे थे। जिन्ना ने दिल्ली में आमंत्रित उस निर्दलीय सम्मेलन में शामिल होने से इंकार कर दिया जो गाँधीजी को तत्काल रिहा कर देने के लिए सरकार से अपील करने हेतु हुई थी। दूसरे भारतीय नागपुर के एन.बी. खरे थे। मराठी में लिखी अपनी आत्मकथा में वे लिखते हैं: "अनशन से भयभीत होकर श्री बापूजी अणे ने वाइसराय की कार्यकारिणी से इस्तीफा दे दिया। लेकिन मैंने एक लेख के द्वारा (जो आश्चर्य का विषय था) खुल्लम-खुल्ला उस अनशन की खिल्ली उड़ाई। इसके बाद अणे के त्यागपत्र से रिक्त स्थान पर मुझे उक्त कार्यकारिणी का सदस्य मनोनीत किया गया।"[१००]

अनशन के समाचार से वेलोर नजरबन्दी कैम्प में वातावरण बड़ा विषादपूर्ण हो गया। प्रत्येक नज़रबन्द ने महात्माजी की सहानुभूति में तीन दिन का उपवास रखा। विनोबा भावे, काका कालेलकर, सागर के केशव रामचन्द्र खांडेकर और नागपुर के पूनमचंद रॉका ने भी २१ दिन का अनशन किया। इन अनशनों से वेलोर कैम्प के कई दिन बड़ी व्यग्रता से बीते। रविशंकरजी शुक्ल ने जेल के सुपरिन्टेन्डेन्ट को विनोबा भावे तथा अन्य व्यक्तियों द्वारा अनशन किए जाने की सूचना का एक तार गाँधीजी को प्रेषित करने के लिए दिया। मद्रास सरकार ने इस आधार पर वह तार भेजने से इंकार कर दिया कि विभिन्न जेलों के नज़रबंदियों को आपस में संपर्क करने की अनुमति नहीं है।

संदर्भ

१. मनसर्ग एण्ड लुम्बी, ट्रान्सफर ऑफ पावर, खण्ड १, पृष्ठ ११३
२. वही,
३. वही, पृष्ठ १४९.
४. वही, पृष्ठ २३७.
५. डी.जी. तेन्दुलकर, महात्मा, खण्ड ६, पृ. ६२.
६. पट्टाभि सीतारमैया, हिस्ट्री ऑफ इंडियन नेशनल काँग्रेस, खंड २, पृ. ३०६
७. मनसर्ग एण्ड लुम्बी, उपरोक्त, पृष्ठ ४४८
८. वही, पृष्ठ ४०३-०४
९. एच.वी. हडसन, दी ग्रेट डिवाइड, पृष्ठ ९५-९६.
१०. जॉन ग्लेन्डेवन, दी वाइसराय ऐट बे, पृष्ठ २३०.
११. अबुल कलाम आजाद, इंडिया विन्स फ्रीडम, पृ. ४८-४९.
१२. जॉन ग्लेन्डेवन, उपरोक्त, पृष्ठ २३१-२३२
१३. अबुल कलाम आज़ाद, उपरोक्त, पृष्ठ ५१-५२.
१४. एच.वी. हडसन, उपरोक्त, पृष्ठ ९९
१५. मनसर्ग एण्ड लुम्बी, उपरोक्त, पृष्ठ ७११
१६. वही, पृष्ठ ७१७

१७. वही, पृष्ठ ७२१-७२२
१८. एच.वी. हडसन, उपरोक्त, पृष्ठ १०३
१९. मनसर्ग एण्ड लुम्बी, उपरोक्त, पृष्ठ ७५९
२०. वही, पृष्ठ ७६४
२१. वही, पृष्ठ ८३७
२२. वही, पृष्ठ ७४०
२३. वही, पृष्ठ ७७७
२४. वही, पृष्ठ ८२६
२५. वही,
२६. एच.वी. हडसन, उपरोक्त, पृष्ठ १०५
२७. वही, पृष्ठ १०३
२८. मनसर्ग एण्ड लुम्बी, पृष्ठ ३०६
२९. वही, पृष्ठ ४०२
३०. वही, पृष्ठ ४०३
३१. अबुल कलाम आज़ाद, उपरोक्त, पृष्ठ ६६
३२. वही, पृष्ठ ६१-६५
३३. एच.वी. हडसन, उपरोक्त, पृष्ठ १०५
३४. अबुल कलाम आज़ाद, उपरोक्त, पृष्ठ ५६
३५. मनसर्ग एण्ड लुम्बी, उपरोक्त, पृष्ठ ५१२
३६. वही, पृष्ठ ५५६-५७
३७. राजेन्द्र प्रसाद, आटोबाईग्राफी, पृष्ठ ५२९
३८ अबुल कलाम आज़ाद, उपरोक्त, पृष्ठ ४१
३९. वही, पृष्ठ १३३
४०. डी.जी. तेन्दुलकर, उपरोक्त, खण्ड ६, पृष्ठ ८९.
४१. वही, पृष्ठ ७५.
४२. वही
४३. वही, पृष्ठ ७७
४४. वही, पृष्ठ ७८-७९.
४५. मनसर्ग एण्ड लुम्बी, उपरोक्त, खण्ड-२, पृष्ठ ४२
४६. वही, पृष्ठ १००-१
४७. वही, पृष्ठ ६
४८. राजेन्द्र प्रसाद, उपरोक्त, पृष्ठ ५३०

४९. मनसर्ग एण्ड लुम्बी, उपरोक्त, खण्ड-२, पृष्ठ ६३
५०. वही, पृष्ठ २०३
५१. डी.जी. तेन्दुलकर, उपरोक्त, पृष्ठ ९०
५२. वही, पृष्ठ ८२.
५३. अबुल कलाम आज़ाद, उपरोक्त, पृष्ठ ७२.
५४. राजेन्द्र प्रसाद, उपरोक्त, पृष्ठ ५३१
५५. मनसर्ग एण्ड लुम्बी, उपरोक्त, खण्ड २, पृष्ठ १२१
५६. वही,
५७. डी.जी. तेन्दुलकर, उपरोक्त, खण्ड ६, पृ. ८८.
५८. लुई फिशर, दी लाइफ़ ऑफ़ महात्मा गाँधी, पृष्ठ ४०३-५
५९. मनसर्ग एण्ड लुम्बी, उपरोक्त, खण्ड २, पृष्ठ २३२-३३
६०. वही, पृष्ठ २६४
६१. अबुल कलाम आज़ाद, उपरोक्त, पृष्ठ ७३.
६२. जे.बी. कृपलानी, गाँधी, उपरोक्त, पृष्ठ २०४.
६३. अबुल कलाम आज़ाद, उपरोक्त, पृष्ठ ७७५
६४. जे.बी. कृपलानी, उपरोक्त, पृष्ठ २०३.
६५. मनसर्ग एण्ड लुम्बी, उपरोक्त, खण्ड २, पृष्ठ २६२
६६. वही, पृष्ठ ४३३
६७. वही, पृष्ठ ५४९.
६८. वही, पृष्ठ ५९६
६९. वही, पृष्ठ ५९०-९७
७०. वही, पृष्ठ ५३७.
७१. वही, पृष्ठ ३७२
७२. वही, पृष्ठ ४८९
७३. वही, पृष्ठ ५३६
७४. वही, पृष्ठ ५५०
७५. वही, पृष्ठ ६०५-६
७६. वही, पृष्ठ ४२६
७७. वही, पृष्ठ ४७७
७८. वही, पृष्ठ २१३-१४
७९. वही, पृष्ठ ६३१-३२
८०. वही, पृष्ठ २९९

८१. समर्पित अर्धशती, पृष्ठ १९४
८२. मनसर्ग एण्ड लुम्बी, उपरोक्त, खण्ड २, पृ. ९०५
८३. डी.जी. तेन्दुलकर, उपरोक्त, खण्ड ६, पृष्ठ १८२
८४. मनसर्ग एण्ड लुम्बी, उपरोक्त, खण्ड २, पृष्ठ ७८७-८९
८५. डी.पी. मिश्र, दी हिस्ट्री ऑफ फ्रीडम मूवमेंट इन म.प्र., पृ. ४७३-४७४
८६. डी.जी. तेन्दुलकर, उपरोक्त, खण्ड ६, पृष्ठ १८४.
८७. वही, पृष्ठ १८६
८८. वही, पृष्ठ १८९
८९. डी.जी. तेन्दुलकर, उपरोक्त, खण्ड ६, पृष्ठ १९१.
९०. मनसर्ग एण्ड लुम्बी, उपरोक्त, खण्ड २, पृष्ठ ६८३.
९१. वही, पृष्ठ ९०४
९२. वही, पृष्ठ ८०९
९३. वही, पृष्ठ ७९६.
९४. वही, पृष्ठ ९६१.
९५. वही, पृष्ठ ९७८-७९.
९६. डी.जी. तेन्दुलकर, उपरोक्त, खण्ड ६, पृष्ठ १८४.
९७. मनसर्ग एण्ड लुम्बी, उपरोक्त, खण्ड २, पृष्ठ ८१५
९८. डी.जी. तेन्दुलकर, उपरोक्त, खण्ड ६, पृष्ठ १९५.
९९. मनसर्ग एण्ड लुम्बी, उपरोक्त, खण्ड २, पृष्ठ ८७०
१००. खरे दर्शन, खण्ड २, पृष्ठ ३८.

अध्याय - १२

गाँधी बहकाए गए

"मिस्टर गाँधी" "भाई जिन्ना" से मिलते हैं (१९४४)

गाँधीजी पूर्व में भी तीन बार जेल में रह चुके थे। लेकिन "राजमहल" में यह चौथी बार का कारावास आंतरिक रूप से दो व्यक्तिगत त्रासदियों तथा बाह्य रूप से जनता और सरकार की हिंसात्मक कार्यवाही के दुःख से घिरा हुआ रहा। नजरबंदी के एक सप्ताह में ही उन्होंने महादेव देसाई को, जो अपनी निस्वार्थ निष्ठापूर्ण सेवा के कारण सेक्रेटरी न रह कर एक पुत्र से भी अधिक प्रिय हो गए थे, खो दिया, और २१ दिन के अनशन को समाप्त करने के पश्चात् अपनी जीवन संगिनी कस्तूरबा को भी वे गवां बैठे।

इस बीच में कारागृह के बाहर स्थिति में बड़ा परिवर्तन हो गया था। युद्ध अभी समाप्त नहीं हुआ था, लेकिन उसकी गति मित्र राष्ट्रों के पक्ष में बदल गई थी। २० अक्टूबर, १९४३ को साढ़े सात वर्ष वाइसराय रहने के बाद, जो १८५७ के विद्रोह के पश्चात् किसी वाइसराय के लिए असाधारण रूप से लम्बी अवधि थी, लार्ड लिनलिथगो ने अवकाश ले लिया। लार्ड ग्लेन्डेवन उन्हें "भारत के निष्ठावान सेवक" की संज्ञा देते हैं। एच.वी. हडसन की राय में "वे इतिहास में एक प्रमुख वाइसराय माने जावेंगे।" ग्लेन्डेवन के पुत्रवत दृष्टिकोण पर चाहे तो हम ध्यान न दें, लेकिन हडसन की राय जाँच की अपेक्षा करती है। अपनी राय की पुष्टि में हडसन लिखते हैं "राजनीतिक संदर्भ में उनकी उपलब्धियाँ सतह पर नहीं के बराबर हैं। वे देशी राजाओं का फेडरेशन नहीं बना सके, जिसका संगठन करने का वे निश्चय कर चुके थे। जब वे वापस हुए तो देश, जब वे आए थे, उसकी अपेक्षा राजनीतिक रूप से अधिक विभाजित था। उस समय देश के आधे से ज्यादा भाग में प्रांतीय स्वायत्त शासन नहीं रह गया था और साम्प्रदायिक दृष्टिकोण बहुत दृढ़ हो गए थे। लेकिन यह नहीं भूलना चाहिए कि प्रांतों में काँग्रेस के सहयोग से स्वायत्त शासन की जो स्थापना हुई थी उसके लिए और किसी की अपेक्षा, वे उसको क्रियान्वित करने में सफल हुए थे और उन्होंने मिस्टर गाँधी से मैत्रीपूर्ण संबंध पुनः स्थापित किए थे। १९४३ में जिन कारणों ने नकारात्मक रूप ले लिया था, उन्हें उत्पन्न करने अथवा रोकने की क्षमता उनमें नहीं थी। वे स्थितियाँ दो प्रकार की थीं-युद्ध का प्रभाव तथा स्वतंत्रता का आगमन। भारत स्वायत्त शासन के न होने के कारण नहीं, बल्कि उसके प्राप्त होने की निकट संभावना से विभाजित था। युद्ध, जो पहले भारत से दूर था और बाद में उसके द्वार पर आ गया था, तथा अत्याधिक राजनीतिक तनाव की उपस्थिति में देश में स्थिरता रही आने तथा बीस लाख सैनिक तैयार करने, उन्हें युद्ध के लिए सुसज्जित करने तथा युद्ध के कई मोर्चों की कई आवश्यकताओं की पूर्ति में लार्ड लिनलिथगो की सफलता,

उनके वाइसराय के पद के निर्वाह का समुचित प्रमाण हैं। १९३९ से लड़ाई जीतने में भारत के द्वारा उसमें सहायता सुनिश्चित करना उनका संकल्प था। उन्हें भविष्य के संभावित समाधानों में कोई दिलचस्पी नहीं थी, क्योंकि उनका तर्क था कि "यदि हम लड़ाई में न जीते तो भविष्य के समाधान व्यर्थ हैं; और यदि हम जीत जाते हैं तो उस समय की सरकार के समक्ष नयी स्थिति जो भी होगी, उसका निपटारा वही करेगी। और अपने उस प्रथम कर्तव्य को कई राजनीतिक कठिनाइयों के बावजूद, पूरा करने में वे सफल रहे।"[१]

यह सत्य है कि १९३९ से लार्ड लिनलिथगो ने युद्ध जीतने के लक्ष्य के सामने बाकी सभी बातों पर ध्यान नहीं दिया था, लेकिन जैसी काँग्रेस ने मांग की थी, अस्थायी सरकार की स्थापना पर सहमत हो जाने पर भी लड़ाई जीती जा सकती थी। उन्होंने चर्चिल से मिल कर क्रिप्स मिशन को नष्ट कर दिया, इसमें कोई संदेह नहीं है। चूँकि उन्हें सत्ता का नशा था और वे स्वेच्छाचारी थे, इसलिए नेहरु जैसे भारतीयों के सहयोग के विरुद्ध अपनी कार्यकारिणी में कठपुतली सदस्य ही चाहते थे। च्यांग काइ-शेक का उनके विरुद्ध एक आरोप यह भी था कि "दिल्ली के रात्रि भोजों में वाइसराय सबसे पहले प्रवेश करते थे।" यह धृष्टता उनका स्वभाव हो गई थी, उसका प्रमाण उस समय की एक सामान्य घटना से भी मिलता है, जो जब वे अवकाश लेने के बाद वापस विलायत जा रहे थे, कैरों में हुई थी। उनके पुत्र ग्लेन्डेवन लिखते हैं-"कुछ देर के कैरों में विश्राम के समय उनके सम्मान में सर रिचर्ड ने एक भोज दिया। पिछले सात वर्ष से प्रचलित नियम के अभ्यस्त वे भोज प्रकोष्ठ में सबसे पहले जाने लगे, तो श्रीमती लिनलिथगो ने नम्रता किन्तु दृढ़ता से रोकते हुए कहा- "नही, यह काम अंतिम बार आप कर चुके हैं।"[२]

जहाँ तक इस आरोप का सम्बन्ध है कि "उनके जाते समय, देश जैसा आने पर उन्हें मिला था, राजनीतिक दृष्टि से अधिक विभाजित था," तथा "साम्प्रदायिक दृष्टिकोण अधिक कठोर हो गए थे", उनका उसमें जो भाग है, उससे वे बरी नहीं किये जा सकते। उन्होंने, जिन्ना का विरोध करने वालों को निरुत्साहित कर तथा जिन्ना को किसी भी राजनीतिक प्रगति को अवरुद्ध करने हेतु वोटों का अधिकार देकर संयुक्त भारत के स्वाधीनता प्राप्त करने के सभी अवसर नष्ट कर दिए, इस बात से इंकार नही किया जा सकता।

हडसन ने "बंगाल अकाल" का, जो लिनलिथगो के शासन पर सबसे काला धब्बा है, उल्लेख नहीं किया है। लेकिन इस मामले में भी उनकी सफाई देने वाले व्यक्ति की कमी नही हुई। ग्लेन्डेवन लिखते हैं: "बंगाल की इस दु:खद घटना के लिए लिनलिथगो की व्यक्तिगत रूप से कोई आलोचना नहीं हुई, लेकिन उस अकालग्रस्त प्रांत में उनके न जाने पर बड़ी आलोचना हुई है। यहाँ यह सरलता से अनुमान किया जा सकता है कि उनका निर्णय दोषपूर्ण था। लेकिन उस पर निर्णय लेना सरल नहीं था। इस सत्य के अतिरिक्त कि वे उसमें कोई सहायता नहीं कर सकते थे, वे यह जानते थे कि आखरी घड़ी में उनके गलत कदम, उनके उत्तराधिकारी वेवल के लिए स्थिति को और भी कठिन कर देंगे। बंगाल में स्वायत्त शासन था और जो विषम और भीषण समस्या वेहां थी, वह वैधानिक दृष्टि से प्रांतीय समस्या थी। वहाँ जाकर वे वेवल को परेशानी में नहीं डालना चाहते थे क्योंकि उनके वहाँ जाने को राजनीतिज्ञों के द्वारा अनुपयुक्त हस्तक्षेप कहा जाता और अंग्रेजो के द्वारा दिए गए स्वायत्त शासन के खोखलेपन का प्रमाण

कहा जाता। वे इस बात को जानते थे कि उनकी बंगाल यात्रा उन्हें व्यक्तिगत श्रेय दे सकती थी, लेकिन वैयक्तिक प्रचार के विरुद्ध उनकी गहरी चिढ़ जीत गई। सारी दु:खद स्थिति ने उन्हें बहुत प्रभावित किया था और वे उस पर विचार भी करते रहे, लेकिन वे अपना निश्चय नही बदल सके यद्यपि श्रीमती लिनलिथगो ने उनसे बंगाल जाने की प्रार्थना की थी। वे गलत हो सकते थे। वे निश्चिय ही बहुत थक गए थे।"[३]

इस सत्य को ध्यान में रखते हुए कि साम्प्रदायिकता जैसी समस्याओं को उन्होंने "अपने उत्तराधिकारी के लिए अपरिमित रूप से कठिन कर दिया था", यह स्वीकार कर लेना कि उनकी अकाल ग्रस्त बंगाल की यात्रा आने वाले वाइसराय के लिए बड़ी कठिन स्थिति खड़ी कर देती, बड़ा कठिन है। लेकिन वह दूसरा बहाना कि "अंग्रेजों के द्वारा प्रदत्त स्वायत्त शासन" में हस्तक्षेप उस शासन के खोखलेपन का प्रमाण हो जाता, किसी के लिए भी मनोविनोद की बात होगी, यदि यह स्मरण रखा जाए कि सिंध के प्रधानमंत्री अल्लाह बक्श को उसके पद से इसलिए नहीं बरखास्त कर दिया गया था कि उन्होंने अपने प्रान्त की विधान सभा में बहुमत खो दिया था, बल्कि इसलिए वे हटा दिए गए थे क्योंकि सरकारी नीतियों के विरोध में अपनी उपाधि त्याग देने का उनमें साहस था।

लिनलिथगो का कोई समर्थक बेतुके बहानों से मक्खियों की तरह मरते लोगों के प्रति उनकी बेरुखी को ठीक नहीं ठहरा सकता जबकि उन लोगों के नेताओं को स्वयं लिनलिथगो ने जेल में डाल दिया था। निर्विवाद सत्य यह है कि वे इंग्लैण्ड के द्वारा भारत को दासता की जंजीरो में जब तक संभव था, जकड़े देखना चाहते थे। एक रिपोर्ट के अनुसार उन्होंने दुर्गादास से कहा था कि 'भारत अगले पचास वर्ष तक स्वाधीन होने की आशा नहीं कर सकता।"[४] उन्होंने इस आधी सदी की मियाद को घटाने की मेहरबानी की थी जब वेवल को अपना कार्यभार देते हुए उन्होंने कहा था "कम-से-कम अगले तीस वर्ष तक हमें भारत की जिम्मेदारी रखनी पड़ेगी।"[५]

कई अन्य वाइसराय, जैसे कर्जन जिन्हें भारत में पसंद नहीं किया गया, लेकिन वे स्पष्टतया प्रतिक्रियावादी थे और उनमें छल-कपट का पाखण्ड नहीं था। कर्जन ने बंगाल को विखण्डित कर दो टुकड़े कर दिए लेकिन बाद में उनका यह गलत काम ठीक कर दिया था। लिनलिथगो के काले कारनामो ने ऐसी परिस्थिति पैदा कर दी जिसमें देश का बंटवारा अनिवार्य हो गया था और काँग्रेस के तथा उसके उत्तराधिकारियों के सभी प्रयत्न व्यर्थ हो गए। इस आशा से कि काँग्रेस को बंटवारा मंजूर न होगा और भारत पर अंग्रेजी सत्ता अनिश्चितकाल तक रही आएगी, उन्होंने जिन्ना को गाँधीजी के समकक्ष कर दिया था। वे अंग्रेजी शासन को चिरस्थायी रखने में तो असफल रहे, लेकिन अपने उत्तराधिकारियों के द्वारा देश का बँटवारा करने और काँग्रेस के द्वारा उसे उसके तद्जन्य दुष्परिणामों के साथ स्वीकार किए जाने में सफल हो गए। भारत छोड़ते समय भी काँग्रेसजनों को गिरफ्तार करने के सुख का अनुभव करने से भी वे नहीं चूके। वेवल हमें सूचित करते हैं कि भारत में उनके आने पर आपसी बात-चीत में "वे (लिनलिथगो) काँग्रेस के एक प्रमुख आंदोलनकर्ता, जयप्रकाश नारायण को, जो बहुत दिनों से फरार थे, गिरफ्तार करने की अपनी सफलता से बहुत प्रसन्न थे।"[६] यों यह एक छोटी घटना है, लेकिन यह लिनलिथगो की ज़ेहनियत पर रोशनी डालती है, जिन्होंने देशवासियों को स्वतंत्रता प्राप्त करने के अधिकार से वंचित रखा, शांतिपूर्ण विरोध के सभी रास्तों को बन्द कर विद्रोह करने के लिए उत्तेजित

कर दिया था और एक साम्प्रदायिक दैत्य खड़ा कर दिया जिसने उसके टुकड़े-टुकड़े कर डाले जिसे प्रकृति ने अविभाजित रखना चाहा था।

जब स्टैलिन जर्मन सेनाओं को वापस खदेड़ रहे थे, तो लिनलिथगो को यह कहते बताया गया है: "जो स्टैलिन खून से रंगे हाथों वाला पुराना बदमाश है, लेकिन खुदा की कसम, वह लड़ सकता है।"[७] स्टैलिन एक सर्वसत्तात्मक राज्य के प्रधान थे और उनके हाथ उनके देश ही के उनके प्रतिद्वन्दियों के खून से रंगे थे। लिनलिथगो ने, जो एक अहंकारी प्रजातंत्र के प्रतिनिधि थे, अपने हाथ अन्य जाति के अरक्षित निर्दोष लोगों के खून से लाल किए थे। उनमें भी दृढ़ता थी और स्टैलिन के समान ही लड़ सकते थे। लेकिन जब स्टैलिन की आम तौर से भर्त्सना की गई है, इतिहास को अभी इस "विशिष्ट वाइसराय" पर अपना निर्णय देना बाकी है।

कमान्डर-इन-चीफ लार्ड वेवल लार्ड लिनलिथगो के स्थान पर २० अक्टूबर, १९४३ को वाइसराय हुए। लिनलिथगो का ध्येय '"फूट डालो" और रहो" का जान पड़ता है लेकिन वेवल ने अपने समक्ष एक "करो और छोड़कर जाओ" का आदर्श वाक्य रख छोड़ा था, जो अवश्य ही एक उच्च आदर्श था। उनकी भूल केवल यह थी कि 'फूट डालो और रहो" की लिनलिथगो की नीति को इतनी अधिक सफलता मिल गई थी कि हिन्दू और मुसलमानों में एकता हो जाने की कोई गुंजाइश नहीं रह गई थी और वे यह नहीं समझ पाए। लेकिन अपनी ईमानदारी और मित्र तथा शत्रु के साथ एक-सी अपनी स्पष्टवादिता के बावजूद वेवल गाँधीजी तथा काँग्रेस के प्रति पूर्वाग्रह से मुक्त नहीं थे। इंग्लैण्ड के बादशाह को लिखे गए अपने एक पत्र में उन्होंने लिखा था: "मैं कभी भी उस याद से मुक्त नहीं हो सकूंगा जब भारत में युद्ध की बड़ी विषम स्थिति में मैं कमान्डर-इन-चीफ़ की हैसियत से जापानी आक्रमण से बहुत कम साधनों के साथ भारत की रक्षा में लगा था तब काँग्रेस के समर्थकों ने दूर-दूर तक अपनी तोड़-फोड़ और विद्रोहात्मक गतिविधियों से पूर्वी मोर्चे से मेरी संचार व्यवस्था को अस्त-व्यस्त करने का जान-बूझकर प्रयत्न किया था।"[८] यह कहना आवश्यक नहीं है कि इस पूर्वाग्रह ने उनके विवेक को रंग दिया था और उनकी असफलता में भी उक्त पूर्वाग्रह ने योग दिया। चर्चिल और लिनलिथगो की तुलना में वे उदार थे, और एटली तथा पैथिक-लारेन्स की तुलना में वे रूढ़िवादी थे।

अक्टूबर, १९४३ से जुलाई, १९४५ तक वेवल चर्चिल से जमकर लड़ते रहे, और उसके कारण वे भारतीय जनता की सहानुभूति और सद्भावना के भागी भी हुए। पदासीन होने के ६ दिन बाद ही वे कलकत्ता गए और जो भी असहाय और निराधार लोग कलकत्ता की सड़कों पर भटक रहे थे, उन्हें उन्होंने शिविरों में रखने की और उनके खाने-पीने की व्यवस्था की। उन्होंने कलकत्ता में तुरन्त राशनिंग लागू कर दी और ग्रामीण क्षेत्रों में अनाज भेजने का प्रबंध किया। अपनी दृढ़ता से उन्होंने चर्चिल को उस अनाज में से, जो वे यूरोप के मित्र राष्ट्रों को भेजना चाहते थे, कुछ भाग उस भूखे बंगाल को भी देने पर मजबूर किया, जिसके १० लाख लोग, सरकार द्वारा कम आँके गए अनुमान के अनुसार, लिनलिथगो के शासन काल में मर चुके थे। बंगाल के मंत्रिमंडल की असफलता को स्वयं देखकर उन्होंने इंग्लैण्ड की सरकार को उसे बरखास्त कर देने की सिफारिश की थी, लेकिन चूंकि वह मुस्लिम लीगी मंत्रिमंडल था, इसलिए चर्चिल ने उनके प्रस्ताव को अमान्य कर दिया।

जब लार्ड वेवल को कस्तूरबा की मृत्यु का समाचार मिला तो उन्होंने गाँधीजी को सहानुभूति

सूचक पत्र लिखा। उसके बाद उन दोनों में पत्र व्यवहार चलता रहा, लेकिन उसके कारण सरकार के दृष्किोण में कोई अन्तर नहीं पड़ा। अप्रैल, १९४४ के दूसरे सप्ताह में गाँधीजी को मलेरिया हो गया। उनके स्वास्थ्य संबंधी ३ मई के बुलेटिन में बताया गया कि "मि. गाँधी के खून की कमी की स्थिति में काफी गिरावट आ गई है, उनका रक्तचाप और भी नीचे चला गया है। कुल मिलाकर उनका स्वास्थ्य चिन्ताजनक हो गया है।"[९]

लार्ड वेवल सिक्किम में थे, जब उनके वैयक्तिक सचिव ने गाँधीजी को रिहा कर देने के लिए सेक्रेटरी ऑफ स्टेट को तार भेजने के लिए उनकी मंजूरी चाही। उन्हें सूचित किया गया कि बम्बई के सर्जन जेनरल आर.एच. कैन्डी की राय में "गाँधी का स्वास्थ्य बहुत खराब है और किसी भी क्षण उनकी मृत्यु हो सकती है।" अपनी टिप्पणी में उपरोक्त विषय पर लिखी उनकी प्रतिक्रिया थी: "व्यक्तिगत रूप से मैं नहीं मानता कि उनकी सन्निकट मृत्यु के समय उनको मुक्त करने से हमें कोई महत्व प्राप्त होगा और यदि वे जल्दी मरने वाले नहीं हैं, तो ऐसी जल्दी की जरुरत नहीं है। मैं डाक्टरी राय पर भी पूरा भरोसा नहीं कर पाया।"[१०] लेकिन डॉक्टरी राय को नज़र अंदाज कर देना भी उनके लिए कठिन था। सेक्रेटरी ऑफ स्टेट और प्रधानमंत्री चर्चिल भी असमंजस में थे और इस प्रकार महात्मा गाँधी और उनके साथ के लोग ६ मई, १९४४ को रिहा कर दिए गए।

पूना के प्राकृतिक चिकित्सालय में स्वास्थ्य लाभ करते हुए गाँधीजी ने वाइसराय को एक पत्र लिखा जिसमें उन्होंने काँग्रेस कार्यकारिणी समिति के सदस्यों से मिलने की अनुमति मांगी और स्वयं वेवल से मुलाकात की इच्छा प्रगट की। लेकिन २१ जून को सरकार ने एक विवरण प्रकाशित किया जिसमें नज़रबंदी की अवधि में सरकार और गाँधीजी के बीच का पत्राचार दिया हुआ था। उसके बाद वेवल का उत्तर आया जिसमें उन्होंने मुलाकात देने और इस आधार पर कि वे अभी भी "भारत छोड़ो" प्रस्ताव से प्रतिबद्ध थे, काँग्रेस कार्यकारिणी समिति के सदस्यों से उनको मिलने की अनुमति देने से इंकार किया गया था। लेकिन वेवल के पत्र के अंत में विशेष बात लिखी थी "स्वस्थ होने तथा गंभीर विचार के पश्चात् यदि आप भारत के हित में कोई निश्चित तथा रचनात्मक नीति प्रस्तावित करते हैं तो मैं उस पर प्रसन्नता पूर्वक विचार करूँगा।"[११]

इस बीच में "न्यूज क्रानिकल" के संवाददाता स्टेवर्ड गेल्डर भारत आ चुके थे। उन्होंने वेवल से गाँधीजी को मुलाकात देने का बड़ा आग्रह किया। वाइसराय ने उनकी बात नहीं मानी और उनकी पत्रिका में लिखा कि उनका "इरादा गाँधी से तब तक मिलने का नहीं है जब तक वे अपने हृदय के बड़े परिवर्तन के सुनिश्चित संकेत नहीं देते, और जो संभव नहीं जान पड़ता।"[१२] वेवल के गाँधीजी के प्रति इस कड़े रूख का कारण गाँधीजी को मुक्त करवाने में जो कुछ उन्होंने किया था उसके फलस्वरूप चर्चिल का उनसे असन्तुष्ट हो जाना था। वेवल के साथ गेल्डर की मुलाकात होने के कुछ दिन बाद ही उन्हें चर्चिल का एक "चिड़चिड़ा तार" मिला था जिसमें पूछा गया था कि "गाँधी अभी तक क्यों नहीं मरे।"[१३]

वेवल से निराश होकर गेल्डर गाँधीजी से मिले और उन्होंने उनसे सीधा सवाल किया: "मान लीजिए कि काँग्रेस कार्यकारिणी के सदस्य कल जेल से रिहा कर दिए जाते हैं और सरकार भारत को वह नहीं देना चाहती जो वे मांगते हैं, तब क्या आप सविनय अवज्ञा आंदोलन प्रारंभ करेंगे?" गाँधीजी

ने उत्तर दिया कि "यदि कार्यकारिणी कमेटी बाहर आ जाती है, तो वह वर्तमान स्थिति पर विचार करेगी, मुझसे और आपस में सदस्य सलाह मशविरा करेंगे। मैं आपसे यह कह सकता हूँ कि आज सत्याग्रह करने का मेरा इरादा नहीं है। मैं देश को १९४२ की ओर वापस नहीं ले जा सकता, इतिहास कभी भी नहीं दोहराया जा सकता। काँग्रेस के द्वारा अधिकृत न किए जाने पर भी यदि मैं चाहूँ तो जनता में माने गए मेरे प्रभाव के बल पर मैं आज भी सत्याग्रह आंदोलन प्रारंभ कर सकता हूँ। लेकिन मैं यह ब्रिटिश सरकार के लिए केवल झंझट ही खड़ा करने के लिए करूंगा। यह मेरा उद्देश्य नहीं हो सकता। लेकिन कार्यकारिणी, जब जनता कष्ट उठा रही हो, चुप नहीं बैठेगी। मेरा विश्वास है कि जब तक अंग्रेजों के हाथों से सत्ता भारतीयों को हस्तांतरित नहीं होती, हम स्थिति का संतोषप्रद हल नहीं निकाल सकते और न हम जनता के कष्टों को ही दूर कर सकते हैं। इस हस्तांतरण की अनुपस्थिति में जनता के कष्ट के निवारण के लिए काँग्रेस तथा दूसरे लोगों का प्रयत्न सरकार से टकराव की स्थिति ही ले आएगा।"[१४]

१५ जुलाई को गाँधीजी ने गेल्डर के साथ हुई अपनी मुलाकात की ओर वेवल का ध्यान खींचा। लेकिन वेवल ने उस पर कोई टिप्पणी करने से इंकार किया और अपने पिछले आश्वासन को उन्होंने दोहराया कि "यदि आप कोई निश्चित रचनात्मक नीति प्रस्तुत करते हैं, तो मैं उस पर प्रसन्नता पूर्वक विचार करूँगा।"[१५] महात्मा गाँधी ने उसके उत्तर में २७ जुलाई के अपने पत्र में यह निश्चित प्रस्ताव किया- "मैं काँग्रेस कार्यकारिणी समिति को यह सलाह देने को तैयार हूँ कि परिवर्तित स्थिति में, अगस्त, १९४२ के प्रस्ताव में निर्देशित जन सत्याग्रह नहीं किया जा सकता है और काँग्रेस के द्वारा युद्ध प्रयासों में पूरा सहयोग दिया जाना चाहिए, यदि भारत को तत्काल स्वतंत्र किए जाने की घोषणा की जाती है, और केन्द्रीय असेम्बली उत्तरदायी राष्ट्रीय सरकार बनायी जाती है, बशर्ते युद्ध के समय जैसा वर्तमान में है, सैनिक गतिविधियां यथावत चलती रहने का आर्थिक बोझ भारत पर न लादा जावे। यदि ब्रिटिश सरकार की समझौते की मंशा है, तो पत्राचार न होकर परस्पर मैत्रीपूर्ण बातचीत की जाए। लेकिन मैं आपके अधिकार में हूँ। जब तक सम्मानजनक समझौते की आशा है, मैं आपका द्वार खटखटाता रहूँगा।"[१६]

इसी बीच राजगोपालाचारी ने मुस्लिम लीग की पाकिस्तान की मांग से संबंधित एक सूत्र के विषय में जिन्ना से हुए अपने पत्रव्यवहार को प्रकाशित कर दिया। राजाजी गाँधीजी से, जब वे अनशन कर रहे थे, आगा खाँ महल में मिले थे और उनसे अपने सूत्र पर उन्होंने स्वीकृति प्राप्त कर ली थी। उनकी योजना के अनुसार "मुस्लिम लीग स्वतंत्रता की मांग का समर्थन करेगी और केन्द्र में अस्थायी अन्तरिम सरकार बनाने में सहयोग देगी। युद्ध समाप्ति पर उत्तर-पश्चिम तथा उत्तर-पूर्व भारत के उन एक-दूसरे से लगे जिलों का सीमांकन करने के लिए, जहाँ मुसलमान बहुसंख्यक हैं, एक कमीशन नियुक्त किया जावेगा और उन भागों के सभी निवासियों में भारत से अलग होने के विषय पर जनमत संग्रह किया जावेगा। यदि बहुमत एक पृथक सार्वभौम राज्य के गठन के पक्ष में होगा, तो उसे कार्यान्वित किया जावेगा। सभी राजनीतिक दलों को जनमत संग्रह से पहले अपना दृष्टिकोण प्रस्तुत करने की स्वतंत्रता रहेगी। अलग हो जाने की स्थिति में, रक्षा, व्यापार, संचार व्यवस्था तथा अन्य आवश्यक विषयों के सम्बन्ध में एक आपसी समझौता किया जावेगा। जनसमुदाय का इधर से उधर आना-जाना पूर्णतः अपनी

इच्छा पर निर्भर रहेगा। ये शर्तें ब्रिटेन के द्वारा भारतीयों को पूर्ण सत्ता और भारत के शासन की पूरी जिम्मेदारी दी जाने की स्थिति में ही लागू होंगी।"[१७]

जिन्ना ने उक्त सूत्र को लीग के समक्ष रखने की सहमति व्यक्त की, लेकिन व्यक्तिगत रूप से उसके स्वीकृत अथवा अस्वीकृत किए जाने के विषय में कोई जिम्मेदारी उन्होंने नहीं ली। जिन्ना के इस दृष्टिकोण ने राजाजी को गाँधीजी द्वारा जिन्ना को पत्र लिखने और उनसे मुलाकात करने के लिए सलाह देने का प्रोत्साहन दिया होगा। १७ जुलाई को लिखे गए अपने पत्र में गाँधीजी ने जिन्ना को "भाई जिन्ना" संबोधित किया और "आपका भाई गाँधी" लिखकर हस्ताक्षर किए। जिन्ना ने अपनी ओर से उन्हें "प्रिय मिस्टर गाँधी" लिखा और "एम.ए. जिन्ना" अपने हस्ताक्षर किए। फिर भी, उन्होंने लीग की कार्यकारिणी समिति के समक्ष उस सूत्र को रखा और लीग ने उन्हें गाँधीजी से बातचीत करने के लिए अधिकृत किया। यद्यपि दोनों के बीच में मुलाकात बहुत देर से, ९ सितम्बर को हुई, लेकिन जिन्ना सार्वजनिक रूप से उस सूत्र का विरोध करने से नहीं चूके और उस सूत्र को "शुद्ध आदेश जिसमें कोई परिवर्तन न हो सके" की संज्ञा दी और कहा कि वह सूत्र असलियत की परछाई, भूसा, लूला लंगड़ा विकृत पाकिस्तान" ही देता है। लेकिन उनकी इस नुकताचीनी ने उन्हें इस सत्य पर प्रसन्न होने से नहीं रोका कि गाँधीजी ने उस सूत्र को अपनी स्वीकृति दे दी थी, और जिन्ना को अपनी बराबरी का मान कर उनसे वार्तालाप करने पर सहमत हो गए थे। यह बात उनके उसी बयान से स्पष्ट हो जाती है:" लेकिन अंत में यह और प्रगति के लिए अच्छा तथा अनुकूल है। मिस्टर गाँधी ने, किसी हद तक, व्यक्तिगत रूप से भारत के विभाजन के सिद्धांत को मान लिया है। अब यही प्रश्न बच जाता है कि वह कब और किस तरह कार्यान्वित किया जाएँ"

गाँधी-जिन्ना वार्ता के विस्तृत विवरण में, जो ९ सितम्बर को प्रारंभ हुई, और रूक-रूक कर २१ सितम्बर तक चलकर पूर्णत: विफल हो गई, जाना आवश्यक नहीं है। उन दोनों में जो पत्र व्यवहार हुआ, वह प्रकाशित किया गया और प्रचार भी उसका बहुत हुआ। जिन्ना ने गाँधीजी पर ढोंग करने का आरोप लगाया और कहा भारत के विभाजन की बात सिर्फ उनकी जबान पर ही है, मन में नहीं है। और बातों के साथ गाँधीजी सूत्र की इस शर्त पर अड़ गए थे कि विभाजन अंग्रेजों के हिन्दुस्तान से चले जाने के बाद ही होगा। इस बात पर जिन्ना के सहमत हो जाने का अर्थ यह था कि अंग्रेजों की भारत में मौजूदगी के उस स्तम्भ को ही अपने हाथों से ढा देना था जिस पर पाकिस्तान पाने की उनकी आशा टिकी थी। लेकिन राजनीतिक पर्यवेक्षकों की दृष्टि में गाँधीजी ने उनसे वार्ता कर अपने को कठिन स्थिति में डाल लिया था, उस वार्ता से जिन्ना की प्रतिष्ठा आसमान छूने लगी थी और उसने साम्प्रदायिक अलगाव को मज़बूत कर दिया था।

उस पूरी अवधि में जब गाँधीजी नज़रबन्द थे, राजाजी ने जिन्ना को मनाने के लिए कुछ भी नहीं छोड़ा लेकिन हर बार जिन्ना ने उनको झिड़क दिया। इसे उन्हें इस बात के लिए समुचित संकेत मान लेना चाहिए था कि गाँधीजी को अपने प्रयत्नों में उलझा देने में गाँधीजी मात्र अपमानित ही नहीं होंगे, बल्कि उससे काँग्रेस की स्थिति भी परोक्ष रूप से कठिन हो जावेगी। गाँधीजी के प्रमुख सहयोगी तो जेल में थे, और राजाजी ने भूलाभाई देसाई के साथ गाँधीजी पर कब्जा कर लिया था। बी. शिवा राव के कथनानुसार, वे इन दोनों के साथ "गाँधीजी से रोज मिला करते थे," लेकिन जब वे एक बार अकेले

गाँधीजी से मिले तो वे "जिन्ना से किसी समझौते की आशा नहीं करते थे" और "वे इस कमी को महसूस कर रहे थे कि जिन्ना से बातचीत करने से पूर्व और उसके पश्चात् काँग्रेस कार्यकारिणी के सदस्य परामर्श के लिए उन्हें उपलब्ध नहीं रहेंगे।"[१८]

लेकिन इच्छा से अथवा अनिच्छा से, राजाजी ने जिन्ना से मिलने के लिए गाँधीजी को राजी कर लिया। केवल यही नहीं, जिन्ना ने अपने वक्तव्य में राजाजी के सूत्र के विरुद्ध कठोर शब्दों में, जो गाँधीजी से हुई मुलाकात के बहुत पहले कहा था, उसकी ओर भी उन्होंने ध्यान नहीं दिया। तथापि, यदि यह सब कुछ यदि समुचित चेतावनी न थी, तो पहली मुलाकात में ही गाँधीजी के साथ जिन्ना के व्यवहार को राजाजी की आंखें खोल देना चाहिए था। गाँधीजी ने राजाजी को मुलाकात की रिपोर्ट यह दी: "यह मेरे धैर्य की परीक्षा थी। आपके सूत्र और आपके लिए उनकी घृणा लड़खड़ा देने वाली थी...। मैं कहने ही वाला था कि "मैं वापस जाऊंगा।" लेकिन इस लोभ को मैंने रोका। मैंने उनसे कहा, 'आप यदि मेरे विचार बदल सकते हैं तो मैं आपको पूरी सहायता करूंगा...।' उन्होंने कहा, 'हाँ, मैं जानता हूँ, यदि मैं आपको बदल सकता हूँ, तो आप मेरे साथी हो जावेंगे।'[१९]

यह सुनने के बाद, राजाजी का स्थान कोई भी होता, तो वह कहता, "बस, हद हो गई", और महात्मा गाँधी को वार्ता समाप्त करने का परामर्श देता। यह कहना मात्र अनुमान ही नहीं है कि यदि नेहरु और पटेल स्वतंत्र होते, तो गाँधीजी को एक ऐसे व्यक्ति से अपमानित न होना पड़ता जिसे अंग्रेजों ने अपनी स्वार्थ सिद्धि के लिए इतना चढ़ा दिया था कि वह किसी भी स्वतंत्रता प्रिय भारतीय से तिरस्कार पूर्ण व्यवहार कर सकता था। बाद में लुई फिशर के एक प्रश्न के उत्तर में कि १८ दिन जिन्ना के सम्पर्क से उन्होंने क्या सीखा, गाँधीजी ने कहा: "मैं समझ गया कि वह विक्षिप्त है। कभी-कभी एक विक्षिप्त विक्षिप्तता छोड़ कर जिम्मेदार हो जाता है। मुझे उनसे वार्तालाप करने का कभी खेद नहीं हुआ। मैं इतना अड़ियल कभी नहीं रहा कि कुछ सीख न सकूं। मेरी प्रत्येक पराजय सोपान सिद्ध हुई है। मैं जिन्ना के साथ प्रगति इसलिए नहीं कर सका क्योंकि वे विक्षिप्त हैं, लेकिन बातचीत के दौरान उनके व्यवहार से कई मुसलमान नेता भी ऊब गए थे।"[२०]

जिन्ना से गाँधीजी की बातचीत भी गलत समय पर हुई, यह गवर्नर जेनरल के वैधानिक सलाहकार वी.पी. मेनन ने व्यक्त की है: "भारत के विभाजन के प्रस्ताव पर जिन्ना से बातचीत कम से कम अत्यन्त असामयिक थी। बंगाल, सिंध और उत्तर पश्चिम सीमा प्रान्त के लीगी मंत्रिमंडल स्थायी नहीं थे। इसके अतिरिक्त पंजाब के प्रधानमंत्री खिज़्रहयात खाँ की अपने 'संयुक्तवादी मंत्रिमंडल' को 'मुस्लिम लीग सहयोगी मंत्रिमंडल में परिवर्तित कर देने की इंकारी ने जिन्ना की प्रतिष्ठा में कोई वृद्धि नहीं की थी। ऐसी परिस्थितियों में गाँधीजी की यह चेष्टा जिन्ना के हाथ ही मजबूत करने वाला और मुस्लिम लीग की मांग को आगे बढ़ाने वाला ही प्रमाणित हुई। यह मत कई प्रमुख काँग्रेसजनों का भी था।"[२१]

आश्चर्य है कि जिन्ना के द्वारा बार-बार झिड़के जाने पर भी राजाजी ने उन अन्य मुसलमान नेताओं से सम्पर्क क्यों नहीं किया, जिनका मुस्लिम बहुसंख्यक प्रांतों पर नियंत्रण था और जो जिन्ना से स्वतंत्र अपनी स्थिति बनाने के लिए संघर्ष कर रहे थे। समाजवादी नेहरु के द्वारा सिकन्दर हयात खाँ और ख़िज़्रहयात खाँ जैसे राजभक्त जमीदारों से कोई संपर्क न रखने की बात तो समझ में आती है, लेकिन राजाजी को उनसे समझौता करने में कोई सैद्धांतिक आपत्ति नहीं थी। इस प्रयास में उन्हें

अप्रत्यक्ष रूप से वेवल का समर्थन भी मिल जाता, जो अपने पूर्वाधिकारी लिनलिथगो की नीति के विरुद्ध खिज्रहयात खाँ के संयुक्तवादी मंत्रिमंडल के, जिसमें पंजाब के तीनों संप्रदायों मुसलमान, हिन्दू और सिक्खों का प्रतिनिधित्व था, रहे आने के पक्ष में थे। पाकिस्तान से पंजाब के अलग रखने से उस योजना का आधार ही लुढ़क गया होता। अपनी मृत्यु तक सिकन्दर हयात खाँ खुल्लमखुल्ला पाकिस्तान का विरोध करते रहे और उनके उत्तराधिकारी ख़िज्रहयात खाँ भी उसके विरुद्ध रहे आए। दुर्भाग्य से, राजाजी जिन्ना को मना कर केन्द्र में एक अस्थायी सरकार की स्थापना करने पर तुले हुए थे और विभाजन का विरोध करने के लिए उपाय ढूंढ़ने की ओर उन्होंने कभी ध्यान नहीं दिया।

जिन दिनों गाँधी-जिन्ना मुलाकात का प्रबंध किया जा रहा था, वेवल गाँधीजी को उत्तर देने के प्रारूप के सम्बन्ध में व्हाइट हॉल से विचार-विनिमय में संलग्न थे। वेवल की पत्रिका के सम्पादक पेन्डेरल मून लिखते हैं: "उत्तर का वह प्रारूप मैत्रीपूर्ण था और वार्तालाप के द्वार खोलने की इच्छा व्यक्त करता था, जबकि इंग्लैण्ड सरकार के मंत्रिमंडल का प्रारूप द्वार को बन्द रखने का दृष्टिकोण लिए था। वेवल ने उत्तर का जो प्रारूप तैयार किया था वह कैबिनेट की दृष्टि में 'बहुत स्पष्ट तथा समाधानकारक था', और उन्होंने उसका 'स्वर कठोर' करने का निर्णय लिया। इसलिए, उन्होंने उससे सारी मैत्री-सूचक तथा शालीन अभिव्यक्ति को निकालकर....एक नया पैराग्राफ उसमें जोड़ा, जो युद्ध समाप्ति के पश्चात् प्रतिबन्ध रहित स्वतंत्रता के प्रस्ताव के साथ कई शर्तों पर, विशेषत: जातीय, विभिन्न धर्मावलम्बी अल्पसंख्यकों तथा पिछड़े वर्गों के हितों की रक्षात्मक शर्तों पर बहुत ज़ोर देकर यह संभावना व्यक्त करता जान पड़ता था, कि स्वतंत्रता देने की बात अनिश्चितकाल के लिए स्थगित की जा सकती थी।"[२२]

वेवल को गाँधीजी के पास व्हाइट हाल द्वारा संशोधित उत्तर भेजना था। उनकी पत्रिका में २२ अगस्त की उनकी टीप से प्रकट होता है कि ब्रिटिश मंत्रिमंडल के हस्तक्षेप से उन्हें कितनी पीड़ा हुई थी: "कैबिनेट द्वारा गाँधी को दिए जाने वाले उत्तर की काट-छांट का परिणाम वही हुआ जिसकी चेतावनी मैंने पहले दे दी थी। उसकी तीव्र प्रतिक्रिया हुई है। वह प्रतिक्रिया पत्र की अभिव्यक्ति पर यह हुई कि उसे अशिष्ट और दंभपूर्ण की संज्ञा दी गई। पिछड़े वर्ग की चर्चा उसमें करने और अस्थायी सरकार की स्थापना से पहले क्रिप्स प्रस्ताव के ऊपर कई और शर्तें लादने पर तथा उस पत्र के गाँधी के पास पहुँचने पर तत्काल ही प्रकाशित किए जाने पर कड़ी आलोचना की गई। यह सब प्रतिक्रिया कैबिनेट द्वारा की गई काट-छांट से हुई, और जो मेरा मूल प्रारूप था उसके कारण न होती। वस्तुत: एक ही झटके में कैबिनेट ने गाँधी से पत्राचार में मेरी न्यायोचित बुद्धि और अच्छे स्वभाव के यश को नष्ट कर दिया है और इस प्रकार काँग्रेस के साथ फलदायक वार्ता के लिए मेरी उपयोगिता उसने कम कर दी है। प्रधानमंत्री का संभवत: यह अभिप्राय भी था।"[२३]

गाँधी-जिन्ना वार्ता की असफलता की सूचना जब उन्हें दी गई तो ३० सितम्बर को अपनी पत्रिका में उन्होंने लिखा: "गाँधी-जिन्ना वार्ता पूर्ण व्यर्थता में समाप्त हो गई। मुझे कहना चाहिए कि मैं कुछ अच्छी बात की अपेक्षा करता था। मुझे किसी राजनीतिक समझदारी या किसी व्यवहारिक समाधान की आशा नहीं थी, लेकिन मैंने सोचा था कि दोनों यदि और कुछ न कर पाते, तो भारत सरकार को कठिन स्थिति में डालने की इच्छा से किसी बात पर ही आपस में सहमत हो जाते। उनके परस्पर पत्रों का इतना

निष्फल होना भारतीय राजनीतिज्ञता का बड़ा शोचनीय उद्घाटन है। दो बड़े पहाड़ मिले और एक चूहा भी नहीं ऊपर आया। यह नेता के रूप में गाँधी की प्रतिष्ठा को विस्फोटित कर देता है। जिन्ना का काम बड़ा सरल था। उन्हें तो गाँधी से केवल यही कहते रहना था कि आप बकवास कर रहे हैं, जो सच ही था, और उन्होंने आशिष्ट ढंग से अपनी दुर्बलता को व्यक्त किए बिना, और किसी प्रकार पाकिस्तान की परिभाषा किए बिना वह काम किया। मैं मानता हूँ कि उनका यह कार्य उनके अनुयायियों में उनकी प्रतिष्ठा बढ़ा सकता है, लेकिन किसी विचारशील व्यक्ति के लिए वह उनकी प्रतिष्ठा में वृद्धि नहीं कर सकता। मैं नहीं कह सकता कि इंग्लैंड की सरकार पर इसकी क्या प्रतिक्रिया होगी। मुझे भय है कि आगे कोई बात चलाने में उनकी अनिच्छा में वृद्धि होगी।"[२४]

२४ अक्टूबर को वेवल के वाइसराय होने का जब एक वर्ष पूरा हुआ तो उन्होंने सीधे चर्चिल को एक लम्बा पत्र भेजा, जिसके प्रारंभ में उन्होंने लिखा कि "मैं पूर्णत: बिना किसी हिचकिचाहट के स्पष्ट लिखना चाहता हूँ।" ब्रिटिश सरकार की 'उपेक्षा को अथवा मित्रता रहित दृष्टिकोण को प्रमाणित करने के लिए कई उदाहरण देने के पश्चात् वेवल ने लिखा: "मैं यह नहीं सोच सकता कि हम बलपूर्वक किसी प्रकार भारत को दबाकर रख सकेंगे। भारत के निवासी नरम प्रकृति के लोग हैं और कठोरता से मामूली ताकत का इस्तेमाल भी पर्याप्त होगा लेकिन मुझे जान पड़ता है कि ब्रिटिश सरकार जनता दमन की नीति में सम्मिलित नहीं होना चाहेगी, और न विश्व का जनमत उसे पसंद करेगा। साथ ही युद्ध की समाप्ति के पश्चात् भारत पर कब्जा रखने के लिए अंग्रेज सैनिक यहां बड़ी संख्या में रहना भी नहीं चाहेंगे। ब्रिटिश सम्बन्ध के लिए मौन सहमति होनी आवश्यक है यदि हम भारत के राष्ट्रमण्डल में रहे आने के इच्छुक हैं।" वेवल ने यह भी कहा कि "अंग्रेज अधिकारी "मरणासन्न" हो गए हैं। वरिष्ठ अधिकारी थक गए हैं, और हताश हो गये है तथा युद्ध के पश्चात् अच्छे अधिकारी मिलना अत्यधिक कठिन हो जावेगा।"

इसके बाद वेवल ने यह प्रस्ताव किया कि युद्ध खत्म होने के काफी पहले राजनीतिक गतिरोध को दूर करने के लिए फिर से प्रयत्न किया जाना चाहिए। उन्होंने ऐसा प्रस्ताव इस भूमिका के आधार पर किया- "जापानी युद्ध के पश्चात् हमें राजनीतिक बंदियों को छोड़ना होगा। छूटने पर वे अपने देश को अस्त-व्यस्त और असंतुष्ट पाएंगे। अन्न की कमी रहेगी, फौजें विघटित की जावेंगी और लड़ाई के सामान की फैक्ट्रियाँ बन्द की जावेंगी। इसी तरह क्लर्कों की आवश्यकता से अधिक संख्या को समाप्त करने से कई व्यक्ति बेरोजगार हो जावेंगे। नेतागण आंदोलन करने के लिए अच्छी भूमि पा जावेंगे, जब तक कि हम उनकी शक्ति को प्रशासनिक और वैधानिक समस्याओं जैसी अधिक उपयोगी गतिविधियों में संलग्न नहीं कर देते। बिना जोखिम उठाए हम कोई कदम नहीं रख सकते: लेकिन सबसे बड़ा संकट यह है कि युद्ध के बाद भारत एक रिसता हुआ नासूर हो जावेगा जो ब्रिटिश साम्राज्य की शक्ति को निचोड़ लेगा। मैं मानता हूँ कि भारत अभी भी राष्ट्र मण्डल में रखा जा सकता है, यद्यपि मैं नहीं सोचता कि यह बहुत सरल होगा। यदि हम अभी कोई प्रयत्न नहीं करते हैं, तो हो सकता है कि हम किसी तरह से कुछ वर्षों तक उस पर कब्जा किए रहेंगे, लेकिन अंत में वह अराजक स्थिति में पहुँच जावेगा और संभवत: किसी दूसरे हाथ में चला जावेगा।

"हमारे किसी प्रयत्न को प्रभावी होने के लिए' उसे भारतीय भावना पर अधिकार करने के योग्य

होना चाहिए। यदि भारत पर शक्ति के भरोसे शासन नहीं करना है, तो बुद्धि की अपेक्षा उसका शासन हृदय के द्वारा किया जाएँ हमारा प्रयत्न सच्चा तथा मैत्री पूर्ण होना चाहिए और तदनुसार भारत के प्रति हमारा दृष्टिकोण भी बदलना चाहिए। मैं इस दिशा में प्रयत्न करने का प्रस्ताव रखने को तैयार हूँ, जिसमें जोखिम तो है, लेकिन मेरे विचार से प्रगति के लिए वह सबसे अच्छा संयोग देता है।

"मेरे मन में जो है, उसके अनुसार क्रिप्स घोषणा में कही गई, केन्द्र में वर्तमान विधान के अन्तर्गत, अस्थायी सरकार का बनाना है। यह आवश्यक नहीं है कि उसके साथ ही हो, लेकिन किसी वैधानिक समझौते के लिए प्रयत्न भी किया जाना चाहिए।" वाइसराय ने यह लिखकर अपना पत्र समाप्त किया कि "जोखिम अथवा संभावित असफलता के भय से भारतीय स्थिति में सुधार लाने की योजना को गलत कह देना सरल है। लेकिन यदि हमें प्रगति करना है तो हमें खतरों को उठाना पड़ेगा और असफलता के लिए प्रस्तुत रहना पड़ेगा। लेकिन कोई भी प्रयत्न जो ईमानदारी और उदारता के किया गया है, वह असफल होने पर भी अच्छाई लाता है।

"जैसा आप जानते हैं, मेरा कोई स्वार्थ नहीं है। मैंने इस पद के लिए न तो प्रयत्न किया और न इच्छा ही की, लेकिन चूँकि मैं ब्रिटिश राष्ट्रमण्डल के भविष्य के लिए, हम जिसके सेवक हैं इतने बड़े जिम्मेदारी के पद पर रखा गया हूँ, मैं निष्पक्ष रूप से, बिना अनुग्रह अथवा अनुराग के अपने विचार आपके समक्ष रखना अपना कर्त्तव्य मानता हूँ।"[२५]

दिसम्बर के अंत में वेवल को एमरी का एक तार मिला कि ब्रिटिश सरकार भारत के मामले में कोई कदम नहीं उठाएगी जब तक आप स्वयं लंदन नहीं पहुँचते। इस परामर्श के अनुरूप वेवल शीघ्रातिशीघ्र लंदन जाना चाहते थे, लेकिन चर्चिल ने उसे जून, १९४५ तक टालने की कोशिश की। लेकिन जब उन्होंने कड़ा प्रतिवाद किया तो २१ मार्च, १९४५ को उन्हें लंदन रवाना होने की अनुमति मिली।

इस बीच में, लेजिस्लेटिव असेम्बली में काँग्रेस दल के नेता भूलाभाई देसाई ने केन्द्र में एक अस्थायी सरकार बनाने के उद्देश्य से मुस्लिम लीग के उप-नेता लियाकत अली खाँ से व्यक्तिगत चर्चा की। यद्यपि राजाजी और भूलाभाई का लक्ष्य एक ही था, देसाई ने पाकिस्तान के प्रश्न से अलग हट कर केन्द्र सरकार की स्थापना के लक्ष्य तक ही मुस्लिम लीग से समझौता वार्ता की। उनका सूत्र था कि "देसाई और जिन्ना को केन्द्र में सरकार बनाने के लिए निमंत्रित किया जाएँ

"वे फिर केन्द्रीय विधान सभा के विभिन्न दलों से विचार-विमर्श कर कार्यकारिणी में सम्मिलित किए जाने वाले सदस्यों की सूची गवर्नर जनरल को पेश करेंगे। यह चयन विधान सभा के सदस्यों तक ही सीमित नहीं होगा।

"कार्यकारिणी में साम्प्रदायिक प्रतिनिधित्व आपसी समझौते से होगा। इस मामले में भूलाभाई भरसक निबाहना चाहेंगे (उन्होंने कहा कि जहाँ तक उनका सम्बन्ध था, यदि मुस्लिम लीग काँग्रेस के बराबर की संख्या में अपने सदस्य कौंसिल में रखने का आग्रह करती है, तो वे उस पर भी सहमत थे बशर्ते अन्य दलों का २० प्रतिशत प्रतिनिधित्व उसमें हो।

"अस्थाई सरकार मौजूदा विधान के अन्तर्गत कार्यरत रहेगी, लेकिन गवर्नर जनरल और कमान्डर-इन-चीफ के अतिरिक्त कार्यकारिणी के अन्य सदस्य भारतीय रहेंगे।

"जहाँ तक लम्बी अवधि के समाधान का प्रश्न है, कोई वचनबद्धता नहीं होगी। वैसा समाधान अस्थायी सरकार के लगभग एक वर्ष तक कार्य करने पर अधिक सरलता से हो सकेगा।

"प्रांतों में इस समय की सरकारों में कोई हस्तक्षेप नहीं किया जावेगा यद्यपि विभिन्न दलों में समझौता के आधार पर सहयोजन हो जावेगा जिसमें अंग्रेज सरकार का कोई हस्तक्षेप नहीं होगा। धारा ९३ के अन्तर्गत शासन संयुक्त मंत्रिमण्डल में बदल जावेंगे, जिनमें काँग्रेस और मुस्लिम लीग के व्यक्ति सम्मिलित रहेंगे।

"केन्द्र के लिए अथवा प्रांतों के लिए आम चुनाव नहीं किए जावेंगे।"

"अन्तर्कालीन केन्द्रीय अस्थायी सरकार की स्थापना से पूर्व नज़रबंदों को रिहा नहीं किया जावेगा।"[२६]

इन प्रस्तावों में सबसे खराब बात थी-काँग्रेस और मुस्लिम लीग के बीच देसाई द्वारा बराबर प्रतिनिधित्व को स्वीकार करना। यह यथार्थ में जिन्ना के दो-राष्ट्र के सिद्धांत को मान्यता देना था। सवर्ण हिन्दुओं और मुसलमानों में बराबरी की जिन्ना की मांग को लिनलिथगो ने भी नामंजूर कर दिया था। राजनीतिक गतिरोध को दूर करने की अपनी चिंता के कारण तथा नज़रबंद अपने प्रमुख साथियों की सलाह न मिलने के कारण दूसरी बार गाँधीजी देसाई योजना के जाल में फंस गए और उसे अपनी स्वीकृति दे दी। चूँकि ये प्रस्ताव वेवल के विचारों के अनुकूल थे, इसलिए उन्होंने इन प्रस्तावों को सेक्रेटरी ऑफ स्टेट के पास भेजने में विलम्ब नहीं किया।

वस्तुत: इस अनुमान के लिए आधार है कि देसाई को वाइसराय के विचारों से अवगत कराया गया था और उन्होंने तदनुसार योजना तैयार की थी। इस सम्बघ में अपनी पत्रिका में वेवल की १३ जनवरी की टीप महत्वपूर्ण है: "इन्हीं दिनों वाइसराय के व्यक्तिगत सचिव जेन्किन्स असेम्बली में कांग्रेस दल के नेता भूलाभाई देसाई से मिलते रहे थे जिन्होने यह कहा था कि केन्द्र और प्रांतों में युद्ध की अवधि में वर्तमान विधान के अन्तर्गत संयुक्त सरकारें बनाने के प्रस्ताव पर उन्हें गाँधी और जिन्ना दोनों की सहमति प्राप्त थी। वास्तव में, उनके प्रस्ताव, मेरे द्वारा इंगलैण्ड सरकार को भेजे गये सुझाव के बहुत निकट हैं। मैंने इंगलैण्ड सरकार को तार दिया है कि अपने दौरे से वापस आने पर मैं देसाई से मिलने का विचार रखता हूँ और इस नए प्रस्ताव की उपेक्षा नहीं की जा सकती। उन्हें विश्वास हो जावेगा कि उन्हें मजबूर करने के लिए यह योजना मैंने ही बनवायी है, चूकि हाल ही में मैं देसाई और जिन्ना से मिला हूँ । मैं सोचता हूँ कि भारत की ओर से इस प्रस्ताव का रखा जाना कई दृष्टि से सुविधाजनक हो सकता है। लेकिन इंगलैण्ड सरकार से इस संबंध में अच्छी नोंक-झोंक करनी पड़ेगी।

कई स्पष्टीकरण मांगने के साथ ही व्हाइटहाल ने वाइसराय से जिन्ना से कोई वादा किए बिना उनकी प्रतिक्रिया को जानने के लिए मिलने का आग्रह किया। वेवल के कहने पर जब बम्बई के गवर्नर जिन्ना से मिले तो जिन्ना ने देसाई-लियाकत अली समझौते की कोई जानकारी होने से सिर्फ अस्वीकार ही नहीं किया, बल्कि इस आशय का एक वक्तव्य भी उन्होंने दे डाला। वी.पी. मेनन लिखते हैं: "जिन्ना के द्वारा उक्त समझौते की जानकारी न होने के दावे के बावजूद देसाई अपनी योजना के लिए समर्थन प्राप्त करने में बेहिचक जुटे रहे। इसी समय देसाई मुझे भी मिल गए। उन्होंने कहा कि जिन्ना के द्वारा दिए गए खण्डन की ओर ध्यान नहीं देना चाहिए, जिसकी भाषा में बड़ी सावधानी बरती गई है। साथ

ही उन्होंने कहा कि जो कुछ किया था, उसकी जानकारी गाँधीजी को पहले से थी और यदि सरकार उनकी योजना को स्वीकार कर लेती है, तो जिन्ना निश्चित रूप से उसमें सम्मिलित हो जावेंगे, हालांकि सार्वजनिक रूप से उसके प्रति वे अपना असंतोष प्रकट करने से न चूके। मुझे स्मरण है कि उन्होंने एक गुजराती कहावत भी कही थी, जिसका आशय था कि कोई भोजन की शिकायत कितनी भी करे लेकिन उसे वह खाता भी है।"[२७]

यद्यपि वेवल ने जिन्ना के द्वारा देसाई-लियाकत वार्ता के सम्बन्ध में जानकारी न होने के जिन्ना के दावे को "बिल्कुल झूठ" माना था, उन्हें देसाई के तरीकों से भी घृणा हो गई और उन्हें वे सिर्फ हेराफेरी करने वाला आदमी मानने लगे। १० मार्च को उन्होंने अपनी पत्रिका में लिखा: "मुझे बताया गया है कि देसाई ने अपने मित्रों को मंत्री पद देने का कार्य भी प्रारंभ कर दिया है" और यह भी लिखा कि "मेरे साथ व्यवहार करने का यह अच्छा तरीका नहीं है। मैंने इंग्लैण्ड जाने से पहले देसाई से अब न मिलने का निर्णय किया है।" और दो माह इंग्लैण्ड में रहने के बाद वे जब ६ जून, १९४५ को कराची में उतरे, तब उन्होंने फिर लिखा कि "यहां आने पर मैंने सुना कि देसाई कहते रहे हैं कि मैं उनकी जेब में हूँ, और मुझे उन्हें तुरन्त बुलाना चाहिए।"

बाद में भूलाभाई देसाई का काँग्रेस के सभी पदों से हटाया जाना एक बड़े विवाद का विषय हो गया था और काँग्रेस हाईकमान के महत्वपूर्ण सदस्यों पर व्यक्तिगत स्वार्थों से प्रभावित होकर देसाई की 'हत्या' करने का आरोप है। कार्यकारिणी में प्रस्ताव के गुण-दोषों के आधार पर विचार न कर व्यक्तिगत महत्वाकांक्षाओं की पृष्ठभूमि में उन पर विचार किया गया। हाई कमान के विशिष्ट व्यक्तियों की समझ में अचानक आया कि यदि प्रस्ताव स्वीकार किए जाते हैं, तो केन्द्र और प्रान्तों में विधान सभाओं के वर्तमान सदस्यों में से ही महत्वपूर्ण मंत्री पद भरे जावेंगे। १९३७ की प्रान्तीय विधान सभाओं के ढाँचे में परिवर्तन आवश्यक था क्योंकि इस बीच कई प्रांतीय नेता हाई कमान के कृपा पात्र हो गए थे और कई उसका अनुग्रह गवां चुके थे। यदि विधान सभाओं के मौजूदा ढांचे में परिवर्तन नहीं हुआ तो उसमें पुनर्व्यवस्था लाने में कठिनाई होगी। केन्द्र में नयी कार्यकारिणी के नियोजन का अर्थ केन्द्रीय शासन का नया ढांचा प्रस्तुत करना होगा। जो लोग उसमें रहेंगे वे समुचित सशक्त हो जावेंगे। वे सत्ता में तब तक रह सकते थे जब तक स्वाधीनता प्राप्ति की ओर अंतिम प्रक्रियात्मक कदम नहीं उठाया जाता। यह होने में वर्ष भर ही या दस वर्ष भी लग सकते थे।

"अबुल कलाम आज़ाद, काँग्रेस अध्यक्ष तथा मुस्लिम होने के कारण, सहज ही सोच सकते थे कि यदि नेतृत्व का चयन वर्तमान सदस्यों में से ही नहीं किया जाता, तो काँग्रेस की ओर से तर्कानुकूल वे ही प्रथम हो सकते थे। काँग्रेस संसदीय बोर्ड के अध्यक्ष, सरदार पटेल, मानते थे कि केन्द्र में नेतृत्व के लिए वे ही उपयुक्त होंगे। गाँधीजी के उत्तराधिकारी माने जाने के कारण तथा सभी प्रकार से सबसे अधिक उपयुक्त तथा लोकप्रिय होने के कारण नेहरु का भी विचार था कि नेता वर्तमान विधान सभा के सदस्यों में से नहीं चुना जाना चाहिए। इस प्रकार, यद्यपि विभिन्न व्यक्तिगत कारणों से ही सही, सर्वसम्मति से, भूलाभाई, नायक की स्थिति से हटकर अपने काँग्रेसी सहयोगियों के लिए आंखों का कांटा हो गए।"[२८]

इस आलोचना का आधार ही रद्द हो जाता है यदि यह ध्यान में रखा जाए कि देसाई सूत्र के

अन्तर्गत महत्वपूर्ण मंत्री पद "विधान सभा के वर्तमान सदस्यों में से" नहीं भरे जाने थे। वी.पी. मेनन के कथनानुसार, जिन्हें इस संबंध की पूरी जानकारी थी, "चयन विधान सभा के सदस्यों में ही सीमित नहीं रहेगा।" जहाँ तक प्रांतीय विधान सभाओं के चुनाव का प्रश्न है, यह कहना असत्य है कि काँग्रेस हाई कमान "१९३७ के प्रांतीय ढांचे के विरुद्ध था और तुरन्त चुनाव करवाना चाहता था। इसके विपरीत, वेवल के कथनानुसार, उनकी कार्यकारिणी के एक सदस्य आर्देशर दलाल ने उन्हें सूचना दी थी कि-"गवर्नरों द्वारा प्रांतीय विधान सभाओं के भंग किए जाने से वल्लभभाई पटेल बहुत असंतुष्ट थे और उनका कहना था कि काँग्रेस को मंत्रिमण्डल बनाने का अवसर दिया जाना चाहिए था।"

इस संबंध में एक और तथ्य ध्यान देने योग्य है कि काँग्रेस कार्यकारिणी समिति की जो बैठक बम्बई में उसके सदस्यों के जेल से बाहर आने के पश्चात् बुलाई गई थी, उसमें वेवल के उन प्रस्तावों पर विचार करना था, जिनमें इस पर विशेष बल दिया गया था, कि वाइसराय की प्रस्तावित कार्यकारिणी में तत्कालीन विधान सभाओं में विभिन्न दलों के नेताओं के स्थान पर देश के मुख्य दलों के नेताओं को सम्मिलित किया जावेगा। अतएव व्यक्तिगत महत्वाकांक्षा से आज़ाद, पटेल और नेहरु पर भूलाभाई के विरोध का आरोप तथ्यहीन है। आगा खाँ महल से रिहा होने के बाद महात्मा गाँधी लगातार काँग्रेस कार्यकारिणी के सदस्यों की रिहाई के लिए प्रयत्न करते रहे और भूलाभाई पूरे देश की प्रशंसा के पात्र हो जाते यदि वे आग्रह करते कि उनके द्वारा प्रस्तावित अस्थायी सरकार की स्थापना के पूर्व नेताओं को छोड़ दिया जाना आवश्यक है। उसके विपरीत उनके सूत्र ने इस क्रम को उलट दिया और अस्थायी सरकार का नेतृत्व करने का प्रयत्न उन्होंने किया, तथा जैसा वेवल ने लिखा है, इस मिथ्या धारणा से कि गाँधीजी और लार्ड वेवल दोनों उनकी जेब में थे, उन्होंने अपने मित्रों को मंत्री पद बांटना भी शुरु कर दिया था। वेवल ने अपनी पत्रिका में उनका उपहास किया है और गाँधीजी ने उन्हें उनके राजनीतिक अस्तित्व को बचाने के लिए कुछ नहीं किया। अपनी पत्रिका की १९ जुलाई की टीप में वेवल लिखते हैं: "मुझे बताया गया है कि भूलाभाई तथा राजगोपालाचारी को काँग्रेस कार्यकारिणी समिति ने उनकी औकात ठीक तरह से समझा दी है। भूलाभाई ने काँग्रेस कार्यकारिणी के सदस्यों की रिहाई पर अपने प्रस्ताव आधारित नहीं किए थे और राजगोपालाचारी ने पिछले शरद काल में गाँधीजी को जिन्ना से वार्तालाप करने के लिए भड़काया था।"[२९]

यह स्वीकार किया जाना चाहिए कि भूलाभाई देसाई के विरुद्ध मद्यत्यागी न होने का आरोप उनसे छुटकारा पाने का केवल एक बहाना मात्र था, क्योंकि और भी व्यक्ति थे जिनके प्रति यह आरोप लगाया जा सकता था। तो भी अपनी व्यक्तिगत महत्वाकांक्षा की पूर्ति के लिए काँग्रेस कार्यकारिणी की अवहेलना के आरोप से भूलाभाई देसाई मुक्त नहीं हो सकते। कार्यकारिणी से त्यागपत्र देकर उन्होंने स्वयं को अहमदनगर किले में बन्द किए जाने से बचा लिया था, लेकिन "भारत छोड़ो" आंदोलन में भाग न लेने का उनका निर्णय उचित हो जाता यदि वे कार्यकारिणी के सदस्यों की रिहाई के लिए महात्मा गाँधी के प्रयत्न में अपनी राजनीतिक योग्यता के साथ सहयोग करते, ताकि बाहर आकर सदस्य तत्कालीन राजनीतिक स्थिति पर विचार कर आगामी कार्यक्रम का निर्णय कर सकते। लेकिन जैसा हुआ, इसके बिल्कुल विरुद्ध, उन्होंने अन्तर्कालीन सरकार बनायी जाने से पहले उनकी रिहाई को रोकना चाहा

और उनकी रिहाई का श्रेय वेवल ने अर्जित किया। संक्षेप में, गुमाश्ते ने मालिक की अनुपस्थिति में उसकी जगह हथियाने की कोशिश की और परिणामस्वरूप नौकरी ही से बाहर कर दिया गया।

जब भूलाभाई और लियाकत अली खाँ के बीच में कोई विवाद खड़ा हुआ तो लियाकत अली ने समझौता करने के उनके अधिकार को चुनौती दी। लियाकत लिखते हैं: "मिस्टर देसाई प्रस्तावों के एक पैराग्राफ की चर्चा करते हैं और मान लेते हैं कि चूँकि मि. जिन्ना का नाम उसमें है, इसलिए इन प्रस्तावों के तैयार होने से पूर्व उनसे सलाह ले ली गई होगी। यह सचमुच में बड़ी अज़ीब दलील है। इसका अर्थ यह होगा कि किसी प्रस्ताव में यदि किसी व्यक्ति या दल का नाम हो, तो उन प्रस्तावों पर उनकी सहमति मान ली जानी चाहिए। यदि ऐसा है तो क्या मिस्टर देसाई बताएंगे कि काँग्रेस की ओर से वार्ता करने, मुस्लिम लीग से समझौता करने और अंग्रेज सरकार से उन शर्तों पर राजीनामा करने के लिए, जो काँग्रेस की घोषित नीति और विचार के पश्चात् किए गए निर्णय के विरुद्ध हैं, उन्हें किसने अधिकार दिया है, क्योंकि उन प्रस्तावों में काँग्रेस निश्चित रूप से एक पक्ष है? क्या मिस्टर गाँधी ने, जिन्होंने सितम्बर, १९४४ में जिन्ना से कहा था कि वे काँग्रेस के प्रतिनिधि की तरह उनसे बात करने नहीं गए थे, और बार-बार यह दोहराया था कि काँग्रेस की ओर से कार्यकारिणी ही बोल सकती थी, मिस्टर देसाई को काँग्रेस की ओर से बातचीत करने और समझौता करने का अधिकार दिया है? क्या अहमदनगर किले में बन्द काँग्रेस कार्यकारिणी के सदस्यों ने, जब भूलाभाई "शुद्ध व्यवसायिक उद्देश्य से वहां गए थे" उन्हें आवश्यक अधिकार दिया था? इन प्रश्नों का उत्तर, मेरे विचार से, सत्यता पर प्रकाश डालेगा और जनता के लिए विशेष रुचिकर होगा।"

वेवल का उपरोक्त कथन भी अस्थायी अंतरिम सरकार बनाने की भूलाभाई देसाई की बेचैनी व्यक्त करता है। जिन्ना के द्वारा किए गए खण्डन की ओर ही उन्होंने ध्यान नहीं दिया, बल्कि लिकायत की कोई "समझौता" हो जाने से इंकारी भी उनकी बेचैनी को नहीं रोक सकी। लियाकत कहते हैं: "जिस दिन मिस्टर देसाई प्रस्तावों की टाइप की हुई प्रतियां मेरे पास लाए थे, उसी दिन मैं दौरे पर मद्रास चला गया। जब मैं वहाँ पहुँचा तो मुझे प्रेस रिपोर्ट दिखाई गई कि मेरे और मिस्टर देसाई के बीच कोई समझौता हो गया था। मैंने उस रिपोर्ट का तुरन्त प्रतिवाद किया। मि. देसाई ने मेरे बयान को न तो समाचार पत्रों के माध्यम से गलत बताया और न कभी व्यक्तिगत रूप से ही कहा कि जो कुछ मैंने कहा था वह अशुद्ध था।

"केन्द्रीय विधान सभा के पिछले सत्र में फाइनेन्स बिल पर हुई बहस के दौरान एक सरकारी सदस्य ने मेरे और मिस्टर देसाई के बीच हुए तथाकथित समझौते की चर्चा की थी। मैंने असेम्बली में ही और मि. देसाई की उपस्थिति में बहुत शुद्ध और सुस्पष्ट ढंग से उसे नकार दिया। मेरे बाद मिस्टर देसाई ने असेम्बली में भाषण दिया, लेकिन उन्होंने उसके सम्बन्ध में एक भी शब्द नहीं कहा। अपने मौन रहने का जो कारण अब उन्होंने बताया वह यह है कि 'अभी भी वे हमारी मौजूदा गुत्थियों के सुलझ जाने की आशा से चिपके थे।' दूसरे शब्दों में, वे संतोषप्रद समाधान के लिए उस तथाकथित समझौते के अस्तित्व पर निर्भर कर रहे थे, लेकिन यह समझ पाना कठिन है कि वह किस प्रकार सहायक हो सकता था जब उस समझौते का एक पक्ष खुल्लम-खुल्ला उसे नकार रहा हो। मिस्टर देसाई के मौन रहे आने का कारण यह था कि वे जानते थे कि 'समझौते' जैसी कोई वस्तु थी ही नहीं और उन्होंने

कभी व्यक्तिगत रूप से भी मुझसे नहीं कहा कि उन प्रस्तावों की स्थिति के सम्बन्ध में मेरा जो दृष्टिकोण था वह गलत था।"

जैसा पिछले एक अध्याय में कहा जा चुका है, इंग्लैंड से लौट आने पर जिन्ना की नीति वार्ता करने की, लेकिन कोई निर्णय न करने की हो गई थी। संभवतः जिन्ना के परामर्शानुसार लियाकत अली खाँ ने देसाई को ऐसे प्रस्ताव करने के लिए प्रलोभन दिया था, जिसमें पहली बार काँग्रेस और लीग को बराबरी का दर्जा दिया गया था और उन्होंने और उनके गुरू जिन्ना ने, उनको धोखा दे दिया। लियाकत अली ने कोई भी समझौता होने से नकार दिया और जिन्ना ने ऐसे किसी समझौते की जानकारी से ही इंकार कर दिया। मूर्ख बनाए जाने की इस प्रक्रिया में देसाई ने राष्ट्रीय हितों को खतरे में डाल दिया और उसका उन्हें दण्ड मिला।

भूला भाई की मृत्यु ने, जो कुछ ही दिनों में हो गई, लोगों में उनके लिए संवेदना पैदा कर दी। मुझे स्मरण है कि मध्य प्रान्त के गवर्नर और भूलाभाई के मित्र, मंगलदास पकवासा ने मुझे बताया था कि काँग्रेस हाई कमान के रोष से उन्हें बचाने के कोई प्रयत्न न करने के लिए भूलाभाई ने महात्मा गाँधी को कोसते हुए अंतिम सांस ली।

जिन्ना ने वेवल कांफ्रेंस को भंग किया (१९४५)

चर्चिल सरकार पर लार्ड वेवल अक्षरशः बलपूर्वक हावी हो गये थे, इसलिए अपने देश में ही, विशेषतः प्रधान मंत्री के द्वारा वे अनचाहे अतिथि माने जा रहे थे। सर्वप्रथम उन्हें भारत के लिए नियुक्त एक कैबिनेट समिति के समक्ष अपने प्रस्ताव रखने पड़े, जिसके साथ वार्ता २६ मार्च को प्रारंभ हुई और कई सप्ताहों तक चली। वेवल के अनुसार "उनमें से किसी ने मेरे प्रस्तावों को पसंद नहीं किया लेकिन किसी के पास कोई विकल्प नहीं था।"[३०] इस बीच वे चर्चिल से मिले जिन्होंने कहा कि उन्हें भारत के विषय पर विचार करने का वक्त नहीं था और उसे "शीत गृह में रखा जा सकता है।" इसके बाद प्रधान मंत्री ने भारत पर एक लम्बा दुखड़ा सुना दिया जो लगभग ४० मिनट तक चला।" ऐसा लगा कि वे भारत को, "पाकिस्तान, हिन्दुस्तान और राजस्थान आदि में बांट दिए जाने के पक्ष में थे। वेवल यह अनुभव करते हुए लौटे कि "वे बहुत पुराने रिवाज के विचार रखते हैं और उन्हें कोई आशा की किरण नहीं दिखती।"[३१]

इस बीच यूरोप में युद्ध समाप्त हो गया था और "यूरोप विजय दिवस" ८ मई को मनाया जा रहा था। चूँकि वेवल युद्ध समाप्त होने से पूर्व ही अपने प्रस्तावों पर अमल किए जाने के पक्ष में थे, इसलिए वे उस विजय दिवस के दिन भी उदास रहे, और उन्होंने अपनी पत्रिका में लिखा- "यूरोप में शांति हो जाने का स्वागत है, लेकिन वह मेरी योजना के लिए बहुत जल्दी आ गयी अथवा इंग्लैण्ड सरकार इतनी सुस्त रही कि अवसर हाथ से निकल गया।"[३२] तो भी भारत पर बनी कैबिनेट कमेटी ने स्टैफोर्ड क्रिप्स के बड़े समर्थन से प्रभावित होकर कुछ संशोधनों के साथ उनके प्रस्तावों को १४ मई को स्वीकार कर लिया। वार्ताओं में अनावश्यक बड़ी देर हो जाने से, और अपने इस भय से कि युद्ध मंत्रिमण्डल द्वारा विचार किए जाने से और भी देर हो सकती है, वेवल ने कमेटी से शिकायत की कि "बिना किसी निर्णय के वे पिछले साढ़े छह सप्ताह से इंग्लैण्ड में पड़े हैं।" लेकिन जब १० दिन और बीत गए और मंत्रिमण्डल

से उन्हें कोई समाचार नहीं मिला तो बेचैन होकर उन्होंने चर्चिल को लिखा कि वे पिछले सात सप्ताहों से प्रतीक्षा कर रहे हैं और अब निर्णय चाहते हैं। उनकी पत्रिका की २६ मई की टीप से मालूम पड़ जाता है कि वे उनसे किए गए व्यवहार से कितने ऊब गए थे- "प्रधान मंत्री अथवा ईडन या किसी और से कोई समाचार नहीं.... न्यूज थियेटर गया था और पंक्ति में बाहर खड़ा रहा... और इन कई सप्ताहों से मंत्रियों की सेवा में खड़े रहे आने की भावना से आक्रान्त था। अंततः हम थियेटर में पहुँच गए परंतु मैं अभी भी भारत पर निर्णय जानने के लिए पंक्ति में खड़ा हूँ।" तथापि, एक दिन के बाद उनके पास चर्चिल का "घुटन-भरा" उत्तर आया। वेवल लिखते हैं "उन्होंने वास्तव में यह कहा कि वे नहीं चाहते थे कि मैं इंग्लैंड आऊं, लेकिन मैंने ही आने का आग्रह किया था और उन लोगों ने जो भी अधिक से अधिक कर सकते थे, मेरे लिए किया। उन्होंने कहा कि सप्ताह के अंत तक वे कैबिनेट का निर्णय उन्हें दे देंगे।"

भारत में सम्राट के प्रतिनिधि को दिए गए उत्तर में शिष्टता निश्चित रूप से नहीं थी, लेकिन कुछ ही दिनों में चर्चिल ने भी स्वयं को "घुटन-भरी" स्थिति में पाया। यूरोप में विजय का अर्थ इंग्लैण्ड में आम चुनाव का किया जाना था, जिसमें युद्ध मंत्रिमंडल के सदस्य अपने-अपने दल की ओर से एक दूसरे के विरोध में खड़े होते। लेबर पार्टी भारत की स्वतंत्रता को चुनाव का एक मुद्दा अवश्य बनाने वाली थी। वेवल के प्रस्तावों की जानकारी युद्ध मंत्रिमण्डल के लेबर पार्टी के मंत्रि एटली, क्रिप्स और बेविन को थी और यदि चर्चिल उन प्रस्तावों को रद्द किए जाने का आग्रह करते तो वे अपने विरोधियों के हाथों में खेल जाते। इस प्रकार अकस्मात् भेड़िया चर्चिल बकरी हो गया। अपनी पत्रिका में इंग्लैण्ड में लिखी गई अंतिम टीप के पहले की टीप वेवल प्रफुल्लित स्वर में समाप्त करते हैं: "मेरी इंग्लैण्ड यात्रा की चरम स्थिति असाधारण थी। साढ़े दस बजे रात में केबिनेट की बैठक में प्रधानमंत्री ने मेरे प्रस्तावों के पक्ष में उतनी ही जोरदार अपील की जितनी अपने प्रातः के कथन में उसकी भर्त्सना करने में की थी। विशेषतः वक्तव्य के प्रारूप के वे दो अनुच्छेद उन्होंने काट दिए जिनमें वाइसराय के अधिकारों को वस्तुतः सीमित करने का जान एन्डरसन का बड़ा आग्रह था, और जिन पर मैंने सदा आपत्ति की थी। मैंने प्रसारण के लिए अपने वक्तव्य का जो प्रारूप तैयार किया था उसे उन्होंने पढ़कर सुनाने के लिए कहा, और दो एक गौण परिवर्तन के अतिरिक्त उस पर अपनी स्वीकृति दे दी। भारत और मेरे प्रति उनके रोम-रोम से शुभ कामना फूटी पड़ती थी। वे फिर बदल जावेंगे, लेकिन मैं मानता हूँ कि अभी तो मैं एक प्रकार की व्यक्तिगत विजय का अनुभव कर ही सकता हूँ। मेरे विचार से जो हुआ वह यह था कि उन्होंने घटनाओं के तर्क को अपने विरुद्ध पहचान लिया और सिर पर चुनाव होने के कारण भारत के चुनाव का एक मुद्दा बना दिए जाने का खतरा वे नहीं उठाना चाहते थे, और इसलिए शिष्टाचार के साथ पीछे हटने का निर्णय उन्होंने किया। कैसे असाधारण व्यक्ति हैं वे! और इस प्रकार साढ़े ग्यारह बजे रात्रि को विक्टोरिया के लिए मेरी ट्रेन छूटने के १२ घंटे पूर्व मुझे निर्णय प्राप्त हो गया। शुभकामना के वातावरण में कार्य पूरा हो गया और इसलिए बधाई है, लेकिन मैं भयभीत हूँ, बधाई अस्थायी है।"[३३]

६ जून को वेवल भारत आए, और १४ जून के अपने प्रसारण भाषण में "वर्तमान राजनीतिक तनाव को कम करने तथा पूर्ण स्वायत्त शासन के लक्ष्य की ओर भारत की प्रगति के लिए" उन्होंने

अपने प्रस्तावों की घोषणा की। उन्होंने "केन्द्र तथा प्रांतीय राजनीति के नेताओं को मेरे साथ परामर्श के लिए आमंत्रित किया ताकि संगठित राजनीतिक मत का अधिक प्रतिनिधित्व करने वाली नयी कार्यकारिणी का गठन किया जावे।" कार्यकारिणी में "मुसलमानों तथा सवर्ण हिन्दू बराबर के अनुपात में होंगे, और वाइसराय तथा कमान्डर-इन-चीफ को छोड़कर, जो उसमें युद्ध सदस्य के समान होंगे, पूरी कार्यकारिणी भारतीय होगी।" विदेशी मामलों का विभाग भी, "जहाँ तक इंग्लैण्ड शासित भारत का संबंध है", भारतीय सदस्य के पास रहेगा। कार्यकारिणी वर्तमान विधान की सीमाओं के अन्तर्गत कार्य करेगी और "गवर्नर जनरल के द्वारा नियंत्रण के अपने वैधानिक अधिकार का प्रयोग न किए जाने का प्रश्न ही नहीं उठता है, लेकिन उस अधिकार का अकारण प्रयोग नहीं किया जावेगा।" नयी कार्यकारिणी का प्रथम कर्त्तव्य "जापान के विरुद्ध पूरी शक्ति के साथ उस समय तक युद्ध करना होगा जब तक वह पूर्णत: पराजित नहीं हो जाता।" कार्यकारिणी अंग्रेज सरकार को तब तक चलाती रहेगी "जब तक एक नए विधान पर समझौता नहीं हो जाता और जब तक वह अमल में नहीं लिया जाता। वर्तमान प्रस्तावों का उद्देश्य लम्बी अवधि के समाधान को सरल बनाना है।" वाइसराय ने आशा की कि जो प्रांत अभी विधान की धारा ९३ से शासित हैं उनमें मंत्रिमण्डल फिर बन जावेंगे और "वे संयुक्त मंत्रिमण्डल होंगे।"

वाइसराय ने यह भी घोषित किया कि काँग्रेस कार्यकारिणी के सदस्यों की तत्काल रिहाई के आदेश दिए जा चुके हैं। उन्होंने २५ जून को शिमला में होने वाली अपनी कांफ्रेंस में आमंत्रित व्यक्तियों की सूची भी घोषित की। ये लोग आमंत्रित थे:-

१- प्रांतीय मंत्रिमण्डल के प्रधान मंत्री अथवा धारा ९३ से शासित प्रांत के वे व्यक्ति जो अंत में प्रधान मंत्री के पद पर रहे हों।

२- केन्द्रीय विधान सभा में काँग्रेस दल के नेता तथा मुस्लिम लीग के उपनेता; कौंसिल ऑफ स्टेट में काँग्रेस दल और मुस्लिम लीग के नेता और असेम्बली में नेशनलिस्ट दल तथा यूरोप गुट के नेतागण।

३- दो मुख्य दलों के मान्य नेता मिस्टर गाँधी और मिस्टर जिन्ना

४- अनुसूचित जाति के प्रतिनिधि राव बहादुर एन. शिवाराज

५- सिक्खों का प्रतिनिधित्व करने के लिए मास्टर तारासिंह

अपनी घोषणा समाप्त करते हुए वाइसराय ने कहा: "मैं भारत के भविष्य पर विश्वास करता हूँ, और जहाँ तक बन सकेगा मैं उसके बड़प्पन में वृद्धि करूंगा। मैं आप सभी से सहयोग और शुभकामना का निवेदन करता हूँ।"

उसी दिन सेक्रेटरी आफ स्टेट ल्यूपोल्ड ऐमरी ने संसद में उसी प्रकार की घोषणा की। उन्होंने कहा कि "मार्च, १९४२ का प्रस्ताव किसी शर्त या परिवर्तन के बिना यथावत है और अंग्रेज सरकार अभी भी आशा करती है कि भारत के राजनीतिक नेतागण उस प्रक्रिया के लिए एकमत हो जावेंगे जिससे सरकार का स्थायी रूप निश्चित किया जा सके।" सेक्रेटरी ऑफ स्टेट ने "बराबर अनुपात" पर यह कहते हुए बल दिया कि वाइसराय भविष्य में अपनी कार्यकारिणी के लिए "भारत के राजनीतिक क्षेत्र के नेताओं में से इस प्रकार नियुक्ति करें कि उसमें सवर्ण हिन्दुओं और मुसलमानों में बराबरी का अनुपात रहने के साथ ही प्रमुख सम्प्रदायों का संतुलित प्रतिनिधित्व हो।"

यह देखा जा सकता है कि जब वाइसराय ने प्रांतों में संयुक्त मंत्रिमण्डल के बनने की आशा की थी, तब सेक्रेटरी ऑफ स्टेट ने प्रांतों के मंत्रिमण्डल में भी मुसलमानों और सवर्ण हिन्दुओं के बीच संतुलित प्रतिनिधित्व रखने की निश्चित बात की थी। यह भी लीग को एक रियायत थी और यदि उस पर अमल किया जाता तो एक प्रांत के प्रधानमंत्री के अपने मंत्रिमण्डल के मंत्रियों के चयन के उस अधिकार पर अंकुश होता जो प्रांतों के काँग्रेस मंत्रिमण्डल के समय उसके पास अबाधित था। यदि वेवल के प्रस्तावों की तुलना भूलाभाई देसाई की योजना से की जाती है जो भूलाभाई के माध्यम से रखी गई, स्वयं वेवल की ही योजना थी, तो यह दिख जावेगा कि दोनों इस भेद को छोड़कर समान थे कि वेवल के प्रस्ताव में नयी कार्यकारिणी बनायी जाने के पूर्व काँग्रेस कार्यकारिणी के सदस्यों की रिहाई की योजना थी, और प्रस्तावित कार्यकारिणी केन्द्रीय विधान सभा के राजनीतिक दलों के नेताओं के ही परामर्श से नहीं, बल्कि देश के प्रमुख राजनीतिक दलों के नेताओं से परामर्श कर बनाई जाने वाली थी। इस प्रकार भूलाभाई योजना की, देश के लिए अत्यन्त अहितकर तथा पृथकता को बढ़ावा देने वाली बातें, वेवल के प्रस्ताव में समाहित थीं, और उनका विरोध करते हुए भी, काँग्रेस को उन पर आधारित विचार विमर्श के लिए शिमला सम्मेलन में भाग लेना पड़ा।

महात्मा गाँधी ने उस सम्मेलन में यह कहकर भाग लेने से इंकार कर दिया कि वे "किसी संस्था का प्रतिनिधित्व" नहीं करते थे; लेकिन वेवल के आग्रह पर परामर्श के लिए सुलभ होने के लिए शिमला में उपस्थित रहने को तैयार हो गए। मौलाना आज़ाद को, जिनकी सम्मेलन में उपस्थिति जिन्ना के लिए आपत्तिजनक थी, निमंत्रित नहीं किया गया था, लेकिन काँग्रेस के अध्यक्ष होने के नाते उनकी उपेक्षा नहीं की जा सकती थी, और गाँधीजी के आग्रह पर उन्हें निमंत्रण भेजा गया। गाँधीजी ने हिन्दू और मुसलमानों में बराबर अनुपात पर आपत्ति नहीं की, लेकिन "सवर्ण हिन्दू" शब्द के प्रयोग पर आपत्ति की। वेवल को भेजे गए अपने एक तार में उन्होंने कहा कि "हिन्दुओं में कोई सवर्ण या अवर्ण हिन्दू नहीं है, और सभी राजनीतिक बुद्धि वाले हैं और इसलिए यह शब्द सत्य को प्रकट नहीं करता तथा अपमानजनक है।" अपने उत्तर में वेवल ने गाँधीजी को आश्वस्त किया कि 'सवर्ण हिन्दू' शब्द अपमान करने की इच्छा से नहीं लिखा गया है", और उसका प्रयोग मात्र अनुसूचित जाति के अतिरिक्त मुसलमानों और हिन्दुओं में बराबरी रखने के लिए ही हुआ है।" हाँ, गाँधीजी ने यह नहीं जानना चाहा कि अनुसूचित जाति के हिन्दुओं के अतिरिक्त ६० प्रतिशत संख्या वाले हिन्दुओं और २५ प्रतिशत मुसलमानों में क्यों बराबरी रखी जा रही थी। यदि उन्होंने ऐसी जिज्ञासा की होती तो वेवल ने उत्तर दिया होता कि जिन्ना ने इस बराबरी के लिए आग्रह किया था और गाँधीजी का आशीर्वाद प्राप्त कर भूलाभाई ने उसे मान लिया था।

बम्बई में २१ और २२ जून को एकत्रित होकर काँग्रेस कार्यकारिणी के सदस्यों ने इस बराबरी के सूत्र पर बहुत सोच विचार किया। संस्था की ओर से कार्यकारिणी ने कांफ्रेंस में सम्मिलित होने की सहमति तो व्यक्त की, लेकिन सैद्धांतिक रूप से बराबरी के सूत्र को मानने से इंकार कर दिया। शिमला सम्मेलन में भाग लेने के लिए आमंत्रित काँग्रेसजनों को मार्गदर्शन के लिए निर्देशों में उसने कहा कि-"यह स्पष्ट समझ लिया जाना चाहिए कि प्रस्तावित व्यवस्था अंतरिम तथा अस्थायी, विशेष रूप से

साम्प्रदायिक बराबरी के संबंध में है। ऐसी बराबरी का सिद्धांत स्वीकार्य नहीं है। साथ ही ऐसी बराबरी प्रांतों के मामले में लागू नहीं है, और वर्तमान प्रस्तावित व्यवस्था मात्र केन्द्र के लिए ही है।

"जैसा ऊपर कहा गया है, साम्प्रदायिक बराबरी, सीमित तथा अस्थायी रूप में स्वीकृत की जा रही है, यह स्पष्ट समझ लिया जाए कि इसका अर्थ यह नहीं होता कि राष्ट्रीय सरकार के मुस्लिम सदस्य मुस्लिम लीग के द्वारा ही मनोनीत किए जावेंगे। एक साम्प्रदायिक संगठन के द्वारा ऐसे मनोनयन का एकमात्र अधिकार काँग्रेस नहीं मान सकती और न वह अपने को परिणामस्वरूप साम्प्रदायिकता के क्षेत्र में संकुचित कर लेगी। अतएव काँग्रेस का यह मत है कि हिन्दू, मुसलमान, अनुसूचित जाति आदि के लिए कांफ्रेंस में सम्मिलित सभी दल नाम प्रस्तावित करें, और कांफ्रेंस उन्हें पूर्णतः स्वीकार करे।"

कांफ्रेंस में आमंत्रित लोग शिमला एक दिन पहले पहुँच गए, और वेवल ने गाँधीजी, आज़ाद तथा जिन्ना से विचार-विमर्श किया। "सवर्ण हिन्दू" शब्द पर अपनी आपत्ति दोहराते हुए गाँधीजी ने कहा कि यदि वाइसराय ने सभी राजनीतिक बंदियों की रिहाई का आदेश दिया होता तो अच्छा रहता। उन्होंने प्रांतों में संयुक्त सरकार बनाने के सुझाव पर भी चर्चा करते हुए अपना विचार व्यक्त किया कि जो दल संयुक्त सरकार बनावेंगे उन्हीं दलों से अल्पसंख्यकों के प्रतिनिधि लिए जाएँ।"

वेवल से अपनी मुलाकात में जिन्ना ने कहा कि चूँकि सिख तथा अनुसूचित जाति के लोग उन सब विषयों में जिसका विरोध मुसलमानों का बहुमत करता था, काँग्रेस के साथ वोट देंगे, इसलिए उन विषयों का निर्णय वोट से न किया जाएँ वेवल ने उस प्रस्ताव को अमान्य कर दिया क्योंकि "वह सरकार के सभी सिद्धांतों के विरुद्ध था।" इसके बाद जिन्ना ने यह दावा पेश किया कि चूँकि मुस्लिम लीग हिन्दुस्तान की पूरी मुस्लिम जनसंख्या का प्रतिनिधित्व करती है, इसलिए उसे वाइसराय की कार्यकारिणी के सभी मुस्लिम सदस्यों को मनोनीत करने का अधिकार होना चाहिए। यह मांग भी वेवल को मंजूर नहीं थी और उन्होंने कहा कि कांफ्रेंस से पहले वे इस प्रकार का कोई वादा नहीं कर सकते और यह संकेत भी उन्होंने किया कि पंजाब की यूनियनिस्ट पार्टी की ओर से भी एक मुस्लिम सदस्य उन्हें स्वीकार करना पड़ सकता है। जिन्ना ने यह कहकर यूनियनिष्ट पार्टी के विरुद्ध बहुत दिनों से एकत्रित कटुता व्यक्त कर दी कि-"पंजाब की यूनियनिष्ट पार्टी मुसलमानों के हितों की विश्वासघाती है।" अंत में जिन्ना ने जानना चाहा कि क्या गाँधीजी शिमला कांफ्रेंस में भाग लेने वाले थे। जब वेवल ने नकारात्मक उत्तर दिया तो "जिन्ना परेशान दिखाई पड़े।"[३४]

गाँधीजी ने कांफ्रेंस में भाग न लेकर जिन्ना के साथ सचमुच ही सहृदयता नहीं बरती, क्योंकि उन्हें उनकी बराबरी में कांफ्रेंस की मेज पर बैठने का मौका मिलता और मुस्लिम राष्ट्र के एकमात्र नेता बनकर उनसे बात-चीत भी करते। किस हद तक जिन्ना में गाँधीजी के प्रति प्रतिद्वन्दिता की भावना थी, इसका अनुमान गाँधीजी तथा लुई फिशर के बीच हुए हँसी मज़ाक के वार्तालाप से लग जाता है। जब गाँधीजी ने उन्हें जिन्ना के विचित्र ढंग के सम्बन्ध में बताया, जो फिशर ने पूछा कि "उसका समाधान क्या है?"

लुई फिशरः "जब तक आप जीवित हैं तक तक जिन्ना भी जीना चाहते है।" गाँधीजी ने कहा "जिन्ना २५ वर्ष और काम कर सकेंगे।"

गाँधीजी "तब उन्हें जब मैं १२५ वर्ष का हो जाऊंगा तब तक रहना चाहिए।

लुई फिशर: "तब तो आप अच्छा होगा कि न मरें, क्योंकि आपकी मृत्यु उन्हें मार देगी आप उनके हत्यारे होंगे। वे आपके मरने के दूसरे दिन मरेंगे पहले नहीं।"[३५]

२५ जून को ११ बजे पूर्वान्ह में शिमला कांफ्रेंस प्रारंभ हुई। काँग्रेस के अधिकांश आमंत्रित सदस्य तीन वर्ष के कारावास के बाद कुछ दिन पहले ही जेल से बाहर आए थे। वेवल, जो कांफ्रेंस की अध्यक्षता कर रहे थे, इस तथ्य से सचेतन थे और उन्होंने अपने प्रारंभिक भाषण में कहा कि "सभी पक्षों को कुछ भूल जाना है और क्षमा करना है।" उन्होंने आगे कहा कि "हमें पुरानी दुर्भावना, शत्रुता तथा दलीय और साम्प्रदायिक लाभालाभ के स्तर से ऊपर उठकर भारत के तथा भारत के ४० करोड़ लोगों के हित पर विचार करना है और यह देखना है कि भारत के वर्तमान तथा भावी कल्याण के लिए अंग्रेज सरकार के नए प्रस्तावों को मूर्त रूप देने के लिए हम कैसे परस्पर मिल सकते हैं। वाइसराय ने इस बात पर भी बल दिया कि जो उन्होंने प्रस्तावित किया है "वह वैधानिक समझौता नहीं है, वह भारत की उलझी हुई समस्याओं का अंतिम समाधान भी नहीं है और न वह किसी प्रकार से अंतिम समस्या पर विपरीत प्रभाव डालता है, न उस पर पहले से कोई निर्णय प्रस्तुत करता है," लेकिन यदि वह सफल होता है तो मुझे विश्वास है कि वह समाधान के मार्ग को प्रशस्त करेगा और लक्ष्य को अधिक निकट लावेगा।"

काँग्रेस अध्यक्ष आज़ाद ने कहा कि वाइसराय की घोषणा को इसलिए वे विशेष महत्वपूर्ण मानते हैं क्योंकि वह अस्थायी योजना भारत की स्वाधीनता प्राप्ति के लक्ष्य की ओर प्रारंभिक कदम है, और इसलिए वर्तमान गतिरोध को दूर करने के लिए काँग्रेस कार्यकारिणी की ओर से सभी उचित सहयोग का आश्वासन दिया गया है। लेकिन उन्होंने यह स्पष्ट कर दिया कि काँग्रेस ऐसी किसी भी अंतर्कालीन या अस्थायी व्यवस्था में सम्मिलित नहीं होगी जो उसके राष्ट्रीय रूप को विकृत करती है और प्रत्यक्ष या परोक्ष ढंग से उसे मात्र साम्प्रदायिक संगठन बना देती है।

२६ जून को कांफ्रेंस ने वेवल योजना के सामान्य सिद्धांतों को स्वीकार किया और उसे दूसरे दिन के लिए स्थगित कर दिया गया ताकि प्रतिनिधिगण परस्पर विचार-विनिमय कर सकें और हो सके तो कार्यकारिणी के सदस्यों तथा सदस्यों की संख्या के सम्बन्ध में कोई समझौता कर लें। काँग्रेस अध्यक्ष ने जिन्ना से मिलने के लिए गोविन्द वल्लभ पंत को नियुक्त किया किन्तु वे दोनों कोई समझौता नहीं कर सके। पंत ने काँग्रेस द्वारा दो मुसलमान सदस्यों को मनोनीत किए जाने का आग्रह किया और जिन्ना इस बात पर अड़े थे कि सभी मुसलमान सदस्य मुस्लिम लीग के ही होने चाहिए।

कांफ्रेंस २७ जून को फिर हुई, लेकिन २९ तारीख के लिए स्थगित कर दी गई। काँग्रेस और लीग में फिर वार्ता हुई लेकिन कोई परिणाम नहीं निकला। तब वेवल ने मामले को अपने हाथ में लिया और कांफ्रेस में नेताओं से सदस्यों के नाम की सूची देने को कहा और यह आश्वासन दिया कि उन नामों से वे सबको मंजूर हो सकने वाली कार्यकारिणी बनाने के प्रयास करेंगे। इस प्रस्ताव पर भी जिन्ना ने सहमति नहीं दी और कहा कि वे अपनी कार्यकारिणी से परामर्श करेंगे।

१४ जुलाई के लिए कांफ्रेंस फिर स्थगित की गई। इस अवकाश के समय का उपयोग वेवल ने अम्बेडकर, सुल्तान अहमद, नेहरु, मास्टर तारा सिंह, जिन्ना और खिज्र ह्यात खाँ से मिलने में किया। नेहरु के अतिरिक्त वे काँग्रेस के अन्य नेताओं आज़ाद, पंत, खान साहिब, राजेन्द्र प्रसाद तथा गाँधीजी से मिले। अम्बेडकर ने "यह स्पष्ट कर दिया कि कुछ भी हो, वे अपना श्रम विभाग नहीं छोडेंगे और यह

सुझाव दिया कि एक और स्थान शिवराज को दिया जाए और शिक्षा विभाग उनके सुपुर्द किया जाएँ" सुल्तान अहमद ने "जिन्ना के भद्दे व्यवहार और सभी मुसलमानों के प्रतिनिधि होने के उनके दावे" की कड़ी आलोचना की। वाइसराय लिखते हैं- मास्टर तारासिंह "मुझे यह सूचित करने आए कि अपनी कमेटी के आग्रह से सिक्खों की ओर से मनोनीत किए गए नामों में उन्होंने अपना नाम सबसे ऊपर रखा है (दो दूसरे नाम बिल्कुल बेकार हैं.....)। यह जरा असमंजस की बात जान पड़ती है क्योंकि तारा सिंह कौंसिल के कमज़ोर सदस्य साबित होंगे।"

यह ध्यान देने योग्य है कि वे सभी लोग अपना स्वयं का दावा पेश करने आए थे। नेहरु ने अवश्य कुछ राजनीतिक मुद्दे उठाए। वेवल कहते है: "मेरी नेहरु से लम्बी बात हुई। वे अर्थशास्त्र और इतिहास पर बहुत बोलते रहे और ठोस व्यवहारिक राजनीति पर उन्हें ले आना सरल कार्य नहीं था यद्यपि इस बार वे उतने अव्यवहारिक नहीं थे, जितना मैंने जब तीन वर्ष पहले क्रिप्स मिशन के समय उनसे मिला था, उन्हें देखा था। उन्होंने कहा कि प्रस्तावित योजना के लिए काँग्रेस जितना बन सकेगा करेगी यद्यपि वह आवश्यकताओं की अपेक्षा बहुत कम है। वे मित्र की तरह बातें करते रहे और बहुत प्रसन्न मुद्रा में थे। उन्होंने कुछ अप्रसन्नता तब व्यक्त की जब मैंने कहा कि १९४२ के आन्दोलन के दिनों में शासकीय कर्मचारियों के किसी कार्य के लिए उन्हें उत्पीड़ित किए जाने की अनुमति नहीं दी जाएगी। वे श्रीमती वाइसराय, आर्की जान (वेवल के सुपुत्र) तथा कार्यालय के अधिकारियों के साथ चाय के लिए रुके। सभी ने उन्हें बहुत पसंद किया।"[३६]

लेकिन जिन्ना से वेवल की मुलाकात ने कांफ्रेंस के भाग्य का निर्णय कर दिया। वेवल कहते हैं: "कल शाम को मेरी जिन्ना से डेढ़ घन्टे बात होती रही, लेकिन जहाँ से हमने प्रारंभ किया था, उससे आगे हम नहीं बढ़ सके। अपना पूरा समय मुझको इस बात पर सहमत करने के प्रयत्न में उन्होंने खर्च कर दिया कि मुस्लिम लीग के अध्यक्ष की हैसियत से उन्हें छोड़ कर और कोई भी नयी कार्यकारिणी के मुस्लिम सदस्यों को मनोनीत नहीं कर सकता। मैंने इस पर सहमत होने से इंकार कर दिया और अंत में नामों की अपनी सूची देने से उन्होंने भी इंकार कर दिया; हालांकि अपने लिए यह ढील रखी कि मुझसे उन्होंने पत्र लिखने को कहा और आज सुबह मैंने उन्हें पत्र लिख भी दिया है। उनमें अत्यधिक मानसिक तनाव स्पष्ट दिखाई देता था और मुझसे एक बार से अधिक उन्होंने कहा: 'मैं धैर्य की अंतिम सीमा तक पहुँच गया हूँ।' उन्होंने यह भी कहा कि 'मैं आपसे चाहता हूँ कि आप मुस्लिम लीग को नष्ट न करें।'[३७] इतने दयनीय ढंग से अपील करने में जिन्ना यह भूलते जान पड़ते थे कि समय बड़ी तीव्रता से बदल रहा था और वेवल लिनलिथगो नहीं थे। जिन्ना की अपील पर मत प्रकट करते हुए वे लिखते हैं: "वे स्पष्टत: बड़ी कठिनाइयों में हैं, लेकिन यह उनके अहंकार और दुराग्रह का ही परिणाम है। अब उन्हें भय है कि कांफ्रेंस की असफलता के लिये उन्हें बलि का बकरा बनाया जावेगा तो भी सारे मुसलमानों का प्रतिनिधित्व करने का अपना दावा वे छोड़ने के लिए बिल्कुल तैयार नहीं हैं।"

९ जुलाई की शाम को वेवल को जिन्ना का पत्र मिला जिसमें लीग की ओर से नामों की सूची देने से उन्होंने बिल्कुल इंकार कर दिया। ११ जुलाई को जिन्ना से वेवल की फिर मुलाकात हुई, जिसमें वाइसराय ने उन्हें अपनी ओर से चुने "मुस्लिम लीग के चार सदस्यों तथा मुस्लिम कोटा को पूरा करने के लिए पंजाब के कुछ मुसलमान सदस्यों" के नाम दिए। जिन्ना ने उन नामों पर चर्चा करने से ही

इंकार नहीं किया बल्कि एक और मांग पेश की कि "कोई भी निर्णय, जिसका कार्यकारिणी के मुस्लिम सदस्य विरोध करें, सदस्य संख्या के दो तिहाई बहुमत से ही स्वीकार किया जा सकेगा।" वेवल ने इस मांग को साम्प्रदायिक निषेधाधिकार माना और जिन्ना से उन्होंने कह दिया कि "वे शर्तें बिल्कुल नहीं मानी जा सकती।"

जिन्ना के चले जाने के एक घंटे बाद वेवल से गाँधीजी मिले, जिन्होंने "वार्ता टूट जाने के समाचार को बड़े धैर्य के साथ सुना और कहा कि चूँकि काँग्रेस और मुस्लिम लीग के दृष्टिकोण एक दूसरे से भिन्न हैं, अतः अंग्रेज सरकार को आगे पीछे किसी एक का चुनाव करना होगा। महात्माजी से विपरीत आज़ाद और पंत बहुत निराश थे और उनमें कटुता भी आ गई थी।" १३ जुलाई को केवल "परिचय प्राप्त करने हेतु" वेवल खान साहिब और राजेन्द्र प्रसाद से भी मिले। खान साहिब उन्हें "हंसमुख समझदार व्यक्ति लगे" और राजेन्द्र प्रसाद "बिल्कुल साधारण, मैत्रीपूर्ण और कट्टरता अथवा कटुता विहीन" दिखाई दिए।"

कांफ्रेंस की १४ जुलाई की अंतिम बैठक में वेवल ने वक्तव्य दिया कि उन्होंने "मुस्लिम लीग के कुछ नामों के साथ कार्यकारिणी के सदस्यों की एक अस्थायी सूची बनाई थी और अपने उस समाधान को जिन्ना से स्पष्ट किया था लेकिन "वे अपने फैसले पर इतने अडिग थे कि आगे चर्चा बढ़ाना मैं बेकार मानता हूँ।" वाइसराय ने यह भी कहा कि इस कांफ्रेंस के असफल होने के बाद मैं किस तरह भारत की सहायता कर सकता हूँ, इस पर विचार करने के लिए मुझे समय चाहिए, लेकिन साथ में यह भी चेतावनी दी कि "मुझे अपनी सरकार के दैनिक शासन में कार्य कुशलता तथा स्थायित्व लाना है, इसलिए कभी-कभी या लगातार इस प्रकार की राजनीतिक वार्ता करना असंभव होगा। अंत में उन्होंने कहा कि इस असफलता का उत्तरदायित्व मेरे ऊपर है और यदि वह सफल हो गई होती तो उसकी सफलता का श्रेय भी मुझे ही मिलता।"

मौलाना आज़ाद ने नहीं माना कि कांफ्रेंस के असफल हो जाने की जिम्मेदारी वाइसराय पर थी और कहा कि उसकी जिम्मेदारी 'दूसरों' पर थी। स्पष्टतः उनका संकेत लीग और उसके नेता की ओर था। मौलाना यह कहने से भी नहीं हिचके कि साम्प्रदायिक स्थिति के लिए अंग्रेज सरकार जिम्मेदार थी और "न्याय तथा निष्पक्ष व्यवहार के सिद्धांत" के अनुसार समस्या को सुलझाने की जिम्मेदारी अंग्रेज सरकार को लेनी होगी।

इस प्रकार शिमला कांफ्रेंस समाप्त हो गई और उसका जो विवरण प्रकाशित हुआ है उससे उसकी असफलता के कारण पर बहुत प्रकाश नहीं पड़ता। जिन दिनों कांफ्रेंस हो रही थी, परदे के पीछे चलती कार्यवाई की किसी को जानकारी नहीं थी। कांफ्रेंस होने के २८ वर्ष बाद, वेवल की पत्रिका के प्रकाशन के उपरान्त काफी प्रकाश पड़ा है, फिर भी उसकी असफलता का वास्तविक कारण अभी भी अज्ञात है। प्रश्न है कि वेवल ने जिन्ना की उपेक्षा क्यों नहीं की? वेवल की पत्रिका के संपादक पेन्डेरल मून लिखते हैं: "जापान से युद्ध अभी भी जारी था और अनुमान था कि एक दो वर्ष आगे भी चल सकता था। युद्ध संचालन में काँग्रेस के बहुमत वाली कार्यकारिणी एक उलझन ही नहीं, बल्कि संकट भी साबित हो सकती थी। काँग्रेस के अधिकांश नेतागण हाल ही में रिहा हुए थे और अभी भी उन्हें शंका की दृष्टि से देखा जा रहा था। अतएव लीग के सहयोग के बिना वेवल नई कार्यकारिणी नियुक्त करने से हिचक रहे थे।

लेकिन वैसी व्यवस्था करना उन्होंने बिल्कुल अस्वीकार नहीं किया, और उन्होंने ३० जून को प्रांतों के गवर्नरों से जिन्ना के बिना कार्यकारिणी को बनाने के सम्बन्ध में विचार मांगे। गवर्नर भी इस विषय में आधे पक्ष और आधे विपक्ष में बंटे थे, लेकिन जो गवर्नर लीग के बिना नई कार्यकारिणी की नियुक्ति को ठीक नहीं मानते थे, उनमें बहुसंख्यक मुस्लिम प्रांतों पंजाब और बंगाल के गवर्नर थे। उनकी राय ने वेवल की हिचकिचाहट पर मोहर लगा दी।

"एक और बड़ा कारण था। चर्चिल, जो अभी भी प्रधानमंत्री थे, तथा कैबिनेट के कई मंत्री शिमला कांफ्रेंस के बुलाए जाने पर बड़े बेमन से राजी हुए थे। उनके साथ यह बड़ी जबरदस्ती होती यदि कांफ्रेंस का परिणाम लीग के संतुलन के बिना काँग्रेस के प्रभुत्व वाली कार्यकारिणी बनाने का प्रस्ताव हो जाता। वेवल जानते थे कि वे यदि वैसा प्रस्तावित करते तो इंग्लैण्ड की सरकार के उस पर सहमत होने की कोई संभावना नहीं थी।[३८]

काँग्रेस के प्रति संदेह के लिए कोई आधार नहीं था और सत्यता से कोई बात इतनी दूर नहीं हो सकती कि वह जापान के विरुद्ध युद्ध संचालन में "निश्चित संकट" साबित होती। कई अंग्रेज राजनीतिज्ञों की अपेक्षा नेहरु चीन और रूस की सहायता के लिए अधिक आतुर थे। इसलिए उपरोक्त प्रश्न के उत्तर के लिए हमें किसी दूसरी ओर देखना होगा। दुर्गादास के कथनानुसार: जिन्ना के "यथार्थ लक्ष्य का ज्ञान उनके निकट के बहुत कम व्यक्तियों को था। वाइसराय के प्रस्तावों पर अपने निर्णय की घोषणा वे अपने होटल में समाचार पत्रों के प्रतिनिधियों से करने वाले थे। लेकिन उसके कुछ मिनट पहले, शिमला में स्थित ब्रिटिश सेवा अधिकारियों की संस्था से उन्हें एक संदेश मिला, जो लंदन के कट्टरपंथियों से तालमेल रखते थे, कि यदि जिन्ना वार्ता से अलग हो जाते हैं, तो उन्हें पुरस्कार में पाकिस्तान मिल जावेगा।

"जिन्ना प्रेस प्रतिनिधियों से मिलने के बाद जब अपने कमरे में जाने के लिए लिफ्ट में प्रवेश किया तो मैं उनके साथ हो गया। मैंने पूछा कि उन्होंने वेवल योजना को क्यों नहीं स्वीकार कर लिया जबकि उसमें लीग को काँग्रेस के बराबर का प्रतिनिधित्व दिया जाना मान लिया गया था। उनके उत्तर से एक क्षण के लिए मैं अवाक हो गया: 'मुझे तश्तरी में पाकिस्तान पेश किया जा रहा हो तो क्या मैं बेवकूफ हूँ जो इसे मंजूर कर लूँ?" बड़ी जाँच पड़ताल के बाद मैंने एक उच्च अधिकारी तथा ऊँचे राजनीतिक हलकों से यह तथ्य जाना कि वाइसराय की कार्यकारिणी के एक सदस्य ने लीग के एक अपने विश्वस्त सूत्र से जिन्ना को एक गुप्त संदेश भेजा था।"[३९]

इस घटना के संदर्भ में लियोनार्ड मोज़ले लिखते है: "अब यह निश्चित ही सत्य प्रमाणित हो गया है कि भारत में कई अंग्रेज अधिकारी थे जिनमें कुछ बड़े पद पर भी थे, जो अंग्रेजी शासन का अंत नहीं चाहते थे, और जितने अधिक समय तक संभव हो, तब तक अपनी नौकरी रही आने के लिए, तथा ब्रिटिश प्रभुत्व के स्थायित्व के लिए, किसी भी उपाय को काम में लाने के लिए तैयार थे। भारत के एक महत्वपूर्ण प्रांत के अंग्रेज गवर्नर ने पहले जिन्ना को कई चालों की सलाह देकर, और फिर वाइसराय पर प्रभाव डाल कर, ताकि वे चालें कारगर हो जाएँ, शिमला कांफ्रेंस को, जिसमें हिन्दू और मुसलमान एक साथ शामिल हुए थे, तोड़ देने में सफलता प्राप्त कर ली।"[४०]

पेन्डेरल मून के इस निश्चित कथन से कि पंजाब और बंगाल के गवर्नरों ने, "लीग के बिना नई

कार्यकारिणी" बनाने के विरुद्ध वेवल को सलाह दी थी, उपरोक्त अनुमान को समर्थन मिलता है। पेन्डेरल मून ने इस पर भी ज़ोर दिया है कि वेवल चर्चिल की उपेक्षा नहीं कर सकते थे, जो अत्याधिक क्षुब्ध हो जाते यदि वेवल ने काँग्रेस बहुमत की कार्यकारिणी बनायी होती। चर्चिल ने, जब वे विरोध पक्ष के नेता थे, १९३७-३८ में देशी राजाओं को राज्यों के फेडरेशन में सम्मिलित न होने की सलाह देकर, उसे नहीं बनने दिया था। प्रधानमंत्री के पद से तो वे सहज ही अंग्रेज नौकरशाही को वेवल की कांफ्रेंस को, विफल कर देने के लिए भड़का सकते थे। वे वेवल योजना के कट्टर विरोधी थे और इंग्लैण्ड की राजनीति से विवश होकर ही उसे उन्होंने स्वीकार किया था। जब वे प्रध ानमंत्री नहीं रहे तो भी वे भारत की आज़ादी और एकता के विरुद्ध सक्रिय रहे। ३१ अगस्त, १९४५ को जब वेवल दूसरी बार मजदूर सरकार से परामर्श के लिए लंदन गए, तब चर्चिल ने स्पष्ट ही उनसे कहा कि "वे मेरे राजनीतिक प्रस्ताव पर मात्र इस कारण से सहमत हो गए थे क्योंकि इंडिया कमेटी के सभी सदस्यों ने कहा था कि कांफ्रेंस असफल हो जावेगी।" अपनी इस मुलाकात को वेवल इस प्रकार समाप्त करते हैं: "लिफ्ट का दरवाज़ा ज्यों ही मैंने बंद किया तो चर्चिल ने अंत में कहा 'हिन्दुस्तान का कुछ भाग अपने पास रखो।' अंग्रेज नौकरशाही ने शिमला कांफ्रेंस को असफल करने में जिन्ना का उपयोग किया, यह तथ्य संदेह के परे है, लेकिन संबंधित अंग्रेज अधिकारी से चर्चिल का कोई सीधा सम्पर्क था, यह आज भी एक रहस्य है।

एक नयी उत्तेजना (१९४५-४६)

शिमला कांफ्रेंस के असफल होने के कुछ सप्ताह के पश्चात् इंग्लैंड और भारत दोनों देशों की राजनीतिक स्थिति में आमूल परिवर्तन आया। इंग्लैण्ड के २६ जुलाई के आम चुनाव में मजदूर दल की महाविजय हुई। शासन मजदूर दल के हाथों में क्लेमेन्ट एटली के प्रधानमंत्रित्व में आ गया। लियोपोल्ड एमरी के स्थान पर पेथिक लारेंस ने सेक्रेटरी आफ स्टेट पद ग्रहण करते हुए ७ अगस्त को घोषणा की कि भारत और ब्रिटेन के बीच बराबर की साझेदारी जल्दी से जल्दी स्थापित करने का लक्ष्य उन्होंने अपने समक्ष रखा है।" २४ अगस्त को अगला कदम उठाने के विषय में विचार-विमर्श करने के लिए बुलाए जाने पर वेवल इंग्लैंड के लिए रवाना हो गए।

भारत में भी राजनीतिक दृश्य में ऐसा परिवर्तन हुआ जिसे पहचानना कठिन हो गया। काँग्रेस कार्यकारिणी के सदस्यों और बाद में सभी काँग्रेसजनों की रिहाई वैसा ही चमत्कारिक बदलाव ले आयी जैसा गर्मी के दिनों के बाद बरसात भारत की भूमि पर ला देती है। महात्मा गाँधी अहिंसा के प्रति अपनी अडिग निष्ठा के कारण जनता की हिंसात्मक कार्यवाही से दु:खी थे और इस प्रकार लिनलिथगो की बर्बरता से उत्पन्न जो उदासी जनता पर छा गई थी उसका अंत नहीं कर सके थे। नेहरु और पटेल वैसी भावना से मुक्त थे। यद्यपि वे अहिंसा की नीति से संलग्न थे, वे उस शासन की हिंसा का जिसने बर्बरता से ही जनता को दबा रखा था हिंसा से उत्तर देने का जनता के अधिकार को मान्यता देते थे। उन्होंने नि:संकोच १९४२ के आंदोलन में जनता के साहसिक कार्यों की तथा उन पर ढाये गए अत्याचारों के प्रति उनकी सहन शक्ति की प्रशंसा की। नेहरु ने तो यह भी कहा कि "मैं १९४२ में हुई घटनाओं की पूरी जिम्मेदारी अपने ऊपर लेने के लिये सहमत हूँ क्योंकि जो देश में स्थिति उस समय

हो गई थी, उसके लिए मैं जिम्मेदार था।" राजाजी तथा भूलाभाई के दिन बीत गए थे, और जय प्रकाश नारायण जैसे व्यक्तियों का, जहाँ भी वे जाते थे जनता द्वारा वीरो जैसा सम्मान किया जाता था।

जैसे इतना पर्याप्त नहीं था, सरकार ने सुभाष चन्द्र बोस की आज़ाद हिन्द फौज के तीन अधिकारियों पर राजद्रोह का मुकदमा चलाने के अपने निर्णय से इन जन-नायकों की सूची में नए नाम जोड़ दिए। कैप्टन शाहनवाज़, केप्टन सहगल और लेफ्टिनेंट ढिल्लों के संबंध में, जिन पर राजद्रोह का मुकदमा किया गया था, सरोजनी नायडू को यह कहते बताया गया है कि वे उनसे मिली थीं और उन्होंने कहा कि यदि कोई अपने पुत्रों का चुनाव कर सकता तो वे उन तीनों को अपना पुत्र होने का चुनाव करतीं।"

१० अगस्त को जापान ने आत्मसमर्पण करने की इच्छा प्रकट की, और जापान के द्वारा मित्र राष्ट्रों की शर्तों के स्वीकार किए जाने पर २५ अगस्त को द्वितीय विश्वयुद्ध समाप्त हो गया। आत्म समर्पण के कुछ दिन पहले जापानी मुख्यालय ने ताइवान में एक हवाई जहाज़ के गिरने से सुभाषचन्द्र बोस की मृत्यु हो जाने की घोषणा की थी। इस दु:खद समाचार ने प्रत्येक भारतीय के हृदय को दु:ख तथा सहानुभूति से ओत-प्रोत कर दिया। पूरा देश उनकी असीम देशभक्ति तथा बलिदान के गुणगान से प्रतिध्वनित हो उठा। कृतज्ञता की भावना को मूर्त करने के लिए देश के सभी वर्गों के लोग आज़ाद हिन्द फौज के उनके अनुयायियों के बचाव के लिए कृत संकल्प हो गए। जबलपुर में एक धार्मिक प्रवचन के दौरान एक जैन साधु ने अपना ऊर्ध्ववस्त्र आज़ाद हिन्द फौज के उन तीन अधिकारियों के बचाव के लिए दान कोष में देने की घोषणा की। उस उत्तरीय के नीलाम में उसी स्थान पर बड़ी राशि प्राप्त हो गई। अंतत: सरकार को, उन्हें दण्डित करने के पश्चात् उनका दण्ड कम कर उन्हें छोड़ देना पड़ा।

देश के वायुमण्डल में हिंसा विद्यमान थी, और यदि सरकार ने अपने कार्य में तत्परता बरती होती तो तनाव में वृद्धि रुक जाती। मजदूर सरकार आगे बढ़ना चाहती थी, लेकिन अब अनुदार दल का खेल खेलने में वेवल की बारी थी। ऐसा प्रतीत होता है कि ज्यों-ज्यों समय व्यतीत हो रहा था, वे अंग्रेज नौकरशाही से अधिकाधिक प्रभावित होते गए। शिमला कांफ्रेंस के असफल होने के बाद, उन्होंने विभिन्न प्रांतों के गवर्नरों से परामर्श किया और एक गवर्नर के अतिरिक्त सभी ने उनको उनकी तत्कालीन कार्यकारिणी के साथ काम करते रहने का परामर्श दिया। वह एकमात्र स्वर बम्बई प्रांत के गवर्नर जॉन कोलविले का था, जिन्होंने मुस्लिम लीग को किनारे कर कार्यकारिणी बना लेने की पैरवी की थी। जहाँ तक प्रांतों की सरकारों का प्रश्न था, सभी गवर्नर काँग्रेसजनों को रिहा कर देने के पक्ष में तो थे, लेकिन उनकी सरकार के विरुद्ध थे। पंजाब गवर्नर बट्रन्ड ग्लेन्सी को छोड़ कर वे सभी नए चुनाव कराने के पक्ष में थे ताकि धारा ९३ के अन्तर्गत वे कुछ और दिन शासन करते रहें। नए चुनाव कराने के उनके परामर्श के पीछे एक यह कारण भी था कि वे जिन्ना और उनकी लीग को, जो अब मुस्लिम समाज में लोकप्रिय हो गई थी और १९३७ की बुरी हार को जीत में बदल देने की हालत में थी, शक्तिशाली बनाना चाहते थे। ग्लैन्सी यूनियनिस्ट मंत्रिमंडल के पक्ष में थे और उन्होंने नए चुनाव का विरोध इसलिए किया था क्योंकि वे जानते थे कि नया चुनाव यूनियनिस्ट दल के लिए अनर्थकारी होगा। वेवल अब अपने व्यक्तिगत सचिव सर इवान जेनकिन्स और एक अन्य आई.सी.एस. अधिकारी जार्ज एबल के परामर्श प्रांतीय गवर्नरों की तुलना में अधिक मानने लगे थे। फ्रैन्क मोरेस लिखते हैं: "वे (जेनकिन्स और एबल)

अपने को अंग्रेजी "लौह ढांचे" का आधार मानते जान पड़ते थे। वे इस बात को नहीं मान सकते थे कि अंग्रेजी राज अपने अंत के निकट था और जब तक वे उसको संरक्षित रख सकें, वे उसकी रक्षा के लिए कृत संकल्प थे। इसके लिए उन्हें दोष नहीं दिया जा सकता है। मैं उन्हें विशेष कुटिल भी नहीं देख सका हूँ, जैसा मेरे कुछ सहयोगियों ने बाद में उनका चित्रण किया है। लेकिन मैं यह सोचता हूँ कि उस समय चुनाव कराने के निर्णय के पीछे उनका हाथ अवश्य था, जिसका एक यह परिणाम वे जानते होंगे, कि जिन्ना के सभी मुसलमानों का प्रतिनिधि होने के दावे को बल मिल जाएगा।"[४१] वेवल ने प्रतिक्रियावादी गवर्नरों और जेनकिन्स की सलाह मान ली और यह पैरवी करने के लिए इंग्लैण्ड गए कि केन्द्र और प्रांतों में सरकार पूर्ववत रही आए यद्यपि यह सत्य था कि वे सरकारें भारतीय जनता के लिये आँख का काँटा बन गई थी।"

वेवल जब मार्च में इंग्लैण्ड गए थे, तो वे चर्चिल सरकार से तत्काल कार्यवाही करने का आग्रह करने के लिए गए थे। जब वे दूसरी बार २६ अगस्त को गए तो उनका लक्ष्य एटली सरकार को भारत को दिए गए वादों को तत्काल कार्यान्वित करने से रोकना था। वहां पहुँचने के दूसरे दिन वे पेथिक लारेन्स से मिले, जिन्होंने उन्हें सूचित किया कि सरकार प्रांतीय नाम सूची से केन्द्र के लिए नई कार्यकारिणी बनाने के पक्ष में है। इसका अर्थ धारा ९७ के अन्तर्गत चल रहे शासन को लोकप्रिय मंत्रिमण्डलों में बदलना और उनके द्वारा दिए गए नामों की सूची से केन्द्र में अस्थायी सरकार का बनाया जाना था। लेकिन वेवल बदल गए थे, इसका प्रमाण उन प्रस्तावों के प्रति उनकी प्रतिक्रिया का था जो उनकी पत्रिका में दिए गए २७ अगस्त के रिकार्ड से मिलता है: "मैंने कहा कि समझौता जल्दी किए जाने के कारण समझे जा सकते हैं, लेकिन उन कारणों से प्रेरित होकर ऐसी कार्यवाही नहीं की जानी चाहिए जो भारत में अराजकता और संघर्ष की स्थिति लाए। राजनीतिक प्रश्न के अतिरिक्त, मुसलमानों के साथ ही अन्य अल्पसंख्यकों के प्रति, मजदूरों और फैक्ट्री मालिकों, जमींदारों और किसानों के संबंधों के प्रति और युद्ध के बाद पैदा हुई समस्याओं के प्रति हमारी जिम्मेदारी है। कुछ राजनीतिक नेताओं को संतुष्ट करने की आशा में हमें इन समस्याओं की उपेक्षा नहीं करनी चाहिए। मैंने कहा कि काँग्रेस की भावना और लक्ष्यों में परिवर्तन वास्तविक रूप में नहीं हुआ है। वे आज पहले की अपेक्षा समझदारी से काम इसलिए ले रहे हैं क्योंकि वे सत्ता में फिर आ जाने के लिए बेचैन हैं।"

स्पष्ट ही यह भाषा उस नौकरशाही की है, जो जब तक संभव हो सत्ता से चिपकी रहना चाहती थी। आश्चर्य है कि भारत में अंग्रेजों के लगभग डेढ़ सौ वर्ष के शासन के पश्चात् वेवल, जब अंग्रेजों के लौट जाने का समय आ गया था, तब सवर्णों से हरिजनों को, फैक्ट्री मालिकों से मजदूरों को और जमींदारों से किसानों को बचाने की सोचने लगे थे! उन्होंने संविधान बनाने वाली संस्था के निर्माण का भी विरोध किया। सत्य यह था कि अब वे भारत में अंग्रेजी शासन के चलते रहने के पक्ष में निर्णय कर चुके थे। जैसा ४ सितम्बर को अपनी पत्रिका में उन्होंने लिखा है: "मैंने जो मार्ग वे अपनाना चाहते थे उसके खतरों के संबंध में तथा जिस सीमा तक वे जनता के कल्याण के प्रति उपेक्षित थे, उसके सम्बन्ध में अपने विचारों को नहीं छिपाया। लेकिन वे स्पष्ट रूप से यथाशीघ्र भारत को अपने काँग्रेस के मित्रों को सौंप देने पर तुले हुए थे। वे मुझसे ऐसे शब्दों का कोई समझौता स्वीकार कराना चाहते हैं, जिसका

अर्थ वे अपनी तरह लगावेंगे। मुझे निर्णय करना होगा कि भारत छोड़ने की उनकी योजना में सम्मिलित होने से इंकार करूँ अथवा भारत लौट कर, जितना बन सके, उन्हें विपत्ति से बचाने का प्रयत्न करूँ।"

"जनता के कल्याण" की बार-बार चर्चा मनोरंजक है। अवश्य ही उन्होंने एक बंगाली कहावत नहीं सुनी होगी, कि जो स्त्री, किसी अन्य स्त्री के बच्चे को, उससे अधिक प्यार करने की बात करती है, उसे डाइन होना चाहिए। उन्होंने अपनी "न्यायप्रियता और अच्छे स्वभाव" पर काफी गर्व प्रकट किया था, लेकिन जो शिक्षा हठधर्मी नौकरशाही से उन्हें मिली थी, उससे वह भावना काफूर हो गई थी। गाँधीजी को दिए जाने वाले उत्तर का वेवल के द्वारा तैयार किया गया प्रारूप जब व्हाइट हाल ने बदल दिया था, तो उन्हें शिकायत हो गई थी कि "चर्चिल ने जानबूझकर एक ही बार में काँग्रेस के साथ निर्णायक व्यवहार करने की मेरी उपयोगिता कमज़ोर कर दी।" अब उन्हें यह समझ लेना चाहिए था कि अपने प्रतिक्रियावादी प्रस्ताव मजदूर सरकार पर लाद कर वे मजदूर सरकार के सदस्यों ने, जो ख्याति भारत में कमाई थी, उसे वे समाप्त कर रहे थे। वे अपने से बहुत संतुष्ट थे कि उन्होंने नए मंत्रिमंडल को मना लिया था कि राजनीतिक गतिरोध दूर करने के किसी प्रयास से पहले भारत में केन्द्र और प्रांतों के चुनाव करा लिए जावें। भारत के लिए रवाना होने के पहले उन्होंने लिखा: "पिछली बार की तुलना में, इस बार मुझे मोटर के चालक पैडल से अपना दाहिना पैर उठा लेना पड़ा और बांया पैर ब्रेक के पैडल पर, धीरे लेकिन मजबूती से रखना पड़ा।"

लंदन से लौट कर १९ सितम्बर के अपने प्रसारण में उन्होंने चुनाव कराने की चर्चा करते हुए घोषणा की कि "चुनाव के बाद निर्वाचित सदस्यों के प्रतिनिधियों से और देशी राज्यों के प्रतिनिधियों से मैं संविधान बनाने वाली निकाय के आकार, उसके अधिकार तथा कार्य विधि के सम्बन्ध में परामर्श करूँगा। १९४२ की प्रारूप घोषणा में संविधान निकाय के लिए एक विधि प्रस्तावित की थी, लेकिन सरकार मानती है कि यह देखकर कि उससे कई प्रश्न उलझे हुए हैं, और अल्पसंख्यकों की समस्याओं की बारीकियों के रहते संविधान निकाय का आकार निश्चित करने से पूर्व, जनता के प्रतिनिधियों से परामर्श करना आवश्यक है।"

लंदन में सम्राट ने संसद का उद्घाटन करते समय भारत की चर्चा की और घोषणा की, कि "भारतीय जनता को दिए गए वचनों के अनुसार मेरी सरकार भारत के नेताओं से विचार विनिमय कर भारत में स्वायत्त शासन स्थापित करने के लिए पूरा प्रयास करेगी।" उसी तिथि के प्रधानमंत्री के प्रसारण में वैसे ही प्रस्ताव थे, लेकिन उसमें भारत के साथ एक संधि का भी संकेत था। '१९४२ की घोषणा में, जिसे इस देश के सभी दलों का समर्थन प्राप्त था, भारत के प्रति जो ब्रिटिश नीति की परिभाषा की गई है वह आज भी अपने लक्ष्य के संदर्भ में यथावत है। इस घोषणा ने ब्रिटिश सरकार और भारतीय संविधान निकाय के बीच में एक संधि का होना निश्चित किया था। सरकार इस प्रकार की संधि की विषय-वस्तु पर तत्काल विचार कर रही है। यहां यह कहा जा सकता है कि उस संधि में हम ऐसी कोई बात नहीं रखना चाहेंगे जिसका भारत के हितों से मेल न हो।"

चूँकि शीतकाल में चुनाव होने वाले थे, इसलिए लंदन और दिल्ली के प्रसारणों ने भारत में व्याप्त तत्कालीन तनाव में वृद्धि कर दी। इन प्रसारणों के दो दिन बाद ही बम्बई में अखिल भारतीय काँग्रेस कमेटी की बैठक हुई और एक प्रस्ताव के द्वारा "सरकार की तानाशाही सत्ता में रहे आने के लिए

तथा उसका तानाशाही और निरंकुश ढंग से उपयोग करते रहने के लिए भर्त्सना की गई।" बैठक तीन दिन चली और सभी वक्ताओं ने आग उगली। १९४२ की घटनाओं की चर्चा करते हुए नेहरु ने कहा कि "सतारा, बिहार, मिदनापुर, बंगाल के कई दूसरे भागों में तथा संयुक्त प्रान्त में हुई घटनाओं ने स्वतंत्रता की लड़ाई के इतिहास में एक गौरवपूर्ण अध्याय जोड़ दिया है।" साम्यवादियों की चर्चा करते हुए, जो द्वितीय विश्वयुद्ध को "जनता का युद्ध" कहते थे, उन्होंने पूछा कि "जनता का युद्ध कहाँ है और किस उद्देश्य से हो रहा था?" और अपने प्रश्न का उत्तर स्वयं देते हुए उन्होंने कहा कि "जहाँ तक हमारा संबंध है, इस समय केवल एक युद्ध है, वह युद्ध सरकार के दमनकारी कृत्यों से जनता का प्रतिरोधात्मक संघर्ष ही है।" उन्होंने अन्तर्राष्ट्रीयवाद की खिल्ली उड़ाते हुए कहा कि "हम अन्तर्राष्ट्रीय होने से पहले राष्ट्रवादी अवश्य बनें।"

वल्लभभाई पटेल ने भी १९४२ की घटनाओं का प्रशंसापूर्ण उल्लेख किया और कहा कि यदि हमारा विद्रोह संगठित होता तो और अधिक संघर्ष करने की आवश्यकता नहीं थी। जनता के विरुद्ध हिंसा के आरोप पर उन्होंने कहा: "उसमें मैं कोई बुराई नहीं देख पा रहा हूँ। अन्ततः हम सभी मनुष्य हैं।" नया नारा देते हुए उन्होंने घोषणा की "काँग्रेस के द्वारा स्वीकृत १९४२ का भारत छोड़ों प्रस्ताव आज भी यथावत है और उसमें हम कुछ नहीं बदलना चाहते। केवल यही नहीं, काँग्रेस को शीघ्र ही "भारत छोड़ो" के स्थान पर अब "एशिया छोड़ो" कहना पड़ेगा। पटेल ने दो वर्ष पुरानी उस बात की भी चर्चा की जिसमें यह कहा गया था कि जो लोग "भारत छोड़ो" प्रस्ताव के लिए जिम्मेदार थे, उन पर मुकदमा चलाया जावेगा और बोले: "जिन्होंने हमें जेल भेजा वे खुला मुकदमा करने से कतराते थे! वास्तव में वे लोग ही अब परीक्षा के दौर से गुज़र रहे है। वे शासन की जिम्मेदारी निभाने में बिल्कुल निकम्मे और बेकार साबित हो चुके हैं।" अपना भाषण समाप्त करते हुए उन्होंने कहा कि "अपनी स्वतंत्रता पाने से अब हमें कोई रोक नहीं सकता। हम उसे लेने के लिए कृतसंकल्प हैं और उसे लेकर रहेंगे।"

निःसंदेह अब जनता में बड़ी बेचैनी थी और जैसा लड़ाई के बाद अधिकांश होता है, हिंसा की भावना भारत में अत्यंत प्रबल थी। वेवल अब घबरा गए। वे नेहरु से मिले जिन्होंने उनसे कहा कि "वे समझ नहीं पा रहे थे कि यदि उचित माँगें अन्य तरीके से पूर्ण न हो रही हों तो हिंसा से कैसे बचा जा सकता है। बाद में जब सरकार ने गाँधीजी से नेहरु के गर्म भाषणों की शिकायत की, तो गाँधीजी ने उत्तर दिया कि "यदि अंग्रेज सचमुच भारत को स्वतंत्रता देना चाहते थे तो नेहरु के भाषणों के गर्म होने का कोई अर्थ नहीं होता, और यदि इस मामले में वे ईमानदार नहीं हैं तो उन्हें ज्यादा गर्म होना चाहिए।" निराश वेवल ने व्हाइटहाल को भारत में दिन-ब-दिन बिगड़ती हालत पर एटली सरकार को एक लम्बा नोट भेजा। नोट यों प्रारंभ हुआ: "भारत में ऐसी कठिन और संकटपूर्ण स्थिति हमारे सामने है, जिसमें मैं अंग्रेज़ सरकार से परामर्श और सहायता चाहता हूँ।

"अखिल भारतीय काँग्रेस कमेटी की बैठक (२१ से २३ सितम्बर) के बाद काँग्रेस के नेतागण, विशेष रूप से पटेल बम्बई में और नेहरु तथा पंत संयुक्त प्रान्त में ऐसे बयान और भाषण दे रहे हैं, जिनका आशय सामूहिक अराजकता के लिए भड़काना अथवा मार्ग बनाना ही हो सकता है। उन्होंने अपने भाषण १९४२ के उपद्रवों के लिए श्रेय लेने से प्रारंभ किए हैं और दावा करते हैं कि कुछ ही समय में अंग्रेज भारत से निकाले जा सकते हैं। वे मुस्लिम लीग से कोई समझौता होने की आशा नहीं करते,

आजाद हिन्द फौज को गौरवान्वित करते हुए जिन अधिकारियों ने १९४२ के उपद्रव को दबाने में भाग लिया था, उन्हें 'युद्ध अपराधी' घोषित कर उन पर मुकदमा चलाने और दण्ड देने की धमकी देते हैं। साम्प्रदायिक और जातीय वैमनस्य फैलाने की इस प्रकार की बातें करने के बाद अब उन्होंने अपना कार्यक्रम व्यक्त करना प्रारंभ किया है, जिसके अनुसार संक्षेप में, चुनाव लड़ना और फिर अंग्रेज सरकार को अंतिम चेतावनी देने से कोई परिणाम न निकलने पर १९४२ की तरह का, लेकिन उससे अधिक व्यापक जनान्दोलन संगठित करना है।"

वेवल के आरोप विशेषत: नेहरु और पटेल के विरुद्ध थे: "निसंदेह नेहरु और पटेल के इरादे अब छिपे नहीं है। गाँधी के पश्चात् वे दोनों काँग्रेस के अत्यन्त प्रभावशाली नेता हैं और इसलिए दूसरे काँग्रेसजन उनके मार्ग पर चल पड़े हैं। बम्बई के अपने हाल ही के एक भाषण में पटेल ने कहा कि "चुनाव के बाद काँग्रेस चुप नहीं बैठने वाली है और न अंग्रेज सरकार की इच्छा तथा सुविधा की प्रतीक्षा ही करेगी। काँग्रेस तत्काल तथा अंतिम निर्णय की मांग करेगी....यदि ऐसा निर्णय नहीं होता, तो जिस प्रकार रात के पश्चात् दिन होता है, एक और आंदोलन होगा....जब कार्य करने का समय आवेगा और वह जल्दी आ सकता है, तो हम एक होकर कार्य करें।...नेहरु ने एक दिन पहले कहा था कि 'क्रांति अनिवार्य है।'

अपने आरोप के समर्थन में वेवल ने नेहरु से हुई अपनी मुलाकात का उल्लेख किया: "यह पक्का करने के लिए कि कोई गलतफहमी तो नहीं हुई है, मैं ३ नवम्बर को नेहरु से मिला, और जो मार्ग उन्होंने और दूसरे काँग्रेसजनों ने अपनाया है, उससे होनेवाले खतरे की ओर मैंने उनका ध्यान आकर्षित किया। उन्होंने मुझसे स्पष्ट कहा कि हिंसा रोकी नहीं जा सकती और मुलाकात के बाद ही उसी प्रकार का एक भड़काने वाला भाषण दे डाला। मेरा विश्वास है कि काँग्रेस आज़ाद हिन्द फौज को अपने विद्रोह का मोर्चा बनाना चाहती है। यदि उससे हो सकेगा तो वह भारतीय सेना से गुप्त शपथ दिलाना चाहेगी और उसे आशा है कि उसकी धमकी पुलिस की निष्ठा और कार्यक्षमता को हानि पहुँचायेगी। वे फ्रेंच इन्डोचाइना और इन्डोनेशिया में हुई घटनाओं से उत्साहित हो गए हैं और उनका वे सावधानीपूर्वक अवलोकन कर रहे हैं। वहाँ तथा सीरिया और पैलेस्टीन में जो कुछ होगा उस पर बहुत कुछ निर्भर करेगा।"

वेवल ने बड़ी गंभीरता से "अंग्रेज सरकार को काँग्रेस के द्वारा बलपूर्वक भारत के वर्तमान शासन को उलटने, संभवत: वसंतकाल में होने वाले प्रयास के लिए, तैयार रहने की चेतावनी दी।" काँग्रेस का विरोध करने के लिए उन्होंने "अंग्रेजी फौज के उपयोग, आवश्यकता पड़ने पर मार्शल लॉ घोषित करने, बिना मुकदमा चलाए या विशेष अदालतों में मुकदमा चलाकर बड़ी संख्या में लोगों को जेल में डालने और काँग्रेस को अनिश्चित समय के लिए अवैध करने पर विचार किया। उन्होंने काँग्रेस के विरुद्ध तत्काल कदम उठाने की जरुरत पर बल दिया "क्योंकि वह दल अभी पुनर्संगठित नहीं हो पाया है और इसलिए उसे अभी कुचलना अपेक्षाकृत सरल होगा।[४२]"

१९४४ के अक्टूबर माह में चर्चिल को लिखे गए पत्र की भावना अब लिखे गए इस नोट की भावना से कितनी भिन्न थी! उन्होंने स्वयं सोच लिया था कि उनके घबराहट भरे नोट ने "स्पष्ट ही इंग्लैंड के मंत्रिमंडल को हिला दिया है," लेकिन जो बाद में हुआ, उससे उनके विचारों से उल्टा ही

परिणाम दिखाई पड़ता है। एटली सरकार संभवत: अब इस निश्चय पर आ गई थी कि वेवल राजनीतिक दृष्टि से अपने स्थान के लिए कम योग्य थे और उनके परामर्श पर चलने से ऐसी स्थिति उत्पन्न हो गई थी जिसे वे अब दमन कर नियंत्रित करना चाहते थे। अब चुनाव को तो वे रद्द नहीं कर सकते थे, लेकिन उन्होंने निश्चय किया कि एक मैत्रीपूर्ण घोषणा की जावे तथा ब्रिटिश संसद के सदस्यों का प्रतिनिधिमण्डल भारत यह विश्वास दिलाने के लिए भेजा जावे कि भारत की स्वाधीनता की समस्या को सुलझाने में वे अत्यन्त सक्रिय हैं। हाऊस ऑफ लार्ड्स में दिए गए अपने एक बयान में पेथिक लारेन्स ने कहा: "मैं यह स्पष्ट करना चाहता हूँ कि इंग्लैंड की सरकार, संविधान सभा की स्थापना को, जिससे भारत के लोग स्वयं अपने भविष्य का निर्णय करेंगे, एक निर्धारित तथ्य मानती है।" प्रतिनिधि मण्डल को भेजने के सम्बन्ध में उन्होंने कहा कि-"प्रतिनिधिमंडल के सदस्यों को भारत के राजनीतिक नेताओं से मिलकर प्रत्यक्ष रूप से उनके विचारों को जानने का अवसर मिलेगा" और "व्यक्तिगत रूप से वे इस देश की जनता की इस इच्छा को, कि भारत ब्रिटिश राष्ट्रमण्डल में एक स्वतंत्र राष्ट्र का पूर्ण और उचित स्थान प्राप्त करे, तथा इस देश की संसद की उसकी पूरी शक्ति से उस लक्ष्य की पूर्ति में प्रयास करने के उसके संकल्प को व्यक्त करने का भी अवसर मिलेगा।"

संसदीय प्रतिनिधि मंडल ५ जनवरी १९४६ को भारत पहुँचा, और विभिन्न प्रांतों का भ्रमण कर और विशिष्ट व्यक्तियों से मिलता हुआ फरवरी के अंत में दिल्ली वापस आया। चूँकि उस प्रतिनिधिमण्डल में तीनों दलों के सदस्य थे, इसलिए वे अलग-अलग धारणाएँ लेकर इंग्लैण्ड वापस हुए होंगे। उनकी भारत की यात्रा केवल समय निकल जाने के लिए थी, और जैसा पेंडेरल मून लिखते है: "भारत ने उनमें विशेष रुचि नहीं प्रकट की, और घटनाओं के प्रवाह पर उनका कोई प्रभाव नहीं पड़ा।" लेकिन प्रतिनिध मण्डल की यात्रा पूरी नहीं हो पाई थी, उससे पहले ही वेवल को व्हाइटहाल से एक तार मिला कि सरकार ने तीन मंत्रियों का एक प्रतिनिधि मण्डल भारतीय समस्या पर एक समझौता करने के लिए फरवरी के मध्य में भेजना प्रस्तावित किया है। बेचारे वेवल के राजनीति में धीमी चाल से चलने वाले दिमाग के लिए यह बड़ी जल्दबाज़ी थी। उन्होंने उस प्रतिनिधि मण्डल की सदस्य सूची का अनुमान लगाना चाहा और वे बहुत प्रसन्न होते यदि उसमें स्टैफर्ड क्रिप्स न रहते, इसलिए उन्होंने लिखा कि "वार्ताकार के रूप में मैं क्रिप्स पर विश्वास नहीं करूँगा।" लेकिन उनके दुर्भाग्य से क्रिप्स के साथ ही ए.व्ही. एलेक्जेन्डर तथा कैबिनेट मिशन कहे जाने वाले उस प्रतिनिधि मण्डल के नेता के रूप में सेक्रेट्री ऑफ स्टेट्स पेथिक लारेन्स स्वयं उसमें सम्मिलित थे।

चूँकि वेवल से उन तीन मंत्रियों के आवास के लिए वाइसराय भवन से स्वतंत्र व्यवस्था करने के लिए कहा गया था, इसलिए उन्हें सन्देह होने लगा कि वे भारतीय नेताओं से समझौता वार्ता से दूर रखे जावेंगे। लेकिन पेथिक लारेन्स ने उन्हें यह लिख कर कि "समझौता वार्ता हम और आप एक टीम की तरह करेंगे", उनके भ्रम का निराकरण कर दिया। लेकिन यह भी उन्होंने स्पष्ट किया कि "इससे व्यक्तिगत सम्पर्क, जो वाइसराय भवन से बाहर शायद वैयक्तिक भोजों में सरलता से हो सकेगा, नहीं रोका जावेगा।"

इस बीच केन्द्र और प्रांतों के लिए हुए चुनावों के परिणाम निकल आए। १९३७ की तरह इस बार काँग्रेस को चुनाव जीतने के लिए अधिक समय या शक्ति नहीं लगानी पड़ी। यह क्रिप्स योजना के

अन्तर्गत वाइसराय की कार्यकारिणी में सम्मिलित होने से काँग्रेस की इंकारी और गाँधीजी की सलाह से १९४२ के "भारत छोड़ो" प्रस्ताव को पारित करने से संभव हो गया था। जिन्होंने काँग्रेस के १९४२ के दृष्टिकोण की निन्दा की थी, उन्हें मिश्र की वफ्द पार्टी और उसके नेता नहाश पाशा के भाग्य का स्मरण करना चाहिए। उन्होंने अंग्रेजों का साथ धुरी राष्ट्रों के विरुद्ध युद्ध लड़ने में दिया था, और फलस्वरूप युद्ध समाप्त होने पर चुनाव में पूर्णत: पराजित हो गए थे। वफ्द पार्टी की स्थिति को पहुँचने से गाँधीजी की दूरदर्शिता ने काँग्रेस को बचा दिया था। जिन्ना के नेतृत्व में मुस्लिम लीग भी लिनलिथगो की कार्यकारिणी से दूर रही आई थी।

१९४५-४६ में काँग्रेस ने "भारत छोड़ो" मुद्दे पर चुनाव लड़ा और मुस्लिम लीग ने पाकिस्तान की मांग को अपना मुद्दा बनाया। अंतिम आंकड़ों से पता चला कि केन्द्र में काँग्रेस ने ५७ सीटें जीती, जो पहले उसे कभी नहीं मिली थी। मुस्लिम लीग ने मुसलमानों के लिए सुरक्षित सभी ३७ सीटों पर कब्जा कर लिया। प्रांतीय विधान सभाओं में मुस्लिम लीग को ५०९ मुस्लिम सीटों में से ४४२ में विजय प्राप्त हुई। बंगाल और सिंध में उसका पूर्ण नियंत्रण हो गया, लेकिन उत्तर पश्चिम सीमा प्रान्त में काँग्रेस से वह पराजित हुई। पंजाब में मुस्लिम लीग यूनियनिस्ट दल को ७ सीटें देकर भी सबसे बड़ी पार्टी के रूप में उभरी।

यह मानना पड़ेगा कि लीग की जीत अपूर्व घटना थी, लेकिन वह कैसे घटित हुई यह एक अलग कहानी है। अंग्रेज अधिकारी, जो प्रारंभ से ही लीग के समर्थक थे, इंग्लैंण्ड में मजदूर सरकार के आने से बड़ी कठिन परिस्थिति में हो गए थे। चर्चिल और उनके हठधर्मी समर्थकों की सहायता से अब वंचित, वे जिन्ना और उनकी लीग को ही एकमात्र ऐसा साथी मानने लगे थे जो भारत पर उनका कब्जा रहे आने में मदद दे सकता था। अतएव उन्होंने मुस्लिम लीग के उम्मीदवारों के समर्थन में नि:संकोच काम कर निष्पक्ष चुनाव की पवित्रता का उल्लंघन किया। उत्तर पश्चिम सीमा प्रांत के चुनाव के सिलसिले में खान अब्दुल गफ्फार खाँ का कथन है: "मुझे मालूम हुआ कि सरकार ने पेशावर के इस्लामिया कालेज और दूसरे कालेजों और स्कूलों को पूरे प्रांत में बंद कर दिया था, और विद्यार्थियों को मुस्लिम लीग के उम्मीदवारों के लिए काम करने के लिए कहा गया था।

"मैंने अंग्रेज महिलाओं को भी प्रचार करते पाया। वे लोगों के घर जाती थीं, और, घर आने वालों से दुपट्टा बदलने का दस्तूर निभाते हुए वे कहती थीं कि हम आपके घर आए हैं, इसलिए आप हमें अपना दुपट्टा दें। लेकिन जो दुपट्टा हम चाहते हैं, वह वोट है।'

"पंजाब से बेगम शाहबाज़ की बेटी भी कई लड़कियों के साथ चुनाव में काम करने आयी थी।

"उत्तर-पश्चिम सीमा प्रांत में बड़ी संख्या में अलीगढ़ मुस्लिम युनिवर्सिटी के, तथा कलकत्ते के इस्लामिया कालेज के छात्र और भारत के सभी भागों से मुस्लिम लीग कार्यकर्ता और नेता लाए गए थे। साथ ही सरकार और मुस्लिम लीग ने पंजाब और सीमा प्रांत के कई मुल्लाओं को इस चुनाव में काम करने के लिए भर्ती किया था.....। मुस्लिम लीग के लिए वोट मांगने वाले लोगों से पूछते थे- "आप मस्जिद या मंदिर, किसको वोट देंगे?"

भारत के दूसरे मुसलमानों से बिल्कुल भिन्न सीमा प्रांत के पठानों में राजनीतिक जाग्रति थी, और कोई उन्हें इस्लाम के नाम पर गुमराह नहीं कर सकता था। वे इस्लाम का अर्थ समझते थे। उसे

उन्होंने राष्ट्रीय आंदोलन में समझ लिया था और अपने देश के लिए बलिदान करना भी वे सीख गए थे। भारत के किसी और भाग में इस प्रकार से राष्ट्रीय आंदोलन में मुसलमान सम्मिलित नहीं हुए थे।

"मतदान करने का दिन आया। अंग्रेजों ने मुस्लिम लीग की सहायता करने के लिए और खुदाई खिदमतगार के काम में रुकावटें डालने के लिए कुछ भी नहीं रख छोड़ा। लेकिन ईश्वर की कृपा से मुस्लिम लीग पराजित हो गई और हम प्रचंड बहुमत से विजयी हुए।[४३]"

यही प्रणाली लीग और नौकरशाही की गठजोड़ ने भारत के अन्य प्रांतों में भी काम में लायी थी। धर्मान्धता अपनी पूरी ऊंचाई पर पहुँच गई थी और मुस्लिम लीग के उम्मीदवार को वोट करना ही मुसलमान होने का प्रमाण माना जाने लगा था। राष्ट्रीय मुसलमानों का सामाजिक बहिष्कार खुल्लम-खुल्ला किया जा रहा था और मुस्लिम कब्रिस्तान का उपयोग करने से भी उन्हें रोका जा रहा था। नौकरशाही का काँग्रेस के विरुद्ध क्रोध तब चरम सीमा पर पहुँच गया जब काँग्रेस उम्मीदवारों के विरोध में उन्होंने कम्युनिस्ट उम्मीदवारों का समर्थन किया। राजेन्द्र प्रसाद के कथनानुसार उन्होंने छिपे तौर पर उन्हें रुपया भी दिया और बाद में एक प्रश्न के उत्तर में सेन्ट्रल असेम्बली में यह स्वीकार किया गया कि रेडिकल डेमोक्रैट (कम्युनिस्टों) को प्रति माह १३०००/- रुपये का अनुदान दिया जाता था। अधिकारियों के कहने पर ही बिहार की आदिवासी महासभा भी लीग के साथ हो गई थी और "पाकिस्तान के पक्ष में नारे लगाने लगी थी।"[४४]

लेकिन यदि लीग ने मुस्लिम सीटों पर बहुत बड़ी संख्या में कब्जा कर लिया था, तो काँग्रेस ने भी लगभग सभी सामान्य निर्वाचन क्षेत्रों पर विजय प्राप्त की थी। वस्तुत: लीग ने केन्द्रीय विधान सभा के चुनाव में अच्छा काम कर दिखाया था क्योंकि उसके मतदाताओं की संख्या सीमित थी, लेकिन प्रांतीय चुनावों में उसकी वैसी विजय नहीं हो सकी थी। जब मंत्रिमण्डल बनाए जाने की प्रक्रिया प्रारंभ हुई तो लीग बंगाल और सिंध प्रांतों पर ही प्रभुत्व रख पायी। पंजाब तक में काँग्रेस के समर्थन से युनियनिस्ट पार्टी मंत्रिमंडल बनाने में सफल हो गई थी और लगभग एक वर्ष तक खिज्र ह्यात खाँ उसके प्रधानमंत्री रहे आए।

इसमें शंका नहीं है कि आज़ाद हिन्द फौज पर चलाए गए मुकदमे और चुनावों ने जनता में अभूतपूर्व उत्साह भर दिया था। सभी स्वतंत्रता के प्यासे थे। परम्परावादी निष्ठावानों को छोड़कर मुस्लिम लीग के नेता ही अंग्रेजी हुकूमत को और चलने देना चाहते थे। लियाकत अली खाँ के साथ अपनी एक मुलाकात में जब वेवल ने कहा कि पाकिस्तान के मुद्दे पर यदि अंग्रेज सरकार ने कोई समाधान ढूंढ़ निकाला तो उन्हें "अमल में लाने के लिए भारत में रुकना पड़ेगा", तो पाकिस्तान के भावी प्रधानमंत्री ने जवाब दिया कि-"किसी भी हालत में अंग्रेजों को कई वर्ष तक यहाँ रहना पड़ेगा, और मुसलमान बिल्कुल नहीं चाहते कि अंग्रेज भारत से चले जावें, भारत अकेला खड़ा नहीं रह सकता और उसे कोई बदतर मालिक ही मिलेगा।"[४५]

यदि पूरे मुस्लिम समुदाय के प्रति न्याय किया जाए तो लियाकत अली की हिम्मत सार्वजनिक रूप से ऐसी बात करने की न होती। आज़ाद हिन्द फौज पर चलाए जा रहे मुकदमे के दौरान जिन्ना को भी आम राय के समक्ष झुकना पड़ा था और अभियुक्तों के पक्ष में आवाज़ उठानी पड़ी थी। अवश्य ही उन्होंने शाहनवाज को अपने हिन्दू और सिख साथियों, सहगल और ढिल्लों से धार्मिक आधार पर अलग

करने का प्रयत्न किया था, लेकिन आज़ाद हिन्द फौज़ के उस देशभक्त ने बड़ी घृणा से उनकी बात ठुकरा दी थी।

लीग के नेताओं से भिन्न, काँग्रेस के नेतागण अंग्रेजों के केवल चले जाने के पक्ष में ही नहीं थे, बल्कि उन्हें विश्वास हो गया था कि उनसे छुटकारा पाने में भी अब अधिक विलम्ब नहीं था। तो भी, आम जनता को अंग्रेजों की ईमानदारी पर शंका ही थी और उसकी बेचैनी बढ़ती जा रही थी। क्रमशः अंग्रेजों को यह एहसास होने लगा कि काँग्रेस के बड़े नेताओं के सहयोग के बिना वे स्थिति पर काबू नहीं पा सकेंगे। १९ जनवरी को वाइसराय वल्लभभाई पटेल से मिले। वे लिखते हैं: "मैं वल्लभभाई पटेल से सुबह पहली बार मिला। उनका व्यक्तित्व आकर्षक नहीं है और न वे समझौतावादी हैं, लेकिन दूसरे राजनीतिक नेताओं की अपेक्षा जिनसे मैं मिला हूँ, वे बेहतर व्यक्ति जान पड़े।" जब वेवल ने कहा कि कानून और व्यवस्था अवश्य बनी रहे, "जब तक नये रूप में सरकार नहीं बनती," तो पटेल ने इस बात पर सहमति व्यक्त की।"

पटेल की सहमति यथार्थ थी, और उनके आत्म विश्वास पर आधारित थी। उनका विश्वास था कि भारत स्वतंत्रता के द्वार पर खड़ा है और अराजकता से केवल देर ही हो सकती थी। चुनाव के सिलसिले में दिए गए अपने सभी भाषणों में उन्होंने अपने इस आत्मविश्वास को जनता तक पहुँचाने का प्रयत्न किया और कोई गलत कदम उठाने से जनता को आगाह किया। २ फरवरी को कराची में उन्होंने कहा कि "जहाज़ किनारे लग गया है" और जनता को "कड़े परिश्रम से प्राप्त स्वाधीनता को सम्हाले रहने के लिए शक्ति और क्षमता पैदा करने के लिए प्रोत्साहित किया।"

वाइसराय और अंग्रेज सरकार को यह अनुभव करने में देर नहीं लगी कि सरदार जो उपदेश देते थे उसके अनुसार स्वयं भी चलते थे। १९ फरवरी को कम वेतन, भोजन की कठिनाई और जातिगत भेदभाव के विरुद्ध रॉयल इंडियन नैवी (नौ सेना) के खलासियों ने हड़ताल कर दी। छोटे जहाज़ों, बंदरगाह के कार्यालयों और समुद्री सुरंग का पता लगाने वाले खलासी मिलकर करीब ३००० व्यक्ति बम्बई में एक जुलूस में निकले। वरदी पहने कुछ अंग्रेज सैनिकों का पीछा कर उन्हें उन लोगों ने पीटा। २० तारीख को नौसेना के अधिकारियों ने उनसे अपनी बैरिकों में लौट जाने का आदेश दिया और अधिकांश लोग वापस भी हो गए। लेकिन ४० व्यक्तियों ने आदेश नहीं माना और वे गिरफ्तार कर लिए गए। लेकिन उन लोगों ने भी, जो बैरिकों में वापिस चले गए थे, हड़ताल जारी रखी। २१ तारीख को कुछ खलासियों ने कैसल बैरेक के शस्त्रागार पर अधिकार करने की कोशिश की और अधिकारियों पर आक्रमण भी किया। भारतीय सैनिकों के स्थान पर, जिनके सम्बन्ध में खलासियों से सहानुभूति रखने का संदेह था, अंग्रेज सैनिकों को रखा गया। खलासियों और सेना में लगभग ६ घन्टे का युद्ध चला और उसके बाद युद्ध विराम का संकेत हुआ।

इस बीच में खलासियों की सहानुभूति में बम्बई के निकट के आर.आइ.ए.एफ. कैम्पों के लगभग एक हजार व्यक्तियों ने हड़ताल कर दी। खलासियों की हड़ताल बड़ी तेज़ी से दूसरे बन्दरगाहों कलकत्ता, विजगापट्टम, मद्रास और सबसे उग्र रूप में करांची में फैल गई, जहाँ बम्बई में हुई विद्रोहात्मक घटनाओं की तरह की घटनाएँ हुई। स्थिति पर नियंत्रण तभी पाया जा सका जब प्रमुख खलासी वल्लभभाई पटेल

से परामर्श लेने गए और उन्होंने कमान्डर-इन-चीफ के इस आश्वासन पर, कि अधिकारियों के द्वारा किसी को दण्डित नहीं किया जावेगा, उन खलासियों को आत्मसमर्पण कर देने की सलाह दी।

भारत की हथियार बन्द सेनाओं के नौ-सेना के खलासियों और आर.आई.ए.एफ. के सिपाहियों तक ही असंतोष सीमित नहीं था, बल्कि सेना के प्रत्येक विभाग में कार्यरत लोग मातृभूमि की स्वाधीनता के लिए व्यग्र हो गए थे, यह स्पष्ट हो गया जब जबलपुर के बिजली और मशीनरी इंजीनियरिंग गोदाम तथा इंडियन सिग्नल दस्तों के लगभग २०० फौजियों ने २२ फरवरी को हड़ताल कर दी और अपने अधिकारियों के आदेशों को न मानकर उन्होंने शहर में शांतिपूर्वक एक जुलूस निकाला। उन्होंने एक सभा की और कम वेतन, खराब राशन, निवास की दुर्व्यवस्था और सैन्य विघटन के विरोध में आवाज़ उठायी। उन्होंने नौसेना के खलासियों के प्रति अपनी सहानुभूति प्रकट की और आज़ाद हिन्द फौज के व्यक्तियों को रिहा किए जाने की मांग की। उनके नेता ने बड़ा ओजस्वी भाषणा दिया और कहा: "यद्यपि हम गुलाम पैदा हुए हैं, लेकिन हम गुलाम मरना नहीं चाहते।" हड़ताल की खबर पाकर मैं कुछ काँग्रेसजनों के साथ उनकी सभा में गया और उन्हें अपनी बैरिकों में वापस जाने पर सहमत कर सका। भोजन करने के बाद, जिसका प्रबंध जनता ने किया था, वे सुभाषचन्द्र बोस की प्रतिमा का अभिवादन कर, वापिस हो गए।

लार्ड वेवल को दिए गए वल्लभभाई के वचन के अनुसार काँग्रेसजनों के द्वारा दिए गए सहयोग का स्वागत करने के बजाय, ईस्टर्न कमांड के जनरल आफिसर कमांडिंग जेनरल फ्रान्सिस टकर ने कहा:"जान पड़ता है कि स्थानीय (जबलपुर के) काँग्रेसजनों ने उन्हें बैरिकों में वापस होने के लिए परामर्श दिया है और उन्होंने उनकी सलाह मान ली है। ऐसा लगता है कि काँग्रेस अपने हाथों से ही बनाए गए दैत्य से जरा भयभीत हो गई है।"[४६] टकर के द्वारा की गई आलोचना के लक्ष्य वास्तव में वल्लभभाई पटेल थे, जिन्होंने बम्बई के नौ-सेना के खलासियों के आंदोलन के समाप्त होने में सहायता दी थी।

महात्मा गाँधी भी भारतीय सेना की नई चेतना से अपरिचित नहीं थे। जब वे बम्बई में रुके हुए थे, भारतीय सैनिकों के दल उनके दर्शन के लिए आते रहते थे। एक बार उनसे उन सिपाहियों ने कहा- "एक समय था जब हमें शहर का कोई अखबार पढ़ना भी मना था, लेकिन अब हम अपने अधिकारियों से जब कहते हैं कि हम अपने सर्वश्रेष्ठ नेता को देखने जा रहे हैं, तो वे हमें रोकने की हिम्मत नहीं करते। महात्मा गाँधी ने कहा-"मैं जानता हूँ कि सभी सैनिकों में आज एक नयी उत्तेजना और जागृति है। इस नए सुखद परिवर्तन का श्रेय बहुत बड़े अंश में नेताजी सुभाष चन्द्र बोस को है।" इस पर सिपाहियों ने "जयहिन्द" और "नेताजी की जय" का नारा बुलंद किया।

इस प्रकार भारतीय नेताओं और सरकार को दिन-ब-दिन स्पष्ट होता जा रहा था कि भारत में ब्रिटिश राज अपने अंतिम चरण में है। देशी राजाओं की निष्ठा भी अब संदेहात्मक होती जा रही थी। उनके संबंध में वेवल ने अपनी पत्रिका में यह लिखा: "मेरा अनुमान है कि बड़ी रियासतों के राजा जिनमें चेम्बर ऑफ प्रिन्सेज़ के चांसलर, भोपाल के नवाब भी शामिल हैं, काँग्रेस के सम्पर्क में हैं ताकि काँग्रेस शासित भारत में उनके साथ की जाने वाली शर्तों को वे जान सकें।"[४७]

संदर्भ

१. एच.वी. हडसन, दी ग्रेट डिव्हाइड, पृ. १०९-१०.
२. जॉन ग्लेन्डेवन, दी वाइसराय ऐट बे, पृ. २७६-७७
३. वही, पृ. २७४-७५.
४. दुर्गादास, इंडिया फ्राम कर्ज़न टू नेहरु एण्ड आफ्टर, पृ. २०८.
५. वेवल, दी वाइसराय जर्नल, पृ. ३३.
६. वही, पृ. ३२.
७. जान ग्लेन्डेवन, उपरोक्त, पृ. २७०
८. वेवल, उपरोक्त, पृ. ४९४.
९. डी.जी. तेन्दुलकर, उपरोक्त महात्मा, खण्ड ६, पृ. २४९.
१०. वेवल, उपर्युक्त पृ. ७०.
११. डी.जी. तेन्दुलकर, उपरोक्त, खण्ड-६, पृ. २५१.
१२. वेवल, उपर्युक्त पृ. ७७.
१३. वही, पृ. ७८.
१४. डी.जी. तेन्दुलकर, उपरोक्त, खण्ड ६, पृ. २५५.
१५. वही, पृ. २६३.
१६. वही:
१७. वी.पी. मेनन, दी ट्रान्सफर ऑफ पावर इन इंडिया, पृ. २६२-६३.
१८. सी.एच. फिलिप एण्ड एम.डी. वेनराइट, पार्टीशन ऑफ इंडिया, खण्ड २, पृ. ४६४.
१९. डी.जी. तेन्दुलकर, उपरोक्त, खण्ड-६, पृ. २७४.
२०. लुई फिशर, दी लाइफ आफ महात्मा गाँधी, पृ. ४७१
२१. वी.पी. मेनन, उपरोक्त, पृ. १६३.
२२. वेवल, उपरोक्त, पृ. ८५.
२३. वही, पृ. ८७.
२४. वही, पृ. ९१.
२५. वही, पृ. ९७-९९.
२६. वी.पी. मेनन, उपरोक्त, पृ. १७६-७७.
२७. वही, पृ. १७७-७८.
२८. जे.एन. साहनी, दी लिड आफ, पृ. २०३-०४.

२९. वेवल, उपरोक्त, पृ. १५६.

३०. वही, पृ. ११९.

३१. वही, पृ. १२०.

३२. वही, पृ. १२९.

३३. वही, पृ. १३५-३६

३४. वही, पृ. १४७.

३५. लुई फिशर, उपरोक्त, पृ. ४७१.

३६. वेवल, उपरोक्त, पृ. १५२

३७. वही, पृ. १५२-५३.

३८. वही, पृ. १५७-५८.

३९. दुर्गादास, उपरोक्त, पृ. २१६.

४०. लियोनार्ड मोज़ले, दी लास्ट डेज़ आफ दि ब्रिटिश राज, पृ. १५.

४१. फ्रैन्क मोरेस, विटनेस टु एन एरा, पृ. १४१.

४२. वेवल, उपरोक्त, पृ. १८१-८३.

४३. खान अब्दुल गफ्फार खान, माइ लाइफ एण्ड स्ट्रगल, पृ. १७५-७६.

४४. राजेन्द्र प्रसाद, आटोबायग्राफी, पृ. ५७६.

४५. वेवल, उपरोक्त, पृ. २०६-०७.

४६. फ्रांसिस टकर, व्हाइल मेमोरी सर्वस्, पृ. ९४.

४७. वेवल, उपरोक्त, पृ. २०४.

अध्याय - १३

मिशन और मौलाना

कैबिनेट मिशन (१९४६)

कैबिनेट मिशन के सदस्य, सेक्रेटरी ऑफ स्टेट, पेथिक-लारेन्स, बोर्ड ऑफ ट्रेड के अध्यक्ष स्टैफर्ड क्रिप्स तथा फर्स्ट लार्ड ऑफ एडमिरैल्टी ए.व्ही. एलेक्जेन्डर का २३ मार्च, १९४६ को भारत में आगमन हुआ। संसद के अपने एक भाषण में एक सप्ताह पूर्व प्रधानमंत्री एटली ने कहा था कि "भारत आज बड़े तनाव की स्थिति में है और यह सचमुच बड़े संकट का क्षण है।" उन्होंने स्वीकार किया कि जनता के सभी वर्गों में "राष्ट्रीयता बलवती होती जा रही है और आज राष्ट्रीय भावना पूर्णत: व्याप्त है तथा उन कुछ सिपाहियों में भी, जिन्होंने युद्धकाल में आश्चर्यजनक सेवा की है, उसकी शायद कमी नहीं है।" मिशन के उद्देश्य को स्पष्ट करते हुए एटली ने कहा: "भारत के द्वारा पूर्ण स्वाधीनता की यथा शीघ्र प्राप्ति में भरसक प्रयास करने के उद्देश्य से मेरे सहयोगी भारत जा रहे हैं।"

चर्चिल सरकार द्वारा क्रिप्स मिशन के अधिकारों को जिस प्रकार सीमित कर दिया गया था, वैसा कैबिनेट मिशन के अधिकारों को नहीं किया गया। ब्रिटिश प्रधानमंत्री ने विशेष रुप से कहा था कि "कुछ मसले ऐसे होंगे जिनके सम्बन्ध में हमसे पूछा जावेगा लेकिन आज स्थिति यह है कि हम जब भारतीय जनमत के सभी नेताओं में परस्पर अधिकाधिक सहयोग और परस्पर शुभेच्छा चाहते हैं तो जो वहाँ जा रहे हैं, उन्हें दायरे से बाँध देना बुद्धिमानी नहीं होगी।" मिशन को दिए गए दो कार्यों को सम्पन्न करने की उन्होंने चर्चा की-निर्णय लेने के लिए एक संविधान सभा का गठन और एक अंतरिम सरकार की स्थापना करना। भारत और ब्रिटेन के मध्य प्रस्तावित संधि के सम्बन्ध में उन्होंने आश्वासन दिया कि "हम अपने लिए ऐसी किसी लाभप्रद बात पर नहीं अड़ेंगे जो भारत के लिए हानिप्रद होगी।"

भारत में सही अर्थ में शासन करने वाली अंग्रेज़ नौकरशाही और ब्रिटिश व्यापारी वर्ग के इरादों पर यदि ध्यान न दें, तो यह स्वीकार करना पड़ेगा कि ब्रिटिश प्रधानमंत्री द्वारा अब किए गए प्रस्ताव से अधिक न्यायोचित कुछ भी नहीं हो सकता था। यह स्पष्ट था कि इंग्लैण्ड की सरकार संगठित हुए प्रजातांत्रिक भारत को स्वयं भारतीयों के द्वारा बनाए गए संविधान के तहत सरकार की बागडोर देना चाहती थी। उन्हें आशा थी कि इस प्रकार का भारत ब्रिटिश राष्ट्रमण्डल में रहे आने का निर्णय करेगा, लेकिन इस लक्ष्य की प्राप्ति के लिए भी वे किसी तरह का दबाव नहीं डालना चाहते थे। ब्रिटिश सरकार जो देने का वचन दे रही थी, उसी के लिए तो भारत के देशभक्तों की पीढ़ियाँ अखिल भारतीय काँग्रेस के झंडे तले लड़ती और मुसीबतें उठाती रही थीं।

स्पष्ट ही, ब्रिटेन ने भारत के हाथ में मामला सौंप दिया था और अब भारतीयों को उसे सुलझाना था। लेकिन क्या राष्ट्रवादी भारत धन्यवाद पूर्वक उस उपहार को हाथ बढ़ाकर लेने की स्थिति में था? एटली ने यद्यपि अपने भाषण में कहा था कि "भूतकाल की ओर नजर डालना बहुत नुकसानदेह होगा," भूतकाल को पूर्णत: मिटाया नहीं जा सकता था। काँग्रेस नेताओं ने लम्बे समय तक जेल में रहने के कष्ट को और जनता पर किए गए जुल्म को भूल कर बड़ी खुशी से वेवल की शिमला कान्फ्रेंस में भाग लिया था। एटली सरकार की घोषणा का भी उन्होंने खुले दिल से स्वागत किया था। लेकिन क्या मजदूर सरकार के बस की यह बात थी कि उसके पहले की सरकारों और उनके भारत में भेजे गए प्रतिनिधियों ने जो साम्प्रदायिकता का भूत खड़ा कर दिया था, उसे दफन कर देती? कैबिनेट मिशन भारत में जब तक रहा, उसे पिछली सरकारों की "फूट डालो और राज करो" की नीति से उत्पन्न हुई और लिनलिथगो के द्वारा न सुलझने वाली बना दी गई साम्प्रदायिक समस्या से ही जूझते रहना पड़ा। एडविन मान्टेगू की यह भविष्य वाणी कि "भारत में हाथ से निकल गए अवसर बड़ी कीमत देने पर ही फिर मिलते हैं" अब सच होने जा रही थी। बी.आर. नन्दा ने जैसा कहा था, "लिनलिथगो के पाप वेवल और माउंटबेटन के गले पड़ गए थे।" लेकिन यह कहना अधिक ठीक होगा कि वे पाप प्रधानमंत्री एटली और मार्च, १९४६ में भारत में आए उनके मंत्रिमंडल के सहयोगियों को भोगने पड़ रहे थे।

काँग्रेस और लीग के साथ कैबिनेट मिशन की लम्बी और पेचीदी समझौता वार्ता की विस्तार से चर्चा करने की आवश्यकता नहीं है। आज जो ध्यान देने योग्य है, वह काँग्रेस और लीग की एक दूसरे से बिल्कुल विरोधी मांगें, चर्चा के दौरान कई प्रकार के फार्मूले और उनके अस्वीकार करने या बेमन से स्वीकार करने के पीछे काँग्रेस और लीग के इरादे थे। लीग के नेता जो चाहते थे वह कोई छिपी बात नहीं थी। वे व्यवहार योग्य जिस पाकिस्तान को प्राप्त करने पर अपना दिल जमा चुके थे उसमें केवल सिंध, उत्तर पश्चिम सीमा प्रांत और बलूचिस्तान ही नहीं थे, बल्कि उसमें पंजाब, बंगाल और आसाम भी सम्मिलित थे। उससे कम जो कुछ होगा, वह अपंग, विकलांग और कीड़ों के द्वारा खाया हुआ पाकिस्तान ही होगा। अपने लक्ष्य की प्राप्ति के लिए उन्होंने जो ढंग अपनाया था, वह स्टैफर्ड क्रिप्स के अनुसार "दूसरे को कोई प्रस्ताव रखने को मजबूर करना तथा उसे अस्वीकार कर और अधिक की माँग करने" का था।

१९४६ के वसंत में जिन्ना के उपरोक्त ढंग के पहले शिकार काँग्रेस अध्यक्ष मौलाना अबुल कलाम आज़ाद थे जो कैबिनेट मिशन से ३ अप्रैल को मिले। मिशन से यह कहने के बजाय कि वह जिन्ना से पूछे कि उनके पाकिस्तान का वास्तव में क्या अर्थ था, मौलाना ने काँग्रेस की ओर से मिशन के सामने सारी बातें रख कर वार्ता प्रारंभ की। वी.पी. मेनन लिखते हैं: "संविधान के सम्बन्ध में काँग्रेस चाहती थी कि केन्द्र में रक्षा, संचार और विदेशी विभाग जैसे अनिवार्य विभागों सहित संघ सरकार रहे तथा प्रांतों में अवशिष्ट अधिकारों सहित स्वायत्त शासन की स्थापना की जाए। ऐच्छिक या वैकल्पिक विषयों की एक सूची हो ताकि हर प्रांत स्वयं ही निर्णय कर ले कि अनिवार्य विषयों के अतिरिक्त किस सीमा तक वह संघ सरकार से उन विषयों के सम्बन्ध में संयुक्त रहेगा। काँग्रेस की योजना थी कि संविधान बनाने का कार्य पूरा हो जाने पर एक प्रांत के सामने तीन विकल्प रहें: (१) वह संविधान से अलग रहे (२) संघ सरकार से अनिवार्य विषयों के लिए ही संयुक्त रहे तथा (३) अनिवार्य और वैकल्पिक दोनों प्रकार के विषयों के सम्बन्ध में संघ सरकार से जुड़ा रहे।"[१]

मौलाना क्रिप्स के द्वारा तुरन्त घेर लिए गए। वी.पी. मेनन आगे कहते हैं: "स्टैफर्ड क्रिप्स ने मौलाना से पूछा कि क्या वे मुस्लिम बहुसंख्यक प्रांतों के लिए एक पृथक वैकल्पिक विषयों की सूची पर विचार करने के लिए तैयार होंगे, लेकिन मौलाना का उत्तर था कि यह प्रस्ताव एक संघीय ढाँचे से मेल नहीं खाता। सेक्रेटरी ऑफ स्टेट ने कहा कि वे उस विषय को दूसरी तरह से प्रस्तुत करना चाहेंगे। तर्क के लिए यह मान लें कि पंजाब, उत्तर-पश्चिम प्रांत और सिंध वैकल्पिक विषयों पर अलग रहे आएं लेकिन कई मामले उनमें एक से हों, तब वह नहीं समझ पा रहे थे कि काँग्रेस की योजना के अनुसार उन्हें आपस में मिल जाने से कैसे रोका जा सकता था, चाहे उसका रूप संघ के भीतर एक संघ का हो जाए। आज़ाद ने कहा कि इस विषय पर और भी परीक्षण करना पड़ेगा, यद्यपि उनका विचार था कि वैसा हो सकता था, यदि उससे भारत के विभिन्न भागों के मध्य की अनिवार्य संलग्नता में किसी प्रकार की बाधा नहीं होती।"[२]

मौलाना अपनी आत्मकथा में स्वीकार करते हैं कि "अभी तक अपने साथियों से मैंने उस योजना पर विवेचन नहीं किया था और मैंने सोचा था कि ठीक समय पर मुझे अपनी स्थिति को स्पष्ट और भ्रम विहीन रूप में रख देना चाहिए।" आश्चर्य की बात तो यह है कि काँग्रेस कार्यकारिणी के अपने साथियों के सामने अपनी स्थिति को रखने का उपयुक्त समय उनके लिए अपनी योजना को काँग्रेस के नाम पर कैबिनेट मिशन के सामने प्रस्तुत करने के पश्चात् आया! जैसा एच.व्ही. हडसन ने कहा है "इस प्रकार (मौलाना की योजना के साथ) तीन खण्ड वाले ढाँचे का विचार, 'जो साम्प्रदायिक समस्या को सुलझाने के कैबिनेट के प्रयासों में महत्वपूर्ण होने वाला था, सामने आया।"

दूसरे शब्दों में, मौलाना की योजना को कैबिनेट मिशन ने इस भ्रम से कि उसे मौलाना ने काँग्रेस कार्यकारिणी की जानकारी तथा उससे अधिकृत किए जाने पर प्रस्तुत किया था, उसे अपनी ही योजना मान लिया। इसलिए उन्होंने उस पर जिन्ना से विचार विनिमय करने के लिए अब दूसरा कदम उठाया। जिन्ना जो उनसे १६ अप्रैल को मिले उनसे कहा गया कि यदि वे एक पृथक सार्वभौम सत्ता युक्त पाकिस्तान पर ही अड़ते हैं तो वे सिंध, बलूचिस्तान और उत्तर-पश्चिम प्रांतों के साथ पंजाब के तथा बंगाल के मुस्लिम बहुसंख्यक जिले और आसाम का सिलहट जिला ही पा सकेंगे, लेकिन यदि काँग्रेस से सहयोग कर भारतीय संघ के लिए एक योजना पर तैयार हो जाते हैं, तो वे उन सभी हिस्सों को प्राप्त करने में सफल हो जावेंगे जिन्हें वे अपनी कल्पना के पाकिस्तान में सम्मिलित करना चाहते थे। मिशन का दूसरा प्रस्ताव था: "यदि लीग एक संयुक्त केन्द्र के अन्तर्गत कम-से-कम रक्षा, विदेशी मामले और संचार व्यवस्था जैसे महत्वपूर्ण विषयों के रहे आने पर सहमत हो जाती है, तो एक पृथक संघ में सिंध, बलूचिस्तान उत्तर पश्चिम प्रांत और बंगाल तथा (संभवत: आसाम का सिलहट जिला) सम्मिलित हो सकते हैं और हिन्दू प्रांतों का एक अन्य संघ बन जावेगा। ऐसे संयुक्त केन्द्र में मुस्लिम तथा हिन्दू संघ समान प्रतिनिधित्व पा सकते थे।"[३]

अपने पुराने ढंग से जिन्ना ने दोनों प्रस्ताव नामंजूर कर दिए और अपने पाकिस्तान की ज़िद पर रहे आए लेकिन यह भी कहा कि यदि काँग्रेस पाकिस्तान के सिद्धांत को मानती है, तो वे उसकी सीमाओं के संबंध में विचार विनिमय के लिए तैयार है। लेकिन वेवल इस निर्णय पर आए कि जिन्ना मान जावेंगे और अपनी पत्रिका में उन्होंने लिखा कि "जिन्ना हमें एक अवार्ड (पंचाट) देने पर मजबूर करेंगे और आशा करेंगे कि उस अवार्ड को मूर्त रूप देने के लिए हम भारत में रहें।"

मिशन के सदस्य भी लगभग आश्वस्त थे कि जिन्ना अंत में तीन खण्ड वाली योजना स्वीकार कर लेंगे। उन्होंने कश्मीर की यात्रा की और २७ अप्रैल को दिल्ली वापिस आकर मौलाना आज़ाद तथा जिन्ना को उनकी काँग्रेस तथा लीग के अध्यक्ष की हैसियत में औपचारिक रूप से तीन खण्ड वाली योजना अपनी ओर से प्रस्तावित कर लिख भेजी। मौलाना को लिखे गए पत्र में कहा गया था: "कैबिनेट मिशन और वाइसराय का यह निष्कर्ष है कि मुस्लिम लीग और काँग्रेस में समझौता कराने के लिए एक और प्रयास किया जाए। उनकी मान्यता है कि जब तक वे बातचीत करने के लिए कोई आधार प्रस्तुत नहीं करते, जो ऐसे समझौते पर पहुँचा सके, दोनों पक्षों को परस्पर मिलने का आग्रह करना व्यर्थ ही होगा।

"अतएव मुझसे कहा गया है कि कैबिनेट मिशन और वाइसराय से मिलने के लिए मुस्लिम लीग के चार वार्ताकार और इसी संख्या में काँग्रेस के वार्ताकार निम्नांकित आधारभूत सिद्धांतों के अनुसार बनी योजना पर परस्पर संभावित समझौता के उद्देश्य से वार्ता के लिए मैं आमंत्रित करूँ।

"ब्रिटिश भारत के भावी संविधान का ढाँचा निम्न प्रकार का होगा: एक संघ सरकार जिसके अधीन विदेशी मामले, रक्षा तथा संचार व्यवस्था होगी। प्रांतों के दो वर्ग होंगे, एक वर्ग में हिन्दू बहुसंख्यक तथा दूसरे में मुस्लिम बहुसंख्यक प्रांत होंगे और दोनों वर्ग संयुक्त रूप से जिन विषयों पर वे सहमत हो जावेंगे, उन पर अधिकार रखेंगे। प्रांतीय सरकारों के अधीन दूसरे सभी मामले रहेंगे और उन्हें सभी अवशिष्ट सार्वभौम अधिकार होंगे।

"यह सोचा गया है कि देशी रियासतें इस ढाँचे में उनसे तय हुई शर्तों के अनुरूप अपने उपयुक्त स्थान पर रहेंगी।"

इस निमंत्रण के अन्तर्गत काँग्रेस कार्यकारिणी समिति के चार सदस्य कांफ्रेंस में भाग लेने वाले थे। यह ठीक ही था कि काँग्रेस अध्यक्ष होने के कारण मौलाना उन चार में रहते। लेकिन अन्य तीन व्यक्तियों के लिए क्या होना था? क्या वे बिना यह जानकारी प्राप्त किए कि मौलाना और कैबिनेट मिशन में क्या बातें हो चुकी थीं, मौलाना के द्वारा मनोनीत किए जाने पर कांफ्रेंस में सम्मिलित होने के लिए तैयार हो जावेंगे? इस प्रकार मौलाना के लिए यह जरूरी हो गया कि वे कार्यकारिणी समिति की पीठ पीछे वार्ता करना बंद करें और उसके सदस्यों को अपने विश्वास में लेकर चलें। लेकिन क्या वे उन सदस्यों से यह कहने की साहस कर सकते थे कि काँग्रेस के नाम पर उन्होंने अपनी एक योजना मिशन को पेश की थी और निमंत्रण के पत्र में जो प्रस्ताव हैं वे वास्तव में मुख्यत: उन्हीं के हैं? कृपलानी लिखते हैं कि "उन प्रस्तावों पर कार्यकारिणी विचार नहीं कर पाई थी और न अपनी राय उसने जाहिर की थी, उससे पहले ही मौलाना साहब ने एक व्यक्तिगत पत्र इस आशय का अपने आप मिशन को लिख दिया था कि वे उन प्रस्तावों से सहमत हैं और वे काँग्रेस कार्यकारिणी समिति को अपने साथ कर सकेंगे। क्रिप्स ने निमंत्रण पत्र भेजने से पहले गाँधीजी से परामर्श करना चाहा था, लेकिन जब यह बात मौलाना साहब से कही गई तो उन्होंने कहा कि उसकी आवश्यता नहीं है।"[४]

अपनी आत्मकथा में मौलाना इस विषय का कोई उल्लेख नहीं करते हैं, लेकिन वेवल की पत्रिका यह प्रकट कर देती है कि मौलाना ने उस कठिन स्थिति से बच निकलने के लिए कैसी कोशिश की थी। २९ अप्रैल को वेवल अपनी पत्रिका में लिखते हैं: "मौलाना के भेजे गए मूल पत्र के संबंध में कठिनाई उत्पन्न हो गई क्योंकि मौलाना ने अपनी कार्यकारिणी से ईमानदारी न बरत कर वह पत्र उसको नहीं दिखाया और वे मिशन से दूसरा ऐसा पत्र चाहते थे जिसे वह अपनी कार्यकारिणी को दिखा सकें।" जो

मौलाना अपनी आत्मकथा में दिए गए विवरण के अनुसार श्रेष्ठ राजनीतिज्ञ प्रमाणित होते हैं, वे इस तरह का ढंग अख्तियार करेंगे, यह समझ में नहीं आता। लेकिन वेवल के अतिरिक्त कृपलानी का समर्थन एच. वी. हडसन भी करते हैं। वे लिखते हैं: "वार्ता इस स्थिति में आकर बहुत उलझ गई। मौलाना आज़ाद को यह कहने के लिए सहमत कर लिया गया कि काँग्रेस मुस्लिम लीग से तीन खण्ड वाली योजना पर वार्ता करने के लिए मिलेगी, लेकिन वे नहीं चाहते थे कि इस संबंध में महात्मा गाँधी या पण्डित नेहरु से कोई चर्चा की जाए क्योंकि उन्हें उस मामले पर काँग्रेस कार्यकारिणी को मना लेना तब एक कठिन काम हो जावेगा। उलझन इस कारण से उत्पन्न हो गई क्योंकि मौलाना ने मि. गाँधी और अपनी कार्यकारिणी को कैबिनेट मिशन से हुए पत्र व्यवहार को नहीं दिखाया और उलझन समझने पर हर किसी को सारी बात नागवार लगी।"[५]

इसके अतिरिक्त, महात्मा गाँधी की इच्छा के विरुद्ध मौलाना ने राजगोपालाचारी को दिल्ली बुला लिया था। बड़े और छोटे काँग्रेसजनों में राजाजी के अप्रिय हो जाने का उल्लेख करने के बाद मौलाना अपनी आत्मकथा में लिखते हैं: "गाँधीजी ने भी राजाजी की गतिविधियों को पसंद नहीं किया। इसलिए वे नहीं चाहते थे कि हमारी वार्ता के दिनों में राजाजी कैबिनेट मिशन से मिलें। उन्होंने राजाजी को मद्रास में ही रहे आने के लिए कहा। राजाजी को बुरा तो लगा परन्तु कुछ समय तक वे चुप रहे आए। लेकिन जिन दिनों वार्ता स्थगित थी और मैं मसूरी गया था, तो वहाँ मुझे राजाजी का एक पत्र मिला और तब पहली बार मुझे ज्ञात हुआ कि वे गाँधीजी के द्वारा दिल्ली आने से रोक दिए गए थे। मुझे लगा कि गाँधीजी अभी भी राजाजी को दिल्ली नहीं आने देना चाहते थे। इसलिए मैंने उनसे सलाह न कर अपनी जिम्मेदारी पर राजाजी को लिखा कि यदि वे चाहते हों तो दिल्ली आ जाएं। राजाजी मेरी बात मानकर दिल्ली पहुँच गए। गाँधीजी कुछ नाराज हुए, लेकिन मैंने कहा कि मेरा पत्र पाकर ही वे दिल्ली आए थे। मैंने गाँधीजी से कहा कि मैं राजाजी का इस तरह दिल्ली आने से रोका जाना ठीक नहीं मानता था।"[६]

पहले भी राजाजी ने निस्संदेह जिन्ना को संतुष्ट करने की इच्छा प्रकट की थी। चूँकि उसी उद्देश्य से मौलाना ने स्वयं अपनी एक योजना तैयार कर ली थी, इसलिए उनके लिए यह आवश्यक हो गया था कि वे उन्हें अपनी बगल में रखें।

जो भी हो, मौलाना को भेजे गए कैबिनेट मिशन के पत्र में दिए प्रस्तावों पर काँग्रेस कार्यकारिणी समिति ने विचार किया और अब मौलाना को उसके उत्तर में अपने विचारों के स्थान पर कार्यकारिणी के विचारों को भेजना पड़ा। उन्होंने लिखा: "जैसा आप जानते हैं, हमने स्वायत्त शासित इकाइयों के एक संयुक्त संघ की केन्द्र में कल्पना की है। ऐसे संयुक्त संघ को आवश्यक रूप से ऐसे विषयों को अपने पास रखना होगा जिनमें रक्षा और उससे संबंधित विषय अत्यन्त महत्वपूर्ण होंगे। ऐसा संघ जीवन्त होगा और उसके पास कार्यकारिणी तथा विधान तंत्र के साथ उन विषयों से संबंधित वित्त-व्यवस्था और उनके लिए आय जुटाने के अधिकार निहित रहेंगे। इन कार्यों तथा उनके क्रियान्वयन के लिए अधिकार के बिना वह कमजोर और असम्बद्ध रहेगा तथा रक्षा और प्रगति में आम तौर पर बाधा होगी। इस प्रकार संघ नियंत्रित विषयों में रक्षा, विदेशी मामले और संचार साधनों के साथ मुद्रा, चुंगी, शुल्क और ऐसे विषय भी रहने चाहिए जो जाँच पड़ताल से उनसे जुड़े पाए जाएंगे।

"दो पृथक दलों में विभाजित, प्रांतों के सम्बन्ध में, एक अधिकांश हिन्दू संख्या वाले प्रांत तथा

दूसरे अधिकांश मुस्लिम संख्या वाले प्रांत आपके पत्र में उल्लेख स्पष्ट नहीं है। जहाँ मुसलमान बड़ी संख्या में हैं, वे प्रांत उत्तर पश्चिम सीमांत, सिंध और बलूचिस्तान हैं। बंगाल तथा पंजाब में मुस्लिम बड़ी कठिनाई से अधिसंख्यक हैं . . .।

"देशी रियासतों के सम्बन्ध में हम स्पष्ट करना चाहेंगे कि हम यह जरुरी मानते हैं कि जहाँ तक संघ नियंत्रित उपरोक्त विषयों का संबंध है, देशी रियासतें संघ का भाग रहेंगी। संघ में उनके सम्मिलित होने के तरीकों पर बाद में पूरी तौर पर विचार किया जा सकता है . . .।

"भारत के भविष्य के सम्बन्ध में जब हम किसी भी दल से वार्ता करने के लिए तैयार हैं, हमें अपना यह निश्चित विश्वास व्यक्त कर देना चाहिए कि किसी भी वार्ता में वास्तविकता का तब तक अभाव रहा आएगा जब तक भारत में राज करती विदेशी सत्ता रहती है।"[७]

यह ध्यान देने योग्य है कि मौलाना मिशन योजना पर काँग्रेस हाई कमान की यह पहली प्रतिक्रिया थी और अंत तक इस तीन खण्ड वाली योजना के प्रति उसकी आपत्ति मुख्य रूप से रही आयी। चूँकि वार्ता करने पर हाईकमान की कोई आपत्ति नहीं थी, इसलिए मौलाना ने स्वयं के अतिरिक्त नेहरु, गफ्फार खाँ तथा पटेल को मिशन द्वारा प्रस्तावित कांफ्रेंस में काँग्रेस के चार वार्ताकार की तरह शिमला जाने के लिए मनोनीत किया। भारतीय प्रतिनिधियों के व्यक्तित्व के सम्बन्ध में वेवल का चित्रण उनमें से प्रत्येक के लिए यद्यपि ठीक हो या न हो, लेकिन बहुत दिलचस्प है: -"बायें से दाहिने वे टेबल पर हमारे सामने इस प्रकार बैठे हैं- गफ्फार खाँ, ऊँचे पूरे, अनगढ़, दाढ़ी वाले स्पष्ट रूप से विरोधी मोटी खादी की चद्दर ओढ़े जिसे कभी-कभी सिर पर लपेट लेते हैं, जड़ बुद्धि वाले किन्तु हठी व्यक्ति हैं। उनके बाद पटेल हैं जो खादी में हैं, लेकिन जिसे चोगा की तरह पहने, रोमन की सी आकृति वाले, शक्तिशाली, चालाक, दृढ़ स्वभाव, बहुत कम बोलते हैं, लेकिन अस्वीकृत मुद्रा में सब सुन रहे हैं। फिर आज़ाद बैठे हैं, जो परेशान जान पड़ते हैं और अक्सर अपनी कुर्सी से उठकर उसके पीछे खड़े हो जाते हैं और अंत में नेहरु हैं, जो काँग्रेस की ओर से बोलते रहते हैं, योग्य हैं और अपनी बात स्पष्ट तौर से कहते हैं, यद्यपि कभी-कभी स्वतंत्रता की लड़ाई की चर्चा करते और भारत के अधिकारों पर जोर देते हुए उबल पड़ते हैं। लीग की ओर से लियाकत, हट्टे-कट्टे, खुश मिज़ाज और जिन्ना की बात को अक्सर दोहराते हैं, लेकिन यों शांत और न्यायसंगत बात करते हैं। उनके बाद जिन्ना, साफ-सुथरी यूरोपियन पोशाक में हैं, लेकिन जिसे लियाकत भी पहने हैं। फिर इस्माइल खाँ हैं, जो छोटे कद और बन्दर की सी शक्ल वाले और चालाक भी लगते हैं और कभी-कभी बीच में बोल पड़ते हैं। उनके पास निश्तर हैं जो भारी भरकम और काले हैं और चुप रहते हैं, लेकिन योग्य दिखते है।"[८]

वेवल के अनुसार काँग्रेस की ओर से दो मुसलमानों की उपस्थिति ने जिन्ना को नाराज़ कर दिया था क्योंकि उनका दावा था कि लीग ही कांफ्रेंस में सम्मिलित होने के लिए मुसलमानों के प्रतिनिधियों को मनोनीत कर सकती थी। लेकिन काँग्रेस को गफ्फार खाँ को तो मनोनीत करना ही था क्योंकि मिशन के प्रस्तावों के अनुसार उत्तर पश्चिम सीमान्त प्रांत को सिंध, बलूचिस्तान और पंजाब के साथ "बी" वर्ग के प्रांत में सम्मिलित किया जा रहा था और वे एक कट्टर राष्ट्रवादी के नाते अपने प्रांत को साम्प्रदायिक मुस्लिम वर्ग में सम्मिलित किए जाने के घोर विरोधी थे। इसी प्रकार आसाम भी, जिसमें हिन्दुओं की संख्या अधिक थी, बंगाल के साथ, जो पाकिस्तान का उत्तर-पूर्वी भाग प्रस्तावित किया गया था, 'सी' वर्ग के प्रांत में संयुक्त किए जाने को तैयार नहीं था। लेकिन काँग्रेस के दूसरे वार्ताकार आसाम

के हितों की रक्षा कर सकते थे, इसलिए कांफ्रेंस की मेज पर आसाम के किसी प्रतिनिधि का रहना आवश्यक नहीं समझा गया।

वेवल यह भी ध्यान देते हैं कि गफ्फार खाँ और पटेल गाँधीजी के साथ, जिन्हें कैबिनेट मिशन और काँग्रेस की ओर से शिमला में रहने का आग्रह किया गया था, ठहरे हुए थे। वेवल का अनुमान था कि गफ्फार खाँ मौलाना के साथ ठहरेंगे, लेकिन चूँकि मौलाना उत्तर पश्चिम सीमान्त प्रांत के उत्तर पश्चिम मुस्लिम प्रांतों के वर्ग में सम्मिलित किए जाने पर सहमत थे, इसलिए बेचारे सीमान्त गाँधी के पास गाँधीजी की सहायता प्राप्त करने के अतिरिक्त कोई उपाय नहीं था।

दूसरी शिमला कांफ्रेंस ५ मई को प्रारंभ हुई और पूर्णतः असफल होकर १२ मई को समाप्त हो गई। वार्ता के विफल होने का कारण प्रांतों के तीन वर्ग किए जाने का आग्रह था, जिसके अनुसार "ए" वर्ग में आसाम को छोड़कर सभी हिन्दू बहुसंख्यक प्रांत और "बी" और "सी" वर्ग में उत्तर पश्चिम और उत्तर पूर्वी प्रांत रखे जा रहे थे। जिन्ना केन्द्र संघ के प्रस्ताव को इस शर्त पर मान लेने को तैयार थे कि काँग्रेस प्रांतों के तीन वर्गों को स्वीकार कर ले। कांफ्रेंस की वार्ता के पूरे विवरण से यह स्पष्ट दिख जाता है कि काँग्रेस इस वर्गीकरण को मान लेती यदि उसे यह विश्वास हो जाता कि उससे मुस्लिम लीग द्वारा एक पृथक सार्वभौम प्रभुसत्ता सम्पन्न पाकिस्तान की चर्चा हमेशा के लिए बंद कर दी जावेगी। इसके विपरीत शिमला वार्ता से यह निश्चित माना जाने लगा था कि प्रांतों के वर्गीकरण की योजना को मुस्लिम लीग जिन्ना की कल्पना के पाकिस्तान को, जिसमें पूरा पंजाब, बंगाल और आसाम भी समेट लिया जाता, हथियाने के लिए सोपान मान कर ही स्वीकार कर रही थी। यह बात वेवल द्वारा अपनी ही पत्रिका में ६ मई को ही लिखी टीप से स्पष्ट हो जाती है : "कांफ्रेंस की अंतिम घटना इस नए बिन्दु पर थी कि एक सीमित अवधि के पश्चात् संविधान पर पुनर्विचार करने हेतु क्या कोई प्रावधान होगा। यह बिन्दु जिन्ना ने, कमरे से मेरे बाहर आने के बाद उठायी थी। ऐसी बात पहले नहीं उठायी गई थी, लेकिन अब उठायी गई। एक बार जिन्ना को यह दावा करते पाया गया कि प्रांत का कोई भी एक वर्ग पाँच वर्ष के बाद संघ से बाहर हो जाने का अधिकार रख सकता था। इस पर पटेल जोर से बोले कि 'अब हमें वह बात ज्ञात हो गई जो जिन्ना शुरु से चाहते थे'। अंत में हमने यह समझौता किया कि संविधान निर्मात्री सभा एक सीमित अवधि के पश्चात् या एक निश्चित संख्या की मांग पर संविधान संशोधन का प्रावधान रखेगी। लेकिन पटेल का मन क्षतिग्रस्त हो चुका था और उन्हें अपने इस दावे के लिए बहाना मिल गया था कि लीग यथार्थ में संघ में रहने की इच्छुक नहीं थी और जितने शीघ्र संभव हो सकता था वह संघ से बाहर हो जाना चाहती थी।"[९]

वेवल द्वारा यह भेद खोल दिए जाने के बाद उन लोगों की यह आलोचना अर्थहीन हो जाती है जो मौलाना के एक तरफा बयान के आधार पर कहते थे कि नेहरु ने कैबिनेट मिशन की योजना निष्फल कर देश का बंटवारा करा दिया। मौलाना को छोड़ काँग्रेस हाई कमान के बाकी सदस्यों के समक्ष यह समस्या थी कि या तो "कीड़ों से खाए गए" पाकिस्तान को लीग को तत्काल दे देना वे अभी स्वीकार कर लेते अथवा उसे कुछ समय के पश्चात् तीन खण्ड वाली योजना के अंतर्गत भारत का वह सभी भाग दे देते जिस पर वह दावा कर रही थी।

१२ मई को सभी दलों के द्वारा यह मान लिए जाने पर कि और अधिक वार्ता बढ़ाने से कुछ लाभ मिलने वाला नहीं था, शिमला सम्मेलन समाप्त हो गया। लेकिन मिशन ने नहीं माना कि उसका

मध्यस्थता करने का कार्य भी समाप्त हो गया था। दिल्ली और शिमला में हुई वार्ता ने, उसके विचार से, भारत की स्थिति का चित्र जहाँ तक संभव था उसके सामने उपस्थित कर दिया था। इसलिए अपने प्रस्तावों का मसविदा तैयार करने के लिए मिशन शिमला में रहा आया। दिल्ली आने पर अपनी योजना पर उसे ब्रिटिश सरकार की स्वीकृति मिल गई और उसने १६ मई को एक लम्बा वक्तव्य प्रकाशित किया।

कैबिनेट मिशन ने अपने वक्तव्य में जिन्ना की कल्पना के बड़े पाकिस्तान को इस आधार पर अस्वीकृत कर दिया कि "जो भी तर्क पाकिस्तान के पक्ष में किया जा सकता है वह हमारे विचार से पाकिस्तान से अमुस्लिम क्षेत्रों को पाकिस्तान से अलग रखने के पक्ष में भी किया जा सकता है।" उन्होंने जिन्ना के द्वारा "अपंग, विकलांग और कीड़े के द्वारा खाया हुआ" कहे गए छोटे पाकिस्तान को भी अस्वीकार कर दिया क्योंकि उनका विश्वास था कि "कोई भी हल, जो पंजाब और बंगाल प्रांतों का विभाजन चाहता है, जैसा इस हल से हो जावेगा, वह उन प्रांतों के निवासियों के बहुत बड़ी संख्या की इच्छा के विरुद्ध होगा...... साथ ही पंजाब का कैसा भी विभाजन हो, सिक्खों की बहुत बड़ी संख्या सीमा के इधर-उधर हो जावेगी।" उन्होंने प्रशासनिक, सैनिक तथा आर्थिक कारणों को भी देश के बंटवारे के विरुद्ध पाया। दो सार्वभौम सत्ता के राज्यों में विभाजन, उनकी दृष्टि में, स्वाधीन भारत में देशी रियासतों के सम्मिलित होने में भी एक बाधा साबित होगा।

राष्ट्रवादी भारत के लिए उनके वक्तव्य का यह भाग स्वागत के योग्य था, लेकिन उसका जो विकल्प प्रस्तावित किया गया था वह थोड़े से रद्दो-बदल के साथ वही तीन खण्डों वाली पद्धति थी। उसमें यह तो स्वीकार कर लिया गया था कि जहाँ तक देशी रियासतों का सम्बन्ध था, उनके ऊपर न तो अंग्रेजों और न स्वाधीन भारत की प्रभुता रहेगी, लेकिन एक संघ की कल्पना की गई जिसमें ब्रिटिश शासित भारत तथा रियासतें सम्मिलित रहेंगी। संविधान सभा के गठन के विषय में उनका प्रस्ताव था कि उसमें प्रत्येक प्रांत से उसकी जनसंख्या के अनुपात से प्रतिनिधि चुने जाये। तीन मुख्य सम्प्रदाय, मुस्लिम, सिक्ख और "सामान्य" (जिसमें शेष जनसंख्या सम्मिलित थी) का प्रतिनिधित्व भी प्रत्येक प्रांत की उनकी जनसंख्या के अनुपात में होगा। इस प्रकार संविधान सभा के सदस्यों की ब्रिटिश भारत से कुल संख्या २९२ होगी, जिसमें २१० "सामान्य", ७८ मुस्लिम तथा ४ सिक्ख होंगे। यदि देशी रियासतें संविधान सभा में सम्मिलित होने पर सहमत हो जाती हैं तो वे ९३ सदस्य भेज सकेंगे। लेकिन मिशन-मौलाना योजना का मुख्य लक्ष्य प्रांतों का अलग-अलग वर्गीकरण करना था। इस संबंध में ध्यान देने योग्य बात यह थी कि "बी" वर्ग में (जिसमें पंजाब, उत्तर पश्चिम प्रांत और सिंध थे) संविधान सभा के सदस्यों में २२ मुसलमान और १३ गैर-मुस्लिम सदस्य रहेंगे, जिनमें ९ हिन्दू और ४ सिक्ख होंगे। "सी" वर्ग में (जिसमें बंगाल और आसाम होंगे) ३६ मुसलमानों के विपरीत ३४ हिन्दू होंगे। "ए" वर्ग में (जिसमें भारत के शेष प्रांत होंगे) १६७ हिन्दू तथा अन्य के विपरीत में २० मुसलमान होंगे। "बी" वर्ग में सम्मिलित होने से उत्तर पश्चिम प्रांत की अस्वीकृति से मुस्लिम और गैर-मुस्लिम सदस्यों की संख्या का अंतर और भी कम हो जाता। "सी" वर्ग में मुस्लिम और गैर-मुस्लिमों में केवल कुछ सदस्यों का अन्तर था। उनके वक्तव्य में आगे कहा गया था कि तीनों वर्गों का सम्मिलित संविधान सत्र हो जाने पर तीनों, "ए", "बी" और "सी"

वर्ग के सदस्य अलग-अलग मिलकर प्रांतीय संविधानों को बनाएंगे और यदि वे चाहेंगे तो अपना अलग संविधान बना सकेंगें।

यद्यपि कैबिनेट मिशन ने बड़े विस्तार से अपनी योजना तैयार की थी, लेकिन वे परस्पर विरोधी व्यवस्था रखने से नहीं बच सके। अपने वक्तव्य के अनुच्छेद १५(५) में उन्होंने कहा था कि "प्रत्येक प्रांत वर्ग में सम्मिलित होने के लिए स्वतंत्र रहेगा और प्रत्येक वर्ग के प्रांत जिन विषयों पर मिल कर नियंत्रण रखेंगे उसका निर्णय वे स्वयं ले सकेंगे।" इसका अर्थ था कि उत्तर पश्चिम सीमा प्रांत और आसाम की संविधान सभाएं "बी" और "सी" वर्ग में सम्मिलित होने से अपनी इच्छानुसार इंकार कर सकती थीं। लेकिन उसके विपरीत अनुच्छेद १९ (४ और ५) इस अधिकार को वापस ले लेता था यद्यपि योजना में भविष्य में किसी अवधि के बाद किसी प्रांत को अपने वर्ग से बाहर आ सकने का प्रावधान भी रखा गया था : "जैसे ही नयी संवैधानिक व्यवस्था अमल में लायी जाने लगेगी, किसी भी प्रांत को, जिस वर्ग में वह रखा गया है, उससे बाहर आने का अधिकार होगा। ऐसा निर्णय नए संविधान के अन्तर्गत किए गए चुनाव के पश्चात् नयी विधान सभा द्वारा किया जावेगा।" अनुच्छेद १५ और १९ के बीच के इस प्रत्यक्ष परस्पर विरोधी प्रावधान के फलस्वरूप लम्बे विवाद की स्थिति आ गई।

संविधान सभा बनाने के कार्य के अतिरिक्त कैबिनेट मिशन को वाइसराय की तत्कालीन कार्यकारिणी के स्थान पर अंतरिम सरकार की स्थापना का भार भी सौंपा गया था। इसलिये केबिनेट मिशन द्वारा प्रस्तावित किया गया था कि वाइसराय तत्काल प्रमुख राजनीतिक दलों की अंतरिम सरकार बनाने की कार्यवाही प्रारंभ कर देंगे। चूँकि युद्ध समाप्त हो गया था, इसलिए अब रक्षा मंत्री भी भारतीय ही होना था। इस प्रकार केन्द्रीय सरकार का पूर्णतः भारतीयकरण किया जाना था। कैबिनेट मिशन ने ब्रिटिश सरकार का ऐसी भारत सरकार को पूर्ण समर्थन का वचन भी दिया, जिसका अर्थ था कि यद्यपि भारत सरकार तत्कालीन संविधान के तहत कार्यरत रहेगी, लेकिन वाइसराय साधारणतः अपने विशेषाधिकार का प्रयोग नहीं करेंगे।

कैबिनेट मिशन के वक्तव्य पर विचार करने के लिए काँग्रेस कार्यकारिणी की बैठक १७ मई को प्रारंभ होकर लगभग एक सप्ताह तक चलती रही। कार्यकारिणी के निर्देशानुसार मौलाना आज़ाद ने पैथिक लारेन्स से कुछ मुद्दों पर स्पष्टीकरण मांगे और उन्होंने स्पष्टीकरण दिए भी, लेकिन उनके मूल वक्तव्य में कोई संशोधन नहीं हुआ। बल्कि इस पर जोर दिया गया कि "प्रांतों का वर्गीकरण योजना का महत्वपूर्ण अंग है जिसमें कोई परिवर्तन दोनों पार्टियों के परस्पर समझौते से ही हो सकता है।" काँग्रेस कार्यकारिणी के कुछ अन्य सदस्य भी वाइसराय से मिले लेकिन मिशन का वक्तव्य यथावत रहा आया। २४ मई को कार्यकारिणी ने एक प्रस्ताव पारित किया जिसमें कहा गया कि मिशन का वक्तव्य भावी संविधान और अंतरिम सरकार दोनों का अपूर्ण तथा अस्पष्ट चित्र प्रस्तुत करता है। प्रस्ताव में विशेष रूप से प्रांतों के अनिवार्यतः वर्गीकरण पर आपत्ति थी। प्रस्ताव में आगे कहा गया: "कैबिनेट प्रतिनिधि मण्डल का वक्तव्य प्रांतीय स्वायत्त शासन और प्रांतों को अवशिष्ट अधिकारों के आधार भूत सिद्धांत की पुष्टि करता है। उसमें आगे कहा गया है कि प्रांतों को वर्ग में सम्मिलित होने की स्वतंत्रता होनी चाहिए। लेकिन उसके पश्चात् उसकी अनुशंसा है कि प्रांतीय प्रतिनिधि वर्गों में बंट जावेंगे और प्रत्येक वर्ग अपने प्रांतों का संविधान तैयार करेगा और यह निर्णय भी करेगा कि प्रांतों के लिए कोई वर्ग संविधान बनाया

जाए या नहीं। इन दोनों प्रावधानों में स्पष्ट विसंगति है और ऐसा प्रतीत होगा कि किसी सीमा तक उसमें बाध्यता रखी गई है, जो प्रांतीय स्वायत्ता के आधारभूत सिद्धांत का अतिक्रमण करती है। वक्तव्य का अनुशंसित रूप रखने के लिए और विभिन्न धाराओं में संगति के लिए कमेटी अनुच्छेद १५ का अर्थ करती है कि प्रारंभ में संबंधित प्रांत यह निर्णय करेंगे कि जिस वर्ग में वे रखे गए हैं, उसमें वे रहें या न रहें। इस प्रकार संविधान सभा संविधान बनाने के लिए और उसे क्रियान्वित करने के लिए पूर्ण अधिकार संपन्न सर्वोच्च संस्था मानी जानी चाहिए।" मिशन के वक्तव्य में कई अन्य त्रुटियां भी बतायी गयीं और कमेटी ने उस पर अपना निर्णय स्थगित कर दिया क्योंकि "पूर्ण विवरण की अनुपस्थिति में कमेटी इस समय अपनी अंतिम राय देने में असमर्थ है"।

कैबिनेट मिशन के वक्तव्य से जिन्ना और मुस्लिम लीग प्रसन्न थे और इसलिए मिशन की योजना को स्वीकार करने में उन्हें कोई कठिनाई नहीं हुई। उसकी कार्यकारिणी ने एक प्रस्ताव पारित किया, जिसमें कहा गया कि "चूँकि ६ मुस्लिम प्रांतों को अनिवार्यतः वर्ग "बी" और "सी" में रखने का प्रावधान मिशन की योजना में होने से, उस योजना में पाकिस्तान का आधार निहित है, मुस्लिम लीग इस आशा से मिशन द्वारा प्रस्तावित संशोधन तैयार करने की योजना में सहयोग करने के लिए प्रस्तुत है कि उसके परिणामस्वरूप एक सार्वभौम पाकिस्तान की स्थापना तथा इस विशाल उपमहाद्वीप में रहने वालों, प्रमुख राष्ट्रों तथा अन्य लोगों के स्वतंत्रता के लक्ष्य की पूर्ति होगी।"[१०]

इस स्वीकृति के पीछे जो उद्देश्य था, वह जिन्ना ने अपने भाषण में स्पष्ट कर दिया था कि- "मुस्लिम भारत तब तक संतोष की सांस नहीं लेगा जब तक हम पूर्ण सार्वभौम पाकिस्तान स्थापित नहीं कर लेते।" उन्होंने हिन्दुओं को सलाह दी कि "यदि वे स्वतंत्रता प्रेमी हैं, यदि वे भारत की स्वतंत्रता चाहते हैं, यदि वे स्वतंत्र होना चाहते हैं, तो वे जितनी जल्दी यह समझ सकें उतना ही अच्छा रहेगा कि वे पाकिस्तान को मंजूर कर लें।" उन्होंने साथ ही में यह भी कहा कि "या तो आप (हिन्दू) इसको मान ले अथवा आपके विरोध के बावजूद हम उसे ले लेंगे।"[११] इतने स्पष्ट और खतरनाक शब्दों को सुनकर मौलाना अबुल कलाम आजाद सिर्फ यही कह सके कि "कैबिनेट मिशन की योजना को स्वीकार कर लेने का अर्थ होगा कि "साम्प्रदायिक कठिनाइयाँ अन्ततः पीछे छोड़ दी गयीं !"

मिशन के १६ मई के वक्तव्य में प्रकट की गई इच्छा के अनुसार वाइसराय ने केन्द्र में अंतरिम सरकार स्थापित करने के उद्देश्य से काँग्रेस और मुस्लिम लीग से विचार-विनियम प्रारंभ किया। चूँकि इस विचार विनिमय का कोई परिणाम नहीं हुआ, इसलिए कैबिनेट मिशन और वाइसराय ने एक वक्तव्य दिया कि "इस विचार विनिमय को अब अधिक बढ़ाने से कोई लाभ नहीं होगा।" वाइसराय ने सरकार बनाने का काम खुद उठाया और उन्होनें १४ व्यक्तियों को निमंत्रण पत्र भेजे। इस सूची में ६ काँग्रेसजन, जिनमें एक हरिजन सम्मिलित था, ५ मुस्लिम लीगी और भारतीय ईसाई, सिक्ख तथा पारसियों का एक-एक प्रतिनिधि सम्मिलित था। चूँकि काँग्रेसजन और मुस्लिम लीग के प्रतिनिधि अपनी संस्था की अनुमति के बिना उत्तर न देते, अतः वाइसराय ने काँग्रेस और लीग को अध्यक्षों को "निर्वाह करने की भावना से सहयोग करने की अपील की"।

जब बात आगे बढ़ी तो दुर्भाग्य से जिन्ना के द्वारा निबाहने की भावना से काम करने के बजाय वाइसराय को जिन्ना से निबाह करने के लिए बडी दूर तक जाना पड़ा। राजेन्द्र प्रसाद लिखते हैं : "जब

हम लोग (कार्यकारिणी) नवीनतम प्रस्तावों पर विचार कर रहे थे, वाइसराय ने जिन्ना से परामर्श प्रारंभ कर दिया और उनके कुछ सुझावों को उन्होंने स्वीकार भी लिया। लेकिन समाचार पत्रों को किसी प्रकार इस की सूचना मिल गई और हम आश्यर्च चकित हो गए जब उससे संबंधित समाचार हमने अखबारों में पढ़ा। जब हमने इसका उल्लेख वाइसराय से किया तो उन्होंने हमारे पास अपने पत्र का वह अंश भेज दिया जिसमें उन्होंने जिन्ना के सुझावों को मान लिया था। उन सुझावों के अनुसार वाइसराय मंत्रिमंडल के सदस्यों की संख्या १४ से अधिक न करने पर, अल्पमतों के मामले में केवल मुस्लिम लीग से परामर्श करने पर और यह आश्वासन देने पर कि नई सरकार लीग की बहुमत राय को अपने विरुद्ध करने की कोई कार्यवाही नहीं करेगी, राजी हो गए थे। स्पष्ट था कि केवल सरकार बनाने की कार्यवाही में ही मुस्लिम लीग की राय नहीं मांगी जावेगी, बल्कि दैनिक शासन के संबंध में भी उससे पूछा जाता रहेगा। चूँकि वाइसराय ने यह कहते हुए कि मुस्लिम लीग के ५ सदस्य होंगे, एक गैर मुस्लिम लीगी का नाम काटकर एक लीग वाले का नाम जोड़ दिया था, काँग्रेस ने हिन्दुओं के कोटे में एक राष्ट्रवादी मुस्लिम सदस्य का नाम रखने का विचार किया। लेकिन वाइसराय ने एक पत्र भेज कर यह पेशबन्दी कर ली कि किसी मुस्लिम के नाम का सुझाव स्वीकार नहीं होगा। कार्यकारिणी ऐसी स्थिति को नहीं मंजूर कर सकती थी, क्योंकि वह इस बात की स्वीकारोक्ति होती कि काँग्रेस एक हिन्दू संगठन था और लीग ही पूरे मुस्लिम समाज की एकमात्र प्रतिनिधि थी। इसलिए काँग्रेस ने उन प्रस्तावों को अस्वीकार करने का निर्णय लिया।"

इसी दौरान कार्यकारिणी से सलाह किए बिना मौलाना आज़ाद फिर एक काम कर बैठे। काँग्रेस कार्यकारिणी से भी अधिक महात्मा गाँधी काँग्रेस के राष्ट्रीय चरित्र के अस्तित्व को बनाए रखने के लिए अंतरिम सरकार में एक राष्ट्रवादी मुस्लिम रखने के लिए इच्छुक थे। लेकिन २२ जून को क्रिप्स ने यह रहस्य खोल दिया कि कैबिनेट मिशन ने ६ काँग्रेसजनों की सूची में एक मुस्लिम सदस्य इसलिए नहीं रखा था क्योंकि मौलाना के इस लिखित आश्वासन पर वे आगे बढ़े थे कि काँग्रेस कार्यकारिणी इस मामले में ज़िद नहीं करेगी। कृपलानी लिखते हैं : "आश्चर्य की बात है कि कार्यकारिणी की जानकारी के बिना मौलाना ने मिशन को लिखा कि काँग्रेस राष्ट्रीय सरकार में उसकी ओर से एक मुसलमान को सम्मिलित किए जाने पर नहीं अड़ेगी और भी आश्चर्य की बात यह थी कि जब गाँधीजी ने मौलाना से पूछा कि क्या उन्होंने ऐसा कोई पत्र मिशन को लिखा था तो उन्होंने ऐसा करने से स्पष्ट इंकार किया। हम पहले ही बता चुके हैं कि गाँधीजी ने यह बात सरकार से स्पष्ट कर दी थी कि एक राष्ट्रीय संगठन होने के नाते काँग्रेस ऐसी किसी बात पर राजी नहीं होगी "जो उसके राष्ट्रीय चरित्र को बिगाड़ती हो और उसे परोक्ष रूप से एक साम्प्रदायिक संगठन की स्थिति में ला देती हो।"

"दोपहर को वाइसराय का एक पत्र आया जिसमें अध्यक्ष से कहा गया था कि काँग्रेस की सूची में एक मुस्लिम को सम्मिलित किए जाने पर जोर न दें। उसी दिन संध्या को जब काँग्रेस कार्यकारिणी की बैठक हुई तो इस प्रश्न पर चर्चा हुई और फिर उस पर मतदान किया गया। कमेटी ने उस तरह की शर्त पर सरकार में भाग लेने से इंकार कर दिया। मौलाना की राय स्वाभाविक रूप से भिन्न थी"।[१२]

२३ जून की कार्यकारिणी की बैठक में आसाम से आया एक तार पढ़ा गया जिसका आशय था कि प्रांतीय विधान सभा के अध्यक्ष को सुधार दफ्तर से जो फार्म भेजे गए थे उनमें संविधान सभा के चुनाव

में खड़े होने वाले उम्मीदवारों से यह घोषणा मांगी गई थी कि कैबिनेट मिशन के वक्तव्य के अनुच्छेद १९ के अभिप्राय की पूर्ति के लिए वे प्रांत के प्रतिनिधि की हैसियत से कार्य करने के लिए तैयार हैं। इसका अर्थ था कि कैबिनेट मिशन द्वारा की गई व्याख्या के अनुरूप एक उम्मीदवार को वर्ग योजना को स्वीकार करने के लिए बाध्य किया जा रहा था और काँग्रेस के द्वारा किया गया अर्थ-कि अनुच्छेद १५ के द्वारा की गयी पुष्टि कि अनुच्छेद १९ एक प्रान्त को किसी वर्ग से उसके बनाए जाने के पूर्व भी उस वर्ग से बाहर रहने के अधिकार से वंचित नहीं करता, वर्गों के बनाए जाने की योजना पर व्यवहारिक रूप से कारगर नहीं हो पा रहा था। महात्माजी काँग्रेस को अंतरिम सरकार में सम्मिलित न होने की सलाह पहले ही दे चुके थे। अब मिशन के भविष्य में क्रियान्वित होने वाले प्रस्तावों के सम्बन्ध में भी उनका विश्वास डिगने लगा और उन्होंने कहा कि "संविधान सभा योजना से भी अब दुर्गन्ध आने लगी है" और "अब मैं डर रहा हूँ कि हम उसे छू नहीं सकते।"

गाँधीजी २५ जून की संध्या की कार्यकारिणी की बैठक में सम्मिलित नहीं हुए जब उसमें अंतिम निर्णय लिया गया। ऐसा विश्वास किया जाता है कि पटेल के प्रबल प्रभाव से कार्यकारिणी ने १६ जून के अंतरिम सरकार के लिए वाइसराय के प्रस्ताव को इस आधार पर नामंजूर कर दिया कि "काँग्रेस अपने राष्ट्रीय चरित्र की स्थिति को नहीं छोड़ सकती थी और न एक साम्प्रदायिक संगठन के साथ बनावटी और अन्यायपूर्ण समानता को मानने या उसे विशेषाधिकार प्रदत्त किए जाने पर राज़ी हो सकती थी", लेकिन कैबिनेट मिशन के १६ मई के वक्तव्य को उस वक्तव्य के १५ और १९ अनुच्छेदों की अपनी व्याख्या देकर "एक स्वाधीन संयुक्त प्रजातांत्रिक भारत का संविधान बनाने की दृष्टि से कमेटी ने मंजूर कर लिया। शर्त के साथ उक्त वक्तव्य को मानने का अर्थ यह था कि कमेटी की राय में यदि उत्तर-पश्चिम प्रांत और आसाम की विधान सभाएं "बी" और "सी" वर्ग में सम्मिलित होने को तैयार नहीं थी तो वे कोई वर्ग बने, उससे पहले ही उनसे अलग रहने का अधिकार रखते थे। यह बर्फ की बहुत पतली पर्त पर चलने की तरह था, लेकिन कमेटी उसमें सफल हो गई।

काँग्रेस की इस निपुण चाल ने वाइसराय को कठिन परिस्थिति में डाल दिया। अब उन्हें यह तय करना था कि शर्त के साथ काँग्रेस के द्वारा मिशन के १६ मई के वक्तव्य की वह स्वीकृति सही अर्थों में स्वीकृति मानी जानी चाहिए अथवा नहीं। २४ मई को जब उन्हें सूचित किया गया कि अंतरिम सरकार से संबंधित प्रस्ताव को काँग्रेस ने नामंजूर कर दिया है तो उन्होंने कैबिनेट मिशन को एक नोट भेजा- "काँग्रेस की चालों ने हमें जिन्ना से हमारे संबंध के संदर्भ में और अंतरिम सरकार बनायी जाने के मामले में कठिन स्थिति में डाल दिया है।

"काँग्रेस के एक पत्र पर भरोसा कर कि १६ मई के वक्तव्य को मानना तथा अंतरिम सरकार का बनाया जाना एक दूसरे से जुड़े हैं, और इस आश्वासन से कि काँग्रेस के द्वारा अंतरिम सरकार के प्रस्ताव को रद्द कर देने और साथ ही १६ मई के वक्तव्य को मान लेने की संभावना नहीं थी, हमने १६ जून के अपने वक्तव्य के ८वें अनुच्छेद में जो भी दल १६ मई के वक्तव्य को मान्यता देता है, उसके साथ सरकार बनाने का वचन दिया है। यह अनुच्छेद सभवत: बिना सोचे-समझे रख दिया गया था, क्योंकि हम चाहते थे कि मि. जिन्ना, जिन्होंने १६ मई का वक्तव्य पहले ही मान लिया था, काँग्रेस की

तुलना में, जिसने तब तक उसे नहीं माना था, कमजोर न पड़े और अब हमें अपने वादे के मुताबिक जो भी १६ मई के वक्तव्य को मंजूर करता है उसके साथ आगे चलना है।

"अब हम काँग्रेस को छोड़कर मुस्लिम लीग के सहयोग से अंतरिम सरकार बनाने की कोशिश भी नहीं कर सकते और काँग्रेस अब दावा करेगी कि मि. जिन्ना को दिए गए सारे आधार और आश्वासन कोई नए प्रयत्न करने से अब समाप्त हो गये हैं। वस्तुत: हम काँग्रेस की चालों से मात खा गए हैं और जिन्ना काँग्रेस की शब्दों की तोड़ने मरोड़ने की और शब्द में हुई भूल का लाभ उठाने की योग्यता से लगातार डरते रहे हैं और उनके कड़े रूख का कारण भी यही है। काँग्रेस की सफलता, जो जिन्ना मान लेंगे कि काँग्रेस के मिशन से निरन्तर संपर्क के कारण, विशेष रूप से १६ जून के वक्तव्य के बाद के सम्पर्क के कारण हुई है, काँग्रेस, कैबिनेट मिशन और वाइसराय के प्रति उनके अविश्वास में वृद्धि करेगी।

"ऐसी स्थिति में मेरी धारणा है कि जिन्ना पर एक काँग्रेसी मुस्लिम स्वीकार कर लेने के लिए दबाव देना बिल्कुल बेकार होगा और अब मुझे यह भी शंका है कि यह रियायत दी भी जाती है तो भी काँग्रेस अंतरिम सरकार में सम्मिलित नहीं होगी। वे अपनी अच्छी स्थिति का अनुमान कर कुछ और रियायतों की मांग करेंगे। मेरा विचार है कि किसी तरह के समझौते के लिए वातावरण जितना खराब अब है वैसा पहले कभी नहीं रहा। सब की मन:स्थिति बिगड़ी है, मुस्लिम लीग का विचार है कि उसे धोखा दिया गया है और काँग्रेस अनुभव करती है कि उसका हाथ ऊपर हो गया है और वह अपनी इस स्थिति का लाभ उठाने से न चूकेगी।"[१३]

वेवल की आशंकाएँ वास्तविक प्रमाणित हो गयीं जब काँग्रेस ने कैबिनेट मिशन के भविष्य के लम्बी अवधि वाले प्रस्तावों को शर्त के साथ अपनी मंजूरी दे दी। उसी दिन २५ जून को उन्होंने अपनी पत्रिका में लिखा : मेरे विचार से "अभी तक का सबसे खराब दिन, काँग्रेस ने १६ मई के वक्तव्य को मान लिया है हालांकि उसकी व्याख्या उसने अपने ढंग से की है। वे उसे मंजूर नहीं करना चाहते थे क्योंकि वे हमेशा कहते थे कि जब तक वे अंतरिम सरकार की अल्प अवधि वाली योजना मंजूर नहीं करते, वे दीर्घ अवधि की योजना को मंजूरी नहीं देंगे। क्रिप्स ने मुझे स्पष्ट रूप से आश्वस्त कर कि काँग्रेस १६ मई का वक्तव्य कभी मंजूर नहीं करेगी, काँग्रेस को अंतरिम सरकार के संदर्भ में जो व्यूह रचना का लाभ मिल गया था उसको समझा कर उस वक्तव्य को मंजूर कर लेने के लिए तैयार कर लिया। यही सेक्रेटरी ऑफ स्टेट ने भी किया। जब इस प्रश्न पर मैंने उनसे बात की तो इस आधार पर उन्होंने अपने काम के पक्ष में पैरवी की कि संविधान सभा में कांगेस का सम्मिलित हो जाना एक ऐसा लाभ था, जिसके लिए वे अपने द्वारा किए गए काम को ठीक मानते थे। लेकिन जहाँ तक मेरे और जिन्ना के बीच का सम्बन्ध है, मैं अत्यंत कठिन स्थिति में पड़ गया हूँ।

"कैबिनेट मिशन के साथ १२ बजे से १.३० बजे दोपहर तक बैठक हुई। पिछली रात को मिशन पर गाँधी को संविधान सभा के उम्मीदवार के द्वारा की जाने वाली घोषणा के सम्बन्ध में दिए गए आश्वासन को ईमानदार न होने का आरोप मैंने लगाया। लेकिन ये राजनेता हमेशा बात करने में मुझे हरा सकते हैं और मुझे अपने आरोप को वापिस लेना पड़ा। इसके बाद हमने काँग्रेस के स्वीकृति पत्र पर चर्चा की, जो वास्तव में कपटपूर्ण स्वीकृति है, लेकिन उसे इस चालाकी से लिखा गया है कि उसे मंजूरी मानना ही पड़ा।"[१४]

कैबिनेट मिशन ने वाइसराय को परेशानी के घेरे से यह घोषित कर मुक्त कर दिया कि काँग्रेस और लीग ने १६ मई के उनके बयान को मंजूर कर लिया है और अब दोनों ही अंतरिम सरकार में सम्मिलित होने की शर्त पूरी करते हैं। लेकिन जिन्ना बहुत नाराज़ हो गए। मिशन के साथ अपनी मुलाकात के दौरान उन्होंने काँग्रेस की मंजूरी की यथार्थता पर संदेह प्रकट किया, लेकिन उनसे उत्तर में कहा गया कि लीग की मंजूरी भी इस अर्थ में बिना शर्त की नहीं थी कि उसने अपने प्रस्ताव में घोषित किया था कि- "पूर्ण प्रभुसत्ता सम्पन्न पाकिस्तान की प्राप्ति अभी भी मुस्लिम भारत का न बदला जाने वाला लक्ष्य है।" वेवल के अनुसार जिन्ना "बौखलाहट की स्थिति में थे और उन्होंने हमें लीग को धोखा देकर काँग्रेस के सामने झुक जाने का दोषी ठहराया और यह राय प्रकट की कि उन्हें सरकार में सम्मिलित होने का मौका दिया जाना चाहिए"। इतनी नाराज़ी की हालत में भी जिन्ना लीग के जरिए यह प्रस्ताव पास करा लेने से नहीं चूके कि लीग की कार्यकारिणी अंतरिम सरकार में सम्मिलित होगी। यह प्रस्ताव तत्काल वाइसराय को भेज दिया गया। चूँकि काँग्रेस ने अंतरिम सरकार में सम्मिलित होने का प्रस्ताव रद्द कर दिया था और मुस्लिम लीग ने अंतरिम सरकार में सम्मिलित होने और लम्बी अवधि वाली योजना-दोनों कार्यक्रमों को स्वीकार कर लिया था, इसलिए जिन्ना अंतरिम सरकार बनाने के लिए वाइसराय से निमंत्रण की प्रतीक्षा कर रहे थे। लेकिन कैबिनेट मिशन और वाइसराय दोनों एक संयुक्त सरकार के पक्ष में थे और बहुमत के दल की उपेक्षा कर लीग का पक्ष नहीं लेना चाहते थे। लीग के नेता को सूचित किया गया कि अंतरिम सरकार बनाने के लिए की गई वार्ता विफल हो गई है और कुछ समय बीत जाने पर फिर उसे चलाया जावेगा।

कैबिनेट मिशन के सदस्यों से जब आज़ाद, नेहरु, पटेल और राजेन्द्र प्रसाद मिले, तो वातावरण बहुत अनुकूल रहा। उन्हें भी सूचित किया गया कि अंतरिम सरकार बनाने से संबंधित वार्ता असफल हो गई है। अब वाइसराय उसे फिर से चलाने के लिए कुछ समय चाहेंगे। जिस प्रसन्नता से चारों काँग्रेसी नेताओं ने इस विरामकाल को अपनी सहमति दे दी थी, उससे वेवल को खुश होना चाहिए था, लेकिन अब वे काँग्रेस से इतना चिढ़ गए थे कि २६ जून को अपनी पत्रिका में उन्होंने लिखा कि "काँग्रेस की कार्यप्रणाली जिन्ना की कार्यप्रणाली से भिन्न, यद्यपि अन्त में अधिक घातक है।"

कैबिनेट मिशन २९ जून को भारत से इंग्लैड के लिए रवाना हो गया। बाहरी तौर पर मिशन यद्यपि अपने काम में असफल हो गया था, लेकिन वह भारत पर अपना मनोवैज्ञानिक प्रभाव छोड़ गया। वी.पी. मेनन ने ठीक ही लिखा है कि "तो भी दो निश्चित उपलब्धियाँ हुई। प्रथम, भारत के भविष्य की समस्या तारामण्डल की तरह धुँधले सिद्धान्तों की पृष्ठभूमि से यथार्थता के दृढ़ धरातल पर ले आयी गयी और द्वितीय, यह भी हमारी सुखद अनुभूति हुई कि इंग्लैंड की मज़दूर सरकार भारत से वापस होने के अपने वादे को जितनी जल्दी हो सके पूरा करना चाहती है। इसके बाद अब यह समस्या नहीं थी कि अंग्रेजों से सत्ता किस तरह छीनी जाए बल्कि अब प्रश्न यह था कि जो सत्ता प्राप्त होगी उसमें उसके हिस्सेदार किस तरह सम्मिलित हो कर अपना हिस्सा रखेंगे"।[१५]

वेवल ने भी उन दिनों की घटनाओं तथा व्यक्तियों से संबंधित अपनी धारणा लिपिबद्ध की है और अंत में लिखा है : "भविष्य के सम्बन्ध में मैं निराश हूँ। काँग्रेस को प्रोत्साहन मिल गया है और अब वह पहले से अधिक अपने दावे पेश करेगी। जिन्ना की काँग्रेस के प्रति चिढ़ और शंका बढ़ गयी है

और उसके साथ ही मुझे डर है, अंग्रेज सरकार पर और शायद मेरे प्रति भी अविश्वास की भावना भी उनमें घर कर गयी है। भविष्य की वार्ता सुलभ नहीं रहेगी।"

जिन्ना की पिस्तौल-सीधी कार्रवाई (१९४६)

कैबिनेट मिशन के वापस होने के तत्काल बाद वेवल ने अपनी कार्यकारिणी के स्थान पर अधिकारियों की एक काम चलाऊ सरकार बनाई। उन्होंने अनुभव किया कि उनके साथ "काम-काज चलाना अधिक सुलभ होगा"। इस अवसर का उपयोग उन्होंने इंगलैण्ड के सम्राट को एक लम्बा पत्र लिखने में किया, जिसमें कैबिनेट मिशन द्वारा की गई वार्ता के सम्बन्ध में और वार्ता से संबंधित भारतीय व्यक्तियों के सम्बन्ध में अपनी व्यक्तिगत धारणा प्रकट की। कांग्रेसजनों में वे मौलाना आज़ाद से बहुत प्रसन्न थे- "आज़ाद, काँग्रेस के अध्यक्ष ने अच्छा काम किया। वह एक भले आदमी हैं और जहाँ तक उनसे हो सका उन्होंने सदाशयता और नरमियत का पक्ष लिया, हालांकि उनका स्वास्थ्य खराब था और चरित्र बल में वे कमज़ोर पड़ते हैं।" मौलाना में चरित्रबल की कोई कमी नहीं थी, लेकिन वेवल की यह राय इसलिए हो गयी, जैसा उन्होंने सम्राट को सूचित किया, कि "गाँधी के समक्ष वे एक जबरदस्त जानवर के सामने सिर्फ एक चूहे की तरह थे।" अब काँग्रेस के अध्यक्ष बदल गए थे और मौलाना का स्थान नेहरु ने ले लिया था, लेकिन वे भी, वेवल के कथनानुसार- "गाँधी के सामने खड़े होने का राजनीतिक साहस नहीं रखते थे।" उनकी राय में "कड़े" पटेल "ही एक मात्र नेता हैं जो गाँधी का सामना कर सकते हैं।" लेकिन वेवल शायद पटेल का काँग्रेस अध्यक्ष होना पसंद न करते क्योंकि वे किसी समस्या पर उनके विचार के विषय में भरोसा नहीं कर सकते थे। "यदि वे(पटेल) वैधानिक प्रगति की ओर जाते हैं तो वे बड़े काम के हैं, लेकिन यदि वे उससे बांयें चलते हैं तो वे बहुत खतरनाक साबित होंगे।[१६]

जैसा कि सुभाषचन्द्र बोस के दूसरी बार काँग्रेस अध्यक्ष होने के संदर्भ में एक पिछले अध्याय में कहा गया है, काँग्रेस अध्यक्ष गाँधीजी की सलाह से चुने जाते थे। इस तथ्य को ध्यान में रखते हुए कि अंग्रेज सरकार ने बिना किसी शर्त के भारत को स्वाधीनता देने की अपनी इच्छा व्यक्त की थी और अंतरिम सरकार बनाने के लिए वार्ताएँ हो चुकी थीं, आज़ाद के उत्तराधिकारी का मामला काफी महत्वपूर्ण हो गया था। यह स्पष्ट था कि यदि काँग्रेस अंतरिम सरकार में सम्मिलित होने का निर्णय लेती है, तो काँग्रेस अध्यक्ष से ही उसे बनाने के लिए कहा जावेगा। अपनी आत्मकथा में मौलाना आज़ाद ने नेहरु के चुनाव का लम्बा विवरण दिया है जो यथार्थ नहीं प्रतीत होता। जे.बी. कृपलानी ने भी उस चुनाव के संबंध में लिखा है और उन्होंने आज़ाद के कथन का बड़े विस्तार से खण्डन किया है। कृपलानी लिखते हैं : "अध्यक्ष के चुनाव के लिए अखिल भारतीय काँग्रेस कमेटी के कार्यालय ने नाम प्रस्तावित करने का विभिन्न प्रांतीय कमेटियों को निमंत्रण दिया। प्रस्ताव भेजे जाने के लिए २९ अप्रैल अंतिम तिथि थी। प्रांतों ने तीन नाम प्रस्तावित किए थे- सरदार पटेल, पट्टाभि और मेरा। जवाहर लाल का नाम प्रस्तावित नहीं हुआ था।

"कुछ दिन पहले गाँधीजी ने यह इच्छा प्रकट की थी कि वर्तमान स्थिति में जवाहर लाल अध्यक्ष होते। जहाँ तक मुझे याद है, गाँधीजी ने जवाहर लाल की अनुशंशा करते समय कोई कारण नहीं

बताए। अखिल भारतीय काँग्रेस कार्यालय के द्वारा नाम स्वीकार करने की अंतिम तिथि निकट आती जा रही थी। अध्यक्ष पद के लिए नाम प्रस्तावित करने के लिए अखिल भारतीय काँग्रेस के केवल १५ सदस्य आवश्यक हैं। कुछ दिन पहले काँग्रेस कार्यकारिणी की एक बैठक दिल्ली में हो रही थी। मैंने जवाहर लाल के नाम के प्रस्ताव का एक कागज़ सदस्यों में घुमा दिया। काँग्रेस कार्यकारिणी के सदस्यों ने तथा अखिल भारतीय काँग्रेस के कुछ स्थानीय सदस्यों ने उस पर हस्ताक्षर कर दिए। इस प्रकार जवाहर लाल का नाम अध्यक्ष पद के लिए प्रस्तावित हुआ था। अन्य व्यक्तियों ने उसके पश्चात् अपने नाम वापिस ले लिए। यदि जवाहर लाल का नाम प्रस्तावित न किया जाता तो यह निश्चित था कि सरदार पटेल अध्यक्ष चुन लिए जाते।"[१७]

आज़ाद के इस कथन के सम्बन्ध में कि "मैंने इसलिए निर्णय लिया कि मैं अपना नाम प्रस्तावित करने की अनुमति न दूँ," कृपलानी कहते हैं- "मौलाना काँग्रेस के संविधान को भूलते से जान पड़ते हैं। नाम प्रांतों से आए थे। मौलाना ने दूसरी बार अध्यक्ष चुने जाने के सम्बन्ध में अपनी अनिच्छा की कोई सार्वजनिक घोषणा नहीं की थी"। कृपलानी मौलाना के इस कथन को भी गलत कहते हैं कि "दूसरी बात जिस पर मुझे निर्णय लेना था वह अपने उत्तराधिकारी के सम्बन्ध में थी।" कृपलानी के अनुसार मौलाना ज़रा अधिक कह गए क्योंकि "अवकाश लेने वाले किसी अध्यक्ष ने कभी भी अपने उत्तराधिकारी के लिए सुझाव नहीं दिया है और जब कभी गाँधीजी ने अपनी अभिरूचि व्यक्त की तो जो नाम प्रस्तावित हुए उनमें से किसी एक के लिए ही कहा।" मौलाना ने नेहरु को पसंद करने का अपना कारण बताते हुए इस बात पर बल दिया है कि "मैं चाहता था कि अगला अध्यक्ष ऐसा व्यक्ति हो जो मेरे दृष्टिकोण का समर्थक हो और जो नीति मैंने रख छोड़ी थी, उसी को वह आगे चलाता रहे।" इसका खण्डन करते हुए कृपलानी कहते हैं : "मैं ऐसे किसी अध्यक्ष को नहीं जानता जो काँग्रेस की आधारभूत नीतियों को निर्धारित करता था। वे काँग्रेस के अधिवेशन में तय की जाती हैं। किसी कारण से यदि पूरी काँग्रेस का अधिवेशन नहीं हो सकता तो अखिल भारतीय काँग्रेस कमेटी उनको तय करती है। लेकिन किसी आपात् स्थिति में यदि अखिल भारतीय काँग्रेस कमेटी नहीं बुलायी जा सकती, तो कार्यकारिणी निर्णय लेती है। लेकिन ऐसी स्थिति में काँग्रेस के सामान्य अधिवेशन में अथवा अखिल भारतीय काँग्रेस कमेटी के सम्मेलन में उन निर्णयों की पुष्टि किया जाना आवश्यक होता है। काँग्रेस अध्यक्ष कार्यकारिणी का सभापति होता है।"

अंत में कृपलानी ने आज़ाद के इस कथन पर आश्चर्य व्यक्त किया कि "मैंने २६ अप्रैल १९४६ को जवाहर लाल का नाम प्रस्तावित करते हुए एक वक्तव्य दिया" और लिखते हैं "मेरी समझ में नहीं आता कि अध्यक्ष का नाम किसी व्यक्ति के द्वारा एक वक्तव्य देकर कैसे प्रस्तावित किया जा सकता है, चाहे वह काँग्रेस में किसी भी बड़े पद पर हो। जैसा मैंने पहले कहा है, प्रस्ताव अखिल भारतीय काँग्रेस के १५ सदस्यों से ही आ सकता था और मैंने यह भी ब्यौरा दे दिया है कि जवाहर लाल का नाम कैसे प्रस्तावित हुआ। मौलाना यह भी लिखते हैं कि गाँधीजी शायद वल्लभ भाई को पसंद कर रहे थे। यदि मुझे मालूम हो जाता कि गाँधीजी मौलाना के स्थान पर वल्लभभाई का नाम अध्यक्ष पद पर चाहते थे, तो मैं जवाहर लाल के लिए १५ सदस्यों के हस्ताक्षर प्राप्त करने का काम ही न उठाता। इसके अतिरिक्त, कार्यालय की फाइल में लिखा है कि मौलाना अपना स्थान जवाहर लाल को भी देने के लिए

अध्यक्ष पद से इस्तीफा देने को तैयार नहीं थे। गाँधीजी के आग्रह पर ही वे इस्तीफा देने को तैयार हुए थे। और यह भी लिपिबद्ध है कि गाँधीजी ने अपने पत्र में मौलाना को जवाहर लाल के नाम का सुझाव दिया था। इसलिए यह कठिनाई से समझ में आने वाली बात है कि मौलाना यह सब कैसे भूल गए।

"यह हो सकता है कि जब जवाहर लाल का नाम विधिवत प्रस्तावित हो गया था, तब मौलाना ने जवाहर लाल को वोट करने के लिए बयान दिया हो। लेकिन वह अर्थहीन इसलिए था क्योंकि जवाहर लाल का नाम प्रस्तावित होने पर अन्य तीन उम्मीदवारों ने अपने नाम वापस ले लिए थे।"

यह आश्चर्यजनक है कि मौलाना और कृपलानी दोनों जो कुछ उस समय करने का दावा करते हैं, उस पर पश्चाताप करते दिखाई देते हैं। मौलाना कहते हैं कि "मैंने जो कुछ मुझे ठीक जान पड़ा वह किया, लेकिन उसके बाद स्थिति ने जैसा रूप लिया उससे मुझे सोचना पड़ा कि मैं गलत हो सकता था और जो लोग मुझे एक वर्ष तक और अध्यक्ष रहे आने के हामी थे वे संभवत: ठीक थे।" यह कहना शायद व्यर्थ ही है कि यदि मौलाना ने दूसरी बार अध्यक्ष होना चाहा होता तो वे वल्लभभाई पटेल के विरूद्ध नहीं जीत सकते थे। मौलाना यह स्वीकार करते हैं कि काँग्रेस हाई कमान के अन्दरूनी हल्कों में राय एक नहीं थी और "मैंने पाया कि सरदार पटेल और उनके मित्र चाहते थे कि वे अध्यक्ष चुने जावें।"[१८] सत्य तो यह है कि महात्माजी द्वारा नेहरु का पक्ष यदि न लिया जाता तो वल्लभ भाई का मौलाना का उत्तराधिकारी होना निश्चित था।

बाद में मौलाना ने अपनी पसंदगी पर खिन्न होने का कारण बताया, लेकिन कृपलानी का पश्चाताप अभी तक स्पष्ट नहीं हुआ है। कृपलानी लिखते हैं : "तब से मैंने कभी-कभी यह सोचा है कि काँग्रेस महामंत्री की हैसियत से गाँधी जी की इच्छाओं का आदर कर जवाहर लाल का नाम प्रस्तावित करने का साधन हो जाना क्या ठीक था? परंतु मैंने नहीं सोचा था कि वह बात अधिक महत्वपूर्ण थी। काँग्रेस का अध्यक्ष काँग्रेस कार्यकारिणी का सभापति होता है। वह बराबरी के सदस्यों में पहला ही है। कार्यकारिणी के अतिरिक्त अन्य कोई भी व्यक्ति महत्वपूर्ण निर्णय नहीं ले सकता। यह भी था कि मैंने यह कल्पना नहीं की थी कि स्वतंत्रता किसी न किसी रूप में बिल्कुल निकट थी। मैंने सोचा था अभी अनैक लड़ाइयां लड़नी हैं। लेकिन भविष्य कौन बता सकता है? बहुत छोटी दिखनेवाली घटनाओं पर मनुष्यों और राष्ट्रों का भी भाग्य निर्भर रहता है।"[१९]

काँग्रेस के निर्वाचित अध्यक्ष के नाते जवाहर लाल ने तत्काल कश्मीर जाकर शेख अब्दुल्ला को अपने ऊपर चल रहे मुकदमों में सहायता कर और राज्य में प्रवेश कर अपने विरूद्ध लगे प्रतिबंध का उल्लंघन कर अपने को गिरफ्तार करवा कर काँग्रेस हाई कमान को आश्चर्य में डाल दिया। उनकी उपस्थिति दिल्ली में अत्यन्त आवश्यक थी, जहाँ काँग्रेस कार्यकारिणी कैबिनेट मिशन के १६ मई के बयान और वाइसराय के अंतरिम सरकार से संबंधित १६ जून के बयान पर अपना रूख निश्चित करने के लिए लम्बी चर्चा में संलग्न थी। वापसी के लिए मौलाना आज़ाद के आग्रह पर और वाइसराय के हस्तक्षेप से, जिन्होंने उन्हें लाने के लिए एक हवाई जहाज़ भेजा, वे छोड़े गए और वे फिर दिल्ली आ पाये। यह एक ऐसी नाटकीय घटना थी जिससे उनके कुछ साथी रूष्ट हो गए और जिसने वेवल को यह सोचने के लिए प्रेरित किया कि "वह ईमानदार, बुद्धिमान और व्यक्तिगत रूप से साहसी हैं, लेकिन असंतुलित हैं-देखिये कश्मीर में उनकी कारगुजारी।"

अंतरिम सरकार के प्रस्ताव के रद्द करने और वर्गों में प्रांतों के बांटे जाने के सम्बन्ध में अपनी व्याख्या को मान लिए जाने की शर्त के साथ कैबिनेट मिशन की योजना को स्वीकार करने के कार्यकारिणी के निर्णयों की पुष्टि के लिए जब बम्बई में अखिल भारतीय काँग्रेस कमेटी का सम्मेलन ६ जुलाई, १९४६ में हुआ तब नेहरु काँग्रेस के विधिवत् अध्यक्ष हुए। कार्यकारिणी के निर्णयों का जयप्रकाश नारायण के नेतृत्व में काँग्रेस समाजवादियों ने घोर विरोध किया। लेकिन महात्मा गाँधी ने काँग्रेस हाईकमान को सहायता प्रदान की और उसके निर्णय को ५१ वोटों के विरुद्ध में २०४ वोटों से पुष्ट कर दिया गया।

इस अधिवेशन में अपने भाषण के दौरान नेहरु ने कैबिनेट मिशन की योजना की चर्चा करते हुए कहा कि "हम इसके अतिरिक्त कि हमने संविधान सभा में जाने का निर्णय लिया है, किसी भी बात से बंधे नहीं हैं।" यह बात उन्होंने ७ जुलाई को कही। तीन दिन बाद एक प्रेस वार्ता में उन्होंने प्रांतों के वर्गीकरण पर बोलते हुए कहा: "प्रश्न को किसी भी ओर से देखा जाए, बड़ी संभावना यह है कि कोई वर्गीकरण नहीं होगा। स्पष्टत: ए वर्ग वर्गीकरण के विरुद्ध निर्णय लेगा। यह अधिक उपयुक्त रूप से कहा जा सकता है कि उत्तर पश्चिम सीमा प्रान्त द्वारा वर्गीकरण के विरोध में निर्णय लेने के चार के विपरीत एक की संभावना है। इस प्रकार बी वर्ग गिर जाता है। इसकी अधिक संभावना है कि आसाम और बंगाल वर्गीकरण के विरुद्ध निर्णय लेंगे यद्यपि मैं नहीं कह सकता कि प्रारंभिक निर्णय क्या होंगे, क्योंकि दोनों पक्ष समान रूप से सक्षम हैं। लेकिन मैं पूरे विश्वास और आस्था के साथ यह कह सकता हूँ कि वहाँ अंतत: कोई वर्गीकरण नहीं होगा क्योंकि आसाम किसी भी परिस्थिति में उसे बर्दाश्त नहीं करेगा। इस प्रकार आप देख सकते हैं कि यह वर्गीकरण का व्यापार, किसी भी प्रकार उस पर विचार करें, हमें कहीं नहीं ले जाता।"[२०]

नेहरु के वक्तव्यों पर जिन्ना एकदम टूट पड़े और उन्होंने सार्वजनिक रूप से कहा कि नेहरु के वक्तव्य "दीर्घ अवधि वाली योजना के आधारभूत ढाँचे की, जिस पर वह टिकी है, और उसकी बुनियादी बातों, प्रावधानों तथा उस योजना को स्वीकार करने वालों के दायित्वों और अधिकारों का बिल्कुल परित्याग करना है।"[२१] यद्यपि पेथिक लारेन्स और स्टैफर्ड क्रिप्स ने संसद में कहा कि योजना की जो व्याख्या उन्होंने की है, वे उसी पर दृढ़ हैं, लेकिन जिन्ना ने उनके वक्तव्यों को मात्र अपनी राय पर "धर्मनिष्ठ" स्पष्टीकरण कहा। नेहरु के वक्तव्यों की पृष्ठभूमि में अपने निर्णय पर पुनर्विचार करने के लिए आल इंडिया मुस्लिम लीग कौंसिल की एक बैठक २७ जुलाई को हुई। जिन्ना ने अपने एक लम्बे भाषण के दौरान कहा: "अंग्रेज सरकार की बातों पर कभी भी भरोसा नहीं किया जा सकता। कैबिनेट मिशन ने काँग्रेस की देवी को प्रसन्न करने का हर संभव प्रयास किया और अंतरिम सरकार बनाने की योजना को भी उसने स्थगित कर दिया। उसने कहा था कि काँग्रेस ने दीर्घ अवधि वाली योजना स्वीकार कर ली है, जो सही अर्थों में स्वीकृत नहीं कही जा सकती।

"हमारा नारा अनुशासन, एकता और अपने राष्ट्र की शक्ति पर विश्वास होना चाहिए। यदि हम ऐसा करते हैं तो मिशन और अंग्रेज सरकार को काँग्रेस की इस धमकी से कि वह असहयोग और संघर्ष का दौर शुरु कर देंगे, बचा सकते हैं, मुक्त करा सकते हैं और स्वतंत्र कर सकते हैं।"

यह कहकर कि मुस्लिम लीग के न्यायसंगत और अनुनय विनय के सारे प्रयत्न भी काँग्रेस से कोई

जवाब नहीं पा सके, जिन्ना ने एलान किया कि "कैबिनेट मिशन काँग्रेस के हाथों में खेल गई है। उसने अलग अपना खेल खेला है।

"मैं आपसे कहता हूँ कि काँग्रेस ने, जिसमें सवर्ण हिन्दू का प्रचण्ड बहुमत है, वैधानिक वार्ता के दौरान छोटी-छोटी बातों में कानूनी दांवपेंच कर और लेन-देन का ढंग अपना कर भारत के लोगों की सबसे बड़ी हानि की है। मुसलमानों से काँग्रेस को बड़ी नफरत है। दिल्ली में पूरी नौकरशाही और निरंकुश सरकार स्थापित करा कर काँग्रेस भारत को ४० साल पीछे खींच ले गई है।

"काँग्रेस सोचती है कि वह मुस्लिम लीग को एक तरफ कर अंतरिम सरकार में पहुँच जावेगी। उसके वहाँ जाने का स्वागत है। हम उससे नहीं डर रहे हैं और हम उससे बर्ताव करना जानते हैं। वे पागलों की तरह बात कर रहे हैं जब वे संविधान सभा को, जो अंग्रेज़ सरकार द्वारा नियुक्त वाइसराय द्वारा आमंत्रित की गई होगी, को सार्वभौम सत्तायुक्त संस्था में बदल देने की बात कहते हैं, वह सार्वभौम सत्ता में जवाहर लाल नेहरु के बचकाने और डींग हाँकने वाले बयानों से क्या बदल जाने वाली है।"[२२]

तीन दिन तक खुले और गुप्त रूप से हुई मुस्लिम लीग की बैठक में बड़े जोशो खरोश के साथ दो प्रस्ताव पास किए गए। अपने पहले प्रस्ताव से उसने कैबिनेट मिशन के प्रस्ताव को स्वीकृति देने वाले दिल्ली के प्रस्ताव को उलट दिया और दूसरे प्रस्ताव से "पाकिस्तान प्राप्त करने, अपने न्यायसंगत अधिकारों पर ज़ोर देने, अपनी प्रतिष्ठा को सुरक्षित रखने और अंग्रेजों की मौजूदा और भविष्य में सवर्ण हिन्दूओं की सोची गई गुलामी से छुटकारा पाने के लिए 'सीधी कार्यवाही' करने का निर्णय लिया गया।" अंग्रेज सरकार के काँग्रेस का पक्ष करने वाले तथाकथित रुख से अपनी नाराज़ी व्यक्त करने के लिए दूसरे प्रस्ताव में लीग ने मुसलमानों से सरकार से मिली उपाधियों को लौटा देने की मांग की। कौंसिल की बैठक में उपस्थित लीग के कुछ नेताओं ने वहाँ अपनी उपाधियों को छोड़ देने की घोषणा की।

२९ जुलाई, १९४६ को लीग के द्वारा किए गए निर्णयों के लिए और उन निर्णयों के बाद की दुर्भाग्यपूर्ण घटनाओं के लिए, तीन सप्ताह पूर्व बम्बई के नेहरु के बयानों को जिम्मेदार ठहराया गया। मौलाना आज़ाद ने उन्हें दोषी मानते हुए कहा है कि "मेरे अत्यन्त प्रिय मित्रों में से एक नेहरु, कभी-कभी अपनी भावनाओं में बह जाते हैं और सैद्धांतिक विचारों से इतना प्रभावित हो जाते हैं कि स्थिति की वास्तविकता को कम आंकने लगते हैं।"

लेकिन, मौलाना के अतिरिक्त कई अन्य लेखकों ने भी भारत के विभाजन के लिए नेहरु को एकमात्र दोषी माना है। उनके एक प्रशंसक माइकेल ब्रेचर ने भी उन्हें युक्ति की बड़ी गंभीर त्रुटि का उत्तरदायी कहा है।" लेकिन क्या अपने वक्तव्यों से नेहरु सचमुच में कार्यकारिणी द्वारा निर्धारित और अखिल भारतीय काँग्रेस कमेटी द्वारा मान्यता दिए गए रुख से अलग हो गए? यह स्मरण रखना चाहिए कि दस वर्ष से भी अधिक समय से अंग्रेजी प्रभुत्व के विरुद्ध वे सार्वभौम सत्तायुक्त संस्था, संविधान सभा के लिए पैरवी करते रहे थे। वास्तव में संविधान सभा की कल्पना स्टैफर्ड क्रिप्स ने नेहरु से ही उधार ली थी और उसे अपने १९४२ के योजना में सम्मिलित किया था। बम्बई की प्रेसवार्ता में इस बात पर उनका वक्तव्य देना कि "संविधान सभा अंग्रेज सरकार के निर्देशन या किसी दूसरी हिदायत को नहीं मंजूर करेगी", मुस्लिम लीग से, जो उस संस्था का एक भाग रहती, संबंधित नहीं था। वह तो जो नेहरु कह रहे थे उसके समर्थन में अपना स्वर सरलता से जोड़ सकती थी। कैबिनेट मिशन द्वारा

संविधान सभा की सार्वभौम सत्ता तो अल्पसंख्यकों की समस्या और इंग्लैण्ड और भारत के बीच संधि होने की शर्त से ही बाधित की गई थी। नेहरु ने तो उन सीमाओं पर अपनी स्वीकृति व्यक्त कर दी थी जब उन्होंने प्रेस वार्ता में यह कहा कि "यह स्पष्ट ही है कि अल्पसंख्यकों की समस्या का संतोषप्रद समाधान करना ही होगा और यह भी स्पष्ट है कि यदि भारत में किसी प्रकार का शांतिपूर्ण सत्ता परिवर्तन होगा, तो ग्रेट ब्रिटेन के साथ किसी प्रकार की संधि उसका निश्चित परिणाम होगी।"

प्रांतों के वर्गीकरण के सम्बन्ध में नेहरु का जो कथन है, उसके द्वारा वे २५ जून के कार्यकारिणी के प्रस्ताव के निर्णय को ही, कि वह कैबिनेट मिशन के अनुच्छेदों १५ और १९ के अपनी व्याख्या पर अडिग रहेगी, अपने शब्दों में व्यक्त कर रहे थे। कार्यकारिणी में हुए मतदान में नेहरु ने मौलाना का साथ नहीं दिया था और इस प्रकार केवल मौलाना ही उसके विरुद्ध थे। मौलाना की निराशा समझ में आने वाली बात है क्योंकि अपनी योजना की पूर्ति के लिए उनकी हर चाल असफल हो गई थी। लेकिन अकेले नेहरु ही नहीं, पूरी कार्यकारिणी उनके विरुद्ध थी। अपनी नाराज़ी के लिए अपने "सबसे प्यारे दोस्त" सिर्फ नेहरु को शिकार बनाने का स्पष्ट कारण यह जान पड़ता है कि वे यह उम्मीद करते रहे थे कि काँग्रेस अध्यक्ष होने पर वे उनके दृष्टिकोण को समर्थन देंगे, लेकिन अपने बम्बई के बयानों से नेहरु ने उनकी आशाओं पर अंतिम वार कर दिया था। इस प्रकार मौलाना ने भारत विभाजन के लिए नेहरु को उत्तरदायी ठहराने का कार्य प्रारंभ किया और कैबिनेट मिशन से हुई वार्ता के समय मौलाना के संदेहात्मक अभिलेखों को भूल कर कई लेखकों ने उसे उद्धृत किया।

जहाँ तक जिन्ना का प्रश्न है, जो पहले कहा जा चुका है, उससे स्पष्ट है कि कैबिनेट मिशन के सदस्यों और वाइसराय से वे अत्यन्त क्रुद्ध हो गए जब उनके विचार के विरुद्ध और काँग्रेस के द्वारा कैबिनेट मिशन की योजना को अपनी व्याख्या के साथ स्वीकार की जाने पर मिशन ने यह माना कि काँग्रेस ने भी उस योजना को स्वीकार कर लिया था और अंतरिम सरकार में सम्मिलित होने के योग्य उसने अपने को प्रमाणित कर दिया था। इस प्रकार जब लीग के द्वारा अंतरिम सरकार बनाने के मौके को जिन्ना नहीं प्राप्त कर सके तो उन्होंने कैबिनेट मिशन की योजना को अस्वीकार कर देना पहले ही तय कर लिया था। नेहरु के दो बयान, जैसा पूर्व में कहा गया है, जिनमें स्पष्टता के अतिरिक्त कुछ नया नहीं था, जिन्ना के लिए इस बात का बहाना हो गया कि जो उन्होंने पहले निश्चित कर रखा था, उसे लीग की कौन्सिल करने के लिए तैयार हो जाए।

"सीधी कार्यवाही" करने का जिन्ना का निर्णय विफलता से पैदा हुई उनकी निराशा की चरम सीमा को प्रकट करता है। अपने राजनीतिक जीवन के उन क्षणों में वे वहाँ पहुँच गए थे जहाँ से आगे रास्ता बंद था। उनकी इस स्थिति के सम्बन्ध मे उनके पक्षधर वेवल ने सम्राट को जो पत्र लिखा था, उससे उसका पता चलता है-"मुझमें जिन्ना के लिए बड़ी सहानुभूति है, वे अधिकांश काँग्रेसी नेताओं से अधिक स्पष्ट, अधिक निश्चित तथा अधिक ईमानदार हैं। लेकिन खेल में वे अपने पत्तों पर ज्यादा बोली बोल गए और इस प्रकार मेरी समझ में, अंतरिम सरकार में जो भाग अब मिल सकेगा, उससे अधिक पा जाने का मौका चूक गए। वे सहज ही बहुत निराश हो गए और मेरे तथा मिशन की सत्यनिष्ठा के विरुद्ध अनुचित रूप से क्रुद्ध हो गए। वे एक विचित्र चरित्र के व्यक्ति है- अकेले, दुखी, निरंकुश, आत्म केन्द्रित, वे बड़ी दृढ़ता के साथ ऐसी लड़ाई में जूझ रहे हैं, जिसमें मुझे भय है, वे हार जावेंगे।"[२३]

लेकिन जिन्ना हार माननेवाले व्यक्ति नहीं थे। उन्होंने यह अवश्य ढूंढ़ना चाहा होगा कि काँग्रेस की तुलना में, जो अब इतनी प्रभावशील हो गई थी कि वह अंग्रेजों को भारत छोड़ देने पर विवश कर रही थी, उनमें और लीग में कौनसी कमी थी। अभी तक उन्होंने काँग्रेस, ब्रिटिश सरकार और अपने बीच के त्रिकोणी संघर्ष में अपने राजनयिक कौशल पर ही भरोसा किया था। जैसे ही अंग्रेज भारत छोड़ देंगे, उनके उक्त कौशल का लाभ भी समाप्त हो जावेगा और मुस्लिम लीग के द्वारा तैयार की गई मुसलमानों की सामूहिक शक्ति भी व्यर्थ ही प्रमाणित होगी। यदि सामूहिक शारीरिक शक्ति का उपयोग करना है तो उसका उपयोग अंग्रेजों की देश में उपस्थिति की अवधि में ही करना चाहिए। जिन्ना ने गाँधीजी के १९२० के असहयोग जन आंदोलन का कड़ा विरोध किया था। अब उन्होंने अंग्रेजों के विरुद्ध असहयोग की नीति अपनाने का निर्णय किया। काँग्रेसजनों ने १९२० में अपनी उपाधियाँ छोड़ दी थीं। अब लीग के नाइट उपाधिकारी और खान बहादुरों को भी १९४६ में वही करने के लिए तैयार करना चाहिए लेकिन असली लड़ाई तो अंग्रेजों से नहीं हिन्दुओं से करनी थी और इसके लिए अधिक कारगर शस्त्र की आवश्यकता थी। यह शस्त्र भी "सीधी कार्यवाही" के जन आंदोलन के रूप में काँग्रेस के शस्त्रागार से ही चुना गया।

जिन्ना के इस रूप परिवर्तन से कोई आश्चर्य नहीं होना चाहिए। यदि १९२० के राष्ट्रवादी जिन्ना १९३० के कट्टर साम्प्रदायवादी हो सकते थे और यदि अरूढ़िवादी जिन्ना इस्लाम के उद्धारक के रूप में परिणत हो सकते थे तो विधानवादी जिन्ना १९४० में "सीधी कार्यवाही" के हामी भी हो सकते थे और अपने अनुयायियों को हिंसा के प्रयोग के लिए प्रोत्साहित कर सकते थे। लीग कौंसिल के अंतिम भाषण में उन्होंने कहा: "आज हमने जो किया है, वह हमारे इतिहास का सबसे बड़ा ऐतिहासिक कार्य है। लीग के पूरे इतिहास में हमने कभी भी वैधानिक रीति के अतिरिक्त अन्य कोई ढंग नहीं अपनाया है। लेकिन अब हम इस स्थिति में ले आए गए हैं। आज हम वैधानिक तरीकों को विदाई देते हैं।" इस परिवर्तन के सम्बन्ध में कोई भ्रम न हो जाए इसलिए उन्होंने विशेष रूप से कहा: "आज हमने एक पिस्तौल भी बनायी है और हम उसका प्रयोग करने की स्थिति में हैं।" बाद में, एक प्रेस वार्ता में बोलते समय जब उनसे पूछा गया कि प्रस्तावित सीधी कार्यवाही हिंसक या अहिंसक होगी", तो उनका दो टूक उत्तर था: "मैं नीति शास्त्र पर बात नहीं करना चाहता।"

जब मुस्लिम लीग के नेतागण अपनी आचार विहीन "सीधी कार्यवाही" की तैयारी में लगे थे तब वाइसराय वेवल ने अंतरिम सरकार बनाने के लिए ६ अगस्त को नेहरु को आमंत्रित कर उनकी आग में ईंधन डाल दिया। प्रश्न उठता है कि १६ अगस्त को, जिसे मुस्लिम लीग ने "पूरे भारत में सीधी कार्यवाही दिन" तय किया था, क्या होनेवाला था उसकी प्रतीक्षा वाइसराय ने क्यों नहीं की? लन्दन को भेजे गए अपने नोट में उन्होंने स्वीकार किया था कि "लीग का प्रस्ताव साम्प्रदायिक तनाव में, जो आज भी तीव्र है, निश्चित रूप से वृद्धि करेगा।" तो भी वे लीग की-"सीधी कार्यवाही" से कम चिन्तित और काँग्रेस के सम्बन्ध में, जिसका दक्षिण पक्ष वैधानिक रीति से सत्ता में आने के लिए प्रयासरत था और वामपथ "क्रांति को स्थगित किए हुए था", अधिक चिन्तित थे। उनकी राय में "नेहरु इसलिए अध्यक्ष चुने गए थे, क्योंकि वे हर खेमें में अपना एक पैर रखने की सबसे अच्छी स्थिति में थे, लेकिन असंतुलित होने के कारण वे अधिकतर एक पैर पर ही रहेंगे और किसी एक पैर पर अधिक नहीं टिकेंगे।"

यह सत्य है कि नेहरु को आमंत्रित करने का प्रस्ताव अंग्रेज़ सरकार ने किया था क्योंकि जैसा वेवल अपनी पत्रिका में लिखते हैं, "मुस्लिम लीग से सम्पर्क करने की जिम्मेदारी वह काँग्रेस पर डालना चाहती थी।" लेकिन यह वेवल का काम था कि वे व्हाइट हाल को "सीधी कार्यवाही दिन" के परिणामों की प्रतीक्षा करने की सलाह देते। उन्होंने बंगाल, यू.पी., पंजाब, सिंध और पश्चिमोत्तर प्रांत के गवर्नरों की एक कांफ्रेंस जरुर बुलायी थी लेकिन बंगाल और सिंध के सूबेदारों ने उनसे कहा था कि "लीग के पास अभी सीधी कार्यवाही के लिए व्यवस्थित कार्यक्रम नहीं था।" बंगाल के गवर्नर के लिए, जो सीधी कार्यवाही के नाटक का विशेष मंच होने वाला था, वेवल ने ८ अगस्त को अपनी पत्रिका में लिखा: "बरोज़ हमेशा की तरह ठोस, संयत और विनोदी थे; वे अपने विचारों में पूरे दकियानूसी हैं और उनकी राय में ग्रेनेड चलाने वाली सेना की टुकड़ी सबसे अच्छी थी।

काँग्रेस के पक्ष में अंतरिम सरकार में सम्मिलित होने की ओर अधिक झुकाव होने लगा था और उसके पूर्ण स्वतंत्र रहने पर ज़िद न करने का विचार हो रहा था। ऐसा दिखता है कि यह विचार राजगोपालाचारी की सूझ थी। एक अगस्त को उन्होंने पटेल को भेजे गए अपने पत्र में लिखा "आपका पत्र जब मिला, उसके बाद लगभग उसी समय जिन्ना के द्वारा गृह-युद्ध की घोषणा हुई। मुझे भय था कि वह अंग्रेज सरकार में एक बेचैनी ला देगी और उसमें नैतिक कमज़ोरी आ जावेगी। इसलिए मैंने सोचा कि हमारी ओर से एक साहसी कदम उठाना और स्थिति का मुकाबला करने की हमारी तत्परता उपयोगी होगी। मात्र इसी कारण से मैंने एक छोटा वक्तव्य दिया, यद्यपि मैंने यह भी सोचा था कि जब तक हम न मिलें मैं मौन रहा आऊँ।

"चूँकि अब जिन्ना और लीग झगड़े पर उतारु हो गए हैं, उनकी चुनौती को मंजूर कर लेना हमारा अनिवार्य और निश्चित कर्तव्य हो गया है। अब अंतरिम सरकार बनाने के लिए आए निमंत्रण को हम इस आरोप के पात्र हुए बिना कि कठिन परिस्थितियों में हम भयभीत हो जाते हैं, अस्वीकार नहीं कर सकते। हम सरकार सम्हालें और किसी प्रकार चलाएँ।"[२४] दुर्भाग्य से पटेल राजाजी के विचारों से सहमत हो गए, जैसा वेवल की पत्रिका में पेन्डेरेल मून के नोट से स्पष्ट है: "५ अगस्त को वेवल के अविश्वास न किए जाने वाले सूत्र से पटेल के रुख की खबर मिली जिसके आधार पर उन्होंने सोचा कि सफलता के लिए संभवत: अब अवसर आ गया था। उन्हें सूचना देने वाले ने बताया कि यदि काँग्रेस से अंतरिम सरकार बनाने के लिए कहा जाता है तो पटेल का आग्रह होगा कि अंतरिम सरकार की स्थिति के प्रश्न पर वे बात न तोड़ें। उनके विचार से आज़ाद को लिखे गए ३० मई के पत्र को आधार माना जाना चाहिए और अपने इस विचार पर वे इतने दृढ़ थे कि यदि उनकी बात नहीं मानी जाती तो वे कार्यकारिणी से त्यागपत्र देने को तैयार थे। उनको विश्वास था कि देश को अराजकता से बचाने के लिए काँग्रेस को सरकार में सम्मिलित हो जाना चाहिए।"[२५]

इस प्रकार, ऐसा प्रतीत होता है कि काँग्रेस ने भी "सीधी कार्यवाही दिवस" की प्रतीक्षा नहीं की और नेहरु को सरकार बनाने के लिए अधिकृत कर दिया। वेवल के विचारों से विपरीत काँग्रेस इस बात को समझ रही थी कि जिन्ना गृह युद्ध की तैयारी कर रहे थे और उसे स्थिति से निपटने के लिए सत्ता के पद पर रहना आवश्यक था। लेकिन काँग्रेस हाईकमांड यह नहीं देख पाया कि सत्ता का पद इतना विस्तृत नहीं था कि उसे उस भयावह स्थिति पर नियंत्रण करने के लिए समर्थ बना सके। एक गृह-युद्ध

सेना के द्वारा ही दबाया जा सकता था और वाइसराय को उनके निषेधाधिकार की शक्ति से वंचित करने में असफल होने पर उन्हें समझ लेना चाहिए था कि वे सेना को जैसा वे चाहें, आदेश नहीं दे सकते थे। साथ ही, कुछ मुस्लिम बहुमत के प्रांतों में लीगी मंत्रिमंडल थे जिनसे उनके आदेशों का पालन किए जाने की आशा नहीं की जा सकती थी। अंग्रेज गवर्नर भी थे जिनकी काँग्रेस के प्रति शत्रुता और लीग के लिए सहानुभूति प्रसिद्ध थी। ऐसी स्थिति में काँग्रेस के निर्णय के पक्ष में यही कहा जा सकता था कि भारतीय इतिहास की उस संकटपूर्ण स्थिति में सर्वथा सत्ता रहित होने की अपेक्षा थोड़ा-बहुत सत्ता के सहित हो जाना अधिक उपयुक्त था। यह सत्य कि लीग ने भी इस तथ्य को कुछ समय बाद मान लिया और सरकार में सम्मिलित हो गई। इसे काँग्रेस के निर्णय के पक्ष में प्रस्तुत किया जा सकता है।

व्हाइट हाल के निर्देशानुसार वाइसराय की सलाह पर नेहरु जिन्ना को काँग्रेस के साथ सरकार में सम्मिलित होने के लिए राज़ी करने के लिए तैयार हो गए ताकि वे संयुक्त सरकार बना सकें। जब ऐसी वार्ताएं चल रही थीं तब १६ अगस्त को कलकत्ता में इतने भीषण साम्प्रदायिक दंगे हुए कि उनमे हुई प्राणहानि को "कलकत्ता का वृहत् नरसंहार" की संज्ञा दी गयी। बंगाल के प्रधानमंत्री एच.एस. सोहरावर्दी ने विधान सभा के प्रतिपक्षी सदस्यों के विरोध के बावजूद "सीधी कार्यवाही दिवस" को शासकीय छुट्टी का दिवस घोषित कर दिया। चूँकि सिंध के प्रधानमंत्री ने भी वैसा ही किया था, इसलिए यह अनुमान किया गया कि इस सम्बन्ध के निर्देश मुस्लिम लीग के प्रधान कार्यालय से दिए गए थे। जैसे ही मुस्लिम लीग के स्वयंसेवकों ने दुकानें बन्द करने पर बल प्रयोग किया, झगड़ा प्रारंभ हो गया। १६ अगस्त को दिन भर प्रांतीय सरकार ने दंगा रोकने के कोई उपाय नहीं किए और परिणामस्वरूप मुस्लिम गुन्डों को, जो पिछले कई दिनों से तैयार हो रहे थे, अच्छा अवसर मिला और कई हिन्दू मार डाले गए। यह मानकर कि अधिकारियों से उन्हें संरक्षण नहीं मिलेगा, हिन्दू भी अड़ गए और उन्होंने १७ अगस्त को जवाबी हमले शुरु कर दिए। वे भी उतने ही नृशंस हो गए और कलकत्ता की सड़कों, गली-कूचों ने दोनों सम्प्रदायों के बीच यथार्थ में गृह-युद्ध का भीषण दृश्य देखा। यह जानकर कि अब मुसलमानों पर बहुत ज्यादा बीतने लगी थी, एच.एस. सोहरावर्दी की नींद खुली किन्तु अब व्यवस्था की पुर्नस्थापना बड़ा कठिन कार्य हो गया था। यह सामान्य प्रकार का दंगा नहीं था, बल्कि चार-पाँच दिन आतंक का राज रहा आया जिसमें हत्याएं, लूटपाट, लोगों का उनके घरों में जला दिया जाना और हुगली में लाशों का फेंका जाना जारी रहा। अधिकृत आंकड़ों के अनुसार कम से कम ५००० लोग मारे गए और १५,००० घायल हो गए।

वेवल २५ अगस्त को कलकत्ता पहुँचे। उनके आगमन की तैयारी में सड़कें और भूगर्भी नालियाँ, जिनमें लाशें कई दिनों से सड़ रही थीं, साफ की गयीं और वाइसराय ने देखा कि तब तक शहर की काफी सफाई की जा चुकी थी और कुछ जली हुई दुकानों और घरों के अतिरिक्त हाल में हुई वारदातों के सबूत बहुत नहीं रह पाए थे। लेकिन सोहरावर्दी की पक्षपात पूर्ण मनोवृत्ति इतनी स्पष्ट थी कि अधिकारियों ने भी उनके विरुद्ध आरोप लगाए। वाइसराय से "सोहरावर्दी का अपने मुस्लिम लीगी मित्रों के साथ नियंत्रण केन्द्र (कंट्रोल रूम) में पहले दिन की उपस्थिति और उनकी स्पष्ट साम्प्रदायिक पक्षपात" की शिकायत की गई। जनरल सर राय बूचर ने उनके पूर्णत: साम्प्रदायिक मनोवृत्ति पर, "जब वे उनके साथ १८ तारीख को शहर में निकले थे," आलोचना की थी। चीफ सेक्रेटरी और उनके

सहायक ने भी "सोहरावर्दी के साम्प्रदायिक रवैये को स्वीकार किया था।" साथ ही गवर्नर सर फ्रेडरिक बरोज़ ने भी, जो स्वयं बड़े ढीले रहे थे, वेवल से कहा कि "सोहरावर्दी ने हर व्यक्ति का विश्वास खो दिया है।"

सामान्यत: सोहरावर्दी को, "जिन्होंने हर व्यक्ति का विश्वास खो दिया था", बरखास्त कर देना चाहिए था। लेकिन गवर्नर ने, यह मानते हुए भी कि सोहरावर्दी मंत्रिमंडल "वस्तुत: यूरोपियन वोटों पर ही आश्रित था" वेवल से कहा कि "कोई दूसरा मंत्रिमंडल बनाया जाना संभव नहीं था और धारा-९३ के अन्तर्गत नया शासन भी नहीं हो सकता था।" अंत में गवर्नर ने सोहरावर्दी के स्थान पर एक अन्य लीगी, अज़ीजुल हक को रखने का सुझाव दिया लेकिन वेवल ने उसे यह कह कर अस्वीकार किया कि "अज़ीजुल हक की योग्यता पर मेरी बहुत अच्छी राय नहीं है यद्यपि सोहरावर्दी से उनका व्यक्तित्व अधिक उपयुक्त था।" वास्तव में वाइसराय जिन्ना को संतुष्ट रखने पर तुले हुए थे और वे ऐसा कोई कदम नहीं उठाना चाहते थे, जिससे जिन्ना की शत्रुता की भावना बढ़ जाए। जहाँ तक बंगाल विधान सभा के यूरोपियन सदस्यों का प्रश्न था, वे भी ब्रिटिश व्यापारी समाज के होने के कारण, परम्परा से सांप्रदायिक प्रवृत्ति के मुसलमानों के समर्थक थे, जैसा कि दूसरी गोलमेज कांफ्रेंस में, जिसमें गाँधीजी सम्मिलित हुए थे स्पष्ट हो गया था। बंगाल के अंग्रेजों की मनोवृत्ति के सम्बन्ध में गगनबिहारी मेहता ने पटेल को लिखा था कि- "स्थानीय अंग्रेजों की लीग के प्रति पक्षपात की भावना उनकी न्याय से संबंधित भावना से और एक पखवारा पहले हुई घटनाओं के प्रति घृणा की भावना से अधिक प्रबल है। इसलिए जब तक केन्द्र अर्थात वाइसराय द्वारा दबाव नहीं डाला जाता, न तो गवर्नर और न स्थानीय अंग्रेज कुछ करेंगे। यदि वर्तमान मंत्रिमंडल को रहने दिया जाता है, तो बड़ी शर्मनाक बात होगी। आज भी उसका सत्ता में रहना बड़ी ही लज्जास्पद स्थिति है। बंगाल में पड़े अकाल के समय में भी, जब अयोग्यता, भ्रष्टाचार और अपराधी स्तर की असमर्थता मंत्रिमंडल द्वारा स्पष्ट थी, तो भी उसे सत्ता में रहने दिया गया था। वह इसलिए किया गया था क्योंकि काँग्रेस के विरुद्ध लीग का सहयोग ब्रिटिश सरकार चाहती थी। अब ऐसे रुख का रहा आना न्यायसंगत नहीं हो सकता था।"

स्पष्ट है कि मेहता यह नहीं समझ पा रहे थे कि अंग्रेज नौकरशाही और वाइसराय को अभी भी लीग के समर्थन की आवश्यकता थी।

अन्तरिम सरकार (१९४६)

जब कलकत्ता नगर सर्वनाश के दौर से गुज़र रहा था, वाइसराय की इच्छानुसार नेहरु अंतरिम सरकार बनाने के लिए जिन्ना को मनाने का प्रयत्न कर रहे थे। जिन्ना ने बाहर रहे आने का निश्चय कर रखा था और अपनी अस्वीकृति को न्यायसंगत प्रमाणित करने का ढंग जानते थे। वे काँग्रेस की सूची में किसी मुसलमान के न रखे जाने पर आग्रह करने लगे और जब नेहरु ने इस पर बल दिया कि वे कम-से-कम एक काँग्रेसी मुस्लिम को सम्मिलित करेंगे, तो वार्ता टूट गई। वेवल को वार्ता टूट जाने का समाचार १६ अगस्त, सीधी कार्यवाही दिवस को मिला और उन्होंने अपनी पत्रिका में लिखा: "उदासी लाने वाला दिन है, अंतरिम सरकार के मामले में जिन्ना और नेहरु सहमत नहीं हुए। नेहरु ने एक प्रेसवार्ता

आयोजित की और हमेशा की तरह कुछ नासमझी की बातें कीं और कलकत्ता में कुछ हिंसक दंगे हो गए हैं।"

प्रेस वार्ता में की गई नेहरु की चर्चा में कुछ भी आपत्तिजनक नहीं था। लेकिन अब तो काँग्रेसजनों की हर बात वेवल को नागवार हो गयी थी। लन्दन सरकार के लगातार दबाव के बिना वे मुस्लिम लीग को छोड़ नेहरु द्वारा अंतरिम सरकार बनायी जाने के लिए तैयार न होते। लेकिन उन्हें कड़वा घूँट पीने पर मजबूर होना पड़ा और नेहरु द्वारा प्रस्तावित अंतरिम सरकार के ११ सदस्यों की सूची को २४ अगस्त को प्रसारित करना पड़ा। नेहरु के अतिरिक्त ११ अन्य सदस्यों में वल्लभभाई पटेल, राजेन्द्र प्रसाद, राजगोपालाचारी, शरतचन्द्र बोस, जगजीवनराम, सरदार बलदेव सिंह, आसफ अली, सैयद अली, जहीर, जॉन मथाई, शफात अहमद खाँ और सी.एच. भाभा थे। २ सितम्बर को अंतरिम सरकार औपचारिक रूप से सत्ता ग्रहण करने वाली थी। इलाहाबाद विश्वविद्यालय में इतिहास के मेरे पूर्व प्राध्यापक सर शफात अहमद खाँ के अंतरिम सरकार में लिए जाने का मुझे व्यक्तिगत संतोष था। वल्लभभाई की एक वर्धा की यात्रा के समय मैंने उनसे सर शफात को अंतरिम सरकार में सम्मिलित करने के लिए कहा था। २१ अगस्त को सरदार पटेल का मुझे एक पत्र मिला था, जिसमें उन्होंने लिखा था कि: अपने एक समय रहे प्राध्यापक के विषय में "जो सुझाव आपने वर्धा में दिया था..... उसे मान लिया गया है और चूँकि आप उन्हें अधिक निकट से जानते हैं, इसलिए हम लोग आप पर इस बात के लिए भरोसा करेंगे कि आप देखें कि अपात्र पर विश्वास नहीं किया गया है।" लेकिन बेचारे प्रोफेसर महोदय को अपने असाम्प्रदायिक मनोवृत्ति की बहुत अधिक कीमत चुकानी पड़ी। उनके नाम की घोषणा के तत्काल पश्चात् उन पर शिमला में कायरतापूर्ण आक्रमण किया गया। इस सम्बन्ध में जो पहली रिपोर्ट वेवल को मिली वह थी कि हमले का शिकार व्यक्ति की मृत्यु हो गई और उन्होंने कहा कि अंतरिम सरकार की "शुरुआत अशुभ हुई।" लेकिन प्रोफेसर साहब गंभीर चोटों से उबर कर ठीक हो गए और उन्हें अन्य सदस्यों के साथ ही शपथ दिलायी गई।

सत्ता ग्रहण और घोषणा के बीच के ९ दिन के अन्तराल को वेवल ने काँग्रेस से संविधान सभा में वर्गीकरण के विषय में उसके इरादे जानने की एक और कोशिश में लगाए, ताकि लीग को अंतरिम सरकार में सम्मिलित किया जा सके। स्पष्ट शब्दों में, वे चाहते थे कि काँग्रेस कैबिनेट मिशन के बयान के अनुच्छेद १५ और १९ के अपनी व्याख्या को त्याग दे और आसाम तथा उत्तर पश्चिम प्रांत को क्रमश: "बी" और "सी" वर्गों के प्रांतों में सम्मिलित होने के लिए मजबूर करे। इस लक्ष्य को सामने रख कर उन्होंने गाँधीजी और नेहरु को आपसी चर्चा के लिए आमंत्रित किया। उनकी बहु प्रशंसित पत्रिका राजनीतिज्ञों के, चाहे वे अंग्रेज या भारतीय हों, चर्चा करने के चतुर तरीकों की बुराई से भरी पड़ी है। इस बार जब उन्होंने गाँधीजी और नेहरु को बुलाया तो उनके पास विनयशील पेथिक लारेन्स या नीतिनिपुण क्रिप्स नहीं थे जो उनको अपने निजी ढंग पर चलने से रोकते। उन्होंने अपनी सिपाही जबान की लगाम बिल्कुल ढीली कर दी और अपने लक्ष्य को पूरा करने में असफल ही नहीं हुए बल्कि वार्तालाप में बड़ी गरमाहट ले आए। यह धमकी देने के बाद कि यदि प्रांतों के वर्गीकरण के सम्बन्ध में उनकी मनोवृत्ति नहीं बदली तो वे संविधान सभा ही नहीं बुलाएंगे, उन्होंने उन्हें अपना एक सूत्र पकड़ा दिया जिसमें लिखा था: "काँग्रेस, साम्प्रदायिक सद्भाव के हित में १६ मई के बयान के इस इरादे को स्वीकार करने को तैयार है कि कोई भी प्रांत अथवा वर्ग यदि बनाए जाते हैं, तो उनसे सम्बन्धित

ात अपनी सदस्यता के मामले में अपनी मर्जी से काम नहीं करेगा जब तक नयी संवैधानिक व्यवस्था के तहत बनी नयी विधान सभा १६ मई के बयान के अनुच्छेद १९ (८) में इच्छित आशय पर निर्णय नहीं लेती और नए आम चुनाव नहीं करा दिए जाते।"[२६]

उत्तर में महात्मा गाँधी ने उन्हें लिखा: "यह पत्र मैं बड़े गंभीर विचार के पश्चात् एक मित्र के नाते लिख रहा हूँ।

"कल संध्या को कई बार आपने दोहराया कि आप एक स्पष्ट व्यक्ति और सैनिक हैं और कानून नहीं जानते। हम सभी स्पष्ट लोग हैं, यद्यपि सभी सैनिक न हों और हममें से कुछ लोग कानून जानते हों। मैं मानता हूँ कि हमारा उद्देश्य वे तरीके निकालना है जो कलकत्ता में हाल में हुई भयानक घटनाओं को दुबारा होना रोक सकें। हमारे समक्ष प्रश्न यह है कि ऐसा हम सबसे अच्छे ढंग से कैसे कर सकते हैं।

"कल संध्या आपकी भाषा में धमकी थी। सम्राट के प्रतिनिधि के नाते आप केवल एक सैनिक ही नहीं रह सकते और न आप कानून को, खास तौर से आपके द्वारा बनाये गये कानून को, नज़र-अंदाज ही कर सकते हैं। यदि आवश्यक हो, तो आपको ऐसे व्यक्ति की सहायता लेनी चाहिए जो कानून जानता हो और जिस पर आप पूरा भरोसा कर सकते हैं। आपने यह धमकी दी थी कि आप संविधान सभा नहीं बुलाएंगे, यदि जिस फार्मुले को आपने पंडित नेहरु और मेरे सामने रखा था, उस पर काँग्रेस नहीं अमल करती। यदि वास्तविकता यही है, तो जो घोषणा आपने १२ अगस्त को की उसे आप न करते। लेकिन इस घोषणा के पश्चात् अब आपको उसे वापस ले लेना चाहिए और ऐसा मंत्रिमंडल आप बनाएँ जिस पर आपको पूरा भरोसा हो। यदि इस देश में शांति और व्यवस्था के लिए अंग्रेजी सेना आवश्यक है, तो अंतरिम सरकार मात्र एक ढोंग की स्थिति में आ जावेगी। अंग्रेजी सैनिक शक्ति के बल पर काँग्रेस अपनी इच्छा देश में आपस में लड़ने वाले तत्वों पर नहीं लाद सकती। बंगाल में अभी जो क्रूर प्रदर्शन देखा गया उसके परिणामस्वरूप काँग्रेस से झुक जाने की और कोई दोषपूर्ण मार्ग अपनाने की आशा नहीं करनी चाहिए। इस प्रकार झुक जाना वैसी दुर्घटनाओं को प्रोत्साहित करने और दुबारा होने को प्रोत्साहित करेगा। बदला लेने की भावना प्रत्येक पक्ष में और भी गहरी हो जावेगी और मौका मिलने पर और भी भयानक और शर्मनाक तरीके से वह खुलकर खेलेगी। यह सब भारत में बड़ी शक्ति वाली और उस शक्ति पर घमंड करने वाली विदेशी सरकार की लगातार उपस्थिति के कारण ही मुख्य रूप से होगा।

"यह सब मैं न तो हिन्दू और न मुसलमान की तरह कह रहा हूँ। यह केवल एक भारतीय के रूप में मैं लिख रहा हूँ। जहाँ तक मुझे ज्ञात है, काँग्रेस का दावा है कि आप अथवा कोई दूसरा अंग्रेज़ हिन्दू और मुसलमान दिमाग को जितना समझ सकता है, उससे वह ज्यादा समझती है। इसलिए यदि आप काँग्रेस सरकार पर, जिसकी घोषणा आपने की है, पूरा विश्वास नहीं कर सकते, तो जैसा मैंने सुझाव दिया है, आपको अपने निर्णय पर फिर से गौर करना चाहिए।

"मेरे इस पूरे पत्र को ब्रिटिश मंत्रिमंडल को भेजने की कृपा करें।"[२७]

नेहरु ने भी वेवल को यह सूचित करते हुए लिखा कि काँग्रेस कार्यकारिणी ने उनका सूत्र

अस्वीकार कर दिया है और उसकी मान्यता है कि प्रान्तीय स्वायत्त शासन आधारभूत प्रावधान है और प्रत्येक प्रांत को किसी वर्ग को बनाने और उसमें सम्मिलित होने या न होने का अधिकार है।"[२८]

इसका कहीं उल्लेख नहीं है कि वेवल को लिखे गाँधीजी के पत्र की एटली या कैबिनेट के उनके सहयोगियों पर कैसी प्रतिक्रिया हुई। एटली ने अपनी भौहें उठायी होगी और क्रिप्स को गाँधीजी और नेहरु जैसे विश्वविख्यात व्यक्तियों के साथ वेवल के सिपाहियाना ढंग के व्यवहार के परिणाम पर बड़ा मज़ा आया होगा। तो भी, वेवल से ही हमें जानकारी मिलती है कि उन्हें सेक्रेटरी ऑफ स्टेट पेथिक लारेन्स से एक तार मिला, जिसे वे "डर से भरा हुआ" कहते हैं, जिसमें उनसे "ऐसा कुछ करने या कहने से मना किया गया था जिससे काँग्रेस से सम्पर्क टूट जाए।" किसी को भी वेवल के प्रति सहानुभूति व्यक्त करने की इच्छा हो सकती है, क्योंकि इस सलाह का अर्थ था कि वेवल को वेवल न होने को कहा गया था!

काँग्रेस को धमका सकने के अपने प्रयत्न में असफल होने के बाद, वेवल को नेहरु और उनके मनोनीत सदस्यों को सरकार की बागडोर सम्हाल लेने की अनुमति देने पर मजबूर होना पड़ा। वे लोग २ सितम्बर को अपने पद पर आसीन हो गए। नेहरु मंत्रिमण्डल के उप-सभापति भी माने गए। अपनी अनौपचारिक प्रेस वार्ता में नेहरु ने "अपने देश के प्रत्येक भारतीय से सहयोग की अपील की" क्योंकि, जैसा उन्होंने कहा, "हम सभी यहीं रहने वाले हैं और हो सकता है कि हम एक दूसरे से नाराज़ हो जाएँ, तो भी यह बिल्कुल स्पष्ट है, हमें साथ में रहना और मिलकर काम करना है।" लेकिन जिन्ना ने, जिन्होंने एक साथ न रहने का निश्चय कर लिया था, नेहरु की अपील को अस्वीकार कर दिया और एक अमरीकी पत्रकार से उन्होंने कहा कि उन्हें अंतरिम सरकार और संविधान सभा में लीग के सम्मिलित होने की कोई आशा दिखाई नहीं देती क्योंकि ऐसा करना हमारे लिए हथियार डाल देना और अपमानित होना ही होगा।" कलकत्ता में हुए दंगों के विषय में उन्होंने लीगियों को दोषमुक्त ठहराया और हिन्दुओं को गुनाहगार।" वह "मुस्लिम लीग और मुस्लिम लीगी मंत्रिमंडल को बदनाम करने की, हिन्दुओं की जो वाइसराय के द्वारा मुस्लिम लीग के बिना अंतरिम सरकार बनाने के ढंग और समय पर किए गए कार्य से प्रोत्साहित हो गए थे, पहले से बनायी गयी साज़िश थी।" यदि लीग नेता की इच्छा सत्य कहने की होती तो अपनी बात को जरा बदलकर वे यों कह सकते थे कि वाइसराय की कार्रवाई ने मुसलमानों को असन्तुष्ट कर दिया था और उन्होंने काँग्रेस और प्रस्तावित अंतरिम सरकार को बदनाम करने के उद्‌देश्य से दंगे प्रारंभ कर दिए थे। भविष्य के सम्बन्ध में वे यह धमकी देने से नहीं चूके कि "काँग्रेस यदि मुसलमानों का दमन करती है अथवा उन पर जुल्म करती है तो दंगों पर काबू पाना बहुत कठिन होगा।"

कलकत्ता के नरसंहार की प्रतिक्रिया पश्चिम भारत में हुई और बम्बई में दंगे हो गए। इस बीच मुस्लिम लीगियों ने परिस्थिति का पुनरावलोकन करना प्रारंभ कर दिया। कलकत्ता से उन्हें यह ज्ञात हुआ कि हिन्दू बदला ले सकते थे। बम्बई के दंगों ने भी उन्हें दिखा दिया कि भारत के दूसरे भागों में भी प्रतिक्रियाएँ उनके लिए लाभदायक नहीं होंगी। इस सबका यह परिणाम तो नहीं हुआ कि वे गृह-युद्ध करने का विचार छोड़ देते, क्योंकि उन्हें विश्वास हो गया था कि अराजकता ही काँग्रेस और अंग्रेज़ सरकार को देश का बंटवारा करने पर मजबूर कर देगी। गृह-युद्ध करने के विषय में उन्हें ज्ञात हुआ कि ऐसा करने से उन्हें कोई लाभ अब केवल इसलिए नहीं होगा कि उनकी संख्या कम थी बल्कि वह

इसलिए भी व्यर्थ प्रमाणित होगा क्योंकि काँग्रेस का अब केन्द्रीय शासन पर अधिकार था। वे संख्या के अंतर को तो नहीं दूर कर सकते थे, लेकिन अब उनको प्रतीत हुआ कि अंतरिम सरकार का बहिष्कार करने में उनसे भूल हो गई। उस काँग्रेस से विपरीत, जो हमेशा सत्ता से अलग अकेले रहे आने की आदी थी, मुस्लिम लीग तो सरकार के समर्थन से ही फली-फूली थी। इसलिए अब उसने काँग्रेस को मिली सुविधाओं को नाकाम करने के उद्देश्य से अंतरिम सरकार में सम्मिलित होने और सरकारी गढ़ के भीतर ही गृह-युद्ध चलाने का निश्चय किया। वी.पी. मेनन लिखते हैं: "इन्हीं दिनों सोहरावर्दी ने दिल्ली में कहा कि जिन्ना यदि यह अनुभव करते हैं कि काँग्रेस में सहयोग की भावना है, तो उन्हें अपनी मांगों से कम भी स्वीकार कर लेना चाहिए। वाइसराय को लगा कि अब समझौते के लिए जिन्ना को बुलाने का समय आ गया था। सेक्रेटरी ऑफ स्टेट भी इस पर सहमत हो गए। नेहरु से जब पूछा गया तो उन्होंने कहा कि यदि वाइसराय जिन्ना को बुलाते हैं तो वे आपत्ति नहीं कर सकते।"[२९]

वाइसराय जिन्ना से १६ सितम्बर को मिले और उन्होंने कई वार्ताएँ कीं जो १२ अक्टूबर तक चलीं। लीगी नेता ने कई मांगें रखीं लेकिन काँग्रेस के विरोध के कारण उन्हें कुछ नहीं मिल सका। नेहरु को जिन्ना के उद्देश्यों पर शंका थी और उन्होंने वाइसराय से कई बार प्रश्न किया कि क्या जिन्ना उनके साथ टीम की भावना से काम करेंगे। वेवल ने भी बार-बार विश्वास दिलाया कि वैसा ही होगा। एक बड़ी समस्या का भी समाधान होना था, कि चूँकि २५ जुलाई को मुस्लिम लीग ने कैबिनेट मिशन की योजना नामंजूर कर दी थी अत: क्या अब अपना फैसला बदल कर वह संविधान सभा में सम्मिलित हो जावेगी। वेवल की पत्रिका में १३ अक्टूबर को यह लिखा गया है: "तब मैंने कहा कि मैं आशा करता हूँ कि लीग यह समझती है कि अंतरिम सरकार में उसका सम्मिलित होना इस पर निर्भर था कि उसके बम्बई के प्रस्ताव पर पुनर्विचार हो और कैबिनेट मिशन के १६ मई के बयान पर उसकी सहमति हो। जिन्ना ने कहा कि वे इस बात को समझते थे, लेकिन काँग्रेस से कुछ गारंटी मिलना आवश्यक होगा और मुस्लिम लीग कौंसिल की बैठक बुलानी होगी। मैंने कहा यह यथासंभव शीघ्र करना चाहिए।"[३०]

जैसा बाद में हुआ, जिन्ना अंतरिम सरकार में मुस्लिम लीग के नामजद सदस्यों को पहुँचाने में सफल हो गए, लेकिन वह संविधान सभा में कभी सम्मिलित नहीं हुई। मुस्लिम लीग का शीघ्र ही सहयोग प्राप्त करने की वेवल की प्रबल इच्छा ने उनको ऐसा अभिभूत कर दिया था कि वे उनसे चली गई चालों को नहीं समझ सके। लेकिन यह काँग्रेस का कार्य था कि वह अंतरिम सरकार में लीग के सम्मिलित किए जाने से पहले लीग के बम्बई प्रस्ताव को बदल दिए जाने पर दृढ़ रहती। वेवल के अनुसार "वल्लभभाई पटेल ने....संयुक्त सरकार बनने के विषय में अपनी स्वीकृति व्यक्त करने में बड़ा उत्साह दिखाया।" लेकिन वेवल पटेल के प्रति इतने शंकित थे कि उन्हें आश्चर्य हुआ कि "बूढ़ा दुष्ट इस विषय में कितना ईमानदार था, मैं सोचता हूँ बहुत दूर तक नहीं।"

सुधीर घोष[३१] के अनुसार नेहरु वेवल के द्वारा बारंबार एक ही बात पर परेशान किये जाने के कारण बहुत क्रोधित हो गए और उन्होंने वेवल को, जैसा वे उचित समझें, जिन्ना से व्यवहार करने की छूट दे दी। एच.व्ही. हडसन मानते हैं कि नेहरु का उत्तेजित हो जाना उनके चरित्र के अनुरूप था", लेकिन "सरदार पटेल जैसे कठोर मानसिकता वाले साथी इस क्षणिक क्रोध पर भारी पड़ सकते थे। हडसन की राय में "काँग्रेस नेताओं को तीन उद्देश्यों ने प्रभावित किया होगा। वे सम्पूर्ण भारत में, और

विशेषत: बंगाल और पंजाब में, जहाँ मुसलमान बहुसंख्यक थे, शासन व्यवस्था में गिरावट तथा हिंसा के विस्तार का अनुमान लगा सकते थे। ऐसी स्थिति में एक पक्ष या एक सम्प्रदाय की सरकार के सामने इतनी बड़ी जिम्मेदारी से वे घबरा रहे होंगे। उन्हें यह भरोसा नहीं था कि उनके इस्तीफे वाइसराय मंजूर नहीं करेंगे। अंग्रेज़ सरकार, जो काँग्रेस की ओर झुकी हुई थी, वाइसराय को केन्द्रीय शासन में काँग्रेस के स्थान पर मुस्लिम लीग को स्थापित कर देने से संभवत: रोक देती, लेकिन जैसा सिंहावलोकन से जान पड़ता है और संभवत: उन्हें, ऐसा लगा हो कि वाइसराय का यह निर्णय संभव था कि लोकप्रिय सरकार बनाने का कार्यक्रम तब तक के लिए स्थगित कर दिया जाए जब तक दोनों पक्ष साथ नहीं हो जाते। ऐसी स्थिति में काँग्रेस आधे ही नहीं बल्कि पूरे लाभ और सुविधा से वंचित हो जाती, जो उनसे भारत सरकार बनाने से प्राप्त हुई थीं। अंतत: वाइसराय द्वारा संभवत: लम्बी अवधि के कार्यक्रम के संबंध में जिन्ना की मौखिक वचनबद्धता पर, जो वास्तव में अधिक विश्वास के योग्य नहीं थी, विश्वास करने के लिए काँग्रेस को मना लिया गया होता।[३२]

१३ अक्टूबर को जिन्ना ने लीग के अंतरिम सरकार में सम्मिलित होने की इच्छा की सूचना दी: "मुस्लिम लीग की कार्यकारिणी ने सम्पूर्ण विषय पर विस्तृत विचार किया है और अब मैं यह कहने के लिए अधिकृत किया गया हूँ कि अंग्रेज सरकार द्वारा प्रदत्त अधिकार के अन्तर्गत अंतरिम सरकार बनाने के लिए जो आधार और योजना आपने निर्धारित की है उसका वे अनुमोदन नहीं करते।

"इसलिए कमेटी जो निर्णय आपने किया है और जो व्यवस्था आपने की है उसे न तो मानती है और न मान सकती है।

"हम मानते हैं कि इस निर्णय का लागू किया जाना ८ अगस्त, १९४० की घोषणा के विपरीत है, लेकिन चूँकि आपने निर्णय के अनुसार मुस्लिम लीग की ओर से कैबिनेट में ५ सदस्य मनोनीत करने का हमें अधिकार है, मेरी कमेटी कई कारणों से इस निष्कर्ष पर पहुँची है कि मुसलमानों और अन्य सम्प्रदायों के हितों में केन्द्रीय सरकार के शासन का पूरा क्षेत्र काँग्रेस के हाथों में छोड़ देना घातक होगा। साथ ही आप संभवत: अपनी अंतरिम सरकार में कुछ ऐसे मुसलमानों को सम्मिलित करने के लिए बाध्य किए जाएँ, जिनके प्रति मुस्लिम भारत को आदर और विश्वास नहीं है, और जिसके परिणाम गंभीर हो सकते हैं; और अंत में कई बहुत बोझिल आधारों और कारंणों से, जो स्पष्ट हैं, और जिनके उल्लेख की आवश्यकता नहीं है, हमने आपकी २४ अगस्त १९४६ की घोषणा और मुझे लिखे गए ४ अक्टूबर और १२ अक्टूबर, १९४६ के पत्रों में दिए गए स्पष्टीकरण और आश्वासनों को दृष्टि में रखकर मुस्लिम लीग की ओर से ५ व्यक्तियों को मनोनीत करने का निर्णय लिया है।[३३]

यह स्मरण रहना चाहिए कि नेहरु के द्वारा अंतरिम सरकार बनाई जाने के तत्काल पश्चात् जिन्ना ने एक अमरीकी पत्रकार से कहा था कि "यदि मुस्लिम लीग अंतरिम सरकार में सम्मिलित होती है तो वह हमारे लिए अपमान और पूर्ण समर्पण के अतिरिक्त कुछ नहीं होगा।" अब वे उस अपमान को जेब में डाल लेने और पूर्ण आत्म समर्पण के लिए तैयार थे क्योंकि जैसा मुस्लिम लीग के स्वीकृति प्रस्ताव में कहा गया था, "मुसलमानों और अन्य सम्प्रदायों के हित में केन्द्रीय सरकार के शासन क्षेत्र को काँग्रेस के हाथों में रहने देना बड़ा घातक होगा।" लीग के प्रस्ताव पर अपना मत व्यक्त करते हुए एच.व्ही. हडसन लिखते हैं: "यह निराशाजनक प्रस्ताव कम-से-कम ईमानदारी से यह स्पष्ट करने का गुण रखता

था कि मुस्लिम लीग अंतरिम सरकार में क्यों सम्मिलित होना चाहती थी। उसका उद्देश्य यदि "अन्य बोझिल आधारों और कारणों से जो स्पष्ट हैं" के अन्तर्गत नहीं आते हैं, भारत में न तो साम्प्रदायिक युद्ध को बचाना था न संविधान सभा के आपसी समझौते के लिए मार्ग ठीक करना था और न देश में स्वच्छ प्रशासन स्थापित करने के कर्त्तव्य में हाथ बटाना था, बल्कि काँग्रेस के हाथों में केंद्रीय कार्यकारी सत्ता के रहे आने को रोकना था; गैर मुस्लिम लीगी मुसलमानों को राष्ट्रीय नेता दिखने या शक्तिशाली मंत्री नहीं बनने देना था। एक बार जिन्ना ने फिर दिखला दिया कि उनकी सदा से अपनायी गयी चाल के दो पहलू थे- ऊपर, जब सौदे की बात हो रही हो तो और जब विपक्ष के द्वारा किसी अन्य कारण से नहीं, केवल निराश होकर रियायतें मिलने या गलती कर बैठने की उम्मीद हो तो कोई समझौता न करना या वचन न देना था। दूसरी ओर सौदे की बात-चीत में यदि कुछ न मिल रहा हो और बदले में विपक्ष को लम्बे समय तक लाभप्रद स्थान में रहने दिया जा रहा हो, तो अपने दावे में ज़रा भी कमी किए बगैर पूरी रोटी से कम भी मंजूर कर लेना था।"[३४]

शरतचन्द्र बोस, शफात अहमद खाँ और अली ज़हीर ने त्यागपत्र दिए और लियाकत अली खाँ अब्दुररब निस्तर, गजनफर अली खां, आई.आई. चुंन्द्रिगर, और जोगेन्द्र नाथ मण्डल ने १५ अक्टूबर को शपथ ली। मण्डल अनुसूचित जाति के थे और जिन्ना ने एक राष्ट्रवादी मुस्लिम आसफ अली को कैबिनेट में लिए जाने पर काँग्रेस से बदला लेने के लिए उन्हें मनोनीत किया था। नेहरु ने वाइसराय से कहा था कि लीग के द्वारा मण्डल को मनोनीत किया जाना व्यक्त करता था कि लीग का इरादा सरकार में परस्पर सहयोग के बजाय झगड़ा करने का था। लेकिन गाँधीजी की आलोचना अधिक स्पष्ट थी। १५ अक्टूबर की अपनी प्रार्थना सभा में उन्होंने अपनी आशा और आशंका व्यक्त की। तेंदुलकर लिखते हैं- "गाँधीजी ने १६ अक्टूबर को कहा कि यह माना जा सकता है कि मेरे जैसे व्यक्ति को प्रसन्न होना चाहिए कि एक और स्थान हरिजन को दिया गया है। लेकिन तब यह अपने को और कायदे-आज़म को धोखा देना होगा यदि कोई ऐसा कहता है। जिन्ना ने कहा था कि हिन्दू और मुसलमान दो अलग-अलग राष्ट्र हैं। लीग शुद्ध साम्प्रदायिक संगठन है। तब फिर वे एक हरिजन को उनका प्रतिनिधित्व करने के लिए कैसे मनोनीत कर सके? उन्हें भय था कि अंतरिम सरकार में सम्मिलित होने का उनका पूरा तरीका सीधा नहीं था। लीग के द्वारा अपने कोटे में एक हरिजन को सम्मिलित करने के पीछे कोई उदारता उन्हें नहीं दिखाई दी, जबकि वे जानते थे कि पूर्वी बंगाल में क्या हो रहा था। इसलिए वे यह सोचने पर मजबूर थे कि क्या मुस्लिम लीग कैबिनेट में भी झगड़ा करने की नीयत से आयी है, तो भी उन्होंने आशा की कि उनकी आशंकाएं असत्य प्रमाणित होंगी और वे एक भाई की तरह पूरे भारत की सेवा करेंगे। उन्होंने यह भी आशा की कि हरिजन सदस्य भी भारत का योग्य पुत्र और सेवक प्रमाणित होगा।[३५]

और वेवल की व्यक्तिगत प्रतिक्रिया क्या थी? यद्यपि उन्होंने नेहरु को आश्वस्त किया था कि लीग के प्रतिनिधि उनके साथ सहयोग करेंगे. उन्होंने अपनी पत्रिका में अपना वास्तविक विचार प्रकट किया: "यद्यपि एक संयुक्त सरकार की घोषणा करने में मैं सफल हो गया हूँ, मैं उससे किंचित भी उत्साहित नहीं हूँ बल्कि आगे आने वाली कठिनाइयों से निराश सा हूँ।" और साथ में यह भी लिखा कि "मुझे शक है कि मैं उन्हें मिलकर काम करने के लिए सहमत कर सकता हूँ।" उन्होंने नेहरु की कठिनाइयों में

वृद्धि की जबकि उन्होंने इस पर आग्रह किया कि विदेशी मामले, रक्षा, गृह विभाग और अर्थ विभाग इन चार महत्वपूर्ण विभागों में से एक मुस्लिम लीगियों को अवश्य दिया जाना चाहिए। अंततः अर्थ व्यवस्था लियाकत अली खाँ को सौंपी गयी और वे काँग्रेस की कोई भी योजना को, जिसे वे चाहते थे, नाकाम करने में समर्थ हो गए। लीग अंतरिम सरकार में उसे भी हर तरह से तोड़ने के लिए सम्मिलित हुई थी और वह इस कार्य में अपनी आशा से कहीं अधिक सफल हुई। वेवल के स्वयं के कुछ भी इरादे रहे हों, लेकिन अंग्रेज़ और मुसलमान नौकरशाही लीगी मंत्रियों को पूरा समर्थन दे रही थी और काँग्रेसी मंत्रियों ने, यद्यपि कैबिनेट में वे अधिक स्थानों पर थे, प्रत्येक कदम पर अपने को बेबस पाया।

जिस दिन लीगियों ने अंतरिम सरकार में प्रवेश किया उसी दिन वेवल के कथनानुसार "पूर्व बंगाल में मुसलमान आतंकवादियों के द्वारा अलग पड़े हुए हिन्दुओं के मारे जाने" का समाचार आया। वास्तव में ९ सितम्बर से ही नोआखाली और तिप्परा जिलों में झगड़े की आग सुलग रही थी। मुसलमानों ने उस क्षेत्र में हत्या और धर्मपरिवर्तन कर हिन्दुओं को वहाँ से खत्म करने की पूरी तैयारी कर ली थी। उन्होंने अपनी कार्यवाही प्रारंभ करने का समय लीगियों के द्वारा अंतरिम सरकार में सम्मिलित होने के समय के साथ रखा। जिस पूर्णता के साथ उन्होंने तैयारी की थी इसका अनुमान इसी से लग जाता है कि ५०० वर्ग किलोमीटर का क्षेत्र गुन्डों के द्वारा इस प्रकार घेर लिया गया था कि उसके अन्दर घिरे असहाय अल्पसंख्यक हिन्दुओं को बचाने के अपने कर्त्तव्य के प्रति ब्रिटिश अधिकारी, जब बड़ी देर के बाद सजग हुए तो उन्हें प्रभावित क्षेत्र में प्रवेश पाना बड़ा कठिन दिखाई पड़ा। हिन्दू उन गुन्डों से बाहर जाने अथवा भीतर आने का पास प्राप्त किये बिना नहीं आ जा सकते थे। वे गुन्डे हथियारों से लैस सभी मार्गों पर पहरा दे रहे थे। सोहरावर्दी को भी मानना पड़ा कि "प्रभावित क्षेत्र में सेनाओं का चलना फिरना भी बहुत कठिन था क्योंकि नहरें बांध दी गई थी, पुल तोड़ दिए गए थे और सड़कों को अवरुद्ध कर दिया गया था।"

आतंक क्षेत्र क्रमशः बढ़ता गया और अब उसका विस्तार १२०० वर्ग किलोमीटर पर हो गया था। इस विस्तृत क्षेत्र में नरसंहार, लूट, बलात्कार और जबरन धर्म परिवर्तन हफ्तों जारी रहा। पुरुषों का वह समुदाय ही जो धर्म बदलने पर सहमत हुआ, छोड़ा गया। कई महिलाओं ने विष खा कर अथवा आग में अपने को झोंक कर अपनी इज्जत बचायी। स्त्रियों की दुर्गति के सम्बन्ध में कुमारी म्यूरिल लेस्टर ने, जो एक उद्धार शिविर में गयी थीं, लिखा- "कई महिलाओं को अपने पतियों को अपनी आंखों के सामने मारे जाते देखना पड़ा और बाद में उनके हत्यारों से ही धर्म परिवर्तन कर विवाह करना पड़ा। उनकी दृष्टि मृत व्यक्ति की दृष्टि थी, उसमें निराशा जैसी सक्रियता भी नहीं थी। मात्र अंधकार था। गाय का गोश्त खाना और इस्लाम को स्वीकार करने का ही हज़ारों व्यक्तियों को जान बचाने के लिए मूल्य देना पड़ा . . .। संभवतः यही बात निश्चित रूप से कही जा सकती थी कि यह आगजनी और हिंसा का नंगा नाच देहातियों की आकस्मिक उत्तेजना का परिणाम नहीं था। बंगाल में गुन्डे बड़ी संख्या में हों, तो भी वे अपने आप ऐसे अभियान की व्यवस्था नहीं कर सकते थे। घरों को पेट्रोल डालकर जलाया गया था। यह राशन से मिलने वाला ईंधन किसने दिया? छिड़काव करने वाले पंप इस क्षेत्र में कौन लाया? हथियार किसने दिए? गुन्डे यह मानते हुए दिखाई पड़ते हैं कि बंगाल के इस सुहावने क्षेत्र के वे

ही मालिक हैं। उनमें भी भय के कोई चिन्ह नहीं हैं जो इस सर्वनाश, अत्याचार और आक्रमण को खड़े-खड़े देखते रहे। उन्हें भविष्य में दंडित किए जाने की भी कोई चिन्ता नहीं है।"

और वेवल के "ठोस और कभी भी न घबराने वाले गवर्नर बरोज़ कहाँ थे? स्टेट्समैन ने लिखा-"आश्चर्य की बात है कि प्रांत के एक भाग में शासन समाप्त हो जाने के साक्ष्य के होते हुए और हफ्तों इस प्रकार की भयानक स्थिति के बावजूद उन घटनाओं के क्षेत्र में न तो गवर्नर का ही और न प्रधानमंत्री का आगमन हुआ। एक दार्जलिंग में रहा आता है और दूसरा उससे मिलने वहाँ जाता है।" काँग्रेस के भविष्य में होने वाले मेरठ अधिवेशन के अध्यक्ष जे.बी. कृपलानी पूर्व बंगाल गए और गवर्नर बरोज़ से मिले। वे लिखते हैं कि "जब हम गवर्नर से मिले तो वे बिल्कुल लापरवाह और निश्चिन्त जान पड़े। प्रधानमंत्री भी वहीं थे। गवर्नर ने बताया कि प्रधानमंत्री ने कहा कि हर बात नियंत्रण में थी और शांति और व्यवस्था फिर ले आयी गई है। जब हिन्दू स्त्रियों के अपहरण की चर्चा हुई तो उनका केवल यह उत्तर था कि यह होने ही वाला था क्योंकि मुसलमान स्त्रियों के मुकाबले में हिन्दू स्त्रियाँ अधिक सुन्दर थीं। मुझे उन्हें मारने की इच्छा हुई लेकिन किसी तरह से मैंने अपने को रोका। यह जवाब मजदूर सरकार के एक प्रतिनिधि, एफ. बरोज़ का था, जो स्वयं पहले रेल कर्मचारी थे। उन्होंने भी भारत में शासक के रूप से आने पर अपनी चमड़ी बदल दी थी।"[३६]

जब कैबिनेट मिशन भारत में था स्टैफर्ड क्रिप्स ने बंगाल में संभावित उत्पात के सम्बन्ध में पटेल की चिन्ता को दूर करने के लिए उनसे कहा था कि "आप बंगाल के सम्बन्ध में चिन्तित न हों क्योंकि वहाँ एक गवर्नर है जो किसी बड़े उत्पात की स्थिति में धारा ९३ तुरन्त लागू कर देगा।" अब पटेल ने क्रिप्स से जब बरोज़ की शिकायत की, तो क्रिप्स ने प्रान्तीय स्वायत्ता की आड़ लेते हुए उत्तर दिया: "मैं जानता हूँ कि आपके लिए विशेषत: यह सब बड़ा उत्तेजक होगा, लेकिन केन्द्र शासन के समक्ष कठिनाइयों में यह भी एक कठिनाई होती है, जहाँ प्रान्तीय स्वायत्तता बड़ी मात्रा में हो।"

नेहरु ने भी स्वयं को बड़ी बेबसी की स्थिति में पाया। उन्होंने वेवल को एक पत्र लिखा: "बंगाल के एक विशाल क्षेत्र में कोई सरकार काम नहीं कर रही है और न सुरक्षा ही रह गयी है। समाज के सबसे खराब लोगों के लिए वह क्षेत्र निरापद शिकारगाह बन गया है। सामूहिक नरसंहार, आगज़नी, मनुष्यों का जलाया जाना, बलात्कार, स्त्रियों का अपहरण, बलात् धर्म परिवर्तन और सभी प्रकार की भयानक घटनाएँ हो रही हैं।

कम-से-कम पिछले दो तीन सप्ताहों से हमें आगाह किया जा रहा था कि यह सब पूर्वी बंगाल में होने जा रहा है। ढाका में कुछ दिन पूर्व यह सब प्रारंभ हुआ। समय रहते रोकने के बजाय उसे बढ़ने दिया गया और अब वह दूसरे ज़िलों में फैल रहा है। बंगाल, जिसने कई विषयों में देश का नेतृत्व किया है, अब बूचड़खाना हो गया है और उजड़ गया है। जब इतनी बड़ी विपत्ति लोगों को घेर ले, तब कानूनी उत्तरदायित्व पर तर्क-वितर्क बिल्कुल बेमानी है। यह स्पष्ट है कि बंगाल सरकार स्थिति पर नियंत्रण पाने के सर्वथा अयोग्य है। वास्तव में कई लोग सोच रहे हैं कि उस सरकार का स्थिति पर नियंत्रण करने का इरादा ही नहीं है। आपने हमसे कहा है कि वह प्रान्तीय स्वायत्तता का क्षेत्र है और बाकी सभी कार्य के लिए विशेष उत्तरदायित्व गवर्नर और वाइसराय का है। यदि ऐसा भी हो, तो भी मैं जानना चाहूँगा कि प्रांतीय सरकार अथवा गवर्नर के उस उत्तरदायित्व का निर्वाह उनके द्वारा किस प्रकार किया जा रहा

है जब युद्ध से भी बदतर स्थिति को बहुत बड़े क्षेत्र में अनिश्चित समय से रहने दिया जा रहा है। ऐसा प्रतीत होता है कि बंगाल में सरकार की साधारण और विशेष प्रकार की सभी ज़िम्मेदारियों ने अपना कार्य करना बन्द कर दिया है। केवल गुण्डे, बदमाश और दूसरे असमाजिक तत्व ही वहाँ सक्रिय हैं।"[३७] नेहरु ने अपना पत्र समाप्त करते हुए लिखा- "यह हमारा भी भयानक उत्तरदायित्व है और हमें भारत के लोगों के समक्ष उत्तर देना है। भारत की अंतरिम सरकार बनाने में क्या अच्छाई है यदि हम बेबस होकर देखते ही रहें और कुछ न कर सकें जब हज़ारों लोग कत्ल किए जा रहे हों और उससे भी बदतर उनसे बर्ताव किया जा रहा हो? मैं अत्यंत बेचैन हूँ। मैं अनुभव करता हूँ कि किसी प्रकार हम इस परिस्थिति का सामना करें अथवा सार्वजनिक क्षेत्र से अवकाश ग्रहण कर लें।"[३८]

त्यागपत्र देने की छिपी हुई इस धमकी का भी कोई प्रभाव नहीं हुआ। वेवल के लिए, जिन्होंने १९४५ के ५ नवम्बर के अपने नोट में, जिसका उल्लेख पहले किया जा चुका है, पूरी तैयारी से किए जाने वाले कोई अन्य भारत छोड़ो आन्दोलन के प्रारंभ किए जाने पर "समुचित ब्रिटिश सैनिक मार्शल लॉ की घोषणा", लोगों को बिना मुकदमा चलाए या खास अदालतों में मुकदमा चलाकर जेल में भेजना और अनिश्चित समय के लिए काँग्रेस को गैरकानूनी घोषित कर उसका दमन करने का इरादा किया था, अब उन्हें दबाने के लिए इन सख्त कार्रवाइयों का कोई उपयोग नहीं रह गया था जो कटार की नोंक पर पाकिस्तान हथियाने का इरादा रखते थे। गवर्नर जनरल की तुलना में अंतरिम सरकार की स्थिति नेहरु ने भारतीय विधान सभा में स्पष्ट कर दी थी: "यह सदन जानता है कि भारत सरकार वर्तमान संविधान के अन्तर्गत प्रान्तीय स्वायत्त शासन में हस्तक्षेप नहीं कर सकती है। वर्तमान संविधान में यदि कोई हस्तक्षेप कर सकता है तो वह गवर्नर जनरल ही हैं, न कि गवर्नर-जनरल-इन कौंसिल।"

मुस्लिम लीग की सीधी कार्यवाही, अंग्रेजी राज के नहीं, काँग्रेस और हिन्दू समाज के विरुद्ध थी और इसलिए वेवल का काम लीग के खिलाफ कदम उठाना नहीं था। वे काँग्रेस का "अनिश्चित समय के लिए दमन कर देने" के लिए पूरी तरह तैयार थे यदि वह देश की स्वाधीनता की मांग के लिए सक्रिय होती, लेकिन जब मुस्लिम लीग ने स्पष्ट घोषणा की कि बिना किसी नैतिकता के सीधी कार्यवाही से वह पाकिस्तान की अपनी मांग के लिए दबाव डालेगी, तो उसका दमन के बजाय वेवल ने उसको अंतरिम सरकार में पाँच स्थान देने की कार्यवाही की।

फ्रेंक मोरेस लिखते हैं: "यह विचित्र बात है कि उस समय अंग्रेज़ सरकार ने जिन्ना के विरुद्ध कलकत्ता के नरसंहार को खुल्लम-खुल्ला भड़काने के अपराध में कोई कार्रवाई नहीं की; जिन्ना से सहानुभूति रखने वाले एक जीवनी लेखक ने प्रकट किया है कि उन्हें किसी भी समय गिरफ्तार किए जाने की आशंका थी और वैसी ही परिस्थितियों में नेहरु या पटेल पर जल्दी कार्रवाई कर दी जाती। सरकार क्या इसलिए आगे बढ़ने में असफल हुई क्योंकि जिन्ना की सीधी कार्यवाही अंग्रेजों के विरुद्ध न होकर हिन्दुओं के विरुद्ध थी? इसका कोई अन्य स्पष्टीकरण नहीं हो सकता।"[३९]

जब केन्द्रीय सरकार या प्रांतीय सरकार से सहायता की कोई आशा नहीं रही और जब पूर्वी बंगाल में अल्पसंख्यकों को घने अंधकार ने घेर रखा था, उस समय उनमें आशा का संचार करने के लिए प्रकाश की एक किरण सहसा सामने आ गयी। लीग की सीधी कार्यवाही के शिकार असहाय अल्पसंख्यकों

की वेदना को न सह सकने के कारण गाँधीजी ३० अक्टूबर को एक स्टीमर से चाँदपुर पहुँचे। उस अशांत क्षेत्र के लिए रवाना होने के पूर्व उन्होंने कहा था कि- "मैं नहीं जानता कि वहाँ मैं क्या कर सकूँगा। मैं यही जानता हूँ कि यदि मैं वहाँ नहीं गया तो मुझे शांति नहीं प्राप्त होगी।" पहला पाठ जो उन्होंने लोगों को दिया वह पूर्वी बंगाल से कहीं न भागने का था क्योंकि वह नामर्दी और कमज़ोरी का उपचार नहीं था। "उन्होंने थर्मापील के लियोनिडस और उसके साथियों के समान सिपाही की तरह अहिंसात्मक ढंग से मुकाबला करते हुए मर जाने के लिए उन्हें प्रोत्साहित किया और इन ग्रीक बलिदानियों की समाधि पर जो गौरवपूर्ण स्मरण लेख है, उसे दोहराया, "परदेशी, स्पार्टा से कहना, उसके पुत्र यहां पड़े हुए हैं। यही उसका नियम था और हमने उस नियम को माना।"

हिन्दू और मुसलमानों से बातचीत कर सकने के लिए ७७ वर्ष की आयु में महात्मा गाँधी ने बंगाली सीखना प्रारंभ किया। पैदल एक गाँव से दूसरे गाँव जाकर और एक दिन में ११ घन्टे काम कर वे हिन्दुओं में आशा और साहस का संचार करने में ही सफल नहीं हुए, बल्कि बड़ी संख्या में मुसलमानों में अपने पड़ोसियों के प्रति कर्त्तव्य भाव को जगाने में भी सफल हुए। पूर्वी बंगाल में ४ महीने रहकर वे २ मार्च को बिहार के लिए रवाना हुए।

कलकत्ता के नरसंहार और पूर्वी बंगाल के हत्याकांड की प्रतिक्रिया से बिहार के हिन्दुओं में बदले की भावना जागी और वे संतुलन खो बैठे। बिहार के अल्पसंख्यक मुसलमानों से जो बदला उन्होंने लिया वह मुसलमानों के पूर्वी बंगाल के कारनामों के समान ही भयानक था। बिहार की घटना के प्रारंभ की चर्चा करते हुए नेहरु ने, जिन्होंने बिहार में शांति की पुर्नस्थापना में प्रमुख भाग लिया था, भारतीय विधान सभा में कहा: "कलकत्ता के हत्याकांड में बड़ी संख्या में बिहार के लोग मारे गए थे। उनके रिश्तेदार अन्य शरणार्थियों के साथ बिहार वापस हुए थे और कलकत्ता में जो हुआ था उसकी गाथा के साथ देहातों में गए थे। बिहार के लोग बहुत बेचैन हो गए थे। इसके बाद नोआखाली और बंगाल से समाचार आये। उसकी कहानियाँ और विशेषत: महिलाओं का अपहरण, उन पर बलात्कार किए जाने और बड़ी संख्या में बलात् धर्मपरिवर्तन के विवरण से जनता में आग भड़क उठी। कुछ समय तक वे केन्द्रीय शासन से यह आशा करते रहे कि वह राहत पहुँचाएगी और संरक्षण देगी। जब उन्हें ऐसी किसी सहायता अथवा रक्षा मिलने की आशा नहीं रही तो उनमें कटुता बढ़ गई और अंतरिम सरकार की निष्क्रियता की उन्होंने बड़ी आलोचना की।

"बिहार में कई घटनाएँ हुई जिनसे आम बेचैनी और भी बढ़ गयी। अक्टूबर के अंत में छपरा जिले और भागलपुर शहर में झगड़ा हुआ। उसका तत्काल दमन कर दिया गया। इसके बाद ३१ अक्टूबर को पटना जिले में बड़े पैमाने पर दंगा हुआ, जो गया और मुंगेर जिलों में फैल गया। यह वस्तुत: जनसाधारण का बलवा था, जिसमें किसान निर्दयता से लोगों को मारने और आगज़नी पर उतारु हो गए थे। ऐसे अवसरों पर जैसा अधिकांशत: होता है, गुन्डे और असामाजिक तत्व सक्रिय हो गए और कई स्थानों पर उन्होंने प्रमुख भाग लिया। स्थिति में एक कठिनाई यह भी थी कि अशांत क्षेत्र में आवागमन के साधनों के न रहने के कारण और बाढ़ की स्थिति रही आने के कारण पहुँचा नहीं जा सकता था।

"यह बलवा लगभग पूरे एक सप्ताह तक चलता रहा। जिस आकस्मिक ढंग से वह प्रारंभ हुआ उसी तरह वह समाप्त भी हो गया। इस बहुत विस्तृत क्षेत्र में फैली अशांति का, जो दूसरे जिलों में फैल

जाने पर थी, शीघ्र समाप्त हो जाना उल्लेखनीय है। सेना अवश्य ही काफी विलम्ब से पहुँच सकी, लेकिन पहुँच गयी और व्यवस्था की पुनर्स्थापना में सहायक हुई। लेकिन शांति की स्थापना में बड़ी संख्या में विशेष रूप से बिहार के ही लोगों का प्रयास, जो सभी गाँवों में फैल गए थे और जिन्होंने देहाती लोगों का सामना किया प्रमुख था। महात्मा गाँधी द्वारा प्रस्तावित उपवास के समाचार का भी बड़ा प्रभाव हुआ।"

बिहारी हिन्दुओं की हिंसक गतिविधियां इसलिए शीघ्र ही रोकी जा सकी क्योंकि नेहरु, कृपलानी और पटेल मुसलमानों के बचाव के लिए तत्काल उस ओर दौड़ पड़े और गाँधीजी ने धमकी दी कि यदि झगड़ा बन्द नहीं किया गया तो वे अपने प्राण दे देंगे। बिहार के नेतागण, राजेन्द्र प्रसाद, जयप्रकाश नारायण और अन्य व्यक्तियों ने हिन्दुओं को अपनी हिंसक गतिविधियों को बन्द करने के लिए अथक परिश्रम किया। काँग्रेसी नेताओं की प्रशंसा करते हुए स्टेट्समैन समाचार पत्र ने उचित ही कहा कि "अल्पसंख्यक मुसलमानों पर अत्याचार होने पर वे अपने सहधर्मियों को फटकारने और धिक्कारने में तनिक भी नहीं चूके।" विशेष रूप से नेहरु की प्रशंसा करते हुए समाचार पत्र का कथन था कि-"उन्होंने मात्र शारीरिक और मानसिक साहस का ही परिचय नहीं दिया, बल्कि अधिक महत्वपूर्ण यह था कि भारत और मानवता के हित में अपनी जाति के संकीर्ण विचार वाले व्यक्तियों की तीखी भर्त्सना की उन्होंने बिल्कुल परवाह नहीं की।"

लेकिन जिन्ना ने काँग्रेसजनों के द्वारा "भारत और मानवता के हित" में किए गए साहसिक कार्य के लिए एक भी अच्छा शब्द न कहकर इस आशय का एक बयान दिया कि "उस झूठे प्रचार की कोई सीमा नहीं है, जो भारत के कई भागों में हुई घटनाओं की जिम्मेदारी मुस्लिम लीग और मुसलमानों पर डालने के लिए किया जा रहा है।" पूर्वी बंगाल में हुई दु:खद घटनाओं की परवाह न कर अपनी ढिठाई में यहाँ तक कहा कि "मैं प्रसन्न हूँ कि मुसलमान बहुल प्रान्त सर्वनाश के इस विष से बचे रहे हैं।" लेकिन बिहार के हत्याकांड ने अब उन्हें समझा दिया था कि अंतरिम सरकार में सम्मिलित होने के पश्चात् जैसा उन्होंने वादा किया था, मात्र मुसलमानों के संरक्षक की तरह ही वे काम नहीं कर सकते थे, और हिंसा का खेल ऐसा था जिसमें दोनों पक्ष खेल सकते थे। इसलिए उन्होंने मुसलमानों को आगाह किया कि "अगर उन्होंने बदले की भावना का प्रदर्शन किया तो, वह खून खराबा और बेरहमी का बहुत अधिक द्वेषपूर्ण चक्र प्रारंभ कर देगा।"

इस साम्प्रदायिक तनाव के रहते भी वाइसराय ने संविधान सभा का प्रारंभिक सत्र करने के लिए निमंत्रण भेजे। वेवल के कड़े परामर्श के बावजूद लीग ने सत्र में सम्मिलित होने से इंकार ही नहीं किया बल्कि उनके इस कार्य की कड़ी आलोचना भी की। संविधान सभा में लीग के प्रतिनिधियों को दिए गए अपने निर्देश में जिन्ना ने कहा : "वाइसराय वर्तमान गंभीर स्थिति और जो वास्तविकताएँ उनके सामने हैं उनके प्रति अंधे हो गए हैं और काँग्रेस के हाथों में पूरी तरह खेल रहे हैं।" कैबिनेट मिशन के लम्बी अवधि के कार्यक्रम को रद्द करने वाले बम्बई के लीग के प्रस्ताव को दोहराते हुए उन्होंने आदेश दिया कि "मुस्लिम लीग का कोई भी प्रतिनिध संविधान सभा में उपस्थित न हो।"

नेहरु की प्रतिक्रिया भी उतनी ही तीखी थी। मेरठ काँग्रेस की विषय समिति में बोलते हुए उन्होंने

घोषणा की कि "मुझे यह स्पष्ट करने दिया जाए कि वे (लीगी) आते हैं अथवा नहीं, हम बढ़ते रहेंगे।" उन्होंने लीग पर अंतरिम सरकार में "सम्राट के दल" की तरह काम करते रहने आ आरोप लगाया और अंग्रेज सरकार को अपने स्वार्थ के लिए ऐसी स्थिति का लाभ उठाने का दोषी ठहराया। यह संकेत करते हुए कि नौकरशाही और लीग ने आपस में हाथ मिला लिए हैं, उन्होंने कहा कि "लीग और बड़े अंग्रेज़ अधिकारियों में मानसिक गठबंधन हो गया है।" उन्होंने वेवल को भी नहीं छोड़ा और कहा कि वे उस भावना से काम करने में असफल रहे हैं जिस भावना से उन्होंने कार्य प्रारंभ किया था और "धीरे-धीरे वे मोटर के पहिये निकालने में लगे हैं।" उन्होंने यह रहस्य प्रकट किया कि काँग्रेसी मंत्रियों ने दो बार त्याग-पत्र देने की धमकी दी थी और चूँकि लीग ने लम्बी अवधि के कार्यक्रम को ग्रहण करने से इंकार कर दिया है, इसलिए अब अंतरिम सरकार में लीग के प्रतिनिधियों के लिए स्थान नहीं था।" जैसा वे जानते थे कि वेवल उन्हें सरकार से बाहर नहीं करेंगे, वे इतने ऊब गए थे कि यह करने से वे नहीं हिचके कि "हमारा धैर्य तत्परता से सीमा तक पहुँच रहा है" और यदि परिस्थिति जैसी है वैसी ही रही तो एक व्यापक संघर्ष अनिवार्य है।"

काँग्रेस और लीग, दोनों के हमलों का शिकार होने पर वेवल ने अपने को बड़ी शोचनीय स्थिति में पाया और उन्होंने अंग्रेज सरकार को यह सलाह दी वह घोषणा करें कि जिन वर्गों में प्रांतों को सम्मिलित किया जाना था, वे वर्ग बहुमत से निर्णय लें। एटली की सरकार ने वेवल के सुझाव को सीधा मान लेने के बजाय, कैबिनेट मिशन की योजना को बचाने के प्रयास में वेवल और काँग्रेस तथा लीग के प्रतिनिधियों को मंत्रणा के लिए लंदन आमंत्रित किया। चूँकि वल्लभभाई ने जाने से इंकार कर दिया, इसलिए नेहरु सरदार बलदेव सिंह को अपने साथ ले गए। जिन्ना और लियाकत अली ने भी ब्रिटिश प्रधानमंत्री का आमंत्रण स्वीकार कर लिया। इंग्लैड में वार्ता ४ दिन चली लेकिन दोनों पक्षों में कोई समझौता नहीं हो सका। तो भी इसी कारण से अंग्रेज सरकार लीग के विचार के समर्थन में अपना निर्णय देने से नहीं हिचकी कि सभी वर्ग बहुमत से निर्णय लेंगे। इसने फिर काँग्रेस को असमंजस की स्थिति में डाल दिया लेकिन उस स्थिति का सामना उसने अपने पूर्व निर्णय पर दृढ़ रह कर किया। अखिल भारतीय काँग्रेस कमेटी में स्वीकृत किए गए एक प्रस्ताव से काँग्रेस ने ब्रिटिश सरकार की व्याख्या को मान लिया लेकिन यह भी निश्चय किया कि "यह स्पष्ट समझ लिया जाना चाहिए कि इससे किसी प्रांत पर बाध्यता नहीं लादी जा सकेगी और पंजाब में सिक्खों के अधिकारों पर संकट नहीं आएगा।" प्रस्ताव में आगे कहा गया कि "ऐसी कोई बाध्यता लादी जाने पर एक प्रांत को संबंधित जनता की इच्छाओं की पूर्ति में ऐसा कोई भी कार्य करने का अधिकार होगा जो आवश्यक माना जावेगा।"

इस प्रकार दोनों प्रमुख दलों की स्थिति में कोई परिवर्तन नहीं हुआ। "बी" और "सी" वर्ग में अपनी इच्छा के विरुद्ध रखे जाने की आड़ में लीग उत्तर पश्चिम सीमा प्रांत के साथ पूरे पंजाब, बंगाल और आसाम को अपनी सार्वभौम सत्ता के पाकिस्तान के लिए हड़प लेने की दृष्टि से काम करती रही। काँग्रेस भी उसकी चाल को समझ कर लीग के सामने न झुकने पर दृढ़ रही आयी।

संविधान सभा का प्रारंभिक सत्र तो हुआ और उसमें कुछ दैनिक कार्य भी सम्पन्न हुए, लेकिन यह स्पष्ट था कि जब तक लीग उसमें भाग न लेगी, ब्रिटिश सरकार उसके निर्णयों को कैबिनेट मिशन योजना के प्रावधानों के तहत स्वीकार नहीं करेगी। इस प्रकार १९४६ के साल के अंत तक कैबिनेट मिशन योजना मृत प्राय पड़ी थी और देश में व्यापक गृह युद्ध की संभावना सामने खड़ी थी। डी.जी.

डाल्टन लिखते हैं: "१९४६ के अंत में भारत अराजकता की ओर तेज़ी से बढ़ रहा था। ब्रिटिश हाथों से वास्तविक शक्ति जा चुकी थी; वरिष्ठ अधिकारी अपने भविष्य के लिए चिन्तित स्वयं को नोटिस दिए गए कर्मचारी की तरह काम चलाऊ स्थिति में समझ रहे थे; मंत्रीगण साम्प्रदायिक स्थिति से पक्षाघात ग्रस्त शासन की समस्याओं से जूझने में स्वयं को असमर्थ पा रहे थे और कलकत्ता के अपूर्व दंगों तथा देश के कई भागों में हुई गंभीर अराजक घटनाओं ने स्पष्ट कर दिया था कि स्थिति किसी के यथार्थ नियंत्रण में नहीं थी।"[४०]

इस दु:खद स्थिति का प्रभाव काँग्रेस हाई कमान के मानस पटल पर भी पड़ा जान पड़ता है। हम मेरठ के नेहरु के भाषण का उल्लेख कर ही चुके हैं जिसमें उन्होंने कहा था कि "हमारा धैर्य सीमा के निकट बड़ी तत्परता से पहुँच रहा है।" १९४६ के नैराश्य के इन्हीं महीनों में हैदराबाद के निज़ाम की कुछ गतिविधियों की जानकारी वल्लभभाई को प्राप्त हुई जिसने उनका धैर्य सर्वथा समाप्त कर दिया।

१९४६ के अप्रैल महीने में हैदराबाद निज़ाम के प्रधानमंत्री नवाब छतारी वेवल से मिले थे और उनसे उन्होंने "निज़ाम की अपनी स्वतंत्र स्थिति रखने, ब्रिटिश बादशाह से संधि करने, बरार को वापिस लेने और एक बंदरगाह प्राप्त करने की इच्छा प्रकट की थी"।[४१] १९४६ के उन्तरार्ध में जब निज़ाम ने साम्प्रदायिक उपद्रवों के कारण ब्रिटिश भारत में अराजक स्थिति होने के लक्षण देखे तो उन्होंने अपने पड़ोसी की रियासत बस्तर को आत्मसात कर अपने राज्य के क्षेत्र का विस्तार करने का स्वप्न देखना प्रारंभ कर दिया।

बस्तर ईस्टर्न स्टेट्स एजेन्सी का एक भाग था और उसका मुख्यालय मध्यप्रांत में रायपुर में था। यह रियासत खनिज सम्पदा की धनी थी और चूँकि राजा नाबालिग था, इसलिए उसकी देखरेख एक ब्रिटिश रेजीडेन्ट करता था। निज़ाम के षड़यंत्रों का पहला समाचार मुझे मेरे मित्र रामानुजलाल श्रीवास्तव से मिला जो मेरे साप्ताहिक समाचार पत्र "सारथी" में सह-सम्पादक थे। श्रीवास्तव को निजाम की गतिविधियों की जानकारी रायपुर के एक प्रमुख नागरिक, उनके बड़े भाई रघुवीर प्रसाद से प्राप्त हुई थी। मैं श्रीवास्तव को अपने साथ नागपुर ले गया और बस्तर में हो रही घटनाओं से प्रधानमंत्री रविशंकर शुक्ल को अवगत कराया। अन्त में हमने रघुवीर प्रसाद से एक पत्र शुक्लजी को लिखवाया जिसका एक अंश नीचे दिया जा रहा है: "मुझे अभी नागपुर से रम्मू का पत्र मिला है। मैं आशा करता हूँ कि उन्होंने आपको प्रणाम कर लिया है। वे चाहते हैं कि बस्तर के सम्बन्ध में जो मेरे पास जानकारी है वह मैं आपको भेज दूँ। मेरे पास कोई अधिकृत जानकारी नहीं है लेकिन जो कुछ मैंने सुना है उससे जान पड़ता है कि निज़ाम के द्वारा बरार छोड़ देने के बदले में किसी सीमा तक हरजाना चुकाने के लिए ब्रिटिश सरकार ने बस्तर रियासत निज़ाम को दे दी है। बस्तर के नाबालिग महाराजा को बालिग होने पर अपने महल और कोर्ट पर अपना झण्डा लगाने का अधिकार दिया जा सकता है और उन्हें निजामज़ादा का ख़िताब और निजाम द्वारा अच्छी बड़ी पेंशन दी जावेगी। नाबालिग महाराज की ओर से ईस्टर्न स्टेट्स के एजेन्ट और निज़ाम सरकार में एक समझौता हो गया बताया जाता है जिसके अन्तर्गत निज़ाम ने बस्तर में अपने व्यय से अन्वेषण करने और रियासत का विकास करने की जिम्मेदारी ली है और बस्तर की आमदनी से जब तक इस प्रकार व्यय की गयी रकम चुक नहीं जाती तब तक निज़ाम रियासत पर आर्थिक नियंत्रण रखेंगे और इस इकरार को क्रियान्वयन में लाने के लिए दक्षिण से बस्तर में रेल्वे लाइन का और इन्द्रावती प्रपात (मध्यप्रांत का सबसे बड़ा प्रपात) से बिजली पैदा करने का

सर्वेक्षण और रियासत की खनिज सम्पदा के पूर्वेक्षण और दोहन का सर्वेक्षण भी प्रारंभ हो गया है (भारत में लोहे का सबसे बड़ा भण्डार बस्तर में है)। यह सारा काम मिस्टर गिग्सन का किया हुआ है। वे पहले निज़ाम के कर्मचारी थे और यह समझौता उन्हीं ने किया है। मेरा विश्वास है कि यह समझौता राजनीतिक प्रक्रिया के अधिकार के परे हैं। महाराजा की नाबालिग स्थिति में रेजिडेन्ट को ऐसा समझौता करने का अधिकार नहीं है, लेकिन उसने यह सम्राट के प्रतिनिधि से अधिकृत होकर ही किया होगा। इस प्रकार सभी कुछ न्याससंगत तथा वैध है।"[४२]

शुक्लजी ने इस पत्र की एक प्रति वल्लभ भाई पटेल को भेजी और उन्होंने उसे ११ नवम्बर, १९४६ को इस टीप के साथ नेहरु के पास भेज दिया-"यह आश्चर्यजनक होगा यदि इस प्रकार का लेन देन हमारे पीठ के पीछे और हमारी जानकारी के बिना होता है।"

वी.पी. मेनन के द्वारा दिए गए विवरण से सिद्ध होता है कि रघुबीर प्रसाद की सूचना अल्पाधिक ठीक थी: १९४६ के अगस्त माह में हैदराबाद स्थित रेजीडेन्ट ने राजनीतिक विभाग को सुझाव दिया था कि बस्तर हैदराबाद के साथ एक राजनीतिक इकाई कर दी जाए। सत्ता के हस्तांतरण से कुछ समय ही पूर्व यह समाचार फैल गया था कि इस रियासत की खनिज सम्पदा एक लंबे अंतराल के पट्टे के माध्यम से हैदराबाद को बंधक पर दी जाने वाली थी, जो यदि सत्य होती तो वह भारत के लिए बड़ी हानिकारक होती। राजनीतिक विभाग से काफी जाँच पड़ताल और परेशानी के बाद संबंधित कागज़ात सरदार पटेल के समक्ष प्रस्तुत किये गये। उनमें यह स्पष्ट साक्ष्य थी कि राजनीतिक विभाग शीघ्राति शीघ्र सौदा पूरा कर देना चाहता था। सरदार पटेल और मैंने सर कौनरड कोरफील्ड से इस सम्बन्ध में जब बातचीत की तो उन्होंने अपना दृष्टिकोण यह रखा कि उनका विभाग नाबालिग महाराजा का अभिभावक है और वह विभाग महाराजा के हित में ऐसा सौदा करने के लिए स्वतंत्र था। सरदार ने उनसे कहा कि वे जनता के हितों को इस प्रकार बंधक नहीं रखने देंगे।

"सत्ता के हस्तांतरण से कुछ पहले बस्तर के महाराजा प्रवीर चन्द्र देव को शासन करने के पूरे अधिकार दे दिये गए थे। हमें सूचित किया गया कि लीज़ प्राप्त करने के लिए हैदराबाद के एजेन्ट महाराजा के पीछे लगे थे। सरदार ने महाराजा को दिल्ली बुलाया। मुझे आश्चर्य हुआ कि अनुभव विहीन किशोर वय के लड़के को शासन के अधिकार कैसे दे दिए गए थे। सरदार ने उनसे कहा कि यदि उन्होंने अपनी रियासत की खनिज सम्पत्ति को बंधक रखा तो भारत सरकार उस मामले को बड़ी गंभीरता से लेगी।"[४३] एक बड़े ब्रिटिश अधिकारी ने भी भारत सरकार को लिखा कि यह अकल्पनीय नही है कि "बस्तर का कुछ भाग हथिया लेने के लिए उद्धेश्य से हैदराबाद उस रियासत में घुसने के लिए प्रोत्साहित हो ताकि कठिनाइयों तथा दूसरी समस्याओं में भारत सरकार के व्यस्त रहने के कारण परिस्थिति का लाभ उठाया जा सके। वह रियासत ऐसे राजा और अधिकारियों के द्वारा शासित की जा रही है जिनकी भारत सरकार के प्रति वफादारी का परीक्षण अभी बाकी है।"

बस्तर की इस घटना का सरदार पटेल पर गहरा प्रभाव हुआ। वे कहते हैं: "इस समय ही मैं पूरी तरह समझ पाया कि राजनीतिक विभाग अपनी चालों से हमारे हितों को हर प्रकार से क्षति पहुँचा रहा था और मैं इस परिणाम पर पहुँचा कि जितनी जल्दी इनसे छुट्टी मिले हमारे लिए उतना ही अच्छा होगा। मेरा यह निष्कर्ष था कि देश का विभाजन करके भी इन विदेशियों को जल्दी-से-जल्दी रवाना

कर देना सबसे अच्छा मार्ग होगा। उसी समय मैंने अनुभव किया कि देश को शक्तिशाली और सुरक्षित करने का एकमात्र उपाय बचे हुए भारत को संयुक्त कर एक इकाई कर देना ही था।"[४४]

वेवल के मानस पटल में भी बुनियादी परिवर्तन हो रहा था। अब उन्हें विश्वास हो गया था कि लंदन भारत से वापिसी के लिए एक तिथि निश्चित कर ले और सिपाही होने के नाते उन्होंने एक "विच्छेद योजना" भी प्रस्तुत की। उसके अनुसार, अंग्रेजी सेना को अपनी वापिसी दक्षिणी प्रांतों से आरंभ करनी थी और पूरी वापिसी के पूर्व उत्तर और उत्तर पश्चिम में कुछ समय तक रहे आना था। दिसम्बर में जब वे कॉंग्रेस और लीग के प्रतिनिधि के साथ लन्दन गए थे तब उन्होंने अपनी यह योजना वहाँ व्यक्त की थी, लेकिन लन्दन सरकार की उसके प्रति प्रतिक्रिया को जान सके के बिना वे वापस आ गए थे। ३१ दिसम्बर १९४६ को अपनी पत्रिका में जो कुछ उन्होंने लिखा था, वह डाल्टन के द्वारा खींची गयी भारत की नैराश्यपूर्ण स्थिति का, जिसका उल्लेख पहले किया जा चुका है, समर्थन करता है और साथ ही वह उनकी व्यक्तिगत असफलता की स्पष्ट स्वीकारोक्ति भी है:-"मैंने अब अपने को और लगभग लन्दन सरकार को भी भारत पर से अपने नियंत्रण को हटा लेने की तिथि और निश्चित योजना तय करने पर वचनबद्ध कर लिया है। मैं सोचता हूँ कि मैं ठीक कर रहा हूँ और अधिक भयंकर अनर्थ से बचने का यही उपाय है। लेकिन अपनी इस दूरदर्शिता पर मुझे निश्चित विश्वास नहीं है कि मान्टी उदाहरण के रूप में यह मानते हैं कि मन से सचमुच मैं योजना के साथ हूँ। पिछले ५ अथवा ६ वर्ष के दौरान वापस होने की कार्रवाई करने और पराजयों में कमी लाने का कार्य करते रहना ही मेरे भाग्य में रहा है और किसी सफलता के लिए मुझे सही अवसर ही नहीं मिला है। यह अनिवार्य रूप से निराशाजनक है। निरंतर कठिन परिश्रम और लगभग निरन्तर पराजय किंचित् विश्राम नहीं और न कोई सफलता।"[४५]

सफलता सचमुच उनसे बचती रही लेकिन विश्राम का समय शीघ्र ही आनेवाला था। यद्यपि उन्हें ज्ञात नहीं हो सका, हाल ही की उनकी इंग्लैण्ड की उपस्थिति में ब्रिटिश सरकार उन्हें अवकाश देने का निर्णय कर चुकी थी। उन्हें बरखास्त करने के लिए प्रधानमंत्री को उन्हें सूचित करना पड़ा था कि उनकी नियुक्ति युद्धकाल की नियुक्ति थी और उनके मामले में वाइसराय के लिए ५ वर्ष की अवधि नहीं लागू होती थी। उन्हें पदच्युत करने के पत्र में नीति मतभेद की चर्चा की गई थी: "अगले कुछ महीने भारत में बड़े महत्वपूर्ण हैं.... यह विशेष रूप से आवश्यक है कि वाइसराय ब्रिटिश सरकार की नीति से पूर्णतः सहमत हों।" वेवल ने इसका विरोध करते हुए लिखा-"आप मुझको जैसा आप कहते हैं नीति में मतभेद के कारण हटा रहे हैं। मत का अन्तर, जैसा मैं देखता हूँ, यह है कि मैं अंतरिम समय के लिए एक निश्चित नीति चाहता हूँ और ब्रिटिश सरकार मुझे वह देने से इंकार कर रही है।" इसका अर्थ था कि वे ब्रिटिश सरकार की नीति को क्रियान्वित करने के लिए तैयार थे लेकिन जो बात वे नहीं समझ पाये वह यह थी कि लन्दन सरकार को विश्वास नहीं था कि उस नीति को क्रियान्वित करने की उनमें आवश्यक योग्यता थी। तथापि, वे एक अर्ल की उपाधि को स्वीकार कर अपने उत्तराधिकारी रीयर एडमिरल लुई माउंटबेटन को २२ मार्च, १९४७ को पदभार सोंपकर अपने पद से अलग हो गए।

संदर्भ

१. वी.पी. मेनन, दि ट्रांसफर ऑफ पावर इन इंडिया, पृ. २३७-३८
२. वही, पृ. २३८
३. वेवल, द वाइसरायज़ जर्नल, पृ. २४६.
४. जे.बी. कृपलानी, गाँधीः हिज़ लाइफ एंड थॉट, पृ. २२९.
५. एच.वी. हडसन, दी ग्रेट डिव्हाइड, पृ. १४२.
६. ए.के. आज़ाद, इंडिया विन्स फ्रीडम, पृ. १४६
७. डी.जी. तेन्दुलकर, महात्मा, खण्ड ६, पृ. १०६-७.
८. वेवल,उपरोक्त, पृ. २५८-५९.
९. वही, पृ. २५९.
१०. मित्रा, द इंडियन एन्यूवल रजिस्टर, १९४६, खण्ड १, पृ. १८२.
११. वही, पृ. १८१-१८२.
१२. जे.बी. कृपलानी,उपरोक्त, पृ. २३८-३९.
१३. वेवल,उपरोक्त, पृ. ३०३-०४
१४. वही, पृ. ३०४.
१५. वी.पी. मेनन, उपरोक्त, पृ. २७९.
१६. वेवल, उपरोक्त, परिशिष्ट ८, पृ. ४९५.
१७. जे.बी. कृपलानी, उपरोक्त, पृ. २४८.
१८. ए.के. आज़ाद, उपरोक्त, पृ. १५२.
१९. जे.बी. कृपलानी, उपरोक्त, पृ. २४८-४९.
२०. वी.पी. मेनन, उपरोक्त, पृ. २८१.
२१. वही.
२२. मित्रा, द इंडियन एन्युयल रजिस्टर, १९४६, खण्ड २, पृ. १६४.
२३. वेवल, उपरोक्त, पृ. ४९५.
२४. दुर्गादास, सरदार पटेल्स करेसपान्डेस, खण्ड ३, पृ. २४८-४९.
२५. वेवल, उपरोक्त, पृ. ३२९.
२६. वी.पी. मेनन, उपरोक्त, पृ. ३०२.
२७. वेवल, उपरोक्त, पृ. ३४२-४३.
२८. वही, पृष्ठ ३४३.
२९. वी.पी. मेनन, उपरोक्त, पृ. ३०७.
३०. वेवल, उपरोक्त, पृ. ३५९.
३१. सुधीर घोष; गाँधीज़ एमिसरी, पृ. २५-२६.
३२. एच.वी. हडसन, द ग्रेट डिव्हाइड, पृ. १७३-७४

३३. वी.पी. मेनन, उपरोक्त, पृ. ३१५.

३४. एच.व्ही. हडसन, उपरोक्त, पृ. १७१-७२.

३५. डी.जी. तेन्दुलकर, महात्मा, खण्ड ७, पृ. २३५.

३६. जे.बी. कृपलानी, उपरोक्त, पृ. २५५-५६.

३७. दुर्गादास, उपरोक्त, पृ. १८२.

३८. वही, पृ. १८३-८४.

३९. फ्रैंक मोरिस, विटनेस टू एन ऐरा, पृ. १४५.

४०. सी.एच. फिलिप्स एंड एम.डी. वैनराइट, दि पार्टीशन ऑफ इंडिया, पृ. २३०.

४१. वेवल, उपरोक्त, पृ. २४१.

४२. श्रीवास्तव का पत्र और घटना स्वतंत्र रूप से (पूर्व के दो पृष्ठों में) उल्लिखित है, अथवा दुर्गादास, उपरोक्त, खण्ड ७, पृ. ११-१२

४३. वी.पी. मेनन, द स्टोरी ऑफ दि इन्टिग्रेशन ऑफ इंडियन स्टेट्स, पृ. १५५-५६.

४४. प्यारेलाल, महात्मा गाँधी, दि लास्ट फेज़, खण्ड २, पृ. १५३.

४५. वेवल, उपरोक्त, पृ. ४०२-३.

अध्याय - १४

बन्धन टूटे

जिन्ना सहमति प्रकट करते हैं (१९४७)

२० फरवरी १९४७ को प्रधानमंत्री एटली ने लुई माउंटबेटन को वाइसराय नियुक्त किये जाने की संसद में घोषणा की और भारत के संवैधानिक भविष्य के सम्बन्ध में एक श्वेत-पत्र प्रस्तुत किया। संवैधानिक सुधारों के इतिहास का क्रमिक उल्लेख करते हुये और मई १९४६ के वक्तव्य में पूरे हुए कैबिनेट मिशन के कार्य की चर्चा कर श्वेत पत्र में कहा गया कि "कैबिनेट मिशन की योजना के अनुसार ब्रिटिश सरकार भारत के सभी दलों के द्वारा स्वीकृत संविधान से स्थापित प्राधिकार को जिम्मेदारी सौंपने की आकांक्षा करती है। लेकिन दुर्भाग्य से वर्तमान में ऐसे संविधान और प्राधिकार के उभर कर आने की स्पष्ट सम्भावना नहीं है। अनिश्चितता की वर्तमान स्थिति खतरे से भरी है और उसे अनिश्चित काल तक बढ़ाया नहीं जा सकता। ब्रिटिश सरकार यह स्पष्ट कर देना चाहती है कि उसका संकल्प उत्तरदायी भारतीय हाथों में १० जून १९४८ से पहले सत्ता हस्तांतरण के लिये आवश्यक कदम उठाना है।"

इस समस्या के सम्बन्ध में कि केन्द्रीय सरकार की सत्ता किसे दी जाये श्वेत पत्र ने आगे कहा "कैबिनेट मिशन के द्वारा कई महीनों तक कड़ी मेहनत की जाने के बाद उस पद्धति पर बड़ी हद तक समझौता हो गया था जिसके अनुसार संविधान बनाया जाये। यह उनके पिछले मई के वक्तव्य में सम्मिलित किया गया था। उसमें ब्रिटिश सरकार संसद को उसमें रखे गये प्रस्तावों के अनुसार पूर्ण प्रतिनिधित्व करने वाली संविधान सभा के द्वारा तैयार किये गये संविधान की सिफारिश करने पर सहमत हो गयी थी। लेकिन अगर ऐसा दिखेगा कि ऐसा संविधान पूर्ण प्रतिनिधित्व करने वाली संविधान सभा अनुच्छेद ७ में निश्चित की गयी तारीख के पहले नहीं बना सकेगी तो ब्रिटिश सरकार को विचार करना पड़ेगा कि उस निश्चित तारीख को केन्द्रीय सरकार की सत्ता किसे सौंपी जाये। वह ब्रिटिश भारत की किसी रूप की केन्द्रीय सरकार को या कुछ भागों में तत्कालीन प्रान्तीय सरकारों को या किसी और तरीके से, जो भारतीयों के सबसे अधिक हित में और तर्कसंगत हो, सौंप दी जाये।"

रजवाड़ों के सम्बन्ध में और इंग्लैंड तथा भारत के बीच की संधि के सम्बन्ध में वक्तव्य में कहा गया कि "भारतीय रियासतों के सम्बन्ध में जैसा कैबिनेट मिशन ने स्पष्ट कह दिया था, ब्रिटिश सरकार अपनी सर्वोपरिता के अन्तर्गत प्राप्त सत्ता और उत्तरदायित्व को ब्रिटिश भारत की किसी सरकार को नहीं देना चाहती है। अन्तिम रूप से सत्ता हस्तांतरण से पहले अपनी सर्वोपरिता को हम समाप्त नहीं

करना चाहते लेकिन यह सोचा गया है कि अन्तरिम अवधि में ब्रिटिश सरकार और प्रत्येक रियासत के परस्पर सम्बन्ध एक इकरारनामे से तय कर लिये जायें।

"सत्ता हस्तांतरण से उत्पन्न विषयों के सम्बन्ध में ब्रिटिश सरकार उनके प्रतिनिधियों से समझौते करेगी जिन्हें वे सत्ता हस्तांतरित करने का इरादा करती है।"

अंत में श्वेत पत्र में कहा गया कि "ब्रिटिश सरकार इस देश के निवासियों की ओर से भारत के निवासियों के प्रति जो स्वायत्त शासन की अपनी उपलब्धि के अन्तिम पड़ाव की ओर बढ़ रहे हैं, अपनी शुभेच्छा और शुभ कामनाएं प्रकट किये बिना यह वक्तव्य पूरा नहीं कर सकती। इन द्वीपों के प्रत्येक व्यक्ति की इच्छा होगी कि संवैधानिक परिवर्तनों के बावजूद भारतीय और ब्रिटिश जनों को परस्पर मेलजोल का अंत नहीं कर देना चाहिए और वे अपनी शक्तिभर भारत की समृद्धि के लिए कार्य करते रहेंगे।"

श्वेत पत्र ने भारत के सम्भावित विभाजन की ओर निश्चित संकेत किया था। काँग्रेस कार्यकारिणी ने इस पर ध्यान न देकर उसका स्वागत करते हुए, और जैसा उसमें कहा गया था, एक निश्चित तिथि निर्धारित करते हुए एक प्रस्ताव पारित कर दिया। उसने नई उत्पन्न हुई स्थिति पर विचार करने और उसका "सामना करने हेतु काँग्रेस के प्रतिनिधियों के साथ परामर्श करने के लिए मुस्लिम लीग को अपने प्रतिनिधि मनोनीत करने के लिए आमंत्रित भी किया।"

लेकिन उसका दूसरा प्रस्ताव, जिसमें पंजाब के विभाजन की माँग की गयी थी, से यह निश्चित रूप से स्पष्ट हो गया था कि अब काँग्रेस हाईकमान इस उप महाद्वीप के विभाजन के लिए स्वयं को तैयार कर रहा था। कैबिनेट मिशन द्वारा की गयी वार्ताओं के दौरान काँग्रेस ने समझ लिया था कि प्रान्तों के वर्गीकरण का जिन्ना के द्वारा स्वीकार किये जाने के पीछे उनका उद्देश्य 'बी' और 'सी' वर्गों में पूरा आसाम, बंगाल और पंजाब को सम्मिलित करा लेना और यदि हो सके तो पहले ही या दस साल बीत जाने पर भारतीय गणतंत्र से सम्बन्ध विच्छेद कर लेना था। काँग्रेस हाईकमान के मन में इस विषय पर यदि कोई शंका रह गयी थी, तो वह भी लीग के उस प्रस्ताव से दूर हो गयी जिसके द्वारा उसने कैबिनेट मिशन योजना को स्वीकृति देते हुए यह खुली घोषणा कर उस स्वीकृति को सार्वभौम स्वतंत्र पाकिस्तान के निर्माण में सोपान माना था। उस योजना में कल्पित संघीय सरकार इतनी कमज़ोर थी कि उसके लिए इस उप महाद्वीप के विस्तृत क्षेत्र पर नियंत्रण रख सकना अत्यन्त कठिन था। साथ ही, रियासतों के शासक भी थे जो अपने अपने राज्यों में स्वतंत्र अधिपत्य रखने पर तुले हुए थे और यह सम्भावना थी कि उनमें कुछ तो अवश्य मुस्लिम लीग के षडयंत्र के शिकार हो जावेंगे। ऐसी स्थिति में यह आश्चर्यजनक नहीं है कि काँग्रेस कार्यकारिणी मानसिक रूप से जिन्ना को वह पाकिस्तान, जिसे जिन्ना ने "दीमकों से खाया गया" कहते थे, देने के लिए और यह देखने के लिए कि जितना उचित है उससे अधिक वे ले सकें, स्वयं को तैयार कर रही थी।

मौलाना अबुल कलाम आजाद ही कार्यकारिणी के एकमात्र सदस्य थे जो अब भी कैबिनेट मिशन योजना का समर्थन कर रहे थे। उन्होंने कुछ दिनों बाद एच.व्ही. हडसन से कहा था कि "वे आश्चर्य कर रहे थे कि "जिन्ना ने क्यों वह योजना नहीं स्वीकार की, चूँकि सभी परिस्थितियों में वह मुस्लिम बहुल क्षेत्रों को यदि वे चाहें तो दस वर्ष बाद स्वतंत्र हो जाने का अधिकार देता है।"[१] इसका अर्थ यह

है कि या तो मौलाना को विश्वास था कि १० वर्ष बाद मुस्लिम लीग अलग होना पसंद नहीं करेगी अथवा फिर मौलाना को पंजाब, आसाम और बंगाल को लेकर मुसलमानों के अलग होने में कोई आपत्ति नहीं थी। जो भी हो, कार्यकारिणी के मौलाना के सहयोगियों ने उनके विचारों की उपेक्षा कर दी और जब पंजाब के हिन्दू और सिक्ख नेता कार्यकारिणी सदस्यों के पास गये तो उन्होंने पंजाब का विभाजन करने की मांग करते हुए एक प्रस्ताव पास किया। प्रस्ताव में कहा गया था कि "हिन्दुस्तान को पिछले सात महीनों में कई विभीषिका और दुखद घटनायें देखनी पड़ी हैं, जो क्रूरता, हत्या और दबाव से राजनीतिक उद्देश्यों की पूर्ति के लिए की गयी हैं। ये प्रयत्न विफल हो गये हैं चूँकि ऐसे प्रयत्न विफल होते ही हैं, पर उनसे हिंसा और हत्याओं में वृद्धि हुई है।

"पंजाब जो अभी तक इस छूत से बचा रहा था। छः सप्ताह पहले एक ऐसे आन्दोलन का क्षेत्र बन गया, जिसे उच्च पदों पर आसीन व्यक्तियों का समर्थन प्राप्त था और जो इसलिये किया गया ताकि वर्तमान लोकप्रिय मंत्रिमंडल को, जिस पर वैधानिक ढंग से आक्रमण नहीं हो सका था, दबाव डाल कर तोड़ दिया जावे। इसमें कुछ सफलता मिली, और जिस गुट ने उस आन्दोलन का नेतृत्व किया था उसने नया मंत्रिमंडल बनाने का प्रयास भी किया था। इसका कड़ा विरोध किया गया जिसके फलस्वरूप अधिक हिंसक घटनाओं का विस्तार और भी बड़े क्षेत्र में हो गया है। हत्याएँ और आगजनी की घटनाएं बहुत हुई और अमृतसर तथा मुल्तान में भयंकर विध्वंसक घटनायें हुई हैं।

"इन दुखद घटनाओं ने स्पष्ट कर दिया है कि पंजाब में समस्या का समाधान हिंसा और दबाव से नहीं होगा और दबाव पर आधारित कोई व्यवस्था टिक भी नहीं पायेगी। इसलिए ऐसा कोई समाधान ढूँढना चाहिए जिसमें दबाव की सम्भावना कम से कम हो। इसकी पूर्ति के लिए पंजाब का दो भागों में बांटा जाना आवश्यक होगा ताकि मुस्लिम बहुल भाग गैर-मुस्लिम बहुल भाग से अलग कर दिया जावे।

"कार्यकारिणी इस समाधान का समर्थन करती है जो सभी सम्बन्धित सम्प्रदायों के हित में होगा और एक दूसरे के प्रति भय, शंका और झगड़े को कम करेगा। कमेटी पंजाब के लोगों से हृदय से नरसंहार और क्रूरता को समाप्त कर देने की और इस दुखद स्थिति का सामना करने के साथ ऐसा समाधान ढूँढने के निश्चय के लिए अपील करती है, जो किसी बड़े समूह पर दबाव नहीं डालता और जो झगड़े के कारणों को दूर करने में सफल हो सकेगा।"

इस प्रस्ताव की उत्पत्ति का स्पष्टीकरण करते हुए काँग्रेस अध्यक्ष जे.बी. कृपलानी लिखते हैं: "कार्यकारिणी का यह निर्णय परिस्थितिवश हुआ था। सदस्य ऐसा मानते थे कि पाकिस्तान का बनना, जिसके लिए मुस्लिम लीग निरन्तर प्रयत्नशील थी और जिसे ब्रिटिश सरकार का समर्थन प्राप्त था, अनिवार्य था। यदि भारत का विभाजन होता है, तो पंजाब और बंगाल का विभाजन उसके फलस्वरूप होना आवश्यक था। अतः पंजाब के विभाजन को लघु विपत्ति मान कर कार्यकारिणी ने पंजाब के प्रशासनिक दृष्टि से दो भाग कर देने का सुझाव दिया था। पत्रकारों के द्वारा पूछे जाने पर कि क्या वहीं सिद्धान्त बंगाल पर भी लागू होगा, मैंने कहा 'स्वाभाविक रूप से ऐसा ही होगा।'[२]

लीग को काँग्रेस द्वारा दिये गए निमन्त्रण का जहाँ तक प्रश्न था, जिन्ना के द्वारा उसकी अस्वीकृति निश्चित थी। जो स्थिति उत्पन्न हो गयी थी, वह मुस्लिम लीग के लिए हर्ष का विषय थी। अब उसे

पाकिस्तान के मिल जाने का पूरा विश्वास हो गया और नयी स्थिति का सामना करने के लिए काँग्रेस से किसी भी प्रकार का सहयोग लिये बिना उसने आवश्यक कार्यवाही प्रारंभ कर दी। लीग जिन प्रान्तों को पाकिस्तान में समेटना चाहती थी, उनमें से केवल सिंध और बंगाल में मुस्लिम लीग मंत्रिमंडल था। उत्तर-पश्चिम भाग में, जो यथार्थ पाकिस्तान होने वाला था, उत्तर-पश्चिम सीमा प्रांत काँग्रेस से समर्थित था और पंजाब में काँग्रेस समर्थित खिज्र हयात खाँ का मन्त्रिमंडल था। यद्यपि इस मंत्रिमंडल पर सामन्तों का प्रभुत्व था, लेकिन वह असाम्प्रदायिक सरकार थी, जिसमें हिन्दू-मुसलमान और सिक्ख मंत्री थे। लीग को इस गठबन्धन से घृणा थी क्योंकि दो-राष्ट्र के सिद्धान्त की झूठ का वह जीता जागता प्रमाण था। इस प्रकार के मंत्रिमंडल के द्वारा पाकिस्तान के हृदय-क्षेत्र में काम करने देना जिन्ना और लीग की सहन शक्ति के बाहर था।

भारत के दूसरे भागों में, विशेषतः गढ़मुक्तेश्वर में हुए दंगों ने लीग को पंजाब में तनाव उत्पन्न करने में सहायता की। मुस्लिम लीग के नेशनल गार्ड्स के उत्तर में राष्ट्रीय स्वयं सेवक संघ ने अपने भी स्वयं सेवक संगठित कर लिये। जनवरी तक तनाव बढ़ कर झगड़े के बिन्दु पर पहुँच रहा था और ख़िज्र हयात सरकार उपद्रव रोकने के लिए कदम उठाने पर मजबूर हो गयी थी। कुछ आपातकालीन प्रतिबन्धों के लगाने के साथ, जो जुलूस निकालने और आम सभाओं पर विशेषतः लागू किये गये थे, सरकार ने मुस्लिम लीग नेशनल गार्ड्स और राष्ट्रीय स्वयं सेवक संघ के स्वयं सेवकों, दोनों पर रोक लगा दी थी। राष्ट्रीय स्वयं सेवक संघ ने तो मात्र विरोध ही प्रकट किया लेकिन लीगियों ने उस रोक को न मानने का निर्णय लिया। नेशनल गार्ड्स के मुख्यालयों में २४ जनवरी, १९४७ को जब तलाशी ली जा रही थी, तो ७ बड़े लीगी नेता, जिनमें वाइसराय की कार्यकारिणी के भूतपूर्व सदस्य फीरोज़ खाँ नून भी थे, पुलिस के कार्य में बाधा डालने के जुर्म में गिरफ्तार कर लिये गये। इन गिरफ्तारियों का समाचार आग की तरह फैल गया और लीगियों ने विरोध में जुलूस निकाले तथा आम सभाएँ कीं। आपातकालीन प्रतिबन्धों को तोड़ने पर और भी गिरफ्तारियाँ की गयीं। लीगी आन्दोलन पंजाब के दूसरे नगरों में भी फैल गया और हड़तालें केवल पंजाब के नगरों में ही नहीं, बल्कि भारत के दूसरे भागों में, मद्रास जैसे दूरस्थ नगरों में भी की गईं।

प्रान्त में व्यापक हिंसा भड़क जाने के भय से प्रधामंत्री ख़िज्र हयात ने दोनों संगठनों पर से २८ जनवरी को रोक तो हटा ली, लेकिन "साम्प्रदायिक तनाव की वर्तमान स्थिति में" आपातकालीन प्रतिबन्धों को वापिस लेने से इन्कार कर दिया। इसके फलस्वरूप बाहरी तौर पर स्थिति कुछ शांत दिखायी दी लेकिन ऐसा केवल इसलिए था क्योंकि लीग अपनी योजना को पूरी तौर पर तैयार करने के लिए समय चाह रही थी। ब्रिटिश प्रधानमंत्री की २० फरवरी की घोषणा ने लीग को आश्वस्त कर दिया था कि पाकिस्तान अब केवल एक सपना ही नहीं था और यदि वे खिज्र हयात खाँ के मंत्रिमंडल को सत्ता में रहने देते हैं तो या तो पूरा पंजाब ही या फिर कम से कम पंजाब के हिन्दू बहुसंख्यक जिले हाथ से निकल जावेंगे। एटली की घोषणा के दो दिन बाद ही अमृतसर और जालन्धर में हिंसक दंगे हो गये। बेचारे खिज्र हयात को लीग से समझौता कर आपात कालीन प्रतिबन्धों को तोड़ने पर गिरफ्तार किये गये लीगियों को रिहा कर देना पड़ा और ३ मार्च को उन्होंने इस्तीफा भी दे दिया। लेकिन लीग के दुर्भाग्य से अपना मंत्रिमंडल बनाने के लिए अभी भी उसे बहुमत नहीं मिल सका और परिणाम यह हुआ कि ५

मार्च को गवर्नर ने शासन की बागडोर गवर्नमेन्ट ऑफ इंडिया एक्ट १९३५ की धारा ९३ के अन्तर्गत अपने हाथ में ले ली। वैधानिक उपायों से पंजाब के शासन को अपने अधिकार में करने में असफल होने पर लीगी बौखला उठे और पंजाब को ऐसे भयंकर दृश्य देखने पड़े जो नेहरु के शब्दों में "वहशियों के लिए भी शर्मनाक" थे। लाहौर, अमृतसर, मुलतान, पेशावर, रावलपिंडी, गुजरानवाला, शेखूपुरा, गुरदासपुर, सियालकोट, अटक, मरी, रोहतक, गुड़गाँव और जालंधर में हत्याकांड हुए। पंजाब सरकार की प्रेस विज्ञप्ति के अनुसार २०४९ व्यक्ति मारे गये और ११०३ गम्भीर रूप से घायल हुए।

ऐसे निर्णायक समय में महारानी विक्टोरिया के प्रपौत्र तथा सम्राट के दूर के चचेरे भाई लुई माउंटबेटन वेवल के स्थान पर वाइसराय तथा भारत के गवर्नर जनरल के पद पर आसीन होने के लिए २२ मार्च को नई दिल्ली पहुँचे। द्वितीय विश्वयुद्ध की अवधि में संयुक्त सैन्य कार्यवाही के प्रमुख होने तथा दक्षिण पूर्वी एशिया में मित्र राष्ट्रों की सेना के सर्वोच्च सेनापति के पद पर रहने के कारण भारत के राजनीतिक मामलों की अच्छी जानकारी उन्हें हो गयी थी। वे ४६ वर्ष के थे और अपने प्रगतिशील विचारों के लिए अपनी पत्नी सहित प्रसिद्ध थे। १८ सितम्बर से जब एटली ने वह पद उन्हें प्रस्तावित किया था, १७ फरवरी तक वे ब्रिटिश सरकार से ऐसी शर्तों पर राज़ी होने के लिए पत्राचार कर रहे थे जो उनके विचार से भारत में उनको दिए गए कार्य की पूर्ति के लिये आवश्यक थीं। उन्हीं के आग्रह पर जून १९४८ में भारत पर से ब्रिटिश नियंत्रण हटा लेने के लिए निश्चित किया गया था। लेकिन अधिक महत्वपूर्ण बात यह थी कि श्वेत पत्र में निर्धारित की गयी नीति के क्रियान्वित करने की प्रक्रिया में लुई माउंटबेटन ब्रिटिश मंत्रिमंडल और सेक्रेटरी ऑफ स्टेट की लगातार हिदायतों और निर्देशों से तंग नहीं किये जा सकते थे। इस प्रकार वे भारत में वाइसराय तथा गवर्नर जनरल की हैसियत से ही नहीं आये, बल्कि ब्रिटिश सत्ता के पूर्ण अधिकारों से सुसज्जित होकर आये थे।

ऐसा कहा जाता है कि पदभार माउंटबेटन को देते समय वेवल की उनसे दिल खोल कर बातचीत हुई, लेकिन वेवल की पत्रिका से नहीं पता लगता है कि उस बातचीत में उन्होंने बड़ी दिलचस्पी दिखायी हो। उनकी पत्रिका में माउन्टबेटन की सफलता के मामले में उनकी राय एक रूखे किन्तु अर्थपूर्ण ढंग से प्रकट की गई है। अपने उत्तराधिकारी माउंटबेटन के यह कहने पर कि वे गाँधी और जिन्ना से उनसे आकर मिलने के लिये कहना चाहते थे, वेवल लिखते हैं: "एक और वाइसराय हैं, मैं समझता हूँ, जो इन नियंत्रण में न आनेवाले दो अनियंत्रित व्यक्तियों में मेल कराना चाहते हैं।"

भारतीय नेताओं में से उनका परिचय केवल नेहरु से था। साल भर पहले जब नेहरु सिंगापुर गये थे, तो माउंटबेटन ने, जो उस समय दक्षिण-पूर्वी एशिया की मित्र राष्ट्रों की सेना के अधिनायक थे, दिल्ली के अधिकारी वर्ग के निर्देश की अवहेलना कर अपने अधीनस्थ सेना नायकों को एक प्रमुख भारतीय के नाते नेहरु का हार्दिक स्वागत करने का आदेश दिया था और उन्होंने स्वयं उनका मार्मिक अभिनन्दन किया था। यद्यपि वे गाँधीजी और पटेल से परिचित नहीं थे, वे जानते थे कि उनकी उपेक्षा नहीं की जा सकती थी। उन्होंने गाँधीजी के प्रति जो सम्मान प्रदर्शित किया वह लगभग श्रद्धा के स्तर का था। पटेल के लिए उनकी व्यवहारिक बुद्धि और काँग्रेस संगठन पर उनके प्रभाव के प्रति उनमें आदर था और शीघ्र ही वे पटेल के साथ मित्रवत हो गये थे। उन्होंने भावशून्य और स्वार्थी जिन्ना से

व्यक्तिगत सम्बन्ध रखना चाहा लेकिन असफल रहे तो भी लियाकत अली खाँ के माध्यम से जितना बन सका उन्हें प्रभावित करते रहे।

सबसे पहले उन्होंने यह देखना चाहा कि क्या १६ मई १९४६ की कैबिनेट मिशन योजना को फिर से जिन्दा किया जा सकता है? भारत आने पर उन्होंने तत्काल भारतीय नेताओं से वार्ता प्रारंभ कर दी। ३१ मार्च को वे गाँधीजी से मिले जिन्होंने उन्हें परामर्श दिया कि अंतरिम सरकार बनाने के लिए वे जिन्ना को आमंत्रित करें। वाइसराय के यह पूछने पर कि जिन्ना के द्वारा इन्कार किये जाने पर क्या करना ठीक होगा गाँधीजी ने कहा कि फिर काँग्रेस को आमंत्रित किया जाए। एच.वी. हडसन के कथनानुसार "लार्ड माउंटबेटन ने चतुराई से कहा कि वही उनका सही उद्देश्य था, मुस्लिम लीग को प्रारंभ में निमंत्रण देना मात्र एक चाल ही थी।" गाँधीजी ने इसे अस्वीकार करते हुए जिन्ना के द्वारा निमंत्रण स्वीकार कर लिया जावे इसके लिए अपनी ओर से "सब कुछ ईमानदारी" से करने का आश्वासन दिया। मौलाना आज़ाद गाँधीजी से सहमत थे और उन्होंने माउंटबेटन से कहा कि जिन्ना के द्वारा निमंत्रण स्वीकार किये जाने की सम्भावना थी। नये वाइसराय को महात्मा गाँधी के इस सुझाव में किसी तरह की चाल का आभास नहीं होना चाहिए था क्योंकि यह सुझाव उन्होंने कैबिनेट मिशन को भी दिया था। १९४२ में भी उन्होंने अंग्रेजों को भारत छोड़ने और मुस्लिम लीग के नेता को सत्ता सौंप देने को कहा था। चूँकि अन्तरिम सरकार से शासन व्यवस्था बिल्कुल ठप्प हो गयी थी और देश गृह युद्ध की कगार पर खड़ा था, महात्माजी ने संभवत: सोचा हो कि जिन्ना को यदि सत्ता सौंप दी जाये तो पद का उत्तरदायित्व उन्हें वास्तविक स्थिति को समझने के लिए बाध्य करेगा और वे काँग्रेस का सहयोग प्राप्त करने का प्रयत्न करेंगे। कृपलानी लिखते हैं:"वे (गाँधीजी) देश के विभाजन के विरोधी थे क्योंकि उनका विश्वास था कि उससे सभी दलों को हानि होगी। इसलिए उन्होंने प्रस्तावित किया कि वाइसराय मुस्लिम लीग की ओर से सरकार बनाने के लिए जिन्ना को बुलायें। यदि वे भारत के सभी लोगों के हित में काम करते हैं तो काँग्रेस उन्हें अपना सहयोग देगी। वाइसराय इसके निर्णायक होंगे कि वह सरकार सभी वर्गों का हित साधन कर रही है? यदि लीग इस प्रस्ताव को नहीं मानती तो फिर वह प्रस्ताव काँग्रेस को दिया जा सकता था। इस प्रस्ताव की वाइसराय पर अच्छी प्रतिक्रिया हुई। उन्होंने कहा कि प्रस्ताव आकर्षक है लेकिन उनके सलाहकार इसे सफल नहीं होने देना चाहते थे क्योंकि वह देश के विभाजन की उनकी योजना को उलट देती। उन्हें ज्ञात था कि सरदार मुस्लिम लीग को निमन्त्रण देने के विरोधी थे लेकिन उन्हें भय था कि जवाहरलाल गाँधीजी से प्रभावित हो सकते थे और इन दोनों के दबाव से काँग्रेस कार्यकारिणी उसे स्वीकार कर सकती थी। तब तक उन सलाहकारों ने यह भी जान लिया था कि माउंटबेटन जवाहरलाल के निर्णयों पर बहुत प्रभाव डाल सकते थे। इसलिए उन्होंने जवाहरलाल को सूचित किया कि वाइसराय ने गाँधीजी का सुझाव स्वीकार नहीं किया है। जब जवाहरलाल गाँधीजी से मिले तो उन्होंने कहा कि वे उस सुझाव के पूरा होने में बड़ी कठिनाई देखते हैं और उसे वे स्वीकार नहीं करते।"[३]

इस घटना के सम्बन्ध में एच.व्ही. हडसन ने, जिनकी माउन्टबेटन के व्यक्तिगत पत्रों तक पहुँच थी, जो कुछ कहा है उससे यह नहीं पता चलता कि गाँधीजी से बातचीत के दौरान माउन्टबेटन ने उनके प्रस्ताव को स्वीकार या अस्वीकार किया। ऐसा हो सकता है कि उस प्रस्ताव से वे अचंभे में आ

गये हो। नेहरु और पटेल, दोनों ही देश के उस संकटकाल में शासन की बागडोर जिन्ना के हाथ में नहीं देना चाहते थे, इसलिए गाँधीजी के प्रस्ताव के प्रति माउंटबेटन की प्रतिक्रिया पर ध्यान दिए बिना उसका विरोध करना उनके लिए स्वाभाविक था। मौलाना आज़ाद के कहे बिना ही नेहरु को पहले से विश्वास था कि जिन्ना उस प्रस्ताव को स्वीकार कर लेंगे। वस्तुत: जिन्ना वेवल से इसलिए बिगड़ गये थे क्योंकि वेवल ने उन्हें सरकार बनाने के लिए निमंत्रित नहीं किया था। इसलिए ऐसा प्रतीत होता है कि सीधी कार्यवाही के जन्मदाता के हाथ में देश का भाग्य न सौंपने का नेहरु द्वारा निर्णय किये जाने के लिये किसी षडयंत्र की आवश्यकता नहीं थी। हडसन के शब्दों में, "गाँधीजी को स्वयं ही अंत में संभवत: अपने प्रस्ताव की अंत्येष्टि करनी पड़ी जब उन्होंने ११ अप्रैल को वाइसराय को लिखा कि काँग्रेस के उत्तरदायी सदस्यों को वे अपनी ओर नहीं कर पाये, और इसलिए वह प्रस्ताव वापिस ले लेना अनिवार्य हो गया है।"[४]

जिन्ना की भी माउन्टबेटन से कई मुलाकातें हुईं। ८ तारीख को वाइसराय ने उससे कहा कि कैबिनेट मिशन योजना को स्वीकार न करने का विकल्प, मिशन के शब्दों में, "छोटा पाकिस्तान" ही था। पैथिक लारेन्स के इस कथन का भी उल्लेख उन्होंने किया कि अखिल भारतीय स्तर पर विभाजन की प्रक्रिया बंगाल और पंजाब पर भी लागू होती थी। काँग्रेस के विरुद्ध जिन्ना की बौखलाहट अथवा उनकी "दीमकों से खाया हुआ" पाकिस्तान मिलने पर परेशानी का कोई प्रभाव माउंटबेटन पर नहीं हो सका। ९ और १० तारीख को भी माउंटबेटन उतने ही बेरहम थे जितना ८ तारीख को थे, और सशक्त पाकिस्तान दिये जाने के लिए जिन्ना की अपीलों को वे अनसुना करते रहे। अंत में जिन्ना ने कहा कि यदि प्रांतों का विभाजन होना ही था तो वे आसाम का भी विभाजन चाहेंगे। माउन्टबेटन इस पर सहमत हो गये कि उस प्रान्त के मुस्लिम बहुल जिलों को देने पर उन्हें कोई आपत्ति नहीं होगी। यह स्पष्ट है कि यदि जिन्ना "लघु पाकिस्तान" ही देने के अपने निर्णय से वाइसराय को नहीं डिगा सके तो यह भी सच है कि वाइसराय कैबिनेट मिशन योजना के जिन्ना के दृढ़ विरोध को भी प्रभावित नहीं कर सके। वे यह आग्रह करते रहे कि मुस्लिम राष्ट्र का अपना स्वतंत्र सर्वसत्तापूर्ण राज्य और अपनी सेना होनी चाहिए।

लीग के नेता के साथ वार्ता जारी रखते हुए, माउन्टबेटन काँग्रेसी नेताओं से भी विचार-विनिमय करते रहे। मौलाना आजाद अभी भी कैबिनेट मिशन योजना के पक्षधर थे, और जैसा कहा जा चुका है, हडसन के अनुसार- "उनकी समझ में नहीं आ रहा था कि जिन्ना उस योजना को क्यों स्वीकार नहीं कर सके, क्योंकि अंतत: वह योजना मुस्लिम क्षेत्रों को यदि वे चाहें तो १० वर्ष पश्चात् स्वतंत्र हो जाने का अधिकार देती थी....।"[४] लेकिन किसी की समझ में यह भी नहीं आ सकता कि १९४६ से प्रारंभ परस्पर वार्ता की सम्पूर्ण जानकारी रखते हुए भी मौलाना जिन्ना के रुख से क्यों आश्चर्य में थे। कारण स्पष्ट थे। पहली बात तो यह थी कि काँग्रेस, प्रान्तों के बी. तथा सी. वर्गों में मजबूरीवश विभाजन कर दिये जाने के अभी भी विरुद्ध होने के साथ ही पंजाब और बंगाल के विभाजन की मांग कर रही थी। यदि जिन्ना को केबिनेट मिशन योजना के अन्तर्गत भारतीय संघ में केवल विकृत पाकिस्तान ही मिलने वाला था तो वह उसे सार्वभौम सत्ता युक्त पाकिस्तान की तुलना में क्यों पसंद करते? दूसरे, यदि मिशन

उन्हें कुछ और क्षेत्र भी देता, तो अपनी वृद्धावस्था को देखते हुए वे भारत से स्वतंत्र होने के लिए नियत १० वर्ष की अवधि तक प्रतीक्षा करना नहीं चाहते थे।

काँग्रेस के नेताओं और वाइसराय में वार्ता में कोई गतिरोध नहीं रहा। नेहरु और पटेल तो पहले ही निश्चय कर चुके थे और राजेन्द्र प्रसाद और काँग्रेस अध्यक्ष कृपलानी भी उन्हीं के विचारों के हो गये। सिक्खों की ओर से बल्देवसिंह ने अपनी मंजूरी दे दी, क्योंकि सिक्खों ने पहले से ही पंजाब के विभाजन के लिए अपना निर्णय सूचित कर दिया था।

इस बीच में, मुस्लिम लीग उत्तर पश्चिम सीमा प्रान्त में खान साहब के मंत्रिमंडल को तोड़ने अथवा कम से कम उनकी प्रतिष्ठा को गिराने की दृष्टि से साम्प्रदायिकता का जहर फैलाने में सफल हो गयी थीं। १९४६ के अक्टूबर में जब नेहरु उस प्रान्त में गये उस समय तक मुस्लिम लीग ने भारत के हिन्दू बहुल प्रान्तों में हिन्दुओं के द्वारा मुसलमानों पर अत्याचार किये जाने के झूठे प्रचार से आम जनता में असंतोष पैदा कर दिया था। पठान इतने अधिक उत्तेजित थे कि नेहरु के विरुद्ध उस दौरे में उन्होंने केवल प्रदर्शन ही नहीं किये बल्कि उन पर कई स्थानों में पत्थर भी फेंके। यह आग सुलगाकर रक्खी गयी और अंततः १७ अप्रैल को डेरा-इस्माइल खाँ में वह भयानक रूप से भड़क उठी। लूट, आगजनी, और बलात् धर्म परिवर्तन पर मजबूर किये जाने के समाचार जिले के आन्तरिक भागों से आते रहे। एक सप्ताह भी नहीं पूरा हुआ था कि दूसरे ज़िले भी प्रभावित हो गये और बन्नू तथा हजारा जिलों में अराजकता व्याप्त हो गई थी। काँग्रेस मंत्रिमंडल ने प्रमुख नेताओं की गिरफ्तारी के आदेश दिये लेकिन जिला अधिकारियों ने उनका पालन नहीं किया। अखिल भारतीय काँग्रेस कमेटी के महामंत्री आचार्य जुगुलकिशोर और दीवान चमनलाल ने जिन्हें नेहरु ने स्थिति का अध्ययन करने के लिए नियुक्त किया था, रिपोर्ट दी:-

"नागरिक प्रशासन के अधिकारी के द्वारा प्रमुख नेताओं को पकड़ने के लिए बार-बार आदेश प्रसारित किये गए और प्रत्येक बार पुलिस अधिकारियों द्वारा उनका पालन नहीं किया गया। मंत्रिमंडल के आदेश के अन्तर्गत इन्सपेक्टर जनरल ऑफ पुलिस के आदेशों का भी पालन नहीं किया गया। पुलिस के पास बड़ी संख्या में जवान थे लेकिन एक भी टुकड़ी काम पर नहीं भेजी गयी, एक भी अश्रु गैस बम नहीं फेंका गया, एक बार भी लाठी चार्ज नहीं हुआ और न एक बार भी हवा में गोली चलायी गयीं। प्रान्त के गवर्नर को प्रमुख अपराधियों की गिरफ्तारी के आदेश दिये जाने की जानकारी थी, लेकिन जब वे घटनास्थल पर आये तो उन्होंने अपराधियों के सबसे प्रमुख व्यक्ति को अपने साथ कर लिया और खुल्लम खुल्ला उससे भाईचारा दिखाते रहे। स्वाभाविक है कि जिन अधिकारियों ने आदेश माने थे वे यह अच्छी तरह जानते थे कि उनसे कोई जवाब-तलब नहीं किया जायेगा और न उन पर कोई कार्यवाही होगी।

"इस अस्वाभाविक स्थिति को तत्काल ही समाप्त कर देना चाहिए और सर ओलफ कैरो के स्थान पर ऐसे व्यक्ति को गवर्नर नियुक्त करना चाहिए जो अल्पसंख्यकों की सुरक्षा की गारंटी दे सके और जो विलक्षण व्यक्तित्व वाले डॉ. खान साहब के मंत्रिमंडल से सहानुभूति रखे और उनसे मिलकर काम करे।"

इस विवरण से जैसा स्पष्ट होगा, मंत्रिमंडल को नहीं बरखास्त करना है, बल्कि गवर्नर को और

उन अधिकारियों को, जिन्हें उसका समर्थन प्राप्त है, और जो शांति और व्यवस्था बनाये रखने और अल्पसंख्यकों के प्रति अपने कर्तव्यों को निभाने में असफल रहे हैं ऐसे प्रत्येक अधिकारी को हटा देना चाहिए और अपना कर्तव्य न करने के संगीन अपराध के लिए उन पर मुकदमा चलाना चाहिए।"[५]

जिन्ना ने अपने सार्वजनिक वक्तव्य में प्रान्तीय मुस्लिम लीग का समर्थन ही नहीं किया बल्कि काँग्रेस मंत्रिमंडल को बरखास्त करने की मांग भी की। जब अप्रैल के अंतिम सप्ताह में माउन्टबेटन स्वयं उस प्रान्त में गये तो उन्होंने गवर्नर और मुख्यमंत्री में आपसी तनाव पाया। अंततः माउन्टबेटन की सलाह पर गवर्नर छुट्टी पर जाने के लिए तैयार हो गये और इस तरह खान साहब का एक सिरदर्द दूर हुआ। लेकिन इस व्यक्तिगत यात्रा से माउन्टबेटन ने यह भी जान लिया कि पिछले आम चुनाव के बाद के मुस्लिम लीग के प्रचार ने खान भाइयों की लोकप्रियता में भारी कमी ला दी थी और यदि भारत का विभाजन हुआ तो जनमत संग्रह ही आम जनता की राय जानने के लिए उचित और न्याय संगत साधन होगा।

वाइसराय ने पंजाब का भी दौरा किया जहाँ सामान्य स्थिति नहीं आ सकी थी। खिज्र हयात खाँ ने प्रस्ताव किया कि प्रान्त में शांति की पुनर्स्थापना के लिए उनके दल को मुस्लिम लीग से सहयोग करने दिया जाये ताकि इस प्रकार बहुमत हो जाने से मंत्रिमंडल बनाया जा सके, लेकिन माउन्टबेटन के मतानुसार पंजाब में साम्प्रदायिक सरकार शांति और व्यवस्था की दृष्टि से धारा ९३ की सरकार से भी खराब साबित होगी।

उत्तर-पश्चिम भारत ही नहीं, बंगाल और बम्बई की स्थिति भी खराब थी। वास्तव में दिल्ली को मिलाकर पूरे भारत की स्थिति विस्फोटक थी, और माउन्टबेटन को यह स्वीकार करना पड़ा कि अंग्रेज सरकार एक ज्वालामुखी की चोटी पर बैठी थी। इंग्लैंड सरकार के द्वारा सत्ता हस्तांतरण के लिए निश्चित की गयी जून १९४८ की तिथि शांतिपूर्ण वातावरण में सत्ता हस्तांतरण के लिए बड़ी दूर दिखाई देने लगी थी। उन्हें लगा कि यदि सर्वनाश से बचना हो तो उन्हें अपना कार्य जितनी जल्दी हो पूरा कर लेना चाहिए। काँग्रेस के लिए भी स्थिति दिन ब दिन बड़ी चिन्तनीय होती जा रही थी। सिक्ख पंजाब का विभाजन ही नहीं चाहते थे, अब कुछ लोग स्वतंत्र खालिस्तान की मांग भी करने लगे थे। इसी प्रकार सोहरावर्दी के द्वारा भड़काये जाने से शरद चन्द्र बोस स्वतंत्र बंगाल की बात सोचने लगे थे। यह मानकर कि उनका वृहत् पाकिस्तान नहीं मिल सकेगा, जिन्ना अब चाहते थे कि काँग्रेस भी वृहत् हिन्दुस्तान न पा सके। ऐसा कहा जाता है कि उन्होंने माउन्टबेटन से कहा था कि उन्हें स्वतंत्र बंगाल होने पर आपत्ति नहीं थी क्योंकि कलकत्ता के बिना पूर्वी बंगाल पाकिस्तान के लिए अधिक काम का नहीं था!

काँग्रेसी नेताओं को यह भी जानकारी थी कि कई रियासतें स्वतंत्र सत्ता का दावा कर रही थीं और लीग उन्हें इस कार्य में सहायता देने में कोई कसर नहीं छोड़ेगी। इसलिए अपनी जन्मभूमि के टुकड़े हो जाने की सम्भावना की तुलना में वे जिन्ना के द्वारा उनका विकृत पाकिस्तान हथिया लेने पर सहमत हो गये और उन्होंने शेष देश को एक सशक्त केन्द्रीय सत्ता के अन्तर्गत एकीकृत करने का संकल्प ले लिया। मौलाना आज़ाद को छोड़कर, जो अभी भी महात्मा गाँधी को अगले कुछ वर्षों तक स्वतंत्रता की प्राप्ति स्थगित करने के लिए कह रहे थे, काँग्रेस के सभी बड़े नेताओं ने स्वीकार कर लिया था कि यदि देश के टुकड़े टुकड़े होने से बचाना है तो और अधिक बातचीत करने में उन्हें समय का

अपव्यय नहीं करना चाहिए। कृपलानी ने जैसा कहा है- "हम (कार्यकारिणी के सदस्य) अराजकता की सम्भावना से भयभीत थे।" इस प्रकार माउन्टबेटन और काँग्रेस के नेताओं में सहमति हो गयी कि अंग्रेजों की वापिसी के लिए निश्चित तिथि जून १९४८ को रद्द कर दिया जावे और ब्रिटिश सरकार से भारत पर से अपना नियन्त्रण हटा लेने के लिए उस तारीख से बहुत पहले कोई दूसरी तिथि निश्चित करने के लिए कहा जावे।

अप्रैल के अन्त तक माउन्टबेटन ने काँग्रेस के नेताओं से अपना वार्तालाप समाप्त कर लिया। योजना की एक रूपरेखा बन गई। उन्होंने अपने व्यक्तिगत सचिवालय से, जिसमें एक भी भारतीय नहीं था, उसकी पूरी जाँच करवायी। नयी योजना का वास्तविक प्रारूप किसी भी भारतीय को नहीं दिखाया गया और २ मई को लार्ड इस्मे उस पर ब्रिटिश सरकार की सहमति प्राप्त करने के लिए हवाई जहाज़ से लन्दन गये।

जब लार्ड इस्मे लन्दन में थे, नेहरु माउन्टबेटन के मेहमान होकर शिमला में ठहरे हुए थे। माउन्टबेटन रिफार्म कमिश्नर वी.पी. मेनन को भी शिमला ले गये थे। कुछ दिनों से मेनन अपनी ओर से डोमिनियन स्टेटस के आधार पर भारत को सत्ता हस्तांतरण का कार्यक्रम बना रहे थे। चूँकि माउन्टबेटन को पता था कि काँग्रेस डोमिनियन स्टेट्स के पक्ष में नहीं थी, इसलिए उसके नेताओं से उन्होंने कभी वह प्रश्न नहीं उठाया था। लेकिन शिमला में उन्हें अपने सचिवालय के एक व्यक्ति से सूचना मिली कि सरदार वल्लभ भाई पटेल ने मेनन से कहा था कि अस्थायी रूप से वे डोमिनियन स्टेट्स को मंजूर कर सकते थे। इस बात ने माउन्टबेटन को मेनन से यह कहने के लिए प्रोत्साहित किया कि वे नेहरु से इस सम्बन्ध में चर्चा करें। दो दिन तक विचार विनिमय के पश्चात् मेनन ने वाइसराय को सूचित किया कि नेहरु भी उस विचार के विरुद्ध नहीं थे।

इसी समय ब्रिटिश मंत्रिमंडल के द्वारा संशोधित माउन्टबेटन वाला प्रारूप शिमला में प्राप्त हुआ। वी.पी. मेनन लिखते हैं: "घटनाओं ने अब नाटकीय मोड़ ले लिया। माउन्टबेटन अपने द्वारा लन्दन भेजे गये प्रारूप में ब्रिटिश सरकार द्वारा किये गये संशोधनों से चिन्तित थे। उन्हें लगा कि उन संशोधनों ने दलीय नेताओं के द्वारा उनके मंजूर किये जाने की सम्भावना को बिगाड़ दिया था। साथ ही उन्हें ऐसा भी आभास हुआ कि मेरे द्वारा तैयार की गयी योजना में नेहरु द्वारा उसके पक्ष में होने से उसकी स्वीकृति की अधिक सम्भावनाएं थी।" अपने अधिकारियों की एक बैठक में उन्होंने घोषणा की कि "मेरा विचार है कि प्रारूप के संशोधित रूप को मैं नेहरु को उस पर राजी होने के पहले ज़रुर दिखा दूं।

"१० मई की रात को लार्ड माउन्टबेटन ने लन्दन से आए प्रारूप को नेहरु को दिखाया।"[६]

ब्रिटिश सरकार के द्वारा संशोधित प्रारूप के प्रति नेहरु की प्रतिक्रिया बड़ी उग्र थी। उन्होंने वाइसराय को उसके कड़े विरोध में एक पत्र लिखा जिसमें उन्होंने कहा "ये प्रस्ताव भारत को ही आतंकित नहीं करनेवाले हैं, बल्कि ब्रिटेन और भारत के भावी सम्बन्धों को भी खतरे में डालने वाले हैं। निश्चिन्तता, सुरक्षा और स्थिरता की कोई भावना पैदा करने के बजाय ये प्रस्ताव व्यापक तोड़फोड़, अराजकता और दुर्बलता को बढ़ावा देनेवाले हैं। वे विशेष रूप से महत्वपूर्ण संवेदनशील क्षेत्रों को खतरे में डाल देते हैं।" नेहरु ने इस पर बल दिया कि मुस्लिम बहुल क्षेत्रों के अलग किये जाने पर काँग्रेस

की सहमति का अर्थ यह नहीं होता था कि शेष भारत कई स्वतंत्र राज्यों में बांट दिया जाये। वाइसराय के लिए जिन्होंने ब्रिटिश सरकार को पहले ही आश्वस्त कर दिया था कि उनकी योजना को काँग्रेस की सहमति प्राप्त थी, नेहरु का पत्र बम फेंके जाने से किसी प्रकार कम नहीं था। इस परेशानी में उन्होंने मेनन को बुलाया, जिन पर अपने पूर्वाधिकारी वेवल की तरह वे पटेल का आदमी मान कर विश्वास नहीं करते थे। मेनन लिखते हैं- "मैंने नेहरु से दुबारा हुई अपनी भेंट की चर्चा की और यह सुझाव दिया कि मेरी योजना के अनुसार काम करना ही फलदायक होगा। डोमिनियन स्टेट्स के आधार पर दो केन्द्रीय सरकारों को सत्ता हस्तांतरण एक ऐसा प्रस्ताव था जिसे काँग्रेस द्वारा मान लिये जाने की सम्भावना थी क्योंकि उससे सत्ता को शीघ्र त्याग दिये जाने की निश्चित सम्भावना थी। मात्र एक ही प्रश्न रह जाता था कि जिन्ना विकृत पाकिस्तान स्वीकार कर लेंगे या नहीं। लेकिन जिन्ना जानते थे कि काँग्रेस उनको वे क्षेत्र नहीं हथियाने देगी जिनमें गैर मुस्लिम अधिक संख्या में थे। मैंने वाइसराय को याद दिलाया कि उन्हें स्वयं आभास हो गया था कि जिन्ना पंजाब और बंगाल के विभाजन पर राज़ी हो गये थे। ब्रिटिश सरकार के द्वारा स्वीकृत योजना भारत को कई भागों में बांट देगी, जबकि मेरी योजना भारत की वास्तविक एकता को बचाये रखेगी। साथ ही जो क्षेत्र उसमें नहीं रहना चाहते उन्हें अलग हो जाने की अनुमति दे देगी।"७

माउन्टबेटन को मेनन की योजना एक वरदान जैसी जान पड़ी। नेहरु ने उस पर अपनी स्वीकृति दे दी और पटेल की स्वीकृति भी टेलीफोन पर दिल्ली से प्राप्त हो गयी। मेनन को अपने साथ लेकर वाइसराय १४ मई को इंग्लैंड के लिये चल पड़े। काँग्रेस के द्वारा डोमिनियन स्टेट्स की स्वीकृति चाहे वह अस्थायी रूप से ही हो, भी ब्रिटिश सरकार के लिए प्रसन्न करने वाली आश्चर्यजनक बात थी। उन्होंने अपनी ओर से आज कहे जाने वाली "मेनन योजना" की पुष्टि करने में समय नहीं लगाया। चर्चिल भी उस पर सहमत होने के लिए और संसद में आवश्यक कार्यवाई करने में सहायता करने के लिए मना लिये गये। उस योजना में जून १९४८ के बजाय "तत्काल सत्ता हस्तांतरण" का एक अनुच्छेद रखा गया था।

माउन्टबेटन ३० मई को दिल्ली वापस हुए और कई भारतीय नेताओं से उन्होंने अनौपचारिक चर्चायें कीं। २ जून भारत के इतिहास में निर्णायक दिन था। उस दिन दिल्ली में हुए सम्मेलन में वाइसराय के अतिरिक्त नेहरु, पटेल, कृपलानी, जिन्ना, लियाक़त अली खाँ, अबुर रब नश्तर और सरदार बल्देवसिंह उपस्थित थे। तीन काँग्रेसी नेताओं और बल्देव सिंह ने योजना पर अपनी स्वीकृति दे दी। कृपलानी ने काँग्रेस कार्यकारिणी की प्रतिक्रिया संध्या तक भेज देने का वचन दिया। लेकिन जिन्ना किसी हद तक अड़ियल साबित हुये। हडसन लिखते हैं: "मि. जिन्ना, जब तक मजबूर न किये जायें तब तक वचनबद्ध न होने की अपनी आदत के प्रति सच्चे रहते हुए बात न मानने पर अधिक टिके रहे, और माउन्टबेटन को अपनी सारी कार्यकुशलता उन्हें सही रास्ते पर रखने के लिए खर्च करनी पड़ी। जिन्ना ने कहा कि सिर्फ लीग कार्यकारिणी पर ही निर्णय नहीं छोड़ा जा सकता था। उन्हें जनता को अपनी ओर लाना होगा और उसके लिए काफी सफाई की आवश्यकता होगी। उस रात को जब वे वाइसराय से मिले तो उन्होंने कुछ भी लिख कर देने से इन्कार किया। उन्होंने कहा कि वे अपनी शक्ति भर उस योजना को मंजूर कर लिए जाने के लिए प्रयत्न करेंगे और उनकी कार्यकारिणी को ऐसी आशा भी थी, लेकिन

आल इंडिया मुस्लिम लीग की कौन्सिल ही केवल वैधानिक पद्धति से निर्णय ले सकती थी, उसकी बैठक आयोजित करने में कम से कम एक सप्ताह का समय लगेगा। माउन्टबेटन ने पूछा कि क्या उनका ब्रिटिश प्रधानमंत्री से योजना के अनुसार आगे बढ़ने के लिए, और दूसरे दिन घोषणा करने के लिए कहना ठीक होगा। जिन्ना ने उत्तर में हाँ कहा। माउन्टबेटन ने, जो यह जानते थे कि काँग्रेस लीग की सहमति जाने बिना स्वयं राजी नहीं होगी, कहा कि वे नेताओं से सम्मेलन में कहेंगे कि जिन्ना के द्वारा दिये गये आश्वासन से वे संतुष्ट थे। वे केवल यह चाहते थे कि उस समय जिन्ना स्वीकारात्मक सिर हिलायें और जब वह निर्णायक क्षण आया और वाइसराय जिन्ना की ओर मुड़े तो दो विभाजित प्रान्तों सहित पाकिस्तान उनके सिर हिलाने के साथ बन गया।"[८]

३ जून को वाइसराय ने रेडियो प्रसारण से योजना की घोषणा की। नेहरु, जिन्ना और बल्देव सिंह ने क्रम से अलग-अलग प्रसारण से स्पष्टीकरण दिया कि उन्होंने वह योजना क्यों स्वीकार की थी। ब्रिटिश सरकार ने भी लन्दन में योजना के विवरण के साथ एक वक्तव्य दिया।

इस विस्तृत विश्व में किसी ने स्वप्न में भी कभी सोचा था कि इस प्राचीन देश की स्वतंत्रता और उसका विभाजन कायदे आज़म मोहम्मद अली जिन्ना के सिर हिलाने पर निर्भर होगा?

पाकिस्तान-एक वापसी (१९४७)

उन कारणों की चर्चा करते हुए जिसके परिणामस्वरूप सार्वभौम प्रभुसत्ता सम्पन्न पाकिस्तान की स्थापना हुई, "पार्टीशन ऑफ इंडिया" के सम्पादकों ने (भारतीय, पाकिस्तानी और अंग्रेज लेखकों के २९ लेखों का संग्रह) उसकी भूमिका में लिखा है: "भारत में व्यापक रूप से माना जाने वाला दृष्टिकोण... . यह है कि विभाजन एक दुखद जीवच्छेदन था और इसलिए उस देश में की जाने वाली बहस में उसके कारण ढूंढ़ने और उस उपमहाद्वीप की एकता न रख सकने का किसी पर दोषारोपण करने तथा उस विभाजन के फलस्वरूप अनिश्चित परिणामों को कम करने की चर्चा रहती है। प्रशंसनीय असंलग्नता से सारा दोष अधिकांशत: काँग्रेसी नेताओं पर मढ़ा जाता है। उन्होंने यदि यह या वह किया होता तो विभाजन से बचा जा सकता था। दूसरी ओर पाकिस्तान में जहाँ स्वभावत: यह नहीं माना जा सकता कि विभाजन बचाया जा सकता था, मुस्लिम राष्ट्रवाद के विकास को इतिहास की गहराइयों में खोजने का और उसके साथ स्पष्ट तौर पर एक मुस्लिम देश की स्थापना की अनिवार्यता के प्रति झुकाव है।"

यह सत्य है कि भारतीय जनता के लगभग सभी वर्गों और राजनीतिज्ञों ने विभाजन को एक दुखद घटना माना था। काँग्रेस कार्यकारिणी द्वारा ब्रिटिश सरकार की ३ जून की योजना की मंजूरी की पुष्टि के लिए दिल्ली में हुए अखिल भारतीय काँग्रेस समिति के सम्मेलन में नेहरु ने अपना भाषण इस कथन से प्रारंभ किया: "भारत का दिल तोड़ दिया गया है।" सिंध के हिन्दुओं के भय की चर्चा करते हुए पटेल ने कहा- "भारत का विभाजन किसी ने नहीं चाहा, और उनका मन बहुत भारी है।" न जाने कब से यह उपमहाद्वीप भौगोलिक और सांस्कृतिक दृष्टि से एक इकाई माना जाता रहा था और प्रत्येक शक्तिशाली शासक की इच्छा हिमालय से हिन्द महासागर तक फैले भूभाग पर शासन करने की रही है। इसके अतिरिक्त, अंग्रेजों के लम्बे शासन काल में भारतीय कई पीढ़ियों से भारत की एकता के अभ्यस्त

रहे थे। यदि कैबिनेट मिशन के सदस्य भी जिन्ना के 'लघु पाकिस्तान' के विरुद्ध पैरवी कर सकते तो भारत के लिए विभाजन को एक दुर्भाग्य मानना स्वाभाविक था।

नेहरु और पटेल की पीढ़ी देश की आज़ादी के लिए ही नहीं बल्कि अपनी मातृभूमि की एकता के लिए निरन्तर कार्यरत रही थी। उन्होंने ब्रिटिश प्रजातांत्रिक प्रणाली को पसंद किया था और सरकार से लड़ते रहते हुए भी उन्होंने आशा की थी कि अंग्रेज सत्ता छोड़ते समय "बहुमत के द्वारा शासन" के सिद्धान्त को तिलांजलि नहीं देंगे। लेकिन यह आशा निराधार थी। भारत से ब्रिटिश सम्बन्धों के किसी भी काल में शासकों ने भारतीयों को एक प्रकार के लोग नहीं माना। १९४५ तक में भी मजदूर दल की सफलता के पश्चात् सम्राट ने नई संसद के उद्घाटन के समय भारतीय जनता को दिये गये वचनों के स्थान पर "मेरे भारतीय लोगों" को दिए गए वचनों की चर्चा की। वास्तव में अंग्रेजों की बहुराष्ट्रवादी कल्पना ने ही मुस्लिम लीग की दो राष्ट्र कल्पना को जन्म दिया था।

जब अंग्रेजों ने भारत में अपना विजय अभियान प्रारंभ किया तो मुगल साम्राज्य समाप्त हो चुका था, प्रायः उसका नाम ही शेष था और कई छोटे बड़े शासक आपस में युद्धरत थे। अंग्रेज इन शासकों को एक दूसरे से लड़ाकर धीरे धीरे अपना साम्राज्य बनाने में सफल हुए थे। जब वे लोग भारत में अपनी सर्वशक्तिशाली प्रभुसत्ता स्थापित कर चुके तो उनकी 'भेद करो और जीतो, की नीति ने उस क्षेत्र में जो ब्रिटिश भारत के नाम से जाना गया, 'भेद करो और शासन करो' का रूप ले लिया। १८५७ के विद्रोह के दमन के पश्चात् यह नई नीति अपनी पूर्ण शक्ति से काम में लाई जाने लगी। १८५९ में लार्ड एलफिनस्टन ने लिखा "भेद डालो पुरानी रोमन कहावत है, और इसे अपनी नीति बना लेनी चाहिए।" प्रारम्भ में मुसलमान के विरुद्ध हिन्दू को उनका संरक्षण प्राप्त हुआ। यह चुनाव इसलिए स्वाभाविक था क्योंकि मुस्लिम शासन में हिन्दू दूसरे दर्जे का नागरिक था और इसलिए अंग्रेजों का प्रथम स्वामीभक्त होने का अवसर वह नहीं चूकना चाहता था। लेकिन जैसे-जैसे समय बीतता गया वह अपने स्वामी पर ही भोंकने लगा। इस समय तक मुसलमान ब्रिटिश संरक्षण के महत्व को समझ चुका था। उसने बहुत जल्दी ब्रिटिश अनुग्रह पाने में हिन्दू का स्थान हथिया लिया। यह सिलसिला १ अक्टूबर १९०९ को, मार्ले-मिन्टो सुधार के अन्तर्गत पृथक निर्वाचन क्षेत्र प्रदत्त किये जाने से प्रारम्भ हुआ और ८ अगस्त १९४० को वह पूर्णता तब प्राप्त कर गया जब लिनलिथगो ने घोषणा की "यह बिना कहे ही स्पष्ट है कि ब्रिटिश सरकार अपने वर्तमान उत्तरदायित्वों को देश में शांति और उसके कल्याण की दृष्टि से किसी ऐसी शासन पद्धति को हस्तांतरण करने की कल्पना नहीं कर सकती जिसकी सत्ता को भारतीय राष्ट्रीय जीवन का बहुत बड़ा और शक्तिशाली वर्ग स्वीकार न करता हो और न ब्रिटिश सरकार ऐसी सरकार के द्वारा उसे दबाये जाने में सहायक ही हो सकती है।" वाइसराय के "बहुत बड़ा और शक्तिशाली वर्ग" का अर्थ समझने में कोई चूक न हो, इसलिए सेक्रेटरी ऑफ स्टेट लियोपोल्ड एमरी ने ब्रिटिश संसद में कहा "ऐसे तत्वों में सर्वप्रथम बड़ा मुस्लिम समुदाय है, जिसकी जनसंख्या नौ करोड़ है और उत्तर-पश्चिम तथा उत्तर-पूर्व में बहुमत में हैं, मुसलमान पूरे उपमहाद्वीप में भी अल्पसंख्यकों की तरह बसे हुए हैं। धार्मिक तथा सामाजिक दृष्टिकोण से, ऐतिहासिक परम्परा और संस्कृति में, उनमें और देश में साथ रहने वाले हिन्दुओं में अंतर अधिक नहीं तो कम से कम उतना ही गहरा है, जिस प्रकार यूरोप में ऐसा अन्तर हो सकता है। १ अक्टूबर १९०९ भारत के लिए निर्णायक दिन था, यह लार्ड मिन्टो

की डायरी से, जिसमें एक अधिकारी का एक पत्र उद्धृत है, सिद्ध होता है। उस पत्र के कुछ शब्द हैं: "आज एक बहुत बड़ी बात हो गयी है, राजनीति का एक कौशल हो गया है, जो भारत और भारतीय इतिहास को कई वर्षों तक प्रभावित करेगा।" उतने ही बड़े महत्व का निर्णायक दिन ८ अगस्त १९४० था, जब "राजनीति के एक कौशल का जहरीला फल भारत की राजनीति की प्रगति को अवरूद्ध कर देने का जिन्ना को दिये गये निषेधाधिकार के रूप में उत्पन्न हो गया था।" यह निषेधाधिकार ही इंग्लैण्ड की मज़दूर सरकार द्वारा अखंड उपमहाद्वीप का शासन भारतीयों को देने के प्रयास को निष्फल कर देने के लिए उत्तरदायी था।

यह समझा जा सकता है कि भारत के विभाजन से भारतीय नेताओं तथा जनता को बड़ा धक्का लगा था लेकिन यह अजीब बात है कि इतने साल बीत जाने के बाद भी हमारे इतिहासकार काँग्रेस के नेताओं की इस या उस भूल की लगातार रट लगाने से नहीं थक रहे हैं। भूलें तो सचमुच में हुईं और उनकी ओर ध्यान दिलाना भी ठीक है, लेकिन यह मत भी दोषपूर्ण है कि यदि गल्तियाँ न की जातीं तो पाकिस्तान का बन जाना रोका जा सकता था। भारत के लोग अंग्रेजों से अलग जाति के थे और इसलिए पारिवारिक उत्तराधिकार में ब्रिटिश सम्पत्ति उनकी नहीं हो सकती थी। काँग्रेस के नेताओं ने अंग्रेजों के विरुद्ध अहिंसात्मक संघर्ष किया था, जिसकी समाप्ति मात्र एक समझौते में हो सकती थी और इसलिए शक्ति के माध्यम से उनके हाथों से पूरे देश को छीन लेने का प्रश्न ही नहीं उठता था। ऐसी स्थिति में हमारे नेता अपने देशवासियों के लिए जो प्राप्त कर पाये वह उनकी शक्ति के अनुसार जो मिल सकता था उससे अधिक रहा। अस्थायी रूप से डोमिनियन स्टेट्स को स्वीकार कर उन्होंने ब्रिटिश सरकार की सहानुभूति प्राप्त कर ली और माउंटबेटन की सहायता से वे देशी राजाओं को भारतीय संघ में सम्मिलित होने के लिए सहमत करने में सफल हो गये। इस उपमहाद्वीप का और भी विभाजन करने की अपनी कोशिश में जिन्ना असफल हो गये और नेतागण एक शक्तिशाली केन्द्रीय शासन के अन्तर्गत देश को संगठित कर सके।

विभाजन के प्रति गाँधीजी के विरोध तथा काँग्रेस कार्यकारिणी समिति के सदस्यों की उसे स्वीकार करने की तथाकथित जल्दबाजी के अन्तर को विज्ञापित करने की प्रवृत्ति भी देखी जा रही है, जो उक्त सदस्यों के विरुद्ध जाती है। निःसंदेह महात्माजी ने विभाजन को एक "मिथ्या" "एक पाप' और "ईश्वर के अस्तित्व की अस्वीकृति" कहा था और अपना विरोध व्यक्त करने में उन्होंने यहाँ तक कह दिया था कि जो देश के टुकड़े करना चाहते थे, वे पहले उनके ही टुकड़े कर डालें। उनके इन कथनों के विपरीत, लाहौर में १९४० में पास हुए मुस्लिम लीग के पाकिस्तान से सम्बन्धित प्रस्ताव पर अपना मत व्यक्त करते हुए उन्होंने कहा था- "मुसलमानों को भारत के अन्य वर्गों के समान ही आत्मनिर्णय करने का अधिकार रहना चाहिए। इस समय हम एक संयुक्त परिवार हैं। कोई भी सदस्य विभाजन का दावा कर सकता है।" राजाजी के सूत्र पर आधारित, जिसे १९४२ में इलाहाबाद में अखिल भारतीय काँग्रेस कमेटी ने रद्द कर दिया था, जिन्ना के साथ गाँधीजी की १९४४ में हुई वार्ता भी स्मरण की जानी चाहिए। इसी प्रकार उनके आशीर्वाद के साथ भूलाभाई देसाई ने लियाकत अली खाँ से वार्ता की थी। यद्यपि देसाई को कुछ भी नहीं मिला लेकिन मुस्लिम लीग औरं काँग्रेस के बीच बराबर प्रतिनिधित्व के

उनके प्रस्ताव ने अन्तर्कालीन सरकार में बराबरी का प्रतिनिधित्व पाने के लिए जिन्ना को बल प्रदान कर दिया था।

लेकिन ज्यों-ज्यों काल्पनिक पाकिस्तान एक मूर्त रूप लेने लगा, त्यों-त्यों उसके प्रति गाँधीजी का विरोध अधिक मुखर होने लगा। उन्होंने इस सम्बन्ध में माउन्टबेटन और काँग्रेस कार्यकारिणी के सदस्यों से बड़ी पैरवी की लेकिन कोई परिणाम नहीं निकला। ब्रिटिश सरकार द्वारा निश्चित की गयी नीति के अनुसार माउन्टबेटन को अन्ततः जून, १९४८ तक सत्ता का हस्तांतरण करना ही था। चूँकि अन्तर्कालीन सरकार में परस्पर फूट थी, इसलिए माउन्टबेटन के पास एक मात्र विकल्प प्रान्तीय सरकारों को सत्ता सौंपना और उसके साथ ही ब्रिटिश प्रभुसत्ता का अंत कर देशी रियासतों को वे जो चाहे वह करने के लिए स्वतंत्र करना ही रह गया था। गाँधीजी के प्रति बड़े आदर भाव के बावजूद वे उनके इस सुझाव को नहीं मान सकते थे कि अंग्रेज भारत छोड़ दें और काँग्रेस तथा मुस्लिम लीग को आपस में लड़ने दें। माउन्टबेटन की संशोधित योजना के अनुसार ब्रिटिश सरकार की नीति का परिणाम भारत के कई भागों में बंट जाने की स्थिति से भी खराब होता, इसलिए काँग्रेस कार्यकारिणी के सदस्यों ने भी गाँधीजी की सलाह अनसुनी कर दी। पंजाब के विभाजन के लिए किया गया उनका प्रस्ताव देश के विभाजन पर उनकी स्वीकृति की तैयारी का परिचायक था और वह प्रस्ताव गाँधीजी से परामर्श किये बिना ही पास किया गया था। अंत में, विभाजन तथा डोमिनियन स्टेट्स को स्वीकार कर उन्होंने वह गृह युद्ध नहीं होने दिया, जिसका परिणाम नरसंहार और उत्तर भारत के एक भाग में बड़ी संख्या में स्थानान्तरण ही न होता बल्कि पूरा उपमहाद्वीप उस आग की लपेट में आ जाता। जैसा पहले भी कई बार हुआ है, एक बार फिर गाँधीजी काँग्रेस कार्यकारिणी के सदस्यों से सहमत नहीं हुए, लेकिन अपने उद्देश्य के प्रति उनकी ईमानदारी पर विश्वास करते हुए जैसा उन्होंने किया उन्होंने अपने विवेक के अनुसार कार्य करने दिया। बल्कि उन्होंने उससे भी अधिक यह किया कि अखिल भारतीय काँग्रेस समिति से कार्यकारिणी द्वारा वाइसराय को दिये गए वचनों की रक्षा करने के लिए उन्होंने आग्रह किया। कौन जानता है कि जब वे अखिल भारतीय काँग्रेस कमेटी में बोल रहे थे तब उन्हें माउन्टबेटन याद आ गये हों, जिन्होंने उनसे कहा था कि वे उस योजना को "माउन्टबेटन की योजना न मान कर गाँधी योजना इस अर्थ में मान लें कि उन्होंने उनमें दबाव न डालने के आत्म निर्णय के अंग्रेजों की वापिसी की शीघ्रातिशीघ्र तिथि और डोमिनियन स्टेट्स के प्रति उनकी सहानुभूति आदि से सम्बन्धित प्रमुख विचारों को उक्त योजना में समाहित करने का प्रयास किया था।" यह निश्चित था कि गाँधीजी के समर्थन के बिना अखिल भारतीय काँग्रेस कमेटी कार्यकारिणी के निर्णय की पुष्टि न करती। लेकिन कृपलानी लिखते हैं: "अक्सर यह पूछा जाता है कि गाँधीजी ने विभाजन के विरोध में होते हुए और उसे जीवित भारत की चीरफाड़ मानते हुए भी, अखिल भारतीय काँग्रेस कमेटी से काँग्रेस कार्यकारिणी के निर्णय को मान्यता देने के लिए क्यों आग्रह किया? हो सकता है कि उनमें यह आन्तरिक भावना आ गयी थी कि उनका समय तेज़ी से बीतता जा रहा था और वे भारत को नेतृत्व विहीन नहीं छोड़ सकते थे... यदि उन्होंने कार्यकारिणी के निर्णय का विरोध किया होता तो उन्हें देश के सामने खड़े होकर उन नेताओं को अस्वीकार कर देने के लिए कहना पड़ता जिन्होंने वह निर्णय किया था। जब तक वे नया नेतृत्व पैदा न करते तब तक वैसा नहीं कर सकते थे... इस सम्बन्ध में जो अखिल भारतीय

काँग्रेस कमेटी से कार्यकारिणी के निर्णय को मान्यता देने का आग्रह करते हुए जो उन्होंने कहा था वह महत्वपूर्ण है। उन्होंने कहा: "क्या मैं वह (विरोध) न करता, यदि मेरे पास समय होता लेकिन मैं तब तक काँग्रेस के नेतृत्व को चुनौती नहीं दे सकता और उनके प्रति जनता के विश्वास को गिरा नहीं सकता जब तक मैं इस स्थिति में नहीं आता कि जनता से कहूँ कि मैं दूसरा नेतृत्व पेश करता हूँ। मेरे पास वैसा विकल्प तैयार करने के लिए समय नहीं है। वर्तमान स्थिति में वर्तमान नेतृत्व को कमजोर करना ठीक नहीं होगा। इसलिए मुझे यह कड़वी गोली निगलनी ही है।"[१०]

लेकिन जो गोली गाँधीजी को कड़वी लगी वह क्या कृपलानी सहित काँग्रेस कार्यकारिणी के सदस्यों को, जिन्होंने ३ जून की योजना को मान लिया था मीठी जान पड़ी थी? गाँधीजी उस कड़वी गोली को इसलिए निगल गये क्योंकि वे देश को वैकल्पिक नेतृत्व नहीं दे सकते थे और नेहरु, पटेल तथा अन्य सदस्य उस कड़वी गोली को इसलिए निगल गये क्योंकि अखिल भारतीय काँग्रेस कमेटी के सम्मेलन में पटेल के कथन के अनुसार "उनको यह चुनाव करना था कि देश का एक ही विभाजन हो या कई विभाजन हो जावें।" लेकिन प्यारेलाल और आगे बढ़ जाते हैं और लिखते हैं: "काँग्रेस के नेता अपने जीवन का यौवन पार कर चुके थे। लगभग पच्चीस वर्षों तक बियाबान में भटकने के बाद वरदान में मिली भूमि उन्हें दिखायी दी। वे शूरवीर योद्धा थे और एक बार और संग्राम में कूदने से भयभीत नहीं थे। लेकिन यह भय उन्हें था कि एक और सफलतापूर्ण संघर्ष संभवत: उनके भाग्य में अब नहीं था तथा उनके संघर्ष का और एक पूरी पीढ़ी के स्वतंत्रता संग्राम सैनिकों के अगणित बलिदानों का फल उनके हाथ से निकल सकता था जब वह लगभग उनकी मुठ्ठी में आ गया था। यदि निर्णय के क्षण इससे पूर्व आते, जब काँग्रेस बियाबान में भटक रही थी, और जब वे युवा थे तथा वे क्षण यदि अन्तर्कालीन सरकार और सत्ता में आने से उनके विचारों और दृष्टिकोण को रंग देने से पहले आते, तो उनका निर्णय भिन्न हो सकता था।"[११]

यह "भिन्न" निर्णय विभाजन योजना को अस्वीकार करना ही होता। चूँकि अब अंग्रेज वापिस हो ही रहे थे उनके विरुद्ध किसी संघर्ष का प्रश्न नहीं हो सकता था। मात्र भातृ-हत्या युद्ध और फलस्वरूप अराजकता ही सामने थी। प्यारेलाल सोचते हैं कि जैसा गाँधीजी ने परामर्श दिया था, ब्रिटिश प्रदत्त शांति के विकल्प में विभाजन को न मानने का परिणाम मात्र अराजकता ही थी। इस सम्बन्ध में कृपलानी का कथन जो कार्यकारिणी के निर्णय के अपने समर्थन के बचाव में उन्होंने किया है, बड़े महत्व का है- "मेरी भावना है कि गाँधीजी को अभी तक जनता के स्तर पर इस समस्या के समाधान का मार्ग नहीं मिल पाया है। जब उन्होंने हमें अहिंसात्मक असहयोग सिखाया, उन्होंने हमें एक निश्चित ढंग बताया जिस पर हम कम से कम ऊपरी तौर से चले। आज वे खुद अंधेरे में टटोल रहे हैं। कुछ दिन पहले वे नोआखाली में थे। उनके प्रयासों से स्थिति में शांति आयी। अब वे बिहार में हैं। अब फिर स्थिति सुधर गयी है लेकिन यह प्रयास पंजाब में लगी आग को शांत नहीं कर पा रहा है। वे कहते हैं कि वे बिहार में पूरे देश की हिन्दू-मुस्लिम समस्या का समाधान कर रहे हैं। ऐसा हो सकता है लेकिन यह समझना कठिन है कि वह किस प्रकार किया जा रहा है। जैसा अहिंसात्मक असहयोग में निश्चित कार्यक्रम था, जिसके द्वारा लक्ष्य पर पहुँचा जा सकता था, वैसा कोई कार्यक्रम नहीं है, और यह भी है कि हमारे लिए दुर्भाग्य से वे नीतियाँ तो बता सकते हैं, लेकिन वे नीतियाँ दूसरों के द्वारा ही चलायी जा सकती हैं

और वे दूसरे उनकी विचारधारा के अनुसार बदले नहीं हैं।"[१२] हडसन के अनुसार, नेहरु ने भी माउन्टबेटन से यह कहा था कि "महात्माजी भारत के शरीर पर निकले घावों का निदान कर और पूरे शरीर के उपचार में सम्मिलित न होकर एक के बाद दूसरे घाव पर मरहम लगाते घूम फिर रहे हैं।"[१३]

इस प्रकार के विचार में कृपलानी और नेहरु कोई भूल नहीं कर रहे थे, यह महात्मा गाँधी के अपने वक्तव्य से ही स्पष्ट है। इस प्रश्न के उत्तर में कि साम्प्रदायिक शांति के लिए उनके पास क्या समाधान है, गाँधीजी ने कहा: "मैं बिल्कुल उसी की तलाश में हूँ। जैसे ही उसका पता चलेगा, दुनिया उसे जान जायेगी।"[१४] सभी बातों पर विचार करने के बाद इस निष्कर्ष से नहीं बचा जा सकता कि महात्मा गाँधी और काँग्रेस कार्यकारिणी समिति-दोनों परिस्थितियों से विवश होकर देश के विभाजन पर सहमत हुए थे, हालांकि यह विवशता दोनों के लिए भिन्न प्रकार की थी। गाँधीजी की महानता उनसे विरुद्ध विचार रखनेवालों में उद्देश्य के प्रति ईमानदारी स्वीकार कर लेने में थी। १ जून की सुबह जब वे व्यथित मन से विभाजन की समस्या पर आत्मचिंतन में लगे थे, तो वे यह सोचने से न चूके "लेकिन हो सकता है कि वे सभी ठीक हों, और अकेला मैं ही अंधेरे में भटक रहा हूँ।" कुछ दिनों पश्चात् समाजवादियों के एक दल को जो, काँग्रेस हाईकमान के विरुद्ध निन्दा से भरे थे, लताड़ते हुए उन्होंने कहा: "लेकिन अपनी सबसे खराब कमजोरी यह है कि किसी समस्या पर यदि कोई हमसे भिन्न राय रखता है, तो हम शीघ्र ही उसे गलत मानने लगते हैं, और उसके अन्दर जाकर उसके दृष्टिकोण से उस समस्या पर विचार करने के बजाय हम उसे भला बुरा कहने लगते हैं और उसकी स्थिति खराब कर देते हैं।" उस उदार भावना से उन्होंने अपने सहयोगियों के कार्य को समझने का प्रयास किया और अपनी एक प्रार्थना सभा में उनके दृष्टिकोण को अनुपम शब्दों में प्रस्तुत किया:" कार्यकारिणी की मान्यता थी कि वह सशस्त्र शक्ति के सामने नहीं झुकी, लेकिन परिस्थितियों के सामने उन्हें झुकना पड़ा। काँग्रेसजनों का बहुत बड़ा बहुमत अनिच्छुक सहयोगियों को अपने साथ नहीं रखना चाहता था। उनका आदर्श अहिंसा था और इसलिए अनुचित दबाव का विरोध था। फलस्वरूप, जो महत्वपूर्ण समस्यायें सामने थीं, सभी पहलुओं से उन्हें तौल कर उन्होंने अनिच्छा से, उनके, जिन्होंने संविधान सभा का बहिष्कार किया था, उस समय बनाये जा रहे भारतीय संघ से अलग हो जाने के फैसले पर राजी हो गये।"[१५] एलन केम्पबेल जान्सन ने, जो वाइसराय के जन-सम्पर्क अधिकारी थे, ठीक ही कहा था कि इस मामले में महात्मा का दृष्टिकोण "राजनीति में एक त्यागपूर्ण, आत्म बलिदान और आत्म संयम का कार्य था।"[१६]

अपनी आत्मकथा के माध्यम से मौलाना अबुल कलाम आज़ाद ने भी अपने विचार व्यक्त किये हैं। निश्चयपूर्वक किए गये उनके इस दावे के बावजूद कि "मेरे लिए काँग्रेस का वह दयनीय आत्मसमर्पण असहनीय था", वास्तविकता यह है कि उन्होंने उक्त योजना को काँग्रेस कार्यकारिणी में तथा अखिल भारतीय काँग्रेस कमेटी दोनों में अपना समर्थन दिया था। अखिल भारतीय काँग्रेस कमेटी में उन्होंने कहा था कि "भारत के लिए विभाजन एक बड़ी दुखद घटना है और उसके पक्ष में मात्र यही कहा जा सकता है कि विभाजन से बचने के हमने भरसक सभी प्रयास किये किन्तु हम असफल रहे।" इसका केवल यही अर्थ होता है कि उन्होंने भी विवशता में विभाजन स्वीकार किया था। लेकिन मौलाना पटेल के विरुद्ध भी यह बात कह गये कि "उन्हें मेरा भाषण अच्छा नहीं लगा और उन्होंने अपना पूरा भाषण, जो कुछ मैंने कहा था उसका खण्डन कर देने में खर्च कर दिया।" वास्तविकता यह है कि पूरी वार्ता के दौरान

मौलाना कैबिनेट मिशन की योजना की, जिसमें प्रान्तों को वर्गों में अनिवार्य रूप से सम्मिलित होने और दस वर्ष बीत जाने पर यदि वे चाहें तो भारतीय संघ से अलग हो जाने का प्रावधान था, लगातार प्रशंसा करते रहे। मुस्लिम लीग के द्वारा योजना को स्वीकार करने के प्रस्ताव को और जिन्ना के द्वारा इस बात पर बल दिये जाने को कि वह योजना पाकिस्तान की आधारशिला थी ध्यान में रख कर पटेल इस नतीजे पर पहुँचे थे कि अगर वह योजना काँग्रेस के द्वारा स्वीकार कर ली जाती तो "सम्पूर्ण भारत पाकिस्तान के मार्ग पर चला जाता।" अखिल भारतीय काँग्रेस कमेटी में गोविन्द वल्लभ पंत ने प्रस्ताव प्रस्तुत करते समय उक्त योजना की आलोचना की थी और मौलाना ने अपने भाषण में उनके सारे तर्कों को काटा था। मौलाना यदि पंत के तर्कों के विरुद्ध कुछ न कहते तो पटेल को मौलाना के विचारों का प्रतिवाद करने का कारण उपस्थित न होता। वास्तव में पटेल ही एक मात्र काँग्रेस के नेता थे जिन्होंने परिस्थितियों के अनुसार कार्यकारिणी के कार्य की पुरुषोचित रक्षा की थी।

जो भी हो, एक राष्ट्रवादी मुस्लिम होने के नाते मौलाना को हिन्दू राष्ट्रवादियों की अपेक्षा विभाजन से अधिक दुखी होना ही था। लेकिन खान अब्दुल गफ्फार खाँ के लिए काँग्रेस के द्वारा विभाजन का स्वीकार किया जाना पूर्ण सर्वनाश ही था और उन्होंने कार्यकारिणी में ऐसा कहा भी था- "हमारा तो सर्वनाश हो गया। कुछ ही दिनों में हम भारत में विदेशी हो जावेंगे। हमारे लम्बे संघर्ष का परिणाम पाकिस्तान के प्रभुत्व के नीचे चला जाना होगा।" यद्यपि उत्तर-पश्चिम सीमा प्रान्त में जनमत संग्रह किया जाने वाला था, लेकिन उन्हें यह विश्वास नहीं था कि वे इस बार लीग के विरुद्ध सफलता प्राप्त कर सकेंगे। पश्चिमोत्तर प्रान्त की बदली हुई स्थिति को मौलाना ने इस प्रकार स्पष्ट किया है: "सत्य यह था कि खान बन्धु पश्चिमोत्तर में उतने शक्तिशाली नहीं थे, जैसा काँग्रेस का अनुमान था। विभाजन के लिए आन्दोलन आरम्भ होने के पश्चात् उनका प्रभाव कम हो गया था। अब चूँकि पाकिस्तान सामने दिखाई दे रहा था और मुस्लिम बहुमत वाले प्रान्तों को स्वतंत्र राज्य स्थापित करने का वादा दे दिया गया था, इसलिए पूरे पश्चिमोत्तर प्रान्त में एक भावनात्मक लहर फैल गयी थी। पाकिस्तान के लिए हो रहे आन्दोलन को ब्रिटिश अधिकारियों की गतिविधियों ने भी शक्ति प्रदान की। वे खुल्लम खुल्ला पाकिस्तान का समर्थन कर रहे थे और उन्होंने उस प्रान्त के अधिकांश कबाइली सरदारों को मुस्लिम लीग का समर्थन करने पर सहमत कर लिया था।"[१७]

मौलाना आजाद ने यह भी कहा है कि अखिल भारतीय काँग्रेस के खुले अधिवेशन के दिनों में उन्हें यह जानकारी मिली थी कि सिंध के हिन्दुओं को कुछ काँग्रेसजनों द्वारा आश्वस्त किया गया था "यदि उन्हें पाकिस्तान में कोई हानि उठानी पड़ी या अपमानित किया गया तो भाारत यहाँ के मुसलमानों से उसका बदला लेगा।"

यह हमें पाकिस्तान में विभाजन से सम्बन्धित विचारों की जाँच के लिये प्रेरित करता है, जहाँ, जैसा ("द पार्टीशन ऑफ इंडिया") के सम्पादकों ने कहा है, पाकिस्तान का बनाया जाना अनिवार्य माना जाता है। यह सहज ही समझ में आ सकता है कि मुस्लिम लीग और अंग्रेज शासकों ने काँग्रेस के नेताओं के लिए विभाजन अनिवार्य कर दिया था, लेकिन मुस्लिम बहुमत वाले प्रान्तों में, जो अंत में पाकिस्तान में बदल गये, क्या ऐसी मजबूरियां थीं जो पाकिस्तान की मांग को अनिवार्य कर रही थीं? पंजाब में भाषा सम्बन्धी किसी प्रकार की खाई नहीं थी क्योंकि हिन्दू, मुसलमान और सिक्ख तीनों ही पंजाबी बोलते थे।

इसी प्रकार सिंधी पश्तों, और बलूची सिंध, पश्चिमोत्तर प्रान्त और बलूचिस्तान में अलग-अलग प्रान्त के सभी निवासी बोलते थे। प्रत्येक प्रान्तीय इकाई की उसकी भाषा पर आधारित अपनी अलग संस्कृति थी और उसमें वहाँ के सभी निवासी सहभागी थे। इन तीन प्रान्तों की शहरी बस्तियों में उर्दू एक प्रकार से लोकभाषा थी जो बोली और लिखी जाती थी। चूँकि इन सभी प्रांतों में मुसलमान बहुसंख्यक थे, इसलिए गैर मुस्लिम प्रभुत्व का कोई भय नहीं था और इसलिए वे साथ में रहने वाली कौम के साथ शासन में भाग लेने के लिए इच्छुक थे। सिकन्दर हयात खाँ और खिज्र हयात खाँ पंजाब में, अल्लाह बख्श सिंध में और पश्चिमोत्तर प्रान्त में खान साहब को 'क्षेत्रीय नेता' कहा गया है, लेकिन यह नहीं भूलना चाहिए कि अपने प्रान्तों में वे वहाँ के सभी समुदायों के नेता थे और इस प्रकार वे राष्ट्रवादी थे।

जहाँ तक बंगाल का सम्बन्ध है, यह सत्य है कि जब हिन्दू पुनरोत्थान का आन्दोलन हुआ तो कुछ बंगाली लेखकों ने मुस्लिम विरोधी रूझान को प्रकट किया था, लेकिन यह स्थिति अल्पकालीन ही रही। टैगोर और नज़रूल इस्लाम के समय में वह आयाम बीत चुका था और हिन्दू तथा मुसलमानों ने अपनी भाषा को अधिक समृद्ध ही नहीं किया बल्कि अपनी भाषा के माधुर्य और अपने साहित्य के सौन्दर्य पर वे गर्व भी करते थे। बंगाल विधानसभा में यूरोपीय व्यापारी वर्ग के हाथों शक्ति संतुलन की सामर्थ्य यदि न रहती तो सम्प्रदायवादी नाज़िमुद्दीन, असम्प्रदायवादी फज़लुल हक के स्थान पर प्रान्त के प्रधानमंत्री के पद पर नहीं आ सकते थे। कैबिनेट मिशन ने भी १६ मई १९४६ के अपने वक्तव्य में कहा था कि "बंगाल और पंजाब की अपनी अलग अलग भाषा और परम्परा का एक लम्बा इतिहास है।" इस प्रकार इससे इन्कार करना मुश्किल है कि यदि बाहरी प्रभावों ने प्रान्तों को जो अंत में पाकिस्तान के रूप में संगठित हुये, साम्प्रदायिक विष से दूषित न कर दिया होता और इस घृणास्पद कार्य में अंग्रेज नौकरशाही का समर्थन यदि उन्हें न मिलता तो देश का विभाजन और उसके पीछे हुआ नरसंहार देखना न पड़ता।

इस विष का केन्द्र यू.पी. और दिल्ली में था और जब पाकिस्तानी लेखक हिन्दू और मुसलमानों के बीच की सांस्कृतिक खाई की बात करते हैं तो उनके दिमाग में देश का यह भाग ही रहता है। अन्य हिन्दू बहुसंख्यक प्रान्तों में मुस्लिम अल्पसंख्यकों ने उसी प्रकार पूरी तरह से अपने भाषाई तथा सांस्कृतिक पर्यावरण से सामंजस्य स्थापित कर लिया था जिस प्रकार हिन्दू अल्पसंख्यक मुस्लिम बहुसंख्यक प्रान्तों में। तब यू.पी. और उसके निकटवर्ती के क्षेत्र ने क्यों अपने सीने में यह विष सम्हाल रक्खा और उसे देश के अन्य भागों में फैलाया? इस प्रश्न का उत्तर ढूँढ़ते समय लगातार यह बात हमारे दिमाग़ में रहनी चाहिए कि जब पाकिस्तान के बन जाने को तर्कसंगत प्रमाणित करने के लिए पाकिस्तानी लोग सांस्कृतिक खाई की चर्चा करते हैं तो यह वे स्पष्ट नहीं कहते कि इस सिलसिले में हिन्दुस्तान के दूसरे भागों की स्थिति की ओर नहीं बल्कि केवल यू.पी. की तत्सबंधित स्थिति की ही ओर उनका संकेत है। अलगाव के कट्टर समर्थक मुमताज़ हसन लिखते हैं- "इस उपमहाद्वीप में संस्कृति सम्बन्धी समस्या उतनी सरल नहीं है जैसा कभी कभी उसे बताया जाता है। एक हजार वर्ष के मुस्लिम शासन के दौरान शासक और शासित के बीच टर्की शासकों के ५०० वर्ष के समय के पश्चात् विशेष रूप से आपसी मेलजोल बढ़ा और एक सर्वमान्य संस्कृति का ऊपरी ढाँचा सामने आया। इस संस्कृति में, जिसमें हिन्दू और मुस्लिम समाज का उच्च वर्ग सम्मिलित था, अनिवार्य रूप से मुस्लिम झुकाव था। वह फारसी भाषा और साहित्य

पर आधारित थी जिसमें हिन्दू और मुसलमानों ने विशिष्ट योग्यता प्राप्त की, और दोनों सम्प्रदायों से कई कवि, लेखक और ख्यातिलब्ध विद्वान उत्पन्न हुए।"[१८]

लेकिन वे हिन्दू नहीं, अंग्रेज थे, जिन्होंने फारसी के स्थान पर अंग्रेजी की स्थापना की और इस प्रकार फारसी पर आधारित संस्कृति पर आघात किया। चूँकि निष्कासित संस्कृति "मुस्लिम झुकाव" वाली थी, इसलिये जब अंग्रेजी और उस पर आधारित संस्कृति के अपना लेने से विशेष रूप से कई लाभ हो सकते थे, तब हिन्दुओं का लगाव पहले वाली संस्कृति से रहने का कोई कारण नहीं था। स्थिति भिन्न प्रकार की होती यदि पुरानी संस्कृति ऐसे पर्यावरण में विकसित होती जिसमें हिन्दुओं को मुसलमानों के समान ही महत्व मिला होता। उस समय की स्थिति इस सम्बन्ध में आज के समान ही थी जिसमें अंग्रेजी का स्थान हिन्दी तथा अन्य प्रान्तीय भाषाएं ले रही हैं। यद्यपि मुमताज हसन ऐसा कहते नहीं है, लेकिन उर्दू और उस पर आधारित संस्कृति में भी "मुस्लिम झुकाव" है।

यह ध्यान देने योग्य है कि लेखक इस उपमहाद्वीप की चर्चा संस्कृति से प्रारंभ करते हैं, लेकिन यह स्पष्ट नहीं करते कि मुस्लिम झुकाव वाली फारसी पर आधारित जनसामान्य की संस्कृति, जिसका वे उल्लेख करते हैं, मात्र उत्तर भारत, विशेषत: यू.पी. और उसके निकटवर्ती क्षेत्रों में ही सीमित थी। दक्षिण के हिन्दू मराठी तथा चार द्रविड़ भाषाएँ बोलते थे, जिनमें "हिन्दू झुकाव" के साथ उच्च कोटि का साहित्य प्रचुर परिमाण में था। यू.पी. में भी नगरों में बसने वाले "उच्च स्तर" के हिन्दू, विशेष रूप से कायस्थ और काश्मीरी ब्राह्मण मुसलमानों के साथ उस संस्कृति के अभ्यस्त थे। देहाती क्षेत्र में ब्रजभाषा, अवधी और कुछ अन्य बोलियों का अधिपत्य था तथा हिन्दू और मुसलमान दोनों ही उनका प्रयोग करते थे। मराठी और द्रविड़ भाषाओं के समान ही हिन्दू झुकाव वाला समृद्ध साहित्य ब्रज तथा अवधी भाषा में भी था। आजकल ये भाषाएँ हिन्दी की विविध बोलियाँ मानी जाती हैं। लेकिन स्वयं हिन्दी क्या है? मौलिक रूप से वह दिल्ली और मेरठ और उनसे लगे हरियाणा तथा यू.पी. के कुछ क्षेत्रों की भाषा थी। जब शासक होकर मुसलमान दिल्ली में बस गये तो स्थानीय जनता से सम्पर्क के लिए उन्हें उसको चुनना पड़ा। धीरे धीरे असंख्य फारसी, अरबी और तुर्की शब्द उसमें मिलाये गये और इस प्रकार उसे मुस्लिम झुकाव दिया गया। लेकिन मुगल साम्राज्य के पतन काल में ही उसका साहित्यिक भाषा में रूपान्तर हो सका। औरंगजेब के शासन काल तक भी बृजभाषा के कवि मुगल सम्राटों का संरक्षण पाते थे। औरंगजेब की मृत्यु और अंग्रेजी शासन के बीच के अंतराल में उर्दू साहित्य, विशेष रूप से उर्दू काव्य का विकास हुआ। इसी समय यू.पी. के हिन्दुओं ने भी विभिन्न जिलों में सम्पर्क के लिए एक भाषा की आवश्यकता को समझ कर उसी दिल्ली की बोली को उस कार्य के लिए चुना, जिसे "खड़ी बोली" कहा जाता था और जिससे उर्दू का विकास हुआ था। मुसलमानों ने अपने उपयोग के लिए दिल्ली की बोली को चुना था और उसे मुस्लिम रूझान दिया था। अब हिन्दुओं ने भी ब्रिटिश सरकार के प्रोत्साहन पर इसी बोली को स्वीकार किया और उसमें असंख्य संस्कृत शब्दों का समावेश कर उसमें वे हिन्दू झुकाव ले आये। यह उल्लेखनीय है कि यदि एक ओर इस संस्कृत बहुल हिन्दी ने दिल्ली और यू.पी. के मुसलमानों को अपने से दूर कर दिया, तो दूसरी ओर वह हिन्दू-बहुमत वाले प्रान्तों की अन्य भाषाओं, जिसमें बंगाली सम्मिलित है, और जो संस्कृत शब्दों से पहले ही समृद्ध हो गयी थी, के निकट आ गयी।

इस प्रकार पूरे उपमहाद्वीप में नहीं, मात्र यू.पी. और उसके निकटवर्ती क्षेत्रों में ही दोनों सम्प्रदायों के बीच में भाषाई विवाद प्रारंभ हुआ।

लेकिन गाँधीजी के नेतृत्व में स्वतंत्रता के लिए राष्ट्रीय संघर्ष जब अपने अंतिम दौर में आया तो काँग्रेस के नेताओं नें उत्तर की इस भाषाई समस्या के समाधान के लिए गम्भीर प्रयास किये। शिक्षा सम्बन्धी गाँधीजी की वर्धा योजना तथा जवाहरलाल के इस सम्बन्ध के प्रयास महत्वपूर्ण हैं। विभाजन के बहुत पहले नेहरु का प्रस्ताव था कि इस सम्बन्ध में सबसे पहले हिन्दी और उर्दू को राष्ट्रीय भाषाएँ मान लिया जावे। उसके साथ ही बुनियादी हिन्दी तैयार की जावे जिसे हिन्दुस्तानी कहा जावे। यह प्रधानतः न्यायसंगत प्रस्ताव था लेकिन यू.पी. के मुस्लिम लीगियों ने जो भाषाई और सांस्कृतिक प्रश्नों को पाकिस्तान की अपनी मांग को समर्थन देने के लिए उठा रहे थे, उसे अस्वीकार कर दिया। महमूदाबाद के राजा, जो बाद में पाकिस्तान चले गये थे, नेहरु के प्रस्ताव का जिसमें उर्दू और हिन्दी को राष्ट्रीय भाषा मानना प्रस्तावित था, उल्लेख नहीं करते हैं और हिन्दुस्तानी और गाँधीजी की वर्धा योजना की आलोचना करते हुए लिखते हैं: "मुसलमानों की चिन्ता में योजना के अन्तर्गत उर्दू के अनिश्चित भविष्य ने वृद्धि कर दी। योजना में हिन्दुस्तानी को अनिवार्य विषय कर दिया, लेकिन यह बहुत शीघ्र स्पष्ट हो गया कि कम से कम गाँधीजी के दिमाग में हिन्दुस्तानी उर्दू से बिल्कुल भिन्न थी। यह स्मरण रखना आवश्यक है कि मुसलमानों के लिए उर्दू केवल बोलचाल या सोचने का ही माध्यम नहीं बल्कि उनकी संस्कृति का महत्वपूर्ण अंग थी। हिन्दुस्तानी को लाद कर वर्धा योजना वस्तुतः मुसलमानों से मांग कर रही थी कि उस भाषा को, जो मुसलमानों और हिन्दुओं के बीच की कड़ी थी, छोड़ कर वे उसे अपनायें जो बनायी जानेवाली थी।"[१९]

इस प्रकार की आलोचना का निष्कर्ष यही है कि हिन्दू "मुस्लिम झुकाव वाली" भाषा और संस्कृति यदि स्वीकार नहीं करते, तो मुसलमान उसका उपयोग उनके दो राष्ट्र के सिद्धांत और पाकिस्तान की मांग के समर्थन में करेंगे। अतएव पाकिस्तान की स्थापना में भाषाई प्रश्न किसी महत्व का था। इस विचार को हम समाप्त कर सकते हैं। पिछले एक अध्याय में हम एम. मुजीब के इस कथन का उल्लेख कर चुके हैं कि मुसलमानों को अपनी धार्मिक अभिव्यक्ति में हिन्दुओं के विरोध का कभी सामना नहीं करना पड़ा और "जो भी विरोध मुसलमानों के धार्मिक आन्दोलनों का हुआ वह मुसलमानों के द्वारा ही हुआ है।"

इस प्रकार मुसलमानों के पृथकवाद के लिए धर्म, भाषा और संस्कृति वास्तविक कारण नहीं हैं, यह स्पष्ट हो जाता है, इसलिए हमें किसी दूसरे कारण की छानबीन करनी चाहिए जिसने मुसलमानों को बड़ी संख्या में पाकिस्तान आन्दोलन को अग्रणी बना दिया। यह कह कर कि मुस्लिम राष्ट्रवादी आन्दोलन सर्वप्रथम यू. पी. के मुसलमानों के मध्य तथा उच्च वर्गीय रुढ़िवादी समूह से ऊपर उठा, जहाँ वे अल्पसंख्यक थे। दि पार्टीशन ऑफ इंडिया के सम्पादकगण लिखते हैं: "संभवतः यह कोई आश्चर्यजनक बात नहीं है, क्योंकि अन्य क्षेत्रों के समान मुसलमान यहाँ पिछड़ा वर्ग नहीं था। वे समुचित समृद्ध थे और मुस्लिम संस्कृति के केन्द्र में अपने शासनकाल की यादों को मन में संजोये बसते थे। तो भी पिछले वैभव और संस्कृति का अहसास अकेले ही एक प्रभावी राष्ट्रीय आन्दोलन के चलाये रखने के लिए प्रेरणात्मक नहीं हो सकता था यद्यपि गौरवपूर्ण अतीत का अहसास प्रारंभिक असंतोष का कारण रहा हो।

इस प्रकार के आन्दोलन को चलाने, जागृत रखने तथा विस्तार करने के लिये वर्तमान कष्टों का रहना आवश्यक था।

"उन क्षेत्रों के मुसलमान जहाँ वे कम संख्या में थे, जिनके बीच मुस्लिम राष्ट्रवादी विचारों का प्रसार पहले हुआ, यद्यपि सामाजिक स्तर में पिछड़े नहीं थे, तो भी कई बातों का भय और शिकायतें तो उनमें भी थीं, और क्रान्तिकारी विचार पूर्ण शोषण की स्थिति से नहीं बल्कि आशाओं के दूर जाने से उत्पन्न होते दिखाई देते हैं। एक समाज जिसे केवल सौ वर्ष पूर्व ही उनकी सत्ता अंग्रेजों के हाथों में चली जाने की याद रही आयी हो, वह अंग्रेजों की वापिसी के परिणाम जब स्पष्ट हुए, तो हिन्दू बहुमत के हाथों में सदा के लिए सत्ता गवां देने से अब भयभीत हो रहा था।"[२०]

इस प्रकार यू. पी. के मुस्लिम वर्ग के सम्बन्ध में, जिसने अलग हो जाने की आवश्यकता अनुभव की, एम. मुजीब ने कहा है कि वे आवश्यकतायें, जिन्हें राजनीतिक रूप दिया गया, पूरे मुस्लिम सम्प्रदाय की जरुरतें नहीं थी, बल्कि उस वर्ग की थी, "जिसमें बड़े और छोटे जमींदार, वकील, डाक्टर, शासकीय कर्मचारी थे और जो इन जमींदारों के परिवारों से सम्बन्धित थे।"[२१]

इस चित्र को पूरा करने के लिए हम देखें कि द पार्टीशन ऑफ इंडिया के सम्पादक गण का क्या कहना है: "भारत के जिसमें मुस्लिम बहुसंख्यक क्षेत्र भी सम्मिलित है, हिन्दुओं का समाज उन्नत था। उन्होंने प्रारंभ में ही पश्चिमी शिक्षा को अंगीकृत कर उनको प्राप्त सभी अवसरों का उपयोग किया, जबकि मुस्लिम समाज पीछे रहा आया। बाद में मुसलमान भी एक प्रकार की पश्चिमी शिक्षा को सीखने के लिए विवश हो गये और उस समाज ने भी सरकारी नौकरियों, अन्य व्यवसायों में हिन्दुओं की प्रतिस्पधा करने के लिए सुशिक्षितों को उत्पन्न करना प्रारम्भ किया, लेकिन इन सभी स्थानों में बहुत पहले से ही हिन्दुओं ने नियन्त्रण कर रखा था।

"इस नयी मुस्लिम शिक्षा का केन्द्र संयुक्त प्रान्त में अलीगढ़ विश्वविद्यालय था। उसके पश्चिमी शिक्षा प्राप्त नवयुवकों ने मुस्लिम अल्पसंख्यक क्षेत्रों में उस समाज के असंतुष्ट समूह में वृद्धि कर दी। उस क्षेत्र में शिक्षा के लिए उपयुक्त नौकरी न मिलने का उत्तरदायी उस व्यवस्था को न मानकर जो आवश्यकता से अधिक संख्या में स्नातक पैदा करती थी, अपनी अल्पसंख्यक स्थिति को ठहराना इन नवयुवकों के लिए स्वाभाविक था। बूढ़े लोग अपने गत वैभव और वर्तमान संस्कृति से संतुष्ट रह सकते थे, लेकिन युवा नैराश्य के लिए एक राजनीतिक निकास की आवश्यकता थी। मुस्लिम लीग ने उन्हें एक उद्देश्य दे दिया।"[२२]

वह नेता, जिसने महत्वाकांक्षी और निराश यू. पी. के मुसलमानों के समक्ष एक उद्देश्य रखा, बम्बई प्रेसिडेन्सी से आयाा। यद्यपि जिन्ना बहुत समृद्ध खोजा समाज के थे, अपने राजनीतिक जीवन में उन्हें निराशा हाथ लगी थी। उन्होंने अपना राजनीतिक जीवन पुराने नरमदली राष्ट्रवादी काँग्रेसजन की तरह शुरु किया था और वे जी.के. गोखले के उत्तराधिकारी बन कर देश के सर्वोच्च नेता होने का स्वप्न देख रहे थे। राजनीतिक पृष्ठ भूमि पर गाँधीजी के प्रवेश ने उनकी राजनीतिक महत्वाकांक्षाओं को बड़ा धक्का पहुँचाया। गाँधीजी असहयोग और खिलाफत के क्रांतिकारी कार्यक्रम को अपना कर राजनीति को उच्च वर्ग के लोगों से दूर कर जनता के स्तर पर ले आये थे। अन्य नरमदलीय राजनीतिज्ञों की मनोवृत्ति के विपरीत जिन्ना ने गाँधीजी को कभी क्षमा नहीं किया। वे काँग्रेसजन और

मुस्लिम लीगी दोनों ही थे। १९२० में उन्होंने काँग्रेस से तो इस्तीफा दिया, लेकिन आल इन्डिया मुस्लिम लीग के अध्यक्ष रहे आये। अभी भी उन्हें राष्ट्रवादी नेता के महत्वपूर्ण पद को फिर प्राप्त कर लेने की किंचित आशा थी। असहयोग आन्दोलन के वापस लिये जाने का और मोतीलाल नेहरु के नेतृत्व में काँग्रेस के द्वारा संवैधानिक राजनीति अपनायी जाने का लाभ उठाकर वे सक्रिय राजनीति में लौटे और मार्च १९२७ में संयुक्त निर्वाचन पद्धति के आधार पर साम्प्रदायिक समस्या के समाधान के लिए उन्होंने 'देहली मुस्लिम प्रस्ताव' के नाम से प्रसिद्ध अपने प्रस्ताव प्रस्तुत किये। जैसा पिछले एक अध्याय में कहा गया है कि वे प्रस्ताव न्यायसंगत थे लेकिन १९२८ के दिसम्बर में हुए सर्वदलीय सम्मेलन में हिन्दू महासभा के एम.आर. जयकर और बी.एस. मुंजे के कड़े विरोध के फलस्वरूप रद्द कर दिये गये थे।

परिस्थितियों के प्रति निरन्तर जागरूक अंग्रेज नौकरशाही ने थोड़े दिनों के पश्चात् अंग्रेजी शासन के प्रति निष्ठावान और साम्प्रदायिक विचारों वाले मुसलमानों का एक सम्मेलन दिल्ली में आयोजित किया और जिन्ना मुसलमानों के भी सर्वप्रथम नेता की हैसियत से दूर कर दिये गये। इस बीच में उनकी पत्नी का भी जिन्होंने पहले ही उनसे सम्बन्ध विच्छेद कर लिया था, देहान्त हो गया और अब घर में और राजनीति में जिन्ना अकेले रह गये। पूर्णत: निराश होकर वे इंग्लैंड चले गये और लन्दन में एक भवन खरीदकर वकालत करते हुए वहीं बस गये। बाद में अपने एक भाषण में उन्होंने स्वयं की तत्काल राजनैतिक प्रतिष्ठा को राष्ट्रवादी बतलाया और कहा: "उन दिनों मुझमें अहम बिल्कुल नहीं था और काँग्रेस से याचना किया करता था और मैं स्वयं को बिल्कुल असहाय मानता था।"[२३]

लेकिन अपने मुस्लिम अनुयायियों के निमन्त्रण पर निराशाग्रस्त जिन्ना को केवल ४ वर्ष के इंग्लैंड प्रवास के पश्चात् भारत लौट आना पड़ा। लेकिन यह मात्र आकस्मिक ही नहीं था कि आमंत्रण यू.पी. के लियाकत अली खान ने दिया। संयुक्त प्रान्त के मुसलमानों का थका हारा किन्तु महत्वाकांक्षी वर्ग, हिन्दू प्रभुत्व की सम्भावना से भयभीत, एक नेता की तलाश में था और वह नेता उन्हें जिन्ना में मिल गया, जो उन्हीं की तरह मायूस थे और उनमें काँग्रेस के प्रति घृणा और हिन्दू सम्प्रदाय के प्रति जबरदस्त कड़वाहट भरी थी। जो जिन्ना अब भारत वापिस आये वे दूसरे जिन्ना थे। जैसा खालिद बी. सईद ने ठीक ही कहा है: "दो जिन्ना थे- दूसरे दशक के जिन्ना तथा तीसरे और चौथे दशक के जिन्ना।" सईद हेराल्ड डी. लास्वेल के कथन का भी उद्धरण देते हैं:" सत्ता के खोजी व्यक्ति के सम्बन्ध में यह मुख्यत: मान लेना चाहिए कि वह किसी वस्तु से वंचित होने पर उसकी पूर्ति के साधन के रूप में सत्ता की खोज करता है" "और उस सत्ता में या तो उस व्यक्तित्व के लक्षणों का या उस पर्यावरण में, जिसमें वह क्रियाशील रहती है, परिवर्तनकर उसके व्यक्ति के अवमूल्यन भावना को दबा देने की अपेक्षा रहती है।"

सफल हिन्दू से विपरीत, लियाकत अली खाँ के प्रकार का मुसलमान और मोहम्मद अली जिन्ना-दोनों ही "वंचित किये जाने" की भावना से तथा अपने व्यक्तित्व की अवमूल्यन भावना से ग्रस्त थे और वे मिलकर तीसरे दशक के अन्त में सत्ता प्राप्त करने के कार्यक्रम में संलग्न हो गये। लुई फिशर भी कहते है: "मिथ्याभिमान, द्वेष और घृणा की राजनीति में बड़ी भूमिका होती है। इतिहास में कुछ बड़े राजनीतिक संघर्ष राजनीतिक रूप लेने से पहले व्यक्तिगत थे। जिन्ना रहते या न रहते, हिन्दू मुस्लिम समस्या निश्चित रूप से रही आती। उनकी तीव्रता और घृणा ने कोयले को हवा दी और उनसे

आग की लहरें निकली" द्वेष और घृणा की इन आग की लपटों ने ही भारत के अधिकतर भागों में साम्प्रदायिक आग लगायी और चौथे दशक में उन्हीं के परिणामस्वरूप विभाजन हुआ और सार्वभौम पाकिस्तान बना।

जिन्ना इस्लाम धर्म और संस्कृति अथवा भारत के मुसलमानों के कल्याण के प्रति निष्ठावान होने की बजाय अपने ही प्रति प्रेम तथा अपनी व्यक्तिगत महत्वाकांक्षा से संलग्न थे। यह इस बात से भी प्रमाणित हो जाता है कि उन्होंने माउन्टबेटन का, भारत और पाकिस्तान का, जब तक विभाजन की प्रक्रिया पूरी न हो जाये, तब तक गवर्नर जनरल रहे आने का प्रस्ताव अमान्य किया था और तत्काल पाकिस्तान में स्वयं उस पद पर आसीन होने की अपनी ज़िद पर अड़े रहे। नवाब भोपाल और लियाकत अली खां इस मत के थे कि "ब्रिटिश अधिकारियों के सहित दोनों देश के लिए एक गवर्नर जनरल रहे आने के अवसर को अस्वीकार करना एक बड़ी मूर्खता होगी।" लेकिन जिन्ना के एक इंच भी हटने के लिए तैयार न होने पर माउन्टबेटन इस निष्कर्ष पर पहुँचे कि केवल जिस एक सलाहकार की बात मिस्टर जिन्ना ने सुनी वह मिस्टर जिन्ना ही थे।"

पाकिस्तान के संवैधानिक प्रमुख रहने के बजाय जिन्ना ने तानाशाह होने का फैसला किया था, इसका प्रमाण माउन्टबेटन से कही उनकी एक बात है। जब वाइसराय ने उनसे कहा कि यदि वे पाकिस्तान के प्रधानमंत्री के पद को सम्हालते हैं तो संवैधानिक गवर्नर जनरल के अधिकारों से उनके अधिकार अधिक होंगे, तो जिन्ना ने जवाब दिया- "मेरी जैसी स्थिति है, उसके अनुसार मैं सलाह दूँगा और दूसरे वे होंगे जिन्हें उसके अनुसार कार्य करना होगा।" इसके बाद जिन्ना ने माउन्टबेटन को बताया कि "वे दोनों राज्यों में एक गवर्नर जनरल न रखने की असुविधाओं को जानते है, लेकिन वे १५ अगस्त को गवर्नर जेनरल के पद के अतिरिक्त किसी अन्य पद को लेने में असमर्थ थे।" यह सभी जानते हैं कि काँग्रेस से लड़ते रहने के दौरान जिन्ना अपने को गाँधीजी के बराबर होने की कल्पना करते थे। अब वे दुनिया को यह दिखाना चाहते थे कि वे हैसियत में भारत के गवर्नर जनरल माउंटबेटन के बराबर थे। अंत में माउन्टबेटन ने उससे पूछा- "आप जानते हैं कि इसकी कितनी कीमत आपको चुकानी पड़ेगी? जिन्ना ने उत्तर में कहा: इसके लिए मुझे कई करोड़ रुपये चुकाने पड़ सकते हैं।" जिस कमरे में यह बहस हुई उससे बाहर आने से पहले माउन्टबेटन ने आगाह किया: " इसके लिए आपको संभवत: अपनी पूरी पूँजी और पाकिस्तान के भविष्य की जोखिम उठानी पड़ सकती है।

लेकिन जिन्ना न तो गाँधीजी की और न माउन्टबेटन की बराबरी कर सकते थे। जब सत्ता के खोजी जिन्ना स्वतंत्रता दिवस के अवसर पर कराची की सड़कों पर पाकिस्तान के गवर्नर जनरल की हैसियत में परेड कर रहे थे उस समय त्यागी गाँधीजी दिल्ली में अनुपस्थित होकर कलकत्ता के भय से सहमे हुए मुसलमानों का साथ दे रहे थे। उस दिन जब माउन्टबेटन भारत के संवैधानिक गवर्नर जेरनल होने में संतोष कर रहे थे, जिन्ना ने १९३५ के एक्ट की ९वीं तालिका के अन्तर्गत सत्ता ग्रहण की जिसके फलस्वरूप वे एलन कैम्पबेल-जानसन के शब्दों में- "पाकिस्तान के सम्राट, कैन्टरबरी के आर्कविशप, विधानसभा अध्यक्ष तथा प्रधानमंत्री हो गये थे।"[२४] इस प्रकार जिन्ना पाकिस्तान के भविष्य में होने वाले तानाशाहों के पूर्वगामी हो गये थे।[२५]

यह प्रश्न उत्तर की अपेक्षा करता है कि जिन्ना और लियाकत अली खां के प्रकार के मुसलमानों की सफलता के फलस्वरूप भारत के उपमहाद्वीप, इस्लाम के महान धर्म, भारत के अल्पसंख्यक मुसलमानों और पाकिस्तान के निवासियों को कितनी कीमत देनी पड़ी या वे सब अभी भी कितनी कीमत दे रहे हैं, हम भारत उपमहाद्वीप के द्वारा उठायी गयी हानि पर बहस छेड़ देंगे, क्योंकि जब कैबिनेट मिशन ने विभाजन का प्रस्ताव नामंजूर किया था तो उस समय उस बड़े नुकसान का कुछ अनुमान उसने लगाया था। मुस्लिम दृष्टिकोण से अधिक महत्व की बात वह कीमत है जो इस्लाम धर्म और संस्कृति को चुकानी पड़ी।

भारत पर तुर्की और अफगान विजय के काल से औरंगजेब के शासनकाल तक मुसलमान अपना धर्म और संस्कृति के साथ भारत के सभी भागों में फैलते रहे। उनके प्रभुत्व के इस दीर्घकाल में उन्होंने महल, किले, मसजिदें और दरगाहें बनाई, जो हिमालय से हिन्द महासागर तक सर्वत्र पूरे देश में पायी जाती हैं। पूरी भारत भूमि में उन सूफी संतों की कब्रें बिखरी पड़ी हैं, जिन्होंने अपने उन दार्शनिक विचारों के कारण, जो वेदान्त से मिलता जुलता था, दोनों सम्प्रदायों के अनुयायियों को अपनी ओर आकर्षित कर लिया था। भारत का शायद ही कोई विज्ञान या कला हो, जिसके विकास में मुसलमानों ने भाग न लिया हो। मुसलमानों की दस्तकारी सदा ही स्पृहणीय रही आयी है और भारत के कई नगर उनकी दस्तकारी के केन्द्र होने के लिए प्रसिद्ध हो गये थे। यह सत्य संगीत पर भी लागू होता है जिसमें मुसलमानों का कम भाग नहीं रहा और धीरे-धीरे वे शासकीय और सामंती संरक्षण प्राप्त कर संगीत में हिन्दुओं से आगे बढ़ गये। जब ज़मींदार, वकील, डाक्टर और सरकारी अधिकारी वर्ग अपने नये स्वर्ग में चले गये, लगभग सभी कलाकार और दस्तकार पीछे छोड़ दिये गये। वास्तव में भागते पाकिस्तानियों ने अपनी समस्त मुस्लिम विरासत की ओर पीठ कर दी। संख्या मात्र में हिन्दुओं की अधिकता से भयातुर जिन्ना और उनके अनुयायियों का आचरण उन मुस्लिम विजेताओं से बिल्कुल विपरीत था जिन्होंने, कभी कभी बड़ी छोटी संख्या में रहकर भी बड़ी हिन्दू सेनाओं का सामना किया था और उन्हें पछाड़ दिया था। ये बहादुर लोग भारत में एक छोर से दूसरी छोर तक घुस गये थे। मुस्लिम लीगी इन योद्धाओं के नाम लेकर हिन्दुओं को धमकाने से नहीं थकते थे। लेकिन जिस ओर से ये बहादुर लोग आये थे, उसी दिशा में तेज़ी से भागते हुए इन लीगियों ने प्रदर्शित कर दिया कि वे केवल मिट्टी के बने थे।

जिन योद्धाओं ने हिन्दुओं पर विजय पायी, उनमें, और उन लोगों के बीच का अन्तर जो हिन्दुओं के भय से पीछे हट गये, इस सत्य से स्पष्ट हो जाता है कि इकबाल, जिन्होंने मुमताज़ हसन के कथनानुसार पाकिस्तान की कल्पना की थी और जिन्ना, जिन्होंने उस कल्पना को साकार किया-दोनों ही मूल रूप से हिन्दू थे और इनके पूर्वजों ने कुछ समय पूर्व ही इस्लाम धर्म स्वीकार किया था। धर्म परिवर्तन, विशेष रूप से हिन्दू के विषय में और राष्ट्र परिवर्तन, दोनों अपने परिवार से सम्बन्ध विच्छेद करने वाले होते हैं। यह स्पष्ट कर देता है कि जिन्ना को अपनी भारतीय राष्ट्रीयता के बदल देने में और दो-राष्ट्र के सिद्धान्त को प्रतिपादित करने में कठिनाई क्यों नहीं हुई।

महत्वाकांक्षा से अभिभूत होकर जिन्ना अन्य कई विषयों में भी बदल गये थे। लुई फिशर लिखते हैं कि "जिन्ना निष्ठावान मुसलमान नहीं थे। वे शराब पीते थे और सुअर का गोश्त खाते थे और ये दोनों कार्य इस्लाम के विरुद्ध थे। वे बहुत कम मस्जिद जाते थे, अरबी का बिल्कुल नहीं और उर्दू का

ज्ञान उन्हें बहुत कम था।" लेकिन यह सभी जानते हैं कि बाद में वे जुम्मे की नमाज़ में सम्मिलित होते थे और कम से कम ऐसे अवसरों पर अपनी अंग्रेजी पोशाक में न रहकर शेरवानी पहन लेते थे। इस प्रकार तत्काल रूप बदलने में माहिर कलाकार को अपना पर्यावरण बदल देना, बड़ी संख्या में अपने सहधर्मियों और अनुयायियों को भारत में पीछे छोड़कर हिन्दू बहुसंख्यक क्षेत्र से हमेशा के लिए बाहर चला जाना कठिन नहीं था। अत: १५ अगस्त १९४७ को दो प्रत्यावर्तन हुए, एक प्रत्यावर्तन इस उपमहाद्वीप में अपनी सम्पत्ति को छोड़कर समुद्र के पार अपने द्वीप आवास की ओर अंग्रेजों ने कूच किया, और दूसरा प्रत्यावर्तन जिन्ना और उनके मुस्लिम लीगियों ने वह सब कुछ समर्पण कर जो पिछले ६ सौ वर्षों के इस्लाम प्रभुत्व ने उन्हें विरासत में दिया था, इस उपमहाद्वीप के उत्तर पश्चिम के एक कोने में बसने के लिए किया। मात्र व्यक्तिगत महत्वाकांक्षा और निराशा ही इस शानदार विरासत को छोड़ देने के लिए जिम्मेदार थी; इस बात की पुष्टि माउन्टबेटन से "अपने मालिक (जिन्ना) के स्वर" लियाकत अली खाँ के इस कथन से होती है: "यदि आप मुस्लिम लीग को केवल सिन्ध का रेगिस्तान ही देने को तैयार होते, तो भी अभी भी मैं कई उदारतापूर्ण सुविधाओं सहित काँग्रेस की गुलामी के बजाय उस स्थिति में भी पृथक मुस्लिम देश का होना पसंद करता।"

संक्षेप में, मौलाना अबुल कलाम आज़ाद बिल्कुल ठीक थे जब अप्रेल १९४६ में उन्होंने कहा था कि "पाकिस्तान की योजना पराजय भावना का प्रतीक है और इस बात की स्वीकारोक्ति है कि हिन्दुस्तान में मुसलमान अपने को सम्हाल नहीं सकते हैं और वे सुरक्षित एक कोने में रहकर संतोष कर लेंगे। मेरे लिए जो मेरी पैतृक सम्पत्ति है उसे छोड़ देना और उसके एक छोटे भाग से ही संतुष्ट हो जाना कायरता का निश्चित चिन्ह है।"[२६] लेकिन मौलाना यह सब इसलिए कह सकते थे क्योंकि पूर्णत: पश्चिमी हो गये इस्लाम से कटे हुए और निराश जिन्ना से नितांत विपरीत वे इस्लाम धर्म और संस्कृति के अद्वितीय विद्वान, इस्लाम और उसकी संस्कृति के भक्त थे और उन्हें वह सर्वोच्च पद प्राप्त था जो राष्ट्रवादी भारत उन्हें दे सकता था। आज़ाद और जिन्ना में असमानता इतनी पूर्ण थी कि कोई भी हेमलेट के शब्दों में कह सकता था", यहाँ, इस चित्र को देखो और दो भाइयों की उस नकली चित्र को भी देखो।"

यह स्थिति हमें भारत में यहाँ वहाँ फैले मुस्लिम अल्पसंख्यकों को पहुँचायी गयी हानि का जायज़ा कर लेने की अपेक्षा करती है। मौलाना आज़ाद लिखते हैं: "विभाजन के बाद जो मुस्लिम लीगी नेता भारत में रह गये उनकी परिस्थिति एक अजीब तमाशा हो गयी। जिन्ना अपने अनुयायियों को यह उपदेश देकर कराची रवाना हो गये कि अब देश का विभाजन हो गया है, इसलिए वे भारत के निष्ठावान नागरिक बन कर रहें। उनके इस प्रस्थान सन्देश ने इन लीगियों में एक प्रकार की कमज़ोरी और धोखा खा जाने का आभास भर दिया। कई लीगी नेता १४ अगस्त के बाद मुझसे मिलने आये। उनकी परेशानी पर तरस आता था। उनमें से प्रत्येक व्यक्ति ने बहुत पश्चाताप और गुस्से में कहा कि जिन्ना ने उन्हें धोखा दिया और चक्कर में फँसा गये।

"पहले मैं नहीं समझ पाया कि उनके इस कथन का तात्पर्य क्या था कि जिन्ना ने उन्हें धोखा दिया था। जिन्ना ने खुले तौर से मुस्लिम बहुसंख्यक प्रान्तों के आधार पर देश के विभाजन की मांग की थी। विभाजन अब एक वास्तविकता थी तथा पश्चिम और पूर्व के मुस्लिम बहुसंख्यक क्षेत्र अब पाकिस्तान

के अंग थे। तब फिर संयुक्त प्रान्त और बिहार के मुसलमानों के ये प्रतिनिधि कैसे कह सकते थे कि उन्हें धोखा दिया गया था!"

"उनसे जब मैं बात कर रहा था, मुझे लगा कि इन व्यक्तियों ने विभाजन के ऐसे चित्र की कल्पना की थी, जिसका वास्तविक स्थिति से कोई वास्ता नहीं था। पाकिस्तान के यथार्थ रूप को वे समझने में असफल हो गये थे। यदि मुस्लिम बहुसंख्यक प्रान्तों का एक अलग राज्य होने वाला था तो यह स्पष्ट ही था कि वे प्रान्त, जिनमें मुसलमान अल्प संख्या में थे भारत के भाग में रहेंगे। संयुक्त प्रदेश और बिहार के मुसलमान अल्प संख्या में थे और वे बाद में अल्पसंख्यक ही रहे आवेंगे जबकि मुस्लिम लीगियों को यह समझाया गया था कि सभी मुसलमान, वे मुस्लिम बहुसंख्यक प्रांतों या मुस्लिम अल्पसंख्यक प्रांतों के हों अलग राष्ट्र के माने जावेंगे और अपना भविष्य निर्धारित करने का उन्हें अधिकार रहेगा। अब, जब मुस्लिम बहुसंख्यक प्रान्त भारत से बाहर हो गये, बंगाल और पंजाब का भी विभाजन हो गया तथा मिस्टर जिन्ना कराची चले गये तो अंत में उनकी समझ में आया कि उन्हें कुछ नहीं मिला, बल्कि भारत के विभाजन से वे अपना सब कुछ गवाँ बैठे। जिन्ना का बिदाई सन्देश उनके लिए ऊँट की पीठ पर आखिरी तिनका साबित हुआ। अब उनको स्पष्ट दिखने लगा कि विभाजन का एक ही परिणाम उनके लिए हुआ कि उनकी अल्पसंख्यक वर्ग वाली स्थिति पहले से भी कमज़ोर हो गयी। साथ ही अपने मूर्खतापूर्ण कार्य से उन्होंने हिन्दुओं में अप्रसन्नता और क्रोध उत्पन्न कर दिया था।

"मुस्लिम लीग के ये सारे सदस्य लगातार यही रट लगाते रहे कि वे अब हिन्दु बहुसंख्यकों की दया पर ही निर्भर हैं। यह बात इतनी स्पष्ट थी कि इन नयी परिस्थितियों पर उनके गहरे पश्चाताप पर शायद ही दया आ सकती थी।"[२७]

यह ध्यान में रखने की बात है कि पाकिस्तान में हिन्दू अल्पसंख्यकों को बन्धक वर्ग बना कर रखने का सिद्धान्त ९ जून को हुई मुस्लिम लीग की अखिल भारतीय कौंसिल की बैठक में प्रसारित किया गया था और बाद में १४ जून को अखिल भारतीय काँग्रेस के सम्मेलन में साम्प्रदायिक विचारों के हिन्दुओं द्वारा उसकी प्रतिक्रिया प्रतिध्वनित की गयी थी। लेकिन बाद में पाकिस्तानियों ने पश्चिम पाकिस्तान में हिन्दू अल्पसंख्यकों का लगभग सफाया कर दिया था और इस तरह भारतीय मुसलमानों की सुरक्षा के लिए इस बन्धक सिद्धान्त की क्रियाशीलता समाप्त हो गयी थी!

कुछ पाकिस्तानी लेखकों ने जिन्ना के द्वारा अपने विरोधियों को अंत तक अनुमान करते रहने की स्थिति में रखने के उद्देश्य से पाकिस्तान कल्पना की ठीक परिभाषा न की जाने की प्रशंसा की है। लेकिन सत्य तो यह प्रतीत होता है कि उन्होंने ऐसा इसलिए नहीं किया क्योंकि स्पष्ट परिभाषा से हिन्दू बहुसंख्यक प्रान्तों के सारे मुसलमानों का भ्रम दूर हो जाता और कुछ लोगों के समर्थन के अतिरिक्त, जो उनके और लियाकत अली खाँ के साथ नये राज्य में जाना चाहते थे, सभी का समर्थन वे खो देते। इस उपमहाद्वीप के सभी मुसलमानों का समर्थन प्राप्त करने के लिए दो-राष्ट्रों के सिद्धान्त का प्रतिपादन जिन्ना के द्वारा मुस्लिम हितों की पूर्ति के लिए नहीं, बल्कि अपनी महत्वाकांक्षा की पूर्ति के लिए और काँग्रेस के नेताओं से हिसाब चुकता करने के उद्येश्य से किया गया था। यदि उन्होंने अपने दो-राष्ट्र के सिद्धान्त को स्वयं ईमानदारी से मान्यता दी होती, तो वे किसी ऐसे समझौते के लिए प्रयत्न करते जो पूरे मुसलमान वर्ग के कल्याण और हित के लिये होता, न कि केवल मुस्लिम बहुल प्रान्तों के मुसलमानों

के कल्याण और खुशहाली की गारंटी देता जहाँ के मुसलमानों ने विभाजन के वर्ष १९४७ के प्रारम्भ तक उन्हें अपना नेता मानने से इन्कार किया था। हिन्दू बहुल प्रान्तों के मुसलमानों का, जो जिन्ना के ही शब्दों में पाकिस्तान आन्दोलन में अग्रणी थे और जिन्होंने पाकिस्तान बनाने के लिए मुसीबतें झेली थीं, जिन्ना ने पाकिस्तान के गवर्नर जनरल के पद पर पहुँचने के लिए एक सीढ़ी की तरह उपयोग किया और बाद में उन्हें ठोकर मार दी और उनको उन हिन्दुओं की दया पर छोड़ दिया जिनको उन मुसलमानों ने एक पूरे दशक तक उनके नेतृत्व में बुरा भला कहा था और अपने विरूद्ध कर लिया था।[२८]

सहज ही मौलाना आज़ाद इन मुसलमानों के सम्भावित भविष्य पर, जैसा उन्होंने पाया कि उनका गहरा पश्चाताप "किसी प्रकार का दया नहीं उत्पन्न कर पा रहा था," विचार कर रहे थे, लेकिन इसमें वे गलत थे। दो-राष्ट्रों के सिद्धान्त के प्रणेता जिन्ना ने तो उनसे विश्वासघात किया था, लेकिन उनकी रक्षा के लिए और उनके लिए मरने के लिए गाँधी जी अब भी थे, जिनके लिये किसी भी वर्ण, धर्म अथवा जाति का भारतीय उनका भाई था। इससे कौन इन्कार कर सकता है कि मुसलमानों के सहायक होने के उनके प्रयत्नों ने साम्प्रदायिक विचारों के हिन्दुओं को अत्यन्त क्रोधित कर दिया और बदले में उन्हें अपने प्राणों का मूल्य देना पड़ा ? अपने रक्त से दूसरों के पापों को धोने के लिए उन्हें ईसा के समान अपनी बलि देनी पड़ी। लेकिन अब गाँधीजी नहीं हैं और क्षमा तथा अहिंसा के उनके सन्देश की पकड़ भारतीय जनता पर ढीली पड़ती जा रही है। कौन कह सकता है कि उस पीढ़ी की राजनीतिक पृष्ठभूमि से पूर्णत: समाप्त हो जाने पर, जिसे गाँधीजी के चरणों के निकट बैठने का अवसर प्राप्त था, क्या होगा? दूसरी ओर पाकिस्तानी मुसलमानों का भारत के अल्पसंख्यक मुसलमानों के प्रति मनोवृत्ति दिन ब दिन कड़ी होती जा रही है। बंगला देश के बिहारी मुसलमानों को पाकिस्तान में आने देने के लिए उनकी तीव्र अनिच्छा, जो लगभग अस्वीकृति ही है, उनके इस कठोर मनोवृत्ति का प्रमाण है। वास्तव में, उन मुसलमानों के प्रति स्वागत भावना, जो विभाजन के तुरन्त बाद पाकिस्तान चले गये थे, अधिक दिन नहीं टिक सकी। लियाकत अली के साथ जो हुआ वह सभी जानते हैं और जिन्ना के भी उसी गति से बचने का कारण पाकिस्तान के सर्वोच्च पद पर आसीन होने के कुछ दिनों के पश्चात् ही उनका देहान्त हो जाना था। कराची में पाकिस्तान जाने वाले मुसलमानों के विरूद्ध हुए दंगों ने भी स्पष्ट कर दिया था कि हवा किस ओर बह रही थी।

अन्तिम प्रश्न पाकिस्तान की स्थापना के फलस्वरूप पाकिस्तान के लोगों को जो भारी हानि उठानी पड़ी उससे सम्बन्धित है। कैबिनेट मिशन ने चेतावनी दी थी कि- "प्रस्तावित पाकिस्तान के दोनों भाग एक दूसरे से लगभग सात सौ मील के अन्तर पर हैं और युद्ध तथा शांति के समय दोनों में परस्पर सम्पर्क भारत की सद्भावना पर निर्भर रहेगा।" लेकिन अपने "लघु पाकिस्तान" को जितना हो सके बड़ा बनाने के पाकिस्तानियों के लालच ने उनकी तर्कक्षमता पर अधिकार कर लिया था और वे उचित परामर्श के लिए बहरे हो गये थे। १९७० तक भी मुमताज़ हसन ने अस्वीकार किया कि पाकिस्तान "असाधारण भौगोलिक घटना" थी और उसको उन्होंने "अमेरिका और अलास्का के स्तर पर रख दिया था, हवाई का तो उल्लेख ही व्यर्थ है।" अलास्का और हवाई तो अभी भी अमेरिका के साथ हैं, लेकिन पूर्वी पाकिस्तान अब बंगलादेश के नाम से सार्वभौम देश हो गया है, जिसे पाकिस्तान ने भी मान्यता दी

है। अपने ही हित में भारत चाहता है कि पाकिस्तान संगठित रहा आये, लेकिन क्या वह संगठित रहा आयेगा? धार्मिक पृथकता और कई भाषाओं, संस्कृति और ऐतिहासिक परम्पराओं का जो भारत में विद्यमान थीं, विभाजन के आधार तर्क के रूप में मुस्लिम लीगियों के द्वारा उपयोग किया गया था। केवल धर्म को छोड़ कर बचे हुए अन्य भेदक घटक पाकिस्तान के चार प्रान्तों को एक दूसरे से अलग करते हैं। पूर्ण प्रान्तीय स्वायत्त शासन का प्रश्न पाकिस्तान राजनीति में सब से आगे हो गया है। भारतीय राजनीतिज्ञों ने इस समस्या को भाषाई विभाजन कर और आसाम के पहाड़ियों के बहुत छोटे आदिवासी क्षेत्रों को भी स्वायत्त शासन प्रदान कर सुलझा लिया है। गरम दिमाग पाकिस्तानी राजनीतिज्ञों की प्रतिक्रिया इससे बिल्कुल भिन्न हुई। उन्होंने स्टीम रोलर का इस्तेमाल कर प्रान्तीय सीमाओं को ही पश्चिमी पाकिस्तान में समाप्त कर दिया। लेकिन वह रोलर अप्रभावित सिद्ध हुआ और भाषाई क्षेत्रों को दोबारा प्रान्तीय इकाइयों के रूप में मान्यता देनी पड़ी। प्रान्तीय स्वायत्त शासन की मांग ने सिंध, उत्तर-पश्चिम तथा बलूचिस्तान में फिर सिर ऊंचा किया है। राजनीतिक समझदारी शासकों को परामर्श दे कि वे इन ऐतिहासिक प्रान्तों की उचित मांगो को पूरा करें ताकि स्वायत्त शासन के लिए की जा रही मांग बिल्कुल स्वतंत्र हो जाने की मांग में न परिवर्तित हो जावे। इस उपमहाद्वीप के स्वतंत्र राज्यों के रूप में जिसने खण्ड हो जायेंगे, विदेशियों को उस पर अपना प्रभुत्व स्थापित करने के लिए उतना ही अधिक अवसर मिलता रहेगा।

लेकिन सबसे बड़ा दुर्भाग्य यह है कि २५ वर्षों से अधिक काल में भी पाकिस्तान के शासक प्रजातंत्र पर आधारित उस देश के निवासियों को एक संविधान देने में असफल रहे। ब्रिटिश सरकार ने पाकिस्तान में सेना, नौकरशाही और सामन्तों को सत्ता सौंपी थी। निहित स्वार्थों वाले इन वर्गों ने वह सत्ता जनता के अधीन करने से इन्कार किया और अपनी इस इन्कारी को भारत से खतरा होने के प्रचार के द्वारा, जिसे जिन्ना पाकिस्तान की स्थापना के अपने प्रयास में बहुत कारगर बना चुके थे, अपनी सत्ता चलते रहने के लिए उचित ठहराते रहे। विभाजन के पहले पंजाब, सिंध और उत्तर पश्चिम प्रान्त की जनता अपने-अपने प्रान्तों में स्वायत्त शासन का उपभोग कर रही थी। अब वह भी हाथ से निकल गया था और सैनिक शासन ने लोगों के बुनियादी अधिकारों को भी छीन लिया। जो भी साधन उपलब्ध थे उनका उपयोग जनता की स्थिति सुधारने के लिए न कर काश्मीर पर कब्जा करने के लिए भारत के विरूद्ध सैनिक हमले में किया गया जबकि भारतीय संघ में काश्मीर का रहना भारत का सही अर्थों में धर्मनिरपेक्ष राज्य होने की एक मात्र गारन्टी है। इस प्रकार १९७२ तक पाकिस्तान के शासकों ने जो ढंग अपनाया, उसके आधार पर यह निष्कर्ष निकलता है कि पाकिस्तान की जनता की राजनीतिक तथा आर्थिक खुशहाली की कीमत देकर पाकिस्तान भारत से अलग हुआ था। अब देखना यह है कि विगत अनुभव पाकिस्तान के नये और स्वयं को प्रजातांत्रिक कहने वाले शासकों को नया पृष्ठ उलटने के लिए क्या समर्थ कर सकेंगे? यदि वे ऐसा करते हैं, तो एक शक्ति सम्पन्न और समृद्ध पाकिस्तान के निर्माण में यथासम्भव सहायता देना भारत के हित में होगा।

स्वतंत्रता (१९४७)

माउन्टबेटन मार्च १९४७ को दिल्ली में जून १९४८ तक सत्ता त्याग देने के निर्देश के साथ

उतरे थे। जून योजना में इसके लिए कोई तिथि तय नहीं की गयी थी, लेकिन ब्रिटिश सरकार "जून १९४८ से पहले भी किसी तिथि को सत्ता हस्तान्तरण किये जाने के लिए सहमत हो गयी थी।" ३ जून के अपने प्रसारण में माउन्टबेटन, नेहरु, जिन्ना और बलदेव सिंह-किसी ने भी इस सम्बन्ध में कोई संकेत नहीं किया था। ४ जून की अपनी प्रेसवार्ता में माउन्टबेटन ने अचानक ही कहा था कि- "मैं सोचता हूं कि "सत्ता हस्तांतरण १५ अगस्त के आसपास हो सकता है"। इसका अर्थ था तिथि दस माह से भी पूर्व ले आयी गयी थी और अब इस उपमहाद्वीप के विभाजन के लिए, जो लगभग एक शताब्दी से एक ईकाई था, दस सप्ताह से भी कम समय बचा था।

विभाजन के विवरण में न उलझ कर यहाँ उसके कुछ महत्वपूर्ण पक्षों की चर्चा ही करनी है। उनमें भारत के दृष्टिकोण से देशी रियायतों का भारत में सम्मिलित होने का विषय अत्यधिक महत्वपूर्ण था। भारतीय संघ में उनके सम्मिलित होने से पाकिस्तान को दिये जाने वाले भूभाग से अधिक बड़ा क्षेत्र भारत को मिल रहा था। इसमें कठिनाईयां अनेक थीं। लघुकृत पाकिस्तान से सन्तोष करने पर विवश किये जाने पर अब जिन्ना इस बात पर तुल गये थे कि जो भारत बचे, उसका जितना हो सके, उतना अंग भंग हो जाये। अपने इस इरादे में उन्हें भारत के मध्य में स्थित देशी रियासतों में सबसे बड़ी रियासत हैदराबाद के निज़ाम की और भोपाल के नवाब, जो नरेन्द-मण्डल के चान्सलर भी थे, की मदद मिल रही थी। लेकिन सबसे खराब बात यह थी कि राजनीतिक विभाग के अध्यक्ष और वाइसराय के राजनीतिक सलाहकार सर कॉनराड कोरफील्ड की सहानुभूति पाकिस्तान के पक्ष में थी। इस प्रकार भारतीय नेताओं को अपनी मातृभूमि को और अधिक विभाजित किये जाने से बचाने में सफल होने के लिए इन तीनों की सम्मिलित शक्ति का सामना करना था।

जैसा पिछले अध्याय में लिखा जा चुका है, यद्यपि निज़ाम बस्तर को हथिया लेने की अपनी कोशिश में नाकाम रहे, तो भी ३ जून १९४७ के पश्चात् उन्होंने यह घोषणा करने में देर नहीं की कि ज्योंही १५ अगस्त को ब्रिटिश प्रभुसत्ता समाप्त हो जावेगी वे स्वयं को स्वाधीन शासक मानने लगेंगे। उन्होंने जिन्ना के साथ पत्र व्यवहार किया और जिन्ना ने उनसे कहा कि "मुझे हैदराबाद की एक सक्रिय मित्र की तरह आवश्यकता है"। उनके कथन का अर्थ भारत के विरुद्ध एक सक्रिय साथी प्राप्त करना था। जिन्ना को निज़ाम ने यह वादा किया कि उनके परामर्श के बिना वे कुछ भी नहीं करेंगे।

जहाँ तक भोपाल के नवाब का सम्बन्ध था, वे लगातार मुस्लिम लीग के नेता के साथ रहे आये थे। हैदराबाद की तरह भोपाल भी भारतीय भूभाग के मध्य में एक द्वीप जैसा था। अतएव नवाब ने नरेन्द्र मण्डल के चान्सलर के अपने पद का लाभ लेकर सिंध से लगी हुई रियासतों के हिन्दू राजाओं को अपने साथ करने का प्रयत्न किया। जोधपुर और जैसलमेर तो उनके जाल में फंस ही गये थे, लेकिन उसे समझने में उन्हें अधिक समय नहीं लगा। अपनी चाल में असफल हो जाने पर नवाब ने चान्सलर पद से इस्तीफा दे दिया और उनके स्थान पर महाराजा पटियाला आ गये, जिन्होंने भारतीय संघ के साथ अपना भविष्य जोड़ देने के लिए देशी राजाओं को सहमत करने में अपनी देशभक्ति पूर्ण भूमिका निभायी। सभी का साथ छूट जाने पर और अपने राज्य की जनता द्वारा विद्रोह कर दिये जाने पर नवाब ने रियासत से सम्बन्धित विभाग के मंत्री सरदार पटेल की शरण ली जिन्होंने उनकी गलतियों को भूलकर उनके साथ उदारतापूर्ण बर्ताव किया।

इसे स्वीकार करना आवश्यक है कि भारतीय संघ में देशी रियासतों के अधिमिलन के मामले में पटेल को माउन्टबेटन से अमूल्य सहयोग प्राप्त हुआ। पटेल के कहने पर देशी रियासतों के विभागीय सेक्रेटरी वी.पी. मेनन ने, जिन्होंने इन देशी रियासतों द्वारा रक्षा, विदेशी विभाग और संचार व्यवस्था के मामले ही भारतीय संघ को दिये जाने की कल्पना की थी, देशी राजाओं पर अपने प्रभाव का इस सम्बन्ध में उपयोग करने की सहायता माउन्टबेटन से माँगी। वे लिखते हैं- "मुझे लगा कि मेरे इस कथन ने उनके मर्म को प्रभावित किया कि विभाजन से हुए घाव किसी हद तक भारत सरकार के इन रियासतों के सम्बन्ध जुड़ जाने से भर सकेंगे और भारतीयों की कई पीढ़ियों की कृतज्ञता वे अर्जित करेंगे यदि वे देश की बुनियादी एकता की प्राप्ति में अपना सहयोग देंगे।" माउन्टबेटन इसके लिए सहमत हो गये और उन्होंने पटेल को सुझाव दिया कि वे राजाओं से केवल रक्षा, विदेशी विभाग और संचार व्यवस्था ही भारतीय संघ को सौंपने के लिए कहें। यह सीमित अधिमिलन ही था और पटेल ने इस दूरदर्शिता को समझ कर कहा- "यदि आप सेवों से भरी टोकरी मुझे देते है तो मैं आपके प्रस्ताव को मानने को तैयार हूं।"

माउन्टबेटन ने पूछा-"आपका क्या मतलब है?" "मैं पूरे ५६५ सेवों की टोकरी, जो देशी रियासतों की गिनी हुई संख्या है, लेने को तैयार हूँ, लेकिन यदि दो या तीन सेव भी कम हुए तो सौदा टूट जायेगा।

"यह मैं पूरी तरह से मंजूर नहीं करता, लेकिन मैं भरसक प्रत्यन करूंगा। यदि मैं आपको लगभग ५६० सेवों की टोकरी देता हूँ तो उसे आप खरीदेंगे?

"हाँ, मैं ले सकूँगा।"[२९]

और माउन्टबेटन पटेल को ५६० सेवों की टोकरी देने में व्यस्त हो गये। वाइसराय तथा सम्राट के प्रतिनिधि के रूप में २५ जुलाई को उन्होंने नरेन्द्र मण्डल को सम्बोधित किया। एलन कैम्पबेल जान्सन का आखों देखा विवरण इस प्रकार है- "यह अभिवादन या विदाई समारोह न होकर उच्च कोटि का राजनीतिक अवसर था। राजागण घटनाओं की गति से किंकर्तव्यविमूढ़ परस्पर विभाजित तथा अनिश्चित मन:स्थिति में थे। माउन्टबेटन को उनकी सहायता के लिए लन्दन से कोई विस्तृत निर्देश भी नहीं थे। ३ जून की घोषणा तथा कैबिनेट मिशन के कार्यक्रम में जो रियासतों के सम्बन्ध में उल्लेख था, उसमें इसपर बल दिया गया था कि सत्ता हस्तांतरण ब्रिटेन और ब्रिटिश भारत के बीच में ही था।

"अपनी बात स्वीकार करा लेने के अपने शस्त्रागार के प्रत्येक शस्त्र का उन्होंने उपयोग किया। प्रारंभ में उन्होंने स्पष्ट किया कि प्रस्तावित अधिमिलन प्रपत्र में, जिसे वी.पी. मेनन ने तैयार किया था, राजाओं को काँग्रेस द्वारा राजनीतिक प्रस्ताव दिया जा रहा था जो संभवत: आगे न दिया जाये। वह निश्चित प्रस्ताव भी अभी नहीं था और उसका यथावत रहा आना पटेल को सर्वसम्मति से उसकी स्वीकृति पहुँचा देने की उनकी क्षमता पर आश्रित था। माउन्टबेटन ने राजाओं को याद दिलाया कि १५ अगस्त के बाद वे सम्राट के प्रतिनिधि के रूप में उनकी ओर से मध्यस्थता करने की स्थिति में नहीं होंगे और उन राजाओं को जो हथियार एकत्र करने की आशा में थे, आगाह किया कि जो हथियार उनको मिलेंगे वे बहुत पुराने और बेकार होंगे। एक विशेष बात जो उपयुक्त समय और बलपूर्वक कही गयीं वह

इन राजाओं पर प्रभाव डालने में नहीं चूकी। उन्होंने कहा कि यदि अधिमिलन का प्रपत्र वे स्वीकार कर लेते हैं, तो उनके यह मान लेने का समुचित कारण है कि पटेल और काँग्रेस डोमिनियन स्टेट्स के तहत सम्राट के द्वारा उन राजाओं को विभिन्न उपाधियाँ तथा सम्मान मिलने के आड़े नहीं आयेंगे। वाइसराय जानते थे कि उपाधियाँ और सम्मान इन राजाओं के लिए अत्यन्त महत्वपूर्ण थे क्योंकि वे राजतंत्रीय व्यवस्था के सूचक थे। इस सम्बन्ध में माउन्टबेटन सम्राट का प्रतिनिधि नहीं, बल्कि उनका चचेरा भाई होना उनके और राजाओं के बीच के सम्बन्ध में उन्हें असंदिग्ध रूप से उनकी स्थिति को सशक्त करता था क्योंकि इन वंशागत राजाओं और नवाबों के लिए राजन्य रक्त का अपना अलग अधिकार होता है। उनके सन्देश का महत्वपूर्ण अंश इन सशक्त शब्दों में था: "अपने पड़ोसी डोमिनियन सरकार से अब आप उसी प्रकार नहीं बच सकते जिस प्रकार आप अपनी जनता से, जिनके कल्याण के लिए आप उत्तरदायी हैं, दूर नहीं भाग सकते।"

"लेकिन मैं कल्पना नहीं कर सकता कि इस सभा से अधिक कठिन स्थिति की सभा किसी को सम्बोधित करने को मिल सकती थी। यहाँ वंशगत गद्दियों का जमघट था जो अब नष्ट प्राय भेड़ों की स्थिति में थे। एक बार फिर माउन्टबेटन की उत्साहवर्धक प्रतिभा अपनी पूरी ऊँचाई पर थी क्योंकि वे अपनी स्वेच्छाजन्य स्फूर्ति और निर्णय शक्ति किसी प्रकार उनमें भर देने में सफल हो गये। इस कार्यक्रम में, जो प्रारम्भ में बड़ी गंभीरता से भरा था, ज्यों ही माउन्टबेटन ने सशक्त तथा मूढ़तापूर्ण प्रश्नों का समाधान करना आरंभ किया, शीघ्र ही चंचलता और हँसी मज़ाक के माहौल में बदल गया।

"इस प्रकार, एक महाराजा ने, जो अपनी रियासत से तथा भारत से इस महत्वपूर्ण समय में बाहर थे, स्वयं उस बैठक में सम्मिलित होने अथवा अपने दीवान को कोई निर्देश देने के महत्व को नहीं समझा था क्योंकि अपने दीवान को उन्होंने कोई सूचना तत्सम्बन्ध में नहीं दी थी। माउन्टबेटन ने पूछा, "आप अपने शासक के विचारों को तो अवश्य ही जानते हैं और उनकी ओर से निर्णय ले सकते हैं।" बदकिस्मत दीवान ने उत्तर दिया, "मैं अपने शासक के विचारों से अवगत नहीं हूँ और न मैं केबल के द्वारा उनसे कोई उत्तर ही प्राप्त कर सकता हूँ।" इस पर माउन्टबेटन ने कागजों पर रखा जाने वाला कांच का गोला, जो सामने की मेज़ पर था, उठाया और कहा कि "मैं अपने बिल्लौरी कांच में देखूँगा और आपको उत्तर दूँगा।" इसके पश्चात् दस सेकन्ड तक नाटकीय सन्नाटा रहा आया, जब, एक राजकीय पिन के गिरने की आवाज सुनी जा सकती थी। उसके बाद माउन्टबेटन ने बड़ी गम्भीरता से कहा कि- "महाराजा साहब आपसे अधिमिलन प्रपत्र पर हस्ताक्षर करने के लिए निर्देश देते हैं।"

"उन्होंने इस सभा के सदस्यों की भावना का इतना ठीक अनुमान किया था कि प्रत्येक सदस्य उनकी इस मज़ाक पर, जो समयोचित प्रताड़ना तथा सौजन्य से संयुक्त थी, बड़े उल्लास के साथ हँस पड़ा। कुल मिलाकर इस प्रकार का उपहास बड़ी मोटी खोपड़ियों में प्रवेश करने के लिए सबसे अच्छा बुद्धिमत्तापूर्ण ढंग था।"[३०]

हैदराबाद, कश्मीर और जूनागढ़ को छोड़ कर शेष सभी राजाओं और नवाबों ने अधिमिलन प्रपत्र और यथास्थिति करार पर १५ अगस्त तक हस्ताक्षर कर दिये थे। यह अनिवार्य ही था कि भारतीय संघ को दी गयी यह महत्वपूर्ण सहायता माउन्टबेटन का जिन्ना से झगड़ा खड़ा कर देती "क्योंकि जिन्ना की नीति मात्र उदासीन न होकर शत्रुतापूर्ण थी। उनकी नीति, जो रियासतें पाकिस्तान से सम्बन्ध

रखना चाहती थीं उन्हें पूर्ण स्वतंत्रता देना तथा अधिक से अधिक संख्या में उन रियासतों को ही नहीं जिनके शासक हैदराबाद के निज़ाम तथा भोपाल के नवाबों की तरह मुसलमान थे, और उन्हें ही सिर्फ नहीं जिनकी रियासतें जोधपुर और जैसलमेर की तरह पाकिस्तान से लगी थीं, बल्कि हिन्दू शासकों-इन्दौर और ट्रावनकोर की तरह की भारत के भीतर की रियासतों के हिन्दू शासकों को भी भारत से न मिलने देने की थी।" यह उल्लेख करने के पश्चात् कि माउन्टबेटन ने जो उन्हें उचित जान पड़ा वह उन्होंने किया था, हडसन लिखते हैं- "तो भी, उनका इस सम्बन्ध का रुख इस सत्य से प्रभावित था कि सत्ता हस्तांतरण के पश्चात् वे भारत की सुरक्षा और खुशहाली की संवैधानिक जिम्मेदारी के साथ उसके गवर्नर जनरल रहेंगे जबकि ऐसी संवैधानिक जिम्मेदारी पाकिस्तान के सम्बन्ध में उन पर नहीं थी। इसलिए १५ अगस्त के बाद वे दोनों डोमिनियन राज्यों के संदर्भ में रियासतों के भविष्य से सम्बन्धित एक ही तरह का दृष्टिकोण नहीं रख सकते थे और पाकिस्तान के पड़ोस की तथा कुछ हिचकिचाने वाली रियासतों से सम्बन्धित मुस्लिम लीग की महत्वाकांक्षाओं के उनके प्रतिरोध में यह सन्देह १५ अगस्त के बाद पाकिस्तान में धीरे-धीरे बढ़ता गया कि उनकी नीतियों तथा भावनाओं पर भारत का पक्ष करने का बोझ था।"[३१]

इस समस्या का निर्णय कि कौन से क्षेत्र पाकिस्तान की संविधान सभा में जुड़ेंगे, २० जून और १७ जुलाई के बीच में हो गया। सिंध, पश्चिमी पंजाब और पूर्वी बंगाल जिन्होंने पाकिस्तान के पक्ष में मत व्यक्त किया था, के मामले में कोई दिक्कत नहीं हुई। सिलहट की जनता की इच्छा का पता लगाने के लिए जनमत संग्रह हुआ और बहुमत ने पूर्वी बंगाल में सम्मिलित होना पसंद किया। बलूचिस्तान में किसी विधान सभा की अनुपस्थिति में शाही जिरगा और क्वेटोम्यूनिसिपैल्टी के सदस्यों को निर्णय का अधिकार दिया गया और उनका निर्णय सहज ही पाकिस्तान के पक्ष में हुआ। वास्तव में कबीलों के सरदारों के माध्यम से ही अंग्रेज सरकार बलूचिस्तान पर नियंत्रण रखती थी और आज भी पाकिस्तान की सरकार ने उन्हें खत्म करने की हिम्मत नहीं की है। उत्तर पश्चिम सीमा प्रान्त में प्रान्तीय विधान सभा को नज़र अन्दाज़ कर दिया गया और जनमत संग्रह हुआ। जब खान अब्दुल गफ्फार खाँ की स्वायत्तशासी पख्तूनिस्तान के लिए जनमत संग्रह करने की मांग नहीं मानी गयी तो उन्होंने अपने समर्थकों को जनमत संग्रह का बहिष्कार करने की सलाह दी। लेकिन ५० प्रतिशत से कुछ अधिक जनता ने उसमें भाग लिया और पाकिस्तान के पक्ष में प्रचन्ड बहुमत गया। इस प्रकार बंगाल जिसमें आसाम का सिलहट शामिल था, सिंध, पश्चिम पंजाब, उत्तर पश्चिम सीमा प्रान्त और बलूचिस्तान अलग हो गये तथा उन प्रांतों को सम्मिलित कर नया राज्य पाकिस्तान बनाया गया।

भारत और पाकिस्तान का यथार्थ सीमांकन अधिक कठिन था। जिन्होंने राज्य पुनर्गठन आयोग को भारत में ही प्रान्तों के भाषावार विभाजन से उलझते देखा है, उन्हें यह विश्वास करना कठिन होगा कि ५ सप्ताह में ही भारत और पाकिस्तान के मध्य सीमाएँ निर्धारित कर ली गयीं। सिरिल रेडक्लिफ, जो सीमा आयोग के अध्यक्ष नियुक्त किये गये थे और जिन्होंने पंचाट दिया, भारत में ८ जुलाई को आये और १३ अगस्त को उन्होंने अपना निर्णय दे दिया। न तो काँग्रेस और न मुस्लिम लीग ही उस पंचाट से संतुष्ट थी, लेकिन सर सिरिल के निर्णय को मानना उन्होंने स्वीकार कर लिया था, इसलिए वे अब उससे लौट नहीं सकते थे। काँग्रेस इसलिए असंतुष्ट थी क्योंकि लाहौर पाकिस्तान को दिया गया था।

लीग ने कलकत्ता प्राप्त करने के लिए अनेक तर्कहीन दावे किये थे, इसलिए उसे भी असंतोष था। इस पर जिन्ना ने माउन्टबेटन को भारत के पक्ष में सर सिरिल को प्रभावित करने का झूठा आरोप लगाया।

लेकिन सबसे अधिक सिक्खों ने खोया। उन्होंने बड़े परिश्रम से शेखूपुरा, लायलपुर और मांटगोमरी जिलों में नहर उपनगर बसाये थे, जिन्हें, सर सिरिल के साम्प्रदायिक जनगणना पर आधारित निर्णय से वे पाकिस्तान को गवां बैठे। अपने कुछ धार्मिक स्थानों को भी, विशेष रूप से ननकाना साहब को, उन्हें पीछे छोड़ देना पड़ा।

लेकिन काँग्रेस और अंग्रेज सरकार के लिए जिन्ना ने एक और आश्चर्यचकित करने वाली बात छोड़ दी। पाकिस्तान के पश्चिम और पूर्वीय क्षेत्र को जोड़ने के लिए उन्होंने भारत के भीतर से एक गलियारे की माँग की। इस माँग का नेहरु ने उसे बेतुका और बेहूदा कहते हुए कड़ा विरोध किया। लेकिन माउन्टबेटन के द्वारा उसका विरोध किये जाने से जिन्ना में समझ आ गई और उन्होंने उस प्रस्ताव को त्याग दिया।

क्या भारत का विभाजन किया जा रहा था अथवा केवल उसके पश्चिम और पूर्व के कुछ भाग ही उससे अलग किए जा रहे थे? १९३७ में बर्मा के अलग किये जाने पर यदि भारत भारत ही रहा आया, तब उसके २९ प्रतिशत क्षेत्र से ही बना पाकिस्तान उसकी पहचान को कैसे बिगाड़ सकता था? लेकिन जिन्ना जिन्होंने स्वयं को भारतीय कहना छोड़ दिया था, और भारत को और अधिक विभाजित करने की योजना बना रहे थे, इसके लिए राजी नहीं थे। उनका तर्क था कि ब्रिटिश शासन के विलीन हो जाने पर भारत पूर्ववत नहीं रहेगा और दोनों राज्य समान अंतर्राष्ट्रीय स्तर पर अस्तित्व में आ जावेंगे। अविभाजित भारत राष्ट्रसंघ का एक सदस्य था और उस समय संयुक्त राष्ट्रमण्डल का सदस्य था तथा अन्तर्राष्ट्रीय उत्तरदायित्व और सुविधाएँ उसको प्राप्त थीं। जिन्ना के अनुसार वे सब विलीन हो जावेंगी और पाकिस्तान तथा भारत दोनों को संयुक्त राष्ट्रमण्डल की सदस्यता प्राप्त करनी होगी और नयी अन्तर्राष्ट्रीय इकाइयों के रूप में नये सिरे से अपने उत्तरदायित्वों और सुविधाओं के लिए उन्हें करार करना पड़ेगा। अंत में काँग्रेस और लीग का इस संबंध का विवाद ब्रिटिश सरकार के पास ले जाया गया, जिसने यह निर्णय किया कि- "भारत के नये डोमिनियन राज्य की अन्तर्राष्ट्रीय पहचान वर्तमान भारत की पहचान के रूप में रही आवेगी और वह अन्तर्राष्ट्रीय कानून के तहत संयुक्त राष्ट्रमण्डल की सदस्यता का उत्तराधिकार प्राप्त करेगा, जो वर्तमान भारत के सान फ्रेंसिस्को चार्टर के मूल हस्ताक्षर करने वालों में होने के कारण उसे प्राप्त है। इसी प्रकार उक्त डोमिनियन के प्रतिनिधि भी वर्तमान अन्तर्राष्ट्रीय मण्डलों तथा विशिष्ट अभिकरणों की, जिनमें अभी तक भारत भाग लेता रहा है, सदस्यता के भी अधिकारी होंगे।" लीग को सांत्वना देने के लिए ब्रिटिश सरकार ने यह कहा कि, "हमें उम्मीद है कि पाकिस्तान के नये डोमिनियन राज्य की स्थापना के पश्चात्, वह भी राष्ट्र मण्डल परिवार का नया सदस्य मान लिया जावेगा और ब्रिटिश सरकार यह स्थिति लाने के लिए भरसक प्रयास करेगी।"

'इन्डिया' नाम को रखने की काँग्रेस की रुचि की चर्चा करते हुए भारत के अन्तिम सेक्रेटरी ऑफ स्टेट, लार्ड लिस्टोवेल ने ठीक ही कहा था कि 'इंडिया' नाम के कई व्यवहारिक लाभ हैं, क्योंकि यह नाम कई सन्धियों और अन्तर्राष्ट्रीय दस्तावेजों में व्यवहारित हुआ है और 'इंडिया' नाम को रक्खे रहना

डोमिनियन राज्य के लिए संयुक्त राष्ट्र मण्डल की सदस्यता बरकरार रहने में सहायक होगा।" इसलिये संविधान सभा द्वारा स्वीकृत भारत के संविधान में 'इंडिया' का स्थान इंडिया जो भारत है, शब्द ने लिया।

ब्रिटिश संसद ने स्वाधीनता अधिनियम पहले ही पारित कर दिया था और विभाजन से उत्पन्न हुई सभी बड़ी समस्यायों का समाधान १३ अगस्त तक हो गया। निश्चित समय में ही सभी बातें पूरी कर देने का श्रेय माउन्टबेटन को है जिन्होंने एलन कैम्पबेल जान्सन के अनुसार, "विभाजन व्यवस्था से सम्बन्धित अपने सभी कर्मचारियों, मंत्रियों तथा अधिकारियों के लिए कार्यपूर्ति पर तत्सम्बन्धी पृष्ठ हटा दिये जाने वाला एक कलेन्डर तैयार किया था, जिसमें महीने की तारीख और उसके नीचे बड़े अक्षरों में सत्ता हस्तांतरण की तैयारी के लिए तत्सम्बन्धी तारीख के आने तक, बाकी रहे दिन लिखे थे।"

लेकिन दिन निश्चित करते समय माउन्टबेटन सभी बातों का ध्यान रखते हुए भी सर्वत्र व्याप्त भविष्यवक्ताओं पर विचार करने में चूक गये। उनके अनुसार १५ अगस्त अशुभ दिन था, लेकिन १४ अगस्त से काम चल सकता था। उनकी भी बात मान लेने के लिए १४ तारीख की शाम को संविधान सभा आयोजित करने तथा ठीक अर्ध-रात्री की घन्टी बजने पर उसे स्वतंत्र भारत की विधान सभा में परिवर्तित कर देने का निर्णय लिया गया। सम्भवत: नेहरु इस व्यवस्था के लिए जिम्मेदार थे क्योंकि उन्हें स्मरण आ गया होगा कि लाहौर में १९२९ में उनकी अध्यक्षता में पूर्ण स्वराज्य का प्रस्ताव अर्ध-रात्री को स्वीकृत किया गया था और रावी के तट पर तिरंगा झंडा फहराया गया था। भविष्यवक्ताओं को इस समारोह में कैसे स्थान मिल गया, और माउन्टबेटन के प्रेस सहचारी एलन कैम्पबेल जान्सन किस प्रकार मानद-भविष्यवक्ता नियुक्त किये गये इसका वर्णन स्वयं एलन ने किया है: "हमारे भी हंसी मज़ाक के अवसर आ जाते हैं। वाइसराय के कर्मचारियों की ६८ वीं बैठक का विवरण जो आज शाम को हुई निम्न प्रकार से प्रारंभ हुआ है:- वाइसराय ने कहा कि वे कुछ देर पहले ही मध्यप्रांत के लिये मनोनीत गवर्नर श्री मंगलदास पकवासा से मिले थे और उन्होंने श्री पकवासा को १४ अगस्त को रवाना होने के बजाय १३ अगस्त को मध्यप्रांत जाने का सुझाव दिया था ताकि सर फ्रेडरिक बोर्न से वे गवर्नर पद का कार्यभार लेकर १५ अगस्त को उन्हें पूर्व बंगाल का गवर्नर होने के लिए जाने का अवकाश दे सकें। श्री मंगलदास ने कहा था कि फलित ज्योतिष के कारणों से ऐसा करना सम्भव नहीं था। वाइसराय ने उन्हें सूचित किया कि उनके कार्यवाहकों में ऊँचे स्तर पर फलित ज्योतिष पर परामर्श देने वालों का सर्वथा अभाव था। यह तुरन्त दूर कर दिया जावेगा। वाइसराय ने अपने प्रेस सहचारी को गवर्नर जनरल के फलित ज्योतिषी के एक अतिरिक्त तथा अवैतनिक पद पर नियुक्त कर दिया।"[३२]

इसके पश्चात् भारत की स्वतंत्रता का महत्वपूर्ण दिवस आ गया। जैसा निश्चित किया जा चुका था, १४ अगस्त की रात्रि को राजेन्द्र प्रसाद की अध्यक्षता में संविधान सभा की बैठक हुई। उस रात्रि को संविधान सभा के सभी सदस्य ही नहीं जागते रहे, बल्कि दिल्ली की और निकटवर्ती गाँवों की पूरी आबादी जागती रही। उनमें से कुछ व्यक्तियों ने रामायण, महाभारत तथा अन्य काव्यों में राम तथा युधिष्ठिर जैसे अपने पूर्वकालीन नरपतियों के सिंहासनारोहण के उत्साहवर्धक विवरण पढ़े होंगे। तब वे भारत को स्वाधीनता प्राप्ति की ऐतिहासिक घटना को देखने से, जिसका सौभाग्य उन्हें ही मिल रहा था,

कैसे चूक सकते थे? असेम्बली भवन के निकट जनता का बहुत बड़ा समूह जमा हो गया था और "महात्मा गांधी की जय" का घोष हवा में गूँज रहा था।

भवन के भीतर राजेन्द्र प्रसाद ने "उन ज्ञात तथा अज्ञात स्त्री-पुरुषों के बलिदान तथा सेवाओं का स्मरण करते हुए जो हँसते हुए फाँसी पर चढ़ गये थे और जिन्होंने गोलियों का सामना किया था," कार्यवाही प्रारम्भ की। भावावेग में रुंधे गले से और हर्षध्वनि के बीच में महात्मा गाँधी के प्रति अपना सम्मान आदर पूर्वक व्यक्त करते हुए उन्होंने कहा कि- "वे पिछले तीस वर्ष से हमारे प्रकाश स्तंभ, निर्देशक तथा विचारक रहे हैं।" उन्होंने यह भी कहा कि "हम सभी को आश्वस्त करना चाहते हैं कि निर्धनता और गंदगी तथा उनका साथ देने वाली भूख और बीमारी के समाप्त करने का, असमानता और शोषण दूर करने का तथा जीवन स्तर को अच्छा करने का हमारा प्रयास होगा।"

इसके बाद नेहरु ने प्रस्तावित किया कि सदस्यों के द्वारा ली जाने वाली शपथ का पाठ स्वीकार किया जावे। मर्मस्पर्शी शब्दों में, जो भारतीय इतिहास के अंग होने वाले थे, उन्होंने कहा: "कई वर्ष पूर्व हमने नियति के साथ एक परियुक्ति की थी, और अब समय आया है जब हम अपनी प्रतिज्ञा, यदि पूर्णत: नहीं तो बहुत अधिक अंशों में पूरी करेंगे। ठीक अर्ध-रात्री पर जब दुनिया सोती है, भारत नव जीवन तथा स्वतंत्रता प्राप्त करेगा। एक क्षण आता है, और जो इतिहास में कभी कभी ही आता है, जब हम पुरातन से निकल कर नवीन में प्रवेश करते हैं, जब एक युग का अंत होता है, और जब एक राष्ट्र की दीर्घकाल से दबी हुई आत्मा मुखर हो जाती है। यह उचित है कि ऐसे गम्भीर अवसर पर हम भारत की तथा उसकी जनता की और साथ ही मानवता की सेवा में आत्म समर्पण की शपथ लें।"

घड़ी ने रात के बारह बजाये और तत्काल ही एक सदस्य ने शंख ध्वनि की। अध्यक्ष ने बड़ी गंभीरतापूर्वक निम्नलिखित पाठ पढ़ा, जिसे सभी सदस्यों ने खड़े होकर दोहराया: "इस अर्ध-रात्री में, जब भारत की जनता ने कष्ट सहन कर तथा त्याग से स्वाधीनता प्राप्त की है, मैं भारत की संविधान सभा का एक सदस्य जीवन पर्यन्त भारत तथा उसकी जनता की सेवा के लिए स्वयं को समर्पित करता हूँ ताकि यह प्राचीन देश विश्व में अपना योग्य स्थान प्राप्त करे और मानवता के कल्याण तथा विश्व शांति की वृद्धि में अपना पूर्ण तथा हार्दिक समर्थन दे सके।"

नेहरु फिर खड़े हुए और भारत के प्रथम प्रधानमंत्री के रूप में उन्होंने जनता को एक सन्देश दिया "निश्चित दिवस-नियति के द्वारा निश्चित दिवस आ गया है और भारत एक लम्बी गहरी नींद तथा संघर्ष के पश्चात् जागरुक, जीवन्त, मुक्त तथा स्वाधीन खड़ा है। भूत अभी भी किसी अंश में हमारे साथ लगा है और जो संकल्प हमने कई बार किये हैं उन्हें पूरा करने के लिए हमें बहुत कुछ करना है। तो भी जहाँ से हम मुड़े वह स्थान पीछे रह गया है, और इतिहास हमारे लिए नये सिरे से प्रारम्भ होता है, वह इतिहास जो हम जियेंगे और बनायेंगे तथा जिसके सम्बन्ध में दूसरे लिखेंगे।

"यह भारत में हमारे लिए, पूरे एशिया के लिए और सारी दुनिया के लिए महत्वपूर्ण अवसर है। एक नये नक्षत्र का, पूर्व में स्वाधीनता के नक्षत्र का उदय हो रहा है, एक नयी आशा अस्तित्व में आ रही है, लम्बे समय से संजोयी एक कल्पना साकार होती है। वह नक्षत्र कभी न डूबे और आशा के साथ कभी विश्वासघात न हो।

"हम इस स्वतंत्रता से हर्षित हैं, यद्यपि बादल हमें घेरे हुए हैं और हमारे कई लोग शोकग्रस्त हैं

तथा कठिन समस्याएं हमारे सभी ओर हैं। लेकिन स्वाधीनता अपने साथ उत्तरदायित्व और भार भी लाती है और हमें उनका सामना स्वाधीन तथा अनुशासित रह कर करना है।"

"आज के दिन, पहले हम उनका चिन्तन करते हैं, जो इस स्वाधीनता के शिल्पी, राष्ट्रपिता हैं, जो भारत की पुरानी आत्मा को अपने में साकार कर स्वतंत्रता की मशाल ऊपर उठाये रहे और जो अन्धकार हमें घेरे था उसमें प्रकाश लाये। हम लोग कई अवसरों पर उनके अयोग्य अनुयायी प्रमाणित हुए हैं और उनके सन्देश से दूर बहक गये हैं, लेकिन केवल हम ही नहीं, कई आनेवाली पीढ़ियाँ भारत के इस यशस्वी तथा महान पुत्र के, जो अपने विश्वास, शक्ति तथा साहस से सुशोभित है, सन्देश को याद करती रहेगी और अपने हृदय में उसकी छाप रखेगी। हवा कितनी ही ऊपर उठे और तूफान कितना ही तेज़ हो हम स्वतंत्रता की मशाल को नहीं बुझने देंगे।

"उसके बाद हम उन्हें याद करें जो स्वतंत्रता के अज्ञात स्वयंसेवक और सैनिक थे जिन्होंने अपनी मृत्यु तक कोई प्रशंसा या पारितोषिक प्राप्त किये बिना भारत की सेवा की है।

"हम अपने उन भाईयों और बहनों की भी याद करते हैं जो राजनीतिक सीमाओं से हमसे अलग कर दिये गये हैं तथा जो इस स्वाधीनता के अवसर पर दुर्भाग्य से हमारे साथ सम्मिलित नहीं हो सकते। वे हमारे हैं और हमारे रहेंगे, चाहे कुछ भी हो, और हम उनके अच्छे और बुरे समय में भी सहभागी रहेंगे।

"भविष्य हमें संकेत कर रहा है। हम किधर जावेंगे और हमारा क्या प्रयास होगा। हमारा प्रयास सामान्य व्यक्ति को, किसानों को तथा भारत के श्रमिक वर्ग को स्वतंत्रता और अवसर उपलब्ध कराने का होगा। गरीबी से लड़ना और उसे तथा अज्ञान और बीमारी को दूर करना होगा। हमें समृद्ध, प्रजातांत्रिक तथा प्रगतिशील राष्ट्र का निर्माण करना होगा और ऐसे सामाजिक, आर्थिक तथा राजनीतिक संस्थान बनाने होंगे जो प्रत्येक स्त्री-पुरुष को न्याय और अबाधित जीवन यापन की गारंटी देते हों।

"हमारे आगे बड़ी मेहनत का काम है। जब तक हम अपने वादे पूरे नहीं कर लेते, जब तक हम भारत के सभी निवासियों के लिए वैसा नहीं कर पाते जैसा नियति ने उन्हें करना चाहा था, हममें से किसी के पास आराम के लिए समय नहीं है। हम एक महान देश के नागरिक हैं और साहस के साथ आगे बढ़ने के किनारे पर ही हैं तथा हमें उसके ऊंचे स्तर पर रह कर जीना है। हम सभी चाहे किसी भी धर्म को मानने वाले हों समान रूप से समान सुविधाएँ और समान दायित्व के साथ भारत की सन्तान हैं। हम साम्प्रदायिकता को या संकीर्ण विचारों को बढ़ावा नहीं दे सकते क्योंकि जिस देश के लोग विचारों तथा कर्म में संकीर्णता रखते हों, वह महान नहीं हो सकता।

"हम विश्व के राष्ट्रों तथा विश्व के नागरिकों को अपनी सद्भावना प्रेषित करते हैं तथा शांति, स्वतंत्रता और प्रजातंत्र के विकास के लिए उनको सहयोग करने का वादा करते हैं।

"और अपनी प्राचीन, अमर तथा सदा नवीन अत्यधिक प्रिय मातृभूमि के प्रति आदरपूर्ण श्रद्धासुमन अर्पित करते हैं और उसकी सेवा के लिए फिर से वचनबद्ध होते हैं। जय हिन्द"

संविधान सभा ने, जिसने अपने को अब विधानसभा में परिवर्तित कर दिया था, लुई माउन्टबेटन को भारत का गवर्नर जनरल नियुक्त करने के नेताओं के निर्णय की पुष्टि की। राजेन्द्र प्रसाद तथा नेहरु राज भवन के लिए रवाना हुए और यद्यपि दूरी बहुत ही कम थी, वह मार्ग गाते बजाते लोगों से

इतना अधिक भरा था कि माउन्टबेटन को बड़ी देर तक उनकी प्रतीक्षा करनी पड़ी। वहाँ पहुँच कर उन्होंने उनसे उनके गवर्नर जनरल नियुक्त किये जाने की घोषणा की। एलन कैम्पबेल जानसन के कथनानुसार, "जो लघु दृश्य उपस्थित हुआ उसमें मैत्री ने औपचारिकता की सारी सीमाएँ तोड़ डालीं।" जब राजेन्द्र प्रसाद ने उस निर्णय को सुनाया तो माउन्टबेटन मुस्कराये और बोले: "इस सम्मान को प्राप्त करने में मुझे गर्व है और मैं आपके परामर्श को संवैधानिक ढंग से यथाशक्ति पूरा करूंगा।"

इसके बाद नेहरु ने यह कहते हुए कि- "क्या मैं नये मंत्रिमंडल के विभागों का विवरण आपको पेश कर सकता हूँ" नये गवर्नर जनरल को एक लिफाफा दिया। इस समारोह विहीन कार्यवाही की चर्चा करते हुए एलन कैम्पबेल जानसन ने लिखा है कि "सब कुछ १० मिनट में पूरा हो गया, लेकिन इस अनाभ्यासित भेंट में हमारे चर्च के गीत समारोहों अथवा विजय प्रदर्शनों की अपेक्षा मानवीय भावना तथा आशा अधिक मात्रा में थी।" लेकिन इस मानवीय संमिलन का हास्यकर पक्ष तब सामने आया जब उस लिफाफे को माउन्टबेटन ने खोला तो नेहरु की सहज भूल से उन्होंने उसे खाली पाया था।

तूर्यनाद की ध्वनि के साथ सुबह साढ़े आठ बजे माउन्टबेटन दरबार हाल पहुँचे। भारतीय मुख्य न्यायाधीश कनिया के द्वारा उन्हें स्वाधीन भारत के प्रथम गवर्नर जनरल के पद की शपथ दिलायी गयी। इसके बाद नयी सरकार के मंत्रियों को भी शपथ दिलाई गयी। फिर सभी एकत्रित लोग राजभवन से विधानसभा भवन की ओर रवाना हुए। गवर्नर जनरल तथा लेडी माउन्टबेटन शासकीय यान से उस ओर बढ़े, लेकिन ज्योंही वे राष्ट्रपति भवन के मुख्य द्वार से बाहर हुए, वे विधानसभा भवन के चारों ओर एकत्रित अपार जन समूह में समा गये। माउन्टबेटन के शब्दों में "१५ अगस्त का दिन मेरे जीवन का बड़ा महत्वपूर्ण और प्रेरणा का दिवस था।" वे आगे कहते हैं, "जिन लोगों से मैंने बातचीत की उनका कहना है कि उन्होंने कभी इतनी भीड़ नहीं देखी। लोग मात्र छतों और सुविधाजनक स्थानों पर ही नहीं थे, बल्कि एक दूसरे से सटे लोगों ने इतनी बड़ी संख्या में मुझे घेर लिया था कि अन्त में उनको नियन्त्रित रखना असम्भव हो गया।"

काँग्रेस नेतागण जब वहाँ बुलाये गये और वे जब भीड़ पर नियंत्रण पा सके, तब यान विधानसभा भवन पहुँच पायी। राजेन्द्र प्रसाद ने स्वाधीन भारत के जन्म पर विश्व के सभी भागों से आये शुभकामना सन्देश पढ़कर सुनाये। इसके पश्चात् इंग्लैंड के सम्राट का सन्देश पढ़ने के लिए माउन्टबेटन खड़े हुए- "सभी स्थानों के स्वतंत्रता-प्रिय व्यक्ति आपके समारोह में भाग लेना चाहेंगे क्योंकि सहमति से सत्ता हस्तांतरण एक महान प्रजातांत्रिक आदर्श है, जिसके प्रति ब्रिटिश और भारतीय जन समान रूप से दृढ़ समर्पित है। यह सब शांतिपूर्ण परिवर्तन से सम्पन्न हो गया, यह बड़ा उत्साह प्रेरक है।

अपने भाषण में माउन्टबेटन ने अपने मंत्रियों और अधिकारियों को धन्यवाद दिया जिनके निरन्तर परिश्रम से सत्ता हस्तांतरण निश्चित समय से साढ़े दस महीने पूर्व ही सम्पन्न हो सका। देशी रियासतों की चर्चा करते हुए उन्होंने पटेल की एक दूरदर्शी राजनीतिज्ञ के रूप में सराहना की जिनकी "अधिमिलन से सम्बन्धित नीति ने भारत में एकीकृत राजनीतिक संरचना खड़ी कर दी।" उन्होंने नेहरु की "एक विश्वविख्यात साहसी और स्वप्नदृष्टा नेता" कह कर प्रशंसा की और यह आशा की कि "अपने सहयोगियों, जिन्हें उन्होंने चुना है, के सहयोग तथा भारत के लोगों के निष्ठापूर्ण सहयोग से उनके योग्य नेतृत्व में भारत सशक्त तथा प्रभावशाली बन जावेगा और राष्ट्रसमूह में अपना योग्य स्थान प्राप्त

करेगा।" उस समय बड़ी देर तक हर्ष ध्वनि हुई जब गाँधीजी के सम्बन्ध में उन्होंने कहा कि- "इस ऐतिहासिक अवसर पर हम न भूलें कि अहिंसा के माध्यम से भारत की स्वाधीनता के शिल्पी महात्मा गाँधी का भारत कितना ऋणी है। आज यहाँ उनकी अनुपस्थिति हमें अखर रही है और उन्हें हम बतलाना चाहेंगे कि वे हमारे विचारों में कितना समाये हुए हैं।" एक बार फिर तालियाँ बजीं जब उन्होंने कहा कि- "आज से मैं आपका संवैधानिक गवर्नर जनरल हूँ और मैं चाहूँगा कि आप भारत के हितों की वृद्धि में पूर्णत: समर्पित मुझे भी अपने में से एक मानें।"

इसमें सन्देह नहीं है कि जिन लोगों ने उन्हें सुना वे उनकी निष्ठा से बड़े प्रभावित हुए। कौन कल्पना कर सकता था कि उस कट्टर संघर्ष का अंत, जो यद्यपि अहिंसात्मक रूप से भारतीयों ने अंग्रेजों के साथ किया था, एक अंग्रेज के कारण इतना मधुर होगा जिसे प्रधानमंत्री एटली ने बुद्धिमत्तापूर्वक भारत में ब्रिटिश सत्ता को सौजन्य और विनम्रता से समाप्त करने के लिए भेजा? वह सामान्य व्यक्ति, जिसने कैम्पबेल जान्सन से कहा था कि "माउन्टबेटन के मैत्री उपहार ने सब पर विजय प्राप्त कर ली है", केवल अपनी ही मनोभावना नहीं बल्कि उन सबकी मनोभावना व्यक्त कर रहा था, जो माउन्टबेटन के सम्पर्क में आये थे। कोई आश्चर्य नहीं कि जब राजेन्द्र प्रसाद गवर्नर जनरल के भाषण का उत्तर देने लगे तो यह कहने से वे स्वयं को नहीं रोक सके कि "यद्यपि हमारी उपलब्धि बहुत अंश में हमारे त्याग और कष्ट सहने के कारण है, वह विश्व की शक्तियों तथा घटनाओं का परिणाम भी है, और अंत में लेकिन उतना ही महत्वपूर्ण तथ्य यह भी है कि हमारी उपलब्धि अंग्रेज जाति के प्रजातांत्रिक आदर्शों तथा ऐतिहासिक परम्परा की पूर्ति है।"

इस घटना से भी यह स्पष्ट दिख जाता है कि उपरोक्त भावना जनता में भी प्रवेश कर गयी थी कि जब विधानसभा भवन में राष्ट्रध्वज के फहराये जाने के बाद माउन्टबेटन दम्पति राष्ट्रपति भवन की ओर लौट रहे थे तो उन्होंने "माउन्टबेटन की जय" का नारा भी सुना। माउन्टबेटन स्वयं लिखते हैं: "हमें उस छोटी दूरी को तय करने में आधा घन्टा लगा क्योंकि हमें भीड़ के मध्य से बहुत धीरे जाना पड़ा। एक बार भीड़ के दबाव से हमें पांच मिनट के लिए रुकना पड़ा। सदा लगाये गये 'जय हिन्द' तथा महात्मा गांधी की जय तथा 'पंडित नेहरू की जय' के नारों के साथ आश्चर्य पैदा करने वाली इस भीड़ ने 'माउन्टबेटन की जय' 'लेडी माउन्टबेटन की जय' के नारों के साथ ही कई बार 'पण्डित माउन्टबेटन की जय' का भी घोष किया।" उन्होंने अपने भाषण में भारतीयों से उन्हें "अपना मानने" के लिए कहा था और यहाँ आश्चर्यजनक संख्या में भारतीय जनता उनकी माँग का केवल अपने कण्ठ से ही नहीं, बल्कि अपने हृदय की गहराई से उत्तर दे रही थी।

केवल दिल्ली ने ही नहीं, पूरे भारत ने अपनी जनता के उत्तेजित उल्लास को देखा। प्रत्येक प्रान्त की राजधानी में ध्वजारोहण समारोह में सम्मिलित अगणित लोग पहले कभी न देखे गये थे। मध्यप्रदेश की उस समय की राजधानी नागपुर में मुख्यमंत्री रविशंकर शुक्ल ने सीताबर्डी के ऐतिहासिक दुर्ग पर, जिसे अंग्रेजों ने १८१७ में जीता था, राष्ट्रीय ध्वज फहराया। दुर्ग के ऊपर ज्योंही ध्वज गर्वोन्नत लहराने लगा, भोसले परिवार के वरिष्ठ वंशज राजा राघोजीराव भोसले इतने भावनाभिभूत हो गये कि वे अचानक मंच पर चढ़ गये और जनता को उस दुर्ग पर, जिसे उनके पूर्वजों ने १३० वर्ष पूर्व गवाँ दिया था, फिर अधिकार करने के लिए धन्यवाद दिया।

नये प्रान्त पश्चिम बंगाल की राजधानी कलकत्ता ने भी यह उत्सव मनाया, लेकिन एक भिन्नता के साथ। स्वाधीन भारत के निर्माता महात्मा गाँधी बेलियाघाट में घबराये हुए मुसलमानों की सहायता करने के लिए सोहरावर्दी के साथ ठहरे थे। वे पहले ही एक चमत्कार कर चुके थे और परिणामस्वरूप कलकत्ता का स्वाधीनता दिवस हिन्दू-मुस्लिम में भाई चारे का प्रदर्शन अवसर हो गया। 'जय हिन्द' के नारों के साथ 'हिन्दू-मुस्लिम एक हो' का घोष भी उसमें सम्मिलित हो गया था। महात्माजी ने वह दिन प्रार्थना करने और उपवास रखने में मनाया। पश्चिम बंगाल के मंत्रिमंडल के सदस्य जब उनसे मिलने आये तो उन्होंने इन स्मरणीय शब्दों में उन्हें प्रोत्साहित किया और आशीर्वाद दिया: "विनम्र रहो, सहिष्णु रहो। अंग्रेजी राज ने निस्संदेह तुम्हारे साहस को परखा था। लेकिन अब तुम्हारी पूरी परीक्षा होगी। सत्ता से सचेत रहो, सत्ता भ्रष्ट करती है। उसकी तड़क-भड़क के चक्कर में न बहकना। यह स्मरण रहे कि तुम भारत के गाँवों के गरीबों की सेवा करने के लिए सत्तासीन हो। ईश्वर तुम्हारा सहायक हो।"

यह चेतावनी बहुतों ने विस्मृत कर दी, लेकिन उनके नाम से शासन करने वालों के साथ उनका आशीर्वाद अभी भी यथावत है।

परिशिष्ट

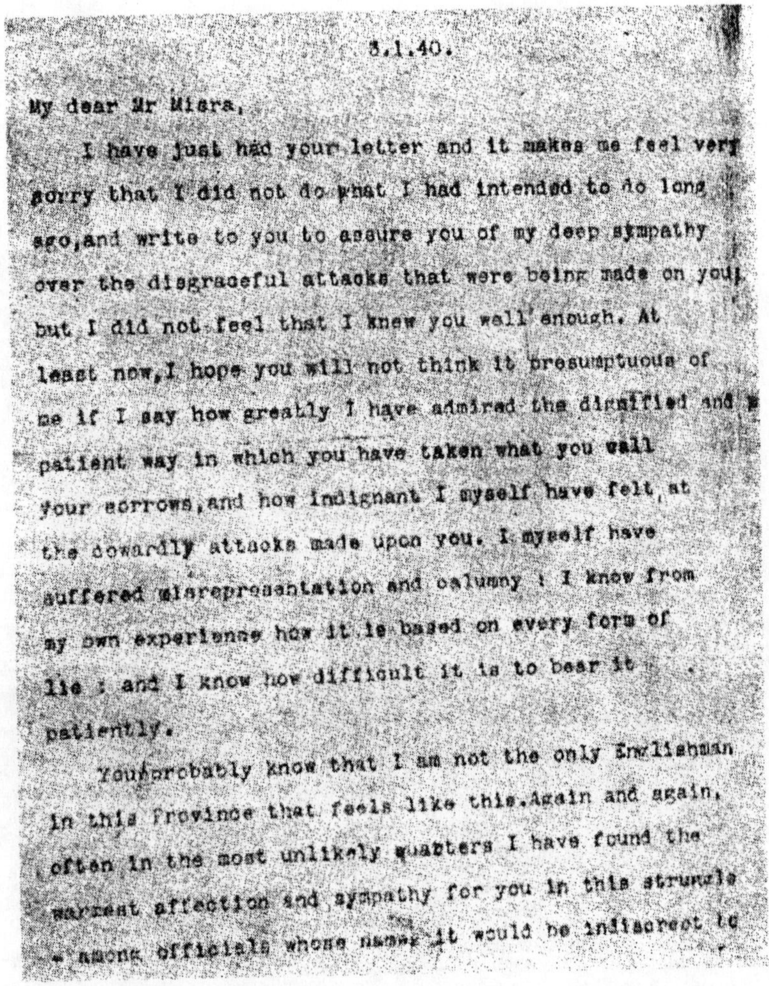

3.1.40.

My dear Mr Misra,

I have just had your letter and it makes me feel very sorry that I did not do what I had intended to do long ago, and write to you to assure you of my deep sympathy over the disgraceful attacks that were being made on you, but I did not feel that I knew you well enough. At least now, I hope you will not think it presumptuous of me if I say how greatly I have admired the dignified and patient way in which you have taken what you call your sorrows, and how indignant I myself have felt at the cowardly attacks made upon you. I myself have suffered misrepresentation and calumny : I know from my own experience how it is based on every form of lie : and I know how difficult it is to bear it patiently.

You probably know that I am not the only Englishman in this Province that feels like this. Again and again, often in the most unlikely quarters I have found the warmest affection and sympathy for you in this struggle - among officials whose names it would be indiscreet to

Letter from Verrier Elwin to D.P. Mishra

take. As an old pukka Diehard official said to me, 'If we've got to have Congress Ministers, then at least lets have Ministers like Misra with brains and a sense of humour.'

I do hope we may meet sometime, for - if I may say so - I have long felt that we have much in common. You probably know that owing to the fact that I am still a 'Congress prisoner' bound by an 'undertaking' that I had to give to Sir S.Hoare in 1932, it has not been possible for me to take part in politics. I have fallen back on my interests in scholarship and research which have brought me into contact with the official as well as the revolutionary world.

In the meantime I venture to send you a further small pamphlet in which I have studied Gandhiji's philosophy of truth.

Please forgive what may seem anix impertinent letter, but it is written out of a full heart - for what you wrote to me about your sufferings in the last two years has moved me deeply : I can all too easily imagine them.

I have been spending Christmas with a Gond Raja - a new experience for me.

Yours very sincerely, Verrier Elwin

I was City Supdt Police Jubbulpore from 1/12/36 to March 1938.

In the month of May 1937, one Zainab Bi lodged a written complaint saying that Nana Naidu abducted her daughter Hasina for Mr D.P. Mishra. A case under Sec. 366 I.P.C. was registered and investigation taken up by S.I. Murli Manohar. The complaint was a typed one written in English and bore her thumb impression. She had come alone to Kotwali. I had learnt from many sources that Mr Iftikhar Ali was responsible for drafting the complaint. Mr Abdul Rehman pleader had informed me after the registration of the case, that Zainab Bi had approached him, but that it was Mr Iftikhar Ali, who had drafted the complaint.

During the pendency of the case under investigation Barrister D.P. Shrivastava Jubbulpore had seen me several times in connection with this case and had insisted that Mr Mishra be arrested anyhow and his remand taken. He further said that if I did so, I will be immensely benefitted and also given a title. I told him that I could not do illegal things. After the identification parade he again saw me and told me that Mr Raghavendra Rao will be pleased with me, if I arrested Mr Mishra. I again told him that I cannot do such things and that if he had such influence with Mr Raghavendra Rao he can bring an order for the arrest of Mr Mishra

Report of Police Superintendent, Jabalpur.

while the case was under investigation Dr Balikam Dube of Mayo Hospital Nagpur came to Jabalpur and called on me twice or thrice and pressed me to hurry up with the case. Mr Shankar Dayal Shukul, of Central Intelligence Nagpur, also phoned me from Nagpur three or four times to hurry up the case without further delay.

Inspite of the fact that I had twice challaned Dr George D'Silva under Motor Vehicles Act he also came to me at the Kotwali and informed me that he had examined Hasina and that she was under age. He pressed for Mr Mishra's arrest and said that he would give evidence that Hasina was a minor. Similarly Mr Laxmansingh Chouhan also saw me several times and pressed for Mr Mishra's arrest.

The investigating S.I. Murli Manohar also reported to me that he was approached by Laxmansingh Chauhan, Barrister D.P. Shrivastava, George D'Silva and others, but he was ordered by me not to do anything under their influence.

From the actions of all these persons I could gather that they had formed a conspiracy against Mr Mishra, to get him arrested somehow. In the conclusion of the case diary of this case, this has been mentioned.

Hasina was handed over to her mother after she had been found. Her statement was not taken the same day. I do not know if any of the people who were pressing for Mr Mishra's arrest saw her or her mother and tutored or coerced her about her statement made to the Police afterwards. People had instigated Zainab Bi to stage a demonstration against Mr Mishra by going here-there to Gopal Bagh and collecting some people. She was warned not to do so by me.

After Nana Naidu had surrendered and was in the Court. I had seen an application made by Hasina that she was running away with Nana Naidu willingly as her mother wanted to marry her against her wishes. I do not recollect now the date on which this application was made. This was addressed to the Dist Magistrate Jubbulpore, but was not received by me.

After the identification, I took the case to D.S.P who told me that he will fix up with the D.M. a date for discussion. So far as I recollect on the 6th or 7th a discussion of the whole evidence took place between me, the D.S.P & the D.M. and every one agreed that there was no case to be put up. I was very busy after this for a day or two. I dictated the conclusion of the case to the S.I. and applied to the D.M. for the discharge of Nana Naidu.

Niaz Ahmed Khan
13/9/38 Dy. S.P. Nagpur

SELECT BIBLIOGRAPHY

AGROV, DANIEL: - Moderates and Extremists in the Indian Nationalist Movement, Bombay, 1968.

AHMAD, K.A.: - The Founder of Pakistan, Through Trial and Triumph, Cambridge, 1942.

ALEXANDAR, H.G.: - Indian Since Cripps, London, 1944.

AMERY, L.S.: - My Political Life, 4 vols., London, 1953-55.

ASHE, G.: - Gandhi-A Study in Revolution, London, 1968.

AZAD, ABUL KALAM: - India Wins Freedom, Bombay, 1959.
- India's Choice, London, 1940.

BAIG, M.R.A.: - The Muslim Dilemma in India, Delhi, 1974.

BANERJEE, A.C. and BOSE D.R. (eds.): - The Cabinet Mission in India, Calcutta, 1946.

BHAGAT, K.P. : - A Decade of Indo-British relations, 1937-47, Bombay, 1959.

BOSE, N.K.: - Studies in Gandhism, 3rd ed, Calcutta 1962.
- Selections from Gandhi, 2nd ed., Ahmedabad, 1957.
- My Days with Gandhi, Calcutta, 1953.

BOSE N.K. and PATWARDHAN, P.H.: - Gandhi in Indian Politics.

BOSE, SUBHASH CHANDRA: - The Indian Struggle, London, 1935.

BREECHER, MICHAEL: - Nehru - A Political Biography, London, 1959.

BROCKWAY, A. FENNER: - The Indian Crisis.

CALLARD, K.: - Pakistan, A Political Study, London, 1957.

CHAMPBELL, JOHNSON: - A Mission with Mountbatten, London, 1951.

CASEY, R.G.: - An Australian in India, London. 1947.

CHAGLA, M.C. : - Roses in December.

CHAUDHARY, B.M. : - Muslim Politics in India, Calcutta, 1946.

COUPLAND, R: - The Indian Problem 1833-1935, Oxford, 1943.
- Report on the Constitutional Problem in India, 3 pts. London, 1942-43.

	-	Future of India, London, 1943.
	-	Indian Politics. 1936-42, London, 1945.
DALAL, SIR A.R.:	-	An Alternative to Pakistan, New Delhi, 1945.
DAS, M.N.:	-	The Political Philosophy of Jawaharlal Nehru, London, 1961.
DURGADAS:	-	India From Curzon to Nehru and After, London, 1969.
DURGADAS (ed):	-	Sardar Patel's Correspondence, 10 vols., Ahmedabad, 1971-74.
DWARKADAS, KANJI:	-	India's Fight for Freedom, Bombay, 1966.
EDWARDES, M:	-	The last years of British India, London, 1963.
FISCHER, LOUTS:	-	The Life of Mahatma Gandhi, New York, 1950.
	-	A Week with Gandhi, New York, 1944.
GANDHI, M.K.:	-	An Autobiography or the Story of My Experiments With Truth, Ahemdabad, 1948.
	-	Communal Unity, Ahmedabad, 1943.
	-	To the Protagonists of Pakistan, Karachi, 1947.
	-	Collected Works of Mahatma Gandhi, Govt. of India, New Delhi.
GHOSH, S. :	-	Gandhi's Emissary, London, 1967.
GLENDEVON, JOHN:	-	The Viceroy at Bay.
GOPAL, R.:	-	Indian Muslims: A Political History, Bombay, 1959.
GRIFFITHS, P.J.:	-	The British Impact on India, 2nd ed., London, 1965.
	-	The British in India, London, 1946.
HARRISON, S.:	-	India - The Most Dangerous Decades, London, 1960.
HOARE, SIR SAMUEL.:	-	Nine Troubled Years, London, 1954.
HODSON, H.V.:	-	The Great Divide, London, 1969.
ISMAY, LORD:	-	Memoirs, London, 1960.
JAIN, A.P.:	-	Rafi Ahmad Kidwai, Bombay, 1965.
JAYAKAR, M.R.:	-	The Story of My Life, 2 vols., Bombay, 1958-59.
JEFFRIES, C.:	-	The Transfer of Power, London, 1960.
KABIR, H.:	-	Muslim Politics, 1906-1942, Calcutta, 1943.
KAUSIK, B.G.:	-	The House that Jinnah Built, Bombay, 1944.
KAUSHIK, P.D.:	-	The Congress Ideology and Programme, 1920-47, Bombay, 1964.

KHAN, ABDUL GAFFAR: - My Life and Struggle, New Delhi, 1969.

KHARE, N.B.: - My Political Memoirs, Nagpur, 1959.
- Khare Darshan, Pt. I and II, Nagpur.

KRIPALANI, J.B.: - Gandhi, His Life and Thought, Delhi, 1970.
- Indian National Congress, 1946.

KULKARNI, V.B.: - The Indian Triumvirate, Bombay, 1969.

LINLITHGOW, MARQUESS OF: - Speeches and Statements 1936-43, New Delhi, 1945.

MAJUMDAR. S.K.: - Jinnah and Gandhi: Their Role in India's Quest for Free dom, Calcutta, 1966.

MANSERGH and LUMBY (eds.): - The Transfer of Power in India, Vol. I-IV, H.M.S.O., London, 1971-74.

MANSHARDT, C.: - The Hindu-Muslim Problem of India, London, 1936.

MASANI, R.P.: - Britain in India, London, 1960.

MEHTA, A. and PATWARDHAN A.: - The Communal Triangle in India, Allahabad, 1942.

MENON, V.P.: - The Transfer of Power in India, London, 1957.
- The Story of Integration of Indian States, New York, 1956.

MISHRA, D.P. (ed.): - The History of Freedom Movement in Madhya Pradesh, Nagpur, 1956.

MITRA, N.N. (ed.): - The Indian Annual Register, 1919-1947, Calcutta.

MONTAGUE, E.S.: - An Indian Diary, London, 1930.

MOON, P.: - Strangers in India, New York, 1945.
- The Future of India, London, 1945.
- Divide and Quit, London, 1961.

MORAES, FRANK: - Witness to an Era, Delhi, 1973.
- Nehru Sunlight and Shadow, Bombay, 1964.

MOSLEY, LEONARD: - The Last Days of the British Raj, London, 1961.

MOUNTBATTEN, EARL: - Time only to look Forward, London, 1949.

MUNSHI, K.M.: - The Indian Deadlock, Allahabad, 1945.
- The Changing Shape of Indian Politics, Poona, 1945.

NANDA, B.R.: - The Nehrus, Motilal and Jawaharlal, London. 1962.

- Mahatma Gandhi, London, 1958.

NANDA, B.R. and JOSHI, V.C.: - Studies in Modern Indian History, No.1, Delhi, 1972.

NARAYAN, J.P.: - Towards Struggle, Bombay, 1946.

NEHRU, JAWAHARLAL: - Discovery of India, London, 1946.
- An Autobiography, London, 1936.
- India and the World, London, 1936.
- Eighteen Months in India, 1936-37, Allahabad, 1938.

NICHOLAS, B.: - Verdict on India, Bombay, 1944.

NORMAN, DOROTHY: - Nehru- the First Sixty years, 2 vols., London, 1965.

NORMAN, M.: - Muslim India: Rise and Growth of All India Muslim League, Allahabad, 1942.

PANNIKKAR, K.M. and PERSHAD. A. (eds.): - The Voice of Freedom: Selected Speeches of Pandit Motilal Nehru, Bombay, 1961.

PANJABI, K.L.: - The Indomitable Sardar, Bombay, 1962.

PARIKH, N.D.: - Sardar Vallabhbhai Patel, Ahmedabad, 1953.

PATEL, GORDHANBHAI: - Vithalbhai Patel- Life and Times, Bombay, 1950.

PHILLIPS, C.H. (ed.): - The Evolution of India and Pakistan, 1858-1947, London, 1962.
- The Partition of India, Leeds, 1967.

PHILIPS, C.H. and WAINWRIGHT, M.D. (eds.): - The Partition of India - Policies and Perspectives 91935-1947), London, 1970.

PRASAD, R: - Autobiography, Bombay, 1957.
- India Divided, Bombay, 1947.

PYARELAL: - Mahatma Gandhi- The Last Phase, 2 vols, Ahmedabad, 1956-58.

SAHNI, J.N.: - The Lid Off, Bombay, 1971.

SAIYID, M.H.: - Mohammad Ali Jinnah (A Political Study), Lahore, 1945.

Samarpit Ardhashati: Pt. D.P. Mishra Felicitation Volume, Delhi, 1970.

SETALVAD, C.: - Recollections and Reflections, Bombay, 1946.

SHAH, K.T.: - Why Pakistan? and Why not?, Bombay, 1944.

SHEEN, VINCENT: - Mahatma Gandhi, Delhi, 1968.

SINGH, DARBARA: - Indian Struggle, 1942, Lahore, 1944.

SINHA, K.K.: - Communal Problem: A Fresh Approach, Lucknow, 1946.

SITARAMAYYA, PATTABHI: - The History of the Indian National Congress, 2 vols. Bombay, 1946-47.

SMITH, R.A: - Divided India, New York, 1947.

SYMONDS, R.: - The Making of Pakistan, London, 1950.

TENDULKAR, D.G.: - Mahatma: Life of Mohandas Karamchand Gandhi, 8 vols. Bombay, 1951-54.

TINKER, H.: - Experiment with Freedom: India and Pakistan, 1947, London, 1967.

TOYE, HUGH: - Springing Tiger, A Study of Subhas Chandra Bose, London, 1959.

TUKER, SIR FRANCIS: - While Memory Serves, London, 1950.

TYABJI, H.B.: - Why Mussalmans Should Oppose Pakistan, Bombay, 1946.

WAHEED KHAN: - India Wins Freedom, The Other Side, Karachi, 1961.

WAVELL, LORD: - The Viceroy's Journal, London, 1973.

- Speeches, 1943-47, New Delhi, 1948.

WILLINGDON, LORD: - Speeches, Simla, 1935-37.

YUNUS, M.: - Frontier Speaks, Bombay, 1947.

☆ ☆ ☆

अनुक्रमणिका